مؤسسة
عبد الحفيظ
البساط
لتأليف وتصنيع
الكتاب
بيروت لبنان

AL-MAWRID AL-MUYASSAR     المورد المُيَسَّر

# المورد الميسَّر

قاموس إنكليزي - عربي

تأليف

منير البعلبكي

# AL-MAWRID AL-MUYASSAR

## A SIMPLIFIED ENGLISH-ARABIC DICTIONARY

by

**MUNIR BAʿALBAKI**

DAR EL-ILM LIL-MALAYĒN

دار العلم للملايين

جميع الحقوق محفوظة لـ

دار العلم للملايين

Copyright 1979

by

DAR EL-ILM LIL-MALAYĒN

*All rights reserved*

الطبعة الأولى - بيروت ١٩٧٩

الطبعة الحادية عشرة

آب / أغسطس ١٩٩٧

# تصدير

الحمد لله وحده

وبعد، فهذا مولود جديد يضاف إلى أسرة « المورد » الكبيرة : « المورد » ، و « المورد الوسيط » ، و « المورد القريب » ، و « المورد الصغير » . وهو يقع من هذه الأُسرة موقعاً وسطاً بين « المورد الوسيط » و « المورد القريب » .

والله أسأل أن يحظى بما حظي به أشقاؤه من ترحيب المربين وثقة الدارسين وأن ينفع به أبناء أمتنا الظامئين إلى المعرفة في كل رجا من أرجاء الوطن العربي الكبير . إنه أكرم مسؤول .

بيروت ، يناير ١٩٧٩

منير البعلبكي

# إرشادات عامة

١. هذه القاطعة المُمالَة (~) التي تجدها في ثنايا هذا المعجم تنوب مناب المادة المقصودة بالشرح ، أي منابَ الكلمة المنضَّدة بالحرف الأسود في أوّل الكلام .

٢. هذه العلامة ( § ) تفيد معنى الانتقال من أحدَ الأنواع الصرفية (اسماً كان هذا النوع أو فعلاً أو نعتاً أو حالاً الخ . ) إلى نوع آخر.

٣. هذه العلامة (×) تفيد معنى الانتقال من صيغة الفعل اللازم إلى صيغة الفعل المتعدي أو من صيغة الفعل المتعدي إلى صيغة الفعل اللازم.

٤. هذه العلامة (=) تفيد أن معنى أو معاني الكلمة المقصودة بالشرح هي نفس معنى (أو معاني) الكلمة الواقعة بعد العلامة .

وُضع هذا المعجم على اساس قاموس « المورد » الكبير الذي يشتمل على نحو من مئة الف مادة . فاذا لم تجد فيه ضالتك المنشودة فاطلبها في ذلك المعجم المطوَّل .

# A

*August Square* ( Benghazi, Libya )

**a** *(n.)* الحرف الأول من الأبجدية الانكليزية .

**a** *(indef. art.)* (١) أداة تنكير بمعنى «واحد» أو «ما» (٢) نَفْس: من نَفْس (٣) أيّ؛ كلّ (٤) كلّ؛ في كلّ .

**a-** *or* **an-** دئة معناها : لا ؛ بلا ؛ من غير .

**aardvark** *(n.)* خنزير الأرض؛ أبو ذقن: حيوان ثدييّ افريقيّ.

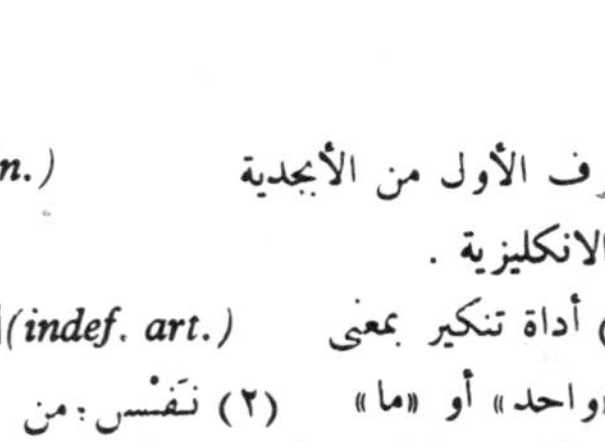

aardvark

**ab-** بادئة معناها : بعيدٌ عن .

**A. B.,** (١) بكالوريوس في الآداب . (٢) ملاّح محنّك .

**abaca** *(n.)* (١) قِنَّب مانيليا (٢) الأبق؛ موز النسيج (الشجرة التي تعطي قِنّب مانيليا) .

**aback** *(adv.)* إلى الوراء ؛ إلى الخلف . to be taken ~, يُفاجَأ ؛ يُؤخَذ على حين غِرّة.

**abacus** *(n.)* (١) طبليّة تاج العمود . (٢) المِعْداد: مِعَدٌّ لتعليم الأطفال العدّ .

**abacus** 1

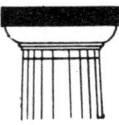

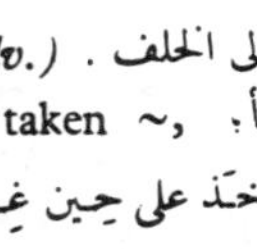

**abaft** *(prep. ; adv.)* (١) في مؤخّر كذا ؟ (٢) عند أو نحو مؤخّر المركب .

**abandon** *(vt.; n.)* (١) يتنازل عن (٢) يهجر؛ (٣) يتخلى عن (٤) يُسْلِم إلى (٥) ينغمس في؛ يستسلم لـ (٦) يُقْلِع عن § (٧) تهتُّك؛ انغماسٌ في الملذّات.

**abandoned** *(adj.)* (١) مهجور؛ مخذول؛ متخلّى عنه (٢) خليع؛ متهتّك.

**abandonment** *(n.)* (١) تنازل عن (٢) هَجْر. (٣) تخلٍّ عن (٤) انغماس في؛ استسلامٌ لـ (٥) تهتّك.

**abase** *(vt.)* (١) يُنزِل رتبة شخص (٢) يُذِلّ.

**abash** *(vt.)* يُخْجِل؛ يُرْبِك.

**abashed** *(adj.)* مخجول؛ مُرْتَبِك.

**abate** *(vt.; i.)* (١) يُلغي (٢) يضع حداً لـ. (٣) يُنقِص؛ يخفّف × (٤) يَضْعُف؛ يَخْمُد (٥) يَنْقُص.

**abatement** *(n.)* إلغاء؛ إنقاص.

**abattoir** *(n.)* مَجْزَر؛ مَسْلَخ.

**abbacy** *(n.)* رئاسة دَيْر.

**abbey** *(n.)* (١) دير (٢) كنيسة كانت ديراً.

**abbot** *(n.)* رئيس دير للرهبان.

**abbreviate** *(vt.)* (١) يختصر؛ يُوجز (٢) يختزل.

**abbreviation** *(n.)* (١) اختصار (٢) اختزال.

**ABC** *(n.)* (١) الألفباء (٢) مبادىء علم أو موضوع

**abdicate** *(vt.; i.)* يتنازل أو يتخلّى (عن عرش أو منصب رفيع أو حقّ).

**abdication** *(n.)* تنازلٌ (عن عرش الخ.)

**abdomen** *(n.)* بَطْنٌ؛ جَوْف.

**abdominal** *(adj.)* بَطْنيّ؛ جَوْفيّ.

**abduct** *(vt.)* (١) يخطف (٢) يُبعِد.

**abduction** *(n.)* (١) خَطْف (٢) إبعاد.

**abeam** *(adv.)* مقابلاً لمنتصف جانب السفينة.

**abed** *(adv.)* (١) في الفراش (٢) طريح الفراش.

**aberrance** *(n.)* (١) ضَلال؛ زَيْغ؛ انحراف. (٢) شذوذ.

**aberrant** *(adj.)* (١) ضالّ؛ زائغ؛ منحرف. (٢) شاذّ.

**aberration** *(n.)* (١) ضلال؛ زَيْغ؛ انحراف.

**abet** *(vt.)* يُغْرِي؛ يُحرِّض (على الشرّ والإثم).

**abettor** *or* **abetter** *(n.)* المُغْرِي؛ المُحرِّض.

**abeyance** *(n.)* (١) لا فعالية مؤقّتة (٢) تعطيل أو تعليق مؤقّت.

in ~, معطّلٌ أو معلّقٌ مؤقتاً.

**abhor** *(vt.)* يمقت بشدّة؛ يشمئزّ من.

**abhorrence** *(n.)* (١) مَقْت (٢) اشمئزاز.

**abhorrent** *(adj.)* (١) ماقتٌ؛ مشمئزّ. (٢) مضادّ؛ متنافٍ مع (٣) بغيض.

**abide** *(vi.; t.)* (١) يبقى (٢) يقيم؛ يسكن. (٣) يَثْبُت؛ يبقى صامداً أو مخلصاً لـ. × (٤) ينتظر (٥) يواجه أو يقبل بغير اعتراض أو جَزَع (٦) يتحمّل.

to ~ by (١) يلتزم؛ يتقيّد أو يفي بـ. (٢) يتحمّل (النتائج الخ.)

**abiding** *(adj.)* ثابت؛ باقٍ؛ دائم.

**ability** *(n.)* (١) قُدْرَة؛ مقدرة (٢) براعة؛ مهارة. (٣) موهبة طبيعيّة.

**abject** *(adj.)* (١) مُذِلّ؛ مُقْنِط؛ مُدْقِع. (٢) دنيء؛ خسيس.

**abjure** *(vt.)* (١) يَعِد أو يُقْسِم (أمام الجمهور) بالتخلّي عن مُعتقَد أو حقّ الخ. (٢) يرتدّ عن (٣) يجتنب.

**ablaze** *(adv.; adj.)* (١) مشتعلاً § (٢) ملتهب. (٣) متلهف (٤) شديد الغَضَب.

**able** *(adj.)* (١) قادر (٢) قدير (٣) بارع.

**able-bodied** *(adj.)* قويّ البِنْيَة.

**ablution** *(n.)* (١) وضوء؛ غَسْل (٢) ماء الوضوء.

**ably** *(adv.)* بمقدرة؛ ببراعة؛ بمهارة.

**abnegate** *(vt.)* (١) يتخلّى عن (٢) يُنكِر.

**abnegation** *(n.)* (١) تخلٍّ عن (٢) نكران (وبخاصةً للذات) .
**abnormal** *(adj.)* شاذّ ؛ غير سويّ .
**abnormality** *(n.)* (١)شذوذ (٢)شيء شاذّ .
**abnormally** *(adv.)* على نحوٍ شاذّ أو غير سَوِيّ .
**aboard** *(adv.; prep.)* على متن سفينة أو قطار أو طائرة .

**abode** *past and past part. of* abide.
**abode** *(n.)* (١)إقامة ؛ مُقام (٢)مَسكن ؛ مقرّ .
**abolish** *(vt.)* (١)يُلغي ؛ يُبْطِل (٢)يَمْحُو .
**abolition** *(n.)* (١)إلغاء ؛ إبطال (٢)مَحْو .
**abominable** *(adj.)* بَغيض ؛ مَقِيت ؛ رديء .
**abominate** *(vt.)* يُبغِض أو يمقت بشدّة .
**aboriginal** *(adj.)* (١)بدائيّ (٢)متعلّق بأهل البلاد الأصليين القدماء .
**aborigine** *(n.)* أحد أبناء البلاد الأصليين القدماء
**abort** *(vi; t.)* (١) تُجهِض (المرأةُ) . ×(٢) يُجهِض (المرأةَ) .
**abortion** *(n.)* (١) إجهاض ؛ إسقاط . (٢) الجَهِيض ؛ السِّقْط .
**abortive** *(adj.)* (١) مُخْفِق ؛ جَهِيض . (٢)ناقص النموّ (٣)مجهِض ؛ مسبب للإجهاض .
**abound** *(vi.)* (١) يَكثُرُ ؛ يَغزُرُ ؛ يسود . (٢) يَزخَرُ أو يَعجّ بِ .
**about** *(adv.; prep.)* (١) حول (٢) حوالى ؛ نحو (٣)تقريباً (٤) هنا وهناك (٥)على مقربة ؛ في الجوار §(٦) في المتناول (٧) على وشك أن (٨) عن ؛ بشأن .

**above** *(adv.; prep.; adj.)* (١)فوق (٢)قبلُ ؛ آنفاً §(٣) أسمى من (٤) وراء متناول كذا (٥) أكثر من §(٦) سابق ؛ متقدّم .

**aboveboard** *(adv.; adj.)* (١)علانية ؛ جِهاراً §(٢) صريح ؛ مستقيم .

**above-mentioned** *(adj.)* مذكورٌ آنفاً .
**abrade** *(vt.)* (١)«أ» يكشط ؛ يحكّ ؛ يبري . «ب» يَسْحَج ؛ «يَجْلُف» (٢) يُثير .
**abrasion** *(n.)* (١)كَشْط ؛ حَكّ (٢)سَحْج ؛ «جَلْف» .
**abrasive** *(adj.; n.)* (١) كاشط §(٢) مادة كاشطة .
**abreast** *(adv.)* (١)جنباً إلى جنب (٢)متمشياً مع .
**abridge** *(vt.)* (١) يُقصِّر (٢) يختصر .
**abridged** *(adj.)* مُخْتَصَرٌ ؛ مُوجَز .
**abroad** *(adv.; adj.)* (١)باتّساع ؛ فوق مساحة واسعة (٢)خارجَ البيت أو البلد (٣) في كل اتجاه §(٤) مخطىء .
**abrogate** *(vt.)* يُبْطِلُ ؛ يُلغي .
**abrupt** *(adj.)* (١)أبتر (٢)مفاجىء ؛ غير متوقَّع (٣)حادّ ؛ خَطِر (٤)فظّ ؛ جاف .
**abscess** *(n.)* خُرَّاج ؛ خُرَّاجَة .
**abscond** *(vi.)* يَفِرّ (سرّاً ثم يَسْتَخْفي).
**absence** *(n.)* (١) غياب (٢) فقدان ؛ انعدام.
**absent** *(adj.; vt.)* (١) غائب (٢) مفقود ؛ لا وجود له (٣)ذاهل §(٤)يغيب أو يتغيّب عن.
**absentee** *(n.)* الغائب ؛ المتغيّب .
**absentminded** *(adj.)* ذاهل ؛ شارد الذهن.
**absolute** *(adj.)* (١) كامل (٢) صِرْف . (٣)مُطلَق (٤)ثابت (٥)أساسي ؛ جوهري.
**absolutely** *(adv.)* (١)بكل ما في الكلمة من معنى (٢)على نحو جازم أو قاطع (٣)من غير ريب.
**absolution** *(n.)* (١) حَلّ من واجب أو تبعة. (٢) غفران .
**absolve** *(vt.)* (١) يُحِلّ من واجب أو تبعة . (٢) يَغفِر .
**absorb** *(vt.)* (١)يمتصّ ؛ يتشرّب (٢)يستغرق في
**absorbed** *(adj.)* مستغرق ؛ منهمك .
**absorbent** *(adj.; n.)* ممتصّ ؛ ماصّ .

**absorbing** *(adj.)* مستحوذ على الانتباه ؛ ممتع جداً

**absorption** *(n.)* (١) امتصاص (٢) استغراق .

**abstain** *(vi.)* يُمسك أو يمتنع عن .

**abstemious** *(adj.)* معتدل ؛ غير مسرف .

**abstention** *(n.)* إمساك أو امتناع عن ...

**abstinence** *(n.)* تَقَشُّف ؛ امتناع عن بعض المآكل وعن المسكرات .

**abstract** *(adj.; n.; vt.)* (١) مجرَّد (٢) تجريديّ (٣) نظري §(٤) خلاصة §(٥) يفصِل أو يزيل (٦) يجرِّد (٧) يسرق (٨) يَصْرِف الانتباه عن (٩) يُلخِّص .

in the ~, نظرياً ؛ تجريدياً .
the ~, المثل الأعلى .

**abstruse** *(adj.)* (١) عويص ؛ مُبهَم (٢) عميق

**absurd** *(adj.)* منافٍ للعقل ؛ سخيف ؛ مضحك .

**absurdity** *(n.)* (١) سُخْف (٢) شيء سخيف .

**abundance** *(n.)* (١) وَفْرَة ؛ غَزارَة (٢) فَيض .

**abundant** *(adj.)* وافر ؛ غزير .

**abundantly** *(adv.)* بوفرة ؛ بغزارة .

**abuse** *(vt.; n.)* (١) يشتِم (٢) يسيء استعمال (حقٍّ أو سلطة ) (٣) يظلم ؛ يسيء معاملة فلان §(٤) إساءة استعمالٍ أو معاملة (٥) سِباب (٦) إيذاء جسدي .

**abusive** *(adj.)* (١) اعتسافيّ (٢) بذيء (٣) مؤذٍ

**abut** *(vi.)* يتاخم ؛ يحاذي ؛ يجاور .

**abutment** *(n.)* (١) متاخمة ؛ محاذاة (٢) دعامة .

**abyss** *(n.)* (١) جهنّم (٢) هاوية (٣) لُجّة .

**acacia** *(n.)* سَنْط ؛ أقاقيا (نبات) .

**academic** *(adj.)* (١) جامعيّ (٢) نظريّ ؛ غير عمليّ (٣) أكاديميّ .

**academician** *(n.)* المَجْمَعيّ : عضو مجمع علميّ أو أدبي أو فنيّ .

**academy** *(n.)* (١) أكاديمية : معهد لتدريس فنّ أو علم معيّن (٢) مجمعٌ (فني أو علمي أو أدبي) .

**acanthus** *(n.)* الأَقَنْثا : نبات شائك .

acanthus leaf

**accede** *(vi.)* (١) ينضمّ (إلى معاهدة أو حزب) . (٢) يوافق ؛ يقبل (٣) يتبوّأ منصباً الخ .

**accelerate** *(vt.; i.)* (١) يُعجِّل ؛ يُسرِع . ×(٣) يتسارَع ؛ يزداد سرعة .

**acceleration** *(n.)* (١) تعجيل ؛ تسريع . (٢) تعاجُل .

**accelerator** *(n.)* (١) المُعاجِل ؛ المسرِّع . (٢) دوّاسة البنزين .

**accent** *(n.; vt.)* (١) لهجة (٢) نبرة (٣) توكيد . (٤) حركة أو إشارة توضع على حرف أو عدد §(٥) يَنْبِر ؛ يشدِّد (٦) يَشْكُل (٧) يؤكِّد .

**accentuate** *(vt.)* (١) يَنْبِر ؛ يشدِّد (٢) يشكُل (٣) يؤكِّد ؛ يُبْرِز .

**accept** *(vt.; i.)* يَقْبَل ؛ يَرْضى ؛ يوافق على .

**acceptable** *(adj.)* مقبول ؛ مُرْضٍ .

**acceptance** *(n.)* (١) قبول ؛ رضا ؛ موافقة الخ . (٢) قبول الحوالة (٣) الحوالة المقبولة .

**acceptation** *(n.)* (١) قبول (٢) استحسان .

**accepted** *(adj.)* (١) مقبول (٢) مستحسَن ؛ مسلَّم بصحته .

**access** *(n.)* (١) نوبة (٢) فورة (٣) الإذن بالدخول (على شخص) (٤) مَدْخَل (٥) وصول ؛ دنوّ ؛ اقتراب .

**accessible** *(adj.)* (١) ممكنٌ الوصول إليه أو الحصول عليه (٢) سهل المنال (٣) قابلٌ لِـ .

**accession** *(n.)* (١) تَكاثُر ؛ تعاظُم (٢) إضافة ؛ شيء مَزيد (٣) تبوُّؤ ؛ تسنُّم ؛ ارتقاء .

acc 13 acc

**accessory** *(n.; adj.)* (١) ملحق ؛ شيء ثانوي أو كمالي (٢) المحرض ( على جريمة ) §(٣) مساعد ؛ ثانوي .

**accident** *(n.)* (١) مصادفة (٢) حادث مفاجىء .

**accidental** *(adj.; n.)* (١) عرضي (٢) غير مقصود §(٣) علامة التحويل الموسيقي .

**accidentally** *(adv.)* مصادفةً ؛ من غير قصد .

**acclaim** *(vt.; i.; n.)* (١) يصفق ؛ يهتف أو يهلل لـ (٢) ينادى به ( ملكاً الخ. ) .

**acclamation** *(n.)* تهليل ؛ صياح ابتهاج .

**acclimate** *(vt.; i.)* (١) يؤقلم ×(٢) يتأقلم .

**acclimatize** *(vt.; i.)* = acclimate.

**acclivity** *(n.)* مرتقى ؛ حدورٌ صاعد .

**accommodate** *(vt.)* (١) يلائم ؛ يكيف (٢) يوفق بين ؛ يسوي (٣) يجهز ؛ يزود (٤) يتسع لـ .

**accommodating** *(adj.)* لطيف ؛ لين العريكة .

**accommodation** *(n.)* (١) ملاءمة ؛ تكييف (٢) توفيق ؛ تسوية (٣) تجهيز ؛ تزويد .

**accommodations** *(n. pl.)* وسائل الراحة والتسلية ( بما فيها المبيت والطعام ) .

**accompaniment** *(n.)* مصاحبة ؛ مرافقة .

**accompany** *(vt.)* يرافق ؛ يصاحب .

**accomplice** *(n.)* شريك (في جريمة ) .

**accomplish** *(vt.)* (١) ينجز ؛ يتم (٢) يبلغ .

**accomplished** *(adj.)* (١) منجز (٢) بارع (٣) مهذب .

**accomplishment** *(n.)* (١) إنجاز ؛ إتمام (٢) مأثرة ؛ منجزة .

**accord** *(vt.; i.; n.)* (١) يلائم ؛ يوفق بين (٢) يمنح ×(٣) ينسجم ؛ يتفق §(٤) اتفاق ؛ انسجام ؛ ائتلاف .

of one's own ~, طوعاً ؛ من غير إكراه .
with one ~, بالإجماع .

**accordance** *(n.)* (١) انسجام ؛ مطابقة (٢) منح .

in ~ with وفقاً أو طبقاً لـ .

**accordant** *(adj.)* ملائم ؛ موافق ؛ منسجم مع .

**accordingly** *(adv.)* (١) وفقاً لذلك (٢) وهكذا .

**according to** *(prep.)* وفقاً لـ ؛ بحسب .

**accordion** *(n.)* الأكورديون : آلة موسيقية .

accordion

**accost** *(vt.)* يبادره بالكلام .

**account** *(n.; vt.; i.)* (١) حساب ؛ محاسبة (٢) رواية ؛ وصف (٣) قيمة ؛ أهمية (٤) اعتبار ؛ تقدير (٥) تقرير (٦) سبب (٧) حساب في بنك §(٧) يقدم بياناً عن (٨) يعتبر ×(٩) يعلل ؛ يفسر .

on ~, على الحساب .
on ~ of بسبب كذا .
on any ~, / on no ~, مهما يكن السبب ؛ بأية حال ؛ مطلقاً .
on my ~, بسببي ؛ من أجلي .
on one's own ~, لفائدته أو لمصلحته الخاصة .
to call to ~, (١) يناقشه الحساب (٢) يوبخ .
to make little ~ of لا يقيم له كبير وزن .
to take into ~, يُدخله في اعتباره أو حسابه .

**accountable** *(adj.)* (١) مسؤول ؛ عرضة للمحاسبة (٢) ممكنٌ تفسيرهُ أو تعليلهُ .

**accountancy** *(n.)* المحاسبة ؛ علم المحاسبة .

**accountant** *(n.)* المحاسب ( في شركة ) .

**accounting** *(n.)* علم تدوين الحسابات وتفسيرها .

**accouter** *or* **accoutre** *(vt.)* يجهّز ؛ يزوّد بالملابس والسلاح (للخدمة العسكريّة).

**accredit** *(vt.)* (١) يُجيز ؛ يُقرّ (٢) يُفوّض ؛ يعتمد رسولاً أو وفداً (٣) يصدّق.

**accretion** *(n.)* (١) ازدياد ؛ تعاظُم (٢) إضافة خارجية أو غريبة.

**accrual** *(n.)* (١) تراكمٌ (٢) شيء متراكم.

**accrue** *(vi.)* (١) ينشأ (٢) يتراكم.

**accumulate** *(vt.; i.)* (١) يُكدِّس ؛ يَركُم × (٢) يتكدّس ؛ يتراكم.

**accumulation** *(n.)* (١) تكديس ؛ تراكم. (٢) شيء متراكم.

**accumulator** *(n.)* المِركَم: بطارية مختزِنة.

**accuracy** *(n.)* (١) ضَبْط ؛ صحة (٢) دِقّة.

**accurate** *(adj.)* (١) مضبوط ؛ صحيح (٢) دقيق.

**accurately** *(adv.)* على نحو صحيح أو دقيق.

**accursed** *(adj.)* (١) ملعون (٢) بغيض ؛ كريه.

**accusation** *(n.)* (١) اتّهام (٢) تهمة موجّهة.

**accuse** *(vt.; i.)* يتّهم ؛ يوجّه تهمة.

**accused** *(adj.; n.)* متّهَم ؛ مُدَّعَى عليه.

**accustom** *(vt.)* يُعوِّد.

**accustomed** *(adj.)* (١) معتاد ؛ مألوف. (٢) متعوِّد.

to get ~ to يتعوّد أمراً أو يألفه.

**ace** *(n.; adj.)* (١) آص، واحد (في زهر النرد أو ورق اللعب أو حجر الدومينو) (٢) طيار يُسقط خمس طائرات عدوّة § (٣) ممتاز.

**acerbity** *(n.)* (١) حموضة (٢) فظاظة.

**acetic** *(adj.)* خلّيّ.

**acetic acid** *(n.)* حَمْضُ الخلّ.

**acetify** *(vt.; i.)* (١) يخلّل × (٢) يصبح خلاً.

**ache** *(vi.; n.)* (١) يَوْجَعُ ؛ يُؤلم (٢) يتوق توقاً موجِعاً § (٣) ألم متواصل خفيف.

**achieve** *(vt.)* (١) يُنجز (٢) يكتسب ؛ يُحرز.

**achievement** *(n.)* (١) إنجاز (٢) مأثرة.

**achromatic** *(adj.)* (١) كاسرٌ للضوء (من غير أن يحلّله) (٢) غير قابل للتلوين بسهولة (٣) لا لون له.

**acid** *(adj.; n.)* (١) حامض (٢) لاذع ؛ قارص. (٣) حَمْضيّ § (٤) حِمْض ؛ مادة حمضية.

**acidity** *(n.)* الحَمْضيّة ؛ الحامِضيّة.

**acidulate** *(vt.)* يستحمض ؛ يُحمِّض قليلاً.

**acidulous** *(adj.)* (١) حامض قليلاً (٢) قاسٍ.

**ack-ack** *(n.)* مدفع مضادّ للطائرات.

**acknowledge** *(vt.)* (١) يعترف بِ (٢) يعبّر عن شكره لِ (٣) يُشعر بالاستلام (٤) يسلّم بِ.

**acme** *(n.)* ذروة ؛ قِمّة ؛ أوْج.

**acne** *(n.)* العُدّ ؛ حَبّ الشباب.

**acolyte** *(n.)* قَندَلَفت ؛ مساعدٌ للكاهن في قداس.

**aconite** *(n.)* البيْش : عشب سامّ.

**acorn** *(n.)* البلّوطة ؛ جَوْزة البلّوط.

**acoustic; -al** *(adj.)* صوْتيّ ؛ سمْعيّ.

**acoustics** *(n.)* علم الصوت.

**acquaint** *(vt.)* يُطلع ؛ يُخبر ؛ يعرّف.

**acquaintance** *(n.)* (١) معرفة (٢) اطّلاع. (٣) أحد معارف المرء.

**acquainted** *(adj.)* مطّلع على ؛ مُلِمّ بِ.

**acquiesce** *(vi.)* يقبل ؛ يُذعن.

**acquire** *(vt.)* يُحرز ؛ ينال ؛ يكتسب.

**acquired** *(adj.)* مُكتسَب.

**acquirement** *(n.)* (١) اكتساب (٢) براعة.

**acquisition** *(n.)* (١) اكتساب (٢) مكتسَب.

**acquisitive** *(adj.)* اكتسابيّ ؛ مولَع بالاكتساب.

**acquit** *(vt.)* (١) يُعفي (٢) يُبرّئ (من تهمة). (٣) يُبلي بلاءً حسناً.

**acquittal** *(n.)* (١) إعفاء (٢) تبرئة.

**acre** *(n.)* (١) قطعة أرض (٢) الأكر : مقياس للمساحة (٤٨٤٠ ياردة مربعة)

**acr** 15 **add**

**acreage** *(n.)* (١) المساحة الأكْرية (٢) أكْرات.

**acrid** *(adj.)* (١) حِرّيف (٢) لاذع ؛ قارص.

**acrimonious** *(adj.)* لاذع ؛ قارص ؛ قاسٍ.

**acrimony** *(n.)* حِدّة ؛ لَذْع ؛ قَسْوَة.

**acrobat** *(n.)* (١) بهلوان (٢) القُلَّب ؛ الحُوَّل.

**acrobatics** *(n.)* البهلوانيات : ألاعيب البهلوان.

**across** *(adv.; prep.)* (١) عَبْرَ ؛ من جانب إلى آخر (٢) نحو أو في الجانب الآخر من.

with arms ~, متصالبَ الذراعين.

**act** *(n.; vt.; i)* (١) عملٌ ؛ فعلٌ ؛ صَنيع (٢) قانون ؛ قرار ؛ مرسوم (٣) صكّ (٤) «أ» فصل (من مسرحية). «ب» تظاهرٌ بِـ § (٥) يمثّل (على المسرح) (٦) يتظاهر بِـ (٧) يمثّل دور كذا × (٨) يعمل ؛ يفعل (٩) يؤثّر في.

in the ~; in the very ~, متلبِّساً بالجرم المشهود.

to ~ as *or* for يقوم بمهمة ليست هي مهمته في الأصل ؛ يسدّ مَسَدّ ؛ يعمل كَـ.

to ~ on يطيع أو يعمل وَفْقَ كذا.

to ~ the fool يتصرّف كالمجنون.

**acting** *(adj.; n.)* (١) نائبٌ ؛ نائبٌ مَنابَ غيره مؤقّتاً (٢) صالحٌ للتمثيل § (٤) فن التمثيل المسرحي الخ.

**action** *(n.)* (١) دعوى (أمام القضاء) (٢) تأثير (٣) الأداء : طريقة العمل أو أسلوبه (٤) عملٌ ؛ فعلٌ (٥) معركة.

killed in ~, قُتِل في المعركة.

**active** *(adj.)* (١) عمليّ ؛ فعليّ (٢) رشيق ؛ سريع (٣) عامل (٤) معلوم (٥) دائر ؛ قائم فعلاً (٦) فعّال (٧) ناشط ؛ مُفعَم بالنشاط.

**activity** *(n.)* (١) نشاط (٢) حيويّة (٣) فعّالية ؛ فاعلية (٤) حقل من حقول النشاط.

**actor** *(n.)* (١) الفاعل ؛ العامل (٢) الممثّل المسرحيّ.

**actress** *(n.)* الممثّلة المسرحيّة الخ.

**actual** *(adj.)* (١) فعليّ (٢) واقعيّ (٣) حاليّ.

**actually** *(adv.)* (١) فعلاً (٢) حالياً (٣) في الواقع.

**actuary** *(n.)* الخبير بشؤون التأمين.

**actuate** *(vt.)* (١) يشغّل (٢) يدفع ؛ يحرّك ؛ يحثّ.

**acumen** *(n.)* فِطنة ؛ ذكاء.

**acute** *(adj.)* (١) حادّ (٢) ذكيّ (٣) شديد ؛ خطير.

**adage** *(n.)* مَثَلٌ ؛ قولٌ مأثور.

**adagio** *(adv.; adj.; n.)* (١) بتمهّل § (٢) متمهّل § (٣) رقصة باليه ثنائيّة.

**adamant** *(n.; adj.)* (١) الأدَمَنْت : حجرٌ صُلْب (يُظَنّ أنه الألماس) § (٢) صُلْب ؛ عنيد.

**adapt** *(vt.; i.)* (١) يُكيِّف (٢) يتكيّف.

**adaptable** *(adj.)* متكيّف أو قابلٌ للتكييف.

**adaptation** *(n.)* (١) تكييف (٢) تكيّف.

**add** *(vt.)* (١) يُضيف (٢) يَضُمّ (٣) يجمع.

**adder** *(n.)* (١) الضامّ ؛ الجامع (٢) أفعى.

adder

**addict** *(vt.; n.)* (١) يُدْمِن (٢) يُكرِّس (نفسَه) لِـ § (٣) المدمن.

**addition** *(n.)* (١) زيادة (٢) إضافة ؛ جَمْع.

**additional** *(adj.)* إضافيّ.

**addle** *(adj.; vt.; i.)* (١) فاسد (٢) مُشوَّش § (٣) يُفسِد ؛ يُشوِّش × (٤) يَفسُد.

**address** *(vt.; n.)* (١) يوجّه (٢) ينكبّ على (٣) يخاطب (٤) يُعَنْوِن § (٥) لباقة ؛ براعة (٦) خُطبة (٧) عنوان الشخص أو المؤسسة.

**addressee** *(n.)* (١) المخاطَب (٢) المرسَل إليه.
**adduce** *(vt.)* يُورِد؛ يقدِّم؛ يُدْلي بِ.
**adept** *(n.; adj.)* خبير؛ ماهر.
**adequacy** *(n.)* كفاية؛ وفاءٌ بالمراد.
**adequate** *(adj.)* كافٍ؛ ملائم؛ وافٍ بالمراد.
**adhere** *(vi.)* (١) يخلص الولاء لِ (٢) يلتصق؛ يلتحم (٣) يلتزم؛ يتقيّد بِ.
**adherent** *(adj.; n.)* (١) دَبِق § (٢) النصير.
**adhesion** *(n.)* التصاق؛ التحام.
**adhesive** *(adj.; n.)* (١) دَبِق § (٢) مادة دبِقة.
**adieu** *(interj.)* وداعاً.
**adipose** *(adj.; n.)* (١) دُهنيّ § (٢) دُهْن.
**adjacency** *(n.)* (١) شيء متاخم (٢) تجاوُر.
**adjacent** *(adj.)* (١) قريب (٢) متاخم؛ مجاور.
**adjective** *(n.)* نَعْت؛ صفة.
**adjoin** *(vt.; i.)* (١) يَضُم (٢) يجاور؛ يحاذي.
**adjourn** *(vt.; i.)* يُؤجِّل؛ يَفُضّ؛ ينفضّ.
**adjournment** *(n.)* (١) تأجيل (٢) فَضّ.
**adjudge** *(vt.)* (١) يحكم؛ يقضي بِ (٢) يعتبر.
**adjudicate** *(vt.)* يحكم (قضائياً)؛ يقضي بِ.
**adjudication** *(n.)* حكم قضائي.
**adjunct** *(n.; adj.)* مُساعد؛ مُلْحَق.
**adjunction** *(n.)* ضَمّ؛ إلحاق.
**adjuration** *(n.)* (١) قَسَمٌ (٢) استحلاف (٣) مناشدة.
**adjure** *(vt.)* (١) يستحلف (٢) يناشد.
**adjust** *(vt.)* (١) يُسَوِّي (٢) يُنظِّم؛ يُكيِّف (٣) يعدِّل؛ يضبط.
**adjustment** *(n.)* تسوية؛ تنظيم؛ ضبط.
**adjutant** *(n.)* (١) ضابط مساعد للقائد (٢) المعاون.
**administer** *(vt.; i.)* (١) يدير؛ يدبّر (٢) يقيم العدل (٣) يمنح الأسرار الكنسيّة (٤) يعطي دواءً × (٥) يصفّي أملاك متوفّى.
**administration** *(n.)* (١) إدارة (٢) إقامة للعدل (٣) منح الأسرار الكنسية (٤) حكومة.
**administrative** *(adj.)* إداري؛ حكومي.
**administrator** *(n.)* (١) المصفّي (٢) المدير.
**admirable** *(adj.)* رائع؛ باهر؛ ممتاز.
**admiral** *(n.)* أمير البحر؛ أميرال.
**admiralty** *(n.)* إمارة البحر؛ اميرالية.
**admiration** *(n.)* إعجاب؛ موضع إعجاب.
**admire** *(vt.)* (١) يُعجَب بِ (٢) يُكبر
**admirer** *(n.)* المعجَب (بشيء أو شخص).
**admissible** *(adj.)* مقبول؛ مسموح أو مسلَّم به.
**admission** *(n.)* (١) تسليم (بقضية الخ.) (٢) إدخال (٣) حقّ الدخول (٤) قبول.
**admit** *(vt.)* (١) يسمح بِ؛ يفسح مجالاً لِ. (٢) يُسلِّم بِ (٣) «أ» يقبله في. «ب» يمنحه حق الدخول (٤) يتّسع لِ (٥) يعترف بِ.
**admittance** *(n)* (١) دخول (٢) قبول (٣) إدخال
**admixture** *(n.)* (١) مَزْجٌ (٢) امتزاج (٣) ما يضاف إلى غيره بالمزج (٤) مزيج.
**admonish** *(vt.)* يلوم؛ يعاتب؛ ينصح؛ يحذّر.
**admonition** *(n.)* لوم؛ عتاب؛ نُصْح؛ تحذير.
**ado** *(n.)* لَغَط؛ ضجّة؛ اهتياج.
**adolescence** *(n.)* (١) المراهقة (٢) سِنّ المراهَقة
**adolescent** *(adj.; n.)* مُراهِق.
**adopt** *(vt.)* (١) يتبنّى (٢) يتّخذ؛ يختار (٣) يُقِرّ
**adoption** *(n.)* (١) تَبَنٍّ (٢) اتخاذ (٣) إقرار.
**adorable** *(adj.)* (١) جديرٌ بالعبادة (٢) فاتن.
**adoration** *(n.)* (١) عبادة (٢) توقير (٣) هيام.
**adore** *(vt.)* (١) يعبد (٢) يوقر (٣) يهيم بِ.
**adorn** *(vt.)* يزيّن؛ يزخرف؛ يحلّي.
**adornment** *(n.)* (١) تزيين (٢) زينة؛ حِلْيَة.
**adrift** *(adv.; adj.)* طافٍ من غير مرساة.
**adroit** *(adj.)* (١) حاذق؛ بارع (٢) داهية.
**adulate** *(vt.)* يتزلّف؛ يتملّق؛ يداهن.
**adult** *(adj.; n.)* بالغ؛ راشد.

**adulterate** *(vt.)* يَمْذُق: يغشّ.

**adulterer** *(n.)* الزّاني.

**adulteress** *(n.)* الزّانية.

**adultery** *(n.)* زِناً.

**adulthood** *(n.)* (١) البلوغ (٢) سنّ البلوغ.

**advance** *(vt.; i.; n.)* (١) يدفع إلى أمام. (٢) يحسّن؛ يرقّي (٣) يُسلِّف (٤) يُقدِّم (٥) يزيد؛ يرفع × (٦) يتقدّم (٧) يتحسّن (٨) يرتفع § (٩) تقدّم (١٠) تحسّن (١١) سلفة.

in ~, مقدّماً؛ سلفاً.

**advanced** *(adj.)* (١) مقدّم أو موضوع في المقدمة (٢) عالٍ (٣) تقدّمي.

**advantage** *(n.)* (١) أفضليّة (٢) مصلحة؛ فائدة (٢) ميزة؛ حَسَنَة.

to take ~ of ينتهز؛ يستغلّ.

**advantageous** *(adj.)* مفيد؛ مساعد؛ مُؤاتٍ.

**advent** *(n.)* حلول؛ ورود؛ مجيء.

**adventitious** *(adj.)* عَرَضيّ؛ طارىء؛ عارض.

**adventure** *(n.; vt.; i.)* (١) مغامرة؛ مجازفة. (٢) تجربة مثيرة § (٣) يغامر.

**adventurer** *(n.)* المغامر؛ المجازف.

**adventurous** *(adj.)* (١) مُغامِر (٢) خطِر.

**adverb** *(n.)* حال؛ ظَرْف.

**adversary** *(n.)* خَصْم؛ عدوّ.

**adverse** *(adj.)* (١) مُعادٍ؛ مناوىء (٢) معاكس.

**adversity** *(n.)* شدّة؛ مِحْنة؛ ضرّاء؛ حظّ عاثر.

**advert** *(vi.)* يشير؛ يلفت الانتباه إلى.

**advertise** *(vt.; i.)* (١) يُعلِم (٢) يعلن.

**advertisement** *(n.)* إعلان.

**advertising** *(n.)* الاعلان عن السلع الخ.

**advice** *(n.)* (١) نصيحة (٢) *pl.*: أنباء.

**advisable** *(adj.)* مُسْتَصْوَب؛ مُسْتَحسَن.

**advise** *(vt.; i.)* (١) ينصح (٢) يوصي بـ. (٣) يُعْلِم؛ يُخْطِر × (٤) يتشاور مع.

**advisedly** *(adv.)* بأناة؛ برَوِيّة؛ عن عمد.

**advisement** *(n.)* روية؛ تفكير طويل.

**adviser;advisor** *(n.)* الناصح؛ المرشد؛ المشير.

**advisory** *(adj.)* استشاري.

**advocacy; advocation** *(n.)* دفاع؛ تأييد.

**advocate** *(vt.; n.)* (١) يدافع عن؛ يؤيّد. § (٢) المحامي (٣) المؤيد (لقضيّة أو اقتراح).

**adz** *or* **adze** *(n.)* قَدّوم.

**aegis** *(n.)* (١) دِرْع (٢) حماية. (٣) رعاية.

adz

**aeon** *(n.)* دهر؛ فترة لانهائية.

**aerate** *(vt.)* (١) يُهوّي: يُشبع بالهواء (٢) يُشْبع بالغاز؛ يجعله فوّاراً.

**aerial** *(adj.; n.)* (١) هوائيّ؛ جوّيّ (٢) لطيف؛ رقيق؛ أثيريّ § (٣) الهوائيّ: «انتين» الراديو.

**aerie** *(n.)* وكر نَسْر الخ. (في أعلى الجبل).

**aerodrome** *(n.)* مطار؛ ميناء جوّي.

**aeronaut** *(n.)* الملاّح الجوّي (٢) المسافر جواً.

**aeronautic** *(adj.)* طيرانيّ: خاص بعلم الطيران.

**aeronautics** *(n.)* الطّيرانيّات: علم الطيران.

**aeroplane** *(n.)* طائرة.

**aesthete** *(n.)* مُحبّ الجمال (وبخاصة في الفن).

**aesthetic; -al** *(adj.)* (١) جماليّ (٢) فنّي.

**aesthetics** *(n.)* علم الجمال.

**aestival** *(adj.)* صَيْفيّ.

**afar** *(adv.)* (١) مِن بُعْد (٢) بعيداً.

**affability** *(n.)* الأُنس؛ الدّماثة؛ عذوبة المعاشرة.

**affable** *(adj.)* أنيس؛ دَمِث؛ عَذْب المعاشرة.

**affably** *(adv.)* بأنس؛ بدماثة.

**affair** *(n.)* مسألة؛ أمر؛ شأن.

**affect** *(vt.)* (١) يولَع بـ (٢) يتظاهر بـ. (٣) يتكلّف؛ يتصنّع (٤) يؤثّر في.

**affectation** *(n.)* (١) تظاهرٌ بـ (٢) تكلّف.

**affected** *(adj.)* (١) متكلّف (٢) متصنّع.

aff 18 age

(٣) متأثّر (٤) مُصابٌ بـِ .
**affecting** *(adj.)* مؤثّر ؛ مثير للعواطف .
**affection** *(n.)* (١) عاطفة ؛ شعور (٢) حبّ .
**affectionate** *(adj.)* (١) محبّ ؛ حنون (٢) رقيق .
**affiance** *(n.; vt.)* (١) خِطبة §(٢) يخطب .
**affidavit** *(n.)* شهادة خطيّة بقَسَم .
**affiliate** *(vt.; i.)* (١) يَضمّ إلى ؛ يدمج . (٢) يتبنّى ولداً (٢) ينضمّ أو ينتسب إلى .
**affiliation** *(n.)* (١) دمج ؛ اندماج (٢) تبنٍّ .
**affinity** *(n.)* (١) صلة ؛ قرابة ؛ نَسَب . (٢) انجذاب ؛ ألفة ؛ صلة روحية .
**affirm** *(vt.; i.)* (١) يُثْبِت ؛ يؤكّد (٢) يُقِرّ ؛ يثبت ×(٣) يجزم ؛ يقرّر .
**affirmation** *(n.)* إثبات ؛ توكيد ؛ إقرار .
**affirmative** *(adj.; n.)* (١) إيجابيّ §(٢) إيجاب .
**affix** *(vt.; n.)* (١) يُلصق (٢) يُضيف ؛ يُلحق . §(٣) ملحق (٤) لاحقة أو بادئة (تزاد على كلمة) .
**afflict** *(vt.)* يُحْزِن ؛ يبتلي ؛ يُوْجِع .
**affliction** *(n.)* (١) حزن ؛ ألم (٢) بلوى ؛ مرَض .
**affluence** *(n.)* وفرة ؛ فيض ؛ غنى ؛ تدفّق .
**affluent** *(adj.; n.)* (١) وافر (٢) غنيّ . (٣) فيّاض ؛ متدفّق §(٤) نُهَيْر ؛ رافد .
**afflux** *(n.)* (١) تدفّق (٢) دَفْق .
**afford** *(vt.)* (١) يتحمّل (٢) يقدر على شراء شيء (٣) يعطي ؛ ينتج (٤) يمنح .
**affray** *(n.)* شِجار ؛ عِراك صاخب .
**affront** *(vt.; n.)* (١) يُهين (٢) يتحدى . §(٣) إهانة .
**affusion** *(n.)* سَكْب ؛ صَبّ .
**afield** *(adv.)* (١) في الحقل أو إليه (٢) بعيداً .
**afire** *(adj.; adv.)* (١) مشتعل §(٢) مشتعلاً .
**aflame** *(adj.; adv.)* مشتعل أو مشتعلاً .
**afloat** *(adj.)* (١) طافٍ ؛ عائم (٢) في البحر ؛ على متن السفينة (٣) ذائع ؛ شائع (٤) مغمور بالماء .
**afoot** *(adv.)* (١) مشياً على القدمين (٢) جارياً مجراه .
**aforesaid** *(adj.)* مذكورٌ آنفاً .
**afraid** *(adj.)* (١) خائف (٢) متأسف (٣) كارِهٌ لـِ .
**afresh** *(adv.)* من جديد ؛ كرّةً أخرى .
**African** *(adj.; n.)* (١) افريقي (٢) زنجيّ .
**aft** *(adv.)* قرب أو نحو مؤخر السفينة .
**after** *(adv.; prep.; adj.)* (١) في ما بعد . §(٢) خلفَ ؛ وراء (٣) بَعْدَ (٤) في إثر (٥) وفقاً لـ ؛ بحسب (٦) على غرار (٧) بشأن ؛ عن §(٨) تالٍ ؛ قادم (٩) خلفيّ .

He was named ~ his father سُمّيَ باسم والده (تيمُّناً به) .

**aftermath** *(n.)* (١) الجزة الثانية (٢) نتائج ؛ آثار .
**afternoon** *(n.)* الأصيل ؛ بعد الظهر .
**afterthought** *(n.)* الفكرة التَّلْوِيّة : فكرة تخطر في البال في ما بعد أو بعد فوات الأوان .
**afterward; -s** *(adv.)* بعدئذ ؛ في ما بعد .
**again** *(adv.)* ثانيةً ؛ من جديد .

~ and ~, تكراراً ؛ مرةً بعد مرّة .
now and ~, أحياناً .

**against** *(prep.)* (١) تجاه ؛ قُبالة (٢) ضدّ . (٣) مِنْ (٤) على (٥) مقابل .
**agape** *(adj.)* (١) فاغر الفم (٢) مندهش .
**agate** *(n.)* (١) عقيق (٢) مِصْقَلة تجليد الكتب .
**agave** *(n.)* الأغاف أو الصبّار الأميركي (نبات) .
**age** *(n.; vi.; t.)* (١) عُمْر ؛ سنّ (٢) سنّ الرشد (٣) شيخوخة (٤) جيل (٥) عصر §(٦) يَشيخ ؛ يَهْرَم ×(٧) يُهْرِم .

to come of ~, يبلغ سنّ الرّشد .
under ~, قاصر ؛ غير بالغ سنّ الرّشد .

**aged** *(adj.)* (١) هَرِمٌ (٢) بالغٌ سنّاً معيّنة .
**agency** *(n.)* (١) قوّة (٢) واسطة (٣) وكالة (تمثل شركة ما) (٤) مكتب تجاريّ .

**agenda** *(n. pl.)* برنامج ؛ جدول أعمال .
**agent** *(n.)* (١) عامل ؛ قوة (٢) موظف (في الشرطة وقوى الأمن) (٣) أداة ؛ وسيلة (٤) وكيل ؛ ممثِّل .
**agglomerate** *(vt.; i.)* (١) يكتِّل ؛ يكبِّب ؛ «يُكَبْتِل» × (٢) يتكتّل ؛ يتكبكب .
**agglomeration** *(n.)* (١) «أ» تَكْتيل . «ب» تَكَتُّل (٢) كتلة ؛ «كبتولة» .
**agglutinate** *(vt.; i.)* (١) يُغَرّي : يُلْصق بالغِراء × (٢) يتغرّى ؛ يلتصق .
**aggrandize** *(vt.)* يكبِّر ؛ يوسِّع ؛ يضخِّم .
**aggravate** *(vt.)* (١) يفاقم : يجعل الشيء أسوأ أو أشدّ خطورة (٢) يثير ؛ يُغضب .
**aggregate** *(adj.; n.; vt.)* (١) كليّ ؛ إجماليّ . § (٢) مجموع ؛ حاصل § (٣) يجمع ؛ يكتِّل .
in the ~ , إجمالاً ؛ على وجه الاجمال .
**aggression** *(n.)* (١) عُدْوان (٢) تَعَدٍّ .
**aggressive** *(adj.)* عُدْواني .
**aggressor** *(n.)* الباغي ؛ المعتدي ؛ البادىء بالعدوان .
**aggrieve** *(vt.)* (١) يُحْزِن (٢) يَظْلم .
**aggrieved** *(adj.)* (١) محزون (٢) مظلوم .
**aghast** *(adj.)* (١) مشدوه (٢) مذعور .
**agile** *(adj.)* (١) رشيق ؛ خفيف الحركة (٢) ذكي .
**agitate** *(vt.)* (١) يثير ؛ يحرّك ؛ يهزّ ؛ يخضّ . (٢) يُهيج (٣) يناقش .
**agitation** *(n.)* (١) إثارة ؛ إهاجة (٢) اهتياج .
**agitator** *(n.)* (١) المُهيِّج (٢) الخضّاضة .
**aglow** *(adj.)* متوهّج ؛ متّقد .
**agnail** *(n.)* الداحوس : تَقَرّحٌ حول الظُّفر .
**ago** *(adj.; adv.)* (١) ماضٍ § (٢) منذ ؛ في الماضي .
**agog** *(adj.; adv.)* (١) متلهِّف § (٢) بتلهّف .
**agonize** *(vt.; i.)* (١) يعذّب × (٢) يُحْتَضَر . (٣) يتعذّب عذاباً شديداً .
**agony** *(n.)* (١) كَرْب (٢) سكرة الموت .
**agrarian** *(adj.)* أرضيّ ؛ حقليّ ؛ زراعيّ .
**agree** *(vi.)* (١) يوافق على (٢) يتّفق (٣) ينسجم مع (٤) يتطابق (٥) يلائم .
**agreeable** *(adj.)* مقبول ؛ سائغ ؛ ملائم .
**agreement** *(n.)* (١) اتفاق ؛ انسجام (٢) اتفاقية .
**agricultural** *(adj.)* زراعيّ .
**agriculture** *(n.)* زراعة .
**aground** *(adj.; adv.)* جانح ؛ مرتطم بالأرض .
**ague** *(n.)* (١) الملاريا ؛ البُرَداء (٢) قُشَعْرِيرة .
**ahead** *(adv.)* (١) في طليعة كذا (٢) متقدّماً . (٣) إلى الأمام ؛ قُدُماً .
**aid** *(vt.; i.; n.)* (١) يعاون ؛ يساعد . § (٢) معاونة ، مساعدة (٣) معونة (٤) المعاون ؛ المساعد (٥) أداةُ مُساعدة .
**aide-de-camp** *(n.)* ضابطُ معاون .
**aigrette** *(n.)* (١) البَلَشون الأبيض (طائر) . (٢) حِلْيَة للرأس (من ريش أو جواهر) .
**ail** *(vt.; i.)* (١) يوجِع ؛ يزعج × (٢) يتوعك ؛ يمرض .
**aileron** *(n.)* الجُنَيح : جزء متحرّك من جناح الطائرة .
**ailment** *(n.)* اعتلال جسدي ؛ مرض مزمن .
**aim** *(vi.; t.; n.)* (١) يسدِّد ؛ يصوِّب (٢) يتوق ؛ يطمح إلى (٣) يسعى ؛ يحاول § (٤) تسديد ؛ تصويب (٥) قَصْد ؛ غَرَض (٦) هدف .
**aimless** *(adj.)* بلا هدف .
**air** *(n.; vt.)* (١) هواء (٢) الأثير (٣) راديو ؛ تليفزيون (٤) سيماء ؛ مظهر خارجي (٥) كبرياء مصطنَعة (٦) نغمة ؛ لحن § (٧) يهوّي ؛ يعرِّض للهواء .
**air base** *(n.)* قاعدة جوية (للطائرات العسكرية) .
**air conditioning** *(n.)* تكييف الهواء .
**aircraft** *(n.)* سفينة هواء (مُنطاداً كانت أو طائرة) .
**aircraft carrier** *(n.)* حاملة طائرات .

**airdrome** *(n.)* مطار .
**airfield** *(n.)* المَهْبِط : أرض الهبوط في مطار .
**air force** *(n.)* سلاح الطيران .
**air letter** *(n.)* رسالة جويّة .
**air line** *(n.)* خطّ جوّيّ ؛ شركة خطوط جويّة .
**airmail** *(n.)* بريد جوّي .
**airman** *(n.)* طيّار ؛ ملاّح جوّيّ .
**airplane** *(n.)* طائرة .

**air pocket** *(n.)* جَيْب هوائيّ ؛ « مَطَبّ » .
**airport** *(n.)* ميناء جوّي ؛ مطار .
**air raid** *(n.)* غارة جويّة .
**airship** *(n.)* مُنطاد ذو مُحرِّك .
**airstrip** *(n.)* مَهْبِط طائرات .
**airtight** *(adj.)* سَدُودٌ للهواء ؛ مُحْكَم السدّ .
**air-to-air** *(adj.; adv.)* من الجوّ إلى الجوّ .
**airway** *(n.)* خطّ جويّ ؛ شركة خطوط جوية .
**airy** *(adj.)* (١) هوائيّ ، جوّيّ (٢) وهميّ ؛ خيالي . (٣) بهيج ؛ مرِح (٤) رشيق ؛ رقيق .
**aisle** *(n.)* (١) ممشى (٢) جناح (من كنيسة) .
**ajar** *(adj.)* مفتوحٌ جزئيّاً (صفة لباب الخ.) .
**akimbo** *(adj.; adv.)* واضعٌ يدَه على خاصرته .
**akin** *(adj.)* (١) قريب ؛ نسيب (٢) مجانس ؛ مماثل .
**alabaster** *(n.)* مَرْمَرٌ .
**alacrity** *(n.)* خِفّةٌ ؛ رشاقة ؛ نشاطٌ مبتهِج .
**alarm** *(n.; vt.)* (١) إنذار بخطر (٢) أداة الإنذار بخطر (٣) ذُعر § (٤) ينبّه إلى خطر (٥) يُرعِب .
**alarm clock** *(n.)* المُنَبِّه : ساعةٌ مُنَبِّهة .

alarm clock

**alas** *(interj.)* واحَسْرَتاه !
**albatross** *(n.)* القَطْرَس : طائر بحريّ كبير .

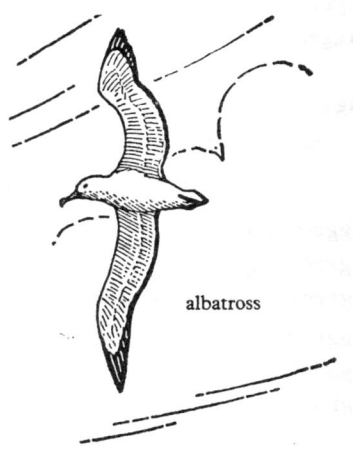

albatross

**albeit** *(conj.)* ولو ؛ وإن يكن .
**albino** *(n.)* الأمْهَق : شخص أو حيوان لَبَنيّ البشَرة أبيض الشعر قرنفليّ العينين .
**album** *(n.)* «ألبوم» تواقيع أو طوابع أو صُوَر .
**albumen** *(n.)* (١) الآح : بياض البيضة (٢) زُلال .
**albumin** *(n.)* زُلال .
**albuminous** *(adj.)* زُلاليّ .
**alchemist** *(n.)* المشتغل بالكيمياء القديمة .

**alchemy** *(n.)* الخيمياء : الكيمياء القديمة .
**alcohol** *(n.)* كُحُول ؛ غَوْل .
**alcoholic** *(adj.; n.)* (١) كحولي (٢) سكّير .
**alcove** *(n.)* (١) فجوة في جدار (لوضع سرير أو كتب) (٢) مُخْتَلًى مظلَّل (في حديقة) .
**alder** *(n.)* جارُ الماء : شجر حَرَجِيّ يألف الماء .
**alderman** *(n.)* عضو مجلس تشريعيّ لمدينة .
**ale** *(n.)* المِزْر : شراب من نوع الجعة .
**alembic** *(n.)* الإنبيق : أداة للتقطير .
**alert** *(adj.; n.)* (١) يَقِظ (٢) نشيط ؛ رشيق §(٣) إنذار (بغارة جويّة) .

alembic

on the ~, متيقّظ ؛ محترس من الخطر .
**alfalfa** *(n.)* فِصْفِصَة ؛ فِصَّة (نبات) .
**alga** *(n.)* طُحْلُب : أُشْنَة .
**algebra** *(n.)* الجَبْر ؛ علم الجَبْر .
**algebraic;-al** *(adj.)* جَبْرِيّ : متعلق بعلم الجبر .
**Algerian** *(n.; adj.)* جزائريّ .
**alias** *(adv.; n.)* (١) المعروف بكذا §(٢) اسم مستعار .
**alibi** *(n.)* ادعاء المتّهم أنه كان في مكان آخر عند وقوع الجريمة .
**alien** *(adj.; n.; vt.)* (١) غريب ؛ أجنبيّ (٢) مغاير ؛ مخالف §(٣) شخصٌ أجنبيّ §(٤) يُبْعِد (٥) يحوِّل المِلكية .
**alienate** *(vt.)* (١) يحوِّل المِلكية (٢) يُبْعِد ؛ يُنفِّر (٣) يَصْرِف أو يحوِّل عن .
**alienist** *(n.)* طبيب الأمراض العقلية .
**alight** *(vi.; adj.; adv.)* (١) يترجّل (من عربة إلخ.) (٢) يحطّ (الطائرُ) على (٣) يجد بالمصادفة §(٤) مشتعل ؛ مضطرم §(٥) مشتعلاً .
**align; aline** *(vt.; i.)* يَصُفّ أو يصطفّ .
**alike** *(adv.; adj.)* (١) بالطريقة نفسها ؛ على قدم المساواة §(٢) سواء ؛ متشابه ؛ متماثل .

**aliment** *(n.; vt.)* (١) غذاء ؛ قوت §(٢) يُقيت .
**alimentary** *(adj.)* (١) غذائيّ (٢) مُغَذٍّ .
**alimentary canal** *(n.)* القناة الهضمية .
**alimony** *(n.)* نفقة الزوجة المطلَّقة .
**alive** *(adj.)* (١) حيّ ؛ على قيد الحياة (٢) ناشط ؛ مُتَّقِد (٣) واعٍ ؛ مدرِك (٤) نشيط .
**alkali** *(n.)* قِلْيٌ ؛ قَلِيّ (كيمياء) .
**alkaline** *(adj.)* قِلْوِيّ .
**all** *(adj.; adv.; pron.)* (١) كلّ ؛ جميع §(٢) تماماً ؛ بكل ما في الكلمة من معنى (٢) لكلّ فريق §(٤) كل شيء .

~ day long طوالَ النهار .
~ over Asia في طول آسية وعرضها .
~ right هذا حسن ! أنا موافق !
above ~, قبل كل شيء .
after ~, (١) ومع ذلك (٢) برغم كل شيء .
at ~, البتة ؛ مطلقاً ؛ بأية حال .
for ~ that برغم ذلك .
for good and ~, إلى الأبد ؛ نهائياً .
in ~, جملةً ؛ في المجموع .

**allay** *(vt.)* (١) يهدّئ (٢) يسكّن (الألم) .
**allegation** *(n.)* ادعاء ؛ زَعْم .
**allege** *(vt.)* يدّعي ؛ يزعم .
**allegiance** *(n.)* (١) ولاء (للدولة) (٢) إخلاص .
**allegoric; -al** *(adj.)* مجازيّ ؛ استعاريّ .
**allegory** *(n.)* مجاز ؛ استعارة .
**alleluia** *(interj.)* هَلِّلويا : سبّحوا الربّ .
**allergic** *(adj.)* استهدافي ؛ تحاوبيّ ؛ حَساسيّ .
**allergy** *(n.)* الاستهداف ؛ التحاوب ؛ الحساسية .
**alleviate** *(vt.)* يخفِّف ؛ يسكِّن ؛ يلطِّف .
**alley** *(n.)* (١) مَمْشًى (في حديقة) (٢) مجاز ضيّق (للعْبَة البولنغ) (٣) زُقاق .
**alliance** *(n.)* (١) اتحاد (٢) مصاهرة (٣) حِلْف .

**allied** *(adj.)* (١) مُتّحد (٢) متحالف ؛ حليف .

**alligator** *(n.)* القاطور ؛ تمساح أميركا .

alligator

**allocate** *(vt.)* (١) يوزّع ؛ يقسّم ؛ يخصّص (٢) يحدّد أو يعيّن .

**allocation** *(n.)* (١) توزيع ؛ تحديد (٢) حصة .

**allot** *(vt.)* (١) يخصّص ؛ يوزّع (حصصاً) . (٢) يخصص ( لغرض معيّن ) .

**allotment** *(n.)* (١) توزيع حصص (٢) حصّة .

**all-out** *(adj.)* كامل ؛ شامل .

**allow** *(vt.; i.)* (١) يخصّص لـ (٢) يسلّم بـ . (٣) يجيز ؛ يدع ؛ يترك × (٤) يأخذ بعين الاعتبار .

**allowable** *(adj.)* جائز ؛ مباح ؛ مشروع .

**allowance** *(n.)* (١) نصيب ؛ حصة . (٢) مُخَصّص ؛ علاوة (٣) إنقاص ؛ حَسْم . (٤) إباحَة ؛ إجازة (٥) إقرار أو تسليم بِ .

**alloy** *(n.; vt.)* (١) الأُشابَة : خليط من معدنين أو أكثر (٢) معدن خسيس ممزوج بمعدن نفيس § (٣) يؤشّب : يخلط المعادن .

**all right** *(adv.; adj.)* (١) حسنٌ جدّاً (٢) من غير رَيْب § (٣) صحيح ؛ مُرْضٍ (٤) معافى .

**allspice** *(n.)* فلفل افرنجي ؛ فلفل حلو .

**allude** *(vi.)* يلمّح ؛ يُلمع إلى ؛ يشير مداورة .

**allure** *(vt.; n.)* (١) يُغْري ؛ يَفْتن § (٢) إغراء .

**allusion** *(n.)* (١) تلميح : إلماع (٢) إشارة ضمنية .

**alluvial** *(adj.)* طَمْيِي ؛ غَرَيني .

**alluvion** *(n.)* (١) فيضان (٢) طَمْي ؛ غرين . (٣) تزايد تدريجيّ في اليابسة .

**alluvium** *(n.)* طَمْي ؛ غَرِين .

**ally** *(vt.; i.; n.)* (١) يصاهر بين (٢) يحالف بين ؛ يوحّد في حلف × (٣) يتحالف § (٤) دولة حليفة (٥) حليف ؛ نصير .

**almanac** *(n.)* تقويم ؛ روزنامة .

**almighty** *(adj.; n.)* (١) كلّيّ القدرة . § (٢) *cap.* : الله .

**almond** *(n.)* (١) لوز (٢) لوزة .

**almost** *(adv.)* تقريباً .

**alms** *(n. sing. or pl.)* صَدَقَة ؛ صَدَقات .

**almshouse** *(n.)* مأوى ؛ ملجأ (للفقراء) .

**aloe** *(n.)* الألوة ؛ الصَّبِر : (نبات) .

**aloft** *(adv.)* (١) عالياً (٢) طائراً (٣) عالياً فوق ظهر السفينة .

**alone** *(adj.; adv.)* (١) متوحّد ؛ منفرد بنفسه . (٢) فقط ؛ فحسب (٣) فَذّ ؛ لا يضارَع § (٤) وحده ؛ دُون غيره (٥) وحيداً ؛ بمفرده .

**along** *(prep.; adv.)* (١) على طول كذا § (٢) إلى الأمام (٣) من شخص إلى آخر (٤) معه ، برفقته .

**aloof** *(adv.; adj.)* (١) بعيداً ؛ بمعزل . § (٢) متحفّظ ؛ غير مبدٍ اهتماماً أو عطفاً .

**aloud** *(adv.)* (١) بصوت عالٍ (٢) جِهاراً .

**alp** *(n.)* جبل شاهق .

**alpaca** *(n.)* الألبَكَة : حيوان ثدييّ شبيهٌ بالخروف (٢) صوف الألبكة أو نسيج منه .

alpaca

**alphabet** *(n.)* (١) الألفباء . (٢) مبادىء علم ما .

**alphabetic; -al** *(adj.)* (١) أبجديّ (٢) مرتّب حسب الأبجدية .

**Alpine** *(adj.)* ألبِيّ : متعلّق بجبال الألب .

**already** *(adv.)* (١) الآن (٢) في ذلك الحين . (٣) سابقاً .

**also** *(adv.)* أيضاً ؛ كذلك .

**altar** *(n.)* المَذْبَح : مذبَح الكنيسة .

altar

**alter** *(vt.; i.)* (١) يُبدِّل ؛ يغيِّر ؛ يعدِّل . ×(٢) يتبدَّل ؛ يتغيَّر .

**alteration** *(n.)* (١) تبديل ؛ تغيير (٢) تبدُّل .

**altercate** *(vi.)* يتشاحن ؛ يتشاجر .

**altercation** *(n.)* مشاحنة ؛ مشاجرة ؛ مُشادَّة .

**alternate** *(vt.; i.; adj.; n.)* (١) يُناوِب ؛ يُعاقِب ×(٢) يتناوب ؛ يتعاقب §(٣) متناوِب ؛ متعاقب (٥) متبادَل §(٥) البَديل .

**alternately** *(adv.)* بالتناوب ؛ بالتعاقب .

**alternation** *(n.)* (١) مناوبةٌ ؛ مُعاقَبَةٌ . (٢) تناوُب ؛ تعاقُب .

**alternative** *(adj.; n.)* (١) خِياريّ . §(٢) خِيار ؛ تخيير بين أمرين (٣) البديل : أحد الأمرين المُخيَّر بينهما (٤) مَعْدًى ؛ مَناصٌ .

**alternatively** *(adv.)* بالتناوب ؛ بالتعاقب .

**although** or **altho** *(conj.)* مع أنّ ؛ برغم انّ .

**altimeter** *(n.)* : الألتيمتر : مقياس الارتفاع .

altimeter

**altitude** *(n.)* (١) ارتفاع . (٢) علوّ (٣) مرتفَع (٤) ذروة .

**alto** *(n.)* الألتو : «أ» أخفض الأصوات في غناء النساء . «ب» المغنية بأخفض الأصوات .

**altogether** *(adv.)* (١) تماماً ؛ بكل ما في الكلمة من معنى (٢) جملةً ؛ في مجموعه (٣) بالإجمال .

**altruism** *(n.)* إيثار ؛ غَيْرِيّة ؛ حبّ الغير .

**altruist** *(n.)* الغَيْرِيّ ؛ مُحبّ الغير .

**altruistic** *(adj.)* غَيْرِيّ ؛ محبّ للغير ؛ غير أناني .

**alum** *(n.)* الشبّ ؛ حَجَرُ الشبّ .

**alumina** *(n.)* الألومينا : أكسيد الألومنيوم .

**aluminium; aluminum** *(n.)* الألومينيوم .

**alumnus** *(n.)* pl. **-ni** خرّيج كلية أو جامعة .

**always** *(adv.)* دائماً ؛ أبداً .

**am** *(v.)* أكونُ .

**A.M.** or **a.m.** ق . ظ . : قبل الظهر .

**amain** *(adv.)* (١) بكلّ قوّة (٢) بأقصى السرعة .

**amalgam** *(n.)* (١) المَلْغَم : زئبق ممزوج بمعدن آخر (٢) مزيج .

**amalgamate** *(vt.; i.)* (١) يُمَلْغِم ؛ يَدْمِج . ×(٢) يتملغم ؛ يندمج .

**amaryllis** *(n.)* الأمارِلّس : نبات من النرجسيات .

**amass** *(vt.)* (١) يجمع (ثروةً) (٢) يكدِّس .

**amateur** *(n.; adj.)* (١) الهاوي ؛ اللامحترف . §(٢) هاوٍ ؛ غير محترف .

**amatory** or **amatorial** *(adj.)* غراميّ .

**amaze** *(vt.)* يُذْهِل ؛ يَشْدَه .

**amazement** *(n.)* انذهال ؛ انشداه .

**amazing** *(adj.)* مُذْهِل ؛ مُدْهِش .

**ambassador** *(n.)* سفير .

**amber** *(n.)* (١) كَهرَمان (٢) لون الكهرمان .

**ambergris** *(n.)* العَنْبَر : مادّة شمعيّة .

**ambidextrous** *(adj.)* (١) أضبط : قادرٌ على استعمال كلتا يديه بسهولة متساوية (٢) منافق .

**ambient** *(adj.)* محيط أو مكتنف بـ .

**ambiguity** *(n.)* (١) غموض (٢) التباس .

**ambiguous** *(adj.)* (١) غامض (٢) ملتبس .

**ambition** *(n.)* (١) طموح (٢) مَطْمَح .

**ambitious** *(adj.)* (١) طَموح (٢) توّاق .

**amble** *(vi.; n.)* (١) يرهو (الفرسُ) : يسير بتمهّل §(٢) رَهْو ؛ سيرٌ متمهِّل .

**ambulance** *(n.)* سيارة (أو طائرة) إسعاف .

**ambuscade** *(n.; vi.)* (١) كمينٌ §(٢) يكمن لِـ .

**ambush** *(vt.; i.; n.)* (١) يهاجم من مكمن . ×(٢) يكمن لِـ §(٣) كمين .

**ameliorate** *(vt.; i.)* يُحسِّن أو يتحسّن .

**amen** *(interj.)* آمين .

**amenable** *(adj.)* (١) مسؤول (٢) سهل الانقياد .

**amend** *(vt.)* (١)يعدِّل (٢)يحسِّن (٣)ينقِّح .

**amendment** *(n.)* تعديل ؛ تحسين ؛ تنقيح .

**amends** *(n. sing. or pl.)* تعويض ؛ ترضية .

**amenity** *(n.)* (١) لطافة (٢) لياقة .

**amerce** *(vt.)* (١)يغرم (٢) يعاقب .

**American** *(n.; adj.)* أميركي .

**amethyst** *(n.)* الجَمَشْت : حجر كريم .

**amiable** *(adj.)* أنيس ؛ لطيف ؛ وديّ .

**amicable** *(adj.)* حُبّي ؛ سِلمي .

**amid** *(prep.)* وَسَطَ ؛ بينَ .

**amidships** *(adv.)* في وسط السفينة أو نحو وَسَطها .

**amidst** *(prep.)* وسَطَ ؛ بين .

**amiss** *(adj.; adv.)* (١) خاطىء § (٢) بطريقة خاطئة أو مغلوطة .

**amity** *(n.)* صداقة ؛ تفاهم .

**ammonia** *(n.)* (١) نُشادر (٢) ماء النشادر .

**ammunition** *(n.)* ذخيرة حربيّة .

**amnesia** *(n.)* فَقْد الذاكرة .

**amnesty** *(n.; vt.)* (١) عفوٌ عام § (٢) يصدر عفواً عاماً عن .

amoeba

**amoeba** *(n.)* : المتمورِّة ؛ الأميبَة : حُيَيْوين وحيدُ الخليّة .

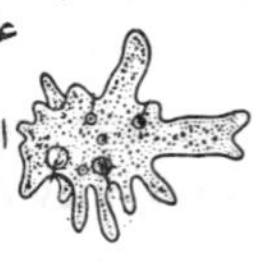

**among; amongst** *(prep.)* وسَطَ ؛ بين ؛ في ما بين .

**amorous** *(adj.)* (١) محبّ (٢) عاشق (٣) حُبّي ؛ غزَلي .

**amorphous** *(adj.)* غير مُتَبَلْوِر .

**amortize** *(vt.)* يستهلك الدَّين .

**amount** *(vi.; n.)* (١) يبلغ كذا § (٢) مبلغ ؛ مقدار ؛ كمية .

**amour** *(n.)* علاقةٌ غراميّة .

**ampere** *(n.)* الأمبير : وحدة لقياس التيار الكهربائي .

**amphibian** *(n.; adj.)* (١) البَرْمائي : كل حيوان يستطيع العيش في الماء وعلى اليابسة (٢)الطائرة البرمائية § (٣) برمائيّ .

**amphibious** *(adj.)* برمائيّ .

**amphitheater** *(n.)* مُدَرَّج .

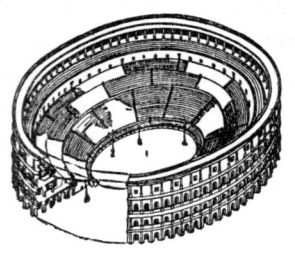

**ample** *(adj.)* (١)مُتّسِع (٢)وافر (٣)مُسهَب .

**amplification** *(n.)* توسيع ؛ تضخيم ؛ إسهاب .

**amplify** *(vt.; i.)* يوسع ؛ يُضخم ؛ يُسهِب .

**amplitude** *(n.)* (١)اتّساع (٢)وفرة (٣)مدى .

**amply** *(adv.)* (١)بِسعَة (٢)بوفرة (٣)بإسهاب .

**ampul** *or* **ampoule** *(n.)* الأنبولَة : زجاجة مختومة فيها محلول يُحقَن تحت الجلد .

**amputate** *(vt.)* يَبْتُر (بعملية جراحية) .

**amulet** *(n.)* تَميمَة ؛ تَعْويذَة ؛ حجاب .

**amuse** *(vt.)* يُلْهي ؛ يُسلّي ؛ يُضْحك .

**amusement** *(n.)* (١) لهو (٢) تَسْلية .

**amusing; amusive** *(adj.)* مُسَلٍّ ؛ مضْحك .

**an** *(indef. art.)* أداة تنكير .

**anachronism** *(n.)* المفارقة التاريخية (كأن تقول إن نابوليون ركب طائرة) .

**anaconda** *(n.)* الأناكُنْدَة : أفعى أميركية .

**anaemia** *(n.)* الانيمية ؛ فقر الدم .

**anaesthesia** *(n.)* الخُدار ؛ فقدان الحس .

**anal** *(adj.)* شَرَجيّ ؛ إستيّ .

**anal canal** *(n.)* القناة الشرَجيّة (تشريح) .

**analgesia** *(n.)* فَقْد الألم أو عدم الشعور به .

**analgesic** *(adj.; n.)* مُسَكِّن ؛ مُفْقِد للألم .
**analogous** *(adj.)* (١) مُشابه (٢) متشابه .
**analogy** *(n.)* (١) قياس التمثيل ( في المنطق ) . (٢) تشابه ؛ تشابه جزئيّ .
**analysis** *(n.)* (١) تحليل (٢) إعراب .
**analytic** *(adj.)* (١) تحليلي (٢) إعرابيّ ؛ مُعْرَب .
**analyze** *(vt.)* (١) يُحلِّل (٢) يُعْرِب .
**anarchism** *(n.)* الفَوْضَوِيَّة .
**anarchist** *(n.; adj.)* فوضوي .
**anarchy** *(n.)* (١) فوضى (٢) الفوضوية .
**anathema** *(n.)* (١) لعنة ؛ الحِرم الكنسي . (٢) المحروم أو الملعون ( كنسياً ) .
**anathematize** *(vt.)* يَحْرِم ( كنسياً ) ؛ يلعن .
**anatomic;-al** *(adj.)* تشريحيّ : متعلق بالتشريح .
**anatomist** *(n.)* (١) العالم بالتشريح . (٢) المشرِّح .
**anatomize** *(vt.)* (١) يشرح (٢) يحلِّل .
**anatomy** *(n.)* (١) علم التشريح (٢) تشريح .
**ancestor** *(n.)* سَلَفٌ ؛ جدّ أعلى .
**ancestral** *(adj.)* سَلَفيّ ؛ ذو علاقة بالأسلاف .
**ancestry** *(n.)* (١) سلسلة النسب (٢) أسلاف .
**anchor** *(n.; vt.; i.)* (١) مِرْساة (٢) المُعْتَمَد ؛ المَلاذ §(٣) يُرْسي ( السفينةَ ) ×(٤) ترسو ( السفينةُ ) .

anchor

at ~, مُرْسى .
to cast (drop) ~, يلقي المرساة .

**anchorage** *(n.)* (١) إرساء ؛ رُسُوّ (٢) مَرْسَى .
**anchorite** or **anchoret** *(n.)* الناسك ؛ الزاهد .
**anchovy** *(n.)* البَلَم ؛ الآنشوفة : سمك صغير .
**ancient** *(adj.; n.)* (١) قديم (٢) عتيق §(٣) شيخ (٤) عجوز *pl.* : شعوب التاريخ القديم .
**anciently** *(adv.)* قديماً ؛ في الزمن الغابر .
**and** *(conj.)* و ؛ واو العطف .
**andiron** *(n.)* المَنْصَب : مِسنَدٌ للحطب المشتعل .
**anecdote** *(n.)* حكاية ؛ نادرة .
**anemia** *(n.)* الأنيميّة ؛ فَقْر الدم .
**anemone** *(n.)* الشُقّار ؛ شقائق النعمان (نبات) .

anemone

**anesthesia** *(n.)* الخُدار ؛ فقدان الحسّ .
**anesthetic** *(adj.; n.)* (١) مخدِّر §(٢) عقار مخدِّر أو مسكِّن .
**anesthetize** *(vt.)* يخدِّر ؛ يعطي مخدِّراً .
**anew** *(adv.)* (١) ثانيةً (٢) بشكل جديد .
**angel** *(n.)* (١) مَلاك (٢) امرأة كالملاك جمالاً .
**anger** *(n.; vt.)* (١) غضبٌ §(٢) يُغْضِب .
**angle** *(n.; vi.)* (١) زاوية (٢) وجهة نظر . §(٣) يُصَنِّر : يصيد السمك بالصنارة .
**angleworm** *(n.)* الخُرْطُون ؛ دودة الأرض .
**Anglican** *(adj.; n.)* انجليكاني .
**angling** *(n.)* التَّصَنُّر : الصيد بالصنّارة .
**Anglo-** بادئة معناها : انكليزي أو انكليزي و ...
**Anglophile** *(n.)* المُحبّ لإنكلترة أو للانكليز .
**Anglophobe** *(n.)* المُبغض لإنكلترة أو للانكليز .
**Anglo-Saxon** *(n.; adj.)* انجلوسكسوني .
**angrily** *(adv.)* بغضب ؛ على نحو غاضب .
**angry** *(adj.)* (١) غاضب (٢) متوعِّد بغضب .
**anguish** *(n.)* كَرْب : ألم مبرِّح .
**angular** *(adj.)* (١) زاويّ (٢) مُزَوًّى : ذو زاوية أو زوايا (٣) بارز العظام .
**aniline** *(n.)* الانيلين : سائل زيتي سامّ .
**anility** *(n.)* (١) خَرَف (٢) تَصَرُّفٌ خَرِف .

**ani** 26 **ant**

**animadvert** *(vi.)* ينتقد (انتقاداً قاسياً أو معادياً)

**animal** *(n.; adj.)* (١) حيوان § (٢) حيوانيّ .

**animalcule** *(n.)* الحُيَيْوين : حيوان ميكروسكوبيّ لا يُرَى بالعين المُجرَّدة .

**animalism** *(n.)* الحيوانية ؛ البهيمية .

**animate** *(vt.; adj.)* (١) يحيي ؛ ينفخ الحياة في . (٢) ينشّط ؛ يقوّي § (٣) حيّ ؛ ذو حياة .

**animated** *(adj.)* حيّ ؛ مفعم بالحيويّة .

**animated cartoon** *(n.)* الرسوم المتحرّكة .

**animation** *(n.)* (١) إحياء ؛ إنعاش (٢) حيوية .

**animosity** *(n.)* حِقد ؛ عِداء .

**animus** *(n.)* (١) نيّة ؛ مَيْل (٢) عِداء .

**anise** *(n.)* أنيسُون ؛ يانسون .

**aniseed** *(n.)* بِزر الأنيسون أو اليانسون .

**ankle** *(n.)* الكاحل : رُسغ القدم .

ankle

**anklet** *(n.)* خُلْخال .

**annals** *(n. pl.)* (١) حوليّات . (٢) تاريخ .

**anneal** *(vt.)* يلدّن (بالتحمية ثم بالتبريد) .

**annex** *(vt.; n.)* (١) يُلْحِق ؛ يضمّ ؛ يضيف . § (٢) مُلحَق ؛ ذيل (٣) بناء إضافي .

**annexation** *(n.)* (١) إلحاق ؛ ضمّ (٢) ملحَق .

**annihilate** *(vt.)* (١) يُبطِل (٢) يمحق ؛ يُبيد .

**anniversary** *(n.;)* الذكرى السنوية .

**annotate** *(vt.; i.)* يحشّي ؛ يعلّق الحواشي .

**announce** *(vt.)* يُعْلِن ؛ يُبْلِغ ؛ يُذيع .

**announcement** *(n.)* إعلان ؛ إبلاغ ؛ بلاغ .

**annoy** *(vt.)* يُزعِج ؛ يضايق ؛ يُغضِب .

**annoyance** *(n.)* إزعاج ؛ انزعاج ؛ مصدر إزعاج .

**annoying** *(adj.)* مزعج ؛ مضايق .

**annual** *(adj.; n.)* (١) سنويّ (٢) حَوْليّ : يعيش عاماً أو موسماً واحداً § (٣) نشرة سنوية (٤) نبات حوليّ .

**annually** *(adv.)* سنوياً ؛ كلّ سنة ؛ كلّ عام .

**annuity** *(n.)* السُّناهية : مرتّب أو دَخْل سنويّ يتلقّاه المرء مدى الحياة عادةً .

**annul** *(vt.)* يلغي ؛ يُبطل ؛ يفسخ .

**annular** *(adj.)* حَلْقيّ : على شكل حَلْقَة .

**annunciation** *(n.)* (١) إعلان ؛ إبلاغ . (٢) *cap.* : عيد البشارة .

**anodyne** *(n.)* دواء أو عقّار مسكّن .

**anoint** *(vt.)* (١) يدهن بمرهم (٢) يمسح بالزيت .

**anomalous** *(adj.)* شاذّ ؛ غير سويّ .

**anomaly** *(n.)* (١) شذوذ (٢) شيء شاذّ .

**anon** *(adv.)* (١) حالاً (٢) قريباً (٣) في وقت آخر .

**anonymous** *(adj.)* (١) غير مُسمّى : مجهول . (٢) غُفْلٌ من الاسم (٣) مجهول المصدر .

**anopheles** *(n.)* بعوضة الملاريا .

**another** *(adj.; pron.)* آخَر ؛ ثان .

love one ~, أحبّوا بعضكم بعضاً .

**answer** *(n.; vi.; t.)* (١) جواب ؛ ردّ . § (٢) يجيب ؛ يردّ على (٣) يدفع ثمن أخطائه الخ . × (٤) يفي بالغرض (٥) يطابق .

to ~ back يجيب بفظاظة .

**answerable** *(adj.)* (١) مسؤول (٢) يُدحَض .

**ant** *(n.)* نملة .

ant

**antagonism** *(n.)* (١) خصومة ؛ عداء (٢) تنافر .

**antagonist** *(n.)* خَصْم ؛ عدوّ .

**antagonistic** *(adj.)* مخاصم ؛ معادٍ ؛ مضادّ .

**antagonize** *(vt.)* (١) يخاصم (٢) يثير العداوة .

**antarctic** *(adj.)* متعلق بالقطب الجنوبي .

**ante-** بادئة معناها : «قَبْل» زماناً أو مكاناً .

**antecedent** *(adj.; n.)* (١) سابق ؛ سالف ؛ متقدّم §(٢)السابقة : حادثة أو حالة سابقة.

**antechamber** *(n.)* حجرة مؤدية أو مُوصلة.

**antedate** *(vt.)* (١) يؤرّخ (شيئاً) بتاريخ سابق. (٢) يتقدّم أو يسبق زمنياً .

**antediluvian** *(adj.)* سابق للطوفان ؛ عتيق .

**antelope** *(n.)* الظبي ؛ بقر الوحش .

**ante meridiem** قبل الظهر (اختصارها A.M. أو a.m.)

**antenna** *(n.)* pl. **-e** *or* **-s** (١) الزّباني : قرن الاستشعار عند الحشرة (٢) الهوائيّ (في الراديو).

**anterior** *(adj.)* (١) أماميّ (٢)سابق ؛ سالف.

**anteroom** *(n.)* حجرة الانتظار .

**anthem** *(n.)* (١) ترنيمة دينية (٢) نشيد .

**anther** *(n.)* المِئْبَر : جزء السَّداة المحتوي على اللقاح ( في النبات ) .

**anthology** *(n.)* مقتطفات أدبية مختارة .

**anthracite** *(n.)* فحم الأنتراسيت .

**anthrax** *(n.)* الجمرة : مرضٌ من أمراض الماشية.

**anthropoid** *(adj.; n.)* (١) شبيهٌ بالانسان . §(٢) قِرْدٌ شبيهٌ بالانسان .

**anthropology** *(n.)* الانثروبولوجيا ؛ علم الانسان

**anti-** بادئة معناها : «أ» مضادّ لِـ . «ب» غير .

**antiaircraft** *(adj.)* مضادّ للطائرات .

**antibiotic** *(adj.; n.)* مُرْدٍ ؛ مضادّ للجراثيم .

**antibody** *(n.)* الجسم المضادّ : مادّة تتكوّن داخل الجسم لمقاومة البكتيريا .

**antic** *(adj.; n.)* (١)غريب §(٢) مهرج.

**anticipate** *(vt.)* (١)يسبق (٢) يُحْبِط بعملٍ مسبَق (٣) يعجّل حدوثَ أمر (٤) يتوقّع .

**anticipation** *(n.)* (١) سَبْق (٢) توقّع ؛ حدس thanking you in ~ , شاكراً لك سلفاً .

**antidote** *(n.)* تِرْياق .

**antimony** *(n.)* الأنتيمون ؛ الإثْمِد .

**antipathy** *(n.)* (١) كراهية (٢) تَعارُض .

**antipode** *(n.)* نقيض .

**antipodes** *(n. pl.)* الأجزاء الواقعة على الجهة المقابلة من الكرة الأرضية .

**antiquary** *(n.)* الجامعُ أو الدارس للأشياء الأثرية

**antiquated** *(adj.)* (١)مهجور (٢)عتيق الزّي.

**antique** *(adj.; n.)* (١)قديم (٢)عتيق الزيّ . §(٣) أثر قديم .

**antiquity** *(n.)* (١)العصور القديمة (٢)عِتَق ؛ قِدَم (٣) أثر قديم .

**antiseptic** *(adj.; n.)* مُطهر ؛ مانع للعفونة .

**antislavery** *(adj.)* مقاوم للرِّقّ أو الاسترقاق.

**antithesis** *(n.)* (١) تضادّ (٢) نَقيض . (٣) طِباق (في البلاغة) .

**antitoxin** *(n.)* (١)الأنتيتُكْسين : جسمٌ مضادٌّ يتكوّن في الجسد نتيجة لحقنه بمادة سُميّة (٢) مصلٌ (ضدّ الدفتيريا الخ.) .

**antler** *(n.)* قَرْن الوَعْل أو شُعْبَةٌ منه .

**antonym** *(n.)* المُطابِقَة : كلمة ذات معنى مناقض لمعنى كلمة أخرى .

**anus** *(n.)* الشَّرَج ؛ الإسْت.

**anvil** *(n.)* سندان الحدّاد .

**anxiety** *(n.)* (١)قَلَقٌ (٢)تلهف أو توق شديد.

**anxious** *(adj.)* (١)قَلِق (٢)متلهف ؛ توّاق.

**any** *(adj.; pron.; adv.)* (١)أيّ ؛ أيّما (٢) كلّ §(٣)أيّ شخص (٤) أحد §(٥)إلى أيّ حدّ .

**anybody** *(pron.)* أيّ إنسان ؛ أيّ امرىء .

**anyhow** *(adv.)* (١) كيفما اتفق (٢)بأية حال.

**anymore** *(n.; adv.)* (١) أيّ شيء إضافي . §(٢) بعد الآن .

**anyone** *(pron.)* أيّ شخص ؛ أيّ إنسان.

**anything** *(pron.)* أيّ شيء ؛ أيّ شيء كان .

**anyway** *(adv.)* بأيّة حال ؛ على كلّ حال.
**anywhere** *(adv.)* في أو إلى أيّ مكان .
**aorta** *(n.)* الوتين ؛ الشريان الأَوْرَطي .
**apace** *(adv.)* بسرعة .
**apart** *(adv.)* (١) منفرداً ؛ على حِدة . (٢) جانباً (٣) بعيداً بعضهم عن بعض (٤) إلى أجزاء .
**apartment** *(n.)* (١) غرفة (٢) شقّة للسكَن.
**apathetic** *(adj.)* فاتر الشعور ؛ لا مبال .
**apathy** *(n.)* (١) فتور الشعور (٢) لامبالاة .
**ape** *(n.; vt.)* (١) قرد (٢) مقلِّد §(٣) يُقلّد.
**aperture** *(n.)* فتحة ؛ ثُقْب ؛ منفذ.
**apex** *(n.)* pl. **-es** *or* **apices** قمة ؛ رأس .
**aphasia** *(n.)* الحُبْسَة : فَقْد القدرة على الكلام.
**aphid; aphis** *(n.)* حشرة تمتص عُصارةَ النبات.
**aphorism** *(n.)* حكمة ؛ مَثَل ؛ قول مأثور.
**apiary** *(n.)* المَنحلَة : مكان تربية النحل .
**apiece** *(adv.)* لكلّ ؛ لكل فرد أو قطعة .
**apocryphal** *(adj.)* مشكوك في صحته أو نسبته.
**apogee** *(n.)* (١) نقطة الأوج : أبعد نقطة عن الأرض في مدار القمر (٢) ذروة ؛ أوج.
**apologetic; -al** *(adj.)* اعتذاري ؛ تبريري.
**apologize** *(vi.)* يعتذر .
**apologue** *(n.)* خرافة أخلاقيّة المغزَى .
**apology** *(n.)* (١) دفاع (٢) اعتذار (عن خطأ).
**apoplexy** *(n.)* السَّكْتة ؛ السكتة الدماغيّة .
**apostasy** *(n.)* الرِّدة : ارتداد عن العقيدة.
**apostate** *(n.; adj.)* مُرْتَدّ (عن عقيدة أو دين).
**apostle** *(n.)* رسول ؛ حَواريّ ؛ مصلح أخلاقيّ.
**apostolic; -al** *(adj.)* (١) رَسوليّ (٢) بابويّ.
**apostolic delegate** *(n.)* القاصد الرسولي .
**apostrophe** *(n.)* الفاصلة العليا : علامة (ʼ) التي تفيد الحذف أو الاضافة أو الجمع .
**apostrophize** *(vt.; i.)* يضع فاصلة عليا .

**apothecary** *(n.)* (١) الصيدليّ (٢) صيدليّة .
**apotheosis** *(n.)* (١) تأليه (٢) تمجيد.
**appall** *or* **appal** *(vt.)* يُرْعب ؛ يروّع .
**appalling** *(adj.)* مُرْعِب ؛ مروّع .
**appanage** *(n.)* إقطاعة (أو أموال) يخصصها ملك أو أمير للقاصرين من أفراد أسرته .
**apparatus** *(n.)* (١) عُدّة ؛ أدوات (٢) جهاز.
**apparel** *(vt.; n.)* (١) يكسو §(٢) كِساء .
**apparent** *(adj.)* مرئيّ ؛ واضح ؛ ظاهريّ .
**apparition** *(n.)* (١) شبَحٌ (٢) ظهور.
**appeal** *(vt.; i.; n.)* (١) يستأنف الدعوى . ×(٢) يستغيث بـ ؛ يناشد (٣) يلجأ أو يحتكم إلى (٤) يُعْجِب ؛ يروق لِـ §(٥) استئناف (٦) استغاثة ؛ مناشدة (٧) احتكام إلى (٨) إغراء ؛ فتنة .
**appear** *(vi.)* (١) يَظْهر للعيان (٢) يَمْثُل (أمام القضاء) (٣) يبدو (٤) يتضح (٥) يَصْدُر .
**appearance** *(n.)* (١) ظهور (٢) مثول (أمام القضاء) (٣) هيئة ؛ مظهر خارجي .
**appease** *(vt.)* يهدّىء ؛ يسكّن ؛ يُشْبِع .
**appellant** *(n.)* المستانف (لدعوى) .
**appellate** *(adj.)* استئنافي .
**appellation** *(n.)* لقب ؛ كنية ؛ اسم .
**appellee** *(n.)* المستأنَف ضدّه ( في القانون ) .
**append** *(vt.)* (١) يُلْحق ؛ يُضيف (٢) يذيّل.
**appendage** *(n.)* (١) ملحق (٢) لاحقة ؛ زائدة.
**appendicitis** *(n.)* التهاب الزائدة الدودية.
**appendix** *(n.)* (١) مُلحَق (٢) الزائدة الدودية.
**appertain** *(vi.)* يتعلّق بـ ؛ يختصّ بِـ .
**appetite** *(n.)* (١) شَهيّة (إلى الطعام) (٢) شهوة.
**appetizer** *(n.)* المُشَهّي : طعامٌ أو شرابٌ يُتناوَل قبل الطعام لإثارة الشهيّة .
**appetizing** *(adj.)* مُشَهّ : مثيرٌ أو فاتحٌ للشهيّة.
**applaud** *(vi.; t.)* (١) يصفّق ×(٢) يُطْرِي.

app 29 apr

**applause** *(n.)* تصفيق ؛ إطراء ؛ استحسان .

**apple** *(n.)* (١) تُفّاحة (٢) شجرة التفاح.

**appliance** *(n.)* (١)استعمال ؛ تطبيق (٢)أداة.

**applicable** *(adj.)* ملائم ؛ قابل للتطبيق .

**applicant** *(n.)* طالب الوظيفة (أو المساعدة الخ).

**application** *(n.)* (١) استعمال ؛ تطبيق . (٢)انكباب (٣)طلب (٤)الوَضْعَة : علاج موضعي .

**applied** *(adj.)* تطبيقي .

**apply** *(vt.; i.)* (١)يستعمل (٢)يطبّق عملياً . (٣) يضع أو ينشر على (٤) ينكبّ على ×(٥) ينطبق على (٦) يقدّم طلباً .

**appoint** *(vt.)* (١) يحدّد ( وقتاً الخ ) . (٢) يعيّن ؛ يوظف (٣) يُجهز بِ...

**appointee** *(n.)* المعيّن ( في وظيفة ما ) .

**appointment** *(n.)* (١) تعيين ؛ توظيف . (٢)وظيفة ؛ منصب (٣)موعد (٤)*pl.*: أثاث.

**apportion** *(vt.)* يقسم ؛ يوزّع ؛ يُحصّص.

**apposite** *(adj.)* ملائم ؛ مناسب ؛ في محلّه .

**appraisal** *(n.)* تثمين ؛ تقييم ؛ تخمين.

**appraise** *(vt.)* يثمّن ؛ يقيّم ؛ يخمّن.

**appreciable** *(adj.)* ممكن تقديره أو إدراكه الخ.

**appreciate** *(vt.)* (١)يقدّر (شيئاً) حق قَدْرِه (٢) يُعْجَب إعجاباً عظيماً بـ (٣) يُدرِك إدراكاً كاملاً (٤) يزيد في قيمة شيء .

**appreciation** *(n.)* (١)قَدْرُ الشيء حق قَدْرِه. (٢)إعجاب (٣) إدراك (٤) ارتفاع في الثمن.

**appreciative** *(adj.)* قادرٌ شيئاً حق قدْرِه.

**apprehend** *(vt.)* (١) يعتقل ؛ يقبض على . (٢)يعي ؛ يدرك (٣)يخشى (٤)يفهم.

**apprehensible** *(adj.)* ممكن فهمه .

**apprehension** *(n.)* (١) فَهْمٌ (٢) إدراك. (٣)اعتقال (٤)خشيةٌ ؛ خوف من شرّ مُرْتَقَب.

**apprehensive** *(adj.)* (١) سريع الفهم أو الإدراك (٢)خائف ؛ قلق ؛ مُرْتَقِبٌ شرّاً.

**apprentice** *(n.)* (١)الغُلام المُمَهَّن : صبيّ يُمرَّن عند صانع ما ، على حرفة ما (٢)المبتدىء.

**apprise** *or* **apprize** *(vt.)* يُخْبر ؛ يُعْلِم .

**approach** *(vt.; i.; n.)* (١)يدنو أو يقترب من (٢) يضاهي (٣)يُدْني ؛ يقرّب (٤)يفاتح ×(٥) يدنو ؛ يقترب §(٦) دنوّ ؛ اقتراب (٧) طريق (٨) طريقة لفهم موضوع ما .

**approbation** *(n.)* (١) استحسان . (٢) تصديق على .

**appropriate** *(vt.; adj.)* (١) يستولي على. (٢)يخصّص أو يُفرِد لغرضٍ معيّن §(٣)ملائم.

**appropriately** *(adv.)* على نحو ملائم أو مناسب .

**approval** *(n.)* موافقة ؛ استحسان ؛ تصديقٌ على.

**approve** *(vt.; i.)* (١) يوافق على ؛ يستحسن . (٢) يصدّق على ×(٣) يُطْرِي .

**approximate** *(adj.; vt.)* (١) تقريبيّ . (٢)متقارِبٌ §(٣)يُدْني ؛ يقرّب (٤)يقارب.

**approximately** *(adv.)* تقريباً ؛ على التقريب.

**appurtenance** *(n.)* (١)حقّ أو امتياز فرعيّ. (٢)اللاحقة ؛ الملحق : شيء تابع لشيء آخر .

**appurtenant** *(adj.)* مُلحَق ؛ تابع .

**apricot** *(n.)* (١) المشمش (٢)شجرة المشمش.

**April** *(n.)* أبريل ؛ شهر نيسان .

**April fool** *(n.)* كذبة نيسان أو ضحيّتها .

**apron** *(n.)* مِئْزَر ؛ وَزْرَة ؛ «مَرْيَلَة» .

**apropos** *(adj.; adv.)* (١) ملائم ؛ مناسب ؛ في محلّه § (٢) على نحو ملائم الخ (٣) وبالمناسبة ...

**apropos of** *(prep.)* في ما يتصل بـ ؛ في ما يتعلّق بـ .

**apt** *(adj.)* (١) ميّالٌ إلى (٢) عرضةٌ لـ ؛ قابلٌ لـ . (٣) جدير (٤) ملائم (٥) شديد الذكاء .

**aptitude** *(n.)* (١) قابلية (٢) ذكاء (٣) أهلية .

**aquamarine** *(n.)* زَبَرْجَد .

**aquarium** *(n.)* المَرْبَى المائي : حوضٌ لحفظ الأسماك والحيوانات والنباتات المائيّة الحيّة .

**aquatic** *(adj.)* مائيّ .

**aqueduct** *(n.)* قناةٌ لجرّ المياه .

aqueduct

**aqueous** *(adj.)* مائيّ .

**aquiline** *(adj.)* (١) نَسْرِيّ (٢) معقوف .

**Arab** *(n.; adj.)* (١) العَرَبيّ § (٢) عربيّ .

arabesque

**arabesque** *(n.)* الأرابسْك : فنّ الزخرفة العربيّ .

**Arabian** *(adj.; n.)* (١) عَرَبيّ . § (٢) العَرَبيّ .

**Arabic** *(adj.; n.)* (١) عَرَبيّ . § (٢) اللغة العربية .

**arable** *(adj.)* مُنْزَرِع ؛ صالح للزراعة .

**arbiter** *(n.)* الحَكَم ؛ الوَسيط .

**arbitrament** *(n.)* (١) الفصل في النزاع (يقوم به حَكَمٌ مكلّف بذلك) (٢) حُكم المحكّم .

**arbitrary** *(adj.)* (١) اعتباطيّ ؛ تحكّميّ ؛ كيفيّ (٢) استبداديّ .

**arbitrate** *(vi.; t.)* (١) يفصل في نزاع (بوصفه حَكَماً) × (٢) يحكّم : يعرض نزاعاً على حكَم .

**arbitration** *(n.)* التحكيم .

**arbitrator** *(n.)* الحَكَم ؛ المحكّم ؛ الوسيط .

**arbor** *or* **arbour** *(n.)* التعريشة : مكان مُظلّل بالأغصان المتشابكة ( في حديقة ) .

**arboreal** *(adj.)* شَجَرِيّ ؛ ساكن الأشجار .

**arc** *(n.)* قَوْس .

**arcade** *(n.)* (١) ممرّ مُقَنْطَر (٢) عَقْدٌ أو صف قناطر .

arcade

**arch** *(n.; vt.; adj.)* (١) قَنطرة ؛ قَوْس . (٢) مَدْخَل أو مجاز تحت قنطرة § (٣) يُقَنْطِر أو يزوّد بقنطرة (٤) يقوّس ؛ يجعله على شكلِ قَوسٍ § (٥) رئيسيّ (٦) ماكر ؛ خبيث .

**arch-** بادئة معناها : رئيس ؛ رئيسي .

**archaeology** *(n.)* علم الآثار القديمة .

**archaic** *(adj.)* قديم ؛ مهجور ؛ مُمات .

**archangel** *(n.)* الملاك الرئيسيّ .

**archbishop** *(n.)* رئيس الأساقفة .

**archdeacon** *(n.)* رئيس الشمامسَة .

**archduke** *(n.)* أرشيدوق .

**archer** *(n.)* الرّامي : رامي السّهام .

**archery** *(n.)* الرّماية: الرّمي بالسهام.
**archetype** *(n.)* الطراز البَدئي ؛ النموذج الأصلي.
**archipelago** *(n.)* الأرْخَبيل: مجموعة جزر.
**architect** *(n.)* المهندس المعماري.
**architectural** *(adj.)* معماري.
**architecture** *(n.)* فن العمارة؛ أسلوب البناء.
**archives** *(n.pl.)* أرشيف؛ سجلاّت؛ محفوظات.
**archly** *(adv.)* بمكر؛ بخبث.
**arctic** *(adj.)* ذو علاقة بالقطب الشمالي.
**Arctic Circle** *(n.)* المنطقة القطبية الشمالية.
**ardent** *(adj.)* (١) غيور؛ متحمس (٢) متّقد؛ حارّ جدّاً (٣) متوهّج.
**ardor** *or* **ardour** *(n.)* (١) غَيْرة؛ حماسة. (٢) حرارة ملتهبة.
**arduous** *(adj.)* (١) شاقّ؛ قاسٍ (٢) جَهيد. (٣) شديد التحدّر؛ صعب المرتقى.
**are** *pres. 2d sing. or pres. pl. of* be.
**are** *(n.)* الآر: مئة متر مربع.
**area** *(n.)* (١) مساحة (٢) منطقة (٣) نطاق؛ مجال؛ دائرة (٤) مجاز مؤدٍّ إلى قبو.
**arena** *(n.)* المُجتَلَد: الجزء المتوسط (الخاص بالمتصارعين) من مدرّج روماني.
**argent** *(adj.)* فضّيّ.
**argil** *(n.)* الأرجيل: طينُ الخزّاف.
**argon** *(n.)* الأرْغون: عنصرٌ غازيّ.
**argosy** *(n.)* (١) سفينة كبيرة (٢) أسطول.
**argue** *(vi.; t.)* (١) يجادل؛ يناقش (٢) يتجادل أو يتنازع مع × (٣) يحاول أن يبرهن (٤) يُقنع.
**argument** *(n.)* (١) برهان؛ حُجة (٢) مناقشة.
**argumentation** *(n.)* جدَل؛ مناقشة.
**argumentative** *(adj.)* جدَليّ.
**aria** *(n.)* نَغَمٌ؛ لَحْنٌ.
**arid** *(adj.)* (١) جافّ (٢) قاحِل (٣) غير ممتِع.
**aridity** *(n.)* (١) جفاف (٢) قُحولة.

**aright** *(adv.)* على نحوٍ قويم أو صحيح.
**arise** *(vi.)* (١) ينهض (٢) ينشأ (٣) يرتفع.
**aristocracy** *(n.)* الأرستقراطية: طبقة النبلاء.
**aristocrat** *(n.)* الأرستقراطي: أحد أبناء الطبقة العليا.
**aristocratic** *(adj.)* أرستقراطيّ.
**arithmetic** *(n.)* علم الحساب.
**arithmetic; arithmetical** *(adj.)* حسابيّ.
**arithmetician** *(n.)* الخبير في علم الحساب.
**ark** *(n.)* (١) سفينة نوح (٢) تابوت العهد.
**arm** *(n.; vt.; i.)* (١) ذراع (٢) لسان البحر الداخلُ في البرّ (٣) سلطة (٤) سلاح § (٥) يُسَلِّح × (٦) يتسلّح.
**armada** *(n.)* آرمادا؛ أسطول حربي.
**armadillo** *(n.)* المُدَرَّع: حيوان اميركي.

armadillo

**armament** *(n)* (١) قوّات حربية (٢) سلاح أو عُدّة حربيّة (٣) تسلّح.
**armchair** *(n.)* كرسيّ ذو ذراعين.
**armed** *(adj.)* مُسلّح؛ مزوّد بالسلاح.
**Armenian** *(n.; adj.)* أرمني.
**armistice** *(n.)* هُدْنة.
**armless** *(adj.)* أعزل؛ بلا سلاح.
**armlet** *(n.)* سوارٌ (لأعلى الذراع).
**armor** *(n.; vt.)* (١) دِرْع § (٢) يدرّع؛ يصفّح.

armor

arm 32 art

**armored** *or* **armoured** *(adj.)* مدرَّع .

**armorer** *or* **armourer** *(n.)* صانع الدروع أو الأسلحة ؛ مُصلِح الأسلحة النارية .

**armorial** *(adj.)* خاص بشعار النبالة .

**armory** *(n.)* (١) مستودع أو مصنع أسلحة .

**armour** *(n.; vt.)* = armor.

**armpit** *(n.)* إبْطٌ .

**arms** *(n. pl.)* (١) أسلحة (٢) حرب .

under ~, تحت السلاح ؛ مستعدٌ للقتال .

**army** *(n.)* (١) جيش (٢) جمعٌ غفير .

**aroma** *(n.)* (١) شذا ؛ عبير (٢) نكهة .

**aromatic** *(adj.)* (١) عِطريّ (٢) قويّ الرائحة .

**arose** *past of* arise.

**around** *(adv.; prep.)* (١) حَوْل (٢) في مكان قريب (٣) هنا وهناك (٤) طوالَ (٥) حوالَى .

**arouse** *(vt.)* (١) يوقظ (٢) يثير ؛ يستحثّ .

**arraign** *(vt.)* (١) يستدعي إلى المحكمة (٢) يتّهم

**arrange** *(vt.)* (١) يرتّب ؛ ينظّم (٢) يتخذ الترتيبات الضرورية لِـ ... (٣) يسوّي .

**arrangement** *(n.)* (١) ترتيب ؛ تنظيم . (٢) تسوية (٣) *pl.* : استعدادات .

**arrant** *(adj.)* (١) متشرّد (٢) بكل ما في الكلمة من معنى (٣) رديء جداً .

**arras** *(n.)* قماش مُزَرْكَش (أو ستارة منه) .

**array** *(vt.; n.)* (١) ينظّم (صفوفَ الجند) . (٢) يُلبس ؛ يكسو § (٣) نظام ؛ ترتيب (٤) حلة قشيبة .

**arrears** *(n.pl.)* المتأخرات (من أعمال أو ديون) .

in ~ with the rent متأخر في دفع أجرة المسكن .

**arrest** *(vt.; n.)* (١) يُوْقِف ؛ يكبح (٢) يعتقل . (٣) يَلْفت § (٤) إيقاف ؛ كَبْح (٥) اعتقال .

under ~, موقوف ؛ مُعْتَقَل .

**arrival** *(n.)* (١) وصول ؛ قدوم ؛ مَقْدَم . (٢) توصّلٌ إلى (٣) الوافد ؛ القادم .

**arrive** *(vi.)* (١) يَصل ؛ يفِد ؛ يَقْدَم ؛ يجيء . (٢) يتوصّل (إلى اتفاق الخ.) (٣) يَبْلُغ (٤) يحين (٥) ينجح .

**arrogance** *(n.)* كبْر ؛ عجرفة ؛ غَطْرَسَة .

**arrogant** *(adj.)* متكبّر ؛ متعجرف ؛ متغطرِس .

**arrogate** *(vt.)* (١) ينتحل (٢) يَنْحَل : يعزو إلى آخرَ بغير حق .

**arrow** *(n.)* سَهْم .

**arrowhead** *(n.)* رأس السَهْم .

**arsenal** *(n.)* (١) دار الصناعة : مؤسسة لصنع الأسلحة (٢) مستودع أسلحة .

**arsenic** *(n.; adj.)* (١) زَرْنيخ § (٢) زرنيخيّ .

**arsenical** *(adj.)* زرنيخيّ .

**arson** *(n.)* إحراق المباني (وغيرها) عمداً .

**art** *(n.)* (١) مهارة (٢) فنّ (٣) طريقة (٤) مكر .

**arterial** *(adj.)* (١) شريانيّ (٢) رئيسيّ .

**artery** *(n.)* شريان .

**artesian well** *(n.)* البئرُ الأرتوازيّة .

**artful** *(adj.)* (١) بارع (٢) ماكر .

**arthritis** *(n.)* التهاب المفاصل .

**arthropod** *(n.)* المَفْصِليّ : حيوان مَفْصليّ .

**artichoke** *(n.)* خُرْشوف ؛ أرضي شوكي .

**article** *(n.)* (١) بَنْد ؛ فِقْرة ؛ مادّة (٢) مقالة (٣) أداة تعريف أو تنكير (٤) شيء ؛ صنف .

**articular** *(adj.)* مَفْصِليّ ؛ مَفاصِليّ .

**articulate** *(adj.; vt.; i.)* (١) ملفوظ بوضوح . (٢) واضح (٣) ناطق (٤) مَفْصِليّ ؛ ذو مفاصل § (٥) يلفظ بوضوح (٤) يَرْبط بمَفْصِل أو مفاصِل × (٥) يرتبط بمفصِل أو نحوه .

**art** 33 **asl**

**articulated** *(adj.)* (١)ذو مَفاصل (٢)ملفوظ بوضوح (٣) مترابطٌ .

**articulation** *(n.)* (١) الربط أو الارتباط بمفاصل (٢) مَفْصِل (٣)نُطْق ؛ لَفْظ .

**artifice** *(n.)* (١)حيلة (٢)مكر (٣) براعة.

**artificer** *(n.)* الصانع البارع أو المبتكِر .

**artificial** *(adj.)* اصطناعي ؛زائف ؛ متكلَّف.

**artillery** *(n.)* (١)المِدفعيّة (٢)سلاح المدفعية.

**artisan** *(n.)* الحِرَفي : الصانع الماهر.

**artist** *(n.)* (١) الفنّان (٢)المخادع ؛ المحتال.

**artistic** *or* **artistical** *(adj.)* فنّي .

**artless** *(adj.)* (١)غِرّ ؛ جاهل (٢) مصنوع بغير براعة (٣)ساذج (٤)بسيط ؛ طبيعي .

**Aryan** *(adj.; n.)* (١) آري ؛ هندي أوروبيّ . §(٢)الآريّة : اللغة التي اشتُقّت منها معظم اللغات الأوروبية (٣)الآريّ : واحدالآريين.

**as** *(conj.; adv.; pron.; prep.)* (١) كأنّ ؛ وكأنّ (٢) مِثْل (٣) مثلما (٤)عندما ؛أثناء (٥) على الرغم (٦) بسبب (٧) لما كان ؛ بما أن (٨) بحيث §(٩) مثلاً §(١٠)الذي ؛ التي الخ. (١١) كما §(١٢) كَ ؛ مِثْل (١٣) بوصفه كذا .

~ far ~, بقَدْر ما .
~ long ~, ما دام .
~ soon ~, حالما .
~ soon ~ possible بأسرع ما يمكن .
~ regards; ~ respects في ما يتعلق بـ .
~ to *or* for في ما يتعلق بِ .
~ well أيضاً .
~ well ~, بالاضافة إلى ؛ أيضاً .
~ yet حتى الآن .

**asafetida** *(n.)* الحِلْتيت ( صِمغ ) .

**asbestos** *(n.)* الأسْبَستُوس ؛ الحرير الصخري.

**ascend** *(vi.; t.)* (١) يصعد ؛ يرتفع ؛ يعلو . (٢)يرقَى إلى ×(٣) يتسلّق (٤) يرتقي .

**ascendancy; -dency** *(n.)* سطوة ؛ هَيْمَنَة.

**ascendant** *or* **ascendent** *(n.; adj.)* (١)الطالِع (في اصطلاح المنجّمين) (٢)سَلَفٌ §(٣) مسيطر ؛ سائد (٤) صاعد ؛ طالع .

**ascension** *(n.)* (١) صعود (٢) عيد الصعود .

**ascent** *(n.)* (١)صعود (٢)تسلّق (٣) مُرْتَقَى.

**ascertain** *(vt.)* يتحقّق من كذا (بالتجربة) .

**ascetic** *(adj.; n.)* (١) زُهْديّ (٢) زاهد ؛ متنسّك §(٣) الزاهد ؛ الناسك .

**asceticism** *(n.)* زهد؛ تنسّك؛ تقشّف.

**ascribe** *(vt.)* يعزو ؛ ينسب إلى .

**ascription** *(n.)* عَزْوٌ ؛ نِسْبَة .

**aseptic** *(adj.)* مطهر ؛ معقّم .

**asexual** *(adj.)* (١)عديم الجنس ؛عديم الأعضاء التناسليّة (٢) لاتزاوجيّ .

**ash** *(n.)* (١) رماد (٢)شجرة الدّردار .

**ashamed** *(adj.)* خَجِل ؛ خجلان ؛ مُستحٍ من.

**ashen** *(adj.)* (١) رماديّ (٢) رماديّ اللون .

**ashes** *(n. pl.)* (١) خرائب (٢)رماد (٣)رُفات.

**ashore** *(adv.; adj.)* على أو إلى الشاطىء .

**ash tray** *(n.)* المَرْمَدَة : منفضة رماد السجاير.

**ashy** *(adj.)* = ashen.

**Asian; Asiatic** *(adj.; n.)* آسيوي .

**aside** *(adv.)* (١) جانباً (٢) على انفراد.

joking ~, جدّياً ؛ من غير هزل .

**asinine** *(adj.)* (١)حِماريّ (٢)أبله ؛ أحمق.

**ask** *(vt.; i.)* (١)يسأل (٢) يطلب (٣) يلتمس. (٤)يتطلّب (٥) يدعو .

to ~ after يستخبر عن صحة فلان .

**askance** *or* **askant** *(adv.)* شَزْراً ؛ بازدراء .

**askew** *(adv.; adj.)* (١)بانحراف §(٢)منحرف.

**aslant** *(adv.; adj.)* (١)بانحراف §(٢)منحرف.

**asleep** *(adj.; adv.)* (١)نائم §(٢) نائماً .

**asp** *(n.)* النّاشِر : أفعى صغيرة سامّة .

**asparagus** *(n.)* الهِلْيون .

asparagus

**aspect** *(n.)* (١) مَظْهَر . (٢) هيئة ؛ سيماء (٣) وجه (٤) واجهة ؛ مُطَلّ .

**aspen** *(n.)* الحَوْر الرَّجْراج (نبات) .

**asperity** *(n.)* قَسْوَة ؛ خشونة ؛ حِدّة .

**asperse** *(vt.)* يَنْضَح ؛ يَرُش (٢) يذمّ .

**aspersion** *(n.)* (١) نَضْح ؛ رَش (٢) ذمّ .

**asphalt** *(n.; vt.)* (١) أسْفَلْت ؛ قِيْر ؛ زِفت . § (٢) يُسَفْلِت ؛ يُقَيِّر ؛ يزفّت .

asphodel

**asphodel** *(n.)* البَرْوَق : نبات من الفصيلة الزنبقية .

**asphyxia** *(n.)* اختناق .

**asphyxiate** *(vt.; i.)* (١) يَخْنق × (٢) يختنق .

**aspic** *(n.)* الهلام اللحميّ : هُلام يُصْنَع من اللحم وعصير الطماطم .

**aspirant** *(n.)* الطّماح (إلى المجد الخ.) .

**aspiration** *(n.)* (١) تنَفُّس (٢) طُموح . (٣) المَطْمَح : ما يُطمَح إليه .

**aspire** *(vi.)* (١) يتوق ؛ يطمح إلى (٢) يحلّق .

**aspirin** *(n.)* (١) الأسبرين (٢) قرص اسبرين .

**asquint** *(adj.; adv.)* (١) شَزْر § (٢) شَزْراً .

**ass** *(n.)* (١) حمار (٢) شخص أبله أو أحمق .

**assail** *(vt.)* (١) يهاجم بعنف (٢) يُغير على .

**assailant** *(n.)* المُهاجِم ؛ المُغير .

**assassin** *(n.)* السفّاك ؛ القاتل ؛ السفّاح .

**assassinate** *(vt.)* يغتال ؛ يقتل .

**assassination** *(n.)* اغتيال ؛ قَتْل ؛ مَقْتَل .

**assault** *(n.; vt.; i.)* (١) هجوم (٢) اعتداء . (٣) اغتصاب § (٤) يهاجم (٥) يغتصب (امرأة) .

**assay** *(vt.; n.)* (١) يجرّب ؛ يختبر ؛ يفحص . (٢) يحاول (٣) يحلّل § (٤) تحليل .

**assemblage** *(n.)* (١) جَمْعٌ أو حَشْدٌ (من الناس) ؛ مجموعة (٢) تجميع ؛ تركيب (٣) تجمّع ؛ التقاء .

**assemble** *(vt.; i.)* (١) يجمع ؛ يحشد (٢) يركّب (أجزاء آلة) × (٣) يجتمع .

**assembly** *(n.)* (١) اجتماع (٢) جمعية تشريعية ؛ مجلس نواب (٣) تجميع (٤) إشارة التجمّع (في الجندية) (٥) تركيب أجزاء آلة أو جَمعُها .

**assent** *(vi.; n.)* (١) يوافق على § (٢) موافقة.

with one ~, بالإجماع .

**assert** *(vt.)* (١) يؤكّد ؛ يجزم بـ (٢) يدافع عن حقّ أو زعم (أو يُصرّ عليهما) .

to ~ oneself يفرض على الآخرين الاعتراف بحقوقه أو مركزه .

**assertion** *(n.)* (١) توكيد ؛ جَزْم (٢) إصرار على .

**assess** *(vt.)* (١) يحدّد نسبةَ ضريبة (٢) يَفرِض ضريبة (٣) يخمّن ؛ يقيّم .

**assessment** *(n.)* (١) تحديد (أو فرض) الضرائب (٢) تخمين أو تقييم (٣) ضريبة .

**assessor** *(n.)* مخمّن الضرائب .

**asset** *(n.)* (١) شيء نافع أو ثمين ؛ مَصْدَرُ قوّة . (٢) *pl.* : موجودات ؛ أصول (في التجارة) .

**asseverate** *(vt.)* يُعْلِن مُقْسِماً ؛ يؤكّد بجزْم .

**assiduity** *(n.)* اجتهاد ؛ كدّ ؛ مواظبة .

**assiduous** *(adj.)* مجتهد ؛ كادّ ؛ مواظِبٌ .

**assign** *(vt.)* (١) يتخلى عن (٢) يعيّن (٣) يحدّد . (٤) يعزو (٥) يخصّص .

**assignation** *(n.)* (١) تخلٍّ عن (٢) تعيين . (٣) تحديد (٤) تخصيص لـ (٥) عَزْو .

**assignee** *(n.)* (١) الوكيل (٢) المتنازَل له .

ass 35 ast

**assignment** *(n.)* . (١) تخلٍّ عن (٢) تعيين (٣) تحديد (٤) تخصيص (٥) مُهِمَّة؛ واجب مُحدَّد (٦) درسٌ مفروضٌ على الطلاب .

**assimilate** *(vt.; i.)* (١) يمثّل الطعامَ ( بعد هضمه ) (٢) يستوعب؛ يفهم فهماً جيداً (٣) يمتص ×(٤) يتمثّل .

**assimilation** *(n.)* . تمثيل؛ استيعاب؛ امتصاص .

**assist** *(vt.; i.)* . (١) يُساعد (٢) يَحْضُر .

**assistance** *(n.)* . (١) مساعَدة (٢) عَوْن .

**assistant** *(n.; adj.)* (١) المُساعِد §(٢) مساعد .

**assizes** *(n. pl.)* جلسات دورية (يعقدها في الأقاليم قضاةُ محكمة عليا) .

**associate** *(vt.; i.; n.; adj.)* (١) يزامل؛ يصادق؛ يرافق (٢) يضمّ؛ يوحّد (٣) يربط ذهنياً بين شيء وآخر ×(٤) يتزامل؛ يتصادق؛ يعاشر (٥) ينضم؛ يتّحد §(٦) زميل؛ صديق؛ رفيق §(٧) مزامل؛ مرافق (٨) مساعد .

**association** *(n.)* . (١) مزاملة؛ مصادقة؛ مرافقة (٢) تزامل؛ تصادق؛ ترافق (٣) جمعية (٤) اتحاد (٥) تداعي المعاني أو الخواطر أو الأفكار .

**assort** *(vt.; i.)* . (١) يصنِّف؛ ينسق ×(٢) يتجانس؛ يتلاءم .

**assorted** *(adj.)* (١) مصنَّف؛ منسَّق (٢) منوَّع؛ مُشكَّل (٣) متجانس .

**assortment** *(n.)* . (١) تصنيف؛ تنسيق (٢) تناسق (٣) تشكيلة؛ مجموعة منوَّعة .

**assuage** *(vt.)* . (١) يسكّن؛ يلطِّف (٢) يهدّئ (٣) يُشبِع؛ يُطفئ .

**assume** *(vt.)* . (١) يتولى القيام بِ (٢) يتّخذ (٣) يَلْبس (٤) ينتحل؛ يغتصب (٥) يتظاهر بِ (٦) يفترض .

**assumed** *(adj.)* . زائف؛ مزعوم؛ منتَحَل .

**assuming** *(adj.)* . مُدَّعٍ؛ متغطرس .

**assumption** *(n.)* . (١) تولٍّ (٢) اتّخاذ (٣) انتحالٌ (٤) تظاهرٌ بِـ (٥) افتراض (٦) ادّعاء .

**assurance** *(n.)* . (١) عَهْد؛ توكيد (٢) ثقة (٣) سلامة؛ أمن (٤) تأمين على الحياة (٥) ثقة بالنفس؛ اعتماد على النفس (٦) وقاحة .

**assure** *(vt.)* . (١) يؤكِّد (٢) يُطمئِن؛ يُقنع (٣) يكفل (٤) يثبت؛ يدعم (٥) يؤمِّن .

**assured** *(adj.; n.)* . (١) واثق؛ على ثقة؛ مقتنع (٢) أكيد؛ ثابت؛ مضمون (٣) واثق من نفسه؛ وقح (٤) مؤمَّن عليه §(٥) المؤمَّن .

**Assyrian** *(n.; adj.)* . أشوريّ .

**aster** *(n.)* . الأسْطَر؛ زهرة النجمة (نبات) .

aster

**asterisk** *(n.)* : المُنجَّمة؛ العلامة النّجميّة : علامة طباعيّة كهذه (*) .

**astern** *(adv.)* (١) في أو نحو مؤخّر السفينة أو الطائرة (٢) إلى الخلف .

**asteroid** *(n.)* . سُيَيّر؛ كُوَيْكِب (في الفلك) .

**asthma** *(n.)* . النَّسَمَة؛ داء الرَّبو .

**astir** *(adj.)* . (١) ناشط (٢) مستيقظ .

**astonish** *(vt.)* . يُدْهِش؛ يُذْهِل؛ يَشْدَه .

**astonishment** *(n.)* . دَهَش؛ ذهول .

**astound** *(vt.)* . يَصْعَق؛ يُذهِل بشدّة .

**astrakhan** *(n.)* . الأستراخان : نوع من الفراء .

**astray** *(adj.; adv.)* . ضالّ؛ شارد؛ مخطئ .

**astride** *(adv.; adj.)* . منفرج الساقَيْن .

**astringent** *(adj.; n.)* (١) عَقُول ؛ قابض ؛ زامّ للأنسجة الحيّة §(٢) العَقول : مادة تجعل أنسجة الجسم تنقبض .

**astrolabe** *(n.)* : الأَسْطُرْلاب : آلة فلكية قديمة .

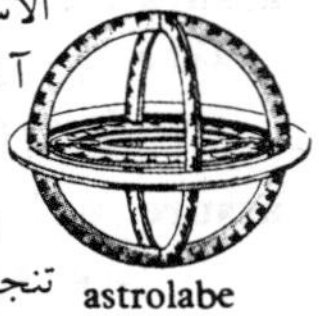

astrolabe

**astrologer** *(n.)* : المنجِّم : المشتغل بعلم التنجيم .

**astrological** *(adj.)* : تنجيمي : متعلّق بعلم التنجيم .

**astrology** *(n.)* علم التنجيم .

**astronaut** *(n.)* الفضائيّ ؛ رائد الفضاء .

**astronomer** *(n.)* الفَلَكيّ : العالِم الفَلَكي

**astronomical** *(adj.)* (١) فَلَكيّ (٢) ضخم .

**astronomy** *(n.)* علم الفَلَك .

**astute** *(adj.)* ذكيّ ؛ داهية ؛ ماكر .

**asunder** *(adv.; adj.)* (١) إرَباً §(٢) متباعدٌ أحدهما عن الآخر .

**asylum** *(n.)* (١) مأوى (للعميان) (٢) ملجأ (للأيتام) (٣) مستشفى (لمرضى الأمراض العقلية) .

**at** *(prep.)* (١) عند (٢) في (٣) إلى ؛ نحو (٤) على . (٥) بسبب (٦) بِـ ؛ بسعر .

| | |
|---|---|
| ~ last | أخيراً . |
| ~ least | على الأقل . |
| ~ once | حالاً ؛ في الحال . |
| ~ (the) most | على الأكثر . |

**ate** *past of* eat.

**atelier** *(n.)* مَرْسَم ؛ استديو .

**atheism** *(n.)* الإلحاد : إنكار وجود الله .

**atheist** *(n.)* المُلْحِد ؛ مُنكِر وجود الله .

**atheistic; -al** *(adj.)* إلحاديّ .

**atheneum** *(n.)* (١) مَجْمَع (٢) مكتبة عامة .

**Athenian** *(n.; adj.)* أثينيّ : منسوب إلى أثينا .

**athirst** *(adj.)* (١) ظامىء (٢) تائقٌ إلى .

**athlete** *(n.)* الرياضيّ ؛ اللاعب الرياضيّ .

**athletic** *(adj.)* (١) رياضيّ (٢) نشيط ؛ قويّ .

**athletics** *(n. pl.)* الألعاب الرياضيّة .

**athwart** *(adv.; prep.)* (١) بانحراف ؛ بالعرض . (٢) عَبْرَ §(٣) ضدّ .

**Atlantic** *(n.; adj.)* (١) المحيط الأطلسي . §(٢) أطلسيّ : متعلق بالمحيط الأطلسي .

**atlas** *(n.)* الأطلس : مُصَوَّر جغرافي .

**atmosphere** *(n.)* الجوّ ، الغلاف الجوّي .

**atmospheric; -al** *(adj.)* جوّي .

**atom** *(n.)* ذرّة

**atom** *or* **atomic bomb** *(n.)* القنبلة الذرية .

**atomic** *(adj.)* (١) ذَرّيّ (٢) شديدُ الصِّغر .

**atomizer** *(n.)* : المِرذاذ : أداة لتحويلِ العطر (أو مبيد البكتيريا) إلى رذاذ .

atomizer

**atone** *(vi.; t.)* يعوِّض أو يكفِّر عن .

**atonement** *(n.)* (١) تعويض أو تكفير عن ؛ كفّارة (٢) *cap.* : آلام المسيح وموته .

**atrocious** *(adj.)* (١) أثيم (٢) وحشيّ (٣) شنيع .

**atrocity** *(n.)* وحشية ؛ شناعة ؛ فظاعة .

**atrophy** *(n.; vi.; t.)* (١) ضُمور §(٢) يَضْمُر . ×(٣) يصيب بالضمور .

**attach** *(vt.)* (١) يحجز ؛ يصادر (٢) يتعلّق بِـ ؛ يولع بِـ (٣) يربط ؛ يضمّ ؛ يُرْفِق ؛ يُلصِق (٤) يُلحِق (٥) يعلّق (أهمية) على .

**attaché** *(n.)* مُلْحَق (ثقافي الخ.) في سفارة .

**attachment** *(n.)* (١) حَجْز ؛ مصادرة . (٢) مودّة ؛ صداقة (٣) أداة مُلْحَقَة بِـ (٤) رابط (٥) رَبْط ؛ ارتباط .

**attack** *(vt.; i.; n.)* (١) يهاجم (٢) يتهجّم على . (٣) يعتري ؛ يصيب (٤) يشرع في عمل شيء أو دراسته ×(٥) يشنّ هجوماً §(٦) مهاجمة ؛ هجوم (٧) نوبة (قلبٍ الخ.) .

**attain** *(vt.; i.)* (١)يحرز (٢)يحقّق (٣)يَبْلغ .

**attainder** *(n.)* تجريد من الحقوق المدنية .

**attainment** *(n.)* (١)إحراز ؛ تحقيق ؛ بلوغ . (٢)المُحْرَز ؛ المَكْسَب : كل ما يحرزه المرء أو يكسبه من علم أو فن أو براعة .

**attaint** *(vt.)* يجرّد من الحقوق المدنية .

**attar** *(n.)* عطرٌ ؛ عطرُ الورد أو زيتُه .

**attempt** *(vt.; n.)* (١)يحاول (٢)يحاول الاعتداء على §(٣) محاولة (٤) محاولة اعتداء .

**attend** *(vt.; i.)* (١) يخدم (٢)يسهر (الطبيب) على صحة فلان (٣) يلازم؛ يصاحب (٤) يشهد؛ يَحضُر ×(٥) ينكبّ على (٦)يصغي إلى (٧)يُعْنَى بِـ؛ يوليه عنايتَه.

**attendance** *(n.)* (١) خدمة (٢) ملازمة ؛ مصاحبة (٣) شهود ؛ حضور (٤) انكباب (٥) إصغاء (٦) النظارة ؛ الحضور .

**attendant** *(n.; adj.)* (١) المرافق ؛ الخادم . (٢) شيء ملازمٌ أو مصاحب (٣) المشاهد؛ الحاضر §(٤)حاضر (٥)ملازم؛ مصاحب .

**attention** *(n.)* (١)انتباه (٢)عناية؛ اهتمام . (٣)لطف؛ كياسة؛ مجاملة؛ ملاطفة .

**attentive** *(adj.)* (١) يقظ ؛ منتبه (٢)لطيف؛ مجامل ؛ ملاطف .

**attenuate** *(vt.; i.)* (١) يُنْحِل ؛ يُهْزِل . (٢) يُوهن؛ يُضْعِف ؛ يُخفِّض (٣) يرقّق؛ يخفّف ×(٤) يَهْزُل؛ يضعُف؛ يرِقّ .

**attest** *(vt.; i.)* (١) يُظهِر (٢) يصدِّق على .

**attic** *(n.)* عِلِّيّة (تحت سطح المنزل) .

**attire** *(vt.; n.)* (١) يُلبِس؛ يكسو؛ يزيّن . §(٢) ملابس فاخرة أو مزخرفة .

**attitude** *(n.)* (١) وَضْع جسماني (٢)موقف .

**attorney** *(n.)* (١) الوكيل (٢) المحامي .

**attorney general** *(n.)* النائب العام .

**attract** *(vt.; i.)* يجذب ؛ يَلْفت ؛ يفتن .

**attraction** *(n.)* (١)جَذْب (٢)فتنة؛ جاذبية . (٣)المَفْتَن: كلّ ما يفتن أو يخلب اللب .

**attractive** *(adj.)* جذّاب؛ فاتن؛ ساحر .

**attribute** *(vt.; n.)* (١) يعزو أو ينسب إلى . §(٢)خاصيّة؛ صفة مُميزة (٣)نعت؛ صفة.

**attribution** *(n.)* (١)عَزْو؛ نسبة (٢) شيء مَعْزُوّ (٣) صفة مَعْزُوّة .

**attributive** *(adj.)* (١) عَزْويّ (٢) وصفيّ.

**attrition** *(n.)* (١) نَدَم (٢) تآكلٌ؛ بِلًى (ناشئ عن الاحتكاك) (٣) إنهاك .

**attune** *(vt.)* (١) يُدَوْزِن (٢)يناغم؛ يساوق.

**auburn** *(adj.)* أصْحَر؛ أسمر محمرّ .

**auction** *(n.; vt.)* (١) مزاد علنيّ §(٢) يبيع بالمزاد العلني .

**auctioneer** *(n.)* الدلاّل: البائع بالمزاد العلني .

**audacious** *(adj.)* (١)جريء (٢)متهوّر (٣)وقح

**audacity** *(n.)* (١) جرأة (٢) تهوّر (٣) وقاحة.

**audible** *(adj.)* مسموع ؛ ممكنٌ سماعه بوضوح.

**audience** *(n.)* (١) سماع ؛ استماع (٢)مقابلة رسمية (٣)حرية الكلام (٤) النظارة؛ جماعة المشاهدين (٥) جمهور القراء أو المستمعين.

**audit** *(n.; vt.)* (١)تدقيق أو فحص للحسابات التجارية §(٢) يدقّق (الحسابات) .

**auditor** *(n.)* (١)المستمع (٢)فاحص الحسابات. (٣) طالب مستمع (في جامعة) .

**auditorium** *(n.)* قاعة المحاضرات الخ .

**auditory** *(adj.)* سمعيّ .

**auger** *(n.)* مِثْقَب (النجار) .

**aught** *(n.)* صِفْر؛ لا شيء.

**augment** *(vi.; t.)* (١)يزداد ×(٢) يزيد .

auger

**augur** *(n.; vt.; i.)* (١) العرّاف ؛ المُتنبّئ بالمغيَّب §(٢) يتكهّن ؛ يتنبأ بالمستقبل .

**augury** *(n.)* (١) عِـرافة (٢) بشير ؛ نذير .

**august** *(adj.)* مَهيب ؛ جليل .

**August** *(n.)* أغسطس ؛ شهر آب .

auk

**auk** *(n.)* الأوْك : طائر بحريّ .

**aunt** *(n.)* (١) عمة أو خالة . (٢) زوجة العم أو الخال .

**aura** *(n.)* (١) شذا ؛ عبير . (٢)هالة أو جوّ مميـز .

**aural** *(adj.)* أُذُنيّ ؛ سمعيّ .

**aureole** *or* **aureola** *(n.)* هالة .

**auricle** *(n)* (١)الصِّوان : الجزء الخارجيّ الغضروفيّ من الأذن (٢)أُذَيْن القلب الأيمن أو الأيسر .

**auricular** *(adj.)* (١) أُذُنيّ ؛ سَمْعِيّ . (٢) سريّ ؛ مهموس به .

**auriferous** *(adj.)* تِبْرِيّ ؛ محتوٍ على ذهب .

**aurora** *(n.)* فَجْر ؛ مَطْلَع .

**auspice** *(n.)* (١)تكهُّن (٢) بشير بخير ؛ نذير بشرّ (٣) .*pl* : رعاية .

**auspicious** *(adj.)* ميمون ؛ سعيد ؛ مبشِّر بالنجاح

**austere** *(adj.)* (١)قاسٍ ؛ صارم (٢)بسيط .

**austerity** *(n.)* (١) قسوة ؛ صرامة (٢)بساطة.

**Australian** *(n.; adj.)* استرالي .

**Austrian** *(n.; adj.)* نمساوي .

**authentic** *(adj.)* موثوقٌ ؛ أصيل ؛ حقيقي .

**authenticate** *(vt.)* (١) يوثِّق ؛ يجعله موثوقاً به (٢) يُثبت أصالة شيء أو صحة نسبته .

**authenticity** *(n.)* صالة ؛ صحة .

**author** *(n.)* (١)المؤلِّف (٢)المُبدِع ؛ المُوْجِد.

**authoritarian** *(adj.; n.)* فاشِسْتيّ .

**authoritative** *(adj.)* (١) رسميّ (٢) آمر ؛ جازم ؛ ديكتاتوريّ (٣) موثوق .

**authority** *(n.)* (١)مُستَنَد ؛ مَرجع (٢)خبير ؛ ثقة (٣) سلطة ؛ حقّ (٤) .*pl* : الحكومة ؛ السُلطات (٥) سلطان ؛ اعتبار ؛ نفوذ .

**authorization** *(n.)* (١)تفويض (٢)ترخيص ؛ إجازَة ؛ إقرار (٣) رخصة .

**authorize** *(vt.)* يُفَوِّض ؛ يجيز ؛ يُقِرّ .

**authorship** *(n.)* التأليف ؛ صناعة الكتابة .

**auto-** بادئة معناها : «أ» ذاتيّ . «ب» ذاتيّ الحركة .

**autobiography** *(n.)* السيرة الذاتية : قصة حياة الكاتب بقلمه .

**autocracy** *(n.)* الأوتوقراطية ؛ حكم الفرد .

**autocrat** *(n.)* المستبدّ ؛ الحاكم المطلق .

**autocratic** *(adj.)* أوتوقراطي ؛ استبداديّ .

**autograph** *(n.)* توقيع المرء أو إمضاؤه .

**automatic** *(adj.; n.)* (١) أوتوماتيكي ؛ آلي ؛ ذاتيّ الحركة §(٢) سلاح ناري أوتوماتيكي .

**automaton** *(n.)* إنسان أوتوماتيكي .

**automobile** *(n.)* سيّارة .

**autonomous** *(adj.)* (١)استقلاليّ (٢) مستقل

**autonomy** *(n.)* الاستقلال ؛ الحكم الذاتيّ .

**autopsy** *(n.)* تشريح الجثة (لتحديد سبب الوفاة)

**autosuggestion** *(n.)* الايحاء الذاتي .

**autumn** *(n.)* الخريف ؛ فصل الخريف .

**auxiliary** *(adj.; n.)* (١) مساعد (٢)إضافيّ . (٣) احتياطي §(٤) المساعد ؛ شخص أو شيء أو فعلٌ مساعد .

**avail** *(vi.; t.; n.)* (١)يفيد ؛ ينفع §(٢)فائدة ؛ نفع

of no ~, غير مفيد ؛ غير نافع .
to ~ oneself of . يفيد من ، يستفيد من
to no ~; without ~ ., على غير طائل

**available** *(adj.)* (١) قانونيّ (٢) مُنتفَعٌ به . (٣) مُتاح ؛ متيسّر ؛ في المتناوَل .

**avalanche** *(n.)* التَيْهُور : كتلة ضخمة من ثلج أو صخر تنهار على جانب جبل .

**avarice** *(n.)* جَشَعٌ ؛ بخل .

**avaricious** *(adj.)* جَشِعٌ ؛ بخيل .

**avenge** *(vt.; i.)* ينتقم ؛ يثأر .

**avenue** *(n.)* (١) سبيل ؛ وسيلة (٢) طريق مشجّر (٣) جادّة .

**aver** *(vt.)* يؤكّد ؛ يجزم .

**average** *(n.; adj.; vi.; t.)* (١) المعدّل ؛ المتوسط §(٢) متوسّط (٣) عاديّ §(٤) يبلغ معدّلُه ×(٥) يعمل بمعدّل كذا (٦) يوجِد المعدل .

**averment** *(n.)* تأكيد ؛ جزم .

**averse** *(adj.)* كارِهٌ ؛ مُبْغِضٌ ؛ نَفورٌ من .

**aversion** *(n.)* مقت ؛ كُرْه ؛ بغض .

**avert** *(vt.)* (١) يُحوّل بَصَرَه عن . (٢) يتجنّب ؛ يتفادى .

**aviary** *(n.)* المَطْيَر : قفص كبير للطيور .

**aviate** *(vi.)* يطير بطائرة الخ .

**aviation** *(n.)* الطّيَران ؛ الملاحة الجوية .

**aviator** *(n.)* الطيّار ؛ الملاّح الجوّي .

**avid** *(adj.)* طمّاع ؛ شَرِه ؛ شديد التوق إلى .

**avidity** *(n.)* طمع ؛ جَشَع ؛ شَرَه الخ .

**avocado** *(n.)* الأفوكاتة : نبات أميركي .

avocado

**avocation** *(n.)* (١) هواية . (٢) مهنة .

**avoid** *(vt.)* يتجنّب ؛ يتفادى .

**avoidable** *(adj.)* ممكنٌ اجتنابُهُ أو تفاديه .

**avoidance** *(n.)* اجتنابٌ ؛ تَفادٍ .

**avoirdupois** *(n.)* (١) ثُقْل افواردوبْوا : نظام انكليزي للموازين .

**avouch** *(vt.)* (١) يؤكّد (٢) يضمن (٣) يُقرّ .

**avow** *(vt.)* يقرّ ؛ يعترف أو يجاهر بـ .

**avowal** *(n.)* إقرار ؛ اعتراف ؛ مجاهرةٌ بـ .

**await** *(vt.)* ينتظر ؛ يترقّب ؛ يتوقّع .

**awake** *(vi.; t.; adj.)* (١) يستيقظ (٢) يعي ؛ يُدْرِك ×(٤) يُوْقِظ ×(٥) يقظان ؛ يَقِظ .

**awaken** *(vt.; i.)* (١) يوقظ ؛ ينبّه ×(٢) يستيقظ .

**awakening** *(n.; adj.)* (١) إيقاظ (٢) يقظة . (٣) نهضة §(٤) مستيقظ (٥) مُوْقِظ .

**award** *(vt.; n.)* (١) يعطي (بحكم قضائي) . (٢) يمنح §(٣) حُكْم ؛ قرار (٤) جائزة .

**aware** *(adj.)* واعٍ ؛ مدركٌ ؛ مُطّلعٌ على .

**awash** *(adj)* (١) مغسول بالأمواج : تتلاطم الأمواج فوقه (٢) تتقاذفه الأمواج (٣) مغمورٌ بالماء .

**away** *(adv.; adj.)* (١) بعيداً (٢) جانباً . §(٣) غائب (٤) بعيد .

~ with you! أُغْرُب ! إذهبْ عني !

**awe** *(n.; vt.)* (١) رَوْع ؛ خشية §(٢) يَرُوْع .

**aweary** *(adj.)* مُرْهَق ؛ مُجْهَد ؛ مُتْعَب .

**awestricken; awestruck** *(adj.)* ممتلىء رعْباً أو رَوْعاً أو رهبةً .

**awful** *(adj.)* (١) مُرْعب (٢) شنيع ؛ بغيض .

**awhile** *(adv.)* لحظةً ؛ هُنَيْهَةً ؛ فترةً قصيرةً .

**awkward** *(adj.)* (١) أخرق : «أ» غير بارع أو لبق . «ب» غير قابل للاستعمال بطريقة مريحة أو وافية بالغرض (٢) بشع (٣) غير ملائم (٤) مُرْبِك (٥) صعب المراس .

**awl** *(n.)* مِخْرَز ؛ مِثْقاب .

**awn** *(n.)* الحَسَكَة : حَسَكَة السّنبلة .

**awning** *(n.)* الظُلّة : ما يُظلِّل النافذة من الشمس .

awning

**awoke** *past and past part. of* awake.

**awry** *(adj.; adv.)* (١) مُنحرف §(٢) بانحراف .

Our plans have gone ~, أخفقت خططنا .

**ax** *or* **axe** *(n.)* فأس .

**axial** *(adj.)* مِحْوَرِيّ .

**axiom** *(n.)* حقيقةٌ مقرّرة ؛ بديهية .

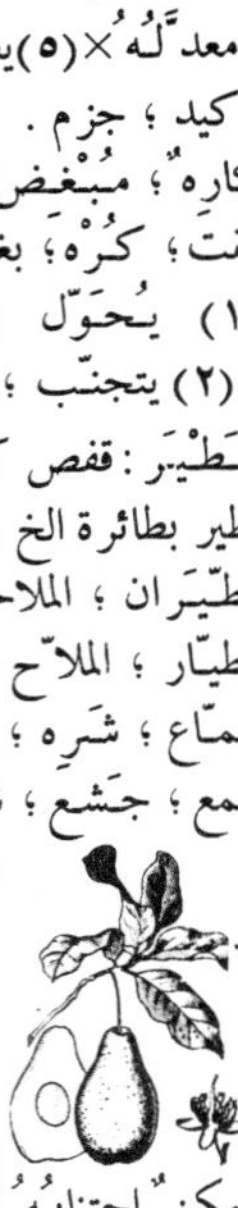

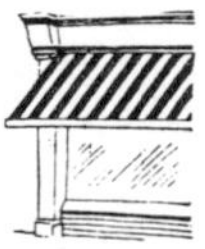

**axiomatic** *(adj.)* بَدَهيّ؛ بديهيّ .
**axis** *(n.)* (١) مِحْوَر (٢) حِلف.
**axle** *(n.)* الجُزْع : محور العجلة أو الدولاب .
**axletree** *(n.)* مِحور العربة .
**ay; aye** *(adv.)* دائماً؛ إلى الأبد.
**ay; aye** *(adv.; n.)* (١) نعم §(٢) المؤيِّد .
**azalea** *(n.)* الأزاليّة؛ الصحراويّة (نبات) .
**azimuth** *(n.)* السَّمْت ؛ زاوية السَّمت.
**azure** *(n.; adj.)* (١) اللازَوَرْديّ : الأزرق السماوي §(٢) لازَوَرْديّ : أزرق سماويّ.

*Baalbek*

**B**

**b** *(n.)* الحرف الثاني في الأبجدية الانكليزية .

**B.A.** بكالوريوس في الفنون أو الآداب .

**babble** *(vi.; n.)* (١) يثرثر ؛ يهذر (٢) يَخِرّ . §(٣) هذيان (٤) ثرثرة (٥) خرير .

**babe** *(n.)* = baby.

**babel** *(n.)* (١) *cap.* : مدينة بابل (٢) جَلَبَة أو اختلاط أصوات (٣) بَلْبَلَة .

**baboon** *(n.)* الرُّبّاح : سعدان ضخم قصير الذيل .

baboon

**baby** *(n.; adj.)* (١) طفل §(٢) صغير .

**babyhood** *(n.)* الطفولة ؛ سنّ الطفولة .

**Babylonian** *(n.; adj.)* بابليّ .

**baccalaureate** *(n.)* (١) بكالوريا (٢) عظة توجّه إلى صفّ متخرّج (في حفلة التخريج).

**bacchanalia** *(n.)* حفلة سكر وتهتّك .

**bachelor** *(n.)* (١) حامل البكالوريا (٢) الأعزب .

**bachelorhood** *(n.)* العُزوبة .

**bacillus** *(n.)* pl. **-cilli** العُصَيّة ؛ الباسيل : بكتيريا عَصَوِيّ الشكل .

**back** *(n.; adv.; adj.; vt.)* (١) ظَهْر (٢) قفا . (٣) مؤخّر (٤) الظهير (في كرة القدم) . §(٥) إلى الوراء (٦) خَلْفَ §(٧) خلفيّ (٨) متأخّر ؛ مستحقّ ولم يُدفع (٩) ماضٍ ؛ سابق ؛ قديم §(١٠) يسند ؛ يدعم (١١) يظهر ؛ يوقّع على ظهر .. (١٢) يُرْجِع إلى الوراء (١٣) يبطّن بـ .

~ and forth جيئةً وذُهوباً .

to ~ down يتنازل عن مطلب .

to ~ out يحنث بوعده .

to put one's ~ into something يعمل بجدّ لإنجازه .

with one's ~ to the wall في وضع حرج ؛ مُكرَه على الدفاع عن نفسه .

**backbite** *(vi.; t.)* يغتاب (شخصاً) .

**backbone** *(n.)* (١) العمود الفقري (٢) عزم .

**backdoor** *(n.)* بابٌ خلفيّ .

bac 42 bai

**backer** *(n.)* (١)النصير : المناصر (٢)المراهن على.

**backgammon** *(n.)* النَّرْد ؛ لعبة الطاولة .

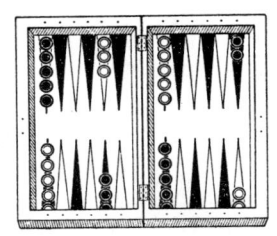

backgammon

**background** *(n.)* خلفيّة.

in the ~, بعيداً عن الأنظار أو الأضواء.

**backing** *(n.)* عَوْن ؛ مساعدة؛ تأييد .

**backslide** *(vi.)* يرتدّ عن الطريق القويم .

**back talk** *(n.)* ردّ وقِح .

**backward;-s** *(adv.)* (١) إلى الوراء(٢)عكسياً ؛ باتجاه عكسيّ (٣) نحو الماضي ؛ في الماضي .

**backward** *(adj.)* (١) ارتجاعيّ؛ عكسيّ الاتجاه (٢)خلفيّ (٣)متخلِّف (٤)خجول ؛ متردد.

**bacon** *(n.)* لحمُ خنزير مملّحٌ أو مُقدَّد .

to bring home the ~, ينجح ؛ يفوز بالجائزة.

**bacteria** *(n. pl.)* جراثيم ؛ بكتيريا .

**bacterial** *(adj.)* جُرثومي ؛ بكتيري .

**bacteriologic; -al** *(adj.)* جراثيميّ .

**bacteriology** *(n.)* علم الجراثيم .

**bad** *(adj.)* رديء؛ سيّء؛ فاسد؛ كريه.

in ~ temper في غضب شديد .

~ debt دَين ميّت .

from ~ to worse من سيّء إلى أسوأ .

to go ~, يتلف ؛ يفسد .

**bade** *past of* bid.

**badge** *(n.)* شارَة؛ علامة مميِّزة تُحمَل دلالةً على الانتساب .

badger

**badger** *(n.;vt.)* (١)الغُرَير: حيوان قصير القوائم يحفر مسكنه في الأرض §(٢) يضايق باستمرار .

**badly** *(adv.)* (١) على نحوٍ رديء أو خطير (٢)إلى أبعد حدّ ؛ بصورة ملحّة .

**baffle** *(vt.)* يحيّر ؛ يُرْبك؛ يُعيي .

**bag** *(n.; vi.; t.)* (١) كيس (٢) حقيبة . (٣) ضَرْع §(٤) ينتفخ ×(٥) ينفخ (٦) يصيد؛ يقتل (٧) يستولي على .

~ and baggage بِرُمّته ؛ بقضّه وقَضيضه.

in the ~, مضمون ؛ في الجيب .

**bagatelle** *(n.)* شيء تافه .

**baggage** *(n.)* أمتعة؛ حقائب سفر .

**baggy** *(adj.)* فضفاض ؛ منتفخ كالكيس .

**bagpipe(s)** *(n.)* مِزْمار القِربَة .

**bagpiper** *(n.)* العازف بمزمار القِربة .

bagpiper

**bail** *(n.; vt.; i.)* (١) كفالة (٢)إطلاق سراح بكفالة (٣) الكفيل (٤) المِنْزَحة: دلوٌ لطرح المياه من سفينة (٥) مقبض الدلو أو الغلاّية §(٦)يُطلق سراح موقوفٍ بكفالة (٧)ينزَح

أو يطرح الماء من سفينة ( بواسطة دلو ) .

out on ~, مُطْلَق السراح بكفالة .

to ~ a person out } يكفل موقوفاً بغية

to go ~ for a person } إطلاق سراحه موقتاً .

**bailiff** *(n.)* (١) مساعد مأمور التنفيذ أو «الشريف» (٢) حاجب المحكمة (٣) وكيل المزرعة .

**bait** *(vt.; n.)* (١) يضايق ؛ يعذّب ؛ يُرهق بهجمات متواصلة (٢) يزوّد بطُعْم (٣) يُغْرِي ؛ يُغْوِي §(٤) طُعْم (٥) إغراء .

**baize** *(n.)* البَيْز : نسيج أخضر لموائد البليارد .

**bake** *(vt.)* (١) يَخْبِز (٢) يحمِّص .

**baker** *(n.)* (١) الخبّاز (٢) فرن صغير نقّال .

**bakery** *(n.)* مَخْبَز ؛ فرن .

**baking powder** *(n.)* ذُرور الخَبْز .

**balance** *(n.; vt.; i.)* (١) ميزان (٢) وزن أو قوة أو نفوذ مقابل أو موازن (٣) ميزان الساعة (٤) توازن (٥) الرصيد : باقي الحساب §(٦) يزن (٧) يرصد الحساب أو يدفعه . (٨) يوازن ×(٩) يتوازن ؛ يتعادل .

balances 1.

**balance sheet** *(n.)* الميزانيّة ؛ البلانشو .

**balcony** *(n.)* (١) شُرْفة (٢) شرفة في مسرح .

balcony 1.

**bald** *(adj.)* (١) أصلع (٢) بسيط ؛ غير مزخرف . (٣) صريح ؛ مكشوف .

**baldric** *(n.)* حِمالة ؛ حزام الكتف .

**bale** *(n.; vt.)* (١) بالة §(٢) يرزم .

**baleful** *(adj.)* مؤذٍ ؛ مُهْلِك ؛ مشؤوم .

**baling** *(n.)* حَزْم (للبضائع) في بالات .

**balk** *(n.; vt.)* (١) عائق §(٢) يعوق ؛ يُحبِط .

**Balkan** *(adj.)* بَلْقانيّ : منسوب إلى البَلْقان .

**ball** *(n.; vt.; i.)* (١) كرة (٢) الكرة الأرضية . (٣) لعبة البايسبول (٤) حفلة راقصة (٥) نزهة §(٥) يكور ×(٦) يتكوّر .

~ of the eye . بؤبؤ العين أو إنسانها

to give a ~, . يقيم حفلة راقصة

**ballad** *(n.)* أغنية بسيطة ؛ قصيدة قصصية .

**ballast** *(n.; vt.)* (١) الصابورة ؛ ثِقل الموازنة . (٢) حصىً لرصف الطرق §(٣) يزوّد بصابورة (٤) يفرش بالحصى .

**ballerina** *(n.)* البالبرينا : راقصة الباليه .

**ballet** *(n.)* (١) رقص الباليه (٢) فرقة باليه .

**balloon** *(n.)* مُنطاد ؛ بالون .

**ballot** *(n.; vi.)* (١) ورقة الاقتراع (٢) اقتراع ؛ تصويت (٣) مجموع أصوات المقترعين §(٤) يقترع .

balloon

**ballroom** *(n.)* قاعة الرقص .

**balm** *(n.)* (١) البَلْسَم «أ» : مرهم أو شجرٍ عطريّ . «ب» علاجٌ شافٍ أو مسكِّن .

**balmy** *(adj.)* (١) بَلْسَميّ ؛ شافٍ ؛ مسكِّن . (٢) معتدل ؛ منعش (٣) عَطِر .

**balsam** *(n.)* بَلْسَم .

**Baltic** *(adj.)* بَلْطيّ : متعلق ببحر البلطيك .

**baluster** *(n.)* عمود درابزين .

**balustrade** *(n.)* درابزين .

**bam** 44 **ban**

**bamboo** *(n.)* خَيْزُران .

bamboo

**ban** *(vt.; n.)* (١) يحظُر § (٢) حِرْم (من الكنيسة) (٣) لعنة (٤) تحريم (٥) إدانة .

**banal** *(adj.)* مُبْتَذَل ؛ تافه ؛ عاديّ .

**banana** *(n.)* (١) موز (٢) شجرة الموز.

**band** *(n.; vt.; i.)* (١) قَيْد (٢) رباط . (٣) شريط ؛ عصابة ؛ حِزام (٤) طَوْق (٥) عصبة ؛ زمرة ؛ جماعة (٦) عصابة لصوص (٧) النطاق : نطاق من الذبذبات أو الأطوال الموجيّة (في الراديو) § (٨) يربط بشريط أو عصابة (٩) يجمع ؛ يوحّد × (١٠) يتحد ؛ يعتصب .

**bandage** *(n.; vt.)* (١) عصابة ؛ ضمادة . § (٢) يَعْصِب ؛ يضمِّد .

**bandbox** *(n.)* علبة قبّعات أو ياقات الخ.

**bandit** *(n.)* لصّ ؛ قاطع طريق.

**bandmaster** *(n.)* قائد فرقة موسيقية .

**bandy** *(vt.; adj.)* (١) يتقاذف (٢) يتبادل . (٣) يُذيع أو ينقل § (٤) متقوس .

**bane** *(n.)* (١) سُمّ (٢) هلاك ؛ خراب.

**baneful** *(adj.)* سامّ ؛ مُهْلِك ؛ مُميت .

**bang** *(vt.; i.; n.)* (١) يضرب بعنف (٢) يغلق بقوّة (٣) يقصّ شعر الناصية قصاً مستقيماً فوق الجبين × (٤) يَقْرَع (الباب) بشدّة (٥) يُحْدِث ضجّةً عاليةً § (٦) ضربة عنيفة (٧) ضجة داوية (٨) نشاط ؛ حيوية.

**bangle** *(n.)* (١) سوارٌ (٢) خلخال .

**banish** *(vt.)* ينفي ؛ يُبعد ؛ يطرد.

**banister** *(n.)* عمود درابزين .

**banjo** *(n.)* البانجو : آلة موسيقية .

banjo

**bank** *(n.; vt.; i.)* (١) رُكام ؛ كومة (٢) مُنحدَر ؛ جُرُف (٣) مُنحدَر في قاع نهر أو بحر (٤) ضفّة (٥) مقعد خشبيّ طويل (٦) صفّ ؛ صفّ مجاذيف ؛ صفّ مفاتيح (في أُرغن أو آلة كاتبة) (٧) مَصْرِف ؛ بنك § (٨) يقيم سدّاً حول (٩) يَرْكم ؛ يكوّم (١٠) يصُفّ (١١) يُميل (الطائرةَ) جانبيّاً (١٢) يُودع في مَصْرِف × (١٣) يتراكم (١٤) تميل (الطائرةُ) جانبيّاً .

**bank account** *(n.)* الحساب المصرفيّ .

**bankbook** *(n.)* دفتر الحساب المصرفي .

**banker** *(n.)* المصرفيّ : صاحب البنك.

**banking** *(n.)* الصناعة المصرفيّة .

**bank note** *(n.)* الورقة المصرفية ؛ الورقة النقدية.

**bankrupt** *(vt.; n.; adj.)* (١) يُفلِّس (شخصاً). (٢) يُفقِر § (٣) المفلِس § (٤) مفلِس.

to go ~, يُفْلِس ؛ يعجز عن الدفع .

**bankruptcy** *(n.)* إفلاس .

**banner** *(n.)* راية ؛ عَلَم ؛ لواء.

**banns** *(n. pl.)* إعلان عن زواج .

**banquet** *(n.)* مأدُبة ؛ وليمة.

**bantam** *(n.)* البَنْطَم : دجاج صغير الحجم.

**banter** *(vt.; i.; n.)* (١) يُمازِح × (٢) يمزح. § (٣) مُزاح .

**bantling** *(n.)* (١) طفل (٢) ابن زنا .

ban 45 bar

**banyan** *(n.)* الأَثْأَب ؛ تين البنغال : شجر ضخم .

banyan

**baptism** *(n.)* المعمودية ؛ العِماد .
**Baptist** *(n.; adj.)* مَعْمَدانيّ .
**baptistery** *(n.)* بَيْت المعموديّة : جزء من كنيسة يُجْرَى فيه التعميد .
**baptize** *(vt.; i.)* (١) يُعمِّد (٢) يعطي الطفل اسم التنصير (أي اسمه الصغير) عند المعمودية .
**bar** *(n.; vt.; prep.)* (١) قضيب (٢) رِتاج ؛ مزلاج (٣) قطعة مستطيلة (من صابون أو شوكولا) (٤) سبيكة ذهب (٥) عائق ؛ حاجز ؛ عقبة (٦) سدّ (٧) بوّابة المكوس (٨) حاجز في محكمة (٩) محكمة (١٠) جماعة المحامين (١١) مهنة المحاماة (١٢) شعاع (١٣) خطّ ؛ شريط ؛ «قَلَم» (١٤) مَشْرَب ؛ بار ؛ حانة § (١٥) يُحكم إقفال باب بمزلاج (١٦) يسدّ ؛ يعترض (١٧) يعلِّم أو يَسِم بخطوط الخ. (١٨ يمنع ؛ يحظر § (١٩) ما عدا .
**barb** *(n.)* شوكة (في نصل السهم أو صنارة الصيد) .
**barbarian** *(n.)* الهمجيّ ؛ غير المتمدّن .
**barbaric** *(adj.)* همجيّ ؛ غير متمدن .
**barbarism** *(n.)* همجيّة ؛ تخلّف .
**barbarity** *(n.)* (١) همجيّة (٢) وحشيّة .
**barbarous** *(adj.)* (١) همجيّ (٢) وحشيّ .
**barbecue** *(n.; vt.)* (١) خنزير أو ثور يُشوَى مرةً واحدة (٢) مناسبة يقدَّم فيها لحم هذا الخنزير أو الثور § (٣) يشوي جملةً واحدة (٤) يطهو اللحمَ شرائحَ رقيقة في صلصة خلّ .
**barbed wire** *(n.)* أسلاك شائكة .
**barber** *(n.)* الحلاّق ؛ المزيّن .
**bard** *(n.)* شاعر .
**bare** *(adj.; vt.)* (١) عارٍ ؛ أجرد (٢) بادٍ ؛ ظاهر للعيان (٣) خلوٌ (من الأثاث وغيره) (٤) مجرّد (٥) ضئيلٌ جداً § (٦) يُبْدي ؛ يكشف عن .

to lay ~, يكشف عن أمرٍ أو سرٍ .

**barefoot; -ed** *(adv.; adj.)* حافي القدمين .
**bareheaded** *(adv.; adj.)* حاسر الرأس .
**barely** *(adv.)* (١) بالجهد ؛ «بالكاد» ؛ بشقّ النفس (٢) بصراحة (٣) على نحو هزيل .
**bargain** *(n.; vi.)* (١) اتفاق (على بيع أو مقايضة) (٢) صَفْقَة ؛ صفقة رابحة § (٣) يساوم (٤) يتفق .

into the ~, أيضاً . بالإضافة إلى .
to ~ for يتوقّع . ينتظر .

**barge** *(n.)* البَرْج : «أ» مركب لنقل البضائع . «ب» زورق بخاريّ مخصّص لقائد أسطول . «ج» مركب كبير للرحلات والمهرجانات .
**bark** *(vi.; t.; n.)* (١) ينبح × (٢) يَقْشر ؛ ينزع اللحاء § (٣) نُباح (٤) لِحاء (٥) البَرْك : مركب بثلاثة صوارٍ .

bark 5.

**barkeeper** *(n.)* الخَمّار .

**barley** *(n.)* شَعير .

**barmaid** *(n.)* الساقية ( في حانة ) .

**barman** *(n.)* الساقي (في حانة) .

**barn** *(n.)* (١) الهُرْي : مخزن الحبوب . (٢) حظيرة (للماشية أو العربات) .

**barnacle** *(n.)* البَرْنَقيل: «أ» ضربٌ من الإوزّ . «ب» حيوانات بحرية تعلق بالصخور .

barometer

**barometer** *(n.)* البارومتر : مقياس الضغط الجوّي .

**baron** *(n.)* (١) البارون (٢) قُطب .

**baroness** *(n.)* البارونة ؛ زوجة البارون

**barouche** *(n.)* البَرُّوشة : نوع من المَرْكَبات .

**barracks** *(n.)* ثُكْنَة ؛ ثُكنة الجنود.

**barracuda** *(n.)* البَرَّكُودَة : سمك بحريّ .

**barrage** *(n.)* (١) سدّ (من نيران المدفعية) (٢) وابل

**barred** *(adj.)* مقلَّم ؛ مخطَّط .

**barrel** *(n.; vt.)* (١) برميل (٢) ماسورة البندقية. §(٣) يُبرمل : يعبىء في برميل.

**barrel organ** *(n.)* الأرغن اليدوي.

**barren** *(adj.; n.)* (١) عاقر (٢) قاحل (٣) غير مثمر (٤) عقيم (٥) محروم من §(٦) أرضٌ قاحلة.

**barricade** *(n.; vt.)* (١) متراس §(٢) يسدّ أو يعترض بمتراس .

**barrier** *(n.)* (١) حاجز ؛ عائق (٢) حدّ ؛ تخم.

**barrister** *(n.)* محامٍ (في المحاكم العليا).

**barrow** *(n.)* عربة يد .

**barter** *(vi;t.; n.)* (١) يُقايِض §(٢) مُقايَضَة.

**basalt** *(n.)* البازَلْت : حجرٌ بركانيّ .

**base** *(n.; adj.)* (١) أساس (٢) قاعدة . §(٣) دنيء ؛ خسيس (٤) زائف (٥) عاميّ .

**baseball** *(n.)* البايسبول ؛ كُرة القاعدة .

**baseless** *(adj.)* لا أساس له .

**basement** *(n.)* الدَّور التحتاني (من المبنى) .

**bashful** *(adj.)* خجول ؛ حَيِيّ .

**basic** *(adj.)* (١) أساسيّ (٢) قاعديّ.

**basil** *(n.)* الحَبَق ؛ الرَّيْحان (نبات).

**basilica** *(n.)* الباسيليقا : كنيسة مستطيلة.

**basilisk** *(n.)* البازيليسق : «أ» زحّافٌ خرافيّ مُهلك الأنفاس والنظرات . «ب» عظاءة أميركيّة .

basilisk

**basin** *(n.)* (١) حَوْض (٢) طَسْت.

**basis** *(n.)* (١) أساس (٢) مبدأ أساسيّ .

**bask** *(vi.)* (١) يتشمّس (٢) يَنْعَم بـِ.

**basket** *(n.)* سلّة .

**basketball** *(n.)* كرة السلّة .

**bas-relief** *(n.)* نقشٌ ضئيل البروز.

**bass** *(adj.; n.)* (١) جَهير §(٢) الجهير : «أ» صوت عميق وخفيض . «ب» مغنٍّ جهير الصوت (٣) الفَرْخ ؛ القاروس (سمك).

**bassinet** *(n.)* سرير شبيه بالسلة .

**bassoon** *(n.)* الزَّمْخَر ؛ مزمار.

**basswood** *(n.)* الزَّيزفون الأميركي أو خَشَبُهُ .

**bast** *(n.)* (١) لِحاء (٢) ليف .

**bastard** *(n.; adj.)* (١) ابن زِنا §(٢) نغِل .

**bastardy** *(n.)* النَّغُولَة ؛ اللاشرعية.

**baste** *(vt.)* (١) يطرّي اللحم بالزبدة المائعة (أثناء طَهْوِه) (٢) يُسرِج (في الخياطة) (٣) يَجلد.

**bastinado** *(n.)* جَلدٌ بالعصا (على أخمصَي القدمين) ؛ ضربٌ بالفَلَقَة .

**bastion** *(n.)* (١) البَسْتِيـن: جزء ناتىء من حِصْن (٢) مَعْقِل .

**bat** *(n.; vt.; i.)* (١) النَّبُّوت : عصاً غليظة . (٢) ضربةٌ عنيفة (٣) مَضْرِب (٤) خُفّاش §(٥) يضرب الكرة ( بالمضرب ) .

bat 4.

**batch** *(n.)* (١) خَبْزَة ؛ عَجْنَة (٢) دُفْعَة.

**bate** *(vt.; i.)* يَخْفِض ؛ يخفّض.

**bath** *(n.; vt.; i.)* (١) غَسْل ؛ اغتسال ؛ استحمام (٢) الماء المستخدَم في ذلك (٣) مَغْطَس ؛ حوض (٤) حمّام §(٥) يحمّم ×(٦) يستحم.

**bathe** *(vt.; i.; n.)* (١) يغسل ؛ يحمّم . ×(٢) يغتسل ؛ يستحم §(٣) اغتسال ؛ استحمام.

**bathing** *(n.)* اغتسال (أو سباحة) في البحر .

**bathroom** *(n.)* (١) حمّام (٢) مرحاض.

**bathtub** *(n.)* حوض استحمام؛ «بانيو».

**batiste** *(n.)* الباتيستة: قماش رقيق .

**baton** *(n.)* هراوة ؛ عصاً ؛ مِخْصَرة.

**battalion** *(n.)* كتيبة (من الجند).

**batten** *(n.; vi.; i.)* (١) عارضة خشبية . §(٢) يثبّت (بعوارض خشبيّة) ×(٣) يَسْمَن.

**batter** *(vt.; i.; n.)* (١) يسحق ؛ يضرب ؛ يقصف (٢) يُبلي ؛ يعطب §(٣) مَخِيض لبن وبيض الخ. (٤) عطب على صفحة حرف مطبعيّ (٥) ضارب الكرة .

**battering ram** *(n.)* الكَبْش: آلة حربيّة .

**battery** *(n.)* (١) ضَرْب ؛ اعتداء (٢) مِدفعيّة. (٣) بطارية كهربائية (٤) مجموعة أشياء متماثلة.

**batting** *(n.)* حَشْوة ( من قطن أو صوف) .

**battle** *(n.; vi.; t.)* (١) معركة §(٢) يقاتل .

**battle-ax** *or* **battle-axe** *(n.)* فأس الحرب.

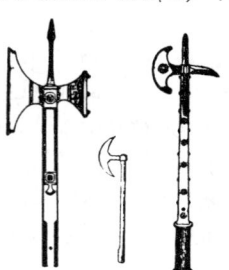

battle-axes

**battlefield; battleground** *(n.)* ساحة القتال

**battlement** *(n.)* الشرفة المُفَرَّجة: جدار ذو فَتَحات على سطح حصن يطلق منها النار.

battlement

**battleship** *(n.)* بارجة ؛ دارعة ؛ سفينة حربية.

**bauble** *(n.)* حلية رخيصة تافهة .

**Bavarian** *(n.; adj.)* بافاريّ.

**bawdy** *(adj.)* فاسق ؛ فاجر ؛ داعر .

**bawl** *(vi.; n.)* (١) يصيح §(٢) صيحة عالية.

**bay** *(adj.; n.; vi.)* (١) كُمَيْت ؛ كستنائيّ اللون. §(٢) فرسٌ كُمَيْت (٣) الكُمْتَة: اللون الكستنائي (٤) غار (نبات) (٥) فسحة بين عمودين (٦) مَشْرَبيّة ؛ نافذة ناتئة (٧) جانب من السفينة يُتَّخَذ مستشفى (٨) الحَوْز : حُجَيْرَة في طائرة (٩) خليج (١٠) نُباح §(١١) ينبح .

**bayonet** *(n.; vt.)* (١) حربة §(٢) يطعن بالحربة.

**bayou** *(n.)* نُهَيْر ؛ رافد .

**bay window** *(n.)* المَشْرَبيّة: نافذة ناتئة .

**bazaar** *(n.)* سوق شرقية أو خيرية.

**bazooka** *(n.)* البازوكة (سلاح)

bay window

**be** *(vi.)* (١) يكون (٢) يوجد (٣) يُصبح . (٤) يَبْقَى (٥) يذهب ؛ يجيء .

**beach** *(n.; vt.)* (١) شاطىء رملي §(٢) يدفع أو يسحب مركباً إلى الشاطىء .

**beacon** *(n.)* (١) نارٌ (للتحذير أو الإرشاد) (٢) منارة .

**bead** *(n.)* (١) خَرَزَة (٢) سُبْحة (٤) كُرَيّة .

**beadle** *(n.)* الشمّاس ؛ شمّاس الكنيسة .

**beagle** *(n.)* البِيْجَل: كلب صيد .

beagle

**beak** *(n.)* (١) منقار (٢) أنف (٣) قاض .

**beaker** *(n.)* (١) كأس (٢) كوب الصيدليّ .

**beam** *(n.; vi.)* (١) عارضة ؛ رافدة (٢) عاتق الميزان أو المحراث (٣) عَرْض السفينة الأعظم (٤) شعاع ؛ حزمة أشعة (٥) بارقة (٦) إشراقة §(٧) يُشع (٨) يبتسم بابتهاج .

**bean** *(n.)* (١) لوبيا ؛ فاصوليا ؛ فول (٢) حَبّة .

full of ~ s في أحسن حال ؛ ممتلئ نشاطاً .

I haven't a ~, ليس معي فلْس .

**bear** *(vt.; i.; n.)* (١) يَحْمِل (٢) يقدّم ؛ يعطي ؛ يدلي بِ (٣) يسلك ؛ يتصرّف (٤) تلد (٥) يطيق (٦) يتحمّل ؛ يقبل (٧) يدفَع ؛ يردّ × (٨) ينطلق ؛ يشق طريقه (٩) يقع (١٠) ينعطف (١١) يتصل بِ ؛ يؤثّر في §(١٢) دُبّ (١٣) شخص أخرق أو فظّ .

bear 12.

to ~ away the prize يكسب الجائزة .

to ~ down يَهْزِم ؛ يتغلّب على .

to ~ down (*or* up) on يندفع نحو .

to ~ in mind يتذكّر ؛ يضع نصْب عينيه .

to ~ heavily on يتكئ بتثاقل على .

to ~ hard on the poor يثقل على الفقراء .

to ~ somebody out يوافق فلاناً أو يُقِرّه على .

to ~ with somebody يعامله أو يصغي إليه بأناة .

**bearable** *(adj.)* مُحتَمَل ؛ ممكنٌ احتمالُه .

**beard** *(n.; vt.)* (١) لحْيَة (٢) حَسَك السنبلة . §(٣) يتحدّى .

**bearded** *(adj.)* مُلْتَحٍ ؛ ذو لحية .

**beardless** *(adj.)* (١) أمرد ؛ لا لحية له (٢) شابّ .

**bearer** *(n.)* (١) الحامل (٢) الحمّال (٣) شجرة مثمرة (٤) حامل الرسالة او الشيك .

**bearing** *(n.)* (١) المِشْيَة ؛ الوقفة ؛ الجِلْسَة . (٢) إثمار ؛ إنجاب (٣) قدرةٌ على الاحتمال (٤) سِناد ؛ سطح ارتكاز (٥) مَحمِل ؛ كرسيّ تحميل (٦) اتجاه (٧) وَجْه (٨) صلة ؛ علاقة (٩) تأثير (١٠) معنى ؛ مغزى (١١) رمزٌ .

**beast** *(n.)* بهيمة ؛ حيوان .

**beastly** *(adj.)* (١) بهيميّ (٢) بغيض ؛ كريه .

**beat** *(vt.; i.; n.)* (١) يضرب (٢) يَخْفُق . (٣) يقرع (٤) يهزم ؛ يتغلب على × (٥) ينبض (٦) يفوز ؛ ينتصر §(٧) ضربة (٨) نبضة (٩) ترقيم الميزان (في الموسيقى) .

to ~ about the bush يحوم حول الموضوع .

to ~ somebody down يحمله على تنزيل أسعاره .

to ~ the record يحطّم الرقم القياسي

to ~ a retreat يتراجع ؛ ينسحب .

**beaten** *(adj.)* (١) مضروب (٢) مخفوق . (٣) مطروق ؛ مألوف (٤) مهزوم (٥) مُرْهَق .

**beatific** *(adj.)* (١) سعيد جداً (٢) مُبْهِج .

**bea** 49 **bee**

**beatify** *(vt.)* (١) يُسْعِد (٢) يطوِّب (قديساً).

**beatitude** *(n.)* طُوبَى ؛ غبطة ؛ سعادة.

**beau** *(n.)* (١) المتأنّق (٢) المحِبّ ؛ العاشق.

**beautiful** *(adj.)* جميل ؛ وسيم.

**beautify** *(vt.)* يُجمِّل ؛ يجعله جميلاً.

**beauty** *(n.)* (١) جمال ؛ وسامة (٢) حسناء.

**beaver** *(n.)* القُنْدُس ؛ السَّمُّور : حيوان من القواضم ثمينُ الفرو.

beaver

**becalm** *(vt.)* يُوْقِفُ مركباً لقلّة الريح.

**became** *past of* become.

**because** *(conj.)* لأنّ ؛ بسبب من.

**beck** *(n.)* (١) غدير (٢) إيماءة ؛ إشارة.

**beckon** *(vt.; i.)* يومىء ؛ يشير ؛ يدعو.

**becloud** *(vt.)* يحجبه بالغيوم ؛ يجعله مظلماً.

**become** *(vi.; t.)* (١) يصبح × (٢) يلائم ؛ يليق بـ.

**becoming** *(adj.)* ملائم ؛ لائق (٢) جذّاب.

**bed** *(n.; vt.)* (١) سرير ؛ فراش ؛ مَضْجَع. (٢) نَوْم ؛ ميعاد النوم (٣) مَسْكَبة ؛ مَزْهَر (في حديقة) (٣) قاع (٤) أساس ؛ قاعدة ؛ طبقة حجارة تُجْعَل أساساً للطريق أو للسكة الحديدية (٥) طبقة § (٦) يضعه في السرير أو يقوده إليه (٧) يغرس في مَسْكَبة ؛ ينظّم في مساكب (٨) يقيم ؛ يؤسّس.

~ and board طعام ومنامة.

to take to (keep) one's ~, يَلْزَم فراشه بحكم المرض.

**bedbug** *(n.)* بَقّة الفراش.

**bedchamber** *n.)* حُجرة النوم.

**bedclothes** *(n. pl.)* شراشف ؛ بطانيّات الخ.

**bedding** *(n.)* (١) شراشف ؛ بطانيّات (٢) ما يُتّخَذ فراشاً للحيوان (كالتبن) (٣) أساس.

**bedeck** *(vt.)* يزيّن ؛ يزخرف.

**bedevil** *(vt.)* (١) يُفْسد ؛ يشوّش (٣) يُعذّب.

**bedew** *(vt.)* يندّي ؛ يبلّل ؛ يُخضّل.

**bedfellow** *(n.)* الضجيع : من يقاسمك الفراش.

**bedizen** *(vt.)* يكسو أو يزيّن بغير ذوق.

**bedlam** *(n.)* هرج ومرج أو مكان تسوده الفوضى.

**bedouin** *(n.; adj.)* بدويّ.

**bedraggle** *(vt.)* يوسّخ ، وبخاصة بالجرّ في الوحل.

**bedridden** *or* **bedrid** *(adj.)* طريح الفراش.

**bedroom** *(n.)* حُجرة النوم.

**bedside** *(n.)* جانب السرير.

**bedspread** *(n.)* غطاء السرير.

**bedstead** *(n.)* هيكل السرير.

**bedtime** *(n.)* وقت النوم ؛ موعد الرقاد.

**bee** *(n.)* نَحْلَة.

bee

**beech** *(n.)* (١) الزّان (شجر) (٢) خشب الزان.

**beef** *(n.)* pl. **-s** *or* **-ves** (١) لحم البقر (٢) ثور ؛ بقرة (٣) عضلات ؛ قوة عضليّة.

**beefsteak** *(n.)* شريحة لحم بقريّ : «بفتيك».

**beefy** *(adj.)* (١) بَدين ؛ سمين (٢) قوي.

**beehive** *(n.)* قَفير ؛ خليّة نحل.

**beekeeper** *(n.)* النحّال ؛ مُربّي النحل.

**beeline** *(n.)* الخطّ المباشر ؛ أقرب المسالك.

**been** *past part. of* be.

**beer** *(n.)* جِعَة ؛ بيرة.

**beeswax** *(n.)* شمع العسل.

**beet** *(n.)* شَمَنْدَر ؛ بَنْجَر (نبات).

**beetle** *(n.; vi.)* (١) خُنْفَساء (٢) مِدَقّة ؛ مطرقة خشبيّة § (٣) ينتأ.

**beeves** *pl. of* beef.

**befall** *(vi.; t.)* (١) يَحدث ؛ يقع (٢) يَحدُثُ لِ

**befell** *past of* befall.

**befit** *(vt.)* (١) يلائم ؛ يناسب (٢) يليق بِـ.

**befitting** *(adj.)* (١) ملائم ؛ مناسب (٢) لائق.

**befog** *(vt.)* يَلُفّه بالضباب ؛ يجعله ضبابياً.

**before** *(adv.; prep.; conj.)* (١) قبلُ ؛ من قبلُ ؛ سابقاً § (٢) أمامَ (٣) في حضرة (٤) قبلَ § (٥) قبل أن.

**beforehand** *(adv.)* مقدَّماً ؛ سَلَفاً.

**befoul** *(vt.)* يلوّث ؛ يوسّخ.

**befriend** *(vt.)* (١) يصادق (٢) يساعد ؛ يناصر.

**befuddle** *(vt.)* (١) يخبّل بالمسكرات (٢) يُربك

**beg** *(vt.)* (١) يستعطي ؛ يستجدي (٢) يلتمس. (٣) يتوسّل (٤) يسلّم أو يفترض جدلاً.

**began** *past of* begin.

**beget** *(vt.)* (١) يُنْجب (٢) يولّد ؛ يسبب.

**beggar** *(n.; vt.)* (١) شحّاذ § (٢) يُفْقر.

**beggarly** *(adj.)* (١) مُعدِم ؛ فقير جداً (٢) حقير

**beggary** *(n.)* عُدْم ؛ فَقْر مُدْقِع.

**begin** *(vi.; t.)* (١) يبدأ (٢) ينشيء ؛ يؤسس.

**beginner** *(n.)* (١) مبتدىء (٢) من يبتدىء أمراً.

**beginning** *(n.)* ابتداء ؛ بداية ؛ مستهَل ؛ مَطلع.

**begone** *(vi.)* إمضِ ؛ إنصرف ؛ أُغرُبْ.

**begonia** *(n.)* البَغونِيَة : عشب استوائي.

begonia

**begot** *past and past part. of* beget.

**begrime** *(vt.)* يلوّث أو يوسّخ بالسُّخام.

**begrudge** *(vt.)* (١) يحسده على (٢) يضنّ عليه بِـ.

**beguile** *(vt.)* (١) يضلّل ؛ يخدع (٢) يسلب. (٣) يُمضي الوقت بالتسلية (٤) يُلْهي ؛ يُسلّي.

**begun** *past part. of* begin.

**behalf** *(n.)* (١) مصلحة ؛ منفعة (٢) دفاع ؛ تأييد.

in ~ of — لأجل ؛ لمصلحة.
in this ~, — من هذه الناحية.
on ~ of — (١) «أ» بالنيابة عن. «ب» بالأصالة عن النفس (٢) لأجل ؛ لمصلحة.

**behave** *(vt.; i.)* (١) يسلك ؛ يتصرّف (٢) يسلك سلوكاً حسناً.

~ yourself! — تأدّبْ ! كن لطيفاً !

**behavior** *or* **behaviour** *(n.)* سلوك ؛ تصرُّف

**behead** *(vt.)* يَقْطَع رأسَه ؛ يضرِب عنقَه.

**beheld** *past and past part. of* behold.

**behemoth** *(n.)* البَهيموث ؛ فرس البحر.

**behest** *(n.)* أمر ؛ وصيّة.

**behind** *(adv.; prep.)* (١) في المؤخَّرة (٢) إلى الوراء (٣) متأخر في § (٤) خلفَ ؛ وراء (٥) متخلّف عن.

**behindhand** *(adj.; adv.)* (١) متأخّر. (٢) متخلّف (٣) مَدين § (٤) في حالة تأخّر الخ

**behold** *(vt.)* ينظر ؛ يشاهد ؛ يلاحظ.

**beholden** *(adj.)* مَدِينٌ بالفضل.

**behoof** *(n.)* مصلحة ؛ منفعة ؛ فائدة.

**behoove** *or* **behove** *(vt.; i.)* ينبغي ؛ يتوجّب

**beige** *(n.)* البيج : لون الصوف الطبيعي.

**being** *(n.)* (١) كينونة ؛ وجود (٢) الكائن ؛ الموجود (٣) شخصية ؛ جوهر.

for the time ~, — في الوقت الحاضر.

**belabor; belabour** *(vt.)* يضرب ؛ يهاجم.

**belated** *(adj.)* متأخر (عن الوقت المعتاد).

| | |
|---|---|
| belay (vt.) | يثبّت (حبلاً) بلفّه حول وتد . |
| belch (vi.; t.) | (١) يتجشّأ (٢) يقذف بقوّة . |
| beldam or beldame (n.) | عجوز شمطاء . |
| beleaguer (vt.) | (١) يُحاصر (بجيش)(٢) يطوّق بـ . |
| belfry (n.) | برج الجَرَس (في كنيسة) . |
| Belgian (n.; adj.) | بلجيكيّ . |
| belie (vt.) | (١) يعطي فكرة خاطئة عن (٢) يكذّب ؛ يناقض (٣) يخيب . |
| belief (n.) | (١) إيمان ؛ تصديق (٢) مُعتقَد ؛ عقيدة . |
| believable (adj.) | قابل للتصديق . |
| believe (vi.; t.) | يؤمن بـ ؛ يعتقد ؛ يصدّق بـ . |
| belittle (vt.) | (١) يصغّر (٢) يستخفّ بـ . |
| bell (n.; vt.) | (١) جَرَس ؛ ناقوس (٢) صوت الجرس (٣) جوّار (٤) يحرّك جرس ؛ يزوّد بجرس . |
| belladonna (n.) | البلاّدونة : حشيشة ست الحسن . |
| belle (n.) | الفاتنة ؛ الحسناء ؛ امرأة جميلة جداً . |
| belles lettres (n.pl.) | الأدب (بوصفه فنّاً) . |
| bellicose (adj.) | ميّال للقتال ، مُوْلَع بالقتال . |
| belligerency (n.) | حالة الاشتراك الفعلي في الحرب . |
| belligerent (adj.; n.) | (١) محارب : مشترك في الحرب (٢) مولع بالقتال (٣) دولة محاربة . |
| bellow (vi.; n.) | (١) يخور (الثور الخ)(٢) يجأر ؛ يرفع الصوت عالياً (٣) خوار (٤) جُؤار . |
| bellows (n. sing. and pl.) | مِنفاخ ؛ كِير . |
| belly (n.; vt.; i.) | (١) بطن (٢) ينفخ ؛ ينتفخ . |
| belong (vi.) | (١) يخصّ (٢) ينتسب أو ينتمي الى (٣) يلائم (٤) يقطن ؛ يسكن . |

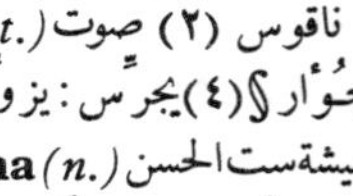

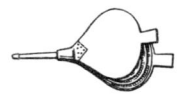

belfry

| | |
|---|---|
| belongings (n.pl.) | أمتعة ؛ ملابس ؛ ممتلكات . |
| beloved (adj.; n.) | محبوب ؛ عزيز ؛ أثير . |
| below (adv.) | (١) تحت (٢) على الأرض (٣) في الطابق الأسفل (٤) أدناه (٥) دون (٦) أقل من . |
| belt (n.; vt.; i.) | (١) حزام ؛ زُنّار (٢) السَّيْر (٣) حزام يربط بين دولابين (٣) نطاق من أشجار أو حدائق (٤) منطقة صالحة لزراعة محصول معيّن (٥) يطوّق أو يزوّد بحزام أو سير الخ . |
| bemire (vt.) | يلوّث بالوحل أو نحوه . |
| bemoan (vt.; i.) | يتحسّر أو ينوح على . |
| bemock (vt.) | يسخر من ؛ يهزأ بـ ؛ يتهكّم على . |
| bemuse (vt.) | يُربك ، يَشْدَه ، يُذْهل . |
| bench (n.) | (١) مقعد طويل (لشخصين أو أكثر) (٢) مقعد القاضي (٣) محكمة (٤) النَّضّد : طاولة النجّار (٥) مِنَصّة . |
| bend (vt.; i; n.) | (١) يشدّ وتر القوس (٢) يلوي ؛ يثني ؛ يحني (٣) يثبّت (٤) يُخضِع (٥) يعقد العزم × (٦) يلتوي : ينثني ؛ ينحني (٧) يَخضَع (٨) لَيّ ؛ ثَنْي ؛ التواء ؛ انثناء (٩) منعطَف (١٠) عقدة في حبل . |
| beneath (adv.; prep.) | (١) تحت (٢) دون (٣) أدنى رتبة من (٣) غير جدير بـ . |
| benediction (n.) | (١) منح البركة (٢) بَرَكة . |
| benefaction (n.) | (١) إحسان (٢) تبرّع ؛ هبة . |
| benefactor (n.) | المُحسن ؛ المتبرّع بهبة خيرية . |
| benefice (n.) | رتبة كنسية ذات دَخْل . |
| beneficence (n.) = benefaction. | |
| beneficent (adj.) | مُحْسِن ؛ خيّر . |
| beneficial (adj.) | مفيد ؛ نافع . |
| beneficiary (n.) | المستفيد (من وصية أو تأمين) . |
| benefit (n.; vt.; i.) | (١) فائدة ؛ نفع (٢) عون ؛ مساعدة (٣) إعانة مالية (٤) يفيد × (٤) يستفيد . |

**benevolence** *(n.)* (١) الخيرية : النزعة إلى عمل الخير (٢) صَدَقَة ؛ هِبَة .

**benevolent** *(adj.)* (١) خيِّر ؛ كريم ؛ مطبوع على حب الخير (٢) خيريّ .

**benighted** *(adj.)* داهمه الليل (٢) جاهل .

**benign** *(adj.)* (١) لطيف ؛ كريم (٢) عذب ؛ رقيق (٣) معتدل (٤) حميد ؛ غير خطِر .

**benignant** *(adj.)* (١) رؤوف ؛ عطوف (٢) نافع (٣) حميد ؛ غير خطِر .

**benignity** *(n.)* (١) لطف ؛ كرم ؛ رقة (٢) سلامة عاقبة (٣) عملٌ كريم الخ .

**bent** *(adj.; n.)* (١) منحنٍ (٢) مصمم على . § (٣) نزعة ؛ مَيْل (٤) القدرة على الاحتمال .

**benumb** *(vt.)* يَشُلّ ؛ يُخَدِّر ؛ يجعله خدِراً .

**benzene** *(n.)* البنزين ؛ البنزول : سائل ملتهب .

**benzine** *(n.)* البنزين : سائل ملتهب .

**benzoin** *(n.)* (١) اللُّبان الجاويّ : صمغٌ عطِر .

**benzol** *(n.)* البَنْزُول : سائل ملتهب .

**bequeath** *(vt.)* (١) يورِّث بوصيّة (٢) يُسْلِم (تراثاً) إلى الذريّة .

**bequest** *(n.)* توريث أو إرثٌ بوصيّة .

**berate** *(vt.)* يوبِّخ أو يعنّف بقسوة .

**bereave** *(vt.)* (١) يَسلب : يحرم من (٢) يُفقِده (الموتُ) أمَّهُ أو أباه أو ولده .

**bereft** *(adj.)* محروم من ؛ مجرَّد من .

**beret** *(n.)* البيريْه : قَلَنْسُوَة مستديرة .

**beriberi** *(n.)* البَرِي بَرِي (مرض) .

**berry** *(n.)* (١) ثمر العُلَّيْق ؛ توت (٢) حبّة أو بزرة يابسة (٣) بيضة سمكة أو جرادة بحر .

**berth** *(n.; vt.; i.)* (١) مسافة كافية (بين سفينة وأخرى) (٢) مَرْسَى (٣) مَضْجَع (في سفينة أو قطار أو طائرة) (٤) عمل ؛ وظيفة § (٥) يُرسي السفينة (٦) يؤمّن مضجعاً لِـ × (٧) ترسو (السفينةُ) .

**beryl** *(n.)* البَرِيْل ؛ حجر كريم أخضر .

**beseech** *(vt.; i.)* يلتمس ؛ يتوسّل ؛ يتضرّع .

**beseem** *(vt.; i.)* يليق بـ .

**beset** *(vt.)* (١) يزعج ؛ يقلق (٢) يهاجم من جميع الجهات (٣) يُحْدِق بِـ ؛ يكتنف .

**besetting** *(adj.)* مُحدِقٌ أو ماثلٌ باستمرار .

**beside** *(prep.)* (١) قربَ ؛ عندَ ؛ بجانب . (٢) بالمقارنة مع ؛ بالنسبة إلى (٣) بالاضافة إلى ؛ علاوةً على (٤) خارج عن ؛ لا صلة له بِـ .

~ **oneself** خارجٌ عن طوره ؛ محتدمٌ غيظاً .

**besides** *(prep.; adv.)* (١) عدا (٢) بالاضافة إلى ؛ علاوةً على § (٣) وفوق ذلك ؛ وإلى ذلك .

**besiege** *(vt.)* (١) يحاصر (مدينة الخ.) (٢) يطوِّق .

**besmear** *(vt.)* يلطِّخ ؛ يلوِّث .

**besmirch** *(vt.)* (١) يلوِّث (٢) يلطِّخ السمعة .

**besom** *(n.)* مِكْنَسة ؛ مِقَشّة .

**besot** *(vt.)* (١) يخبِّل ؛ يسلب العقل (٢) يُسْكِر .

**besought** *past and past part. of* beseech.

**bespangle** *(vt.)* يُزيِّن بالترتر أو اللُّمَع .

**bespatter** *(vt.)* يوحِّل ؛ يلوِّث (برشاش مُوْحِل) .

**bespeak** *(vt.)* (١) يَحجز (غرفة في فندق الخ.) ؛ يوصي على شيء مقدَّماً (٢) يطلب مقدَّماً (٣) يَنِمّ عن ؛ يدلّ على .

**bespoke** *past and past part. of* bespeak.

**best** *(adj.; adv.; n.; vt.)* (١) أفضل ؛ أحسن . (٢) مُعظم § (٣) على أحسن وجه (٤) إلى أبعد حدّ § (٥) الأفضل (٦) الحالة الفضلى (٧) غاية الجهد ؛ أقصى الجهد § (٨) يهزم ؛ يتفوّق على .

at ~, في أحسن الأحوال .

~ man وكيل أو شاهد العريس .

~ seller الكتاب الأكثر رواجاً .

to have *or* get the ~ of it يفوز .

**bestial** *(adj.)* (١) بهيميّ (٢) وحشيّ .

**bestir** *(vt.)* يثير ؛ يحثّ ؛ يحرِّض .

**bestow** *(vt.)* يمنح ؛ يهب .

**bestowal** *(n.)* (١) مَنْح (٢) منحة ؛ هبة .

**bestride** *(vt.)* (١) يركب مباعداً ما بين رجليه . (٢) يتخطى .

**bet** *(n.; vt.; i.)* (١) رِهان ؛ مراهنة (٢) مايُراهَن عليه § (٣) يراهن .

**betake** *(vt.)* (١) يذهب (٢) يعمد أو يلجأ إلى .

**bethink** *(vt.)* (١) يفكّر ؛ يتأمّل (٢) يتذكّر .

**betide** *(vt.; i.)* (١) يصيبه كذا × (٢) يَحْدث .

**betimes** *(adv.)* باكراً ؛ عاجلاً ؛ قبل فوات الأوان .

**betoken** *(vt.)* (١) يدلّ على (٢) ينذر بِ .

**betook** *past of* betake.

**betray** *(vt.)* (١) يضلّل ؛ يغرّر بِ ؛ يخدع (٢) يخون (٣) يُفشي سراً (٤) ينمّ عن (٥) يُظهر ؛ يبدي .

**betroth** *(vt.)* يخطب (فتاةً) .

**betrothal** *(n.)* خِطبةً ؛ «خُطوبة» .

**better** *(adj.; adv.; n.; vt.)* (١) أعظم ؛ أكبر . (٢) أحسن صحّياً (٣) أفضل ؛ أحسن § (٤) على نحو أفضل (٥) أكثر § (٦) الأفضل (٧) المُراهِن § (٨) يحسّن ؛ يرقّي (٩) يبزّ ؛ يتفوق على .

~ off أكثر غنىً ؛ في حال أفضل .

one's ~ half زوجة المرء (ع) .

to get the ~ of يتغلّب أو يتفوّق على .

**betterment** *(n.)* تحسين ؛ إصلاح ، تحسّن .

**bettor** *or* **better** *(n.)* المُراهِن .

**between; betwixt** *(prep.)* بين ؛ في ما بين .

**bevel** *(n.; vt.; i.)* (١) شُطْبَة ؛ سطح مائل ؛ حافة مائلة أو مشطوبة (٢) مِسطار الزوايا ؛ زاوية التخطيط المائل § (٣) يُميل ؛ يَشْطُب ؛ «يشطُفُ» حافة الزجاج × (٤) يَميل ؛ ينحدر .

**beverage** *(n.)* شراب ؛ مشروب .

**bevy** *(n.)* (١) جماعة (٢) سِرب .

**bewail** *(vt.; i.)* يَنْدُبُ ؛ ينوح ؛ يتفجّع على .

**beware** *(vi.; t.)* يحترس ؛ يَحذَر .

**bewilder** *(vt.)* يُذْهِل ؛ يُربك ؛ يُحيِّر .

**bewitch** *(vt.)* يَسْحَر ؛ يَفْتِن ؛ يَخْلب اللبّ .

**beyond** *(prep.; adv.)* (١) وراء (٢) إلى ما بعدَ . (٣) فَوْقَ ؛ وراء نطاق أو متناول كذا (٤) غير .

~ compare ممتاز ، لا يضاهَى .

**bezel** *(n.)* (١) موضع الفَصّ من الخاتم (٢) موضع الزجاجة من الساعة .

**bi-** بادئة معناها : ثنائي ؛ مزدوج .

**bias** *(n.; adv.; vt.)* (١) خطّ دَرْز منحرف أو موروب فوق نسيج (٢) «أ» نزعة . «ب» محاباة ؛ انحياز ؛ تحامل § (٣) على نحو منحرف الخ . § (٤) يؤثّر في ؛ يوجّه .

**biased** *(adj.)* (١) منحرف (٢) متحيز .

**bib** *(n.)* «صدرية» الطفل (توضع تحت ذقنه) .

**Bible** *(n.)* الكتاب المقدّس .

**biblical** *(adj.)* توراتيّ ؛ خاصّ بالكتاب المقدس .

**bibliographic; -al** *(adj.)* ببليوغرافيّ .

**bibliography** *(n.)* البيبليوغرافيا : «أ» فنّ وصف الكتب والمخطوطات أو التعريف بها . «ب» مَسْرَدٌ نقديّ بالكتب المتصلة بموضوع أو حقبة أو مؤلّف ما . «ج» ثَبْت المراجع .

**bicameral** *(adj.)* ذو مجلسَين تشريعيَّيْن .

**bicarbonate of soda** ثاني كربونات الصودا .

**biceps** *(n.)* العضلة ذات الرأسين (في أعلى الذراع الخ) .

**bicker** *(vi.; n.)* (١) يتشاجر § (٢) شِجار .

**bicuspid** *(n.)* الضاحكة : أحد أربعة أضراس تلي الأنياب في الفك الأعلى وأربعة مثلها في الفك الأسفل .

**bicycle** *(n.)* دراجة هوائية .

**bid** *(vt.; n.)* (١) يأمر (٢) يدعو (٣) يحيّي . (٤) يَعْرِض (سعراً في مزايدة أو مناقصة) ؛ يزايد أو يناقص § (٥) أمْر (٦) عَرْض (في مزايدة أو مناقصة) (٧) دعوة (٨) محاولة.

to ~ up. يرفع السّعر (بعَرْض ثمنٍ أعلى).

to make a ~ for .. يحاول الحصول على

**bidder** *(n.)* (١) الآمر (٢) العارض ثمناً؛ المزايد.

**bide** *(vi.; t.)* (١) يبقى (٢) ينتظر (٣) يقيم في.

**biennial** *(adj.)* حَوْلي : «أ» حادثٌ أو واقع كل سنتين. «ب» دائم أو عائش حَوْلَين أو سنتين.

**bier** *(n.)* نَعْش ؛ تابوت .

**big** *(adj.)* (١) كبير (٢) حامل ؛ حُبلى (٣) منتفخ. (٤) مُتْرَع (٥) جَهْوَرِيّ (٦) متفاخر .

**bigamist** *(n.)* المُضَارّ : المتزوّج من امرأتين معاً.

**bigamy** *(n.)* المضارّة : التزوج من امرأتين معاً .

**bighorn** *(n.)* كَبْش الجبال الصخرية.

bighorn

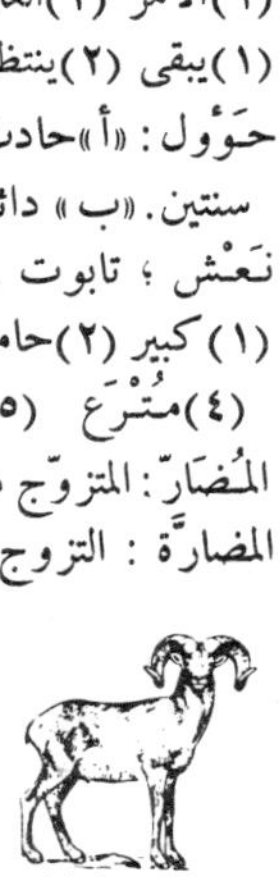

**bight** *(n.)* (١) أُنشوطة أو عُقدة في حبل (٢) منعطف (في نهر أو شاطىء) (٣) خليج .

**bigness** *(n.)* (١) كِبَر ؛ ضَخامة (٢) حَجْم.

**bigot** *(n.)* المتعصّب لدينٍ أو حزب أو رأيٍ .

**bigoted** *(adj.)* متعصّب ؛ شديد التعصّب.

**bigotry** *(n.)* تعصّب أعمى .

**bikini** *(n.)* البيكيني : ثوب سباحة للسيّدات.

**bilateral** *(adj.)* (١) ذو جانبين (٢) ثنائيّ.

**bile** *(n.)* (١) الصّفراء : مادة يفرزها الكبد (٢) نكَد.

**bilestone** *(n.)* الحصاة الصفراوية .

**bilge** *(n.)* (١) جوف البرميل (٢) جوف المركب . (٣) ماء آسن في جوف المركب (٤) هراء .

**biliary** *(adj.)* صَفْراويّ : خاصّ بالصّفْراء.

**bilingual** *(adj.; n.)* ثنائيّ اللغة.

**bilious** *(adj.)* (١) صفراويّ (٢) مصفور : مصاب بفَرْط إفراز الصفراء أو باختلال في وظيفة الكبد (٣) صفراويّ المزاج ؛ متشائم .

**bill** *(n.; vt.)* (١) منقار (٢) طَرَفُ مِخْلَب المِرْساة (٣) مِنْجَل (٤) وثيقة ؛ مذكّرة ؛ رسالة (٥) مشروع قانون (٦) شكوى مقدّمة إلى محكمة (٧) قائمة ؛ بيان بـ (٨) فاتورة (٩) إعلان ؛ برنامج ؛ حفلة (١٠) ورقة نقديّة (١١) كمبيالة § (١٢) يقدم أو يرسل فاتورة إلى (١٧) يُعْلِن .

bill 1.

**billet** *(n.; vt.)* (١) أمر رسمي بإيواء جنديّ في بيت أحد المواطنين (٢) البيت المختار لإيواء هذا الجندي (٣) وظيفة ؛ مهمّة § (٤) يعين للجنديّ بيتاً (من بيوت المواطنين) ينزل فيه.

**billet-doux** *(n.)* رسالة غَرام .

**billiards** *(n.)* البلياردُ ؛ لعبة البلياردُ .

**billingsgate** *(n.)* لغة السّوقة ؛ لغة بذيئة.

**billion** *(n.)* البليون : ألف مليون أو مليون مليون.

**bill of exchange** تحويل ؛ حوالة ؛ كمبيالة .

**bill of fare** (١) قائمة الطعام (٢) برنامج.

**bill of health** براءة أو جواز الصحة (للسفن).

**bill of lading** بوليصة الشّحْن .

**bill of rights** ميثاق الحقوق .

**billow** *(n.; vi.)* (١) موجة عظيمة (٢) كتلة متدحرجة مثل الموج § (٣) يتلاطم كالموج .

**billposter** *(n.)* مُلْصِق الإعلانات .

**bimonthly** *(adj.; adv.)* (١) حادثٌ أو صادر كل شهرين (٢) نصف شهريّ § (٣) مرّة كل شهرين (٤) مرتين في الشهر.

**bin** *(n.)* صندوق (لخزن الحنطة أو الفحم الخ.)

**bind** *(vt.; i.)* (١) يَرْبِط ؛ يُوثِق ؛ يقيّد ؛ يعوق عن الحركة (٢) يُلْزِم (٣) يَحْزِم؛ يَعْصِب؛ يضمِّد (جُرحاً) (٤) يجعله يتماسك (٥) يَعْقِل البطنَ أو يُمْسِكُه بعد إسهال (٦) يجلّد (٧) يقي أو يُمتِّن أو يزخرف بحاشية (٨) يجعله مُلزِماً ×(٩) يتماسك .

**binder** *(n.)* (١) مجلّد الكتب (٢) رِباط . (٣) مادة تساعد على التماسك والالتحام (٤) عَقْد موقّت (٥) غلاف .

**binding** *(n.; adj.)* (١) تجليد (٢) رِباط . (٣) حاشية للتقوية أو للتزيين §(٤) مُلزِم .

**binocular** *(n.)* مجهر أو منظار أوبرا ثنائيّ العينين .

binoculars

**bio-** بادئة معناها : حياة أو أحياء.

**biographer** *(n.)* كاتبُ سيرة.

**biographic; -al** *(adj.)* سيريّ : متعلق بسيرة شخصٍ أو حياته .

**biography** *(n.)* السِّيرة : ترجمة حياة شخص.

**biologic ; -al** *(adj.)* أحيائيّ ؛ بيولوجيّ .

**biologist** *(n.)* الأحيائيّ؛ البيولوجيّ.

**biology** *(n.)* علم الأحياء؛ البيولوجيا .

**biped** *(n.)* حيوان ذو قدَمين (كالانسان).

**biplane** *(n.)* ذات السَّطْحَيْن: طائرة ذات جناحين أحدهما فوق الآخر .

biplane

**birch** *(n.; vt.)* (١) البتولا ؛ شجر القضبان. (٢) عصا التأديب §(٣) يَجْلِد .

**bird** *(n.)* طَيْر؛ طائر؛ عصفور .

**birdlime** *(n.)* (١) دابوق؛ دِبْق (٢) شَرَك.

**bird of prey** طيرٌ جارح؛ طَيْرٌ من الجوارح

**bird's-eye** *(adj.)* تحليقيّ ؛ مأخوذٌ من علٍ .

**birth** *(n.)* (١) وِلادة؛ مولد (٢) أصل؛ مَنْبِت.

**birth control** *(n.)* تحديد النسْل؛ ضَبط النسل.

**birthday** *(n.)* (١) مولد (٢) عيد ميلاد .

**birthmark** *(n.)* الوَحْمَة : علامة خِلْقيّة على الجسد .

**birthplace** *(n.)* مَسْقَط الرأس .

**birthrate** *(n.)* نسبة المواليد (إلى مجموع السكان).

**birthright** *(n.)* حقّ البكوريّة ؛ حقّ المولد.

**biscuit** *(n.)* (١) بَسْكويت (٢) فخّار.

**bisect** *(vt.)* يَشْطُر؛ يُنَصِّف.

**bishop** *(n.)* (١) أسْقُف (٢) الفيل (في الشطرنج).

**bishopric** *(n.)* أسقفية؛ أبرشية؛ مقرّ الأسقف.

**bismuth** *(n.)* البِزْموت : عنصر معدني .

**bison** *(n.)* البيسون ؛ الثور الأميركي .

bison

**bisque** *(n.)* البِيسك: «أ» حساء دَسِمٌ . «ب» نوعٌ من «البوظة» او المثلجات.

**bit** *(n.)* (١) الحَكَمَة؛ الشَّكيمة: حديدة اللجام المعترضة في فم الفرس (٢) اللقمة: الجزء اللولبيّ الدوّار من المِثْقَب (٣) لُقمة (٤) كِسْرَة؛ مقدار ضئيل (٥) قطعة نقد صغيرة (٦) ثُمْن دولار (٧) فترة قصيرة .

to do one's ~ يقوم بقسطه من الواجب .

**bit** *past of* bite.

**bitch** *(n.)* (١) الكلبة : أنثى الكلب (٢) بغيّ .

**bit** 56 **bla**

**bite** *(vt.; i.; n.)* (١) يَعَضّ (٢) يقضِم . (٣) يَلدَغ ؛ يَلسَع (٤) يقطع ؛ يمزّق (٤) يقرص أو يوجع إيجاعاً شديداً (٥) يأكل ؛ يتأكّل × (٦) تأكل (السمكةُ) الطُّعْمَ § (٧) عضّ ؛ قَضْمٌ (٨) عضّة ؛ قَضْمة ؛ لَسْعَة (٩) لقمة (١٠) ألمٌ شديد .

**biting** *(adj.)* شديد ؛ قارص ؛ لاذع ؛ ساخر .

**bitten** *past part. of* bite.

**bitter** *(adj.)* (١) مُرّ (٢) قارص ؛ موجع . (٣) قاسٍ (٤) ساخر ؛ لاذع (٥) مرير (٦) لدود.

bittern

**bittern** *(n.)* الواق : طائر من فصيلة مالك الحزين .

**bittersweet** *(n.)* الحِرابيّة (أو شجرة الحِراب) المتسلّقة.

**bitumen** *(n.)* قار ؛ حُمَر ؛ زفت ؛ بِتيومين .

**bituminous** *(adj.)* قاريّ ؛ حُمَريّ ؛ زفتيّ ؛ بتيوميني .

**bivalve** *(n.)* حيوان ذو صدفتين .

**bivouac** *(n.; vi.)* (١) معسكر موقّت في العَراء. (٢) إقامة موقّتة § (٣) يُعسكِر في العراء .

**biweekly** *(adj.; n.)* (١) نصف شهري . (٢) نصف أسبوعي § (٣) مجلة نصف شهرية أو نصف أسبوعية .

**bizarre** *(adj.)* غريب ؛ عجيب ؛ شاذّ .

**blab** *(vt.; i.)* (١) يفشي سرّاً × (٢) يثرثر .

**black** *(adj.; n.; vt.; i.)* (١) أسود (٢) زنجيّ. (٣) مُتّسِخٌ (٤) مظلم (٥) شرّير (٦) قاتم ؛ كئيب (٧) مُعادٍ § (٨) صِبغٌ أسود (٩) سواد (١٠) شيء أسود (١١) ثوب الحداد (١٢) شخص زنجيّ (١٣) ظلمة § (١٤) يسوّد ؛ يطلي بالسّواد (١٥) يصقل (الحذاءَ) بدهان أسود × (١٦) يَسْوَدّ .

to ~ out يطفىء أو يحجب الأضواء كلها وقايةً من غارة جوية .

**blackamoor** *(n.)* الشديد السُّمْرة ؛ الزنجيّ .

**black art** *(n.)* سِحْر ؛ شَعْوَذة .

**blackball** *(n.; vt.)* (١) الكُرَيّة السوداء : كرة سوداء صغيرة تلقى في صندوق الاقتراع كناية عن صوت سلبيّ § (٢) يصوّت ضدّ (٣) يقاطع .

**blackberry** *(n.)* ثمر العُلَّيق أو نَبْتَةٌ تحملُه.

**blackbird** *(n.)* الشُّحْرُور : طائر حسن الصوت.

**blackboard** *(n.)* سَبّورة ؛ لوح أسود .

**black death** *(n.)* الطاعون الأسود .

**blacken** *(vi.; t.)* (١) يَسْوَدّ × (٢) يُسَوِّد.

**blackguard** *(n.)* (١) الوغد (٢) البذيء اللسان.

**blacking** *(n.)* دهان أسود (للأحذية والمواقد) .

**blackjack** *(n.; vt.)* (١) هراوة مكسوّة بالجلد. (٢) ابريق للجعة § (٣) يَضْرِب بهراوة الخ.

**blackleg** *(n.)* (١) المقامر المحترف (٢) شخصٌ يُستأجَر للحلول محلّ عامل مُضرِب.

**blacklist** *(n.)* اللائحة السوداء .

**blackmail** *(n.; vt.)* (١) ابتزاز المال (بتهديد المرء بالفضيحة خاصةً) § (٢) يبتزّ بالتهديد.

**black market** *(n.)* السوق السوداء.

**blackness** *(n.)* سواد ؛ ظُلمة الخ.

**blackout** *(n.)* (١) إطفاء الأنوار (على خشبة المسرح) (٢) التعتيم (خلال غارةٍ جوية).

**blacksmith** *(n.)* الحدّاد.

**bladder** *(n.)* (١) مَثانة (٢) كيس يُملأ هواءً.

**blade** *(n.)* (١) ورقة نبات (٢) النصل : الجزء العريض من ورقة النبات (٣) راحة المِجذاف : جزؤهُ المسطّح العريض (٤) ريشة المروحة (٥) شفرة المدية أو السيف (٦) سيف.

**bla** 57 **bli**

**blame** *(vt.; n.)* (١) يَلوم؛ يوبّخ (٢) يعتبره مسؤولاً عن §(٣) لوم (٤) مسؤولية خطأٍ الخ.

**blameless** *(adj.)* بريء؛ طاهر الذّيل.

**blanch** *(vt.; i.)* (١) يُبَيِّض (٢) يجعله شاحباً (من مرض أو خوف) ×(٣) يَبْيَضّ؛ يَشْحُب.

**bland** *(adj.)* (١) رقيق؛ لطيف (٢) غير حِرّيف.

**blandish** *(vt.)* يتملّق؛ يُداهن.

**blank** *(adj.; n.; vt.)* (١) أبيض (٢) شاحب. (٣) أجوف (٤) فارغٌ (٥) غُفْل: خالٍ من الكتابة (٦) غير مُنْجَز أو مشغول (٧) مُرْسَل؛ غير مُقَفّى §(٨) فراغ (٩) ورقة ذات فراغات تُملأ (١٠) قَلب الرميّة: نقطة الهدف المركزية §(١١) يمحو (١٢) يَسُدّ.

**blanket** *(n.; vt.)* (١) حِرام؛ بطانيّة (٢) دثار. (٣) طبقة رقيقة منبسطة § (٤) يغطّي بحرام (٥) يغطّي بحيث يُعتّم أو يطفئ (٦) يشوّش.

**blare** *(vi.; t.; n.)* (١) يُبَوِّق؛ يُدوّي. (٢) يُعْلِن أو يُطلق بصوت عالٍ §(٣) صوت البوق (٤) دَوِيّ.

**blarney** *(n.; vt.; i.)* (١) تملّق §(٢) يتملّق.

**blaspheme** *(vt.; i.)* يجدّف على (الله)؛ يَسُبّ.

**blasphemy** *(n.)* التجديف (على الله).

**blast** *(n.; vi.; t.)* (١) هَبّة؛ عَصْفة (٢) نَفخة؛ صَفْرَة (٣) تيار هوائي (٤) آفة (٥) انفجار عنيف (٦) لغم §(٧) يُحدث صوتاً ثاقباً (٨) يضع لغماً أو متفجرةً (٩) يَذْبُل؛ يَيْبَس ×(١٠) يُذْبِل (١١) يَنْسف.

in *or* at full ~, عاملٌ بكل طاقته.

**blatant** *(adj.)* (١) صخّاب؛ كثير الصياح. (٢) سَمِج؛ وقح؛ (٣) صارخ (٤) ثاغٍ.

**blaze** *(n.; vi.; t.)* (١) لَهَب؛ لهيب؛ وَهَج. (٢) حريق (٣) انفجار مفاجئ للانفعال أو الغضب (٤) بريق؛ تألق (٥) الغُرّة: علامة بيضاء على وجه الفرس §(٦) يلتهب؛ يتّقد؛ يتوهج (٧) يلمع؛ يتألق (٨) ينفجر غضباً ×(٩) يُذيع او ينشر في الآفاق.

in a ~, ملتهب؛ مشتعل.

to ~ away يطلق النار بسرعة.

**blazon** *(n.)* (١) شعار النبالة (٢) وصف.

**bleach** *(vt.)* يُقصِّر: يبيّض (قماشاً) بالتعريض للشمس أو باستخدام مادة كيمائية.

**bleachers** *(n. pl.)* مدرّج مكشوف.

**bleak** *(adj.)* (١) أجرد؛ مكشوف؛ منعزل؛ معرّض للرياح (٢) قارس؛ بارد جداً (٣) كئيب.

**blear** *(vt.; adj.)* (١) يُدْمِع §(٢) دامع؛ غائم.

**bleat** *(vi.; n.)* (١) يثغو (الخروف) §(٢) ثُغاء.

**bleed** *(vi.; t.)* (١) يَدْمَى؛ ينزف ×(٢) يَفْصِد.

**bleeding** *(adj.; n.)* (١) دامٍ (٢) متحلّب. §(٣) نَزْف (٤) نزيف؛ رُعاف (٥) فَصْد.

**blemish** *(vt.; n.)* (١) يلطِّخ §(٢) عَيب؛ شائبة.

**blench** *(vi.)* (١) ينكص؛ يتراجع (٢) يَشْحُب.

**blend** *(vt.; i.; n.)* (١) يمزج (٢) يدمج. ×(٣) يتمازج؛ يندمج (٤) يأتلف §(٥) مزيج.

**bless** *(vt.)* (١) يكرّس؛ يجعله مقدّساً (٢) يرسم إشارة الصليب على (٣) يبارك (٤) يُمجّد (٥) يُسْعِد؛ يُنعم على (٦) يصون؛ يحفظ.

**blessing** *(n.)* (١) مباركة (٢) بَركة؛ نِعمة.

**blew** *past of* blow.

**blight** *(n.; vt.; i.)* (١) آفة زراعية (٢) تلفٌ؛ فساد §(٣) يُصيب بآفة ×(٤) تصيبه آفةٌ.

**blind** *(adj.; n.)* (١) أعمى (٢) خاص بالعميان. (٣) ظلاميّ؛ منجزٌ في الظلام (٤) غير مقروء أو واضح (٥) محجوب؛ غير ظاهر (٦) غير نافذ؛ مسدود من جانب واحد §(٧) مِصراع النافذة (٨) ستارة النافذة (٩) الغِمامة (تحول بين الفرس

وبين النظر جانبياً (١٠) مَكْمَن الصيّاد الخ.

a ~ alley زقاق مسدود أو غير نافذ.
to go ~, يُكَفّ بصرُه ؛ يصاب بالعمى.

**blindfold** *(vt.; n.; adj.)* (١) يَعْصِب العينين § (٢) عِصابة للعينين § (٣) معصوب العينين.

**blindness** *(n.)* (١) عمىً (٢) جهل ؛ تَهَوُّر.

**blink** *(vi.; t.; n.)* (١) ينظر بعينين طارفتين نصف مفتوحتين (٢) تَطْرِف العينُ (٣) يَومِض × (٤) يتعامى عن § (٥) وميض (٦) فتح العينين وإغماضهما على نحوٍ لا إرادي.

**blinker** *(n.)* الضوء الوامض: ضوء متقطّع للتحذير.

**bliss** *(n.)* (١) منتهى السعادة (٢) النعيم ؛ الجنّة.

**blister** *(n.)* نَفْطَة ؛ بَثْرة ؛ قَرْح.

**blithe** *(adj.)* (١) مَرِح (٢) سعيد ؛ مبتهج.

**blithesome** *(adj.)* مَرِح ؛ كثير المرح.

**blizzard** *(n.)* عاصفة ثلجية عنيفة.

**bloat** *(vt.; i.)* (١) يَنْفُخ × (٢) ينتفخ.

**bloc** *(n.)* كتلة ؛ جبهة.

**block** *(n.; vt.)* (١) كتلة خشبية أو حجرية. (٢) قالب (٣) الوَضَم: خشبة غليظة يقطع عليها الجزار اللحم (٤) عقبة ؛ عائق (٥) بكَرة (لرفع الأثقال) (٦) مجموعة ؛ زمرة (٧) صفّ من بيوت ومحلات تجارية متلاصقة. (٨) ساحة مدينة (٩) رَوْسم ؛ كليشيه § (١٠) يسدّ ؛ يعترض سبيل كذا (١١) يعوق (١٢) يُحبِط.

block 5.

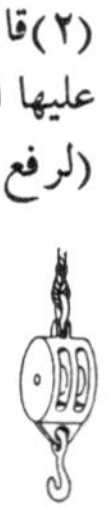

a chip of the old ~, ولدٌ يشبه أباه مظهراً أو خُلُقاً.

**blockade** *(n.; vt.)* (١) حِصار § (٢) يحاصر.

**blockhead** *(n.)* الأحمق ؛ الأبله.

**blockhouse** *(n.)* مَعْقِل أو حِصْن صغير.

**blond ; blonde** *(adj.; n.)* أشقر ؛ شقراء.

**blood** *(n.)* (١) دم (٢) حياة (٣) سُلالة (٤) سُلالة ملكيّة (٥) قرابة (٦) أنسباء (٧) مزاج.

in cold ~, ببرود ؛ عمداً.

**blooded** *(adj.)* أصيل ؛ صافي الدم.

**bloodhound** *(n.)* الدَّمُّوم: كلب بوليسي.

**bloodletting** *(n.)* (١) فَصْد (٢) إراقة دم.

**bloodshed** *(n.)* إراقة الدماء.

**bloodshot** *(adj.)* محتقن بالدم (صفة للعين الخ).

**bloodsucker** *(n.)* (١) عَلَقَة (٢) طفيليّ.

**bloodthirsty** *(adj.)* وحشيّ ؛ متعطش إلى الدم.

**bloody** *(adj.)* (١) دمويّ (٢) ملطّخ بالدم (٣) دامٍ (٤) قانٍ (٥) لعين ؛ مُخْزٍ ؛ حقير.

**bloom** *(n.; vi.)* (١) زهرة (٢) إزهار ؛ تفتُّح (٣) أوج ؛ ريعان (٤) طبقة ذرورية تكون على بعض الثمار (٥) تورّد الخدين § (٦) يُزْهِر (٧) يتورّد.

**bloomers** *(n. pl.)* البَلْمَر: سروال نسائي.

blo 59 boa

**blooming** *(adj.)* مُزْهِر ؛ مزدهر ؛ ناضر .

**blossom** *(n.; vi.)* (١) زهرة (٢) إزهار ؛ تفتح . § (٤) يزدهر (٥) يتطور .

**blot** *(n.; vt.; i.)* (١) لطخة (٢) بقعة حبر . § (٣) يلطخ (٤) يكسف ؛ يجعله مظلماً (٥) ينشّف الحبرَ (٦) يمحو × (٧) يتفشى (الحبرُ) .

to ~ out (١) يمحو (٢) يُخفي (٣) يدمّر .

**blotch** *(n.; vt.)* (١) عيب ؛ لطخة (٢) بقعة حبر . (٣) بثرة § (٤) يلطخ ؛ يبقّع ؛ يبثّر .

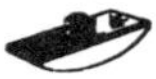

**blotter** *(n.)* (١) ورقة نشّاف . (٢) نشّافة (٣) دفتر .

blotter 2.

**blotting paper** *(n.)* النشّاف : ورق نشّاف .

**blouse** *(n.)* (١) البُلُوزَة (٢) الوَزرة .

**blow** *(vi.; t.; n.)* (١) يَهُبّ ؛ يَعصِف (٢) ينفخ (٣) تطلق آلة النفخ الموسيقية صوتاً (٤) يَصفِر (٥) يتباهى ؛ يتفاخر (٦) يَلْهَث (٧) يحترق (الصمام أو المصباح الكهربائي) (٨) ينفجر (دولابُ السيارة) × (٩) يسوق بتيار هوائي (١٠) يعزف (١١) يَنْسِف § (١٢) عاصفة (١٣) تفاخُر (١٤) نَفْخ (١٥) ضربة .

to ~ the nose يتمخّط .

to ~ out (١) ينطفئ (٢) يطفئ الخ .

to ~ up (١) ينفخ (دولاباً) (٢) يكبّر (٣) ينسف (٤) يوبّخ (٥) يهبّ (٦) ينفجر (٧) يَغْضب (٨) ينتفخ (٩) يتعاظم ؛ يشتدّ .

to come to ~ s يتضارب ؛ يتقاتل .

**blowout** *(n.)* انفجار دولاب أو عجلة .

**blowpipe** *(n.)* قصبة نفخ لإذكاء النار .

**blubber** *(n.; vi.)* (١) دُهْن الحُوت (٢) بدانة ؛ سِمَن (٣) انتحاب § (٤) ينتحب .

**blucher** *(n.)* البلوخر : ضرب من الأحذية .

**bludgeon** *(n.; vt.)* (١) هِراوة § (٢) يضرب .

**blue** *(adj.; n.; vt.; i.)* (١) أزرق (٢) كئيب . (٣) باعث على الكآبة (٤) قاس أو متشدّد أخلاقياً (٥) بذيء § (٦) الزُرقة ؛ اللون الأزرق (٧) صِبغ أزرق (٨) نِيل (٩) ثوب أزرق .

**bluejacket** *(n.)* بحّار من رجال الأسطول .

**blues** *(n.pl.)* كآبة .

**bluet** *(n.)* الهُصْطونيّة : نبات أزرق الزهر .

**bluff** *(vt.; n.; adj.)* (١) يخدع ؛ « يبلف » . § (٢) خداع § (٣) جرفٌ عالٍ § (٤) صريح .

**bluish** *(adj.)* مزرقّ ؛ ضارب إلى الزرقة .

**blunder** *(vi.; n.)* (١) يخطئ خطأً فاضحاً . § (٢) خطأ فاضح .

**blunderbuss** *(n.)* بندقية قصيرة .

**blunt** *(adj.; vt.; i.)* (١) عديم الحس ؛ متبلّد الذهن (٢) كليل ؛ غير حادّ أو ماض (٣) فظّ § (٤) يجعله كليلاً × (٥) يصبح كليلاً .

**blur** *(n.; vt.; i.)* (١) لطخة ؛ غشاوة § (٢) يلطّخ . (٣) يجعله غير واضح × (٤) يصبح غير واضح .

**blurt** *(vt.)* يقول أو يفشي من غير تفكير .

**blush** *(vi.; n.; adj.)* (١) يحمرّ وجهه . (٢) يستحي (٣) يتورّد § (٤) نظرة ؛ وهلة (٥) احمرار الوجه (٦) تورّد .

**bluster** *(vi.; n.)* (١) تعصف (الريح) . (٢) يتحدث بصخب أو عنف § (٣) عاصفة (٤) نوبة غضب الخ .

**boa** *(n.)* (١) الأصَلة ؛ البُواء : أفعى كبيرة (٢) لفاع طويل (من فروٍ أو ريش أو نسيج رقيق) .

boa

**boar** *(n.)* (١) خنزير (٢) عِفْر: خنزير بريّ.

**board** *(n.; vt.)* (١) لوح خشب (٢) *pl.*: خشبة المسرح (٣) مائدة طعام (٤) طعام بسعر محدّد (في الأسبوع أو الشهر) (٥) منصّة المحكمة الخ. (٦) مجلس ؛ هيئة (٧) لوحة ؛ رُقعة (٨) كرتون؛ ورق مقوّى § (٩) يكسو بألواح خشبية (١٠) يقدّم الطعام (والمنامة عادةً) إلى شخص معين بسعر محدّد في الأسبوع أو الشهر.

on ~, على متن السفينة أو القطار الخ.

on the ~s على خشبة المسرح.

to go by the ~, (١) يسقط على جانب المركب (٢) يُهمَل أو يُتخلّى عنه.

**boarder** *(n.)* تلميذ داخليّ.

**boarding school** *(n.)* مدرسة داخلية.

**boast** *(vi.; t.)* (١) يتباهى × (٢) يفتخر أو يعتز بـ.

**boastful** *(adj.)* متبجح؛ محب للتبجّح.

**boat** *(n.)* (١) مركب ؛ زورق؛ سفينة (٢) فنجان.

boat 2.

**boatman** *(n.)* النوتيّ؛ المراكبيّ.

**boatswain** *(n.)* عريف الملاحين.

**bob** *(vt.; i.; n.)* (١) يضرب أو يقرع برفق (٢) يهزّ. (٣) يقصّ الشعر قصيراً × (٤) يتمايل؛ يتذبذب (٥) ينشأ فجأة § (٦) تمايل؛ ذبذبة؛ هزة رأس (٧) قصة شعر قصيرة (٨) ثقل (في طرف البندول وذيل الطائرة الورقية) (٩) شِلْن.

**bobbin** *(n.)* وَشيعة؛ مكّوك؛ بكَرَة.

**bobwhite** *(n.)* الحَجَل: طائر معروف.

**bode** *past and past part. of* bide.

**bode** *(vt.; i.)* يدلّ على؛ يبشّر بخير أو ينذر بشرّ.

**bodice** *(n.)* الصِّدار: الجزء الأعلى من ثوب المرأة.

**bodiless** *(adj.)* غير ذي جسد؛ غير مادي.

**bodily** *(adj.)* (١) ماديّ (٢) جسديّ.

**bodkin** *(n.)* (١) مِخْرز (٢) دبوس شعر زينيّ. (٣) المِتكّ: أداة لإدخال التكة في بيتها.

**body** *(n.)* (١) جسد؛ جسم؛ بَدَن. (٢) جثة (٣) شَخْص (٤) جذع (٥) كتلة (٦) مجموعة؛ جماعة (٧) هيئة (٨) قَوام؛ كثافة.

in a ~, كلّهم معاً؛ على نحو جماعيّ.

**bodyguard** *(n.)* (١) حَرَس (٢) حاشية؛ بطانة.

**bog** *(n.; vi.)* (١) مستنقَع § (٢) يغوص في مستنقع.

**boggle** *(vi.; n.)* (١) يُجْفل (رعباً) (٢) يتردّد. (٣) يعمل بغير براعة § (٤) إجفال (٥) تردّد (٦) عملٌ غير متقن.

**boggy** *(adj.)* سَبِخٌ؛ مستنقعيّ.

**bogie** *or* **bogy** *(n.)* عربة منخفضة.

**bogle** *or* **boggle** *(n.)* (١) شبح (٢) بُعبع؛ غول.

**bogus** *(adj.)* زائف؛ مزيّف؛ كاذب.

**boil** *(vi.; t.; n.)* (١) يَغْلي (٢) يهتاج (٣) يفور. (٤) يسلق § (٥) غَلْيٌ؛ غَلَيان (٦) بَثْرة؛ حَبّة.

**boiler** *(n.)* (١) غلاّية (٢) مِرْجَل.

**boiling** *(n.; adj.)* (١) غَلْي؛ غليان § (٢) غالٍ.

**boisterous** *(adj.)* (١) شديد؛ عاصف. (٢) صخّاب.

**bold** *(adj.)* (١) جريء؛ جَسُور (٢) وَقِح. (٣) شديد التحدّر (٤) واضح.

**bole** *(n.)* (١) جِذع؛ ساق (٢) طين.

**bolero** *(n.)* البوليرو: «أ» رقصة اسبانية أو موسيقاها. «ب» سترة فضفاضة تبلغ الخَصر طولاً.

**Bolshevik** *(n.; adj.)* بَلْشَفيّ؛ شيوعيّ.

**bolster** *(n.; vt.)* (١) وِسادة § (٢) يسند؛ يدعم.

**bolt** *(n.; vi.; t.)* (١) سهم قصير (٢) صاعقة. (٣) رِتاج؛ مِزلاج (٤) لسان القُفل (٥) «ثوب» قماش (طوله ٤٠ ياردة) (٦) لفافة ورق جدران (٧) نافورة (٨) مسمار مُلَوْلَب § (٩) ينطلق؛ يندفع (١٠) يفرّ؛ يهرب

(١١) يُرْتَج ؛ يُثَبَّت بالرتاج (١٢) ينفصل عن حزبه السياسي ×(١٣) يثبت بالرتاج أو بمسمار مُلَوْلَب (١٤) يزدرد (١٥) ينخل.

~ from the blue — مفاجأة مذهلة .

**bolter** *(n.)* (١) منخل (٢) مقترع يرفض تأييد حزبه .

**bomb** *(n.; vt.)* (١) قنبلة § (٢) يقذف بالقنابل .

**bombard** *(vt.)* يقذف بالقنابل .

**bombast** *(n.)* كلامٌ مُنمَّق طنّان.

**bombastic ; -al** *(adj.)* مُنَمَّق ؛ طنّان.

**bombshell** *(n.)* (١) قنبلة (٢) مفاجأة مذهلة .

**bona fide** *(adj.)* صادق ؛ مخلص ؛ غير زائف.

**bonanza** *(n.)* منجم ثراء ؛ حظ سعيد.

**bonbon** *(n.)* البُنْبُون : نوعٌ من المُسكَّرات .

**bond** *(n.; vt.)* (١) قَيْد ؛ وِثاق (٢) ميثاق . (٣) حبل ؛ رباط (٤) مادةٌ رابطةٌ أو مُلْصِقة (٥) رابطة (٦) التزام ؛ تعهّد ؛ كفالة (٧) الكافل ؛ الضامن (٨) سنَدٌ أو وثيقةٌ بدَيْن (٩) صكُّ تأمين (١٠) مِدْماك § (١١) يُدَمِّك ؛ يجعل الحجارة مداميكَ (١٢) يَرْهَن (١٣) يحجز (البضائعَ في الجمرك)

**bondage** *(n.)* عبودية ؛ استرقاق .

**bondmaid** *(n.)* أَمَة ؛ جارية .

**bondman** *(n.)* عبد ؛ رقيق.

**bondsman** *(n.)* (١) عبدٌ (٢) الكافل ؛ الضامن.

**bone** *(n.; vt.)* (١) عَظْم (٢) عاج . (٣) *pl.* : زهر النرد § (٤) ينزع العظم أو الحسك.

to make no ~ *s* about doing something — لا يتردد في .... ؛ لا يجد في القيام بكذا حرَجاً .

**bonfire** *(n.)* المَشْعَلَة : نارٌ تُضرَم في الهواء الطلق .

**bonnet** *(n.)* قَلَنْسُوَة .

bonnet

**bonny** *or* **bonnie** *(adj.)* (١) جميل ؛ وسيم (٢) رائع ؛ ممتاز (٣) ممتلىء صحةً .

**bonus** *(n.)* (١) شيء إضافيّ (٢) علاوة للموظفين . (٣) إعانة حكومية (٤) ربحٌ .

**bony** *or* **boney** *(adj.)* (١) عظميّ (٢) كثير العظام أو الحَسَك (٣) ناتىء العظام ؛ نحيل .

**booby** *(n.)* (١) المغفّل (٢) الأطيَش : طائر بحري

**boodle** *(n.)* (١) حَشْدٌ (من الناس) (٢) رشوة.

**book** *(n.; vt.)* (١) كتاب (٢) دفتر ؛ سجلّ . (٣) يسجِّل ؛ يدوِّن (٤) يحجز مقدَّماً .

to bring to ~, — يناقشه الحساب .

**bookbinder** *(n.)* المجلِّد : مجلِّد الكتب .

**bookcase** *(n.)* خزانة كتب .

**bookie** *(n.)* وكيل المراهنات على جياد السباق .

**bookish** *(adj.)* (١) كُتُبِيّ (٢) مولع بالكتب.

**bookkeeper** *(n.)* كاتب الحسابات (في شركة الخ)

**bookkeeping** *(n.)* مَسْك الدفاتر (التجارية).

**booklet** *(n.)* كُتَيِّب ؛ كُرّاسة .

**bookmaker** *(n.)* = bookie.

**bookseller** *(n.)* الكُتُبِيّ : بائع الكتب.

**bookshelf** *(n.)* (١) رفّ كتب (٢) مجموعة كتب.

**bookshop** *(n.)* المكتبة : محلّ تجاريّ لبيع الكتب.

**bookstall; bookstand** *(n.)* كشك الكتب .

**bookstore** *(n.)* المكتبة : محلّ تجاريّ لبيع الكتب.

**boom** *(n.; vi.; t.)* (١) ذراع التطويل : عمود يستخدم لإطالة قاعدة الشراع (٢) ذراع المِرفاع أو الرافعة (٣) ذراع الميكرفون (٤) حبل أو سلسلة حديدية أو مجموعة من الأخشاب المتصلة الطافية (٥) دويّ ؛ هدير ؛ طنين ؛ أزيز (٦) اتّساع ؛ تعاظمٌ سريع (٧) ازدهار § (٨) يدوّي ؛ يهدر ؛ يطن ؛ يئزّ (٩) يندفع بدويّ (١٠) يزدهر × (١١) يعلن بدَوِيّ (١٢) يسبّب ازدهار كذا.

**boon** *(n.; adj.)* (١) عطيّة (٢) نِعمة § (٣) مَرِح .

**boor** *(n.)* (١) فلاّح (٢) شخص فظّ أو جِلْف .

**boorish** *(adj.)* ريفيّ ؛ غير مثقّف ؛ جِلْف .

**boost** *(vt.; n.)* (١) يرفع (٢) يزيد (٣) يدعم. (٤) يعزّز §(٥) رفعٌ (٦) زيادة (٧) عون.

**booster** *(n.)* (١) نصير متحمّس (٢) المُعَزِّز.

**boot** *(n.; vi.; t.)* (١) جزمة أو حذاء عالي الساق. (٢) غطاءٌ واقٍ (٣) صندوق السيارة (لوضع الامتعة) (٤) رفسة §(٥) ينتعل (٦) يرفس (٧) يطرد

to ~, علاوةً على ذلك؛ بالإضافة إلى ذلك.

**booth** *(n.)* سقيفة؛ كُشْك؛ حجرة صغيرة.

**bootleg** *(vt.)* يبيع بطريقة غير شرعية؛ يُهَرِّب.

**bootless** *(adj.)* باطل؛ غير مجدٍ أو مفيد.

**boot tree** *(n.)* قالب الأحذية.

**booty** *(n.)* (١) غنيمة (٢) كَسْبٌ عظيمٌ.

**borax** *(n.)* البُورَق: مسحوق أبيض متبلّر.

**border** *(n.; vt.; i.)* (١) حافة؛ جانب؛ حاشية. (٢) تَخْم؛ حدّ §(٣) يجعل له حاشية (٤) يتاخم؛ يحاذي (٨) يحدّ ×(٩) يقارب.

**borderland** *(n.)* (١) حدّ؛ تخم (٢) منطقة حدود.

**bore** *past of* bear.

**bore** *(vt.; i.; n.)* (١) يَثْقُب؛ يجوّف (٢) يحفر. (٣) يُضجر ×(٤) ينثقب §(٥) ثُقْب (٦) تجويفٌ (٧) ماسورة البندقية (٨) عِيار؛ قُطر داخلي (٩) شخص مُضْجِر أو ثقيل الظلّ.

**boredom** *(n.)* ضَجَرٌ؛ سأم؛ بَرَمٌ.

**boric acid** *(n.)* حمض البوريك.

**born** *(adj.)* (١) مولود (٢) بالفطرة.

**borne** *past part. of* bear.

**borough** *(n.)* (١) القَصَبَة: مدينة انكليزية ذات ممثلين في البرلمان (٢) بلدة أميركية.

**borrow** *(vt.)* (١) يستعير (٢) يقتبس.

**bosh** *(n.)* هُراء؛ كلام فارغ؛ شيء تافه.

**bosom** *(n.)* (١) صَدْر (٢) صدر الثوب (٣) حِضْن (٤) قلب؛ صميم؛ وَسَط.

**boss** *(n.; vt.)* (١) حَدَبَة؛ سنام (٢) عقدة أو زرّ زينيّ (في درع) (٣) السُّرّة: حلية معمارية ناتئة (٤) الرئيس؛ وبخاصة رئيس العمال (٥) المفوّض: سياسيّ ذو سيطرة على المسؤولين في حزبه في منطقة معيّنة §(٦) يرصع بعُقَد أو أزرار زينيّة (٧) يوجه؛ يناظر.

boss 3.

**botanic; -al** *(adj.)* نباتيّ؛ خاص بعلم النبات.

**botanist** *(n.)* النباتيّ؛ عالم النبات.

**botany** *(n.)* علم النبات.

**botch** *(vt.; n.)* (١) يَرْقع بطريقة غير متقنة. §(٢) عملٌ غير متقَن (٣) رقعة غير متقنة

**both** *(adj.; pron.)* كِلا؛ كلتا.

**both** *(conj.; adv.)* معاً؛ على حدّ سواء.

**bother** *(vt.; i.; n.)* (١) يُزعج؛ يضايق. (٢) يُقلق ×(٣) يَقْلَق (٤) يزعج نفسه §(٥) انزعاج؛ قلق (٦) ضجة؛ جلبة.

**bottle** *(n.; vt.)* (١) زجاجة؛ قنّينة (٢) الخمر أو مُعاقرتها §(٣) يعبّئ في زجاجات (٤) يَحْصر.

**bottom** *(n.; adj.)* (١) أدْنَى؛ أسْفَل؛ قاعدة. (٢) عجيزة؛ كَفَل (٣) قعر (٤) أساس §(٥) الأدنى؛ الأسفل (٦) أساسي (٧) الأخير.

**bottomless** *(adj.)* لا قعر أو أساس أو قاعدة له.

**boudoir** *(n.)* البُدْوار: حجرة السيدة الخاصة.

**bough** *(n.)* غُصن؛ فَرْع (من شجرة).

**bought** *past and past. part. of* buy.

**bougie** *(n.)* (١) شمعة (٢) تحميلة؛ فتيلة.

**boulder** *(n.)* الجُلْمود: صخر ضخم مدوَّر.

**boulevard** *(n.)* الجادّة: شارع عريض مُشَجَّر.

**bounce** *(vi.; t.; n.)* (١) يثب كالكرة (٢) يرتدّ. (٣) ينهض بسرعة (٤) يدخل أو يخرج بجلبة أو غضب ×(٥) يجعله يثب §(٦) ضربة قوية

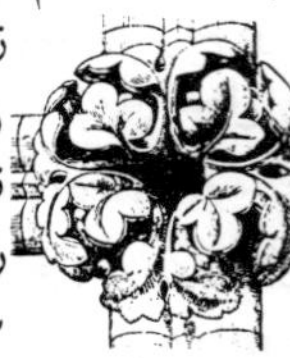

**bou** 63 **bra**

(٧)ارتداد (٨)تبجُّح (٩) حيوية ؛ نشاط .

**bouncer** *(n.)* (١)المتبجّح (٢) كذبة ضخمة.

**bound** *past and past part. of* bind.

**bound** *(adj.; n.; vt.; i.)* (١)قاصدٌ إلى؛ متّجه نحو (٢)مقيَّد؛ مكبَّل (٣)مؤكَّد (٤)مُلْزَم (٥)مصاب بإمساك (٦) مجلَّد (٧)مصمِّم على §(٨)حدّ؛ نطاق (٩)وثبة؛ قفزة (١٠) ارتداد §(١١)يقيِّد؛ يكبح (١٢)يحيط بـ؛ يَحُدّ (١٣)يعيّن حدود كذا ×(١٤) يثب؛ يقفز (١٥)يرتدّ (١٦) يتاخم .

~ **up in** *or* **with** (١) غير منفصل عن. (٢) شديد التعلّق أو الولع بـِ.

by leaps and ~ *s* بسرعة فائقة.

in ~ *s* مباحٌ الدخول إليه.

out of ~ *s* محظورٌ الدخول إليه.

**boundary** *(n.)* تَخْم ؛ حَدّ.

**bounden** *(adj.)* مُلزِم ؛ إلزامي.

**boundless** *(adj.)* لانهائيّ؛ غير محدود.

**bounteous** *(adj.)* (١) كريم (٢)وافر ؛ سَخِيّ.

**bountiful** *(adj.)* = bounteous.

**bounty** *(n.)* (١) سخاء (٢) هِبَة سَخِيّة. (٣) محصول (٤)جائزة أو منحة حكومية.

**bouquet** *(n.)* (١) باقة أزهار (٢) عبير.

**bourgeois** *(n.; adj.)* (١) البورجوازي: أحد أفراد الطبقة المتوسطة §(٢) بورجوازي.

**bourgeoisie** *(n.)* الطبقة البورجوازية.

**bourn; -e** *(n.)* (١) غدير (٢) عالَم.

**bout** *(n.)* (١) مباراة (٢) فترة (٣)نوبة.

**bovine** *(adj.)* (١)بَقَرِيّ؛ متعلق بالبقر (٢)بليد.

**bow** *(vi.; t.; n.)* (١)يُذْعِن (٢)ينحني (٣)يحني رأسه×(٤)يحني (٥)يُخْضِع (٦) يعبّر عن شيء بالانحناء §(٧)انحناءة (٨)مقدم السفينة أو الطائرة.

**bow** *(n.; adj.; vi.; t.)* (١)التواء؛ انحناء (٢)قوس. (٣)قوس قُزَح (٤)حَلْقَة المفتاح أو المقص الخ. (٥) عُقْدَة (٦) قوس الكمان §(٧)متقوِّس §(٨)ينحني؛ يتقوّس (٩)يعزف على الكمان ونحوه ×(١٠) يحني؛ يقوِّس .

**bowels** *(n. pl.)* (١) أمعاء (٢) أحشاء.

**bower** *(n.)* (١) كوخ (٢)تعريشة (في بستان).

**bowl** *(n.; vi.; t.)* (١) زبدية؛ سلطانية (٢)طاس (٣)تجويف؛ الجزء الأجوف من الملعقة أو البيبة (٤) كرة (من كرات البولنغ) (٥)*pl.*: لعبة البولنغ §(٦)يلعب البولنغ (٧)ينطلق (في عربة) بخفة ورشاقة ×(٨) يضرب .

**bowlder** *(n.)* = boulder.

**bowleg** *(n.)* تَقَوُّس الساقَين ؛ ساق متقوِّسة.

**bowlegged** *(adj.)* متقوِّس الساقَين .

**bowling** *(n.)* البولِنْغ : لعبةٌ بالكرات الخشبية.

**bowman** *(n.)* (١)النبّال (٢)المجذّف الأمامي.

**bow tie** *(n.)* رباط رقبة فَراشيّ الشكل .

bow tie

**box** *(n.; vt.; i.)* (١) صندوق؛ علبة (٢) مقعد الحوذيّ (٣)مقصورة (٤)زريبة لفرس (في اصطبل أو عربة) (٥) كشك ؛ كوخ (٦) إطار (٧) ورطة (٨) لكمة §(٩)شُجَيْرة البَقْس أو خشبها §(١٠)يُصَنْدِق : يعبّىء في صندوق (١١)يلكم؛ يلاكم ×(١٢) يتلاكم.

**boxer** *(n.)* (١)الملاكم (٢) البَكْسَر (كلب).

**boxing** *(n.)* (١) الصَّنْدَقة (٢)الملاكمة .

**box office** *(n.)* شباك التذاكر (في مسرح الخ.).

**boxwood** *(n.)* البَقْس (نبات أو خشبُه) .

**boy** *(n.)* (١) غُلام؛ صبيّ؛ ولد (٢) خادم.

**boycott** *(vt.; n.)* (١) يقاطع §(٢) مقاطعة .

**boyfriend** *(n.)* (١) صديق (٢)رفيق (لفتاة).

**boyhood** *(n.)* (١)الصِّبا ؛ زمن الصِّبا (٢)الصِّبيان.

**boyish** *(adj.)* (١)صبياني (٢)غير ناضج.

**boy scout** *(n.)* الكشّاف : واحد الكشّافة .

**brace** *(n.; vt.; i.)* (١)زَوْج ؛ اثنان (٢)المِلْفاف :

bra 64 bra

مَقْبِض يُدار به المثقاب (٣) مِشْبَك ؛ دعامة ؛ سِناد ؛ رِباط (٤) *pl.* : حمالة البنطلون (٥) الحاصرة : إحدى هاتين العلامتين { } في الطباعة §(٦) يُوتِّر (٧) ينشِّط ؛ ينعش (٨) يقوّي ؛ يثبِّت ×(٩) يستجمع قواه (١٠) يستعدّ .

braces 4.

**brace and bit** *(n.)* المِثْقَب اللفّاف .

brace and bit

**bracelet** *(n.)* (١) سوارٌ (٢) قَيْد لليدين .

**bracket** *(n.; vt.)* (١) الكُتَيْفَة ؛ الثُّلَيْثَة : سِنادٌ مثلّث الشكل يكون تحت رفّ الخ. (٢) الرفّ الكتيفي : رفّ مدعوم بكُتَيْفَة (٣) حاملة المصباح (المنبثقة من جدار) (٤) المعقّف : إحدى هاتين العلامتين [ ] في الطباعة (٥) فئة §(٦) يحصر ضمن مُعَقَّفَين (٧) يكتِّف : يزوّد أو يدعم بكتائف (٨) يقرن (٩) يصنّف .

bracket 1.

**brackish** *(adj.)* (١) مالحٌ قليلاً (٢) كريه .

**brad** *(n.)* مسمار (رفيع) صغير الرأس .

**brag** *(vi.; n.)* (١) يتفاخر ؛ يتباهى §(٢) تفاخُر ؛ تباهٍ (٣) مفخرَة (٤) المتفاخر ؛ المتبجح .

**braggart** *(n.; adj.)* متبجح ؛ مدّعٍ .

**braid** *(vt.; n.)* (١) يَجدل ؛ يَضْفُر (٢) يزركش بشريط زينيّ §(٣) شريط زينيّ مجدول (٤) جديلة .

**brain** *(n.; vt.)* (١) دماغ ؛ مخ (٢) *pl.* : فهم ؛ ذكاء §(٣) يقتل (بسحق الجمجمة) .

to beat one's ~ *s* يقدح زناد فكره .

**brainless** *(adj.)* أبله ؛ متبلّد الذهن .

**brainpan** *(n.)* قِحْف الدماغ ؛ علبة الدماغ .

**brainy** *(adj.)* ذكيّ .

**braise** *(vt.)* يُدَمِّس : يطهو ببطء في قِدْر مقفلة .

**brake** *(n.; vt.; i.)* (١) الهاشمة : أداة تسحق الأجزاء الخشبية من الكتان أو القنّب (٢) مِكبح (٣) أجَمَة (٤) البطارِس (نبات) §(٥) يكبح .

**bramble** *(n.)* عُلَّيْق .

**bran** *(n.)* نُخالة .

**branch** *(n.; vi.; t.)* (١) غُصْن (٢) رافد (٣) فرع ؛ شعبة §(٤) يتغصّن : يُطلِع أغصاناً (٥) يتفرّع ؛ يتشعّب ×(٦) يقسِّم ؛ يفرِّع .

**brand** *(n.; vt.)* (١) جَمْرَة (٢) ماركة ؛ علامة تجارية (٣) سِمَة العار (٤) مِيسَم (٥) وصمة عار (٦) صنف §(٧) يَسِم بالنار أو بعلامة تجارية أو بِسِمَة العار .

**brandish** *(vt.)* يُلوِّح (بالسيف الخ.) مهدِّداً .

**brand-new** *(adj.)* جديدٌ تماماً .

**brandy** *(n.)* البراندي : شراب مُسْكِر .

**brass** *(n.)* (١) الصُّفْر : النحاس الأصفر (٢) وقاحة .

**brassie; brassy** *(n.)* البَراسيّة : عصا غولف .

**brassiere** *(n.)* صُدَيريّة للثديين .

**brassy** *(adj.)* (١) نحاسيّ (٢) وَقِح .

**brat** *(n.)* (١) طفل ؛ (٢) طفلٌ مزعج .

**bravado** *(n.)* تبجّحٌ أو تظاهرٌ بالشجاعة .

**brave** *(adj.; n.; vt.)* (١) شجاع (٢) أنيق (٣) ممتاز §(٤) شخص شجاع §(٥) يواجه أو يتحمّل بشجاعة (٦) يتحدّى .

**bravery** *(n.)* (١) شجاعة (٢) أناقة .

**bravo** *(interj.)* مَرْحى !

**brawl** *(n.; vi.)* (١) شجار §(٢) يتشاجر .

**brawn** *(n.)* (١) قوة عضلية (٢) لحم الخنزير .

**brawny** *(adj.)* (١) قويّ (٢) قاسٍ .

**bray** *(vi.; n.)* (١) يَنْهَق (٢) يَسحَن §(٣) نهيق

**brazen** *(adj.)* (١)نحاسيّ (٢)نحاسيّ اللون أو الرنين (٣) وقح ؛ صفيق .

**brazenly** *(adv.)* بوقاحة ؛ بصفاقة .

**brazier** *(n.)* (١) النّحّاس (٢) مَجْمَرَة .

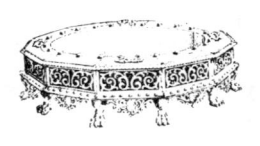

**breach** *(n.; vt.)* (١)خرق ؛ نَقْض ؛ نكْث . (٢) كَسْر ؛ صَدْع (٣) انقطاع في العلاقات الودية §(٤) يَصْدَع (٥)يخرق ؛ ينكث .

**bread** *(n.; vt.)* (١) خبز (٢) كِسْرَة خبز . (٣)قوت ؛ رزق §(٤)يكسو بكِسَر الخبز .

**breadstuff** *(n.)* (١)حنطة أو طحين (٢)خبز .

**breadth** *(n.)* (١)عَرْض (٢)قطعة ذات عرض معيّن (٣)اتساع (٤)سعة في التفكير .

**breadthways** *(adv.)* عرضاً ؛ بالعَرْض .

**break** *(vt.; i.; n.)* (١) يكسر (٢) يجرح . (٣) ينتهك ؛ ينقض (٤) يقتحم (٥)يفرّ من (٦) يخرق ؛ يثقب (٧) يفسخ ؛ يَحُلّ (٨) يفرّق (٩) يَسْحَق (١٠) يروّض (١١)يُضْعِف ؛ يُرْهق (١٢)يفلس ؛ يوقعه في الإفلاس (١٣)يدحض (١٤)يخفض (١٥)يقطع (١٦)يجزّيء (١٧)يُبْلغ ؛ يُذيع (١٨) يَحل × (١٩) يَذيع ؛ يبرز (٢٠) يبزغ (٢١)ينفجر (٢٢)يهبّ (٢٣)ينكسر ؛ يتكسّر (٢٤)يَصْحو (٢٥) يتراجع (٢٦) يضْعُف (٢٧) يتعطّل (٢٨)ينخفض (٢٩)يقطع الصلة بـ(٣٠)يصبح أجش (٣١)ينقطع (عن العمل أو النشاط)فترة قصيرة (٣٢)ينقسم ؛ يتفرّع (٣٣) يَحْدُث §(٣٤) كَسْر ؛ ثُلْمة (٣٥)اندفاع ؛ انطلاق (٣٦)محاولة هرب (٣٧) بزوغ (٣٨) انقطاع (٣٩) تغيّر (٤٠)راحة قصيرة (٤١) زلة .

to ~ away (١) ينفصل ( عن رفاقه الخ.). (٢)يُقلع عن (٣) يفرّ ؛ يُفْلِت .

to ~ down (١)يُعطّل (٢) يَحُلّ . يحلّل (٣)يسحق (٤) تتعطّل ( الآلة ) (٥)يتفكّك (٦) يعتلّ (٧) يُخفق .

to ~ in (١) يقتحم (بيتاً أو مبنى ) (٢) يقاطع أثناء الحديث (٣) يبدأ عملاً (٤)يروّض .

to ~ off يتوقّف فجأة .

to ~ open يفتح (قفلاً الخ .) عنوةً .

to ~ out (١) يصاب بطفح جلديّ . (٢) يبرز (٣) تندلع (الحرب الخ .)

to ~ through يخترق (خطوط العدوّ) .

to ~ up (١) يقطع (٢) يُنهي ؛ يضع حداً لـ (٣) يحطّم (٤) ينتهي ؛ يتفرق (٥) يتحطّم (٦) يَفْقد رباطة جأشه .

to ~ wind يُخرج ريحاً (من الأمعاء) .

to ~ with يتخاصم مع .

**breakable** *(adj.)* قابلٌ للكَسْر .

**breakage** *(n.)* (١) كَسْر (٢)مقدار الكسر : مقدار الأشياء المكسورة (٢) تعويض الكسر .

**breakdown** *(n.)* (١)تَعَطُّل (آلة عن العمل) . (٢) انهيارٌ (٣) رقصة شعبية صاخبة .

**breaker** *(n.)* (١)الكسّارة : آلة لتكسير الصّخور . (٢) المتكسّرة : موجة تتكسّر على الصخر .

**breakfast** *(n.; vi.; t.)* (١) الفَطور : طعام الصباح §(٢)يتناول الفَطور ؛ يقدّم الفَطور إلى .

**breakwater** *(n.)* حائل الأمواج : جدار أو حاجز لوقاية المرفأ أو الشاطىء من عَزْم الأمواج .

**bream** *(n.)* الأبراميس (سمك) .

**breast** *(n.; vt.)* (١)ثَدْي ؛ نَهْد (٢)صَدْر . §(٣) يقاوم ؛ يواجه ؛ يصارع .

**breastplate** *(n.)* دِرْع الصدر.

**breastwork** *(n.)* متراس مُرْتجل.

**breath** *(n.)* (١) نَفَس (٢) تنفُّس (٣) لحظة؛ برهة قصيرة (٤) نَسْمَة (٥) شيء تافه (٦) روح.

below *or* under one's ~, يهمس.

to hold one's ~, يحبس أنفاسه.

**breathe** *(vi.; t.)* (١) يتنفّس (٢) يحيا (٣) يهبّ (الهواء) برفق ×(٤) يزْفِر؛ ينفث (٥) ينفخ (٦) يلفظ؛ يهمس، ينبس بـ.

to ~ a vein يفصد وريداً.

**breathless** *(adj.)* (١) عديم النَّفَس (٢) ميّت (٣) لاهث (٤) مُلْهِث (٥) حابسٌ أنفاسَهُ.

**bred** *past and past part. of* breed.

**breech** *(n.)* (١) *pl.* «أ» بنطلون قصير. «ب» بنطلون (٢) عَجِيزة؛ كَفَل (٣) مؤخرة البندقية.

**breed** *(vt.; i.; n.)* (١) يلد؛ ينتج؛ يَنْسِل. (٢) يُسبِّب؛ يولّد (٣) يستولد (٤) يحسّن نوع الماشية بالاستيلاد الموجَّه (٥) يربّي (٦) يُلْقِح؛ يُعَشِّر ×(٧) يتوالد؛ يتناسل §(٨) سلالة (٩) نَسْل (١٠) صنف؛ نوع.

**breeze** *(n.)* (١) نسيم (٢) سهولة (٣) همسة؛ إشاعة (٤) شجار (٥) السِّقاط: نُفاية الفحم.

**breezy** *(adj.)* (١) كثير النّسَمات (٢) مرِح.

**brethren** *pl. of* brother.

**breviary** *(n.)* (١) مختصر (٢) كتاب صلوات يومية.

**brevity** *(n.)* (١) قِصَر (٢) إيجاز (في الكتابة).

**brew** *(vt.; i.; n.)* (١) يخمّر (٢) يُحْدِث. ×(٣) يتكوّن §(٤) شرابٌ مخمَّر.

**brewery** *(n.)* مصنع الجعة.

**briar** *(n.)* = brier.

**bribe** *(vt.; i.; n.)* (١) يرشو §(٢) رشوة.

**bribery** *(n.)* (١) إعطاء الرّشوة (٢) الارتشاء.

**brick** *(n.; vt.)* (١) آجرّة؛ قرميدة (٢) آجرّ؛ قرميد §(٣) يُقَرْمِد: يفرش أو يبني بالقرميد.

**bridal** *(adj.; n.)* (١) زفافيّ §(٢) زِفاف.

**bride** *(n.)* العَروس؛ العروسة.

**bridegroom** *(n.)* العريس.

**bridesmaid** *(n.)* إشبينة العروس.

**bridge** *(n.; vt.)* (١) جِسْر (٢) قصبة الأنف. (٣) مشط العود أو الكمان: القطعة الرافعة لأوتارهما (٤) منصّة ربان السفينة (٥) البريدج: لعبة من ألعاب الورق §(٦) يقيم جسراً على.

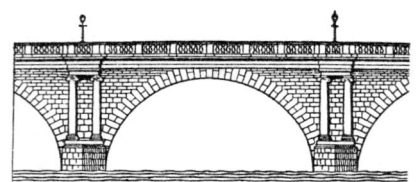

**bridle** *(n.; vt.; i.)* (١) لِجام (٢) مِكبَح. (٣) شموخٌ §(٤) يُلجم؛ يكبح ×(٥) يشمخ بأنفه.

**brief** *(adj.; n.)* (١) وجيز؛ قصير الأمد. (٢) موجَز §(٣) رسالة بابوية (٤) مذكّرة (٥) خلاصة دعوى (٦) *pl.*: سروال تحتانيّ قصير.

in ~, قُصارى القول؛ بكلمات قليلة.

**brier** *(n.)* (١) وردٌ برّي . (٢) غصن شائك .

**brig** *(n.)* (١) شراعيّة بصاريين . (٢) سجن (٣) جسر .

brig 1.

**brigade** *(n.)* (١) لواء (٢) فرقة .

**brigadier** *(n.)* = brigadier general.

**brigadier general** *(n.)* عميد ؛ قائد لواء .

**brigand** *(n.)* لصّ ؛ قاطع طريق.

**brigantine** *(n.)* مركب شراعي .

**bright** *(adj.)* (١) نيّر ؛ ساطع ؛ مشرق (٢) متألّق فتنةً (٣) زاهٍ (٤) ذكيّ (٥) مَرِح (٦) رائق.

**brighten** *(vi., t.)* (١) يسطع ؛ يُشرق (٢) يبتهج ×(٣) يجعله ساطعاً أو مشرقاً (٤) يُبهج.

**brilliance; -cy** *(n.)* (١) تألّق (٢) ذكاء .

**brilliant** *(adj.)* (١) متألّق ؛ مشرق ؛ باسم . (٢) لامع (٣) ألمعيّ ؛ متّقد الذكاء (٤) رائع .

**brilliantine** *(n.)* مستحضر لتلميع الشعر .

**brim** *(n.; vi.)* (١) حافة ؛ حرف § (٢) يَطْفَح .

**brimful** *(adj.)* مُتْرَع ؛ طافح .

**brine** *(n.)* (١) ماء شديد الملوحة (٢) أوقيانوس .

**bring** *(vt.)* (١) يجلب ؛ يحمل ؛ يجيء بِ . (٢) يُقنِع ؛ يُغري (٣) يورد ؛ يقدّم ؛ يُدلي بِ.

to ~ about يُحْدِث ؛ يُسَبِّب .
to ~ forth (١) يُحْدِث (٢) يُثْمِر .
to ~ forward (١) يقدّم (٢) يثير .
to ~ on يُحْدِث ؛ يسبب .
to ~ out (١) يُظهِر ؛ يوضح (٢) ينشر
to ~ over يستميل ؛ يجتذب .
to ~ round يعيد الى الوعي .
to ~ to يعيد الى الصحّة أو الوعي
to ~ to an end يُنهي ؛ يضع حداً لِ.
to ~ up (١) يربّي ؛ يثقّف (٢) يوقف فجأة (٣) يَعرض ؛ يقدّم (٤) يقف فجأة .

**brink** *(n.)* (١) حَرْف ؛ حافة (٢) شفير .

**briny** *(adj.; n.)* (١) مالح § (٢) البحر .

**brisk** *(adj.)* (١) رشيق ؛ خفيف ؛ سريع (٢) فوّار (٣) حادّ ؛ قويّ النكهة (٤) منعش (٥) ناشط .

**brisket** *(n.)* صدر الحيوان .

**bristle** *(n.; vi.)* (١) الهُلْب : شعرٌ غليظ . § (٢) يَقِفُ ؛ ينتصب بخشونة (٣) يوقف شعرَه بخشونة (٤) يتّخذ مظهراً أو موقفاً عدوانياً .

**bristly** *(adj.)* كثّ ؛ أهلب ؛ خشن الشعر .

**Britannic** *(adj.)* بريطانيّ .

**British** *(n.; adj.)* (١) البريطانيون § (٢) بريطانيّ .

**Briton** *(n.)* البريطاني ؛ الانكليزي .

**brittle** *(adj.)* قَصِم ؛ هَشّ ؛ سريع الانكسار .

**broach** *(n.; vt.)* (١) سَفّود ؛ سيخ (٢) مثقاب . (٣) مِخْرز ( لفتح البراميل ) § (٤) يثقب ( البراميل ) (٥) يفتح الموضوع أو يطرقه .

**broad** *(adj.; adv.)* (١) عريض ؛ فسيح ؛ واسع (٢) واضح (٣) مطلَق (٤) متحرّر ؛ رحب الأفق (٥) رئيسيّ ؛ عامّ § (٦) تماماً.

**broadcast** *(vt.; n.; adj.)* (١) ينثر (الحَبَّ) ؛ ينشر (٢) يُذيع بالراديو أو التلفزيون § (٣) برنامج إذاعي § (٤) منثور ؛ واسع الانتشار (٥) إذاعي .

**broadcloth** *(n.)* (١) جُوْخ (٢) قماش .

**broaden** *(vi.; t.)* (١) يتّسع ؛ يَعْرُض . (٢) × يوسّع ؛ يُعرِّض .

**broad-minded** *(adj.)* متحرّر ؛ واسع التفكير .

**broadside** *(n.)* (١) جانب السفينة (البارز فوق سطح الماء) (٢) المدافع المنصوبة على هذا الجانب.

**brocade** *(n.)* قماش مقصَّب أو مطرَّز.

**broccoli** *(n.)* البَرْكوليّ : ضرب من القنّبيط .

**brogue** *(n.)* نبرة ؛ لهجة (في النطق).

**broil** *(vt.; i.; n.)* (١) يَشْوِي × (٢) يُشْوَى . (٣) يتشاجر § (٤) شِواء (٥) شِجار .

**broiler** *(n.)* (١) مِشْواة (٢) فرّوج.

**broke** *past and past part. of* break.

**broken** *(adj.)* (١) مُهَشَّم (٢) مكسور. (٣) متقطّع؛ متقلّب (٤) مروّض؛ مطوّع (٥) مُنسحق (٦) مُفْلِس (٧) محطّم؛ غير سليم (٨) ناقص؛ غير كامل.

**brokenhearted** *(adj.)* مسحوق الفؤاد (حزناً).

**broker** *(n.)* سمسار؛ وسيط.

**brokerage** *(n.)* سمسرة.

**bronchitis** *(n.)* الالتهاب الشُّعَبِيّ.

**bronco** *(n.)* البَرَنْق: جواد أميركي قَزَم.

**bronze** *(n.)* (١) البرونز (٢) اللون البرونزيّ.

**brooch** *(n.)* البروش: دبوس زينيّ.

**brood** *(n.; vt.; i.; adj.)* (١) حَضْنَة؛ فَقْسَة. (٢) صغار الأمّ الواحدة (٢) جنس؛ نوع §(٣) تَحضُن بيضها ليفقس §(٤) استيلاديّ: مُعَدّ للاستيلاد.

**brook** *(n.; vt.)* (١) جدول؛ غدير §(٢) يتحمّل.

**broom** *(n.; vt.)* (١) رَتَم؛ وَزّال (نبات). (٢) مكنسة؛ مقشّة §(٣) يَكْنُس الخ.

**broth** *(n.)* مَرَق؛ حساء رقيق.

**brothel** *(n.)* ماخور؛ مَبْغَى؛ بيت دعارة.

**brother** *(n.)* (١) أخ (٢) زميل (٣) راهب.

**brotherhood** *(n.)* (١) أُخُوَّة (٢) إخاء. (٣) أخَوِيّة أو رَهْبَنَة؛ منظّمة؛ نقابة صنّاع.

**brother-in-law** *(n.)* (١) أخو الزوج أو الزوجة (٢) زوج الأخت.

**brotherly** *(adj.)* أخَوِيّ.

**brougham** *(n.)* البرُوهام: مركبة خفيفة مقفلة.

**brought** *past and past part. of* bring.

**brow** *(n.)* (١) حاجب (٢) جبين (٣) حافة المنحدر.

**browbeat** *(vt.)* يُرهب بالصياح أو بالعبوس.

**brown** *(adj.; n.; vi.; t.)* (١) أسمر؛ بُنّيّ. (٢) أسمر البشرة §(٣) اللون الأسمر أو البُنّيّ §(٤) يَسْمَرّ ×(٥) يُسَمِّر.

**brownie** *(n.)* (١) جنيّة سمراء صغيرة. (٢) الجُرْمُوزَة: كشّافة صغيرة.

**browse** *(vt.; i.; n.)* (١) ترعى (الماشيةُ العشبَ). (٢) يتصفّح (كتباً في مكتبة) §(٣) كَلأ؛ مرعى.

**bruise** *(vt.; n.)* (١) يَرُضّ أو يَسحَن §(٢) رضّة.

**brunette** *(adj.; n.)* سمراء.

**brunt** *(n.)* الوطأة العظمى (من هجوم أو نقد).

**brush** *(n.; vt.)* (١) أجَمَة؛ دَغَل (٢) أغصان مقطوعة (٣) فرشاة (٤) ذيل الثعلب (٥) تنظيف (٦) مَسّ رفيق (٧) مناوشة §(٨) يفرك أو يرسم بالفرشاة (٩) يَصْرِف؛ يتخلص من (١٠) يمسّ أثناء السير.

**brushwood** *(n.)* (١) أغصان مقطوعة (٢) أجَمَة.

**brusque** *or* **brusk** *(adj.)* فَظّ؛ جاف.

**brutal** *(adj.)* (١) وحشيّ (٢) قاسٍ؛ موجِع.

**brutality** *(n.)* (١) وحشيّة (٢) عملٌ وحشيّ.

**brute** *(n.; adj.)* (١) بهيمة §(٢) بهيميّ.

**brutish** *(adj.)* (١) بهيميّ؛ وحشيّ (٢) فظّ.

**bubble** *(n.; vi.)* (١) فُقّاعة (٢) بَقْبَقَة.

(الماء الغالي) §(٣)يبقبق (٤)يُزبد (٥)يتدفق مُحْدثاً خريراً (٦) يفور .

**bubonic plague** *(n.)* الطاعون الدَّبْلي .

**buccaneer** *(n.)* (١) قرصان (٢) مغامر .

**buck** *(n.; vi.)* (١) ذكر الوعل أو الظبي (٢) شابّ متأنّق (٣) دولار §(٤) يَشِبّ (الفرَس) أو يَشْبو .

**bucket** *(n.)* (١) دلو (٢) مقدارٌ كبير .

**buckle** *(n.; vt.; i.)* (١) إبزيم §(٢) يثبّت بإبزيم (٣)يلوي؛ يغضّن ×(٤) يلتوي؛ ينبعج (٥)ينكبّ على العمل .

**buckler** *(n.; vt.)* (١) تُرْس §(٢) يحمي .

**buckram** *(n.)* البَقْرَم : قماش قاسٍ للتجليد.

**bucksaw** *(n.)* منشار يدوي .

bucksaw

**buckshot** *(n.)* : خُرْدُق الأيائل : خردق لصيد الأيائل .

**buckskin** *(n.)* جلد الغزال الخ .

**buckwheat** *(n.)* الحنطة السوداء أو دقيقها .

**bucolic** *(adj.)* رَعَوِيّ أو ريفيّ .

**bud** *(n.; vi.)* (١) بُرْعم §(٢)يتبرعم : «أ» يُطلع النّباتُ براعمَه . «ب» يبدأ في النّموّ .

**Buddhist** *(n.; adj.)* (١)البوذيّ §(٢)بوذيّ .

**buddy** *(n.)* رفيق؛ زميل (في السلاح).

**budge** *(vi.; t.)* (١) يتزحزح ×(٢) يزحزح .

**budget** *(n.; vt.)* (١) كيس (٢) مجموعة . (٣) ميزانية §(٤) يُدْخل في ميزانيّة .

**buff** *(n.; adj.; vt.)* (١)جلدالجاموس (٢)سترة عسكرية من جلد الجاموس (٣)لون أصفر برتقالي §(٤)أصفر برتقاليّ §(٥)يصقل؛ يلمّع .

**buffalo** *(n.)* جاموس.

buffalo

**buffer** *(n.)* : المِصَدّ : مخفِّف الصدمة (في سيارة أو قطار) .

**buffet** *(n.; vt.; i.)* (١)ضربة (٢)صدمةعنيفة. §(٣) يَضْرِب (٤) يقارع ؛ يقاوم؛ يناضل.

**buffet** *(n.)* (١)خزانةأدوات المائدة (٢)مَقْصَف.

**buffoon** *(n.)* المُهَرِّج ؛ المضحِّك .

**bug** *(n.)* (١)بَقّ ؛ بَقّة ؛ حشرة (٢)علّةفي جهاز .

**bugaboo; bugbear** *(n.)* بُعْبُع .

**buggy** *(n.)* البوجيّة: عربة خفيفة .

**bugle** *(n.; vi.)* (١) بوق §(٢) ينفخ في بوق .

**build** *(vt.; i.; n.)* (١)يبني؛ يشيّد؛ يقيم؛ ينشىء. ×(٢) يعتمد؛ يتّكل §(٣)بِنْيَة .

**builder** *(n.)* الباني؛ البنّاء .

**building** *(n.)* (١) مَبْنى (٢) صناعة البناء .

**built** *past and past part. of* build.

**bulb** *(n.)* (١)بَصَلَةالنبات (٢)نبتةناميةٌ من بصلة. (٣) الجزء الزجاجيّ من المصباح الكهربائيّ.

**bulbul** *(n.)* البُلْبُل : طائرٌ حسَنُ الصوت.

**bulge** *(n.; vi.; t.)* (١) انتفاخ ؛ نتوء . §(٢) ينتفخ؛ ينتأ ×(٣)ينفخ؛ يُنتِىء .

**bulk** *(n.; vi.)* (١)حَجْم (٢) جسم (٣)معظم الشيء §(٤)يكون ذا حجم أو وزن أو أهمية.

in ~, (١) غير معبأ في صناديق أو زجاجات. (٢) بمقادير كبيرة .

**bulkhead** *(n.)* الحاجز ؛ الفاصل .

**bulky** *(adj.)* ضخم ؛ يصعب تحريكه أو نقله .

**bull** *(n.)* (١) ثور (٢) بيان أو أمر رسمي بابوي .

**bulldog** *(n.)* البُلْدُغ : كلب ضخم الرأس .

**bullet** *(n.)* (١) كرة صغيرة (٢) رصاصة .

**bulletin** *(n.; vt.)* بلاغ ؛ نشرة .

**bulletin board** *(n.)* لوحة البلاغات أو النشرات

**bulletproof** *(adj.)* لا يخترقه الرصاص .

**bullfight** *(n.)* مصارعة الثيران .

**bullfinch** *(n.)* الدَّغْناش : عصفور مغرّد.

**bullfrog** *(n.)* ضفدع أميركي كبير .

**bullion** *(n.)* سبيكة (ذهبية أو فضيّة).

**bullock** *(n.)* (١) عِجْل (٢) ثورٌ مَخْصيّ .

**bull's-eye** *(n.)* (١) قَلْبُ الرَّميَّة : نقطة الهدف الرئيسية (٢) كُوَّة .

**bully** *(n.; adj.; interj.; vt.; i.)* (١) المتنمّر : المستأسد (على مَنْ هم أضعف منه) §(٢) ممتاز (٣) مَرِح §(٤) مَرْحى ! برافو ! §(٥) يتنمّر .

**bulrush** *(n.)* الدِّيس : عُشب مائيّ .

**bulwark** *(n.)* (١) حِصْن ؛ متراس (٢) وقاء .

**bump** *(vt.; i.; n.)* (١) يَضْرِب ؛ يَصْرَع (٢) يصدم ؛ يَرْطم ×(٣) يرتطم بـ §(٤) ضربة أو صدمة قوية (٥) نتوء ؛ ورم .

**bumper** *(n.; adj.)* (١) كأس مترعة (٢) كذبة كبيرة (٣) مِصَدّ §(٤) غزير جداً .

**bumpkin** *(n.)* شخص ريفيّ شديد الارتباك .

**bun** *(n.)* (١) كعكة محلاّة (٢) كعكة الشَّعر .

**bunch** *(n.; vt.; i.)* (١) عنقود (٢) حزمة ؛ باقة (٣) مجموعة §(٤) يضمّ ؛ يحزم ×(٥) ينضمّ .

**bundle** *(n.; vt.; i.)* (١) حزمة ؛ رُزمة ؛ صُرّة §(٢) يَحْزِم ؛ يرزم ؛ يَصُرّ .

**bungalow** *(n.)* البَنْغَل : بيت من طابق واحد.

**bungle** *(vt.; i.; n.)* (١) يعمل بغير إتقان §(٢) عمل غير متقَن .

**bunion** *(n.)* ورم ملتهب (في إبهام القدم) .

**bunk** *(n.)* (١) سرير مُبيَّت (في جدار) (٢) هراء.

**bunkum** *(n.)* هراء ؛ سخف.

**bunt** *(vt.; i.; n.)* (١) ينطح § (٢) نَطْحَة .

**bunting** *(n.)* (١) الدُّرَّسَة : طائر من العصافير (٢) قُماش تُصْنَع منه الرايات (٣) رايات.

**buoy** *(n.; vt.; i.)* (١) الطافية : عوامة لإرشاد السفن §(٢) يزوِّد أو يعلِّم بالطوافي (٣) يعوم : يُبقيه طافياً على وجه الماء (٤) يدعم ×(٥) يطفو ؛ يعوم.

buoy 1.

**buoyancy** *(n.)* (١) الطَّفَوِيّة : قابلية الطَّفْو في الماء (٢) التعويميّة : قدرة السائل على إبقاء الأجسام عائمةً فيه (٣) مَرَح .

**buoyant** *(adj.)* (١) قابلٌ للطَّفْو (٢) قادرٌ على التعويم (٣) مرِح (٤) مُبهِج ؛ منشِّط .

**bur** *(n.)* =burr.

**burden** *(n.; vt.)* (١) حِمْل (٢) واجب (٣) عبء (٤) حَمْل الأثقال (٥) حمولة

(٦) قرار الأغنية § (٧) يُثْقِل (٨) يُرْهِق.

**burdensome** *(adj.)* ثقيل ؛ مُرْهِق .

**bureau** *(n.)* (١) «أ» منضدة . «ب» خزانة منخفضة (ذات مرآة) وأدراج للملابس (٢) مكتب (٣) دائرة رسميّة .

**bureaucracy** *(n.)* البيروقراطيّة : «أ» حكومة تتركّز السلطة فيها بأيدي جماعات من الموظفين . «ب» أصحاب السلطة من موظّفي هذه الحكومة . «ج» روتين حكومي .

**burgher** *(n.)* مواطن (بمدينة ذات حكم ذاتي) .

**burglar** *(n.)* لصّ (يسطو على المنازل ليلاً) .

**burglary** *(n.)* السَّطْو (على المنازل ليلاً) .

**burgomaster** *(n.)* عمدة المدينة .

**Burgundy** *(n.)* البُرغندية : خمر فرنسية .

**burial** *(n.)* (١) قَبْر (٢) دَفْن .

**burlap** *(n.)* الخَيْش : نسيج قنّبيّ غليظ .

**burlesque** *(n.vt.)* (١) سخرية (بالكاريكاتور عادةً) (٢) تقليد أو محاكاة (لكلام أو مسلك شخص) (٣) برنامج منوّعات مسرحي خفيف § (٤) يقلّد أو يحاكي (على سبيل السخرية) .

**burly** *(adj.)* (١) ضخم الجسم (٢) فظّ .

**burn** *(vi.; t.; n.)* (١) يشتعل ؛ يحترق ؛ يتوهّج . (٢) يتصوّح (النبات) × (٣) يُحرق (٤) يبدّد ؛ يُتْلف (٥) يجتاز بسرعة فائقة § (٦) حُرق .

**burner** *(n.)* (١) المُحرِق ؛ المُشعل (٢) المَضْرَم : ذلك الجزء من الموقد (أو المصباح) الذي يحدث فيه اللهب .

**burning** *(n.; adj.)* (١) إحراق ؛ احتراق . § (٢) مشتعل ؛ ملتهب (٣) مُحرِق ؛ مُلْهِب .

**burnish** *(vt.; n.)* (١) يلمّع § (٢) لمعان .

**burnt** *past and past part. of* burn.

**burr** *(n.)* (١) غلاف ثمرة خشنٌ أو شائك (٢) نبتة ذات ثمار شائكة (٣) مثقاب (٤) مِحفَرة طبيب الأسنان (٥) عقدة (٦) حافّة خشنة (٧) طنين .

**burro** *(n.)* حمار ؛ وبخاصة : حمار صغير .

**burrow** *(n.; vi.)* (١) جُحْر ؛ وِجار (٢) ملجأ . § (٢) يحفر جُحْراً في الأرض .

**burst** *(vi.; t.; n.)* (١) ينفجر (٢) يندفع بقوة أو فجأةً (٣) يَبرز للعيان فجأة (٤) يطفح بـِ × (٥) يُفجِر § (٦) انفجار .

to ~ open يفتح (الباب الخ.) بالقوة .
to ~ out يأخذ في الكلام فجأة وبعنف .

**bury** *(vt.)* (١) يطمر (٢) يدفن (٣) يخفي .

**bus** *(n.)* الأوتوبوس : سيارة عموميّة كبيرة للركاب .

**bush** *(n.)* (١) شُجَيْرَة (٢) أجَمَة (٣) إعلان .

**bushel** *(n.)* البوشل : مكيال للحبوب الخ .

**bushy** *(adj.)* (١) ملتفّ الأشجار (٢) كثيف .

**busily** *(adv.)* بهمّة ؛ بانكباب ؛ بنشاط .

**business** *(n.)* (١) مهنة ؛ عمل (٢) مهمّة . (٣) تجارة (٤) مسألة ؛ قضية (٥) شأن (٦) حقّ .

**businesslike** *(adj.)* فعّال ؛ عمليّ ؛ نظاميّ .

**businessman** *(n.)* رَجُل أعمال .

**buskin** *(n.)* (١) جزمة نصفية (تبلغ منتصف الساق) (٢) تراجيديا ؛ مأساة .

**busman** *(n.)* ساق الأوتوبوس .

**buss** *(n.; vt.; i.)* (١) قُبلة § (٢) يقبّل .

**bust** *(n.)* (١) تمثال نصفيّ (٢) صدر .

**bustle** *(vi.; t.; n.)* (١) يستعجل × (٢) يستحثّ . § (٣) نشاطٌ صاخب أو مهتاج .

**busy** *(adj.; vt.; i.)* (١) مشغول (٢) ناشط ؛ نشيط (٣) فضوليّ § (٤) يُشْغِل × (٥) ينشغل .

**busybody** *(n.)* الفضوليّ .

**but** *(conj.; prep.; adv.; n.)* (١) لولا أن ... (٢) إلّا و ... (٣) إلّا أن (٤) لكن § (٥) غير ؛ سوى § (٦) فقط (٧) مجرّد § (٨) استثناء .

~ for your help لولا مساعدتك .

**butcher** *(n.; vt.)* (١) الجزّار ؛ القصّاب ؛ اللحّام (٢) السفّاح (٣) البائع § (٤) يذبح .

**butchery** *(n.)* (١) مَسْلَخ (٢) الجِزارة: صناعة الجزار أو عمله (٣) سفك الدماء .

**butler** *(n.)* (١) الساقي (٢) كبير الخدم .

**butt** *(n.; vt.; i.)* (١) نَطْحَة (٢) هدف ؛ مرمى . (٣) الأضحوكة: شخص يُسخَر منه (٤) الطرف الغليظ من أي شيء (٥) الأرومة: أصل الشجرة (٦) عَقِب (البندقيةِ أو السيكارة) (٧) برميل كبير § (٨) ينطح × (٩) يتاخم (١٠) ينتأ .

**butte** *(n.)* هضبة منعزلة شديدة التحدّر .

**butter** *(n.; vt.)* (١) زُبدة (٢) مُرَبّى § (٣) يدهن (الخبز) بالزبدة (٤) يداهن ؛ يتملق .

**buttercup** *(n.)* الحَوْذان: عشبٌ ذو زهر أصفر .

buttercup

**butterfly** *(n.)* فراشة .

**buttermilk** *(n.)* المَخِيض ؛ مخيض اللبن .

**butternut** *(n.)* الجوز الأرمد: نوع من الجوز .

**buttery** *(n.)* حجرة المؤن والخمور .

**buttocks** *(n. pl.)* كَفَل ؛ عَجُز ؛ رِدْفان .

**button** *(n.; vt.; i.)* (١) زِرّ (٢) بُرْعُم . § (٣) يزرر × (٤) يتَزَرَّر .

**buttonhole** *(n.)* (١) عروة (٢) زهرة في عروة .

**buttress** *(n.; vt.)* (١) الكتِف: دعامة حائط أو مبنى § (٢) يدعم .

buttress

**buxom** *(adj.)* ممتلئة الجسم ؛ مفعمة بالصحة (على نحو جذاب)

**buy** *(vt.; n.)* (١) يشتري . (٢) يفتدي (٣) يرشو (٤) يقبل ؛ يؤمن بـِ § (٥) صفقة ؛ صفقة رابحة.

- to ~ back يشتري شيئاً كان قد باعه .
- to ~ off يتخلّص (من أذى) بدفع الأموال .
- to ~ up يشتري المحصول الخ.. كلّه .

**buyer** *(n.)* (١) المشتري (٢) وكيل المشتريات .

**buzz** *(vi.; t.; n.)* (١) يَطِنّ ؛ يَئِزّ (٢) يذهب × (٣) يجعله يطن أو يئز § (٤) طنين ؛ أزيز .

**buzzard** *(n.)* الصَّقر الجرّاح أو الحوّام.

buzzard

**buzzer** *(n.)* الطنّان: جهازٌ شبيهٌ بالجرس الكهربائيّ .

**by** *(prep.; adv.)* (١) بجانب ؛ بقرب. (٢) بـِ ؛ بواسطة (٣) من طريق (٤) في اتجاه كذا ؛ نحو (٥) عَبْرَ كذا (٦) في ساعة معيّنة أو قبلها (٧) في ؛ خلال (٨) بـِ (٩) من قِبَل (١٠) وفقاً لـ ؛ بحسَب (١١) مكتوب بقلم (١٢) بـِ ؛ مضروباً في § (١٣) على مقربة من (١٤) عَبْرَ نقطة قريبة من شيء ما (١٥) جانباً .

- ~ and ~, قريباً ؛ عما قريب .
- ~ and large على العموم ؛ على الجملة .
- ~ heart غيباً ؛ عن ظهر قلب .
- ~ oneself (١) وحدَهُ (٢) من غير مساعدة .
- ~ the ~, / ~ the bye / ~ the way وبالمناسبة ؛ «وعلى فكرة» ؛ والشيء بالشيء يذكر .
- day ~ day يوماً فيوماً .

**by** *or* **bye** *(adj.)* جانبيّ ؛ فرعيّ ؛ ثانويّ.

**bye-bye** *(interj.)* وداعاً .
**by-election** *(n.)* انتخاب فرعي (عند وفاة نائب) .
**bygone** *(adj.)* ماضٍ ؛ عتيق الزيّ ؛ مهجور .
**bylaw** *or* **byelaw** *(n.)* القانونُ الداخلي .
**by-line** *(n.)* خطٌّ ثانويّ (في السكة الحديدية الخ .) .
**byname** *(n.)* (١) اسم ثانويّ (٢) كنية ؛ لقب .
**bypath** *(n.)* =byway.
**by-product** *(n.)* حصيلة ثانية .
**byroad** *(n.)* =byway.
**bystander** *(n.)* المتفرّج .
**bystreet** *(n.)* شارع فرعي .
**byway** *(n.)* طريق فرعي (غير مطروق كثيراً) .
**byword** *(n.)* (١) مَثَلٌ ؛ قولٌ مأثور (٢) نموذج . (٣) موضع سخرية .
**bywork** *(n.)* العمل الجانبيّ .
**Byzantine** *(n.; adj.)* بيزنطيّ .

# C

*Cairo*

| | |
|---|---|
| c (n.) | الحرف الثالث من الأبجدية الانكليزية . |
| cab (n.) | (١)مركبة أو سيارة أجرة (٢) الجزء المغطى من القاطرة(حيث يقف السائق والوقاد). |
| cabal (n.) | عُصْبَة أو جمعية سريّة . |
| cabbage (n.) | كُرُنْب ؛ ملفوف (نبات). |
| cabdriver (n.) | سائق مركبة (أو سيارة) أجرة . |
| cabin (n.) | (١)القَمَرْة: حجرة في سفينة (٢) كوخ . |
| cabinet (n.; adj.) | (١)خزانة (للنفائس الخ.) . (٢) حجرة خصوصية صغيرة (٣) مجلس الوزراء. |
| cabinetmaker (n.) | نجّار الموبيليا ؛ نجّار الأثاث الفاخر . |
| cable (n.; vi.) | (١)مَرَسَة ، قَلْس ، حَبْل غَليظ (٢) سلك ؛ سلسلة معدنية (٣) الكَبْل: حزمة أسلاك ضمن غلاف واقٍ (للابراق من غواصة عادةً) (٤) البرقية الكَبْليّة : برقيّة مرسلة بكبل من كبُول الغواصات §(٥) يُبرق بكبل . |
| cablegram (n.) | البرقية الكَبْليّة . |
| cabman (n.) | = cabdriver. |
| cabriolet (n.) | الكَبْرِيلة : نوع من المَرْكَبات . |
| cacao (n.) | (١)شجرة الكاكاو (٢) كاكاو . |
| cache (n.; vt.) | (١)مَخْبَأ (للمؤن والأدوات). (٢) شيء مخبوء §(٣) يخبّىء . |
| cackle (vi.; n.) | (١) تُقوقي (الدجاجة) . §(٢) القَوْقَأة : صوت الدجاج . |
| cactus (n.) pl. -ti or -tuses. | صبّار ، «صبّير» . |
| cad | الوَغْد ؛ النَذْل . |

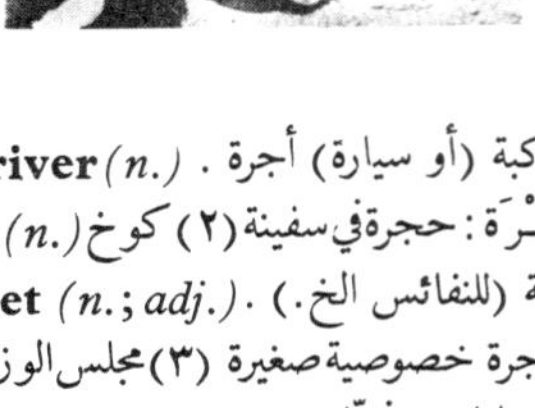

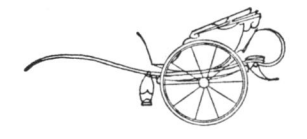

cad 75 cal

**cadaverous** *(adj.)* (١) جِيفيّ (٢) شديد الشحوب (٣) مهزول ؛ شديد النحول .

**caddie** *(n.; vi.)* (١) الكاديّ : غلام مساعد للاعب الغولف §(٢) يساعد لاعب الغولف .

**caddy** *(n.)* عُلَيْبَة ؛ علبة صغيرة (للشاي) .

**cadence** *(n.)* (١) إيقاع (٢) مَحَطّ النَّغم .

**cadet** *(n.)* (١) ابنٌ أو أخٌ أصغر (٢) الطالب العسكري : طالب في كلية حربيّة .

**caecum** *(n.)* الأعور ؛ المصران الأعور .

**Caesar** *(n.)* قَيْصَر ؛ امبراطور .

**Caesarean** *(adj.; n.)* (١) قَيْصَرِيّ . §(٢) القيصرية: عملية فتح البطن واستخراج الجنين من الرحم عند تعذّر الولادة .

**café** *(n.)* (١) قهوة (٢) مقهى ؛ مطعم .

**cafeteria** *(n.)* القَفْطير : مطعم بلا نُدُل .

**caffeine** *(n.)* الكافيين : المادّة المُنبِّهة في البُنّ .

**cage** *(n.; vt.)* (١) قفَص §(٢) يحبس في قفص .

**cairn** *(n.)* ركام من حجارة (يُنصَب للذكرى) .

**caisson** *(n.)* (١) عربة ذخيرة أو مدفع . (٢) القَيسون : حُجرة صامدة للماء تُستخدم في البناء تحت المياه .

**caitiff** *(adj.; n.)* وغد ؛ خسيس ؛ حقير ؛ جبان .

**cajole** *(vt.)* يتملّق ؛ يداهن ؛ يتزلف إلى .

**cake** *(n.)* (١) كعكة (٢) قطعة ؛ كتلة متراصّة .

**calabash** *(n.)* (١) قَرْع (٢) قرعة يابسة .

**calamitous** *(adj.)* فاجع ؛ مشؤوم .

**calamity** *(n.)* نكبة ؛ كارثة ؛ فاجعة .

**calcify** *(vt.; i.)* (١) يكلّس : يحوِّل إلى كلس . ×(٢) يتكلّس .

**calcine** *(vt.; i.)* (١) يكلّس ؛ يحوِّل إلى كلس . (٢) يحرق ×(٣) يتكلّس .

**calcium** *(n.)* الكَلْسيُوم .

**calculate** *(vt.)* (١) يَحسُب (رياضياً) . (٢) يظنّ ؛ يحسِب ؛ يعتقد (٣) يقصِد ؛ يتعمّد .

**calculation** *(n.)* (١) حُسبان ؛ إجراء للحساب . (٢) حساب (٢) روية ؛ حذَر .

**calculus** *(n.)* (١) حصاة (في الكلية أو المثانة) . (٢) حساب التفاضل والتكامل .

**caldron** *(n.)* مِرْجَل ؛ خِلْقين .

**calendar** *(n.)* (١) تقويم ؛ روزنامة (٢) لائحة .

**calender** *(n.; vt.)* (١) المِصْقَلَة : ماكينة للتمليس أو الصقل (١) يصقل ؛ يملّس .

**calf** *(n.)* (١) عِجْل (٢) جلد العجل (٣) رَبْلَة (أو بطّة) الساق .

**caliber** *or* **calibre** *(n.)* (١) العِيار : «أ» قُطْر الرصاصة أو القذيفة . «ب» القُطْر الداخلي لماسورة المدفع أو السلاح الناري (٢) وزن ؛ منزلة .

**calibrate** *(vt.)* يُعاير ؛ يُدَرِّج ؛ يفحص أو يحدّد عيار الشيء أو « تدريجات » مقياس مدرَّج .

**calico** *(n.)* كاليكو ؛ شيت ؛ خام (قماش قطنيّ) .

**caliper** *or* **calliper** *(n.)* (١) المِسماك : أداة لقياس سماكة الشيء أو ثخانته (٢) سماكة ؛ ثخانة .

caliper

**caliph** *(n.)* خليفة المسلمين .

**caliphate** *(n.)* الخلافة ؛ الخلافة الإسلاميّة .

**calk** *(vt.)* يُجَلْفِط : يَسُدّ شقوق السفينة .

**call** *(vi.; t.; n.)* (١) يصيح ؛ يصرخ (٢) يتطلّب ؛ يقتضي ؛ يستلزم (٣) يتلفن لِ (٤) يعرّج على ؛ يقوم بزيارة قصيرة لِ ×(٥) ينادي ؛ يدعو (٦) يتلو بصوتٍ عالٍ (٧) يعلن (٨) يستدعي (٩) يدعو إلى (١٠) ينظر في (١١) يوقظ (١٢) يطالب بدفع دَيْن (١٣) يسمّي ؛ يدعو (١٤) يعتبر §(١٥) صيحة (١٦) صوت الطائر أو الحيوان المميِّز (١٧) تلاوة للأسماء بصوت عال (١٨) نداء (١٩) دعوة (٢٠) استدعاء (٢١) طلب (٢٢) زيارة قصيرة (٢٣) مخابرة

تلفونية (٢٤) دعوة إلى دفع ديْن .

to ~ attention to يلفت النظر الى .

to ~ for (١) يقتضي ؛ يتطلّب ؛ يستلزم . (٢) يعرج على شخص .

to ~ forth (١) يستجمع أو يحشد (٢) يُحْدِث .

to ~ (somebody) names يَشْتُم ؛ يُهين .

to ~ on (١) يسأل ؛ يَطلب من (٢) يعرِّج على ؛ يزوره زيارة قصيرة .

to ~ up (١) يوقظ من النوم (٢) يعيد الى الذاكرة (٣) يتلفن لـ .

to ~ upon (١) يدعو ؛ يناشد (٢) يزوره زيارة قصيرة .

**calligraphy** *(n.)* الخطّ ؛ حُسن الخطّ .

**calling** *(n.)* (١) مناداة ؛ دعوة (٢) حرفة ؛ مهنة .

**calliper** *(n.)* =caliper.

**callous** *(adj.)* (١) صُلْب (٢) قاسي الفؤاد .

**callow** *(adj.)* غِرّ : قليل الخبرة .

**callus** *(n.)* الجُسْأة : جزءمتصلّب من الجلد الخ .

**calm** *(n.; adj.; vi.; t.)* (١) سكون ؛ هدوء . §(٢) ساكن ؛ هادىء (٣) رصين ؛ رزين §(٤) يَسْكُن ؛ يهدأ ×(٥) يُسَكِّن ؛ يهدّىء .

**calmness** *(n.)* سكون ؛ هدوء ؛ رصانة ؛ رزانة .

**calomel** *(n.)* الكالوميل : ذرور مُسْهِل .

**caloric** *(adj.)* حَراري ؛ سُعْرِيّ .

**calorie** *(n.)* سُعْر ؛ كالوري ؛ وحدة حرارية .

**calorimeter** *(n.)* المِسْعَر ؛ الكالوريمتر : جهاز لقياس كمية الحرارة (الناشئة عن الانفجار الخ .)

**calumniate** *(vt.)* يفتري على .

**calumny** *(n.)* افتراء (لتشويه السمعة) .

**calve** *(vi.)* تُنتِج (البقرةُ) عجلاً .

**calves** *pl. of* calf.

**calyx** *(n.)* (١) كأس . (٢) كأس الزهرة .

**cam** *(n.)* حَدَبَة ؛ كامَة (في ماكينة) .

**camber** *(n.)* احديداب (الطريق أو ظهرِ السفينة) .

**cambric** *(n.)* الكَمْبريكيّ : قماش أبيض ناعم .

**came** *past of* come.

**camel** *(n.)* جَمَل ؛ بَعير .

**camellia** *(n.)* (١) الكاميلية (٢) زهرة الكاميلية .

**cameo** *(n.)* حجرٌ كريم ذو نقش بارز .

**camera** *(n.)* (١) غرفة (٢) كاميرا : آلة تصوير .

in ~, (١) في مكتب القاضي (٢) سرّاً .

**camisole** *(n.)* القَميصول : لباس نسويّ تحتانيّ .

**camomile** *(n.)* بابونج (نبات) .

**camouflage** *(n.; vt.)* (١) تمْوِيه (٢) تعمية ؛ خداع §(٣) «أ» يموه . «ب» يعمّي ؛ يخدع .

**camp** *(n.; vi.)* (١) مُخيَّم (٢) معسكَر . (٣) يخيِّم ؛ يُعسكِر .

**campaign** *(n.; vi.)* (١) حملة §(٢) يدير حملةً .

**camphor** *(n.)* كافور .

**campus** *(n.)* حَرَم الجامعة : أرض الجامعة ومبانيها .

**can** *(n.; vi.; t.)* (١) صفيحة أو وعاء معدني . (٢) علبة (مشتملة على طعام محفوظ) §(٣) يستطيع ؛ يقدر (٤) يُمْكِن ×(٥) يعلّب (الفاكهة أو الأسماك الخ.)

**canal** *(n.)* قناة .

**canary** *(n.)* (١) الكاناري : نوع من الخمر . (٢) الكناريّ : طائر أصفر حسن الصوت.

**cancel** *(vt.)* يَشْطُب ؛ يحذف ؛ يُلغي ؛ يُبطل.

**cancellation** *(n.)* شَطْب ؛ حذف ؛ إلغاء.

**cancer** *(n.)* سرطان .

**candelabrum** *(n.)* شمعدانٌ زينيّ ذو شُعَب .

candelabrum

**candid** *(adj.)* (١) نزيه ؛ غير متحيّز (٢) صريح .

**candidacy; candidature** *(n.)* الترشُّح : كون المرء مرشّحاً لمنصب.

**candidate** *(n.)* المرشح (لمنصب الخ)

**candied** *(adj.)* مسكَّر ؛ ملبَّس بالسكّر .

**candle** *(n.)* شمعة .

**candlestick** *(n.)* شَمْعَدان .

**candor; candour** *(n.)* صراحة ؛ إخلاص .

**candy** *(n.; vt.)* (١) حلوى §(٢) يسكّر : يحفظ الفاكهة بغليها في السكّر (٣) يُحَلّي .

**cane** *(n.; vt.)* (١) قَصَب ؛ خيزران (٢) قصَبة ؛ خيزرانة (٢) قصب السكّر (٣) عصا ؛ عكّاز §(٤) يضرب بعصاً أو خيزرانة (٥) يقشّش .

**canine** *(adj.; n.)* (١) كلبيّ ؛ متعلّق بالكلاب . (٢) نابيّ ؛ متعلق بالناب §(٣) ناب (٤) كلب .

**canister** *(n.)* (١) علبة صغيرة (٢) قذيفة .

**canker** *(n.)* الآكلة : قرحة أكّالة .

**canned** *(adj.)* معلَّب ؛ محفوظ في العلب.

**cannery** *(n.)* المَعْلَب : معمل لتعليب اللحم الخ .

**cannibal** *(n.)* الآكل لحم البشر .

**cannon** *(n.)* مِدْفَع .

**cannonade** *(n.; vt.; i.)* (١) رشقٌ بالمدافع . §(٢) يهاجم بالمدفعيّة .

**canoe** *(n.)* الكَنُو : زورق طويل .

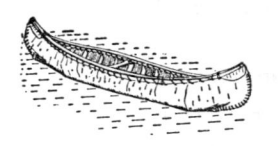

**canon** *(n.)* (١) قانون كنسي (٢) مبدأ مقرَّر .

**cañon** *(n.)* = canyon.

**canonical** *(adj.)* قانونيّ ؛ كنسيّ .

**canonize** *(vt.)* (١) يعلن قداسة الشخص ؛ يضمّه إلى قائمة القدّيسين (٢) يمجِّد .

**canopy** *(n.)* ظُلّة .

**cant** *(n.; vt.; i.)* (١) مَيْل ؛ انحراف (٢) لغة خاصة بأهل حرفة أو طبقة (٣) رياء ؛ نفاق §(٤) يُمِيْل ×(٥) يَميل ؛ ينحرف (٦) ينافق ؛ يتظاهر بالتقوى .

**cantankerous** *(adj.)* مُحِبّ للخصام .

**cantata** *(n.)* الكَنْتاتة : قصة تنشدها المجموعة على أنغام الموسيقى من غير تمثيل .

**canteen** *(n.)* (١) الكانْتين : مخزن عسكري . (٢) المِزَادة : حافظة الماء وغيره من السوائل .

**canter** *(n.)* خَبَبٌ؛ خَبَبُ الفرس.
**canticle** *(n.)* أنشودة؛ ترتيلة.
**canto** *(n.)* النشيد: قسم من قصيدة.
**canton** *(n.; vt.)* (١) إقليم § (٢) يُنْزِل؛ يؤوي.
**cantonment** *(n.)* معسكرٌ (كبيرٌ عادةً).
**canvas** *(n.)* (١) قماش القنّب (تصنع منه الأشرعة والخيام) (٢) خيمة؛ خيام (٣) قماشة معدّة للرسم الزيتيّ (٤) لوحة زيتية على قماش (٥) الكنفا: نسيج غليظ متباعدُ الخيوط.
**canvass** *(vi.; t.; n.)* (١) يفحص بدقّة. (٢) يناقش (٣) يطوف في مدينة (التماساً لأصوات الناخبين أو لعرض السلع على التجّار) § (٤) طواف في مدينة (لهذا الغرض).
**canvasser** *(n.)* المتجوّل في مدينة (التماساً للأصوات أو ترويجاً للسلَع الخ).
**canyon** *(n.)* وادٍ ضيّق.
**caoutchouc** *(n.)* المطّاط.
**cap** *(n.; vt.)* (١) قَلَنْسُوَة؛ قبعة (٢) غطاء. § (٣) يغطّي (٤) يبزّ (٥) يعلو؛ يتوّج.

~ and gown اللباس الجامعيّ.

**capability** *(n.)* قدرة؛ مقدرة.
**capable** *(adj.)* (١) قابلٌ لِـ (٢) قادرٌ على؛ مؤهّل لـ (٣) بارع؛ كفوء.
**capacious** *(adj.)* رَحْب؛ واسع؛ فسيح.
**capacity** *(n.)* (١) سَعة؛ استيعاب (٢) أهلية. (٣) قدرة (٤) صفة؛ وصف؛ وظيفة.
**cape** *(n.)* (١) الرأس: أرض داخلة في البحر. (٢) الكاب: رداء يُطْرَح على الكتفين.
**caper** *(vi.; n.)* (١) يَطْفُر: يَثِبُ مرحاً. § (٢) طَفْرَة؛ وثبة.
**capillary** *(adj.; n.)* (١) شَعْرِيّ؛ رفيع جداً. § (٢) أنبوبٌ أو وعاء شَعري.

**capital** *(n.; adj.)* (١) رأس مال (٢) الرأسماليون. (٣) حرف استهلالي أو كبير (٤) عاصمة (٥) تاج العمود § (٦) عقوبتُه الاعدام (٧) خطير جداً (٨) استهلاليّ؛ كبير (٩) رئيسيّ.

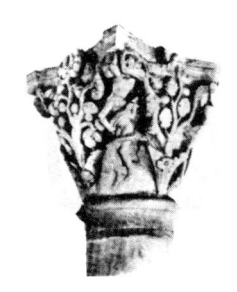

capital 5.

**capitalism** *(n.)* الرأسماليّة.
**capitalist** *(n.; adj.)* رأسماليّ.
**capitalize** *(vt.; i.)* (١) يحوّل إلى رأس مال. (٢) يموّل × (٣) يُفيد من.
**capitation** *(n.)* ضريبة الرؤوس.
**capitol** *(n.)* مبنى البرلمان (الأميركي).
**capitulate** *(vi.)* يستسلم (بشروط).
**capitulation** *(n.)* (١) *pl.*: الامتيازات الأجنبية (٢) استسلام بشروط (٣) اتفاقية استسلام.
**capon** *(n.)* ديكٌ مخصيّ مسمَّن.
**caprice** *(n.)* نَزْوَة؛ هوىً مفاجيء.
**capricious** *(adj.)* نَزْوِيّ؛ قُلَّب؛ حُوَّل.
**capsize** *(vi.; t.)* (١) ينقلب × (٢) يقلب.
**capstan** *(n.)* الرَّحَويّة: أداة لرفع المراسي.

capstan

**capsule** *(n.)* (١) غشاء؛ غلاف. (٢) برشامة.
**captain** *(n.)* (١) رئيس (٢) رُبان.
**caption** *(n.)* (١) عُنوان (لفصل أو مقال). (٢) تعليق أو شرح (لصورة في مجلة الخ).

**captious** *(adj.)* (١) عيّاب (٢) مُغْرِض.
**captivate** *(vt.)* يفتِن ؛ يسبي ؛ يأسر .
**captive** *(adj.; n.)* أسير .
**captivity** *(n.)* (١) أسر (٢) عبودية .
**capture** *(vt.; n.)* (١) يستولي على (٢) يأسر. (٣) يفوز بِ § (٤) أَسْر ؛ اعتقال.
**car** *(n.)* (١) عربة (٢) سيارة .
**caramel** *(n.)* الكَرَميلّة : قطعة من الحلوى الدَّبقة
**carapace** *(n.)* الذَّبْل: درع السلحفاة.
**carat** *(n.)* القيراط : «أ» وحدة وزن للذهب الخ. «ب» جزء من ٢٤ جزءاً .
**caravan** *(n.)* (١) قافلة (٢) عربة كبيرة مغطّاة.
**caravansary; -serai** *(n.)* نُزُل ؛ خان .
**caraway** *(n.)* كَرَوْيا ؛ كَرَوْياء .

**carbine** *(n.)* القَرَبينة : بندقية قصيرة .
**carbohydrate** *(n.)* الكربوهيدرات : مادّة غذائيّة ( كالسكّر والنشا ) .
**carbon** *(n.)* (١) كربون ؛ فحم (٢) ورقة كربون.
**carbonic** *(adj.)* كربونيّ ؛ فحميّ
**carbon paper** *(n.)* ورق الكربون .
**carbuncle** *(n.)* جَمْرَة ؛ دُمّلة .
**carburetor** *(n.)* المُكَرْبِن ؛ الكربوراتور .
**carcase; carcass** *(n.)* (١) جثّة ؛ وبخاصة : جسد الذبيحة (٢) هيكل (بيتٍ أو سفينةٍ) .
**card** *(n.)* (١) مِمْشَطَة أو مِسْرَحَة للصوف. (٢) ورقة لعِب (من ورق الشدّة) (٣) *pl.*: لعبة من ألعاب الورق (أو الشدّة) (٤) بطاقة .
**cardboard** *(n.)* كرتون ؛ ورق مقوًّى .
**cardiac** *(adj.; n.)* (١) قلبيّ: متعلق بالقلب. § (٢) المقلوب : المصاب بداء في قلبه .
**cardigan** *(n.)* سترة من صوف محبوك .
**cardinal** *(adj.; n.)* (١) رئيسيّ ؛ أساسيّ . (٢) أحمر مصفرّ § (٣) كاردينال (في الكنيسة).
**cardinal number** *(n.)* العدد الأصلي .
**cardinal points** الجهات الأصلية .
**care** *(n.; vi.)* (١) همّ ؛ قلق (٢) اهتمام ؛ عناية ؛ حَذَر (٣) رعاية ؛ رقابة (٤) حرص § (٥) يهتمّ ؛ يبالي (٦) يُعْنَى بِ (٧) يرغب في .
~ of (c/o) بواسطة ؛ من فضل .
**career** *(n.)* (١) سرعة (٢) السّيرة : مجرى حياة المرء في حقل معين من النشاط (٣) مهنة (٤) تقدم ؛ نجاح .
**carefree** *(adj.)* سعيد ؛ خِلو من الهمّ .
**careful** *(adj.)* (١) حذِر ؛ يَقِظ ؛ منتبه (٢) دقيق
**carefully** *(adv.)* بحذر ؛ بعناية ؛ باهتمام ؛ بدقة.
**careless** *(adj.)* (١) خِلوٌ من الهموم (٢) لامبالٍ . (٣) مُهمِل (٤) غير مُتقَن (٥) طائش .
**caress** *(n.; vt.)* (١) مُلاطَفَة ؛ تَرْبيتٌ ؛ عناق. § (٢) يلاطف ؛ يربت ؛ يعانق ؛ يقبّل .
**caret** *(n.)* علامة الاقحام (في تصحيح التجارب المطبعية وهي تُرسَم هكذا ٨ ) .
**caretaker** *(n.)* ناظر ؛ وكيل .
**careworn** *(adj.)* مهموم ؛ مُضنًى بالهموم .
**cargo** *(n.)* حمولة (السفينة أو الطائرة أو العربة).
**caricature** *(n.; vt.)* (١) فنّ الكاريكاتور . (٢) رسم كاريكاتوري § (٣) يرسم كاريكاتورياً.

**caricaturist** *(n.)* الرسّام الكاريكاتوري .
**caries** *(n.)* النَّخَر؛ تسوّس الأسنان .
**carillon** *(n.)* المُصَلْصِلَة: مجموعة أجراس مثبَّتة تُقْرَع بمطارق أوتوماتيكية .
**carmine** *(n.)* اللون القِرْمِزيّ .
**carnage** *(n.)* (١) أشلاء (٢) مَذبحة؛ مجزرة.
**carnal** *(adj.)* (١) جَسَدِيّ (٢) شَهوانيّ .
**carnation** *(n.)* (١) لون البشرة (٢) اللون القرنفلي؛ الأحمر الفاتح (٣) قَرَنْفُل .
**carnival** *(n.)* (١) عيدُ المَرْفَع (٢) كرنفال.
**carnivorous** *(adj.)* لاحم: آكلٌ للّحم .
**carob** *(n.)* الخَرّوب؛ الخُرْنُوب .

**carol** *(n.)* (١) أغنية مَرِحَة (٢) ترنيمة .

**carousal** *(n.)* احتفالٌ صاخب مخمورٌ.

**carouse** *(n.; vi.)* (١) احتفال صاخب أو مخمور . §(٢) يسكر أو يشترك في احتفالٍ مخمورٍ .

**carousel** *(n.)* = carrousel.

**carp** *(vi.; n.)* (١) يَعيب؛ ينتقد؛ يشكو من غير داعٍ §(٢) الشَّبّوط: سمك نهري .

**carpel** *(n.)* الكَرْبَلَة؛ الخِباء (في زهرة).

**carpenter** *(n.)* النجّار .
**carpentry** *(n.)* النِّجارة: حرفة النجّار.
**carpet** *(n.; vt.)* (١) سجادة؛ بساط . §(٢) يكسو بالسّجّاد أو البُسُط .

on the ~, (١) على بساط البحث (٢) مُوَبَّخ؛ مُعنَّف .

**carriage** *(n.)* (١) حَمْل؛ نَقْل (٢) مِشية؛ تصرّف (٣) أجرة الحَمْل أو نَفَقاتُه (٤) مَرْكَبَة؛ حافلة (٥) الحاضن؛ حاضن المدفع أو عَرَبَتُه .
**carrier** *(n.)* (١) الناقل؛ الحامل (٢) الحمّال . (٣) ملتزم النّقْل؛ شركة النّقْل (٤) ساعي البريد .
**carrion** *(n.; adj.)* (١) جيفة §(٢) جيفيّ .
**carrot** *(n.)* (١) جزَر (٢) جزْرَة.
**carrousel** *(n.)* = merry-go-round.
**carry** *(vt.)* (١) يَحْمل؛ ينقل (٢) يستحوذ على المشاعر (٣) يستولي على (٤) يقف أو يمشي مثل... (٥) يدعم؛ يعزز (٦) يفوز في.

to ~ away (١) ينقُل (٢) تجرفُه (العاطفةُ أو الحماسة) .
to ~ forward يرحِّل: ينقل مجموع الأرقام إلى عمود تالٍ أو صفحة تالية .

to ~ into effect يُنفِّذ .

to ~ off (١) ينقل بالقوة (٢) يفوز بالجائزة الخ.

to ~ on (١) يواصل (سيره أو نشاطه) رغم العقبات (٢) يدير ؛ يدبّر (٣) يتصرّف بحماقة أو اهتياج .

to ~ on business يشتغل في صناعة ما .

to ~ out ينفّذ خطّةً أو تهديداً .

to ~ the day يفوز ؛ يَسُود .

to ~ through (١) يُنْجِز ؛ يحقّق (٢) يُسْعِف ؛ يُنجد .

**cart** *(n.)* كارّة ؛ عربة .

**cartage** *(n.)* النقل بكارّة أو أجرتُه .

**cartel** *(n.)* الكارتل : اتحاد المنتجين الصناعيين .

**cartilage** *(n.)* غُضرُوف ؛ جزء غضروفيّ .

**carton** *(n.)* علبة كرتون ؛ صندوق كرتوني .

**cartoon** *(n.)* رسم كاريكاتوري .

**cartridge** *(n.)* (١) خرطوشة (٢) فيلم ملفوف .

**carve** *(vt.)* (١) ينحت ؛ ينقش (٢) يقطّع .

**carving** *(n.)* (١) نَحْت (٢) نَقْش .

**caryatid** *(n.)* : الكَرْتيد : تمثال امرأة يقوم مقام عمود في مبنى .

caryatids

**cascade** *(n.; vi.; t.)* (١) شلال صغير . §(٢) يسقط ×(٣) يجعله يسقط كالشلال .

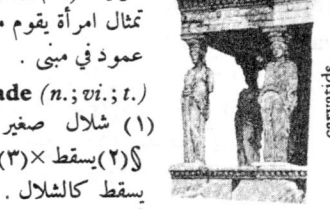

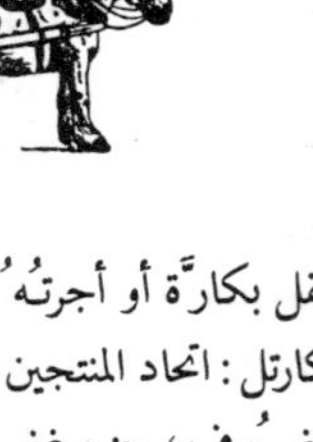

**case** *(n.; vt.)* (١) حادثة (٢) حالة (٣) الواقع ؛ الحقيقة الواقعة (٤) مسألة (٥) دعوى ؛ قضية (٦) حُجّة مُقْنِعة (٧) إصابة مَرَضيّة (٨) مريض (٩) شخص غريب الأطوار (١٠) صندوق ؛ علبة (١١) غِمْد (١٢) مجموعة وبخاصة : زوج (١٣) إطار أو صندوق نافذة أو باب §(١٤) يضع في صندوق .

in any ~, على أية حال ؛ مهما يكن أو يحدث .

in ~ of في حال ... ؛ إذا ما .

**casein** *(n.)* الجُبْنين : مادة بروتينية في اللبن .

**casement** *(n.)* (١) النافذة البابيّة : نافذة تفتح كما ينفتح الباب (٢) إطار .

casement 1.

**cash** *(n.; vt.; i.)* (١) نَقْد §(٢) يصرف : يدفع أو يقبض مبلغاً نقدياً مقابل شيك الخ .

~ and carry إدفع وانقل .

~ on delivery الدفع عند الاستلام .

out of ~, مفتقرٌ إلى المال .

to ~ in يحوّل إلى نقد أو فائدة عاجلة

to ~ in on يستغلّ أو يفيد من .

**cashier** *(n.; vt.)* (١) أمين الصندوق §(٢) يصرف أو يطرد من الوظيفة (٣) ينبذ .

**cashmere** *(n.)* (١) الكشمير : «أ» صوف ناعم . «ب» قماش صوفيّ ناعم (٢) شال .

**casing** *(n)* (١) غطاء ؛ غلاف (٢) إطار (باب الخ)

**casino** *(n.)* الكازينو : نادٍ للقمار بخاصة .

**cask** *(n.)* برميل خشبيّ (للسوائل) .

**casket** *(n.)* (١) عُلْبَة للجواهر (٢) تابوت .

**casque** *(n.)* خُوذة .

**casserole** *(n.)* الكَسْرُولَة : طبقٌ للطعام .

**cassock** *(n.)* الغَفّارَة : رداء الكاهن .

**cast** *(vt.; n.)* (١) يلقي ؛ يرمي ؛ يطرح .

(٢) يجمع ؛ يحسب (٣) يتنبأ (٤) ينظّم ؛ يوزّع ؛ يقسم (٥) يوزّع الأدوار على الممثلين (٦) يختار ممثلاً لدور (٧) يَسْبك ؛ يَصبّ (٨) يُدير يلوي § (٩) إلقاء ؛ رمي ؛ طَرْح (١٠) رَمْية نَرْد (١١) شكل ؛ هيئة (١٢) شخصيات الرواية أو المسرحية (١٣) نظرة (١٤) قالب (١٥) سبيكة (١٦) جَبيرةٌ للعظام (١٧) لون خفيف (١٨) أثر ؛ مقدار صغير (١٩) بِراز دودة الأرض (٢٠) جِلد الحشرة .

to ~ a ballot — يصوّت ؛ يقترع .
to ~ off — (١) ينبذ (٢) يطلق ؛ يحرّر .
to ~ out — يطرد ؛ يُخْرِج .
to ~ up — (١) يرفع (٢) يجمع .

castanets

**castanet** *(n.)* الصَّنْج .

**castaway** *(adj.; n.)* (١) منبوذ (٢) مطروح § (٣) شخص يوفق إلى بلوغ الشاطىء ( إثر غرق السفينة ) .

**caste** *(n.)* الطبقة المنغلقة أو المتحجّرة : إحدى الطوائف الاجتماعية الوراثية عند الهندوس خاصةً .

to lose ~, — يفقد اعتباره أو مكانته .

**castellated** *(adj.)* ذو شُرُفات مفرّجة.

**caster** *(n.)* (١) السبّاك (٢) المسبك : آلة سابكة للأحرف المطبعية (٣) أو **castor** : «أ» المِذَرّة : آنية لذرّ الملح والتوابل. «ب» عجلة الكرسيّ .

**castigate** *(vt.)* يعاقب ؛ يؤنّب ؛ ينتقد .

**casting** *(n.)* (١) إلقاء ؛ رَمْي الخ. (٢) المصبوب : شيء مصبوب في قالب (٣) المطروح ؛ ما يطرحه الحيوان من جلده .

**cast iron** *(n.)* حديد الزّهر : حديدٌ مسبوك .

**castle** *(n.)* (١) قلعة ؛ مَعْقِل (٢) قصر . (٣) الرُّخّ : بيدق شطرنج على شكل قلعة .

~ *s* in Spain / ~ *s* in the air — قصور في اسبانيا ؛ قصور في الهواء : مشاريع أو آمال لن تتحقق أبداً .

**cast-off** *(adj.; n.)* مُهمَل ؛ منبوذ .

**castor** *(n.)* (١) caster 3 (٢) قُنْدُس ؛ سَمّور (٣) قبعة من فَرْو القُنْدُس .

**castor oil** *(n.)* زيت الخِرْوَع .

**castor sugar** *(n.)* سكّر ناعم جداً .

**castrate** *(vt.)* (١) يَخْصي (٢) يشوّه .

**cast steel** *(n.)* فولاذ الزّهر ؛ فولاذ المصبوبات.

**casual** *(adj.)* عَرَضيّ ؛ اتّفاقيّ ؛ طارىء .

**casually** *(adv.)* عَرَضاً ؛ اتّفاقاً ؛ مصادفةً .

**casualty** *(n.)* (١) مصيبة ؛ كارثة (٢) إصابة.

**cat** *(n.)* (١) هِرّ (٢) أسد ؛ نمر (٣) سَوْط .

**cataclysm** *(n.)* الجائحة : طوفان ؛ زلزال الخ.

**catacomb** *(n.)* سرداب الموتى .

**catalog** *or* **catalogue** *(n.; vt.)* (١) بيان ؛ قائمة ؛ فهرس § (٢) يُفَهْرِس .

**catamount** *(n.)* هرّ الجبل .

**catapult** *(n.;)* (١) المِنْجنيق (٢) المِجْنَقة : آلة لإطلاق الطائرة من على سطح سفينة (٣) المِرجام ؛ « النقّيفة » .

**cataract** *(n.)* (١) إعتام عدسة العين (٢) شلاّل .

**catarrh** *(n.)* النَّزْلَة ؛ الزُّكام .

**catastrophe** *(n.)* نكبة ؛ فاجعة .

**catch** *(vt.; i.; n.)* (١) يمسك بـ ؛ يقبض على. (٢) يصطاد (٣) يخدع (٤) يفاجىء (٥) يأخذ (٦) يلفت (الانتباه) (٧) يصاب بـِ (٨) يصيب (٩) يَلْمَح (١٠) يَلْحق بـِ ؛ يدرك (١١) يفتن ؛ يسحر (١٢) يفهم × (١٣) يَعلق

بـ (١٤) يَثْبُتُ ؛ يصبح محكَماً (١٥)يشتعل (١٦) يتمسّك أو يتَعلّق بـ §(١٧) صَيْد (١٨) مقدار المصيْد من السمك دفعةً واحدة (١٩)السقّاطة ؛ المِزلاج ؛ الماسكة (٢٠)لقطة (٢١) جزء (٢٢) شَرَك أو صعوبة مخبوءة .

to ~ fire يشتعل ؛ تعلق به النار .

to ~ up (١) يلحق بـ ؛ يدرك (٢) يتناول بسرعة خاطفة

**catching** *(adj.)* (١)مُعْدٍ (٢)جذاب ؛ فاتن.

**catchup** *(n.)* =catsup.

**catechism** *(n.)* كتابٌ مشتمل على خلاصة للعقيدة الدينية مفرغة في قالَب السؤال والجواب.

**catechize** *(vt.)* (١) يعلّم بطريقة السؤال والجواب (٢) يستجوب .

**categorical** *(adj.)* (١) مطلق ؛ غير مقيّد أو مشروط (٢) صريح ؛ باتّ .

**category** *(n.)* (١) طَبَقَة (٢) فئة ؛ صنفْ .

**cater** *(vi.)* يزوّد بالطعام أو بالمطلوب.

**caterpillar** *(n.)* (١) اليُسْرُوع : يرَقانة الفراشة الخ. (٢) جرّارة ؛ تراكتور .

**catfish** *(n.)* السِّلَّوْر ؛ الصِّلَّوْر (سمك) .

**cathartic** *(adj.; n.)* مُسْهِل .

**cathedral** *(n.)* كاتدرائية ؛ كنيسة كبيرة .

**cathode** *(n.)* الكاثود : قطبٌ سالبٌ .

**Catholic** *(adj.; n.)* كاثوليكي .

**Catholicism** *(n.)* الكَثْلَكَة .

**catnip** *(n.)* نَعناع برّي (تحبّه القطط) .

**cat-o'-nine-tails** *(n.)* سَوْط .

**cat's-paw** *(n.)* مخلب القطّ .

**catsup** *(n.)* الكَتْشاب : صلصة طماطم.

**cattle** *(n.)* (١) الماشية ؛ الأنعام (٢) الرَّعاع .

**cattleman** *(n.)* مُرَبّي الماشية .

**Caucasian** *(adj.; n.)* قوقازيّ .

**caucus** *(n.)* مؤتمر حزبي .

**caudal** *(adj.)* ذيلي ؛ شبيه بالذَّيل .

**caught** *past and past part. of* catch.

**cauldron** *(n.)* مِرْجَل ؛ خِلْقين .

**cauliflower** *(n.)* قُنَّبيط ؛ قَرْنَبيط .

**caulk** *(vt.)* = calk

**causal** *(adj.)* سَبَبيّ ؛ عِلّيّ .

**causality** *(n.)* السَّبَبيّة ؛ العِلّيّة .

**cause** *(n.; vt.)* (١) سبب ؛ علّة (٣)داعٍ ؛ مُوجِب (٣) خلاف ؛ دعوى قضائيّة (٤) قضية (وطنية الخ.) §(٥) يسبّب.

**causeway** *(n.)* ممرّ أو طريق مرتفع .

**caustic** *(adj.; n.)* (١) كاوٍ (٢)لاذع ؛ساخر . §(٣) مادّة كاوية .

**cauterize** *(vt.)* يكوي : يعالج بالكَيّ .

**caution** *(n.; vt.)* (١)تحذير ؛ حَذَر §(٢)يحذّر .

**cautious** *(adj.)* حذِر ؛ محترس .

**cautiously** *(adv.)* بِحَذَر ؛ باحتراس .

**cavalcade** *(n.)* موكب (فرسان الخ.) .

**cavalier** *(n.)* (١)الفارس (٢)الشَّهْم.

**cavalry** *(n.)* الفُرسان؛ سلاح الفرسان .

**cavalryman** *(n.)* الفارس ؛ الخيّال .

**cave;cavern** *(n.)* كَهْفٌ ؛ غارٌ .

**cavernous** *(adj.)* (١) كهفيّ (٢) غائر .

**caviar** *(n.)* الكافيار : نوع من البطارخ .

**cavil** *(vi.; t.; n.)* (١) يثير اعتراضات تافهة . §(٢) اعتراض تافه .

**cavity** *(n.)* فجوة ؛ تجويف .

**cavort** *(vi.)* يَطْفُرُ ؛ يثب مرحاً .

**caw** *(vi.; n.)* (١)ينعبُ (الغراب) §(٢)نعيب .

**cayenne** *(n.)* فِلفلٌ حِرّيف ؛ فلفل أحمر .

**cease** *(vt.; i.; n.)* (١) يُوْقِف ؛ يَقْطَع . ×(٢) يكفّ عن (٣)ينقطع §(٤) انقطاع .

**cease-fire** *(n.)* وقف إطلاق النار .

**ceaseless** *(adj.)* متواصل ؛ دائم ؛ غير منقطع .

**cedar** *(n.)* (١) أرز (٢)خشب الأرز .

**cede** *(vt.)* يتخلّى عن .

**ceiling** *(n.)* (١) سَقْف (٢) أقصى الارتفاع .

**celebrate** *(vt.)* يحتفل بـ .

**celebrated** *(adj.)* شهير ؛ مشهور .

**celebration** *(n.)* احتفال (بمناسبة ما) .

**celebrity** *(n.)* (١)شهرة (٢)شخص مشهور .

**celerity** *(n.)* سرعة ؛ خفّة .

**celery** *(n.)* الكَرَفْس (نبات) .

**celestial** *(adj.)* (١)سماوي (٢)عُلْوِيّ ؛ سامٍ .

**celibacy** *(n.)* (١) عُزوبة (٢)تبتّل .

**celibate** *(n.; adj.)* عَزَب ؛ عازب .

**cell** *(n.)* (١)صَوْمَعَة (٢)حُجَيرَة (في دير) (٣) زَنْزانة (٤) نُخروب ؛ تجويف (في قرص الشّهْد) (٣)الخَلِيّة : «أ» أصغر جزء من المادة الحيّة . «ب» وعاءٌ مشتمل على مواد لتوليد الكهرباء بالفعل الكيميائي .

**cellar** *(n.)* قَبْوٌ (للخمر أو للمؤن) .

**cello** *(n.)* الفيولونسيل : كمنجة كبيرة .

**cellophane** *(n.)* السّيلوفان : ورق صقيل شفاف .

**cellular** *(adj.)* خَلَوِيّ .

**cellulose** *(n.)* السّلّولوز : مادة تؤلف الجزء الأساسيّ من جدران خلايا النبات .

**Celt** *(n.)* السّلتيّ : أحد أفراد عِرق هنديّ أوروبيّ قطَن أجزاء من أوروبة .

**cement** *(n.; vt.; i.)* (١)إسمنت (٢)اللّصاق : مادّة مُلصِقة (٣) مِلاط الأسنان : مادّة تستخدم في حشو الأسنان §(٤)يثبّت ؛ يُلصق .

**cemetery** *(n.)* مقبرة ؛ مَدْفَن ؛ جَبّانَة .

**censer** *(n.)* مِبخرة (تُؤرجَح بالسلاسل) .

**censor** *(n.; vt.)* ١) مراقب (المطبوعات أو الأفلام أو البرامج الإذاعية) §(٢) يراقب .

**censorious** *(adj.)* ـيّاب ؛ كثير الانتقاد .

**censorship** *(n.)* ـاقبة المطبوعات الخ .

**censure** *(n.; vt.)* ١) لوم ؛ نقد §(٢) يلوم .

**census** *(n.)* ـحصاء رسمي (للسكان) .

**cent** *(n.)* لسَنْت : جزء من مئة من الدولار .

five per ~ ; 5% خمسة بالمئة .

**centaur** *(n.)* القَنْطُور : كائن خرافيّ نصفُهُ رجل ونصفُهُ فرَس .

centaur

**centenarian** *(n.)* المئويّ: البالغ من العمر مئة سنة
**centenary; centennial** *(adj.; n.)* (١) مئويّ §(٢) ذكرى مئوية .
**center** *(n.; vt.; i.)* (١) نقطة الدائرة (٢) مركز ؛ محور (٣) قلب ؛ وَسَط §(٤) يركّز ؛ يمركز ×(٥) يتركّز ؛ يتمركز .
**centi-** بادئة معناها: «أ» مئة. «ب» جزء من مئة.
**centigrade** *(adj.)* مئويّ ؛ سنتيغراديّ .
**centigram** *(n.)* السّنتيغرام: ١/١٠٠ من الغرام.
**centime** *(n.)* السّنتيم: ١/١٠٠ من الفرنك.
**centimeter** *(n.)* السّنتيمتر: ١/١٠٠ من المتر.
**centipede** *(n.)* أم أربع وأربعين (حشرة) .
**central** *(adj.; n.)* (١) مركزيّ (٢) رئيسيّ . §(٣) السنترال: المكتب الرئيسيّ في شبكة تلفونيّة (٤) عامل السنترال .
**centralize** *(vt.; i.)* يُمَرْكِز أو يتَمَرْكَز .
**centre** *(n.; vt.; i.)* =center.
**centrifugal** *(adj.)* (١) مندفعٌ بعيداً عن المركز . (٢) نابذ؛ طَرْدِ يمَرْكَزِي؛ طاردٌ من المركز .
**centrifugal force** *(n.)* القوة النابذة .
**centripetal** *(adj.)* (١) مندفع نحو المركز . (٢) جابِذ؛ جَذْبِيمَرْكَزِي؛ جاذب نحو المركز .
**centripetal force** *(n.)* القوة الجابِذة .
**centurion** *(n.)* قائد المئة (عند الرومان) .
**century** *(n.)* القرن: مئة عام .
**ceramics** *(n.pl.)* الخِزافة : صناعة الخزف .
**cereal** *(n.)* (١) النبات الحَبّيّ: كل نبات يعطي حَبّاً (كالحنطة والشعير) (٢) حَبّ؛ حبوب .
**cerebellum** *(n.)* المُخَيْخ (في التشريح ) .
**cerebral** *(adj.)* مُخّيّ؛ دماغيّ .
**cerebrum** *(n.)* المُخّ (في التشريح ) .
**cerement** *(n.)* كَفَن ؛ كَفَنُ المَيْت .
**ceremonial** *(adj.; n.)* (١) رسميّ (٢) طَقسيّ؛ شعائريّ §(٣) طَقْس ؛ شَعِيرة .
**ceremonious** *(adj.)* (١) رسميّ (٢) مولَع بالرّسميات .
**ceremony** *(n.)* (١) مراسم؛ تشريفات . (٢) طَقْس ؛ شَعِيرة (٣) سلوك بالغ التهذيب .
**certain** *(adj.)* (١) محدَّد؛ معيَّن (٢) لا ريبَ فيه (٣) بعض (٤) ما (٥) موثوق (٦ مؤكَّد (٧) واثق ؛ متأكّد .

for ~, من غير ريب البتّة .
to make ~ , يتأكّد ؛ يستيقن من .

**certainly** *(adv.)* من غير ريب؛ طبعاً !
**certainty** *(n.)* حقيقة؛ يقين؛ ثقة.
**certificate** *(n.)* شهادة .
**certified** *(adj.)* مصدَّق عليه ؛ مضمون .
**certify** *(vt.)* (١) يصدّق على (٢) يُعْلِم بيقين أو ثقة (٣) يضمن الجودة أو القيمة .
**certitude** *(n.)* يقين ؛ ثقة .
**cerulean** *(adj.)* لازَوَرْديّ؛ أزرق سماويّ.
**cessation** *(n.)* توقُّف؛ انقطاع .
**cession** *(n.)* تنازُل؛ تخلٍّ عن .
**cesspit; cesspool** *(n.)* بالوعة؛ مجرور .
**chafe** *(vt.; i.)* (١) يُغضِب (٢) يَفرُك (اليدين) التماساً للدفء (٣) يُبلي ×(٤) يغضَب؛ يغتاظ (٥) يَبْلى بالحكّ .
**chaff** *(n.; vt.; i.)* (١) عُصافَة؛ قَشّ؛ تبْن. (٢) نفاية (٣) مُزاحٌ §(٤) يمازح ×(٥) يَمْزَح.
**chaffer** *(vi.; t.)* (١) يُساوِم ×(٢) يُقايض .
**chaffinch** *(n.)* الصَّعْنَج: عصفورٌ مغرّد.
**chagrin** *(n.)* (١) غمّ؛ كدرٌ §(٢) يغُمّ؛ يكدّر
**chain** *(n.; vt.)* (١) سلسلة (٢) مقياس (٣) قَيْد؛ غُلّ (٤) *pl.* : عبودية §(٥) يقيِّد؛ يكبِّل.

in ~ *s* سجين ؛ غير حرّ .

**chair** *(n.)* (١) كرسيّ (٢) رئيس الجلسة.

to take the ~, يترأس الاجتماع .

**chairman** *(n.)* رئيسُ الجلسةِ أو المجلس .

**chaise** *(n.)* الشيز : عربة خفيفة.

**chalcedony** *(n.)* العقيق الأبيض .

**chalet** *(n.)* : الشاليه : «أ» كوخ في الجبال السريسريّة. «ب» دارة أو «فيلا» شبيهة بهذا الكوخ.

chalet

**chalice** *(n.)* (١) كأس (٢) كأس القربان .

**chalk** *(n.; vt.)* (١) طباشير §(٢) يبيّض أو يكتب أو يرسم بالطباشير .

**challenge** *(vt.; i.; n.)* (١) يوقف (٢) يعترض (٣) يتحدى (٤) يدعو للمبارزة §(٥) اعتراض. (٦) إيقاف (٧) تحدٍّ (٨) دعوة إلى المبارزة .

**chamber** *(n.)* (١) حجرة (٢) قاعة اجتماع هيئة تشريعيّة أو قضائيّة (٣) *pl.* : شِقّة؛ مكاتب (٤) هيئة تشريعيّة أو قضائيّة؛ وبخاصة : أحد مَجْلسَي البرلمان (٥) غرفة؛ مجلس (٦) خزانة البندقية : حجرة القذائف في بندقيّة .

Lower *Chamber* مجلس النواب .
Upper *Chamber* مجلس الأعيان .

**chamberlain** *(n.)* (١) الياور؛ الحاجب : موظف كبير في بلاط (٢) أمين الخزانة أو المال.

**chambermaid** *(n.)* المَهْجعيّة : خادمة مسؤولة عن غرف النوم .

**chameleon** *(n.)* حِرْباء .

**chamois** *(n.)* (١) الشَّمْواة : حيوان مجترّ من الظباء (٢) جلد الشَّمْواة .

chamois

**champ** *(vt.; i.)* (١) يعضّ . (٢) يقضم ويمضغ بقوة وصوت.

**champagne** *(n.)* الشامبانيا : شرابٌ مُسْكِر .

**champion** *(n.; vt.)* (١) النّصير (٢) البطل. §(٣) يناصر؛ يؤيّد؛ يدافع عن .

**championship** *(n.)* بطولة (في لعبة الخ.) .

**chance** *(n.; vi.; t.)* (١) مصادفة (٢) حظّ (٣) فرصة (٣) احتمال؛ إمكانية حدوث (٤) مخاطرة §(٥) يصادف؛ يتّفق ×(٦) يُخاطر .

by ~, مصادفةً؛ اتفاقاً .
to ~ upon *or* on يلتقي به بالمصادفة .

**chancel** *(n.)* مَذْبَح (في كنيسة) .

**chancellor** *(n.)* (١) قاضي القضاة (٢) رئس جامعة (٣) المستشار : رئيس الوزراء (في ألمانيا).

**chancery** *(n.)* (١) محكمة عليا (٢) مكتب قاضي القضاة (٣) مَسْكَة تطوّق العنق (مصارعة).

**chandelier** *(n.)* ثُرَيّا .

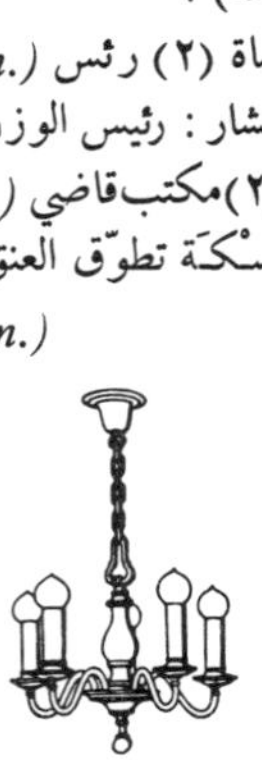

**chandler** *(n.)* (١) الشمّاع (٢) السمّان.

**change** *(vt.; i.; n.)* (١) يغيّر؛ يبدِّل . (٢) يستبدل شيئاً بشيء (٣) يَصْرِف ورقة نقديّة (٤) يتبادل (٥) يغيّر أغطية الفراش ×(٦) يتغير؛ يتبدّل (٧) ينتقل من قطار إلى آخر (٨) يغيّر ملابسه §(٩) تغيير؛ تبديل (١٠) تغيّر؛

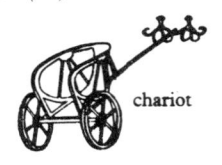

تبدُّل (١١) انتقال (١٢) مجموعة ثانية من الثياب: «غيار» (١٣) البورصة (١٤) «صرافة»؛ «فكّة النقود» (١٥) ما يُرَدّ من فائض القيمة المستحقّة (١٦) قطع النقد الصغيرة.

**changeable** *(adj.)* . (١) متقلّب (٢) يتغيّر.

**changeful** *(adj.)* متقلّب؛ متغيّر.

**changeless** *(adj.)* ثابت؛ غير متبدّل.

**changeling** *(n.)* طفل استُبدل بآخر.

**channel** *(n.; vt.)* . (١) مجرى نهر (٢) قناة (٣) طريق (٤) مَصْدر (٥) أنبوب (٦) ثَلْم؛ أخدود § (٧) يشقّ على شكل قناة (٨) يُقنّي؛ يَحْصُر في مجرى أو اتجاه.

**chanson** *(n.)* أغنية.

**chant** *(n.; vi.; t.)* . (١) أنشودة؛ ترتيلة؛ ترنيمة. § (٢) ينشد؛ يرتّل؛ يرنّم.

**chanter** *(n.)* المنشد؛ المرتّل.

**chantry** *(n.)* كنيسة صغيرة.

**chaos** *(n.)* اختلاط؛ تشوّش؛ فوضى.

**chaotic** *(adj.)* مختلط؛ مشوّش.

**chap** *(vt.; i.; n.)* (١) يشقّق (٢) يصدّع؛ يفلق × (٣) يتشقّق (٤) ينصدع؛ ينفلق § (٥) شِق؛ فَلْع (٦) فتى؛ غلام (٧) فكّ؛ خدّ.

**chapel** *(n.)* . كنيسة صغيرة (أو مُصلّى فيها).

**chaperon** *(n.)* الوصيفة المصاحبة: امرأة ترافق فتاة إلى الحفلات الاجتماعيّة لحمايتها أو رعايتها.

**chaplain** *(n.)* قَسّ؛ قسّيس.

**chaplet** *(n.)* (١) إكليل (٢) سُبْحَة.

**chapter** *(n.)* . (١) فَصْل (من كتاب) (٢) فرع.

**char** *(vt.; i.)* (١) يفحّم: يحرق أو يحوّل إلى فحم (٢) يَسْفَع؛ يُحْرِقُ إحراقاً طفيفاً × (٣) يتفحّم (٤) يُسْفَع.

**character** *(n.)* . (١) رمز (٢) حرف أبجدي (٣) خَصيصة؛ ميزة؛ صفة (٤) خُلُق (٥) وصف؛ صِفة (٦) شخصية (٧) سمعة.

in ~, ملائم؛ مناسب.

out of ~, غير ملائم؛ غير مناسب.

**characteristic** *(adj.; n.)* . (١) مُميِّز § (٢) خصيصة؛ ميزة؛ صفة مميزة.

**characterize** *(vt.)* . (١) يصف (٢) يميّز.

**charcoal** *(n.)* الفحم؛ الفحم النباتي.

**chard** *(n.)* شَمَنْدَر؛ بَنْجَر.

**charge** *(vt.; i.; n.)* . (١) يُلقم أو يحشو (بندقيةً) (٢) يَشْحَن (بطاريةً) (٣) يُرْهِق؛ يُثْقِل (٤) يأمر (٥) يتّهم (٦) يهاجم؛ يحمل على (٧) يقيّد على حساب فلان (٨) يفرض أو يطلب ثمناً § (٩) شِحنة؛ حَشْوَة (١٠) مهمّة؛ واجب (١١) عُهْدَة؛ رعاية (١٢) وديعة (١٣) أمر؛ وصيّة (١٤) ثمن (١٥) نفقة (١٦) دَيْن (١٧) تُهْمَة (١٨) هجوم مفاجىء.

in ~ of the library . مسؤول عن المكتبة

to bring a ~ against يتّهم بـ..

to take ~ of يتولى أمر العناية بـ..

**chargé d'affaires** *(n.)* القائم بأعمال السفارة.

**charger** *(n.)* . فرس (مُعَدّ للقتال).

**chariot** *(n.)* مَركبة.

**charitable** *(adj.)* . (١) مُحسن (٢) خيريّ.

**charity** *(n.)* (١) محبّة (٢) إحسان (٣) صدقة؛ حسنة (٤) ترفّق (في الحكم على الآخرين).

**charlatan** *(n.)* الدجّال؛ المُشَعْوِذ.

**charm** *(n.; vt.)* (١) تعويذة؛ رُقْية (٢) فتنة؛ سحر (٣) جمال (٤) حلية (تعلق بسلسلة الساعة)

§(٥)يعوِّذ ؛ يَرْقي (٦)يَفتِن ؛ يَسْحَر .

**charmer** *(n.)* (١)الساحر (٢)الفاتن ؛ الفاتنة .

**charming** *(adj.)* ساحر ؛ فاتن .

**charnel** *(n.)* مقبرة ؛ مدفن .

**chart** *(n.; vt.)* (١)خريطة (٢)جدول أو رسم بياني . §(٣)يرسم خريطة ؛ يُظهِر على خريطة الخ.

**charter** *(n.; vt.)* (١)صكّ ؛ عقد (٢) براءة (بحقوق أو امتيازات معيّنة) (٣) دستور (٤)رخصة ؛ إجازة ؛ امتياز (٥)تأجير سفينة الخ. أو جزء منها لرحلة أو لمدة معينة §(٦)يمنح براءة أو اجازة لِـ (٧) يؤجر أو يستأجر (سفينة الخ).

**chary** *(adj.)* (١)حذِر (٢)خجول (٣)مقتصِد .

**chase** *(vt.; i.; n.)* (١)يطارد ؛ يتعقّب ؛ يتصيّد. (٢)يزين المعدن بنقوش (٣)يثلم ×(٤)يعدو ؛ يسرع §(٥) مطاردة (٦)طريدة (٧)صَيْد ؛ قنص (٨)ثَلْم ؛ أخدود .

to give ~, يطارد ؛ يتعقّب .

**chasm** *(n.)* (١) هوّة (٢) شِقّ ؛ صَدْع .

**chassis** *(n.)* هيكل معدني (لسيارة أو طائرة).

**chaste** *(adj.)* (١)عفيف ؛ محتشم (٢)بسيط .

**chasten** *(vt.)* يؤدِّب ؛ يعاقب .

**chastise** *(vt.)* يؤدِّب ؛ يعاقب ؛ يضرب .

**chastity** *(n.)* طهارة ؛ عفّة .

**chasuble** *(n.)* رداء الكاهن (أثناء القداس).

**chat** *(vi.; n.)* (١) يتحادث في غير كلفة . §(٢)حديث ؛ محادثة (٣)الأبلق ؛ أبو بليق (طائر).

**château** *(n.)* قصر .

**chattel** *(n.)* المِلْك المنقول (كالأثاث) .

**chatter** *(vi.; n.)* (١)يزقزق (العصفور) (٢)يثرثر (٣)تصطك (الأسنان) §(٤) زقزقة (٥)ثرثرة (٦) هَذْر (٧)اصطكاك الأسنان .

**chauffeur** *(n.)* سائق السيّارة .

**chauvinism** *(n.)* شدّة الوطنيّة .

**cheap** *(adj.; adv.)* (١)رَخيص §(٢)برُخص .

**cheapen** *(vt.; i.)* (١)يُرَخِّص ×(٢)يَرْخُص .

**cheat** *(vt.; i.; n.)* (١) يخدع ؛ يغشّ . §(٢)خداع ؛ غِشّ (٣) المخادِع ؛ الغشّاش.

**check** *(vt.; i.; n.)* (١)يكبح ؛ يوقف ؛ يضبط . (٢)يحقّق ؛ يراجع ؛ يفحص (٣) يضع إشارة أمام شيء (دلالةً على أنّه رُوجع) (٤)يودِع لقاء إيصال ×(٥) ينطبق على §(٦) كَبْح ؛ وَقْفٌ ؛ ضبط (٧)توقّف أو انقطاع مفاجىء (٨) مِحكّ (٩) فحص ؛ مراجعة ؛ مقابلة ؛ تحقّق (١٠) إشارة توضع أمام رقم الخ. دلالةً على أنّه رُوجع (١١) «شيك» مصرفي (١٢)وَصْل ؛ إيصال (١٣)فاتورة (١٤)مجموعة ترابيع أو مربّعات (كالتي تكون على رقعة الشطرنج) (١٥) مربّع من هذه المربّعات .

in ~, مَكبوح ؛ مقيَّد .

to ~ out (١) يدفع حساب الفندق ويغادره (٢) يموت .

to ~ up يفحص ؛ يقابل ؛ يراجع .

**checker** *(n.; vt.)* (١)حجر الداما (٢) رسم ذو مربعات أو ترابيع (٣) أحد هذه المربّعات §(٤)يجعله ذا مربّعات .

**checkerboard** *(n.)* رُقْعةُ الداما .

**checkers** *(n.)* الدّاما ؛ لعبة الداما .

**checkmate** *(vt.; n.)* (١) يُميت الشاه (في الشطرنج) (٢) يهزم ؛ يُحبِط §(٣) إماتة الشاه (٤) هزيمة تامّة .

**cheek** *(n.)* (١) خدّ ؛ وَجْنَة (٢) وقاحة.

**cheekbone** *(n.)* العظم الوَجْنيّ (تشريح).

**cheeky** *(adj.)* (١) وقح (٢) ممتلىء الخدين .

**cheep** *(vi.)* يزقزق (الطائرُ).

**cheer** *(n.; vt.; i.)* (١)ابتهاج (٢)طعام وشَراب. (٣)هُتاف ؛ تهليل (للتشجيع) §(٤) يشجّع

(٥) يُبْهِـج (٦) يهتِف لِـ ×(٧) يبتهج

~ up! إبْتَهِـجْ ! لا تَحْزَنْ !

What ~ ? كيف حالك ؟

**cheerful** *(adj.)* مرِح ؛ مبتهِج ؛ بهيج .

**cheerless** *(adj.)* حزين ؛ كئيب .

**cheese** *(n.)* (١) جُبْن (٢)قالب جُبْن .

**chef** *(n.)* (١) رئيس (٢) رئيس الطهاة .

**chef d'oeuvre** *(n.)* تحفة ؛ رائعة .

**chemical** *(adj.; n.)* (١) كيميائي §(٢) مادة كيميائية .

**chemise** *(n.)* قميص تحتاني (للنساء) .

**chemist** *(n.)* (١) الكيميائي (٢) الصيدلي .

**chemistry** *(n.)* الكيمياء .

**cheque** *(n.)* شيك (على مصرف) .

**chequer** *(n.; vt.)* =checker.

**chequerboard** *(n.)* =checkerboard.

**chequers** *(n.)* =checkers.

**cherish** *(vt.)* (١) يُعِزّ ؛ يدلِّل (٢) يتعلّق بـِ ؛ يُبْقِـي في الذهن .

**cherry** *(n.)* (١) الكَرَز (٢) الأحمر الفاتح .

**cherub** *(n.)* (١)مَلاك (٢)طفل جميل .

**chess** *(n.)* شِطرنج .

**chessboard** *(n.)* رُقَعة الشِّطرنج .

**chessman** *(n.)* حجر الشِّطْرنْج .

**chest** *(n.)* (١)صندوق (٢)خزانة (٣)صَدْر .

**chestnut** *(n.)* (١) الكَسْتناء (٢) اللونُ الكستنائي : لون بنّيّ مُحمَرّ .

**chevalier** *(n.)* فارس .

**chevron** *(n.)* شارة الرتبة (العسكرية) .

**chew** *(vt.; i.; n.)* (١)يَمضَغ ؛ يلوك §(٢)مَضْغ (٣) مُضْغَة (من التبغ) .

**chewing gum** *(n.)* مَضيغة ؛ «عِلْكَة» .

**chicanery** *(n.)* خداع (٢)حيلة .

**chick** *(n.)* (١) صُوص (٢) صغير الطائر .

**chicken** *(n.)* (١)فرّوج (٢)دجاجة .

**chicory** *(n.)* الهِنْدَبا البريّة .

**chide** *(vi.; t.)* يوبّخ ؛ يعنّف ؛ يقرّع .

**chief** *(n.; adj.)* (١) الرئيس ؛ المقدَّم ؛ الزعيم §(٢) رئيسيّ (٣) أوّل ؛ أكبر .

in ~, رئيس ؛ أعلى .

**chiefly** *(adv.)* (١) خصوصاً (٢) في الأغلب .

**chieftain** *(n.)* (١) رئيس (٢) شيخ قبيلة .

**chiffon** *(n.)* نسيج حريريّ .

chiffonier

**chiffonier** *(n.)* : الشّيفونية : خزانة ضيّقة عالية ذات أدراج .
**chilblain** *(n.)* تقرّح (في اليدين أو القدمين) .
**child** *(n.)* طفل ؛ طفلة .

*child's* play شيء سهل جداً .
with ~, حامل ؛ حبلى .

**childbirth** *(n.)* الولادة ؛ المخاض .
**childhood** *(n.)* الطفولة .
**childish** *(adj.)* صبيانيّ ؛ سخيف .
**childless** *(adj.)* أبتر ؛ لا أولاد له .
**childlike** *(adj.)* (١) طِفليّ (٢) بسيط .
**children** *pl. of* child.
**chill** *(n.; adj.; vi.; t.)* (١)قشعريرة (٢)بردٌ معتدل §(٣) باردٌ باعتدال (٦)مرتجفٌ برداً (٧)مثبّط (٨)فاتر §(٩)يبرُدُ ×(١٠)يُبرِّد.
**chilly** *(adj.)* (١)بارد(٢)شاعر بالبرد(٣)فاتر .
**chime** *(n.; vi.)* (١) مجموعةأجراس (في برج كنيسة) (٢) *pl.* : موسيقى هذه الأجراس (٣)توافق ؛ انسجام §(٤)ترنّ (الأجراس الخ. )
**chimera** *or* **chimaera** *(n.)* وَهْم .
**chimney** *(n.)* (١) المستوقد (٢) المِدخنة (٣) زجاجة القنديل .

chimpanzee

**chimpanzee** *(n.)* البَعام ؛ الشيمبانزي : قرد افريقيّ .
**chin** *(n.)* ذَقَن .
**china** *(n.; adj.)* : الصينيّ : خزف نفيس .
**Chinese** *(n.; adj.)* صينيّ .
**chink** *(n.)* شِقّ ؛ فَلْع ؛ صَدْع .
**chintz** *(n.)* شيت أو قماش قطنيّ مطبع .
**chip** *(n.; vt.; i.)* (١)رُقاقة (٢)رُقاقةبطاطس ؛ رقاقة شوكولا (٣)*pl.* : رقاقات بطاطس مقليّة (٤)الفيشة : قرص رقيق من عاج (يُستخدم في ألعاب القمار) (٥) قطعة من روْث مجفَّف §(٦)يُقطّع أو يُشظّي على شكل رُقاقات ×(٧) يتشظّى ؛ يتكسّر قطعاً صغيرة .

a ~ of *or* off the old block : سرّ أبيه ؛ ولدٌ شبيه بأبيه .

**chipmunk** *(n.)* الصَّيْدَنانيّ : سنجاب أميركي .

**chirp; chirrup** *(n.)* زقزقة (الطيور)
**chisel** *(n.; vt.; i.)* (١) إزميل §(٢) ينحت .

**chit** *(n.)* فاتورة المطعم الخ.
**chitchat** *(n.)* لَغْو ؛ دَرْدَشَة .
**chivalrous** *(adj.)* (١) فُرُوسيّ (٢)شَهْم .
**chivalry** *(n.)* (١)فُرْسان (٢)فروسية ؛ شهامة.
**chive** *(n.)* الثّوم المعمّر (نبات).
**chloride** *(n.)* الكلوريد (في الكيمياء) .
**chlorine** *(n.)* الكلور : عنصرٌ كيميائي سامّ .
**chloroform** *(n.; vt.)* (١)الكلوروفورم : سائل يُستخدم كمخدّر §(٢) يخدّر بالكلوروفورم.

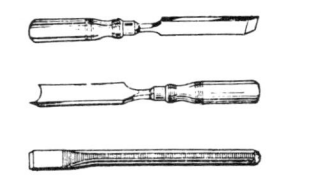

**chlorophyll** *(n.)* : اليَخْضُور ؛ الكلوروفيل : المادة الخضراء الملوِّنة في النبات .

**chocolate** *(n.)* (١) شوكولا (٢) شراب أو حلوى من الشوكولا (٣) لون بُنّيّ .

**choice** *(n.; adj.)* (١) الاختيار (٢) الخِيار : حقّ الاختيار أو إمكانيّتهُ (٣) الشخص أو الشيء المختار (٤) صفوة ؛ زبدة (٥) مجموعة يمكن الاختيار من بينها §(٦) ممتاز ؛ مختارٌ بعناية .

**choir** *(n.)* الخُورُس : جوقة منشدين .

**choke** *(vt.; i.; n.)* (١) يخنق (٢) يوقف ؛ يعطّل . (٣) يَسُدّ (٤) يُعْمِل المِخْنقة أو الشرّاقة ×(٥) يختنق (٦) يغصّ ؛ يَشْرَق (٧) ينسدّ §(٨) خَنْقٌ (٩) المِخنقة ؛ الشرّاقة : صمام لقطع الهواء عن الكربوراتور (في السيّارات) .

~ *ed* up with غاصّ بـ ؛ مليء بـ .

**cholera** *(n.)* الهَيْضَة ؛ الكوليرا (مَرَض) .

**choleric** *(adj.)* غاضب أو سريع الغضب .

**choose** *(vt.; i.)* يختار ؛ يفضّل ؛ يريد .

**chop** *(vt.; n.)* (١) يقطع بفأس (٢) يشقّ (٣) يفرُم ؛ يهرم §(٤) قطْع ؛ فَرْم ؛ تهريم (٥) ضربة قاطعة (بالفأس) (٦) قطعة ؛ شظيّة (٧) شرحة لحم (مع ضلعها عادةً) (٨) حركة قصيرة مفاجئة (٩) *pl.* : فكّ ؛ فمٌ ؛ خدّ .

**chopper** *(n.)* مِفْرَمة ؛ ساطور .

**choral** *(adj.)* خاصّ بجوقة منشدين .

**choral** *or* **chorale** *(n.)* ترتيلة ؛ ترنيمة .

**chord** *(n.)* (١) وتر (٢) نغمات متآلفة .

**chore** *(n.)* عمل يوميّ أو مملّ .

**chorister** *(n.)* المنشِد (في فرقة) .

**chorus** *(n.; vt.; i.)* (١) الكورس : مجموعة من المغنّين أو الراقصين أو المنشدين (٢) لازمة الأغنية أو قرارُها §(٣) يغنّون في آنٍ واحد .

in ~, كلّهم معاً في آنٍ واحد .

**chose** *past of* choose.

**chosen** *(adj.)* مختار ؛ مفضَّل .

**chowder** *(n.)* الشَّوْدَر (حِساء) .

**Christ** *(n.)* المسيح ؛ يسوع المسيح .

**christen** *(vt.)* (١) يُعمِّد (٢) يُسمّي .

**Christendom** *(n.)* العالَم المسيحي .

**Christian** *(n.; adj.)* مسيحي .

**Christianity** *(n.)* المسيحية ؛ النصرانيّة .

**Christianize** *(vt.)* يُنصِّر .

**Christmas** *(n.)* عيد الميلاد .

**chromatic** *(adj.)* لونيّ ؛ ملوَّن ؛ بالألوان .

**chrome; chromium** *(n.)* الكروم (معدن) .

**chronic** *(adj.)* (١) مُزْمِن (٢) مُدْمِن .

**chronicle** *(n.; vt.)* (١) تاريخٌ §(٢) يؤرِّخ .

**chronology** *(n.)* علم التاريخ .

**chronometer** *(n.)* : الكرونومتر ؛ المِيقَت : أداة لقياس الزمن بدقة بالغة .

**chrysalis** *(n.)* الخادِرة : الحشرة في الطور الذي يعقب اليرقانة .

**chrysanthemum** *(n.)* الأُقْحُوان .

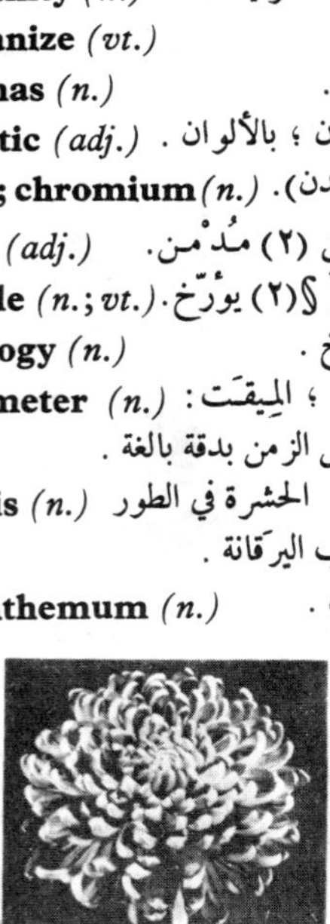

**chub** *(n.)* الشَّوب : سمك نهري .

**chubby** *(adj.)* ريّان ؛ لَحيم ؛ رَبيل .

**chuck** *(vt.; n.)* (١) يقذف أو يرمي (بحركة سريعة) §(٢) رَمْيَة سريعة (٣) جزء من الذبيحة .

**chuckle** *(vi.; n.)* (١) يضحك ضحكاً خافتاً . (٢) يقوقي (الدجاج) §(٣) ضحكة خافتة .

**chum** *(n.)* رفيق ؛ صديق حميم .

**chummy** *(adj.)* وَدُودٌ ؛ حَمِيم .
**chump** *(n.)* (١) حَطَبَة (٢) مغفّل.
**chunk** *(n.)* قطعة ؛ كِسْرة .
**church** *(n.)* (١) كنيسة (٢) طائفة .
**churchman** *(n.)* (١) الكاهن (٢) عضوٌ بكنيسة .
**churchwarden** *(n.)* وكيل الكنيسة .
**churchyard** *(n.)* فِناء الكنيسة ؛ مدفن .
**churl** *(n.)* (١) الفلاح (٢) الفظّ (٣) البخيل .
**churn** *(n.; vt.; i.)* (١) المِمْخَضَة : مِمْخَضَة اللبن §(٢) يَمْخُضُ اللبنَ .

**cicada** *(n.)* الزِّيز ؛ زيز الحصاد (حشرة) .
**cicerone** *(n.)* الدليل السياحي .
**cider** *(n.)* عصير التفاح (أو غيره من الفاكهة) .
**cigar** *(n.)* سِيكار ؛ سِيْجار .
**cigarette** *or* **cigaret** *(n.)* سيكارة .
**cinch** *(n.)* (١) حزام السَّرْج (٢) شيء مضمون .
**cinchona** *(n.)* لحاء الكينا .
**cincture** *(n.)* (١) تطْويق (٢) طَوْق .
**cinder** *(n.)* (١) رماد (٢) جمرة.
**cinema** *(n.)* سينما
**cinnamon** *(n.)* القِرفة أو لونها .
**cipher** *(n.; vt.)* (١) صِفْر (٢) شيفرة ؛ كتابة سرية §(٣) يكتب بالشيفرة (٤) يحسب (بالأرقام) .
**Circassian** *(n.; adj.)* جركسيّ .

**circle** *(n.; vt.; i.)* (١) حلقة (٢) دائرة (٣) عالَم ؛ منطقة عملٍ أو نفوذ (٤) دورة §(٥) يطوِّق (٦) يدور حول ×(٧) يدور .
**circlet** *(n.)* (١) دائرة صغيرة (٢) خاتم.
**circuit** *(n.)* (١) محيط (٢) جولة دورية (٣) دارة ؛ دائرة (في الكهرباء) (٤) سلسلة مسارح (٥) دَوَران أو دَوْرَة .
**circuitous** *(adj.)* غير مباشر .
**circular** *(adj.; n.)* (١) مستدير (٢) دائريّ (٣) غير مباشر (٤) سيّار : مُوَجَّه إلى عدد كبير من الأشخاص §(٥) الرسالة السيارة : نشرة ترسل إلى عدّة أشخاص .
**circulate** *(vi.; t.)* (١) يدور (٢) ينتشر (٣) تتداوله الأيدي ×(٤) يَنْشر ؛ يروّج .
**circulating** *(adj.)* دائر ؛ منتشر ؛ متداوَل .
**circulation** *(n.)* (١) دَوَران (٢) الدورة الدموية (٣) التداوُل (٤) الانتشار .
**circumcise** *(vt.)* يَخْتِن ؛ يطهّر .
**circumcision** *(n.)* ختان ؛ تطهير .
**circumference** *(n.)* المحيط ؛ محيط الدائرة .
**circumlocution** *(n.)* إسهاب ؛ إطناب .
**circumnavigate** *(vt.)* يُبْحِر حول .
**circumscribe** *(vt.)* (١) يرسم خطاً حول ؛ يعيّن حدود شيء (٢) يطوِّق (٣) يحدّد ؛ يقيِّد.
**circumspect** *(adj.)* حذِر ؛ واعٍ .
**circumstance** *(n.)* (١) ظَرْف ؛ حالة (٢) حادثة ؛ حَدَث (٣) حقيقة ؛ واقعة ؛ تفصيل.

in *or* under no ~ s ألبتّة ؛ مهما تكن الظروف.

in *or* under the ~ s في هذه الحال ؛ والحالةُ هذه.

**circumstantial** *(adj.)* (١) ظَرْفيّ ؛ عَرَضيّ ؛ ثانوي (٢) مفصّل ؛ تفصيليّ (٣) ماديّ .

**circumvent** *(vt.)* (١) يدور حول (٢) يخدع .

**circus** *(n.)* (١) سيرْك (٢) ميدان .

**cirrus** *(n.)* الطُّخْرُور : سحابٌ شبيه بالصوف .

**cistern** *(n.)* صِهْريج ؛ حوض .

**citadel** *(n.)* قلعة ؛ مَعْقِل ؛ حِصْن .

**citation** *(n.)* (١) دعوة للمثول أمام القضاء . (٢) استشهاد ؛ قولٌ مستشهَدٌ به (٣) تعداد ؛ ذِكْر (٤) تنويهٌ أو إشادةٌ ببطولة جنديّ الخ .

**cite** *(vt.)* (١) يدعو (شخصاً) للمثول أمام القضاء . (٢) يستشهد (بقَوْلٍ الخ .) (٣) يُوْرِد ؛ يذكر (٤) ينوِّه ؛ يُشيد (ببطولة جنديّ الخ .)

**citizen** *(n.)* مواطن .

**citizenship** *(n.)* المُواطنيّة .

**citron** *(n.)* الأُتْرُجّ ؛ الكَبّاد (نبات) .

**citrus** *(n.)* اللّيْمون (بأنواعه) .

**city** *(n.)* مدينة .

**civet** *(n.)* الزَّبَاد (نوعٌ من الطِّيبْ) .

civet cat

**civet cat** *(n.)* الزَّباد ؛ سِنَّوْر الزَّبَاد .

**civic** *(adj.)* (١) مَدينيّ : متعلّق بمدينة (٢) مَدَنيّ .

**civics** *(n.)* علم التربية المدنيّة .

**civil** *(adj.)* (١) مَدَنيّ (٢) متمدّن (٣) أهلي . (٤) مهذَّب ؛ لطيف .

**civilian** *(n.; adj.)* (١) المَدَنيّ : كل مَنْ ليس بشرطيّ أو جنديّ § (٢) مدنيّ .

**civility** *(n.)* لطف ؛ كياسة .

**civilization** *(n.)* الحضارة ؛ المدنيّة .

**civilize** *(vt.)* يحضِّر ؛ يمدِّن ؛ يثقِّف ؛ يهذب .

**civilized** *(adj.)* متحضِّر ؛ متمدِّن .

**civil law** *(n.)* القانون المدنيّ .

**civil war** *(n.)* الحرب الأهليّة .

**clad** *(adj.)* مُرْتَدٍ ؛ مَكْسُوّ بِـ .

**claim** *(vt.; n.)* (١) يطالب بِـ (٢) يتطلّب ؛ يستحقّ (٣) يدّعي § (٤) مطالبةٌ بِـ (٥) ادعاء ؛ دعوى (٦) حقّ المطالبة بشيء (٧) شيء يُدَّعى أو يُطالَب به .

**claimant; claimer** *(n.)* المطالِب ؛ المُدَّعي .

**clam** *(n.)* البَطْلينوس : سمكٌ صَدَفيّ .

**clamber** *(vi.; t.)* يتسلّق بجهد .

**clammy** *(adj.)* رَطْبٌ ؛ بارد ودَبِق .

**clamor ;clamour** *(n.)* صَخَبٌ ؛ جَلَبَة .

**clamorous** *(adj.)* صاخب ؛ ضاجّ .

clamp

**clamp** *(n.; vt.; i.)* (١) مِلْزَم . § (٢) يثبّت أو يقوّي بملْزَم .

**clan** *(n.)* (١) عَشيرة (٢) جماعة .

**clandestine** *(adj.)* سِرّيّ .

**clang** *(vi.; t.; n.)* (١) يَرِنّ (المعدنُ) . × (٢) يجعله يرنّ § (٣) رنين (٤) صوت الإوزّ الخ .

**clangor** *(n.)* قعقعة متواصلة ؛ ضجة صاخبة .

**clank** *(n.; vi.; t.)* (١) قعقعة ؛ خشخشة ؛ صليل . § (٢) يقعقع ؛ يخشخش ؛ يصلصل .

**clap** *(vt.; i.; n.)* (١) يصفع (٢) يربِّت (٣) يرفرف بجناحيه × (٤) يقعقع (٥) يصفّق § (٦) قَصْف الرعد (٧) صفعة (٨) تربيتة (٩) تصفيق .

**clapboard** *(n.)* لوح خشبيّ .

**clapper** *(n.)* (١) لسان الجرس (٢) المصفِّق .

**claptrap** *(n.)* هراء ؛ كلام فارغ .

**claret** *(n.)* الكلاريت : خمرةٌ بوردو الحمراء .

**clarify** *(vt.; i.)* (١) يصفّي ؛ يروِّق (٢) يوضِّح . × (٣) يصفو ؛ يروق (٤) يتّضح .

**clarinet ; clarionet** *(n.)* شبّابة ، مزمار .

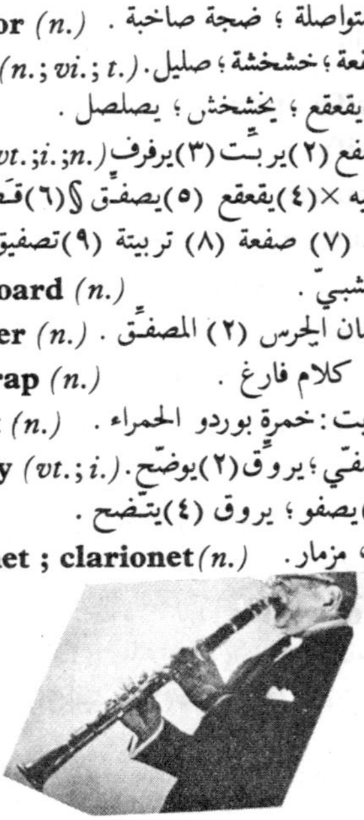

cla 94 cle

**clarion** *(n.)* (١) البُوْق (٢) صوت البوق .

**clarity** *(n.)* وضوح .

**clash** *(vi.; n.)* (١) يصطدم (٢) يتعارض ؛ يتضارب § (٣) اصطدام (٤) تعارُض ؛ تضارب .

**clasp** *(n.; vt.)* (١) إبزيم ؛ مِشبك (٢) عناق ؛ مصافحة § (٣) يشبك بإبزيم (٤) يعانق ؛ يصافح ؛ يُمسك بِـ .

**class** *(n.; vt.)* (١) طبقة اجتماعية (٢) منزلة اجتماعية (٣) صنف ؛ نوع (٤) درجة (٥) صفّ (في مدرسةٍ الخ.) (٦) مجنّدو العام الواحد § (٦) يصنِّف ؛ يضع في منزلة أو مصافّ ...

the ~ *es* . الطبقات الأرستوقراطية أو العليا

**classic** *(adj.; n.)* (١) ممتاز (٢) تقليديّ . (٣) كلاسيكيّ : متعلّق بأدب اليونان والرومان أو بفنهم § (٤) الأثر أو الكاتب الكلاسيكي .

the ~ *s* . أدب الاغريق والرومان

**classification** *(n.)* تصنيف ؛ تبويب .

**classify** *(vt.)* يصنِّف ؛ يبوب .

**classmate** *(n.)* رفيق الصفّ .

**clatter** *(vi.; n.)* (١) يُقعقع ؛ يُصلْصل . § (٢) قعقعة (٣) فوضى (٤) لغَطٌ .

**clause** *(n.)* (١) فقرة ؛ مادة من قانون أو معاهدة أو وثيقة (٢) عبارة ؛ جزء من جملة .

**clavicle** *(n.)* النّاحرَة ؛ الترْقُوَة .

**claw** *(n.; vt.)* (١) مِخلب ؛ بُرثُن § (٢) يمزق أو يخدش بالبراثن ونحوها (٣) يحفر .

**clay** *(n.)* (١) طَفَلٌ ؛ طين (٢) وَحْل .

**clean** *(adj.; vt.; i.)* (١) نظيف (٢) خالٍ من العوائق (٣) طاهر (٤) تامّ ؛ كامل (٥) بارعٌ (٦) أنيق (٧) فارغ § (٨) ينظف .

to ~ out (١) ينظّف (٢) يستهلك .

to ~ up (١) ينظّف (٢) يحقّق ربحاً كبيراً .

**cleanliness** *(n.)* نظافة .

**cleanly** *(adj.; adv.)* (١) نظيف § (٢) بنظافة .

**cleanse** *(vt.)* (١) ينظّف (٢) يطهِّر .

**clear** *(adj.; vt.; i.)* (١) مُشرق (٢) صافٍ (٣) صاحٍ (٤) رائق (٥) خالٍ من الشوائب (٦) شفّافٌ (٧) واضحٌ ؛ جليّ (٨) حادّ (٩) واثق ؛ متأكّد (١٠) طاهر ؛ بريء (١١) متحرّرٌ أو خِلْوٌ من (١٢) غير مَدين (١٣) كامل (١٤) سالك ؛ خلوٌ من العقبات (١٥) فارغ § (١٦) يجعله مشرقاً أو صافياً أو صاحياً الخ. (١٧) يبرّىء (١٨) يحرِّر ؛ ينظّف (١٩) ينوِّر (٢٠) يوضح (٢١) يفرِّغ (٢٢) يحرر من دَيْن (٢٣) يسدّد (٢٤) يزيل × (٢٥) يصحو ؛ يصفو ؛ يتبدّد ؛ ينقشع الخ .

to ~ away (١) يزيل ؛ يرفع (الأطباق عن المائدة الخ.) (٢) يتبدد .

to ~ off (١) يُنهي أو يتخلص من (٢) ينصرف .

to ~ out (١) يفرِّغ (٢) ينصرف .

to ~ up (١) يرتّب (٢) يحلّ ؛ يفسِّر (٣) يزيل صعوبة أو سوء تفاهم (٤) يصحو (الجوّ) .

**clearance** *(n.)* (١) تصفية الحسابات بين مصرفين (٢) الخُلوص : فسحة فارغة بين شيئين مارٍّ أحدُهما بالآخر (٣) بيع التصفية .

**clearing** *(n.)* (١) أرض مقطوعة الشجر (في غابة) (٢) المُقاصَّة : تبادل الشيكات وتصفية الحسابات بين مختلف البنوك .

**clearly** *(adv.)* بوضوح ؛ بجلاء الخ .

**clearness** *(n.)* وضوح ؛ جلاء الخ .

**cleat** *(n.)* (١) مَربِط أو مِمْسَك (لحبال السفينة الخ) (٢) حافظة النعل : قطعة تُثبَّت في نعل الحذاء لوقايته من الانبراء .

cleat 1.

**cleavage** *(n.)* (١) شَقّ ؛ فَلْع (٢) انقسام.

**cleave** *(vt.; i.)* (١) يَفْلَع ؛ يَشُقّ ؛ يَفْسَخ. ×(٢) ينفلع ؛ ينشقّ ؛ ينفسخ (٣) يلتصق بِ.

**cleaver** *(n.)* ساطور الجزار .

**cleft** *(n.)* شِق ؛ فَلْع ؛ صَدْع .

**clematis** *(n.)* ياسمين البر (نبات) .

**clemency** *(n.)* (١) رحمة (٢) اعتدال .

**clement** *(adj.)* (١) رحيم (٢) معتدل .

**clench** *(vt.)* (١) يثبّت المسمارَ (بأن يلوي رأسَه بعد دقّه) (٢) يُمسك أو يُطبق بإحكام.

**clergy** *(n.)* الاكليروس : رجال الدين.

**clergyman; cleric** *(n.)* الكاهن ؛ القَسّ .

**clerical** *(adj.)* (١) كهنوتيّ (٢) نَسخيّ ؛ كتابيّ.

**clerk** *(n.)* (١) رَجُلُ دِين (٢) الكاتب (في متجر أو محكمة الخ.) (٣) البائع أو البائعة (في دكان).

**clever** *(adj.)* ذكيّ ؛ ماهر ؛ بارع .

**cleverness** *(n.)* مهارة ؛ براعة ؛ حِذق .

**clew** *(n.; vt.)* (١) مفتاح (لحلّ لغز أو نحوه) . (٣) الكِظامة : عروة معدنيّة متصلة بزاوية الشراع السفلى §(٣) يرفع أو يخفض الشراع بواسطة الكظامة .

clews

**cliché** *(n.)* رَوْسَم ؛ كليشيه (في الطباعة) .

**click** *(n.; vi.; t.)* (١) قَرْقَعَة ؛ طَقْطَقَة . (٢) مِزْلاج ؛ سقّاطة §(٣) يقرقع ؛ يطقطق .

**client** *(n.)* (١) الموكِّل : من يوكّل محامياً في دعوى . (٢) الزبون : أحد زبائن الطبيب أو المتجر.

**clientage; clientele** *(n.)* زبائن .

**cliff** *(n.)* الجُرُف : منحدَر صخري شاهق .

**climate** *(n.)* (١) مُناخ (٢) إقليم .

**climatic** *(adj.)* مُناخي .

**climax** *(n.; vi.; t.)* (١) الذروة ؛ الأوج §(٢) يبلغ الذّروة ×(٣) يُبلغ الذّروة .

**climb** *(vi.; t.; n.)* (١) يرتفع (٢) يتسلّق . §(٣) موضع يتحتّم فيه التسلّق (٤) تسلُّق .

to ~ down (١) يهبط مستعيناً بيديه أو قدميه (٢) ينسحب من مركز أو موقف .

**clime** *(n.)* =climate.

**clinch** *(vt.; i.; n.)* (١) يلوي رأس المسمار بعد دقّه (٢) يثبّت بهذه الطريقة أو نحوها ×(٣) يمسك بإحكام §(٤) تثبيت بمسمار ملويّ الرأس (٥) رأسُ المسمار الملويّ (٦) إمساك بقوة.

**cling** *(vi.)* (١) يتماسك (٢) يلتصق (٣) يتمسك بِ.

**clinic** *(n.)* (١) الطبّ السريريّ : طريقة عملية في تعليم الطبّ قوامها فحص المرضى أو معالجتهم على مشهد من الطلاب (٢) عيادة (٣) مستوصف.

**clinical** *(adj.)* سَرِيريّ .

**clink** *(n.)* صَلْصَلَة ؛ خَشْخَشَة .

**clip** *(vt.; n.)* (١) يثبّت بمشبك (٢) يقصّ ؛ يَجُزّ ؛ يقلّم (٣) يختصر (٤) يثقب (٥) يضرب §(٦) مِشبك (للاوراق والرسائل) (٧) جُزازة (٨) ضربة عنيفة (٩) خطوٌ سريع .

**clipper** *(n.)* (١) *pl.* : «أ» مِجزّ . «ب» مقلمة الأظافر. «ج» ماكينة لقص الشعر (٢) سفينة شراعية

**clipping** *(n.)* قـصاصة .

**clique** *(n.)* زُمْرَة ؛ عُصْبَة .

**cloak** *(n.; vt.)* (١) عباءة (٢) قناع § (٣) يغطي بعباءة (٤) يحجب ؛ يخفي .

**clock** *(n.; vt.)* (١) ساعة كبيرة (٢) عدّاد السرعة (في السيارات الخ.) § (٣) يقيس الوقت (في سباق).

**clockwise** *(adv.)* باتجاه حركة عقارب الساعة.

**clockwork** *(n.)* (١) آلية الساعة (٢) آلية مشتملة على دواليب صغيرة (كآلية الدمية الميكانيكية) .

**clod** *(n.)* (١) كتلة تراب (٢) الغبيّ؛ الأبله .

**clodhopper** *(n.)* (١) ريفيّ (٢) *pl.*: حذاء غليظ .

**clog** *(vt.; i.; n.)* (١) يَعُوق (٢) يَسُدّ . (٣) ينسدّ § (٤) عائق (٥) قبقاب.

**cloister** *(n.; vt.)* (١) دير (٢) موضع منعزل. (٣) رواق معمّد مسقوف § (٤) يَعزل عن العالم .

**close** *(vt.; i.; n.)* (١) يُغْلق (٢) يَسُدّ . (٣) يحجب (٤) يَرُص ؛ يضمّ «الصفوف» (٥) يُطبِق (٦) يُنهي × (٧) ينغلق (٨) ينسدّ (٩) ينقطع عن العمل (١٠) يشتبك في نزاع (١١) ينتهي § (١٢) انتهاء؛ إنهاء (١٣) نهاية.

| | |
|---|---|
| to ~ down | (١) ينقطع (المصنعُ) عن الانتاج (٢) تتوقف (المحطةُ) عن الإرسال . |
| to ~ in | يُدركه أو يلفّه الظلام . |
| to ~ in upon | يُطبق على الخصم . |
| to ~ up | (١) يُغلِق إغلاقاً تاماً . (٢) يتراصّ في حشدٍ أو صفّ طويل . |

**close** *(n.; adj.)* (١) بقعة مسوّرة أو مسيّجة . (٢) ممرّ (٣) طريق غير نافذ § (٤) مُغْلَق (٥) حبيس (٦) سرّي ؛ مكتوم (٧) متكتّم (٨) شديد (٩) حبيس الهواء (١٠) ثقيل الوطأة (١١) بخيل (١٢) متراص (١٣) ضيق (١٤) قصير (١٥) مُحكَم (١٦) قريب (١٧) حميم (١٨) دقيق (١٩) نادر (٢٠) متعادل تقريباً .

| | |
|---|---|
| ~ at hand | غير بعيد من . |
| ~ to *or* by | على مقربة من . |
| ~ upon | تقريباً ؛ على وجه التقريب . |

**closely** *(adv.)* (١) بإحكام (٢) عن كَثَب. (٣) بانتباه (٤) بدقّة (٥) ببخل .

**closet** *(n.)* (١) مختلَى (٢) خزانة (٣) مرحاض.

**closure** *(n.)* (١) إغلاق؛ إقفال (٢) انغلاق . (٣) نهاية (٥) إيقاف المناقشة لأخذ الأصوات.

**clot** *(n.; vi.; t.)* (١) كتلة ؛ جلطة دمويّة . § (٢) يتكتّل؛ يتخثّر؛ يتجلط × (٣) يخثِّر.

**cloth** *(n.)* (١) قماش؛ جوخ (٢) قطعة قماش. (٣) غطاء المائدة (٤) ثوب الكاهن .

**clothe** *(vt.)* (١) يُلْبِس (٢) يكسو (٣) يزوّد.

**clothes** *(n.pl.)* (١) ملابس (٢) أغطية السرير.

**clothesline** *(n.)* حَبْل الغسيل .

**clothespeg; clothespin** *(n.)* مِلقط الغسيل.

**clothier** *(n.)* بائع الثياب أو الأقمشة .

**clothing** *(n.)* (١) ملابس (٢) غطاء .

**cloture** *(n.)* إقفال المناقشة .

**cloud** *(n.; vi.; t.)* (١) سحابة (٢) حَشْد؛ عدد وافر (٣) عِرق داكنٌ (في الرخام) (٤) لطخة؛ شائبة § (٤) تَغيمُ (السماء) (٥) يكفهرّ (الوجه) × (٦) يحجب بسحابةٍ (٧) يغشّي ؛ يعتّم ؛ يلوّث.

| | |
|---|---|
| in the ~*s* | ذاهل ؛ شارد الفكر . |
| under a ~ | (١) موضع نقمة (٢) مشبوه . |

**cloudless** *(adj.)* صافٍ؛ صاحٍ ؛ لا غيمَ فيه.

**cloudy** *(adj.)* (١) غائم (٢) غيميّ (٣) معرّق أو مبقّع (٤) غامض (٥) مكفهرّ (٦) مشبوه .

**clout** *(n.; vt.)* (١) خِرقة (٢) ثوب (٣) منديل.

(٤) ضربة §(٥) يرقّع (٦)يضرب بقوّة .

**clove** *past of* cleave.

**clove** *(n.)* (١)فصّ (من الثوم) (٢) كبش قرنفل.

**cloven** *past part. of* cleave.

**cloven foot** *(n.)* ظِلْف مشقوق .

**clover** *(n.)* نَفَلٌ ؛ بِرْسِيْم (نبات) .

**clown** *(n.; vi.)* (١)الريفيّ (٢)الجِلْف ؛ الفَظّ . (٣) المهرّج §(٤) يهرّج .

**clownish** *(adj.)* جِلْف؛ فَظّ؛ أخرق .

**cloy** *(vt.)* يُتْخِم .

**club** *(n.; vt.; i.)* (١)هراوة (٢)مِضرب الكرة. (٣) الاسباتي (في ورق اللعب) (٤) نادٍ §(٥) يضرب بهراوة أو نحوها ×(٦) يتعاون.

**cluck** *(vi.; n.)* (١)تَقْرِق (الدجاجة): تُطلق صوتاً خاصاً تدعو به صغارها §(٢) القَرْق .

**clue** *(n.;vt.)* = clew.

**clump** *(n.; vi.; t.)* (١) أجَمَة (٢) كتلة . (٣)صوت وَطْءٍ ثقيل §(٤)يمشي بتثاقل وجَلَبَة.

**clumsily** *(adv.)* بطريقة غير مُتْقَنَة .

**clumsy** *(adj.)* (١)أخرق؛ غير رشيق أو بارع . (٢) غير ملائم ؛ غير متقن الصنع .

**clung** *past and past part. of* cling.

**cluster** *(n.; vi.; t.)* (١)عنقود §(٢)يتَعَنْقَد: يتخذ شكل عناقيد ×(٣) يُعَنْقِد .

**clutch** *(vt.; i.; n.)* (١) يقبض ( على شيء ) بإحكام ؛ يتشبّث بـ ×(٢) يحاول التعلّق بـ §(٣)مخلب (٤)سيطرة (٥)قبضة (٦)القابض : جهاز تعشيق التروس (في سيارة)؛ «دوبرياج».

**clutter** *(vt.; i.; n.)* (١)يركم أو يكوّم بغير نظام. (٢)يملأ بأشياء مبعثرة §(٣)ركامٌ يعوزه النظام (٤) فوضى (٥) ضوضاء .

**coach** *(n.; vt.)* (١) مركبة (٢) حافلة . (٣)أوتوبوس (٤)سيّارة (٥)مدرّس خصوصي (٦) مدرّب رياضيّ §(٧) يعلّم ؛ يدرّب .

**coadjutor** *(n.; adj.)* مساعد .

**coagulate** *(vt.; i.)* (١) يُخثّر §(٢) يتخثّر .

**coal** *(n.; vt.; i.)* (١)جَمرة (٢)فحم (٣)فحم حجريّ §(٤)يزوّد أو يتزود بفحم حجريّ.

**coalesce** *(vi.)* يلتئم ؛ يندمج ؛ يلتحم .

**coalition** *(n.)* (١) اندماج (٢) ائتلاف .

**coal oil** *(n.)* (١)نفط (٢) كيروسين .

**coarse** *(adj.)* (١)رديء (٢)خشن (٣)قاسٍ ؛ شديد (٤) أجشّ (٥) جِلفٌ ؛ فظّ .

**coarsen** *(vt.; i.)* يجعله (أو يصبح) خشناً الخ.

**coast** *(n.;vt.;i.)* (١)ساحل؛ شاطىء (٢)منحدر §(٣)يُبحر في محاذاة ساحل كذا ×(٤)يهبط .

**coaster** *(n.)* السواحلية: سفينة مخصصة للتجارة بين مرافىء بلد ما .

**coast guard** *(n.)* خَفَر السواحل .

**coat** *(n.; vt.)* (١)سترة (٢)غطاء؛ صوف؛ قشر. (٣) طبقة §(٤)يكسو ؛ يطلي .

**coating** *(n.)* (١)غطاء؛ غلاف (٢)طَلْية؛ طبقة خارجيّة (٣) قماش للسترات .

**coat of arms** *(n.)* شعار النبالة .

**coat of mail** *(n.)* المَزْرُودة : درعٌ من زَرَد.

**coax** *(vt.; i.)* يلاطف؛ يتملّق .

**cob** *(n.)* (١) ذكَر الإوزّ (٢) قطعة مستديرة . (٣)قَوْلحة الذرَة: الجزء شبه الخشبيّ من كوز الذرة (٤) الكَبّ: جواد قويّ قصير القوائم .

**cobalt** *(n.)* الكوبالت: معدن فضيّ البياض.

**cobble** *(vt.)* يرقّع (الأحذية الخ.) .

**cobbler** *(n.)* الإسكاف .

**cobra** *(n.)* الصِّل؛ النّاشر: أفعى سامة.

**cobweb** *(n.)* (١) بَيْت (أو نَسْج) العنكبوت (٢) شَرَكٌ .

**cocaine** *(n.)* الكوكايين.

**cochineal** *(n.)* القِرْمِز : صِبغ أحمر فاتح.

**cochlea** *(n.)* قَوْقَعَة الأُذن (تشريح).

**cock** *(n.; vi.; t.)* (١) ديك (٢) ذكَر الطائر. (٣) حنفيّة؛ صنبور (٤) زعيم؛ رئيس (٤) الديك: زَنْد البندقيّة (٥) كومة (تبن الخ.) §(٦) يَتَبَخْتَر (٧) ينتصب ×(٨) يَصْلي الديكَ: يردّ ديك البندقية إلى الوراء استعداداً للرمي (٩) يَنْصِب (أذنيه للاستماع).

**cockade** *(n.)* عقدة شريط القبعة.

**cockatoo** *(n.)* الكُكَتُوْه: ببغاء ذو عُرف.

**cockerel** *(n.)* ديك صغير.

**cockeye** *(n.)* عَيْن حَوْلاء.

**cockle** *(n.; vi.; t.)* (١) الكَوْكَل: حيوان بحري ذو صدفتين §(٢) يتغضّن ×(٣) يغضّن.

**cockleshell** *(n.)* (١) صَدَفَة الكوكَل (٢) قارب.

**cockney** *(n.)* الكوكني: أحد أبناء أفقر أحياء لندن.

**cockpit** *(n.)* (١) ميدان مصارعة الديكة. (٢) رُكن الطيّار (في طائرة).

**cockroach** *(n.)* الصُرْصور؛ بنت ورْدان.

**cockscomb** *(n.)* (١) عُرْف الديك (٢) قطيفة عرف الديك (نبات).

**cocktail** *(n.)* الكوكتيل: شراب مُسكِر مُعَدّ من خمور مختلفة.

**cocky** *(adj.)* مغرور؛ مزهوّ بنفسه.

**coco** *(n.)* جوز (أو شجرة جوز) الهند.

**cocoa** *(n.)* (١) كاكاو (٢) شراب الكاكاو.

**coconut** *or* **cocoanut** *(n.)* جوزة الهند.

**coconut palm** *(n.)* شجرة جوز الهند.

**cocoon** *(n.)* فَيْلَجَة؛ شَرْنَقَة.

**cod** *(n.)* القُدّ (من أسماك شمالي الأطلسيّ).

**coddle** *(vt.)* (١) يسلق (٢) يدلّل.

**code** *(n.; vt.)* (١) المَدْوَنَة: مجموعة قوانين. (٢) دستور (٣) شِفرة؛ كتابة سِرّية.

**codex** *(n.)* pl. **codices** مخطوطة.

**codfish** *(n.)* = cod.

**codger** *(n.)* الغريب الأطوار؛ السيّء السمعة.

**codicil** *(n.)* (١) ملحق وصيّة (٢) ملحق.

**codify** *(vt.)* (١) يجمع القوانين وينسّقها. (٢) ينظّم؛ يصنّف.

**cod-liver oil** *(n.)* زيت كبد القُدّ.

**coeducation** *(n.)* التعليم المختلَط.

**coefficient** *(n.)* (١) المُعامِل؛ المُسمّى (في الرياضيات) (٢) درجة.

**coerce** *(vt.)* يُكرِه؛ يُجبر (على الطاعة الخ.).

**coercion** *(n.)* إكراه؛ إجبار؛ قَسْر.

**coercive** *(adj.)* إكراهيّ؛ قَسْريّ.

**coeval** *(adj.)* (١) مُماثِلٌ عُمْراً (٢) مُعاصِر.

**coexist** *(vi.)* (١) يتواجد: يتصاحب في الوجود. (٢) يتعايش: يعيش أحدهما مع الآخر في سلام.

coe 99 col

**coexistence** *(n.)* (١) التواجد (٢) التعايش.

**coffee** *(n.)* (١) بُنّ (٢) قهوة.

**coffeehouse** *(n.)* مَقْهَى .

**coffeepot** *(n.)* رَكوة قهوة .

**coffer** *(n.)* صندوق حديدي (لحفظ النفائس).

**coffin** *(n.)* تابوت .

**cog** *(n.)* سِنّ العجلة أو الدولاب .

**cogency** *(n.)* قوّة الحجّة .

**cogent** *(adj.)* قويّ ؛ مُفحِم ؛ مُقنِع .

**cogitate** *(vt.;i.)* (١) يفكّر في × (٢) يتأمّل .

**cognac** *(n.)* كونياك .

**cognate** *(adj.; n.)* قريب ؛ شقيق ؛ مُتشابه .

**cognition** *(n.)* معرفة ؛ إدراك .

**cognizance** *(n.)* (١) علم ؛ إدراك . (٢) الاختصاص : صلاحية النظر في دعوى .

**cognizant** *(adj.)* مُطّلِع على ؛ عالمٌ بـِ .

**cohabit** *(vt.)* يتعايش ( عيشة الأزواج ) .

**coheir** *(n.)* شريك في ميراث .

**cohere** *(vi.)* يلتحم ؛ يلتصق بعضه ببعض.

**coherence** *(n.)* التحام ؛ تماسك ؛ ترابط .

**coherent** *(adj.)* ملتحم ؛ متماسك ؛ مترابط .

**cohesion** *(n.)* التحام ؛ التصاق ؛ تماسك.

**cohesive** *(adj.)* (١) مُلحِم (٢) متماسك .

**cohort** *(n.)* (١) كتيبة (٢) جماعة ؛ عُصْبَة .

**coiffeur** *(n.)* المزيّن ؛ الحلاق .

**coil** *(n.; vt.; i.)* (١) لفّة (٢) المَلَفّ : سلك مُوَصِّل ملفوف § (٣) يَلُفّ × (٤) يلتفّ .

**coin** *(n.; vt.)* (١) عملة ؛ نقد معدنيّ § (٢) يضرب (العملةَ) أو يَسُكّها (٣) يصوغ ؛ يبتكر .

**coinage** *(n.)* (١) سكّ (٢) عملة (٣) ابتكار .

**coincide** *(vi.)* (١) يحتلّ نفس المكان أو الزمان. (٢) يتطابق ؛ يتوافق (٣) يتفق (في الرأي الخ.).

**coincidence** *(n.)* تطابُق ؛ توافُق ؛ صُدْفة .

**coincident ; -al** *(adj.)* متطابق ؛ متوافق .

**coke** *(n.)* الكوك ؛ فحم الكوك .

**colander** *(n.)* مصْفاة (تستخدم في الطهو).

**cold** *(adj.; n.)* (١) بارد (٢) فاتر ؛ غير ودّي . (٣) رزين (٤) مبيَّت ؛ مدروس (٥) مقرور ؛ شاعرٌ بالبرد § (٦) بَرْد (٧) زُكام .

in ~ blood عمداً ؛ عن عَمْد .
to catch *or* take (a) ~ يصاب بزكام .

**cold-blooded** *(adj.)* (١) وحشيّ (٢) متغيّر الحرارة : ذو حرارة تتغيّر تبعاً لحرارة البيئة.

**cold-hearted** *(adj.)* لامبالٍ ؛ خِلوٌ من الشعور .

**cole** *(n.)* لِفْت (نبات) .

**colic** *(n.)* مَغْص .

**collaborate** *(vi.)* (١) يشترك في (٢) يتعاون.

**collapse** *(vi.; n.)* (١) ينهار (٢) يخفق § (٣) انهيار

**collar** *(n.)* (١) قَبّة ؛ ياقة (٢) طوق.

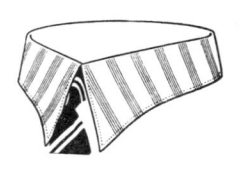

**collarbone** *(n.)* التَّرْقُوَة .

**collate** *(vt.)* يقارن؛ يوازن؛ يقابل .

**collateral** *(adj.; n.)* (١) مُلازِم؛ مُصاحِب؛ مكمِّل (٢) غير مباشر (٣) إضافيّ (٣) ذو قرابة بعيدة (٤) متوازٍ (٥) متطابق § (٦) نسيبٌ ذو قرابة بعيدة (٧) ضمانة إضافيّة .

**collation** *(n.)* (١) مقارنة (٢) وجبة طعام خفيفة .

**colleague** *(n.)* الزميل ؛ الرّصيف .

**collect** *(vt.; i.; adj.)* (١) يجمع؛ يجبي (٢) يستعيد السيطرة (على أفكاره أو قواه) § (٣) يتجمّع؛ يتراكم § (٤) تُدفَع أجرتُهُ من قِبَل المستلم.

**collect** *(n.)* صلاة قصيرة .

**collected** *(adj.)* هادىء ؛ رابط الجأش .

**collection** *(n.)* (١) جَمْع ؛ جباية (٢) مجموعة .

**collective** *(adj.)* (١) جَمْعِيّ (٢) متجمّع ؛ متراكم (٣) جَماعيّ (٤) تعاونيّ .

**collectively** *(adv.)* (١) جَمْعياً أو جَماعياً . (٢) جملةً ؛ إجمالاً .

**collector** *(n.)* (١) الجابي (٢) الجامع ؛ الجمّاع .

**college** *(n.)* (١) كلية (٢) مَجْمع .

**collegian** *(n.)* طالب كليّة أو متخرّج منها .

**collegiate** *(adj.)* ذو علاقة بكليّة .

**collide** *(vi.)* يتصادم ؛ يتعارض ؛ يتضارب .

**collie** *(n.)* الكوليّ : كلب ضخم .

**collier** *(n.)* (١) عامل بمنجم فحم (٢) ناقلة الفحم .

**colliery** *(n.)* منجم الفحم .

**collision** *(n.)* مصادَمة ؛ تعارُض ؛ تضارُب .

**collocate** *(vt.)* ينظِّم ؛ يرتِّب ؛ يَرْصُف .

**colloquial** *(adj.)* عاميّ ؛ غير فصيح .

**colloquy** *(n.)* حديث ؛ مكالمة .

**collusion** *(n.)* (١) تواطُؤ (٢) مؤامرة .

**collusive** *(adj.)* تواطُؤيّ ؛ تآمريّ .

**cologne** *(n.)* كولونيا ؛ ماء الكولونيا .

**colon** *(n.)* (١) القولون : الجزء الأسفل من المعي الغليظ (٢) النقطتان : علامة ترقيم « : » .

**colonel** *(n.)* زعيم ؛ كولونيل .

**colonial** *(adj.; n.)* (١) مُسْتَعْمَرِيّ : متعلق بمستعمرة أو مستعمرات § (٢) ساكن مُستعمرة .

**colonist** *(n.)* (١) المُستعمَرِيّ : ساكن مستعمرة (٢) المعمِّر : المشترك في إنشاء مستعمرة .

**colonize** *(vt.; i.)* (١) يستعمر (٢) يُنزِل في مستعمرة × (٣) ينشىء مستعمرة أو يقيم فيها .

**colonnade** *(n.)* صفّ أشجار أو أعمدة .

**colony** *(n.)* (١) مستعمرة (٢) جالية .

**color** *or* **colour** *(n.; vt.; i.)* (١) لون . (٢) مظهر خارجيّ (٣) حجّة ؛ ذريعة (٤) حيويّة (٥) *pl.* : رأي ؛ وجهة نظر (٦) نوع (٧) *pl.* : راية (٨) *pl.* : القوات المسلحة (٩) صِباغ ؛ صِبغ § (١٠) يلوّن (١١) يَصْبغ (١٢) يُشوّه ؛ يحرّف × (١٣) يحمرّ خجلاً .

to change ~ (١) يشحب وجهه (٢) يحمرّ وجهه.

to give *or* lend ~ to يجعله يبدو صحيحاً أو محتملاً .

to lose ~ يصبح شاحب الوجه .

to show one's true ~ *s* يصرّح بآرائه .

**colored** *(adj.)* (١)ذو لون معيّن (٢)ملوّن: من غير العرق الأبيض؛ وبخاصة: زنجيّ.
**colorful** *(adj.)* غنيّ بالألوان؛ نابض بالحياة.
**colorless** *(adj.)* (١)عديم اللون (٢) شاحب.
**colossal** *(adj.)* ضخم؛ هائل؛ جبّار؛ واسع.
**colossus** *(n.)* تمثال أو شيء ضخم.
**colt** *(n.)* (١) مُهْر (٢) فتىً غِرّ.
**column** *(n.)* (١)عمود (٢) نَهْر أو عمود في صحيفة الخ. (٣)رَتَل؛ طابور؛ صف طويل.
**columnar** *(adj.)* عمودي؛ كالعمود.
**columnist** *(n.)* صاحب العمود: محرّر عمود خاص في صحيفة او مجلة.
**coma** *(n.)* السُّبات: غيبوبة ناشئة عن مرض الخ.
**comb** *(n.; vt)* (١)مُشْط (٢)عُرْف الديك. (٣)قرص عسل §(٤) يمشّط (٥)ينقّب عن.
**combat** *(vi.; t.; n.)* (١)يقاتل ×(٢) يقاوم. §(٣) قتال؛ معركة (٤) نزاع.
**combatant** *(n.; adj.)* مُقاتِل.
**combative** *(adj.)* مولع بالقتال.
**comber** *(n.)* (١)الممشّط (٢)موجة طويلة متكسرة.
**combination** *(n.)* (١) اتحاد (٢)مجموعة. (٣) توحيد؛ ضمّ (٤) تركيب؛ مركّب.
**combine** *(vt.; i.; n.)* (١) يضمّ؛ يوحّد. (٢) يجمع ×(٣) ينضمّ؛ يتّحد §(٤) اتحاد (لأغراض تجارية أو سياسية) (٥) الحصّادة الدرّاسة: ماكينة تحصد وتدرس في آنٍ واحد.
**combustible** *(adj.)* قابلٌ للاحتراق.
**combustion** *(n.)* إحراق؛ احتراق.
**come** *(vi.; t.)* (١)يجيء؛ يأتي (٢)يصل إلى. (٣)يوفَّق إلى النجاح (٤) يساوي؛ يبلغ (٥) يَحدُث؛ يُصيب (٦) يقع (٧) ينشأ عن (٨) يتحدّر من (٩) يدخل مرحلة كذا؛ يبدأ؛ يستهلّ (١٠) يتشكّل؛ يتكوّن (١١) يوجد؛ يمكن الحصول عليه (١٢)يعني؛ يفيد (١٣) يرقّ (١٤) يصبح ×(١٥) يناهز.

~ along *or* on! هيّا! عجِّل! أسرِعْ!
to ~ about (١) يَحدُث (٢) يغيِّر اتجاهه.
to ~ across يلتقي به مصادفةً.
to ~ at (١) يبلغ؛ ينال (٢) يهجم.
to ~ back (١) يرجع (٢)يشفى.
to ~ by (١) ينال؛ يكسب (٢) يزور.
to ~ down upon يوبِّخ؛ يعاقب.
to ~ forward يعرض خدماته؛ يتطوّع.
to ~ in (١)يدْخل (٢)يرتفع (المدّ).
to ~ into (١) ينال (٢) يرث.
to ~ into being ينشأ.
to ~ into effect يصبح نافذ المفعول.
to ~ off (١) يسقط (٢) يَحدُث؛ يتمّ.
to ~ on يتقدم؛ يتطوّر.
to ~ out with (١) يقول (٢) يَنْشر.
to ~ through يخرج سالماً من محنة الخ.
to ~ to يفيق من إغماء.
to ~ to a decision يقرِّر؛ ينتهي إلى قرار.
to ~ to a standstill يتوقّف.
to ~ to pass يَحدُث.
to ~ to pieces يتحطّم إرَباً.
to ~ up (١) ينمو (٢) ينشأ.
to ~ up with يدرك؛ يلحق بـ.
to ~ upon (١) يفاجئه (٢) يلتقي به مصادفةً.

**comedian** *(n.)* ممثّل هزليّ.
**comedy** *(n.)* الكوميديا؛ الملهاة: مسرحية هزلية.
**comely** *(adj.)* وسيم؛ جميل.
**comestibles** *(n. pl.)* أطعمة؛ مأكولات.
**comet** *(n.)* المُذَنَّب: نجمٌ ذو ذَنَب.

com 102 com

**comfit** *(n.)* فاكهة مسكَّرة مجفّفة .

**comfort** *(n.; vt.)* (١) تعزية ؛ مؤاساة (٢) سلوى عزاء (٣) راحة ؛ رفاهية § (٤) يعزّي ؛ يؤاسي .

**comfortable** *(adj.; n.)* (١) معزٍّ ؛ مشجّع . (٢) مريح ؛ وثير (٣) كافٍ ؛ وافٍ (٤) مرتاح جسمانياً ؛ رخيّ البال § (٥) لحاف .

**comforter** *(n.)* (١) المعزّي (٢) لِفاع أو لحاف .

**comic** *(adj.; n.)* (١) هزْليّ ؛ مضحك . § (٢) العنصر الهزلي (٣) رسوم أو مجلّة هزليّة .

**comical** *(adj.)* هزلي ؛ مضحك .

**coming** *(n.; adj.)* (١) مجيء ؛ قدوم § (٢) قادم .

**comity** *(n.)* مجاملة ؛ كياسة .

**comma** *(n.)* الفاصلة : علامة وقف صغرى (،) .

**command** *(vt.; i.; n.)* (١) يأمر (٢) يقود . (٣) يسيطر على (٤) يكبح (٥) يستحقّ وينال (٦) يُطلّ أو يشرف على كذا × (٧) يحكم § (٨) إصدار الأوامر (٩) أمر (١٠) قيادة (١١) سلطة (١٢) سيطرة (١٣) تمكّنٌ أو تضلُّع (١٤) إطلال ؛ إشرافُ (موقعٍ على) .

**commandant** *(n.)* (١) الآمر (٢) القائد .

**commandeer** *(vt.)* (١) يجنّد (٢) يصادر .

**commander** *(n.)* الآمر ؛ القائد .

**commanding** *(adj.)* (١) آمر (٢) مُطلّ على .

**commandment** *(n.)* أمر ؛ وصيّة .

**commando** *(n.)* (١) المغاوير (٢) المغوار ؛ الفدائي .

**commemorate** *(vt.)* يحتفل بذكرى .

**commence** *(vt.; i.)* يستهلّ ؛ يبدأ .

**commencement** *(n.)* (١) بَدْء ؛ ابتداء . (٢) حفلة توزيع الشهادات (في كلية أو جامعة) .

**commend** *(vt.)* (١) يُودِع ؛ يستودع . (٢) يوصي (بشخص) (٣) يُطْري ؛ يَمدح .

**commendable** *(adj.)* جديرٌ بالثناء أو الاطراء .

**commensurate** *(adj.)* (١) متَساوٍ ؛ متعادل . (٢) متناسب ؛ متكافىء مع .

**comment** *(n.; vi.)* (١) تعليق § (٢) يعلّق على .

**commentary** *(n.)* (١) تعليق (٢) تفسير .

**commentator** *(n.)* المعلّق (على الأنباء الخ .)

**commerce** *(n.)* تجارة .

**commercial** *(adj.)* تجاري .

**commingle** *(vt.; i.)* (١) يمزج × (٢) يمتزج .

**commiserate** *(vt.; i.)* (١) يرثي لِـ × (٢) يؤاسي

**commissar** *(n.)* المفوّض .

**commissariat** *(n.)* (١) الميرة : نظام لتزويد جيش بالطعام (٢) مؤن (٣) مفوّضية .

**commissary** *(n.)* (١) المندوب (٢) مخزن تموين .

**commission** *(n.; vt.)* (١) تفويض (٢) براءة برتبة أو سلطة عسكرية الخ . (٣) منصب الضابط (٤) عمولة (٥) وكالة (٦) مهمّة (٧) لجنة (٨) ارتكاب أو اقتراف (جريمةٍ أو خطأ الخ .) (٩) الجريمة المرتكبة § (١٠) يفوّض (١١) يكلف .

in ~ *or* into ~, (١) جاهز للخدمة الفعلية . (٢) عاملٌ ؛ قيد الاستعمال .

on ~, على أساس العمولة أو الكومسيون .

**commissioner** *(n.)* (١) عضو لجنة (٢) مفوّض

**commit** *(vt.)* (١) يُسْلِم إلى (٢) يُودِع . (٣) يحوّل (مشروعاً) إلى لجنة (لدرسه) (٤) يقترف ؛ يرتكب (٥) يورّط (٥) يتعهّد بـ .

to ~ suicide ينتحر .

**commitment** *(n.)* (١) إيداع شخص السجن الخ (٢) إحالة (مشروع) إلى لجنة تشريعية (٣) ارتكاب جريمة (٤) تعهّد ؛ عهدٌ ؛ وعد .

**committal** *(n.)* = commitment.

**committee** *(n.)* لجنة .

**committeeman** *(n.)* عضو لجنة .

**commode** *(n.)* خزانة (٢) منضدة .

**commodious** *(n.)* (١) ملائم (٢) واسع .

**commodity** *(n.)* سِلعة ؛ بضاعة .

**commodore** *(n.)* عميدٌ بحريّ .

**common** *(adj.; n.)* (١)عموميّ (٢)مشترَك. (٣)عاديّ؛ اعتياديّ (٤)عامّ؛ شائع (٥)مبتذل (٦) وضيع (٧) أرض مشاع ؛ حديقة عامّة .

by ~ consent بإجماع الآراء .
in ~, مشترَك أو مشاع .
in ~ with (١) مشترَك (٢) مِثْل (٣) بالاشتراك مع .
right of ~, حقّ الارتفاق (ق) .

**commonalty** *(n.)* العامّة ؛ الجماهير .

**common denominator** *(n.)* المقام المشترَك.

**common divisor** *(n.)* القاسم المشترَك .

**commoner** *(n.)* العاميّ : فردٌ من العامّة .

**commonly** *(adv.)* عادةً ؛ عموماً .

**common noun** *(n.)* اسمٌ نكِرَة .

**commonplace** *(n.; adj.)* (١)شيء مألوف أو اعتيادي §(٢) عاديّ ؛ مبتذَل .

**commons** *(n.pl.)* (١)حجرة الطعام (٢)العامة؛ عامة الشعب (٣)*cap.* : مجلس العموم البريطاني.

**common sense** *(n.)* الحسّ السليم .

**commonwealth** *(n.)* (١) الكومنولث : رابطة الشعوب البريطانيّة (٢) دولة .

**commotion** *(n.)* اضطراب ؛ ثورة ؛ اهتياج.

**commune** *(vi.; n.)* (١) يتحادث بصورة حميمة (٢)الكوميون : أصغر وحدات التقسيم الاداري في فرنسة وسويسرا الخ. (٣) العامة .

**communicable** *(adj.)* (١) قابل للنقل أو الإبلاغ (٢) سارٍ ؛ مُعْدٍ .

**communicant** *(n.)* (١) المتناول : من يتناول العشاء الرباني (٢) الناقل ؛ المبلِّغ .

**communicate** *(vt.; i.)* (١)يُبلغ (٢)يُفشي . (٣)ينقل ×(٤)يتناول العشاء الرباني (٥)يتصل بـ (٦) يتصل بعضه ببعض .

**communication** *(n.)* (١)إبلاغ ؛ نَقْل الخ. (٢) رسالة (٣) تبادل الآراء أو المعلومات (٤) *pl.* : وسائل الاتصال عموماً .

**communicative** *(adj.)* صريح ؛ غير متحفظ .

**communion** *(n.)* (١) تَشارُك ؛ مُشارَكة. (٢) العشاء الرباني ؛ تناول العشاء الرباني (٣) تبادل الأفكار والمشاعر (٤)طائفة ؛ ملّة.

**communiqué** *(n.)* بلاغ رسميّ .

**communism** *(n.)* الشيوعيّة .

**communist** *(n.; adj.)* شيوعيّ .

**communistic** *(adj.)* شيوعيّ .

**community** *(n.)* (١)الجمهور (٢)جماعة . (٣)جالية (٤)ملكية مشتركة (٥)وحدة ؛ اتفاق.

**commutation** *(n.)* (١)تبادل (٢) استبدال. (٣)بدَل (٤)إبدال العقوبة (بأخفّ منها) .

**commutator** *(n.)* عاكس التيار (كهرباءٍ) .

**commute** *(vt.)* (١) يستبدل (٢) يغيِّر ؛ يُعدِّل (٢) يُبدل عقوبة بأخفّ منها .

**compact** *(adj.; vt.; n.)* (١) مُدمَج ؛ متضامّ ؛ مُلْتَزّ (٢)مكتنز (٣)محكَم ؛ موجز §(٤) يدمِج ؛ يُحكم §(٥) علبة تجميل صغيرة (٦) سيّارة صغيرة (٧)اتفاق ؛ ميثاق.

**companion** *(n.)* (١)رفيق (٢) كتاب ؛ دليل.

**companionable** *(adj.)* أنيس ؛ حلو العشْرة.

**companionship** *(n.)* رِفْقة ؛ عشْرة .

**company** *(n.; adj.)* (١) رِفْقَة ؛ عِشْرَة . (٢) رفاق ؛ عُشَراء (٣) ضيوف (٤) جماعة ؛ مجموعة (٥) سَرِيّة (من جيش) (٦) فرقة موسيقية أو مسرحية (٧) ملاّحو السفينة (٨) فرقة مطافىء (٩) شركة (١٠) شركاء .

- to keep *or* bear a person ~, : يلازمه ؛ يذهب أو يبقى معه .
- to keep ~ with يعاشر ؛ يصادق .
- to part ~, يفترق ؛ ينفصل عن .

**comparable** *(adj.)* قابلٌ للمقارنة بـ .

**comparative** *(adj.)* (١) مقارِن ؛ مقارَن . (٢) نسبيّ ؛ غير مطلَق .

- the ~ degree صيغة التفضيل (ل) .

**comparatively** *(adv.)* نسبياً .

**compare** *(vt.; i.)* (١) يقارن بين (٢) يضاهي .

- to ~ notes يتبادلون الآراء ووجهات النظر.
- without *or* beyond ~, لا يُضاهَى .

**comparison** *(n.)* (١) مقارَنَة (٢) شبَه .

- in ~, بالمقارنة مع ؛ بالنِّسْبة إلى .
- to bear *or* stand ~ with يضاهي .

**compartment** *(n.)* (١) قسم أو جزء مستقلّ . (٢) مقصورة (في قطار) ؛ حُجَيْرَة .

**compass** *(n.; vt.)* (١) حدّ ؛ محيط (٢) نطاق (٣) بوصلة ؛ ابرة الملاحين (٤) *pl.* عادةً : بركار ؛ فرجار § (٥) يرسم خطة لـ ؛ يدبّر مكيدة (٦) يطوّق ؛ يدور حول .

compass 3.

**compassion** *(n.)* حُنُوّ ؛ شفقة .

**compassionate** *(adj.)* شَفُوق ؛ رَحيم .

**compatibility** *(n.)* انسجام ؛ تساوُق ؛ تَناغم .

**compatible** *(adj.)* منسجم ؛ متساوق .

**compatriot** *(n.)* مواطن المرء أو ابن بلده .

**compeer** *(n.)* (١) رفيق (٢) ندّ ؛ كفوء .

**compel** *(vt.)* يُكْرِه ؛ يُجْبِر .

**compensate** *(vt.)* (١) يُعوِّض (٢) يُكافىء .

**compensation** *(n.)* تعويض ؛ مكافأة ؛ أجْر .

**compete** *(vi.)* يتنافس مع .

**competence** *(n.)* (١) دخل كافٍ (٢) كفاءة .

**competency** *(n.)* = competence.

**competent** *(adj.)* (١) كافٍ ؛ وافٍ بالغرض . (٢) كفوء ؛ مقتدر ؛ مؤهَّل لِـ (٣) مختصّ .

**competition** *(n.)* (١) منافسة (٢) مباراة .

**competitive; competitory** *(adj.)* تنافسيّ .

**competitor** *(n.)* المنافِس ؛ المزاحم .

**compilation** *(n.)* (١) جَمْع ؛ تصنيف ؛ تأليف (٢) مجموعة (نصوص أو وثائق) .

**compile** *(vt.)* يَجْمَع ؛ يصنِّف ؛ يؤلِّف .

**compiler** *(n.)* الجامع ؛ المصنِّف ؛ المؤلِّف .

**complacence; complacency** *(n.)* رضاً .

**complacent** *(adj.)* (١) راضٍ (٢) لطيف .

**complain** *(vi.)* يشكو ؛ يتشكّى (أمراً) .

**complainant** *(n.)* الشاكي ؛ المتشكي .

**complaint** *(n.)* (١) تذمّر (٢) شكوى (٣) علّة .

**complaisance** *(n.)* لطف ؛ كياسة .

**complaisant** *(adj.)* لطيف ؛ كيِّس .

**complement** *(n.; vt.)* (١) تتمّة ؛ تكملة ؛ مُلحق (٢) المجموعة الكاملة § (٣) يتمم .

**complementary** *(adj.)* (١) متمم . (٢) مُتَتامّ : متمِّم بعضُه بعضاً .

**complete** *(adj.; vt.)* (١) تامّ ؛ كامل . (٢) متمَّم ؛ مُنجَز § (٣) يتمم (٤) يُنهي .

**completely** *(adv.)* تماماً ؛ بكلّ معنى الكلمة .

**completion** *(n.)* إتمام ؛ إكمال ؛ اكتمال .

**complex** *(adj.; n.)* (١) مركَّب (٢) معقَّد .

تسوية (٨) الانشاء : مقالة قصيرة يطلب إلى التلامذة كتابتها (٩) قطعة موسيقية.

**compositor** *(n.)* المنضِّد (في مطبعة).

**compost** *(n.)* (١) سَماد (٢) مزيج ؛ خليط.

**composure** *(n.)* هدوء ؛ رباطة جأش.

**compound** *(adj.; n.; vt.;)* (١) مركّب. §(٢) كلمة مركّبة (٣) المُركّب (في الكيمياء) §(٤) يركّب ؛ يؤلّف (٧) يسوّي حُبّياً (٨) يزيد ؛ يُضاعف (٩) يوافق — مقابل مال يُدفع إليه — على عدم إقامة الدعوى.

**compound interest** *(n.)* الفائدة المركّبة.

**comprehend** *(vt.)* (١) يفهم (٢) يشمل.

**comprehensible** *(adj.)* ممكنٌ فهمُه.

**comprehension** *(n.)* (١) اشتمال ؛ شمول. (٢) فهم ؛ إدراك ؛ معرفة (٣) القدرة على الفهم.

**comprehensive** *(adj.)* شامل ؛ واسع الادراك.

**compress** *(vt.; n.)* (١) يضغط ؛ يكبس ؛ يعصر. (٢) يركّز ؛ يكثّف §(٣) كِمادة (٤) مِكْبس.

**compressed** *(adj.)* (١) مضغوط (٢) مسطّح.

**compressible** *(adj.)* منضغطٌ ؛ قابل للانضغاط.

**compression** *(n.)* ضَغْط ؛ انضغاط.

**compressor** *(n.)* الضاغط ؛ الضاغطة.

**comprise** *or* **comprize** *(vt.)* (١) يشمل ؛ يتضمّن (٢) يؤلّف ؛ يشكّل.

**compromise** *(n.; vt.)* (١) تَسْوِيَة ؛ حَلٌّ وَسَطٌ §(٣) يسوّي ( نزاعاً الخ. ) بحلٍّ وسَط (٤) يعرّض للشبهة أو الفضيحة أو الخطر.

**comptroller** *(n.)* مراقب النفقات.

**compulsion** *(n.)* إكراه ؛ إلزام ؛ قَسْر.

**compulsive** *(adj.)* مُكْرِه ؛ مُلْزِم.

**compulsory** *(adj.)* إلزاميّ ؛ إجباريّ.

**compunction** *(n.)* وخز الضمير ؛ ندَم.

**compute** *(vt.; i.)* يَحْسب ؛ يُحْصي.

**computer** *(n.)* (١) الحاسب (٢) آلة حاسبة.

§(٣) كلٌّ مركّب من أجزاء (٤) عُقْدة ؛ مركّب.

**complexion** *(n.)* (١) بَشَرَة (٢) مظهرٌ عام.

**complexity** *(n.)* تعقيد ؛ تعقّد.

**compliance; -cy** *(n.)* مطاوعة ؛ إذعان.

**compliant** *(adj.)* مطاوع ؛ مذعن ؛ مساير.

**complicate** *(vt.; i.; adj.)* (١) يُعقّد ؛ يُصعّب ×(٢) يتعقّد ؛ يَصْعُب (٣) معقّد.

**complicated** *(adj.)* معقّد ؛ صعب.

**complication** *(n.)* (١) تعقيد ؛ تعقُّد. (٢) المضاعَفَة (الجمع : مضاعفات).

**complicity** *(n.)* اشتراك في جريمة.

**compliment** *(n.; vt.)* (١) مدْح ؛ إطراء. (٢) تملّق (٣) *pl.* : تحيّات ؛ تمنّيات §(٤) يُطري (٥) يهنىء (٦) يجامل.

**complimentary** *(adj.)* (١) مَدْحيّ. (٢) مُجامِل (٣) مجّانيّ.

**comply** *(vi.)* يطيع ؛ يستجيب ؛ يذعن.

**component** *(n.; adj.)* (١) عنصر أو جزء أساسيّ §(٢) مركّب ؛ مكوِّن.

**comport** *(vi.; t.)* (١) ينسجم أو يتّفق مع. ×(٢) يتصرّف أو يسلك.

**compose** *(vt.; i.)* (١) يركّب ؛ يشكّل. (٢) يجمع أو ينضّد (٣) يَنْظِم (٤) يؤلّف (٥) يسوّي ؛ ينهي (٦) يهيّىء ؛ يُعِدّ (٥) يهدّىء ×(٦) يَنْظم ؛ يؤلّف الألحان الخ.

**composed** *(adj.)* هادىء ؛ رابط الجأش.

**composer** *(n.)* (١) المركِّب (٢) المنضِّد. (٣) الناظم (٤) الملحّن ؛ المؤلّف الموسيقي.

**composite** *(adj.; n.)* (١) مركَّب ؛ مؤلَّف. §(٢) المركَّب : شيء مركب (٣) المركّبة : نبتة ذات زهرات مركّبة.

**composition** *(n.)* (١) تركيب (٢) تنضيد. (٣) نظْم (٤) تلحين (٥) مركّب ؛ مادة مركبة (٦) بِنْيَة ؛ تكوين المرء العقلي (٧) اتفاق ؛

**comrade** *(n.)* رفيق .

**con** *(vt.; adv.; n.)* (١) يدرس §(٢) ضدّ §(٣) حجّة ضدّ شيء ما (٤) الموقف السلبيّ (في مناظرة) أو صاحب هذا الموقف .

**concatenation** *(n.)* تَسَلْسُل؛ سِلْسِلة .

**concave** *(adj.)* مُقَعَّر .

**concavity** *(n.)* تجويف؛ تقعّر .

**conceal** *(vt.)* (١) يكْتُم (٢) يُخفي؛ يَحجب .

**concede** *(vt.; i.)* (١) يمنح؛ يخوّل (٢) يسلّم بِـ ×(٣) يُذعِن أو يقوم بتنازلات .

**conceit** *(n.)* غرور؛ عُجْب .

**conceited** *(adj.)* مغرور؛ مُعجَب بنفسه .

**conceivable** *(adj.)* ممكنٌ تصوّره أو تخيّله .

**conceive** *(vt.)* (١) تحمِل (المرأةُ)؛ تحْبَل بِـ . (٢) يتصوّر؛ يتخيّل (٣) يفهم (٤) يرى؛ يعتقد .

**concentrate** *(vt.; i.)* (١) يركّز (٢) يكثّف . (٣) يجمع؛ يحشد ×(٤) يتركّز (٥) يتجمّع؛ يحتشد (٦) يركّز تفكيره (في نقطة معيّنة) .

**concentration** *(n.)* (١) تركيز أو تركّز . (٢) تركيز الفكر على نقطة معيّنة (٣) كثافة .

**concentration camp** *(n.)* معسكر اعتقال .

**concentric** *(adj.)* مُتراكز : متّحد المركز .

**concept** *(n.)* (١) فكرة (٢) مفهوم .

**conception** *(n.)* (١) «أ» حَمْل . «ب» جنين . (٢) تصوّر؛ إدراك؛ فَهْم (٣) فكرة .

**concern** *(vt.)* (١) يتعلّق بـ (٢) يَهُمّ (٣) يُقلق . §(٤) شأن (٥) همّ؛ قلق (٦) مؤسّسة (٧) حصّة .

as ~ *s* في ما يتعلق بـ .

**concerned** *(adj.)* (١) قلِق (٢) مهتمّ بكذا .

**concerning** *(prep.)* في ما يتعلق بـ .

**concert** *(n.; vt.; i.)* (١) اتفاق؛ انسجام . (٢) تناغم (٣) حفلة موسيقية §(٤) يتفق على (٥) يخطّط؛ ينظّم ×(٦) يعملون معاً أو بانسجام .

**concerted** *(adj.)* مدبَّر؛ مُتفَقٌ عليه .

**concerto** *(n.)* الكونشيرتو : مقطوعة موسيقية .

**concession** *(n.)* (١) منْح؛ تخويل (٢) تسليمٌ بـ . (٣) شيءٌ مسلَّمٌ به (٤) حقّ ممنوح (٥) امتياز (٤) تنازل (بغية الوصول إلى اتفاق) .

**concessionaire** *(n.)* صاحب الامتياز .

**conch** *(n.)* (١) محارة (٢) محارة الأذن .

conch 1.

**conciliate** *(vt.)* (١) يَسْتَرْضي (٢) يستميل . (٣) يوفّق بين .

**conciliative; -tory** *(adj.)* استرضائيّ الخ .

**concise** *(adj.)* مُوْجَز؛ مختَصَر .

**conclave** *(n.)* اجتماع سريّ (لانتخاب البابا) .

**conclude** *(vt.; i.)* (١) يُنْهِي (٢) يعقد . (٣) يستنتج (٤) يقرّر ×(٥) ينتهي؛ يُختَتَم .

**conclusion** *(n.)* (١) استنتاج (٢) خاتمة؛ ختام . (٢) قرار أو حكم نهائي (٤) عَقْد (معاهدة الخ .)

**conclusive** *(adj.)* حاسم؛ مُقْنِع؛ نهائيّ .

**concoct** *(vt.)* (١) يُعِدّ (شراباً الخ .) بالمَزْج . (٢) يلفّق؛ يخترع (٣) يدبّر .

**concomitant** *(adj.; n.)* (١) مُلازم؛ مصاحِب §(٢) شيء مُلازم؛ حالةٌ مصاحِبة .

**concord** *(n.)* (١) انسجام؛ تناغم (٢) معاهدة . (٣) اتفاق؛ وئام؛ سلام .

**concordance** *(n.)* (١) فهرس أبجدي (٢) اتفاق .

**concordant** *(adj.)* متفق؛ منسجم .

**concordat** *(n.)* اتفاقية ؛ ميثاق .

**concourse** *(n.)* (١) التقاء (٢) احتشاد (٣) حشد (٤) ملتقى ممرّات (٥) ملعب ؛ باحة .

**concrete** *(adj.; n.)* (١) متماسك ؛ صُلب . (٢) عينيّ : دال على شيء مُدرَك بالحواسّ (٣) واقعيّ (٤) معيّن ؛ محدّد (٥) ملموس ؛ ماديّ (٤) اسمنتيّ § (٥) اسمنت .

**concrete** *(vt.; i.)* (١) يقسّي ؛ يحجّر (٢) يفرش بالاسمنت × (٣) يتقسّى ؛ يتحجّر ؛ يتخثّر .

**concubinage** *(n.)* التسرّي ؛ اتخاذ المحظيّات .

**concubine** *(n.)* السُّرِّيّة ؛ المحظيّة ؛ الخليلة .

**concupiscence** *(n.)* رغبة ؛ شهوة .

**concur** *(vi.)* (١) يتزامن : يوجد أو يحدث في وقت واحد (٢) يتعاون (٣) يتفق (في الرأي) .

**concurrence** *(n.)* (١) تعاون (٢) اتفاق (في الرأي) (٣) التقاء أو حدوثٌ في وقت واحد .

**concurrent** *(adj.)* (١) متلاقٍ في نقطة واحدة . (٢) متزامن : موجود أو حادث في وقت واحد (٣) مساعد ؛ معاون (٤) متفق (في الرأي) ؛ منسجم .

**concussion** *(n.)* هزّة ؛ رجّة ؛ صدمة .

**condemn** *(vt.)* (١) يَشجُب (٢) يُدين ؛ يعتبره مذنباً أو مجرماً (٣) يحكم على (٤) يحكم أو يعلن بأن شيئاً غير صالح للاستعمال أو بأن شخصاً غير قابل للشفاء (٥) يصادر .

**condemned** *(adj.)* مُدان ؛ محكوم عليه .

**condensation** *(n.)* (١) تكثيف (٢) تكاثف . (٣) شيء مكثَّف (٤) تلخيص (٥) ملخَّص .

**condense** *(vt.; i.)* (١) يكثّف (٢) يلخّص ؛ يوجز × (٣) يتكثّف .

**condensed** *(adj.)* (١) مكثَّف (٢) موجَز .

**condescend** *(vi.)* (١) يتنازل ؛ يتعطّف ؛ يتلطّف (٢) يهبط بنفسه إلى مستوى . . .

**condign** *(adj.)* مُستَحَقّ ؛ ملائم ؛ في محلّه .

**condiment** *(n.)* تابل ؛ بهار .

**condition** *(n.; vt.; i.)* (١) شَرْط (٢) حالة . (٣) حالة جيّدة (٣) منزلة ؛ وضعٌ اجتماعيّ § (٤) يجعله في حالة جيدة (٥) يكيّف (٦) يقرر ؛ يحدّد (٧) يجعله موقوفاً على شرط .

**conditional** *(adj.)* (١) مَشرُوط (٢) شَرطيّ .

**conditioned** *(adj.)* (١) مشروط (٢) مكيَّف . (٣) ذو حالة معيّنة أو وضع معيّن .

**conditioning** *(n.)* (١) تكييف (٢) إشراط .

**condole** *(vt.)* يعزّي ؛ يواسي .

**condolence** *(n.)* تعزية ؛ مؤاساة .

**condone** *(vt.)* يَغفِر ؛ يصفح أو يتغاضى عن .

**condor** *(n.)* الكَنْدُور : نسر أميركيّ ضخم .

condor

**conduce** *(vi.)* يُفضي إلى ؛ يساعد على .

**conducive** *(adj.)* مُفْضٍ إلى ؛ مساعدٌ على .

**conduct** *(n.; vt.; i.)* (١) إدارة (٢) سلوك ؛ تصرّف § (٣) يُرشد ؛ يَهدي (٤) يقود (٥) يوصِل (٦) يسلك ؛ يتصرّف × (٧) يفضي ؛ يؤدّي .

**conduction** *(n.)* التوصيل .

**conductive** *(adj.)* مُوَصِّل ؛ توصيليّ .

**conductivity** *(n.)* المُوَصِّليّة ؛ الإيصاليّة .

**conductor** *(n.)* (١) الهادي ؛ المرشد (٢) المدير ؛ القائد (٣) قاطع التذاكر أو جامعُها (في قطار الخ.) (٤) الموصِّل : مادّة موصِّلة للكهرباء الخ .

**conduit** *(n.)* (١) قناة (٢) أنبوب .

**cone** *(n.)* (١) كوز (٢) مخروط . (٣) كوز البوظة .

cone 2.

**confabulate** *(vi.)* يتحادثون ؛ يتسامرون .

**confection** *(n.)* مربّى ؛ ملبّس ؛ حلوى .

**confectioner** *(n.)* الحَلْوانيّ .

**confectionery** *(n.)* (١) حَلْوَيات (٢) صناعة الحلويات (٣) دكان الحلوانيّ .

**confederacy** *(n.)* (١) حِلف ؛ تحالف . (٢) مؤامرة (٣) اتحاد دول أو أحزاب أو أشخاص .

**confederate** *(adj.; n.; vt.; i.)* (١) متحالف ؛ متّحد §(٢) الحليف (٣) الشريك في مؤامرة §(٤) يوحّد أو يتحد في عصبة أو تحالف أو مؤامرة .

**confederation** *(n.)* اتحاد ؛ اتحاد كونفدرالي .

**confer** *(vt.; i.)* (١) يَمنح × (٢) يتشاور ؛ يتباحث .

**conference** *(n.)* (١) تشاوُر ؛ تداوُل (٢) مؤتمر .

**confess** *(vt.; i.)* يعترف ؛ يُقِرّ بِـ .

**confession** *(n.)* (١) اعتراف (٢) اعتراف للكاهن (٣) جَهْرٌ بالإيمان أو العقيدة (٤) طائفة .

**confessional** *(n.)* كرسيّ الاعتراف .

**confessor** *(n.)* (١) المعترِف (٢) المجاهِر بإيمانه بالنصرانيّة رغم الاضطهاد (٣) كاهن الاعتراف .

**confetti** *(n.)* النِّثار : قصاصات من الورق الملوّن تُنثَر على النّاس في الكرنفالات والأعراس .

**confidant** *(n.)* المؤتَمَن على الأسرار .

**confide** *(vi.; t.)* (١) يثق بِـ (٢) يأتمنه على أسراره أو مسائله الشخصيّة × (٣) يَعْهد به (إلى) .

**confidence** *(n.)* (١) إيمان (٢) ثقة (٣) ثقة بالنفس (٤) جرأة (٥) سرّ .

**confidence man** *(n.)* المحتال .

**confident** *(adj.; n.)* (١) واثق (٢) دالّ على الثقة (٣) جريء (٤) مغرور §(٤) صديق مؤتَمَن .

**confidential** *(adj.)* (١) خصوصي ؛ سرّيّ . (٢) حميمي ؛ دال على الثقة بالمخاطَب (٣) موثوق .

**confidently** *(adv.)* (١) بثقة ؛ بجرأة ؛ بغير تردّد .

**configuration** *(n.)* (١) شكل ؛ هيئة ؛ ترتيب . (٢) الوضع أو المظهر النسبيّ للأجرام السماوية .

**confine** *(n.; vt.)* (١) *pl.* : حدود ؛ تخوم . §(٢) يقيّد ؛ يحجز (٣) يقتصر على (٤) يحبس .

**confined** *(adj.)* (١) ضيق (٢) بحالة الولادة .

**confinement** *(n.)* (١) تَقْييد ؛ حَجْز . (٢) اقتصار (٣) سَجْن (٤) ولادة .

**confirm** *(vt.)* (١) يقوّي ؛ يعزّز (٢) يصدّق على (٣) يمنحه التثبيت الديني (٤) يؤكّد ؛ يثبّت .

**confirmation** *(n.)* (١) تقوية ؛ تعزيز . (٢) تثبيت العماد (٣) تصديق على (٤) إثبات .

**confirmatory** *(adj.)* مؤكِّد ؛ توكيدي .

**confirmed** *(adj.)* (١) مثبَّت ؛ مصدَّق عليه . (٢) مُدْمِن ؛ مُزْمِن (٣) مصابٌ بداء عُضال .

**confiscate** *(vt.)* يُصادر .

**conflagration** *(n.)* حريق هائل .

**conflict** *(n.; vi.)* (١) نزاع ؛ خلاف (٢) قتال ؛ صراع ؛ معركة (٣) تضارُب ؛ تعارُض §(٤) يتضارب ؛ يتعارض .

**conflicting** *(adj.)* متضارِب ؛ متعارِض .

**confluence** *(n.)* (١) احتشاد (٢) حَشْد ؛ جمعٌ مُحْتَشِد (٣) التقاء نهرين (أو أكثر) .

**confluent** *(adj.)* متلاقٍ ؛ مندمج .

**conflux** *(n.)* = confluence.

**conform** *(vi.; t.)* (١) يطابق ؛ يماثل (٢) يطيع ؛ يَعْمَل وَفْق × (٣) يكيِّف ؛ يجعله مطابقاً لِـ .

**conformation** *(n.)* (١) تكييف ؛ تعديل . (٢) شَكْل ؛ تكوين ؛ بِنْيَة (٣) انطباق .

**conformity** *(n.)* انطباق ؛ مطابقة ؛ انسجام .

in ~ with وَفْقاً لِـ ؛ طبقاً لِـ .

**confound** *(vt.)* (١) يُخْزِي (٢) يَدْحَض ؛ يفنّد (٣) يلعن (٤) يُذْهل ؛ يُرْبِك (٥) يمزج .

**confounded** *(adj.)* (١) مرتبك (٢) لَعين .

**confront** *(vt.)* (١) يتحدّى ؛ يجابه (٢) يقابل .

**confuse** *(vt.)* (١) يُرْبِك (٢) يُشوِّش (٣) يخلِط بين شيئين خطأً .

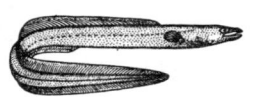

**confused** *(adj.)* مرتبك ؛ مشوَّش ؛ مضطرب .

**confusion** *(n.)* (١) إرباك ؛ ارتباك (٢) فوضى .

**confute** *(vt.)* (١) يَدْحَض (٢) يُفحِم .

**congeal** *(vt.; i.)* (١) يُجمِّد ؛ يَعْقِد ؛ يُخثِّر (٢) يحجِّر × (٣) يتجمَّد ؛ يتخثَّر ؛ يتحجَّر .

**congenial** *(adj.)* (١) متجانس (٢) ملائم .

**congenital** *(adj.)* خِلْقيّ ؛ فِطْرِيّ .

**conger** *(n.)* القَنْجَر : أنقليس بحريّ كبير .

**congested** *(adj.)* (١) مزدحم (٢) محتقن .

**congestion** *(n.)* ازدحام ؛ اكتظاظ ؛ احتقان .

**conglomerate** *(adj.; n.; vt.; i.)* (١) مختلط . (٢) متكوِّر ؛ متكتِّل § (٣) كتلة مختلطة § (٤) يكوِّر ؛ يكتِّل × (٥) يتكوَّر ؛ يتكتَّل .

**congratulate** *(vt.)* يهنّئ .

**congratulation** *(n.)* تهنئة .

**congregate** *(vi.; t.)* (١) يجتمع × (٢) يجمع .

**congregation** *(n.)* (١) جماعة المصلّين . (٢) أبرشية ؛ طائفة ؛ رعايا كنيسة (٣) تجميع ؛ تجمُّع ؛ مجموعة (٤) لجنة كرادلة أو رجال دين .

**congregational** *(adj.)* (١) طائفيّ ؛ أبرشيّ . (٢) جماعيّ : متعلق بجماعة المصلين (٣) مستقلّ .

**congress** *(n.)* (١) اجتماع ؛ لقاء (٢) مؤتمر . (٣) الكونغرس : الهيئة التشريعية العليا في دولة .

**congressman** *(n.)* عضو الكونغرس (الأميركي) .

**congruence** *(n.)* (١) انسجام (٢) تطابق .

**congruent** *(adj.)* ملائم ؛ منسجم ؛ متطابق .

**congruity** *(n.)* (١) انسجام (٢) تطابق .

**congruous** *(adj.)* (١) منسجم مع (٢) ملائم . (٣) متناغم الأجزاء (٤) متطابق .

**conic; -al** *(adj.)* مخروطيّ ؛ مخروطيّ الشكل .

**coniferous** *(adj.)* صنوبريّ .

**conjectural** *(adj.)* حَدْسيّ .

**conjecture** *(n.; vt.; i.)* (١) حَدْس ؛ حَزْر . § (٢) يحزر × (٣) يَحدس .

**conjoin** *(vt.; i.)* (١) يضمّ ؛ يوحِّد × (٢) يتّحد .

**conjoint** *(adj.)* (١) موحَّد (٢) مشترَك .

**conjugal** *(adj.)* زِيجيّ ؛ زَواجيّ ؛ زوجيّ .

**conjugate** *(vt.; i.; adj.)* (١) يصرِّف (الأفعالَ) (٢) يقرن ؛ يوحِّد × (٣) يتصرَّف (الفعلُ) (٤) يقترن أو يتّحد مؤقّتاً § (٥) متزاوج (٦) مشتقّ من جذر واحد .

**conjunction** *(n.)* (١) توحيد ؛ ضم (٢) اتحاد . (٣) اقتران (٤) حرف عطف .

**conjunctive** *(adj.)* (١) رابط (٢) عاطف .

**conjuncture** *(n.)* (١) حالة ؛ وَضْع (٢) أزمة .

**conjuration** *(n.)* (١) استحضار الأرواح . (٢) تعويذة (٣) سِحر ؛ شعوذة (٤) مناشدة .

**conjure** *(vt.; i.)* (١) يناشد (٢) يستحضر (الأرْواحَ) (٣) يَسْحَر × (٤) يشعوذ .

**connect** *(vt.; i.)* (١) يَربِط ؛ يَصِل . × (٢) يرتبط ؛ يتصل .

**connected** *(adj.)* (١) مرتبط بـ (٢) مترابط .

well ~, من أسرة مرموقة .

**connection; connexion** *(n.)* (١) رَبْط أو ارتباط (٢) علاقة (٣) قرينة ؛ سِياق (٤) تسلسل منطقي (٥) قرابة ؛ نسابة (٦) رابطة (٧) وسيلة مواصلات أو نقل (٨) النسيب ؛ القريب (٩) جماعة (١٠) طائفة دينية (١١) زبائن .

in this ~, بهذا الصدد ؛ بهذا الخصوص .

**connective** *(adj.; n.)* (١) رابط ؛ ضامّ . § (٢) وُصْلة أو شيء رابط (٣) حرف عطف .

**connivance** *(n.)* تغاضٍ ؛ تستُّر على جريمة .

**connive** *(vi.)* (١) يتغاضى عن ؛ يتستّر على جريمة (٢) يتواطأ (مع العدو) (٣) يتآمر .
**connoisseur** *(n.)* الخبير .
**connubial** *(adj.)* زيجيّ ؛ زواجيّ ؛ زوجيّ .
**conquer** *(vt.; i.)* (١) يفتح (بلداً) (٢) يُخضِع ؛ يقهر (٣) ينتزع ؛ يكسب × (٥) ينتصر .
**conqueror** *(n.)* الفاتح ؛ المنتصر .
**conquest** *(n.)* (١) فتْح ؛ إخْضاع (٢) انتزاع ؛ اكتساب (٣) أرض تمّ الاستيلاء عليها بالفتح .
**consanguinity** *(n.)* قرابة عُصَب ؛ صلة وثيقة .
**conscience** *(n.)* الضمير .

in (all) ~, (١) وفقاً للضمير أو العقل (٢) يقيناً ؛ على وجه التأكيد

**conscientious** *(adj.)* (١) حيّ الضمير . (٢) مُنجَز وفقاً لما يمليه الضمير .
**conscious** *(adj.)* (١) شاعر بِـ (٢) شاعر بالاثم . (٣) واعٍ (٤) مرتبك ؛ خَجِل (٥) متعمَّد .
**consciousness** *(n.)* (١) شعور (٢) وعي .
**conscript** *(adj.; n.; vt.)* (١) مُجنَّد إلزامياً . § (٢) المجنَّد الالزاميّ § (٤) يجنّد (٥) يصادر .
**consecrate** *(vt.)* (١) يَرْسِم كاهناً أو أسقفاً . (٢) يكرّس (٣) يخصّص .
**consecutive** *(adj.)* مُتعاقِب ؛ متتابع .
**consecutively** *(adv.)* على التعاقب ؛ على التتابع
**consensus** *(n.)* إجماع .
**consent** *(vi.; n.)* (١) يوافق § (٢) موافقة ؛ قبول .

age of ~, سن الادراك أو التمييز .
with one ~; by general ~, بالإجماع .

**consequence** *(n)* (١) نتيجة ؛ عاقبة (٢) أهمية ؛ شأن (٣) مكانة ؛ منزلة رفيعة (٥) غرور .

in ~ of بسبب كذا ؛ نتيجةً لكذا .

**consequent** *(adj.)* (١) ناشىء عن (٢) تالٍ .
**consequently** *(adv.)* وإذن ؛ وهكذا .
**conservation** *(n.)* صيانة ؛ حفظ .
**conservatism** *(n.)* المحافَظة : مقاومة التجديد .
**conservative** *(adj.; n.)* محافظ (على القديم) .
**conservator** *(n.)* (١) الواقي ؛ الصائن . (٢) الوصيّ ؛ القيّم ؛ الحارس .
**conservatory** *(n.)* (١) مُستَنبَت زجاجيّ (لتعهّد النباتات أو عرضها) (٢) معهد موسيقى .
**conserve** *(vt.; n.)* (١) يصون ؛ يحفظ . (٢) يسكّر ؛ يحفظ الفاكهة بالسكّر § (٣) المربّى .
**consider** *(vt.; i.)* (١) يفكّر في (٢) يراعي . (٣) يحترم (٤) يتأمّل (٥) يعتبر ؛ يرى ؛ يعتقد .
**considerable** *(adj.)* (١) هام (٢) كبير ؛ ضخم .
**considerably** *(adv.)* بكثير ؛ إلى حدّ بعيد .
**considerate** *(adj.)* مراعٍ لمشاعر الآخرين .
**consideration** *(n.)* (١) تفكير ؛ دَرْس ؛ بَحْث (٢) اعتبار (٣) رأي ؛ نظرة (٤) مراعاة لمشاعر الآخرين (٥) تعويض (٦) أهمية .

in ~ of نظراً لِـ ؛ بسبب من .
on *or* under no ~, بأية حال ؛ ألبتّة .
to take into ~, يأخذ بعين الاعتبار .

**considering** *(prep.)* إذا أخذنا بعين الاعتبار .
**consign** *(vt.)* (١) يُودِع (٢) يُسْلِم إلى . (٣) يُفْرِد ؛ يخصّص (٤) يُرْسِل (بضاعةً) إلى عميل لبيعها أو خزنها .
**consignee** *(n.)* المُرْسَل إليه ؛ المشحون إليه .
**consignment** *(n.)* (١) إيداع (٢) تخصيص . (٣) الوديعة (٤) بضاعة الأمانة .

on ~, برسم الأمانة .

**consist** *(vi.)* (١) يتألف من (٢) يتوقف على ؛ يكمن في (٣) ينسجم (تتبعها *with*) .
**consistency** *(n.)* (١) متانة ؛ تماسُك (٢) القوام : درجة الكثافة أو اللزوجة الخ . (٣) اتّساق ؛

انسجام (٤) استقامة أو ثباتٌ على مبدإ .

**consistent** *(adj.)* (١) متين ؛ متماسك . (٢) متساوق ؛ منسجم (٣) مستقيم ؛ ثابت على المبدإ .

**consolation** *(n.)* (١) تعزية ؛ مؤاساة (٢) تعَزٍّ ؛ سُلوان (٣) عزاء ؛ سلوى .

**consolatory** *(adj.)* مُعَزٍّ ، مؤاسٍ ؛ مُسَلٍّ .

**console** *(vt.)* يعزّي ؛ يؤاسي ؛ يُسَلّي .

**console** *(n.)* (١) حامل (أو حِلْيَة) الافريز (٢) نَضَدُ الأرغن : جزء من الأرغن يشتمل على لوحة المفاتيح والدوّاستين (٣) خزانة الراديو أو التلفزيون .

consoles 1.

**consolidate** *(vt.)* يَدْمُج ؛ يقوّي ؛ يعزّز .

**consolidated** *(adj.)* مُدْمَج ؛ مقوًّى .

**consonance** *(n.)* انسجام ؛ تناغم الأصوات .

**consonant** *(n.; adj.)* (١) الحرف الساكن : كل ما ليس بحرف علة من حروف الهجاء § (٢) منسجمٌ أو متفقٌ مع (٣) متناغم الأصوات .

**consort** *(n.; vi.)* (١) سفينة مرافقة لأخرى . (٢) زوج أو زوجة (٣) تناغم الأصوات § (٤) يعاشر (٥) ينسجم ؛ يتفق مع .

**conspicuous** *(adj.)* (١) واضح ؛ جليّ (٢) رائع .

**conspiracy** *(n.)* تآمُرٌ ؛ مؤامرة .

**conspirator; conspirer** *(n.)* المتآمر .

**conspire** *(vi.; t.)* يتآمر .

**constable** *(n.)* شرطي بريطاني .

**constancy** *(n.)* (١) ثبات ؛ جَلَد (٢) إخلاص ؛ وفاء (٣) استقرار ؛ اطّراد .

**constant** *(adj.; n.)* (١) جَلْد : ذو عزم . (٢) مخلص ؛ وفيّ (٣) مستقرّ ؛ مطّرد (٤) متواصل (٥) نظامي ؛ مستديم ؛ ثابت § (٦) شيء ثابت .

**constellation** *(n.)* (١) بُرْج ؛ كوكبة ؛ مجموعة نجوم ثابتة (٢) مجموعة متألّقة .

**consternation** *(n.)* رُعْب ؛ ذُعْر .

**constipate** *(vt.)* يَقْبِض الأمعاء .

**constipation** *(n.)* قَبْض ؛ إمساك .

**constituency** *(n.)* (١) جمهور الناخبين . (٢) دائرة انتخابيّة (٣) أنصار ؛ زبائن .

**constituent** *(adj.; n.)* (١) مُقوِّم : مكوِّنٌ وحدةً أو كلاً تامّاً (٢) تأسيسيّ § (٣) المقوِّم : عنصر ؛ جزء أساسي (٤) الناخب .

**constitute** *(vt.)* (١) يعيّن ؛ ينصّب (٢) يُنشىء . (٣) يَسُنّ (تشريعاً) (٤) يؤلف ؛ يشكّل .

**constitution** *(n.)* (١) عُرف ؛ قانون (٢) تكوين قِوام ، بنية الجسم (٣) مزاج (٥) دستور .

**constitutional** *(adj.)* (١) بِنْيَويّ : متعلق ببِنْيَة المرء (٢) أساسي (٣) دستوري .

**constrain** *(vt.)* (١) يُكرِه ؛ يُجْبِر (٢) يتكلف . (٣) يقيّد (٤) يسجن (٥) يكبح .

**constraint** *(n.)* (١) إكراه ؛ إجبار (٢) اضطرار . (٣) تقييد ؛ حَبْس (٤) كبحُ العواطف (٥) ارتباك .

**constrict** *(vt.)* يقبض ؛ يقلّص .

**construct** *(vt.)* (١) يبني (٢) ينشىء ؛ يركّب .

**construction** *(n.)* (١) بناء ؛ إنشاء (٢) بِنْيَة ؛ تركيب (٣) مَبْنًى (٤) معنى .

**constructive** *(adj.)* (١) بنائيّ (٢) بنّاء .

**construe** *(vt.)* (١) يُعْرِب (جملةً) (٢) يترجم . (٣) يفسّر ؛ يؤوّل .

**consul** *(n.)* قنصل .

**consular** *(adj.)* قنصليّ .

**consulate** *(n.)* قنصلية .

**consult** *(vt.; i.)* (١) يستشير (٢) يراجع (٣) يراعي (مصالحَ الآخرين) × (٤) يتشاور .

**consultant** *(n.)* المستشار ؛ الخبير .

**consultation** *(n.)* استشارة ؛ تشاور .

**contention** *(n.)* (١)نضال ؛ تنافس (٢)نزاع .

bone of ~, سبب النزاع أو موضوعُهُ .

**contentious** *(adj.)* (١) مشاكس ؛ كثير الخصام (٢) مثير للنزاع .

**contentment** *(n.)* رضا ؛ قناعة ؛ اطمئنان .

**contest** *(vt.;i.;n.)* (١)يناقش ؛ يفنّد(٢)يناضل أو يقاتل من أجلِ ×(٣) يشترك في مباراة §(٤) نضال ؛ نزاع (٥) مباراة .

**context** *(n.)* القرينة ؛ سياق الكلام .

**contiguity** *(n.)* تماسّ ؛ تجاور .

**contiguous** *(adj.)* (١)متماسّ (٢)مجاور .

**continence** *(n.)* عفّة ؛ زهد .

**continent** *(n.; adj.)* (١) قارّة §(٢) عفيف .

the *Continent* أوروبة (باستثناء بريطانيا) .

**continental** *(adj.)* (١)قارّيّ (٢) أوروبيّ .

**contingency** *(n.)* (١)احتمال ؛ إمكان حدوث شيء (٢)مصادفة (٣) طارىء .

**contingent** *(adj.; n.)* (١)مُحتَمَل ؛ ممكن . (٢) طارىء ؛ غير متوقع (٣)معدّ للاستخدام في الطوارىء (٤)مشروط ؛ متوقّفٌ على شيء آخر §(٥)مصادفة (٦)فرقة تمثل بلادها .

**continual** *(adj.)* متواصل ؛ مستمرّ .

**continually** *(adv.)* باستمرار ؛ على نحوٍ موصول .

**continuance** *(n.)* ديمومة ؛ استمرارية ؛ بقاء .

**continuation** *(n.)* (١) استمرار ؛ دوام . (٢) استئناف ؛ متابعة (٣) تتمة .

**continue** *(vi.; t.)* (١) يستمرّ ؛ يدوم ؛ يمتدّ . (٢)يبقى (٣)يستأنف بعد انقطاع ×(٤)يواصل .

**continued** *(adj.)* (١)متواصل (٢)مستأنَف .

to be ~ *d* للبحث صلة .

**continuity** *(n.)* الاستمرارية ؛ عدم الانقطاع .

**continuous** *(adj.)* متّصل ؛ متواصل ؛ مستمرّ .

**consultative** *(adj.)* استشاري .

**consume** *(vt.)* (١)يستنفد ؛ يستهلك (٢)يُتلف (٣) يبدّد (٤) يلتهم (٥) يستحوذ على .

**consumer** *(n.)* المستهلك (للسلع التجارية) .

**consummate** *(vt.; i.)* يُكْمِل ؛ يكتمل .

**consumption** *(n.)* (١)استهلاك (٢)«أ»هزال تدريجيّ (بسبب من السّل) . «ب» السّلّ .

**consumptive** *(adj.)* (١)مستهلك ؛ متلف ؛ مبدِّد (٢)استهلاكيّ (٣)سُلّيّ (٤)مسلول .

**contact** *(n.; vt.; i.)* (١)احتكاك (٢)اتصال مباشر §(٣)يحتك بـ (٤) يراجع ؛ يتصل بـ .

**contagion** *(n.)* (١)عَدْوَى (٢)مرض مُعْدٍ .

**contagious** *(adj.)* مُعْدٍ ؛ ناقلٌ للعدوى .

**contain** *(vt.)* (١)يكبح (٢)يحتوي (٣)يَسَع .

**container** *(n.)* وعاء ؛ إناء ؛ صندوق الخ .

**contaminate** *(vt.)* يلوِّث ؛ يُفسد .

**contamination** *(n.)* تلويث ؛ تلوُّث .

**contemn** *(vt.)* يزدري ؛ يحتقر .

**contemplate** *(vt.; i.)* (١)يتأمل (٢)يتفكّر في (٣)يتوقّع (٤)يعتزم ×(٥)يفكر .

**contemporaneous** *(adj.)* متعاصر .

**contemporary** *(adj.; n.)* (١) معاصرٌ لِـ ؛ متعاصرٌ مع (٢)معاصر ؛ حديث §(٣)متعاصر .

**contempt** *(n.)* (١)ازدراء ؛ احتقار (٢)عار .

**contemptible** *(adj.)* وَضيع ؛ جدير بالازدراء .

**contemptuous** *(adj.)* مُزْدَرٍ .

**contend** *(vi.; t.)* (١) يناضل ؛ يكافح . (٢)يتنافس ؛ يتبارى (٣)يجادل ×(٤)يؤكّد .

**content** *(adj.;vt.;n.)* (١)مكتف (٢)مطمئنّ . (٣)راغبٌ في §(٤)يُرضي ؛ §(٥)رضاً ؛ اطمئنان .

**content** *(n.)* (١) محتوى (٢) سَعَة ؛ حَجْم .

**contented** *(adj.)* قانع ؛ راضٍ .

×(٢) يغاير §(٣) المغايرة (٤) التغاير ؛ التباين ؛ الاختلاف (٥) شيء مختلف .

**contribute** *(vt.; i.)* (١) يتبرّع بـِ (٢) يقدّم . ×(٣) يُسهم في جهد مشترك .

**contribution** *(n.)* (١) ضريبة (٢) تبرّع . (٣) هِبَة ؛ مساعدة (٤) إسهام ؛ مأثرة ؛ خدمة .

**contributor** *(n.)* المتبرّع ؛ المُسْهِم .

**contrite** *(adj.)* نادم ؛ منسحق الفؤاد .

**contrition** *(n.)* ندمٌ ؛ أسف عميق .

**contrivance** *(n.)* (١) اختراع (٢) أداةٌ ميكانيكية (٣) وسيلة ، حيلة .

**contrive** *(vt.; i.)* (١) يخترع ؛ يستنبط (٢) يوجد وسيلة ؛ يحتال للأمر ×(٣) يرسم خططاً .

**control** *(vt.; n.)* (١) يكبح (٢) يوجّه ؛ يضبط ؛ يراقب (٣) يتحكّم في ؛ يسيطر على §(٤) توجيه ؛ ضبط (٥) سيطرة ؛ تحكّم (٦) جهاز ضبط .

out of ~, في حالة يتعذّر معها السيطرة على شيء .

**controller** *(n.)* (١) المراقب (٢) أداة ضبط .

**controversial** *(adj.)* (١) خلافيّ ؛ فيه خلاف . (٢) مثير للجدل أو مولعٌ به (٣) جدلي .

**controversy** *(n.)* (١) جدل (٢) خلاف .

**controvert** *(vt.; i.)* (١) ينكر ؛ يفنّد . (٢) يخالف ؛ يناقض ×(٣) يجادل .

**contumacious** *(adj.)* متمرد ؛ عاص .

**contumacy** *(n.)* (١) تمرّد (٢) احتقار للمحكمة .

**contumely** *(n.)* (١) ازدراء (٢) إهانة .

**contusion** *(n.)* رَضّ ؛ رضّة .

**conundrum** *(n.)* أحجيّة ؛ لُغْز .

**convalesce** *(vi.)* يَنْقَهُ ؛ يَتَماثَلُ للشفاء .

**convalescence** *(n.)* نقاهة ؛ تماثلٌ للشفاء .

**convalescent** *(adj.; n.)* ناقه ؛ متماثل للشفاء .

**convene** *(vi.; t.)* (١) يجتمع ؛ ينعقد ؛ يلتئم .

**continuously** *(adv.)* باستمرار ؛ على نحو متواصل .

**contort** *(vt.)* (١) يَلْوي ؛ يَثْني (٢) يحرّف .

**contour** *(n.)* محيط الشكل المنحرف أو المتعرّج .

**contraband** *(n.; adj.)* (١) تهريب (٢) سلَعٌ مُهَرّبَة §(٣) محرّم ؛ محظور .

**contract** *(n.; vt.; i.)* (١) عَقْد ؛ اتفاقية . §(٢) يعقد (٣) يلتقط ؛ يُعْدَى بـِ (٤) يقطّب (الجبينَ) (٥) يقبض (العضلاتِ) (٦) يضيّق ؛ يقصّر (٧) يُقلّص (٨) يرخّم ×(٩) يعقد اتفاقاً (١٠) يتقلّص ؛ ينقبض .

to ~ bad habits . يتعوّد عادات سيئة

to ~ debts يقع تحت ديون .

**contractile** *(adj.)* (١) مقلّص (٢) متقبّض ؛ قابل للانقباض (٣) قابل للطيّ على مقربة من الجسم .

**contraction** *(n.)* (١) قَبْض ؛ تقليص . (٢) انقباض ؛ تقلّص (٣) انكماش (٤) ترخيم .

**contractor** *(n.)* المقاول ؛ الملتزم ؛ المتعهّد .

**contradict** *(vt.)* (١) يُكذّب : يُنكر صحةَ شيء ما (٢) يناقض ؛ يتعارض مع .

**contradiction** *(n.)* (١) إنكار (٢) تناقض .

**contradictory** *(adj.; n.)* (١) متناقض . (٢) متناف مع §(٣) نقيض .

**contrariety** *(n.)* (١) تناقض (٢) المتناقضة .

**contrariwise** *(adv.)* (١) على العكس . (٢) والعكس بالعكس (٣) باتجاه معاكس .

**contrary** *(adj.; n.; adv.)* (١) مضادّ ؛ مناقض ؛ (٢) متضادّ ؛ متناقض (٣) معاكس (٤) عنيد §(٥) الضدّ ؛ النقيض §(٦) ضدّ كذا .

on the ~, على العكس تماماً .

to the ~, (١) يفيد العكس (٢) بما يفيد العكس .

**contrast** *(vi.; t.; n.)* (١) يتغاير : يتكشف عن وجوه اختلاف قوية عند مقابلته بشيء آخر

×(٢)يدعو إلى الاجتماع أو للمثول أمام القضاء.

**convenience** *(n.)* (١)ملاءمة ؛ موافقة (٢)شيء ملائم (٣) وسيلة راحة (٤)فرصة مناسبة .

**convenient** *(adj.)* ملائم ؛ مريح.

**convent** *(n.)* (١) دير (٢) رهبنة .

**convention** *(n.)* (١)اتفاقية ؛ معاهدة ؛ ميثاق. (٢) دعوةٌ إلى الانعقاد (٣)مؤتمر ؛ اجتماع (٤)عُرف ؛ اصطلاح ؛ تقليد ؛ عادة متبعة .

**conventional** *(adj.)* (١)متمسّك بالعُرْف أو بقواعد السلوك المرعية (٢)اصطلاحي ؛ متفق مع القواعد المقررة (٣)تقليدي (٤)عاديّ ؛ مُبتَذَل.

**converge** *(vi.)* يميل إلى الالتقاء عند نقطة واحدة .

**convergence** *(n.)* (١)التقارب : ميل إلى الالتقاء عند نقطة واحدة (٢) نقطة التقاء .

**convergent** *(adj.)* (١)متقارب (٢)تقاربيّ.

**converging** *(adj.)* (١)متقارب ؛ متجمِع . (٢)مُقارِب ؛ مجمِّع ؛ لامّ .

**conversant** *(adj.)* مُلِمّ بِ ؛ مُطّلع على.

**conversation** *(n.)* محادثة ؛ حديث .

**converse** *(vi.)* يتحدّث مع .

**converse** *(adj.; n.)* (١) مضادّ ؛ مخالف . (٢) مقلوب ؛ معكوس §(٣)ضدّ ؛ عكس .

**conversion** *(n.)* (١)تحويل ؛ تحوُّل (٢)هداية. (٣) اهتداء (٤)اغتصاب أو اختلاس .

**convert** *(vt.; i.; n.)* (١) يَهْدي (إلى دين أو مذهب جديد) (٢)يُحَوِّل (٣) يغتصب أو يختلس×(٤)يهتدي (٥)يتحوّل §(٦)المهتدي.

**convertible** *(adj.)* (١)قابل للتحويل أو للهداية. (٢) ذات غطاء قابل للطيّ (صفة لسيّارة).

**convex** *(adj.)* مُحدَّب .

convex

**convexity; convexness** *(n.)* تحدُّب ؛ احديداب.

**convey** *(vt.)* (١)ينقل (٢) يوصِل (تيّاراً كهربائياً) (٣) يبلِّغ (٤) يفرِّغ : ينقل ملكية عقار إلى شخص آخر .

**conveyance** *(n.)* (١) نقل ؛ توصيل . (٢) «أ»التفريغ : نقل الملكية من شخص إلى آخر. «ب» وثيقة التفريغ (٣) عربة ؛ سيارة الخ.

**convict** *(vt.; n.)* (١) يُدين : يجرم متهماً . §(٢)المُدان : متهم جرّمته المحكمة (٣)المحكوم

**conviction** *(n.)* (١)إدانة ؛ تجريم (٢)إقناع . (٣)اقتناع (٤) إيمان راسخ .

**convince** *(vt.)* يُقنِع بِ.

**convinced** *(adj.)* مُقْتَنِع.

**convivial** *(adj.)* مرِح ؛ بهيج ؛ مولع باللهو .

**convocation** *(n.)* (١) دعوة إلى الاجتماع . (٢)اجتماع (٣) مجمع كنسيّ إنجيليّ.

**convoke** *(vt.)* يدعو إلى الاجتماع .

**convolution** *(n.)* (١)التفاف (٢)لفّة ؛ طيّة. (٢)التّلفيف : أحد تلافيف الدماغ .

**convoy** *(vt.; n.)* (١)يواكب (وبخاصة للحراسة والحماية ) §(٢) قوةٌ عسكرية مرافقة للسفن الخ. (٣) مُواكَبَة ؛ مرافقة (٤) قافلة .

**convulse** *(vt.)* (١) يهزّ بعنف (٢) يُشَنِّج .

**convulsion** *(n.)* (١) اضطراب عنيف . (٢) تشنُّج (٣) نوبة ضحِك.

**cony** *(n.)* (١)أرنب (٢)فرو الأرنب.

**coo** *(vi.; n.)* (١) يَسْجَع ؛ يَهْدِل §(٢)هديل.

**cook** *(vi.; t.; n.)* (١) يطهو (٢) يُطْبَخ. ×(٣)يلفِّق (٤) يتلاعب بِ §(٥) الطاهي .

**cookery** *(n.)* (١)فنّ الطبخ (٢)مَطْبَخ.

**cookie** or **cooky** *(n.)* كعكة مُحلاّة.

**cooking** *(n.)* طَهْو ؛ طَبْخ .

**cool** *(adj.; n.; vt.; i.)* (١) بارد باعتدال . (٢) «أ» هادىء ؛ رابط الجأش. «ب» فاتر ؛ تعوزه الحماسة (٣)صفيق ؛ وقح (٤)مُشْعِر ببرودة معتدلة (٥)غير مبالغ فيه §(٦)هواء أو مكان أو زمان باردٌ باعتدال §(٧)يبرّد باعتدال (٨)يهدّئ

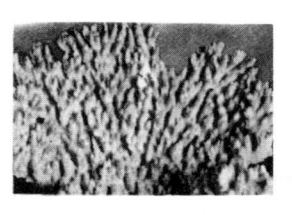

×(٩)يصبح بارداً باعتدال (١٠) يهدأ .

**cooler** *(n.)* (١) ثلاّجة ؛ برّاد (٢)سجن.

**coop** *(n.; vt.)* (١الخُم : قُن الدجاج (٢)مكان ضيّق (٣) سجن §(٤) يحبس في خم .

**cooper** *(n.)* صانع البراميل أو مُصلحها.

**cooperate** *(vi.)* يتعاون.

**cooperation** *(n.)* (١)تعاوُن (٢)نقابةتعاونية .

**cooperative** *(adj.; n.)* (١)تعاونيّ (٢)متعاون. §(٣) مخزن تعاوني (٤) جمعية تعاونية .

**coordinate** *(adj.; n.; vt.; i.)* (١)متساوٍ في الأهمية §(٢)النظير : المتساوي مع غيره في الأهمية §(٣) يسوّي في الرتبة (٤) ينسّق ؛ يتناسق .

**coordination** *(n.)* (١)تنسيق (٢) تناسق .

**coot** *(n.)* (١) الغُرّة : طائر مائيّ (٢)المغفّل .

**copartner** *(n.)* الشريك .

**cope** *(n.; i.)* (١) الغفّارة : رداء الكاهن . §(٢)يكافح بنجاح ؛ يكون على مستوى كذا.

**coping** *(n.)* الإفريز المائل.

coping

**copious** *(adj.)* (١)وافر ؛ غزير . (٢) مُكْثِر ؛ غزير الانتاج .

**copper** *(n.; vt.)* (١) نحاس . (٢) قطعة نقدية نحاسية §(٣) يكسو بالنحاس.

**coppersmith** *(n.)* النحّاس.

**coppice** *(n.)* أيْكة ؛ غَيْضة ؛ خميلة .

**copra** *(n.)* لُبّ جوز الهند المجفّف.

**copse** *(n.)* =coppice.

**copy** *(n.; vt.)* (١)نُسْخَة (٢)مثال أو أنموذج يُحتَذَى (٣)مخطوطة §(٤)يَنْسَخ (٥)يقلّد ×(٦)يغِشّ (أثناء الامتحان) (٧) يحذو حذْو.

**copybook** *(n.)* دفتر .

**copying** *(n.)* (١) نَسْخ (٢) تقليد .

**copyist** *(n.)* (١) الناسخ (٢) المقلِّد .

**copyright** *(n.)* حق النشر أو التأليف .

**coquet; coquette** *(vi.)* تَغَنّج ؛ تدلل.

**coquetry** *(n.)* غِنجٌ ؛ دلالٌ .

**coquette** *(n.)* المِغناج ؛ الكثيرة الدلال .

**coracle** *(n.)* القُرْقِل : زورق صغير.

**coral** *(n.)* (١) المَرْجان (٢)لون المرجان .

**cord** *(n.; vt.)* (١) حبل (٢) مقياس للحطب . (٣)قيطان ، أو نسيج أو ثوبٌ مصنوعٌ من قيطان §(٤) يربط بالحبال (٥) يكدّس الحطب .

**cordage** *(n.)* (١) حبال (٢) حبال السفينة .

**cordial** *(adj.; n.)* (١) حارّ ؛ قلبيّ ؛ وُدّيّ . (٢)منعش §(٣)شراب أو دواءٌ منبّه .

**cordiality** *(n.)* حرارة ؛ مودّة ؛ شعور وُدّيّ.

**cordially** *(adv.)* بحرارة ؛ بمودّة ؛ قلبياً .

**cordon** *(n.)* (١)شريط زينيّ (٢)وشاح (٣)نطاق من الجند أو الحصون مضروبٌ حول مكان ما.

**core** *(n.; vt.)* (١) قلب الثمرة (٢) قَلْب. (٣)لُبّ ؛ جوهر §(٤) ينزع البذور.

**cork** *(n.; vt.)* (١)الفِلّين (٢)الفِلّينة : سِدادة القنّينة §(٣)يُفلّن : يسدّ بفلّينة (٤)يكبح .

**corkscrew** *(n.)* نازعة السِّدادات الفلّينية .

**cormorant** *(n.)* الغاق : طائر مائي نَهِمٌ .

**corn** *(n.; vt.)* (١) حَبّة قمح أو ذرة الخ. (٢) ذُرَة ؛ شعير (٣) مسمار القدم : تصلّب في بَشَرَة إصبع القدم § (٤) يحفظ اللحم (من الفساد) بتمليحه .

**cornea** *(n.)* القَرْنيّة : قَرْنية العين.

**corned** *(adj.)* مملّح ؛ مقدّد ؛ محفوظٌ بالملح .

**corner** *(n.; vt.)* (١) زاوية (٢) ملتقى شارعين. (٣) موقف حرج § (٤) يضع في مركزٍ حرج.

**cornerstone** *(n.)* حجر الزاوية .

**cornet** *(n.)* (١) بوق (٢) قمع ورقيّ ؛ «قرن بوظة» .

**corn flour** *(n.)* دقيق الذُّرَة النشوي.

**cornflower** *(n.)* القَنْطَرْيون العَنْبَريّ (نبات)

**cornice** *(n.)* طُنُف ؛ إفريز ؛ كورنيش.

**corn pone** *(n.)* خبز الذُّرة.

**cornstarch** *(n.)* = corn flour.

**cornucopia** *(n.)* قرن الوفرة أو الخصب .

**corolla** *(n.)* التُّوَيْج : الغلاف الداخلي المحيط بالأسْدية والمدقة (في الزهرة) .

cornucopia

**corollary** *(n.)* (١) اللازمة (٢) نتيجة طبيعية .

**corona** *(n.)* (١) هالة (٢) إكليل .

**coronary artery** *(n.)* الشريان التاجيّ .

**coronation** *(n.)* تتويج.

**coroner** *(n.)* المحقق في الوفيات المشتبَه بها .

**coronet** *(n.)* (١) التُّوَيْج : تاج صغير يلبسه الأمراء (٢) إكليل (تزين به المرأة رأسها) .

**corporal** *(n.; adj.)* (١) العريف : رتبة عسكرية § (٢) بدنيّ (٣) شخصيّ .

**corporate** *(adj.)* (١) متّحِد (٢) مُشترَك .

**corporation** *(n.)* (١) شركة (٢) نقابة.

**corporeal** *(adj.)* جسدي ؛ ماديّ .

**corps** *(n.)* (١) فَيْلَق (٢) سلك (دبلوماسي الخ.)

**corpse** *(n.)* جُثّة ؛ جثمان ؛ جِيفَة .

**corpulence; corpulency** *(n.)* سِمَن .

**corpulent** *(adj.)* سمين ؛ بدين .

**corpus** *(n.)* (١) جسد (٢) جثّة (٣) مجموعة كاملة

**corpuscle** *(n.)* (١) جُسَيمة (٢) كُرَيّةُ دم .

**corral** *(n.)* (١) زريبةٍ (٢) سياجٌ من عربات .

**correct** *(vt.; adj.)* (١) يصحّح (٢) يعدّل (٣) يؤدّب § (٤) صحيح ؛ مضبوط (٥) لائق.

**correction** *(n.)* (١) تصحيح (٢) تعديل . (٣) تأديب (٤) إصلاح الأحداث المنحرفين.

**correlate** *(vt.)* (١) يربط بصورة نظامية . (٢) يُقيم علاقةً متبادلة بين .

**correlation** *(n.)* (١) رَبْط ؛ إقامة علاقة متبادلة بين (٢) ارتباط (٣) علاقة متبادلة .

**correlative** *(adj.; n.)* (١) متلازم ؛ مترابط . (٢) متبادَل العلاقة § (٣) لفظ متبادَل العلاقة .

**correspond** *(vi.)* (١) يتوافق ؛ يتطابق ؛ ينسجم مع (٢) يقابل ؛ يوازي ؛ يماثل (٣) يتراسل.

**correspondence** *(n.)* (١) توافق ؛ تطابُق . (٢) تشابُه (٣) مراسلة (٤) الرسائل المتبادلة .

**correspondent** *(adj.;n.)* (١) متوافق؛ متطابق؛ متماثل (٢) المتراسَل معه (٣) المراسل ؛ مُراسِل الصّحف.

**corresponding** *(adj.)* (١) متطابق؛ متماثل؛ متشابه (٢) مراسل (٣) متراسل.

**corridor** *(n.)* رواق؛ دهليز؛ مجاز.

**corroborate** *(vt.)* يؤيِّد؛ يثبِّت.

**corrode** *(vt.;i.)* (١) يتأكّل ؛ يؤكسد ؛ يُصدىء ×(٢) يتآكل؛ يتأكسد؛ يَصْدأ.

**corrosion** *(n.)* (١) تأكُّل؛ تآكل (٢) صدأ.

**corrosive** *(adj.;n.)* (١) متأكّل ؛ أكّال . (٢) مُزْعِج؛ مضايِق §(٣) مادة أكّالة الخ.

**corrugate** *(vt.;i.)* (١) يُموِّج ؛ يُغضِّن؛ يجعِّد ×(٢) يتموّج؛ يتغضّن يتجعّد.

**corrupt** *(vt.;adj.)* (١) يرشو (٢) يُفسِد . (٣) يحرِّف §(٤) مُرْتَشٍ (٥) فاسد (٦) محرَّف.

**corruptible** *(adj.)* قابلٌ للرشوة أو الافساد أو الفساد.

**corruption** *(n.)* (١) رشوة (٢) فساد (٣) إفساد.

**corsage** *(n.)* (١) الصِّدار : الجزء الأعلى من ثوب المرأة (٢) باقة زهر تزيّن الصِّدار .

**corsair** *(n.)* (١) قرصان (٢) مركب قرصنة.

**corset** *(n.)* المُخصِّر : مشدّ نسْويّ .

**cortege** *(n.)* موكب (جنائزيّ الخ.).

**cortex** *(n.)* (١) لِحاء (٢) قشرة .

**cortical** *(adj.)* (١) لِحائيّ (٢) قشريّ.

**corvette** *(n.)* (١) سفينة حربية (٢) طرّاد .

**cosmetic** *(n.)* مستحضَر تجميلي .

**cosmic** *(adj.)* (١) كَوْنيّ (٢) واسع إلى أبعدحدّ.

**cosmic rays** الأشعة الكونية .

**cosmogony** *(n.)* نشأة الكون.

**cosmography** *(n.)* الكوزموغرافيا : علم يبحث في مَظْهر الكون وتركيبه العام .

**cosmonaut** *(n.)* =astronaut.

**cosmopolitan** *(adj.;n.)* (١) كوزموبوليتانيّ : عالميّ؛ غير محليّ §(٢) مواطن العالم .

**cosmos** *(n.)* (١) الكون (٢) الزينة : عشب أميركي

**cost** *(n.;vi.;t.)* (١) ثمن (٢) كُلْفة ؛ نفقة. (٣) حساب ؛ خسارة §(٤) يكلِّف .

at all ~ s, } مهما كلّف الأمر ؛
at any ~, } بأيّ ثمن .

**costly** *(adj.)* (١) غالٍ ؛ غير رخيص (٢) نفيس.

**cost price** *(n.)* الثمن الأصلي.

**costume** *(n.)* (١) زيّ (٢) لباس (٣) بذلة .

**costumer** *(n.)* الخيّاط أو بائع الملابس أو مؤجّرها.

**cosy** *(adj.)* =cozy.

**cot** *(n.)* (١) كوخ (٢) سرير خفيف نقّال.

**cote** *(n.)* زريبة ؛ وبخاصة : بُرج حمام .

**coterie** *(n.)* زمرة ؛ حلقة ؛ «شلّة» .

**cottage** *(n.)* (١) كوخ (٢) بيت صغير .

**cotter** *(n.)* وتد؛ خابور .

**cotton** *(n.)* (١) قطن (٢) غَزْل قطنيّ.

**cotton gin** *(n.)* المِحلاج : آلة الحَلْج .

**cottontail** *(n.)* قُطْنيّ الذَّنَب : أرنب أميركي .

cottontail

**cotton wool** *(n.)* القطن الطبيّ .

**couch** *(vt.; i.; n.)* (١) يَبْسُط (٢) يطرّز . (٣)ينكّس (٤) يسدّد (رمحاً) (٥) يصوغ (في ألفاظ) ×(٦) يضطجع (٧) يكمن لـِ §(٨) مَضْجَع ؛ سرير ؛ أريكة (٩)مَرْبِض.

**couchant** *(adj.)* مضطجِع ؛ رابض .

**cougar** *(n.)* الكَوجر : الأسد الأميركي .

**cough** *(vi.; t.; n.)* (١) يَسْعُل §(٢)سُعال .

**could** *past of* can.

**council** *(n.)* (١)مَجْلس (٢) مجلس شورى. (٣)مجمع كَنَسيّ (٤) مداولة (٥)جمعية .

**councillor** *or* **councilor** *(n.)* عضو مجلس .

**council of ministers** مجلس الوزراء.

**counsel** *(n.; vt.; i.)* (١) نصيحة ؛ مشورة . (٢)خطة(٣)تشاوُر ؛ تداوُل(٤)قصد(٥)محامٍ §(٦)ينصح ؛ يشير بـِ (٧) يستشير .

**counselor** *or* **counsellor** *(n.)* (١)الناصح؛ المستشار (٢)المحامي ؛ المستشار القانوني .

**count** *(vt.; i.; n.)* (١)يَعُدّ ؛ يُحصي(٢)يعتبر . (٣)يقدّر (٤)يأخذ بعين الاعتبار×(٥)يتكل ؛ يعتمد (٦)يُعَدّ ، يُعْتَبَر (٧) يؤثّر ؛ يهمّ (٨) يساوي §(٩) عدّ ؛ إحصاء (١٠) مبلغ إجمالي (١١)الكونت : نبيل أوروبي .

**countenance** *(n.; vt.)* (١)سيماء ؛ ملامح. (٢)مُحيّا (٣)تشجيع §(٤) يشجّع ؛ يؤيِد .

out of ~, مرتبك ؛ مضطرب .

to keep one's ~, (١) يعتصم بالهدوء (٢) يُمسِك عن الابتسام أو الضحك .

**counter** *(n.; vt.; i.; adj.)* (١) الفيشة : عملة رمزية تستخدم في القمار (٢) النَّضُد: منضدة أو طاولة طويلة (في دكان أو مصرف) (٣) العادّ ؛ المُحصي (٤) العدّاد ؛ جهاز العدّ (٥)العكس ؛ الضدّ §(٦)يقاوم ؛ يعاكس ×(٧)يردعلى الضربة أو الحجة بمثلها§(٨)مضادّ.

**counteract** *(vt.)* يضادّ ؛ يُبْطِل ؛ يعادل .

**counterattack** *(n.)* هجوم معاكس .

**counterbalance** *(n.; vt.; i.)* (١) الثِّقل المقابِل أو الموازن§(٢)يوازن : يقاوم بوزن مماثل.

**counterfeit** *(vt.; adj.; n.)* (١) يزيِف ؛ يزوِر§(٢)مزيَّف ؛ زائف §(٣)شيء مزيّف.

**counterfoil** *(n.)* أرومة (الشيك أو الإيصال).

**countermand** *(vt.; n.)* (١) يَنْسَخ ؛ يَنْقض ؛ يُبْطِل§(٢)نَسْخ ؛ نَقْض ؛ إبطال.

**countermarch** *(n.; vi.)* (١) نكوص ؛ تراجُع §(٢)يَنْكُص ؛ يتراجع .

**countermeasure** *(n.)* إجراء مضادّ.

**counterpane** *(n.)* لِحاف .

**counterpart** *(n.)* (١)نسخة ؛ نسخةٌ مطابقة. (٢)النظير (٣) القسيم ؛ الشيء المتمِم .

**counterpoise** *(vt.; n.)* (١)يوازن ؛ يقاوم بتأثير معادل §(٢)الثقل الموازِن أو المقابل (٣)توازن.

**counterrevolution** *(n.)* ثورة مضادّة.

**countersign** *(n.; vt.)* (١)الإمضاء المصدِّق. (٢) كلمة السرّ §(٣)يصدِّق على الامضاء.

**counterweight** = counterbalance.

**countess** *(n.)* الكونتس : زوجة الكونت.

**countless** *(adj.)* لايُعَدّ ؛ لا يُحْصَى.

**country** *(n.; adj.)* (١) بلد ؛ قُطر (٢) وطن ؛ دولة ؛ شعب (٣) ريف § (٤) أهلي ؛ وطنيّ ؛ ريفيّ.

**countryman** *(n.)* (١) الريفيّ : أحد سكان الريف (٢) مواطن المرء أو ابن بلده .

**countryside** *(n.)* (١) الريف (٢) أهل الريف.

**county** *(n.)* (١) الكونتيّة : ممتلكات الكونت. (٢) اقليم ؛ مقاطعة.

**coup** *(n.)* ضربة موفّقة غير متوقّعة.

**coupé** *(n.)* الكُوبيْه : مركبة أو سيارة مقفلة .

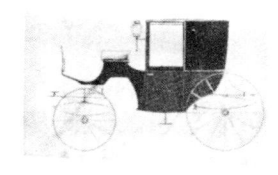

**couple** *(n.; vt.)* (١) الزوجان : متزوجان أو مخطوبان أو راقصان معاً (٢) الزوج : اثنان من نوع واحد (٣) رباط ؛ رابط (٤) قليل ؛ واحد أو اثنان § (٥) يربط ؛ يَقْرن (٦) يزوج.

**couplet** *(n.)* (١) الدوبيت : مقطع شعري مؤلف من بيتين (٢) زوج ؛ اثنان .

**coupling** *(n.)* (١) رَبْط (٢) القارنة : أداة رابطة.

**coupon** *(n.)* قسيمة ؛ كوبون.

**courage** *(n.)* شجاعة ؛ بسالة ؛ جراءة .

**courageous** *(adj.)* شجاع ؛ باسل ؛ جريء.

**courier** *(n.)* (١) الساعي ؛ الرسول (٢) رفيق السُيّاح (يشتري التذاكر ويحجز الغرف بالفنادق).

**course** *(n.)* (١) سَيْر ؛ تقدّم (٢) وجهة السير (٣) مطاردة (٤) سبيل ؛ طريق ؛ مضمار ؛ مجرى (النهر) (٥) مسلك ؛ طريقة (٦) سلوك (٧) سياق ؛ غضون (٨) المقرَّر التعليمي أو حلقة في هذا المقرّر (٩) اللون : لون من ألوان الطعام المقدّمة بالتتابع .

- a matter of ~, شيء طبيعيّ .
- in due ~, في الوقت المناسب .
- in the ~ of خلال ؛ أثناء ؛ في غضون .
- of ~, طبعاً ؛ من غير ريب .
- to run its ~, يتخذ مجراه الطبيعي .

**courser** *(n.)* فَرَس سريع.

**court** *(n.; vt.; i.)* (١) قَصْر ؛ بلاط (٢) فِناء ؛ ساحة (٣) ملعب (٤) محكمة (٥) دار العدل (٦) مجلس (٧) تودّد ؛ مغازلة § (٨) يحاول اكتساب كذا (٩) يُغري (١٠) يُغازل ؛ يتودد إلى

- to pay ~ to (١) يتودّد إلى (٢) يغازل .
- to take a case to ~, يقيم دعوى .

**courteous** *(adj.)* لطيف ؛ دمث ؛ كيّس.

**courtesan** *(n.)* (١) مَحظِيّة (٢) امرأة فاجرة .

**courtesy** *(n.)* (١) لطف (٢) إذْن (٣) واسطة .

**courthouse** *(n.)* دار العدل أو القضاء .

**courtier** *(n.)* أحد رجال الحاشية .

**courtly** *(adj.)* لطيف ؛ كيّس ؛ مصقول.

**court-martial** *(n.)* المجلس العسكري .

**courtship** *(n.)* (١) تودّد (٢) مغازلة .

**courtyard** فِناء ؛ ساحة الدار .

**cousin** *(n.)* ابن (أو بنت) عم أو خال أو عمة أو خالة

**cove** *(n.)* (١) جُوْن ؛ خليج صغير (٢) كهف .

**covenant** *(n.; vt.)* (١) عَهْد ؛ ميثاق . (٢) عَقْد ؛ اتفاقية § (٣) يُعاهد ؛ يُواثق .

**cover** *(vt.; n.)* (١) يحمي ؛ يصون (٢) يهيمن على (٣) يصوّب المسدّس إلى (٤) يؤمّن (٥) يخفي ؛ يستر ؛ يحجب (٦) يغطي ؛ يكسو (٧) يسدّ (حاجةً) ؛ يكفي لتغطية جميع النفقات (٨) يشمل ؛ يستغرق (٩) يعالج (موضوعاً) (١٠) «يغطي» الأحداث ؛ يزوّد (صحيفةً) بأنباء حدث ما (١١) يجتاز § (١٢) مخبأ

(١٣) غطاء ؛ غلاف (١٤) حِجاب ؛ ستار.

**covering** *(n.)* غطاء؛ تغطية.

**coverlet** *or* **coverlid** *(n.)* غطاء السرير.

**covert** *(adj.; n.)* (١) سِرّيّ؛ خفيّ؛ مقنّع. (٢) مغطّى؛ ظليل § (٣) مخبأ؛ ملجأ؛ مكمن.

**covertly** *(adv.)* سِرّاً؛ خفيةً؛ تلميحاً.

**covet** *(vt.; i.)* يشتهي (ما ليس له).

**covetous** *(adj.)* مُشْتَهٍ (ما ليس له).

**covey** *(n.)* (١) حَضْنَة طيور (٢) سربٌ؛ جماعة.

**cow** *(n.; vt.)* (١) بقرة § (٢) يروع.

**coward** *(n.; adj.)* (١) الجبان § (٢) جبان.

**cowardice** *(n.)* جُبْن؛ جَبانَة.

**cowardly** *(adv.; adj.)* (١) بجُبْن § (٢) جبان.

**cowboy** *(n.)* راعي البقر.

**cower** *(vi.)* يجثم أو ينكمش مرتعداً.

**cowhide** *(n.; vt.)* (١) جلدُ بقرة (٢) سوط مجدول (من جلد البقر) § (٣) يجْلد.

**cowl** *(n.)* (١) قلنسوة الراهب (٢) طربوش المدخنة.

**cowlick** *(n.)* خصلة شعر مرفوعة فوق الجبين.

**cowling** *(n.)* غطاء محرِّك الطائرة.

**co-worker** *(n.)* زميل في العمل.

**cowpox** *(n.)* جُدَريّ البقر.

**cowslip** *(n.)* زهر الربيع العطري (نبات).

**coxcomb** *(n.)* الأحمق المغرور.

**coxswain** *(n.)* موجِّه السُّكّان أو الدفّة.

**coy** *(adj.; vi.)* (١) خجول (٢) خفِرة؛ حييّة.

**coyote** *(n.)* القَيّوط: ذئبٌ أميركيّ صغير.

**cozen** *(vt.; i.)* يخدع؛ يحتال على.

**cozy** *(adj.)* (١) دافىء (٢) عائلي (٣) حَذِر.

**crab** *(n.)* (١) سرطان؛ سَلْطعون (٢) رافعة أثقال.

**crab apple** *(n.)* تفّاحٌ بريّ (صغير حامض).

**crabbed** *(adj.)* (١) سيّء الطبع؛ نكد المزاج. (٢) معقّد (٣) مُبهَم؛ غير مقروء.

**crack** *(vi.; t.; n.; adj.)* (١) يُطَقْطق. (٢) ينصدع؛ ينفلع؛ ينشق (٣) ينهار (٤) يصبح أجشّ × (٥) يَصْدَع؛ يَفلَع؛ يشقّ (٦) يكسر (٧) يُطلق (نكتةً الخ.) (٨) يفتح (٩) يحلّ (١٠) يسطو على (١١) يحطّم (١٢) يمدح (١٣) يُفرقع؛ يجعله يطلق صوتاً حاداً § (١٤) طقطقة؛ فرقعة (١٥) طلقة (١٦) حديث (١٧) نكتة (١٨) فَلْع؛ صَدْع؛ شِقّ (١٩) ضَعف؛ خلل؛ مسّ من جنون (٢٠) بحّة § (٢١) ممتاز.

**cracker** *(n.)* (١) مفرقعة نارية (٢) بسكويتة رقيقة ناشفة (٣) المتبجّح (٤) كسارة الجوز .

**crackle** *(vi.; t.; n.)* (١) يطقطق § (٢) طقطقة.

**crackup** *(n.)* (١) انهيار (٢) تحطّم .

**cradle** *(n.; vt.)* (١) مهد (٢) مِنْجَل . (٣) الهزّازة : صندوق هزّاز يستعمله المعدّنون لفصل الذهب عن التراب § (٤) يضع أو يهزّ طفلاً في مهد (٥) يحصد (٦) يفصل (بهزّازة) .

**craft** *(n.)* (١) براعة (٢) حِرفة (٣) مَكْر ؛ خداع (٤) مركب (٥) طائرة .

**craftsman** *(n.)* الحِرَفيّ: صاحب الحرفة.

**crafty** *(adj.)* ماكر ؛ خادع .

**crag** *(n.)* صخرة أو جُرُف شديد الانحدار.

**cram** *(vt.; i.)* (١) يَحْشُرُ ؛ يكظّ ؛ يملأ ؛ يحشو . (٢) يُتْخِم × (٣) يأكل بنهم (٦) يدرس بعَجَلة

**cramp** *(n.; vt.)* (١) تشنّج (٢) *pl.* : مغص حادّ (٣) مِلزم ؛ كلاّب (٤) قَيْد § (٥) يشنّج (٦) يُقيّد ؛ يَعُوق (٧) يثبّت بمِلزم .

**crane** *(n.; vt.; i.)* (١) كُرْكيّ (٢) رافعة ؛ «ونْش» § (٣) يرفع ( بونْش ) × (٤) يُتْلِع عُنُقَه .

crane 1.

**cranial** *(adj.)* جُمجُميّ ؛ قِحفيّ .

**cranium** *(n.)* جُمْجُمة ؛ قِحف .

**crank** *(n.; vt.)* (١) الكَرَنْك: ذراع الادارة أو التدوير (٢) نزوة (٣) المهووس : شخص تستحوذ عليه فكرة أو هواية ما § (٤) يدير أو يُعمِل بواسطة الكرنك .

crank 1.

**cranky** *(adj.)* (١) معتوه (٢) قلِق ؛ متقلقل . (٣) نزق ؛ غريب الأطوار .

**cranny** *(n.)* شقّ ؛ صَدْع (في جدار الخ. )

**crape** *(n.)* الكَرِيب : قماش رقيق جَعْد .

**crash** *(vt.; i.; n.)* (١) يحطّم × (٢) يتحطّم . (٣) يُفلِس (٤) يُحدث ضجة شديدة (مثل شيء ينهار) § (٥) تحطّم ؛ تهشّم ؛ ارتطام (٦) انهيار (٧) هزيم الرعد (٨) قماش خشن .

**crass** *(adj.)* تام ؛ شديد .

**crate** *(n.)* قفص (للشّحْن البحري).

**crater** *(n.)* فُوَّهة البركان .

**crave** *(vt.)* (١) يلتمس (٢) يحتاج أو يتوق إلى .

**craven** *(adj.; n.)* جبان .

**craving** *(n.)* رغبة ملحّة ؛ توق شديد .

**crawfish** *(n.)* = crayfish.

**crawl** *(vi.; n.)* (١) يَدِبّ ؛ يَزْحَف (٢) يغصّ أو يمتلىء بالنمل ونحوه (٣) تَتَنَمّل (اليدُ الخ) أو تَخْدَر § (٤) دبيب ؛ زحف (٥) تقدّم بطيء .

**crayfish** *(n.)* الإرْبيان ؛ جراد البحر .

**crayon** *(n.)* (١) الكَرْيون : قلم طباشير أو قلم شمع ملوّن يستخدم في الكتابة والرسم (٢) صورة مرسومة بالكَرْيون.

**craze** *(vt.; i.; n.)* (١) يخبل ؛ يجنن × (٢) يُصاب بالجنون § (٣) بِدعة ؛ هَوَسٌ عابر .

**crazy** *(adj.)* مخبَّل ؛ مجنون .

**creak** *(vi.; t.; n.)* (١) يَصِرّ ؛ يَصْرِف × (٢) يجعله يَصِرّ § (٣) صرير ؛ صريف .

**cream** *(n.; vt.)* (١) قشدة (٢) طعام مُعَدّ من قشدة اللبن (٣) الكريم : مستحضر طبيّ أو تجميليّ (٤) زبدة الشيء أو صفوته (٥) اللون الأصفر الشاحب § (٦) يخفق (الزبدة الخ).

**creamery** *(n.)* (١) المَقْشَدة : مصنع الزبدة والجبن (٢) المَلْبَنَة : محلّ لبيع اللبن ومشتقاته.

**creamy** *(adj.)* (١) قِشْديّ (٢) دَسِم .

**crease** *(n.; vt.; i.)* (١) غَضَن ؛ جَعْدة § (٢) يغضّن ؛ يجعّد × (٣) يتغضّن ؛ يتجعّد .

**create** *(vt.)* (١) يَخلق (٢) يُحدِث (٣) يعيّن.

**creation** *(n.)* (١) خَلْق (٢) إحداث (٣) تعيين (٤) الكون ؛ الخليقة (٥) *pl.* : مبتكرات .

**creative** *(adj.)* (١) مُبْدِع (٢) إبداعي .

**creator** *(n.)* (١) الخالق ؛ المبدع (٢) *cap.* : الله

**creature** *(n.)* (١) مخلوق (٢) كائن حيّ .

**credence** *(n.)* (١) تصديق ؛ إيمان بـ (٢) اعتماد.

**credentials** *(n.pl.)* أوراق اعتماد (سفير) .

**credible** *(adj.)* معقول ؛ ممكنٌ تصديقه.

**credit** *(n.; vt.)* (١) رصيدٌ دائنٌ (في حساب). (٢) اعتمادٌ (يفتحه المصرف لمصلحة شخص أو مؤسّسة) (٣) دَيْن (٤) المطلوب له ؛ الدائن : الجانب الأيمن من الحساب الجاري (٥) ثقة ؛ تصديق (٦) سمعة حسنة (٧) شرَف ؛ فضل (٨) مفخرة ؛ موضع فخر § (٩) يصدّق ؛ يثق بـ (١٠) يقيّد له أو لحسابه (١١) ينسب ؛ يعزو .

**creditable** *(adj.)* مشرِّف ؛ جدير بالاكبار .

**creditor** *(n.)* الدائن ؛ صاحب الدَّيْن.

**credulity** *(n.)* السذاجة ؛ سرعة التصديق .

**credulous** *(adj.)* ساذج ؛ سريع التصديق .

**creed** *(n.)* عقيدة .

**creek** *(n.)* (١) جُون ؛ خليج صغير (٢) نُهَيْر .

**creel** *(n.)* سَلّة (صيّاد السمك بالصنّارة) .

**creep** *(vi.; n.)* (١) يَدِبّ ؛ يزحف ؛ ينسلّ إلى. (٢) يَعْتَرِش ؛ يتسلّق (٣) يَتَنَمّل ؛ يَتَخدّر § (٤) دبيب ؛ زحف (٥) *pl.* : نَمَلٌ ؛ خَدَرٌ .

**creeper** *(n.)* نبات معترِش أو متسلّق .

**creepy** *(adj.)* (١) دابّ ؛ زاحف (٢) مُنمِل ؛ مروِّع (٣) نَمِل ؛ مروَّع .

**cremate** *(vt.)* يُحرِق (جثّة ميْت) .

**Creole** *(n.)* الكريبوليّ : أبيض متحدّر من نزلاء الولايات الأميركية الفرنسيّين أو الاسبانيين.

**creosote** *(n.)* الكريوسوت : سائل زيتيّ .

**crepe** *(n.)* الكريب : قماش رقيق جَعْد .

**crept** *past and past part. of* creep.

**crescent** *(n.; adj.)* (١) هلال § (٢) هلاليّ .

**cress** *(n.)* رَشاد ؛ حُرْف ؛ قُرّة العين (نبات).

**crest** *(n.; vt.; i.)* (١) عُرْف الديك (٢) شعر عنق الفرس (٣) ريشة الخوذة (٤) ذروة .

**crestfallen** *(adj.)* (١) مكتئب (٢) خَجِل.

**cretaceous** *(adj.)* طباشيريّ .

**cretonne** *(n.)* الكريتون: قماش قطنيّ مطبّع.

**crevasse** *(n.)* صَدْع عميق.

**crevice** *(n.)* صَدْع؛ فَلْع؛ شِقّ.

**crew** *past of* crow.

**crew** *(n.)* (١) ملاّحو السفينة أو الطائرة. (٢) الطاقم: مجموعة المستخدمين في عمل معيّن.

**crib** *(n.; vt.; i.)* (١) مَعلَف؛ مِذْوَد (٢) زريبة (٣) مَهْد (٤) مبنى أو صندوق لخزن الحنطة §(٥) يحبس (٦) يَسْرِق ×(٧) يغِش.

**cricket** *(n.)* (١) الجُدْجُد؛ صَرّار الليل. (٢) الكريكيت: لعبة من ألعاب الكرة والمضرِب.

**crier** *(n.)* (١) الصارخ؛ الصائح الخ. (٢) حاجب محكمة (٣) بائع متجوّل (٤) منادي البلدة.

**crime** *(n.)* (١) جريمة؛ جناية (٢) إجرام.

**criminal** *(adj.; n.)* (١) جنائيّ (٢) إجرامي. (٣) مجرِم §(٤) المجرم؛ الجاني.

**crimp** *(vt.)* يجعّد؛ يموّج (الشعرَ الخ.).

**crimson** *(n.; adj.)* (١) اللون القرمزيّ. §(٢) قرمزيّ اللون.

**cringe** *(vi.)* (١) ينكمش (خوفاً) (٢) يتذلل.

**crinkle** *(vi.; t.; n.)* (١) يتجعّد؛ يتغضّن. ×(٢) يجعّد؛ يغضّن §(٣) جَعْدة؛ غَضَن.

**cripple** *(n.; vt.)* (١) الأعرَج؛ المُقعَد؛ الأشلّ §(٢) يصيبه بالعرَج (٣) يَشُلّ؛ يعطّل.

**crisis** *(n.)* (١) البُحْران: تغيُّر مفاجىء نحو الأفضل أو الأسوأ في الحميّات (٢) أزمة.

**crisp** *(adj.; vt.; i.)* (١) جَعْد؛ متموّج؛ متغضّن (٢) هشّ؛ قصِم (٣) ناضر (٤) بيّن؛ واضح؛ حادّ (٥) منعش أو بارد §(٦) يجعّد (٧) يجعله هشّاً ×(٨) يتجعّد (٩) يصبح هشّاً.

**crisscross** *(vt.; adj.)* §(١) يَسِم بخطوط متصالبة (٢) يجتاز جيئة وذهوباً §(٣) متقاطع.

**criterion** *(n.)* معيار؛ مقياس؛ محكّ.

**critic** *(n.)* (١) الناقد (٢) العيّاب.

**critical** *(adj.)* (١) انتقاديّ (٢) نقديّ. (٣) حاسم (٤) خطِر؛ خطير؛ حرِج.

**criticism** *(n.)* (١) انتقاد (٢) نَقْد.

**criticize** *or* **criticise** *(vi.; t.)* ينتقد؛ يَنْقُد.

**critique** *(n.)* (١) نَقْد (٢) مقالة نَقْديّة.

**croak** *(vi. n.)* (١) ينقّ (الضفدع). (٢) ينْعب (الغراب) §(٣) نقيق (٤) نعيب.

**crochet** *(n.)* حَبْك (بإبرة معقوفة).

**crock** *(n.)* (١) كسرة فخار (٢) جرّة الخ.

**crockery** *(n.)* آنية فخّاريّة.

**crocodile** *(n.)* التمساح.

**crocus** *(n.)* الزعفران أو لونه الأصفر.

**croft** *(n.)* حقل صغير؛ مزرعة صغيرة.

**crofter** *(n.)* المزارع الصغير.

**crone** *(n.)* عَجوز شمطاء؛ حَيزَبون.

**crony** *(n.)* صديق (أو رفيق) حميم.

**crook** *(n.; vt.; i.)* (١) خُطّاف؛ مِحْجَن. (٢) عصا الراعي (٣) صولجان الأسقف (٤) المحتال §(٥) يعقف؛ ينعقف.

**crooked** *(adj.)* (١) معقوف؛ منحنٍ (٢) ملتوٍ.

**croon** *(vi.; t.)* يدندن (في الغناء).

**crop** *(n.; vt.; i.)* (١) مِقْبَض السَّوْط.

(٢)حوصلة الطائر (٣)محصول ؛ غلّة (٤)مجموعة §(٥)يحصد (٦)يقص الشعر قصيراً (٧)يصلم الأذن ×(٨) يبرز على نحو غير متوقّع .

**cropper** *(n.)* (١)الحصَّاد ؛ الحصَّادة (٢)زارع الأرض أو مستثمرها مقابل حصة من الغلال .

**croquet** *(n.)* الكروكي : لعبة بالكرات الخشبية .

croquet

**crosier** *(n.)* صولجان الأسقف .

**cross** *(n.; vt.; i.; adj.)* (١)صليب (٢)محنة . (٣)تقاطع طريقين أو خطين (٤)نزاع ؛ مُشادّة (٥)التهجين : مزج السلالات (٦) حيوانٌ هجين ؛ نبتة هجينة §(٧)يرسم إشارة الصليب على (٨) يشطب (٩)يصالب ؛ يجعله متصالباً (١٠) يعترض ؛ يعارض ؛ يقاوم (١١)يُفسد (١٢)يَعْبُر (جسراً الخ.) (١٣)يسطّر ؛ يخطّط (١٤)يهجن ؛ يمزج السلالات ×(١٥)يتقاطع §(١٦)مستعرض ؛ بالعرض (١٧) متقاطع (١٨)معاكس ؛ مضاد (١٩)متعارض ؛ متضارب (٢٠)نَزِق (٢١) هجين ؛ مهجّن .

to ~ a person's path يلتقي به .
to ~ one's mind تخطر له (فكرةٌ) .
to take the ~, يلتحق بحملة صليبيّة .

**crossbar** *(n.)* القضيب أو الخطّ المستعرض .

**crossbow** *(n.)* القوس والنُّشّاب .

**crossbreed** *(vt.; i.)* (١)يهجن ×(٢)يتهاجن .

**cross-examine** *(vt.)* يستجوب الشاهدَ .

**cross-eyed** *(adj.)* أحول ؛ أحول العينين .

**crossing** *(n.)* (١)عبور الخ. (٢) نقطة التقاطع .

**crossly** *(adv.)* بنزَق ؛ على نحوٍ نَزِق .

**cross-question** *(vt.)* = cross-examine.

**crossroad** *(n.)* (١)طريق متقاطعة (مع طريق رئيسية) (٢) *pl.*: مفترق طرق .

at the ~ s على مفترق الطرق .

**cross section** *(n.)* مَقْطَعٌ مستعرِض .

**crosswise** *or* **crossways** *(adv.)* بالعَرْض .

**crotch** *(n.)* المُنْفَرَج : الزاوية الناشئة عن انفراج الساقين . الخ .

**crotchet** *(n.)* نزوة أو فكرة غريبة .

**crouch** *(vi.)* (١)يربض ؛ يجثم (٢) ينحني .

**croup** *(n.)* الخُناق : التهاب خطير في الحنجرة.

**crouton** *(n.)* قطعة خبز مُحمّص .

**crow** *(n.; vi.)* (١)غراب (٢)مُخْل ؛ عتَلَة. §(٣) يصيح (الديك) (٤) يتبجّح .

as the ~ flies في خط مستقيم ؛ بأقصر الطرق .

**crowbar** *(n.)* عتَلَة ؛ مُخْل .

**crowd** *(n.; vi.; t.)* (١) حَشْد (من الناس) . (٢)مجموعة كبيرة §(٣)يحتشد ×(٤)يحشر ؛ يدفع إلى أمام (٥) يملأ ؛ يكظّ (٦)يحشُد.

**crowded** *(adj.)* مزدحم .

**crown** *(n.; vt.)* (١)تاج (٢)قمة ؛ ذروة (٣)الرأس أو أعلاه (٤)تاج الضرس : جزؤه الأعلى الذي فوق اللثة (٥)إكليل (٦)مِلك (٧)الكراون : قطعة نقديّة فضية بريطانيّة §(٨) يتوّج

(٩) يكلّل (١٠) يضفي عليه شرفاً أو مجداً.

**crown prince** *(n.)* وليّ العهد.

**crozier** *(n.)* =crosier.

**crucial** *(adj.)* (١)حاسم (٢) عصيب.

**crucible** *(n.)* (١) بُوتَقَة (٢) اختبار قاسٍ.

**crucifix** *(n.)* صليب.

**crucifixion** *(n.)* صَلْب؛ صَلْب المسيح.

**cruciform** *(adj.)* صليبيّ الشكل.

**crucify** *(vt.)* (١)يصلُب (٢)يميت (الشهوات).

**crude** *(adj.)* (١)خام (٢)بسيط (٣)غير بارع أو مُتْقَن (٥) غير مصقول أو مهذَّب.

**cruel** *(adj.)* وحشيّ؛ قاسٍ.

**cruelty** *(n.)* وحشيّة؛ قسوة.

**cruet** *(n.)* إبريق زجاجي.

**cruise** *(vi.; t.; n.)* (١)يطوف في البحر ×(٢)يجوب §(٣)تَطْواف.

cruet

**cruiser** *(n.)* الطراد: سفينة حربية.

**crumb** *(n.; vt.)* (١) كِسْرَة (٢)مقدار ضئيل (٣)لُبّ الخبز §(٤)يفتّت أو يرفع الفتات عن.

**crumble** *(vt.; i.)* (١)يفتّت ×(٢) يتفتّت (٣)يتقوّض؛ ينهار.

**crumple** *(vt.; i.)* (١) يجعّد ×(٢) يتجعّد.

**crunch** *(vt.; n.)* (١)يمضغ؛ يطحن بأسنانه. (٢)يَسْحَقُ بجلبة §(٣) مَضْغ؛ سَحْق.

**crupper** *(n.)* (١)المَذْيَلَة: سَيْر من جلد تحت ذيل الفرس (٢) كَفَل الفرس.

**crusade** *(n.; vi.)* (١)الصّليبيّة: حملة صليبية. (٢)حملة عنيفة §(٣)يشارك في حملة صليبية.

**crusader** *(n.)* الصليبيّ: المشترك في حملة صليبية.

**cruse** *(n.)* ابريق أو كأس (للماء أو الزيت).

**crush** *(vt.; i.; n.)* (١) يَعْصِر (٢)يَسْحَنُ؛ يَسْحَقُ؛ يحطم (٣) يحشُر ×(٤) ينسحق §(٥)عَصْر؛ سَحْق الخ. (٦)جمهور محتشد.

**crust** *(n.; vt.; i.)* (١)قشرة الرغيف (٢) قشرة. (٣)غلاف §(٤)يكسو أو يكتسي بقشرة.

**crustacean** *(n.; adj.)* (١) القِشْرِيّ: واحد القِشْرِيات وهي حيوانات مائية §(٢)قِشْرِيّ.

**crutch** *(n)* (١)عكاز (٢)سِناد؛ دعامة؛ ركيزة.

**crux** *(n.)* (١)مشكلة محيّرة (٢)نقطة حيويّة.

**cry** *(vi.; n.)* (١)يَصْرخ؛ يصيح (٢)يبكي؛ ينتحب (٣)يعوي؛ ينعب §(٤)صُراخ (٥)بكاء (٦) نعيب (٧) شعار (٨)إشاعة (٩)زيّ شائع.

a far ~, مسافة بعيدة؛ بونٌ شاسع.
to ~ down ينتقص من قدره.
to ~ for the moon يطلب مستحيلاً.
to ~ mercy يلتمس الرحمة.
to ~ off ينقض عهداً أو اتفاقاً.
to ~ out (١) يصرخ (٢) يحتجّ على.
to ~ up يطري إطراء شديداً.
to ~ wolf يطلق إشارة خطر كاذبة.

**crying** *(adj.)* (١)صارخ (٢) مُلِحّ.

**crypt** *(n.)* سرداب (وبخاصّة تحت كنيسة).

**cryptic** *(adj.)* خفيّ؛ سرّيّ؛ مُلْغَز.

**crystal** *(n.; adj.)* (١)بِلَّوْر؛ بِلَّوْرَة (٢)غطاء الساعة الزجاجيّ §(٣) بِلَّوْرِيّ (٤)صافٍ.

**crystalline** *(adj.)* (١) بِلَّوْرِيّ (٢) متبلّر (٣)متبلْوِر: واضح المعالم (٤)صافٍ؛ شفاف.

**crystallize** *(vt.; i.)* يُبَلْوِر؛ يَتَبَلْوَر.

**cub** *(n.)* (١)جرو الثعلب أو الدبّ الخ. (٢)شبل (٣)فتى؛ فتاة (٤)الجُرْمُوز: كشاف صغير.

cub 2.

**cube** *(n.; vt.)* (١) المكعَّب (٢) نَرْدٌ (٣) مكعّب كمية ما §(٤) يكعّب .

**cubic** *(adj.)* (١) مكعَّب (٢) تكعيبيّ ؛ حجميّ .

**cubism** *(n.)* التكعيبية ؛ الرسم التكعيبي .

**cubit** *(n.)* الذراع : وحدة قياس للطول .

**cuckoo** *(n.)* (١) الوَقْواق (٢) الوقوقة : صوت الوقواق

**cucumber** *(n.)* خِيار ؛ قثّاء .

**cud** *(n.)* (١) الجِرّة : جزء من الطعام يعيده الحيوان المجترّ من معدته الأولى إلى فمه ليمضغه ثانية (٢) مُضْغَة (من التبغ بخاصة).

**cuddle** *(vt.; i.; n.)* (١) يعانق ؛ يحضن . ×(٢) يتضامّ التماساً للدفء §(٣) عناق .

**cudgel** *(n.; vt.)* (١) نَبّوت ؛ هراوة . §(٢) يضرِب بالنبّوت أو الهراوة .

to ~ one's brains يقدح زناد فكره .

to take up the ~ *s* (for) يدافع عن .

**cue** *(n.; vt.; i.)* (١) المُشْعِرَة : كلمةٌ أو عبارة (في مسرحية) تُشعِر الممثل بأن دوره في الكلام قد حان (٢) تلميح ؛ إلماع (٣) ضفيرة ؛ جديلة (٤) رَتَلٌ ؛ صفّ ؛ طابور (٥) عصا البليارد.

**cuff** *(n.)* (١) طرف الردن أو الكمّ (٢) ثَنْيَة ساق البنطلون (٣) غُلّ ؛ قَيْد (٤) صفعة .

**cuirass** *(n.; vt.)* (١) دِرْع §(٢) يدرّع .

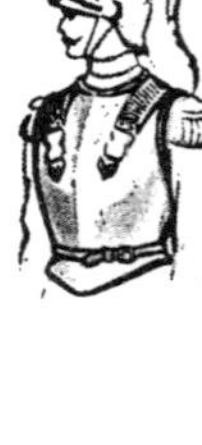

**cuisine** *(n.)* (١) مطبخ §(٢) أسلوب الطبخ .

**cull** *(vt.; n.)* (١) يختار (٢) يغربل §(٣) نُفاية .

**cullender** *(n.)* مصفاة (تستخدم للطهو) .

**culminate** *(vi.)* (١) يتكبّد : يبلغ الجرم السماويّ أقصى ارتفاعه (٢) يتأوّج ؛ يبلغ الذروة .

**culmination** *(n.)* (١) تأوّج (٢) أوج .

**culpable** *(adj.)* مَلُومٌ ؛ جديرٌ باللوم .

**culprit** *(n.)* (١) المُتّهَم (٢) المجرم .

**cult** *(n.)* (١) عبادة (٢) دِين (٣) طائفة دينية .

**cultivate** *(vt.)* (١) يفلح ؛ يحرث (٢) يتعهد بالعناية (٣) يهذّب (٤) يرعى ؛ يشجّع .

**cultivation** *(n.)* حراثة ؛ تعهّد ؛ تهذيب ؛ رعاية .

**cultural** *(adj.)* (١) ثقافيّ (٢) مستولَد .

**culture** *(n.)* (١) حراثة (٢) تثقيف ؛ تهذيب . (٣) ثقافة (٤) حضارة (٥) الاستنبات : زرع البكتريا أو الأنسجة الحية للدراسة العلمية .

**culvert** *(n.)* بَرْبَخ ؛ مجرور (للمياه القذرة).

**cumber** *(vt.)* يُثْقِل ؛ يُرْهِق ؛ يَعُوق .

**cumbersome** *(adj.)* ثقيل ؛ مرهق ؛ مزعج .

**cumulative** *(adj.)* متراكم ؛ تراكميّ .

**cuneiform** *(adj.; n.)* (١) إسفينيّ ؛ مسماريّ . §(٢) حروف (أو كتابة) مسمارية .

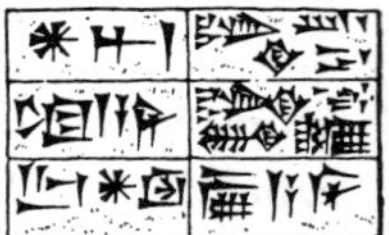

**cuneiform 2.**

**cunning** *(adj.; n.)* (١) بارع (٢) ماكر (٣) جذّاب §(٤) براعة (٥) مكر .

**cup** *(n.)* (١) كوب ؛ فنجان (٢) كأس (٣) الخمر .

**cupbearer** *(n.)* السّاقي : ساقي الخمر .

**cupboard** *(n.)* صُوان ؛ خزانة صغيرة .

**cupidity** *(n.)* طَمَعٌ ؛ جَشَعٌ ؛ حبّ المال .

**cupola** *(n.)* (١) قُبّة (٢) فُرْن (لصهر المعادن) .

**cur** *(n.)* (١) كلْب (٢) اللئيم ؛ الجبان .

**curacy** *(n.)* منصب راعي الأبرشيّة أو عملُه .

**curate** *(n.)* راعي الأبرشية .

**curative** *(adj.; n.)* شفائيّ ؛ علاجيّ ؛ شافٍ .

**curator** *(n.)* (١) الوصيّ (٢) القيّم .

**curb** *(n.; vt.)* (١) الشكيمة : الحديدة المعترضة في فم الفرس (٢) حاشية أو حافّة مطوِّقة (٣) الكابح ؛ الضابط (٤) حاجز حجريّ عند حافة الطريق § (٥) يَشكُم § (٦) يكبح .

**curd** *(n.; vt.)* (١) خُثارة اللبن § (٢) يخثِّر .

**curdle** *(vt.; i.)* (١) يُخَثِّر × (٢) يتخثر .

**curdy** *(adj.)* متخثِّر ؛ مُتجبّن .

**cure** *(n.; vt.)* (١) الرعاية الروحيّة (٢) شفاء ؛ إبلال (٣) علاج ؛ دواء (٤) معالجة ؛ مداواة § (٥) يشفي (٦) يعالج ؛ يداوي (٧) يملِّح ؛ يقدِّد .

**curé** *(n.)* راعي الأبرشيّة .

**curfew** *(n.)* (١) ناقوس الغروب (٢) إنذار حَظْر التجول ( أثناء الأحكام العرفيّة ) .

**curio** *(n.)* تحفة ؛ طُرْفَة .

**curiosity** *(n.)* (١) فضول ؛ حبّ استطلاع . (٢) تحفة ؛ طُرْفَة (٣) صفة غريبة أو لافتة للنظر .

**curious** *(adj.)* (١) فضوليّ : مُحِبّ للاستطلاع (٢) غريب ؛ لافتٌ للنظر (٣) دقيق .

**curl** *(vt.; i.; n.)* (١) يُعَقِّص (الشَّعْر) ؛ يلُفّ ؛ يفتل × (٢) يلتفّ ؛ يتجعد § (٣) عِقصَة ؛ حُلَيْقَة (شعر) (٤) لَفّة (٥) لَفّ ؛ عَقْص .

curlew

**curlew** *(n.)* الكرَوان : طائر مائيّ .

**curly** *(adj.)* جَعْدٌ أو معقوص ( صفة للشَّعْر ) .

**currant** *(n.)* الكِشْمِش : عنَبٌ (أوزبيبٌ) لا بزر له .

**currency** *(n.)* (١) تداوُل (٢) انتشار ؛ رواج ؛ سيرورة (٣) عملة متداوَلة .

**current** *(adj.; n.)* (١) جارٍ ؛ حاضر ؛ حاليّ . (٢) الأخير (٣) متداوَل (٤) شائع ؛ ذائع ؛ سائد ؛ رائج § (٥) جدول ؛ نهر (٦) تيّار .

**current account** *(n.)* الحساب الجاري .

**currently** *(adv.)* بصورة عامة أو شائعة .

**curriculum** *(n.)* منهاج الدراسة .

**curry** *(vt.; n.)* (١) يمشّط ( شعرَ الفرس ) . (٢) ينظف الجلود (بعد الدبغ) (٣) يضرب ؛ يجلد (٤) يطهو بالكَرِي § (٥) الكري : بهارٌ هندي .

**currycomb** *(n.; vt.)* (١) المِحَسّة : مشط لشعر الفرَس § (٢) يمشّط شعَر الفرس بمحسّة .

**curse** *(n.; vt.)* (١) لعنة (٢) بلاء § (٣) يلعن . (٤) يشتم (٥) يعذّب ؛ يُشقي ؛ يُنزل به بلاء .

**cursed** *(adj.)* ملعون ؛ لعين ؛ بغيض .

**cursory** *(adj.)* سريع ؛ خاطف ؛ سطحيّ .

**curt** *(adj.)* جافّ : مقتضَبٌ على نحوٍ فظّ .

**curtail** *(vt.)* (١) يَبتُر (٢) يختصر .

**curtain** *(n.; vt.)* (١) ستارة (٢) سِتْر ؛ غطاء ؛ حجاب § (٣) يزوّد بالستائر (٤) يحجب .

**curtsy** or **curtsey** *(n.)* انحناءَة احترام .

**curvature** *(n.)* (١) حَنْي ؛ تقويس (٢) انحناء .

**curve** *(vt.; i.; n.)* (١) يَحْني ؛ يقوّس .

×(٢) ينحني؛ يتقوس §(٣) مُنحَنى (٤) منعطف.
**curvet** *(n.; vi.)* (١) قَفْزَة §(٢) يقفز (٣) يمرح.
**cushion** *(n.; vt.)* (١) وسادة (٢) بطانة حافة مائدة البليار §(٣) يوسّد؛ يزوّد بوسادة أو وسائد.
**cusp** *(n.)* (١) طَرَفٌ مُسْتَدِق (٢) أحَد قَرْنَي الهلال (٣) نتوء فوق تاج الضِّرْس.
**cuspidor** *(n.)* المِبْصَقَة: وعاءٌ يُبْصَق فيه.
**custard** *(n.)* القَسْتَر: مزيج مُحلّى من الحليب والبيض يُخْبَز أو يُغْلَى أو يُثَلَّج.
**custodian** *(n.)* القَيِّم؛ الأمين؛ الحارس.
**custody** *(n.)* (١) رعاية؛ وصاية؛ كِفالة. (٢) حَجْز قضائي (٣) حَبْس؛ سَجْن.
**custom** *(n.; adj.)* (١) عادةٌ؛ عُرْف. (٢) *pl.*: رسوم جمركيّة (٣) الزبائن §(٤) مُوْصًى عليه؛ غير جاهز.
**customary** *(adj.)* معتاد؛ مألوف.
**customer** *(n.)* (١) زبون (٢) شخص.
**customhouse** *(n.)* الجمرك: إدارة الجمرك.
**cut** *(vt.; i.; n.)* (١) يجرح (٢) يجلد (٣) يقص؛ يقلّم (٤) يختصر (٥) يرقّق (٦) يخفّض (٧) يقطع (٨) يتقاطع (٩) يتغيب (١٠) يوقِف (١١) ينقش (١٢) يشقّ (١٣) يفصِل (١٤) يَصُبّ مفتاحاً ×(١٥) ينقطع؛ ينقص (١٦) يخترق (١٧) يسلك طريقاً مختصرة (١٨) ينطلق بسرعة §(١٩) قطعة لحم (٢٠) حصة (٢١) مجاز؛ قناة (٢٢) كليشية (٢٣) جُرْح (٢٤) جَلدة (٢٥) ضربةُ كرة سريعة (٢٦) حذف؛ اختصار (٢٧) التفصيلة: طريقة التفصيل (٢٨) أسلوب؛ طراز؛ نوع (٢٩) تغيّبٌ عن الدرس.

a hair ~, قَصّة شَعْر.
a short ~, طريق مختصرة؛ «قادومية».
to ~ back (١) يقلّم؛ يشذّب. (٢) يُنقِص
to ~ both ways يكون أشبه بسيفٍ ذي حدّين
to ~ down (١) يقطع (شجرة الخ.) (٢) يُنقِص؛ يخفّض الخ.
to ~ in *or* into يقاطع (شخصاً) أثناء الحديث.
to ~ off (١) يقطع (٢) يقاطع أثناء الحديث (٣) يوقف (٤) يتوقف عن العمل.
to ~ one's teeth يُسنِّن؛ تَطْلُع أسنانه.
to ~ out (١) يحذف (٢) يحلّ محلّ (شخصٍ منافس بخاصة)؛ يَهزِم (٣) يقطع؛ يَفْصِل (٤) يهيّئ؛ يُعدّ (٥) يصنع (٦) يشقّ طريقاً (٧) يفصِّل بذلةً (٨) يتوقّف عن العَمَل (٩) ينقطع عن...
to ~ the record يحطّم الرقم القياسي.
to ~ a long story short يختصر قصة طويلة
to ~ up (١) يجزّئ (٢) يمزّق (قوى العدوّ) (٣) ينتقد انتقاداً لاذعاً (٤) يهرّج.

**cutaneous** *(adj.)* جِلْدِيّ.
**cute** *(adj.)* (١) ذَكيّ؛ بارع (٢) جذّاب.
**cuticle** *(n.)* (١) إهاب (٢) بَشَرَة.
**cutlass** *(n.)* القَطْلَس: سيف ثقيل مقوّس.
**cutlery** *(n.)* سكاكين؛ سكاكين المائدة.
**cutlet** *(n.)* الكستلاتة: شريحة مشوية.
**cutter** *(n.)* (١) القاطع؛ النحّات الخ. (٢) القاطعة؛ المِقْطَع: أداة أو آلة قاطعة (٣) القَطَر: «أ» مركب. «ب» مِزلجة.
**cutthroat** *(n.)* (١) السَّفّاح؛ سفّاك الدماء. (٢) الزُّغَيْم: طائر صغير أحمر الحلق.
**cutting** *(n.; adj.)* (١) قَطْع الخ. (٢) شتلة نبات: (٣) قصاصة جريدة §(٤) ماضٍ؛ حاد (٥) لاذع.

**cyclamen** *(n.)* بَخُور مريم (نبات) .

**cycle** *(n.)* (١) دَوْر ؛ دَوْرَة (٢) مَدار ؛ فلَك . (٣) عَصْر (٤) دراجة (٥) حَلْقَة .

**cyclic** *(adj.)* (١) دَوْرِيّ (٢) مُلتَفّ .

**cyclist** *(n.)* الدَّرَّاج : راكب الدَّرَّاجة.

**cyclone** *(n.)* زوبعة ؛ إعصار .

**cyclopedia** *(n.)* encyclopedia.

**cyclotron** *(n.)* السِّيكلوترون : جهاز لتحطيم نَوَى الذَّرَّات .

**cygnet** *(n.)* فَرْخُ التَّمّ أو الإوَزّ العراقي.

**cylinder** *(n.)* أسطوانة .

**cylindric; -al** *(adj.)* أسْطُوانيّ .

**cymbal** *(n.)* الصَّنْج : صفيحة مدوّرَة من نحاس أصفر يُضْرَب بها على أخرى .

cymbals

**cynic** *(n.)* الكَلْبيّ ؛ السّاخر .

**cynical** *(adj.)* كلبيّ ؛ ساخر .

**cynosure** *(n.)* قِبلة «الأنظار» .

**cypher** *(n.;vt.)* cipher.

**cypress** *(n.)* (١) السَّرْو : شجر دائم الخضرة.

**Cyprian** *(adj.; n.)* (١) قبرصيّ (٢) داعر § (٣) القبرصيّ (٤) امرأة داعرة .

**cyst** *(n.)* (١) كيس صغير (٢) مثانة .

**cystic** *(adj.)* (١) كِيْسيّ (٢) مَثانيّ .

**czar** *(n.)* القيصر : لقب أباطرة الروسيا .

**Czech** *(n.; adj.)* تشيكيّ .

desert

# D

**d** *(n.)* الحرف الرابع من الأبجدية الانجليزية .

**dab** *(vt.; i.; n.)* (١) يربت (٢) يضع أو ينشر بلمسات رفيقة §(٣) تربيتة ؛ لَمْسة رفيقة .

**dabble** *(vt.; i.)* (١) يُبلِّل ؛ يرطِّب ؛ يرشّ . (٢) يلعب (بيديه أو قدميه) في الماء ×(٣) يشتغل (في شأن ما) على سبيل الهواية .

**dace** *(n.)* الدّاس : سمك نهريّ صغير .

**dactyl** *(n.)* الدّكْتيِل : تَفعيلة شِعْريّة .

**dad; daddy** *(n.)* أبٌ .

**daffodil** *(n.)* النرجس البرّيّ الأصفر .

**daft** *(adj.)* (١) سخيف (٢) معتوه ؛ مجنون .

**dagger** *(n.)* خِنْجَر (أو شيء يشبهه) .

**to look ~ s at** ينظر إليه نظرات مِلؤها البغض والعداوة .

**dahlia** *(n.)* الدّهْلِيّة : نبتة جميلة الزهر .

**daily** *(adj.; adv.; n.)* (١) يوميّ §(٢) يومياً ؛ كلّ يوم §(٣) صحيفة يوميّة .

**dainty** *(adj.; n.)* (١) لَذيذ (٢) وسيم ؛ أنيق (٣) نيِق ؛ صعب الإرضاء §(٤) طعام لذيذ .

**dairy** *(n.)* (١) المَلْبَنة : مصنع الألبان أو محلّ لبيعها (٢) مزرعة لانتاج اللبن والزبدة والجبن .

**dais** *(n.)* مِنَصّة (في قاعة) .

**daisy** *(n.; adj.)* (١) زهرة الربيع §(٢) ممتاز .

**dale** *(n.)* وادٍ (بلغة الشعر) .

**dalliance** *(n.)* (١) مداعبة (٢) عبَث (٣) توانٍ .

**dally** *(vi.)* (١) يداعب (٢) يعبث (٣) يتوانى .

**dam** *(n.; vt.)* (١) سَدّ ؛ خزّان (٣) أمّ (للحيوان الداجن) §(٤) يزوّد بسدّ (٥) يكبح ؛ يضبط .

**damage** *(n.; vt.)* (١) أذًى ؛ ضرر . (٢) *pl.* تعويض (عن ضرر) : «عطل وضرر» §(٣) يؤذي ؛ يضرّ .

**damask** *(n.)* (١) دِمَقْس (٢) الفولاذ الدمشقي .

**dame** *(n.)* (١) سيدة (٢) امرأة .

**damn** *(vt.; i.; n.)* (١) يُدِين : يحكم عليه بدخول جهنّم أو بأنه رديء أو فاشل (٢) يُهْلك (٣) يلعن §(٤) لَعْنٌ (٥) شيء تافه .

**damned** *(adj.; adv.)* (١) ملعون §(٢) تماماً .

**damp** *(n.; adj.; vt.)* (١) رطوبة §(٢) رَطْبٌ §(٣) يخنق (٤) يُثَبّط (٥) يُخمد (٦) يرطّب .

**dampen** *(vt.; i.)* (١) يرطّب ؛ يندّي (٢) يثبّط (٣) يَرْطُب (٤) يهن عزمه (٥) يَخْمُد . ×

**damsel** *(n.)* آنسة ؛ فتاة .

**damson** *(n.)* الدَّمْسُون : نوع من الخوخ .

**dance** *(vi.; t.; n.)* (١) يَرْقُص §(٢) رَقْص . (٣) حفلة راقصة (٤) قطعة موسيقية راقصة .

**dancer** *(n.)* الراقص ؛ الراقصة .

**dancing party** *(n.)* حفلةٌ راقصة .

**dandelion** *(n.)* هندباء بريّة .

**dandle** *(vt.)* يرقّص أو يدلّل (الطفلَ) .

**dandruff** *(n.)* نُخالة الرأس أو قشرتُه .

**dandy** *(n.)* (١) الغَنْدُور : شخص شديد التأنّق في مَلْبَسه أو مَظْهَرِه (٢) شيء ممتاز .

**Dane** *(n.)* الدانمركيّ : أحد أبناء الدانمرك .

**danger** *(n.)* خَطَرٌ .

**dangerous** *(adj.)* خَطِرٌ ؛ محفوف بالمخاطِر .

**dangle** *(vi.)* (١) يتدلّى (٢) يَتْبَع ؛ يحوم حول .

**Danish** *(adj.; n.)* (١) دانمركي §(٢) الدانمركيّة .

**dank** *(adj.)* شديد الرطوبة .

**dapper** *(adj.)* (١) أنيق (٢) نشيط ؛ رشيق .

**dapple** *(n.; vt.)* (١) حيوان أرقَش أو أرْقَط أو مُنَقَّط الجلد §(٢) يُرَقِّش ؛ يُرَقِّط ؛ ينقّط .

**dare** *(vi.; t.; n.)* (١) يَجْرُؤُ ؛ يَجْسُر . ×(٢) يتحدّى §(٣) تحدٍّ (٤) جَراءة .

**daredevil** *(n.; adj.)* متهوّر ؛ جريء بتهوّر .

**daring** *(adj.; n.)* (١) جَرِيء §(٢) جُرْأة .

**dark** *(adj.; n.)* (١) مظلم (٢) داكن ؛ قاتم . (٣) غامض ؛ خَفِيّ (٤) أسمر (٥) سرّيّ (٦) متكتّم §(٧) ظلام (٨) ليل ؛ غروب .

**Dark Ages** *(n.pl.)* القرون الوسطى .

**darken** *(vt.; i.)* (١) يجعله مظلماً ×(٢) يُظلم .

**darkling** *(adv.; adj.)* في الظلام .

**darkness** *(n.)* ظُلمة ؛ ظَلام الخ .

**darksome** *(adj.)* مظلم أو مظلِمٌ قليلاً .

**darling** *(n.; adj.)* حبيب ؛ عزيز ؛ أثير .

**darn** *(vt.; i.; n.)* (١) يرفو ؛ يَرْتق (٢) يلعن . §(٣) رَفْو ؛ رَتْق §(٤) الرتْق : موضع مرتوق .

**darnel** *(n.)* زُوان ؛ زؤان .

**dart** *(n.; vi.; t.)* (١) سَهْم (٢) إبرة النحلة الخ . (٣) حركة سريعة ؛ وثبة مفاجئة §(٤) يندفع كالسّهم ×(٥) يقذف بحركة مفاجئة (٦) يرشق .

dart 1.

**dash** *(vt.; i.; n.)* (١) يقذف بعنف . (٢) يحطّم (٣) يَرُشّ ؛ يُطَرْطش (٤) يلوّث (٥) يمزج (٦) يُنجز على عجل ×(٧) يندفع بعنف أو بسرعة §(٨) ضربة عنيفة أو سريعة (٩) تلاطم ؛ ارتطام (١٠) وابل (١١) اندفاع ؛ هجوم (١٢) خيبة (١٣) شرْطة ؛ قاطعة : (—) (١٤) مقدار ضئيل (١٥) حيوية (١٦) سباق قصير سريع .

**dashboard** *(n.)* (١) الحاجبة : وقاء من الماء أو الوحل (٢) لوحة أجهزة القياس (في السيّارة) .

**dasher** *(n.)* الخفّاقة : أداة الخفْق .

**dashing** *(adj.)* (١) مندفع ؛ جريء (٢) أنيق .

**dastard** *(n.; adj.)* جبان ؛ غادر .

**data** *(n.pl.)* معلومات ؛ حقائق ؛ بيانات .
**date** *(n.; vi.; t.)* (١)تاريخ (٢)عهد ؛ عصر . (٣)موعد أو شخص يكون المرء معه على موعد (٤)بلحة ؛ تمرة (٥)نخلة §(٦)يرقى إلى (٧)يؤرّخ

up to ~, (١) جديد ؛ عصريّ (٢) حتى الوقت الحاضر .

**dateless** *(adj.)* (١)غير محدود (٢) غُفْلٌ من التاريخ (٣)مُوغلٌ في القدم (٤)خالد.
**datum** *sing. of* data.
**daub** *(vt.; i.; n.)* (١) يُجَصِّص ؛ يطيِّن . (٢) يلطِّخ ؛ يلوِّث (٣) يرسم بغير إتقان §(٤)جصّ (٦) صورة زيتية غير متقنة .
**daughter** *(n.)* ابنة ؛ بنت .
**daughter-in-law** *(n.)* الكَنَّة : زوجة الابن.
**daunt** *(vt.)* يُرْهِب ؛ يروِّع ؛ يثبِّط الهمة.
**dauntless** *(adj.)* شجاع ؛ باسل ؛ لا يهاب.
**dauphin** *(n.)* الدوفين : الابن البكر لملكٍ فرنسي .
**dauphine; dauphiness** *(n.)* زوجة الدوفين .
**davenport** *(n.)* أريكة (٢) منضدة .
**daw** *(n.)* الزاغ الزراعي ؛ غراب الزيتون (طائر) .
**dawdle** *(vi.; t.)* (١)يتوانى ×(٢)يُضيع .
**dawn** *(n.; vi.)* (١)فجر (٢)بزوغ §(٣)يَطلُع . (٤)يبزغ (٥)يتّضح لـ ...
**day** *(n.)* (١)نهار (٢) فجر (٣)يوم (٤) عهد .

one ~, ذات يوم .
some ~, في يوم ما في المستقبل .
the other ~, منذ بضعة أيام .

**daybreak** *(n.)* الفَجْر .
**daydream** *(n.; vi.)* (١) حُلْم اليقظة . §(٢) يستغرق في أحلام اليقظة .
**daylight** *(n.)* (١) ضوء النهار (٢) الفجر .
**daylong** *(adv.)* طوالَ النهار .
**daytime** *(n.)* النهار .
**daze** *(vt.; n.)* (١) يدوِّخ ؛ يصيب بالدُّوار . (٢) يَبْهَر §(٣) دَوَخان (٤) انبهار .
**dazzle** *(vi.; t.; n.)* (١) ينبهر (٢) يتألّق . §(٣)يبهَر (٤) انبهار (٥) كلُّ ما يبهر.
**deacon** *(n.)* الشمّاس ؛ شمّاس الكنيسة .
**dead** *(adj.; n.; adv.)* (١) ميْت (٢) خدِر . (٣)محروم من (٤) غير مستجيب (٥) خامد (٦) تامّ §(٧) الميْت §(٨) تماماً ؛ فَجْأةً .

the ~ of night جوف الليل البهيم .

**deaden** *(vt.)* (١) يُهْمِد ؛ يُخْفِت . (٢) يُخدِّر (٣) يخفِّف (٤) يُفقده البريق أو النكهة (٥)يجعله عازلاً للصوت (٦)يُميت .
**deadline** *(n.)* الموعد الأخير (لإنجاز عمل) .
**deadlock** *(n.)* وَرْطَة ؛ مأزق ؛ إخفاق .
**deadly** *(adj.; adv.)* (١)مُميت ؛ مُهْلِك . (٢)لَدود (٣)مفرط §(٤) بإفراط .
**deaf** *(adj.)* (١) أصمّ (٢) مُتَصامّ .
**deafen** *(vt.)* (١)يُصِمّ (٢)يجعله عازلاً للصوت .
**deaf-mute** *(n.; adj.)* أصمّ أبكم .
**deafness** *(n.)* صَمَم ؛ طَرَش .
**deal** *(vt.; i.; n.)* (١) يوزِّع ؛ يقسِم (٢) يسدِّد (ضربة) ×(٣) يبحث في (٤) يتعامل مع (٥) يعامل ؛ يتصرّف (٦) يعالج (٧)يتّجر بـِ §(٨)مقدارٌ (٩)مقدارٌ ضخمٌ (١٠) توزيع (١١) برنامج حكوميّ ضخم أو شامل (١٢) صفقة (١٣) معاملة (١٤) لوح.

a good ~, مقدار كبير .

**dealer** *(n.)* التاجر ؛ البائع .
**dealing** *(n.)* (١) *pl.* : تعامل ؛ تعاطٍ ؛ علاقات . (٢)معاملة ؛ تصرّف (٣) توزيع ورق اللعب .
**dealt** *past and past part. of* deal.

**dean** *(n.)* عميد كلية أو سلك .

**dear** *(adj.; n.; adv.)* (١) عزيز (٢) غالٍ . §(٣)العزيز؛ الحبيب؛ المحبوب§(٤)بثمنٍ غالٍ .

**dearly** *(adv.)* (١) كثيراً (٢) بثمن غالٍ.

**dearth** *(n.)* (١)قِلّة ؛ نُدْرَة (٢) مجاعة.

**death** *(n.)* (١)موت (٢)سبب الموت (٣) حالة الموت (٤)تبدّد؛ ضياع (٥)طاعون(٦)قتْل.

- to ~, إلى اقصى حدّ .
- to do *or* put to ~, يقتُل .

**death duty** *or* **tax** *(n.)* ضريبة الإرث .

**deathless** *(adj.)* خالدٌ ؛ باقٍ ؛ لا يموت .

**deathly** *(adj.; adv.)* (١)مُميت؛ مُهْلِك. (٢)شبيهٌ بالموت §(٣) إلى أقصى حدّ .

**debacle** *(n.)* كارثة؛ هزيمة؛ انهيار.

**debar** *(vt.)* يمنع ؛ يحظِّر ؛ يحرِّم .

**debase** *(vt.)* (١) يخفّض (قيمة النقد) (٢) يغشّ ؛ يَمْذُق (٣) يحطّ من قَدْر كذا .

**debatable** *(adj.)* (١)مُتَنازَعٌ عليه (٢) مختلَفٌ فيه ؛ قابلٌ للمناقشة (٣)مثيرٌ للمناقشة .

**debate** *(n.; vi.; t.)* (١) مناقشة (٢) مناظرة . §(٣) يناقش (٤) يشترك في مناقشة (٥)يفكر .

**debauch** *(vt.; i.; n.)* (١)يُغْوِي (٢)يُفْسِد . ×(٣)يَفْسُق : ينغمس في الملذات §(٤)فِسقٌ .

**debauchery** *(n.)* (١) إغواء (٢)فِسْقٌ .

**debilitate** *(vt.)* يُضْعِف ؛ يوهِن .

**debility** *(n.)* ضَعْفٌ؛ وَهْنٌ .

**debit** *(n.; vt.)* (١) المطلوب منه ؛ المَدين : الجانب الأيسر من الحساب الجاري (٢) مَأخذ ؛ نقطة ضعف §(٣) يسجّل على حساب فلان.

**debit balance** *(n.)* رصيدٌ مَدينٌ ( تجارة ) .

**debit note** *(n.)* إشعارٌ مدين ( تجارة ) .

**debonair** *(adj.)* (١) لطيف (٢) مبتهج .

**debris** *(n.)* (١) حُطام (٢)أطلال ؛ أنقاض .

**debt** *(n.)* (١) إثم (٢)دَيْن .

- bad ~, دينٌ معدوم أو هالك .
- in ~, مَدينٌ ؛ واقعٌ تحت دَيْن .

**debtor** *(n.)* المَدين ؛ المَدْيون .

**debut** *(n.)* الظّهور الأوّل (لممثلٍ على المسرح أو لفتاة في الحفلات الاجتماعيّة ) .

**decade** *(n.)* العَقْد : عشر سنوات .

**decadence** *(n.)* تفسّخ ؛ انحطاط ؛ تدهور .

**Decalogue** *(n.)* الوصايا العشر (في النصرانية).

**decamp** *(vi.)* (١)يتحمّل؛ يُقوّض خيامَه. (٢) يرتحل فجأة (٣) يفرّ .

**decant** *(vt.)* يصبّ من وعاء الى آخر.

**decanter** *(n.)* المِصْفَق: إناء يُصَبّ منه الخمر أو الماء على مائدة الطعام .

decanter

**decapitate** *(vt.)* يقطع الرأس.

**decay** *(vi.; t.; n.)* (١)يَفسُد ؛ يذوي (٢)يبلى ؛ ينتخر(٣)ينحلّ ؛ يتعفن×(٤)يُبلي ؛ يُذوي الخ . §(٥)فساد؛ نَخَر ؛ تعفّن .

**decease** *(n.; vi.)* (١) مَوْتٌ §(٢) يموت .

**deceased** *(adj.; n.)* مَيْتٌ؛ متوفّى .

**deceit** *(n.)* خداع ؛ مُخاتَلَة ؛ غِشّ .

**deceive** *(vt.; i.)* يخدَع ؛ يغشّ ؛ يضلّل.

**December** *(n.)* ديسمبر ؛ شهر كانون الأول.

**decency** *(n.)* احتشام؛ لياقة؛ أدب .

**decent** *(adj.)* (١) مُحتَشِم (٢)محتشِم الملبس. (٣)مهذّب (٤)لائق(٥)محتَرَمٌ (٦) لطيف.

**decentralize** *(vt.)* يجعله لامركزياً .

**deception** *(n.)* خَدْع ؛ انخداع ؛ خدعة .

**deceptive** *(adj.)* خادعٌ ؛ مضلِّل .

**decide** *(vt.; i.)* (١)يقرِّر (٢)يَحْسِمُ ؛ يُنهِي على نحوٍ حاسم ×(٣)يقضي ؛ يحكم .

**decided** *(adj.)* (١)واضح ؛ محدَّد (٢)لاجدال فيه (٣)مصمِّم ؛ عازمٌ عزماً أكيداً .

**decidedly** *(adv.)* (١) بلا جدال (٢)بلا تردّد .

**decimal** *(adj.; n.)* (١) عَشْريّ . §(٢) كَسْر عَشْري .

**decimate** *(vt.)* يأخذ أو يُتلف عُشْر شيء .

**decipher** *(vt.)* (١)يفكّ المغالق : يكتشف معنى شيء غامض (٢)يَحُلّ الشِّفْرَة .

**decision** *(n.)* (١)فَصْل (في مسألة أو خلاف) . (٢)حُكْم (٣)قرار (٤) عَزْم .

**decisive** *(adj.)* فاصِل ؛ حاسم ؛ قاطع ؛ باتّ .

**deck** *(n.; vt.)* (١)ظَهْرُ المركب (٢)مجموعة ورق اللعب §(٣)يكسو بأناقة (٤)يزيِّن ؛ يزخرف .

**declaim** *(vi.; t.)* (١) يتكلّم بطريقة خطابيّة انفعاليّة (٢)يخطب ×(٣)يلقي (قصيدةً الخ.) .

**declamation** *(n.)* (١) خَطابة (٢) خُطبة .

**declamatory** *(adj)* خَطابيّ ؛ حماسيّ ؛ انفعالي .

**declaration** *(n.)* تصريح ؛ بيان .

**declare** *(vt.)* (١)يعلن (٢)يصرّح بـ .

**declared** *(adj.)* مُعْلَن ؛ مصرَّح به .

**declension** *(n.)* (١) تصريف الأسماء . (٢)انحدار (٣)انحراف (٤)رفضٌ مهذَّب .

**declination** *(n.)* (١) انحراف (٢) انحطاط . (٣)انحناء ؛ انحدار (٤)رفضٌ رسميّ .

**decline** *(vi.; t.; n.)* (١)ينحرف (٢)ينحدر ؛ يهبط (٣)ينخفض (٤)ينحطّ (٥)يأفل (٦)يذبل (٧) يرفض ×(٨) يصرّف الأسماء الخ. (٩) يتجنّب §(١٠) ذبول (١١) انحطاط (١٢) آخر (١٣) منحدر (١٤)داء السُّلّ .

**declivity** *(n.)* (١) انحدار (٢) مُنْحَدَر .

**decode** *(vt.)* يَحلّ الشِّفْرَة .

**decompose** *(vt.; i.)* (١) يَحُلّ (مركّباً إلى عناصره الرئيسية) (٢)يُعفِّن ×(٣)ينحلّ ؛ يتعفن .

**decorate** *(vt.)* (١)يزخرف (٢)يمنحه (وساماً) .

**decoration** *(n.)* (١) زخرفة (٢) وسام . (٣)مَنْحُ وسام .

**decorator** *(n.)* المُزَخْرِف (لداخل المنازل) .

**decorous** *(adj.)* محتشم ؛ لائق .

**decorum** *(n.)* لياقة ؛ ذوق .

**decoy** *(n.; vt.; i.)* (١)بركة يُجتَذَب إليها البطّ ليسهل اصطياده (٢) طُعم ؛ طائر صُنْعيّ يُسْتَخْدَمُ لاجتذاب الطيور بغية اصطيادها §(٤)يخدع أو ينخدع .

decoy 2.

**decrease** *(vi.; t.; n.)* (١) يَنْقُص ×(٢)يُنقِص §(٣) نَقْص .

**decree** *(n.; vt.; i.)* (١)مرسوم ؛ قرار (٢)حكمٌ قضائيّ §(٣) يرسم أو يحكم بـ .

**decrepit** *(adj.)* (١)عاجز (٢)بالٍ ؛ متداعٍ .

**decrepitude** *(n.)* عَجْز ؛ بِلى ؛ تداعٍ .

**decry** *(vt.)* يَشْجب ؛ ينتقد بقسوة .

**dedicate** *(vt.)* (١)يكرِّس ؛ يخصّص لغرض معيّن (٢)يُهْدي الكتابَ (اعترافاً بالفضل).
**deduce** *(vt.)* يستنتج ؛ يستدلّ .
**deduct** *(vt.)* يقتطع ؛ يطرح ؛ يحسم .
**deduction** (١) حَسْم (٢) استنتاج .
**deductive** *(adj.)* استنتاجيّ ؛ استدلالي .
**deed** *(n.)* (١)عَمَل (٢)مأثرة (٣) صكّ .
**deem** *(vt.; i.)* يَعْتَبِر ؛ يَعْتَقِد ؛ يحسب.
**deep** *(adj.; adv.; n.)* (١)عميق (٢)ذو عمق معيّن (٣)غارق (٤)مستغرق (٥)داكن ؛ غامق (٦) خفيض §(٧) عميقاً (٨) بإفراط (٩) في ساعة متأخرة §(١٠)أوقيانوس (١١)الجزء العميق من البحرِ (١٢)المعمعان: الجزء الأشدّ وطأة .
**deepen** *(vt.; i.)* (١)يُعمِّق ×(٢) يَعْمُق .
**deeply** *(adv.)* (١)عميقاً (٢)بتعمّق (٣) كثيراً ؛ الى حدّ بعيد (٤) بصوت خفيض .
**deep-rooted** *(adj.)* متأصّل ؛ عميق الجذور .
**deep-seated** *(adj.)* راسخ ؛ عميق الجذور .
**deer** *(n.)* الأيِّل: حيوان من ذوات الظلف .

**deface** *(vt.)* (١)يُشوّه (٢)يمحو ؛ يطمس .
**defalcation** *(n.)* اختلاس ؛ المبلغ المُخْتَلَس .
**defame** *(vt.)* يفتري على ؛ يشوّه سمعته.

**default** *(n.; vi.; t.)* (١)إهمال (٢)تخلّف عن إيفاء دَيْن أو عن المثول أمام القضاء الخ . (٣) فقدان §(٤) يُهمِل (٥)يتخلف عن.

in ~ of — (١) في حال عدم وجود (٢) لعدم وجود.

judgment by ~, — محاكمة غيابية .

**defeat** *(vt.; n.)* (١)يُبْطِل ؛ يُلغي (٢)يخيِّب ؛ يُحْبِط (٣)يَهْزِم §(٤)إحباط (٥)هزيمة.
**defect** *(n.)* خَلَل ؛ علّة ؛ عيب ؛ شائبة.
**defection** *(n.)* رِدّة ؛ ارتداد (عن دين أو مذهب)
**defective** *(adj.)* (١) ناقص (٢) متخلّف .
**defence** *(n.)* =defense.
**defend** *(vt.)* (١)يحمي ؛ يصون (٢)يدافع عن .
**defendant** *(n.)* المُدّعَى عليه (في محكمة).
**defense** *(n.)* (١)حماية (٢)حصن (٣) دفاع .
**defensible** *(adj.)* ممكنٌ الدفاع عنه.
**defensive** *(adj.; n.)* (١)دفاعيّ §(٢)الدفاع .
**defer** *(vt.; i.)* (١)يؤجّل ؛ يرجىء ×(٢)يُذعن
**deference** *(n.)* مراعاة ؛ احترام .
**deferential** *(adj.)* مراعٍ (لرغبة الآخرين).
**deferment** *(n.)* تأجيل (للخدمة العسكريّة).
**defiance** *(n.)* تحدٍّ .
**defiant** *(adj.)* متحدٍّ ؛ جريء ؛ غير هيّاب.
**deficiency** *(n.)* نقص ؛ عجز .
**deficient** *(adj.)* (١) ناقص (٢) ضعيف .
**deficit** *(n.)* عَجْز (في الميزانية الخ.).
**defile** *(vt.; n.)* (١)يلوّث (٢)يدنّس (٣)يشوّه. §(٤) ممرّ ضيّق ؛ شِعب .
**define** *(vt.)* (١) يحدّد ؛ يعيّن (٢) يعرّف .
**definite** *(adj.)* محدّد ؛ واضح ؛ لا لَبْس فيه.
**definite article** *(n.)* أداة التعريف (في اللغة).
**definitely** *(adv.)* (١)على نحو محدّد أو واضح. (٢) بلا ريب .

**definition** *(n.)* تحديد؛ تعريف؛ حدّ.
**definitive** *(adj.)* (١)حاسم؛ نهائي (٢)محدَّد.
**deflation** *(n.)* تفريغ؛ فراغ؛ انكماش.
**deflect** *(vt.; i.)* (١)يحرف ×(٢)ينحرف.
**deflection** *(n.)* (١) إزاغة (٢) انحراف.
**deform** *(vt.)* (١)يُشوِّه (٢)يَمْسَخ.
**deformation** *(n.)* (١) تشويه (٢) تَشَوُّه.
**deformed** *(adj.)* (١) مشوَّه (٢) بشع.
**deformity** *(n.)* (١)تشوُّه(٢)عاهة(٣)شائبة.
**defraud** *(vt.)* يخدع؛ يحتال على.
**defray** *(vt.)* يدفع أو يتحمل (النفقات).
**deft** *(adj.)* (١) رشيق (٢) أنيق.
**defunct** *(adj.; n.)* مَيْت؛ متوفّى.
**defy** *(vt.; n.)* (١) يَتَحَدّى §(٢) تَحَدٍّ.
**degeneracy** *(n.)* انحلال؛ تفسّخ.
**degenerate** *(vi.; adj.; n.)* (١) ينحلّ؛ يتفسخ (٢)ينحطّ§(٣)منحلّ؛ متفسخ؛ منحطّ.
**degeneration** *(n.)* انحلال؛ تفسّخ.
**degradation** *(n.)* (١)تنزيل رتبة (٢)تجريدٌ من رتبة أولقب (٣)انحلال؛ انحطاط (٤)خِزْي.
**degrade** *(vt.)* (١)يُنزِل رتبتَه (٢)يجرّد من رتبة أولقب (٣)يهين؛ يخزي؛ يحطّ من قدر (٤)يُفسِد.
**degree** *(n.)* (١) دَرَجَة (٢) مدى (٣) منزلة (اجتماعيّة) (٤)شهادة (علميّة).

by ~ s تدريجياً.

**deify** *(vt.)* (١)يؤلّه (٢)يعظّم حتى العبادة.
**deign** *(vi.; t.)* يتلطّف؛ يتنازل.
**deism** *(n.)* الرُّبوبيّة: الإيمان بالله دون الأديان.
**deity** *(n.)* (١) ألوهية (٢) إلـه أو إلاهة.
**deject** *(vt.)* يُكْئِب؛ يُغمّ؛ يوهن العزيمة.
**dejection** *n.)* اكتئاب؛ اغتمام.
**delay** *(vt.; i.; n.)* (١)يؤجِّل (٢)يؤخّر؛ يعوق ×(٣)يتوانى §(٤)تأخير؛ تأخُّر؛ توانٍ.

**delectable** *(adj.)* مُبْهِجٌ؛ سارّ؛ لذيذ.
**delectation** *(n.)* بهجة؛ سرور.
**delegate** *(n.; vt.)* (١)مندوب؛ ممثِّل (٢)نائب (في البرلمان) §(٣)ينتدب (٤)يفوِّض.
**delegation** *(n.)* (١)تفويض؛ توكيل (٢)وفدٌ.
**delete** *(vt.)* يشطب (كلمةً مكتوبةً أو مطبوعةً).
**deleterious** *(adj.)* مؤذٍ؛ ضارّ بالصحّة.
**deletion** *(n.)* (١) شَطْب (٢) فقرة مشطوبة.
**delft; delftware** *(n.)* خزف مصقول.
**deliberate** *(adj.; vt.; i.)* (١) مدروس؛ مرويٌّ فيه؛ مُتَعَمَّد (٣) متأنٍّ §(٤) يدرس ×(٥) يفكِّر مليّاً (٦) يتداول؛ يتشاور.
**deliberately** *(adv.)* بتروٍّ؛ بتعمّد؛ بتأنٍّ.
**deliberation** *(n.)* (١) تَرَوٍّ (٢) مداولة.
**delicacy** *(n.)* (١) طعام شهيّ أو مُتْرَف. (٢)رِقّة (٣)رهافة (٤)دِقّة (٥) كياسة.
**delicate** *(adv.)* (١)شهيّ؛ لذيذ (٢) رقيق. (٣) مُرْهَف (٤) دقيق (٥) ذو كياسة.
**delicious** *(adj.)* (١) مُبهِج (٢) لذيذ.
**delict** *(n.)* الجُنْحَة (في القانون).
**delight** *(n.; vi.; t.)* (١)بهجة؛ سرور (٢)شيء مُبْهِج §(٣) يبتهج ×(٤) يُبْهِج.
**delighted** *(adj.)* مبتهج؛ مسرور جداً.
**delightful; -some** *(adj.)* مُبْهِج؛ سارّ جداً.
**delineate** *(vt.)* يُخطّط؛ يرسم؛ يصف.
**delinquency** *(n.)* (١)تقصير؛ إهمال (٢)إثم.
**delinquent** *(adj.; n.)* (١)مُقصِّر؛ مُهْمِل. (٢) جانح؛ منتهك للقانون (٣) متأخّر §(٤)المقصِّر؛ المهمل (٥)الجانح (من الأحداث)
**deliquesce** *(vi.)* (١)يذوب (٢) يَميع.
**delirious** *(adj.)* هاذٍ؛ مهتاج؛ منفعل.
**delirium** *(n.)* هذيان؛ اهتياج؛ انفعال.
**deliver** *(vt.)* (١)يُحرِّر؛ يُنْقِذ (٢)يسلِّم؛

يتخلّى عن (٣) يحوّل؛ ينقل (٤) يولّد (امرأةً) (٥) يُلقي (محاضرةً) (٦) يلفظ (حكماً) (٧) يوجّه؛ يسدّد (٨) يوزّع (الرسائلَ).

**deliverance** *(n.)* (١) تحرير؛ إنقاذ الخ. (٢) حرّيّة (بَعْد اعتقال) (٣) قرار؛ حُكْم.

**delivery** *(n.)* (١) تحرير؛ إطلاق سراح. (٢) تسليم؛ تخلٍّ عن (٣) توزيع؛ «توزيعة» رسائل (٤) «تسليمة» بضائع (٥) ولادة؛ وَضْع (٦) إلقاءُ (محاضرة الخ.) (٧) لفظٌ (الحكم) (٨) الأداء: طريقة الإلقاء أو الغناء.

**dell** *(n.)* وهدة؛ وادٍ صغير.

**delta** *(n.)* دَلْتا؛ دَلْتا النهر.

**delude** *(vt.)* يُضلِّل؛ يخدع.

**deluge** *(n.; vt.)* (١) طوفان §(٢) يَغْمر.

**delusion** *(n.)* تضليل؛ ضلال؛ وَهْم.

**delusive** *(adj.)* خادع؛ وهميّ؛ باطل.

**deluxe** *(adj.)* فاخر؛ مُتْرَف.

**delve** *(vi.)* (١) يحفر (٢) ينقِّب.

**demagogue** *(n.)* مهيِّج أو خطيب شعبيّ.

**demand** *(vt.; i.; n.)* (١) يَطلب (٢) يطالب بـ (٣) يتطلّب (٤) يستدعي (للمثول أمام القضاء) ×(٥) يسأل §(٦) طلبٌ؛ مطالبةٌ؛ مَطْلَب.

**demarcate** *(vt.)* يُتخِم؛ يعيّن الحدود.

**demean** *(vt.)* (١) يسلك (٢) يحطّ من قدره.

**demeanor** or **demeanour** *(n.)* سلوك.

**demented** *(adj.)* مُخبَّل؛ معتوه؛ مجنون.

**dementia** *(n.)* خَبَلٌ؛ عُتْهٌ؛ جنون.

**demerit** *(n.)* (١) نقيصة؛ عَيْب (٢) العلامة السيئة: علامة تشير إلى سوء سلوك الطالب.

**demesne** *(n.)* منطقة؛ دنيا؛ عالم.

**demigod** *(n.)* نصف إله.

**demijohn** *(n.)* الدَّامِجانة: زجاجة ضخمة.

**demilitarize** *(vt.)* يجرِّد من الصفة العسكرية.

**demise** *(n.)* (١) انتقال السلطة الملكية من طريق الوفاة أو التنازل (٢) موت (٣) زوال (٤) توقّف.

**demobilize** *(vt.)* يسرّح جيشاً أو جندياً.

**democracy** *(n.)* الديموقراطيّة.

**democrat** *(n.)* (١) الديموقراطيّ (٢) المتواضع.

**democratic** *(adj.)* ديموقراطيّ.

**demolish** *(vt.)* يدمّر؛ يهدم؛ يدكّ.

**demon** *(n.)* شيطان؛ عفريت.

**demoniac** *(adj.; n.)* (١) مُتلبَّس: بِهِ مسّ من شيطان (٢) شيطانيّ §(٣) المُتَلَبَّس.

**demonstrate** *(vt.; i.)* (١) يُظهر بوضوح. (٢) يُثبت؛ يبرهن (٣) يشرح (مستعيناً بالأمثلة) ×(٤) يتظاهر؛ يقوم بمظاهرة.

**demonstration** *(n.)* (١) إظهارٌ (٢) إثباتٌ؛ بَرْهَنَة (٣) برهان (٣) شرحٌ أو وصف (من طريق الاستعانة بالأمثلة) (٤) مظاهرة.

**demonstrative** *(adj.; n.)* (١) معبر عن العواطف (٢) إثباتيّ؛ حاسم (٣) إيضاحيّ؛ وصفيّ (٤) إشاريّ §(٥) اسم إشارة.

**demonstrative pronoun** *(n.)* اسم الاشارة

**demoralize** *(vt.)* (١) يُفسد الأخلاق. (٢) يُضعف المعنويات (٣) يُربك؛ يشوّش.

**demote** *(vt.)* يُنزل درجته أو مرتبته.

**demur** *(vt.; n.)* (١) يعترض على §(٢) اعتراض.

**demure** *(adj.)* محتشم أو متظاهرٌ بالاحتشام.

**demurrage** *(n.)* (١) تقاعس (عن تحميل سفينة أو تفريغها) (٢) غرامة التقاعس.

**den** *(n.)* (١) عرين (٢) وكر (٣) مُختَلَى.

**denature** *(vt.)* يَمْسَخ؛ يغيِّر الطبيعة.

**denial** *(n.)* (١) رَفْض (٢) إنكار.

**denizen** *(n.)* الساكن؛ القاطن؛ المقيم.

**denominate** *(vt.)* يسمّي؛ يلقّب.

**denomination** *(n.)* (١) تَسْمِيَة؛ تَلقيب. (٢) اسم؛ لقب (٣) طائفة (٤) فئة.

**denominator** *(n.)* المقام؛ مَخْرَج الكسور.

**denote** *(vt.)* (١) يدلّ على ؛ يشير إلى . (٢) يُعلن ؛ يُظهر (٣) يعني (٤) يرمز إلى .
**denouement** *(n.)* حلّ العقدة (في رواية).
**denounce** *(vt.)* (١) يَشْجُب (٢) يتّهم .
**dense** *(adj.)* (١) كثيف (٢) أبله .
**density** *(n.)* (١) كثافة (٢) بلاهة .
**dent** *(n.; vt.; i.)* (١) بَعْجَة ؛ انبعاج ؛ غَوْر . (٢) سِنّ § (٣) يَبْعَج × (٤) ينبعج .
**dental** *(adj.)* سِنّيّ ؛ أسنانيّ .
**dentifrice** *(n.)* معجون أو منظّف الأسنان .
**dentist** *(n.)* طبيب الأسنان .
**dentistry** *(n.)* طِبّ الأسنان .
**dentition** *(n.)* الإسنان : ظهور الأسنان .
**denture** *(n.)* طَقْمُ أسنان صُنْعِيّة .
**denude** *(vt.)* يُعَرّي ؛ يُجَرّد .
**denunciation** *(n.)* شَجْب ؛ اتّهام .
**deny** *(vt.)* (١) يُنكر (٢) يرفض (٣) يَجحد .
**depart** *(vt.; i.)* (١) «أ» يَرْحل . «ب» يموت . (٢) يحيد أو ينحرف عن × (٣) يغادر (مدينة الخ .)
**departed** *(adj.)* (١) ماضٍ (٢) مَيْت ؛ راحل .
**department** *(n.)* (١) قِسْم ؛ فَرْع ؛ شُعْبَة . (٢) إدارة ؛ مصلحة (٣) مقاطعة .
**departmental** *(adj.)* إداريّ ؛ مصلحيّ .
**department store** *(n.)* المَتْجر التنويعيّ : مخزن كبير للبيع بالتجزئة مقسّم إلى عدّة شُعَب .
**departure** *(n.)* (١) رحيل (٢) انحراف .
**depend** *(vi.)* (١) يتوقف أو يعتمد على (٢) يثق بـ .
**dependant** *(n.)* = dependent.
**dependence** *(n.)* (١) توقّف على (٢) اعتماد ؛ اتكال (٣) تَبَعيّة (٤) ثقة .
**dependency** *(n.)* (١) توقّف على (٢) اعتماد ؛ اتكال ؛ تبعيّة (٣) البلد التابع أو الخاضع .
**dependent** *(adj.; n.)* (١) متوقّف على . (٢) عالة ؛ تابع § (٣) العالة ؛ التابع .
**depict** *(vt.)* (١) يرسم ؛ يصوّر (٢) يصف .
**deplete** *(vt.)* (١) يَفْصِد (٢) يستنزف .
**depletion** *(n.)* فَصْد ؛ استنزاف ؛ نضوب .
**deplorable** *(adj.)* بائس ؛ يُرْثى له .
**deplore** *(vt.)* يرثي لـ ؛ يحزن من أجل .
**deploy** *(vt.; i.)* (١) يَنْشُر × (٢) ينتشر .
**deponent** *(n.)* (١) المحلَّف (٢) الشاهد .
**depopulate** *(vt.)* يحرم من السكان .
**deport** *(vt.)* (١) يتصرّف (٢) يرحّل ؛ ينفي .
**deportment** *(n.)* (١) تصرّف (٢) وِقفة ؛ مِشية .
**depose** *(vt.)* (١) يخلع ؛ يعزل (٢) يشهد .
**deposit** *(vt.; i.; n.)* (١) يُودِع (٢) يضع . (٣) يُرسِّب × (٤) يترسّب § (٥) وديعة (٦) عربون (٧) الراسب ؛ شيء مترسّب .
**deposition** *(n.)* (١) خَلْع ؛ عَزْل (٢) شهادة بقَسَم (٣) إيداع (٤) ترسيب (٥) المترسّب .
**depositor** *(n.)* المودِع (مالاً في مصرف) .
**depository** *(n.)* مستودع (للسّلَع الخ .) .
**depot** *(n.)* (١) مستودع ؛ مخزن (٢) مركز لتدريب المجنّدين (٣) محطّة (قطار الخ .).
**deprave** *(vt.)* يُفْسد (الأخلاق الخ .) .
**depraved** *(adj.)* فاسد ؛ منحرف ؛ فاسق .
**depravity** *(n.)* فساد ؛ فُسوق ؛ فسق .
**deprecate** *(vt.)* يستنكر ؛ يشجب .
**depreciate** *(vt.; i.)* (١) يخفّض السعر أو القيمة (٢) ينتقص من قدرِه × (٣) تنخفض قيمتُه .
**depreciation** *(n.)* (١) انخفاض أو خفض (لقوة العملة الشرائية) (٢) انتقاص من قدر شيء (٣) استهلاك (نتيجة للاستعمال) .
**depredation** *(n.)* سَلْب ؛ نَهْب .
**depress** *(vt.)* (١) يضغط على ؛ يُنزِل ؛ يخفض . (٢) يُضْعِف ؛ يُحْزِن ؛ يوهن العزيمة (٣) يكسِّد .
**depressed** *(adj.)* (١) كئيب (٢) منخفض . (٣) كاسد أو متأثّر بالكساد (٤) منبوذ .

**depression** *(n.)* (١)خَفْض (٢)انخفاض . (٣) ضعف (٤) كآبة (٥) هبوط (في النشاط) (٦)منخفَض (٧) كساد .

**deprivation** *(n.)* حرمان ؛ تجريد (من الرتبة) .

**deprive** *(vt.)* (١)يَحْرِم (٢)يجرّد (من الرّتبة) .

**depth** *(n.)* (١)موضع عميق (٢).*pl*: أعماق . (٣)قلب ؛ وسط (٤)هاوية (٥)معمعان (٦)عمق

**deputation** *(n.)* (١) تفويض (٢) وفد .

**depute** *(vt.)* (١)ينتدب (٢) يفوّض .

**deputy** *(n.)* (١)المندوب ؛ الوكيل (٢) النائب .

**derange** *(vt.)* (١)يفسد (٢)يُشوّش (٣)يعطّل (٤) يخبِّل (٥) يزعج .

**derangement** *(n.)* (١) تشويش (٢) فوضى . (٣) تعطيل (٤) خَبَل ؛ جنون .

**derelict** *(adj.; n.)* (١) مهجور §(٢)سفينة مهجورة (٣) المُهمَل (٤) المنبوذ .

**dereliction** *(n.)* (١)هَجْر (٢) إهمال .

**deride** *(vt.)* يسخر من ؛ يهزأ بـِ .

**derision** *(n.)* سخرية .

**derisive; derisory** *(adj.)* ساخر .

**derivation** *(n.)* (١)اشتقاق (٢)أصل ؛ منشأ .

**derivative** *(adj.; n.)* (١)مشتق (٢)ثانوي . §(٣)لفظة مشتقّة (٤)المُشْتَق : مادّة مشتقّة .

**derive** *(vt.; i.)* (١)يشتق (٢)يستمد (٣)يستنتج (٤) يَرُدّ إلى أصل معيَّن ×(٥) ينشأ عن .

**derogate** *(vi.)* (١)ينتقص من قدره (٢)ينحطّ .

**derogatory** *(adj.)* منتقص من القَدْر ؛ ازدرائيّ .

derrick 2.

**derrick** *(n.)* (١) المِرْفاع ؛ الرافعة (٢) الدَّرِيْك : هيكل معدنيّ يقام فوق بئر بترول .

**dervish** *(n.)* الدَّرويش (واحد الدَّراويش) .

**descant** *(n.; vi.)* (١) اللحن المُساير : لحن يُعزَف أو يُغنّى مع لحنٍ آخر §(٢) يُسْهِب (في الكلام) .

**descend** *(vi.)* (١) يهبط ؛ ينزل (٢) يتحدّر .

**descendant** *(n.)* سليل ؛ واحدٌ من سلالة .

**descent** *(n.)* (١) هبوط ؛ نزول (٢) سقوط . (٣)أصل ؛ نَسَب ؛ سلالة (٤)انتقال (ملكيّة أو ألقاب) بالإرث (٥) مُنحدَر (٦)غارة .

**describe** *(vt.)* (١)يصف (٢) يصوّر ؛ يرسم .

**description** *(n.)* (١) وَصْف الخ . (٢)نوع .

**descriptive** *(adj.)* وَصْفيّ ؛ تصويريّ .

**descry** *(vt.)* (١) يَلْمَح (٢) يكتشف .

**desecrate** *(vt.)* يدنّس ؛ ينتهك القدسية .

**desert** *(n.; vt.; i.)* (١) صحراء ؛ بيداء . (٢)استحقاق ؛ أهلية (٣)مثوبة أو عقوبة مستحقّة §(٤)يهجر ؛ يتخلّى عن (٥) يترك مركز عمله من غير إذن (٦)ينشق عن حزب (٧) يفرّ (من الجنديّة) .

**deserve** *(vt.; i.)* يستحق ؛ يستأهل .

**deservedly** *(adv.)* بحق ؛ باستحقاق .

**deserving** *(adj.)* مستحِق .

**desiccate** *(vt.; i.)* (١)يجفف ×(٢)يتجفف .

**desideratum** *(n.)* pl. **-ta** أمنيّة ؛ رغيبة .

**design** *(vt.; i.; n.)* (١)يرسم (خطةً) (٢)يخصّص (٣) يتعمّد ؛ يتقصّد (٤) يضع تصميماً (٥) يُعِدّ ؛ يصنع ×(٦) يعتزم الانطلاق أو مزاولة مهنة §(٧)خِطّة (٨)مقصِد (٩)عَمْد (١٠)مَكيدَة (١١) تصميم ؛ تصميم فنّي .

**designate** *(vt.)* (١) يعيِّن (٢) يختار (٣) يدلّ على (٤) يخصِّص (٥) يسمّي ؛ يُلقِّب .

**designation** *(n.)* (١) تعيين الخ (٢) اسم أو علامة أو لقب مميِّز (٣) دِلالة ؛ معنى .

**designedly** *(adv.)* عمداً ؛ عن عَمْد .

**designer** *(n.)* (١) المصمِّم (٢) مدبر المكيدة .

**designing** *(adj.)* ماكر ؛ كائد .

**desirable** *(adj.)* (١) جذاب (٢) مرغوبٌ فيه .

**desire** *(vt.; n.)* (١) يرغب في § (٢) رغبة ؛ أمنية .

**desirous** *(adj.)* راغبٌ ؛ توّاق إلى .

**desist** *(vi.)* يكفّ (عن القيام بعمل ما) .

**desk** *(n.)* المكتب : طاولة للقراءة أو الكتابة .

**desolate** *(adj.; vt.)* (١) مهجور (٢) متوحّد (٣) بائس (٤) خرِب ؛ مقفر ؛ كئيب § (٥) يجعله مهجوراً أو مقفراً (٦) يخرِّب (٧) يتخلى عن .

**desolation** *(n.)* (١) خراب ؛ إقفار (٢) أسىً .

**despair** *(vi.; n.)* (١) ييأس § (٢) يأسٌ .

**despatch** = dispatch.

**desperado** *(n.)* مجرمٌ يائس أو متهوّر .

**desperate** *(adj.)* (١) يائس (٢) مُتهوِّر ؛ «مُستقتِل» (٣) شديد الحاجة إلى (٤) مفرط .

**desperation** *(n.)* يأس .

**despicable** *(adj.)* حقير ؛ خسيس .

**despise** *(vt.)* يحتقر ؛ يزدري ؛ يستخفّ بِ .

**despite** *(n.; prep.)* (١) احتقار § (٢) برغم .

in ~ of برغم ؛ على الرغم من .

**despoil** *(vt.)* يَسلب ؛ يَنْهَب .

**despond** *(vi.)* (١) يقنط (٢) يكتئب .

**despondence; despondency** *(n.)* قنوط

**despondent** *(adj.)* قانط ؛ مكتئب .

**despot** *(n.)* الطاغية ؛ المستبدّ .

**despotic** *(adj.)* طغيانيّ ؛ استبداديّ .

**despotism** *(n.)* الطغيان ؛ الاستبداد .

**dessert** *(n.)* حلوى أو فاكهة يُختَم بها الطعام .

**destination** *(n.)* (١) غرض ؛ غاية (٢) الطِّيَّة : المكان المقصود ؛ المكان الذي تنتهي به الرحلة .

**destine** *(vt.)* يقدِّر له أو عليه ؛ يقرِّر مسبقاً .

~ d for قاصدٌ إلى ؛ مُتَّجهٌ إلى .

**destiny** *(n.)* (١) القِسْمَة ؛ النصيب ؛ قَدَر المرء (المقدورُ له أو عليه) (٢) القضاء والقدر .

**destitute** *(adj.)* (١) محرومٌ من (٢) خِلوٌ من (٣) مُعْوِزٌ ؛ مُعْدِم ؛ شديد الفقر .

**destitution** *(n.)* عَوَز ؛ إملاق ؛ فقر شديد .

**destroy** *(n.)* يَهْدِم ؛ يدمِّر ؛ يُهلك ؛ يُبيد .

**destroyer** *(n.)* (١) الهادم الخ . (٢) المدمِّرة .

**destruction** *(n.)* هَدْم ؛ تدمير ؛ دمار .

**destructive** *(adj.)* (١) مُهْلِك (٢) هدّام .

**desuetude** *(n.)* بُطلان .

**desultory** *(adj.)* (١) متقطّع (٢) عابر .

**detach** *(vt.)* (١) يَفْصِل (٢) يَحُلّ ؛ يفكّ ؛ يحرِّر (٣) يرسل في مهمة خاصّة .

**detached** *(adj.)* (١) منفصل (٢) مستقلّ .

**detachment** *(n.)* (١) فَصْل ؛ انفصال (٢) مُفرَزة (٣) انعزال (٤) استقلال في الرأي .

**detail** *(n.; vt.)* (١) تفصيل (٢) مفرزة عسكرية. § (٣) يروي أو يصف بتفصيل (٤) يفصّل ؛ يعدّد (٥) يختار لمهمة خاصّة .
**detailed** *(adj.)* مُفصَّل .
**detain** *(vt.)* (١) يحتجز ؛ يسجن (٢) يعوق .
**detect** *(vt.)* يكتشف ؛ يستبين .
**detection** *(n.)* كَشْف ؛ اكتشاف .
**detective** *(adj.; n.)* (١) بوليسيّ § (٢) بوليس سرّيّ ؛ رجل من رجال التحري .
**detention** *(n.)* (١) احتجاز ؛ سَجْن (٢) إعاقة ؛ تأخير (٣) تأخّر اضطراري .
**deter** *(vt.)* يَثْني ؛ يعوق ؛ يحول دون.
**deteriorate** *(vt.; i.)* يُفسِد أو يَفسد .
**deterioration** *(n.)* (١) إفساد (٢) فساد .
**determination** *(n.)* (١) الفصل في نزاع . (٢) حكم ؛ قرار (٣) العزم ؛ عقد النيّة على أمر (٤) تصميم ؛ ثبات (٥) تقرير ؛ تعيين .
**determine** *(vt.; i.)* (١) يحدّد (٢) يفصل في مسألة (٣) يقرّر (٤) يعيّن × (٥) يتخذ قراراً.
**determined** *(adj.)* مصمِّم ؛ عاقد العزْم .
**deterrent** *(adj.; n.)* عائق ؛ مانع .
**detest** *(vt.)* يَمْقُت ؛ يبغض أو يكره بشدّة .
**detestable** *(adj.)* مَقِيت : بغيض أو كريه جداً .
**detestation** *(n.)* مَقْتٌ أو شيء مَقِيت.
**dethrone** *(vt.)* يخلع (عن العرش).
**detonate** *(vt.; i.)* (١) يفجّر × (٢) يتفجّر .
**detonation** *(n.)* (١) تفجير (٢) انفجار .
**detonator** *(n.)* المفجِّر ؛ المفجِّرة .
**detour** *(n.; vi.)* (١) انعطاف ؛ تحوُّل (٢) العَطْفة : طريق غير مباشرة تُستخدم موقّتاً بدلاً من الطريق الرئيسية § (٣) ينعطف حول .
**detract** *(vt.; i.)* يُنقِص ؛ يُقلِّل .
**detrimental** *(adj.)* مؤذٍ ؛ ضارّ .
**detritus** *(n.)* الحُتات : فُتات الصخور .
**deuce** *(n.)* (١) الاثنان (في النرد الخ .) (٢) الشيطان.
**devaluation** *(n.)* تخفيض قيمة العملة .
**devastate** *(vt.)* يدمر ؛ يخرّب .
**devastation** *(n.)* (١) تدمير (٢) دمار .
**develop** *(vt.; i.)* (١) يوسّع : يوضح بتفصيل. (٢) يُظهر (٣) يُظَهِّر ؛ يحمّض فلماً (٤) يطوّر (٥) ينمّي × (٦) يتطوّر ؛ ينشأ .
**development** *(n.)* (١) توسيع (٢) تطوير ؛ تطوّر (٣) تنمية ؛ إنماء ؛ نموّ (٤) نشوء (٥) تظهير .
**deviate** *(vi.; t.)* ينحرف أو يَحْرِف .
**deviation** *(n.)* انحراف .
**device** *(n.)* (١) مكيدة ؛ حيلة (٢) أداة ؛ جهاز. (٣) رغبة ؛ ارادة (٤) رسمٌ ؛ صورةٌ ؛ شعار .
**devil** *(n.; vt.)* (١) ابليس (٢) شيطان (٣) شخص (٤) خادم في مطبعة (٥) أداة ميكانيكية § (٦) يناكد (٧) يُكثر التوابل (٨) يمزّق .
**devilish** *(adj.)* (١) شيطانيّ (٢) مفرط .
**devilry; deviltry** *(n.)* سلوك طائش شرّير .
**devious** *(adj.)* (١) ناءٍ (٢) تائه (٣) منحرف ؛ ملتوٍ .
**devise** *(vt.)* يخترع ؛ يستنبط ؛ يبتكر .
**devoid** *(adj.)* خِلْوٌ من ؛ مجرَّدٌ من .
**devolve** *(vt.; i.)* (١) ينقل أو يحوِّل (إلى شخص آخر) × (٢) ينتقل أو يؤول إلى (٣) ينحدر.
**devote** *(vt.)* يكرّس ؛ يقِف ؛ يخصّص ؛ يَنذُر .
**devoted** *(adj.)* (١) مخلص (٢) مكرَّس .
**devotee** *(n,)* المتعصّب ؛ النصير المتحمِّس .
**devotion** *(n.)* (١) تقوى (٢) عبادة ؛ *pl.* : صلوات (٣) تكريس (٤) إخلاص ؛ تفان .
**devotional** *(adj.)* تعبُّديّ ؛ عباديّ .
**devour** *(vt.)* (١) يلتهم ؛ يفترس (٢) يبدّد .
**devout** *(adj.)* (١) وَرِع (٢) مخلِص.
**dew** *(n.)* (١) نَدًى (٢) نداوة ؛ طراوة.
**dewdrop** *(n.)* قَطْرَة ندى .

**dewy** *(adj.)* نَدِيّ أو شبيهٌ بالندى.

**dexterity** *(n.)* حِذْق ؛ براعة.

**dexterous; dextrous** *(adj.)* حاذق ؛ بارع .

**diabetes** *(n.)* الديابيتس : داء البول السكّريّ .

**diabetic** *(adj.)* (١) ديابيتيّ : ذو علاقة بداء البول السكري (٢) مصابٌ بالديابيتس .

**diabolic; -al** *(adj.)* شيطانيّ .

**diadem** *(n.)* (١) تاج (٢) اكليل .

**diagnose** *(vt.; i)* يُشخِّص (حالةً أو داءً).

**diagnosis** *(n.)* التشخيص : تشخيص الداء.

**diagnostic** *(adj.)* تشخيصيّ .

**diagonal** *(adj.; n.)* (١) قُطْرِيّ (٢) مائل ؛ منحرف § (٣) خطٌّ قُطْرِيّ.

a. diagonal 3

**diagram** *(n.)* رسم بيانيّ أو تخطيطيّ.

**diagrammatic** *(adj.)* بيانيّ ؛ تخطيطيّ .

**dial** *(n.; vt.)* (١) المِزْوَلة ؛ الساعة الشمسية . (٢) المدرَّجة : صفيحة مقسّمة إلى درجات على وجه الساعة وغيرها (٣) قُرْص الراديو أو التلفون الأوتوماتيكي § (٤) يدير قرص الراديو للاستماع إلى برنامجٍ ما (٥) يتلفن إلى.

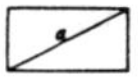

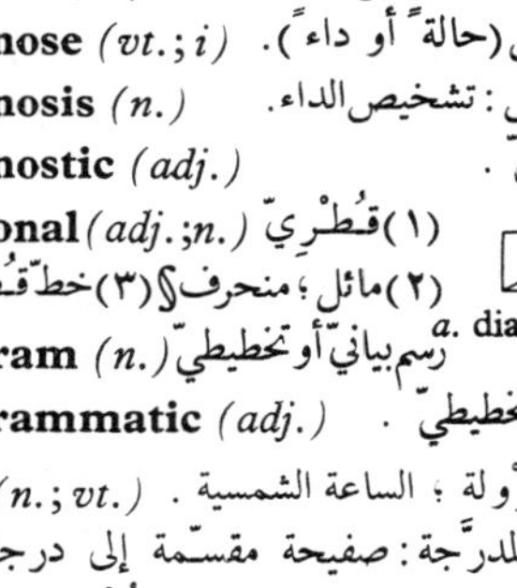

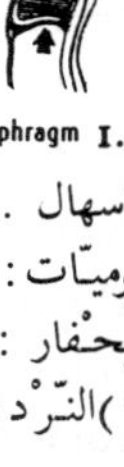

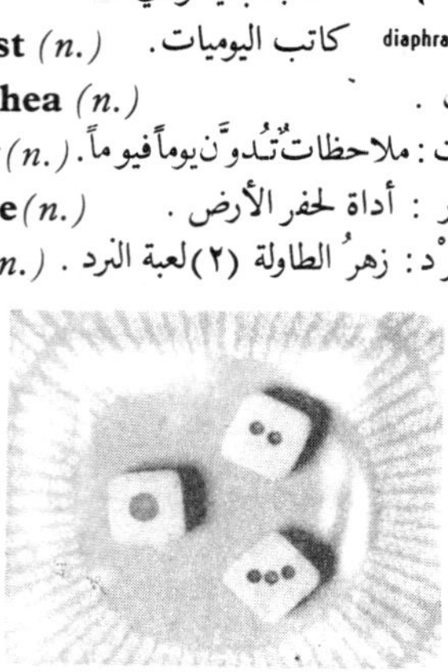

dial 2.

**dialect** *(n.)* لهجة أو لغة محليّة.

**dialectic** *(n.)* (١) الجَدَل (٢) المنطق.

**dialectic; -al** *(adj.)* جَدَليّ .

**dialogue** *or* **dialog** *(n.)* حِوار .

**diameter** *(n.)* القُطْر : قُطْر الدائرة .

**diametric; -al** *(adj.)* (١) قُطْرِيّ (٢) مباشر ؛ مطلق ؛ مضادّ تماماً .

**diametrically** *(adv.)* تماماً ؛ بكلّ معنى الكلمة

**diamond** *(n.; adj.)* (١) ماس ؛ ماسة . (٢) المعيَّن : شكل هندسيّ (٣) الديناريّ (في ورق اللّعِب) § (٤) ماسيّ .

diamond 2.

~ cut ~. لا يفلّ الحديد إلاّ الحديد .

**diamond jubilee** *(n.)* اليوبيل الماسيّ : ذكرى انقضاء ٦٠ أو ٧٥ سنة على حَدَثٍ ما .

**diapason** *(n.)* مِعيار النغم .

**diaper** *(n.)* الدّيابَر : نسيج حريريّ أو كتانيّ . (٢) منشفة ؛ منديلٌ (٣) «حِفاض» الطفل .

**diaphanous** *(adj.)* شَفّاف .

**diaphragm** *(n.)* (١) الحجاب الحاجز (٢) غشاء ؛ رِقّ (٣) طبلة التلفون : غشاء أو قرص متذبذب يكون في سمّاعة التلفون.

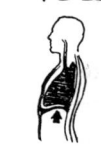

diaphragm 1.

**diarist** *(n.)* كاتب اليوميات.

**diarrhea** *(n.)* الإسهال .

**diary** *(n.)* اليوميّات : ملاحظات تُدوَّن يوماً فيوماً .

**dibble** *(n.)* المِحْفار : أداة لحفر الأرض .

**dice** *(n.)* (١) النَّرْد : زهرُ الطاولة (٢) لعبة النرد .

**dicker** *(n.; vi.; t)* (١) مساومة § (٢) يساوم .

**dickey** or **dicky** *(n.)* (١) شبه صُدرة (للرجال) (٢) « صدرية » للطفل (٣) مقعد خلفيّ .

**dictate** *(vi.; t.; n.)* (١) يُمْلي (٢) يأمر ؛ يملي أوامرَه § (٣) أمرٌ ؛ كلّ ما يُمْلَى .

**dictation** *(n.)* (١) أمرٌ جازم (٢) إمْلاء .

**dictator** *(n.)* الطاغية ؛ الديكتاتور .

**dictatorial** *(adj.)* ديكتاتوريّ ؛ استبداديّ .

**dictatorship** *(n.)* الديكتاتوريّة .

**diction** *(n.)* (١) أسلوب ؛ بيان (٢) إلقاء (في الخطابة) (٣) أداء (في الغناء) .

**dictionary** *(n.)* مُعْجَم ؛ قاموس .

**dictum** *(n.)* pl. **-ta** or **-tums** (١) قولٌ فصْل ؛ رأيٌ فَصْل (٢) قولٌ مأثور ؛ مَثَلٌ .

**did** *past of* do.

**didactic** *(adj.)* (١) تعليميّ (٢) مواعظيّ .

**didn't** = did not.

**die** *(vi.)* (١) يموت (٢) يخْمُد (٣) يتوقّف .

to ~ away يضمحلّ ؛ يزول .
to ~ hard يناضل حتى الموت .
to ~ out ينقرض .

**die** *(n.)* pl. **dice** or **dies** (١) النَّرد ؛ «زهر الطاولة» (٢) جسم مكعّب صغير (٣) حظّ ؛ نصيب (٤) قالب (لسكّ العملة أو المداليات أو لدمغ الورق) (٥) لُقمة اللولبة (في الماكينات) .

The ~ is cast. سَبَقَ السيف العَذَل .

**diesel engine** *(n.)* محرّك ديزل .

**diet** *(n.; vt.; i.)* (١) غِذاء (٢) حِمية (٣) مجلس تشريعيّ § (٤) يَحْمي أو ينحمي .

**dietary** *(adj.)* حِمْيِيّ : متعلّق بالحِمْية .

**differ** *(vi.)* يختلف .

**difference** *(n.)* (١) اختلاف (٢) فارق ؛ فَرْق (٣) تمييز (٤) خلاف ؛ نزاع .

**different** *(adj.)* (١) مختلف (٢) آخَر .

**differential** *(adj.; n.)* (١) تخالفيّ (٢) مميِّز (٣) تفاضليّ § (٤) الترس التفاضليّ (في سيارة) .

differential 4.

**differentiate** *(vt.)* (١) يميِّز (٢) يميِّز بين .

**difficult** *(adj.)* صعب ؛ عسير .

**difficulty** *(n.)* (١) صعوبة (٢) عقبة ؛ عائق (٣) تردُّد أو اعتراض (٤) ضِيق ؛ عُسْر مالي .

**diffidence** *(n.)* حياء ؛ عدم ثقة بالنفس .

**diffident** *(adj.)* حييّ أو خجول .

**diffuse** *(vt.; i.; adj.)* (١) يصبّ (٢) ينَشر ✕ (٣) ينتشر § (٤) مُسْهَب (٥) منتشر ؛ مُسهِب .

**diffusion** *(n.)* نَشْر ؛ انتشار ؛ إسهاب .

**dig** *(vt.; n.)* (١) يحفر (٢) يحرث (٣) يستخرج بالحفر (٤) يُبْرِز إلى النور (٥) يُقحم § (٦) وكزة .

**digest** *(vt.; n.)* (١) ينظِّم ؛ يصنِّف (٢) يهضم (٣) يلخِّص § (٤) ملخَّص ؛ خلاصة .

**digestion** *(n.)* (١) تصنيف (٢) هضم .

**digestive** *(adj.)* هضميّ أو مساعدٌ على الهضم .

**digit** *(n.)* (١) رقم تحت العشرة (٢) إصبع .

**dignified** *(adj.)* (١) مبجَّل (٢) جليل .

**dignify** *(vt.)* يُبجِّل .

**dignitary** *(n.)* صاحب مقام رفيع .

**dignity** *(n.)* (١) جلال (٢) نُبْل (٣) كرامة (٤) منزلة (٥) منصب أو لقب رفيع .

**digress** *(vi.)* يستطرد : ينحرف عن الموضوع .

**dike** *(n.)* (١) خندق (٢) سياج (٣) سدّ (٤) حاجز .

**dilapidated** *(adj.)* خَرِب ؛ متهدِّم .

**dilate** *(vt.; i.)* (١) يمدّد ؛ يوسِّع ✕ (٢) يُسهِب (٣) يتمدَّد ؛ يتّسع .

**dilatory** *(adj.)* (١) معوّق (٢) بطيء .

**dilemma** *(n.)* مأزِق ؛ ورطة ؛ مُعْضِلة.

**dilettante** *(n.)* الهاوي (لفنّ ما) .

**diligence** *(n.)* كدّ ؛ اجتهاد .

**diligent** *(adj.)* (١) كادّ ؛ مجتهد (٢) مُتقَن.

**dill** *(n.)* الشَّبْث : بقلة من التوابل.

**dilute** *(vt.)* يُشعْشِع ؛ يُرَقِّق ؛ يُضْعِف .

**dilution** *(n.)* شَعْشَعَة ؛ ترقيق ؛ تخفيف .

**dim** *(adj.; vt.; i.)* (١) مُعتِم ؛ مظلم (٢) باهت. (٣) غامض § (٤) يجعله (أو يصبح) معتماً .

**dime** *(n.)* الدّايْم : عُشْر دولار .

**dimension** *(n.)* بُعْد أو حجم .

**diminish** *(vt.; i.)* (١) يقلِّل ؛ ينقِّص (٢) يحطّ من القيمة أو السمعة × (٣) يقلّ ؛ يَنقُص.

**diminutive** *(adj.; n.)* (١) شديد الصِّغَر . (٢) تصغيريّ § (٣) شيء أو شخص صغير .

**dimly** *(adv.)* على نحو باهت أو غامض الخ.

**dimness** *(n.)* إعتام ؛ إظلام الخ .

**dimple** *(n.)* (١) النُونة : النقرةُ في الذقن . (٢) الغمّازة : النقرة في الخدّ .

**din** *(n.)* ضجيج ؛ جَلَبَة .

**dine** *(vi.; t.)* (١) يتغدّى أو يتعشّى × (٢) يدعو إلى غَداء أو عَشاء .

to ~ out يتغدّى أو يتعشّى خارج المنزل .

**diner** *(n.)* (١) متناول الغَداء أو العشاء (٢) حافلة الطعام ( في قطار ) أو مطعم على شكلها .

**dinghy** *(n.)* زورق تجذيف .

**dinginess** *(n.)* (١) قذارة (٢) دُكْنَة .

**dingle** *(n.)* وادٍ صغيرٌ عميقٌ ظليل .

**dingy** *(n.)* (١) قَذِر (٢) حقير (٣) داكِن .

**dining room** *(n.)* حجرة الطعام .

**dinner** *(n.)* (١) غداء أو عشاء (٢) مأدبة .

**dinosaur** *(n.)* الدّينوصور : حيوان منقرض .

**dint** *(n.; vt.)* (١) قوة (٢) بَعجة § (٣) يبعج .

by ~ of بقوة ؛ بفضل ؛ بواسطة .

**diocese** *(n.)* الأبْرَشيّة ؛ الأُسقفيّة.

**dip** *(vt.; i.; n.)* (١) يَغْمِس ؛ يغطِّس . (٢) يُقْحِم (٣) يَغْرُف (٤) يَرْهن (٥) يخفض ثم يرفع ثانية × (٦) يغْطُس ؛ يسقط ؛ ينخفض (٧) ينحدر § (٨) غَمْس ؛ تغطيس الخ. (٩) سقوط ؛ خفض ؛ انخفاض (١٠) انحدار (١١) منحدَر (١٢) سائلٌ يُغْمَس فيه.

**diphtheria** *(n.)* الخُناق ؛ الديفتيريا .

**diphthong** *(n.)* إدغام .

**diploma** *(n.)* دبلوم ؛ شهادة .

**diplomacy** *(n.)* الديبلوماسيّة .

**diplomat; diplomatist** *(n.)* الديبلوماسيّ .

**diplomatic** *(adj.)* ديبلوماسيّ .

**diplomatic corps** *(n.)* الهيئة الديبلوماسيّة .

**dipper** *(n.)* (١) مِغرفة (٢) *cap* : الدبّ الأكبر أو الأصغر ( في الفلك ) (٣) الغطاس : طائر مائيّ .

**dire** *(adj.)* (١) رهيب (٢) كئيب (٣) ملحّ.

**direct** *(vt.; adj.; adv.)* (١) يُعَنْوِن . (٢) يوجه (٣) يدير (٤) يأمر § (٥) مستقيم (٦) مباشر (٧) صريح § (٨) مباشرةً .

**direction** *(n.)* (١) إدارة ؛ إشراف (٢) توجيه.

(٣) فنّ الاخراج المسرحي الخ . (٤)أمر ؛ تعليم (٥) اتجاه ؛ جهة (٦) نزعة .

**directly** *(adv.)* (١) مباشرةً (٢) توّاً .

**director** *(n.)* المدير ؛ الموجِّه ؛ القائد .

**directorate** *(n.)* مجلس إدارة ( شركة ما ) .

**directory** *(n.)* الدليل ؛ الكتاب المرشد .

**direct tax** *(n.)* الضريبة المباشرة .

**direful** *(adj.)* (١) رهيب ؛ فظيع (٢) منذر بكارثة .

**dirge** *(n.)* (١) ترنيمة جنائزية (٢) لحن حزين .

**dirigible** *(adj.; n.)* (١) قابلٌ للتوجيه أو التسيير §(٢) مُنطاد ذو مُحرِّك .

dirigible

**dirk** *(n.; vt.)* (١)خنجر §(٢)يطعن بخنجر .

**dirt** *(n.)* (١) قَذَر ؛ قَذارة (٢)تراب ؛ وحل .

**dirty** *(adj.; vt.)* (١) قَذِر ؛ وَسِخ (٢)دنيء ؛ حقير (٣) عاصف §(٤) يوسِّخ ؛ يلوِّث .

**disability** *(n.)* ضَعْف ؛ عَجْز .

**disable** *(vt.)* يُضْعِف ؛ يُعْجِز .

**disabuse** *(vt.)* يحرّر من الخطإ أو الوَهْم .

**disadvantage** *(n.)* (١)ضرر ؛ أذى (٢)عائق ؛ وضعٌ غير مُؤاتٍ .

**disadvantageous** *(adj.)* غير مؤاتٍ أو ملائم .

**disaffected** *(adj.)* ساخط ؛ مستاء ؛ غير موال .

**disaffection** *(n.)* نفور ؛ كره ؛ استياء ؛ سخط .

**disagree** *(vi.)* (١)يتعارض (٢)يختلف في الرأي (٣)يخالف ؛ يعارض (٤)يؤذي ؛ لا يلائم الصحة .

**disagreeable** *(adj.)* (١) كريه (٢)سيء الطبع .

**disagreement** *(n.)* (١)تعارُض (٢)خلاف .

**disallow** *(vt.)* يُنْكر ؛ يرفض ؛ ينقض .

**disappear** *(vi.)* يختفي ؛ يتوارى ؛ يزول .

**disappearance** *(n.)* اختفاء ؛ توارٍ ؛ زوال .

**disappoint** *(vt.)* يخيِّب ؛ يُحبِط .

**disappointed** *(adj.)* مخيَّب ؛ مخيَّب الرجاء .

**disappointment** *(n.)* خيبة أمل .

**disapprobation** *(n.)* =disapproval.

**disapproval** *(n.)* (١) استنكار (٢) رفض .

**disapprove** *(vt.; i.)* (١) يستنكر (٢)يرفض .

**disarm** *(vt.)* ينزع السلاح .

**disarmament** *(n.)* نزع السلاح .

**disarrange** *(vt.)* (١)يشوِّش (٢) يبعثر .

**disarray** *(n.)* تشوُّش ؛ فوضى .

**disaster** *(n.)* كارثة ؛ نكبة ؛ بليّة .

**disastrous** *(adj.)* مشؤوم .

**disavow** *(vt.)* يُنكر ؛ يتنصَّل (من المسؤولية) .

**disband** *(vt.; i.)* (١) يَحُلّ (٢) يسرِّح . ×(٣)ينحلّ (٤) يتشتّت ؛ يتمزّق .

**disbar** *(vt.)* يشطب (من جدول المحامين ) .

**disbelief** *(n.)* إنكار ؛ جحود ؛ كفرٌ بـ .

**disbelieve** *(vt.; i.)* يُنكر ؛ يَجْحَد ؛ يكفر بِـ .

**disburse** *(vt.)* (١)يُنفِق ؛ يَدْفع (٢)يوزِّع .

**disc** *(n.)*= disk.

**discard** *(vt.)* يطَّرِح ؛ ينبذ .

**discern** *(vt.)* يرى ؛ يتبين ؛ يُدرك ؛ يميّز .

**discerning** *(adj.)* بصير ؛ فِطن .

**discernment** *(n.)* بصيرة ؛ فِطنة .

**discharge** *(vt.; n.)* (١) يُفرِّغ (٢) يعفي (٣) يطلق النار من (٤) يُنزِل (٥) يُطلق (٦)يطلق سراح (٧)يصبّ (٨)ينفث (٩)يُفرز (صديداً) (١٠)يصرف من الخدمة (١١)يسدّد دَيْناً §(١٢) تحريرٌ من دَيْن أو تهمة أو عقوبة (١٣) تفريغ (١٤) إطلاق سراح (١٥)إطلاقٌ للنار (١٦)تصريف (١٧)تدفق (١٨) المادة المصرَّفة أو المتدفقة أو المفرَزة .

**disciple** *(n.)* الحواريّ ؛ التابع ؛ المُريد .

**disciplinary** *(adj.)* انضباطي ؛ تأديبيّ ؛ صارم .

**discipline** *(n.; vt.)* (١) تدريب ؛ تهذيب (٢)تأديب ؛ قصاص (٣)انضباط (٤)ضَبْط

النفس (٥) نظام §(٦) يدرّب الخ.
**disclaim** *(vt.)* يُنكر ؛ يتنصَّل من .
**disclose** *(vt.)* يكشف ؛ يفضح ؛ يُفشي .
**disclosure** *(n.)* (١) كشْف ؛ فضْح ؛ إفشاء . (٢) انكشاف ؛ افتضاح .
**discolor** *(vt.; i.)* (١) يغيِّر اللون أو يزيله . (٢) يلطّخ ×(٢) يتغيّر لونه أو يزول .
**discomfit** *(vt.)* (١) يُحْبِط (٢) يُربك .
**discomfiture** *(n.)* هزيمة ؛ خيبة ؛ ارتباك .
**discomfort** *(vt.; n.)* (١) يُزْعِج ؛ يُقلق . §(٢) انزعاج ؛ قلق (٣) مشقة ؛ إزعاج .
**discommode** *(vt.)* يُزْعِج ؛ يُضايق .
**discompose** *(vt.)* يُقلق ؛ يُثير ؛ يُفسد النظام .
**discomposure** *(n.)* قلق ؛ اضطراب .
**disconcert** *(vt.)* (١) يُحبط (٢) يُربك .
**disconnect** *(vt.)* يَفْصِل ؛ يقطع الاتصال .
**disconnection** *(n.)* (١) فَصْل (٢) انْفصال .
**disconsolate** *(adj.)* حزين ؛ يائس .
**discontent** *(n.)* سُخْط ؛ استياء .
**discontented** *(adj.)* ساخط ؛ مُستاء .
**discontinuance** *(n.)* قَطْع ؛ انقطاع .
**discontinue** *(vt.; vi.)* يَقْطع أو ينقطع .
**discontinuous** *(adj.)* متقطّع .
**discord** *(n.)* (١) خلاف ؛ نزاع (٢) تنافُر ؛ نشاز .
**discordant** *(adj.)* (١) متعارض (٢) متنافر .
**discount** *(n.; vt.)* (١) حَسْم ؛ خصْم §(٢) يحسم ؛ يخصم (٣) يُسقط من الحساب أو الاعتبار .
**discountenance** *(vt.)* يرفض الموافقة .
**discourage** *(vt.)* يعوق أو يثبّط الهمّة .
**discourse** *(n.; vi.)* (١) حديث ؛ محادثة . (٢) مقالة ؛ خطبة ؛ محاضرة §(٣) يتحدّث .
**discourteous** *(adj.)* فظّ ؛ جافٍ .
**discourtesy** *(n.)* فَظَاظة ؛ عَمَلٌ فَظّ .
**discover** *(vt.)* يكتشف .
**discovery** *(n.)* اكتشاف .
**discredit** *(vt.; n.)* (١) يرفض التصديق . (٢) يكذّب أو يُضْعِف الثقة بـ (٣) يخزي ؛ يشوّه السمعة §(٤) خِزْي ؛ عارٌ (٥) شكّ .
**discreditable** *(adj.)* مُخْزٍ ؛ ضارّ بالسمعة .
**discreet** *(adj.)* حكيم ؛ كتوم ؛ حَذِر .
**discrepancy** *(n.)* تعارُض ؛ تناقُض .
**discretion** *(n.)* (١) تَعَقُّل ؛ حذَر (٢) القدرة على الكتمان (٣) حرّية التصرف (٤) تمييز ؛ رُشْد .
**discriminate** *(vt.; i.)* يميِّز .
**discriminating** *(adj.)* مميِّز ؛ تمييزي .
**discrimination** *(n.)* تمييز .
**discursive** *(adj.)* استطرادي .
**discus** *(n.)* قُرص معدنيّ (يُرمى اختباراً للقوة) .

**discuss** *(vt.)* يناقش ؛ يدرس .
**discussion** *(n.)* مناقشة ؛ دَرْس ؛ بحث .
**disdain** *(vt.; n.)* (١) يزدري §(٢) ازدراء .
**disdainful** *(adj.)* (١) مُزْدَرٍ (٢) ازدرائي .
**disease** *(n.)* (١) سَقَمٌ (٢) داء ؛ مرض .
**diseased** *(adj.)* مريض ؛ عليل ؛ سقيم .
**disembark** *(vt.; i.)* (١) يُنزل من السفينة . ×(٢) يَنزل من السفينة (٣) يترجّل من مركبة .
**disembody** *(vt.)* يحرّر (روحاً) من الجسد .
**disenchant** *(vt.)* يحرّر من السحر أو الوهم .

**disengage** *(vt.)* (١) يحرِّر ؛ يُحلّ من عهد. (٢) يَحُلّ (٣) يَفْصِل ؛ يسحب (من المعركة).

**disengaged** *(adj.)* حرّ ؛ غير مشغول .

**disentangle** *(vt.)* يَحُلّ ؛ يفكّ .

**disesteem** *(vt.; n.)* (١) يزدري § (٢) ازدراء.

**disfavor** *(n.)* (١) كُرْه (٢) ازدراء (٣) لاحَظْوَة.

**disfigure** *(vt.)* يشوّه (وجهَ شيء) .

**disfranchise** *(vt.)* يحرمه حقّ التصويت .

**disgorge** *(vt.)* يتقيّأ ؛ يَلفظ .

**disgrace** *(vt.; n.)* (١) يُخْزِي § (٢) خِزْي.

**disgraceful** *(adj.)* مُخْزٍ ؛ شائن .

**disguise** *(vt.; n.)* (١) يتنكّر (٢) يُخْفي . § (٣) قناع (٤) «ماكياج» (٥) تنكُّر (٦) إخفاء.

**disgust** *(n.; vt.; i.)* (١) غَثَيان (٢) اشمئزاز ؛ قَرَف § (٣) يُغْثي ؛ يثير الاشمئزاز .

**disgusted** *(adj.)* مشمئزّ أو مُصابٌ بالغَثَيان.

**disgusting** *(adj.)* مثير للغثيان أو للاشمئزاز .

**dish** *(n.; vt.)* (١) طَبَق ؛ صحن (٢) لون من الطعام (٣) شيء مفضّل § (٤) يسكب (الطعامَ).

**dishearten** *(vt.)* يُثبِّط الهمّة .

**dishevel** *(vt.)* (١) يُشعِّث (٢) يغضِّن .

**dishonest** *(adj.)* خادع ؛ مضلِّل ؛ غير أمين.

**dishonor** *(n.; vt.)* (١) خِزي ؛ عار (٢) إهانة. (٣) عدم دفعِ الحوالة § (٤) يُهين (٥) يُخزي .

**dishonorable** *(adj.)* مُخْزٍ ؛ شائن .

**disillusion** *(vt.; n.)* (١) يحرِّر من الوهم. § (٢) تحرير (أو تحرُّر) من الوهم .

**disinclination** *(n.)* نفورٌ ؛ كراهية .

**disinclined** *(adj.)* راغبٌ عن ؛ غير راغب في.

**disinfect** *(vt.)* يطهِّر (من جراثيم المرض) .

**disinfectant** *(n.)* مطهِّر أو مبيدٌ للجراثيم.

**disingenuous** *(adj.)* مخادع ؛ ماكر .

**disinherit** *(vt.)* يَحرم من الإرث .

**disintegrate** *(vt.; i.)* (١) يَحُلّ ؛ يفسّخ ؛ يُحطّم × (٢) ينحلّ ؛ يتفسّخ ؛ يتحطّم .

**disinter** *(vt.)* يُخرج من القبر .

**disinterested** *(adj.)* (١) نزيه (٢) لامبالٍ .

**disjoin** *(vt.)* (١) يَفسخ (٢) يَفْصِل .

**disjoint** *(vt.; i.)* (١) يفكّك (٢) يَفْصِل . (٣) يَخْلَع المفاصلَ × (٤) يتخلّع .

**disjointed** *(adj.)* (١) مخلّع (٢) مفكّك.

**disk** *(n.)* (١) قرص (٢) أسطوانة فونوغرافية .

**dislike** *(vt.; n.)* (١) يَكْرَه § (٢) كُرْه .

**dislocate** *(vt.)* (١) يخلع (الذراع أو الكتف الخ.) (٢) يشوّش ؛ يوقع الاضطراب في .

**dislodge** *(vt.)* (١) يُزيح (٢) يطرد .

**disloyal** *(adj.)* خائن ؛ غادر .

**dismal** *(adj.)* (١) كئيب (٢) موحش.

**dismantle** *(vt.)* (١) يجرِّد (من الأثاث أو التجهيزات أو وسائل الدفاع) (٢) يفكِّك .

**dismay** *(vt.; n.)* (١) يُرْعب § (٢) رُعْب.

**dismember** *(vt.)* يمزّق ؛ يقطّع الأوصال.

**dismiss** *(vt.)* يأذن بالانصراف (٢) يطرد .

**dismissal** *(n.)* صَرْف أو انصراف.

**dismount** *(vi.; t.)* (١) يترجّل × (٢) يُنزل (مدفعاً) عن رَكوبته (٣) ينزع (٤) يُسقِط (عن ظهر الجواد) (٥) يفكّك (آلةً) .

**disobedience** *(n.)* تمرُّد ؛ عصيان .

**disobedient** *(adj.)* متمرِّد ؛ عاصٍ .

**disobey** *(vt.; i.)* يتمرّد على ؛ يعصي .

**disorder** *(n.; vt.)* (١) فوضى (٢) اضطراب ؛ شَغَب (٣) اعتلال جسدي أو عقلي § (٤) يُشوِّش .

**disorderly** *(adj.)* (١) متمرد (٢) مخالف للقانون ؛ منافٍ للاخلاق (٣) مضطرب ؛ فاقد النظام .

**disorganize** *(vt.)* يُشوّش ؛ يُفسد النظام .

**disown** *(vt.)* (١) يتبرّأ من (٢) يُنكر .

**disparage** *(vt.)* يذمّ ؛ ينتقص ؛ يستخفّ بِ .

**disparity** *(n.)* تفاوت ؛ تباين .

**dispassionate** *(adj.)* (١) هادىء (٢) نزيه .

**dispatch** *(vt.; n.)* (١) يبعث ؛ يرسل (٢) يقتل (٣) يُنجز بسرعة § (٤) إرسال (٥) إنجاز بسرعة (٦) سُرْعة (٧) رسالة ؛ عاجلة (٨) برقيّة .

**dispel** *(vt.)* يُبَدِّد ؛ يَطْرُد .

**dispensable** *(adj.)* غير ضروري .

**dispensary** *(n.)* مستوصَف .

**dispensation** *(n.)* (١) التدبير الإلهي لشؤون العالم (٢) شريعة (٣) حِلّ ؛ إعفاء (٤) توزيع .

**dispense** *(vt.)* (١) يوزّع (٢) ينفّذ القانون . (٣) يُعفي (٤) يركّب الأدوية .

to ~ with. (١) يستغني عن (٢) يعفي من .

**dispenser** *(n.)* (١) صيدليّ (٢) وعاء .

**dispersal; dispersion** *(n.)* تشتيت أو تشتّت

**disperse** *(vt.; i.)* (١) يشتّت ؛ يفرّق (٢) ينثر ؛ ينشر (٣) يبدّد × (٤) يتشتّت ؛ ينتثر ؛ يتبدّد .

**dispirited** *(adj.)* مكتئب ؛ متشائم ؛ مثبّط الهمة .

**displace** *(vt.)* (١) يُزيح (٢) يُشرّد (٣) يعزِل (من منصب) (٤) يحِلّ محَلّ (٥) يستبدل .

**displacement** *(n.)* إزاحة ؛ انزياح الخ .

**display** *(vt.; n.)* (١) ينشر (٢) «أ» يعرِض ؛ يبدي للعيان . «ب» يتكشّف عن (٣) يصوّر § (٤) نَشْر ؛ عَرْض ؛ إبداء (٥) تَباهٍ .

**displease** *(vt.; i.)* يثير الاستياء ؛ يُغضِب .

**displeasure** *(n.)* استياء ؛ غضَب طفيف .

**disport** *(vt.; i.)* يلهو ؛ يمرح .

**disposal** *(n.)* (١) ترتيب ؛ تنظيم (٢) تدبير . (٣) نَقْل (٤) بَيْع (٥) رَمْيٌ ؛ تخلّص من .

at your ~, تحت تصرّفك .

**dispose** *(vt.; i.)* (١) يَقنِعُهُ بِ ؛ يجعله يميل إلى . (٢) يُعِدّ (٣) يرتّب ؛ ينظّم × (٤) يقدّر ؛ يقرّر .

to ~ of يتخلّص من

**disposed** *(adj.)* (١) ميّال إلى (٢) مطبوع على .

**disposition** *(n.)* (١) تنظيم (٢) ميل ؛ مزاج .

**dispossess** *(vt.)* يَطْرُد ؛ يُخرِج ؛ يُفْقِد .

**dispraise** *(vt.)* يذم ؛ يقدح بِ .

**disproof** *(n.)* (١) دَحْض (٢) حجّةٌ دامغة .

**disproportion** *(n.)* تفاوُت ؛ لا تناسب .

**disproportionate** *(adj.)* غير متكافىء مع .

**disprove** *(vt.)* يَدْحَض : يُثبت بُطلانَ شيء .

**disputable** *(adj.)* قابلٌ للمناقشة ؛ فيه نظر .

**disputant** *(n.)* المجادل ؛ المناظر .

**disputation** *(n.)* (١) جَدَل ؛ نزاع (٢) مناظرة .

**dispute** *(vi.; t.; n.)* (١) يتجادَل (٢) يتنازع . × (٣) يناقش (٤) يشكّ في (٥) يفنّد (٦) يدافع عن § (٧) جدال ؛ خلاف ؛ نزاع .

beyond ~ . غير منازَع ؛ من غير ريب .

**disqualify** *(vt.)* (١) يجعله غير أهل لـ (٢) يعلن عدم أهليّته لـ (٣) يحرمه من حقّ .

**disquiet** *(vt.; n.)* (١) يُقلق ؛ يُزعج § (٢) قلق .

**disquietude** *(n.)* قلق ؛ حالة قلق .

**disquisition** *(n.)* خُطْبة ؛ مقالة ؛ بحث .

**disregard** *(vt.; n.)* (١) يتغاضى عن . (٢) يستخفّ بِ ؛ يهمل § (٣) تغاضٍ ؛ استخفاف .

**disreputable** *(adj.)* سيّء السمعة أو ضارّ بها .

**disrepute** *(n.)* خِزْي ؛ انثلام السمعة .

**disrespect** *(n.)* ازدراء ؛ لااحترام .

**disrespectful** *(adj.)* قليل الاحترام (لغيره) .

**disrobe** *(vt.; i.)* (١) يُعَرّي ×(٢) يتعرّى .

**disrupt** *(vt.)* يمزّق .

**disruption** *(n.)* (١) تمزيق (٢) تمزّق .

**dissatisfaction** *(n.)* استياء ؛ عدم رضاً .

**dissatisfied** *(adj.)* مُستاء ؛ غير راضٍ .

**dissatisfy** *(vt.)* يثير استياءه أو سُخْطَه .

**dissect** *(vt.)* (١) يشرِّح (٢) يحلِّل .

**dissemble** *(vt.; i.)* (١) يُخْفِي (بقصد الخداع) (٢) يتظاهر بِـ ×(٣) يرائي ؛ ينافق .

**disseminate** *(vt.)* ينثر ؛ يَبْذُر ؛ ينشر .

**dissension** *(n.)* خلاف ؛ نزاع ؛ شقاق.

**dissent** *(vi.; n.)* (١) يخالف ؛ يعارض (٢) ينشقّ على §(٣) مخالَفة ؛ معارضة (٤) انشقاق .

**dissenter** *(n.)* الخارج ؛ المنشقّ .

**dissertation** *(n.)* مقالة ؛ خطبة ؛ أطروحة.

**disservice** *(n.)* أذى ؛ ضرر ؛ إساءة .

**dissever** *(vt.)* يَفْصِل أو يَقْسِم .

**dissimilar** *(adj.)* متباين ؛ غير متشابه .

**dissimilarity** *(n.)* تبايُن ؛ اختلاف .

**dissimulation** *(n.)* (١) خداع (٢) رياء .

**dissipate** *(vt.; i.)* (١) يشتّت (٢) يبدّد ×(٣) يتبدّد (٤) ينغمس في الملذّات .

**dissipated** *(adj.)* خليع ؛ فاسق.

**dissociate** *(vt.; i.)* يَفْصِل أو ينفصل .

**dissoluble** *(adj.)* قابل للحلّ أو الذوبان .

**dissolute** *(adj.)* فاسق ؛ فاجر .

**dissolution** *(n.)* (١) حل ؛ تذويب (٢) انحلال ؛ ذوَبان (٣) فناء ؛ موت (٤) تصفية ؛ حلّ .

**dissolvable** *(adj.)* =dissoluble.

**dissolve** *(vt.; i.)* (١) يُلاشي ؛ يبدّد (٢) يُلغي ؛ يَفْسَخ (٣) يفكّك (٤) يحلّ (٥) يذيب ×(٦) يتلاشى ؛ يتبدد (٧) ينفضّ (٨) يذوب .

**dissonance** *(n.)* (١) تنافر (٢) لا انسجام .

**dissonant** *(adj.)* متنافر .

**dissuade** *(vt.)* يَثْنيه (عن أمر) بالإقناع .

**distaff** *(n.)* (١) فَلْكة المغزل (٢) عمل المرأة (٣) امرأة .

distaff

**distance** *(n.)* (١) فترة (٢) مسافة (٣) بُعْد (٤) فتور (٥) تباين .

**distant** *(adj.)* (١) بعيد (٢) متباعد (٣) مختلف (٤) بارد ؛ غير ودي.

**distaste** *(n.)* كره ؛ نفور .

**distasteful** *(adj.)* كريه ؛ بغيض .

**distemper** *(n.; vt.)* (١) سُل الكلاب (٢) طلاء مائيّ ؛ بويا مائية §(٣) يطلي ببويا مائية.

**distend** *(vt.; i.)* (١) ينفخ (٢) يمدّ ×(٣) ينتفخ .

**distension** *(n.)* نَفْخ أو انتفاخ .

**distill** *(vt.)* يقطِّر ؛ يرشِّح ؛ يركِّز .

**distillation** *(n.)* (١) تقطير (٢) قُطارة .

**distillery** *(n.)* المَقْطَر : معمل التقطير .

**distinct** *(adj.)* بيّن ؛ جليّ ؛ بارز ؛ ممتاز.

**distinction** *(n.)* (١) طبقة ؛ منزلة (٢) تمييز (٣) اختلاف ؛ فَرْق (٤) فارق ؛ علامة فارقة (٥) امتياز ؛ تفوّق (٦) وسام ؛ لقب تشريف .

**distinctive** *(adj.)* مميِّز .

**distinctly** *(adv.)* بوضوح .

**distinguish** *(vt.)* (١) يميِّز (٢) يبوِّب.

**distinguished** *(adj.)* ممتاز ؛ شهير ؛ فاخر .

**distort** *(vt.)* يحرِّف ؛ يصحِّف ؛ يشوِّه.

**distortion** *(n.)* تحريف ؛ تشويه .

**distract** *(vt.)* يُلهِي ؛ يصرِف الانتباه .

**distracted** *(adj.)* (١) ذاهل (٢) مخبَّل .

**distraction** *(n.)* (١) إلهاء أو التهاء (٢) خَبَل (٣) ذهول ؛ ارتباك (٤) تسلية ؛ لهو .

**distraint** *(n.)* الحجز (استيفاءً لدَيْن).

**distraught** *(adj.)* (١) ذاهل (٢) مخبَّل .

**distress** *(n.)* (١)ألم ؛ أسىً (٢)خطر ؛ كرْب.

**distressed** *(adj.)* مَكْرُوْب ؛ محزون ؛ مُوْجَع.

**distribute** *(vt.)* (١)يوزّع (٢) ينثر ؛ ينشر.

**distribution** *(n.)* توزيع

**district** *(n.)* منطقة ؛ مقاطعة .

**distrust** *(vt.; n.)* (١)يرتاب §(٢)ارتياب.

**distrustful** *(adj.)* مرتاب ؛ قليل الثقة بِـ .

**disturb** *(vt.)* يقلق ؛ يعكّر ؛ يزعج .

**disturbance** *(n.)* (١)إقلاق (٢) اضطراب.

**disunion** *(n.)* (١)انفصال (٢)خلاف ؛ شقاق.

**disunite** *(vt.; i.)* (١) يَنْفَصِل (٢) يفرّق .

**disunity** *(n.)* خلاف ؛ شقاق ؛ لا وحدة .

**disuse** *(n.)* هَجْر ؛ إهمال ؛ لااستعمال.

**ditch** *(n.)* (١)خندق (٢) قناة.

**ditto** *(adv.)* كما تقدَّم ؛ «شَرْحُهُ» .

**ditty** *(n.)* أغنية قصيرة بسيطة .

**diurnal** *(adj.)* (١)يوميّ (٢) نهاري .

**divan** *(n.)* أريكة ؛ مُتّكَأ ؛ ديوان .

**dive** *(vi.; t.; n.)* (١) يَغْطُس ؛ يغوص . (٢)تنقضّ (الطائرة) (٣)يندفع §(٤)غطْس الخ.

**diver** *(n.)* الغطّاس ؛ الغوّاص ؛ صائد اللؤلؤ الخ.

**diverge** *(vi.)* يَنْفَرِج ؛ يَنْشَعِب ؛ ينحرف.

**divergence** *(n.)* انفراج ؛ تشعّب ؛ انحراف.

**divers** *(adj.)* كثير ؛ متعدّد ؛ مختلف.

**diverse** *(adj.)* مختلِف أو متنوّع .

**diversify** *(vt.)* ينوّع ؛ يشكّل .

**diversion** *(n.)* (١)تحويل ؛ تحوّل (٢)لهو ؛ تسلية.

**diversity** *(n.)* تنوّع أو اختلاف .

**divert** *(vt.)* (١)يحوِّل (٢) يُلْهِي ؛ يُسلّي .

**divest** *(vt.)* (١)يُجرِّد ؛ يُعَرّي (٢)يَسْلُب.

**divide** *(vt.; i.; n.)* (١)يَقسِم ؛ يقسّم (٢)يفرّق ؛ يمزّق ×(٣) ينقسم §(٤) حدّ فاصل .

**dividend** *(n.)* (١)حِصّة (٢)ربح (٣)المقسوم (في الحساب) (٤)مبلغ أو اعتماد يُراد توزيعه.

**dividers** *(n.pl.)* فرجار ؛ بيكار .

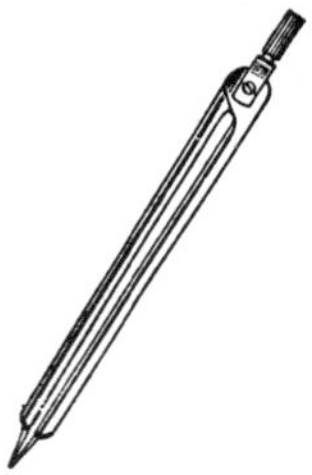

**divination** *(n.)* (١)عِرافة ؛ كِهانة (٢)نبوءة.

**divine** *(adj.; n.; vt.; i.)* (١)إلهيّ (٢)دينيّ . (٣)رائع §(٤) كاهن §(٥)يتنبّأ بِـ ×(٦)يَحزِر .

**diviner** *(n.)* العرّاف ؛ «البصّار» ؛ المتنبّىء بِـ.

**divinity** *(n.)* (١)ألوهية (٢)إله (٣)لاهوت.

**divisible** *(adj.)* قابلٌ للقِسْمة .

**division** *(n.)* (١)تقسيم ؛ توزيع (٢)انقسام . (٣)قسْم ؛ جزء ؛ شعبة (٤)فرقة عسكرية (٥)فئة (٦)خلاف ؛ نزاع (٧)القِسْمة (في الحساب).

**divisor** *(n.)* القاسم ؛ المقسوم عليه (في الحساب) .

**divorce** *(n.; vt.)* (١)طلاق §(٢) يطلّق.

**divulge** *(vt.)* يُفشي سِرّاً .

**dizziness** *(n.)* دُوار ؛ سَدَر ؛ دوخة.

**dizzy** *(adj.)* (١)دائخ (٢)مدوِّخ ؛ مسبِّب للدُّوار

**doc** 151 **dog**

**do** *(vt.; i.)* (١) يفعل ؛ يعمل (٢) يعود عليه بـِ . (٣) يُنهِي ؛ يُنجِز (٤) يبذل (٥) يضع ؛ يُنتج (٦) يخدع (٧) يرتّب ؛ يُعِدّ (٨) يجتاز ×(٩) يَحْدُث (١٠) يكفي (١١) يليق .

to ~ away with يلغي ؛ يتخلّص من .

to ~ one's bit يقوم بقسطهِ من الواجب .

to ~ to death يُعْدِم .

to ~ with (١) يكون ذا علاقة بـ . (٢) يتحمّل ؛ يطيق (٣) يتخلّص من .

to ~ without يستغني عن .

**docile** *(adj.)* طيِّع ؛ سهل الانقياد .

**dock** *(n.; vt.; i.)* (١) الحُمّاض (نبات) . (٢) حوض السفن (٣) رصيف (لتحميل السفن أو تفريغها ) (٤) حظيرة للطائرات (٥) قفص الاتّهام (في محكمة) §(٦) يبتر ذيلاً (٧) يُنْقِص ؛ يخفّض (٨) يدفع السفينة إلى الحوض الخ . ×(٩) تمضي السفينةُ إلى الحوض .

dock 2.

**dockyard** *(n.)* المَسْفَن : موضعٌ لبناء السفن الخ .

**doctor** *(n.; vt.)* (١) دكتور في الآداب الخ . (٢) طبيب §(٣) يعالج (٤) يتلاعب بـِ .

**doctorate** *(n.)* درجة الدكتوراه .

**doctrinal** *(adj.)* مذهبيّ ؛ عَقَدِيّ .

**doctrine** *(n.)* مذهب ؛ عقيدة ؛ مبدأ .

**document** *(n.; vt.)* (١) وثيقة §(٢) يزوّد أو يدعم بالوثائق .

**documentary** *(adj.)* كتابيّ أو وثائقيّ .

**dodge** *(vi.; t.; n.)* (١) يراوغ (٢) يروغ . ×(٣) يتفادى §(٤) مراوغة ؛ تفادٍ (٥) حيلة .

**dodger** *(n.)* المراوغ ؛ المحتال .

**doe** *(n.)* أنثى الظبي أو الأيّل أو الأرنب .

**doer** *(n.)* الفاعل : من يفعل شيئاً .

**doff** *(vt.)* (١) ينزع (٢) يتخلّص من .

**dog** *(n.)* (١) كلب (٢) شخص (٣) كُلاّب .

**dogbane** *(n.)* قاتلُ الكلب : نبات سامّ .

**doge** *(n.)* الدوج : القاضي الأول .

**dogfish** *(n.)* كلب البحر ( سمك ) .

**dogged** *(adj.)* عنيد .

**dogma** *(n.)* عقيدة ؛ مبدأ ؛ تعليم .

**dogmatic** *(adj.)* (١) عَقَدِيّ : خاص بالعقيدة . (٢) جازم (٣) دوغمانيّ : مؤكِّد من غير دليل .

dog 152 dor

**dogmatism** *(n.)* الحَزميّة ؛ الدوغماتيّة .
**dogmatize** *(vi.; t.)* يجزم ؛ يؤكّد .
**doily** *(n.)* مُنَيْدِيل المائدة : منديل صغير يوضع تحت أطباق المائدة وكؤوسها الخ .
**doing** *(n.)* (١) العَمَل (٢) *pl.* : أعمال.
**doldrums** *(n.pl.)* توان ؛ كآبة ؛ ركود .
**dole** *(n.; vt.)* (١) تَصدُّق ؛ صَدَقَة (٢) إعانة. §(٣) يتصدّق بِـ (٤) يعطي بتقتير .
**doleful** *(adj.)* (١) محزِن (٢) حزين .
**doll** *(n.)* (١) دُمْيَة (٢) امرأة.
**dollar** *(n.)* الدولار : الريال الأميركي.
**dolly** *(n.)* الدُلْيَة : شاحنة خفيضة لنقل الأثقال.
**dolor** or **dolour** *(n.)* أسًى ؛ حزْن .
**dolorous** *(adj.)* (١) محزن (٢) حزين ؛ كئيب.
**dolphin** *(n.)* الدُلْفين : حيوان بحري .
**dolt** *(n.)* الغبيّ ؛ الأبله .
**domain** *(n.)* (١) مِلْك (٢) حَقْل ؛ ميدان .
**dome** *(n.)* قُبّة .
**domestic** *(adj.; n.)* (١) منزليّ ؛ عائليّ (٢) أهليّ ؛ وطني (٣) محلّيّ ؛ داخليّ (٤) بلديّ (٥) أليف ؛ داجن §(٦) خادم (في منزل).
**domesticate** *(vt.)* يدجِّن ؛ يروِّض.
**domicile** *(n.)* (١) منزل (٢) محلّ الإقامة الدائم.
**dominance** *(n.)* سيطرة ؛ هَيْمَنَة .
**dominant** *(adj.)* مُسَيْطِر ؛ مُهَيْمِن .
**dominate** *(vt.; i.)* يسيطر ؛ يهيمن .
**domination** *(n.)* سيطرة ؛ هيمنة .
**domineer** *(vi.; t.)* يستبدّ بِـ .
**dominion** *(n.)* (١) سيادة ؛ سلطان (٢) أراضٍ خاضعة لسيطرة سيّد إقطاعي (٣) الدومينيون : دولة مستقلّة من دول الكومنولث البريطاني .
**domino** *(n.)* (١) الدومينو : بُرنس يُرْتَدَى في الكرنفالات (٢) قناع (٣) المرتدي بُرْنساً تنكّرياً (٤) *pl.* : لعبة الدومينو (٥) حجر الدومينو .

**don** *(n.; vt.)* (١) الدّون : سيّد اسبانيّ (٢) مدرِّس §(٣) يرتدي ؛ يلبس .
**doña** *(n.)* الدونيا : سيدة اسبانية .
**donate** *(n.)* يَمْنَح ؛ يَهَب .
**donation** *(n.)* (١) مَنْح ؛ تبرُّع (٢) هِبَة .
**done** *past part. of* do.
**donee** *(n.)* الموهوب له .
**donkey** *(n.)* حمار .

**donor** *(n.)* المانح ؛ الواهب .
**doom** *(n.; vt.)* (١) حكم ؛ قرار (٢) يوم الحساب (٣) قَدَر (٤) موت ؛ هلاك §(٥) يحكم على .
**doomsday** *(n.)* يوم الحساب أو الدينونة .
**door** *(n.)* (١) باب (٢) مدخل .
out of ~ s . في الخارج ؛ في الهواء الطَّلْق
within ~ s . في البيت
**doorkeeper** *(n.)* البواب ؛ الحاجب .
**doorway** *(n.)* مَدْخَل .
**dooryard** *(n.)* فِناء (حول المنزل) .
**dope** *(n.; vt.)* (١) معجون (٢) أفيون (٣) بلعة (تعطى للجواد) (٤) مدمن المخدرات (٥) المغفّل (٦) معلومات §(٧) يخدّر .
**dormancy** *(n.)* سكون ؛ هجوع .
**dormant** *(adj.)* ساكن ؛ هاجِع ؛ وسنان .
**dormer** *(n.)* الرَّوْشَن : نافذة ناتئة من سقف مائل .

dormer

**dormitory** *(n.)* مَهجَع .

**dormouse** *(n.)* الزُّغْبَة: حيوان من القوارض.

**dorsal** *(adj.)* ظَهْرِيّ.

**dory** *(n.)* الضُّوري: زورق مسطح القعرضيّقه.

**dosage** *(n.)* التجريع: تقدير الجرعات أو إعطاؤها.

**dose** *(n.; vt.)* (١) جَرْعَة § (٢) يجرّع.

**dossier** *(n.)* إضبارة؛ ملَفّ.

**dot** *(n.; vt.)* (١) نقطة (٢) بائنة § (٣) ينقّط.

**dotage** *(n.)* خرَف.

**dotard** *(n.)* الخرِف: شخص خرِف.

**dote** *(vi.)* (١) يَخْرَف (٢) يُشْغَف بِـ.

**double** *(adj.; n.; vt.; i.)* (١) مزدوِج (٢) ثنائيّ (٣) مُضاعَف § (٤) ضِعْف (٥) الصنْو؛ البديل (٦) ثَنْيَة؛ طيّة (٧) *pl.*: المباراة الزوجيّة: مباراة بين زوجين من اللاعبين § (٨) يضاعِف (٩) يطوي × (١٠) يتضاعف (١١) ينعطف فجأةً (١٢) يلتوي؛ ينحني.

**double-barreled** *(adj.)* ذات أنبوبين.

**double-dealer** *(n.)* المنافق؛ المخاتل.

**double-edged** *(adj.)* ذو حدّين.

**double entry** *(n.)* القَيْد المزدوج؛ «الدوبيا».

**double-faced** *(adj.)* مراءٍ؛ ذو وجهين.

**doublet** *(n.)* (١) صُدْرَة أو سترة ضيّقة (٢) زوجٌ (مؤلف من شيئين متماثلين) (٣) صِنْو.

**doubly** *(adv.)* على نحو مُضاعَف.

**doubt** *(vt.; i.; n.)* (١) يشكّ؛ يرتاب § (٢) شكّ.

**doubtful** *(adj.)* (١) مشكوكٌ فيه (٢) مُبْهَم (٣) غير مؤكَّد (٤) شاكّ؛ متردِّد (٥) مُريب.

**doubtless** *(adv.)* من غير ريب.

**dough** *(n.)* (١) عجين (٢) عجينة (٣) دراهم.

**doughnut** *(n.)* كعكة مقليّة بالدهن.

**doughty** *(adj.)* باسل؛ شجاع؛ قويّ.

**dour** *(adj.)* قاسٍ؛ صارم؛ كالح.

**douse** *(vt.; i.; n.)* (١) يخلع ثيابه (٢) يغطّس (٣) يطفىء × (٤) يَغْطس § (٥) ضربة.

**dove** *(n.)* يمامة؛ حمامة.

**dove** *past of dive.*

**dovetail** *(n.; vt.)* (١) تعشيقة § (٢) يعشّق.

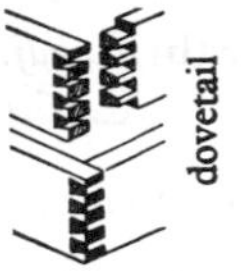

**dowager** *(n.)* (١) أرملة من النبلاء (٢) عجوز مَهيبَة.

**dowdy** *(adj.)* زريّ الملبس.

**dowel** *(n.)* (١) دِسار (٢) وتد في جدار.

dowels 1.

**dower** *(n.; vt.)* (١) نصيب الأرملة من إرث زوجها (٢) البائنة: «الدوطة» § (٣) تُقدّم بائنة.

**down** *(n.; adv.; adj.; prep.; vt.)* (١) تلّ (٢) هبوط؛ انحدار (٣) زَغَب؛ وبَر § (٤) تحت (٥) إلى؛ حتى (٦) تماماً § (٧) منخفِض؛ منحدِر (٨) كئيب (٩) مريض (١٠) نقديّ § (١١) نزولاً (١٢) مع § (١٣) يزدرد (١٤) يكبح (١٥) يقتل؛ يُسقط (١٦) يُنزِل (١٧) يخفّض السرعة.

**downcast** *(adj.)* (١) مُسدَل (٢) مكتئب.

**downfall** *(n.)* سقوط مفاجىء .
**downpour** *(n.)* انهمار ؛ مطر غزير .
**downright** *(adv.; adj.)* (١) تماماً . (٢) بصراحة §(٣) صِرف (٤) مباشر (٥) صريح .
**downstairs** *(adv.)* تحت ؛ في طابق أسفل .
**downtrodden** *(adj.)* مَدُوس بالأقدام .
**downward;-s** *(adv.)* نزولاً (٢) فنازلاً .
**downward** *(adj.)* نازل ؛ هابط ؛ منحدر .
**downy** *(adj.)* أزْغَب ؛ ناعم ؛ أملس .
**dowry** *(n.)* بائنة ؛ «دوطة» ؛ مَهْر .
**doxology** *(n.)* تسبيحة شكر لله .
**doze** *(vi.; n.)* (١) ينام نوماً خفيفاً (٢) يغلبه النعاس (٣) يَنْعس §(٤) نوم خفيف .
**dozen** *(n.)* دزينة ؛ اثنا عشر .
**drab** *(n.; adj.)* (١) امرأة قذرة §(٢) يعاشر البغايا §(٣) أسمر فاتح (٤) مملّ (٥) كئيب .
**draft** *(n.; vt.)* (١) سَحْب (٢) جرّ (٣) شُرْب أو تنشّق (٤) جَرْعة ؛ نَشْقَة (٥) رَسْم ؛ خريطة (٦) مسوّدة (٧) قُرْعَة (٨) حوالة ؛ تحويل (٩) تيّار هوائيّ §(١٠) يُجري القرعة (١١) يضع مسوّدة (١٢) يُعِدّ (١٣) يَسْحَب .
**draftsman** *(n.)* المخطِّط ؛ المصمِّم ؛ الرسام .
**drag** *(n.; vt.; i.)* (١) مِسلفة ؛ جرّافة (٢) مزلقة لنقل الأثقال على الجليد (٣) عربة (٤) شبكة للبحث عن الغرقى (٥) عائق (٦) مقاومة §(٧) يجرّ ؛ يسحب (٨) يَمُطّ ؛ يطوّل (٩) يبحث (عن غريق الخ.) ×(١٠) يتخلّف (عن رفاقه الخ.) (١١) ينسحب على الأرض (١٢) يجري ببطء أو بإملال .
**dragon** *(n.)* تِنّين .
**dragonfly** *(n.)* يَعْسوب ؛ سُرْمان .

dragonfly

**dragoon** *(n.; vt.)* (١) فارس §(٢) يَضطهد .
**drain** *(vt.; i.; n.)* (١) يَنزَح ؛ يُفرّغ ؛ يُصَرّف (٢) يستنزف ×(٣) يسيل تدريجياً (٤) يتلاشى (٥) يجفّ بالارشاح §(٦) مَصْرَف (٧) نَزْف ؛ ارتشاح ؛ استنزاف (٨) المياه المصرّفة .
**drainage** *(n.)* (١) تصريف أو استنزاف (٢) المياه المصرّفة (٣) مَصْرِف أو شبكة من مصارف المياه .
**drake** *(n.)* العُلجوم : ذكَر البط .
**dram** *(n.)* (١) الدرهم : وحدة وزن (٢) جَرعة .
**drama** *(n.)* (١) مسرحيّة (٢) دراما .
**dramatic** *(adj.)* (١) مسرحيّ (٢) مثير .
**dramatist** *(n.)* الكاتب المسرحيّ .
**dramatize** *(vt.)* يُمَسْرِح : يجعله مسرحيّاً .
**drank** *past of* drink.
**drape** *(vt.; n.)* (١) يكسو أو يزيّن بجُوخ متدلٍّ على نحو متجعّد (٢) يثنّي §(٣) ستارة .
**draper** *(n.)* تاجر الأجواخ والألبسة.
**drapery** *(n.)* (١) الأجواخ والألبسة الجاهزة أو تجارتها (٢) ستارة (٣) غطاء فضفاض للأثاث.
**drastic** *(adj.)* عنيف ؛ متطرّف ؛ قاسٍ .
**draught** *(n.; vt.)* = draft.
**draughts** *(n.)* الداما ؛ لعبة الداما .
**draw** *(vt.; i.; n.)* (١) يجرّ ؛ يسحب (٢) يُزيح (٣) ينتزع (٤) يجتذب (٥) يثير (٦) يتنشّق (٧) يستلّ (٨) يكسب (٩) يتقاضى (١٠) يرسم (١١) يحرّر وصية (١٢) يستنتج ×(١٣) يتقدّم (١٤) يجتذب المشاهدين (١٥) يَشْرق (١٦) يتعادل (مع فريق آخر) في مباراة (١٧) يسحب حوالةً على §(١٨) سَحْب (١٩) ورقة لعب أو يانصيب (٢٠) مباراة يتعادل فيها الفريقان (٢١) شيء لافتٌ للانتباه .

to ~ back يردّ أو يرتدّ إلى الوراء .
to ~ breath يأخذ نَفَساً .
to ~ on يدنو ؛ يقترب .

to ~ on *or* upon — يعتمد على .

to ~ out — (١) يتطاول ؛ يصبح طويلاً (٢) يستمر طويلاً (٣) ينطلق (القطار الخ.) من المحطة (٤) يطيل .

to ~ tea — يستصفي خلاصة أوراق الشاي بعد صبّ الماء الغالي عليه .

to ~ up — (١) يرتّب أو يَصُفّ الجُنْدَ. (٢) يصوغ (٣) ينتصب (٤) يتوقف (٥) يرفع .

**drawback** *(n.)* عائق .

**drawbridge** *(n.)* جسر متحرّك .

drawbridge

**drawee** *(n.)* المسحوب عليه

**drawer** *(n.)* (١) النادل. (٢) الرسام (٣) الساحب؛ ساحب الحوالة (٤) دُرْج؛ جارور (٥) *pl.*: سروال تحتاني .

**drawing** *(n.)* (١) سَحْب (٢) رسم؛ تصوير. (٣) مبلغ يُسْحَب من حساب (٤) صورة .

**drawl** *(vi.n.)* (١) يتشدّق § (٢) تشدُّق .

**drawn** *past. part. of* draw.

**dray** *(n.)* الكرّاجة: عربة أثقال واطئة.

**dread** *(vt.; adj.; n.)* (١) يَرْهَب § (٢) فَزَع . (٣) شيء مروِع § (٤) مُفزِع؛ مروع

**dreadful** *(adj.)* مُفْزِع؛ مروع؛ فظيع .

**dreadnought** *(n.)* مدرّعة .

**dream** *(n.; vi.; t.)* (١) حُلم § (٢) يَحْلُم.

**dreamer** *(n.)* الحالم أو السابح في دنيا الخيال.

**dreamy** *(adj.)* حالم أو كثير الأحلام.

**drear; dreary** *(adj.)* كئيب؛ موحش .

**dredge** *(n.; vt.; i.)* (١) شبكة أو مركب لالتقاط المحار من قاع البحر (٢) أداة لرفع الوحل أو الرمل الخ. من قاع نهر الخ. § (٣) يلتقط المحار بشبكة (٤) يرفع الوحل من قاع نهر × (٥) يرشّ الدقيق أو السكر على الطعام .

**dregs** *(n. pl.)* (١) ثُفْل (٢) حُثالة.

**drench** *(vt.)* يبلّل؛ ينقع؛ يُشبِع .

**dress** *(vt.; i.; n.)* (١) يقوِّم؛ «يجلّس» . (٢) يَرْصُف (٣) يكسو (٤) يزيِّن (٥) يهيِّيء؛ يُعِدّ؛ يُسوّي؛ يهذّب (٦) يضمِّد (٧) يمشّط (٨) يدبغ (٩) يسمِّد × (١٠) يرتدي § (١١) رداء؛ كِساء؛ ثوب.

to ~ down — (١) يوبِّخ (٢) يتجلّد .

to ~ up — يكسوه بأحسن الملابس أو بثياب رسمية .

**dresser** *(n.)* خزانة ذات أدراج .

**dressing** *(n.)* (١) تسوية؛ تضميد؛ تمشيط الخ. (٢) مرقٌ؛ توابل (٣) مزيجٌ متبّل تُحشَى به الدجاجة (٤) ضمادة (٥) سَماد .

**dressing gown** *(n.)* مَبذل؛ روب دو شامبر

**dressing room** *(n.)* حجرة اللّبس .

**dressing table** *(n.)* المِزْيَنَة: منضدة التزيّن.

**dressmaker** *(n.)* خيّاط أو خيّاطة للسيدات.

**dribble** *(vi.; t.)* (١) يَقْطُر (٢) يَسيل لعابُهُ. (٣) يوجّه الكرةَ نحو الهدف بتربيتات أو رفسات قصيرة سريعة × (٤) يقطِّر .

**dried** *past and past part. of* dry.

**drier** *(n.)* المجفِّف؛ أداة تجفيف.

**drift** *(n.; vi.)* (١) سَوْق؛ جَرْف (٢) اندفاع تيار النهر (٣) ثلج أو سحاب تذروه الرياح (٤) كتلة رمل الخ. تركمها الرياح أو المياه (٥) نزعة؛ اتجاه (٦) معنى؛ مغزى (٧) انجراف (٨) انحراف § (٩) ينساق؛ ينجرف (١٠) يتراكم (بفعل المياه أو الرياح) (١١) ينحرف .

**drill** *(vt.; n.)* (١) يثقُب (٢) يدرِّب؛ يعلِّم. § (٣) مِثقاب (٤) تدريب عسكري أو بدني

أو عقلي (٥) الدَّريْل : «أ» نوع من القِرَدة . «ب» أداة تشقّ الأثلام وتبذر الحَبَّ فيها . « ج » نسيج قطنيّ متين .

drill 3·

**drink** *(vt.; i.; n.)* (١) يشرب (٢) يُدْمِن الشراب § (٣) شرابٌ مُسكِر (٤) جَرْعَة .

to ~ to يشرب نَخْبَهُ .

**drinkable** *(adj.)* صالحٌ للشرب .

**drip** *(vt.; i.; n.)* (١) يقطِّر × (٢) يَقْطُر . § (٣) تَقَطُّر (٤) قَطْر ؛ سائل متقطِّر .

**drive** *(vt.; i.; n.)* (١) يدفع ؛ يسوق (٢) يُجْبِر . (٣) يحثّ (٤) يشقّ ؛ يحفر (٥) يقذف الكرة بسرعة × (٦) يندفع بسرعة أو عنف (٧) يناضل § (٨) سَوْق ؛ قيادة (٩) نزهة في سيارة أو مركَبة (١٠) قذفُ الكرة (١١) طريق خاصة (١٢) حملة (١٣) هجوم (١٤) دافع ؛ حافز .

to ~ at يرمي إلى ؛ يقصد من كلامه .
to ~ away (١) يُقصي (٢) يُشتِّت . (٣) يمضي راكباً عربة .
to ~ back يردّ ؛ يصدّ .

**drivel** *(vi.; n.)* (١) يسيل لُعابه (٢) يتكلّم أو يتصرّف بحماقة § (٣) لُعابٌ (٤) هراء .

**driven** *past part. of* drive.

**driver** *(n.)* (١) سائق (٢) مِطرقة (٣) مِضرب .

**driving** *(adj.; n.)* (١) محرِّك (٢) عاتٍ (٣) نشيط (٤) صارم § (٤) سَوْق ؛ قيادة .

**driving wheel** *(n.)* عجلة القيادة .

**drizzle** *(vi.; n.)* (١) تُمطِر رَذاذاً § (٢) رَذاذ .

**droll** *(adj.; n.)* (١) مُضْحِك § (٢) مهرِّج .

**drollery** *(n.)* (١) رَسْم أو مشهدٌ هزليّ . (٢) نادرة (٣) هَزْل ؛ مُزاح ؛ مَزْحَة .

**dromedary** *(n.)* الجمل العربي .

**drone** *(n.; vi.)* (١) ذكَرُ النحل (٢) عالة . (٣) أزيز § (٤) يئزّ (٥) يتحدث بنبرة رتيبة .

**droop** *(vi.;t.n.)* (١) يتدلّى (٢) يَغْرُب (٣) يَهِن ؛ يبتئس ؛ يقنط × (٤) يخفض § (٤) تدلٍّ الخ .

**drop** *(n.; vi.; t.)* (١) قَطرة (٢) قطرة للعين . (٣) حلية مدلاّة من قطعة مجوهرات (٤) قرص سكّري كرويّ (٥) سقوط ؛ هبوط (٦) الشَّقْب : شقّ صغير ضيّق يُسقَط فيه شيء (٧) باب أفقيّ أو مسحور § (٨) يَقْطُر (٩) يَسقط ؛ يهبط ؛ ينحدر (١٠) ينهار أو يموت (١١) يقع (١٢) يترجل من عربة (١٣) ينخفض ؛ يتناقص × (١٤) يُسقط (١٥) يَخفِض (١٦) يخفف السرعة الخ . (١٧) يُنزِل (١٨) يصرع .

to ~ in يقوم بزيارة غير متوقَّعة .
to ~ off (١) يتلاشى (٢) يغلبه النعاس .

**dropsy** *(n.)* الاستسقاء؛ داء الاستسقاء.

**dross** *(n.)* (١) رغوة المعادن (٢) خَبَثٌ؛ نُفاية.

**drought** *or* **drouth** *(n.)* جفاف؛ قحط.

**drove** *past of* drive.

**drove** *(n.)* (١) قطيع أو حشد (٢) إزميل.

**drover** *(n.)* سائق (أو تاجر) الماشية.

**drown** *(vi.; t.)* (١) يَغرق ×(٢) يُغرِق (٣) يَغمر أو يحجب.

**drowse** *(vi.; n.)* (١) يَنعَس §(٢) نُعاس.

**drowsy** *(adj.)* (١) نَعسان (٢) منعِّس.

**drudge** *(vi.; n.)* (١) يَكدح §(٢) الكادح.

**drudgery** *(n.)* كَدْح؛ كَدّ؛ عملٌ شاقّ.

**drug** *(n.; vt.; i.)* (١) عقّار؛ دواء (٢) مخدِّر §(٣) يخدّر ×(٤) يتعاطى المخدّرات.

**druggist** *(n.)* الصيدليّ أو تاجر الأدوية.

**drum** *(n.; vt.; i.)* (١) طَبْل (٢) طبلة الأُذُن (٣) أسطوانة؛ برميل §(٤) يقرع طبلاً ×(٥) يدعو بقرع الطبول أو نحوه.

drum. 1.

**drummer** *(n.)* (١) الطبّال (٢) البائع المتجوّل.

**drunk** *(adj.; n.)* (١) سكران §(٢) السِّكّير.

**drunkard** *(n.)* السِّكّير: مُدمن الخمر.

**drunken** *(adj.)* سكران؛ ثمِل؛ مخمور.

**dry** *(adj.; vt.; i.; n.)* (١) جافّ (٢) ذابل (٣) ظامىء (٤) جامد؛ غير سائل (٥) مملّ §(٦) يُجفّف ×(٧) يجِفّ §(٨) جَفاف.

**dry cell** *(n.)* الخليّة أو البطارية الجافّة.

**dry cleaning** *(n.)* التنظيف الجاف (للملابس).

**dry dock** *(n.)* الحوض الجاف (لبناء السفن).

**dryer** *(n.)* المجفِّف؛ مادة مجفِّفة.

**dry goods** *(n. pl.)* الأقمشة والملبوسات الجاهزة.

**dual** *(adj.)* مُثنّى؛ ثُنائيّ؛ مُزْدوج.

**dub** *(vt.)* (١) يلقّب (٢) ينعّم؛ يملّس.

**dubious** *(adj.)* (١) مشكوك فيه (٢) مُريب.

**ducal** *(adj.)* دُوقيّ: متعلق بدُوق أو دوقيّة.

**duchess** *(n.)* الدوقة: زوجة الدوق.

**duchy** *(n.)* الدّوقيّة: إمارة يحكمها دُوق.

**duck** *(n.; vt.; i.)* (١) بطّ؛ بطة (٢) الدَّقّ: نسيج قطنيّ متين §(٣) يغطّس (٤) يحني الرأس (٥) يتجنّب ×(٦) يَغْطس (٧) ينحني.

**duckling** *(n.)* البُطَيْطَة: بطّة صغيرة.

**duct** *(n.)* (١) قناة؛ مجرى (٢) أنبوب.

**ductile** *(adj.)* لَدْن؛ مَطِيل؛ ليِّن.

**ductless gland** *(n.)* الغُدّة الصمّاء.

**dudgeon** *(n.)* حنق؛ غضب.

**due** *(adj.; n.; adv.)* (١) مطلوب؛ واجب الأداء (٢) واجب (٣) مطابق للعُرْف أو للاجراءات المتعارفة (٤) وافٍ؛ مناسب (٥) قانوني (٦) ناشىء عن (٧) متوقَّع حضورُه أو وصوله §(٨) حقّ (٩) دَيْن (١٠) *pl.*: رسوم §(١١) مباشرةً.

**duel** *(n.; vi.; t.)* (١) مبارَزَة §(٢) يبارز.

**duelist; duellist** *(n.)* المبارز؛ المناجز.

**duet** *(n.)* لحنٌ ثنائيّ.

**dug** *past and past part. of* dig

**dugout** *(n.)* (١) الزورق الشجري (٢) مخبأ.

**duke** *(n.)* دوق؛ نبيل؛ أمير.

**dukedom** *(n.)* الدوقية: إمارة يحكمها دوق.

**dulcet** *(adj.)* (١) مطرِب (٢) عذب؛ سائغ.

**dull** *(adj.; vt.; i.)* (١) غبيّ (٢) بليد (٣) كسول

(٤) فاتر (٤) كليل ؛ غير ماضٍ (٥) باهت §(٦) يجعله (أو يصبح) غبياً أو كسولاً الخ.

**dullard** *(n.)* الأبله ؛ الغبيّ ؛ المغفّل .

**duly** *(adv.)* (١) كما ينبغي (٢) في حِينِه.

**dumb** *(adj.)* (١)أبكم ؛ أخرس (٢) صامت .

**dumbbell** *(n.)* الدَّمْبَل : كُرَتان حديديتان يربط بينهما قضيب (تمرّن بهما العضلات).

dumbbell

**dumbfound; dumfound** *(vt.)* يَصْعَق.

**dummy** *(n.; adj.)* (١) الأبكم ؛ الأخرس . (٢) تمثال (لعرض الملابس في واجهة (٣) دُمية (٤) النموذج الطباعي §(٥) زائف ؛ كاذب .

**dump** *(n.; vt.)* (١) مَقْلَب النفايات : مكان تُلْقَى فيه النفايات (٢) مستودع ذخائر الخ. §(٣) يُفرغ العربة بإمالتها .

**dumpling** *(n.)* الزُلابية : نوع من الحلوى.

**dun** *(adj.; vt.)* (١) داكن §(٢) يطالب بإلحاح.

**dunce; dunderhead** *(n.)* الغبيّ ؛ المغفّل.

**dune** *(n.)* تلّ ؛ كثيب .

**dung** *(n.; vt.)* (١) روث §(٢) يسمِّد .

**dungeon** *(n.)* زنزانة (في سجن ) .

**dunghill** *(n.)* (١) كومة روث (٢) خمأة.

**duo** *(n.)* = duet.

**dupe** *(n.; vt.)* (١) الساذج ؛ المغفّل §(٢) يخدع .

**duplex** *(adj.)* مزدوِج .

**duplicate** *(adj.; n.; vt.)* (١) مزدوج . (٢) مطابق §(٣) نسخة طبق الأصل §(٤) يضاعف أو يستخرج نسخةً مطابقة .

**duplicity** *(n.)* (١) نفاق (٢) ازدواج .

**durability** *(n.)* تَحَمُّلِيّة ؛ متانة .

**durable** *(n.)* متحمِّل ؛ متين .

**durance** *(n.)* سَجْن ؛ حَبْس .

**duration** *(n.)* (١) دوام ؛ بقاء (٢) أمَد .

**duress** *(n.)* (١)حَبْس ؛ احتجاز (٢) اكراه.

**during** *(prep.)* (١) طَوال (٢) خلالَ ؛ أثناء.

**dusk** *(n.)* الغَسَق : ظلمة أول الليل.

**dusky** *(adj.)* قاتم ؛ مُعْتِم ؛ داكن البشرة .

**dust** *(n.; vt.)* (١) غبار (٢) رماد (٣) جُثّة. (٤)شيء تافِه (٥)الثَّرَى §(٦)ينفض الغبار عن (٧) يغبِّر .

to bite *or* lick the ~, يَسقط جريحاً أو قتيلاً .

to throw ~ in a person's eyes يذرّ الرماد في عينيه : يخدعه .

**dust cart** *(n.)* عربة القمامة أو الزبالة .

**duster** *(n.)* (١)منفضة(٢)مِئزر (٣)المِذرار : أداة لرشّ الملح أو السكّر على الطعام ، أو لرشّ النباتات بمبيدات الحشرات .

**dustman** *(n.)* الزبّال : جامع القُمامة .

**dustpan** *(n.)* اللَّقّاطة : لقّاطة الكُناسة .

**dust storm** *(n.)* العاصفة الغبارية .

**dusty** *(adj.)* (١) مُغْبَرّ (٢) غُباريّ .

**Dutch** *(adj.; n.)* (١) هولندي (٢) ألماني . §(٣) اللغة الهولندية (٤) الشعب الهولندي .

**Dutchman** *(n.)* (١) الهولندي (٢) الألماني.

**duteous** *(adj.)* مُطيع ؛ مُذْعِن .

**dutiable** *(adj.)* خاضع للرسوم أو المكوس .

**dutiful** *(adj.)* مطيع .

**duty** *(n.)* (١) احترام (٢)واجب (٣) مهمّة . (٤)خدمة عسكرية فعلية (٥)رَسْم؛ مَكْس.

on ~, في الخدمة ؛ منهمك في أداء وظيفة ما .

to do ~ for يقومُ مقامَ كذا .

**dwarf** *(n.; vt.)* (١) قزَم § (٢) يُقَزِّم. (٣) يعوق النموّ (٤) يجعله يبدو أصغر .

**dwarfish** *(adj.)* شبيهٌ بقزم؛ صغير جداً .

**dwell** *(vi.)* (١)يقيم «فترةً ما» (٢)يقطن؛ يسكن. (٣)يكون أو يبقى في حالة معيّنة (٤)يتمعّن (٥) يُسهِب في الكلام أو الكتابة .

**dwelling** *(n.)* منزل ؛ دار .

**dwindle** *(vi.; t.)* (١)يتضاءل ×(٢) يُضائل .

**dye** *(n.; vt.; i.)* (١) صِبغة؛ صِبْغ ؛ صباغ . §(٢)يَصْبِغ ×(٣) ينصبغ .

**dyestuff** *(n.)* صِبْغ ؛ صِباغ .

**dying** *pres. part. of* die.

**dyke** = dike.

**dynamic** *(adj.)* (١)ديناميّ؛ ديناميكيّ: متعلق بالقوة أو الطاقة الطبيعية أو بالديناميكا (٢)فعّال.

**dynamics** *(n.)* الديناميكا ؛ علم الحيل : فرع من الفيزياء يبحث في أثر القوة في الأجسام المتحركة والساكنة .

**dynamite** *(n.; vt.)* (١)ديناميت § (٢)ينسف بالديناميت .

**dynamitic** *(adj.)* ديناميتيّ .

**dynamo** *(n.)* (١) الدِّنام؛ المولِّد الكهربائي . (٢) شخص شديد النشاط .

**dynastic** *(adj.)* ذو علاقة بسلالة حاكمة .

**dynasty** *(n.)* سلالة حاكمة .

**dysenteric** *(adj.)* زُحاريّ؛ ديزنطاريّ؛ إسهاليّ .

**dysentery** *(n.)* الزُّحار ؛ الديزنطاريا ؛ الإسهال .

**dyspepsia** *(n.)* سوء الهضم .

**dyspeptic** *(adj.; n.)* (١)ذو علاقة بسوء الهضم أو مصابٌ به (٢) كئيب ؛ نكِد ؛ متشائم §(٣) شخص مصاب بسوء الهضم .

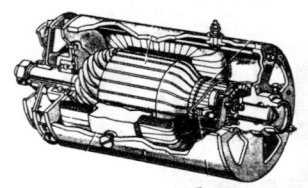

El Thacafi Mosque (Damascus)

# E

**e** *(n.)* الحرف الخامس من الأبجدية الانكليزية .

**each** *(adj.; pron.; adv.)* (١) كلّ §(٢) كلّ امرىء §(٣) لكلّ قطعة (٤) لكلّ واحد .

**each other** *(pron.)* (١) بَعْضنا بعضاً . (٢)بعضهم بعضاً (٣) بعضكم بعضاً .

**eager** *(adj.)* توّاق إلى ؛ متلهّف على .

**eagle** *(n.)* عُقاب ؛ نَسر .

**eaglet** *(n.)* العُقَيِّب : فَرخ العُقاب .

**ear** *(n.)* (١)أُذن (٢)مقبِض (٣)انتباه أو إصغاء عاطفٌ مؤيِّد (٤) سنبلة قمح ؛ كوز ذُرَة .

to give (lend) an ~, يصغي .
to set by the ~ s يبذر الشقاقَ بين .

**eardrop** *(n.)* قُرْطٌ ؛ حلَقٌ .

**eardrum** *(n.)* الطبلة ؛ طبلة الأذن (تشريح).

**earl** *(n.)* الإيرل : لقب تشريف عند الانكليز .

**early** *(adv.; adj.)* (١) باكراً §(٢) مبكِّر .

as ~ as possible . بأبكر أو بأسرع ما يمكن

**earmark** *(n.; vt.)* (١)الأُذانَة : سمة أذنية لتمييز حيوان (٢)علامة مميِّزة §(٣)يَسِم .

**earn** *(vt.)* (١)يجني ؛ يكسب (٢) يستحق .

**earnest** *(n.; adj.)* (١) جِدّ §(٢) جادّ ؛ غير هازل (٣) جدّيّ ؛ هامّ .

in ~, . (١) جادّ ؛ غير هازل (٢) جدّياً

**earnestly** *(adv.)* جدّياً ؛ بجِدّ .

**earnest money** *(n.)* عُرْبون .

**earnings** *(n. pl.)* الدخل : المال المكسوب .

**earring** *(n.)* قُرْط ؛ حلَق .

**earshot** *(n.)* مَرْمَى السمْع ؛ مدى السمْع .
**earth** *(n.)* (١) تراب ؛ تربة (٢) الأرض .

to come back to ~, يكفّ عن الاستغراق في الأحلام .
to run to ~, يكتشفه بعد بحث وتنقيب .

**earthen** *(adj.)* تُرابيّ ؛ خزفيّ ؛ أرضيّ .
**earthenware** *(n.)* آنية خزفيّة .

**earthquake** *(n.)* زلزال .
**earthwork** *(n.)* متراس ؛ سدّ ترابيّ .
**earthworm** *(n.)* الخُرْطون : دودة الأرض .
**earthy** *(adj.)* (١) ترابيّ (٢) عمليّ (٣) فظّ .
**earwax** *(n.)* الصِّملاخ : مادّة تفرزها الأذن .
**ease** *(n.; vt.; i.)* (١) راحة (٢) طمأنينة (٣) طَبَعيّة ؛ تحرّر من الارتباك أو التكلف §(٤) يُريح (٥) يحرّر من القلق (٦) يهدّئ ؛ يسكّن (٧) يُرْخي (٨) يسهّل × (٩) يخفّ .

ill at ~, قلِق ؛ منزعج ؛ مرتبك .

**easel** *(n.)* الحامل : مِسند للّوح الأسود أو لقماشة الرسّام .
**easily** *(adv.)* بسهولة الخ .
**casiness** *(n.)* سهولة الخ .
**east** *(adv.; adj.; n.)* (١) شرقاً §(٢) شرقيّ §(٣) الشرق .

easel

**Easter** *(n.)* عيد الفِصْح (عند النصارى) .
**eastern** *(adj.)* شَرْقيّ ؛ مَشرِقيّ .
**Eastertide** *(n.)* أسبوع الفِصح .
**eastward** *(adv.; adj.)* (١) شرقاً §(٢) شرقيّ .
**eastwards** *(adv.)* شرقاً ؛ نحو الشرق .
**easy** *(adj.)* (١) سهل (٢) رَخِيّ (٣) غير متعجّل (٤) مرتاح (٥) غير مرتبك (٦) مريح .

take it ~ ! هوِّن عليك !

**eat** *(vt.; i.)* (١) يأكل (٢) يلتهم (٣) يتأكّل .
**eatables** *(n. pl.)* مأكولات .
**eaves** *(n. pl.)* طُنُف ؛ إفريز (في فن العمارة) .
**eavesdrop** *(vi.)* يَسْتَرِق أو يختلس السمْع .
**ebb** *(n.; vi.)* (١) جَزْر (٢) انحطاط §(٣) ينحسر .
**ebon** *(adj.)* (١) أبنوسيّ (٢) أسود .
**ebony** *(n.; adj.)* (١) خشب الأبنوس أو شجرُه §(٢) أبنوسي (٣) أسود .
**ebullition** *(n.)* (١) غَلْي أو غَلَيان (٢) فورة .
**eccentric** *(adj.; n.)* (١) لامتراكز ؛ مختلف المركز (٢) شاذّ ؛ غريب الأطوار .
**eccentricity** *(n.)* (١) الاختلاف المركزي . (٢) شذوذ ؛ غرابة أطوار .
**ecclesiastic** *(n.)* كاهن .
**ecclesiastical** *(adj.)* كنسيّ ؛ اكليركي .
**echo** *(n.; vi.)* (١) صدى §(٢) يُرجِع الصّدى .
**éclat** *(n.)* نجاح باهر ؛ استحسان عظيم .
**eclipse** *(n.)* (١) كسوف (٢) خسوف .
**ecliptic** *(n.)* دائرة البروج (في الفلك) .
**economic** *(adj.)* (١) اقتصاديّ (٢) ماديّ .
**economical** *(adj.)* مقتصد .
**economically** *(adv.)* باقتصاد ؛ اقتصادياً .
**economics** *(n.)* علم الاقتصاد .
**economist** *(n.)* العالِم الاقتصادي .
**economize** *(vt.; i.)* يقتصد ؛ يوفّر .

**economy** *(n.)* (١)اقتصاد؛ توفير (٢)تنظيم؛ تدبير (٣) نظام اقتصادي .

**ecstasy** *(n.)* (١) بُحْران (٢) نشوة .

**eczema** *(n.)* النَّمْلة؛ الاكزيما: مرضٍ جلدي.

**eddy** *(n.; vi.; t.)* (١) دُوَّامة §(٢) يُدَوِّم .

**Eden** *(n.)* (١)جنّة عَدْن (٢) جنّة .

**edge** *(n.; vt.; i.)* (١)شفرةالسيف الخ. (٢)مضاء؛ حدّة (٣)حَدّ؛ حرف (٤) حافّة (٥)حاشية §(٦)يجعل له حداً أو حاشية (٧) يحرّك أو يدفع تدريجياً ×(٨) يتقدّم شيئاً فشيئاً .

**edgeways;-wise** *(adv.)* مجانبةً؛ من الجنب.

**edging** *(n.)* هُدب؛ حاشية .

**edible** *(n.; adj.)* (شيء) صالح للأكل .

**edict** *(n.)* مرسومٌ؛ أمر عالٍ .

**edification** *(n.)* تهذيب؛ تثقيف؛ تنوير .

**edifice** *(n.)* صَرْحٍ؛ مبنى ضخم .

**edit** *(vt.)* (١) يحرّر (٢) يحذف .

**edition** *(n.)* طبعة (من كتاب) .

**editor** *(n.)* المحرِّر؛ رئيس التحرير .

**editorial** *(n.)* الافتتاحية: مقالة صحفية رئيسية.

**educate** *(vt.)* يربّي؛ يثقّف؛ يعلّم .

**educated** *(adj.)* مُثقَّف .

**education** *(n.)* (١)تربية (٢) ثقافة .

**educe** *(vt.)* يستنبط؛ يستخرج؛ يستنتج .

**eel** *(n.)* الأنقليس؛ الإنكليس؛ الجِرِّيث (سمك).

**eerie; eery** *(adj.)* مخيف؛ غريب؛ خفيّ.

**efface** *(vt.)* يطمس؛ يمحو؛ يعفّي على .

**effect** *(n.; vt.)* (١)نتيجة؛ أثر (٢) فحوى؛ جوهر (٣)مَظْهَر (٤)حقيقة؛ واقع (٥)تأثير؛ مفعول (٦) *pl.*: ممتلكات شخصيّة منقولة §(٧) وَقْع §(٨) يُحْدِث (٩) يُنْجِز .

- in ~, (١) في الواقع (٢) نافذ المفعول .
- of no ~, (١) عبث؛ عقيم (٢) باطل .
- to take ~, (١) يعطي النتيجة المطلوبة . (٢) يصبح نافذ المفعول .

**effective** *(adj.)* (١)فعّال (٢)موثِّر؛ رائع . (٣) فعلي؛ حقيقيّ (٤) نافذ المفعول .

**effectual** *(adj.)* فعّال؛ موثّر .

**effeminacy** *(n.)* تخنُّث؛ تأنُّث .

**effeminate** *(adj.)* متخنّث؛ متأنّث .

**effervesce** *(vi.)* (١) يفور (٢) ينفعل .

**effete** *(adj.)* (١) عقيم (٢) عاجز؛ واهن .

**efficacious** *(adj.)* فعّال؛ موثّر .

**efficacity; efficacy** *(n.)* فعّالية .

**efficiency** *(n.)* فعّالية .

**efficient** *(adj.)* فعّال .

**effigy** *(n.)* صورة (أو تمثال) شخص .

**effluence** *(n.)* (١)دَفْق (٢)تدفّق .

**effort** *(n.)* (١) جُهد (٢)مسعى؛ محاولة .

**effrontery** *(n.)* وقاحة .

**effulgent** *(adj.)* ساطع؛ متألّق .

**effusion** *(n.)* (١)إراقة (٢)شيء مراق (٣)اندفاق (٤)سيل؛ دفق (٥)إسراف في التعبير عن العاطفة .

**egg** *(vt.; n.)* (١)يحثّ §(٢)بيضة أو بُيَيْضَة .

**egg-cup** *(n.)* كأس البيضة .

**eggplant** *(n.)* باذنجان .

**eggshell** *(n.)* قشرة البيضة أو لونها.

egg-cup

**eglantine** *(n.)* نِسرين الكلاب (نبات) .

**egoism; egotism** *(n.)* (١)أنانية (٢)غرور .

**egoist** *(n.)* (١)الأنانيّ (٢)المغرور .

**egotist** *(n.)* (١)المغرور ؛ المتبجّح (٢)الأنانيّ.

**egregious** *(adj.)* فاضح ؛ فظيع ؛ رديء جداً.

**egress** *(n.)* (١)خروج ؛ انبثاق (٢) مَخرَج.

**egret** *(n.)* البَلَشون الأبيض (طائر) .

**Egyptian** *(adj.;n.)* (١)مِصريّ§(٢)المصريّ.

**eider** *(n.)* العَيْدَر : بطّ ناعم الزَّغب .

**eight** *(n.)* ثمانية ؛ ثمانٍ .

**eighteen** *(n.)* ثمانية عَشَر .

**eighteenth** *(adj.; n.)* (١) الثامن عَشَر . §(٢) جزء من ١٨ .

**eighth** *(adj.; n.)* (١)الثامن (٢) ثُمْن.

**eightieth** *(adj.; n.)* (١)الثمانون (٢) $\frac{١}{٨٠}$ .

**eighty** *(n.)* ثمانون .

**either** *(adj.; pron.; conj.; adv.)* (١) كلّ أو أيّ من §(٢)أحدهما §(٣)إمّا §(٤)أيضاً .

**ejaculate** *(vt.)* يهتف أو يقول بقوة .

**eject** *(vt.)* يقذف ؛ يلفظ ؛ يطرد ؛ يُخرِج.

**eke** *(vt.)* يحتال على العيش .

**elaborate** *(adj.; vt.)* (١)مفصَّل ؛ مدروس ؛ مُعقَّد (٢) مُحْكَم ؛ متقَن §(٣)يُحكِم ؛ يُتقن (٤) يطوِّر ؛ يوسّع ×(٥)يتوسّع في .

**elapse** *(vi.; n.)* (١)ينقضي §(٢)انقضاءالوقت.

**elastic** *(adj.;n.)* (١)متمغّط ؛ متمدد(٢)مرِن §(٣)المَطّوط : نسيج متمغّط ممزوج بالمطاط .

**elasticity** *(n.)* (١) تمغُّط (٢) مرونة .

**elate** *(vt.)* يجعله تيّاهاً أو مبتهجاً .

**elation** *(n.)* تِيْه ؛ عُجْب ؛ ابتهاج .

**elbow** *(n.; vt.; i.)* (١) مِرْفَق. (٢) وُصْلة مِرْفقية ( للأنابيب) §(٣)يدفع أو يشقّ طريقه بالمِرفق.

elbow 2.

**elder** *(n.; adj.)* (١)الخَمان ؛ البَلَسان(نبات). (٢) الأرشد ؛ الأسنّ (٣) زعيم ؛ رئيس (٤) شيخ الكنيسة §(٥)أسنّ ؛ أكبر سناً (٦) سابق ؛ سالف (٧) أعلى رتبةً الخ .

**elderberry** *(n.)* الخَمان أو ثمرُهُ .

**elderly** *(adj.)* (١) كهل (٢) كهوليّ .

**eldest** *(adj.)* الأرشد ؛ الأكبر سناً .

**elect** *(adj.; vt.; i.)* (١)مُنْتَخَبٌ ؛ مُختار. §(٢)ينتخب (بالاقتراع عادةً) (٣)يختار .

**election** *(n.)* (١)انتخاب (٢) اختيار .

**electioneer** *(vi.)* يعمل لإنجاح مرشَّح ما.

**elective** *(adj.; n.)* (١)انتخابيّ (٢)اختياريّ. §(٣) درس أو موضوع اختياري .

**elector** *(n.)* المنتخِب ؛ المقترِع .

**electorate** *(n.)* جمهور الناخبين .

**electric; -al** *(adj.)* كهربائيّ .

**electrician** *(n.)* الاختصاصيّ بالكهرباء .

**electricity** *(n.)* (١) الكهرباء (٢) حماسة.

**electrify** *(vt.)* يُكَهْرِب .

**electrocute** *(vt.)* يقتل بالصدمة الكهربائية.

**electrode** *(n.)* اللاحب ؛ القطب الكهربائيّ .

**electrolyze** *(vt.)* يحلّل أو يَحلّ بالكهرباء .

**electromagnet** *(n.)* الكَهرَطيس : المغنطيس الكهربائيّ .

**electromotive** *(adj.)* حَرَكيكهرَبائي : متعلّق بالقوة المحرِّكة الكهربائيّة .

**electron** *(n.)* الإلكترون ؛ الكُهَيْرِب.

**electronics** *(n. pl.)* الالكترونيات .

**electron tube** *(n.)* الصِّمام الالكترونيّ .

**electroplate** *(vt.)* يطلي أو يلبِّس بالكهرباء.
**elegance; elegancy** *(n.)* أناقة.
**elegant** *(adj.)* (١) أنيق (٢) ممتاز؛ رائع.
**elegy** *(n.)* مَرْثاة (شعرية أو غنائية).
**element** *(n.)* (١) عُنْصر (٢) مقدار ضئيل.
**elemental** *(adj.)* عنصريّ؛ جوهريّ؛ أوّليّ.
**elementary** *(adj.)* أوّليّ؛ ابتدائيّ.
**elephant** *(n.)* فيل.

**elephantine** *(adj.)* فيليّ؛ ضخم؛ أخرق.
**elevate** *(vt.)* (١) يرفع (٢) يشيِّد؛ يقيم. (٣) يُهَذِّب (٤) يُنعش؛ ينشّط.
**elevated** *(adj.)* مرفوع؛ مرتفع؛ رفيع.
**elevation** *(n.)* ارتفاع؛ رَفْع؛ مرتَفَع.
**elevator** *(n.)* (١) رافعة (للأثقال) (٢) مِصْعَد.
**eleven** *(n.)* أحد عشر؛ إحدى عشرة.
**eleventh** *(n.; adj.)* (١) الحادي عشر (٢) $\frac{1}{11}$
**elf** *(n.)* (١) جنّيّ صغير (٢) قَزَم.
**elicit** *(vt.)* (١) يستخرج (٢) يُظهِر (٣) ينتزع.
**eligible** *(adj.)* مؤهَّل للانتخاب أو جديرٌ به.
**eliminate** *(vt.)* يزيل؛ يتخلص من.
**elite** *(n.)* نُخْبَة؛ صفوة؛ زهرة.
**elixir** *(n.)* (١) إكسير (٢) جوهر.
**elk** *(n.)* الإلكة: أيِّل أو ظبي ضخم.

**ell** *(n.)* الذراع: وحدة لقياس الطول.
**ellipse** *(n.)* القَطع الناقص (في الهندسة).
**ellips s** *(n.)* الحذف: حذف كلمة أو أكثر.
**elliptic; -al** *(adj.)* اهليلجيّ؛ بيضيّ الشكل.
**elm** *(n.)* شجر الدّردار أو خشبُه.
**elocution** *(n.)* (١) خطابة (٢) إلقاء.
**elongate** *(vt.; i.)* (١) يُطيل ×(٢) يستطيل.
**elope** *(vi.)* تفرّ المرأة (من بيتها أو زوجها).
**eloquence** *(n.)* فصاحة؛ بلاغة.
**eloquent** *(adj.)* فصيح؛ بليغ.
**else** *(adv.; adj.)* (١) بطريقة أخرى (٢) أيضاً. (٣) وإلاّ (٤) آخَر.
**elsewhere** *(adv.)* في مكان آخر.
**elucidate** *(vt.; i.)* يوضح؛ يَشْرح.
**elude** *(vt.)* يتملّص أو يروغ من.
**elusive** *(adj.)* (١) متملّص (٢) محيِّر.
**elves** *pl. of* elf.
**Elysium** *(n.)* الفردوس؛ الجنّة.
**emaciate** *(vt.; i.)* (١) يُنْحِل ×(٢) يَهْزُل.
**emanate** *(vi.)* ينبعث؛ ينبثق.
**emancipate** *(vt.)* يحرِّر؛ يُعْتِق.
**emasculate** *(vt.)* (١) يَخصي (٢) يُضْعف.

**embalm** *(vt.)* (١) يحنّط (٢) يُعطّر .
**embankment** *(n.)* (١) إقامة سدّ (٢) سَدّ . (٣) جسْر .
**embargo** *(n.)* حَظْر (مفروض على التجارة) .
**embark** *(vt.; i.)* (١) يُنْزِل (أو يُصْعِد) إلى سفينة أو طائرة × (٢) يركب متن سفينة أو طائرة (٣) يباشر عملاً .
**embarrass** *(vt.)* (١) يَعُوق (٢) يُربك .
**embarrassment** *(n.)* (١) ارتباك (٢) عائق .
**embassy** *(n.)* سفارة .
**embed** *(vt.; i.)* (١) يطمر × (٢) ينطمر .
**embellish** *(vt.)* يزين ؛ يزخرف .
**embellishment** *(n.)* (١) تزيين (٢) زينة .
**ember** *(n.)* جَمرة ؛ جُذوة .
**embezzle** *(vt.)* يختلس .
**embitter** *(vt.)* (١) يُمِرّ الشيءَ أو يزيده مرارةً . (٢) يَغيظ ؛ ينغّص .
**emblazon** *(vt.)* (١) يزين بشعارات النبالة . (٢) يزخرف بألوان زاهية (٣) يمجّد .
**emblem** *(n.)* (١) شعار (٢) رمز .

**embodiment** *(n.)* (١) تجسيد ؛ تجسُّد . (٢) مثال ؛ عنوان (الشجاعة أو الإخلاص) .
**embody** *(vt.)* (١) يُجسِّد (٢) يشمل ؛ ينتظم ؛ يجمع (٣) يضمِّن ؛ يُدْمج في .
**embolden** *(vt.)* يُجرّئ ؛ يُشجّع .
**embosom** *(vt.)* (١) يحتضن (٢) يطوّق .
**emboss** *(vt.)* يُزيِّن بنقوشٍ نافرة .
**embower** *(vt.)* يظلّل ؛ يعرّش .
**embrace** *(vt.; i.; n.)* (١) يعانق (٢) يطوّق . (٣) يعتنق × (٤) يتعانق § (٥) عناق .
**embroider** *(vt.; i.)* (١) يُطرّز (٢) يُزخرف .
**embroidery** *(n.)* (١) تطريز (٢) زخرفة .
**embroil** *(vt.)* (١) يشوّش (٢) يورّط .
**embryo** *(n.)* (١) جنين (٢) حالةٌ جنينية .
**embryology** *(n.)* عِلم الأجنّة .
**emend** *(vt.)* (١) يصحّح (٢) ينقّح (نصّاً) .
**emerald** *(n.)* زُمُرُّد .
**emerge** *(vi.)* (١) ينبثق (٢) يبزغ (٣) ينشأ .
**emergence** *(n.)* انبثاق ؛ بزوغ ؛ نشوء .
**emergency** *(n.)* (١) طارىء (٢) ضرورة ؛ حاجة مِلحّة .
**emergent** *(adj.)* (١) منبثق (٢) طارىء . (٣) مُلِحّ (٤) ناشىء كنتيجة طبيعيّة أو منطقية .
**emeritus** *(adj.)* (١) فخريّ (٢) متقاعد .
**emery** *(n.)* الصَّنْفَرَة ؛ السُّنْباذَج : مادة يصنع منها ورق الصنفرة أو « ورق الزجاج » .
**emetic** *(adj.; n.)* (١) مُقَيِّىء § (٢) دواء مقيِّىء .
**emigrant** *(n.; adj.)* مهاجر ؛ نازح .
**emigrate** *(vi.)* يهاجر ؛ ينزح .
**emigration** *(n.)* هجرة ؛ نزوح .
**eminence** *(n.)* (١) سموّ ؛ علاء (٢) نيافة (لقب الكردينال) (٣) ربوة ؛ هضبة .
**eminent** *(adj.)* (١) بارز (٢) ناتىء (٣) شاهق .
**emir** *(n.)* أمير .
**emissary** *(n.)* (١) مبعوث (٢) جاسوس .
**emission** *(n.)* (١) إطلاق (٢) إصدار . (٣) شيء منبعث .
**emit** *(vt.)* (١) يُطلق أو يقذف (٢) يُصدر (أمراً أو أوراقاً مالية) (٣) يعبّر عن .

**emolument** *(n.)* أجْر؛ راتب؛ تعويض.

**emotion** *(n.)* انفعال؛ إحساس؛ عاطفة.

**emotional** *(adj.)* عاطفيّ.

**emperor** *(n.)* امبراطور.

**emphasis** *(n.)* تشديد؛ توكيد.

**emphasize** *(vt.)* يشدِّد؛ يؤكِّد.

**emphatic; -al** *(adj.)* مشدَّد؛ مؤكَّد.

**empire** *(n.)* امبراطوريّة.

**empirical** *or* **empiric** *(adj.)* تجريبيّ.

**employ** *(vt.; n.)* (١) يستعمل (٢) يوظِّف؛ يستخدم بأجر §(٣) خدمة.

**employee** *(n.)* المستخدَم؛ الأجير.

**employer** *(n.)* المستخدِم؛ صاحبُ العمل.

**employment** *(n.)* (١) استعمال (٢) عمل؛ وظيفة (٣) خدمة (٤) استخدام.

**emporium** *(n.)* متْجَر (لبيع مختلِف السلع).

**empower** *(vt.)* (١) يفوِّض (٢) يمكِّن.

**empress** *(n.)* امبراطورة.

**empty** *(adj.; vt.; i.; n.)* (١) فارغ (٢) خالٍ. §(٣) يُفرِغ ×(٤) يفرَغ (٥) يَصُبّ.

**empyrean** *(n.)* (١) جنّة الخلد (٢) السماء.

**emu** *(n.)* الأمو: طائر استرالي كالنعامة.

emu

**emulate** *(vt.)* ينافس؛ يباري؛ يضاهي.

**emulous** *(adj.)* متنافس أو تنافسيّ.

**emulsion** *(n.)* مستحلَب.

**enable** *(vt.)* (١) يمكِّن (٢) يخوِّل.

**enact** *(vt.)* (١) يسنّ (قانوناً) (٢) يمثّل دور كذا.

**enactment** *(n.)* (١) سنّ القوانين (٢) قانون.

**enamel** *(vt.; n.)* (١) يطلي بالمينا (٢) يصقل؛ يلمِّع §(٣) مينا (٤) طلاء.

**enamor** *or* **enamour** *(vt.)* يَفْتِن؛ يُتيِّم.

**encage** *(vt.)* يحبس في قفص.

**encamp** *(vt.; i.)* (١) يقيم مخيَّماً ×(٢) يخيِّم.

**encampment** *(n.)* (١) تخييم (٢) مخيَّم.

**encase** *(vt.)* يُصَنْدِق؛ يضع في صندوق.

**enchain** *(vt.)* (١) يكبِّل (٢) يأسر.

**enchant** *(vt.)* (١) يسحر (٢) يفتِن؛ يسبي.

**encircle** *(vt.)* يطوِّق؛ يحيط بِ.

**enclose** *(vt.)* (١) يطوِّق (٢) يسيِّج (٣) يحبس؛ يحصر (٤) يضع في مغلّف أو طرْد.

**enclosure** *(n.)* (١) تطويق؛ تسييج (٢) سياج. (٣) حظيرة مسيَّجة (٤) محتويات مغلف أو طرد.

**encompass** *(vt.)* (١) يطوِّق (٢) يشمل.

**encore** *(interj.; vt.; n.)* (١) ثانيةً؛ مرّةً ثانية! §(٢) استعادة §(٣) يستعيد (اغنيةً الخ.).

**encounter** *(vt.; n.)* (١) يواجه؛ يصادم؛ يناوش (٢) يلاقي؛ يقابل؛ يصادف §(٤) صِدام؛ مناوشة (٥) لقاء غير متوقع.

**encourage** *(vt.)* (١) يشجِّع (٢) يساعد.

**encroach** *(vt.)* يتعدّى على؛ ينتهك.

**encrust** *(vt.)* يُلبِس بقشرة.

**encumber** *(vt.)* يُثقِل؛ يعوق.

**encumbrance** *(n.)* (١) عبء (٢) عائق.

**encyclopedia** *(n.)* موسوعة؛ معلَمة.

**encyclopedic** *(adj.)* موسوعيّ؛ شامل.

**end** *(n.; vt.; i.)* (١) حدّ؛ طرَف (٢) نهاية. (٣) موت (٤) غاية؛ هدف §(٥) يُنهي (٦) يقتل ×(٧) ينتهي (٨) يموت.

to come to an ~, ينتهي.
to put an ~ to يوقف؛ يضع حداً لِـ.

**endanger** *(vt.)* يعرِّض للخطر.

**endear** *(vt.)* يحبِّب.

**endeavor** *(vi.; n.)* (١) يحاول §(٢) محاولة.

**ending** *(n.)* (١)إنهاء ؛ نهاية (٢) موت .
**endless** *(adj.)* (١) لانهائيّ (٢)متّصل .
**endorse** *(vt.)* (١) يظهر شيكاً (٢) يوقّع على شيك (٣)يجيز (٤) يصادق على .
**endow** *(vt.)* يقف ؛ يهب ؛ يمنح .
**endowment** *(n.)* مَنْح ؛ وَقْف ؛ موهبة .
**endue** *(vt.)* يَهَب ؛ يمنح .
**endurable** *(adj.)* مُحْتَمَل ؛ يُطاق.
**endurance** *(n.)* (١)ثبات ؛ بقاء(٢)احتمال ؛ جَلَد ؛ إطاقة .
**endure** *(vi.; t.)* (١)يَثْبت ؛ يبقى (٢)يتحمّل.
**enemy** *(n.)* (١) خصم (٢) عدوّ .
**energetic** *(adj.)* (١) نشيط (٢) فعّال .
**energy** *(n.)* (١) نشاط (٢) قوة (٣) طاقة.
**enervate** *(vt.)* يُوهِن ؛ يُضْعِف.
**enfeeble** *(vt.)* يُضْعِف ؛ يُوْهِن .
**enfold** *(vt.)* يُغلّف ؛يلُفّ ؛ يطوّق.
**enforce** *(vt.)* (١)يَفرض بالقوّة(٢)ينفّذ .
**enfranchise** *(vt.)* (١)يُعْتِق ؛يحرّر (٢)يمنحه حقّ الاقتراع .
**engage** *(vt.; i.)* (١) يَعِدُ ؛ يتعهّد بـ . (٢)يجذب ؛ يلفت (٣)يعشّق التروس (٤)يخطب فتاةً (٥) يستخدم أو يستأجر (٦)يَشْغَل (٧) ينازل ؛ يقاتل ×(٨) يكفُل(٩)يتعاطى عملاً ؛ ينهمك في (١٠)تتعشق التروس .
**engaged** *(adj.)* (١)مشغول (٢)خاطب ؛ مخطوبة (٣) متورّط (في قتال الخ.) (٤)مُعشّق.
**engagement** *(n.)* (١) تعهّد ؛ ارتباط . (٢)خِطبَة(٣)وَعْد؛ عهد؛ ميثاق (٤)موْعد. (٥)عملٌ (٦) تعشّق (التروس) (٧)اشتباك؛ معركة (٨) *pl.* : التزامات ماليّة .
**engaging** *(adj.)* فاتن ؛ جذّاب.
**engender** *(vt.)* (١) يُحْدِث (٢)يولّد.
**engine** *(n.)* (١)محرّك (٢)قاطرة .
**engineer** *(n.; vt.)* (١)مهندس §(٢)يهندس.
**engineering** *(n.)* هندسة .
**English** *(adj.; n.)* (١) إنكليزيّ §(٢) اللغة الانكليزية (٣) الانكليز .
**Englishman** *(n.)* الانكليزي : واحد الانكليز.
**engraft** *(vt.)* يطعّم (شجرةً أو نحوها) .
**engrave** *(vt.)* (١)ينقش (٢) يحفر .
**engraving** *(n.)* (١)نَقْش ؛ حَفْر (٢) كليشيه
**engross** *(vt.)* (١)ينسخ أو يكتب بأحرف كبيرة. (٢) يستغرق ؛ يستحوذ على الفكر أو الانتباه.
**engulf** *(vt.)* (١) يغمر (٢)يبتلع .
**enhance** *(vt.)* (١) يعزز (٢) يجمّل .
**enigma** *(n.)* لُغْز ؛ أحْجِيَة .
**enigmatic; -al** *(adj.)* مُلْغِز ؛ مُبْهَم .
**enjoin** *(vt.)* (١)يفرض (٢)يحظّر .
**enjoy** *(vt.)* (١)يستمتع بِ (٢)يَنْعَم بِ .
 to ~ oneself يُمتّع نَفسَه .
**enjoyable** *(adj.)* ممتع ؛ مُبهج ؛ سارّ.
**enjoyment** *(n.)* (١)استمتاع (٢) مُتْعَة .
**enkindle** *(vt.; i.)* (١) يُشْعِل×(٢) يَشْتَعِل
**enlarge** *(vt.; i.)* (١) يكبّر (٢) يوسّع . ×(٣)يكبُر ؛ يتّسع (٤) يُسهب .
**enlighten** *(vt.)* ينور (ثقافياً أو روحياً ) .
**enlightenment** *(n.)* تنوير أو تنوّر .
**enlist** *(vt.; i.)* (١) يجنّد ×(٢) يتطوّع .
**enlisted** *(adj.)* مجنّد؛ دون مرتبة الضباط .
**enliven** *(vt.)* يُفعِم بالحيويّة أو البهجة.
**enmity** *(n.)* عداوة ؛ خصومة .
**ennoble** *(vt.)* (١)يعظّم ؛ يشرّف (٢)ينبّل : يرفع إلى طبقة النبلاء .
**ennui** *(n.)* مَلَل ؛ضجَر ؛ سأم؛ بَرَم.
**enormity** *(n.)* (١) فداحة؛ شناعة ؛ قَباحة . (٢) جريمة منكرة (٣) ضخامة .
**enormous** *(adj.)* ضخم ؛ هائل .

**enough** *(adj.; adv.; n.; interj.)* (١) كافٍ؛ وافٍ §(٢) إلى حدٍّ كافٍ (٣) تماماً (٤) إلى حدّ مقبول §(٥) مقدار كافٍ §(٦) كفى !
**enquire** *(vt.)* = inquire.
**enrage** *(vt.)* يُسْخط؛ يُحْنق؛ يُغْضب.
**enrapture** *(vt.)* يُبْهج إلى أقصى حدّ.
**enrich** *(vt.)* (١) يُغني (٢) يزخرف.
**enroll** or **enrol** *(vt.)* يُدْرِج (في قائمة).
**ensconce** *(vt.)* (١) يُخفي (٢) يستكنّ.
**ensemble** *(n.)* (١) الطاقم؛ مجموعة (٢) ثوب مؤلف من عدة أجزاء متناسقة أو متتامّة.
**enshrine** *(vt.)* يدّخر؛ يحتفظ به وكأنه مقدّس.
**enshroud** *(vt.)* (١) يكفّن (٢) يَسْتُر.
**ensign** *(n.)* (١) راية؛ شارة (٢) ملازِم بحري.
**ensilage** *(n.)* علفٌ مخزون.
**enslave** *(vt.)* يستعبد.
**ensnare** *(vt.)* يوقع في شَرَك.
**ensue** *(vi.)* يتلو؛ ينشأ بوصفه نتيجة.
**ensure** *(vt.)* (١) يضمن؛ يكفل (٢) يصون.
**entail** *(vt.)* (١) يقف مِلْكاً لمصلحة ورثة معينين. (٢) يستلزم؛ يستتبع كنتيجة لا بدّ منها.
**entangle** *(vt.)* يوقع في شَرَك.
**entente** *(n.)* حِلف؛ اتفاق دولي.
**enter** *(vi.; t.)* (١) يَدخل ×(٢) يُدخل.
**enterprise** *(n.)* (١) مشروع (٢) مغامرة.
**enterprising** *(adj.)* مغامر؛ مِقدام.
**entertain** *(vt.)* (١) يضيف؛ يكرم (٢) يفكّر؛ يُضمر (٣) يعلّل بالأمل (٤) يُسَلّي.
**entertaining** *(adj.)* مُسَلٍّ؛ ممتع.
**entertainment** *(n.)* (١) ضيافة الخ (٢) تسلية. (٣) حفلة (في مَسْرَح أو سِيرْك الخ.).
**enthrall** *(vt.)* (١) يستعبد (٢) يَسْحر؛ يأسر.
**enthrone** *(vt.)* (١) يتوج (٢) يمجد؛ يعظم.
**enthusiasm** *(n.)* حماسة.
**enthusiast** *(n.)* المتحمّس؛ المفعَم بالحماسة.
**enthusiastic** *(adj.)* متحمّس.
**entice** *(vt.)* (١) يُغْري (٢) يجذب؛ يلفت.
**entire** *(adj.)* تامّ؛ كامل؛ كُلّي.
**entirely** *(adv.)* تماماً؛ كليّةً؛ بكلّ معنى الكلمة.
**entitle** *(vt.)* (١) يلقّب (٢) يخوّل؛ يؤهّل لِـ.
**entity** *(n.)* (١) وجود (٢) كينونة.
**entomb** *(vt.)* يدفن.
**entomology** *(n.)* علم الحشرات.
**entourage** *(n.)* حاشية؛ بطانة؛ محيط.
**entr'acte** *(n.)* فاصل؛ استراحة.
**entrails** *(n. pl.)* أحشاء؛ أمعاء.
**entrance** *(n.)* (١) دخول (٢) مدخَل.

**entrant** *(n.)* (١) الداخل (٢) المشترك في مباراة.
**entrap** *(vt.)* يحتبل: يوقع في أحبولة أو شَرَك.
**entreat** *(vi.; t.)* يتوسّل؛ يتضرّع؛ يستعطف.
**entreaty** *(n.)* توسّلٌ؛ تضرّعٌ؛ استعطاف.
**entrench** *(vt.; i.)* (١) يطوّق (موقعاً) بخندق. (٢) يحصّن (٣) يرسّخ ×(٤) يعتدي (على حقوق الآخرين).
**entrepreneur** *(n.)* المقاول؛ الملتزِم.
**entrust** *(vt.)* يُودِع؛ يأتمن؛ يعهد به إلى.

ent 169 equ

**entry** *(n.)* (١)دخول (٢)مَدْخَل (٣)تدوين؛ قَيْدٌ (٤) مادّةٌ (في معجم) .

**entwine** *(vt.; i.)* (١)يَضْفُر ×(٢) ينضفر .

**enumerate** *(vt.)* (١)يَعُدّ (٢) يُعدِّد .

**enunciate** *(vt.; i.)* يُعلِن؛ يلفظ؛ ينطق.

**envelop** *(vt.)* يغلّف؛ يلفّ؛ يطوّق .

**envelope** *(n.)* غلاف؛ غطاء؛ ظرف .

**envenom** *(vt.)* يسمِّم (حقيقةً أو مجازاً) .

**enviable** *(adj.)* يُحْسَد عليه .

**environment** *(n.)* بيئة؛ محيط .

**environs** *(n. pl.)* ضواحي (المدينة) .

**envoy** *(n.)* مبعوث؛ رسول؛ مندوب .

**envy** *(n.; vt.)* (١)حسدٌ §(٢)يحسد .

**enzyme** *(n.)* أنزيمة؛ خميرة .

**epaulet** or **epaulette** *(n.)* الكتيفيّة: نسيجٌ مقصَّب على كتف السترة العسكريّة .

**ephemeral** *(adj.)* سريع الزوال .

**epic** *(adj.; n.)* (١)ملحميّ (٢)طويل أوبطولي §(٣)الملحمة: قصيدة قصصية طويلة .

**epicure** *(n.)* الذوّاقة: ذو ذوق مرهف في الطعام .

**epidemic** *(adj.; n.)* (١) وبائيّ §(٢) وباء .

**epidermis** *(n.)* بَشَرَة .

**epiglottis** *(n.)* اللّهاة: اللحمة المشرفة على الحلق .

**epigram** *(n.)* الابيغرام: حكمة؛ فكرة بارعة .

**epilepsy** *(n.)* الصَّرْع: داء عصبيّ مزمن .

**epileptic** *(adj.; n.)* (١)صَرْعيّ (٢)مصروع . §(٣) المصروع: المصاب بالصَّرْع .

**epilogue** *(n.)* (١)خاتمة (٢)قصيدة يلقيها الممثّل عند انتهاء المسرحيّة .

**Epiphany** *(n.)* عيد الغطاس أو الظهور .

**episcopacy** *(n.)* (١) حكومة الأساقفة (في الكنيسة) (٢) جماعة الأساقفة .

**episcopal** *(adj.)* أسقفيّ .

**Episcopalian** *(n.)* عضو في الكنيسة الأسقفية .

**episode** *(n.)* حَدَث أو سلسلة أحداث .

**epistle** *(n.)* رسالة .

**epistolary** *(adj.)* رساليّ؛ رسائليّ .

**epitaph** *(n.)* نقش على ضريح .

**epithet** *(n.)* نَعْت؛ لقب .

**epitome** *(n.)* خلاصة؛ موجَز .

**epitomize** *(vt.)* يلخّص؛ يوجز .

**epoch** *(n.)* عهدٌ؛ دَوْرٌ .

**epoch-making** *(adj.)* خطير؛ هامّ جداً .

**equability** *(n.)* (١)اطّراد (٢) رصانة .

**equable** *(adj.)* (١) مُطّرِد (٢) رصين .

**equal** *(adj.; n.; vt.)* (١) مساوٍ؛ معادل . (٢) متساوٍ؛ متماثل (٣) كفوء §(٤) نِدّ (٥) يساوي (٦) يضاهي .

**equality** *(n.)* مساواة؛ تساوٍ الخ .

**equalize** *(vt.)* يسوّي؛ يساوي بين .

**equally** *(adv.)* بالتساوي؛ على حدّ سواء .

**equanimity** *(n.)* اتزان؛ رباطة جأش .

**equation** (١)تسوية (٢)معادَلة .

**equator** *(n.)* خطّ الاستواء .

**equatorial** *(adj.)* استوائيّ .

**equestrian** *(adj.; n.)* (١)فروسيّ §(٢)فارس .

**equidistant** *(adj.)* متساوي البعد .

**equilateral** *(adj.)* متساوي الأضلاع .

**equilibrium** *(n.)* توازُن .

**equinoctial** *(adj.)* (١)اعتدالي (٢) استوائي .

**equinox** *(n.)* الاعتدال الربيعي أو الخريفي .
**equip** *(vt.)* يزوِّد أو يجهِّز بـِ .
**equipage** *(n.)* عَرَبَة .
**equipment** *(n.)* تجهيز ؛ تجهُّز ؛ تجهيزات .
**equipoise** *(n.; vt.)* توازُن .
**equitable** *(adj.)* عادل ؛ منصف .
**equity** *(n.)* عدالة ؛ انصاف .
**equivalent** *(adj.; n.)* (١) مساوٍ (٢) مرادف . (٣) متكافىء §(٤) المساوي : شيء مساوٍ لآخر .
**equivocal** *(adj.)* (١) ملتبِس : ذو معنيين أو أكثر (٢) غير قاطع أو حاسم (٣) مُريب ؛ مشبوه .
**equivocate** *(vi.)* (١) يراوغ (٢) يوارب .
**era** *(n.)* تاريخ ؛ عهد ؛ عصر ؛ دَهْر .
**eradicate** *(vt.)* يستأصل ؛ يُبيد ؛ يمحو ؛ يجتثّ .
**erase** *(vt.; i.)* (١) يمحو ×(٢) ينمحي .
**eraser** *(n.)* (١) الماحي (٢) مِمْحاة .
**erasure** *(n.)* (١) مَحْو (٢) انمحاء .
**ere** *(prep.; conj.)* (١) قَبْل §(٢) قَبل أن .
**erect** *(adj.; vt.)* (١) منتصِب ؛ قائم . §(٢) يشيِّد (٣) يقيم ؛ يَنْصب (٤) ينشىء
**erection** *(n.)* (١) تشييد (٢) مَبْنَى .
**eremite** *(n.)* الناسك ؛ الزاهد .
**ermine** *(n.)* (١) القاقُم (حيوان) (٢) فرو القاقم .

**erode** *(vi.; i.)* يتأكّل ؛ يَحتُّ .
**erosion** *(n.)* تأكُّل ؛ تعرية .
**erosive** *(adj.)* أكّال ؛ حاتّ .

**erotic** *(adj.)* جنسيّ ؛ شهوانيّ .
**err** *(vi.)* (١) يخطىء (٢) يأثم ؛ يزلّ .
**errand** *(n.)* (١) رسالة شفهيّة (٢) مُهِمّة . (٣) رحلة لأداء رسالة أو مهمّة .
**errant** *(adj.)* شارد ؛ تائه ؛ ضالّ ؛ منحرف .
**errata** *(n. pl.)* جدول الخطأ والصواب .
**erratic** *(adj.)* شاذّ ؛ غريب الأطوار .
**erroneous** *(adj.)* خاطىء ؛ غير صحيح .
**error** *(n.)* (١) غلط ؛ خطأ ؛ غلطة (٢) إثم .
**eruct** *(vi.; t.)* (١) يتجشأ ×(٢) يقذف .
**erudite** *(adj.)* واسع المعرفة .
**erudition** *(n.)* معرفة واسعة .
**eruption** *(n.)* (١) ثَوَران ؛ هَيَجان ؛ انفجار . (٢) تنفُّط ؛ طَفْح جلدي .
**erysipelas** *(n.)* الحُمْرَة : التهاب جلدي .
**escalator** *(n.)* السُلَّم الدوّار : سُلَّم ميكانيكيّ متحرّك صعوداً وهبوطاً على نحو متواصل .

escalator

**escapade** *(n.)* عملٌ طائش أو مغامر .
**escape** *(vi.; i.; n.)* (١) يُفلِت من (٢) يفرّ . ×(٣) ينجو (٤) يفوت ؛ يغيب عن الذاكرة . (٥) يفوته فَهْمُ المراد (٦) يندّ §(٧) فرار (٨) نجاة (٩) ارتشاح .
**eschew** *(vt.)* يتجنّب ؛ يتحاشى ؛ يُحاذِر .
**escort** *(n.; vi.)* (١) مرافِق (٢) حَرَس . (٣) حامية §(٤) يرافق ؛ يواكب .
**escutcheon** *(n.)* شعار النّبالة .
**Eskimo** *(n.)* (١) الاسكيمو (٢) لغة الاسكيمو .
**esophagus** *(n.)* المريء (في التشريح) .
**esoteric** *(adj.)* (١) خاصّ (٢) سِرّيّ ؛ خفيّ .
**especial** *(adj.)* (١) خصوصي (٢) استثنائي .
**especially** *(adv.)* (١) خصوصاً (٢) استثنائياً .

**Esperanto** *(n.)* الاسبرانتو : لغة دولية .
**espionage** *(n.)* تجسس ؛ جاسوسية .
**espousal** *(n.)* (١) خِطبة ؛ زفاف ؛ زواج . (٢) اعتناق معتقد ؛ مناصرة قضية .
**espouse** *(vt.)* (١) يتزوج (٢) يعتنق ؛ يناصر .
**espy** *(vt.)* يلمح ؛ يرى من بعيد .
**esquire** *(n.)* المبجل ؛ المحترم .
**essay** *(n.; vi.)* (١) محاولة (٢) مقالة (٣) اختبار ؛ تجربة § (٤) يختبر (٥) يحاول .
**essayist** *(n.)* المنشىء : كاتب المقالات .
**essence** *(n.)* (١) جوهر (٢) روح (٣) عِطر .
**essential** *(adj.; n.)* (١) جوهري ؛ أساسي . (٢) عِطري § (٣) *pl.* : أصول ؛ مبادىء .
**essentially** *(adv.)* جوهرياً ؛ أساسياً .
**establish** *(vt.)* (١) يثبّت ؛ يوطّد (٢) يعيِّن (٣) يشترع (٤) يؤسّس ؛ يقيم (٥) يُثبت .
**establishment** *(n.)* (١) توطيد ؛ إقامة ؛ تأسيس الخ . (٢) مؤسّسة ؛ مُنْشأة .
**estate** *(n.)* (١) حالة ؛ وضع ؛ منزلة (٢) طبقة اجتماعية (٣) مِلكية ؛ ممتلكات (٤) عِزبة .
**esteem** *(n.; vt.)* (١) احترام ؛ اعتبار § (٢) يعتبر ؛ يظن ؛ يحسب (٣) يحترم ؛ يُجِل .
**estimable** *(adj.)* جدير بالاحترام أو الاجلال .
**estimate** *(vt.; n.)* (١) يثمِّن ؛ يقيِّم . (٢) يقدر ؛ يخمن § (٣) تثمين ؛ تقدير ؛ تخمين .
**estimation** *(n.)* (١) رأي ؛ وجهة نظر . (٢) تثمين ؛ تقدير ؛ تخمين (٣) احترام ؛ اعتبار .
**estrange** *(vt.)* يُبعِد ؛ يُقصي ؛ يُنفِّر .
**estuary** *(n.)* مصب النهر .
**etch** *(vt.)* يحفر (كليشيه الخ.) .
**etching** *(n.)* (١) حفر (٢) كليشيه .
**eternal** *(adj.)* أبدي ؛ سَرمدي ؛ خالد .
**eternity** *(n.)* الأبدية ؛ السَرمدية ؛ الخلود .
**ether** *(n.)* (١) السماء ؛ الأثير (٢) الإتير : سائل سريع الالتهاب يستخدم كمخدر .
**ethereal** *(adj.)* (١) سماوي (٢) أثيري .
**ethical** *(adj.)* أخلاقي .
**ethics** *(n. pl.)* (١) علم الأخلاق (٢) أخلاق .
**Ethiopian** *(adj.; n.)* حَبَشي ؛ اثيوبي .
**ethnology** *(n.)* علم الأعراق البشرية .
**etiquette** *(n.)* آداب المعاشرة .
**etymology** *(n.)* دراسة أصل الكلمات وتاريخها .
**Eucharist** *(n.)* القربان المقدس .
**eugenics** *(n.)* اليوجينيا : علم تحسين النسل .
**eulogize** *(vt.)* (١) يمدح (٢) يؤبِّن .
**eulogy** *(n.)* (١) مديح (٢) تأبين .
**eunuch** *(n.)* الخَصِي ؛ المَخْصِي .
**euphonic; euphonious** *(adj.)* رخيم .
**Europe** *(n.)* أوروبة : قارة أوروبة .
**European** *(adj.; n.)* أوروبي .
**evacuate** *(vi.; t.)* (١) يفْرِغ (٢) يبول ؛ يتغوّط (٣) يُجْلي أو يجلو عن (٤) يخلي (مسكناً) .
**evacuation** *(n.)* (١) تفريغ (٢) تبوّل ؛ تغوّط . (٣) إجلاء (٤) جلاء (٥) إخلاء (٦) بول ؛ غائط .
**evade** *(vi.; t.)* يروغ ؛ يتجنّب ؛ يتهرّب من .
**evaluate** *(vt.)* يُخمِّن ؛ يُقيِّم ؛ يُقدِّر .
**evaluation** *(n.)* تثمين ؛ تقييم ؛ تقدير .
**evanescent** *(adj.)* زائل ؛ سريع الزوال .
**evangelical** *(adj.)* انجيلي ؛ بروتستانتي .
**evangelist** *(n.)* (١) *cap.* : أحد مؤلفي الأناجيل الأربعة (٢) مبشّر بروتستانتي .
**evaporate** *(vi.; t.)* (١) يتبخّر ؛ يزول ؛ يتلاشى × (٢) يُبخِّر (٣) يجفف بالحرارة .
**evaporation** *(n.)* (١) تبخير (٢) تبخُّر .
**evasion** *(n.)* مراوغة ؛ تجنُّب ؛ تهرُّب .
**evasive** *(adj.)* مُراوغ ؛ متملّص .
**eve** *(n.)* (١) مساء (٢) عشية .

eve 172 exa

**even** *(adj.; adv.; vt.)* (١) مستوٍ ؛ سهل ؛ أملس (٢) متوازٍ مع (٣) متساوٍ (٤) مطّرد ؛ منتظم (٥) هادىء (٦) عادل ؛ لامتحيّز (٧) متعادل (٨) شَفْع ؛ منقسم على ٢ من غير باقٍ (٩) كامل § (١٠) بل (١١) حتى (١٢) أيضاً ؛ كذلك (١٣) حتى لو ... § (١٤) يسوّي ؛ يمهّد ؛ يملّس (١٥) يجعله مطّرداً أو متعادلا .

**evening** *(n.)* (١) مساء (٢) ليلة (٣) أفول .

**event** *(n.)* (١) حادثة ؛ حَدَث (٢) نتيجة . (٣) إحدى الوقائع أو المسابقات في برنامج رياضي .

at all ~ s ; in any ~, على أية حال .
in the ~ of إذا ؛ في حالة حدوث كذا .

**eventful** *(adj.)* (١) زاخر بالأحداث (٢) خطير .

**eventide** *(n.)* المساء .

**eventual** *(adj.)* نهائي .

**eventually** *(adv.)* أخيراً ؛ في آخر الأمر .

**ever** *(adv.)* (١) دائماً ؛ أبداً (٢) في أي وقت . (٣) في زمانك (٤) من أو في أيما وقت مضى .

~ since منذ ذلك الحين .

**evergreen** *(adj.)* دائم الخضرة .

**everlasting** *(adj.; n.)* (١) أبديّ (٢) دائم ؛ مستمرّ (٣) متين § (٤) *cap.* : الله (٥) الأزل .

**evermore** *(adv.)* دائماً ؛ إلى الأبد .

**every** *(adj.)* (١) كلّ (٢) تامّ ؛ كامل ؛ كلّ .

~ now and then بين حين وآخر .

**everybody; everyone** *(pron.)* كلّ امرىء .

**everyday** *(adj.; adv.)* (١) يوميّ § (٢) يومياً .

**everything** *(pron.)* كل شيء .

**everywhere** *(adv.)* في كلّ مكان .

**evict** *(vt.)* يستردّ أو يطرد بحكم قضائيّ .

**evidence** *(n.)* (١) علامة (٢) دليل (٣) شاهد .

**evident** *(adj.)* واضح ؛ بيّن ؛ جليل .

**evidently** *(adv.)* (١) من الجليّ (٢) بجلاء .

**evil** *(adj.; n.)* (١) شرير ؛ فاسد (٢) رديء ؛ بغيض (٣) مؤذٍ ؛ ضارّ (٤) مشؤوم § (٥) شرّ (٦) إثم (٧) آفة .

**evince** *(vt.)* يُثبِت ؛ يُظهِر بوضوح .

**evoke** *(vt.)* (١) يستدعي (٢) يستحضر (٣) يثير .

**evolution** *(n.)* (١) تحوُّل ؛ نموّ ؛ تقدّم ؛ تطوّر . (٢) مناورة حربيّة (٣) نشوء (٤) نظرية النشوء .

**evolutionary** *(adj.)* (١) تطوّريّ (٢) نشوئيّ .

**evolve** *(vt.; i.)* (١) يُطلق (٢) يستخرج . (٣) ينشىء ؛ يضع (٤) يطوّر × (٥) يتطوّر .

**ewe** *(n.)* نعجة ؛ شاة الخ .

**ewer** *(n.)* كوز ؛ إبريق .

**exact** *(vt.; adj.)* (١) ينتزع ؛ يبتزّ (٢) يتطلب . § (٣) صحيح ؛ مضبوط (٤) دقيق .

**exacting** *(adj.)* قاسٍ ؛ كثير المطالب .

**exaction** *(n.)* انتزاع ؛ اغتصاب ؛ ابتزاز .

**exactitude** *(n.)* صحّة ؛ ضَبْط ؛ دِقّة .

**exactly** *(adv.)* (١) بدِقّة ؛ بضبط (٢) تماماً .

**exaggerate** *(vt.; i.)* يبالغ ؛ يغالي ؛ يضخّم .

**exaggeration** *(n.)* مُبالغة ؛ مُغالاة .

**exalt** *(vt.)* (١) يُعْلي (٢) يمجّد (٣) يثير .

**examination** *(n.)* (١) فحص (٢) استنطاق .

**examine** *(vt.)* (١) يفحص (٢) يستنطق .

**example** *(n.)* (١) مَثَل (٢) قدوة (٣) سابقة ؛ نظير (٤) عبرة ؛ أمثولة (٥) تحذير .

for ~, مثلاً .

**exasperate** *(vt.)* يُسخِط ؛ يُغْضِب .

**excavate** *(vt.)* (١)يحفر (٢)يشق (٣)يستخرج بالحفر (٤)يكشف (عن مدينة أثرية) بالحفر.
**exceed** *(vt.)* (١)يتجاوز؛ يتخطى (٢)يفوق.
**exceeding** *(adj.)* مُفرط؛ استثنائي؛ فائقٌ العادة.
**exceedingly** *(adv.)* جداً؛ بإفراط.
**excel** *(vt.; i.)* (١)يَفُوق ×(٢) يتفوّق في.
**excellence** *(n.)* تفوّق؛ امتياز؛ ميزة.
**excellency** *(n.)* (١)ميزة (٢) *cap.*: سعادة.
**excellent** *(adj.)* ممتاز؛ من الطراز الأول.
**excelsior** *(n.)* نُجارة (لتعبئة الصناديق).
**except** *(vt.; i.)* يستثني أو يعترض على.
**except; excepting** *(prep.; conj.)* (١) ما عدا (٢)إلاّ §(٣) ما لَمْ؛ إن لم (٤) لولا.
**except for** *(prep.)* لولا.
**exception** *(n.)* (١) استثناء (٢) مستثنى (٣)شذوذ (٤) اعتراض.

to take ~ to يعترض على؛ يحتجّ.
with the ~ of باستثناء؛ ما عدا.

**exceptionable** *(adj.)* (١) موضع اعتراض (٢) استثنائي.
**exceptional** *(adj.)* (١) استثنائي (٢) رائع.
**excerpt** *(n.)* المقتطَف؛ المقتبَس.
**excess** *(n.)* فَرْط؛ زيادة؛ إفراط.
**excessive** *(adj.)* مُفْرِط؛ زائد.
**excessively** *(adv.)* بإفراط؛ إلى حدٍّ بعيد.
**exchange** *(n.; vt.)* (١)مقايضة (٢)استبدال أو تبادل (٣)بَدَلٌ (٤)قَطْع؛ كمبيو (٥)صَرْف (٦)فرق العملة (٧)تحويل؛ حوالة (٨)بورصة (٩) متجر (١٠) مركز أو سنترال تلفون §(١١) يقايض؛ يبادل (١٢) يَصْرِف (١٣) يستبدل بـ (١٤) يتبادل.

in ~ for عوضاً عن.

**exchequer** *(n.)* خزانة الدولة؛ بيت المال.
**excise** *(n.; vt.)* (١)ضريبة؛ رَسْم §(٢) يفرض ضريبةً أو رَسْماً على (٣) يزيل؛ يستأصل.
**excitable** *(adj.)* اهتياجيّ؛ سريع الاهتياج.
**excite** *(vt.)* (١) يثير (٢) يهيج؛ يستفزّ.
**excited** *(adj.)* مُثار؛ مُهاج.
**excitement** *(n.)* (١)إثارة؛ إهاجة (٢)اهتياج.
**exclaim** *(vi.)* يهتف؛ يصرخ.
**exclamation** *(n.)* هُتاف أو تعجّب.
**exclamation mark** *(adj.)* علامة التعجّب.
**exclamatory** *(adj.)* هتافيّ أو تعجّبيّ.
**exclude** *(vt.)* (١)يمنع (٢) يُبْعِد؛ يستثني.
**exclusion** *(n.)* (١)منع (٢) إبعاد؛ استثناء.
**exclusive** *(adj.)* (١)مانع؛ منعيّ (٢)مقصور على شخص أو جماعة (٣)متنفّج: غير مختلط بمن يحسبهم دونه منزلةً أو ثروةً (٤) أنيق (٥) وحيد (٦) كليّ (٧)باستثناء؛ ما عدا (٩)مَنْعاً (ضدّ: ضمناً).
**exclusively** *(adv.)* على وَجْه الحَصْر أو القَصْر.
**excommunicate** *(vt.)* يحرِم كنسياً.
**excrement** *(n.)* غائط؛ براز.
**excrescence** *(n.)* نامية؛ زائدة.
**excrete** *(vt.)* يُبْرِز؛ يَطْرَح؛ يُفْرِز.
**excretion** *(n.)* إبراز؛ إفراز.
**excruciating** *(adj.)* مُوجِع أو مُعذِّب جداً.
**exculpate** *(vt.)* يبرّىء.
**excursion** *(n.)* نزهة؛ رحلة قصيرة.
**excursive** *(adj.)* (١)منحرف (٢) متقطّع.
**excuse** *(vt.; n.)* (١) يعفي من (٢) يصفح (٣)يغتفر (٤)يَعذر (٥)يبرّر §(٦)عُذر؛ مبرّر.
**execrable** *(adj.)* لعين؛ مَقيت؛ مروِّع.
**execrate** *(vt.)* (١)يشجب (٢)يمقت.
**execration** *(n.)* (١) لَعْن (٢) لَعْنَة.

**execute** *(vt.)* (١) يُنْجِز (٢) يُنفِّذ ؛ يُجري . (٣) يُعْدِم (٤) ينحت أو يرسم (وفقاً لتصميم موضوع) (٥) يؤدّي ؛ يعزف .

**execution** *(n.)* (١) إنجاز؛ تنفيذ؛ إجراء (٢) تنفيذ حكم الاعدام (٣) أداء .

**executioner** *(n.)* الجلاّد .

**executive** *(adj.; n.)* (١) تنفيذيّ؛ إجرائيّ . § (٢) السلطة التنفيذيّة (٣) موظّف اداري كبير .

**executor** *(n.)* (١) المنفِّذ (٢) الوصيّ .

**exegesis** *(n.)* تفسير ؛ تأويل .

**exemplary** *(adj.)* (١) يُقتَدى به (٢) تحذيريّ؛ مقصود به العبرة (٣) نموذجيّ ؛ تمثيلي .

**exemplify** *(vt.)* يمثّل؛ يضرب مثلاً .

**exempt** *(adj.; vt.)* (١) مُعفَى أو مُستثنًى (من واجب أو ضريبة) § (٢) يُعفي من .

**exemption** *(n.)* إعفاء ؛ استثناء .

**exercise** *(n.; vt.; i.)* (١) ممارسة ؛ استعمال . (٢) تمرين ؛ تدريب (٣) *pl.*: حفلة § (٤) يمارس (٥) يستعمل (٦) يمرّن؛ يدرّب (٧) يُبدي؛ يُظهر (٨) يؤدّي × (٩) يتدرّب ؛ يتمرّن .

**exert** *(vt.)* (١) يبذُل (٢) يُجهِد نفسَه .

**exertion** *(n.)* (١) بَذْل الجهد (٢) جهد؛ إجهاد .

**exhalation** *(n.)* (١) زفير (٢) شيء مزفور .

**exhale** *(vt.; i.)* (١) يَزْفِر (٢) يطلق (بخاراً أو رائحةً) × (٣) ينطلق؛ ينبعث (٤) يتبخّر .

**exhaust** *(vt.; t.)* (١) يُفرِغ كليّاً (٢) يستنزف؛ يستنفد (٣) يُنهك؛ يُضني (٤) يعالج موضوعاً معالجةً كاملةً § (٥) انطلاق البخار المستنفَد من أسطوانة محرِّك (٦) هذا البخار المنطلق .

**exhaustion** *(n.)* استنزاف؛ إنهاك؛ تعب .

**exhaustive** *(adj.)* (١) مستنزِف (٢) شامل .

**exhibit** *(vt.; n.)* (١) يُظهِر؛ يُبدي (٢) يرسم (٣) يَعْرِض (٤) يقدِّم § (٥) إظهار؛ عَرْض (٦) شيء معروض (٧) مستنَد قانوني .

**exhibition** *(n.)* (١) إظهار؛ عَرْض (٢) معرِض .

**exhilarate** *(vt.)* (١) يُبهِج (٢) يُنعِش .

**exhort** *(vt.; i.)* يحضّ؛ ينصح؛ يحذّر .

**exhortation** *(n.)* حَضّ؛ نُصْح؛ تحذير .

**exhume** *(vt.)* ينبش؛ يُخرج جثّة من قبر .

**exigency** *or* **exigence** *(n.)* ضرورة .

**exigent** *(adj.)* (١) مُلِحّ (٢) كثير المطالب .

**exile** *(n.; vt.)* (١) نفي؛ إبعاد (٢) اغتراب . (٣) المنفيّ؛ المغترِب § (٤) ينفي؛ يُبعد .

**exist** *(vi.)* (١) يكون؛ يوجَد (٢) يعيش .

**existence** *(n.)* (١) وجود (٢) كائنٌ (٣) حياة .

**existent** *(adj.)* كائن؛ موجود .

**existentialism** *(n.)* الوجودية .

**exit** *(n.)* (١) خروج؛ (٢) موت (٣) مَخْرَج .

**exodus** *(n.)* خروج؛ هجرة؛ رحيل .

**exonerate** *(vt.)* يُحِلّ؛ يُعتِق؛ يُبرّئ .

**exorbitant** *(adj.)* مُفرِط؛ باهظ؛ فادح .

**exorcise** *or* **exorcize** *(vt.)* يطرد الأرواح الشرّيرة (بالرُّقَى والتعاويذ) .

**exorcism** *(n.)* (١) تعويذ (٢) تعويذة .

**exotic** *(adj.)* مجلوب؛ دخيل؛ غريب .

**expand** *(vt.; i.)* (١) يمدّ؛ يوسّع (٢) ينشر؛ يبسط × (٣) يتّسع؛ يتمدد (٤) تتفتّح (البراعم) .

**expanse** *(n.)* امتداد؛ مُنْفَسَح .

**expansible** *(adj.)* قابلٌ للتمديد أو التوسيع .

**expansion** *(n.)* (١) توسيع؛ تمديد (٢) توسّع؛ تمدّد (٣) اتّساع؛ امتداد (٤) تضخّم .

**expansive** *(adj.)* (١) متمدّد أو تمدّدي . (٢) صريح؛ غير متحفّظ (٣) فسيح؛ شامل .

**expatiate** *(vi.)* يُسهِب .

**expatriate** *(vt.; i.; n.)* (١) ينفي (عن الوطن) . × (٢) يغترب؛ يهجر وطنه § (٣) المنفيّ؛ المغترب .

**expect** *(vt.)* (١) يتوقّع (٢) يحسب؛ يظنّ .

**expectancy** *(n.)* (١) توقّع (٢) شيء متوقَّع .

**expectant** *(adj.)* (١)متوقِّع (٢)حُبلى .
**expectation** *(n.)* توقُّع ؛ أمل .
**expectorate** *(vt.; i.)* يتنخّم ؛ يبصق .
**expediency** *(n.)* (١) ملاءمة (٢) نفعية .
**expedient** *(adj.; n.)* (١) ملائم ؛ مناسب . (٢)نفعيّ §(٣) وسيلة ؛ ذريعة ؛ حيلة .
**expedite** *(vt.)* يسهِّل ؛ يعجِّل .
**expedition** *(n.)* (١)حملة (٢)بعثة (٣)سرعة .
**expeditious** *(adj.)* سريع ؛ ناشط .
**expel** *(vt.)* (١) ينفث ؛ يقذف (٢) يطرد .
**expend** *(vt.)* (١) يُنفق (٢) يستهلك .
**expenditure** *(n.)* (١)إنفاق (٢) نَفَقَة .
**expense** *(n.)* (١)نفقة (٢) حساب .
**expensive** *(adj.)* غالٍ ؛ غير رخيص .
**experience** *(n.; vt.)* (١) تجربة (٢) خبرة ؛ اختبار §(٣) يلاقي ؛ يعاني (٤)يتعلم بالاختبار .
**experienced** *(adj.)* خبير ؛ متمرس .
**experiment** *(n.;vi.)* (١) تجربة ؛ اختبار . (٢)تجريب §(٣) يقوم بتجارب .
**experimental** *(adj.)* تجريبيّ ؛ اختباري .
**experimentation** *(n.)* التجريب ؛ الاختبار .
**expert** *(adj.; n.)* خبير .
**expiate** *(vt.; i.)* يكفِّر عن .
**expiation** *(n.)* (١)تكفير (٢) كفّارة .
**expiration** *(n.)* (١)زفير (٢)انقضاء .
**expire** *(vt.; i.)* (١)يموت ؛ يلفظ النفَس الأخير (٢)ينقضي (٣) يَخمد ×(٤)يزفر .
**explain** *(vt.; i.)* (١)يشرح ؛ يفسِّر (٢) يعلِّل .
**explanation** *(n.)* شرح ؛ تفسير ؛ تعليل .
**explanatory** *(adj.)* تفسيريّ ؛ تعليليّ .
**explicable** *(adj.)* قابل للشرح والتفسير .
**explicit** *(adj.)* بيِّن ؛ واضح ؛ جليّ ؛ صريح .
**explode** *(vt.; i.)* (١) يفجِّر ×(٢) ينفجر .
**exploit** *(n.; vt.)* (١)مأثرة §(٢)يستغلّ .
**exploration** *(n.)* استكشاف ؛ رِيادة .
**explore** *(vt.)* يستكشف ؛ يَرُود .
**explorer** *(n.)* المستكشف ؛ الرائد .
**explosion** *(n.)* انفجار .
**explosive** *(adj.; n.)* (١)انفجاريّ ؛ متفجر . (٢)سريع الانفعال §(٣) مادّة متفجِّرة .
**exponent** *(n.)* (١)الأُسّ ؛ الدليل (في الجبر) . (٢) الشارح (٣)الممثِّل أو النصير (لفكرة) .
**export** *(vt.; i.; n.)* (١)يصدِّر §(٢)الصادرة : سلعة مصدَّرة (٣) تصدير .
**exportation** *(n.)* (١) تصدير (٢)سلعة مصدَّرة .
**exporter** *(n.)* المصدِّر ؛ التاجر المصدِّر .
**expose** *(vt.)* (١)يعرِّض لـ (٢)يعرض (للبيع في محل تجاريّ) (٣)يكشف ؛ يُفشي ؛ يفضح .
**exposition** *(n.)* (١) شَرْح (٢) مَعْرِض .
**expositor** *(n.)* الشارح ؛ المفسِّر .
**expostulate** *(vi.)* يجادل ؛ يُعنِّف ؛ يعترض على .
**exposure** *(n.)* (١) كشف ؛ إبداء للعيان . (٢)فَضْح (٣) عَرْض (٤)تعريض ؛ تعرُّض .
**expound** *(vt.)* (١)يبسط ؛ يقدِّم (٢)يشرح .
**ex-president** *(n.)* الرئيس السابق .
**express** *(adj.; n.;vt.)* (١)واضح (٢)خاص . (٣)سريع §(٤)رسول ؛ رسالة (٥)قطار سريع §(٦) يعبر عن (٧) يُظهر ؛ يرمز إلى (٨) يَعْصر (٩) يرسل بالقطار السريع .
**express delivery** *(n.)* البريد المستعجل .
**expression** *(n.)* (١) تعبير (٢)عبارة جبرية ؛ مقدار جبري (في الرياضيات) (٣)سيماء ؛ هيئة .
**expressive** *(adj.)* (١) تعبيري (٢) معبِّر .
**expressly** *(adv.)* (١)بجلاء (٢) خصّيصاً .
**expulsion** *(n.)* (١)إخراج ؛ طَرْد (٢) ترحيل .
**expunge** *(vt.)* يَشْطب ؛ يحذف ؛ يَمْحو .
**expurgate** *(vt.)* يهذِّب ؛ ينقِّح (كتاباً) .

**exquisite** *(adj.)* (١) ممتاز (٢) حادّ ؛ شديد . (٣) رفيع التهذيب

**extant** *(adj.)* موجود ؛ باقٍ (على قيد الحياة الخ.)

**extemporaneous ;-rary** *(adj.)* مُرْتَجَل

**extempore** *(adv.; adj.)* مرتجَل أو ارتجالاً .

**extemporize** *(vi.; t.)* يرتجل .

**extend** *(vt.; n.)* (١) يمدّ ؛ يَبْسُط ؛ يَنْشُر (٢) يُطيل (٣) يقدّم (٤) يمدّد (٥) يوسّع ؛ يضخّم × (٦) يمتدّ ؛ يتّسع (٧) يصل إلى .

**extensible** *(adj.)* ممدود : قابلٌ للمدّ .

**extension** *(n.)* (١) مدّ ؛ إطالة ؛ تمديد ؛ توسيع (٢) امتداد ؛ تمدّد ؛ اتّساع (٣) شيءٌ مُمدّد أو مُوسَّع (٤) مدى ؛ نطاق (٥) إضافة (٦) تلفون امتدادي (موصول بالخط الأصلي).

**extensive** *(adj.)* (١) واسع (٢) شامل .

**extent** *(n.)* (١) مدى ؛ نطاق (٢) امتداد (٣) طول ؛ مساحة ؛ حجم (٤) رقعة مترامية الأطراف .

**extenuate** *(vt.)* (١) يلطّف (٢) يُهزل ؛ يضْعف

**exterior** *(adj.; n.)* (١) خارجيّ §(٢) الخارج .

**exterminate** *(vt.)* يُفني ؛ يبيد .

**external** *(adj.)* (١) خارجيّ (٢) ظاهريّ .

**externally** *(adv.)* (١) خارجيّاً (٢) ظاهريّاً .

**extinct** *(adj.)* (١) هامد (٢) منقرض (٣) بائد .

**extinction** *(n.)* (١) إطفاء ؛ انطفاء (٢) انقراض .

**extinguish** *(vt.)* (١) يطفىء ؛ يُخمد (٢) يقضي على (٣) يُبطل (٤) يسدد دَيْناً.

**extinguisher** *(n.)* مُطفئةُ الحريقِ أو الشمعة.

**extirpate** *(vt.)* يقتلع ؛ يستأصل .

**extol; extoll** *(vt.)* يمجّد ؛ يُطْري .

**extort** *(vt.)* يبتزّ ؛ يغتصب ؛ ينتزع .

**extortionate** *(adj.)* (١) ابتزازيّ (٢) باهظ .

**extra** *(adj.; n.; adv.)* (١) إضافي (٢) خاضع لرسم إضافي (٣) ممتاز §(٤) رسم أو ثمن إضافي §(٥) على نحو إضافي أو خاص .

**extract** *(vt.; n.)* (١) يقتلع ؛ ينتزع (٢) يستخلص ؛ يستخرج (٣) يقتطف ؛ يقتبس §(٤) المُقْتَطَف (٥) عُصارَة ؛ خلاصة.

**extraction** *(n.)* (١) اقتلاع الخ. (٢) أصل .

**extradite** *(vt.)* يسلّم (مجرماً أو لاجئاً) الى حكومته

**extraneous** *(adj.)* غريب ؛ دخيل .

**extraordinary** *(adj.)* (١) استثنائيّ (٢) رائع .

**extravagance** *(n.)* (١) تبذير (٢) تطرّف .

**extravagant** *(adj.)* (١) متطرّف ؛ متهوّر . (٢) مُسْرِف ؛ مُفرط (٣) مبذّر (٤) باهظ .

**extreme** *(adj.; n.)* (١) شديد ؛ بالغ (٢) صارم . (٣) متطرّف (٤) مفرط (٥) أقصى §(٦) نهاية ؛ طَرَف (٧) درجة قصوى ؛ حدّ أقصى .

in the ~, جداً ؛ إلى أبعد حدّ .

to go to ~s يتطرّف ؛ يتخذ إجراءات متطرفة .

**extremely** *(adv.)* جداً ؛ بإفراط ؛ إلى أبعد حدّ .

**extremist** *(n.)* المتطرّف .

**extremity** *(n.)* (١) طَرَف (٢) يد ؛ قَدَم . (٣) شِدّة ؛ محنة (٤) أقصى درجات (الانفعال أو الألم) (٥) إجراء قاسٍ جداً .

**extricate** *(vt.)* يخلّص ؛ يحرّر .

**extrovert** *(n.)* المنبسط : شخص يتجه تفكيره اتجاهاً كلياً نحو ما هو خارج عن الذات.

**exuberance** *(n.)* وفرة ؛ غزارة ؛ ضخامة.

**exuberant** *(adj.)* (١) وافر ؛ غزير (٢) ضخم . (٣) مليء بالحيويّة أو الحماسة أو المرح .

**exudation** *(n.)* تحلّب ؛ نَضْح .

**exude** *(vi.; t.)* يتحلّب ؛ يُفرِز .

**exult** *(vi.)* يَجْذَل ؛ يتهلّل ؛ يبتهج.

**exultant** *(adj.)* جذل ؛ متهلّل ؛ مبتهج .

**exultation** *(n.)* جذَل؛ تهلُّل؛ ابتهاج .

**eye** *(n.; vt.)* (١) عين (٢) نظر؛ نظرة (٣) ثقب الابرة (٤) مركز (٥) عُروة (٦) بوليس سرّيّ § (٧) يحدّق إلى (٨) يراقب بدقّة .

~ for an ~, . عينٌ بعين؛ انتقام عادل

~ of day . الشمس

to have an ~ to يلتفت إلى : يعتبر (شيئاً) همَّه الأول .

to keep an ~ on . يراقب بعناية

to see ~ to ~, يتفق (في وجهة النظر) اتفاقاً تاماً مع ...

to set *or* lay *or* clap ~*s* on . يرى

with an ~ to . تطلُّعاً إلى؛ أملاً في

**eyeball** *(n.)* (١) مُقلة العين (٢) العين .

**eye bank** *(n.)* بنك العيون .

**eyebolt** *(n.)* . مسمار ذو عروة 

**eyebrow** *(n.)* الحاجب: حاجب العين .

**eyedropper** *(n.)* قطّارة (للعين) .

**eyeglasses** *(n.)* نظّارة؛ «عوينات» .

**èyelash** *(n.)* (١) أهداب الجفن (٢) هدب .

**eyeless** *(adj.)* (١) بلا ثقب (٢) ضرير؛ أعمى .

**eyelet** *(n.)* (١) العُيَيْنَة: ثقب صغير في طرف ثوب أو حذاء يُدخَل فيه الشريط (٢) حلقة معدنيّة لتقوية عُيَيْنة (٣) عين صغيرة .

**eyelid** *(n.)* الجَفْن: جَفْن العين .

**eye-opener** *(n.)* شيء مُثير للدَّهَش .

**eyeshot** *(n.)* مَرْمَى النظر أو مداه .

**eyesight** *(n.)* (١) بَصَر (٢) إبصار .

**eyesore** *(n.)* شيء قبيح (تزعج العينَ رؤيتُهُ): قَذًى للعين .

**eyetooth** *(n.)* نابٌ (في الفكّ الأعلى) .

**eyewitness** *(n.)* شاهد عِيان .

**eyrie; eyry** *(n.)* (١) وكر نَسر (في أعلى الجبل) . (٢) بيت فوق مرتفَع .

# F

*fortress of Byblos (Lebanon)*

| | |
|---|---|
| **f** *(n.)* | الحرف السادس من الأبجدية الانكليزية . |
| **fable** *(n.)* | (١) خرافة (٢) خرافة ذات مغزى . |
| **fabric** *(n.)* | نسيج ؛ قماش . |
| **fabricate** *(vt.)* | (١) ينشىء؛ يصنع ؛ يركّب (٢) يخترع ؛ يبتدع (٣) يلفّق ؛ يختلق . |
| **fabulous** *(adj.)* | خرافيّ . |
| **façade** *(n.)* | واجهة المَبْنَى . |
| **face** *(n.; vt.; i.)* | (١)وجه(٢) تعبير وجهيّ:يدلّ على السخرية أو الاشمئزاز (٣)جرأة أو قحّة (٤) كرامة ؛ اعتبار (٥) سطح (٦)واجهة مبنى §(٧) يواجه ؛ يقابل (٨) يلبّس ؛ يكسو واجهة المبنى بالرخام الخ.×(٩) يتجه . |
| ~ to ~ , | وجهاً لوجه . |
| in the ~ of | تجاه ، إزاءَ ؛ على الرغم من . |
| on the ~ of it | تَبَعاً للظواهر ؛ بحسب الظواهر . |
| to pull a long ~ , | يبدو مكتئباً أو غير , موافق . |
| to show one's ~ , | يَظهر ؛ يبرز . |
| **facet** *(n.)* | السُطَيْح ؛ الوُجَيْه : سطح صغير . |
| **facetious** *(adj.)* | (١) طريف ؛ ظريف (٢) فَكِه ؛ مَزُوح . |
| **face value** *(n.)* | (١)القيمة الاسمية (للسّنَدالخ.) (٢) القيمة الظاهرية ؛ المعنى الظاهري . |
| **facial** *(adj.; n.)* | (١)وجهيّ§(٢) تدليك للوجه . |
| **facilitate** *(vt.)* | يُسهّل ؛ يُيسّر . |
| **facility** *(n.)* | (١) سهولة (٢) براعة (٣) تسهيل . |
| **facing** *(n.)* | (١)تخريج (لحاشية ثوب)(٢) طلاء ؛ تلبيس ؛ ظهارة . |
| **facsimile** *(n.)* | صورة طبق الأصل . |
| **fact** *(n.)* | (١) جريمة (٢) واقعة ؛ حقيقة . |
| as a matter of ~ , in ~ , ; in point of ~ , | في الواقع . |
| **faction** *(n.)* | (١)زمرة ؛ حزب (٢)شِقاق. |
| **factious** *(adj.)* | (١) حزبيّ (٢) مشاغب . |
| **factitious** *(adj.)* | اصطناعيّ ؛ مُصْطنَع . |
| **factor** *(n.)* | (١)وكيل تجاريّ(٢)عامل. |
| **factory** *(n.)* | (١)محطّة تجارية (٢)مصنع. |
| **factotum** *(n.)* | مستخدَم يؤدي مختلف المهام. |
| **factual** *(adj.)* | واقعي ؛ حقيقي . |

fac 179 fal

**faculty** *(n.)* : (١) قدرة ؛ قوة ؛ مَلَكَة (٢) الكلية : فرع من جامعة (٣) الجسم : أعضاء مهنة ما (٤) العمدة : هيئة التدريس والإدارة في كلية .

**fad** *(n.)* زِيّ ؛ بِدعة ؛ موضة .

**fade** *(vi.; t.)* (١) يذوي ؛ يذبل (٢) يَبْهَتُ لونُهُ (٣) يتلاشى ؛ يضمحل × (٤) يُذبِل الخ .

**fag** *(vi.; t.)* (١) يكدح × (٢) يُنهك .

**fagot** *or* **faggot** *(n.)* حُزْمة ؛ حزمة عِصيّ .

**Fahrenheit** *(adj.)* فارنهايتيّ ؛ فَهْرَنهايتيّ .

**fail** *(vi.; t.)* (١) يضْعُف (٢) يشحّ ؛ يتضاءل (٣) يكفّ ؛ ينقطع (٤) يَبْهَت (٥) يكفّ عن أداء وظيفته (٦) يهمل أمراً أو لا يقوم به (٧) يُخفق (٨) يُفلس (٩) يَسقط (في امتحان) × (١٠) يَخْذُل ؛ يخون (١١) يُسْقِط .

without ~, حتماً ؛ على وجه التأكيد .

**failing** *(n.)* ضَعْف ؛ عيب ؛ نقص .

**failure** *(n.)* (١) تخلّف (عن القيام بالواجب) . (٢) إخفاق (٣) إفلاس (٤) قصور ؛ عجز (٥) ضَعْف ؛ إجهاد (٦) شخص أو شيء مخفق .

**fain** *(adv.)* بسرور .

**faint** *(adj.; vi.; n.)* (١) جبان (٢) مُصاب بدُوار (٣) ضعيف أو مُتردِّد (٤) باهت §(٥) يُصاب بإغماء (٦) يَبْهَت §(٧) إغماء .

**fainthearted** *(adj.)* جبان ؛ خوّار ؛ رِعْديد .

**fair** *(adj.; adv.; n.)* (١) جميل ؛ وسيم . (٢) نظيف (٣) واضح (٤) صافٍ (٥) واسع ؛ كبير (٦) عادل (٧) قانوني ؛ مشروع (٨) مؤاتٍ (٩) أشقر ؛ شقراء (١٠) مناسب ؛ جيّد قليلاً §(١١) بطريقة متفقة مع القواعد (١٢) مباشرةً ؛ تماماً (١٣) بوضوح (١٤) بلطف §(١٥) سوق موسمية للمزارعين (١٦) معرض (١٧) سوق خيرية .

**fair play** *(n.)* عدل ؛ إنصاف .

**fairy** *(n.)* جِنّيّ ؛ جِنّيّة .

**fairyland** *(n.)* عَبْقَر ؛ أرض الجنّ .

**fairy tale** *(n.)* حكاية من حكايات الجنّ .

**faith** *(n.)* (١) إخلاص ؛ ولاء (٢) وفاء (٣) إيمان . (٤) ثقة (٥) دِين .

bad ~, سوء نيّة أو قصْد .
in ~, حقاً ؛ في الواقع .
to keep ~, يفي بوعده أو عهده .

**faithful** *(adj.; n.)* (١) مخلص (٢) وفيّ . (٣) مُلْزِم (٤) أمين ؛ صحيح ؛ مطابق للأصل §(٥) المؤمن (٦) جماعة المؤمنين .

**faithless** *(adj.)* (١) كافر (٢) خائن ؛ غادر .

**fake** *(n.; vt.; i.)* (١) شيء مزيَّف (٢) دجال . §(٣) يزيّف (٤) يُلفّق (٥) يتظاهر بِ .

**falcon** *(n.)* بازٌ ؛ صقر .

falcon

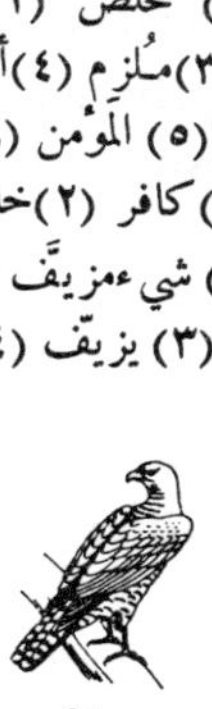

**fall** *(vi.; n.)* (١) يسقط . (٢) يتدلّى (٣) يصدر (٤) يقع (٥) يُخْفِق ؛ ينهار (٦) ينحدر (٧) يخمد ؛ يسكن ؛ يتلاشى (٨) يهبط ؛ يتدنّى (٩) يَحْدُث ؛ يصادف (١٠) يؤول إليه بالإرث أو القرعة (١١) ينقسم (١٢) يصبح (١٣) يشرع بهمّة ونَشاط §(١٤) سقوط ؛ سقطة ؛ تساقط (١٥) الخريف (١٦) انهيار (١٧) منحدَر (١٨) شلال (١٩) انخفاض (٢٠) انحدار .

to ~ back يتراجع ؛ يتقهقر .
to ~ behind يتخلّف (عن غيره) .
to ~ down (١) يسقط (٢) يخرّ ساجداً .
to ~ short (١) ينقص ؛ يكون غير كافٍ . (٢) يقصِّر (عن بلوغ الهدف) .
to ~ under يقع ضمن أو تحت كذا .

**fallacious** *(adj.)* خادع ؛ مضلِّل ؛ وهمي .

**fallacy** *(n.)* (١) فكرة خاطئة (٢) مغالطة .

**fallen** *(adj.)* (١) ساقط (٢) طريح الأرض. (٣) متهدم ؛ خرب (٤) صريع.
**fallible** *(adj.)* لا معصوم: عرضة للخطأ.
**fallow** *(n.; adj.)* (١) الأرض المُراحة: أرض تُحرث ثم تُترك من غير زرع §(٢) مُراحة.
**false** *(adj.)* (١) زائف (٢) كاذب (٣) خادع ؛ مضلّل (٤) خاطىء ؛ غير صحيح (٥) غادر.
**falsehood** *(n.)* (١) كِذبة (٢) كذب.
**falsify** *(vt.)* (١) يزيّف (٢) يُحبِط.
**falsity** *(n.)* (١) كذب (٢) زَيْف.
**falter** *(vi.)* (١) يمشي مضطرباً (٢) يتداعى. (٣) يترنّح (٤) يتلعثم (٥) يتردّد.
**fame** *(n.)* (١) سمعة (٢) شُهْرة.
**famed** *(adj.)* شهير ؛ مشهور ؛ واسع الشهرة.
**familiar** *(adj.)* (١) حسَن المعرفة بـ. (٢) رافع للكلفة (٣) مألوف.
**familiarity** *(n.)* (١) عدم كلفة ؛ دالّة. (٢) قلة لياقة أو احتشام (٣) ألفة.
**familiarize** *(vt.)* (١) يجعله مألوفاً (٢) يعوّده أمراً ؛ يجعله حسن الاطلاع على.
**family** *(n.)* (١) أسرة ؛ عائلة (٢) فصيلة.
**famine** *(n.)* (١) مجاعة (٢) نُدْرة ؛ نقص.
**famish** *(vt.; i.)* (١) يجوّع ×(٢) يجوع.
**famous** *(adj.)* (١) شهير (٢) ممتاز.
**fan** *(n.; vt.; i.)* (١) مِذْراة (٢) مِرْوَحة. §(٣) يُذرّي (٤) يهوّي ؛ يروّح (٥) ينفخ على (٦) يثير ؛ يهيج ×(٧) ينتشر على شكل مروحة.
**fanatic** *(adj.; n.)* متعصّب.
**fanatical** *(adj.)* متعصّب ؛ تعصّبي.
**fanaticism** *(n.)* تعصّب.
**fancier** *(n.)* الهاوي ؛ المولع بـ.
**fanciful** *(adj.)* (١) توهّمي (٢) كثير الأوهام. (٣) وهمي ؛ خيالي (٤) غريب ؛ عجيب.

**fancy** *(n.; vt.; adj.)* (١) ميْل ؛ هوى ؛ وَلَع. (٢) حبّ ؛ رغبة (٣) وهم (٤) خيال (٥) ذوق §(٦) يُولَع بـ (٧) يتخيّل (٨) يظنّ ؛ يتوهّم §(٩) ممتاز ؛ مختار (١٠) خيالي.

to take ~ to يُولَع بـ.

**fancy goods** *(n. pl.)* سِلَع زينيّة.
**fang** *(n.)* (١) ناب (٢) مِخلب (٣) كُلاّب.
**fantastic; -al** *(adj.)* (١) خيالي (٢) وهمي. (٣) غير واقعي (٤) غريب ؛ غريب الأطوار.
**fantasy** *(n.)* (١) وهم ؛ خيال (٢) الفنتازية: لحن متحرر من القيود التقليدية (٣) نزوة.
**far** *(adv.; adj.)* (١) بعيداً (٢) جداً ؛ بكثير. (٣) إلى ساعة متأخرة §(٤) بعيد (٥) مختلف جداً عن (٦) طويل (٧) أقصى ؛ أبعد.

as ~ as I know بقَدْر ما أعلم.
by ~, بكثير ؛ إلى حدّ بعيد.
so ~, حتى الآن ؛ إلى هنا.

**faraway** *(adj.)* (١) بعيد ؛ ناءٍ (٢) حالم.
**farce** *(n.; vt.)* مَهْزَلة ؛ مسرحية هزلية ساخرة.
**farcical** *(adj.)* هزْلي ؛ مُضْحِك.
**fare** *(vi.; n.)* (١) يرتحل ؛ يسافر (٢) يَحدث لـ ؛ تصير حالُهُ إلى (٣) يأكل §(٤) النَّوْل: أجرة السفر أو الركوب (٥) طعام.
**farewell** *(interj.; n.; adj.)* (١) وداعاً! §(٢) وداع §(٣) وداعي ؛ أخير.
**farina** *(n.)* (١) دقيق (٢) نشاء.
**farm** *(n.; vt.)* (٢) مزرعة §(٢) يحرث ؛ يفلح.
**farmer** *(n.)* المُزارع.
**farming** *(n.)* الزراعة ؛ العمل بالزراعة.
**farmyard** *(n.)* فِناء المزرعة.
**far-off** *(adj.)* بعيد ؛ ناءٍ.
**farrier** *(n.)* بَيْطار.

**farrow** *(vt.; i.; n.)* تَلد : تُخنص (١) (الخنزيرة) خِنَّوْصاً §(٢)بطن من الخنانيص.

**farsighted** *(adj.)* (١) بعيد البصر (٢) حكيم.

**farther** *(adv.; adj.)* (١) في أو إلى نقطة أو درجة أبعد (٢) على نحوٍ أتمّ §(٣) أبْعَدُ.

**farthest** *(adj.; adv.)* (١) الأبعد؛ الأقصى. §(٢)أبعدَ أو أقصى أو أكثر ما يكون.

**farthing** *(n.)* الفارذِنغ: قطعة نقد بريطانية.

**fascinate** *(vt.)* يفتن؛ يسحر.

**fascinating** *(adj.)* فاتن؛ ساحر؛ آسِر.

**fascination** *(n.)* (١) سِحْر (٢) افتتان.

**Fascism** *(n.)* الفاشيّة؛ الفاشستية.

**fashion** *(n.; vt.)* (١)شكل (٢)طريقة؛ نمط. (٣) زيّ (٤) الزيّ السائد §(٥) يشكِّل؛ يصوغ؛ يصنع (٦) يعدِّل؛ يغيِّر (٧)يكيِّف.

after the ~ of — على غِرار كذا.
in ~, — دارج؛ مطابق للزّي الحديث.
out of ~, — مُبْطَل الزّيّ.

**fashionable** *(adj.; n.)* (١) مطابق للزي الحديث (٢)أنيق §(٣) شخص أنيق.

**fast** *(adj.; adv.; vi.; n.)* (١)راسخ (٢)مُحكَم الإغلاق (٣)متماسك (٤)ثابت (٥) وفيّ (٦) سريع (٧) متوقّد الذهن (٨) عميق §(٩) بسرعة §(١٠) يصوم§(١١)صيام.

~ asleep — مستغرقاً في نوم عميق.

**fasten** *(vt.)* (١) يثبِّت؛ يمكِّن (٢) يحكم الاغلاق (٣) يركِّز (٤)يُلقي؛ يُلصق.

**fastener; fastening** *(n.)* المِرْبَطَة: أداة ربط أو تثبيت (كإبزيم أو قُفْل الخ.).

**fastidious** *(adj.)* نَيِّق؛ صعبٌ إرضاؤه.

**fastness** *(n.)* (١) رسوخ؛ ثبات (٢) سرعة. (٣) مَعْقِل؛ حِصْن.

**fat** *(adj.; n.)* (١)سمين (٢)دُهْنيّ (٣)غنيّ. (٤)مُرْبِح (٥)خِصْب §(٦)دُهن؛ شحم.

**fatal** *(adj.)* مُميت؛ مُهْلِك؛ مشؤوم.

**fatalism** *(n.)* الجَبْرِيّة: الإيمان بالقضاء والقدَر.

**fatality** *(n.)* (١)الإهلاكية؛ كون الشيء مسبّباً للهلاك (٢)القضاء والقدر (٣)مصيبة؛ موت.

**fate** *(n.)* (١)القضاء والقدر (٢) قِسْمة؛ قدَر. (٣) كارثة أو موت (٤) نهاية؛ مصير.

**fated** *(adj.)* محتوم؛ مقدَّر.

**fateful** *(adj.)* (١)مشؤوم (٢)حاسم (٣) محتوم.

**father** *(n.)* (١) أب؛ والد (٢) كاهن.

**fatherhood** *(n.)* الأبوَّة.

**father-in-law** *(n.)* الحمو: أبو الزوجة أو الزوج.

**fatherland** *(n.)* الوطن.

**fatherless** *(adj.)* لطيم؛ يتيم الأب.

**fatherlike; fatherly** *(adj.)* أبويّ.

**fathom** *(n.; vt.; i.)* (١)القامة: مقياس لعمق المياه §(٢) يَسْبُر الغَوْر (٣) يفهم جيّداً.

**fathomless** *(adj.)* لا يُسْبَرُ غَوْرُهُ.

**fatigue** *(n.; vt.)* (١)تعب §(٢) يُتعِب.

**fatten** *(vt.; i.)* (١)يُسمِّن ×(٢) يَسْمَن.

**fatty** *(adj.)* (١)بدين (٢)دُهْنيّ.

**fatuous** *(adj.)* أحمق؛ أبْلَه؛ سخيف.

**faucet** *(n.)* حنفية؛ صُنبور.

**fault** *(n.)* (١)عيب؛ نقيصة (٢)ذَنْب؛ جُنحة. (٣)غلطة؛ زلة (٤) صَدْع.

at ~, — (١) مذنب؛ مَلُوم (٢) مرتبك.
in ~, — مذنب؛ مَلُوم؛ مسؤول.

**faultfinder** *(n.)* العيّاب: الكثير الانتقاد.

**faultless** *(adj.)* كامل؛ لا عيب فيه.

**faulty** *(adj.)* ذو عيوب أو نقائص أو أخطاء.

**fauna** *(n.)* حيوانات منطقة أو حقبة ما.

**favor** *or* **favour** *(n.; vt.)* (١)عطفٌ؛ تأييد.

(٢)استحسان (٣)محاباة (٤)خدمة ؛ مِنّةٌ ؛ فضل (٥) رعاية؛ حَظوة (٦) امتياز (٧) صالح؛ مصلحة §(٨) يعطف على (٩)يَمنح؛ يمنّ علي (١٠)يُحابي (١١)يدعم؛ يساند (١٢) يسهّل (١٣)يُشبه .

in ~ of لصالح فلان .
in one's ~, في صالحه أو مصلحته .
out of ~, بغيض ؛ مكروه؛ غير شعبي .

**favorable** *(adj.)* (١) مُحابٍ أو مؤيِّد . (٢)إطرائيّ (٣) في صالح شخصٍ ما (٤)إيجابيّ (٥) مُرضٍ (٦)مُؤاتٍ (٧) مبشّر بالنجاح.

**favorite** *(n.; adj.)* (١)«أ» الأثير ؛ المفضَّل. «ب» المحبوب (٢)محسوب (على رجل ذي سلطان) (٣) المرجَّح : فرس تُجمع الآراء على أنّه سيفوز بقصب السبْق §(٤) مفضَّل.

**favoritism** *(n.)* محاباة ؛ تحيّز ؛ محسوبية .

**fawn** *(vi.; n.)* (١)يتودّد (٢)يتزلّف ؛ يتملق. §(٣) الخِشْف : ولد الظبي .

fawn

**fay** *(n.)* جِنّيّة .

**fealty** *(n.)* إخلاص ؛ ولاء .

**fear** *(n.; vt.; i.)* (١)خوف §(٢) يخاف .

**fearful** *(adj.)* (١) مُخيف (٢) خائف .

**fearless** *(adj.)* جسور ؛ شجاع .

**feasible** *(adj.)* (١) عمليّ (٢) ملائم .

**feast** *(n.; vt.; t.)* (١) وليمة؛ مأدبة (٢) متعة بالغة (٣)عيد دينيّ §(٤)يتناول طيّب الطعام (٥)يستمتع بـِ ×(٦) يُولِم (٧) يمتع .

**feat** *(n.)* (١)عملٌ (٢)عملٌ فذّ .

**feather** *(n.; vt.)* (١)ريشة (٢)ريش (٣)نوع

(٤)مزاج ؛ حالة §(٥)يَريِّش (٦)يزين بالريش.

a ~ in one's cap شارةُ امتياز أو شرف ؛ مَفْخَرَة ؛ مأثرة .
birds of a ~, أُناسٌ من ضرب أو مزاج أو ذوق واحد ؛ إن الطيور على أشكالها تقع .

**feathery** *(adj.)* (١) ريشيّ (٢) خفيف .

**feature** *(n.; vt.)* (١)هيئة؛ صورة (٢)قَسَمَة (مِن قَسَمات الوجه) (٣)مِيزة بارزة؛ مقوّم (٤) *pl.* : معالم (منطقة ما) (٥) الفيلم الرئيسي في حفلة سينمائيّة (٦) مقالة خاصّة (أو عمود أو باب خاصّ) في جريدة أو مجلة §(٧)يُبْرِز؛ يُظهر؛ يَنْشر في موضع بارز .

**febrile** *(adj.)* حُمّيّ : متعلّق بالحمّى .

**February** *(n.)* فبراير ؛ شهر شباط .

**feces** *(n. pl.)* بِراز ؛ غائط .

**fecund** *(adj.)* منتِج؛ خِصب .

**fed** *past and past part. of* feed

**federal** *(adj.)* فدرالي ؛ اتحاديّ .

**federation** *(n.)* اتحاد فدرالي .

**federative** *(adj.)* فدرالي ؛ اتحادي .

**fee** *(n.; vt.)* (١) إقطاعة ؛ رسم ؛ أجر . (٣)بقشيش ؛ راشن §(٤) يدفع الأجر الى.

**feeble** *(adj.)* ضعيف؛ واهن؛ غير فعّال .

**feed** *(vt.; i.; n.)* (٢) يُطعِم (٢) يُغذّي . (٣) يُرضي ؛ يُشبع (٤)يشجّع (٥) يُلقم أو يُغذّي (ماكينة أو فرناً) ×(٦)يأكل (٧)يقتات بـِ §(٨) علفٌ ؛ علفة (٩) تلقيم أو تغذية

(١٠) المادّة الملقّمة (كالفحم الحجري الخ.) (١١) جهاز التلقيم (في ماكينة).
**feeder** *(n.)* (١) المُطعِم ؛ المغذّي ؛ المُلقّم . (٢) خطّ مواصلات فرعيّ (٣) زجاجة الارضاع .
**feel** *(vt.; i.; n.)* (١) يلمس ؛ يَجُسّ . (٢) يُحِسّ ؛ يَشْعر (٣) يتلمّس (طريقَه) ×(٤) يبدو عند اللمس ×(٥) حاسّة اللمس (٦) إحساس (٧) مَلْمَس (٨) جوّ أو صفة خاصّة.
**feeler** *(n.)* (١) المِجَسّ : قرن الحشرة (٢) اقتراح يُلْقَى بغيةَ استطلاع آراء الآخرين أو أهدافهم.
**feeling** *(n.)* (١) حاسّة اللمس (٢) إحساس . (٣) عاطفة (٤) *pl.*: مشاعر (٥) رأي ؛ اعتقاد (٦) شعور (٧) جوّ عامّ .
**feet** *pl. of* foot.
**feign** *(vt.; i.)* (١) يتظاهر بـ ؛ يدّعي (٢) يختلق .
**feigned** *(adj.)* مُخْتَلَق ؛ مُلفّق ؛ زائف.
**feint** *(n.)* هجوم مُخادع .
**felicitate** *(vt.)* يهنّئ .
**felicitous** *(adj.)* موفَّق ؛ لَبِق ؛ رائع .
**felicity** *(n.)* (١) هناءة ؛ سعادة (٢) مصدر سعادة (٣) لباقة (في التعبير) .
**feline** *(adj.)* (١) سِنَّوْرِيّ (٢) ماكر .
**fell** *(n.; vt. adj.)* (١) جلد حيوان (٢) شَعر ؛ صوف § (٣) يقطع (٤) يصرع ؛ يقتل § (٥) ضارٍ ؛ وحشيّ (٦) مميت ؛ فظيع ؛ رهيب .
**fell** *past of* fall.
**fellow** *(n.)* (١) رفيق (٢) أحد زوجين . (٣) الزّميل : عضو في جمعية علميّة (٤) شخص.
**fellowship** *(n.)* (١) رِفقة ؛ صُحْبة (٢) زمالة. (٣) جماعة مؤلفة من أصدقاء أو أنداد (٤) أُلْفة ؛ مودّة (٥) عضوية في جامعة بريطانيّة .
**felon** *(n.)* (١) مجرم (٢) داحوس (في الاصبع).
**felony** *(n.)* جريمة ؛ جناية .
**felt** *(n.)* لِبّاد أو شيء مصنوع منه (كالقبعة الخ.).
**felt** *past and past part. of* feel.
**female** *(n.; adj.)* (١) أُنثى § (٢) أنثويّ .
**feminine** *(adj.)* (١) أنثويّ (٢) مؤنّث .
**fen** *(n.)* (١) مستنقع (٢) عملة صينية .
**fence** *(n.; vt.; i.)* (١) سِياج (٢) مثاقفة ؛ مبارزة. (٣) مَن يتلقّى السلَع المسروقة § (٤) يسيّج (٥) يزرب (الماشيةَ) (٦) يحمي ×(٧) يبارز.
**fencing** *(n.)* (١) مُبارزة بالسيف (٢) سِياج.
**fend** *(vt.)* يردّ أو يتّقي (ضربةً أو خطراً) .
**fender** *(n.)* (١) وِقاء (٢) درابزون (٣) حاجز الاصطدام (في مقدّم القاطرة) (٤) رفرف العجلة أو الدولاب (٥) سِياج المدفأة .
**fennel** *(n.)* الشُّمْرة ؛ الشَّمار (نبات) .
**ferment** *(vi; t; n.)* (١) يتخمّر ؛ يختمر . (٢) يهتاج ؛ يثور ×(٣) يخمّر (٤) يَهيّج ؛ يُثير § (٥) خَميرة (٦) تخمُّر ؛ اختمار (٧) اهتياج.
**fermentation** *(n.)* (١) تخمُّر ؛ اختمار . (٢) اهتياج ؛ قلق .
**fern** *(n)* السَّرْخَس ؛ الخنشار (نبات) .

**ferocious** *(adj.)* (١) ضارٍ (٢) شديد جداً.
**ferocity** *(n.)* (١) ضراوة (٢) شدّة .

ferret 1.

**ferret** *(n.; vt.)* (١) ابن مِقْرَض : حيوان لتصيُّد القوارض §(٢) يصيد مستعيناً بابن مِقْرَض .

**ferrous** *(adj.)* حديديّ .

**ferrule** *(n.)* حلقة معدنية حول طرف عصا .

**ferry** *(vt.; i.; n.)* (١) يَعْبُر أو ينقل عبر النهر بمركب أو مُعَدِّية §(٢) المُعَدِّية .

**ferryboat** *(n.)* المُعَدِّية : مركب يُعْبَر به .

**fertile** *(adj.)* خصيب أو مثمِر .

**fertility** *(n.)* خِصْب .

**fertilize** *(vt.)* (١) يُخصِّب ؛ يُسمِّد (٢) يُلقِّح .

**fertilizer** *(n.)* سَماد (طبيعي أو كيميائي) .

**ferule** *(n.)* مِقرعة ؛ عصا .

**fervency** *(n.)* = fervor.

**fervent; -vid** *(n.)* (١) متوهِّج (٢) متحمِّس .

**fervor** *(n.)* (١) توهُّج (٢) اتّقاد ؛ حماسة .

**festal** *(adj.)* (١) عِيديّ (٢) بهيج ؛ فرِح .

**fester** *(n.; vi.; t.)* (١) دُمَّل ؛ قَرْح §(٢) يتقيّح (٣) يَفْسُد ×(٤) يُقيِّح أو يُفسِد .

**festival** *(adj.; n.)* (١) عيديّ ؛ مِهرجانيّ §(٢) عيد ؛ مِهرجان (٣) ابتهاج ؛ بهجة .

**festive** *(adj.)* (١) عيديّ (٢) بهيج ؛ مرِح .

**festivity** *(n.)* (١) عيد ؛ مهرجان (٢) ابتهاج (٣) قَصْف ؛ لَهْو .

festoon

**festoon** *(n.)* الفَسْطُون : حبل من زهور أو أشرطة أو أعلام متدلّ بين نقطتين على سبيل الزينة .

**fetch** *(vt.)* (١) يجلب (٢) يُحضر (٣) يعود على صاحبه بثمن معيّن .

**fete** *or* **fête** *(n.; vt.)* (١) مهرجان §(٢) يكرِّم أو يحيي الذكرى بمهرجان .

**fetid** *(adj.)* نتِن ؛ كريه الرائحة .

**fetish** *(n.)* الفَتَش : شيء يُعتقَد أن له قدرة سحرية على حماية صاحبه أو مساعدته .

**fetlock** *(n.)* نتوء يحمل خصلة شعر في مؤخّر قائمة الفرَس .

fetlock

**fetter** *(n.; vt.)* (١) قَيْد ؛ غُلّ §(٢) يقيِّد ؛ يغلِّل .

**fettle** *(n.)* حالة ؛ وضْع .

**fetus** *(n.)* جنين .

**feud** *(n.)* عِداء ؛ حَزازة ؛ ضغينة .

**feudal** *(adj.)* إقطاعيّ .

**feudalism** *(n.)* الاقطاعيّة : النظام الاقطاعي .

**fever** *(n.)* حُمّى .

**feverish** *(adj.)* (١) محموم (٢) حُمِّيّ .

**few** *(adj.; n.)* (١) قليل §(٢) بعض ؛ قلّة .

**fez** *(n.)* pl. **fezzes** *or* **fezes** طربوش .

**fiancé** *(n.)* الخاطب : خطيب فُلانة .

**fiancée** *(n.)* المخطوبة : خطيبةُ فُلان .

**fiasco** *(n.)* إخفاق تامّ .

**fiat** *(n.)* أمرٌ ؛ إجازة .

**fib** *(n.; vi.)* (١) أكذوبة § (٢) يكذب .

**fiber** *or* **fibre** *(n.)* (١) خيط (٢) ليف (٣) عِرْق (٤) نسيج (٥) خُلُق ؛ طبيعة .

**fibrous** *(adj.)* (١) لِيفيّ (٢) قويّ .

**fickle** *(adj.)* متقلِّب .

**fiction** *(n.)* (١) قصة ؛ راوية (٢) الأدب القصصي (٣) تخيُّل (٤) خيال .

**fictional** *(adj.)* قَصصيّ ؛ خياليّ .

**fictitious** *(adj.)* (١) خياليّ (٢) زائف .

**fiddle** *(n.; vt.; i.)* (١) كمان ؛ كمنجة § (٢) يعزف على الكمان (٣) يحرّك يديه أو أصابعه بقلق .

**fidelity** *(n.)* (١) إخلاص (٢) دِقّة ؛ صحّة .

**fidget** *(n.; vi.)* (١) تململ § (٢) يتململ .

**fidgety** *(adj.)* متململ ؛ قلِق ؛ عصبيّ .

**fief** *(n.)* إقطاعة .

**field** *(n.)* (١) حقل (٢) ساحة القتال (٣) معركة (٤) مجال (٥) ملعب .

to take the ~, يباشر القتال .

**field glasses** *(n. pl.)* منظار الميدان .

**field marshal** *(n.)* المشير ؛ المارشال .

**fiend** *(n.)* شيطان ؛ عفريت .

**fiendish** *(adj.)* (١) شيطاني (٢) وحشيّ ؛ شرّير .

**fierce** *(adj.)* ضارٍ ؛ مفترس ؛ عنيف .

**fiery** *(adj.)* ناريّ ؛ متّقِد ؛ ملتهب .

**fife** *(n.)* الناي : آلة موسيقية .

**fifteen** *(n.)* خمسةَ عَشَرَ ؛ خَمْسَ عَشْرَةَ .

**fifteenth** *(adj.; n.)* (١) الخامس عَشَر (٢) بالغ جزءاً من ١٥ § (٣) جزء من ١٥ .

**fifth** *(adj.; n.)* (١) خامس (٢) خُمْسيّ : بالغٌ خُمس شيء § (٣) الخامس (٤) الخُمْس .

**fifth column** *(n.)* الرَّتَل أو الطابور الخامس .

**fiftieth** *(adj.; n.)* (١) الخمسون § (٢) ١/٥٠ .

**fifty** *(n.)* (١) خمسون (٢) *pl.* : الخمسونات .

**fig** *(n.)* (١) التين (٢) لباس ؛ كِساء .

**fight** *(vi.; t.; n.)* (١) يتقاتل ؛ يتشاجر (٢) يكافح × (٣) يقاتل (٤) يلاكم (٥) يقاوم ؛ يحارب § (٦) قتال ؛ معركة (٧) عراك ؛ شِجار (٨) مباراة في الملاكمة (٩) كفاح .

to ~ on يواصل القتال .

to ~ it out يحسم الأمر أو الخلاف بالقتال .

**fighter** *(n.)* (١) المقاتل (٢) الملاكم .

**figurative** *(adj.)* (١) رمزيّ (٢) مجازيّ .

**figure** *(n.; vt.; i.)* (١) رقم ؛ عدد (٢) حرف (٣) مقدار ؛ قيمة (٤) شكل (٥) صورة ؛ رسم ؛ تمثال (٦) رمز (٧) شخصية بارزة § (٨) يصوِّر (٩) يُظهر بالأرقام (١٠) يحسب (١١) يقرِّر ؛ يحكم (١٢) يعتبر × (١٣) يَبْرُز .

to ~ on (١) يأخذ بعين الاعتبار (٢) يتكل على (٣) يعتزم ؛ يقرِّر .

to ~ out (١) يحسب ؛ يستخرج حسابياً (٢) يكتشف ؛ يقرِّر (٣) يحلّ ؛ يفهم .

**figurehead** *(n.)* (١) تمثال في مقدَّم السفينة (٢) رئيس صُوْرِيّ .

**figure of speech** *(n.)* تَشْبيه ؛ استعارة .

**filament** *(n.)* خَيْط ؛ سُلَيْك .

**filbert** *(n.)* (١) شجرُ البندق (٢) بندق .

**filch** *(vt.)* يسرق ( شيئاً ضئيل القيمة ) .

**file** *(n.; vt.)* (١) مِبرد (٢) ملفّ ؛ إضبارة (٣) رَتَلٌ ؛ طابور ؛ صف طويل § (٤) يَبْرُد (بمبرد) (٥) يُضْبِر : يحفظ في إضبارة أو ملفّ .

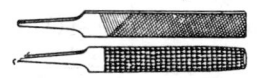

**filial** *(adj.)* بَنَوِيّ .

**filigree** *(n.)* تثقيب أو تخريم تزييني .

**fill** *(vt.; i.; n.)* (١) يملأ (٢) يصُبّ (٣) يضع . (٤) يسدّ (٥) يحشو (٦) يُتْخِم (٧) يفي بـ ؛ يسدّ حاجةً (٨) يَشْغَل (٩) يركّب دواء (١٠) يطلي بالذهب الخ. × (١١) يمتلىء الخ. § (١٢) كفاية ؛ شِبَع (١٣) حَشْوَة .

to ~ in (١) يزوِّد بمعلومات معيّنة . (٢) يضيف مختلف التفاصيل الضرورية .

to ~ out (١) يملأ الفراغ (٢) تنفخ (الريحُ) الشراع (٣) يضخّم أو يتضخّم .

to ~ up (١) يملأ تماماً (٢) يكمّل (٣) يمتلىءُ .

**fillet** *(n.)* (١) عصابة للرأس (٢) شريحة طرية.

**filling** *(n.)* (١) ملْء ؛ تعبئة (٢) حشوة .

**filling station** *(n.)* محطة ملْء ؛ محطة بنزين.

**fillip** *(n.)* (١) نَقْف (٢) محرِّك ؛ مثير .

**filly** *(n.)* (١) مُهْرَة (٢) فتاة .

**film** *(n.; vt.; i.)* (١) غشاء (٢) غشاوة (٣) طبقة رقيقة جداً (٤) فيلم تصوير (٥) فيلم سينمائي § (٥) يُغشّي (٦) يصوِّر سينمائياً .

**filmy** *(adj.)* رقيق ؛ شفّاف ؛ غائم .

**filter** *(n.; vt.; i.)* (١) مِصْفاة (٢) مِرْشَحَة. § (٣) يُصَفّي ؛ يُرَشِّح × (٤) يَرشح .

**filter tip** *(n.)* مِرْشَح ؛ « فيلتر » السيكارة .

**filth** *(n.)* (١) قَذَر (٢) فُحْش (٣) بذاءة .

**filthy** *(adj.)* (١) قَذِر (٢) فاحش (٣) بذيء.

**fin** *(n.)* (١) زِعْنِفَة (٢) جُنَيح.

**final** *(adj.; n.)* (١) نهائيّ ؛ أخير (٢) حاسم. § (٣) مباراة نهائيّة (٤) امتحان نهائي .

**finale** *(n.)* الخاتمة ؛ الجزء الأخير .

**finally** *(adv.)* أخيراً ؛ في النهاية أو الختام.

**finance** *(n.)* (١) *pl.* : الموارد المالية (٢) المالية : علم تدبير الموارد الماليّة .

**financial** *(adj.)* ماليّ .

**financier** *(n.)* الخبير الماليّ .

**finch** *(n.)* عصفور ؛ دُوريّ ؛ حَسّون.

**find** *(vt.; i.; n.)* (١) يُلاقي (٢) يَلْقَى (٣) يجد ؛ يكتشف (٤) يُوجِد (٥) يَبْلُغ § (٦) اكتشاف (٧) لُقْيَة ؛ شيء نفيس يُكتَشَف .

to ~ fault (with) يَعيب ؛ ينتقد .

to ~ out يكتشف .

**fine** *(n.; vt.; adj.)* (١) غرامة § (٢) يغرِّم . (٣) يصفّي ؛ يروق (٤) ينعم ؛ يرقّق § (٥) صافٍ (٦) رقيق ؛ ناعم (٧) بارع (٨) مرهَف (٩) دقيق

(١٠) رائع (١١) أنيق .

in ~, بالاختصار . قُصارى القول .

**fine arts** *(n. pl.)* الفنون الجميلة .
**finery** *(n.)* ملابس أو حُلِيّ مُبهرَجة .
**finesse** *(n.)* (١) دقّة؛ رقّة (٢) براعة (٣) دهاء.
**finger** *(n.; vt.)* (١) إصبع (٢) مؤشِّر؛ مؤشِّرة § (٣) يمسّ بأصابعه .
**fingernail** *(n.)* ظُفُر .
**fingerprint** *(n.)* بَصْمة الإصبع .

**finical** *(adj.)* نَيِّق؛ صعب الإرضاء .
**finis** *(n.)* نهاية؛ خاتمة .
**finish** *(vt.; i.; n.)* (١) يُنْهي (٢) يُكمل؛ يُنجز (٣) يَصْقل؛ يُضفي اللمسات الأخيرة على (٤) يهزم؛ يقتل الخ. × (٥) ينتهي § (٦) نهاية (٧) زخارف المبنى (٨) اللمسات الأخيرة (٩) كمال؛ كياسة .

to ~ off *or* up (١) يلتهم (٢) يُجهِز على .

**finishing touches** *(n.pl.)* اللمسات الأخيرة
**finite** *(adj.)* محدود؛ متناهٍ .
**Finnic; Finnish** *(adj.)* فنلنديّ .
**fiord** *(n.)* زقاق بحريّ (تكتنفه الأجرُف) .

**fir** *(n.)* شجر التَّنّوب أو خشبُه

**fire** *(n.; vt.; i.)* (١) نار (٢) انفعال؛ حماسة؛ غضب (٣) وقود (٤) حريق (٥) إطلاق النار § (٦) يُشْعِل؛ يُلهِب؛ يثير (٧) يطرد (٨) يفجِّر؛ يطلق (النارَ) (٩) يخبز (١٠) يغذّي بالوقود × (١١) يشتعل؛ يضطرم (١٢) يثور؛ يَغْضب (١٣) يلفظ (المدفعُ) نيرانَه.

to catch *or* take ~, يشتعل؛ يحترق .
to set ~ to; to set on ~, يضرم النار في .

**firearm** *(n.)* سلاح ناريّ (صغير عادةً) .
**firebrand** *(n.)* (١) جمرة (٢) المهيِّج .
**firecracker** *(n.)* مفرقعة ناريّة .
**fire engine** *(n.)* سيارة الاطفاء .
**fire escape** *(n.)* سُلّم النجاة؛ سُلّم الحريق.
**fire fighter** *(n.)* الاطفائيّ .
**firefly** *(n.)* يَراعة؛ حُباحب .
**fire irons** *(n. pl.)* أدوات إذكاء النار .
**fireman** *(n.)* (١) الإطفائيّ (٢) الوقّاد.
**fireplace** *(n.)* مُصْطَلَى؛ مُستَوْقَد .

**fireworks** *(n.pl.)* ألعاب ناريّة؛ أسهم نارية.

**firing** *(n.)* إطلاق النار.
**firm** *(adj.; vt.; i.; n.)* (١) ثابت ؛ راسخ؛ قويّ (٢) صلب؛ مكتنز (٣) مستقرّ (٤) وفيّ (٥) حازِم؛ صارِم §(٦) يرسّخ؛ يوطّد الخ. ×(٧) يترسّخ ؛ يتوطّد الخ. §(٨) شركة.
**firmament** *(n.)* السماء ؛ القبّة الزرقاء.
**first** *(adj.; adv.; n.)* (١) أول ؛ أولى §(٢) أولاً. (٣) للمرة الأولى §(٤) الأول (٥) البداية.

at (the) ~, في بادئ الأمر.
at ~ blush لأوّل وهلة.

**first aid** *(n.)* الإسعاف الأوّليّ.
**firstborn** *(adj.; n.)* بِكْر.
**first-class** *(adj.)* ممتاز ؛ من الدرجة الأولى.
**firsthand** *(adj.; adv.)* (١) مُباشر ؛ مستقىً من المصدر الأول §(٢) مباشرةً.
**first lieutenant** *(n.)* ملازم أول.
**firstling** *(n.)* (١) الباكورة (٢) أول النتاج.
**first person** *(n.)* صيغة المتكلّم.
**first-rate** *(adj.)* ممتاز ؛ من الطراز الأول.
**firth** *(n.)* لسانٌ بحريّ ؛ مصبّ نهر.
**fiscal** *(adj.)* أميريّ ؛ ماليّ.

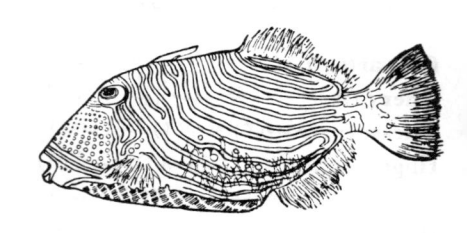

**fish** *(n.; vi.; t.)* (١) سمك (٢) شخص. §(٣) يصطاد ؛ يتصيّد (٤) يبحث ؛ ينقّب.

other ~ to fry مسائل أخرى (أو أهمّ) تحتاج إلى اهتمام المرء.
to ~ out يستنفد أسماك بقعة بالصيد فيها.

**fisher; fisherman** *(n.)* صياد سمك.
**fishery** *(n.)* (١) السِّماكة: صيد السمك. (٢) المَسْمَك: موطن يُصاد فيه السمك.
**fishhook** *(n.)* شِصّ (لصيد السمك).
**fishing** *(n.)* صَيْد السمك.
**fishmonger** *(n.)* السمّاك : تاجر السمك.
**fishwife** *(n.)* (١) بائعة سمك (٢) امرأة بذيئة.
**fission** *(n.)* انفلاق؛ انشقاق؛ انقسام.
**fissure** *(n.)* شِقّ؛ صَدْع ؛ فُرجة.
**fist** *(n.)* القبضة؛ جُمْعُ الكفّ.
**fistula** *(n.)* ناسور.
**fit** *(n.; adj.; vt.; i.)* (١) دور ؛ نوبة مرض. (٢) نوبة؛ انفجار (٣) مطابقة؛ ملاءمة؛ توافُق §(٤) ملائم؛ صالحٌ لِـ (٥) لائق (٦) مُهيّأ (٧) مستعدّ (٨) كفوء (٩) سليم §(١٠) يلائم؛ يوافق (١١) يليق بِـ (١٢) يجعله منطبقاً على مقاييس الجسم الخ. (١٣) يتفق أو ينسجم مع (١٤) يُهيّئ؛ يُعِدّ؛ يُكيِّف (١٥) يزوّد بِـ ×(١٦) ينطبق على شكل أو حجم ما.

**fitful** *(adj.)* تشنُّجيّ؛ متقطّع.

**fitting** *(adj.; n.)* (١) مُلائم ؛ مناسب §(٢)إحكام(٢)تجربة الثوب لجعله منطبقاً على مقاييس الجسم (٣) *pl.* : لوازم؛ تجهيزات.

**five** *(n.)* خَمْسَة؛ خَمْس.

**fix** *(vt.; i.; n.)* (١)يثبّت؛ يرسّخ (٢) يعطي الشيء شكلاً ثابتاً أو أخيراً (٣)يحدّد (٤)يعلّق؛ يلصق (٥) يركّز (٦) يعدّل (وضع شيء الخ) (٧)يُصْلِح §(٨) ورطة.

to ~ on *or* upon يقرّر؛ يقرّ رأيه على؛ يختار.

to ~ up (١) ينظّم؛ يرتّب (٢)يُصلح؛ يُهندم.

**fixed** *(adj.)* ثابت؛ راسخ؛ محدّد.

**fixture** *(n)* شيء مثبّت في مكان من المنزل الخ.

**fizz** *(vi.)* (١)يفور؛ يئز (٢) يمور بـ.

**fizzle** *(vi.)* (١) يفور؛ يئزّ (٢) يُخفق.

**flabby** *(adj.)* (١)مترهّل (٢)رِخْو؛ ضعيف.

**flaccid** *(adj.)* مترهّل؛ رِخْو.

**flag** *(n.; vt.; i.)* (١)سوسن (٢)حجر الرَّصْف (٣) راية؛ علم §(٤)يرصف (٥) يرفع رايةً على (٦) يشير بعَلَم؛ يشير إليه ليقف ×(٧)يتدلى (٨)يَذْبل؛ يَذْوي(٩)يَفتر.

**flagellate** *(vt.)* يَجْلِد؛ يَسُوط.

**flagitious** *(adj.)* أثيم؛ شائن؛ فاضح.

**flagon** *(n.)* (١) إبريق (٢) قنينة كبيرة.

**flagpole; flagstaff** *(n.)* سارية العَلَم.

**flagrant** *(adj.)* فاضح؛ فظيع؛ أثيم.

**flagship** *(n.)* بارجة الاميرال.

**flail** *(n.; vt.)* (١) مِدرَس للحنطة §(٢)يضرب بمدرس.

flail

**flair** *(n.)* ميل؛ نزعة.

**flake** *(n.; vi.; t.)* (١)رُقاقة؛ قُشارة §(٢)يتقشّر أو ينفصل إلى رقائق ×(٣) يقطّع إلى رقائق.

**flamboyant** *(adj.)* (١)متوهّج (٢)مزخرف.

**flame** *(n.; vi.)* (١) لَهَب (٢) اضطرام؛ اتّقاد (٣)توهّج§(٤)يلتهب (٥)يتوهّج.

**flamingo** *(n.)* النُّحام؛ البَشَرُوس: طائر مائيّ.

**flange** *(n.)* الشّفة؛ حافة بارزة لتثبيت شيء أو وصله.

flange

**flank** *(n.; vt.)* (١) كَشْح؛ جَنْب؛ خاصرة (٢) جانب (٣) جناح ( الجيش ) (٥)يهاجم أو يطوّق جناح الجيش.

flamingo

**flannel** *(n.)* الفلانيلّة : نسيج صوفيّ ناعم.

**flap** *(n.; vt.; i.)* (١)خَفقة؛ صَفعة(٢)حاشية الجيب أو القبعة (٣)مصراع المنضدة (القابل للطيّ) (٤) لسانُ ظرف الرسالة (٥) جُنيح إضافي متحرّك §(٦) يضرب؛ يخفق (٧) يجعله يرفرف ×(٨) يصفّق بجناحيه (٩) ترفرف؛ تخفق (الرايةُ).

**flare** *(vi.; n.)* (١)يتماوج (٢)ينير بضوء خافق. (٣)يتوهج فجأة (٤)ينفجر بالغضب (٥)يتّسع تدريجياً نحو الخارج «كنهاية قمع أو بوق» §(٦)نور ساطع خافق (٧)نار أو نور للاشارة (٨) غضب (٩)اتساع تدريجيّ نحو الخارج.

fla 190 fle

**flare-up** *(n.)* (١) اندلاع (٢) انفجار .

**flash** *(vi.; n.)* (١) يلتمع ؛ يبرز فجأة (٢) ينطلق بسرعة البرق (٣) يومض § (٤) وميض (٥) لحظة .

**flashlight** *(n.)* (١) الضوء الومضيّ (تزوَّد به المنارات أو يُستخدَم في التصوير الفوتوغرافي) (٢) بطارية تُرسِل نوراً كشافاً .

**flashy** *(adj.)* (١) زاهٍ (٢) مُبَهْرَج .

**flask** *(n.)* قارورة ؛ دَوْرَق .

**flat** *(adj.; n.; adv.; vt.; i.)* (١) مُسطَّح . (٢) منبطح (٣) مستوٍ ؛ ممهَّد (٤) صريح ؛ تامّ (٥) محدَّد ؛ ثابت (٦) فاتر ؛ بارد (٧) تفِه ؛ عديم النكهة § (٨) سَهْل (٩) سطح (١٠) دولاب مفرَّغ الهواء (١١) دور ؛ طابق (١٢) شقة في طابق § (١٣) مباشرةً § (١٤) يسطِّح أو يتسطَّح.

**flatboat** *(n.)* مركب مسطّح القاع .

**flatfish** *(n.)* السمك المُفَلْطَح .

**flatfoot** *(n.)* (١) انمساح القدم: حالة يكون فيها قوس القدم مسطّحاً (٢) قدم مَسْحاء .

**flatiron** *(n.)* مكواة (للثياب).

**flatten** *(vt.; i.)* يجعله (أو يصبح) مسطَّحاً .

**flatter** *(vt.; i.)* (١) يُطري × (٢) يتملّق .

**flattery** *(n.)* إطراء ؛ تملّق ؛ مداهنة.

**flaunt** *(vi.; t.)* (١) يرفرف باعتزاز (٢) يزدهي ، يتباهى بزينته × (٣) يَعْرِض متباهياً .

**flavo(u)r** *(n.; vt.)* (١) نكهة (٢) مادة مُنكِّهة (تضيف إلى غيرها نكهةً معيّنة) (٣) صفة مميزة أو غالبة § (٤) ينكِّه: يعطي نكهةً لِـ .

**flaw** *(n.)* (١) صَدْع (٢) خلل ؛ نقص ؛ عَيْب.

**flax** *(n.)* (١) الكتّان (٢) خيوط الكتّان .

**flaxen** *(adj.)* كتّانيّ أو شبيه بالكتّان .

**flay** *(vt.)* (١) يسلخ (٢) يوبّخ

**flea** *(n.)* بُرْغوث .

flea

~ **in one's ear** تحذير أو توبيخ.

**fleck** *(vt.; n.)* (١) يُنقِّط § (٢) نُقطة.

**fled** *past and past part. of* flee.

**fledge** *(vi.; t.)* (١) يَنْبُت ريشُه × (٢) يَريش

**fledgling** *(n.)* الفَرْخ ؛ فرخ الطائر .

**flee** *(vi.; t.)* (١) يفرّ × (٢) يتجنّب ؛ يتفادى.

**fleece** *(n.; vt.)* (١) صوف الخراف (٢) جِزّة من صوف § (٣) يَجُزّ (٤) يَسْلُب .

**fleer** *(vi.)* يَسْخَر ؛ يهزأ بِـ .

**fleet** *(n.; adj.)* (١) أسطول § (٢) سريع ؛ رشيق.

**flesh** *(n.)* (١) لحم (٢) الجسد (٣) لبّ الأثمار .

to go the way of all ~, يموت .

**fleshy** *(adj.)* بدين ؛ سَمين ؛ لَحِيم.

**flew** *past of* fly.

**flex** *(vt.; i.)* (١) يَثْني ؛ يلْوي ×(٢) ينثني .
**flexibility** *(n.)* اللّدانة ؛ الانثنائية ؛ المرونة.
**flexible** *(adj.)* لَدْن ؛ مرِن ؛ قابل للانثناء .
**flicker** *(vi.; n.)* (١) تخفق : تشتعل الشمعة بصورة متقطعة §(٢) خفْق ؛ اشتعال متقطّع (٣) بصيص
**flier** *or* **flyer** *(n.)* الطيّار ؛ الملاّح الجوي .
**flight** *(n.)* (١) طيران (٢) رحلة بالطائرة (٣) سِرْب (٤) مجموعة من درجات سلّم (٥) فرار .

to take (to) ~, يلوذ بالفرار .

**flighty** *(adj.)* متقلّب ؛ طائش ؛ أحمق.
**flimsy** *(adj.)* رقيق ؛ مُهَلْهَل ؛ واهٍ .
**flinch** *(vi.)* (١) يُجْفل (٢) يُحْجم .
**fling** *(vt.; n.)* (١) يقذف بقوّة (٢) يَطْرح جانباً . (٣) يزجّ به في §(٤) قذْف ؛ طرح ؛ اندفاع .

in full ~, في تقدُّم ناشط .
to have a ~ at . (١) يحاول (٢) يَسخر من
to have one's ~, ينغمس في الملذات ؛ يطلق لشهواته العنان .

**flint** *(n.)* (١) صوّان (٢) حجر القدّاحة .
**flinty** *(adj.)* (١) صوّاني (٢) صُلْب.
**flip** *(vt.)* (١) ينقف ؛ ينقر (٢) يَقْلب .
**flippant** *(adj.)* وقح أو قليل الاحترام .
**flipper** *(n.)* زعنفة الحوت .
**flirt** *(vi.; n.)* (١) يغازل §(٢) المُغازِل.
**flit** *(vi.)* يطير ؛ يتنقّل بسرعة .
**float** *(n.; vi.; t.)* (١) طَوْف ؛ منصة عائمة. (٢) كرة أو «طابة» البرميل (٣) عوّامة (٤) عربة ذات منصّة §(٥) يَعوم ؛ يطفو (٦) يجري برفق على سطح الماء ×(٧) يعوّم .
**flock** *(n.; vi.)* (١) قطيع ؛ سِرْب (٢) رعية الكاهن §(٣) يحتشد ؛ يندفع أفواجاً .
**floe** *(n.)* جليد طافٍ على مياه البحر الخ.
**flog** *(vt.)* (١) يجلد ؛ يسوط (٢) ينتقد بقسوة .
**flood** *(n.; vt.; i.)* (١) طوفان ؛ فيضان (٢) فيض §(٣) يغمر ×(٤) يفيض.
**floor** *(n.; vt.)* (١) أرضية ؛ أرض الحجرة . (٢) قاع ؛ قعر (٣) دور ؛ طابق (٤) حقّ الكلام §(٥) يبلّط أرضية (٦) يصرع ؛ يطرحه أرضاً .
**flop** *(vi.)* (١) تتخبّط (السمكةُ ضاربةً بذيلها). (٢) يرتفع وينخفض (٣) يرتمي بتثاقل (٤) يُخفق.
**flora** *(n.)* نباتات إقليم أو عصر معيّن.
**floral** *(adj.)* خاصّ بالازهار أو بنباتات إقليم.
**florid** *(adj.)* (١) مزخرَف (٢) متورّد.
**florin** *(n.)* الفلورين : عملة انكليزية أو هولندية.
**florist** *(n.)* الزهّار : بائع الزهور .
**floss** *(n.)* مُشاقة الحرير أو خيطٌ منها .
**flotation** *(n.)* (١) عَوْم ؛ تعويم (٢) تأسيس .
**flotilla** *(n.)* الأُسَيْطيل : أسطول صغير .
**flounce** *(vi.; n.)* (١) ينتفض (٢) يتخبّط . §(٣) انتفاضٍ ؛ تخبّط (٤) هُدْب ؛ حاشية.
**flounder** *(vi.)* يتخبّط ؛ يتقدّم متعثّراً .
**flour** *(n.)* (١) طحين ؛ دقيق (٢) ذرور .
**flourish** *(vi.; t.; n.)* (١) يزدهر ×(٢) يزخرف. (٣) يلوح §(٤) لحنٌ منمّق (٥) زُخرُف .
**flout** *(vt.; i.; n.)* (١) يهزأ §(٢) هُزء ؛ إهانة .
**flow** *(vi.; n.)* (١) يجري ؛ يسيل ؛ يتدفّق. (٢) يزخر بِ (٣) يتدلى §(٤) جريان ؛ تدفّق .
**flower** *(n.; vi.)* (١) زهرة (٢) إزهار (٣) صفوة ؛ نخبة ؛ ريعان §(٥) يُزْهِر (٦) يزدهر .

flo 192 fob

**flowerpot** *(n.)* الأصيص : وعاء لزراعة الرياحين.
**flowery** *(adj.)* (١) زَهْرِيّ (٢) متأنّق ؛ أنيق.
**flown** *past part. of* fly.
**flu** *(n.)* الإنْفلُوَنْزا (مرض).
**fluctuate** *(vi.)* (١) يتموّج ؛ يتقلّب (٢) يتردّد.
**flue** *(n.)* (١) مدخنة (٢) مَسْرَب (للغازات).
**fluency** *(n.)* (١) تدفّق ؛ سلاسة (٢) فصاحة.
**fluent** *(adj.)* (١) متدفّق ؛ سَلِس (٢) فصيح.
**fluently** *(adv.)* بطلاقة ؛ بسلاسة الخ.
**fluff** *(n.)* (١) زَغَب (٢) رِيش ؛ صوف الخ.
**fluid** *(adj.; n.)* (١) سائل ؛ مائع (٢) سَلِس ؛ رشيق § (٣) السائل ؛ المائع : مادة سائلة أو مائعة.
**fluidity** *(n.)* (١) سيولة ؛ ميوعة (٢) سلاسة.
**fluke** *(n.)* مخلب أو شعبة المرساة.
**flung** *past and past part. of* fling.
**flunky** *(n.)* (١) خادم (٢) إمّعة.
**fluorescence** *(n.)* التّصَف ؛ الاستشعاع.
**fluorescent lamp** *(n.)* المصباح اللاصف.

fluorescent lamp

**flurry** *(n.)* (١) هَبّة ريح. (٢) اضطراب.
**flush** *(vi.; t.; n.; adj.; adv.)* (١) يطير مُجفِلاً (٢) يتدفّق فجأة (٣) يتوهّج (٤) يتورّد (خجلاً) × (٥) يُجفِل طائراً (٦) يغسل بماء دافق (٧) يُشيع الدمَ في الوجه § (٨) تدفّق مفاجىء (٩) فورة ؛ حُمَيّا (١٠) تورّد (١١) نضارة ؛ غضارة (١٢) سَوْرة الحمّى (١٣) الفلوش : أوراق من نقش واحد في يد لاعب البوكر § (١٤) فائض ؛ غزير ؛ وافر (١٥) ناضر ؛ متورّد صحةً § (١٦) مباشرةً.
**fluster** *(vt.)* (١) يُسكِر (٢) يُربِك ؛ يَهيج.
**flute** *(n.)* (١) الفلوت (٢) المحزّزة : ثَنْيَة مُحَزَّزَة في ثوب امرأة.

flute

**flutter** *(vi.; n.)* (١) يصفق بجناحيه (٢) يرفرف (٣) يهتاج § (٤) رفرفة ؛ اهتياج.
**flux** *(n.; vt.)* (١) جريان (٢) إسهال (٣) تدفّق (٤) الصّهور : مادّة مساعدة على صهر المعادن § (٥) يذيب.
**fly** *(vi.; t.; n.)* (١) يَطير (٢) يرفرف في الهواء. (٣) يفِرّ (٤) ينقضي بسرعة (٥) يسافر بالطائرة × (٦) يطيّر (٧) يقود الطائرة (٨) يتجنّب (٩) ينقل بالطائرة § (١٠) طيران (١١) ذبابة.

on the ~, (١) ناشط : مشغول جداً. (٢) وهو لا يزال في الجو : قبل أن يمسّ الارض.
to ~ at يهاجم بعنف.
to ~ in the face of يتحدّى.
to let ~ (١) يطلق ؛ يقذف (٢) يسدّد ضربة عنيفة إلى (٣) يهاجم بعنف.

**flycatcher** *(n.)* صائد الذباب ( طائر ).
**flyer** *(n.)* = flier.
**flying** *(adj.; n.)* (١) طائر. (٢) عاجل ؛ سريع (٣) خاطف (٤) مرفرف § (٥) طيران.

flying fish

**flying fish** *(n.)* السّمك الطيّار.
**foal** *(n.; vt.; i.)* (١) مُهْر § (٢) تَلِدُ مُهْراً.
**foam** *(n.; vi.)* (١) رَغْوَة ؛ زَبَد § (٢) يُزْبِد. (٣) يحنق ؛ يُرْغي ويُزْبِد.
**foamy** *(adj.)* (١) مُزْبِد (٢) زَبَدِيّ.
**fob** *(n.)* (١) جيب الساعة (في البنطلون) (٢) سلسلة أو حلية متصلة بساعة البنطلون.

**focal** *(adj.)* بُؤرِيّ ؛ مِحرَقيّ .

**focus** *(n.)* (١)بؤرة ؛ مِحرَق (٢)مركز .

**fodder** *(n.; vt.)* (١)علَفٌ §(٢)يعلف .

**foe** *(n.)* عدوّ ؛ خصم .

**foetus** *(n.)* جنين

**fog** *(n.)* (١)ضباب (٢)تشوُّش ؛ ارتباك .

**foggy** *(adj.)* (١) كثير الضباب (٢)ضبابيّ ؛ غائم ؛ غير واضح (٣)مرتبك ؛ متحيّر .

**fogy** or **fogey** *(n.)* المحافظ ؛ الرجعيّ .

**foible** *(n.)* نقطة ضعف .

**foil** *(n.; vt.)* (١)رُقاقة معدنيّة (٢)شيء يُظهر بالمُغايرة حُسنَ شيءٍ آخر §(٣)يهزم ؛ يُحبِط .

**foist** *(vt.)* (١) يَدُسّ (٢)يقدّم إلى الناس شيئاً زائفاً ( مُوهِماً إياهم أنّه حقيقي ) .

**fold** *(n.; vt.)* (١)حظيرة الخِراف (٢)طيّ ؛ ثَنْيٌ . (٣)طيّة ؛ ثَنْيَة §(٤) يزرب (في حظيرة) (٥) يطوي ؛ يثني (٦) يطوّق .

**folder** *(n.)* (١)نشرة مطبوعة مطويّة (٢)ملفّ .

**foliage** *(n.)* أوراق النَّبْتَة .

**folio** *(n.)* ورقة (من كتاب أو مخطوطة) .

**folk** *(n.; adj.)* (١) قوم ؛ ناس (٢)الناس كافّة . (٣) أنسباء المرء §(٤)شعبيّ .

**folklore** *(n.)* الفولكلور : عادات شعب وتقاليده وحكاياته وأقواله المأثورة .

**follicle** *(n.)* كيس أو تجويف صغير .

**follow** *(vt.; i.)* (١)يتّبع (٢)يلاحق ؛ يتعقّب . (٣)يتّخذه حرفةً (٤)يتلو ؛ يَعْقُب (٥)يتابع بانتباه ×(٦) ينتج ؛ يصحّ بالضرورة .

as ~*s* كما يلي .
to ~ out يتابع حتى النهاية .
to ~ suit يحذو حذو فلان .
to ~ up (١) يلاحق من غير انقطاع (٢) يستغلّ (النصرَ الخ.) .

**follower** *(n.)* (١) المرافق (٢)التابع .

**following** *(adj.; n.)* (١)تالٍ §(٢) أتباع .

**folly** *(n.)* (١) حماقة (٢) عملٌ أحمق .

**foment** *(vt.)* (١)يثير (٢) يضع الكمادات على .

**fond** *(adj.)* (١) مولَع أو مغرَم بـ (٢) حنون .

**fondle** *(vt.)* يلاطف ؛ يدلّل ؛ يُربّت على .

**font** *(n.)* (١) جُرْن المعموديّة . (٢)ينبوع (٣)طقم كامل من الحروف المطبعيّة .

font 1.

**food** *(n.)* (١)طعام (٢)غذاء .

**foodstuff** *(n.)* مادّة غذائيّة .

**fool** *(n.; vi.; t.)* (١)المجنون (٢)مهرّج البلاط . (٣) الساذج المخدوع §(٤) يلهو ؛ يعبث بـِ (٥) يهرّج (٦) يمزح ×(٧) يخدع .

to make a ~ of يخدع ؛ يحتال على .

**foolery** *(n.)* (١)حماقة (٢)عمل أحمق .

**foolhardy** *(adj.)* متهورٍ ؛ طائش ؛ مجازف .

**foolish** *(adj.)* أحمق ؛ سخيف ؛ مضحك .

**foolscap** *(n.)* الفولسكاب : ورق كبير القطع .

**foot** *(n.)* (١)قَدَم (٢)تفعيلة شِعريّة .

on ~, : (١) سيراً على القدمين (٢) جارٍ قيْدَ العمل أو التنفيذ .
to ~ a bill يدفع حوالة الخ. (ع) .
to ~ up to يبلغ في مجموعه كذا .
to set on ~, يُدير ؛ يُعمِل .

**football** *(n.)* كرة القدم .

**footfall** *(n.)* وقع أقدام .

**foothold** *(n.)* موطىء قَدَم .

**footing** *(n.)* (١)رسوخ القدمين (٢)موطىء قدم . (٣)منزلة وطيدة (٤)أساس (٥)مجموع أرقام .

on a war ~, على قدم الاستعداد للحرب .

**footlights** *(n. pl.)* أضواء مقدَّم المسرح .

**footman** *(n.)* (١)جنديّ (٢) خادم .

**footmark** *(n.)* أثر القدم ؛ طبعة القدم .

**footnote** *(n.)* حاشية ؛ هامش (في كتاب) .
**footpath** *(n.)* ممرّ الشاة .
**footprint** *(n.)* أثَر القَدَم ؛ طبعة القَدَم .
**footsore** *(adj.)* متقرّح القدَمَين (من المشي الخ.) .
**footstep** *(n.)* (١) خطوة (٢) أثر القَدَم .
**footstool** *(n.)* مِسند القدَمَين .
**fop** *(n.)* الغَنْدور : رجل شديد التأنق .
**foppery** *(n.)* غَنْدَرَة ؛ تأنُّق .
**for** *(prep.; conj.)* (١) لِ ؛ لأجل (٢) إلى ؛ نحو . (٣) وكأنّه ؛ متوهّماً أنّه (٤) بسبب (٥) إنقاذاً لِ (٦) في سبيل ؛ دفاعاً عن (٧) مع ؛ مؤيِّد لِ (٨) عوضاً عن (٩) مقابل (١٠) نيابةً عن (١١) رغمَ (١٢) في ما يتعلّق بِ (١٣) بالنسبة إلى (١٤) طوالَ (١٥) تيمّناً بِ § (١٦) لأنّه ؛ نظراً لِ .
**forage** *(n.; t.)* (١) علَف (٢) التماس للمؤن . § (٣) يطوف بحثاً عن الطعام (٤) يغير على .
**foray** *(vi.; n.)* (١) يغزو § (٢) غزوة .
**forbade; forbad** *past of* forbid.
**forbear** *(vt.; i.; n.)* (١) يُمسك أو يمتنع عن . (٢) يتدرّع بالصبر § (٣) جدّ ؛ سلَف .
**forbearance** *(n.)* (١) إمساك عن (٢) تجمُّل ؛ صَبْر (٣) لِين ؛ رِفْق .
**forbid** *(vt.)* يحظُر ؛ يحرِّم ؛ يمنع .

God *forbid!* لا سمح الله !

**forbidden** *(adj.)* محظور ؛ محرَّم ؛ ممنوع .
**forbidding** *(adj.)* (١) وَعْر (٢) كالح .
**force** *(n.; vt.)* (١) قوة (٢) نفاذ ؛ سريان المفعول . (٣) إكراه ؛ قَسْر § (٤) يُجبر (٥) يشقّ طريقه بالقوة (٦) يدفع بالقوة (٧) يفرض (٨) ينتزع (٩) يقتحم (١٠) يكسر (١١) يتكلف .

to ~ out يُخرج عنوةً أو بالقوة .

**forced** *(adj.)* (١) قَسْرِيّ (٢) متكلَّف ؛ مغتصَب (٣) اضطراريّ .
**forceful** *(adj.)* قويّ ؛ نشيط ؛ فعّال .
**forceps** *(n.)* كُلاّب (الصائغ أو الجرّاح) .

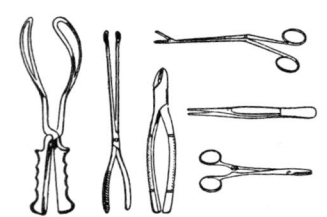

**forcible** *(adj.)* (١) إكراهي (٢) قويّ .
**ford** *(n.; vt.)* (١) المَخاضة : موضع من النهر يسهُل خوضه § (٢) يخوض (النهرَ) .
**fore** *(، dj.; adv.; n.)* (١) سابق ؛ أوّل ؛ أماميّ . § (٢) أمامَ ؛ إلى الأمام § (٣) مقدمة ؛ شيء أمامي .

to the ~, (١) إلى المقدّمة ؛ إلى مركز مرموق (٢) في المتناوَل (٣) على قيد الحياة .

**forearm** *(n.)* السّاعد (بين المرفق والكتف) .
**forebear** *(n.)* جَدّ ؛ سلَف .
**forebode** *(vt.; i.)* (١) يُنبىء أو يُنذِر بِ . (٢) يتوقّع شرّاً أو مصيبة × (٣) يتنبّأ بِ .
**foreboding** *(n.)* نَذيرٌ بشَرّ .
**forebrain** *(n.)* مقدَّم المخ .
**forecast** *(vt.; i.; n.)* (١) يتكهّن ؛ يتنبّأ . (٢) يُنذر (بحدوث أمر) § (٣) نبوءة .
**foreclose** *(vt.; i.)* يحبس الرَّهن : يحرم الراهنَ حقّ استرجاع العقار المرهون .
**foredoom** *(vt.)* يقدِّر ؛ يحكم بقضاء وقَدَر .
**forefather** *(n.)* جَدّ ؛ سلَف .
**forefinger** *(n.)* السبّابة (من الأصابع) .
**forefoot** *(n.)* القائمة الأماميّة .

**forefront** *(n.)* صَدْر ؛ مقدَّم ؛ طليعة .
**forego** *(vt.)* (١) يسبق (٢) يمتنع عن .
**foregoing** *(adj.)* سابق .
**foregone** *(adj.)* سابق ؛ ماض .
**foreground** *(n.)* الأماميّة : صدرُ الصورة.
**forehead** *(n.)* جبهة ؛ جبين .
**foreign** *(adj.)* (١) أجنبيّ ؛ غريب (٢) دخيل .
**foreigner** *(n.)* الأجنبيّ أو الغريب .
**foreign minister** *(n.)* وزير الخارجيّة .
**foreign office** *(n.)* وزارة الخارجيّة .
**foreknow** *(vt.)* يعرف مقدَّماً .
**foreleg** *(n.)* القائمة الأمامية .
**forelock** *(n.)* الناصية : شَعر مقدَّم الرأس.
**foreman** *(n.)* كبير العمال أو المحلّفين .
**foremast** *(n.)* الصاري الأمامي .
**foremost** *(adj.; adv.)* (١) أوّل § (٢) أولاً .
**forename** *(adj.)* الاسم الاول ؛ الاسم الصغير .
**forenoon** *(n.)* صدرُ النهار .
**foreordain** *(vt.)* يقضي ؛ يقدِّر على .
**forerun** *(vt.)* يسبق ؛ يتقدم .
**forerunner** *(n.)* (١) السابق ؛ الرائد (٢) البشير ؛ النذير (٣) جَدّ ؛ سَلَف .
**foresee** *(vt.)* يتنبأ بـ ؛ يدرك قبل الحدوث .
**foreshadow** *(vt.)* يؤذِن بـ ؛ ينذر بـ .
**foresight** *(n.)* (١) بصيرة (٢) بُعْد نظَر .
**forest** *(n.; vt.)* (١) غابة ؛ حَرَج § (٢) يحرِّج .
**forestall** *(vt.)* يُحبِط (إجراءات مسبّقة).
**forestry** *(n.)* عِلم الحراجة أو التحريج .
**foretaste** *(vt.)* يتوقّع .
**foretell** *(vt.)* يتنبأ أو يتكهّن بـ .
**forethought** *(n.)* تدبُّر ؛ بُعْد نظَر .
**forever** *(adv.)* إلى الأبد ؛ دائماً .
**forewarn** *(vt.)* (١) يُخطِر (٢) يحذِّر .
**foreword** *(n.)* تصدير ؛ مقدّمة ؛ تمهيد .
**forfeit** *(n.; vt.)* (١) غرامة (٢) فقدان ؛ خُسران . (٣) مصادرة § (٤) يَغرَم (٥) يصادر .
**forfeiture** *(n.)* (١) خُسران ؛ فقدان (بسبب خطأ أو جريمة ) (٢) مصادرة (٣) غرامة .
**forgather** *(vi.)* (١) يجتمع (٢) يلتقي بـ .
**forgave** *past of* forgive.
**forge** *(n.; vt.)* (١) كِيرُ الحدّاد أو دكانُه . § (٢) يطرّق (٣) يصوغ (٤) يلفّق أو يزوّر.

**forger** *(n.)* (١) الحدّاد (٢) الملفّق ؛ المزوّر .
**forgery** *(n.)* (١) تزوير (٢) شيء مزوّر .
**forget** *(vt.; i.)* ينسى .
**forgetful** *(adj.)* كثير النسيان
**forget-me-not** *(n.)* لا تَنْسَنِي (نبات).
**forgive** *(vt.)* يغفر ؛ يصفح ؛ يعفو .
**forgiveness** *(n.)* مَغْفِرَة ؛ عَفْو ؛ إعفاء .
**forgo** *(vt.)* يُمْسِك أو يمتنع عن .
**forgot** *past and past part. of* forget.
**forgotten** *past part. of* forget.
**fork** *(n.; vi.)* (١) شوكة الطعام (٢) مِذراة . (٣) مَفرِق طريق (٤) فَرع § (٥) يتفرَّع .
**forlorn** *(adj.)* (١) مهجور (٢) بائس .

**form** (*n.; vt.*) (١) شكل ؛ هيئة ؛ صورة . (٢) عُرْف ؛ تقليد (٣) صيغة (٤) أنموذج ؛ استمارة (٥) مقعد خشبيّ طويل (٦) قالب (٧) نوع (٨) أسلوب ؛ (٩) شكلٌ أدبي أو فنيّ (١٠) صفّ مدرسيّ § (١١) يُشكِّل ؛ يؤلّف ؛ (١٢) يكوِّن (١٣) يصوغ (١٤) ينشىء .

**formal** (*adj.*) (١) شكليّ (٢) اصطلاحيّ ؛ عرفيّ (٣) رسميّ (٤) منهجيّ (٥) اسميّ ؛ صُوْريّ .

**formality** (*n.*) (١) التزامٌ للشكليات أو الرسميات (٢) إجراء أو تصرّف شكلي .

**formation** (*n.*) (١) تشكيل ؛ تكوين . (٢) تشكُّل ؛ تكوُّن (٣) شكل (٤) بِنْيَة .

**former** (*adj.; n.*) (١) سالف ؛ سابق (٢) أول ؛ مذكورٌ أولاً § (٣) المشكِّل ؛ المكوِّن .

**formerly** (*adv.*) سابقاً ؛ في ما مضى .

**formica** (*n.*) الفورميكا : مادة لدائنيّة .

**formidable** (*adj.*) مرعب ؛ هائل .

**formless** (*adj.*) عديم الشكل أو الصورة .

**formula** (*adj.*) (١) صيغة (٢) وصفة طبيّة .

**formulate** (*vt.*) يُصيغ : يُفرغ في صيغة .

**fornication** (*n.*) زِنا ؛ فُسوق .

**forsake** (*vt.*) يتخلّى عن ؛ يهجر ؛ ينبذ .

**forsaken** (*adj.*) متخلًّى عنه ؛ مهجور ؛ منبوذ .

**forswear** (*vt.*) يُنكِر بقَسَم أو توكيد .

**fort** (*n.*) حِصْن ؛ مَعْقِل ؛ قلعة .

**forte** (*n.; adj.; adv.*) (١) موطن قوة : كل ميزة يتفوق بها المرء على أقرانه § (٢) شديد أو بشدّة .

**forth** (*adv.*) فصاعداً .

and so ~, وهلمّ جراً .

**forthcoming** (*adj.*) وشيك ؛ آتٍ قريباً .

**forthright** (*adj.*) (١) مباشر (٢) صريح .

**forthwith** (*adv.*) حالاً ؛ توّاً ؛ على الفور .

**fortieth** (*adj.; n.*) (١) الأربعون (٢) بالغٌ جزءاً من أربعين § (٣) جزء من أربعين .

**fortification** (*n.*) (١) تحصين (٢) حِصْن .

**fortify** (*vt.; i.*) (١) يحصّن (٢) يقوّي .

**fortitude** (*n.*) ثبات ؛ جَلَد .

**fortnight** (*n.*) أسبوعان ؛ ١٤ يوماً .

**fortnightly** (*adj.; adv.; n.*) (١) نصف شهريّ § (٢) كلّ أسبوعين § (٣) مجلّةٌ نصف شهريّة .

**fortress** (*n.*) حِصْن ؛ قلعة .

**fortuitous** (*adj.*) اتفاقيّ ؛ تصادفيّ .

**fortunate** (*adj.*) (١) سعيد (٢) محظوظ .

**fortunately** (*adv.*) لحسْن الحظ .

**fortune** (*n.*) (١) حظ (٢) حظ سعيد . (٣) نصيب ؛ قَدَر ؛ بخت (٤) ثروة .

**fortune-teller** (*n.*) العرّاف ؛ قارىء البخت .

**forty** (*n.*) أربعون .

**forum** (*n.*) (١) سوق أو ساحة عامّة (٢) منتدى عام للمناظرة والنقاش .

**forward** (*adj.; adv.; n.; vt.*) (١) أماميّ . (٢) توّاق (٣) وقح (٤) ناضج باكراً (٥) منطلق إلى الأمام (٦) متطرّف § (٧) إلى الأمام § (٨) لاعب هجوم § (٩) يعزّز ؛ يعجّل (١٠) يرسل .

**forwards** (*adv.*) إلى الأمام أو المقدّمة .

**fossil** (*n.*) الأُحفور ؛ المُستحاث : بقايا حيوان أو نبات مستحجرةٌ في أديم الأرض .

**foster** (*vt.*) (١) يُرْضِع ؛ يُنشّىء ؛ يربّي . (٢) يَرْعَى (٣) يعزّز ؛ يشجّع .

**foster brother** (*n.*) أخٌ بالرّضاع أو بالتربية .

**fought** *past and past part. of* fight.

**foul** *(adj.; n.; vi.)* (١) كريه (٢) قذِر . (٣) فاسد ؛ عفِن (٤) مُوْحِل (٥) شنيع ؛ شرير (٦) بذيء (٧) معاكس (٨) قاسٍ ؛ خشِن ؛ عنيف (٩) غير شريف (١٠) مخالف لقواعد اللعبة (١١) ملوّث §(١٢) مخالفة لقواعد اللعبة (١٣) ضربة أو رمية غير قانونية §(١٤) يفسُد ؛ يتلوّث (١٥) يخالف قواعد اللعبة .

**found** *past and past part. of* find.

**found** *(vt.)* (١) يؤسّس (٢) يسبك (المعادن).

**foundation** *(n.)* (١) تأسيس (٢) أساس .

**founder** *(n.; vi.; t.)* (١) المؤسّس (٢) عرَج . (٣) سبّاك المعادن §(٤) يصاب بالعرَج (٥) يَغرق ×(٦) يُغرِق .

**foundling** *(n.)* لقيط ؛ طفلٌ لقيط .

**foundry** *(n.)* مَسْبك .

**fountain** *(n.)* (١) ينبوع (٢) مصدر (٣) نافورة . (٤) سبيل للشرب (٥) فِسقية (٦) خزّان .

**fountainhead** *(n.)* (١) مَنْبَع (٢) مصدر .

**fountain pen** *(n.)* المدّاد : قلم الحبر .

**four** *(n.)* أربعة ؛ أربع .

to go *or* run on all ~*s* . يحبو على الأربع

**fourfold** *(adj.; adv.)* (١) رباعيّ (٢) أكبر بأربعة أضعاف §(٣) أربعةَ أضعاف .

**fourteen** *(n.)* أربعة عشر ؛ أربع عشرة.

**fourteenth** *(adj.; n.)* (١) الرابع عشر (٢) البالغ جزءاً من ١٤ §(٣) الرابع عشر من . (٤) $\frac{1}{14}$ .

**fourth** *(adj.; n.)* (١) رابع (٢) بالغٌ ربعَ كذا . §(٣) الرابع من كذا (٤) رُبْع .

**fourthly** *(adv.)* رابعاً .

**fowl** *(n.)* (١) طَيْر (٢) ديك ؛ دجاجة .

**fox** *(n.)* (١) ثعلب (٢) شخص ماكر .

**foxhound** *(n.)* صائد الثعالب (كب) .

**fox-trot** *(n.)* رقصة « الفوكستروت » .

**fracas** *(n.)* مشاجرة ؛ شِجار .

**fraction** *(n.)* (١) كَسْر (٢) جزء.

**fractious** *(adj.)* نَكِد ؛ شَكِس .

**fracture** *(n.)* كَسْر ؛ مَزْق ؛ شَقّ .

**fragile** *(adj.)* هَشّ ؛ سَهل المكسَر .

**fragment** *(n.)* شَظِيّة ؛ كِسْرَة ؛ جزء .

**fragrance** *(n.)* شَذا ؛ أرَج ؛ عَبير .

**fragrant** *(adj.)* أرِج ؛ عَطِر ؛ ذو عبير .

**frail** *(adj.)* قَصِم ؛ سهل المكسَر .

**frailty** *(n.)* (١) قصامة (٢) ضَعْف (٣) زلّة .

**frame** *(vt.; n.; adj.)* (١) يصوغ ؛ يُفرِغ في قالب (٢) يشكّل ؛ يصنع ؛ ينشىء (٣) يتخيّل (٤) يؤطّر : يحيط بإطار §(٥) جسد (٦) هيكل (٧) مِنصَب ؛ قاعدة (٨) مزاج (٩) إطار .

fra 198 fre

**framework** *(n.)* هيكل .
**franc** *(n.)* الفرنك: عملة فرنسية أو سويسرية .
**franchise** *(n.)* (١)إعفاء (٢)امتياز (٣)حقّ دستوريّ؛ وبخاصة : حقّ الانتخاب .
**Franco-** بادئة معناها : فرنسيّ .
**frank** *(adj.)* صريح .
**frankfurter** *(n.)* مقانق فرنكفورت .
**frankincense** *(n.)* لُبان ؛ بَخُور .
**frankly** *(adv.)* (١)بصراحة (٢)حقاً .
**frantic** *(adj.)* مسعور ؛ شديد الاهتياج .
**fraternal** *(adj.)* (١)أخويّ (٢) ودّيّ .
**fraternity** *(n.)* (١)الأخَوِيّة : جماعة منظّمة لغرض مشترك (٢)جمعية (٣)إخاء ؛ أخوّة .
**fraternize** *(vi.)* يتآخى .
**fraud** *(n.)* (١) خِداع (٢)حيلة .
**fraudulent** *(adj.)* (١)محتال (٢) احتيالي .
**fraught** *(adj.)* مملوء ؛ مشحون ؛ مُفْعَم .
**fray** *(n.; vt.; i.)* (١)مشاجرة ؛ شِجار§(٢)يبلي (٣)يَنْسِل الخيوطَ ×(٤)يَبلى ؛ يتهرّأ .
**freak** *(n.)* (١) نَزْوَة ؛ هوًى (٢) فلتة.
**freakish** *(adj.)* (١)ذو نزوات (٢) غريب .
**freckle** *(n.; vt.; i.)* (١) نَمَشٍ ؛ كَلَف . §(٢)ينمّش ؛ يُبقّع ×(٣)يتنمّش .
**free** *(adj.; adv.; vt.)* (١)حرّ (٢)اختياريّ. (٣)متحرّر أو خالٍ من (٤)غير مشغول (٥)مُعفى من الضريبة (٦) طليق ؛ غير مقيَّد (٧)سالك (٨)سخيّ (٩)مجانيّ §(١٠) بحرّيّة ؛ من غير قيد الخ . (١١) مجاناً §(١٢) يحرّر ؛ يطلق (١٣)يُعفي من (١٤) يحلّ ؛ يفكّ .
**freebooter** *(n.)* قاطع الطريق ؛ القرصان .
**freedman** *(n.)* العبد المُعْتَق أو المحرَّر .
**freedom** *(n)* (١)حرية (٢)تحرّر من (٣) طلاقة.
**freehanded** *(adj.)* سخيّ ؛ كريم ؛ جَواد .
**freehold** *(n.)* (١)امتلاك مُطلَق لأرض ما . (٢)أرض ممتلكة امتلاكاً مطلقاً .
**Freemason** *(n.)* البنّاء الحرّ : الماسونيّ .
**Freemasonry** *(n.)* الماسونيّة .
**free-spoken** *(adj.)* مُصارِح ؛ صَريح .
**free will** *(n.)* حرية الارادة .
**freewill** *(adj.)* طَوْعيّ ؛ اختياريّ ؛ إراديّ.
**freeze** *(vi.; t.; n.)* (١) يتجمّد ؛ يتجلّد . (٢)يستشعر برداً شديداً ×(٣)يجمّد §(٤)صقيع (٥) تجميد (٦) تجمّد .
**freezer** *(n.)* حجرة التجميد (في ثلاّجة).
**freezing point** *(n.)* نقطة التجمّد .
**freight** *(n.; vt.)* (١)أجرة الشحن (٢)شحنة. (٣)شَحن (٤)قطار شحن§(٤)يحمّل ؛ يشحَن
**freighter** *(n.)* (١)الشاحن (٢) الشاحنة .
**French** *(adj. n.)* (١) فرنسيّ §(٢) اللغة الفرنسيّة (٣) الشعب الفرنسي .
**Frenchman** *(n.)* الفرنسي .
**frenzied** *(adj.)* مسعور ؛ شديد الاهتياج.
**frenzy** *(n.)* سُعْر ؛ اهتياج ؛ نوبة.
**frequency** *(n.)* تكرّر ؛ تواتر ؛ تردّد.
**frequent** *(adj.; vt.)* (١) مألوف (٢)متكرّر الحدوث (٣)دائم§(٤)يألَف (٥) يتردّد إلى .
**frequently** *(adv.)* كثيراً ؛ تكراراً .
**fresco** *(n.)* (١)التصوير الجصّي (٢)لوحة جصيّة
**fresh** *(adj.; adv.; n.)* (١)عَذْب ؛ غير مالح . (٢)نقيّ ؛ طَلْق ؛ منعش (٣)طازج (٤)نشيط (٥)ناضر (٦)جديد (٧)جِلْف (٨)سكران .
**freshen** *(vi.; t.)* (١)يقوى ؛ يشتدّ (٢) يَنْضُر ؛ يُصبح ناضراً (٣)يَعْذُب ×(٤)يُحلّي (٥) يقوّي ؛ يُنعش ؛ يُنْضر ؛ يجدّد .
**freshman** *(n.)* (١) المبتدىء (٢) طالبٌ في الصفّ الأول من الجامعة .
**freshwater** *(adj.)* نهريّ .

**fret** *(vt.; i.; n.)* (١)يُغيظ (٢)يحتّ؛ يبري؛ يُبْلي (٣)يبدد (٤)يموج ×(٥)يتآكل؛ يَبْلى (٦) يغتاظ؛ يَقْلَق §(٧) تأكُّل؛ تآكُل (٨)موضعٌ متأكِّل (٩)قلق؛ اهتياج (١٠)نقش شبكيّ (١١) عَتَبُ العود أو القيثارة.

**fretful** *(adj.)* (١)نَكِد؛ شَكِس (٢)متقطّع.

**friable** *(adj.)* سهل التفتيت إلى ذرور.

**friar** *(n.)* راهب؛ أخ.

**friary** *(n.)* (١) دَيْر (٢) رَهْبَنَة.

**friction** *(n.)* حكّ أو احتكاك.

**Friday** *(n.)* الجُمُعة؛ يوم الجُمُعة.

**fried** *past and past part. of* fry.

**friend** *(n.)* (١)صديق (٢) نصير.

to make ~*s* with . يصادق (فلاناً)

**friendless** *(adj.)* لا أصدقاء له.

**friendly** *(adj.)* ودود؛ وديّ؛ حُبّيّ.

**friendship** *(n.)* صداقة؛ مودّة.

**frieze** *(n.)* إفريز؛ طُنُف (في فن العمارة).

frieze

**frigate** *(n.)* حرّاقة؛ فِرغاطة؛ بارجة.

**fright** *(n.)* رُعْب أو شيء مخيف.

**frighten** *(vt.)* يُرْعِب؛ يروّع.

**frightful** *(adj.)* مرعب؛ مروع.

**frigid** *(adj.)* قارس؛ بارد.

**frigidity** *(n.)* برودة.

**frigid zone** *(n.)* المنطقة القُطبية المتجمّدة.

**frill** *(n.)* هدب؛ كشكش (الثوب).

**fringe** *(n.)* هُدّاب؛ شراريب القماش.

**frippery** *(n.)* حلى مبهرجة.

**frisk** *(vi.)* يَطْفُر أو يرقص مرحاً.

**frisky** *(adj.)* مَرِح؛ لَعُوب.

**fritter** *(n.)* فطيرة مقلية.

**frivolity** *(n.)* عبث؛ طيش.

**frivolous** *(adj.)* (١)تافه (٢)طائش؛ لَعُوب.

**frizzle** *(vt.; i.)* (١)يقلي (٢)يُحرِق؛ يَسْفَع. ×(٣) يئزّ عند الطهو.

**fro** *(prep; adv.)* (١)مِنْ §(٢) ارتداداً.

to and ~ . جيئةً وذهاباً؛ ذهاباً وإياباً

**frock** *(n.)* (١)رداء الراهب (٢)عباءة (٣) كنزة صوفيّة (٤) ثوب نسائي.

**frock coat** *(n.)* الفراك: سترة سوداء.

**frog** *(n.)* (١)ضِفْدَع (٢) بُحّة في الصوت.

**frolic** *(n.; vi.)* (١)مَرَح §(٢) يَمْرَح.

**frolicsome** *(adj.)* مَرِح.

**from** *(prep.)* (١) مِنْ (٢) مُنْذُ.

**frond** *(n.)* ورقة؛ سَعْفَة.

**front** *(n.; vt.)* (١)جبين (٢)جبهة؛ خطّ النار (٣)جبهة؛ تكتّل سياسي (٤)واجهة مبنىً (٥)مقدَّم الشيء أو صدره §(٦)يجابه؛ يواجه.

**frontage** *(n.)* واجهة مبنى.

**frontal** *(adj.)* (١)جَبْهِيّ؛ أماميّ (٢)مباشر.

**frontier** *(n.)* حدّ ؛ تَخْم .
**frost** *(n.)* (١) تجمّد (٢) صقيع ؛ ندى متجمّد .
**frosty** *(adj.)* (١) بارد (٢) أشيَب .
**froth** *(n.)* زَبَد ؛ رغوة .
**frothy** *(adj.)* (١) مُزْبِد (٢) تافه ؛ سطحيّ .
**froward** *(adj.)* شَكِس ؛ متمرّد ؛ حَرُون .
**frown** *(vi.;n.)* (١) يعبس ؛ يقطّب § (٢) عبوس .
**frowzy** *(adj.)* زريّ ؛ حقير ؛ أشعث .
**froze** *past of* freeze.
**frozen** *(adj.)* (١) متجمّد أو بارد (٢) مثلّج .
**frugal** *(adj.)* (١) مُقْتَصِد (٢) رخيص .
**frugality** *(n.)* اقتصاد ( في الانفاق ) .
**fruit** *(n.)* (١) ثمرة (٢) نتيجة .
**fruiterer** *(n.)* الفاكهانيّ : بائع الفاكهة .
**fruitful** *(adj.)* (١) مثمر (٢) خِصْب .
**fruitless** *(adj.)* عقيم ؛ غير مثمر .
**frustrate** *(vt.)* يُحبط ؛ يثبّط .
**fry** *(vt.; n.)* (١) يقلي § (٢) صغار السمك .
**fuchsia** *(n.)* الفُوشية : شجيرة مزهرة .

**fudge** *(n.)* الفَدْج : ضربٌ من الحلوى .
**fuel** *(n.;vt.)* (١) وقود § (٢) يزوّد بالوقود .
**fugitive** *(adj.; n.)* (١) هارب § (٢) لاجىء .
**fulcrum** *(n.)* نقطة ارتكاز .
**fulfill** *or* **fulfil** *(vt.)* (١) يُنجز (٢) يفي بـ ؛ يجيء موافقاً لمتطلبات معينة (٣) يحقّق .
**full** *(adj.; adv.; n.)* (١) مليء (٢) كامل . (٣) منتفخ ؛ فضفاض (٤) مفصّل (٥) متخَم (٦) شقيق ؛ من نفس الأبوين § (٧) جداً (٨) تماماً (٩) مباشرةً § (١٠) الحدّ الأقصى .

in ~ , بالتّمام ؛ من غير حذف أو اختصار .
of ~ age بالغٌ سنّ الرّشْد .

**full-blown** *(adj.)* في أوج التفتّح .
**fuller** *(n.)* القَصّار : المقصّر للنسيج الصوفيّ بالنقع أو الإحماء .
**full moon** *(n.)* بَدْر ؛ قَمر ممتلىء .
**full stop** *(n.)* النقطة (في الكتابة) .
**fully** *(adv.)* تماماً ؛ بكلّ معنى الكلمة .
**fulminate** *(vt.; i.)* (١) يفجّر × (٢) ينفجر .
**fulsome** *(adj.)* باعث على الغثيان أو الاشمئزاز .
**fumble** *(vi.)* (١) يتحسّس ؛ يتلمّس (٢) يخطىء أو يتلعثم (٣) يتلمّس طريقه .
**fume** *(n.; vt.; i.)* (١) دخان (٢) غضب ؛ اهتياج § (٣) يدخّن × (٤) يتبخّر (٥) يَغْضَب .
**fumigate** *(vt.)* يدخّن ؛ يبخّر .
**fun** *(n.)* مُزاح ؛ هَزْل ؛ لَهْو .

for ~ ; in ~ , بصورة مازحة .
to make ~ of; to poke ~ at . يهزأ به .

**function** *(n.; vt.)* (١) مهنة ؛ عمل (٢) وظيفة . § (٣) يعمل ؛ يؤدّي وظيفة .
**functional** *(adj.)* وظيفيّ ؛ عمليّ ؛ فعّال .
**functionary** *(n.)* الموظّف .
**fund** *(n.)* (١) ذخيرة (٢) اعتماد ماليّ . (٣) *pl.* : ودائع مصرفيّة (٤) رأسمال (٥) *pl.* : موارد مالية (٦) صندوق ؛ منظمة .
**fundamental** *(adj.; n.)* (١) أصليّ ؛ أوليّ . (٢) أساسيّ ؛ رئيسيّ § (٣) مبدأ أساسي .
**funeral** *(n.)* (١) جَنازة § (٢) مأتميّ ؛ كئيب .

**funereal** *(adj.)* جَنائزيّ ؛ مأتميّ ؛ كئيب .
**fungous** *(adj.)* فُطْرِيّ .
**fungus** *(n.)* pl. **fungi** فُطْر .

**funk** *(n.)* (١) ذُعْر (٢) جبان .
**funnel** *(n.)* قِمْع أو مدخنة .

**funny** *(adj.)* مُسَلٍّ ؛ مضحك .
**fur** *(n.)* (١) فرو (٢) ثوب مُفرّى (٣) الطِّلاء : مادّة بيضاء مَرَضيّة تكسو اللسان .
**furbish** *(vt.)* يَصْقُل ؛ يلمّع .
**furious** *(adj.)* غاضب ؛ عنيف .
**furl** *(vt.; i.)* (١) يلفّ × (٢) يلتفّ .
**furlong** *(n.)* الفَرْلُنْغ : ثُمن ميل .
**furlough** *(n.)* إجازة ؛ إذن بالغياب .
**furnace** *(n.)* فُرْن ؛ أتّوْن .
**furnish** *(vt.)* يجهّز ؛ يُمِدّ ؛ يزوّد بـِ .
**furnishings** *(n. pl.)* أثاث .
**furniture** *(n.)* أثاث .
**furore** *(n.)* إعجاب حماسي .
**furrier** *(n.)* الفرّاء ؛ تاجر الفِراء .
**furrow** *(n.; vt.)* (١) ثَلْم (٢) أخدود (٣) جعدة أو غضَنة عميقة § (٤) يُثلِّم ؛ يخدّد ؛ يجعّد .
**furry** *(adj.)* (١) فَرْوِيّ (٢) مكسوّ بالفراء .
**further** *(adv.; adj.; vt.)* (١) إلى أو عند مسافة أبعد (٢) أيضاً ؛ علاوة على ذلك (٣) إلى حدّ أو مدى أبعد § (٤) أبعد (٥) إضافي ؛ آخَر § (٦) يعزِّز ؛ يؤيِّد .
**furtherance** *(n.)* تعزيز ؛ تأييد .
**furthermore** *(adv.)* علاوةً على ذلك .
**furthermost; furthest** *(adj.)* الأبعد .
**furtive** *(adj.)* (١) مُخْتَلَس (٢) ماكر .
**fury** *(n.)* (١) غضب شديد (٢) ضراوة .
**furze** *(n.)* الرَّتَم ؛ الوَزّال (نبات) .

**fuse** *(n; vt; i.)* (١) فتيل المُفرقعة الخ . (٢) الصّمامة الكهربائية § (٣) يصهر ؛ يذيب (٤) يَلْحم ؛ يدمج × (٥) ينصهر ؛ يندمج .
**fuselage** *(n.)* جسم الطائرة .
**fusible** *(adj.)* منصهر ؛ قابلٌ للانصهار .
**fusilier** *(n.)* جنديّ مسلّح بغدارة .
**fusillade** *(n.)* (١) وابل (من طلقات نارية) . (٢) سَيْل ( من الأسئلة أو الانتقادات ) .
**fusion** *(n.)* (١) صَهْر ؛ انصهار (٢) اندماج . (٣) تكتّل سياسيّ (٤) التحام النّوَى الذرّية .
**fuss** *(n.; vi.; t.)* (١) جلَبة لا داعي لها : هَرْج ومرْج (٢) اعتراض ؛ احتجاج (٣) شِجار .
**fussy** *(adj.)* (١) سريع الاهتياج (٢) مزخرَف ؛ منمّق (٣) نيِق ؛ صعب الارضاء .
**fustian** *(n.; adj.)* (١) الفُسْتيان : نسيج قطنيّ . (٢) كلامٌ طنّان أو حافلٌ بالادّعاء § (٣) فُسْتياني (٤) طنّان (٥) تافه ؛ رخيص .
**fusty** *(adj.)* (١) عَفِن (٢) رجعيّ .
**futile** *(adj.)* (١) غير ذي جَدْوَى ؛ لا طائل تحته (٢) منشغل بالتوافه .
**futility** *(n.)* عَبَثٌ ؛ لا جَدوَى .
**future** *(adj.; n.)* (١) مُقبِلٌ ؛ آتٍ . (٢) استقباليّ § (٣) مستقبَل .
**futurity** *(n.)* مستقبَل .
**fuze** = fuse.
**fuzz** *(n.)* زَغَب ؛ زِئْبر .

# G

*grotto* (Jiita, Lebanon)

| | |
|---|---|
| g (n.) | الحرف السابع من الأبجدية الانكليزية . |
| gab (n.; vi.) | (١) ثرثرة §(٢) يُثرثر . |
| gabardine (n.) | الغَبَردين : قماش متين . |
| gabble (vi.) | يهذر ؛ يُثرثر . |
| gaberdine (n.) | سترة طويلة . |
| gable (n.) | الجَمَلون : الجزء الأعلى ، المثلّث الزوايا ، من جدار مكتنف بسطحين متحدرَين . |
| gad (vi.) | يتسكّع ؛ يهيم . |
| gadfly (n.) | النُعَرة : ذبابة الخيل والماشية . |
| gadget (n.) | أداة أو جزء من آلة . |
| gaff (n.) | (١)الغاف : خطّاف لرفع الأسماك الثقيلة . (٢)القَرية : عارضة يمدّد عليها رأس الشراع . |
| to blow the ~ | بُفشي السرّ الخ. ؛ يبلّغ عن ~ . |
| gag (vt.; n.) | (١) يَكْعَم : يسدّ الفم بشيء . (٢) يُسكِت §(٣)الكِعام : شيء يُقحَم في الفم لإبقائه مفتوحاً أو لمنعه من الكلام أو الصراخ . |
| gage (n.) | (١) قفّاز يُرمَى إلى الأرض طلباً للمبارزة (٢)رهن ؛ ضمان . |
| gaiety (n.) | ابتهاج ، مَرَح . |
| gaily (adv.) | بابتهاج ؛ بمرح . |
| gain (n.;vt.) | (١) كَسْب ؛ ربح §(٢) يكسب ؛ يربح (٣) يصل إلى (٤) يكتسب ؛ يزداد . |
| to ~ ground | يُحرز تقدّماً . |
| to ~ the upper hand | يفوز ؛ ينتصر . |
| gainful (adj.) | مُربِح . |
| gainsay (vt.) | (١) يُنكِر (٢) يُناقض . |
| gait (n.) | مِشية أو طريقة في العَدْو . |
| gaiter (n.) | الغَيتَر : «أ» جُرْموق ؛ طِماق . «ب» وقاء يُلبَس فوق الحذاء . |
| gala (n.) | مِهرجان ؛ احتفال . |
| galactic (adj.) | مَجَرّي: خاص بالمجرَّة . |
| galaxy (n.) | (١)المجَرَّة (٢)الكوكبة : حشدٌ من أشخاص لامعين أو بارزين . |
| gale (n.) | (١) عاصفة (٢) نوبة (ضحكٍ الخ.) . |
| gall (n.; vt.) | (١)صفراء ؛ مِرّة (٢) شيء مرير يصعب احتماله (٣) وقاحة (٤) قَرْحٌ جلديّ (٥) العَفْصة: تضخّم في النسيج النباتي §(٦) يقرّح أو يبُلي بالحكّ (٧) يغيظ ؛ يناكد. |

**gallant** *(n.; adj.)* (١)شاب أنيق (٢) الزير : الملاطف للنساء§(٣) أنيق (٤)غَزِل أو متودّد للنساء(٥)فخم (٦)شجاع ؛ شهم ؛ نبيل .

**gallantry** *(n.)* (١) كياسة بالغة (٢) تودّد للنساء (٣) بسالة .

**gall bladder** *(n.)* المرارة ( في التشريح ) .

**galleon** *(n.)* الغليون: سفينة شراعيّة ضخمة .

**gallery** *(n.)* (١)بهوٌ معمَّد؛ رواق (٢) شرفة . (٣) صالة عرض ( للآثار الفنيّة) .

**galley** *(n.)* (١)القادس: سفينة شراعية (٢)مطبخ سفينة أو طائرة (٣)لوح الطباعة: صينية فولاذية مستطيلة لحمل الأحرف المنضّدة .

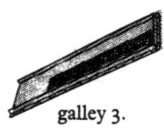

galley 3.

**Gallic** *(adj.)* غاليّ ؛ فرنسيّ .

**gallivant** *(vi.)* يتسكّع ؛ يتجوّل .

**gallon** *(n.)* الغالون : مقياس للسوائل .

**gallop** *(n.; vi.)* (١)عَدْو الفَرَس§(٢)يجري بالفَرَس عَدْواً (٣) يعدو بسرعة .

**gallows** *(n.)* مِشنقة .

**gallstone** *(n.)* حصاة (في المرارة الخ.) .

**galore** *(adv.)* بوفرة ؛ بكثرة .

**galosh** *(n.)* الكَلُوش : حذاء فوقيّ .

**galvanic** *(adj.)* كلفانيّ ؛ غلوانيّ .

**galvanism** *(n.)* الكلفانيّة ؛ الغَلوانيّة : كهرباء مُحْدَثَة بالتفاعل الكيميائي في بطارية .

**galvanize** *(vt.)* (١) ينبّه أو يثير بصدمة كهربائية (٢) يطلي بالزنك .

**gamble** *(i.; vt.; n.)* (١) يقامر (٢) يراهن . ×(٣) يغامر بـ §(٤) مقامرة ؛ مغامرة .

**gambler** *(n.)* المقامر .

**gambol** *(vi.)* يَطفر مرحاً .

**game** *(n.; vi.; adj.)* (١)لهو؛ لعب (٢)لعبة. (٣) مباراة (٤)الصَّيْد : حيوانات مَصِيْدَة (٥)الطرائد أو لحمها §(٦) شجاع .

The ~ is up. لقد أخفقت الخطة .
to die ~. يَثْبُتُ أو يصمد حتى النهاية .
to make ~ of يهزأ به .

**gamekeeper** *(n.)* حارس منطقة الصيد .

**gamely** *(adv.)* بشجاعة ؛ ببسالة .

**gamesome** *(adj.)* مَرِح ؛ لَعُوب .

**gamester** *(n.)* المقامر .

**gamut** *(n.)* سلسلة كاملة .

**gander** *(n.)* ذَكَرُ الإوزّ .

**gang** *(n.)* (١)عُدَّة (٢) جماعة (٣)عصابة .

**ganglion** *(n.)* عُقدة أو كتلة عصبية .

**gangrene** *(n.)* الغنغرينا ؛ الأُكال .

**gangster** *(n.)* قاطع طريق .

**gangway** *(n.)* مَمَرّ؛ مَعْبَر (من الواح خشبية) .

**gaol** *(n.; vt.)* = jail.

**gap** *(n.)* (١) فَجْوَة؛ ثَغرة؛ فُرجة (٢) شِعْب .

**gape** *(vi.; n.)* (١) يفغر فمَه (٢)ينفرج ؛ ينشقّ . (٣)يتثاءب §(٤)تثاؤب (٥)انشداه (٦)ثغرة .

**garage** *(n.)* مَرْأب؛ كاراج .

**garb** *(n.; vt.)* (١) زيّ §(٢)يكسو .

**garbage** *(n.)* (١)نُفَاية (٢) كلامٌ تافه .

**garble** *(vt.)* يحرِّف ؛ يشوِّه .

gar 204 gel

**garden** *(n.)* حديقة ؛ جُنَينة .
**gardener** *(n.)* البستاني ؛ الجنائنيّ .
**gardenia** *(n.)* الغردينيا (نبات)

**gargle** *(vt.; i.)* يتغرغر بالماء.
**garish** *(adj.)* مُبَهرَج ؛ مزخرف بإفراط .
**garland** *(n.)* إكليل زهر .
**garlic** *(n.)* ثوم .
**garment** *(n.)* ثوب ؛ كساء .
**garner** *(n.; vt.)* (١) مخزن الحبوب §(٢) يدّخر .
**garnet** *(n.)* عقيق أحمر .
**garnish** *(vt.; n.)* (١) يزخرف §(٢) زُخرُف .
**garret** *(n.)* العِليّة ؛ عِليّة المنزل .
**garrison** *(n.)* (١) قلعة (٢) حامية .
**garrulity** *(n.)* ثرثرة ؛ هَذَر .
**garrulous** *(adj.)* ثرثار ؛ مِهذار .
**garter** *(n.)* رباط للجورب الخ.
**gas** *(n.)* (١) غاز (٢) بنزين.
**gaseous** *(adj.)* غازيّ .
**gash** *(n.)* جُرح بليغ .
**gasoline** *(n.)* الغازولين ؛ البنزين .
**gasp** *(vi.; n.)* (١) يلهث §(٢) لُهاث .
**gastric** *(adj.)* مَعِديّ : خاصّ بالمِعدة .
**gastronomy** *(n.)* فنّ حُسن الأكل .
**gate** *(n.)* باب ؛ بوابة .
**gatekeeper** *(n.)* البوّاب .
**gather** *(vt.; i.; n.)* (١) يَجْمَع (٢) يجني ؛ يحصد (٣) يكتسب تدريجياً (٣) يستنتج ؛ يعتقد ×(٤) يجتمع ؛ يلتئم §(٥) طيّة (في ثوب).
**gathering** *(n.)* (١) جَمع ؛ اجتماع (٢) خرّاج .
**gaud** *(n.)* زينة ؛ حلية (رخيصة ومبهرجة) .
**gaudy** *(adj.)* مُبَهرَج ؛ مزوّق .
**gauge** *(n.; vt.)* (١) قياس (٢) سعة ؛ حجم . (٣) معيار ؛ مقياس §(٤) يقيس ؛ يعاير .

**gaunt** *(adj.)* (١) نحيل (٢) كئيب ؛ كالح .
**gauntlet** *(n.)* قُفّاز (٢) تحدٍّ .
**gauze** *(n.)* الغَزّي ؛ الشاش .
**gauzy** *(adj.)* شفّاف ؛ رقيق كالشّاش .
**gave** *past of* give.
**gawky** *(adj.)* أخرق ؛ غير لبق .
**gay** *(adj.)* (١) مرِح (٢) زاهٍ .
**gayety** *(n.)* = gaiety.
**gaze** *(vi.; n.)* (١) يحدّق §(٢) نظرة محدّقة .
**gazelle** *(n.)* غزال ؛ ظَبْي .

**gazette** *(n.)* (١) جريدة (٢) جريدة رسميّة .
**gazetteer** *(n.)* (١) صحافيّ (٢) معجم جغرافيّ .
**gear** *(n.; vt.; i.)* (١) ملابس (٢) عُدّة . (٣) جهاز (٤) تُرس ؛ مُسَنَّنة ؛ دولاب مسنّن (٥) تعشيقة ؛ ناقل الحركة (في السيارة) §(٦) يكسو ؛ يجهّز (٧) يعشّق أو يتعشّق .

in ~, (١) معشّق (٢) جاهز للعمل .
out of ~, في نقطة العطالة .

gear 4

**geese** *pl. of* goose.
**gelatin; gelatine** *(n.)* هُلام ؛ جيلاتين .
**gelatinous** *(adj.)* (١) هُلاميّ (٢) لزِج .

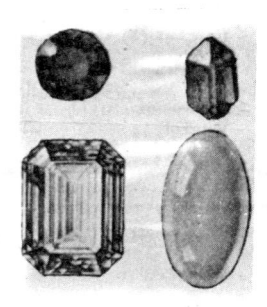

**geld** *(vt.)* (١) يخصي (٢) يحرم .

**gem** *(n.)* (١)جوهرة (٢) حجر كريم .

**gendarme** *(n.)* دَرَكِيّ .

**gender** *(n.)* الجنس (من حيث التذكير والتأنيث) .

**genealogical** *(adj.)* نَسَبِيّ .

**genealogy** *(n.)* (١)سلسلة نَسَب (٢)سُلالة ؛ أصل (٣) علم الأنساب .

**genera** *pl. of* genus.

**general** *(adj ;n.)* (١)عامّ (٢)شامل (٣)الرئيس العام ( لرهبنة الخ. ) (٤) لواء ؛ جنرال .

in ~, عموماً ؛ بوجه عام .

**generalissimo** *(n.)* القائد العام .

**generality** *(n.)* (١) العموميّة : كونُ الشيء عامّاً (٢)عبارة عامة أو غامضة (٣) الأغلبية .

**generalization** *(n.)* التعميم .

**generalize** *(vt.; i.)* يعمِّم : يطلق أحكاماً عامة .

**generally** *(adv.)* عموماً أو عادةً .

**generate** *(vt.)* (١)يَلِد (٢)يولِّد .

**generation** *(n.)* (١)نَسْل ؛ ذرّيّة (٢)جيل . (٣)توليد (٤) تولُّد (٥) نشوء .

**generative** *(adj.)* مولِّد ؛ تولّدي .

**generator** *(n.)* (١) مِرْجل (٢) المولِّد ؛ المولِّد الكهربائي .

**generic** *(adj.)* عامّ أو جنسيّ .

**generosity** *(n.)* (١)سماحة ؛ شهامة (٢) كرم .

**generous** *(adj.)* (١)سَمْح ؛ شهم (٢) كريم .

**genesis** *(n.)* أصل ؛ تكوّن ؛ نشوء .

**genetics** *(n.)* علم الوراثة .

**genial** *(adj.)* لطيف ؛ كريم ؛ أنيس .

**genie** *(n.)* pl. **-s** *or* **-nii** جِنّيّ ؛ عفريت .

**genital** *(adj.)* تناسليّ .

**genitals** *(n. pl.)* أعضاء التناسل .

**genitive** *(n.; adj.)* (١)حالة المُضاف إليه ؛ حالة الجرّ §(٢)إضافيّ ؛ جرّيّ .

**genius** *(n.)* (١)عبقريّة (٢)عبقريّ .

**genre** *(n.)* نَوْع .

**genteel** *(adj.)* أنيق ؛ لطيف ؛ دَمِث .

**gentian** *(n.)* الجَنْطيانا (نبات)

gentian

**gentile** *(n.)* المسيحي ؛ الوثني ؛ اللايهودي .

**gentility** *(n.)* (١)نبالة المَحتد (٢) كياسة ؛ رقة ؛ دماثة .

**gentle** *(adj.)* (١) نبيل المحتد (٢) كريم . (٣)وديع ؛ سهل الانقياد (٤)دَمْث ؛ لطيف.

**gentleman** *(n.)* سيد ؛ جنتلمان .

**gentleness** *(n.)* رقّة ؛ دماثة ؛ لطف .

**gentry** *(n.)* الطبقة العليا ؛ الارستوقراطيّة .

**genuine** *(adj.)* حقيقي ؛ غير زائف .

**genus** *(n.)* جنس ؛ طبقة ؛ نوع .

**geographer** *(n.)* الجغرافي ؛ العالِم بالجغرافيا .

**geographic; -al** *(adj.)* جغرافي .

**geography** *(n.)* جغرافيا ؛ علم الجغرافيا .

**geologic; -al** *(adj.)* جيولوجي .

**geologist** *(n.)* الجيولوجي .

**geology** *(n.)* الجيولوجيا ؛ علم طبقات الأرض .

**geometric; -al** *(adj.)* هندسيّ .

**geometry** *(n.)* علم الهندسة .

**geophysics** *(n.)* الجيوفيزياء ؛ فيزياء الأرض .

**geranium** *(n.)* إبرة الراعي ( نبات ) .

**germ** *(n.)* (١) جرثومة ؛ بِزرة . (٢) أصل (٣) ميكروب .

**German** *(n.; adj.)* (١) الألمانيّ ؛ الجرمانيّ (٢) اللغة الألمانيّة §(٣) ألمانيّ ؛ جرمانيّ .

**germane** *(adj.)* مناسب ؛ وثيق الصلة بالموضوع .

**germicide** *(n.)* مُبيد الجراثيم .

**germinate** *(vi.)* (١) يَنبُت (٢) ينشأ .

**gesticulate** *(vi.)* يومىء .

**gesture** *(n.; vi.; t.)* (١) إيماءة §(٢) يومىء .

**get** *(vt.; i.)* (١) ينال ؛ يكسب (٢) يفوز بـ (٣) يستولي على (٤) يصاب (بمرض) (٥) يجلب (٦) يُخْرِج (٧) يجعل ؛ يصيِّر (٨) يُعِدّ (٩) يصبب (١٠) يفهم (١١) يُقنع (١٢) يملك (١٣) يجب ؛ يتوجّب (١٤) يتصل بـ × (١٥) يصل (١٦) يصبح (١٧) يرحل حالاً .

to ~ at يَبْلُغ ؛ يُدرك .
to ~ away (١) ينصرف (٢) يفرّ .
to ~ back (١) يستردّ (٢) يعود .
to ~ down يترجّل ؛ ينزل .
to ~ even ينتقم ؛ يثأر .
to ~ off (١) يفرّ (٢) يرحل (٣) يترجّل
to ~ on (١) يتقدّم (٢) ينجح .
to ~ out يَخْرُج ؛ يفِرّ .
to ~ over يتغلّب على .
to ~ rid of يتخلّص من .
to ~ up (١) ينهض من فراشه (٢) ينتصب واقفاً (٣) يُعِدّ ؛ يهيّئ (٤) يأخذ في الاشتداد .
to ~ wind of يَفطن إلى .

**gewgaw** *(n.)* حلية رخيصة .

**geyser** *(n.)* (١) الحَمَّة : نَبْع ماء حارّ . (٢) المسخِّن : جهاز لتسخين الماء .

**ghastly** *(adj.)* (١) مروِّع (٢) شاحب .

**ghetto** *(n.)* الغَيْت : حيّ اليهود (أو الأقليات) .

**ghost** *(n.)* (١) روح (٢) شَبَح ؛ طيف .

**ghostly** *(adj.)* (١) روحيّ (٢) شَبَحِيّ .

**giant** *(n.; adj.)* (١) المارد ؛ العملاق §(٢) جبّار .

**gibber** *(vi.)* يُبَرْبِر ؛ يثرثر ؛ يهذر .

**gibberish** *(n.)* بربرة ؛ كلام مُبْهَم .

**gibbet** *(n.; vt.)* (١) مشنقة §(٢) يَشْنق .

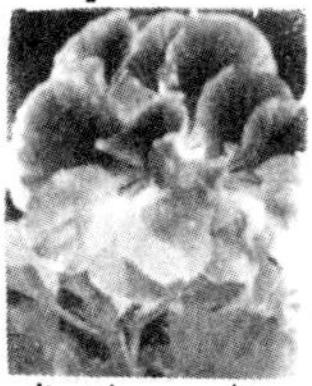

**gibbon** *(n.)* الجِبّون : قرد رشيق الحركة .

**gibe** *(vi.; t.; n.)* (١) يهزأ بـ §(٢) هُزء .
**giblet** *(n.)* قلب أو كبد الطائر .
**giddy** *(adj.)* (١)طائش ؛ مستهتر (٢)مُصاب بدُوار (٣) مسبّب للدّوار .
**gift** *(n.)* (١)موهبة (٢)هِبَة ؛ منحة (٣)مَنْحٌ .
**gifted** *(adj.)* موهوب ؛ ذو موهبة .
**gig** *(n.)* الجَيْغ : قارب أو عربة خفيفة .
**gigantic** *(n.)* عملاقيّ ؛ هائل ؛ ضخم .
**giggle** *(vi.; n.)* (١) يقهقه §(٢) قهقهة .
**gild** *(vt.)* (١) يطلي بالذهب (٢) يُموّه .
**gill** *(n.)* (١)مِكيال للسوائل (٢) خَيْشُوْم .
**gilt** *(n.)* ذهب أو شيء كالذهب يُطلَى به .
**gimlet** *(n.)* مِثقاب ؛ مِخرز

**gin** *(n.; vt.)* (١)شَرَك (٢) مِحلج (٣)الجِن : مُسكِرٌ قويّ §(٤)يوقع في شَرَك (٥)يحلج .
**ginger** *(n.)* زَنْجَبيل .
**ginger ale** *(n.)* جِعَة الزنجبيل .
**gingerbread** *(n.)* كعكة الزنجبيل .
**gingerly** *(adv.)* بحذر شديد .
**gingham** *(n.)* الجِنْهام : نسيج قطني .

**Gipsy** *(n.)* = Gypsy.
**giraffe** *(n.)* زَرافة .

**gird** *(vt.)* يطوّق ؛ يثبّت .
**girder** *(n.)* عارضة (خشبيّة أو معدنيّة) .
**girdle** *(n.; vt.)* (١)حِزام ؛ مِنطَقَة (٢)مِشَدّ (للمرأة) §(٣)يطوّق بحزام (٤) يحيط بـ .
**girl** *(n.)* (١)فتاة (٢)خادمة.
**girl guide** *or* **scout** *(n.)* المرشدة ؛ الكشافة.
**girth** *(n.)* (١) حزام السّرج (٢)مَقَاس محيط الجسم أو الخصر .
**gist** *(n.)* جوهر ؛ لُبّ ؛ زبدة .
**give** *(vt.; i.; n.)* (١) يعطي ؛ يمنح ؛ يَهَب . (٣) يقدّم (٤)يقيم §(٥) مرونة .

to ~ away (١) يَهَبُ (٢) يزفّها إلى عريسها (٣) يُفشي ؛ يفضح .
to ~ back يُعيد ؛ يُرجع .
to ~ birth to تلِد ؛ تضع .
to ~ off يُطلِع ؛ يُخرِج .
to ~ rise to يسبب .
to ~ up (١) يتخلّى عن (٢) يكفّ عن (٣) يُعلن أن المريض غير قابل للشفاء (٤) يُقرّ بعجزه .
to ~ way (١) يتراجع (٢) ينهار (٣) يُفسح مجالاً (٤) يستسلم (للحزن) .

**given** *(adj.)* (١)مقدَّم؛ موهوب (٢)مدمن؛ ميّال ٌ إلى (٣) محدَّد ؛ معيّن .

**giver** *(n.)* المعطي ؛ المانح ؛ الواهب .

**gizzard** *(n.)* القانصة؛ معدة الطير الثانية .

**glacial** *(adj.)* (١) بارد جداً (٢) جليديّ .

**glacier** *(n.)* المَجْلَدَة؛ نهر الجليد .

**glad** *(adj.)* (١) مبتهج؛ مسرور (٢) سارّ.

**gladden** *(vt.)* يبهج ؛ يسرّ .

**glade** *(n.)* فُرْجَة (أو ممرّ) في غابة .

**gladiator** *(n.)* المُجالد ؛ المُنازل .

**gladsome** *(adj.)* (١)مُبهِج (٢) مبتهج .

**glamorous** *(adj.)* فاتن ؛ ساحر .

**glamour** *(n.)* فِتنة ؛ سِحر .

**glance** *(vi.; t.; n.)* (١) يطيش (منحرفاً عن الرّميّة) (٢)يبرق؛ يومض ×(٣)يَلْمح أو يلقي نظرةعجلى على§(٤)ومضة (٥)لمحة؛ نظرةعجلى.

**gland** *(n.)* غُدَّة .

**glandular** *(adj.)* غُدّيّ .

**glare** *(vi.; t.; n.)* (١) يسطع (٢) يحملق (مُغْضَبًا) §(٣)وهجٌ (٤)حملقة .

**glaring** *(adj.)* (١) ساطع (٢) مُبَهْرَج . (٣) فاضح (٤) غاضب .

**glass** *(n.)* (١) زجاج (٢) كأس (٣) مرآة. (٤)منظار (٥) *pl.* : نظارتان؛ «عُوَيْنات».

**glassful** *(n.)* مِلءُ كَأس أو قدَح .

**glassware** *(n.)* آنية زجاجية .

**glassy** *(adj.)* (١) زجاجيّ (٢) كامد .

**glaze** *(vt.; n.)* (١)يزجّج (نافذة) (٢)يكسو أو يطلي بطبقة رقيقة صقيلة§(٣)طبقة رقيقةلامعة .

**glazier** *(n.)* الزّجّاج : مركّب الزجاج .

**gleam** *(n.; vi.)* (١)ومضة §(٢) يومض .

**glean** *(vi.; t.)* يلتقط فضلات الحصاد .

**glee** *(n.)* (١)مَرَح ؛طَرَب (٢)أغنية .

**gleeful** *(adj.)* مرِح ؛ طرِب ؛ جَذْلان .

**glen** *(n.)* وادٍ صغير منعزل .

**glib** *(adj.)* ذرِب؛زلِق اللسان ؛ سلِس البيان .

**glide** *(vi.; n.)* (١) ينزلق §(٢) انزلاق .

**glider** *(n.)* المنزلقة : طائرة شراعية .

**glimmer** *(vi.; n.)* (١)يومض§(٢) وميض. (٣) بصيص ؛ مقدار ضئيل .

**glimpse** *(vi.; t.; n.)* (١)يلمح §(٢)لمحة .

**glint** *(vi.; n.)* (١)يومض §(٢)ومضة .

**glisten;-ter** *(vi.; n.)* (١) يتلألأ §(٢)تلألؤ.

**glitter** *(vi.; n.)* (١)يتألق§(٢)تألق (٣)بهارج : حلى صغيرة متألّقة .

**gloaming** *(n.)* الغَسَق .

**gloat** *(vi.)* يحدّق بأعجاب؛ يتأمّل بحبور.

**global** *(adj.)* (١)كرويّ (٢)عالميّ .

**globe** *(n.)* (١) كرة (٢)الكرة الأرضيّة .

**globular** *(adj.)* كرويّ .
**globule** *(n.)* الكُرَيَّة : كرة صغيرة .
**gloom; -iness** *(n.)* (١)ظلام (٢) كآبة .
**gloomy** *(adj.)* (١)مظلم (٢) كئيب .
**glorification** *(n.)* تمجيد .
**glorify** *(vt.)* يمجّد ؛ يعظّم ؛ يُبجّل .
**glorious** *(adj.)* (١)مَجيد(٢)متألّق؛ رائع .
**glory** *(n.)* (١)شهرة (٢) تمجيد (٣)مَفْخَرَة . (٤) تألُّق (٥) مجد (٦) هالة .
**gloss** *(n.; vt.)* (١)لمعان؛ بريق (٢)تعليق؛ حاشية §(٣) يموّه (٤) يصقل (٥) يشرح؛ يعلّق .
**glossary** *(n.)* مَسْرَد(لشرح الكلمات الصعبة).
**glossy** *(adj.)* صقيل ؛ لامع .
**glove** *(n.)* قُفّاز .
**glow** *(vi.; n.)* (١) يتوهّج (٢) يحمرّ خجلاً (٣)يتّقد؛ يحتدم بالانفعال §(٤) توهّج (٥)اتّقاد؛ احتدام (٦)حرارة (٧) وَهجٌ .
**glower** *(vi.)* يحدّق ؛ يحملق .
**glowworm** *(n.)* الحُباحِب (حشرة) .
**glucose** *(n.)* الغلوكوز : سكّر العنب .
**glue** *(n.; vt.)* (١) غراء §(٢) يُغَرّي .
**glum** *(adj.)* كئيب؛ مكتئب؛ كالح الوجه.
**glut** *(vt.; n.)* (١)يُتْخِم §(٢)وفرة؛ فيض .
**glutinous** *(adj.)* دَبِق؛ لزِج؛ لزِق .
**glutton** *(n.)* النَّهِم ؛ الشَّرِه .
**gluttonous** *(adj.)* نَهِم ؛ شَرِه .
**gluttony** *(n.)* نَهَمٌ ؛ شَرَهٌ .
**glycerin** *or* **glycerine** *(n.)* الغليسيرين .
**gnarl** *(n.)* عقدة في شجرة .
**gnash** *(vt.)* يصرّ بأسنانه ؛ يَحْرق الأُرَّم.
**gnat** *(n.)* الجِرْجِسَة : بعوضة صغيرة .
**gnaw** *(vt.; i.)* (١) يَقرِض؛ يقضم (٢)يحفر . (٣) يزعج؛ يضايق (٤) ينخر .
**gneiss** *(n.)* النّايِس : صخر صوّاني .
**gnome** *(n.)* (١)قولٌ مأثور (٢) قَزَمٌ خرافيّ .
**go** *(vi.; t.; n.)* (١)يذهب(٢)يرحل(٣)ينقضي . (٤) يُباع (٥) يَضْعُف (٦) يتمزّق ؛ ينهار (٧)يَحْدُث (٨) يجري (٩) يدور؛يعمل بالطريقةالملائمة(١٠)يُعرَف بـ(١١)يساعدعلى (١٢)يعتزم؛ يوشك(١٣)يصبح (١٤)ينسجم (١٥)ينطبق على ×(١٦)يتحمّل؛ يطيق .

to ~ about يطوف ؛ يجول .
to ~ after يطلب ؛ يسعى وراء كذا .
to ~ ahead ينطلق ؛ ينجح ؛ يتفوّق .
to ~ along يتقدّم .
to ~ beyond يتخطى ؛ يتجاوز .
to ~ down (١) يغرق (٢) ينزل .
to ~ in (١) يدخل (٢) يشترك في .
to ~ off (١) يرحل (٢) ينفجر .
to ~ on يثابر ؛ يواصل .
to ~ out (١) يخرج (٢) يتوقف ؛ ينطفئ (٣) يَبْطُل (٤) يُضْرِب .
to ~ over (١) يفحص (٢) يعيد (٣) يراجع (٤) ينجح (٥) يغيّر مذهبه.
to ~ to pieces ينهار .
to ~ up (١) يَصْعَد (٢) يزيد .
to ~ west يموت (ع) .
to ~ with (١) يرافق (٢) يفهم (٣) ينحاز إلى (٤) يتفق أو ينسجم مع .

**goad** *(n.; vt.)* (١) مِهْماز §(٢) ينخس .
**goal** *(n.; vi.)* (١)الأمَد: منتهى الشوط أو السباق. (٢)هدف (٣)مرمى أو إصابة (في كرة القدم) .
**goalkeeper** *(n.)* حارس المرمى .
**goat** *(n.)* ماعز ؛ معزاة .
**gobble** *(vt.; i.)* (١)يلتهم؛ يزدرد ×(٢)يكركر .
**gobbler** *(n.)* الديك الروميّ .
**go-between** *(n.)* الوسيط ؛ السمسار .

**goblet** *(n.)* كأس ؛ قدح ؛ طاس .
**goblin** *(n.)* عِفريت ؛ جنّيّ ؛ غُول .
**god** *(n.)* (١)ربّ (٢) *cap.*: الله.
**godchild** *(n.)* ابنٌ أو ابنةٌ بالمعموديّة .
**goddaughter** *(n.)* ابنة بالمعمودية .
**goddess** *(n.)* إلاهة .
**godfather** *(n.)* العرّاب : أبٌ في العماد .
**godless** *(adj.)* ملحِد ؛ كافر .
**godlike** *(adj.)* إلهيّ : شبيه بإله .
**godly** *(adj.)* (١)إلهيّ (٢)تقيّ؛ ورع .
**godmother** *(n.)* العرّابة : أمّ في العماد .
**godsend** *(n.)* لُقْيَة أو مصادفة سعيدة .
**godson** *(n.)* ابنٌ بالمعموديّة .
**goggle** *(vi.)* يُحملق .
**goggle-eyed** *(adj.)* جاحظ العينين .
**goggles** *(n. pl.)* منظار للوقاية من الشمس أو الغبار .
**goiter** *(n.)* تضخم الغدّة الدّرقية .
**gold** *(n.)* (١)ذهبٌ (٢)مالٌ .
**golden** *(adj.)* (١)ذهبيّ (٢) أشقر .
**goldfinch** *(n.)* الحَسُّون: طائر من العصافير .
**goldfish** *(n.)* السمك الذهبيّ .
**goldsmith** *(n.)* الصائغ .
**golf** *(n.)* الغولف ؛ لعبة الغولف .

**gondola** *(n.)* الغُندول : زورق فينيسيا.

**gondolier** *(n.)* الغناديليّ : مُسيِّر الغناديل .
**gone** *past part. of* go.
**gong** *(n.)* الجرس القُرصي .
**gonorrhea** *(n.)* التعقيبة (مرض)

gongs

**good** *(adj.; n.)* (١) حسن ؛ جيّد (٢)ملائمٌ أو صالحٌ لِ (٣) كامل (٤) حقيقيّ ؛ محقّق (٥)طيّب (٦) بارع (٧)§ الخير (٨) مصلحة ؛ نفع (٩) *pl.*: سِلَع : بضائع (١٠)الأخيار .
**good-bye** or **good-by** *(interj.)* وداعاً .
**good-for-nothing** *(adj.)* تافِه .
**Good Friday** *(n.)* الجمعة الحزينة .
**good-hearted** *(adj.)* طيّب ؛ كريم .
**good-humored** *(adj.)* بشوش ؛ ودّي .
**goodly** *(adj.)* (١) مليح (٢) ضخم .
**good-natured** *(adj.)* = good-humored.
**goodness** *(n.)* طيبة ؛ جودة ؛ صلاح .
**goodwill** *(n.)* (١) شعور ودّي (٢) الاسم التجاري : القيمة المعنوية التي يكتسبها محلّ تجاريّ على مرّ الزمن .
**goody** *(n.)* شيء حلو أو لذيذ .
**goose** *(n.)* (١) إوزّة (٢) مغفّل (٣) مكواة .

**gooseberry** *(n.)* عنب الثعلب .
**gopher** *(n.)* الغَوْفَر : سنجاب أميركي .

**gore** *(n.; vt.)* (١) دم . (٢) قطعة أرض أو قماش مثلثة §(٣) يخرق بقرن الخ.

gore 2.

**gorge** *(n.; vi.)* (١) حَلْق ؛ حلقوم (٢) ممرّ ضيّق (٣) كتلة تسدّ مجرًى §(٤) يلتهم ؛ يأكل بنهم .

**gorgeous** *(adj.)* بهيّ ؛ رائع ؛ فائق الجمال.

**gorilla** *(n.)* الغِرِلّى ؛ الغوريلا .

**gormandize** *(vi.; t.)* يلتهم ؛ يأكل بنهم .

**gorse** *(n.)* الرَّتَم ؛ الوَزّال (نبات) .

**gosling** *(n.)* فرخ الإوزّ.

**gospel** *(n.)* إنجيل .

**gossip** *(n.; vi.)* (١) قيلٌ وقالٌ §(٢) ينهمك في القيل والقال ؛ ينشر الاشاعات .

**got** *past and past part. of* get

**Goth** *(n.)* (١) القُوطيّ : أحد القوطيين وهم شعب جرمانيّ (٢) الفظّ ؛ الهمجيّ .

**Gothic** *(adj.)* قُوطيّ .

**gouge** *(n.; vt.)* (١) المِظْفار : إزميل مقعّر §(٢) يظفر : يحفر بمِظفار (٣) يبتزّ مال فلان.

gouges

**gourd** *(n.)* قَرْع ؛ يَقطين .

**gourmand** *(n.)* المتأنّق في الطعام والشراب .

**gourmet** *(n.)* الخبير في المآكل والخمور .

**gout** *(n.)* النِّقرس : داء المفاصل .

**govern** *(vt.; i.)* يحكم أو يسيطر على .

**governess** مربية الأطفال .

**government** *(n.)* (١) حكم (٢) حكومة .

**governor** *(n.)* (١) الحاكم (٢) المدير .

**governorship** *(n.)* الحاكمية : منصب الحاكم .

**gown** *(n.)* (١) عباءة (٢) الرداء الجامعي أو المهْنيّ (٣) ثوب نسائي (٤) وزرة العمل .

**grab** *(vt.; n.)* (١) ينتزع ؛ يختطف (٢) يغتصب . §(٣) انتزاع ؛ اختطاف (٤) اغتصاب .

**grace** *(n.; vt.)* (١) نعمة إلهيّة (٢) صلاة المائدة . (٣) فَضْل ؛ مِنّة (٤) امتياز (٥) إمْهال ؛ مهلة (٦) جمال ؛ حُسْن (٧) رشاقة ؛ كياسة (٨) سموّ (٩) نيافة §(١٠) يشرّف (١١) يزيّن .

Act of ~, عفو عامّ .
by the ~ of God بنعمة الله .
in the good ~ s of ... ذو حظوة عند ...
with a good ~, عن طيب خاطر .

**graceful** *(adj.)* (١) جميل (٢) لبق .

**graceless** *(adj.)* (١) فاسد (٢) سمِج .

**gracious** *(adj.)* (١) كريم ؛ لطيف ؛ كيّس . (٢) مهذّب ؛ لبِق (٣) فاتِن (٤) رؤوف .

**gradation** *(n.)* (١) مرحلة ؛ درجة (٢) تدرّج .

**grade** *(n.; vt.)* (١) مرحلة ؛ درجة (٢) مرتبة ؛ منزلة (٣) صف مدرسيّ (٤) رتبة عسكريّة (٥) علامة مدرسيّة (٦) درجة تحدُّر الطريق (٧) طريق متحدّر §(٨) يصنّف ؛ يفرز ؛ يبوّب (٩) يمهّد طريقاً أو يجعلها متحدّرة تدريجياً.

**gradient** *(n.)* (١) درجة التحدّر (٢) منحدَر .

**gradual** *(adj.)* تدريجيّ ؛ تدرُّجيّ .

**graduate** *(n.; vt.)* (١) خِرّيج (٢) أنبُوبَة مُدَرَّجَة §(٣) يُخرِّج : يمنح طالباً شهادة التخرّج (٤) يدرج : يقسّم الى درجات .

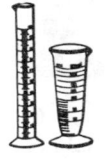

graduates 2.

**graduation** *(n.)* (١) تخريج ؛ تخرُّج . (٢) حفلة توزيع الشهادات (٣) تدريج ؛ تدرُّج .

**graft** *(vt.; i.; n.)* (١) يطعِّم ( النبات أو النسيج الحيّ ) (٢) يطعِّم (النسيج الحيّ) جراحياً (٣) يبتزّ المال § (٤) نبتة مطعَّمة (٥) عسلوج التطعيم (٦) ابتزاز المال .

grafting

**grain** *(n.)* (١) «أ» حَبّة . «ب» حبوب . «ج» النباتات المنتجة للحبوب (٢) ذرّة ؛ مقدار ضئيل (٤) القمحة : مقياس للوزن (٥) التجزُّع : تعرّق (أو اتجاه) الألياف (٦) طَبْع ؛ مزاج .

against the ~ , ضد مزاج المرء أو ميله .
with a ~ of salt بشكّ ؛ بتحفّظ .

**gram** *(n.)* الغرام : $\frac{1}{1000}$ من الكيلوغرام .

**grammar** *(n.)* علم النّحْو والصرف .

**grammarian** *(n.)* العالم بالنحو والصرف .

**grammatical** *(adj.)* نحويّ ؛ لغويّ .

**gramophone** *(n.)* الحاكي ؛ الفونوغراف .

**granary** *(n.)* هُرْي ؛ مخزن قمح .

**grand** *(adj.)* (١) كبير (٢) كلّيّ ؛ إجماليّ . (٣) رئيسيّ (٤) رفيع (٥) فخم (٦) جليل (٧) رائع .

**grandam** *(n.)* (١) جدّة (٢) امرأة عجوز .

**grandchild** *(n.)* (١) حفيد (٢) حفيدة .

**granddaughter** *(n.)* حفيدة .

**grand duchess** غراندوقة .

**grand duke** *(n.)* غراندوق .

**grandee** *(n.)* نبيل (اسباني أو برتغالي) .

**grandeur** *(n.)* جلال ؛ فخامة ؛ عظمة .

**grandfather** *(n.)* (١) جدّ (٢) سَلَف .

**grandiloquent** *(adj.)* (١) مُفخَّم : مصطنعٌ الكلامَ الفخم الطنّان (٢) مفخَّم .

**grandiose** *(adj.)* فخيم .

**grandmother** *(n.)* الجَدّة : أمّ الأب أو الأمّ .

**grandparent** *(n.)* (١) جَدّ (٢) جَدّة .

**grandson** *(n.)* حفيد .

**grandstand** *(n.)* المدرّج المسقوف .

**grange** *(n.)* مزرعة .

**granite** *(n.)* الغرانيت ؛ الصوّان .

**grant** *(vt.; n.)* (١) يخوِّل (٢) يمنح (٣) يسلّم بـ . § (٤) تخويل ؛ مَنْح ؛ تسليم بـ (٥) هِبَة ؛ منحة .

to take for ~ ed يفترض ؛ يسلّم جدلاً ؛ يعتبره صحيحاً أو محتوماً .

**grantee** *(n.)* الموهوب أو الممنوح له .

**grantor** *(n.)* الواهب ؛ المانح .

**granular** *(adj.)* حُبَيْبِيّ ؛ مُبَرْغَل .

**granulate** *(vt.; i.)* (١) يُحبِّب ؛ يُبَرْغِل . × (٢) يتحبّب ؛ يتبرغل .

**granule** *(n.)* حُبَيْبَة .

**grape** *(n.)* عِنَب ؛ كرمة .

**grapefruit** *(n.)* ليمون الجنّة : الليمون الهندي .

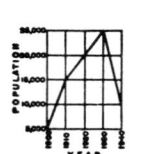

**graph** *(n.)* رسم بيانيّ .

**graphic** *(adj.)* (١) حيّ ؛ نابضٌ بالحياة . (٢) تصويريّ ؛ نقشيّ ؛ طباعيّ ؛ كتابيّ ؛ بيانيّ .

**graphic arts** *(n. pl.)* الفنون التخطيطية ( كالتصوير والزخرفة والكتابة والطباعة ) .

**graphite** *(n.)* الغرافيت : كربون طريّ .

**grapnel** *(n.)* (١) مرساة (٢) كُلاّب .

**grapple** *(n.; vt.; i.)* (١) كُلاّب أو مرساة . (٢) تماسك بالأيدي (في المصارعة) § (٣) يمسك بـ ؛ يتشبث بـ (٤) يصارع أو يتصارع .

**grasp** *(vi.; t.; n.)* (١) يمسك بـ ؛ يتمسّك بـ . (٢) يعانق (٣) يفهم § (٤) مِقبض (٥) عناق (٦) حَوْزَة (٧) متناوَلُ الذراعين .

**grasping** *(adj.)* جَشِع ؛ طمّاع .

**grass** *(n.)* (١) عُشْب (٢) مَرْعَى .

**grasshopper** *(n.)* الجُنْدُب .

**grassy** *(adj.)* (١) مُعْشِب (٢) عشبيّ .

**grate** *(n.; vt.)* (١) المُقَضَّب : حاجز ذو قضبان متوازية (٢) الشَّعرية (٣) مِنصَب لحمل نار الموقد § (٤) يَبْشُر (٥) يُثير (٦) يَصِر بـ .

**grateful** *(adj.)* (١) شاكر ؛ مُقِرّ بالجميل ؛ معبِّر عن شكر (٢) مُستَحَبّ ؛ سائغ .

**grater** *(n.)* المِبْشَرَة : أداةٌ للبَشْر .

**gratification** *(n.)* (١) إرضاء ؛ رضاً (٢) إشباع .

**gratify** *(vt.)* (١) يُرْضي أو يُشبِع (٢) يَسُرّ .

**grating** *(n.)* = grate.

**gratis** *(adv.; adj.)* (١) مَجّاناً § (٢) مجانيّ .

**gratitude** *(n.)* عرفان الجميل .

**gratuitous** *(adj.)* (١) مجانيّ (٢) بلا مبرّر .

**gratuity** *(n.)* نَفحة ؛ راشن ؛ بقشيش .

**grave** *(vt.; adj.; n.)* (١) ينحت ؛ ينقش . § (٢) خطير (٣) مُهْلِك (٤) وقور ؛ رزين (٥) قاتم (٦) خفيض § (٧) قبر .

**gravel** *(n.)* حَصًى ؛ حَصْباء .

**graver** *(n.)* (١) النحّات (٢) إزميل .

**gravestone** *(n.)* الشاهد : بلاطة القبر .

**graveyard** *(n.)* مقبرة ؛ مدفن ؛ جبانة ؛ قرافة .

**gravitation** *(n.)* الجاذبيّة الأرضيّة .

**gravity** *(n.)* (١) وقار ؛ رزانة (٢) خطورة . (٣) ثِقل (٤) جاذبيّة الأرض .

**gravy** *(n.)* صلصة مرق اللحم .

**gray** *(adj.; n.; vt.)* (١) رماديّ (٢) أشيب . (٣) كئيب § (٤) اللون الرمادي § (٥) يجعله رمادياً .

**graybeard** *(n.)* شيخ ؛ رجل عجوز .

**grayling** *(n.)* التيمالوس : سمك نهريّ .

**graze** *(vi.; t.; n.)* (١) ترعى (الماشية) × (٢) يُسيم الماشية لترعى (٣) يمسّ مسّاً عابراً رفيقاً (٤) يكشط ؛ يحلِط § (٥) كَشْطٌ .

**grease** *(n.; vt.)* (١) شحمٌ (٢) يزيّت ؛ يشحّم .

**greasy** *(adj.)* (١) مشحّم (٢) زيتيّ المظهر أو الملمس (٣) زلِق (٤) دُهنيّ .

**great** *(adj.)* (١) ضخم (٢) واسع (٣) ساحق . (٤) مفعَم بـ (٥) كبير ؛ عظيم (٦) مديد (٧) رفيع ؛ نبيل (٨) رائع (٩) حُبْلَى .

**greatcoat** *(n.)* مِعْطَف .

**great-grandfather** *(n.)* أبو الجدّ.

**greatly** *(adv.)* كثيراً؛ جدّاً.

**Grecian** *(adj.; n.)* = Greek.

**greed** *(n.)* جَشَع؛ طَمَع.

**greedy** *(adj.)* (١)شَرِه (٢)جَشِع؛ طمّاع.

**Greek** *(n.; adj.)* (١)الاغريقيّ؛ اليونانيّ (٢)اللغة اليونانيّة §(٣) اغريقيّ؛ يونانيّ (٤)روميّ.

**green** *(adj.; n.)* (١)أخضر (٢)فجّ (٣)طازج أو جديد (٤)شاحب (٥)غير مدبوغ (٦)أخرق؛ ساذج؛ مغفّل §(٧)اللون الأخضر.

**greenhouse** *(n.)* الدَّفيئَة: بيت زجاجيّ لزراعة النباتات الرَّخصة أو لوقايتها.

**greenish** *(adj.)* مُخْضَرّ.

**greensward** *(n.)* مَرْجَة؛ مَرْج.

**greenwood** *(n.)* الغابة الخضراء.

**greet** *(vt.)* يرحّب بـ؛ يحيّي.

**greeting** *(n.)* ترحيب؛ تحيّة.

**gregarious** *(adj.)* اجتماعيّ.

**Gregorian** *(adj.)* غريغوري.

**grenade** *(n.)* الرُّمّانة: قنبلة يدويّة.

**grenadier** *(n.)* ملقي القنابل اليدوية.

**grew** *past of* grow.

**grey** *(adj.; n.; vt.)* = gray.

**greyhound** *(n.)* السلوقيّ: كلب صيد.

**grid** *(n.)* (١) المصبَّعة: شبكة قضبان متصالبة. (٢) لوح المِرْكَم: صفيحة معدنيّة مثقبة تُستخدم كمُوصِّل في بطارية مُخْتَزِنة.

**griddle** *(n.)* صينيّة لخَبْز الكعك المحلّى.

**gridiron** *(n.)* (١) مِشْواة (٢) ملعب.

**grief** *(n.)* (١) أسىً؛ حزن (٢)إخفاق؛ كارثة.

**grievance** *(n.)* ضَيْم؛ مَظْلَمَة؛ شَكْوى.

**grieve** *(vt.; i.)* (١) يُحْزِن ×(٢) يَحْزَن.

**grievous** *(adj.)* (١)باهظ؛ مرهِق؛ ثقيل الوطأة. (٢) مؤلم؛ محزن (٣) خطير؛ فاحش.

**grill** *(vt.; n.)* (١)يشوي (٢)يستجوب بقسوة. §(٣)مِشواة (٤)شِواء (٥) مطعم شُواء.

**grim** *(adj.)* (١)ضارٍ؛ شرِس (٢) متجهم؛ كالح (٣) مروِّع؛ مثير للاشمئزاز.

**grimace** *(n.; vi.)* (١) كَشْرَة §(٢)يكشِّر أو يلوي قسمات وجهه لإضحاك الآخرين.

**grime** *(n.)* سُخام؛ وسخ.

**grin** *(vi.; n.)* (١) يبتسم ابتسامةً عريضةً. (٢) يكشِّر §(٣)ابتسامة عريضة (٤)تكشير.

**grind** *(vt.; n.)* (١)يطحن (٢)يشحذ؛ يسنّ. (٣) يَصِرّ بأسنانه (٤) يظلم §(٥)طَحْن الخ. (٦) كدحٌ (٧)تلميذ يدرس بإجهاد.

**grinder** *(n.)* (١) ضِرْس (٢) الطاحن أو الشّاحذ (٣)مِطحنة (٤)مِجلخة.

**grindstone** *(n.)* حجر الشَّحذ ؛ مِجلخة .

**grip** *(vt.; n.)* (١) يُمسك (بإحكام) (٢) يستحوذ على (٣) مَسْكَة ؛ قَبْضَة (٤) مَقْبِض .

**gripes** *(n. pl.)* مغص .

**grippe** *(n.)* الحَبْطَة ؛ الإنفلوَنْزا (مرض) .

**grisly** *(adj.)* رهيب ؛ مروع .

**grist** *(n.)* (١) حنطة (٢) طِحْن ؛ طحين .

**gristle** *(n.)* غُضْرُوف .

**gristmill** *(n.)* مِطحنة ؛ طاحونة قَمْح .

**grit** *(n.)* (١) بُرْغُل ؛ جَرِيش (٢) صخر رملي ( ذو حُبَيْبات خشنة ) (٣) ثبات ؛ عزم .

**grizzled; grizzly** *(adj.)* أشْيَب .

**groan** *(vi.; n.)* (١) يئن ؛ يتأوّه (٢) يئطّ ؛ يَصْرِف ؛ يصِرّ §(٣) أنين ؛ تأوّه .

**grocer** *(n.)* البقّال ؛ البدّال ؛ السمّان .

**grocery** *(n.)* (١) البِقالة §(٢) دكان البقّال .

**groin** *(n.)* (١) الأرْبيّة : أصل الفخذ (٢) الحنيّة : مُلتَقَى عقدَين متقاطعين .

AA. groins.

**groom** *(n.; vt.)* (١) سائس خيل (٢) عريس §(٣) يسوس الخيل (٤) يَصْقُل (٥) يهيىء .

**groove** *(n.; vt.)* (١) أخدُود ؛ ثَلْم (٢) روتين ؛ عمل نمطيّ رتيب §(٣) يخدّد ؛ يحفر ثلماً في .

**grope** *(vi.; t.)* يتلمّس طريقَهُ (في الظلام) .

**gross** *(adj.; n.)* (١) جسيم (٢) بدين جداً (٣) عامّ ؛ عريض (٤) إجماليّ ؛ غير صافٍ (٥) فظّ ؛ غير مهذّب (٦) رخيص ؛ عاديّ (٧) بذيء (٨) كثيف §(٩) المجموع الاجمالي (غير الصافي) (١٠) الغروس: اثنتا عشرة دزينة .

**grotesque** *(adj.)* غريب أو خيالي .

**grotto** *(n.)* غار ؛ كهف .

**grouch** *(n.; vi.)* (١) نوبة نكد أو ضيق خُلق §(٢) يغلب عليه النكد أو ضيق الخلق .

**ground** *(n.; vt.; i.)* (١) قاع (٢) *pl.* : ثُفل ؛ رواسب (٣) أساس ؛ دافع ؛ سبب (٤) خَلْفية (٥) سطح الأرض (٦) *pl.* : المساحة المحيطة بمنزل الخ. والتابعة له (٧) موضوع §(٨) يضع على الأرض ×(٩) يرتطم بالقاع (١٠) يقع على الأرض .

forbidden ~, المنطقة الحرام .

**ground** *past and past part.* of grind.

**ground floor** *(n.)* الطابق الأرضي .

**groundless** *(adj.)* لا مبرر أو أساس له .

**groundwork** *(n.)* أساس ؛ قاعدة .

**group** *(n.; vt.; i.)* (١) جماعة (٢) زُمْرَة (٣) مجموعة §(٤) يضم (٥) يصنف ×(٦) يتجمّع .

**grouse** *(n.)* الطَّيهُوج (طائر) .

grouse

**grove** *(n.)* (١) أيْكَة ؛ غَيْضَة (٢) بُسْتان .

**grovel** *(vi.)* يدِبّ أو ينبطح على الأرض .

**grow** *(vi.; t.)* (١) ينمو (٢) ينبت (٣) يكبر (٤) يزداد (٥) يصبح ×(٦) يزرع (٧) يربّي .

**growl** *(vi.; n.)* (١) يهرّ (الكلبُ) §(٢) هرير .

**grown** *(adj.)* ناضج ؛ تامّ النموّ .

**grown-up** *(n.; adj.)* بالغ ؛ راشد .

**growth** *(n.)* (١) نماء ؛ نموّ (٢) ازدياد (٣) شيء نامٍ (٤) ورم ؛ خرّاج (٥) أصل .

**grub** *(vt.; i.; n.)* (١) يعزق ؛ ينكش ؛ ينبش (٢) يكدح §(٣) دُوَيْدَة ؛ يرقانة دودية (٤) طعام .

**grubby** *(adj.)* (١) قذِر (٢) حقير ؛ وضيع .

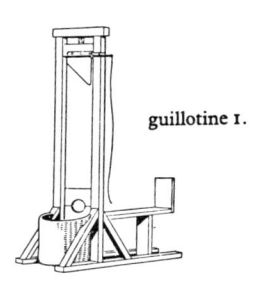

**grudge** *(vi.; t.; n.)* (١) يشكو ؛ يتذمّر . ×(٢) يحسُد (٣) يُنكر عليه أمراً (٤) يضنّ عليه بـ §(٥) حقد ؛ ضغينة .

**gruel** *(n.)* (١) ثريد؛ عصيدة (٢) قِصاص .

**gruesome** *(adj.)* رهيب؛ مخيف؛ شنيع .

**gruff** *(adj.)* (١) فظّ (٢) أجشّ .

**grumble** *(vt.; i.; n.)* (١) يدمدم ؛ يهرّ ؛ يتذمّر §(٢) دمدمة؛ هرير؛ تذمّر .

**grunt** *(vi.; t.; n.)* (١) يَقْبَع (الخنزير) ؛ ينخَر §(٢) القُباع : صوت الخنزير .

**guarantee** *(n.; vt.)* (١) الضامن ؛ الكفيل. (٢) ضمانة ؛ كفالة §(٣) يضمن ؛ يكفل .

**guarantor** *(n.)* الضامن ؛ الكفيل .

**guaranty** *(n.; vt.)* = guarantee.

**guard** *(n.; vt.; i.)* (١) حماية ؛ دفاع . (٢) حارس ؛ حَرَس (٣) كمْساريّ قطار (٤) وقاء §(٥) يقي؛ يحمي ؛ يدافع عن (٦)يحرس ×(٧) يحاذر .

on one's ~, متيقّظ ؛ حذِر .
off one's ~, غافل ؛ غير متيقّظ .

**guardian** *(n.)* (١)حارس (٢) وصيّ .

**guava** *(n.)* شجرة الغُوافة أو ثمرُها .

**guerdon** *(n.; vt.)* (١) مكافأة §(٢) يكافىء.

**guerrilla** or **guerilla** *(n.)* الداغر : المشارك في حربِ العصابات .

**guess** *(vt.; i.; n.)* (١)يخمن أو يحزر (٢)يظنّ ؛ يحسب §(٣) تخمين ؛ حَزْر ؛ ظَنّ .

**guest** *(n.)* (١)ضيف (٢)نزيل (بفندق الخ.)

**guffaw** *(n.; vi.)* (١)قَهْقَهَة §(٢)يُقهقِه.

**guidance** *(n.)* إرشاد؛ توجيه؛ هَدْي؛ هداية.

**guide** *(n.; vt.: i.)* (١) المرشد ؛ الدّليل . (٢) الموجِّهة : أداة لتوجيه حركة شيء ما §(٣) يُرْشِد ؛ يَهْدِي ؛ يوجه .

**guidebook** *(n.)* الدّليل : كتاب لهداية السيّاح .

**guided missile** *(n.)* القذيفة المُوجَّهة .

**guild** *(n.)* نقابة مهنية (في القرون الوسطى) .

**guilder** *(n.)* الجيلْدر : عملة هولندية.

**guile** *(n.)* (١)مَكْر ؛ خداع (٢)رياء.

**guileless** *(adj.)* ساذج ؛ صادق ؛ صريح.

**guillotine** *(n.; vt.)* (١) مِقصلة (٢) مقطع ورق §(٣) يُعدم بمقصلة .

guillotine 1.

**guilt** *(n.)* (١) إثم (٢) شعور بالاثم .

**guiltless** *(adj.)* (١)بريء (٢)غِرّ ؛ عديم الخبرة

**guilty** *(adj.)* (١) مذنب (٢)شاعرٌ بالاثم .

**guinea** *(n.)* جُنَيْه (انكليزي) .

**guinea fowl** or **hen** *(n.)* الدّجاج الحبشي .

**guinea pig** *(n.)* (١)خنزير غينيا ؛ الخنزير الهندي (٢) حقل للتجارب .

guinea fowl

**guise** *(n.)* زيّ؛ هيئة؛ مظهر .

**guitar** *(n.)* قيثارة ؛ غيتار .

**gulch** *(n.)* العَقيق ؛ وادٍ عميق ضيّق .

**gulf** *(n.)* (١) خليج (٢) هاوية . (٣) ثغرة واسعة .

gull 1.

**gull** *(n.; vt.)* النَّوْرَس ؛ زُمَّج الماء (٢) الساذج ؛ السهلُ الانخداع § (٣) يخدع .

**gullet** *(n.)* (١) المريء (٢) الحنجرة .

**gully** *(n.)* أُخدود (من أثرِ مياه المطر) .

**gulp** *(vt.; n.)* (١) يزدرد ؛ يتجرّع § (٢) ازدراد .

**gum** *(n.; vt.)* (١) لِثَة (٢) صَمْغ (٣) مَضيغَة ؛ «علكة» § (٤) يطلي أو يُلصق بالصَّمغ .

**gummous; gummy** *(adj.)* صَمغيّ ؛ دَبِق .

**gumption** *(n.)* (١) ذكاء (٢) روح المبادرة .

**gun** *(n.)* مدفع ؛ بندقيّة ؛ مسدّس .

**gunboat** *(n.)* السفينة المدفعية .

**gunlock** *(n.)* زَنْد البندقيّة

**gunman** *(n.)* القاتل المحترف .

**gunner** *(n.)* المِدْفَعيّ ؛ جندي المدفعية .

**gunnery** *(n.)* القِذافة : علم المدفعيّة .

**gunny** *(n.)* (١) خَيْش (٢) كيس خَيْش .

**gunpowder** *(n.)* بارود .

**gunshot** *(n.)* (١) طلق ناري (٢) مدى المدفع أو البندقيّة

**gunwale** *(n.)* الشَّفير : الحافة العليا من جانب المركب .

**gurgle** *(vi.; n.)* (١) يُقَرْقِر : يتدفّق في تيّار متقطّع ضاجّ § (٢) قَرْقَرَة .

**gush** *(vi.; n.)* (١) يتدفّق ؛ يتفجّر § (٢) تدفّق .

**gusher** *(n.)* بئر بترولية غزيرة الدفق .

**gust** *(n.)* (١) عصفة ريح (٢) انفجار عاطفيّ .

**gusto** *(n.)* (١) ذَوْق ؛ مَيْل (٢) استمتاع أو تقدير شديد (٣) حيويّة بالغة .

**gut** *(n.)* (١) *pl.* : أحشاء (٢) القناة الهضمية ؛ أو جزء منها (كالمعي أو المعدة) (٣) ممرّ ضيق (٤) وَتَر (٥) *pl.* : شجاعة .

**gutless** *(adj.)* جبان أو عديم الحيويّة .

**gutter** *(n.)* (١) ميزاب ؛ مزراب (٢) قناة ؛ بالوعة .

**guttural** *(adj.)* حَلْقيّ ؛ بلعوميّ ؛ حُنجُريّ .

**guy** *(n.; vt.)* (١) الشَّدّادة : حبل (أو سلسلة تثبيت) (٢) شخص ؛ فتى § (٣) يَسخر من (٤) يثبّت .

**guzzle** *(vt.; i.)* يُسْرِف في الشراب .

**gymkhana** *(n.)* حفلة رياضية .

**gymnasium** *(n.)* الجِمنازيوم : «أ» مبنى للالعاب الرياضية . «ب» مدرسة ثانوية ألمانيّة .

**gymnast** *(n.)* الخبير بالرياضة الجِمنازية .

**gymnastic** *(adj.)* رياضيّ ؛ جِمنازيّ .

**gymnastics** *(n.)* الرياضة الجِمنازيّة : رياضة بدنيّة يقصَد بها ترويض العضَلات .

**gynecology** *(n.)* علم أمراض النساء .

**gyp** *(n.; vt.; i.)* خادم بكليّة .

**gypsum** *(n.)* جِصّ ؛ جِبْس .

**Gypsy** *(n.)* (١) الغَجَريّ (٢) لغة الغَجَر .

**gyrate** *(vi.)* يدوِّم : يدور حول نقطة أو محور .

**gyration** *(n.)* التدويم : دوران حول محور .

**gyroscope** *(n.)* الجيروسكوب : أداة تستخدم لحفظ توازن الطائرة أو الباخرة .

gyroscope

**gyve** *(n.; vt.)* (١) قَيْد ؛ صِفاد ؛ غلّ § (٢) يقيّد ؛ يصفّد ؛ يكبّل .

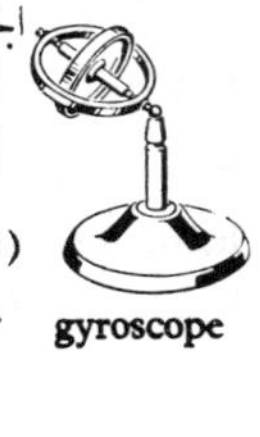

# H

The Holy Kaaba (Mecca, Saudi Arabia)

**h** *(n.)* الحرف الثامن من الأبجدية الانكليزية.

**haberdasher** *(n.)* (١) الخُرْدجِيّ : بائع السِّلَع الصغيرة كالأزرار والإبر الخ. (٢) بائع السلع الرجالية (كالقمصان وأربطة العنق الخ.).

**habiliments** *(n.pl.)* ثياب ؛ ملابس .

**habit** *(n.; vt.)* (١) رداء ؛ رداء الراهب (٢) بذلة ركوب الخيل (للسيدات) (٣) عادة .

**habitable** *(adj.)* صالحٌ للسكنى .

**habitant** *(n.)* الساكن ؛ المقيم ؛ المستوطن .

**habitation** *(n.)* (١) سُكْنَى (٢) مَسْكَن .

**habitual** *(adj.)* (١) معتاد ؛ مألوف (٢) مدمن .

**habituate** *(vt.)* يعوِّد ؛ يروِّض على .

**hack** *(vt.; i.; n.)* (١) يقطّع بضربات متوالية . ×(٢) يسعل سعالاً متقطّعاً جافاً §(٣) فأس (٤) سعال متقطع جاف (٥) كديش (٦) حصان أجرة (٧) عربة أو سيارة أجرة .

**hackle** *(n.)* ريش عنق الطائر .

**hackney** *(n.; vt.)* (١) حصان ركوب أو جرّ . (٢) عربة أو سيارة أجرة §(٣) يبتذل .

**hackneyed** *(adj.)* مبتَذَل .

**had** *past and past part. of* have.

**haddock** *(n.)* الحَدوق (سمك) .

**Hades** *(n.)* الجحيم .

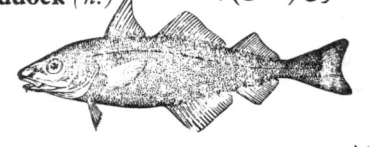

**haft** *(n.)* مَقْبِض ؛ نِصاب .

**hag** *(n.)* (١) ساحرة (٢) عجوز شمطاء .

**haggard** *(adj.)* مضنًى ؛ مهزول ؛ مُنهَك .

**haggle** *(vi.)* يساوم ؛ يماحك .

**hail** *(n.; vi.; t.; interj.)* (١) بَرَدٌ (٢) وابلٌ كالبَرَد (٣) تحيّة ؛ ترحيب (٤) هتاف ؛ نداء §(٥) تمطر (السماء) بَرَداً (٦) ينهمر كالبَرَد ×(٧) يمطره بوابل من (٨) يحيّي أو يرحّب بـِ (٩) ينادي (١٠) ينادي بـِ §(١١) مَرْحَباً .

to ~ from يُقْبِل من ؛ يأتي من .

within ~, ضمن مدى الصوت .

**hailstone** *(n.)* البَرَدَة: حبّة بَرَد.

**hailstorm** *(n.)* عاصفة البَرَد.

**hair** *(n.)* (١)شَعْر؛ شعرة (٢)وَبَر.

**hairdresser** *(n.)* المزيِّن؛ الحلاّق.

**hairless** *(adj.)* أصلع؛ أجرد؛ أمرد.

**hairpin** *(n.)* دبّوس شعر.

**hairy** *(adj.)* أشْعَر؛ شَعِر؛ كثير الشعر.

**hake** *(n.)* النازِليّ: سمك من جنس القُدّ.

**halberd** *or* **halbert** *(n.)* المِطرَد: سلاح قديم مؤلَّف من رمح وفأس حرب.

head of halberd

**halcyon** *(adj.)* (١)رائق (٢)مزدهر.

**hale** *(adj.)* سليم؛ صحيح؛ معافى.

**half** *(n.; adj.)* (١) نصف (٢) نصف ساعة. (٣)شطر؛ أحد زوجين §(٤)نصفيّ أو جزئيّ.

by ~, إلى حدّ بعيد.
one's better ~, زوجة المرء.

**halfback** *(n.)* الظهير المساعد (في كرة القدم).

**half-baked** *(adj.)* فَطير؛ نصف مخبوز.

**half-blooded** *(adj.)* مولَّد؛ هجين.

**half boot** *(n.)* الحذاء النصفيّ: حذاء يتجاوز الكاحل بعض الشيء.

**half-breed** *(adj.; n.)* مولَّد؛ هجين.

**half brother** *(n.)* أخٌ غير شقيق.

**halfhearted** *(adj.)* فاتر؛ تُعوِزه الحماسة.

**half-moon** *(n.)* هلال.

**half time** *(n.)* (١)الفاصل الانتصافي: فترة بين الشطرين الأول والثاني من مباراة في كرة القدم الخ. (٢) العمل النصفيّ: الشّغل نصف ساعات النهار فقط وبنصف راتب.

**half-track** *(n.)* سيارة بنصف زنجير.

**halfway** *(adj.; adv.)* (١)متوسط (٢)جزئي. §(٣)إلى منتصف المسافة (٤)جزئيّاً؛ تقريباً.

**half-wit** *(n.)* شخص أحمق أو أبله.

**hall** *(n.)* (١) قصر (٢)مبنى في جامعة (٣) ردهة. (٤) رواق (٥)قاعة اجتماع كبيرة (٦)ملهى.

**hallelujah** *(n.)* ترنيمة شكر.

**hallmark** *(n.)* (١) دمغة المصوغات (٢)صفة رسمية أو سِمَة مميِّزة.

**hallo** *or* **halloo** =hollo.

**hallow** *(vt.)* يقدّس؛ يكرّس؛ يبجِّل.

**hallucination** *(n.)* هَلْوَسَة؛ هذيان.

**hallway** *(n.)* (١)مَدْخَل (٢) رواق.

**halo** *(n.)* هالة.

**halt** *(adj.; vi.; t.; n.)* (١)أعرج §(٢)يقف؛ يتوقف ×(٣)يوقف §(٤)وقوف؛ توقّف؛ موقف.

**halter** *(n.; vt.)* (١)رَسَن (٢) حبل المشنقة. (٣)الموت شنقاً §(٤) يشنق.

**halve** *(vt.)* (١) ينصّف: يشطر إلى نصفين. (٢) يُنزِل إلى النصف.

**halves** *pl. of* half.

**halyard** *(n.)* الكَرّ: حبل لرفع شراع أو خفضه.

**ham** *(n.)* فخذ الخنزير المملح.

**hamburger** *(n.)* سندويشة من لحم البقر.

**hamlet** *(n.)* قرية صغيرة.

**hammer** *(n.; vi.; t.)* (١) مِطرقة (٢) زند البندقية §(٣) يطرُق؛ يدقّ ×(٤) يطرِّق.

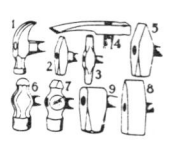

hammers

**hammock** *(n.)* الأُرْجوحة الشبكيّة.

**hamper** *(vt.; n.)* (١)يعوق؛ يعرقل (٢)يكبح؛ يقيِّد §(٣) عائق (٤) السَّبَت: سلة كبيرة.

han 220 han

**hand** *(n.; vt.)* (١)يد (٢)مؤشّر (٣)عقرب ساعة (٤) سيطرة ؛ إشراف (٥) جانب ؛ جهة (٦) مصدر (٧) عون ؛ مساعدة (٨) عاصفة تصفيق (٩) لاعب (في لعبة ورق) (١٠) الأوراق في يد اللاعب (١١) دورة أو «دَقّ» (في لعب الورق) (١٢)العامل ؛ النوتيّ (١٣) البارع في عمل ما §(١٤) يقود أو يساعد باليد (١٥)يسلّم إلى.. باليد .

- at ~, (١) قريب (٢) في المتناوَل .
- from ~ to mouth عيشة الكفاف .
- ~s off! إرفع يدك عن ..! لا تمسّ !
- ~s up! إرفع يديك ! استسلم !
- in ~, (١) تحت سيطرة المرء (٢) في المتناوَل (٣) قيْدَ التحضير .
- on the one ~, من ناحية .
- out of ~, (١) حالاً (٢) مُنْجَز (٣) خارج عن سيطرة المرء .
- to ask the ~ of يطلب يدها (للزواج) .
- to ~ over يتخلّى عن ؛ يسلّم إلى .
- to join ~ in ~, يتعاونون .
- to shake ~s with يصافح فلاناً .

**handbag** *(n.)* حقيبة (للسفر أو للسيدات) .

**handball** *(n.)* كرة اليد .

**handbill** *(n.)* إعلان أو بيان يوزع باليد .

**handbook** *(n.)* (١) كتيب (٢)دليل السيّاح .

**handcart** *(n.)* عربة اليد (تُدفَع باليد) .

**handcraft** *(n.)* حرفة ؛ صنعة يدوية .

**handcuff** *(n.; vt.)* (١)قيد ؛ صَفَد ؛ غُلّ §(٢)يقيّد ؛ يصفّد ؛ يكبّل .

handcuff

**handful** *(n.)* حفنة ؛ قبضة .

**handicap** *(n.)* (١)سباق العَدل : سباق يُتساهل فيه مع العنصر الضعيف أو يُفرَض فيه على العنصر القوي عبء إضافي (٢)عائق ؛ عقبة .

**handicraft** *(n.)* حِرفة ؛ صنعة يدوية .

**handiwork** *(n.)* (١)عمل يدوي (٢)صنع اليد .

**handkerchief** *(n.)* مِنديل ؛ محرمة .

**handle** *(n.; vt.)* (١) مِقبَض ؛ مَسكَة . §(٢)يمسّ ؛ يلمس ؛ يمسك (٣)يستعمل (٤) يسوس (٥)يعالج (٦)يعامل (٧) يتاجر بـِ .

**handlebar** *(n.)* مِقوَد الدرّاجة الهوائية .

**handling** *(n.)* (١)معالجة (٢)معاملة .

**handmade** *(adj.)* يدويّ ؛ مصنوع باليد .

**handmaid; -en** *(n.)* (١)وصيفة (٢)خادمة .

**handshake** *(n.)* مصافحة .

**handsome** *(adj.)* (١)وسيم ؛ مليح (٢) سخيّ .

**handwriting** *(n.)* كتابة ؛ خطّ .

**handy** *(adj.)* (١)قريب ؛ في المتناوَل (٢)هيّن استعمالُه (٣)صَناع : بارع في استعمال اليدين .

**hang** *(vt.; i.)* (١) يدلّي ؛ يعلّق (٢) يشنق . (٣)يزيّن (٦) ينكّس (٥)يلصق على جدار ×(٦)يتدلّى (٧)يموت شنقاً (٨)يهدّد ؛ يكون كالسّيف المُصْلَت (٩) يتوقّف على (١٠) يتشبّث ؛ يتمسّك بـِ ؛ يتّكِىء (١١)يبقى معلّقاً أو غيرَ مُنجَز .

- to ~ about *or* around يتسكّع .
- to ~ back *or* off يتخلّف عن الآخرين .
- to ~ on (١) يتمسّك بكذا (٢)يرفض التخلي عن (٣) يستمرّ بقوّة .
- to ~ together (١) يتساند (٢) يتماسك .
- to ~ up (١) يعلّق ثوباً (٢) ينهي مكالمة تلفونية (بإعادة السماعة إلى موضعها) .

**hangar** *(n.)* (١)حظيرة (٢)حظيرة الطائرات .

**hanger-on** *(n.)* العالة ؛ الطفيليّ .

**hanging** *(n.; adj.)* (١) شَنْق (٢) سِتارة . (٢) سجادة تعلَّق على جدار § (٣) معلَّق .

**hangman** *(n.)* الجلاّد ؛ الشانق .

**hank** *(n.)* لفيفة ؛ كُبَّة ؛ شِلّة .

**hanker** *(vi.)* يتوق (توقاً شديداً) .

**hansom** *(n.)* الهَنسُوميّة : مركبة مقعد الحوذيّ فيها خلفيّ .

**hap** *(n.)* (١) حَدَث (٢) حظّ (٣) كِساء ؛ غطاء .

**haphazard** *(n.; adj.; adv.)* (١) مُصادفة ؛ اتّفاق § (٢) اتّفاقيّ § (٣) «أ» مصادفةً . «ب» كيفما اتّفق .

**hapless** *(adj.)* قليل الحظّ ؛ سيّء الطالع .

**haply** *(adv.)* مصادفةً ؛ بالمصادفة ؛ اتّفاقاً .

**happen** *(vi.)* (١) يَحْدُث (٢) يُصادِف .

**happening** *(n.)* (١) حُدوث (٢) حادثة .

**happily** *(adv.)* (١) لحسن الحظّ (٢) بسعادة الخ .

**happiness** *(n.)* (١) سعادة (٢) لباقة .

**happy** *(adj.)* (١) موآتٍ (٢) لبِق (٣) سعيد .

**harangue** *(n.; vi.)* (١) خُطبة § (٢) يخطُب .

**harass** *(vt.)* يُرْهِق ؛ يُنْهِك .

**harbinger** *(n.)* الرائد ؛ النذير ؛ البشير .

**harbor** *or* **harbour** *(n.; vt.; i.)* (١) مَلاذ ؛ مَلجأ (٢) ميناء ؛ مرفأ § (٣) يُؤوي (٤) يُخفي (٥) يُضْمِر × (٦) يلجأ ؛ يأوي إلى .

**harborage** *(n.)* (١) ملجأ (٢) مرفأ .

**hard** *(adj.; adv.)* (١) صُلْب ؛ قاسٍ (٢) ثقيل ؛ مُسْكِر جداً (٣) لا سبيل إلى إنكاره (٤) عاثر ؛ سيّء (٥) صعب الاحتمال (٦) قاسٍ (٧) موجِع (٨) غير ودّيّ (٩) شديد (١٠) عنيف (١١) شاق (١٢) مثابر (١٣) صَعْب § (١٤) بكدّ ؛ باجتهاد بالغ (١٥) بعنف ؛ بقسوة .

**harden** *(vt.; i.)* (١) يُقسّي (٢) يُحجِّر . (٣) يمرِّس × (٤) يقسو (٥) يخشوشن .

**hardhearted** *(adj.)* متحجّر الفؤاد .

**hardihood** *(n.)* بسالة ؛ جَراءة ؛ عَزْم .

**hardiness** *(n.)* (١) جرأة (٢) شدّة احتمال .

**hard labor** *(n.)* الأشغال الشاقّة .

**hardly** *(adv.)* (١) بقسوة (٢) بصعوبة ؛ بجهد .

**hardness** *(n.)* صلابة ؛ قسوة الخ .

**hardship** *(n.)* شِدّة ؛ ضيق ؛ مَشَقّة .

**hardtack** *(n.)* بسكويت البحر .

**hardware** *(n.)* الخُرْدوات ؛ الأدوات المعدنيّة .

**hardy** *(adj.)* (١) جريء (٢) شديد الاحتمال .

**hare** *(n.)* الأرنب الوحشية .

**harebell** *(n.)* الجُرَيْس المستدير (عشبة) .

**harem** *(n.)* الحريم .

**hark** *(vi.)* يُصغي ؛ يُصيخ .

**harlequin** *(n.)* المهرِّج ؛ المضحِك .

**harlot** *(n.)* بَغِيّ ؛ مومس ؛ بنت هوى .

**harm** *(n.; vt.)* (١) أذىً § (٢) يؤذي .

**harmful** *(adj.)* مؤذٍ ؛ ضارّ .

**harmless** *(adj.)* غير مُؤْذٍ .

**harmonic** *(adj.)* (١) إيقاعي (٢) موسيقيّ (٣) متآلف؛ متناسق .

**harmonica** *(n.)* الهرمونيكا: آلة موسيقية .

**harmonics** *(n.)* علم الأصوات الموسيقية .

**harmonious** *(adj.)* متناغم؛ متناسق .

**harmonize** *(vi.; t.)* (١) يتناغم؛ يتوافق؛ ينسجم مع × (٢) يوفّق بين .

**harmony** *(n.)* (١) إيقاع؛ تناغم؛ تآلف الألحان (٢) علم الإيقاع (٣) تناسق؛ انسجام .

**harness** *(n.; vt.)* (١) طقم الفرس (٢) عُدّة؛ جهاز § (٣) يطقّم الفرس (٤) يسخّر .

**harp** *(n.)* قيثار .

harp

**harper; harpist** *(n.)* العازف على القيثار .

**harpoon** *(n.)* الحَرْبون: رمحٌ لصيد الحيتان .

**harpsichord** *(n.)* البيان القيثاريّ .

**harrow** *(vt.; n.)* (١) يَسْحَوُ التربة (يمهّدها ويسوّيها) (٢) يعذّب § (٣) مِسْحاة .

**harry** *(vt.)* (١) يغزو (٢) يضايق؛ يُنهِك .

**harsh** *(adj.)* (١) خشِن (٢) أجشّ (٣) قاسٍ .

**hart** *(n.)* ذَكَرُ الأيِّل .

**harvest** *(n.; vt.)* (١) حصاد § (٢) يَحْصُد .

**has** *pres. 3d sing. of* have.

**hash** *(vt.; n.)* (١) يَفْرم § (٢) لحم مفروم .

**hasp** *(n.)* مِشبك (لباب أو غطاء صندوق) .

hasp

**hassock** *(n.)* مَسْنَدٌ للقدم .

**haste** *(n.; vi.)* (١) عَجَلة؛ سرعة § (٢) يعجِّل .

**hasten** *(vt.; i.)* (١) يستعجله؛ يحثّه على العجلة × (٢) يُعجِّل؛ يعمل بعجلة .

**hastily** *(adv.)* بعجلة؛ بسرعة؛ بتهوّر .

**hasty** *(adj.)* (١) سريع (٢) مُنجَزٌ بعجلة (٢) مستعجِل؛ متعجِّل (٤) متهوِّر؛ طائش .

**hat** *(n.)* قُبَّعة .

**hatch** *(n.; vi.; t.)* (١) بُوَيْب أو فتحة صغيرة (٢) تفقيس البيض (٣) نِتاج؛ مجموع الفراخ المفقّسة × (٤) ينقُف (الفرخُ) البيضةَ ويبرز منها (٥) تَحْضُن البيضَ × (٦) يُفقِّس البيضَ (٧) يُحدِث (٨) يدبِّر (مؤامرة الخ.) .

**hatchet** *(n.)* البُلَيْطَة: فأس قصيرة اليد .

to bury the ~, يعقد صلحاً .
to take up the ~, يقاتل؛ يشنّ حرباً .

**hatchway** *(n.)* باب أرضي أو مسحور .

**hate** *(n.; vt.; i.)* (١) كُرْه؛ بُغْض § (٢) يكرَه .

**hateful** *(adj.)* مكروه؛ بغيض .

**hatred** *(n.)* (١) بُغْض (٢) ضغينة .

**haughtiness** *(n.)* غَطْرَسَة؛ عجرفة .

**haughty** *(adj.)* متغطرس ؛ متعجرف .

**haul** *(vt.; n.)* (١) يجذب ؛ يسحب (٢) ينقل في عربة (٣) يسوقه إلى §(٤) جَذْبٌ ؛ سحبٌ (٥) غنيمة ؛ صَيْدٌ .

**haulage** *(n.)* النَّقْل بالعربات أو أجرته .

**haunch** *(n.)* (١) وَرِك (٢) كَفَل (٣) فخِذ .

**haunt** *(vt.; n.)* (١) يُكثِر التردّد على (٢) يلازم شخصاً (٣) ينتاب §(٤) مَثْوًى ؛ مأوى .

**have** *(vt.)* (١) يملك ؛ يحوز (٢) يحتوي على . (٣) يُضطرّ (٤) يتلقّى (٥) يعاني من (٦) يُجري (٧) يُلقي (٨) يُحرِج (٩) يخدع (١٠) تلِد ؛ تضع (١١) يتناول .

to ~ at يهاجم ؛ يهجم على .
to ~ it in for يُضمر الأذى لفُلان .
to ~ on يرتدي ؛ يلبس .
to ~ it out يحسم نزاعاً (إما بالمناقشة أو بالقتال) .

**haven** *(n.)* (١) مرفأ (٢) مَلاذ ؛ مأوًى .

**haversack** *(n.)* جراب جراية الجندي .

**havoc** *(n.)* خراب ؛ دمار ؛ فوضى .

**haw** *(n.)* الزعرور البرّي .

**hawk** *(n.)* صقر ؛ باز .

**hawker** *(n.)* البائع المتجوّل .

**hawser** *(n.)* حَبْلٌ ضَخْمٌ .

**hawthorn** *(n.)* الزعرور البرّي .

**hay** *(n.)* قشّ ؛ تبن .

hawk

**haycock** *(n.)* كومة قشّ أو تبن .

**hay fever** *(n.)* حُمّى القشّ ؛ حمّى الهشيم .

**hazard** *(n.; vt.)* (١) مخاطرة ؛ مجازفة . (٢) تصادُفٌ ؛ مصادفة §(٣) يخاطر ؛ يجازف .

**hazardous** *(adj.)* خطِر ؛ فيه مخاطرة .

**haze** *(n.)* (١) ضباب رقيق (٢) تشوُّش .

**hazel** *(n.)* (١) البُنْدُق (٢) لونُ البُندق .

**hazelnut** *(n.)* البُنْدُقَة : ثمرة البندق .

**hazy** *(adj.)* (١) ضبابيّ (٢) غامض (٣) غائم .

**H-bomb** *(n.)* القنبلة الهيدروجينيّة .

**he** *(pron.; n.)* (١) هو (٢) مَن §(٣) ذَكَرٌ .

**head** *(n.; adj.; vt.; i.)* (١) رأس (٢) عقل . (٣) صدْر الشيء أو مقدَّمه (٤) رئيس ؛ مدير §(٥) رأسيّ ؛ رئيسيّ ؛ أماميّ §(٦) يتزعّم ؛ يرئس (٧) يواجه ؛ يقاوم (٨) يتقدَّم ؛ يتفوَّق على (٩) يحتلّ المقام الأوّل في (١٠) يوجِّه ×(١١) يصبح ذا رأس ×(١٢) يتجه نحو .

~ over heels (١) رأساً على عقب . (٢) مُتيَّمٌ بالحبّ .
off one's ~, (١) مخبول (٢) ذاهل .
out of one's ~, هاذٍ ؛ هارف .
to come to a ~, (١) يصبح للدمّل رأسٌ مليء بالصديد (٢) ينضج .
to keep one's ~, يحتفظ برباطة جأشه .
to lose one's ~, يهتاج ؛ يفقد رباطة جأشه .

**headache** *(n.)* (١) صُداع (٢) مشكلة .

**headdress** *(n.)* غطاءٌ زينيّ للرأس .

**headgear** *(n.)* غطاء للرأس .

**heading** *(n.)* عنوان ؛ رأسيّة ؛ «ترويسة» .

**headland** *(n.)* الرأس (في الجغرافيا) .

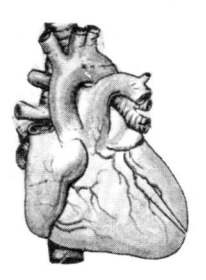

**headlight** *(n.)* المصباح الأمامي (في السيارة الخ.)
**headline** *(n.)* رأسية ؛ «ترويسة» ؛ عنوان.
**headlong** *(adv.; adj.)* (١) بتهوُّر ؛ بطيش. (٢) بغير تردّد أو توانٍ §(٣) متهوِّر ؛ طائش.
**headmaster** *(n.)* مدير المدرسة.
**headpiece** *(n.)* (١) خوذة (٢) عقل ؛ ذكاء.
**headquarters** (١) مركز القيادة (٢) المركز الرئيسي (لمؤسّسة).
**headsman** *(n.)* الجلاّد ؛ قاطع الرؤوس.
**headstone** *(n.)* الشاهد : شاهد الضريح.
**headstrong** *(adj.)* (١) عنيد (٢) جَموح.
**headway** *(n.)* (١) حركة إلى الأمام (٢) تقدُّم. (٣) فسحة خالية (تحت قنطرة).
**head wind** *(n.)* الريح المقابلة أو المعاكسة.
**heady** *(adj.)* (١) متهوّر ؛ عنيف (٢) مُسْكِر.
**heal** *(vt.)* (١) يَشْفي (٢) يعالج.
**health** *(n.)* (١) صِحّة (٢) نخب.
**healthful** *(adj.)* (١) صِحّيّ (٢) متمتّع بالصحة.
**healthy** *(adj.)* (١) متمتّع بالصحة (٢) دالّ على الصحّة (٣) صِحّيّ (٤) سليم.
**heap** *(n.; vt.)* (١) كومة ؛ رُكام §(٢) يكوِّم.
**hear** *(vt.; i.)* (١) يَسْمَع (٢) يصغي.
**hearing** *(n.)* (١) سَمْع ؛ سَماع (٢) فرصة تتاح للمرء للادلاء بوجهة نظره (٣) استماع للحجج أو للشهادات.
**hearken** *(vi.)* يُصْغي.
**hearsay** *(n.)* إشاعة.
**hearse** *(n.)* عربة الموتى.
**heart** *(n.)* (١) قلب ؛ فؤاد (٢) الكوبة : ورقة لعب تحمل صورة قلب (٣) شجاعة (٤) رغبة (٥) وَكْد ؛ همّ (٦) شخص (٧) لُبّ.

after his own ~, كما يرغب أو يحلو له تماماً.
at ~, (١) في أعماق القلب (٢) في الواقع.
~ and soul بتفانٍ ؛ قلباً ونفساً.
in one's ~ of ~*s* في أعمق أعماقه.
to get *or* learn by ~, يستظهر.
to lose ~, يقنط ؛ يَهِنُ عزمه.
to take ~, يتشجّع ؛ يتشدّد.
to take to ~, (١) يفكّر جدّياً في (٢) يتأثر تأثراً عميقاً ؛ يأسى لِ.

**heartache** *(n.)* حزن ؛ غَمّ.
**heartbeat** *(n.)* (١) نبضة قلب (٢) قلب.
**heartbreak** *(n.)* حسرة ؛ أسىً ساحق للقلب.
**heartburn** *(n.)* حُرقة (في فم المعدة).
**heart disease** *(n.)* القُلاب : مرض القلب.
**hearten** *(vt.)* يشجّع ؛ يشدّد العزم.
**heartfelt** *(adj.)* قلبيّ ؛ مخلص ؛ من القلب.
**hearth** *(n.)* (١) مَوقد (٢) مُصْطَلىً (٣) بيت.
**heartily** *(adv.)* (١) قلبياً (٢) تماماً.
**heartiness** *(n.)* حماسة ؛ ودّ ؛ قوّة ؛ شدّة.
**heartless** *(adj.)* متحجّر القلب.
**heartsick** *(adj.)* محزون الفؤاد ؛ قانط.
**hearty** *(adj.)* (١) ودّيّ ؛ قلبيّ (٢) قويّ (٣) حسَن الشهيّة (٤) كافٍ ؛ مُشْبِع.
**heat** *(vi.; t.; n.)* (١) يَسخُن (٢) يغضب ×(٣) يُسخِّن (٤) يثير §(٥) حماوة (٦) حرارة (٧) حَرّ (٨) توقّد (٩) انفعال (١٠) معمعان ؛ ذروة (١١) شوط من سباق.

**heath** (*n.*) (١) الخَلَنْج (نبات) (٢) مَرْج .
**heathen** (*adj.*; *n.*) (١) وثني §(٢) الوثنيّ .
**heathenism** (*n.*) الوثنيّة ؛ عبادة الأوثان .
**heather** (*n.*) الخَلَنْج (نبات) .

**heave** (*vt.*; *i.*; *n.*) (١) يرفع (٢) يَطْرح . (٣) يطلق تنهّدة (٤) يسحب ×(٥) يرتفع أو ينتفخ (٦) يجيش (٧) يلهث (٨) يتقيّأ (٩) يدفع §(١٠) رفعٌ ؛ طرحٌ ؛ سحب (١١) تنهّدة (١٢) جيَشان (١٣) .*pl* : رَبْو الخيل .
**heaven** (*n.*) (١) .*pl* : السماء (٢) .*cap* : الجنّة .
**heavenly** (*adj.*) (١) سماوي (٢) مُبْهِج .
**heavy** (*adj.*) (١) ثقيل (٢) خطير (٣) عميق . (٤) مهموم ؛ كئيب (٥) حبلى (٦) وافر (٧) كثيف (٨) هائج (٩) منذِر بالمطر (١٠) شاقّ (١١) مُسْرِف (١٢) فطير (١٣) جدّيّ ؛ رصين .
**heavyweight** (*n.*) ملاكم من الوزن الثقيل .
**Hebrew** (*n.*; *adj.*) (١) اليهودي (٢) اللغة العبرانيّة §(٣) يهوديّ ؛ عِبريّ .
**hecatomb** (*n.*) مجزرة ؛ مذبحة .
**heckle** (*vt.*) يضايق (بالأسئلة والتحدّيات) .
**hectic** (*adj.*) محموم ؛ قلِق .
**hectogram** (*n.*) الهكتوغرام : مئة غرام .
**hedge** (*n.*; *vt.*; *i.*) (١) الوشيع : سياج من شجيرات (٢) حاجز ؛ حدّ §(٣) يطوّق أو يسيّج .

**hedgehog** (*n.*) القُنْفُذ (حيوان) .

**heed** (*vi.*; *t.*; *n.*) (١) ينتبه أو يلتفت إلى ×(٢) يبالي §(٣) انتباه ؛ اهتمام ؛ التفات .
**heedful** (*adj.*) مُنْتَبِه ؛ حَذِر ؛ مُحترِس .
**heedless** (*adj.*) مُهْمِل ؛ غافل ؛ طائش .
**heel** (*n.*; *vt.*; *i.*) (١) العَقِب (٢) كعب الحذاء . (٣) مؤخّر المركب (٤) شخص حقير §(٥) يُميل ×(٦) يَميل (المركِبُ) .

down *or* out at ~ *s* (١) بالي الكعبين (٢) رثّ الملابس (٣) مُعْسِر .
to be at ~ *or* upon one's ~ *s* يَتبعه على الأثر .
to lay *or* clap by the ~ *s* يعتقل ؛ يَسجن
to show the ~ *s* / to take to one's ~ *s* } يهرب ؛ يلوذ بالفرار

**heifer** (*n.*) عِجلة ؛ بقرة صغيرة .
**height** (*n.*) (١) قِمّة ؛ أوج (٢) ارتفاع ؛ علوّ . (٣) طول القامة (٤) مرتفَع .
**heighten** (*vt.*; *i.*) (١) يزيد ؛ يضاعف ؛ يقوّي . (٢) يرفع ؛ يُعلي ×(٣) يزداد ؛ يَقْوَى .
**heinous** (*adj.*) شائن ؛ شنيع .
**heir** (*n.*; *vt.*) (١) وريث §(٢) يَرِث .
**heiress** (*n.*) وريثة (ثروةٍ ضخمةٍ) .
**heirloom** (*n.*) متاع موروث .
**held** *past and past part. of* hold.
**helicopter** (*n.*) الهليكوبتر : الطائرة العمودية .
**heliotrope** (*n.*) رقيب الشمس (نبات) .
**helium** (*n.*) الهِليوم : عنصر غازيّ خفيف .

**hell** *(n.)* جهنم ؛ سَقَر ؛ الجحيم.
**Hellenic** *(adj.)* إغريقيّ ؛ يونانيّ .
**hellish** *(adj.)* (١) جهنّميّ (٢) شيطانيّ .
**hello** *(n.)* هالو: هتاف للترحيب أو لفت النظر الخ.
**helm** *(n.)* دفة المركب أو مقبضها.
**helmet** *(n.)* خوذة .

**helmsman** *(n.)* مدير الدّفة .
**helot** *(n.)* القِنّ ؛ العَبد .
**help** *(vt.; i.; n.)* (١) يساعد ؛ يعاون (٢) يداوي ؛ يشفي (٣) يتمالك نفسَه عن (٤) يمنع ؛ يحول دون × (٥) يكون ذا جدوى (٦) مساعدة ؛ عون (٧) علاج (٨) الخادم (٩) حصّة من الطعام.

Help yourself! تفضَّل ؛ اخدم نفسك بنفسك !

**helpful** *(adj.)* مساعد ؛ مفيد ؛ نافع .
**helpless** *(adj.)* بائس ؛ عاجز ؛ ضعيف.
**helpmate** *(n.)* رفيق مساعد ، وبخاصة : زوجة.
**helter-skelter** *(adv.)* شَذَرَ مَذَرَ .
**helve** *(n.)* النِّصاب : مِقبض أداة أو سلاح .
**hem** *(n.; vt.; i.)* (١) حاشية ؛ هُدْب (٢) حافة. (٣) تَنَحنُح § (٤) يجعل له حاشية أو حافةً (٥) يحصر ؛ يطوّق × (٦) يتنحنح.
**hemisphere** *(n.)* نصف الكرة (الأرضية) .
**hemlock** *(n.)* الشَّوْكَران (نبات) .
**hemoglobin** *(n.)* اليَحْمور ؛ خِضاب الدم.
**hemorrhage** *(n.)* نَزْف ؛ نَزيف .
**hemorrhoids** *(n.pl.)* البواسير : داء البواسير .
**hemp** *(n.)* (١) القِنَّب أو خيوطه (٢) القِنَّب الهندي أو عقّار مخدّر مُستخرَج منه.
**hen** *(n.)* (١) دجاجة (٢) أنثى الطير والسمك .
**hence** *(adv.)* (١) بعيداً (٢) من هذا العالم أو الحياة. (٣) من الآن (٤) إذن ؛ من ثَمّ ؛ لهذا السبب .
**henceforth** *(adv.)* من الآن فصاعداً.
**henceforward** *(adv.)* = henceforth.
**henchman** *(n.)* تابعٌ أمينٌ أو موثوق .
**henna** *(n.)* حِنّاء .
**henpeck** *(vt.)* تسيطر (المرأة) على زوجها.
**heptagon** *(n.)* المُسبَّع : شكل سباعيّ الأضلاع .
**her** *(adj.; pron.)* (١) خاصّ بالمفردة الغائبة . § (٢) ضمير الغائبة المتصل الواقع في محل نصب.
**herald** *(n.; vt.)* (١) الحَكَم (٢) الرسول ؛ السفير (٣) المنادي (٤) البشير ؛ النذير (٥) المذيع ؛ المعلن § (٦) يُذيع (٧) يُعلن أو يُرحِّب بـ .
**heraldry** *(n.)* (١) عِلم شعارات النبالة (٢) شعار النبالة (منقوشاً على درع) (٣) شعار (٤) أُبّهة .
**herb** *(n.)* عُشْب ؛ عشبة .
**herbaceous** *(adj.)* عشبيّ .
**herbage** *(n.)* عشب ؛ كلأ .
**herbivorous** *(adj.)* عاشب : مقتات بالأعشاب.
**herculean** *(adj.)* (١) *cap.* هِرَقْليّ (٢) جبار.
**herd** *(n.; vi.; t.)* (١) قطيع ؛ سِرْب ؛ جماعة. (٢) الجمهور ؛ الدهماء § (٣) يجتمع أو يسير على شكل قطيع × (٤) يرعى القطعان .
**herder; herdsman** *(n.)* الراعي .
**here** *(adv.)* (١) هنا (٢) إلى هنا .
**hereabout ;-s** *(adv.)* في هذا الجوار .
**hereafter** *(adv.; n.)* (١) فيما بعد (٢) المُستقبل.
**hereby** *(adv.)* بموجب هذا القانون أو الوثيقة.
**hereditary** *(adj.)* وراثيّ ؛ موروث ؛ بالوراثة.
**heredity** *(n.)* الوراثة .

**herein** *(adv.)* هنا ؛ في هذا ؛ في هذا الموضع .
**hereof** *(adv.)* (١) لكذا (٢) عن كذا .
**heresy** *(n.)* بِدعة ؛ هَرْطَقَة .
**heretic** *(n.)* المُهَرْطِق : الهَرْطوقيّ .
**heretical** *(adj.)* ابتداعيّ ؛ هَرْطَقِيّ .
**heretofore** *(adv.)* حتى الآن .
**hereunder** *(adv.)* أدناه ؛ في ما يلي .
**hereupon** *(adv.)* على هذا .
**herewith** *(adv.)* مرفَقاً بهذا ؛ طيَّه .
**heritable** *(adj.)* وراثيّ ؛ قابل للتوريث .
**heritage** *(n.)* إرث ؛ ميراث ؛ تَرِكَة .
**hermetic** *(adj.)* كتيم ؛ مُحكَم السدّ .
**hermit** *(n.)* ناسك .
**hermitage** *(n.)* صومعة ؛ مُعْتَزَل ؛ ملاذ .
**hernia** *(n.)* فَتْق ؛ « فتاق » .
**hero** *(n.)* بَطَل .
**heroic** *(adj.)* بطوليّ .
**heroin** *(n.)* الهيروين ( مخدِّر ) .
**heroine** *(n.)* بَطَلَة .
**heroism** *(n.)* بطولة .
**heron** *(n.)* مالك الحزين ؛ البَلَشون ( طائر ) .

**Herr** *(n.)* الهَرّ ؛ السيّد (عند الألمان).
**herring** *(n.)* الرَّنْكَة : سمك من جنس السردين .

**hers** *(pron.)* خاصتُّها .
**herself** *(pron.)* نفسُها .
**hesitance; hesitancy** *(n.)* تردُّد ؛ حَيْرَة .
**hesitant** *(adj.)* متردِّد ؛ متحيِّر .
**hesitate** *(vi.)* يتردَّد .
**hesitation** *(n.)* تردُّد ؛ حَيْرَة .
**heterodox** *(adj.)* ابتداعي ؛ هَرْطَقِيّ .
**hew** *(vt.)* يقطع ؛ ينحت ؛ يَنْجُر ؛ يشقّ .
**hexagon** *(n.)* مسدَّس الزَّوايا والأضلاع .

**heyday** *(n.)* ذروة ؛ أوج .
**hiatus** *(n.)* ثغرة ؛ فجوة ؛ نقص .
**hibernate** *(vi.)* يُسْبِت ؛ يقضي فصل الشتاء نائماً .
**hibernation** *(n.)* الإسبات : نوم الشتاء .
**hiccup** *or* **hiccough** *(n.)* فُواق ؛ حازوقة .
**hid** *past and past part. of* hide.
**hid ;-den** *(adj.)* مَخْفِيّ ؛ مَخْبوء ؛ مستور .
**hide** *(vt.; i.; n.)* (١) يُخفي ؛ يخبِّئ (٢) يُشيح بوجهه (٣) يجلِد × (٤) يختبئ § (٥) جِلد .
**hide-and-seek** *(n.)* الغُمَّيضة : لعبة يُغمِض الوِلدُ فيها عينيه ويبحث عن رفاقه المختبئين .
**hidebound** *(adj.)* ضيِّق التفكير .
**hideous** *(adj.)* (١) بشِع (٢) شنيع ؛ شائن .
**hiding** *(n.)* (١) اختباء (٢) مخبأ (٣) جَلْد .
**hierarchy** *(n.)* هيئة كهنوت منظَّمة في مراتب متسلسلة .

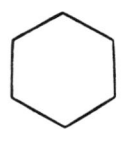

**hieroglyphic** *(adj.; n.)* (١) هيروغليفيّ . §(٢) *pl.* : الهيروغليفية : كتابة كهنة مصر القدماء التصويرية .

hieroglyphics

**high** *(adj.; adv.; n.)* (١) عالٍ ؛ مرتفع (٢) بالغٌ ارتفاعاً معيّناً (٣) بالغٌ ذُروته أو أشدّه (٤) سامٍ ؛ نبيل ؛ رفيع (٥) متلاطم الأمواج (٦) شديد (٧) سعيد (٨) غالٍ (٩) متبجّح §(١٠) عالياً .

~ and dry (١) خارج الماء ؛ على اليابسة . (٢) مُتَخلّى عنه ؛ من غير ملجأ .
~ time الوقت المناسب ؛ آخر لحظة قبل فوات الأوان .
to run ~, (١) يَهيج البحرُ (٢) ينفعل .

**highborn** *(adj.)* كريم المحتِد ؛ شريف النسَب .
**highbrow** *(n.; adj.)* رفيع الثقافة .
**high commissioner** *(n.)* المفوض السامي .
**high-handed** *(adj.)* (١) مستبدّ (٢) اعتباطي .
**highland** *(n.)* نَجْد ؛ أرض جبليّة .
**highlander** *(n.)* النّجديّ : ساكن النّجاد .
**high life** *(n.)* بذخ ؛ ترَف .
**highness** *(n.)* (١) ارتفاع ؛ عُلُوّ (٢) سُمُوّ .
**highroad** *(n.)* طريق عام .
**high school** *(n.)* ثانوية ؛ مدرسة عالية .
**high sea** *(n.)* عُرْض البحر .
**high-spirited** *(adj.)* جريء ؛ مِقدام .
**high treason** *(n.)* الخيانة العظمى .
**highway** *(n.)* طريق عام .
**highwayman** *(n.)* قاطع طُرُق .
**hike** *(vi.; n.)* (١) يقوم بنزهة طويلة على القدمين . §(٢) نزهة طويلة سيراً على القدمين .
**hilarious** *(adj.)* مَرِح (مع صَخَب) .
**hilarity** *(n.)* قَصْفٌ ؛ مَرَحٌ صاخب .
**hill** *(n.)* تَلّ ؛ هَضَبَة .
**hillock** *(n.)* رابية ؛ أَكَمة ؛ تلّ صغير .
**hilt** *(n.)* مِقْبَض (السيفِ أو الخنجر) .

**him** *(pron.)* ضمير النصب والجرّ للمفرد الغائب .
**himself** *(pron.)* نفسُه .
**hind** *(n.; adj.)* (١) الأيِّلَة : أنثى الأيِّل . (٢) عامل بمزرعة §(٣) خلفيّ .
**hinder** *(vt.; adj.)* (١) يعوق §(٢) خلفيّ .
**hindmost** *(adj.)* الأخير .
**hindrance** *(n.)* (١) إعاقة (٢) عائق .
**hinge** *(n.; vt.; i.)* (١) مِفْصَلَة . §(٢) يُمَفْصِل ×(٣) يتوقف على .
**hint** *(n.; vt.)* (١) تلميح §(٢) يلمّح .
**hip** *(n.)* (١) ثمر الورد البرّي . (٢) وِرك .


hinges

**hippodrome** *(n.)* ميدان سباق الخيل .

**hippopotamus** *(n.)* فرس النهر .

**hire** *(n.; vt.)* (١) أجْر ؛ أجرة §(٢) يستخدم . (٣) يستأجر (٤) يؤجّر .

**hireling** *(n.)* المأجور ؛ المرتزق .

**hire purchase** *(n.)* الشراء بالتقسيط .

**hirsute** *(adj.)* أهْلب ؛ قاسي الشعر .

**his** *(adj.; pron.)* (١) ضمير الغائب المتصل . §(٢) خاصّتُه .

**hiss** *(vi.; n.)* (١) يُهَسْهِس §(٢) هَسهَسة .

**historian** *(n.)* المؤرِّخ : المؤلِّف في التاريخ .

**historic; -al** *(adj.)* تاريخيّ .

**history** *(n.)* (١) تاريخ (٢) علم التاريخ .

**hit** *(vt.; n.)* (١) يضرب (٢) يصدم ؛ يرتطم بـ . (٣) يلائم ؛ يطابق (٤) يصل ؛ يبلغ (٥) يعضّ على §(٦) ضربة (٧) ارتطام (٨) عملٌ ناجح .

to ~ on *or* upon يكتشف بالمصادفة .

**hitch** *(vt.; i.; n.)* (١) يحرّك «بالنّخع أو بطريقة ناخعة » (٢) يعقد ؛ يربط بإحكام ×(٣) يتقدم على نحو متقطّع أو بتعثّر وتوقّف (٤) يَعلق ؛ يتداخل ؛ يتشابك §(٥) نَخعة ؛ حركة أو جَذبة مفاجئة (٦) توقّف (٧) عُقْدة ؛ أنشوطة .

hitches 7.

**hither** *(adv.; adj.)* (١) إلى هنا §(٢) قريب .

**hitherto** *(adv.)* حتى الآن ؛ حتى اليوم .

**hive** *(n.; vt.; i.)* (١) قفير ؛ خليّة نحل §(٢) يدّخر . ×(٣) يحتلّ (النحلُ) قفيراً (٤) يحتشدون كالنحل .

**hives** *(n.)* الشَّرَى : طَفْح جلديّ .

**hoar** *(adj.)* أشيَب .

**hoard** *(n.; vt.)* (١) ذخيرة §(٢) يدّخر .

**hoariness** *(n.)* (١) شَيْب (٢) قِدَم ؛ عِتْق .

**hoarse** *(adj.)* أجشّ ؛ مبحوح .

**hoary** *(adj.)* (١) أشيَب (٢) قديم أو وقور .

**hoax** *(vt.; n.)* (١) يخدع §(٢) خدعة .

**hobble** *(vi.; t.; n.)* (١) يعرج ×(٢) يصيبه بالعرج (٣) يقيّد ؛ يعوق §(٤) عَرَج (٥) قَيْد .

**hobby** *(n.)* هِواية .

**hobbyhorse** *(n.)* حصان خشبيّ للأطفال .

**hobgoblin** *(n.)* (١) غول (٢) بُعْبُع .

**hobnail** *(n.)* مسمار النعل .

**hobo** *(n.)* (١) المتشرّد ؛ الأفّاق (٢) العالة .

**hock** *(n.)* (١) عُرْقُوب (٢) الهوك : خمر ألمانية .

**hockey** *(n.)* الهُوكي : لعبة الكرة الخشبية والصولجان .

**hocus-pocus** *(n.)* شعوذة .

**hod** *(n.)* (١) حوض المِلاط (٢) دلو الفحم .

**hodgepodge** *(n.)* خليط ؛ مزيج .

**hoe** *(n.; vt.; i.)* (١) مِعزَقة ؛ مِجرفة §(٢) يعزق .

**hog** *(n.)* (١) خنزير (٢) الأناني ؛ الشَّرِه ؛ القذِر .

**hogshead** *(n.)* (١) برميل (٢) مقياس للسَّعة .

**hoist** *(vt.; n.)* (١) يرفع §(٢) رافعة ؛ مِرفاع .

**hold** *(vt.; i.; n.)* (١) يملك (٢) يحتجز . (٣) يحتفظ بـ (٤) يكبح ؛ يعوق ؛ يصدّ (٥) يحمل ؛ يُمسك ؛ يقبض (٦) يواصل (٧) يتّسع لـ (٨) يؤمن (٩) يعتبر (١٠) يَعقد (١١) يجري (١٢) يَشغَل أو يتولّى ×(١٣) يَصْمد (١٤) يستمرّ (١٥) يظلّ عالقاً بـ (١٦) يبقى (١٧) يصحّ §(١٨) مَعقِل ؛ حِصْن (١٩) سِجْن (٢٠) إمْساك (٢١) سيطرة

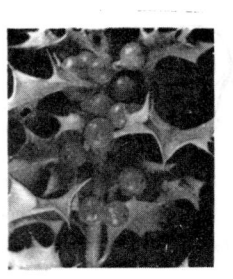

(٢٢) فَهْم (٢٣)سند ؛ دعامة (٢٤)عنبر ؛ مخزن السفينة أو الطائرة .

to ~ *or* keep back (١) يكبح (٢) يلغي .
to ~ by يَلزم ؛ يتشبَّث بـ .
to ~ forth (١) يقترح (٢) يلقي خطبةً .
to ~ good *or* true يصحّ ؛ يصدُق ؛ يسري مفعوله .

to ~ in (١) يكبح (٢) يكبح نفسه .
to ~ off يبتعد ؛ ينأى بنفسه .
to ~ on (١) يستمرّ ؛ يواصل التقدم . (٢) يقف ؛ ينتظر (ع) .
to ~ out (١) يَعْرِض ؛ يقدّم (٢) يَصْمد
to ~ over (١) يحتفظ بمنصبه (إلى ما بعد انقضاء المدة القانونية) (٢) يؤجّل .
to ~ to (١) يبقى أميناً لِـ (٢) يلازم .
to ~ up (١) يَعْرِض (٢) يعوق. (٣) يوقف ابتغاء السلب (٤) يستمرّ في السرعة نفسها (٥) يقف (٦) يدعم .
to ~ with يُقِرّ أو يوافق على .

**holdback** *(n.)* (١)عائق (٢) إعاقة.

**holder** *(n.)* (١)المالك (٢)حامل السند أو الشيك. (٣) الحاملة ؛ المِمسك .

**holding** *(n.)* (١) أرض مستأجرة (٢)سَهْم .

**hole** *(n.; vt.)* (١)ثقب (٢)حفرة (٣)جُحْر . §(٤) يثقب (٥)يُدخل في ثقب (٦) يشقّ .

**holiday** *(n.)* (١) عيد (٢) يوم عطلة .

**holiness** *(n.)* قداسة .

**hollo** *(interj.)* هالو : هتافٌ للفت الانتباه .

**hollow** *(adj.; vt.; i.; n.)* (١) مجوَّف . (٢)فارغ ؛ أجوف (٣) كاذب ؛ خادع (٤)جائع §(٥)يجوِّف ؛ يتجوَّف §(٦) تجويف ؛ حفرة .

**holly** *(n.)* البَهْشِيّة ؛ الإيلَكْس (نبات).

**hollyhock** *(n.)* الخِطمِيّ الورديّ (نبات).

**holocaust** *(n.)* مَحْرَقَة ؛ إحراق بالجملة .

**holster** *(n.)* قِراب المسدَّس (الجلديّ) .

**holy** *(adj.)* (١)مقدَّس ؛ دينيّ (٢)تقيّ.

**Holy Communion** *(n.)* العشاء الربّانيّ .

**Holy Ghost** *or* **Spirit** *(n.)* الروح القُدُس.

**Holy Week** *(n.)* أسبوع الآلام .

**Holy Writ** *(n.)* الأسفار المقدَّسة .

**homage** *(n.)* إجلال ؛ ولاء ؛ تقدير.

**home** *(n.; adv.)* (١)بيت ؛ منزل (٢)موطن ؛ وطن §(٣)نحو أو في البيت أو الوطن .

to be at ~, يكون مطّلعاً على .
to feel at ~, يأخذ حرّيته وكأنه في بيته .

**homeland** *(n.)* الوطن .

**homeless** *(adj.)* شريد ؛ مشرَّد ؛ لا وطن له.

**homely** *(adj.)* (١) طبيعيّ ؛ غير متكلّف. (٢)بسيط (٣)غير مزخرف (٤)بشِع ؛ قبيح.

**homemade** *(adj.)* بيتيّ الصنع أو وطنيّ الصنع .

**home rule** *(n.)* الحكم الذاتي .

**homesick** *(adj.)* مشتاق إلى الوطن .

**homestead** *(n.)* المسكن وما حوله .

**homework** *(n.)* الفَرْض المنزلي .

**homicide** *(n.)* (١) القاتل (٢) القتل .

**homily** *(n.)* (١) عظة دينيّة (٢) محاضرة أخلاقيّة.

**homogeneous** *(adj.)* متجانس.

**homonym** *(n.)* اللفظة المجانسة : إحدى لفظتين متماثلتين املاءً ولفظاً مختلفتين معنى.

**hone** *(n.; vt.)* حَجَر الشَّحْذ §(٢) يَشْحَذ.

**honest** *(adj.)* صادق ؛ أمين ؛ مخلص.

**honesty** *(n.)* صِدق؛ أمانة؛ إخلاص.

**honey** *(n.)* (١) عسل (٢) حبيب.

**honeybee** *(n.)* نحلة تُعطي عسلاً.

**honeycomb** *(n.)* قرص العسل.

**honeydew** *(n.)* المَنّ : مائيّة تنعقد على الشجر عسلاً وتجفّ كالصّمغ.

**honeymoon** *(n.)* شهر العسل

**honeysuckle** *(n.)* صَريمةُ الجَدْي (نبات).

**honor** *or* **honour** *(n.; vt.)* (١) سمعة حسنة (٢) إجلال؛ احترام (٣) فخر؛ مصدر شرف (٤) وسام (٥) *pl.* : مظاهر الحفاوة والتكريم (٦) *pl.* : درجة شرف ؛ درجة امتياز (٧) عفاف؛ طهارة (٨) شرفٌ §(٩) يُجلّ؛ يعامل باحترام (١٠) يشرّف: يُضفي شرَفاً على (١١) ينفّذ ؛ يفي بأحكام كذا.

on *or* upon my ~, أقسم بشرفي.
Your *Honor* فضيلتك ؛ فضيلتكم.

**honorable** *or* **honourable** *(adj.)* (١) جديرٌ بالاحترام (٢) تبجيليّ: مُرفَق بأمارات الاحترام (٣) محترَم (٤) مشرِّف أو شريف.

**honorary** *(adj.)* شَرَفيّ؛ فخري.

**hood** *(n.)* (١) قَلَنْسُوَة البرنُس (٢) غطاء أو كبّوت العربة (٣) غطاء محرّك السيّارة المعدني.

**hoodwink** *(vt.)* يَخدع (بمظهره الكاذب).

**hoof** *(n.)* حافر؛ ظلف؛ خُفّ.

**hook** *(n.; vt.)* (١) كُلاّب ؛ خُطّاف (٢) صنّارة §(٣) يثبّت بكلاّب (٤) يسرق.

by ~ or by crook بأية وسيلة.
on one's own ~, على مسؤوليته الشخصية.

**hooked** *(adj.)* (١) معقوف (٢) مزوّد بكُلاّب.

**hoop** *(n.)* طوق ؛ طارة.

**hoopoe** *(n.)* الهُدهُد (طائر).

**hoot** *(vi.; n.)* (١) يصيح مستهزئاً أو مستهجناً (٢) ينعب §(٣) نعيب (٤) صياح استهزاء أو استهجان.

**hop** *(vi.; n.)* (١) يثب على قدم واحدة §(٢) وثبة (على قدم واحدة) (٣) رَقْص (٤) طيران بطائرة (٥) حشيشة الدينار (نباتٌ) (٦) أفيون.

to ~ off تنطلق (الطائرة).

**hope** *(vi.; t.; n.)* (١) يأمل §(٢) أمَلٌ.

**hopeful** *(adj.)* (١) مُفعَم بالأمل (٢) مُشجِّع.

**hopeless** *(adj.)* (١) يائس (٢) عُضال (٣) ميئوس منه (٤) مستحيل ؛ متعذّر.

**hopper** *(n.)* (١) الحشرة النطّاطة (٢) القادوس : وعاء قمعي الشكل لتلقيم الطاحون بالقمح.

**horde** *(n.)* (١) قبيلة (من البدو الرحّل) (٢) جماعة

**horizon** *(n.)* أُفُق.

**horizontal** *(adj.)* أفقيّ.

**hormone** *(n.)* هرمون.

**horn** *(n.)* (١) قرن (٢) بوق؛ نفير.

**horned** *(adj.)* أقرن : ذو قرن أو أكثر.

**hornet** *(n.)* زُنْبُور؛ دبور.

**hornless** *(adj.)* أجْلح : عديم القرون .

**hornpipe** *(n.)* الرقصة المزمارية .

**horny** *(adj.)* (١) قَرْنيّ (٢) صُلْب ؛ خشِن .

**horoscope** *(n.)* خريطة البروج : رسم للسماء كان المنجّمون يستعملونه لكشف الطوالع .

**horrible** *(adj.)* رهيب .

**horrid** *(adj.)* (١) بشع ؛ مروِّع (٢) بغيض .

**horrify** *(vt.)* يروِّع ؛ يُرْهِب .

**horror** *(n.)* (١) رُعْب (٢) شيء مرعب .

**hors d'oeuvre** *(n.)* المشهّي ؛ المُقبِّل (طعام)

**horse** *(n.)* فَرَس ؛ حصان ؛ جواد .

**horseback** *(n.)* صهوة الجواد .

**horseman** *(n.)* (١) الفارس (٢) سائس الخيل .

**horsemanship** *(n.)* الفروسيّة .

**horseplay** *(n.)* مُزاح خشن أو سمج .

**horsepower** *(n.)* القدرة الحصانيّة .

**horseradish** *(n.)* الِحرجار : فجل حارّ .

**horseshoe** *(n.)* الحَذْوة : نعل الفرس .

**horticulture** *(n.)* البَسْتَنَة ؛ الِجنانة .

**hose** *(n.)* (١) جَوْرب (٢) بنطلون ضيّق أو قصير (٣) خرطوم مياه الخ .

**hosiery** *(n.)* (١) جورب (٢) ملابس محبوكة .

**hospice** *(n.)* نُزُل للمسافرين والفقراء .

**hospitable** *(adj.)* مِضياف .

**hospital** *(n.)* مستشفى .

**hospitality** *(n.)* حُسن الضيافة .

**host** *(n.)* (١) جمهرة (٢) المُضيف .

**hostage** *(n.)* الرهينة .

**hostel** *(n.)* نُزُل ؛ فندق .

**hostess** *(n.)* المُضيفة .

**hostile** *(adj.)* (١) مُعادٍ (٢) عِدائيّ .

**hostility** *(n.)* (١) عِداء (٢) عملٌ عدائيّ .

**hostler** *(n.)* سائس الخيل .

**hot** *(adj.)* (١) حارّ ؛ ساخن ؛ حامٍ (٢) حادّ ؛ عنيف (٣) توّاق إلى (٤) طازج ؛ جديد (٥) حِرّيف ؛ لاذع (٦) رائج (٧) ممتاز .

**hotbed** *(n.)* دفيئة (لإنتاج النباتات في غير مواسمها) (٢) مَرْتَع (للجريمة أو الرذيلة الخ.) .

**hot-blooded** *(adj.)* سريع الاهتياج .

**hotchpotch** *(n.)* خليط ؛ مزيج .

**hot dog** *(n.)* سندويشة سُجُق ساخن .

**hotel** *(n.)* فندق ؛ أوتيل .

**hotheaded** *(adj.)* حادّ الطبع ؛ عَجول .

**hothouse** *(n.)* (١) الدَّفيئة : مُسْتَنْبَت زجاجيّ عالي الحرارة لإنتاج النباتات .

**hot plate** *(n.)* لوح التسخين : مَوْقِد كهربائي أو غازيّ للطهو .

**hound** *(n.; vt.)* (١) كلب صيد §(٢) يطارد .

**hour** *(n.)* (١) ساعة (٢) حصة تعليمية .

**hourglass** *(n.)* الساعة الرملية .

**hourly** *(adv.; adj.)* (١) في كل ساعة ؛ باستمرار §(٢) متواصل (٣) ساعيّ : محسوب أو مقدَّر بالساعات .

hourglass

**house** *(n.; vt.; i.)* (١) منزل ؛ بيت (٢) زريبة أو مرأب (٣) أسرة ؛ عائلة (٤) مجلس تشريعي (٥) مؤسسة تجاريّة (٦) دار (للنشر) (٧) مسرح (٨) النظارة : جماعة المشاهدين في مسرح §(٩) يؤوي ؛ يُسكِن (١٠) يشتمل على .

on the ~, مجانيّ ؛ كهدية من الادارة .

**house agent** *(n.)* سمسار المنازل .

**housebreaker** *(n.)* لص المنازل .

**household** *(n.; adj.)* (١) أهل البيت § (٢) منزلي (٣) مألوف؛ عادي .
**housekeeper** *(n.)* مدبرة المنزل .
**House of Commons** مجلس العموم .
**House of Lords** مجلس الأعيان .
**house of representatives** مجلس النواب .
**housewife** *(n.)* (١) ربّة المنزل (٢) علبة الخياطة .
**hove** *past and past part. of* heave.
**hovel** *(n.)* (١) زريبة (٢) كوخ .
**hover** *(vi.)* (١) يرفرف (٢) يحوم (حول مكان) (٣) يتأرجح؛ يتردّد .
**how** *(adv.; adj.)* (١) كيف (٢) لماذا (٣) كم (٤) بِكَم § (٥) كيفما .
~ about? ما رأيك أو قولك في ؟
**however** *(conj.; adv.)* (١) كيفما § (٢) مهما (٣) ومع ذلك؛ من ناحية ثانية؛ ولكن .
**howitzer** *(n.)* القَذّاف: مدفع قذّاف .
**howl** *(vi.; n.)* (١) يعوي § (٢) عُواء .
**hub** *(n.)* محور .
**hubble-bubble** *(n.)* (١) نارجيلة (٢) ضجة .

**hubbub** *(n.)* صَخَب؛ هرج ومرج .
**huddle** *(vi.; n.)* (١) يجتمع؛ يحتشد (٢) يجثم؛ يربض § (٣) حَشْد؛ جَمهرة .
**hue** *(n.)* لون؛ وبخاصة: تدرّج اللون .
**hue and cry** *(n.)* صيحة المطاردة .
**huff** *(n.)* نوبة غضب الخ .
**huffy** *(adj.)* (١) ساخط (٢) سريع الغضب .
**hug** *(vt.; n.)* (١) يعانق § (٢) عناق .
**huge** *(adj.)* ضخم؛ هائل .
**hulk** *(n.)* (١) سفينة عتيقة (٢) شيء ضخم ثقيل .
**hulking** *(adj.)* ضخم؛ ثقيل .
**hull** *(n.; vt.)* (١) قشرة؛ غلاف (٢) بَدَن السفينة أو الطائرة المائية § (٣) يَقْشُر .
**hum** *(vi.; n.)* (١) يهمهم؛ يدندن؛ يطِنّ § (٢) همهمة؛ دندنة؛ طنين .
**human** *(adj.; n.)* (١) بشريّ § (٢) إنسان .
**humane** *(adj.)* إنسانيّ .
**humanitarian** *(adj.; n.)* (١) خيِّر: محبّ للخير العام (٢) الخيِّر؛ المحسِن .
**humanity** *(n.)* (١) الانسانيّة: الشفقة؛ الحنوّ (٢) البشريّة: الجنس البشري .
**humankind** *(n.)* الجنس البشري .
**humble** *(adj.; vt.)* (١) متواضع (٢) ذليل (٣) وضيع؛ حقير § (٤) يُذِلّ .
**humbly** *(adv.)* بتواضع؛ بتذلّل؛ بِضَعَة .
**humbug** *(n.; vt.)* (١) خدعة؛ خداع (٢) دجال (٣) هُراء § (٤) يخدع .
**humdrum** *(adj.)* رتيب؛ مُمِلّ .
**humid** *(adj.)* رطِب .
**humidify** *(vt.)* يرطّب: يجعله رطباً .
**humidity** *(n.)* رطوبة .
**humiliate** *(vt.)* يُذِلّ؛ يُخْزي .
**humiliation** *(n.)* إذلال؛ ذُلّ .
**humiliating** *(adj.)* مُذِلّ؛ مُخْزٍ .
**humility** *(n.)* تواضُع؛ اتّضاع .
**hummingbird** *(n.)* الطائر الطنّان .
**hummock** *(n.)* (١) رابية؛ أكمة (٢) نتوء .
**humor** *(n.)* (١) مزاج (٢) نزوة (٣) دعابة؛ ظرف .
out of ~, مستاء؛ ساخط؛ متعكّر المزاج .

**humorous** *(adj.)* فَكِهٌ ؛ ظريف ؛ هَزلي .
**hump** *(n.)* (١) حَدَبَة ؛ سَنام (٢) رابية ؛ أكمة .
**humpback** *(n.)* الأحدب : ذو الحَدَبَة .
**humpbacked; humped** *(adj.)* مُحدَّب .
**humus** *(n.)* الدُّبال : مادة تنشأ من تحلّل المواد النباتية وتشكّل جزءاً من التربة .
**hunch** *(vi.; t.; n.)* (١) يندفع إلى الأمام (٢) ينحني × (٣) يَدْفع الى الأمام (٤) يحدِّب § (٥) حَدَبَة ؛ سَنام (٦) حِسّ باطني .
**hunchback** *(n.)* الأحدب : ذو الحدَبَة .
**hunchbacked** *(adj.)* أحدب ؛ ذو حَدَبَة .
**hundred** *(n.)* مئة .
**hundredfold** *(adv.)* مئة ضِعف .
**hundredth** *(adj.; n.)* (١) المئة (٢) بالغٌ جزءاً من مئة § (٣) العضو المئة في سلسلة (٤) جزء من مئة .
**hundredweight** *(n.)* الهَنْدْرِدْوَيْت : وحدة وزن تساوي مئة باوند أو ١١٢ باونداً .
**hung** *past and past part. of* hang.
**hunger** *(n.)* (١) جُوع (٢) تَوْق .
**hungry** *(adj.)* (١) جائع (٢) تَوّاق .
**hunt** *(vt.; i.; n.)* (١) يصيد (٢) يطارد (٣) يطرد (٤) يبحث عن الطرائد (٥) يفتش § (٦) صَيْد الخ
**hunter** *(n.)* (١) الصيّاد (٢) كلب أو فرس صَيْد .
**hunting** *(n.)* صَيْد .
**huntress** *(n.)* الصيّادة ؛ الصائدة .
**huntsman** *(n.)* (١) الصيّاد (٢) مدير الصَّيد .
**hurdle** *(n.)* (١) سِياج نَقّال أو مؤقّت . (٢) الحاجز : حاجز خشبيّ يقفز الرياضيون (أو الخيل) فوقه (٣) عقبة.

hurdle 2.

**hurl** *(vi.; t.; n.)* (١) يندفع × (٢) يقذف ؛ يرشق § (٣) قَذْف ؛ رَشْق .
**hurly-burly** *(n.)* جَلَبَة ؛ هَرْج ومَرْج .
**hurrah** *(n.)* هوراه : هتاف ابتهاج أو تشجيع .
**hurricane** *(n.)* إعصار .
**hurry** *(vt.; i.; n.)* (١) ينقل بعجلة (٢) يحثّ على الاسراع × (٣) يُسْرِع § (٤) عجلة .
**hurt** *(vt.; i.; n.)* (١) يجرح (٢) يؤذي (٣) يؤلم § (٤) جُرْح (٥) أذى ؛ ضرر .
**hurtful** *(adj.)* مؤذٍ ؛ ضارّ ؛ مؤلم .
**hurtle** *(vt.; i.)* يدفع أو يندفع بعنف .
**husband** *(n.; vt.)* (١) زوج ؛ بَعل (٢) يسخّر (٣) يدّخر ؛ يوفّر .
**husbandman** *(n.)* المزارع .
**husbandry** *(n.)* (١) اقتصاد في النفقة (٢) زراعة .
**hush** *(vt.; i.; n.; interj.)* (١) يهدّئ ؛ يسكّن (٢) يُخمد (٣) يَطمس × (٤) يَهدأ ؛ يَسكُن § (٤) سكوت ؛ سكون § (٥) صَهْ ! أسْكُتْ !
**husk** *(n.; vt.)* (١) قشرة § (٢) يَقْشُر .
**husky** *(adj.; n.)* (١) قِشريّ (٢) كثير القِشْر (٣) أجَشّ ؛ أبَحّ (٤) قويّ ؛ ضخم .
**hussar** *(n.)* جندي من الفرسان .
**hussy** *(n.)* امرأة فاجرة .
**hustle** *(vt.; i.)* (١) يطرد (٢) يهزّ أو يدفع بخشونة × (٣) يشقّ طريقَه (٤) يعجِّل ؛ يُسْرِع § (٥) دَفْع بقوة (٦) نشاط بالغ .
**hut** *(n.)* (١) كوخ (٢) سقيفة .
**hutch** *(n.)* (١) قَفَص (٢) زريبة (٣) كوخ .
**hyacinth** *(n.)* المكحَّلة الحدَقية (نبات) .

hyacinth

**hybrid** (*adj.; n.*) هَجين ؛ نَغْل ؛ مُوَلَّد.

**hybridize** (*vt.; i.*) يهجّن ؛ يخلط الأجناس .

**Hydra** (*n.*) العُدار : أفعوان خرافي .

**hydrangea** (*n.*) كوب الماء (نبات) .

**hydrant** (*n.*) حنفية أو خرطوم ماء .

**hydraulic** (*adj.*) هيدروليكيّ : «أ» مُدارٌ أو مُحرَّكٌ بواسطة الماء . «ب» متعلق بالمياه أو السوائل المتحركة .

**hydraulics** (*n.*) علم السوائل المتحركة .

**hydrogen** (*n.*) الهيدروجين .

**hydrogenate; -genize** (*vt.*) يُهَدْرِج .

**hydrogen bomb** (*n.*) القنبلة الهيدروجينية.

hydrometer

**hydrogenous** (*adj.*) هيدروجينيّ .

**hydrology** (*n.*) المائيات ؛ علم المياه .

**hydrometer** (*n.*) المِسْيَل : مقياس الثقل النوعي للسوائل .

**hydrophobia** (*n.*) داء الكَلَب .

**hydroplane** (*n.*) (١) الزلاّقة المائيّة : زورق بخاري سريع (٢) الطائرة المائيّة .

**hyena** (*n.*) الضَّبُع

**hygiene** (*n.*) علم الصحّة.

**hygienic** (*adj.*) (١) صحّيّ (٢) خاص بعلم الصحّة .

**hymeneal** (*adj.*) زِواجيّ ؛ قِرانيّ .

**hymn** (*n.*) ترتيلة ؛ ترنيمة .

**hyperbola** (*n.*) القطع الزائد (هندسة) .

**hyperbole** (*n.*) غُلُوّ ؛ إغراق ؛ مبالغة .

**hyphen** (*n.; vt.*) (١) الواصلة : خط قصير (-) بين جزئي الكلمة المركّبة § (٢) يَصِل بواصلة .

**hyphenate** (*vt.*) = hyphen.

**hypnosis** (*n.*) النوم المغنطيسيّ .

**hypnotic** (*adj.; n.*) (١) منوِّم (٢) متعلق بالتنويم المغنطيسي § (٣) المنوِّم : مادة منوِّمة .

**hypnotism** (*n.*) التنويم المغنطيسي .

**hypnotist** (*n.*) المنوِّم المغنطيسي .

**hypnotize** (*vt.*) ينوم مغنطيسياً .

**hypochondria; -sis** (*n.*) وسواس المرض : توسوس المرء على صحته .

**hypochondriac** (*adj.; n.*) مصاب بوسواس المرض ؛ موسوس على صحته .

**hypocrisy** (*n.*) رياء ؛ نفاق .

**hypocrite** (*n.; adj.*) مراءٍ ؛ منافق .

**hypocritical** (*adj.*) ريائيّ ؛ زائف .

**hypotenuse** (*n.*) وتر المثلث (ذي الزاوية القائمة) .

**hypothecate** (*vt.*) يرهن (عقاراً أو سندات) .

**hypothesis** (*n.*) الفَرْضيّة ؛ الظَّنّيّة : رأي علميّ لم يثبتْ بعد .

**hypothetical** (*adj*) افتراضي: قائم على الافتراض

**hyssop** (*n.*) الزُوفا : نباتٌ أوراقه عطرة الرائحة .

**hysteria** (*n.*) (١) الهستيريا ؛ الهَرَع (٢) خوف (أو اهتياج عاطفيّ) لاسبيل إلى كبحه .

**hysteric ; -al** (*adj.*) هِسْتيريّ ؛ هَرَعيّ .

**hysterics** (*n.*) هِستيريا : نوبة ضحك أو بكاء لا سبيل إلى كبحها .

*The island of Sindbad the Sailor* (Basrah, Iraq)

# I

**i** *(n.)* الحرف التاسع من الأبجدية الانكليزية.

**I** *(pron.)* أنا ؛ تُ ؛ ضمير المفرد المتكلم .

**iamb;iambus** *(n.)* العَمْبَق : تفعيلةٌ شعرية.

**ibex** *(n.)* الوَعْل ؛ البَدَن ؛ تَيْس الجبل .

**ibis** *(n.)* أبو مِنْجل ؛ الحارس : طائر مائيّ .

**ice** *(n.; vt.)* (١) جليد ؛ ثلج (٢) الحلوى الجليدية : حلوى متجلدة تحتوي على عصير فاكهةٍ § (٣) يكسو بالثلج أو يحوّل إلى جليد (٤) يبرّد (٥) يكسو بغطاء من سكر وزبدة وحليب وبيض .

on ~, شبه مضمون ؛ الفوز فيه شبه مؤكد .

on thin ~, في وضع محفوف بالمخاطر .

**iceberg** *(n.)* الجبل الجليدي : جبل جليد عائم منفصلٌ عن نهر جليد .

**iceboat** *(n.)* مركب الجَمَد : مركبة شبيهة بمركب شراعي تستخدم للانزلاق على الجليد.

**icebound** *(adj.)* محاط أو محصورٌ بالجليد.

**icebox** *(n.)* ثلاّجة .

**icebreaker** *(n.)* كسّارة الجَمَد : سفينة لشقّ طريق وسط الجليد .

**ice cream** *(n.)* مثلوجات ؛ «بوظة» ؛ «جيلاتي» .

**iceman** *(n.)* الثلاّج: بائع الثلج .
**ice storm** *(n.)* العاصفة الثلجيّة .
**icicle** *(n.)* (١) الدّلاة الجليديّة : كتلة جليدية مدلاّة ناشئة عن تجمّد الماء أثناء تقطّره . 
**icily** *(adv.)* (١) على نحو جليدي (٢) ببرود .
**icing** *(n.)* (١) تثليج (٢) الغطاء الجليديّ (من سكر وزبدة وحليب وبيض) .
**icon** *(n.)* (١) تمثال (٢) ايقونة .
**icy** *(adj.)* (١) جليديّ (٢) بارد .
**idea** *(n.)* (١) فكرة (٢) خطّة؛ تصميم؛ مشروع .
**ideal** *(adj.; n.)* (١) مِثاليّ § (٢) مثلٌ أعلى .
**idealism** *(n.)* المثاليّة .
**idealist** *(n.; adj.)* مِثاليّ .
**idealistic** *(adj.)* مِثاليّ .
**idealize** *(vt.)* يجعله مِثاليّاً .
**identical** *(adj.)* (١) ذاتُه (٢) مماثل؛ متطابق .
**identically** *(adv.)* بالتماثل؛ بالتطابق .
**identification** *(n.)* (١) مُماثَلَة؛ مُطابَقَة . (٢) تماثلٌ؛ تطابق (٣) معيِّن الهوية .
**identify** *(vt.; i.)* (١) يماثل؛ يطابق (٢) يعتبرهما شيئاً واحداً (٣) يعيِّن الهوية أو الشخصية .
**identity** *(n.)* (١) تماثُل؛ تطابق؛ وحدة . (٢) هُويّة؛ ذاتية .
**ideologic; -al** *(adj.)* ايديولوجيّ .
**ideology** *(n.)* ايديولوجية؛ مَذْهب .
**idiocy** *(n.)* (١) بلاهة (٢) حماقةٌ بالغة .
**idiom** *(n.)* (١) لهجة؛ لغة (٢) العبارة الاصطلاحية: عبارة ذات معنى لا يمكن أن يتجلّى من مجرّد فهم معاني كلماتها منفصلةً .
**idiomatic** *(adj.)* اصطلاحيّ .
**idiot** *(n.)* الأبله؛ المعتوه؛ الأحمق .
**idiotic; -al** *(adj.)* أبله؛ معتوه؛ أحمق .

**idle** *(adj.; vi.)* (١) تافه (٢) عاطل عن العمل . (٣) كسول؛ مهمِل § (٤) يتبطّل؛ ينفق وقته في البطالة (٥) يتكاسل .
**idleness** *(n.)* تبطُّل؛ تعطُّل؛ كَسَل .
**idol** *(n.)* (١) وَثَن (٢) معبود؛ محبوب .
**idolater** *(n.)* (١) الوثنيّ (٢) المُعْجَب .
**idolatrous** *(adj.)* (١) وثنيّ (٢) محبّ حبّاً أعمى .
**idolatry** *(n.)* (١) الوثنيّة (٢) حبّ أعمى .
**idolize** *(vt.)* يؤلّه؛ يحبّ حبّاً أعمى .
**idyll** *or* **idyl** *(n.)* الأنشودة الريفية .
**if** *(conj.; n.)* (١) إذا؛ إنْ (٢) ما إذا (٣) لو؛ ليت . (٤) ولو أنّه § (٥) شرطٌ (٦) افتراض .
**igneous** *(adj.)* (١) ناريّ (٢) بركانيّ .
**ignite** *(vt.; i.)* (١) يُشعِل × (٢) يشتعل .
**ignition** *(n.)* (١) إشعال؛ اشتعال (٢) المُشعِلة: أداة الإشعال (كالشرارة الكهربائية الخ.) .
**ignoble** *(adj.)* حقير؛ خسيس .
**ignominious** *(adj.)* شائن؛ حقير؛ مُذِلّ .
**ignominy** *(n.)* خِزْي؛ عار .
**ignorance** *(n.)* جهلٌ؛ جهالة .
**ignorant** *(adj.)* (١) جاهلٌ (٢) دالّ على الجهل .
**ignore** *(vt.)* يتجاهل .
**ill** *(adj.; adv.; n.)* (١) شرّير (٢) سقيم . (٣) مريض؛ عليل (٤) سيّء؛ عاثر؛ (٥) صعب (٦) رديء (٧) معادٍ؛ غير وديّ (٨) قاس؛ وحشيّ § (٩) باستياء أو بعدم ارتياح (١٠) بفظاظة (١١) بصعوبة § (١٢) شرّ؛ علّة؛ بلاء .

~ at ease مضطرب؛ قَلِق .

**ill-bred** *(adj.)* سيّء التنشئة؛ غير مهذّب .
**illegal** *(adj.)* غير قانوني؛ غير شرعيّ .
**illegible** *(adj.)* مستغلِق؛ غير مقروء .
**illegitimacy** *(n.)* (١) النُّغولة (٢) اللاشرعيّة .

**illegitimate** *(adj.)* (١) نَغِل: مولود من أبوين لا تربط بينهما رابطة الزَّواج (٢) غير شرعيّ.
**ill-fated** *(adj.)* (١) منحوس (٢) مشؤوم.
**ill-favored** *(adj.)* (١) بَشِع (٢) بغيض.
**illiberal** *(adj.)* (١) جِلف أو جاهل (٢) بخيل. (٣) متعصّب؛ ضيّق أفق التفكير.
**illicit** *(adj.)* محظور؛ محرَّم؛ غير مشروع.
**illimitable** *(adj.)* لامتناهٍ؛ لامحدود.
**illiteracy** *(n.)* (١) الأميّة (٢) خطأ فاضح.
**illiterate** *(adj.; n.)* أميّ.
**ill-mannered** *(adj.)* جِلْف؛ فظّ.
**ill-natured** *(adj.)* شَكِس؛ رديء الطبع.
**illness** *(n.)* اعتلال؛ سُقْم؛ مرض.
**illogical** *(adj.)* غير منطقيّ؛ مخالف للمنطق.
**ill-starred** *(adj.)* منحوس؛ سيّء الطالع.
**ill-treat** *(vt.)* يعامل بقسوة؛ يسيء المعاملة.
**illuminate** *(vt.)* (١) ينير (٢) ينوّر (٣) يوضح. (٤) يزخرف (بالذهب أو بالألوان الساطعة).
**illumination** *(n.)* (١) إنارة؛ تنوير (٢) استنارة. (٣) إضاءة زينيّة (٤) زخرفة.
**ill-usage** *(n.)* معاملة قاسية أو جائرة.
**ill-use** *(vt.)* يسيء معاملته؛ يعامله بقسوة.
**illusion** *(n.)* وهم؛ توهُّم.
**illusive; illusory** *(adj.)* خادعٌ؛ موهِمٌ.
**illustrate** *(vt.)* (١) يزيّن (بالرسوم) (٢) يوضح (٣) يوضح بإعطاء مثلٍ.
**illustration** *(n.)* (١) تزيين؛ توضيح؛ تزويد بالرسوم التوضيحية (٢) مثَلٌ موضِح (٣) صورة إيضاحيّة تزيينيّة.
**illustrative** *(adj.)* تزيينيّ؛ توضيحيّ.
**illustrious** *(adj.)* لامع؛ شهير.
**image** *(n.)* (١) تمثال (٢) ايقونة (٣) صورة.
**imagery** *(n.)* (١) تماثيل (٢) اللغة المجازية.
**imaginable** *(adj.)* ممكنٌ تخيُّلُه.

**imaginary** *(adj.)* خياليّ؛ تخيُّليّ؛ متخيَّل.
**imagination** *(n.)* (١) تخيُّل (٢) خيال.
**imaginative** *(adj.)* (١) خيالي (٢) واسع الخيال.
**imagine** *(vt.; i.)* يتخيّل؛ يتصوّر.
**imbecile** *(adj.)* أبله؛ معتوه.
**imbecility** *(n.)* (١) بلاهة (٢) حماقة تامّة.
**imbed** *(vt.; i.)* = embed.
**imbibe** *(vt.; i.)* يتشرَّب؛ يمتصّ؛ يشرَب.
**imbroglio** *(n.)* (١) وضعٌ معقَّد (٢) سوء تفاهم.
**imbrue** *(vt.)* يُضرِّج أو يُخضِّب (بالدماء).
**imbue** *(vt.)* (١) يَصْبغ (٢) يُشْرِب (بفكرةٍ).
**imitate** *(vt.)* (١) يحاكي؛ يقلِّد (٢) يُشبِه؛ يبدو مثلَ (٣) يزيِّف.
**imitation** *(n.)* (١) محاكاة؛ تقليد (٢) تزييف. (٣) شيء زائف.
**imitative** *(adj.)* (١) تقليديّ: قائم على المحاكاة والتقليد (٢) مقلِّد: ميال إلى المحاكاة والتقليد.
**immaculate** *(adj.)* نقيّ؛ طاهر؛ نظيف.
**immaterial** *(adj.)* (١) روحيّ (٢) غير هامّ.
**immature** *(adj.)* فِجّ؛ غير ناضج.
**immeasurable** *(adj.)* لا حدَّ له؛ لا يُقاس.
**immediate** *(adj.)* (١) مباشر (٢) فوريّ. (٣) حاليّ؛ خاصّ بالزمن الحاضر (٤) قريب.
**immediately** *(adv.)* مباشرةً؛ توّاً؛ فوراً.
**immedicable** *(adj.)* عُضال؛ متعذّرٌ شفاؤه.
**immemorial** *(adj.)* سحيق: شديد القِدَم.
**immense** *(adj.)* ضخم؛ هائل.
**immensity** *(n.)* (١) ضخامة (٢) شيء ضخم.
**immerse** *(vt.)* (١) يَغْمر؛ يغطّس (٢) يعمِّد.
**immersion** *(n.)* (١) غَمْر؛ انغمار (٢) تعميد.
**immigrant** *(n.)* المهاجر؛ المغترب؛ النازح.
**immigrate** *(vi.)* يهاجر؛ يغترب؛ ينزح.
**imminence** *(n.)* وَشْك؛ قربُ حدوث.
**imminent** *(adj.)* وشيك؛ قريب الحدوث.

**immobile** *(adj.)* ثابت؛ جامد؛ لا متحرّك.
**immobilize** *(vt.)* يجمِّد؛ يشلّ.
**immoderate** *(adj.)* مُفْرِط؛ مُتطرّف.
**immodest** *(adj.)* (١) مدَّعٍ؛ غير متواضع. (٢) وقح؛ بذيء (٣) غير محتشم.
**immolate** *(vt.)* يضحّي بـ؛ يقدّمه قرباناً.
**immoral** *(adj.)* (١) لاأخلاقيّ (٢) فاسق.
**immorality** *(n.)* فُسوق؛ فُجور.
**immortal** *(adj.; n.)* (١) خالد §(٢) الخالد.
**immortality** *(n.)* خلود؛ بقاء.
**immortalize** *(vt.)* يخلّده؛ يجعله خالداً.
**immovable** *(adj.; n.)* (١) راسخ §(٢) شيء راسخ (٣) *pl.*: أموال غير منقولة.
**immune** *(adj.)* (١) مُعْفًى (٢) ذو مَناعة.
**immunity** *(n.)* (١) إعفاء (٢) مناعة.
**immunize** *(vt.)* يمنّع: يجعله ذا مناعة.
**immure** *(vt.)* يحصر؛ يحبس؛ يسجن.
**immutable** *(adj.)* ثابت؛ غير قابل للتغيّر.
**imp** *(n.)* (١) عفريت صغير (٢) ولد مؤذٍ.
**impact** *(n.)* (١) تصادم؛ صدمة (٢) أثر؛ تأثير.
**impair** *(vt.)* يُفسد؛ يُتلف؛ يُضعف.
**impale** *(vt.)* يُخوزق: يُميت على الخازوق.
**impalpable** *(adj.)* دقيق؛ غير محسوس.
**impart** *(vt.)* (١) يمنح (٢) ينقل (٣) يفشي.
**impartial** *(adj.)* نزيه؛ متجرّد؛ غير متحيّز.
**impartiality** *(n.)* نزاهة؛ تجرّد؛ لا تحيّز.
**impassable** *(adj.)* غير سالك؛ لا يُجتاز.
**impasse** *(n.)* مأزِق؛ طريق مسدود.
**impassible** *(adj.)* بليد الحسّ؛ عديم التأثّر.
**impassioned** *(adj.)* مُتّقد؛ مشبوب العاطفة.
**impassive** *(adj.)* جامد؛ عديم العاطفة.
**impatience** *(n.)* نفاد صبر.
**impatient** *(adj.)* (١) نافد الصبر (٢) ضيّق الصدر بـ؛ قليل الاحتمال لـ (٣) شديد التوق إلى.

**impeach** *(vt.)* يتّهم (بالتقصير أو الخيانة).
**impeccable** *(adj.)* معصوم (عن الخطأ).
**impede** *(vt.)* يَعُوق؛ يعترض السبيل.
**impediment** *(n.)* (١) إعاقة (٢) عائق.
**impel** *(vt.)* يُكره على؛ يدفع إلى.
**impend** *(vi.)* (١) يهدّد (٢) يوشك أن يَحدُث.
**impending** *(adj.)* وشيك؛ مهدد بوشك الحدوث.
**impenetrable** *(adj.)* (١) لا يُخترَق؛ لا يُنفَذ إليه (٢) عديم التأثّر (٣) مستغلِق؛ لا يُفهَم.
**impenitent** *(adj.)* سادر؛ غير نادم أو تائب.
**imperative** *(adj.; n.)* (١) أمريّ (٢) إلزاميّ (٣) ضروريّ §(٤) صيغة الأمر (٥) أمرٌ؛ طلب.
**imperceivable** *(adj.)* = imperceptible.
**imperceptible** *(adj.)* (١) غير مدرَك (٢) ضئيل أو دقيق إلى حدّ بعيد.
**imperfect** *(adj.; n.)* (١) ناقص؛ غير تامّ (٢) غير مُلزِم شرعاً §(٣) صيغة الماضي الناقص.
**imperfection** *(n.)* نَقْص؛ عيب؛ شائبة.
**imperial** *(adj.)* (١) امبراطوريّ (٢) فخيم.
**imperialism** *(n.)* (١) النظام أو الحكم الإمبراطوري (٢) الامبريالية؛ الاستعمار.
**imperil** *(vt.)* يُعرِّض للخطر.
**imperious** *(adj.)* (١) مستبدّ (٢) ملحّ.
**imperishable** *(adj.)* خالد؛ غير فان.
**impersonal** *(adj.)* (١) لاشخصيّ (٢) مجرَّد.
**impersonate** *(vt.)* يتخذ أو يمثّل شخصيّة فلان.
**impertinent** *(adj.)* (١) غير مرتبط بموضوع البحث؛ خارج عن موضوع البحث (٢) وقح.
**imperturbable** *(adj.)* هادىء؛ رابط الجأش.
**impervious** *(adj.)* كتيم؛ غير مُنفِذ.
**impetuosity** *(n.)* (١) طيش (٢) عنف؛ اندفاع.
**impetuous** *(adj.)* (١) طائش (٢) مندفع بعنف.
**impetus** *(n.)* (١) قوة دافعة (٢) دافع؛ منبّه.
**impiety** *(n.)* (١) عدم تقوى (٢) عقوق.

**impinge** *(vi.)* يصطدم أو يرتطم بـ .

**impious** *(adj.)* (١) غير ورِع (٢) عاقّ .

**impish** *(adj.)* شيطاني؛ عفريتيّ؛ مؤذٍ .

**implacable** *(adj.)* عنيد؛ حقود؛ لا يُهدَّأ .

**implant** *(vt.)* يَغْرِز؛ يَغْرِس؛ يُشْرِب .

**implement** *(n.)* أداة؛ آلة؛ وسيلة .

**implicate** *(vt.)* (١) يضمِّن (٢) يورِّط .

**implication** *(n.)* (١) تضمين؛ تضمُّن؛ معنىً متضمَّن (٢) توريط؛ تورُّط .

**implicit** *(n.)* (١) ضِمْنيّ (٢) مُطلَق؛ تامّ .

**implied** *(adj.)* ضِمنيّ؛ مفهومٌ ضمناً .

**implore** *(vt.)* يناشد؛ يلتمس؛ يتوسّل إلى .

**imply** *(vt.)* (١) يتضمّن؛ يدل ضمناً على؛ يقتضي ضمناً (٢) يُلمع أو يُلمّح إلى .

**impolite** *(adj.)* فظّ؛ جِلف؛ غير مهذَّب .

**impolitic** *(adj.)* أخرق؛ أحمق؛ غير حكيم .

**import** *(vt.; n.)* (١) يعني؛ يفيد (٢) يستورد . § (٣) معنى؛ فحوى (٤) أهمية (٥) سلعة مستوردة .

**importance** *(n.)* أهمية؛ شأن .

**important** *(adj.)* (١) هامّ (٢) ذو شأن .

**importation** *(n.)* (١) استيراد (٢) شيء مستورَد .

**importunate** *(adj.)* مُزْعِج؛ ملِحّ؛ ملحِف .

**importune** *(vt.; i.)* يلحّ على؛ يُلحِف؛ يزعج .

**importunity** *(n.)* إزعاج؛ إلحاح؛ إلحاف .

**impose** *(vt.; i.)* (١) يفرض (٢) يتطفّل على . × (٣) يستغلّ (٤) يَخْدَع .

**imposing** *(adj.)* جليل؛ مَهيب .

**imposition** *(n.)* (١) فرض ضريبة (٢) ضريبة . (٣) عبء ثقيل (٤) حيلة؛ خدعة .

**impossibility** *(n.)* استحالة أو شيء مستحيل .

**impossible** *(adj.)* مستحيل؛ متعذِّر .

**impost** *(n.)* ضريبة؛ رَسْم .

**impostor** *(n.)* الدجّال؛ المدّعي؛ المحتال .

**imposture** *(n.)* دَجْل؛ خِداع .

**impotence** *(n.)* العُنّة : العجز الجنسي .

**impotent** *(adj.)* (١) ضعيف؛ واهن (٢) عِنّين .

**impoverish** *(vt.)* (١) يُفْقِر (٢) يُضْعِف .

**impracticable** *(adj.)* غير عمليّ؛ غير سالك .

**impractical** *(adj.)* لاعمليّ؛ غير عمليّ .

**imprecate** *(vt.; i.)* يلعن .

**imprecation** *(n.)* (١) لَعْن (٢) لَعْنَة .

**impregnable** *(adj.)* حصين؛ منيع .

**impregnate** *(vt.)* (١) يُلْقِح (٢) يُشرب .

**impresario** *(n.)* مدير الفرقة (الموسيقية) .

**impress** *(vt.; n.)* (١) يَدْمغ؛ يطبع؛ يَبْصم . (٢) يطبع (في الذهن) (٣) يؤثّر في، يخلّف (في النفس) انطباعاً قوياً § (٤) دَمْغَة؛ بَصْمة؛ طَبعة (٥) طابع؛ علامة مميِّزة .

**impression** *(n.)* (١) دمغة؛ بَصْمَة؛ طَبْعَة . (٢) انطباع؛ انطباعة أولى (٣) فكرة غامضة .

**impressionism** *(n.)* الانطباعيّة (في الفن) .

**impressive** *(adj.)* مؤثِّر .

**imprint** *(vt.; n.)* (١) يدمغ؛ يبصم؛ يختم . § (٢) دمغة؛ بصمة (٣) سِمَة .

**imprison** *(vt.)* يسجن؛ يحبس .

**improbability** *(n.)* لا احتمال .

**improbable** *(adj.)* غير محتمَل؛ بعيد الاحتمال .

**impromptu** *(adj.; adv.)* مُرتَجَلٌ أو ارتجالاً .

**improper** *(adj.)* (١) خاطىء (٢) غير ملائم أو مهذَّب أو لائق (٣) بذيء (٤) غير محتشم .

**impropriety** *(n.)* (١) لاملاءمة؛ عدم مناسبة . (٢) قلّة احتشام أو لياقة (٣) بذاءة .

**improve** *(vt.; i.)* (١) يُحسِّن × (٢) يتحسّن .

**improvement** *(n.)* (١) تحسين (٢) تحسُّن .

**improvidence** *(n.)* تبذير؛ قِصر نظر .

**improvident** *(adj.)* مبذِّر أو قصير النظر .

**improvisation** *(n.)* ارتجال أو شيء مُرتَجَل .

**improvise** *(vt.; i.)* يرتجل .
**imprudence** *(n.)* حماقة ؛ طَيْش .
**imprudent** *(adj.)* أحمق ؛ طائش .
**impudence** *(n.)* وقاحة ؛ صفاقة .
**impudent** *(adj.)* وقح ؛ صفيق .
**impugn** *(vt.)* يفنِّد ؛ يكذّب ؛ يطعن في .
**impulse** *(n.)* (١) اندفاع (٢) دافع ؛ حافز ؛ باعث (٣) نزوة .
**impulsion** *(n.)* دَفْع ؛ اندفاع ؛ دافع ؛ حافز .
**impulsive** *(adj.)* دَفْعيّ ؛ دافع ؛ مندفع .
**impunity** *(n.)* إفلات من عقوبة أو عاقبة .
**impure** *(adj.)* (١) قَذِر ؛ بذيء (٢) ملوَّث ؛ نَجِس (٣) غير طاهر أو صافٍ (٤) مغشوش .
**impurity** *(n.)* تلوُّث ؛ نَجَس ؛ لَحْن (في اللغة) .
**impute** *(vt.)* (١) يُلصق به تهمةً (٢) يعزو إلى .
**in** *(prep.; adv.; adj.)* (١) في (٢) إلى داخل . (٣) بـِ ؛ بواسطة (٤) إلى § (٥) إلى أو نحو داخل غرفة أو بيت § (٦) داخليّ .

~ any case بأية حال ؛ مهما يحدث .
~ itself بذاته ؛ بمعزل عن الأشياء أو الاعتبارات الأخرى .
the ~ s and the outs (١) الحكومة والمعارضة (٢) تفاصيل ؛ بواطن الأمور وظواهرها .

**inability** *(n.)* عَجْز ؛ قصور ؛ عدم قدرة .
**inaccessible** *(adj.)* متعذَّرٌ بلوغُهُ أو التأثير فيه أو الحصول عليه .
**inaccuracy** *(n.)* (١) عدم صحة أو دقّة (٢) خطأ .
**inaccurate** *(adj.)* خاطىء ؛ غير دقيق .
**inaction** *(n.)* كسل ؛ تراخٍ ؛ لا عمل .
**inactive** *(adj.)* ساكنٌ ؛ هامدٌ ؛ غير ناشط .
**inactivity** *(n.)* سكون ؛ لافعالية ؛ لانشاط .
**inadequate** *(adj.)* غير ملائم ؛ غير وافٍ .
**inadmissible** *(adj.)* غير مقبول .
**inadvertent** *(adj.)* (١) مُهْمِل ؛ غافل . (٢) دالّ على إهمال (٣) غير متعمَّد أو مقصود .
**inadvisable** *(adj.)* غير مستحسَن أو مستصوَب .
**inalienable** *(adj.)* غير قابل للتحويل .
**inalterable** *(adj.)* غير قابل للتغيير .
**inane** *(adj.)* فارغ ؛ تافه ؛ سخيف .
**inanimate** *(adj.)* لاحيّ ؛ غير ذي حياة .
**inanition** *(n.)* (١) فراغ (٢) جوع (٣) لانشاط .
**inapplicable** *(adj.)* غير عمليّ ؛ غير ملائم .
**inappropriate** *(adj.)* غير ملائم .
**inapt** *(adj.)* (١) غير ملائم (٢) غير بارع .
**inaptitude** *(n.)* عدم ملاءمة أو صلاح أو براعة .
**inarticulate** *(adj.)* (١) غير ملفوظ بوضوح . (٢) عاجز عن التعبير عن آرائه (٣) لامَفْصِليّ .
**inartistic** *(adj.)* لا فنّيّ ؛ غير فنّيّ .
**inasmuch as** *(conj.)* لأن ؛ بسبب ؛ نظراً لأن .
**inattention** *(n.)* غفلة ؛ قلّة انتباه ؛ إهمال .
**inattentive** *(adj.)* غافل ؛ غير منتبه ؛ مهمِل .
**inaudible** *(adj.)* غير مسموع ؛ لا يُسمَع .
**inaugural** *(adj.; n.)* (١) تدشينيّ (٢) افتتاحيّ . § (٣) خطاب التولية (يلقى عند بدء الولاية) .
**inaugurate** *(vt.)* (١) يولّي : يقلّده السلطة . (٢) «أ» يدشّن . «ب» يفتتح .
**inauguration** *(n.)* تولية ؛ تدشين ؛ افتتاح .
**inauspicious** *(adj.)* منحوس ؛ مشؤوم .
**inborn; inbred** *(adj.)* فطريّ ؛ طبيعيّ .
**incalculable** *(adj.)* (١) كثير جداً ؛ لا يُحصَى (٢) لا يمكن التنبّؤ به (٣) متقلّب .
**incandescence** *(n.)* التوهّج الحراري .
**incandescent** *(adj.)* متوهّج ؛ ساطع ؛ برّاق .
**incantation** *(n.)* (١) تعويذ (٢) تعويذة .
**incapable** *(adj.)* (١) عاجز (٢) غير قابل لِـ .
**incapacitate** *(vt.)* يُضْعِف ؛ يجعله عاجزاً .

**incapacity** *(n.)* عجز ؛ عدم قدرة .
**incarcerate** *(vt.)* (١) يسجن (٢) يحجز ؛ يحصر .
**incarnate** *(adj.; vt.)* (١) مجسَّد (٢) يجسِّد .
**incarnation** *(n.)* تجسيد ؛ تجسُّد .
**incautious** *(adj.)* غافل ؛ مُهمِل ؛ قليل الحذر .
**incendiary** *(n.; adj.)* (١) الإحراقيّ : مُضرِم النار عمداً (٢) المهيِّج : مثير الفتنة § (٣) إحراقيّ (٤) محرِق (٥) مُلهِب ؛ مثير .
**incense** *(n.; vt.)* (١) البخور أو عبقه (٢) تملُّق . § (٣) يبخِّر (بإحراق البخور) (٤) يُغضِب .
**incentive** *(n.; adj.)* باعث ؛ محرِّك ؛ حافز .
**inception** *(n.)* ابتداء ؛ استهلال .
**incertitude** *(n.)* شكّ ؛ لا يقين .
**incessant** *(adj.)* متوالٍ ؛ متواصل ؛ مستمرّ .
**incessantly** *(adv.)* باستمرار ؛ بغير انقطاع .
**inch** *(n.)* الإنش ؛ البوصة : $\frac{١}{١٢}$ من القدم .
**incidence** *(n.)* مدى الحدوث أو التأثير .
**incident** *(n.; adj.)* (١) حادثة § (٢) عرَضيّ .
**incidental** *(adj.)* تصادفيّ ؛ عرَضيّ ؛ طارئ .
**incinerate** *(vt.)* يُحرِق (محوِّلاً إلى رماد) .
**incinerator** *(n.)* موقد لإحراق القمامة .
**incipient** *(adj.)* أوليّ ؛ ابتدائيّ .
**incise** *(vt.)* (١) يحزّ (٢) ينحت ؛ ينقش .
**incised** *(adj.)* (١) محزَّز ؛ منقوش (٢) مثلَّم .
**incision** *(n.)* تثَلُّم ؛ جُرْح ؛ حزّ ؛ شقّ .
**incisive** *(adj.)* قاطع ؛ ماضٍ ؛ حادّ .
**incisor** *(n.)* القاطعة : إحدى الأسنان القواطع .
**incite** *(vt.)* يحرِّض ؛ يحثّ .
**incivility** *(n.)* (١) فظاظة (٢) عمل فظّ .
**inclement** *(adj.)* (١) عاصف (٢) قاسٍ .
**inclination** *(n.)* (١) انحناءة (٢) رغبة ؛ هوى . (٣) ميل ؛ انحراف (٤) منحدَر (٥) نزعة .
**incline** *(vi.; t.; n.)* (١) ينحني (٢) يميل إلى . (٣) ينحرف × (٤) يحني (٥) يُحدِر § (٦) منحدَر .

**inclined** *(adj.)* (١) ميال إلى (٢) مائل ؛ منحدِر .
**inclose** *(vt.)* = enclose
**include** *(vt.)* يتضمّن ؛ يشتمل على .
**inclusion** *(n.)* تضمين ؛ تضمُّن .
**inclusive** *(adj.)* (١) شامل (٢) متضمِّن ؛ بما فيه .
from Monday to Saturday ~, من الاثنين إلى السبت ضمناً .
**inclusively** *(adv.)* ضمناً .
**incognito** *(adj.; adv.)* متستِّر باسم مستعار .
**incoherence** *(n.)* (١) تفكُّك (٢) تنافُر .
**incoherent** *(adj.)* (١) متفكِّك (٢) متنافر .
**incombustible** *(adj.)* غير قابل للاحتراق .
**income** *(n.)* دَخْل ؛ إيراد .
**incoming** *(adj.)* (١) آتٍ ؛ قادم (٢) جديد .
**incommode** *(vt.)* يُزعِج ؛ يضايق .
**incomparable** *(adj.)* لا يُضاهَى .
**incompatible** *(adj.)* (١) متنافر (٢) متضارب متعارض .
**incompetence; -tency** *(n.)* (١) عجز ؛ لا كفاءة (٢) لا أهلية ؛ لا صلاحية .
**incompetent** *(adj.)* (١) غير كفوء (٢) غير مؤهَّل أو صالح قانونياً .
**incomplete** *(adj.)* ناقص ؛ غير تامّ .
**incomprehensible** *(adj.)* مُبْهَم .
**incompressible** *(adj.)* لا ينضغط .
**inconceivable** *(adj.)* لا يُتَصوَّر ؛ لا يُصَدَّق .
**inconclusive** *(adj.)* غير حاسم .
**incongruity** *(n.)* تنافُر ؛ تعارُض الخ .
**incongruous** *(adj.)* (١) متنافر (٢) متعارض مع (٣) غير مناسب أو لائق .
**inconsiderable** *(adj.)* طفيف ؛ تافه .
**inconsiderate** *(adj.)* طائش ؛ متهوِّر .
**inconsistency** *(n.)* تضارُب ؛ تناقض ؛ تنافر .

inc 243 ind

**inconsistent** (*adj.*) (١) متضارب (٢) متنافر (٣) غير متّرابط منطقياً (٤) متعارض مع .
**inconsolable** (*adj.*) لا عزاء له .
**inconspicuous** (*adj.*) غير واضح أو جليّ .
**inconstancy** (*n.*) تقلّب ؛ تحوُّل .
**inconstant** (*adj.*) متقلّب ؛ متحوِّل .
**incontestable** (*adj.*) مقرَّر ؛ لا يقبل الجدل .
**incontinent** (*adj.*) (١) عاجز عن ضبط النفْس (٢) منقاد للشهوة الجنسية .
**incontrovertible** (*adj.*) لا جدال فيه .
**inconvenience** (*n.; vt.*) (١) لا ملاءمة ؛ إزعاج (٢) عائق ؛ شيء مزعج § (٣) يزعج .
**inconvenient** (*adj.*) (١) غير ملائم (٢) مزعج .
**inconvertible** (*adj.*) غير قابل للتحويل .
**incorporate** (*vt.; i.*) (١) يُدْمج (٢) ينشىء نقابة أو شركة × (٣) يندمج .
**incorporated** (*adj.*) مُندمج ؛ مُتّحد .
**incorporation** (*n.*) (١) دمج ؛ اندماج (٢) شركة أو نقابة .
**incorporeal** (*adj.*) روحيّ ؛ معنويّ ؛ غير مادي .
**incorrect** (*adj.*) غير صحيح أو دقيق أو لائق .
**incorrigible** (*adj.*) غير قابل للاصلاح .
**incorruptible** (*adj.*) غير قابل للفساد .
**increase** (*vi.; t.; n.*) (١) يزداد ؛ يتكاثر × (٢) يزيد ؛ ينمّي § (٣) ازدياد (٤) زيادة .
**increasingly** (*adv.*) بازدياد ؛ أكثر فأكثر .
**incredible** (*adj.*) لا يُصدَّق .
**incredulity** (*n.*) المَيْل إلى الشكّ وعدم التصديق .
**incredulous** (*adj.*) ميّال إلى الشك أو الارتياب .
**increment** (*n.*) زيادة ؛ ربح ؛ إضافة .
**incriminate** (*vt.*) يجرِّم أو يورِّط في جريمة .
**incrust** (*vt.; i.*) يلبس بقشرة أو يشكّل قشرةً .
**incubate** (*vt.*) تحضن (الدجاجةُ) بيضَها .
**incubation** (*n.*) (١) حضانة (٢) دور الحضانة .
**incubator** (*n.*) المِحْضَن : جهاز لحضانة البيض أو تفقيسه صُنْعياً .

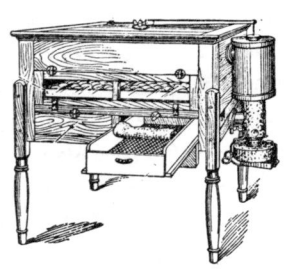

**incubus** (*n.*) كابوس ؛ جاثوم ؛ جُثام .
**inculcate** (*vt.*) يطبع أو يغرِس في الذهن .
**inculpate** (*vt.*) =incriminate.
**incumbent** (*adj.*) إلزامي ؛ إجباريّ .
**incumber** (*vt.*) يُثقل ؛ يرهق ؛ يعوق .
**incur** (*vt.*) يتعرَّض لـ ؛ يجلب على نفسه .
**incurable** (*adj.*) عُضال ؛ متعذّرٌ شفاؤه .
**incurious** (*adj.*) غافل ؛ غير مهتمّ أو مبالٍ .
**incursion** (*n.*) غزوة ؛ غارة .
**indebted** (*adj.*) مَدِين (بمالٍ أو فضلٍ) .
**indebtedness** (*n.*) (١) المَديونيّة (٢) دَيْن .
**indecency** (*n.*) قلّة احتشام أو لياقة .
**indecent** (*adj.*) غير محتشم أو لائق .
**indecision** (*n.*) حيرة ؛ تردُّد .
**indecisive** (*adj.*) (١) غير حاسم (٢) متردِّد .
**indecorous** (*adj.*) غير محتشم أو لائق .
**indeed** (*adv.*) حقاً ؛ في الواقع ؛ بالفعل .
**indefatigable** (*adj.*) لا يعرف التعب .
**indefeasible** (*adj.*) غير قابل للإلغاء .
**indefensible** (*adj.*) متعذّرٌ الدفاع عنه .
**indefinable** (*adj.*) متعذّرٌ تعريفُه أو تحديده .
**indefinite** (*adj.*) (١) تنكيري (٢) غامض ؛ غير دقيق ؛ غير محدَّد (٣) غير محدود .

**indelible** *(adj.)* متعذّرٌ محوُهُ أو إزالتُهُ .

**indelicacy** *(n.)* فظاظة .

**indelicate** *(adj.)* فَظّ .

**indemnify** *(vt.)* (١) يؤمِّن (٢) يعوِّض .

**indemnity** *(n.)* (١)عفو (٢)تأمين (٣)تعويض .

**indent** *(vt.)* (١) يفرِّض ؛ يفلّ ؛ يسنِّن . (٢)يستخدم بعقد رسمي (٣)يكتب تاركاً بياضاً مشيراً إلى ابتداء الفقرة (٤) يطلب بضاعةً .

**indentation** *(n.)* (١) ثُلْمَة ؛ فجوة (٢)تثليم ؛ تَثَلُّم (٣) فراغ يُترك في أول الفقرة .

**indention** *(n.)* (١)تثليم ؛ تسنين (٢) تثلُّم ؛ تسنُّن (٢) فراغ (في أول الفقرة) .

**indenture** *(n.; vt.)* عقد استخدام .

**independence** *(n.)* استقلال ؛ حريّة .

**independent** *(adj.; n.)* مستقلّ ؛ حرّ .

**indescribable** *(adj.)* لا يُوصَف .

**indestructible** *(adj.)* لا يُخرَّب أو يُتلَف .

**indeterminate** *(adj.)* (١)غير محدَّد ؛ غامض (٢)غير معروف سلفاً (٣)غير نهائيّ .

**index** *(n.; vt.)* (١) فِهرست (٢) مُؤشِّر (٣)علامة ؛ دلالة (٤)السبّابة : رمز لتوجيه النظر إلى صورة إلخ . §(٥) يفهرس .

**index finger** *(n.)* السبّابة (بين الابهام والوسطى) .

**India** *(n.)* الهند ؛ بلاد الهند .

**Indian** *(n.; adj.)* (١) الهندي (٢) الهندي الاميركي : أحد هنود أميركا الحمر §(٣)هندي .

**Indian corn** *(n.)* ذُرَة .

**India rubber** *(n.)* (١)المطّاط (٢) مِمحاة .

**indicate** *(vt.)* (١) يشير إلى (٢) يدلّ على . (٣)يُظهر ؛ يبيِّن (٤)يعبّر باختصار عن كذا .

**indication** *(n.)* (١) إظهار (٢)دلالة ؛ إشارة .

**indicative** *(adj.)* (١) دِلاليّ (٢)دالّ على .

**indicator** *(n.)* (١)المؤشِّر (٢)عقرب الساعة .

**indices** *pl. of* index.

**indict** *(vt.)* (١)يتّهِم (٢)يقاضي بتهمةٍ ما .

**indifference** *(n.)* لامبالاة .

**indifferent** *(adj.)* (١) لا مبالٍ (٢)غير هامّ .

**indigence** *(n.)* فقر ؛ عَوَز .

**indigenous** *(adj.)* أهليّ ؛ بلديّ .

**indigent** *(adj.)* فقير ؛ مُعْوِز .

**indigestible** *(adj.)* عَسِر الهَضْم .

**indigestion** *(n.)* عُسْرُ (أو سوء) الهَضْم .

**indignant** *(adj.)* ساخط ؛ ناقم .

**indignation** *(n.)* سُخْط ؛ نقمة .

**indignity** *(n.)* (١) إهانة (٢) معاملة مُهينة .

**indigo** *(n.)* النيلة (صِبغٌ أزرق) أو لونها .

**indirect** *(adj.)* (١) غير مُباشِر (٢)مُخادع .

**indirectly** *(adv.)* مداورةً ؛ على نحو غير مباشر .

**indiscipline** *(n.)* اللاانضباط ؛ عدم الانضباط .

**indiscreet** *(adj.)* طائش ؛ أحمق .

**indiscretion** *(n.)* طيش ؛ حماقة .

**indiscriminate** *(adj.)* غير مميِّز .

**indispensable** *(adj.)* أساسيّ ؛ لا غنى عنه .

**indisposed** *(adj.)* (١)متوعِّك (٢)نافر من .

**indisposition** *(n.)* (١)توعُّك (٢)نفور .

**indisputable** *(adj.)* لا يقبل الجدل .

**indissoluble** *(adj.)* لا ينفكّ أو ينحلّ .

**indistinct** *(adj.)* غامض ؛ غير واضح .

**indite** *(vt.)* يكتب ؛ يَنْظم .

**individual** *(adj.; n.)* (١) فرديّ ؛ شخصيّ . (٢)مستقلّ ؛ قائم بذاته §(٣)فرد ؛ شخص .

**individuality** *(n.)* الشخصيّة .
**individualize** *(vt.)* (١) يميّز ؛ يضفي عليه صفة فردية مميزة (٢) يخصّص ؛ يفصّل .
**individually** *(adv.)* على انفراد ؛ كل بمفرده.
**indivisible** *(adj.)* لا يتجزّأ .
**indoctrinate** *(vt.)* يُشْرِبُه فكرةً أو مبدءاً.
**Indo-European** *(adj.; n.)* هندي أوروبي.
**indolence** *(n.)* تراخٍ ؛ كسَل .
**indolent** *(adj.)* متراخٍ ؛ كسلان .
**indomitable** *(adj.)* لا يُقْهَر ؛ لا يُغْلَب.
**indoor** *(adj.)* داخليّ .
**indoors** *(adv.)* في أو إلى البيت (أو المبنى) .
**indorse** *(vt.)* = endorse.
**indubitable** *(adj.)* ثابت ؛ لا يُشكّ فيه.
**induce** *(vt.)* (١) يُقنِع ؛ يُغري (٢) يُحْدِث.
**inducement** *(n.)* (١) إقناع (٢) دافع ؛ باعث.
**induct** *(vt.)* ينصّب : يقلّده منصباً .
**induction** *(n.)* (١) تنصيب (٢) إدخال في الخدمة العسكريّة (٣) الاستقراء : تتبّع الجزئيّات للتوصّل منها إلى حكم كليّ (٤) إحداث (٥) الحثّ (في المغنطيسية والكهرباء).
**inductive** *(adj.)* (١) استقرائيّ (٢) حثّيّ ؛ حاثّ.
**indulge** *(vt.)* (١) يُطلق العِنان لـ (٢) ينغمس في (٣) يدلّل ؛ يتساهل مع .
**indulgence** *(n.)* (١) غفران (تمنحه الكنيسة) (٢) تدليل ؛ تساهل (٣) مهلة (٤) انغماس في .
**indulgent** *(adj.)* متساهل ؛ متسامح .
**industrial** *(adj.)* صناعيّ .
**industrialist** *(n.)* الصّناعي ؛ صاحب المصنع .
**industrialization** *(n.)* التصنيع .
**industrialize** *(vt.)* يُصنّع (البلادَ) .
**industrious** *(adj.)* كادّ ؛ مُجِدّ ؛ كادح .
**industry** *(n.)* (١) كدّ ؛ مثابرة (٢) صناعة .

**inebriate** *(vt.; n.)* (١) يُسْكِر § (٢) سكّير .
**inedible** *(adj.)* غير صالح للأكل .
**inedited** *(adj.)* غير منشور أو مطبوع .
**ineffable** *(adj.)* لا يوصف ؛ يفوق الوصف.
**ineffective** *(adj.)* (١) باطل ؛ عقيم (٢) عاجز .
**ineffectual** *(adj.)* (١) غير فعّال (٢) عقيم.
**inefficiency** *(n.)* (١) لافعاليّة (٢) لاكفاءة.
**inefficient** *(adj.)* غير فعّال ؛ غير كفوء.
**inelegant** *(adj.)* غير أنيق أو مصقول أو رقيق.
**ineligible** *(adj.)* غير مؤهّل أو كفوء.
**inept** *(adj.)* (١) غير ملائم (٢) سخيف.
**inequality** *(n.)* تفاوت ؛ تباين ؛ لا تَساوٍ .
**inequitable** *(adj.)* جائر ؛ ظالم ؛ غير مُنصِف.
**inequity** *(n.)* جَوْر ؛ ظلم ؛ لا إنصاف.
**inert** *(adj.)* (١) جامد (٢) هامد (٣) كسول .
**inertia** *(n.)* (١) القصور الذاتي (٢) كسل .
**inestimable** *(adj.)* نفيسٌ جداً ؛ لا يُثمَّن .
**inevitable** *(adj.)* محتومٌ ؛ متعذّرٌ اجتنابُه .
**inexact** *(adj.)* غير صحيح أو دقيق .
**inexcusable** *(adj.)* لا يُغْتَفَر أو يُبرَّر.
**inexhaustible** *(adj.)* لا يَنْضَب .
**inexorable** *(adj.)* عنيد ؛ متصلّب .
**inexpedient** *(adj.)* غير ملائم أو مستحسَن.
**inexpensive** *(adj.)* رخيص ؛ معقول الثمن .
**inexperience** *(n.)* قلة التجربة .
**inexperienced** *(adj.)* غِرّ ؛ قليل التجربة .
**inexpert** *(adj.)* غير خبير ؛ غير حاذق.
**inexpiable** *(adj.)* متعذّرٌ التكفير عنه.
**inexplicable** *(adj.)* متعذّرٌ تفسيرُه .
**inexpressible** *(adj.)* =indescribable.
**inextinguishable** *(adj.)* متعذّرٌ إطفاؤه .
**inextricable** *(adj.)* (١) لا سبيل إلى الخلاص أو الخروج منه (٢) لا ينفصم (٣) معقّد .
**infallible** *(adj.)* (١) لا يخطىء (٢) ناجع .

**infamous** *(adj.)* (١)سيّء السمعة (٢)شائن.
**infamy** *(n.)* (١)عارٌ (٢)عملٌ شائن.
**infancy** *(n.)* طفولة .
**infant** *(n.; adj.)* (١)طفل §(٢)طفليّ ؛ ناشىء .
**infantile** *(adj.)* (١)طفليّ (٢) صبيانيّ.
**infantile paralysis** *(n.)* شلل الأطفال .
**infantry** *(n.)* المشاة ؛ جماعة جند المشاة .
**infantryman** *(n.)* جنديّ مشاة .
**infatuate** *(vt.)* (١)يخبِّل (٢)يفتن ؛ يتيّم
**infect** *(vt.)* (١)يلوّث (بالجراثيم) (٢)يُعْدي.
**infection** *(n.)* (١) تلويث ؛ تلوُّث ؛ فساد .
(٢)إعداء ؛ عدوى (٣)إصابة (٤)مرض مُعدٍ .
**infectious** *(adj.)* مُعْدٍ .
**infer** *(vt.; i.)* يستدلّ ؛ يستنتج .
**inference** *(n.)* استدلال ؛ استنتاج .
**inferior** *(adj.; n.)* (١)سفليّ (٢)أدنى درجة من
(٣) وضيع (٤) رديء (٥) دون ؛ أقلّ شأناً
أو قيمةً (٥)ثانوي §(٦)المرؤوس ؛ التابع .
**inferiority complex** *(n.)* عقدة النقص .
**infernal** *(adj.)* (١) جهنّميّ (٢) شيطانيّ .
**infertile** *(adj.)* (١)مجدب (٢)غير مخصب .
**infest** *(vt.)* (١)يبتلي (٢)يغزو باستمرار.
**infidel** *(n.; adj.)* كافر ؛ ملحد .
**infidelity** *(n.)* (١) كُفْر ؛ إلحاد (٢) خيانة.
**infiltrate** *(vt.; i.)* (١) يُرشِّح (٢) يُسلِّل .
×(٣)يرتشح ؛ يتخلّل ؛ يتسرّب (٤)يتسلّل.
**infiltration** *(n.)* (١) ترشيح ؛ ارتشاح .
(٢)الراشح ؛ الرَّشيح (٣) تسلُّل .
**infinite** *(adj.; n.)* (١) مطلق ؛ غير محدود .
(٢) لانهائيّ (٣) لا ينضبُ §(٤)لانهاية .
**infinitesimal** *(adj.)* متناهي الصِغَر .
**infinitive** *(n.)* صيغة المصدر .
**infinitude** *(n.)* (١)لاتناهٍ (٢)شيء لامتناهٍ .
**infinity** *(n.)* (١) اللاتناهي (٢) اللانهاية .
**infirm** *(adj.)* (١)عاجز (٢)متردّد (٣)متقلقل.
**infirmary** *(n.)* مَشْفًى .
**infirmity** *(n.)* عَجْز ؛ عِلّة ؛ عَيْب .
**inflame** *(vt.; i.)* (١) يُشْعِل (٢) يُلهِب .
(٣) يُغْضِب ×(٤) يشْتعل (٥) يغضَب
(٦)يلتهب ؛ يصاب بالتهاب .
**inflammable** *(adj.)* سريع الالتهاب أو الغضب
**inflammation** *(n.)* (١)إشعال (٢)التهاب.
**inflammatory** *(adj.)* (١)مثير (٢) التهابيّ.
**inflate** *(vt.)* (١) ينفخ (٢) يضخِّم .
**inflation** *(n.)* (١)نفخ ؛ انتفاخ (٢)تضخُّم.
**inflect** *(vt.)* (١) يلوي (٢) يُصرِّف فعلاً .
**inflection** *(n.)* (١) ليّ ؛ ثَنْي (٢)انثناء ؛
التواء (٣) تصريف (٤) علم الصَّرف .
**inflexible** *(adj.)* صُلْب ؛ عنيد ؛ جامد.
**inflexion** *(n.)* = inflection.
**inflict** *(vt.)* (١) يوجِّه ؛ يسدِّد (٢) يُنْزِل
به عقوبة الخ (٣) يبتلي ؛ يصيب بِ .
**infliction** *(n.)* توجيه ضربة ؛ إنزال عقوبة الخ.
**inflorescence** *(n.)* (١)الازهرار : كيفيّة انتظام
الزهرات على أغصانها (٢)تفتّح الأزهار .

types of inflorescence

**influence** *(n.; vt.)* (١)نفوذ؛ تأثير (٢)عامل مؤثّر §(٣) يؤثّر في .
**influential** *(adj.)* (١) ذو نفوذ (٢) مؤثّر .
**influenza** *(n.)* الانفلُونْزا ؛ النزلة الوافدة .
**influx** *(n.)* (١)تدفّق (٢)مصبّ النهر .
**infold** *(vt.; i.)* (١) يلُفّ ×(٢) يلتفّ .
**inform** *(vt.; i.)* (١)يُعلم ؛ يخبر×(٢)يبلّغ عن .
**informal** *(adj.)* (١)غير رسميّ (٢)عاميّ .
**informant** *(n.)* = informer.
**information** *(n.)* (١)إخبار (٢)عِلم ؛ اطّلاع (٣)أنباء ؛ معلومات .
**informer** *(n.)* (١)المُعْلِم ؛ المُخْبِر (٢)المبلّغ
**infraction** *(n.)* خرْق ؛ انتهاك ؛ مخالفة .
**infrequency** or **infrequence** *(n.)* نُدرة .
**infrequent** *(adj.)* (١)نادر (٢) غير نظاميّ .
**infringe** *(vt.; i.)* يخرق ؛ يخالف ؛ ينتهك .
**infringement** *(n.)* خرْق ؛ انتهاك ؛ تعدٍّ .
**infuriate** *(vt.)* يَغيظ ؛ يُحنِق .
**infuse** *(vt.)* (١)يَصُبّ ؛ يسكب (٢)يُشْرِب ؛ يغرس في (٣) ينفخ في (٤) ينقع .
**infusion** *(n.)* (١)صَبّ ؛ سَكْب (٢)غرس أو نَفْخٌ في (٣)نَقْعٌ (٤)نَقيع .
**ingenious** *(adj.)* (١)مُبْدِع ؛ حاذق (٢)بارع .
**ingenuity** *(n.)* (١)إبداع ؛ حذق (٢)براعة .
**ingenuous** *(adj.)* صريح ؛ مخلص ؛ ساذج .
**ingot** *(n.)* (١)قالب (٢)صُبّة ؛ سبيكة .

ingots 2.

**ingraft** *(vt.)* = engraft.
**ingrained** *(adj.)* متأصّل ؛ راسخ .
**ingrate** *(n.)* العاقّ : الجاحد للجميل .
**ingratiate** *(vt.)* يفوز بالحظوة عند فلان .
**ingratitude** *(n.)* العقوق ؛ جُحود الجميل .
**ingredient** *(n.)* المقوّم ؛ الجزء المقوّم .
**ingress** *(n.)* (١)دخول (٢)مَدْخَل .
**ingulf** *(vt.)* = engulf.
**inhabit** *(vt.; i.)* يقطن ؛ يسكن ؛ يقيم في .
**inhabitant** *(n.)* الساكن ؛ القاطن ؛ المقيم في .
**inhabited** *(adj.)* مسكون ؛ مأهول ؛ آهل .
**inhalation** *(n.)* شهيق ؛ استنشاق .
**inhale** *(vt.)* يَشْهَق ؛ يستنشق الهواء .
**inharmonious** *(adj.)* متنافر .
**inharmony** *(n.)* تنافر ؛ لا تناغم ؛ لا انسجام .
**inherent** *(adj.)* ملازم ؛ متأصّل ؛ فِطريّ .
**inherit** *(vt.; i.)* يَرِث .
**inheritance** *(n.)* وراثة ؛ إرث ؛ ميراث .
**inhibit** *(vt.)* يمْنَع ؛ ينْهَى ؛ يَكْبح .
**inhospitable** *(adj.)* غير مضياف .
**inhuman** *(adj.)* قاسٍ ؛ وحشيّ ؛ همجيّ .
**inhumanity** *(n.)* وحشية ؛ بربرية .
**inimical** *(adj.)* (١)مُعادٍ (٢)ضارّ بِـ .
**inimitable** *(adj.)* فذّ ؛ فريد ؛ لا يُضاهَى .
**iniquitous** *(adj.)* ظالم ؛ جائر ؛ شرّير .
**iniquity** *(n.)* (١)ظلم ؛ جوْر (٢) إثم .
**initial** *(adj.; n.)* (١)أوّليّ ؛ أوّل (٢)الحرف الأول من كلمة أو اسم علَم .
**initiate** *(vt.)* (١)يبدأ (٢)يُلقّن مبادىء فنّ ما . (٣)يُدخل شخصاً في عضوية جمعية .
**initiative** *(adj.; n.)* (١) تمهيديّ §(٢)مبادرة .
**inject** *(vt.)* (١)يُدخل (٢)يحقن ؛ يَزرق .
**injection** *(n.)* (١)إدخال (٢)حَقْن ؛ حَقْنَة .
**injudicious** *(adj.)* طائش ؛ أحمق ؛ غير حكيم .

**injunction** *(n.)* (١) أمر ؛ وصيّة (٢) إنذار.
**injure** *(vt.)* (١)يظلم (٢) يجرح (٣) يؤذي.
**injurious** *(adj.)* مُؤْذٍ ؛ ضارّ.
**injury** *(n.)* (١) ظُلْم (٢) أذى ؛ ضرَر.
**injustice** *(n.)* ظلم ؛ جَوْر.
**ink** *(n.; vt.)* (١)حِبر ؛ مِداد §(٢) يحبِّر.
**inkling** *(n.)* (١)تلميح (٢)فكرة غامضة.
**inkstand; inkwell** *(n.)* محبرة ؛ دواة.
**inlaid** *(adj.)* منزَّل ؛ مطعَّم ؛ مرصَّع.
**inland** *(n.; adj.)* (١) داخلية البلاد : الجزء الداخليّ من البلاد §(٢)وطنيّ ؛ أهليّ ؛ داخليّ.
**inlay** *(vt.; n.)* (١) يطعِّم ؛ يرصِّع §(٢)تطعيم ؛ ترصيع (٣) شيء مطعَّم (٤)حشوة ضرس.
**inlet** *(n.)* (١)خليج صغير (٢) مَدْخل.

**inmate** *(n.)* (١)المُساكِن (٢)النزيل.
**inmost** *(adj.)* الأوْغَل ؛ الأعْمَق.
**inn** *(n.)* (١) خان؛ نُزُل؛ فُندق (٢) حانة.
**innate** *(adj.)* فِطْريّ؛ جِبِلّيّ؛ متأصّل.
**inner** *(adj.)* داخليّ ؛ باطِنيّ ؛ روحيّ.
**innermost** *(adj.)* الأوغل ؛ الأعمق.
**inning** *(n.)* نوبة ؛ جولة ؛ دَوْر.
**innkeeper** *(n.)* صاحب الخان أو النُزُل.
**innocence** *(n.)* طهارة ؛ براءة ؛ سذاجة.
**innocent** *(adj.)* طاهر ؛ بريء ؛ ساذج.
**innocuous** *(adj.)* حميد : غير ضارّ أو مؤذٍ.
**innovate** *(vt.; i.)* يبتدع ؛ يبتكر ؛ يُجدِّد.
**innovation** *(n.)* ابتداع ؛ ابتكار ؛ تجديد.
**innuendo** *(n.)* تلميح ؛ إلماع ؛ تعريض.
**innumerable** *(adj.)* لا يُعَدّ أو يُحْصَى.
**inoculate** *(vt.)* يُلقِّح ؛ يُطعِّم ؛ يُشْرِب.
**inoculation** *(n.)* (١)تلقيح (٢) لِقاح.
**inoffensive** *(adj.)* غير مؤذٍ أو كريه.
**inoperative** *(adj.)* (١) معطَّل (٢) عديم التأثير.
**inopportune** *(adj.)* في غير محلّه أو وقته.
**inordinate** *(adj.)* جامح ؛ متطرّف ؛ مفرِط.
**inorganic** *(adj.)* لا عضوي ؛ غير عضويّ.
**inquest** *(n.)* استنطاق ؛ استجواب ؛ تحقيق.
**inquietude** *(n.)* قلق ؛ اضطراب.
**inquire** *(vt.; i.)* يسأل أو يستعلم عن ؛ يحقّق.

to ~ after يسأل عن صحة فلان.

**inquiry** *(n.)* سؤال ؛ استعلام ؛ تحقيق.
**inquisition** *(n.)* (١)تحقيق (٢)*cap.*: ديوان التفتيش : محكمة كاثوليكية لمعاقبة الهراطقة.
**inquisitive** *(adj.)* فضوليّ.
**inquisitor** *(n.)* (١) المحقِّق (٢) الفضولي.
**inroad** *(n.)* (١)غارة؛ غزوة (٢) اعتداء.
**inrush** *(n.)* (١) تدفُّق؛ دَفْق (٢)غَزْوٌ.
**insane** *(adj.)* مجنون؛ جنوني ؛ خاصّ بالمجانين.
**insanitary** *(adj.)* غير صحّيّ.
**insanity** *(n.)* خَبَل ؛ جنون ؛ حَماقة.
**insatiable** *(adj.)* نَهِم ؛ لا يشبَع.
**insatiate** *(adj.)* نَهِم ؛ لا يشبع.
**inscribe** *(vt.)* (١) ينقش ؛ يحفر ؛ يطبع (٢)يُدرج ( في قائمة ) (٣)يُهدي الكتابَ.
**inscription** *(n.)* نقش ؛ كتابة؛ إهداء.
**inscrutable** *(adj.)* غامض؛ مُبْهَم ؛ مُلْغَز.

**insect** *(n.)* (١)حَشَرَة (٢)دودة ؛ عنكبوت الخ.
**insecticide** *(n.)* مادّة مُبيدة للحشرات.
**insecure** *(adj.)* (١)غير آمن (٢)متزعزع.
**insensate** *(adj.)* (١)عادم الحسّ (٢)وحشيّ.
**insensible** *(adj.)* (١) جامد؛ عادم الحسّ . (٢)طفيف (٣) لا مبالٍ (٤) غافل عن .
**insensitive** *(adj.)* (١) متبلّد (٢) غير حسّاس.
**inseparable** *(adj.)* مُلازِم؛ غير منفصِل.
**insert** *(vt.)* يُدْخل؛ يُقْحم؛ يُدرِج.
**insertion** *(n.)* إدخال؛ إقحام؛ إدراج .
**inside** *(n.; adj.; adv.; prep.)* (١) داخل (٢) *pl.*: أحشاء §(٣)داخليّ §(٤) داخلاً ؛ داخلياً (٥)في أو نحو الداخل §(٦) داخلَ ؛ ضمنَ .
**insidious** *(adj.)* (١)ماكر ؛ غادر (٢)مُغْرٍ.
**insight** *(n.)* التبصّر ؛ نفاذ البصيرة .
**insignia** *(n.)* (١) شارة (٢) علامة مميِّزة .
**insignificance** *(n.)* تفاهة ؛ حقارة الخ .
**insignificant** *(adj.)* تافه ؛ غير هامّ ؛ ضئيل.
**insincere** *(adj.)* منافق ؛ مُراءٍ ؛ غير مخلص .
**insinuate** *(vt.)* (١) يدس ؛ يلمح (٢) يتسلّل إلى
**insinuation** *(n.)* تلميح أو تعريض .
**insipid** *(adj.)* تَفِه؛ «بايخ» ؛ غير ممتع .
**insist** *(vi.; t.)* يُصِرّ ؛ يُلِحّ بإصرار .
**insistence** *(n.)* إصرار ؛ إلحاح .
**insistent** *(adj.)* (١) مُلِحّ (٢) شديد .
**insole** *(n.)* (١)النعل الباطن (٢) ضَبَان .
**insolence** *(n.)* (١)غطرسة ؛ عجرفة (٢)إهانة
**insolent** *(adj.)* (١)متغطرس (٢)وقح .
**insoluble** *(adj.)* (١)لا يُحَلّ (٢)لا يذوب.
**insolvable** *(adj.)* لا يُحَلّ ؛ متعذّر حلّه .
**insolvency** *(n.)* إفلاس أو عجز عن الدفع .
**insolvent** *(adj.)* مُفْلِس ؛ مُعْسِر ؛ مُعْوِز.
**insomnia** *(n.)* أرَق .
**insomuch** *(adv.)* حتى أنه ؛ إلى درجة أنه...
**inspect** *(vt.)* (١)يفحص ؛ يعاين (٢)يفتّش.
**inspection** *(n.)* (١) فحص ؛ معاينة (٢)تفتيش.
**inspector** *(n.)* (١) المفتش (٢) ضابط الشرطة.
**inspiration** *(n.)* (١)شَهيق (٢)إلهام (٣)وحي.
**inspire** *(vt.)* (١)يشهق (٢)يُلْهِم (٣)يُلهب.
**inspirit** *(vt.)* يُحْيي ؛ يُشجّع .
**instable** *(adj.)* مزعزَع ؛ غير مستقرّ .
**install** *(vt.)* (١)ينصّب (٢)يَضَع أو يركّب .
**installation** *(n.)* (١)تنصيب ؛ تعيين ؛ تركيب. (٢) تجهيزات أو تمديدات (كهربائية الخ.).
**installment** *(n.)* (١)تنصيب أو تقلّد منصب. (٢) تركيب (٣) قِسْط (٤) حَلْقَة .
**installment plan** *(n.)* نظام الدفع بالتقسيط.
**instance** *(n.)* (١)طلب (٢)مَثَل (٣)درجة.
for ~, مثلاً .
in the first ~, أولاً .
**instant** *(n.; adj.)* (١)لحظة (٢)الشهر الحاليّ §(٣)مُلِحّ (٤)حاليّ (٥)عاجل (٦)جاهز .
**instantaneous** *(adj.)* تَوّيّ ؛ فَوْريّ .
**instantly** *(adv.)* توّاً ؛ فوراً ؛ حالاً .
**instead** *(adv.)* بدلاً ؛ عِوَضاً.

instep

**instep** *(n.)* مُشْط القدم.
**instigate** *(vt.)* يحرّض ؛ يثير.
**instill** *(vt.)* (١) يَقْطُر (٢) يغرِس ؛ يَطبع .
**instinct** *(n.; adj.)* (١)غريزة §(٢) مُفْعَم .
**instinctive** *(adj.)* غَرَزيّ ؛ غَريزيّ .
**institute** *(vt.; n.)* (١) ينصب (٢) يقيم ؛ يؤسس (٣)يبدأ §(٤)مؤسَّسة ؛ معهد تعليمي.
**institution** *(n.)* (١) إقامة ؛ تأسيس . (٢) مؤسَّسة (٣)عُرْف ؛ عادة ؛ قانون .
**instruct** *(vt.)* يعلّم ؛ يوجّه ؛ يأمر .

**instruction** *(n.)* (١) درس ؛ وصية (٢) أمر . (٣) *pl.* : تعليمات (٤) تعليم ؛ تدريس .
**instructive** *(adj.)* مثقِّف ؛ منوِّر .
**instructor** *(n.)* المعلِّم ؛ المدرِّس .
**instrument** *(n.)* (١) وسيلة ؛ آلة (٢) صك ؛ سند .
**instrumental** *(adj.)* (١) مساعِد (٢) آلاتيّ .
**insubordinate** *(adj.; n.)* عاصٍ ؛ متمرِّد .
**insubstantial** *(adj.)* خياليّ ؛ وهميّ ؛ واهٍ .
**insufferable** *(adj.)* لا يُطاق أو يُحتمَل .
**insufficient** *(adj.)* ناقص ؛ غير كافٍ أو وافٍ .
**insular** *(adj.)* (١) جزيريّ (٢) متعصِّب .
**insulate** *(vt.)* يَعْزِل ؛ يفصِل .
**insulator** *(n.)* العازِل ؛ العازِل الكهربائي .
**insulin** *(n.)* الانسولين : علاج لداء السكّر .
**insult** *(vt.; n.)* (١) يُهين § (٢) إهانة .
**insuperable** *(adj.)* لا يُقهَر أو يُتخطّى .
**insupportable** *(adj.)* لا يُطاق ؛ لا يُحتمَل .
**insurance** *(n.)* التأمين .
**insure** *(vt.)* (١) يؤمِّن (٢) يكفل ؛ يضمن .
**insurgent** *(n.; adj.)* عاصٍ ؛ متمرِّد .
**insurmountable** *(adj.)* لا يُذَلَّل أو يُرْتقى .
**insurrection** *(n.)* عصيانٌ مسلَّح .
**intact** *(adj.)* سليم ؛ لم يُمَسّ .
**intake** *(n.)* (١) مَسْرَب (٢) المقدار المأخوذ أو الممتَصّ أو المستنشَق .
**intangible** *(adj.)* غير ملموس ؛ لا يُدْرَك .
**integer** *(n.)* عدد صحيح (مثل ١ ؛ ٥ ؛ ٩) .
**integral** *(adj.)* (١) متمِّم ؛ مكمِّل . (٢) متكامل (٣) كامل ؛ تامّ .
**integrate** *(vt.)* يوحِّد ؛ يدمج ؛ يكامل .
**integration** *(n.)* (١) توحيد (٢) تكامل .
**integrity** *(n.)* (١) سلامة ؛ كمال (٢) استقامة ؛ أمانة (٣) التَّماميّة : وحدة أراضي البلد .

**integument** *(n.)* غشاء ؛ إهاب ؛ غلاف .
**intellect** *(n.)* (١) الفكر ؛ العقل (٢) ذكاء . (٣) الألمعيّ : ذو الذكاء المتوقّد .
**intellectual** *(adj.; n.)* (١) فكريّ (٢) المفكّر .
**intelligence** *(n.)* (١) ذكاء (٢) استخبارات .
**intelligent** *(adj.)* ذكيّ ؛ عاقل ؛ بارع .
**intelligible** *(adj.)* مفهوم ؛ واضح ؛ جليّ .
**intemperance** *(n.)* (١) إفراط (٢) إدمان .
**intemperate** *(adj.)* (١) مُفْرِطٌ (٢) مُدمن .
**intend** *(vt.; i.)* يعني ؛ يقصد ؛ يعتزم ؛ ينوي .
**intended** *(adj.)* (١) مقصود ؛ مُراد (٢) مُعَدّ لكذا (٣) «عتيد» ؛ مرتقَب (٤) متعمَّد .
**intense** *(adj.)* (١) شديد ؛ كثيف (٢) مجهِد .
**intensify** *(vt.; i.)* (١) يشدد ؛ يكثّف × (٢) يشتد .
**intensity** *(n.)* قوة ؛ كثافة ؛ حِدّة ؛ شِدّة .
**intensive** *(adj.)* (١) كثيف ؛ شديد (٢) موكِّد .
**intent** *(n.; adj.)* (١) قَصْد ؛ نية (٢) هدف . (٣) معنىً § (٤) مركَّز (٥) منكبّ على (٦) مصمِّم على .
**intention** *(n.)* (١) قَصْد (٢) نيّة (٣) هدف .
**intentional** *(adj.)* مقصودٌ ؛ متعمَّد .
**intentionally** *(adv.)* قصداً ؛ عمداً .
**inter** *(vt.)* يدفِن ؛ يقبر .
**interaction** *(n.)* تفاعُل .
**intercede** *(vi.)* يتوسَّط أو يتشفَّع .
**intercept** *(vt.)* يوقفه أو يعترِض سبيله .
**intercession** *(n.)* توسُّط ؛ شفاعة ؛ تشفُّع .
**interchange** *(vt.; i.; n.)* (١) يضع أحدشيئين مكان الآخر (٢) يتبادل § (٣) تبادُل .
**intercollegiate** *(adj.)* جارٍ بين الكلّيات .
**intercontinental** *(adj.)* جارٍ بين القارّات .
**intercourse** *(n.)* اتصال ؛ تعامل ؛ علاقات .
**interdependence** *(n.)* توقُّف شيءٍ على آخر .
**interdict** *(vt.)* (١) يحرِم (كنسياً) (٢) يحرِّم .

**interest** (*n.*; *vt.*) (١) حصة (٢) مصلحة (٣) خير (٤) منفعة ذاتيّة (٥) ربا (٦) فائدة ؛ عناية ؛ اهتمام (٦) تشويق ؛ عنصر التشويق (٧) أهمية (٨) تأثير ؛ نفوذ § (٩) يرغِّب (١٠) يثير انتباه شخص أو فضوله .
**interested** (*adj.*) راغب ، مهتمّ ؛ ذو مصلحة .
**interesting** (*adj.*) مُمتِع ، ماتع ؛ مشوِّق .
**interfere** (*vi.*) يتدخّل ، يتداخل .
**interference** (*n.*) تدخّل ؛ تداخل .
**interfuse** (*vt.*) (١) يَلْحُم (٢) يتخلّل .
**interim** (*n.*; *adj.*) (١) فترة § (٢) موقَّت .
in the ~ , في أثناء أو غضون ذلك .
**interior** (*adj.*; *n.*) (١) داخليّ § (٢) الداخل ؛ الجزء الداخليّ (٣) الداخلية ؛ الشؤون الداخلية .
**interject** (*vt.*) يُقحِم .
**interjection** (*n.*) صيغة (أو صوت) تعجّب .
**interlace** (*vt.*; *i.*) يَضْفُر × (٢) ينضَفِر .
**interlock** (*vi.*; *t.*) (١) يتشابك × (٢) يُشابِك .
**interlocution** (*n.*) محادثة ؛ حوار .
**interlope** (*vi.*) يتطفّل (على تجارة الخ .) .
**interlude** (*n.*) (١) فصل أو لحن إضافي (٢) فترة فاصلة .
**intermarriage** (*n.*) التزاوج (بين أسرتين الخ .) .
**intermeddle** (*vi.*) يتطفّل ؛ يتدخّل فيما لا يعنيه .
**intermediary** (*adj.*; *n.*) (١) متوسط : واقع في الوسط (٢) وسيط (بين متنازعين) § (٣) الوسيط .
**intermediate** (*adj.*) متوسّط ؛ أوسط .
**interment** (*n.*) دَفْن .
**interminable** (*adj.*) لا متناه ، غير متناه .
**intermingle** (*vt.*; *i.*) = intermix.
**intermission** (*n.*) توقّف ؛ فترة استراحة .
**intermittent** (*adj.*) متقطّع .
**intermix** (*vt.*; *i.*) (١) يُمازِج × (٢) يتمازج .

**intern** (*n.*; *vt.*) (١) سجين ؛ معتقَل (٢) الطبيب المقيم (في مستشفى) § (٣) يعتقل .
**internal** (*adj.*) داخليّ ، باطنيّ ؛ ذاتيّ .
**internal-combustion engine** (*n.*) المحرِّك الداخليّ الاحتراق .
**international** (*adj.*) دُوَليّ ، دَوْليّ .
**internationalize** (*vt.*) يُدَوِّل .
**interpellate** (*vt.*) يستجوب (النائب وزيراً) .
**interphone** (*n.*) الهاتف البَيْتيّ أو الداخليّ .
**interplanetary** (*adj.*) بين الكواكب .
**interpolate** (*vt.*) (١) يحرِّف (٢) يدسّ ؛ يقحم .
**interpose** (*vt.*; *i.*) (١) يوسِّط ؛ يضعه بين (٢) يتطفّل (٣) يلقي بملاحظة × (٤) يتوسّط ؛ يتدخّل (٥) يقاطع (في الكلام) .
**interpret** (*vt.*; *i.*) (١) يفسِّر (٢) يؤوِّل (٣) يعزف أو يمثّل × (٤) يترجم .
**interregnum** (*n.*) فترة خُلُوّ العرش .
**interrogate** (*vt.*) يستجوب ؛ يستنطق .
**interrogation point** (*n.*) علامة استفهام .
**interrogative** (*adj.*; *n.*) (١) استفهاميّ § (٢) أداة استفهام (في اللغة) .
**interrogatory** (*adj.*) استفهاميّ .
**interrupt** (*vt.*; *i.*) (١) يعوق ؛ يعترض (٢) يقطع اطّراد شيء × (٣) يقاطع (أثناء الكلام) .
**intersect** (*vt.*; *i.*) (١) يَشْطُر × (٢) يتقاطع .
**intersection** (*n.*) تقاطع ؛ نقطة التقاطع .
**intersperse** (*vt.*) (١) يَنشُر (٢) يوشّي ؛ يرصّع .
**interstate** (*adj.*) بين الولايات .
**interstellar** (*adj.*) بين النجوم .
**interstice** (*n.*) فُرجة ؛ صَدْع .
**intertwine** (*vt.*; *i.*) (١) يَضْفُر × (٢) ينضَفِر .
**interurban** (*adj.*) بين المدن .
**interval** (*n.*) فاصل ؛ فترة فاصلة ؛ فسحة .
**intervene** (*vi.*) (١) يطرأ (٢) يتخلّل ؛ يتدخّل .

**interview** *(n.; vt.)* (١) مُقابلة (صُحُفيّة). §(٢) يُجري مقابلة مع .
**interweave** *(vt.; i.)* (١) يُناسج ؛ يُحابك. (٢) يَمزج ×(٣) يتناسج ؛ يتحابك ؛ يتمازج.
**intestate** *(adj.)* غير مُوْصٍ (قبل الموت).
**intestinal** *(adj.)* مِعَوِيّ .
**intestine** *(n.)* مِعىً ؛ مَصير ؛ مصران.
**intimacy** *(n.)* أُلْفَة ؛ مودّة ؛ صداقة حميمة.
**intimate** *(vt.; adj.; n.)* (١) يُلمع ؛ يلمّح. §(٢) صميميّ (٣) حميم (٤) حميميّ : مُوحٍ بالألفة والدفء (٥) خصوصيّ أو شخصيّ جداً §(٦) صديق حميم .
**intimidate** *(vt.)* يخوّف ؛ يُرعب ؛ يهوّل على.
**into** *(prep.)* (١) في (٢) إلى (٣) نحو.
**intolerable** *(adj.)* لا يُطاق ؛ لا يُحتمَل .
**intolerance** *(n.)* (١) لاتَحَمُّل (٢) تعصّب.
**intolerant** *(adj.)* قليل التحمّل لـ ؛ متعصّب.
**intonation** *(n.)* ارتفاع وانخفاض الصوت في الكلام
**intone** *(vt.)* يرنّم ؛ ينغّم ؛ يرتّل.
**intoxicant** *(adj.; n.)* مُسْكِر .
**intoxicate** *(vt.)* يُسْكر .
**intoxicated** *(adj.)* (١) سكران (٢) ثَمِل .
**intoxication** *(n.)* (١) سُكْر (٢) ثَمَل.
**intractable** *(adj.)* شَموس ؛ عنيد .
**intramuscular** *(adj.)* في العَضَل أو العضَلات
**intransitive** *(adj.)* لازم ؛ غير مُتَعَدٍّ .
**intrench** *(vt.; i.)* =entrench.
**intrepid** *(adj.)* جريء ؛ جَسور ؛ باسل .
**intricacy** *(n.)* (١) **تعقيد** (٢) شيء مُعقَّد .
**intricate** *(adj.)* **مُعَقَّد** .
**intrigue** *(vt.; i.; n.)* (١) يأسر ؛ يثير الاهتمام. ×(٢) يتآمر §(٣) كيْد ؛ مكيدة .
**intrinsic; -al** *(adj.)* جوهري ؛ حقيقي .
**introduce** *(vt.)* (١) يُدخل (٢) يضع موضع الاستعمال (٣) يعرّف (٤) يقدّم .
**introduction** *(n.)* (١) مقدّمة ؛ تمهيد . (٢) تعريف ؛ تقديم (٣) إدخال.
**introductory** *(adj.)* تمهيدي ؛ استهلاليّ .
**introspection** *(n.)* الاستبطان : فَحْص النفس
**introvert** *(n.)* المنطوي : شخص منطوٍ على ذاته.
**intrude** *(vi.; t.)* (١) يتطفّل (٢) يدخل عَنْوَةً . ×(٣) يُدخل عنوةً .
**intrusion** *(n.)* (١) تطفّل (٢) تَعَدٍّ .
**intrust** *(vt.)* =entrust.
**intuition** *(n.)* (١) حَدْس (٢) بديهة .
**intuitive** *(adj.)* حَدْسيّ ؛ بَدَهيّ .
**inundate** *(vt.)* يَغْمر ؛ يُغْرِق .
**inure** *(vt.)* يُمَرِّس ؛ يعوّد (على المكاره).
**invade** *(vt.)* (١) يغزو (٢) ينتهك .
**invalid** *(adj.; n.)* (١) باطل (٢) لاغٍ (٣) مريض عاجز §(٤) المريض ؛ العاجز.
**invalidate** *(vt.)* يُلْغي ؛ يَنْسَخ .
**invaluable** *(adj.)* نَفيس ؛ لا يُثمَّن .
**invariable** *(adj.)* ثابت ؛ لا متغيّر .
**invasion** *(n.)* (١) غزو (٢) انتهاك .
**invasive** *(adj.)* غَزْويّ ؛ اجتياحيّ ؛ عدواني.
**invective** *(n.)* قَدْح ؛ ذَمّ ؛ طَعْن .
**inveigh** *(vi.)* يندّد بـ ؛ يهاجم بعنف.
**inveigle** *(vt.)* يُغْري ؛ يُغْوي .
**invent** *(vt.)* (١) يلفّق (٢) يخترع .
**invention** *(n.)* (١) تلفيق (٢) اختراع .
**inventive** *(adj.)* (١) مُبْدِع (٢) إبداعيّ .
**inventory** *(n.; vt.)* (١) قائمة الجَرْد (للسلَع أو الموجودات) §(٢) يَجرُد .
**inverse** *(adj.)* (١) معكوس (٢) عكسيّ .
**inversely** *(adv.)* عَكْساً ؛ عكسياً .

**inversion** *(n.)* (١) قَلْب ؛ عَكْس (٢) انقلاب

**invert** *(n.)* (١) يقلب (٢) يعكس .

**invertebrate** *(adj.; n.)* لا فقاري .

**inverted commas** علامتا الاقتباس « » .

**invest** *(vt.; i.)* (١) يقلّده منصباً أو رتبةً (٢) يمنحه سلطةً (٣) يحاصر (٤) ينفق (٥) يوظّف مالاً .

**investigate** *(vt.)* يبحث ؛ يحقّق في .

**investigation** *(n.)* بحث ؛ تحقيق .

**investment** *(n.)* (١) تقليد منصب أو رتبة . (٢) تطويق ؛ حصار (٣) توظيف مالٍ .

**inveterate** *(adj.)* (١) متأصّل (٢) مدمن .

**invidious** *(adj.)* مثير للاستياء أو البغضِ أو الحسد

**invigorate** *(vt.)* يقوّي ؛ ينعش ؛ ينشّط .

**invincible** *(adj.)* لا يُقهَر ؛ لا يُذَلّل .

**inviolable** (١) حَرام ؛ لا يُنتهَك (٢) منيع .

**inviolate** *(adj.)* غير مُنْتَهَك .

**invisible** *(adj.)* خفيّ ؛ محجوب ؛ غير منظور .

**invitation** *(n.)* دعوة .

**invite** *(vt.)* (١) يغري (٢) يدعو (٣) يطلب .

**inviting** *(adj.)* جذّاب ؛ مُغْرٍ .

**invocation** *(n.)* (١) توسُّل ؛ تضرُّع (٢) رُقْيَة .

**invoice** *(n.; vt.)* (١) فاتورة § (٢) يُفَوْتِر .

**invoke** *(vt.)* (١) يتوسّل (٢) يستحضر (روحاً) .

**involuntary** *(adj.)* (١) إلزاميّ (٢) لاإراديّ .

**involve** *(vt.)* (١) يورّط (٢) يستلزم .

**involved** *(adj.)* (١) مُعقّد (٢) متورّط .

**invulnerable** *(adj.)* (١) منيع (٢) دامغ .

**inward** *(adj.; adv.)* (١) داخليّ ؛ باطنيّ . (٢) متّجه نحو الداخل § (٣) نحو الداخل أو المركز .

**inwardly** *(adv.)* (١) داخلياً (٢) سرّاً ؛ بالسرّ .

**inwards** *(adv.; n.pl.)* (١) نحو الداخل أو المركز § (٢) أحشاء .

**iodine** *or* **iodin** *(n.)* اليُوْد .

**ion** *(n.)* الأيون ؛ الدّالف (في الفيزياء والكيمياء) .

**ionic** *(adj.)* أيونيّ ؛ دالفيّ .

**Ionic** *(adj.)* أيونيّ : متعلّق بأيونيا أو بالايونيّين .

**iota** *(n.)* ذرّة ؛ مقدار ذرّة ؛ شيء ضئيل جداً .

**Iranian** *(n.; adj.)* إيرانيّ .

**irascible** *(adj.)* غَضوب ؛ سريع الغضب .

**irate** *(adj.)* (١) غاضب (٢) سريع الغضب .

**ire** *(n.)* غَضَب ؛ غيظ ؛ حَنَق .

**iridescent** *(adj.)* متلوّن بمثل ألوان قوس قُزَح .

**iris** *(n.)* (١) القُزَحية ؛ قُزحية العين (٢) سوسن .

**Irish** *(n.; adj.)* (١) الإيرلنديون (٢) الإيرلندية : اللغة الإيرلندية § (٣) ايرلندي .

**Irishman** *(n.)* الإيرلندي : أحد أبناء إيرلندة .

**irk** *(vt.)* يُضْجِر ؛ يضايق .

**irksome** *(adj.)* مُضجِر ؛ مُضايق .

**iron** *(n.; adj.; vt.)* (١) حديد (٢) *pl.* : أغلال . (٣) مكواة § (٤) حديديّ § (٥) يكوي .

**ironic; -al** *(adj.)* (١) تهكّميّ (٢) ساخر .

**ironmonger** *(n.)* تاجر الحديد والأدوات المعدنية .
**ironsmith** *(n.)* الحدّاد .
**irony** *(n.)* سخرية ؛ تهكّم .
**irradiate** *(vt.)* (١) يُنير (٢) يُشعّ ؛ ينشر .
**irrational** *(adj.)* (١) غير عاقل (٢) غير معقول .
**irreconcilable** *(adj.)* (١) متضادّ (٢) لدود .
**irrecoverable** *(adj.)* متعذِّر استرداده أو معالجته أو إصلاحه .
**irredeemable** *(adj.)* لا يُصْلَح أو يُعَوَّض .
**irrefutable** *(adj.)* لا يُدْحَض .
**irregular** *(adj.)* (١) شاذّ (٢) غير نظاميّ .
**irregularity** *(n.)* (١) الشذوذيّة (٢) شيء شاذّ .
**irrelevant** *(adj.)* غير متصل بالموضوع .
**irreligious** *(adj.)* زنديق ؛ مارق ؛ مجدِّف .
**irremediable** *(adj.)* عُضال .
**irremovable** *(adj.)* متعذِّر نقلُهُ أو إزالتُهُ .
**irreparable** *(adj.)* متعذِّر إصلاحُهُ أو تعويضُهُ .
**irrepressible** *(adj.)* متعذِّر كَبْتُهُ أو كبحُهُ .
**irreproachable** *(adj.)* لا عيب فيه .
**irresistible** *(adj.)* لا يُقاوَم .
**irresolute** *(adj.)* متردِّد ؛ متحيِّر .
**irresolution** *(n.)* تردُّد ؛ حَيْرَة .
**irrespective of** *(prep.)* بصَرْف النظر عن .
**irresponsible** *(adj.)* لامسؤول ؛ غير مسؤول .
**irretrievable** *(adj.)* = irrecoverable.
**irreverence** *(n.)* لاتوقير ؛ عدمُ توقير .
**irreverent** *(adj.)* (١) غير موقِّر (٢) غير وقح .
**irreversible** *(adj.)* لا يُقْلَب أو يُعْكَس .
**irrevocable** *(adj.)* (١) لا يُلْغَى (٢) نهائيّ .
**irrigate** *(vt.)* يروي ؛ يسقي .
**irrigation** *(n.)* رِيّ ؛ سَقْي .
**irritability** *(n.)* نَزَق ؛ حِدَّة طَبْع .
**irritable** *(adj.)* نزِق ؛ سريع الغضب .
**irritant** *(adj.; n.)* مثير ؛ مهيج .
**irritate** *(vt.)* يُغْضِب ؛ يُسخِط ؛ يهيِّج .
**irritated** *(adj.)* (١) مُغْضَب (٢) مُثار ؛ مُهاج .
**irritation** *(n.)* (١) إثارة (٢) غضب (٣) تهيُّج .
**irruption** *(n.)* (١) اقتحام (٢) غارة .
**is** صيغة الغائب المفرد من فعل *be* في الزمن الحاضر .
**isinglass** *(n.)* (١) غِراء السمك (٢) مَيْكَة .
**Islam** *(n.)* الإسلام .
**Islamic** *(adj.)* إسلاميّ .
**island** *(n.)* جزيرة .

**islander** *(n.)* الجَزَريّ : أحد سكّان جزيرة ما .
**isle** *(n.)* (١) جزيرة (٢) جُزَيِّرَة ؛ جزيرة صغيرة .
**islet** *(n.)* الجُزَيِّرَة : جَزيرة صغيرة .
**isolate** *(vt.)* يُفْرِد ؛ يَعْزِل ؛ يَفْرُز ؛ يفصل .
**isolation** *(n.)* (١) عَزْل (٢) عزلَة ؛ انعزال .
**isolationism** *(n.)* الانعزاليّة .
**isolationist** *(n.)* الانعزاليّ : القائل بالانعزاليّة .
**isosceles triangle** *(n.)* المثلّث المتساوي الساقين .

isosceles triangle

**isotope** *(n.)* النظير : واحد النظائر (فيزياء وكيمياء) .
**issue** *(n.; vi.; t.)* (١) *pl.* : رَيْع ؛ عائدات . (٢) صدور ؛ انبثاق (٣) مَخرَج ؛ مَنفَذ (٤) ذرّيّة (٥) نتيجة (٦) قضيّة ؛ مسألة (٧) نقطة خلاف أو نقاش (٨) نزيف (٩) إصدارُ أمرٍ أو كتاب أو عملة (١٠) الإصدار : الشيء المصدَر أو كامل الكميّة المصدَرة . (١١) العدد (من مجلة الخ.) § (١٢) يتدفّق ؛ ينبعث ؛ ينبثق (١٣) يتولّد أو يتحدَّر من × (١٤) يُرْسِل ؛ يُطلق ؛ يقذف (١٥) يُصدر .

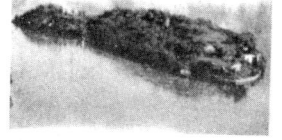

in ~, تحت البحث أو النظر ؛ موضع النزاع

**isthmian** *(adj.)* بَرْزَخيّ : متعلّق ببرْزَخ.

**isthmus** *(n.)* بَرْزَخ .

**it** *(pron.)* (١) ضمير الغائب المفرَد لغير العاقل : هو ؛ هي ؛ ه ؛ ها (٢) ضمير الغائب المجهول .

**Italian** *(n.; adj.)* (١) الإيطاليّ : أحد أبناء إيطاليا (٢) الإيطاليّة : اللغة الإيطالية § (٣) إيطاليّ .

**italic** *(adj.; n.)* (١) مائليّ : متعلق بالحرف الطباعيّ المائل § (٢) حرف طباعي مائل .

**italicize** *(vt.)* يطبع بالحرف المائل .

**Italy** *(n.)* إيطاليـا .

**itch** *(vi.; n.)* (١) يستحكّه جلدُه (يدعوه إلى الحكّ) (٢) يتلهّف § (٣) الحِكّة : علّة توجب الحكّ (٤) تلهُّف .

**item** *(n.)* (١) مادّة ؛ بَند ؛ مُفردَة ؛ نَفْدة . (٢) نبأ قصير .

**itemize** *(vt.)* يعدّد ؛ يفصّل المفردات ؛ يضَع جدولاً أو قائمةً بِـ .

**iterate** *(vt.)* يعيد ؛ يكرّر .

**itinerant** *(adj.; n.)* متجوّل ؛ متطوّف .

**itinerary** *(n.)* (١) خطّ الرحلة أو التصميم الموضوع لرحلة (٢) يوميات الرحّالة .

**its** *(adj.)* صيغة الملكيّة من *it* .

**itself** *(pron.)* نفسه ؛ نفسها .

**ivied** *(adj.)* مُلَبْلَب ؛ مكسوّ باللبلاب .

**ivory** *(n.)* (١) عاج ؛ ناب الفيل (٢) لون العاج (الأصفر الشاحب) (٣) سِنّ ؛ ضِرْس (٤) شيء عاجيّ (كزَهْر النرد أو أصابع البيان) .

**ivory tower** *(n.)* البرج العاجيّ : مكان منعزل للتأمّل.

**ivy** *(n.)* اللَّبْلاب : نبات مُعتَرِش.

*Jerusalem*

# J

**j** *(n.)* الحرف العاشر من الأبجدية الانكليزية.

**jab** *(vt.; i.; n.)* (١) يَخِزُ ؛ يَطعنُ (٢) يلطم ؛ يلكم §(٣) وَخز ؛ طَعْن ؛ لَطْم (٤) لكمة .

**jabber** *(vi.; t.; n.)* (١) يثرثر أو يتكلّم بغير وضوح §(٢) ثرثرة .

**jack** *(n.; vt.)* (١) رافعة ؛ «عفريت» السيّارة . (٢) كرة صغيرة بيضاء تُتّخذ هدفاً في بعض الألعاب (٣) عَلَمٌ صغير (٤) «الولد» (في ورق اللعب) §(٥) يحرّك أو يرفع بعفريت .

**jackal** *(n.)* ابن آوى (حيوان) .

**jackass** *(n.)* (١) حمار (٢) الغبيّ ؛ المغفّل .

**jackdaw** *(n.)* الزّاغ الزّرْعيّ ؛ غراب الزّيتون .

**jacket** *(n.)* (١) سِترة ؛ جاكيت (٢) غلاف .

**jack-in-the-box** *(n.)* عِفريت العلبة : لعبة من لُعَب الأطفال .

jack-in- the-box

**jackknife** *(n.)* مدية جيب .

**jack-of-all-trades** *(n.)* صاحب الصنائع السبع : شخص يُحسن مختلف الصنائع .

**jackscrew** *(n.)* المِرفاع اللولبيّ .

jackscrew

**jade** *(n.; vt.)* (١) فرسٌ منهوك القوى (٢) امرأة رديئة السمعة (٣) يَشْب ؛ يَشْم (حجر كريم) §(٤) يُتْعِب ؛ يُنْهِك .

**jag** *(n.)* نتوء حادّ (في صخر الخ.)

**jagged; jaggy** *(adj.)* مُثَلَّم ؛ مُفرَّض .

**jaguar** *(n.)* اليَغْوَر : نمرٌ أميركيّ مرقّط .

**jail** *(n.; vt.)* (١) سِجْن §(٢) يَسْجن .

**jailbird** *(n.)* (١) السجين (٢) المجرم المزمن .

**jailer** *or* **jailor** *(n.)* السجّان .

**jam** *(vt.; i.; n.)* (١) يضغط ؛ يثبّت بإحكام . (٢) يُلْصِب : يجعله يَعْلَق أو يتوتّد بحيث يتعطّل عن العمل (٣) يصدّ ؛ يعترض سبيل كذا (٤) يملأ (حتّى الإفراط) (٥) يدفع بقوّة (٦) يكبح السيّارة فجأة (٧) يسحق ×(٨) ينسدّ أو يَعْلَق (٩) يَلْصَب §(١٠) ازدحام (١١) ورطة (١٢) مربّى ؛ مُرَبّى الفاكهة .

J. jamb.

**jamb** *(n.)* عضادة الباب أو النافذة.

**jamboree** *(n.)* (١) احتفالٌ صاخبٌ مخمور (٢) مهرجانٌ (٣) مهرجان للكشّافة.

**jangle** *(vi.; t.; n.)* (١) يُحدث أو يُطلق صوتاً غير سائغ في الأذن § (٢) مُشادّة (٣) صوت متنافر.

**janitor** *(n.)* الحاجب ؛ البوّاب.

**January** *(n.)* يناير ؛ شهر كانون الثاني.

**japan** *(n.; vt.)* (١) cap.: اليابان (٢) اللّكّ: ضرب من الورنيش § (٣) يلمّع أو يطلي باللّكّ.

**Japanese** *(n.; adj.)* (١) اليابانيّ (٢) اليابانيّة: اللغة اليابانيّة § (٣) يابانيّ.

**jar** *(vi.; t.; n.)* (١) يَصِرّ ؛ يَصْرِف: يُحدث صوتاً لا تسيغه الأذن (٢) يتنافر (٣) يضايق (٤) يرتجّ × (٥) يجعله يَصِرّ أو يَصرِف (٦) يَرُجّ § (٧) صرير ؛ صريف (٨) تصادم (٩) ارتجاج (١٠) صدمة (١١) جرّة ؛ مرطبان.

on the ~, مفتوح فتحاً جزئياً (صفة لباب الخ.).

**jargon** *(n.)* (١) الرّطانة: لغة مضطربة غير مفهومة. (٢) اللغة الاصطلاحية لجماعةٍ ما.

**jasmine** *(n.)* ياسمين.

**jasper** *(n.)* اليَشْب: حجرٌ كريم.

**jaundice** *(n.)* اليَرَقان (مرَض).

**jaunt** *(n.)* رحلة قصيرة.

**jaunty** *(adj.)* (١) أنيق (٢) مرِح.

**javelin** *(n.)* (١) رمح (٢) الجريدة: عصا حديدية الرأس يتبارى الرياضيون في قذفها.

**jaw** *(n.)* (١) فَكّ ؛ حَنَك (٢) فكّ الكماشة الخ.

**jawbone** *(n.)* (١) عظم الفكّ (٢) الفكّ السفلي.

**jay** *(n.)* الزّرياب ؛ أبو زُرَيق: طائر كالغراب.

**jazz** *(n.)* الجاز: ضرب من الموسيقى الراقصة.

**jealous** *(adj.)* غَيور ؛ حَسود ؛ حَريص ؛ يَقِظ.

**jealousy** *(n.)* غَيْرَة ؛ حسد ؛ حِرْص ؛ يقظة.

**jeep** *(n.)* الجيب: سيّارة عسكريّة أو مدنيّة صغيرة.

**jeer** *(vi.; t.; n.)* (١) يسْخر § (٢) ملاحظة ساخرة.

**jejune** *(adj.)* (١) تافه (٢) صبيانيّ.

**jelly** *(n.)* الهُلام: حلوى رجراجة.

**jellyfish** *(n.)* رئة البحر ؛ السمك الهلاميّ.

**jeopard; jeopardize** *(vt.)* يعرِّض للخطر.

**jeopardy** *(n.)* خَطَر.

**jerk** *(vt.; i.; n.)* (١) يَنْخَع ؛ يرجّ (٢) ينتخع ؛ يرتجّ § (٣) نَخْعة ؛ رجّة (٤) ارتعاش عصبيّ.

jerkin

**jerkin** *(n.)* الجَرْكينَة: سترة طويلة لا كُمَّيْن لها.

**jersey** *(n.)* (١) الجُرْسيّ: قميص صوفيّ مُحكَم الحبك (٢) الجرسيّة: واحدة من سلالة أبقار حلوبة.

**Jerusalem** *(n.)* القُدس ؛ بيت المقدس.

**jessamine** *(n.)* ياسمين.

**jest** *(n.; vi.; t.)* (١) نكتة ؛ دُعابة (٢) مُزاح § (٣) يَسْخر ؛ يَمْزَح ؛ ينكّت × (٤) يهزأ بِ.

**jester** *(n.)* (١) المهرّج ؛ المضحِّك (٢) المزّاح.

**Jesuit** *(n.)* اليسوعي: واحد اليسوعيين.

**Jesus** *(n.)* يسوع ؛ المسيح.

**jet** *(n.; vi.; t.)* (١) الكَهرمان الأسود (٢) انبثاق (٣) نافورة ؛ مِنفَث (٤) دَفْق ؛ فيض § (٥) ينبثق ؛ يتدفّق × (٦) يَدْفق ؛ ينفث.

**jet airplane** *(n.)* الطائرة النفّاثة.

**jet engine** *(n.)* المحرِّك النفّاث أو النّافوريّ.

**jet-propelled** *(adj.)* نافوريّ .

**jetty** *(n.)* (١)حاجز الماء (لوقاية الميناء الخ.) (٢) الفُرْضَة : محطّ السفن في البحر .

**Jew** *(n.)* اليهوديّ : واحد اليهود .

**jewel** *(n.)* حِلْيَة ؛ جوهرة أو حجر كريم.

**jeweler** *(n.)* الجوهريّ: صائغ الجواهر والحِلَى.

**jewelry** *(n.)* حِلىً ؛ مجوهرات .

**Jewess** *(n.)* اليهوديّة : فتاة أو امرأة يهوديّة .

**Jewish** *(adj.)* يهوديّ ؛ عِبْرِيّ .

**jib** *(n.)* شراع السارية الأمامية .

**jiff; jiffy** *(n.)* لحظة .

**jig** *(n.; vt.; i.)* (١) الجيغ (رقصة) (٢)المُوَجِّه (في الميكانيكا) §(٣) يُهَزْهِز ؛ يتهزهز .

**jilt** *(n.; vt.)* (١)الناكثة : امرأة تنكث بالعهد الذي قطعته لحبيبها §(٢) تنبذ (المرأةُ) محبّاً .

**jingle** *(vi.; t.; n.)* (١)يُجلجِل؛ يُصَلْصِل؛ يخشخش §(٢)جلجلة؛ صلصلة؛ خشخشة.

**jingo** *(n.)* الشوفينيّ : الوطنيّ المتطرّف.

**jitters** *(n.pl.)* نرفزة؛ اهتياج عصبيّ بالغ .

**job** *(n.)* (١)عمل (٢)مهمّة (٣)واجب (٤)حالة.

by the ~, بالقطعة ؛ بالمقاولة .

**jobber** *(n.)* (١) سمسار؛ وسيط (٢) المشتغل بالقطعة أو بالمقاولة .

**jockey** *(n.)* الجُوكِيّ: فارس خيل السباق .

**jocose** *(adj.)* فَكِه ؛ فكاهيّ .

**jocular** *(adj.)* (١)مَزُوح (٢) مازِح .

**jocularity** *(n.)* (١)مُزاح (٢) مَزْحَة .

**jocund** *(adj.)* مَرِح ؛ جَذِل .

**jog** *(vt.; i.; n.)* (١)يهزّ أو يدفع برفق (٢)ينبّه ؛ يثير ×(٣) يهتزّ؛ يتذبذب (٤) يمشي الهوينا §(٥) هزة أو دفعة رفيقة (٦) سير وئيد .

**joggle** *(vt.; i.; n.)* (١)يهزّ برفق ×(٢) يهتزّ؛ يتمايل ؛ يترنّح §(٣) خطو أو سير وئيد .

**John Bull** *(n.)* جون بول : الانكليزي النموذجي.

**join** *(vt.; i.)* (١) يربط ؛ يضمّ ؛ يَصِل . (٢)يلحق أو يلتحق بـ ×(٣) يتّصل؛ يتّحد (٤)يتجاور؛ يتلاصق (٥)يتحالف (٦)يشترك.

**joiner** *(n.)* نجّار .

**joinery** *(n.)* النِّجارَة ؛ عمل النجّار .

**joint** *(n.; adj.; vt.)* (١)مَفْصِل (٢)قطعة لحم كبيرة للشيّ (٣)وُصْلَة ؛ ملتقى شيئين (٤)مقهى حقير §(٥) متّحِد ؛ مُتَّصِل (٦) مُشْتَرَك (٧) متشارك §(٨)يوصّل ؛ يقرِن ؛ يضمّ (٩)يُمفْصِل؛ يزوّد بمفْصِل (١٠)يقطّع.

out of ~, (١) مخلوع ؛ مفكوك . (٢) مضطرِب ؛ مشوّش (٣) متنافر؛ غير منسجم مع (٤) ساخط ؛ ممتعض .

**jointed** *(adj.)* مُمَفْصَل؛ ذو مفاصل .

**jointly** *(adv.)* معاً؛ بالاشتراك أو بالتعاون مع .

**joist** *(n.)* الجائز : عارضة تدعّم سقفاً أو أرضيّة.

**joke** *(n.; vi.)* (١) نكتة ؛ دُعابة؛ مُزاح . (٢)أضحوكة §(٣) يَمْزَح ؛ يَهْزِل .

**joker** *(n.)* (١)المَزّاح ؛ المنكّت (٢) شخص. (٣) الجوكر (في ورق اللعب) .

**jollity** *(n.)* ابتهاج صاخب .

**jolly** *(adj.)* (١)مبتهج (٢)مرِح .

**jolt** *(vt.; i.; n.)* (١)يَنخَع ؛ يرُجّ ×(٢)ينتخع ؛ يرتجّ §(٣) نخعة؛ رجّة (٤) ضربة؛ صدمة .

**jon** 259 **jui**

**jonquil** *(n.)* النَّرْجِس الأَسَلي (نبات) .

**jostle** *(vi.; t.)* يصطدم بـ؛ يدفع بالمنكب.

**jot** *(n.; vt.)* (١) مثقال ذَرَّة § (٢) يدوّن باختصار.

**jotting** *(n.)* مذكّرة موجزة .

**journal** *(n.)* (١) دفتر اليوميّة (٢) يوميّات . (٣) سجلّ محاضر (٤) جريدة ؛ مجلة .

**journalism** *(n.)* الصّحافة .

**journalist** *(n.)* (١) الصحافيّ (٢) كاتب اليوميات.

**journalistic** *(adj.)* صَحافيّ ؛ صُحُفيّ .

**journey** *(n.; vi.)* (١) رحلة § (٢) يقوم برحلة.

**journeyman** *(n.)* عاملٌ بارعٌ .

**joust** *(vi.; n.)* (١) يُثاقف : يُقارع بالسيف. (٢) يتثاقف (الفارسان) § (٣) مثاقفة (٤) صراع .

**jovial** *(adj.)* مَرِح ؛ جَذِلٌ .

**joviality** *(n.)* مَرَحٌ ؛ جَذَلٌ .

**jowl** *(n.)* (١) الفكّ الأسفل (٢) الخدّ.

**joy** *(n.; vi.)* (١) ابتهاج § (٢) يبتهج .

**joyful** *(adj.)* مبتهج ؛ بهيج ؛ مُبهِج ؛ سارّ.

**joyless** *(adj.)* (١) كئيب (٢) مكدِّر .

**joyous** *(adj.)* =joyful.

**jubilant** *(adj.)* متهلّل : شديد الابتهاج .

**jubilation** *(n.)* تهلُّل ؛ ابتهاج .

**jubilee** *(n.)* يوبيل .

**Judaism** *(n.)* اليهوديّة : ديانة اليهود .

**judge** *(vt.; i.; n.)* (١) يحكم على (٢) يحاكم . (٣) يُقدِّر (٤) يعتبر ؛ يرتئي × (٥) يقضي ؛ يحكم § (٦) قاضٍ (٧) حَكَمٌ (٨) خبير .

**judgment or judgement** *(n.)* (١) قضاء ؛ إصدار حكم (٢) حكم ؛ قرار محكمة (٣) محاكمة عقلية (٤) ملكة التمييز (٥) رأي .

**Judgment Day** *(n.)* يوم الحساب أو الدينونة.

**judicature** *(n.)* (١) القضاء أو القضاة . (٢) محكمة (٣) النظام القضائي .

**judicial** *(adj.)* (١) قضائي (٢) حصيف .

**judiciary** *(adj.; n.)* (١) قضائيّ § (٢) النظام القضائيّ (٣) القضاة (٤) السلطة القضائيّة .

**judicious** *(adj.)* حكيم ؛ حصيف .

**judo** *(n.)* الجودو : ضربٌ من المصارعة اليابانية.

**jug** *(n.)* (١) إبريق (٢) سِجْن .

**juggle** *(vi.; t.)* (١) يُشَعوِذ × (٢) يتلاعب بـ × (٣) يخدع (٤) يقذف على طريقة المشعوذين.

**juggler** *(n.)* (١) المشعوذ (٢) المحتال ؛ المتلاعب بـ.

**jugular vein** *(n.)* الوريد الوِداجيّ (في العنق).

**juice** *(n.)* (١) عُصارة (٢) كهرباء ؛ نفط الخ.

**juicy** *(adj.)* (١) كثير العُصارة (٢) مُمْتِع .

**jujube** *(n.)* (١) عُنّاب (٢) عِلكة ؛ قرص مُحلّى .

**jukebox** *(n.)* الجُكْبُكْس : فونوغراف آليّ يتيح للمرء سماع الأغنية التي يختارها بمجرد وضع قطعة نقدية في ثقب خاص .

**julep** *(n.)* (١) الجُلاّب (٢) شراب مُسكِر .

**July** *(n.)* يوليو ؛ شهر تموز .

**jumble** *(vi.; t.; n.)* (١) يختلط بغير انتظام . ×(٢) يخلط ؛ « يُلخبط » §(٣) أشياء مختلطة بغير انتظام (٤) اختلاط ؛ « لخبطة » .

**jump** *(vi.; t.; n.)* (١) يثب ؛ يقفز . ×(٢) يتخطّى بوثبة (٣) يُغفل ؛ يقفز عن (٤) يجعله يثب (٥) يزيد (السعْرَ) فَجْأةً §(٦) وثبٌ ؛ قفزٌ (٧) وثبة ؛ قفزة (٨) حاجز (٩) إجفال (١٠) ارتفاع مفاجىء (١١) رحلة جوّية قصيرة .

**jumper** *(n.)* (١) الواثب (٢) الوثّابة : أداة تعمل بحركة واثبة أو قافزة (٣) الجُوبيّة : «أ» سترة يرتديها العمال الخ . «ب» *pl.* : مريلة طفل .

**jumpy** *(adj.)* (١) متقلّب (٢) عصبيّ .

**junction** *(n.)* (١) وَصْلٌ ؛ اتّصال ؛ نقطة اتصال (٢) مُلتقى طُرُق (٣) صِلة .

**juncture** *(n.)* (١) وَصْل ؛ اتّصال ؛ نقطة اتصال . (٢) صِلة (٣) فترة أو مرحلة حاسمة .

**June** *(n.)* يونيو ؛ شهر حزيران .

**jungle** *(n.)* دَغَلٌ ؛ أجَمَة ؛ غاب .

**junior** *(n.; adj.)* (١) الأصغر ؛ الأدنى . (٢) طالب في الصف قبل الأخير (من كلية من كليات الجامعة) §(٣) أصغر ؛ أحدث سنّاً (تستعمل عادةً لتمييز ابنٍ يحمل نفس اسم أبيه) (٤) أحدث عهداً ؛ أقلّ أهميّةً ؛ أدنى منزلةً .

**junior college** *(n.)* كلية الراشدين أو الراشدات : معهدٌ يشتمل على صفّين معادلين للصفّين الأول والثاني من كلية تتكون فيها الدراسة من أربع سنوات .

**juniper** *(n.)* العَرْعَر : شجر صنوبري .

**junk** *(n.)* (١) سلَع مستعملة أو بالية (٢) سَقَط ؛ رُذالة ؛ شيء تافه (٣) مخدِّرات (٤) اليَنْك : سفينة شراعيّة صينيّة .

junk 4.

**junket** *(n.)* (١) الجَنْكت : حلوى هلاميّة من حليب مُحلّى (٢) مأدبة ؛ حَفْلة (٣) رحلة .

**junta** *(n.)* مجلس سياسي ؛ لجنة سياسيّة .

**junto** *(n.)* الزُمرة : أشخاص يجمعهم هدف مشترك .

**Jupiter** *(n.)* (١) جوبيتر : كبير آلهة الرومان . (٢) المشتري : أكبر الكواكب السيّارة .

**juridical** *(adj.)* قضائيّ ؛ قانوني ؛ شرعيّ .

**jurisdiction** *(n.)* السلطان القضائي : حقّ أو سلطة النظر في الدعاوى والفصل فيها .

**jurisprudence** *(n.)* (١) القانون ؛ مجموعة قوانين (٢) فلسفة التشريع .

**jurist** *(n.)* القانونيّ ؛ الضليع في القانون .

**juror** *(n.)* المحلَّف : عضوٌ في هيئة محلَّفين .

**jury** *(n.)* (١) المحلَّفون : هيئة المحلَّفين . (٢) المحكَّمون ( في مباراة أو عرض ) .

**just** *(vi.; n.)* = joust.

**just** *(adj.; adv.)* (١) صحيح ؛ مضبوط ؛ دقيق . (٢) منصِف (٣) مستقيم (٤) مشروع ؛ عادل §(٥) تماماً (٦) منذ لحظات (٧) بصعوبة (٨) مباشرةً (٩) مجرَّد (١٠) جدّاً .

**justice** *(n.)* (١) عدل (٢) عدالة (قضيّة أو موقف) (٣) حقّ (٤) استقامة (٥) قاضٍ .

to do ~, (١) يُنْصِف (٢) يَقْدُر (شيئاً) حقّ قدره .

to do oneself ~, يعمل أو يسلك بطريقة جديرةٍ بكفاءاتِه أو مَقْدِراتِه .

**justice of the peace** قاضي الصلح .
**justifiable** *(adj.)* ممكنٌ تبريرُهُ .
**justification** *(n.)* (١)تبرير (٢)مُبرِّر؛عذر .
**justificatory** *(adj.)* تبريريّ ؛ تسويغيّ .
**justify** *(vt.; i.)* (١) يُبرِّر (٢) يبرّئ .
**jut** *(vi.; t.; n.)* (١)يَنْتَأ أو يُنْتِئ §(٢)نتوء .
**jute** *(n.)* الجوتة : قنّب كلكتا : ألياف نباتيّة تستخدم في صنع الخيش .
**juvenile** *(adj.; n.)* (١) حَدَث ؛ يافع . (٢) أحْداثيّ : خاصّ بالأحداث أو اليافعين (٣)صبيانيّ §(٤) الحَدَث ؛ اليافع .
**juvenile court** *(n.)* محكمة الأحداث .
**juvenile delinquent** *(n.)* الجانح : مجرمٌ حَدَث أو يافع .
**juvenility** *(n.)* الحداثة ؛ الصبا .
**juxtapose** *(vt.)* يضع شيئاً بجانب آخر .
**juxtaposition** *(n.)* (١) وَضْع شيء بجانب آخر (٢) تجاوُرٌ ناشئ عن ذلك .

# K

*Kuwait*

**k** (*n.*) الحرف الحادي عشر من الأبجديّة الانكليزيّة.

**Kaffir** (*n.*) الكَفِيريّ: عضو في مجموعة الشعوب الناطقة بلغة الـ « بانتو » في جنوب افريقية.

**kaiser** (*n.*) قَيْصر ؛ امبراطور.

**kale** (*n.*) (١) كَرَنْب (٢) مال، دراهم.

**kangaroo** (*n.*) الكَنْغَر: حيوان استراليّ من ذوات الجراب أو الكيس.

**katydid** (*n.*) الجُنْدُب الأميركي ( حشرة ).

**keel** (*n.; vt.; i.*) (١) الكِيلَة: سفينة مسطّحة القعر (لنقل الفحم) (٢) رافدة القَصّ: عارضة رئيسيّة أو قطعة فولاذيّة تمتدّ على طول قعر المركب § (٣) يَقْلِب × (٤) يَنْقَلِب.

**keen** (*adj.*) (١) ماضٍ ؛ قاطع ؛ باتر (٢) لاذع (٣) حادّ ؛ قويّ (٤) شديد التوق (٥) شديد ؛ عارم (٦) متوقّد ذكاءً (٧) عنيف.

**keep** (*vt.; i.; n.*) (١) يفي (بوعدالخ.) (٢) يصون ؛ يحمي ؛ يقي (٣) يتعهّد ؛ يُعْنَى بِـ (٤) يَعُوْل (٥) يَلْزَم (الصَّمتَ) (٦) يُبقي (٧) يستبقي في خدمته أو تحت تصرّفه (٨) يمسك حسابات (٩) يدوّن (١٠) يحتفظ باستمرار بمقادير وافرة للبيع (١١) يَحْفَظ ؛ يدّخر (١٢) يكتم (١٣) يحتفظ بِـ (١٤) يضبط أو يسيطر على (١٥) يلازم ؛ يبقى في (١٦) يدير ؛ يملك × (١٧) يواصل ؛ يستمرّ في (١٨) يظلّ ؛ يبقى (١٩) يظلّ بحالة جيّدة (٢٠) يمسِك عن § (٢١) قلعة (٢٢) قوت ؛ طعام.

for ~ s إلى الأبد.
to ~ in touch with يبقى على اتّصال بـ.
to ~ off (١) يصدّ (٢) يبتعد عن.
to ~ up with يجاري.

**keeper** *(n.)* الحافظ ؛ القيِّم على .

**keeping** *(n.)* (١) حِفظ ؛ عناية ؛ إعالة ؛ إدّخار الخ . (٢) قوت ؛ طعام (٣) تطابق ؛ انسجام.

**keepsake** *(n.)* تذكار أو هديّة للذكرى .

**keg** *(n.)* الكَيْغ : برميل صغير .

**ken** *(vt.; i.; n.)* (١) يدرك؛ يعرف § (٢) مدى البَصَر (٣) مدى الادراك أو الفهم أو المعرفة .

**kennel** *(n.)* (١) وِجار الكلب (٢) قناة .

**kept** *past and past part. of* keep.

**kerb** *(n.)* حاجز حجريّ (عند حافّة الطريق ) .

**kerchief** *(n.)* (١) حجاب ؛ وشاح (٢) مِنديل.

**kernel** *(n.)* (١) نواة ؛ بزرة (٢) لبّ النواة (٣) حبة القمح الخ. (٤) جوهر الشيء أو لبابه .

**kerosine** *or* **kerosene** *(n.)* الكيروسين .

**ketchup** *(n.)* = catsup.

**kettle** *(n.)* (١) غلاّية (٢) غلاّية الشاي .

**kettledrum** *(n.)* نَقّارِيّة؛ طَبْلة .

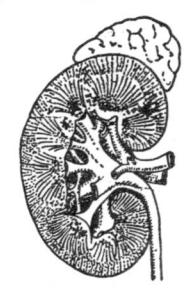

**key** *(n.; adj.; vt.)* (١) مفتاح (٢) مفتاح الرموز ؛ بيان المُصْطَلحات (٣) المقام الموسيقي (٤) أسلوب أو نغمة مميِّزة (٥) طبقة الصوت § (٦) رئيسيّ ؛ أساسيّ § (٧) يعدّل المقام أو طبقة الصوت .

**keyboard** *(n.)* لوحة المفاتيح .

**keyhole** *(n.)* ثقب المفتاح (موضعُه من القفل).

**keynote** *(n.)* (١) القرار؛ الأراضي (في الموسيقى). (٢) الحقيقة أو الفكرة الأساسيّة .

**keystone** *(n.)* (١) حَجَر العَقْد (٢) مرتكَز ؛ عِمادٌ .

keystone 1.

**khaki** *(n.)* (١) الكاكيّ : قماش كاكيّ اللون (٢) بذلة عسكريّة (٣) لون أسمر مُصْفرّ .

**khan** *(n.)* الخان : «أ» أمير ؛ زعيم. «ب» نُزُل .

**khedive** *(n.)* خُدَيْوِيّ ؛ أمير مِصر .

**kick** *(vi.; n.)* (١) يرفس (٢) يرتدّ أو يتراجع (السلاحُ الناريّ عند إطلاقه ) § (٣) رفسة (٤) ارتداد ؛ تراجع (٥) مقاومة (٦) الصفة المُسكِرة في شراب كحوليّ (٧) حيوية ؛ هِزة ابتهاج أو طرب (٨) مفاجأة .

to ~ out يطرد .

**kickshaw** *(n.)* (١) طعام مُتْرَف (٢) شيء غرّار

**kid** *(n.; vt.; i)* (١) جَدْي (٢) طِفل § (٣) يسخر من × (٤) يمزح .

**kidnap** *(vt.)* يخطف (طمعاً في فِدية).

**kidney** *(n.)* (١) كُلْيَة (٢) مزاج (٣) نوع .

**kidney bean** *(n.)* لوبياء .

**kill** *(vt.; i.; n.)* (١) يقتل؛ يذبح (٢) يهزم أو يردّ (٣) يسكّن × (٤) يوقِف .

to ~ off يقتل ؛ يُبيد ؛ يستأصل .

**killer** *(n.)* القاتل ؛ السفّاك .

**kiln** *(n.)* أتّون ؛ تَنّور .

**kilo** *(n.)* (١) كيلوغرام (٢) كيلومتر .

**kilocycle** *(n.)* الكيلوسَيْكل: ألف دورة.

kil 264 kis

**kilogram** *(n.)* الكيلوغرام : ألف غرام .
**kiloliter** *(n.)* الكيلولتر : ألف لتر ؛ متر مكعّب .
**kilometer** *(n.)* الكيلومتر : ألف متر .
**kilowatt** *(n.)* الكيلوواط : ألف واط (كهرباء) .
**kilt** *(n.)* الكِلْتِيّة : تنّورة رجالية اسكتلندية .
**kimono** *(n.)* الكَيْمُون : ثوبٌ فضفاض .

**kin** *(n.)* (١) عشيرة (٢) أنسباء المرء .
**of ~,** نسيب ؛ قريب ؛ من أسرة واحدة .
**kind** *(n.; adj.)* (١) نوع ؛ صنف §(٢) حنون ؛ شفوق (٣) ودّيّ ؛ لطيف ؛ كريم .
**to pay in ~,** يدفع الثمن سِلعاً لا نقداً .
**to repay insolence in ~,** يردّ على الإهانة بمثلها .
**kindergarten** *(n.)* روضة أطفال .
**kindle** *(vt.; i.)* (١) يُضْرِم النّار (٢) يثير . (٣) يضيء ×(٤) يضطرم (٥) يتّقد ؛ يتوهّج .
**kindless** *(adj.)* فَظّ ؛ قاس ؛ غليظ .
**kindliness** *(n.)* عَطْف ؛ رِقّة في الفؤاد .
**kindling** *(n.)* الضَّرَم : مادّة ملتهبة لإضرام النّار .
**kindly** *(adj.; adv.)* (١) ملائم (٢) عطوف ؛ كريم §(٣) بعطف ؛ بتعطّف (٤) بارتياح ؛ بصَدر رحب (٥) لطفاً ؛ كرَماً .
**kindness** *(n.)* (١) مِنّة ؛ فَضْل ؛ مَعْرُوف . (٢) حنان ؛ شفقة (٣) لطف ؛ كرم .
**kindred** *(n.; adj.)* (١) أسرة ؛ عشيرة (٢) أنسباء §(٣) شقيق : من أصل واحد أو طبيعة واحدة .
**kinetic** *(adj.)* (١) حَرَكيّ (٢) ناشط .
**kinetic energy** *(n.)* الطاقة الحركيّة .
**kinetics** *(n.)* الكينتيكا ؛ علم الحركة .
**king** *(n.)* (١) مَلِك ؛ عاهل (٢) الشاه (في الشطرنج) (٣) الملك (في ورق اللعب) .
**kingdom** *(n.)* (١) مملكة (٢) عالم ؛ دُنْيا .
**kingfisher** *(n.)* الرَّفراف ؛ القاوند (طائر) .

**kingly** *(adj.)* (١) مَلَكيّ ؛ مُلوكيّ (٢) جليل .
**King's evidence** *(n.)* شاهد الملِك : من يَشْهَد ضدّ شركائه في الجريمة مقابل الوعد بإطلاق سراحه .
**kink** *(n.)* (١) لَيّة أو فَتْلَة (في خيط أو حبل أو شَعْرة) (٢) غرابة أطوار .
**kinky** *(adj.)* حُلَيْقيّ ؛ مُفَتّل .
**kinsfolk** *(n.pl.)* أنسباء ؛ أقرباء .
**kinship** *(n.)* قرابة ؛ نَسَب .
**kinsman** *(n.)* القريب ؛ النسيب ؛ أحد الأقارب .
**kinswoman** *(n.)* القريبة ؛ إحدى القريبات .
**kiosk** *(n.)* كُشْك (في حديقة أو شارع) .
**kipper** *(n.)* سمكة رنكة مملّحة ومدخّنة .
**kirtle** *(n.)* الكَرْتَل : سترة ؛ ثوب .
**kiss** *(vt.; n.)* (١) يقبّل ؛ يلثم §(٢) قُبلة .

**kit** *(n.)* (١) الطقم : مجموعة أدوات للاستعمال الشخصي (٢) عُدَّة (٣) صندوق الأدوات أو العدّة (٤) كمنجة صغيرة (٥) هرة صغيرة .

**kitchen** *(n.)* مطبخ .

**kitchenware** *(n.)* آنية المطبخ ؛ أدوات المطبخ .

**kite** *(n.)* (١) الحَدَأة ؛ الشُّوحة (طائر) (٢) طائرة ورقيّة (٣) كمبيالة صورية .

**kith** *(n.)* أصدقاء ؛ جيران ؛ أنسباء .

**kitten** *(n.)* هُرَيْرَة ؛ هِرّة صغيرة .

**kitty** *(n.)* الصندوق : صندوق يضع فيه كلّ لاعب (في البوكر الخ .) مبلغاً معيناً .

**kiwi** *(n.)* الكِيوِيّ : طائر نيوزيلندي .

**knack** *(n.)* (١) براعة (٢) حيلة ؛ خدعة (٣) موهبة .

**knapsack** *(n.)* حقيبة الظهر (يحملها الجندي) .

**knave** *(n.)* (١) الوغد (٢) الولد (في ورق اللعب) .

**knavery** *(n.)* خداع ؛ احتيال ؛ مكر ؛ لؤم .

**knead** *(vt.)* (١) يعجن ؛ يجبل (٢) يدلِّك .

**knee** *(n.)* (١) الرُّكبة (٢) رُكبة البنطلون .

**kneecap** *(n.)* الرَّضْفة : عظم أعلى الرُّكبة .

**kneel** *(vi.)* يركع ؛ يسجد ؛ يجثو .

**knell** *(n.)* (١) نعيّ (٢) ناقوس الموت .

**knelt** *past and past part. of* kneel.

**knew** *past of* know.

**knife** *(n.)* مُدْيَة ؛ سكّين .

under the ~, تحت الجراحة ؛ تحت المبضع

**knight** *(n.)* (١) الفارس (٢) الفَرَس (في الشطرنج)

**knighthood** *(n.)* (١) فروسيّة (٢) فرسان .

**knightly** *(adj.)* فروسيّ .

**knit** *(vt.)* (١) يَعْقِد ؛ يَرْبِط (٢) يَجْبُر . (٣) يقطّب حاجبَيْه (٤) يَحْبك .

**knitting** *(n.)* عَقْد ؛ رَبْط ؛ حَبْكٌ الخ .

**knob** *(n.)* (١) عُقْدَة ؛ عُجْرَة (٢) زرّ زينيّ . (٣) مَسْكَة باب مزخرفة (٤) هضبة مدوَّرة .

**knock** *(vi.; n.)* (١) يقرع (٢) يصطدم بشيء . (٣) يخبّط ؛ يقرقع (كبعض أجزاء الآلة) (٤) يعيب ؛ ينتقد § (٥) ضربة عنيفة (٦) القرقعة .

to ~ down (١) يصرع أو يتغلب على . (٢) يفكّك (٣) يخفّض (السعر الخ .)

to ~ off (١) يكفّ عن عمل شيء (٢) يُنقص (من قيمة فاتورة الخ .) .

to ~ out (١) يَهزم (٢) يَصْرع .

**knocker** *(n.)* (١) القارع (٢) مِقرعة الباب .

**knockout** *(n.)* الضربة الصارعة أو الحاسمة .

**knoll** *(n.)* هضبة صغيرة مدوَّرة .

**knot** *(n.; vt.)* (١) عُقْدة (٢) مُشكلة (٣) رِباط . (٤) زمرة ؛ مجموعة (٥) وردة من حرير ؛ عقدة شريط القبّعة (٦) العُقْدَة : وحدة للسرعة تساوي ميلاً بحريّاً واحداً في الساعة § (٧) يَعْقِد ؛ يكوّن عقدةً أو عُقَداً في حبل الخ .

**knotty** *(adj.)* (١) مليء بالعُقَد (٢) صعب .

**know** *(vt.)* يَعلم ؛ يَعرف .

**knowing** *(n.; adj.)* (١) معرفة § (٢) عارف ؛ مطّلع (٣) فَطِن ؛ ذكيّ .

**knowledge** *(n.)* معرفة ؛ علم ؛ اطّلاع .

**knuckle** *(n.)* البُرْجُمَة : إحدى مفاصل الأصابع .

**Koran** *(n.)* القرآن الكريم .

**kosher** *(adj.)* مُباح في الشريعة اليهوديّة .

# L

**l** *(n.)* . الحرف الثاني عشر من الأبجدية الانكليزية .

**label** *(n.; vt.)* (١) رُقْعة §(٢) يلصق رقعة على. (٣) يصف أو يميِّز برقعة (٤) يصنِّف .

**labial** *(adj.)* شَفَويّ .

**labor** *(n.; vi.)* (١) جُهْد (٢) عمل (٣) طبقة العمّال (٤) المخاض §(٥) يعمل؛ يكدح (٦) يجيئها المخاضُ .

**laboratory** *(n.)* مَخْبَر ؛ مُخْتَبَر .

**labor camp** *(n.)* . معسكر العمل الإلزامي .

**Labor Day** *(n.)* . عيد العمال (أول مايو) .

**laborer** *(n.)* العامل ؛ الشغّيل ؛ الكادح .

**laborious** *(adj.)* (١) مُجِدّ (٢) مُرْهِق .

**labor union** *(n.)* نقابة عمال ؛ اتحاد عمّال.

**labour** *(n.; vi.)* = labor.

**labyrinth** *(n.)* (١) متاهة (٢) مشكلة ؛ ورطة. (٣) التّيه ؛ الأذن الباطنة .

**lac** *(n.)* اللَّكّ ؛ صمغُ اللَّك .

*Lagos* (Nigeria)

**lace** *(n.; vt.)* (١) رِباط الحذاء أو المِشَدّ . (٢) بريم؛ شريط زينيّ للسترات العسكريّة (٣) تخريم؛ مخرّمات §(٤) يَعقِد برباط .

**lacerate** *(vt.)* (١) يمزّق (٢) يَجرح ؛ يؤذي.

**lachrymal** *(adj.)* (١) دمعيّ (٢) دامع .

**lack** *(vi.; t.; n.)* (١) يَعْوَز: يَعِزّ الشيءُ فلا يوجد وأنت محتاج اليه (٢) يفتقر إلى ×(٣) يُعْوِزُهُ ؛ ينقصه §(٤) فقدان ؛ عدم وجود ؛ احتياج أو افتقار إلى (٥) نَقْص .

**lackey** *(n.)* (١) الخادم (٢) التابع المتزلف.

**lackluster** *(adj.)* باهت؛ يعوزه البريق .

**laconic** *(adj.)* مُوجَز ؛ مقتضَب .

**lacquer** *(n.)* اللَّك ؛ ورنيش اللَّك .

**lacrosse** *(n.)* اللَّكْرُوس: لعبة تسدّد فيها الكرة ، بمضارب طويلة المقابض ، إلى مَرْمَى الخَصْم .

**lacteal; lactic** *(adj.)* لَبَنيّ .

**lacuna** *(n.)* (١) ثغرة (٢) فجوة .

**lacy** *(adj.)* شريطيّ ؛ تخريميّ .

**lad** *(n.)* (١) صبيّ ؛ غلام (٢) رجل .

**ladder** *(n.)* سُلَّم (من خشب أو معدن أو حبال).

**laden** *(adj.)* محمَّل ؛ موسوق .

lad 267 lan

**lading** *(n.)* (١)شَحْن (٢)شِحْنَة ؛ حَمْل .
**ladle** *(n.; vt.)* (١) مِغْرَفَة §(٢) يَغرف .
**lady** *(n.)* (١) سيدة (٢)لايدي : لقب انكليزي للنساء يقابل لقب لورد للرجال .
**ladylove** *(n.)* الحبيبة ؛ المحبوبة .
**lag** *(vi.; n.)* (١) يتخلّف ؛ يتلكّأ ؛ يتوانى . §(٢)تخلّف ؛ تلكّؤ ؛ تباطؤ ؛ فتور .
**laggard** *(adj.; n.)* متلكّىء ؛ متقاعس ؛ بطيء .
**lagoon** *(n.)* الهَوْر ؛ اللاّغون : بحيرة ضَحْلَة .
**laid** *past and past part. of* lay.
**lain** *past part. of* lie.
**lair** *(n.)* (١)وِجار ؛ عرين (٢)مخبأ ؛ ملجأ .
**laity** *(n.)* الكافّة ؛ الجمهور ؛ سواد الناس .
**lake** *(n.)* (١)بحيرة (٢) اللَّيْك : صِبْغ أحمر .
**lamb** *(n.; vi.)* (١)حَمَل § (٢)تلد حملاً .

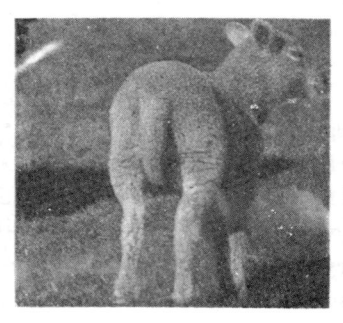

**lambent** *(adj.)* (١)خافق (٢) لامع ؛ بارق .
**lame** *(adj.; vt.)* (١)مُقعَد ؛ كسيح (٢)أعرج . §(٣) يجعله مُقْعَداً أو أعرج (٤)يُضْعِف .
**lament** *(vi.; t.; n.)* (١) يُعْوِل ؛ ينوح . ×(٢)يندب ؛ يتفجّع على §(٣)عويل (٤)مرثاة .
**lamentable** *(adj.)* مؤسف ؛ باعث على الأسى .
**lamentation** *(n.)* (١)عويل (٢) مناحة .
**lamina** *(n.)* صفيحة رقيقة .
**laminate** *(vt.; i.; adj.)* (١) يُصفّح ؛ يرقّق ×(٢)ينفصل إلى صفائح §(٣)مصفّح .
**lamp** *(n.)* (١) مصباح (٢)مصباح كهربائي .
**lampblack** *(n.)* السِّناج : سُخام المصابيح .
**lampoon** *(n.; vt.)* (١)أُهْجُوَّة §(٢)يهجو .
**lamprey** *(n.)* الجَلَكَى : سمك كالانقليس .
**lance** *(n.; vt.)* (١)رمح (٢)مِبْضع §(٣)يطعن بالرمح (٤) يَبْضَع : يشقّ بمبضع (٥)يرشق .
**lance corporal** *(n.)* وكيل عريف (في البحرية) .
**lancer** *(n.)* الرّمّاح ؛ حامل الرّمح .
**lancet** *(n.)* مِبْضَع ؛ مِفْصَد .
**land** *(n.; vt.; i.)* (١)اليابسة (٢)بلد (٣)عالَم . (٤) أرض §(٥) يُنْزِل إلى اليابسة (٦)يجعل الطائرة تهبط في مكانٍ ما ×(٧) يهبط (إلى اليابسة )(٨)يرسو (٩) يصل الى (١٠)يترجل (١١) تَهْبِط (الطائرةُ) أو تحطّ .
**landholder** *(n.)* مالك الأرض أو صاحبها .
**landing** *(n.)* (١)إنزال أو نزول إلى اليابسة (٢)رسوّ . (٣) حَطّ ؛ هُبوط (٤) رصيف المرفأ (٥) مُنْبَسَط الدّرج أو سلّم المبنى .
**landing field** *(n.)* المَهْبِط ؛ المَطار .
**landlady** *(n.)* مالكة الأرض أو صاحبة الفندق .
**landlord** *(n.)* مالك الأرض أو صاحب الفندق .
**landmark** *(n.)* المَعْلَم : علامة الحدود .
**landowner** *(n.)* مالك الأرض ؛ صاحب الأرض .
**land reform** *(n.)* الإصلاح الزراعي .
**landscape** *(n.)* (١)صورة تمثّل منظراً طبيعياً في داخلية البلاد (٢) منظر طبيعي ريفيّ .
**landward** *(adv.; adj.)* (١) نحو اليابسة أو الشاطىء §(٢) واقع أو متّجه نحو اليابسة .
**lane** *(n.)* (١) ممرّ ضيّق (٢) زُقاق .
**language** *(n.)* لغة .
**languid** *(adj.)* واهن ؛ مُضْنىً ؛ فاتر الهمة .

**languish** *(vi.)* (١) يَهِن ؛ يَضْنَى ؛ تفتر همّته. (٢) يَهْزُل ؛ يَذْبُل .

**languor** *(n.)* وَهَن ؛ ضَنًى ؛ تَراخٍ ؛ كسَل.

**lank** *(adj.)* (١) مهزول ؛ نحيل (٢) هزيل ؛ ضئيل. (٣) سَبْط ؛ غير جَعْد .

**lanky** *(adj.)* طويلٌ مع هُزالٍ أو ضُمور.

**lantern** *(n.)* (١) المِشْكاة : صندوق زجاجيّ يوضع فيه المصباح (٢) مَنْوَر السقف .

**lap** *(n.; vt.; i.)* (١) الطرف المتراكب : طرف السترة الذي يمتدّ متراكباً فوق طرَفها الآخر (٢) حُجْر ؛ حِضْن (٣) مَهْد (٤) كنَف (٥) ثَنْيَة ؛ طيّة (٦) دورة مفردة (في سباق) §(٧) يطوي ؛ يلفّ (٨) يَثْني (٩) يَحْضُن (١٠) يُراكِب ؛ يضع جزءاً من شيء فوق شيء آخر (١١) يلعق الطعام أو الشراب ×(١٢) ينطوي ؛ يلتفّ (١٣) يُطِفّ على ؛ يتراكب جزئياً .

**lapel** *(n.)* طيّة صدر السترة .

**lappet** *(n.)* طيّة ؛ حاشية ؛ هُدْب .

**lapse** *(n.; vi.)* (١) زلّة ؛ هَفوة (٢) سقوط ؛ هبوط (٢) انحطاط (٣) سقوط الحق (٤) مرور الزمن.

**lapwing** *(n.)* الزِّقزاق الشامي : طائر مائيّ .

**larboard** *(n.)* المَيْسَرَة : جانب السفينة الأيسر .

**larceny** *(n.)* سرقة ؛ لصوصيّة .

**larch** *(n.)* اللاّرَكْس : شجرة صنوبريّة .

**lard** *(vt.; n.)* (١) يشحّم (٢) يضيف شرائح الخنزير إلى اللحم §(٣) دُهن الخنزير .

**larder** *(n.)* موضع لحفظ اللحوم الخ .

**large** *(adj.; adv.)* (١) واسع ؛ عريض (٢) ضخم (٣) كبير (٤) مُؤاتٍ ؛ ملائم (٥) متبجّح.

at ~ (١) حرّ ؛ مطلَق السَّراح ، (٢) بإسهاب (٣) بصورة عامّة ؛ ككلّ

on a ~ scale على نطاق واسع .

**largess** *or* **largesse** *(n.)* سخاء .

**lark** *(n.)* قُنْبُرَة ؛ قُبَّرَة (طائر).

**larkspur** *(n.)* العايق : نبات جميل الزهر .

**larva** *(n.)* يرَقانَة ؛ يرَقة ؛ سَرْء .

**larynx** *(n.)* الحَنْجَرَة .

**lascivious** *(adj.)* فاسق ؛ داعر .

**lash** *(vi.; t.; n.)* (١) يجلد ؛ يضرب بالسياط . ×(٢) يقذف فجأة وبسرعة (٣) يربط أو يثبّت بحبل أو سلسلة §(٤) جَلْدة ؛ ضربة بالسوط (٥) الجزء المرِن من السوط (٦) هُدْب العين.

**lass** *(n.)* (١) فتاة (٢) حبيبة ؛ معشوقة.

**lassie** *(n.)* (١) فتاة صغيرة (٢) حبيبة صغيرة .

**lassitude** *(n.)* (١) كَلال ؛ تعَب (٢) كسَل.

**lasso** *(n.)* الوَهَق : حبل في طرفه أنشوطة يستعمل لاقتناص الخيل والأبقار .

**last** *(vi.; adj.; adv.; n.)* (١) يدوم ؛ يبقى . (٢) يتحمّل ؛ «يخدم» ؛ «يضاين» (٣) يَثْبت ؛ يستمرّ في قوة وفعالية §(٤) أخير (٥) آخِر (٦) سابِق §(٧) في المؤخّرة (٨) آخرَ مرة قبل الزمن الحاضر (٩) أخيراً ؛ ختاماً §(١٠) نهاية ؛ ختام (١١) قالب الأحذية .

**lasting** *(adj.)* باقٍ ؛ دائم ؛ ثابت.

**lastly** *(adv.)* أخيراً ؛ في الختام .

**latch** *(n.; vt.; i.)* (١) مِزْلاجٌ ؛ سُقّاطَةالباب. §(٢) يثبت أو يُثبَّت بمِزلاج .

**latchet** *(n.)* شريط الحذاء .

**latchkey** *(n.)* مفتاح المِزلاج أو السقّاطة .

**late** *(adj.; adv.)* (١) مُبطِيء ؛ متأخّر في المجيء (٢) متطاول إلى ما بعدالميقات المألوف (٣) متأخّر (٤) سابق؛ قديم (٥) فقيد ؛ متوفىً حديثاً (٦) حديث §(٧) متأخّراً (٨) حتى ساعة متأخرة من الليل (٩) حديثاً .

~r on في ما بعد .
of ~, حديثاً ؛ منذ عهد قريب .
It is too ~. سبق السيف العَذَل .

**lately** *(adv.)* حديثاً ؛ منذ عهد قريب .

**latent** *(adj.)* كامن ؛ مستتر .

**lateral** *(adj.)* جانبيّ .

**latex** *(n.)* اللَّثَى : لبن الشجر أو عُصارته.

**lath** *(n.)* لوح خشبيّ ضيّق رقيق .

**lathe** *(n.)* مِخرطة (الخشب والمعادن) .

**lather** *(n.; vt.; i.)* (١) رغوة الصابون (٢) زَبَد. §(٣) يكسو بالزَّبَد ×(٤) يُرْغي ؛ يُزبد.

**Latin** *(adj.; n.)* (١) لاتينيّ §(٢) اللاتينيّة : اللغة اللاتينيّة (٣) اللاتينيّ : واحد اللاتين .

**latitude** *(n.)* (١) خطّ العرض (٢) منطقة . (٣) مدى ؛ نطاق (٤) حريّة العمل أو الاختيار.

**latrine** *(n.)* مِرحاض (في ثكنة أو معسكر الخ.).

**latter** *(adj.)* (١) ثان (٢) أخير ؛ ختاميّ .

**latterly** *(adv.)* حديثاً ؛ في هذه الأيام .

**lattice** *(n.)* (١) شَعرية ؛ شبكية (٢) نافذة (أو باب) مزوّدة بشَعْريّة .

lattice 1.

**latticework** *(n.)* شَعْريّة ؛ تعريشة .

**laud** *(n.; vt.)* (١) ثناء ؛ تمجيد §(٣) يمجِّد .

**laudable** *(adj.)* جدير بالثناء .

**laudanum** *(n.)* اللَّوْدَنُوم ؛ صبغة الأفيون.

**laugh** *(vi.; n.)* (١) يضحك §(٢) ضَحكة .

to ~ at يسخر من ؛ يهزأ بـ .
to ~ off يتجنّب الإحراج الخ. أو يتخلّص منه بالضحك .

**laughable** *(adj.)* مضحِك؛ مثير للضحك .

**laughingstock** *(n.)* أُضحوكة .

**laughter** *(n.)* ضَحِكٌ .

**launch** *(vt.; n.)* (١) يقذف بقوّة (٢) يُطلِق. (٣) يبدأ (٤) يَشُنّ (٥) يُنزل سفينةً إلى الماء (٦) يقدّم فتاةً إلى المجتمع (٧) يطرح في الأسواق (٨) اللَّنْش : زورق بخاري .

**launder** *(vt.; i.)* (١) يغسل الملابس أو يكويها بعد غسلها ×(٢) ينغسل وينكوي .

**laundress** *(n.)* امرأة تغسل الملابس وتكويها .

**laundry** *(n.)* (١) ملابس مغسولة أو مُعَدّة للغسل (٢) المصبغة : مؤسسة لغسل الملابس وكيّها .

**laundryman** *(n.)* (١) المَصْبَغيّ : مدير مصبغة لغسل الملابس وكيّها، أو عاملٌ فيها (٢) رجل يجمع الملابس المُعَدّة للغسل والكيّ أو يسلّمها إلى أصحابها .
**laureate** *(adj.)* (١) مكلَّل بالغار (٢) ممتاز .
**laurel** *(n.)* (١) الغار (نبات) (٢) إكليل غار .

**lava** *(n.)* الحُمَم : مقذوفات البراكين .
**lavatory** *(n.)* (١) مَغْسَلَة (٢) حجرة لغسل اليدين والوجه إلخ (٣) مِرحاض .
**lave** *(vt.)* (١) يغسل (٢) تغسل (الأمواجُ) شيئاً .
**lavender** *(n.)* الخُزامى ؛ خِيريّ البرّ (نبات) .

**laver** *(n.)* (١) حَوْض ؛ جُرْن (٢) مَغسلة .
**lavish** *(adj.; vt.)* (١) مُسْرِفٌ ؛ مُبَذِّرٌ (٢) سَخِيّ ؛ مُنْفَقٌ بسخاء (٣) وافر § (٤) يبدِّد .
**law** *(n.)* (١) قانون (٢) قضاء (٣) المحاماة ؛ الحقوق .
**law-abiding** *(adj.)* مُطيع للقانون .
**lawbreaker** *(n.)* المنتهك للقانون .
**lawful** *(adj.)* (١) قانونيّ ؛ شرعيّ (٣) مطيع للقانون .
**lawless** *(adj.)* (١) بلا قانون (٢) متمرّد (على قانون ما) (٣) غير شرعيّ .
**lawmaker** *(n.)* الشارع ؛ المشرِّع ؛ المشترع .
**lawn** *(n.)* (١) شاشٌ (٢) مَرْجة ؛ مَخْضَرَة .
**lawsuit** *(n.)* قضيّة ؛ دعوى قضائيّة .
**lawyer** *(n.)* المحامي ؛ الممارس للمحاماة .
**lax** *(adj.)* (١) مُنحَلّ (٢) رِخْوٌ .
**laxative** *(adj.; n.)* مُسْهِلٌ ؛ مُلَيِّنٌ للأمعاء .
**laxity** *(n.)* لِيْن ؛ انحلال ؛ ارتخاء .
**lay** *(vt.; i.; n.; adj.)* (١) يَطرح (٢) يضع (٣) تبيض (الدجاجةُ) (٤) يُخمِد ؛ يهدّئ (٥) يراهن (٦) يمدّ ؛ يبسط ؛ يكسو بـ (٧) يُعِدّ ؛ يُرتّب (٨) يصفّ ؛ يرصُف (٩) يَفتل ؛ يَبرم (١٠) يفرض (١١) يُلقي (١٢) يرسم ؛ يدبّر (١٣) يصيّر ؛ يجعل (١٤) يَعْرِض × (١٥) ينكبّ على العمل § (١٦) موقع (١٧) أغنية § (١٨) علمانيّ (١٩) عاديّ .

to ~ about one يقاتل بضراوة .
to ~ apart يُبعده أو يضعه جانباً .
to ~ aside يهمل ؛ يترك ؛ يضعه جانباً .
to ~ away يضع الشيء جانباً .
to ~ down (١) يستسلم ؛ يلقي السلاح . (٢) يضع ؛ يرسم ؛ يخطّط .
to ~ for يترصّد ؛ يكمن لـ .
to ~ hold of *or* on يمسك ؛ يقبض على .
to ~ in يدّخر للمستقبل .
to ~ off (١) يسرّح العامل موقّتاً . (٢) يغلق (مصنعاً) (٣) يجتنب .
to ~ out (١) يكفّن (٢) يخطّط : يضع خطةً مفصّلة لـ ... (٣) يُنفق .
to ~ siege to يحاصر ؛ يضرب الحصار على
to ~ to heart (١) يتأثر تأثراً شديداً . (٢) يفكّر في الأمر جدّيّاً .

**lay** *past of* lie.

**layer** *(n.)* (١)الطارح؛الواضع الخ. (٢)طبقة.
**layette** *(n.)* كُسْوَة الطفل المولود ولوازمه.
**layman** *(n.)* الشخص العاديّ أو العلمانيّ.
**layoff** *(n.)* التسريح الموقّت (للعمّال).
**layout** *(n.)* (١)تخطيط (٢)نموذج طباعي.
**lazar** *(n.)* المجذوم : المصاب بالجُذام.
**lazy** *(adj.)* (١) كسول (٢)بطيء.
**lea** *(n.)* مَرْجَة؛ مَخْضَرَة؛ مَرْعى.
**leach** *(vt.)* يرشّح؛ يصفّي؛ يروّق.

**lead** *(vt.; i.; n.; adj.)* (١) يُرْشد (٢) يحيا . (٣) يجعله يحيا (٤) يقود (٥) يسدّد ضربة ×(٦) يؤدي ؛ يفضي إلى (٧) يتقدّم غيره (٨)يلعب الورقة الأولى§(٩)طليعة؛مركز أمامي (١٠)مبادرة(١١)حقّ الابتداء باللعب؛ الورقة الأولى(١٢)دور (أوممثّل)رئيسي في مسرحيّة.
to ~ astray يُضِلّ؛ يُغْوي.

**lead** *(n.; vt.)* (١)رصاص (٢)شيء مصنوع من رصاص (٣) صفيحة رقيقة للفصل بين سطور الصفحة المعَدّة للطباعة §(٤) يُرصِّص ؛ (٥)يفصل بين السّطور برقائق معدنيّة.
**leaden** *(adj.)* (١) رصاصيّ (٢)رديء النوع . (٣)ثقيل(٤) بطيء (٥) كئيب .
**leader** *(n.)* (١) قائد؛ زعيم (٢) افتتاحيّة .
**leadership** *(n.)* قيادة ؛ زعامة .
**leading** *(adj.)* (١)موجِّه؛ هادٍ (٢) مُؤدٍّ ؛ مُوصِل إلى (٣) رئيسيّ (٤) قياديّ .
**leaf** *(n.; vi.; t.)* (١) ورقة (٢) مصراع باب أو نافذة (٣) جناحُ خوانٍ متحرّك§(٣) يورق النباتُ ×(٤) يتصفّح .

**leaflet** *(n.)* (١)وُرَيْقَة (٢) كُرّاسَة .
**leafy** *(adj.)* مُورِق؛ وَرِق؛ ذو أوراق أو نحوِها.
**league** *(n.; vt.; i.)* (١)الفرسخ (حوالى ٣ أميال). (٢)عصبة (٣)حِلْف §(٤) يوحّد؛ يتّحد.
**leak** *(vi.; n.)* (١)يرشح (٢)يتسرّب§(٣)شِقّ؛ خَرْق؛ ثُقْبٌ (٤)ارتشاح (٥)تسرب .
**leakage** *(n.)* (١)ارتشاح؛ تسرُّب (٢) الشيء المرتشِح أو مقدارُه .
**leaky** *(adj.)* راشِح؛ سَرِب : تنفذ السوائل منه.
**lean** *(vi.; t.; adj.)* (١)يتحدّر (٢)يتّكىء على. (٣) يتّكل على (٤) يميل إلى ×(٥) يَحْني (٦)يُسنِد§(٧)هزيل(٨)هَبْر : قليل الدهن أو خالٍ منه (٩) قاحل .
**leaning** *(n.)* نزعة؛ مَيْل .
**leap** *(vi.; t.; n.)* (١)يثب؛ يقفز×(٢)يتخطّى بوثبة (٣)يحمله على الوثب §(٤)وثبة .
**leap year** *(n.)* سنةٌ كبيسةٌ (مؤلفة من ٣٦٦ يوماً).
**learn** *(vt.)* (١)يتعلّم (٢)يكتشف (٣)يَعْلم.
**learned** *(adj.)* عالِم ؛ مثقّف .
**learner** *(n.)* المتعلّم؛التلميذ؛الطالب المبتدىء.
**learning** *(n.)* (١)تعلُّم (٢)مَعْرِفَة .
**lease** *(n.; vt.)* (١)عقد الايجار (٢) التأجير أو مدّته (٣)العقار المؤجّر §(٤)يؤجِّر؛يستأجر .
a new ~ of life فرصة جديدة للعيش أو النشاط ناشئة عن استعادة الصحة أو زوال القلق .
**leasehold** *(n.; adj.)* (١) أرض مستأجَرة . §(٢) مستأجَر .
**leaseholder** *(n.)* المستأجِر؛ المؤجَّر له .
**leash** *(n.; vt.)* (١) رَسَن §(٢)يُوثِق برَسَن.
**least** *(adj.; n.; adv.)* (١)الأدنى؛ الأصغر؛ الأقلّ §(٢)أقلّ §(٣) أقلّ ما يكون .
not in the ~, البتّة ؛ على الإطلاق .

**leather** *(n.)* جلدٌ مدبوغ .
**leathern** *(adj.)* جلديّ .
**leathery** *(adj.)* (١)جلديّ (٢)متين ومرِن.
**leave** *(vt.; i.; n.)* (١)يخلّف (٢)يترك (٣)يغادر (٤)يهجر ؛ يتخلّى عن ×(٥)يسافر (٦)يُوْرِق النباتُ §(٧) إذْن (٨)إجازة (٩) انصراف .

to ~ off يكفّ عن .
to ~ (something) out يُهْمِل ؛ يُسْقِط
to ~ (a matter) over يرجئ التفكير في مسألة .
to take French ~, ينصرف من غير استئذان أو وداع .
to take ~, يستأذن بالانصراف ؛ يودّع .

**leaven** *(n.; vt.)* (١)خميرة §(٢)يضيف خميرة (إلى العجين ) (٣) يمزجه بشيء ملطّف .
**leaves** *pl. of* leaf.
**leavings** *(n.pl.)* رواسب ؛ بقايا ؛ فضلات .
**lecherous** *(adj.)* فاسِق ؛ داعر .
**lecture** *(n.; vi.; t.)* (١) محاضرة (٢) توبيخ رسميّ §(٣)يحاضر ×(٤) يوبّخ رسمياً .
**lecturer** *(n.)* المُحاضِر أو المدرّس المُحاضر.
**led** *past and past part. of* lead.
**ledge** *(n.)* (١) رفّ (٢)سلسلة صخور تحت الماء. (٣)افريز ؛ طُنُف ؛ حَيْد ؛ ما نتأ من الجبل.
**ledger** *(n.)* الدفترُ الأستاذ (في التجارة).
**lee** *(n.; adj.)* (١)مأوى ؛ ملاذ (٢)جانب السفينة المحجوب عن الريح §(٣)محجوب عن الريح.
**leech** *(n.)* (١)علَقَة (٢)طفيلي .
**leek** *(n.)* الكُرّاث (نبات).
**leer** *(vi.; n.)* (١)ينظر شزْراً §(٢)نظرة شزراء .
**lees** *(n.pl.)* ثُفل ؛ عُكارَة ؛ رواسب.
**leeward** *(adj.; n.)* (١) باتّجاه الريح . §(٢)الجهة التي تهبّ نحوها الريح .

**left** *(adj.; n.)* (١)أيْسَر ؛ يُسْرَى §(٢)اليد أو الجهة اليسرى (٣) اليسار .
**left** *past and past part. of* leave.
**left-hand** *(adj.)* أيسر ؛ يُسْرَى .
**left-handed** *(adj.)* أعسر ؛ «عسراويّ».
**leftist** *(n.)* اليساري : صاحب المبادئ اليساريّة.
**left wing** *(n.)* الجناح المتطرّف (من حزب).
**leg** *(n.; vi.)* (١)رِجل ؛ ساق ؛ قائمة §(٢)يعدو

on one's last ~ s على شفير الإفلاس أو الموت .
to pull a person's ~, يخدع . «يبلف» .
to shake a ~, يرقص .

**legacy** *(n.)* (١) ميراث بوصيّة (٢) تُراث .
**legal** *(adj.)* (١)قانونيّ (٢)شرعيّ (٣)حقوقيّ.
**legality** *(n.)* قانونيّة ؛ شرعيّة .
**legalize** *(vt.)* يحلّل ؛ يجيز ؛ يجعله قانونياً .
**legate** *(n.)* (١)مُوفَد رسميّ (٢) ممثّل للبابا.
**legatee** *(n.)* الوارث بوصيّة ؛ المُوصَى له.
**legation** *(n.)* (١)بعثة ؛ وَفْد (٢) مفوّضية.
**legator** *(n.)* المُوْصي ؛ المورّث بوصيّة .
**legend** *(n.)* (١)أسطورة ؛ أساطير (٢)نقش أو شعار (على مدالية أو قطعة نقدية) (٣)عنوان أو تعليق تفسيريّ ملحق بصورة مطبوعة (٤) المفتاح : قائمة تفسيرية بالمصطلحات المستعملة في خريطة أو رسم بيانيّ .
**legendary** *(adj.)* أسطوريّ ؛ خرافيّ .
**legerdemain** *(n.)* خفّة اليد ؛ شعوذة .
**legging** *(n.)* الطِّماق ؛ كساء للساق .

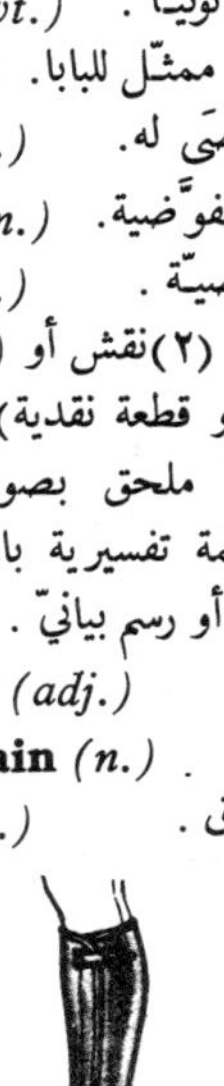

**leghorn** *(n.)* (١) قبعة (٢) ضرب من الدجاج.

**legible** *(adj.)* واضح ؛ مقروء .

**legion** *(n.)* (١) فَيْلَق ؛ جيش (٢) جمع غفير .

**legionary** *(adj.; n.)* (١) فيلقيّ § (٢) عضو بفيلق

**legislate** *(vi.)* يشترع ؛ يسنّ القوانين.

**legislation** *(n.)* (١) تشريع (٢) شرائع ؛ قوانين

**legislative** *(adj.)* تشريعيّ .

**legislative assembly** الجمعيّة التشريعيّة .

**legislator** *(n.)* عضو في هيئة تشريعيّة .

**legislature** *(n.)* الهيئة التشريعيّة .

**legitimacy** *(n.)* شرعيّة ؛ صحّة .

**legitimate** *(adj.)* (١) شرعيّ (٢) صحيح.

**leguminous** *(adj.)* بقليّ ؛ قَرْنيّ .

**leisure** *(n.)* فراغ ؛ وقت الفراغ .

at ~, (١) عندما يتفرّغ المرء أو تتاح له الفرصة (٢) على مهل (٣) غير مشغول .

at one's ~, في أوقات فراغ المرء .

**lemon** *(n.)* ليمون ؛ ليمون حامض .

**lemonade** *(n.)* الليموناضة : عصير الليمون المحلّى

**lemur** *(n.)* اللّيمُور : حيوان من فصيلة القردة .

**lend** *(vt.)* (١) يُعير ؛ يُقرِض (٢) يزوّد بـ ؛ يضفي على (٣) يقدّم يد العون (٤) يسترسل في (٥) يكون ملائماً لِـ (٦) يوجّه ؛ يسدّد.

**length** *(n.)* (١) طول (٢) مدّة (٣) مسافة ؛ امتداد. (٤) حدّ (٥) قطعة من شيء ؛ قطعة قماش.

at full ~, بأقصى امتداد جسمه .

at ~, (١) أخيراً (٢) بتفصيل تامّ .

to go to any ~, لا يألو جهداً ؛ يبذل كل جهد مستطاع .

**lengthen** *(vt.; i.)* (١) يُطِيل × (٢) يَطُول.

**lengthways; lengthwise** *(adv.)* بالطُّول.

**lengthy** *(adj.)* (١) مطوَّل جداً (٢) طويل.

**leniency** *(n.)* لِين ؛ رِفْق ؛ تساهل .

**lenient** *(adj.)* رفيق ؛ ليِّن ؛ متساهل.

**lenity** *(n.)* رِفْق ؛ لِين ؛ تساهل

**lens** *(n.)* عَدَسة ؛ عَدَسيّة.

lenses

**lent** *past and past part. of* lend.

**Lent** *(n.)* الصوم الكبير (عند النصارى) .

**lentil** *(n.)* (١) نبات العدس (٢) عَدَس .

**leonine** *(adj.)* (١) أسَديّ (٢) كالأسد .

**leopard** *(n.)* نَمِر ؛ نِمْر .

**leper** *(n.)* المجذوم ؛ المُصاب بالجُذام.

**leprosy** *(n.)* الجُذام (مرض) .

**leprous** *(adj.)* (١) مجذوم (٢) جُذاميّ .

**lesion** *(n.)* (١)أذًى ؛ ضرر (٢)آفة .

**less** *(adj.; adv.; prep.)* (١) أقلّ (٢) أدنى مرتبةً (٣) أصغر ؛ أضأل §(٤) بدرجة أقلّ §(٥) ناقصاً أو مطروحاً منه كذا .

none the ~, ومع ذلك ؛ وبرغم ذلك .

**lessee** *(n.)* المستأجِر ؛ المُؤجَّر له .

**lessen** *(vi.; t.)* (١)يَقِلّ ×(٢)يقلّل ؛ يُنقِص .

**lesser** *(adj.; adv.)* (١)أقلّ ؛ أصغر (٢)أهوَن ؛ أقلّ شأناً §(٣) بدرجة أقلّ .

**lesson** *(n.)* (١)فَصْلٌ (من الكتاب المقدّس يُتلى في قداس ) (٢)دَرْس (٣)عِبرة .

**lessor** *(n.)* المؤجِّر بموجب عقد.

**lest** *(conj.)* خشيةَ أن ؛ مَخافةَ أن .

**let** *(vt.; i.; n.)* (١) يَدَع ؛ يَترك (٢)يؤجِّر . (٣) يُلزِم ( بعد مناقصة ) ×(٣) يؤجَّر §(٤) تأجير (٥) عائق .

~ alone إذا تجاوزنا عن ذكر كذا ...

to ~ alone; to ~ be يتركه وشأنه .

to ~ blood يَفصد ؛ يستخرج الدم .

to ~ down (١) يُدلّي (٢)يُذِلّ (٣)يَخذل.

to ~ go يُطلق سراحه .

to ~ in (١) يُدْخِل (٢) يُقحم .

to ~ loose يُطلق سراحه .

to ~ off (١) يعفو عن (٢) يَعذُر (٣) يُطلِق (قوساً أو مدفعاً الخ.) .

to ~ on يُفشي سرّاً .

to ~ out (١) يُخرج ؛ يدعه يَخرج أو يسيل (٢) يمكّنه من الفرار (٣) يوسّع أو يطوّل ثوباً (٤) يؤجِّر (٥) يقذف ؛ يرمي .

to ~ up يكفّ ؛ يتوقّف .

**letdown** *(n.)* (١)خيبة (٢)هبوط (٣)فتور .

**lethal** *(adj.)* مميت ؛ مُهْلِك .

**lethargy** *(n.)* (١)نُوَام ؛ سُبات ؛ نعاس أو نوم غير سويّ (٢) كسل (٣) لامبالاة .

**letter** *(n.)* (١)حرف (٢)رسالة (٣)*pl.*: الأدب ؛ الآداب ؛ الثقافة (٤)المعنى الحرفي (٥)المؤجِّر .

**lettered** *(adj.)* (١)عالِم (٢)مثقّف .

**letter(s) of credence** أوراق الاعتماد .

**lettuce** *(n.)* الخَسّ ( نبات ) .

**leukemia** *(n.)* اللّوكيميا ؛ ابيضاض الدم (مرض) .

**Levant** *(n.)* الشرق ؛ المشرق .

**Levantine** *(adj.; n.)* شرقيّ ؛ مَشرقيّ .

**levee** *(n.)* (١)استقبال (٢)سدّ ؛ حاجز .

**level** *(n.; vt.; adj.)* (١)الشاقول الأفقيّ ؛ ميزان البنّائين (٢) مِسْواة المسّاح (٣) مُسْتَوًى (٤)سطح (٥)سَهْل (٦)منزلة §(٧)يسطّح ؛ يجعله مسطّحاً أو أفقياً (٨) يسدّد أو يصوّب ( البندقيّة ) (٩) يوجّه (١٠) يسوّي ؛ يمهّد (١١) يهدم (١٢)يَصْرَع §(١٣)مسطّح ؛ أفقيّ (١٤) مستوٍ (١٥) متساوٍ (١٦) رتيب (١٧) ثابت ؛ مُطّرِد (١٨)رابط الجأش.

on the ~, صادق ؛ مخلص ؛ لا خداع فيه

to do one's ~ best . يبذل قصارى جهده

**lever** *(n.)* رافعة ؛ مُخْل ؛ عَتَلَة .

**leverage** *(n.)* الفائدة الناشئة عن فعل الرافعة .

**levity** *(n.)* (١) خِفّة (٢) طَيْش (٣) تقلّب .

**levy** *(vt.; n.)* (١)يَفرِض أو يجبي (٢)يجنّد . (٣)يشنّ §(٤)فرض أو جباية الضرائب (٥)المبلغ المفروض أو المَجْبيّ (٦) تجنيد ؛ جُند .

**lewd** *(adj.)* فاسق ؛ داعر ؛ خليع .

**lexical** *(adj.)* مُفْرَداتيّ ؛ معجميّ ؛ قاموسيّ .

**lexicographer** *(n.)* المعجميّ : مؤلّف المعجم

**lexicography** *(n.)* صناعة تأليف المعاجم .

**lexicon** *(n.)* معجم ؛ قاموس .
**liability** *(n.)* (١)مسؤولية قانونيـّة (٢)تعرُّض لـ (٣)احتمال حدوث (٤)دَيْن (٥) عائق .
**liable** *(adj.)* (١)مسؤول قانونياً (٢)عرضة لـ.
**liaison** *(n.)* ارتباط ؛ اتّصال متبادَل .
**liar** *(n.)* الكذّاب ؛ الكذوب ؛ الأفّاك .
**libation** *(n.)* (١) الإراقة : سَكْب الخمر تكريماً لإلـه (٢)الخمر المسكوبة لهذا الغرض.
**libel** *(n.; vi.)* (١) طعن ؛ قذف ؛ تشهير . §(٢) يقذف ؛ يطعن ؛ يشهّر .
**liberal** *(adj.; n.)* (١) كريم (٢)سخيّ ؛ وافر. (٣) كبير (٤)غير حَرفيّ (٥)متسامح ؛ متحرّر (٦)تحرّريّ ؛ ليبراليّ §(٧)المتسامح ؛ المتحرّر (٨) .*cap*: العضو في حزب الأحرار .
**liberalism** *(n.)* التحرّريّة ؛ الليبراليّة.
**liberality** *(n.)* (١)تحرّر (٢)سخاء (٣)تسامح .
**liberate** *(vt.)* يحرر ؛ يُطْلِق ؛ يُعْتِق .
**liberation** *(n.)* تحرير ؛ تحرُّر .
**libertine** *(n.; adj.)* خليع ؛ فاسق ؛ فاجر .
**liberty** *(n.)* (١)حريّة (٢)اجتراء ؛ تخطٍّ لآداب السلوك أو اللياقة ؛ رفع للكلفة .

at ~, (١) حُرّ (٢) غير مشغول بعمل ما (٣) غير مُستخدَم .
to set at ~, يُطلِق ؛ يُعْتِق .

**librarian** *(n.)* أمين المكتبة ؛ قيِّم المكتبة .
**library** *(n.)* (١)دار كتب (٢)مكتبة.
**lice** *pl. of* louse.
**license** *or* **licence** *(n.; vt.)* (١) إذْن ؛ ترخيص (٢) حرية يُساء استعمالها (٣)فسق ؛ فجور §(٤) يمنحه رُخصة رسميّة (٥) يجيز .
**licensee** *(n.)* المرخَّص له ؛ صاحب الرّخصة.
**licentiate** *(n.)* المُجاز (وبخاصة من جامعة).
**licentious** *(adj.)* فاسق ؛ خليع .
**lichen** *(n.)* الأُشْنَة (نبات) .
**lick** *(vt.; n.)* (١) يلعق ؛ يلحس (٢) يَجْلد. (٣)يهزم §(٤)لَعْق ؛ لَعْقَة (٥)مقدار ضئيل.

to ~ into shape يمنحه الشكلَ الملائم ؛ يجعله فعّالاً أو حسن المظهر.
to ~ one's lips يتلمّظ ؛ يُظهر تلهّفاً أو رضاً.
to ~ one's shoes يتملّق فلاناً أو يتذلّل له .

**licking** *(n.)* (١)لَعْق (٢) جَلْد (٣) هزيمة .
**licorice** *(n.)* السُّوس ؛ عِرق السوس .
**lid** *(n.)* (١)غطاء (٢)جفْن .
**lie** *(vi.; n.)* (١)يتمدّد ؛ يضطجع (٢)يتربّص ؛ يترصّد في كمين (٣)يكون موضوعاً (على الطاولة الخ.) (٤) يتّجه ؛ يمتدّ (٥) يقع (٦) يكمن في (٧) يكذب §(٨) وَضْع ؛ مَوْقع (٩) مكمن (١٠) كَذِب ؛ كِذْبة.

to give a person the ~ يتّهمه بالكذب .
to give the ~ to يدحض أو يكذّب شيئاً
to ~ back يستلقي (مستريحاً في كرسيّ)
to ~ down يستلقي في فراشه .
to ~ in (١) يبقى في سريره (٢) تلزم فراشها عند الولادة .
to ~ off يَبْقى بعيداً بعضَ الشيء عن الشاطئ أو عن مركب آخر .
to ~ over (١) يتأجّل (٢) يظلّ غيرَ مدفوع .
to ~ to يظلّ المركبُ ثابتاً في مكانه .

**lien** *(n.)* الحجز (استيفاءً لِدَيْنٍ أو التزامٍ قانونيّ).
**lieu** *(n.)* مكان ؛ بدل .
**lieutenant** *(n.)* ملازم أول (في الجنديّة).

**life** *(n.)* (١) حياة (٢) سِيرة ؛ ترجمة حياة . (٣) عُمر (٤) شخص (٥) حيويّة (٦) روح .

for ~, مدى الحياة .

for the ~ of me; upon my ~, ولو كانت حياتي متوقّفة على ذلك ؛ ولو قُطِعَتْ رأسي .

to come to ~, (١) يبدأ الحياة (٢) يفيق من إغماء .

to run for one's ~, يهرب طلباً للنجاة من الموت .

to take a person's ~, يقتل فلاناً .

to take one's own ~, ينتحر .

to the ~, بكثير من الدقّة والأمانة للأصل

**life belt** *(n.)* حِزام النجاة (من الغرق) .

**lifeboat** *(n.)* قارب النجاة ( من الغرق ) .

**life buoy** *(n.)* طافِيةُ النجاة .

**life insurance** *(n.)* التأمين على الحياة .

**life jacket** *(n.)* صِدار النجاة ( من الغرَق ) .

**lifeless** *(adj.)* (١) مَيْت (٢) مقفِر (٣) فاقد الوعي أو الحسّ (٤) تعوزه الحيويّة .

**lifelike** *(adj.)* حيّ ؛ نابض بالحياة .

**lifelong** *(adj.)* مستمرّ مدى الحياة .

**lifesaver** *(n.)* مُنقِذ الغرْقَى .

**lifetime** *(n.)* العُمْر : حياة المرء أو مداها .

**lift** *(vt.; i.; n.)* (١) يرفع (٢) يرقّي ؛ يعلّي . (٣) يفكّ رهناً × (٤) يرتفع (٥) ينقشع § (٦) حَمْل ؛ رَفْع ؛ رَفْعَة (٧) رافعة (٨) مساعدة ؛ عَوْن (٩) نَقْلَة الطريق . (١٠) تقدُّم (١١) مِصْعَد .

**ligament** *(n.)* (١) رباط (٢) رابطة .

**ligature** *(n.)* (١) رباط (٢) الحرف المزدوج : حرف مؤلّف من حرفين متصلين (مثل œ) .

**light** *(n.; vi.; t.; adj.)* (١) ضوء ؛ نور . (٢) شمعة (٣) مصباح كهربائيّ (٤) نافذة § (٥) يُشرِق (٦) يشتعل (٧) يترجّل (٨) يحطّ (الطائر) × (٩) يُشْعِل (١٠) ينير ؛ يضيء (١١) يملأه بالاشراق § (١٢) فاتح اللون (١٣) خفيف (١٤) تافه ؛ زهيد ؛ هزيل (١٥) لطيف ؛ رفيق (١٦) يسير ؛ محتمَل ؛ هيّن (١٧) رشيق (١٨) طائش ؛ مستهتر (١٩) فاسق (٢٠) مبتهِج ؛ خالٍ من الهموم (٢١) مخفَّف ؛ غير مركّز .

in the ~ of على ضوء كذا .

to bring to ~, يكشف ؛ يُظهر .

to come to ~, يَظْهر ؛ يتبيّن .

to make ~ of يُهمِل ؛ يستهين ؛ ينظر إليه نظرته إلى شيء يمكن اغتفارُه .

to see (the) ~, (١) يولد ؛ يرى النور (٢) يَظْهر للعيان (٣) يُنْشَر (الكتابُ) .

to shed *or* throw ~ upon يُلقي ضوءاً على ؛ يوضح ؛ يفسّر .

**lighten** *(vt.; i.)* (١) يضيء (٢) يفتّح (اللونَ) . (٢) يُخفِّف (٤) يُبْهِج × (٥) يَسْطَع (٦) يومِض ؛ يَبْرُق (٧) يَخفّ (٨) يبتهج .

**lighter** *(n.)* (١) الصَّندل : مركب لتفريغ أو تحميل السفن (٢) المضيء ؛ المُشْعِل (٣) قدّاحة .

**lighthearted** *(adj.)* خَلِيّ ؛ جَذِل .

**lighthouse** *(n.)* منارة لهداية الملاحين .

lighthouse

**lightless** *(adj.)* (١) مُظْلِم . (٢) غير منير .

**lightly** *(adv.)* (١) بِرِفْق . (٢) بسهولة (٣) بلا مبالاة (٤) بخفّة أو طيش .

**lightning** *(n.)* بَرْق .

**lightning rod** *(n.)* مانعة الصواعق.

**lights** *(n.pl.)* الرئتان ، وبخاصة : رئتا حيوان ذبيح .

**lightsome** *(adj.)* (١) مَرِح ؛ طائش (٢) وَضّاء .

**lignite** *(n.)* للّيجنيت : نوع من الفحم الحجري .

**like** *(vt.; i.; n.; adj.; prep.; conj.)* (١) يودّ ؛ يرغب في (٢) يشاء (٣) يُحبّ § (٤) ما يُحبّه المرء (٥) المثيل ؛ النّظير § (٦) مماثل ؛ مشابه (٧) ميّال إلى (٨) مرجَّح § (٩) كـَ ؛ مِثل § (١٠) مِثلما (١١) وكأنّه .

**likelihood** *(n.)* أرجحيّة ؛ احتمال قويّ .

**likely** *(adj.; adv.)* (١) مُحتَمَل ؛ قابل للتصديق (٢) مُرَجَّح (٣) ملائم (٤) واعِد ؛ مُنتظَرٌ نجاحُه (٥) جذّاب § (٦) على الأرجح .

**liken** *(vt.; i.)* (١) يُشبِّه × (٢) يُشبِه .

**likeness** *(n.)* (١) شَبَه (٢) شكل ؛ مَظهر خارجيّ (٣) صورة ؛ رسم .

**likewise** *(adv.)* (١) بطريقة مماثلة (٢) أيضاً .

**liking** *(n.)* مَيْل ؛ ولوع .

**lilac** *(n.)* (١) اللَّيْلَج ؛ اللَّيْلَك : نبتة عطِرة الزهر (٢) لون أرجوانيّ فاتح .

**lily** *(n.)* الزّنبق ؛ السوسن .

**limb** *(n.)* (١) الوُصْل : رِجل الانسان أو ذراعه . (٢) غصن كبير أو رئيسي .

**limber** *(n.; adj.)* (١) القادمة : الجزء الأمامي من عربة مدفع § (٢) لدن ؛ سهل الانثناء .

**lime** *(n.)* (١) دِبق (٢) كِلس ؛ جير (٣) كلسيوم (٤) زيزفون (٥) اللَّيْم : ليمون حامض .

**limekiln** *(n.)* الكلاّسة : أتّون الكلس .

**limelight** *(n.)* نور الكلس (لإضاءة المسرح) .

**limestone** *(n.)* حجر الكلس ؛ حجر الجير .

**limit** *(n.; vt.)* (١) تَخْم (٢) حدّ (٣) قَيْد . § (٤) يقيِّد ؛ يَحصر ؛ يَحُدّ .

**limitation** *(n.)* (١) تحديد ؛ تقييد (٢) حدّ ؛ قَيْد (٣) عجز ؛ قصور .

**limited** *(adj.)* محدود ؛ مقيَّد ؛ مقصور .

a ~ company شركة محدودة .

**limitless** *(adj.)* لاحدّ له ؛ لا يعرف حدّاً .

**limn** *(vt.)* (١) يرسم صورةً (٢) يصف .

**limousine** *(n.)* الليموزين : سيارة ركاب مترفة .

**limp** *(vi.; n.; adj.)* (١) يَعرج ؛ يَظْلَع . (٢) يمشي مضطرباً § (٣) عَرَج § (٤) رخو ؛ ليّن (٥) مترهّل (٦) مُضنًى (٧) ضعيف .

**limpet** *(n.)* البَطلينوس : حيوان من الرّخويات يلتصق بالصخور .

**limpid** *(adj.)* (١) شفّاف (٢) واضح . (٣) رائق .

**linden** *(n.)* (١) الزّيزفون (٢) خشب الزّيزفون .

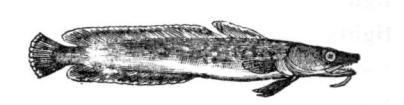

**line** *(vt.; i.; n.)* (١) يُبطِّن (سترةً الخ.) (٢) يملأ. (٣) يسطر (٤) يشكّل صفاً على (٥) يُقيم أو ينشيء صفاً على طول كذا (٦) يَصطفّ؛ يُراصف × (٧) يصطفّ أو يشكّل صفاً § (٨) خيط؛ سِلك؛ حَبْل (٩) صنّارة (لصيد السمك) (١٠) خطّ (١١) سطر (١٢) بيت (من الشِّعْر) (١٣) رسالة قصيرة (١٤) انسجام (١٥) تَخْمٌ؛ حَدّ (١٦) حقْل نشاط المرء أو اهتمامه (١٧) أسرة؛ سلسلة نَسَب.

all along the ~, على طول الخطّ؛ من أول الأمر إلى آخره.

~ engaged! الخطّ (التلفونيّ) مشغول.

to bring (a person) into ~, يقنعه بالتعاون؛ يجعله يتعاون معه.

to come into ~ with يتفق مع؛ يقبل وجهات نظر فلان؛ يتعاون.

to read between the ~ *s.* يقرأ بين السطور؛ يبحث عن المعنى المحجوب أو غير المعبَّر عنه في رسالة الخ.

**lineage** *(n.)* (١) نَسَبٌ (٢) نَسْلٌ؛ ذرّيّةٌ.

**lineal** *(adj.)* (١) خطّيّ أو مؤلّفٌ من خطوط. (٢) مباشر (٣) وراثيّ (٤) طوليّ.

**lineaments** *(n.pl.)* أسارير؛ قَسَمات.

**linear** *(adj.)* (١) خَطّيّ: مؤلّفٌ من خطوط؛ شبيهٌ بخطّ؛ مستقيم (٢) تخطيطيّ (٣) خيطيّ؛ شبيهٌ بالخيط (٤) طوليّ.

**linen** *(n.)* (١) كتّان (٢) خيط كتّان. (٣) بياضات (كالمناديل وأغطية الأسرّة).

**liner** *(n.)* الباخرة أو الطائرة الخطيّة: باخرة أو طائرة تعمل في خطّ مواصلات نظاميّ.

**ling** *(n.)* (١) اللِّنْغ (سمك) (٢) الخَلَنْج (نبات).

**linger** *(vi.)* (١) يتريّث أو يبقى (٢) يتوانى؛ يتباطأ؛ يتردّد (٣) يمشي ببطء؛ يتسكّع.

**lingerie** *(n.)* ملابس النساء التحتية.

**linguist** *(n.)* اللغويّ؛ العالم باللغات.

**linguistic; -al** *(adj.)* لغويّ.

**linguistics** *(n.)* علم اللغة.

**liniment** *(n.)* مَرُوخ؛ مَرهمٌ.

**lining** *(n.)* (١) بِطانة الثوب الخ. (٢) تبطين.

**link** *(n.; vt.; i.)* (١) حَلْقَة (٢) رِباط؛ صِلة. (٣) مِشعل § (٤) يربط أو يرتبط (بحلقة).

**links** *(n.pl.)* (١) تلال (٢) ملعب الغولف.

**linnet** *(n.)* التُّفَّاحيّ؛ الزُّقَيْقيَّة: طائر مغرّد.

**linoleum** *(n.)* مشمَّع (لفَرْش الأرض).

**Linotype** *(n.)* المنضّدة السطرية: ماكينة لتنضيد الأحرف المطبعية في سطور مسبوكة.

**linseed** *(n.)* بزر الكتان.

**lint** *(n.)* (١) ضِمادة كتانية. (٢) نَسِيل؛ نُسالة.

**lintel** *(n.)* الأُسْكُفَة: عتبة الباب (أو النافذة) العليا.

L. lintel

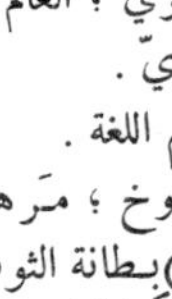

**lion** *(n.)* أسد.

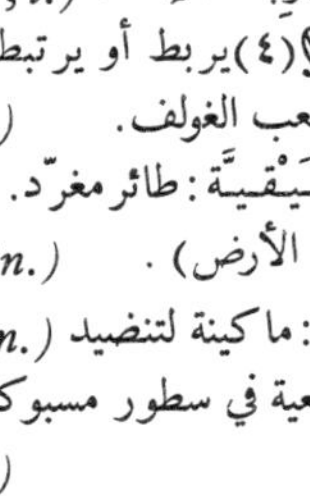

**lioness** *(n.)* لَبُوءة.

**lionhearted** *(adj.)* شجاع؛ جريء الفؤاد.

**lip** *(n.; adj.)* (١) شَفَة (٢) حافة §(٣) كاذب؛ غير مخلص (٤) شفويّ.

to hang on a person's ~ s يصغي بتلهّف إلى كلّ كلمة يقولها.

**lipstick** *(n.)* أحمر الشفاه؛ إصبع أحمر الشفاه.
**liquefaction** *(n.)* (١) تمييع (٢) تميّع.
**liquefy** *(vt.; i.)* (١) يميع ×(٢) يتميّع.
**liquid** *(adj.; n.)* (١) سائل؛ مائع §(٢) السائل.
**liquidate** *(vt.)* (١) يُصفّي (مؤسّسة الخ.) (٢) يسدّد ديناً (٣) يتخلّص من؛ يقتل.
**liquidity** *(n.)* سيولة؛ ميوعة.
**liquidize** *(vt.)* يُسيّل؛ يُميّع.
**liquor** *(n.)* (١) سائل (٢) شراب كحوليّ.
**liquorice** *(n.)* = licorice.
**lira** *(n.)* الليرة: عملة إيطالية أو تركية أو لبنانية الخ.
**lisp** *(vi.; t.; n.)* (١) يلثغ (٢) يتلعثم §(٣) لثغة.
**list** *(vt.; i.; n.)* (١) يعدّد؛ يضع قائمة بـ. (٢) يسجّل (ضمن قائمة) (٣) يُميل ×(٤) يميل؛ ينحرف §(٥) حاشية؛ حرف؛ حافّة (٦) حلبة؛ ميدان (٧) جدول؛ قائمة؛ ثَبْت؛ كشف (٨) فِهرس؛ بيان.
**listen** *(vi.)* يصغي؛ يُنصت.
**listless** *(adj.)* كسول؛ مُتَوانٍ؛ فاتر الهمّة.
**lit** *past and past part. of* light.
**litany** *(n.)* ابتهال أو سلسلة ابتهالات.
**liter; litre** *(n.)* اللِّتر: وحدة مكاييل متريّة.
**literal** *(adj.)* حَرْفيّ: مطابق للاصل حرفياً.
**literary** *(adj.)* (١) أدبيّ (٢) أديب.
**literate** *(adj.; n.)* متعلّم؛ غير أمّيّ.
**literature** *(n.)* الأدب؛ آداب اللغة.
**lithe; lithesome** *(adj.)* (١) لَدْن (٢) رشيق.
**lithograph** *(vt.; n.)* (١) يطبع حجرياً (بطريقة الطباعة الحجريّة) §(٢) طبعة حجرية.
**lithography** *(n.)* الطباعة الحجريّة.
**litigant** *(n.)* خَصْمٌ أو طَرَفٌ (في دعوى).
**litigate** *(vi.; t.)* (١) يرفع دعوى ×(٢) يقاضي.
**litmus paper** *(n.)* ورق عبّاد الشمس.
**litter** *(n.; vt.; i.)* (١) مِحَفّة أو حَمّالة. (٢) مِهادٌ من قشّ (٣) نِثار من الأوراق والأغصان الميتة (٤) البَطْن: مجموع الجِراء التي يلدها حيوانٌ دفعةً واحدة §(٥) يفرش للحيوان مهاداً من قشّ (٦) يُبَعْثِر ×(٧) تلد (أنثى الحيوان) مجموعةً من الجِراء.
**little** *(adj.; adv.; n.)* (١) صغير (٢) قليل (٣) واهن (٤) ضيّق (٥) ضئيل (٦) قصير؛ وجيز (٧) قزم (٨) تافه §(٩) قليلاً (١٠) نادراً §(١١) مقدار ضئيل؛ فترة أو مسافة قصيرة.

in ~, على نطاق ضيّق؛ على نحوٍ مصغّر.
~ by ~, تدريجياً؛ شيئاً فشيئاً.

**liturgy** *(n.)* طَقْس دينيّ؛ طقوس دينيّة.
**live** *(vi.; adj.)* (١) يحيا؛ يعيش (٢) يقتات بـ. (٣) يقيم؛ يسكن (٤) يَخْلُد §(٥) حيّ (٦) نابض بالحياة (٧) مشتعل؛ متوهج.

to ~ down يحيا بطريقة تُنْسَى أو تُغفر معها جريمة ارتكبها من قبل.

to ~ out يظلّ حيّاً خلال ...

**livelihood** *(n.)* الرّزق: أسباب العيش أو سبُلُه.
**livelong** *(adj.)* كلّ؛ طولُ؛ بكامله؛ بتمامه.
**lively** *(adj.)* (١) مُفعَمٌ بالحياة (٢) نشيط؛ ناشط (٣) منعش (٤) زاهٍ (٥) رشيق (٦) مُثير.
**liven** *(vt.; i.)* يُفعِمُ (أو يُفْعَمُ) بالحياة.
**liver** *(n.)* (١) كَبِدٌ (٢) العائش؛ الساكن؛ المقيم.
**liverwort** *(n.)* حشيشة الكبد: نبات طُحْلُبيّ.
**livery** *(n.)* (١) البِزّة: زيّ مُميِّز (للخدم الخ.). (٢) عِلْف الخيل أو إيواؤها لقاء أجر.

**lives** *pl. of* life.

**livestock** *(n.)* دواجن ؛ مواشٍ ؛ دوابّ .

**livid** *(adj.)* (١) مُزْرَقّ (٢) شاحب .

**living** *(adj.; n.)* (١) حيّ (٢) فعّال ؛ قويّ . (٣) مفعَم بالحياة (٤) متّقِد (٥) ملائم للحياة §(٦) الحياة (٧) رزق .

**living room** *(n.)* حجرة الجلوس .

**lizard** *(n.)* العَظاءة ؛ السحلية ؛ السّقاية.

**llama** *(n.)* اللاّمة : حيوان شبيه بالجمل .

**load** *(n.; vt.; i.)* (١) حِمْل ؛ حُمُولَة ؛ شِحْنَة (٢) ثِقْل (٣) عِبْء (٤) حُشْوَة أو شِحنة سلاح ناريّ §(٥) يحمِّل ؛ يَسِق (٦) يُثْقِل ؛ يُرهِق (٧) يَغْمر (٨) يحشو (سلاحاً نارياً) (٩) يُقحِمه في ×(١٠) يتلقّى حملاً ؛ يأخذ ركاباً .

**loaded** *(adj.)* (١) مُحمَّل (٢) مَحْشُوّ.

**loadstar** *(n.)* = lodestar.

**loadstone** *(n.)* = lodestone.

**loaf** *(n.; vi.)* (١) رغيف (٢) كتلة مخروطيّة من السّكّر §(٣) يتسكّع ؛ يضيع الوقت في التبطّل.

**loafer** *(n.)* (١) المتسكّع ؛ المتبطّل (٢) حذاء.

**loam** *(n.)* الطُّفالية : تربة خصبة مؤلّفة من طين ورمل ومادة عضوية الخ .

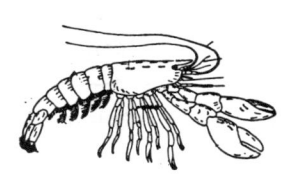

**loan** *(n.; vt.)* (١) قَرْض §(٢) يُقرِض .

**loath** *(adj.)* مشمئزّ أو نافرٌ من ؛ كارِهٌ لِـ .

**loathe** *(vt.)* يعاف ؛ يشمئزّ من .

**loathsome; loathy** *(adj.)* كريه .

**lobby** *(n.)* رواق ؛ رَدْهَة ؛ حجرة انتظار .

**lobe** *(n.)* (١) فَص ؛ فِلْقَة (٢) شحمة (الأذن).

**lobster** *(n.)* جراد البحر ؛ سرطان بحري .

**local** *(adj.)* (١) موضعيّ (٢) محليّ .

**locality** *(n.)* مركز ؛ موقع ؛ موضع .

**localize** *(vt.; i.)* (١) يُمَرْكِز ×(٢) يتمركز .

**locate** *(vt.)* (١) يعين موضع شيء أو حدوده. (٢) يقيم أو ينشىء في مكان معين (٣) يكتشف موضع شيء .

**location** *(n.)* (١) تعيين موضع شيء الخ... (٢) موقع ؛ مركز (٣) قطعة أرض مُعَدّة لغرض.

**lock** *(n.; vt.; i.)* (١) خصلة شعر أو صوف أو قطن الخ. (٢) قُفْل (٣) عُدّة السلاح الناريّ : الآلة المُفجِّرة لشُحنتِهِ (٤) هُوَيس القناة (لرفع السفن أو خفضها من مستوى إلى آخر) (٥) مِكْبَح (٦) مَسْكَة (في المصارعة) §(٧) يُقْفِل ؛ يُغلق (٨) يحبس (٩) يثبّت أو يشبّك ×(٩) ينْقَفِل (١١) يتثبّت ؛ يتشابك.

**to ~ away** يضع (شيئاً) في صندوق أو درج مُقْفَل .

**locker** *(n.)* خزانة ؛ درج ؛ صندوق.

**locket** *(n.)* المُدَلاّة : عُلَيْبَة معدنية نفيسة يُدَلّيها المرء من قلادة أو سلسلة .

**lockjaw** *(n.)* الكُزاز : مرض مُعْدٍ .
**lockout** *(n.)* إضراب رجال الصناعة .
**locksmith** *(n.)* القَفَّال : صانع الأقفال .
**lockup** *(n.)* سِجن (للمتهمين قبل محاكمتهم ).
**locomotion** *(n.)* (١) تحرُّك ؛ تَنَقُّل (٢) سَفَر .
**locomotive** *(adj.; n.)* (١) متحرِّك § (٢) قاطرة .

**locust** *(n.)* (١) جَراد (٢) شجرة الخرنوب .
**locution** *(n.)* عبارة ؛ تعبير ؛ أسلوب الكلام .
**lode** *(n.)* (١) عِرق معدِنيّ (٢) ذخيرة وافرة .
**lodestar** *(n.)* نجم القطب .
**lodestone** *(n.)* حجر المغنطيس .
**lodge** *(vt.; i.; n.)* (١) يُؤْوِي (٢) يَغْرُز ؛ يغيِّب (٣) يُودِع (٤) يخوِّل ؛ يُنيط (٥) يقدِّم شكوى × (٦) يَبيت (٧) يقطن ؛ يقيم (٨) يستقرّ في § (٩) مأوى (١٠) محفل ماسوني (١١) كوخ (١٢) وِجار .
**lodger** *(n.)* النزيل : المستأجر غرفةً في منزل شخص آخر .
**lodging** *(n.)* (١) منزِل (٢) *pl.*: غرفة أو غرف مستأجرة ( في منزل شخص آخر ) (٣) سُكْنَى .
**lodging house** *(n.)* النُّزُل ؛ البنسيون .
**lodgment** *(n.)* (١) مسكن (٢) إيواء (٣) إيداع .
**loft** *(n.)* (١) عِلِّيّة (٢) شرفة (٣) مخزن تبن .
**lofty** *(adj.)* (١) متغطرس (٢) رفيع ؛ نبيل .
**log** *(n.; vt.)* (١) زَنْدخشب (٢) الدَّوك : جهاز لقياس سرعة السفينة (٣) سِجِلّ سرعة السفينة § (٤) يقطع (الأشجار) ليتخذ منها أخشاباً .
**logarithm** *(n.)* اللوغارثم ( في الرياضيات ) .

**logbook** *(n.)* سجلّ ؛ سجلّ السفينة أو الطائرة .
**loggerhead** *(n.)* الأبله ؛ المغفَّل .
**logic** *(n.)* (١) عِلم المنطِق (٢) منطِق .
**logical** *(adj.)* (١) منطقيّ (٢) منطقيّ التفكير .
**logwood** *(n.)* شجر البَقَّم أو خشبُه .
**loin** *(n.)* (١) خاصرة (٢) *pl.* : عَوْرة ؛ صُلْب .
**loiter** *(vi.)* يتوانى ؛ يتلكأ ؛ يتخلَّف ؛ يتسكَّع .
**loll** *(vi.)* (١) يتدلّى (٢) يتراخى ؛ يتكاسل .
**lone** *(adj.)* (١) متوحِّد أو أعزب (٢) منعزل .
**lonely** *(adj.)* (١) متوحد (٢) منعزل (٣) مهجور .
**lonesome** *(adj.)* = lonely.
**long** *(adj.; adv.; n.; vi.)* (١) طويل (٢) مستطيل (٣) ذو طول معين § (٤) طويلاً (٥) طوالَ § (٦) فترةٌ طويلة § (٧) يتوق إلى .

a ~ face وجه تعلوه أمارات الاسى والاكتئاب .
as ~ as *or* so ~ as (١) ما دام ؛ طالما (٢) إذا ؛ شريطة أن .
in the ~ run في النهاية ؛ في خاتمة المطاف .
~ ago منذ عهد بعيد .
so ~, وداعاً ؛ إلى اللقاء .

**longevity** *(n.)* تعمير ؛ طولُ العمر .
**longhand** *(n.)* الكتابة العادية (نقيض الاختزال).
**longing** *(n.)* تَوْق ؛ تَشَوُّف ؛ رغبة شديدة .
**longitude** *(n.)* (١) طول (٢) خطّ الطول .
**longitudinal** *(adj.)* طُولِيّ ؛ طولانيّ .
**look** *(vi.; n.)* (١) ينظر (٢) يبدو (٣) يُطِلّ ؛ يُشرِف (٤) يواجه § (٥) نَظَر ؛ نظرة (٦) سِيما الوجه أو تعبيراته (٧) *pl.* : طلعة ؛ هيئة ؛ جمال (٨) مَظْهَر .

~ alive!; ~ sharp! عجِّل ! أسْرِع !
to ~ after يُعْنَى بـ ؛ يسهر على .

to ~ back (١) يلتفت بأفكاره إلى شيء ماضٍ (٢) يكفّ عن التقدّم .

to ~ down *or* up on يزدري ؛ لا يبالي بـِ .

to ~ for (١)يتشوّف ؛ يتطلّع إلى . (٢)يبحث عن.

to ~ forward to يتشوّف ؛ يتطلّع إلى (بأمل ولهفة).

to ~ in *or* on him يزوره زيارة قصيرة

to ~ into (١) يُنعم النظر في(٢)يتصفّح

to ~ on *or* upon with distrust ينظر إليه بارتياب .

to ~ oneself again يستردّ صحته (بعد مرض) .

to ~ out (١) يَحْذَر ؛ ينتبه . (٢)يُطِلّ من نافذة.

to ~ over (١) يفحص (٢) يتغاضى عن

to ~ to (١) يهتم ؛ يُعْنَى بـ . (٢) يتوقّع أو ينتظر منه (شيئاً مرغوباً فيه) (٣) يعتمد على .

to ~ up (١) يرفع بصره (٢) تزدهر الأحوال ؛ تروج السّوق .

to ~ (a person) up يقوم بزيارة فلان .

to ~ (a thing) up يبحث عن (كلفظة في معجم).

**looker-on** *(n.)* المُشاهِد ؛ المتفرّج .

**looking glass** *(n.)* مِرآة .

**lookout** *(n.)* (١) الرقيب (٢) نقطة المراقبة . (٣) حَذَر (٤) مشهد (٥) المستقبَل المنتظَر .

**loom** *(n.; vi.; t.)* (١)نَوْل (٢)يد المجذاف. §(٣)يلوح ؛ يَبدو للعِيان×(٤) يَنسج على نَوْل .

**loon** *(n.)* السّامِك ؛ آكل السمك (طائر) .

**loony** *or* **looney** *(adj.)* معتوه .

**loop** *(n.; vi.; t.)* (١) عُقْدَة ؛ أُنشوطة . (٢)التحلّق : ضرب من الطيران (٣)حلقة ؛ عروة §(٤)يعقد أُنْشوطة (٥)يتحلّق (في الطيران) ×(٦) يثبّت بعروة .

**loophole** *(n.)* (١) فَتحة الرّمي : فُرْجة في جدار تُطلَق منها النار (٢) كُوّة (٣)منفذ.

**loose** *(adj.; vt.)* (١) غير ثابت (٢)متقلقل. (٣)فضفاض (٤)حرّ ؛ طليق (٥)محلول ؛ مفكوك (٦) « فالت » (٧) خليع ؛ فاجر (٨) رِخو §(٩) يُحرّر (من قَيْد) (١٠)يَحُلّ ؛ يَفكّ (١١) يُطلِق (سهماً) (١٢) يُرْخِي .

~ bowels أمعاء مُسْهَلَة (مُصابة بالإسهال)

on the ~, طليق من قيود الأخلاق أو النظام

to give a ~ to يطلق العنان للسانه أو عواطفه..

to let *or* set ~, يُطلق سراحه .

**loosen** *(vt.; i.)* (١)يحلّ ؛ يفكّ (٢)يحرِّر ؛ يُطلِق (٣) يُرخي (٤)يليِّن×(٥)ينحلّ ؛ يرتخي .

**loot** *(n.; vt.; i.)* (١)غنيمة §(٢) يَنْهَب .

**lop** *(vt.; i.)* (١) يشذّب ؛ يقضّب ؛ يهذّب. (٢) يبتر (عضواً) ×(٣) يتدلى .

**lope** *(vi.; n.)* (١) يَتَبَخْتَر §(٢) تَبَخْتُر.

**lopsided** *(adj.)* منكفىء ؛ مائل إلى جانب .

**loquacious** *(adj.)* ثرثار ؛ مهذار .

**lord** *(n.; vi.)* (١)سيِّد (٢) لورد §(٣)يستبدّ .

**lordly** *(adj.)* (١) فَخْم (٢) وقور أو متكبر .

**lordship** *(n.)* (١)لوردية (٢)سيادة ؛ سلطان.
**lore** *(n.)* عِلم ؛ معرفة .
**lorgnette** *(n.)* نظارات ؛ منظارٌ للأوبرا .
**lorn** *(adj.)* بائس ؛ متخلّى عن .
**lorry** *(n.)* لوري ؛ شاحنة ؛ سيارة شحن .

**lose** *(vt.; i.)* (١)يضيع ؛ يَخْسَر (٢) يفقد. (٣)يَضِلّ (الطريقَ) ×(٤) يَخسَر ؛ ينهزم .

to ~ face يفقد اعتباره أو احترامه
to ~ ground يتراجع ؛ يستسلم .
to ~ one's head يفقد صوابه .
to ~ one's temper (١) يَغضب (٢)ينفد صبره.
to ~ out (١) يخسر (٢) يُخفق .

**loser** *(n.)* الخاسر .
**loss** *(n.)* (١)خُسْران ؛ فقدان(٢) *pl.*: الخسائر : القتلى الخ. (في معركة) (٣) خسارة ؛ نَقص .

at a ~, مُرْتبك ، متردِّد ؛ متحيِّر .

**lost** *(adj.)* (١) مُضيَّع (٢)خاسر (٣) ضالّ . (٤) يائس (٥) مفقود (٦) مستغرِق .
**lost** *past and past part. of* lose.
**lot** *(n.)* (١) قُرْعَة (٢) حِصّة ؛ نصيب. (٣) قَدَر ؛ « قِسْمَة » (٤) قطعة أرض . (٥) مجموعة (٦) شخص (٧) عددٌ وافر .

to cast ~ s يلقي قُرْعَةً (كأن يرمي زهرَ النَرْد لتقرير أمر) .
to draw ~ s يسحب قُرعةً .

**lotion** *(n.)* الغَسُول : مُستحضَر سائلٌ يُستعمَل لأغراضٍ تجميلية أو طبيّة .
**lottery** *(n.)* (١) يانصيب (٢) مسألة حظّ .
**lotus** *or* **lotos** *(n.)* اللُّوطس ؛ النَّيْلُوفر (نبات)

**loud** *(adj.)* (١)عالٍ ؛ مرتفع ؛ مدوٍّ (٢)صاخب. (٣)صارخ ؛ فاقع ؛ مُبَهْرَج (٤)مسرف ؛ ملحّ.
**loudspeaker** *(n.)* المِجهار : مكبّر الصوت.
**lounge** *(vi.; n.)* (١) يتكاسل (٢) يتسكّع . §(٣)حجرة الجلوس (٤)رَدْهَة (٥)أريكة.
**louse** *(n.; vt.)* (١) قملة §(٢) يفلّي القملَ .
**lousy** *(adj.)* (١) قَمِل ؛ مُقمِل (٢) قَذِر .
**lout** *(n.)* شخصٌ أخرق أو مغفّل أو جِلْف.
**loutish** *(adj.)* جِلْف ؛ غَليظ .
**lovable** *(adj.)* مُحبَّب ؛ جَديرٌ بأنْ يُحَبّ.
**love** *(n.; vt.; i.)* (١)محبة (٢)ولوع ؛ شَغَف. (٣) حُبّ (٤) المحبوب §(٥) يُحِبّ .

for the ~ of إكراماً لـ .
in ~ (with) محب ؛ عاشق ؛ مفتون بـ .
~ all صِفْر للفريقين (في التنس خاصةً)
to play for ~ يلعب لمجرّد المتعة (من غير أن يراهِن).

**loveliness** *(n.)* فتنة ؛ جمال ؛ ملاحة .
**lovelorn** *(adj.)* محروم من الحب أو من الحبيب.
**lovely** *(adj.)* (١)محبّب إلى النفس (٢)جميل.
**lover** *(n.)* (١)المُحِبّ (٢)النصير المتحمّس .

**love-sick** *(adj.)* مُلْتاع ؛ مُضْنًى (من الحب).

**loving** *(adj.)* = affectionate.

**low** *(adj.; vi.; n.)* (١) منخفض ؛ واطىء . (٢) وضيع ؛ حقير (٣) مكتئب (٤) ضئيل (٥) سيّء §(٦) تخور البقرة §(٧) خُوار .

to lay ~, (١) يَصْرع (٢) يقتل .

**lower** *(vi.)* (١) يُقطّب ؛ يعبس (٢) يكفهرّ .

**lower** *(adj.; vi.; t.)* (١) أدنى ؛ أوطأ (٢) سُفْليّ §(٣) ينخفض ×(٤) يخفِض (٥) يُنْزِل .

**lowland** *(n.)* بلاد منخفضة أو واطئة .

**lowly** *(adj.)* وضيع ؛ حقير .

**low-spirited** *(adj.)* مكتئب ؛ منقبض الصدر .

**loyal** *(adj.)* وفيّ ؛ مخلص ؛ موالٍ للدولة .

**loyalty** *(n.)* ولاء ؛ وفاء ؛ إخلاص .

**lozenge** *(n.)* (١) المُعيَّن : شكل ذو أضلاع أربعة متساوية وزاويتين حادّتين وزاويتين منفرجتين (٢) قطعة كراميل أو حلوى صغيرة .

lozenge 1.

**lubber** *(n.)* شخص ضخم أخرق أو مغفّل .

**lubricant** *(n.)* المزلِّق : زيت أو شحم التزليق .

**lubricate** *(vt.)* يزلّق ؛ يزيّت (محرّكاً) .

**lubricator** *(n.)* أداة للتزليق أو التزييت .

**lucent** *(adj.)* (١) ساطع (٢) صافٍ ؛ رائق .

**lucerne** *or* **lucern** *(n.)* = alfalfa.

**lucid** *(adj.)* (١) نَيِّر (٢) صافٍ (٣) واضح .

**lucifer** *(n.)* (١) *cap.*: إبليس (٢) عود ثِقاب .

**luck** *(n.)* (١) حظّ (٢) حُسن طالع .

**luckily** *(adv.)* لحسن الحظّ ؛ لحسن الطالع .

**lucky** *(adj.)* (١) مَحْظُوظ ؛ حسَن الحظّ . (٢) سعيد ؛ مُؤاتٍ (٣) مُسْعِدٌ .

**lucrative** *(adj.)* مُرْبِحٌ ؛ رابح ؛ مُكْسِب .

**lucre** *(n.)* (١) رِبْحٌ (٢) مالٌ ؛ دراهم .

**ludicrous** *(adj.)* مُضْحِكٌ أو سخيف .

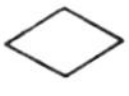

**luff** *(vi.)* يدير رأس المركب نحو الريح .

**lug** *(vt.)* (١) يسحب ؛ يجرّ (٢) يُقْحم .

**luggage** *(n.)* أمتعة ؛ حقائب سَفَر .

**lugubrious** *(adj.)* حزين ؛ كئيب .

**lukewarm** *(adj.)* (١) فاتر (٢) تعوزه الحماسة .

**lull** *(vt.; n.)* (١) يُهَوِّد : يَهُزّ أو يغنّي للطفل حتى ينام (٢) يهدّىء §(٣) هدوء ؛ خمود .

**lullaby** *(n.)* التهويدة : أغنية تنوّم الطفل .

**lumbago** *(n.)* القُطان : ألم عصبيّ في الظّهر .

**lumber** *(vt.; i.; n.)* (١) يملأ بأشياء مبعثرة . (٢) يقطع الأشجار وينشر خشبها ×(٣) يتحرّك بتثاقل §(٤) سَقَطُ المتاع (٥) خشب منشور .

**luminary** *(n.)* (١) نجم (٢) جِرم سماويّ .

**luminosity** *(n.)* نورانيّة ؛ إشراقيّة ؛ سطوع .

**luminous** *(adj.)* (١) نَيِّر ؛ مضيء (٢) واضح .

**lump** *(n.; vt.; i.)* (١) قطعة ؛ كتلة (٢) جملة ؛ إجمال (٣) أكثرية (٤) نتوء ؛ ورَم §(٥) يكوّم (٦) يكتّل (٧) يتحمّل ×(٨) يتكتّل .

**lumpish** *(adj.)* أخرَق ؛ مُغفَّل .

**lumpy** *(adj.)* مُكتَّل ؛ كثير الكُتَل .

**lunacy** *(n.)* (١) جنون (٢) حماقة كبرى .

**lunar** *(adj.)* (١) قَمَرِيّ ؛ هلاليّ (٢) فضّيّ .

**lunatic** *(adj.; n.)* مجنون ؛ مجذوب .

**lunch** *(n.; vt.; i.)* (١) وَجبة خفيفة ؛ وبخاصة : الغداء §(٢) يتغدّى ×(٣) يقدّم الغداء إلى .

**luncheon** *(n.)* غَداء .

**lung** *(n.)* (١) رئة (٢) رئة ميكانيكيّة .

**lunge** *(vt.; i.; n.)* (١) يطعن ×(٢) يندفع بقوّة . §(٣) طعنة (٤) اندفاع (إلى أمام) .

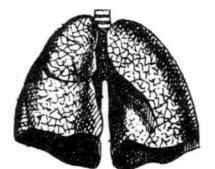

**lupine** *(n.; adj.)* (١) التُّرْمس §(٢) ذئبيّ.

**lurch** *(vi.; n.)* (١) يطوف بالمكان خِلسةً . (٢) يتمايل §(٣) مَيَلان ؛ تمايل (٤) هزيمة منكرة.

to leave in the ~, يتركه في مركز حَرِج .

**lure** *(n.; vt.)* (١) شَرَك ؛ طُعْم §(٢) يُغري.

**lurid** *(adj.)* (١) ممتقع ؛ شديد الشحوب . (٢) متوهّج كالنّار (٣) رهيب ؛ فظيع ؛ مُثير .

**lurk** *(vi.)* (١) يكمن ؛ يترصّد (٢) ينسلّ ؛ يندسّ . (٣) يبقى ؛ يتخلّف (٣) يختبىء ؛ يتوارى.

**luscious** *(adj.)* (١) حلو المذاق (٢) زكيّ الرائحة.

**lust** *(n.; vi.)* (١) شهوة ؛ تلهّف ؛ تحرّق ؛ توق. §(٢) يشتهي ؛ يتحرّق إلى .

**luster** *or* **lustre** *(n.)* (١) لمعان ؛ بريق (٢) رونق (٣) مَجْد (٤) ثُريّا .

**lustful** *(adj.)* شَهَوانيّ ؛ شَبِق .

**lustrous** *(adj.)* (١) لمّاع (٢) شهير ؛ لامع .

**lusty** *(adj.)* (١) شهواني (٢) قويّ ؛ ممتلىء حيوية.

**lute** *(n.)* عُود ؛ مِزْهَر .

lute

**luxuriant** *(adj.)* (١) خِصْب. (٢) وافر النّماء (٣) منمّق ؛ مزخرف (٤) مُتْرَف .

**luxurious** *(adj.)* مُتْرَف أو مُولَع بالتّرَف.

**luxury** *(n.)* (١) تَرَف ؛ رفاهية ؛ تنعّم . (٢) وسائل الترف (٣) إسراف ؛ تبذير .

**lyceum** *(n.)* (١) قاعة للمحاضرات أو المناقشات العامة (٢) جمعية لإقامة المحاضرات الخ.

**lye** *(n.)* محلول القِلْي ( للغَسْل وصنع الصابون).

**lying** *(n.; adj.)* (١) الكذِب §(٢) كاذب .

**lying** *pres. part. of* lie.

**lying-in** *(n.)* وَضْع ؛ نِفاس .

**lymph** *(n.)* اللّنْف : سائلٌ عديم اللون تقريباً تشتمل عليه الأوعية اللنفاويّة .

**lymphatic** *(adj.)* لِنفاويّ .

**lynch** *(vt.)* يُعْدِم (شخصاً) من غير محاكمة قانونيّة

**lynx** *(n.)* الوَشَق (حيوان).

**lyre** *(n.)* قيثارة .

**lyric; lyrical** *(adj.)* (١) قيثاريّ (٢) غنائيّ .

**lyricism** *(n.)* الغنائيّة : «أ» كونُ الشيء غنائيّاً. «ب» الصّفةُ الغنائيّة في الشّعْر .

**lyricist** *(n.)* الشاعرُ الغنائيّ .

**lyrist** *(n.)* عازف القيثارة .

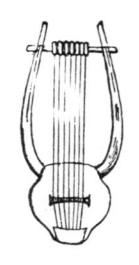

# M

*mosque* (Al-Aqsa, Jerusalem)

**m** *(n.)* الحرف الثالث عشر من الأبجدية الانكليزية.

**macabre** *(adj.)* رهيب؛ مروِّع.

**macadam** *(n.)* حصباء (لرصف الطرق).

**macadamize** *(vt.)* يرصف (طريقاً) بالحصباء.

**macaroni** *(n.)* معكرونة.

**macaroon** *(n.)* المَعكرون: نوع من الحلوى.

**macaw** *(n.)* المَقْو: ببغاء طويل الذَّيْل.

**mace** *(n.)* (١) قضيب شائك (٢) صولجان السلطة.

**machination** *(n.)* (١) كَيْد (٢) مكيدة.

**machine** *(n.)* آلة؛ ماكينة؛ مَكَنَة.

**machine gun** *(n.)* الرَّشّاش؛ مدفع رشّاش.

**machinery** *(n.)* (١) آلات (٢) الآلية: الطرائق والوسائل والأنظمة التي بها يُدار شيء.

**machinist** *(n.)* الميكانيكيّ؛ العامل الميكانيكيّ.

**mackerel** *(n.)* الإسقُمْريّ: سمكٌ بحريّ.

**mackintosh** *(n.)* معطف واقٍ من المطر.

**mad** *(adj.)* (١) مجنون؛ مخبَّل (٢) هائج (٣) مفتونٌ بـ (٤) كَلِب (٥) مسعور.

**madam** *(n.)* (١) سيّدتي (٢) سيّدة.

**madame** *(n.)* السيّدة.

**madcap** *(adj.; n.)* طائش؛ متهوِّر.

**madden** *(vi.; t.)* (١) يُجَنّ × (٢) يُخَبِّل.

**made** *past and past part. of* make.

**made** *(adj.)* (١) صِناعيّ (٢) مُختَلَق؛ مُلفَّق.

~ up of مركَّب أو مؤلَّف من ...

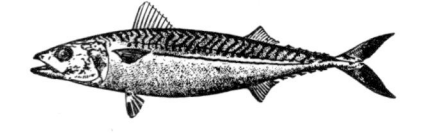

**Madeira** *(n.)* المادِيرا : ضرب من الخمرة .
**mademoiselle** *(n.)* آنسة .
**madhouse** *(n.)* البيمارستان ؛ مستشفى المجانين .
**madly** *(adv.)* (١) بجنون (٢) بسُعْر .
**madman** *(n.)* المجنون ؛ المُخبَّل .
**madness** *(n.)* (١)جنون (٢)حماقة قصوى .
**Madonna** *(n.)* مريم العذراء .
**madrigal** *(n.)* قصيدة غزلية قصيرة .
**maelstrom** *(n.)* دُردورٌ هائل .
**maestro** *(n.)* ملحن لامع ؛ موسيقيّ بارز .
**magazine** *(n.)* (١) مخزن الذخيرة (٢) مخزن البندقيّة (٣)مجلّة .
**maggot** *(n.)* (١)يرَقة ؛ سُرْء (٢) نزوة .
**Magian** *(n.; adj.)* مجوسي .
**magic** *(n.; adj.)* (١)سِحْر §(٢) سِحْرِيّ .
**magician** *(n.)* (١)السّاحر (٢)المشعوذ .
**magisterial** *(adj.)* (١) جَزْميّ ؛ أمريّ . (٢)جليل ؛ وقور (٣)متعلق بحاكم أو قاضٍ .
**magistrate** *(n.)* (١) الحاكم (٢) القاضي .
**magnanimity** *(n.)* شهامة .
**magnanimous** *(adj.)* شَهْم .
**magnate** *(n.)* القُطْب : ذو المكانة في حقلٍ ما .
**magnesia** *(n.)* المَغْنيسْيا .
**magnesium** *(n.)* المَغْنيسْيُوم .
**magnet** *(n.)* حجر المغنطيس ؛ مغنطيس .

**magnetic** *(adj.)* (١)مغنطيسيّ (٢)جذّاب .
**magnetism** *(n.)* (١)المغنطيسيّة (٢)سِحْر .
**magnetize** *(vt.)* (١)يُمَغْنِط (٢)يَفْتِن .
**magneto** *(n.)* المَغْنيط : جهاز كهربائيّ لإحداث الشرارات في محرّك داخليّ الاحتراق .
**magnificent** *(adj.)* (١) كبير ؛ عظيم (٢)فخم (٣)جميل أو مهيب جداً (٤)رائع .
**magnify** *(vt.)* (١)يعظّم ؛ يكبّر (٢) يبالغ .
**magnitude** *(n.)* كِبَرٌ ؛ عِظَمٌ ؛ حجم ؛ أهمية .
**magnolia** *(n.)* المَغْنُوليّة : نبات جميل الزهر .

**magpie** *(n.)* العَقْعَق : غراب طويل الذيل .

magpie

**maharaja** *(n.)* المَهْراجا : أمير هنديّ .
**mahogany** *(n.)* شجرة الماهوغاني أو خشبها .
**maid** *(n.)* (١)البِكْر ؛ العذراء (٢) الخادمة .
**maiden** *(n.; adj.)* (١)البِكر ؛ العذراء §(٢)بِكر عذراء ؛ بتوليّ (٣) أوّل (٤) جديد .
**maidenhood** *(n.)* عُذْرة ؛ بكارة ؛ بتُولة .
**maidenly** *(adj.)* لطيف ؛ رقيق ؛ لائق بعذراء .
**maiden name** *(n.)* اسم البُتولة : اسم أسرة المرأة قبل الزواج .
**maid of honor** *(n.)* وصيفة الشرف .
**maidservant** *(n.)* خادمة .
**mail** *(n.; vt.)* (١) بريد (٢) زَرَديّة ؛ دِرْع . §(٣)يُبْرِد : يرسل بالبريد (٤)يزرّد ؛ يدرّع .

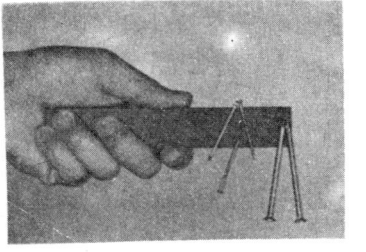

mai 288 mak

**mailman** *(n.)* ساعي البريد ؛ موزِّع البريد .

**maim** *(vt.)* يشوِّه ؛ يُقْعِد ؛ يُعطِّل .

**main** *(n.; adj.)* (١) القوّة البدنيّة (٢) البرّ الرئيسيّ (٣) عُرْض البحر (٤) الجزء الرئيسيّ ؛ النقطة الأساسيّة (٥) الخطّ الأمّ أو الرئيسي §(٦) رئيسيّ ؛ أساسيّ (٧) محْض ؛ صِرْف .

in *or* for the ~, في الأغلب أو الأكثر ؛ على الجملة .

with might and ~, بأقصى قوة المرء البدنيّة .

**mainland** *(n.)* البرّ الرئيسيّ .

**mainly** *(adv.)* في الدرجة الأولى ؛ في الأكثر .

**mainmast** *(n.)* الصاري الرئيس أو الرئيسيّ .

**mainsail** *(n.)* الشراع الرئيس أو الرئيسي .

**mainspring** *(n.)* الزّنْبُرُك الرئيسيّ (في ساعة) .

**maintain** *(vt.)* (١) يحافظ على (٢) يدافع عن (٣) يحتفظ بـ (٤) يُعيل (٥) يؤكّد بإيراد الدّليل .

**maintenance** *(n.)* (١) محافظة على ؛ دفاع عن ؛ احتفاظ بـ ؛ إعالة ؛ توكيد (٢) صيانة .

**maize** *(n.)* الذُّرَة ( نبات ) .

**majestic; -al** *(adj.)* ملوكيّ ؛ مَهيب ؛ فخم .

**majesty** *(n.)* (١) سلطة ملكيّة (٢) جلالة (٣) جلال ؛ فخامة ؛ عظمة .

His Majesty صاحب الجلالة .

**major** *(adj.; n.; vi.)* (١) أكبر ؛ أعظم (٢) راشد ؛ بالغٌ سنّ الرشد (٣) هامّ (٤) رئيسيّ §(٥) الراشد (٦) الرائد : رتبة عسكريّة (٧) موضوع من موضوعات الدراسة الجامعية يُختار كحقل اختصاص §(٨) يتخصّص في .

**major general** *(n.)* لواء ( رتبة عسكريّة ) .

**majority** *(n.)* (١) سنّ الرشد (٢) الأكثرية .

**make** *(vt.; n.)* (١) يُحْدِث ؛ يُسبِّب (٢) يعمل ؛ يَصْنَع (٣) يقدِّر ؛ يحسب (٤) يجعل (٥) يستنتج ؛ يفهم (٦) يُجري ؛ يعقد (٧) يُلقي (٨) يقطع ؛ يجتاز (٩) يُكْرِهه على (١٠) يَصِل إلى (١١) يكسب (١٢) يشكِّل ؛ يساوي §(١٣) طراز ؛ شكل (١٤) منشأ السلعة (١٥) بِنْيَة ؛ طبيعة ؛ خُلُق (١٦) إنتاج .

to ~ account of يهتم بـ ؛ يبالي بـ .

to ~ a face يقطِّب ؛ يكشِّر .

to ~ as if يتظاهر بـ .

to ~ away with يتخلّص من .

to ~ believe يدّعي ؛ يتظاهر بـ .

to ~ bones يتردّد في .

to ~ light *or* little of يستخفّ بـ .

to ~ love (١) يغازل (٢) يعانق ؛ يقبِّل

to ~ off يغادر المكان فجأةً ؛ ينسلّ هارباً .

to ~ out (١) يُعِدّ فاتورةً أو شيكاً . (٢) يكتشف أو يفهم المعنى (٣) يُثبت ؛ يبرهن (٤) يُتِمّ ؛ يُكمل (٥) يصف أو يرسم بتفصيل (٦) يميِّز (٧) ينجح .

to ~ over (١) ينقل أو يحوّل الملكيّة (٢) يعهد بشيء إلى شخص آخر (٣) يجدِّد أو يعدِّل (ثوباً الخ.)

to ~ place *or* room يُفسح مكاناً لـ .

to ~ public يعلن ؛ يفشي ؛ يُذيع .
to ~ sure of يتأكّد أو يتحقق من .
to ~ up (١) يجمع (٢) يخترع . (٣) يركِّب (٤) يشكِّل (٥) يجمِّل بالمساحيق (٦) يُتمّ ؛ يُكمل (٧) يعوِّض عن .
to ~ up one's mind يقرِّر ؛ يعزم على
to ~ way (١) يفسح الطريق لِ . (٢) يحرز تقدّماً .

**maker** *(n.)* (١) الصانع (٢) *cap.* : الله .
**makeshift** *(n.)* بديلٌ موقّت .
**makeup** *(n.)* (١) تركيب ؛ بِنْيَة (٢) توضيب المواد الطباعيّة (٣) الماكياج .
**maladroit** *(adj.)* أخرق : تُعْوِزه البراعة .
**malady** *(n.)* (١) مرض ؛ داء (٢) علّة .
**malaria** *(n.)* البُرَداء ؛ الملاريا (مرض) .
**malcontent** *(adj.; n.)* ساخط ؛ ناقم .
**male** *(adj.; n.)* (١) مذكَّر § (٢) ذَكَر .
**malediction** *(n.)* لَعْن ؛ لَعْنَة .
**malefactor** *(n.)* (١) المجرم (٢) الشرير .
**malevolence** *(n.)* حقد ؛ ضغينة ؛ غِلّ .
**malevolent** *(adj.)* حاقد ؛ مضطغِن ؛ ذو غِلّ .
**malfeasance** *(n.)* الارتكاب : القيام بعَمَل محظور (وبخاصّة مِن قِبل موظف) .
**malice** *(n.)* حِقْد ؛ خُبث ؛ تعمُّد الأذى .
**malicious** *(adj.)* حقود ؛ خبيث ؛ ماكر .
**malign** *(adj.; vt.)* (١) مُؤْذٍ ؛ خبيث ؛ مُهْلِك § (٢) يعيب ؛ يقذف أو يقدح في .
**malignant** *(adj.)* (١) مُؤْذٍ (٢) حقود (٣) مُتمنٍّ السوءَ للآخرين (٣) مُهلِك ؛ خبيث .
**malignity** *(n.)* (١) خباثة (٢) حقد ؛ عداوة .
**malinger** *(vi.)* يتمارض (تهرّباً من واجب) .
**mallard** *(n.)* البُرْكَة : بطّة بريّة .

**malleable** *(adj.)* طَروق ؛ طيِّع ؛ مِطواع .
**mallet** *(n.)* (١) المِيتَدَة : مطرقة ذات رأس خشبيّ (٢) مِضرَب الكرة .

mallet 1.

**mallow** *(n.)* الخُبّازَى ؛ الخُبّاز ( نبات ) .
**malnutrition** *(n.)* السَّغَل : سوء التغذية .
**malodorous** *(adj.)* كريه الرائحة .
**malpractice** *(n.)* ارتكاب أو سوء تصرّف .
**malt** *(n.)* المَلْت : شعير مُنْبَتٌ بالنقع في الماء .
**Maltese** *(n.; adj.)* مالطِيّ .
**maltreat** *(vt.)* يخاشِن : يعامل بخشونة أو قسوة .
**mamma** *or* **mama** *(n.)* أُمّ ؛ والدة .
**mammal** *(n.)* الثَّدْيِيّ : حيوان من الثدييات .
**mammoth** *(n.; adj.)* (١) الماموث : فيل منقرِض § (٢) هائل ؛ ضخم جداً .

**man** *(n.; vt.)* (١) إنسان (٢) رَجُل . (٣) بيدق الشطرنج ؛ حجر الداما § (٤) يزوّد بالجند .
a ~ of letters أديب ؛ كاتب .
a ~ of the world رجل واسع الخبرة بالحياة .

as one ~, بالإجماع .
~ and boy من سن الصّبا فصاعداً .
to a ~, من غير استثناء .

**manacle** *(n.; vt.)* (١) غُلّ ؛ قَيْد ؛ صِفاد . §(٢) يَغُلّ ؛ يُقَيِّد ؛ يصفِّد .

**manage** *(vt.; i.)* (١) يُدير؛ يدبر (٢) يروِّض ؛ يسوس (٣) يقتصد (٤) يستعمل (٥) يتدبّر ؛ يحتال للأمر × (٧) ينجح (في تحقيق غرضه) .

**manageable** *(adj.)* طيّع ؛ سهل الانقياد .

**management** *(n.)* (١) إدارة ؛ تدبير (٢) لباقة . (٣) براعةٌ إداريّة (٤) هيئة الإدارة .

**manager** *(n.)* المدير ؛ المدبِّر .

**man-at-arms** *(n.)* جنديّ .

**mandarin** *(n.)* (١) موظف كبير (في الصين القديمة) (٢) المندرين ؛ اليوسفيّ (نبات) .

**mandate** *(n.)* (١) أمرٌ رسميّ أو شرعيّ . (٢) انتداب (٣) بلدٌ واقعٌ تحت الانتداب .

**mandatory** *(adj.; n.)* (١) إلزاميّ ؛ إجباريّ (٢) انتدابيّ (٣) مُنْتَدَب §(٤) دولة منتدَبة .

**mandible** *(n.)* فكّ ؛ الفكّ الأسفل .

**mandolin** *(n.)* المَندولين : آلة موسيقية .

**mane** *(n.)* العُرْف : شَعرُ عنُق الفرس وغيره .

**maneuver** *(n.; vi.)* (١) مناورة (٢) لباقة أو دهاء §(٣) يقوم بمناورة عسكريّة (٤) يناور .

**manful** *(adj.)* شجاع ؛ مصمم ؛ ثابت العزم .

**manganese** *(n.)* المنغنيز .

**mange** *(n.)* الجَرَب ؛ الحُكاك (مرض) .

**manger** *(n.)* المِذْوَد : مَعْلف الدابة .

**mangle** *(n.; vt.)* (١) المِكواة الأسطوانيّة . §(٢) يشوِّه ؛ يمثِّل بـ (٣) يُفْسِد (٤) يكوي (بمكواة أسطوانيّة)

mangle

**mango** *(n.)* المَنْجا (نبات) .

**mangrove** *(n.)* المَنْغَرُوف : شجر استوائيّ .

**mangy** *(adj.)* (١) جَرَبيّ ؛ أجرب (٢) رثّ ؛ بالٍ .

**manhandle** *(vt.)* (١) يحرّك أو يدير بالقوّة البدنيّة (٢) يعامل بخشونة أو قسوة .

**manhood** *(n.)* (١) رجولة (٢) الرجال كافّة .

**mania** *(n.)* (١) مسّ ؛ جنون (٢) هَوَس ؛ وَلَعٌ .

**maniac** *(n.)* الممسوس ؛ المجنون ؛ المهووس .

**manicure** *(n.; vt.)* (١) التّدريم : تَسْوِية الأظافر وصبغها بعد القصّ (٢) المدرِّم §(٣) يدرِّم .

**manicurist** *(n.)* المدرِّم : مدرِّم الأظافر .

**manifest** *(adj.; vt.; n.)* (١) ظاهر ؛ جليّ . §(٢) يُظهر ؛ يجلو §(٣) بيان شحنة السفينة .

**manifestation** *(n.)* (١) إظهار (٢) ظهور ؛ تجلٍّ (٣) مَظْهر (٤) تظاهرة ؛ مظاهرة .

**manifesto** *(n.)* بيانٌ رسميّ .

**manifold** *(adj.; vt.)* (١) منوَّع ؛ متنوّع . (٢) متعدّد (الأجزاء أو الأشكال) (٣) مُضاعَف §(٤) يستخرج عدة نسخ عن... (٥) يضاعِف .

**manikin** *(n.)* (١) المُنْكِن : «أ» تمثال لعَرْض الملابس الخ. «ب» عارضة أزياء (٢) قَزْم .

**manipulate** *(vt.)* يُعالِج ببراعة .

**mankind** *(n.)* الجنس البشري .

**manliness** *(n.)* رجولة ؛ قوة ؛ شجاعة ؛ عَزْم .

**manly** *(adj.)* (١) قويّ ؛ شجاع (٢) رِجاليّ .

**manna** *(n.)* المنّ (الذي أُنزل على بني اسرائيل) .

**mannequin** *(n.)* عارضة ازياء .

**manner** *(n.)* (١) نَوْع (٢) عادَة (٣) نمط ؛ طريقة ؛ أسلوب (٤) *pl.*: سلوك (٥) *pl.*: عادات حميدة ؛ سلوك حسن .

by all (no) ~ of means البتة ؛ على الاطلاق

in a ~, إلى حدّ ما ؛ إلى درجة ما .

**mannerly** *(adj.)* دَمِث ؛ مهذّب .

**mannish** *(adj.)* مسترجل أو لائق برجل .

**manoeuvre** *(n.; vi.)* = maneuver.

**man-of-war** *(n.)* بارجة ؛ سفينة حربيّة .

**manor** *(n.)* (١) قَصْر مالك العِزْبة (٢) عِزْبة .

**manse** *(n.)* منزل القسّ .

**mansion** *(n.)* قصر أو شِقة فخمة .

**manslaughter** *(n.)* القَتْل غير العَمْد .

**mantel** *(n.)* رَفّ المُستوقَد أو إطاره .

**mantelpiece** *(n.)* رَفّ المُستَوقَد أو المُصطَلى .

**mantle** *(n.; vt.; i.)* (١) عباءة (٢) غطاء ؛ حجاب ؛ سِتْر (٣) الرّتينة : غطاء مخرَّم (من مادة غير قابلة للاحتراق) يوضع فوق الشعلة فيتوهج ويضيء § (٤) يغطّي × (٥) يحمرّ وجهه .

M. mantle 3.

**manual** *(adj.; n.)* (١) يدويّ § (٢) كتيّب .

**manufactory** *(n.)* مَصنع ؛ معمل .

**manufacture** *(n.; vt.)* (١) سلعة مصنوعة . (٢) صناعة § (٣) يصنع (٤) يلفّق ؛ يختلق .

**manufacturer** *(n.)* صاحب المصنع أو المعمل .

**manure** *(vt.; n.)* (١) يُسمِّد § (٢) سَماد .

**manuscript** *(n.)* مخطوطة .

**many** *(adj.; n.)* (١) كثير ؛ متعدّد § (٢) عددٌ كثير (٣) السواد الأعظم (من النّاس) .

to be one too ~ for. يفوقه براعةً ودهاءً

**map** *(n.; vt.)* (١) خريطة § (٢) يرسم خريطةً لِـ .

**maple** *(n.)* شجر القَيْقَب أو خشبُهُ .

**mar** *(vt.)* يُفسد ؛ يُشوِّه .

**marathon** *(n.)* سباق طويل المسافة .

**marauder** *(n.)* السَّلاّب ؛ النّهّاب .

**marble** *(n.)* (١) رُخام (٢) بِلْية ؛ «كِلّة» .

**marcel** *(n.)* تموُّج الشعر (بعد كيّه) .

**march** *(n.; vi.)* (١) حَدّ ؛ تَخْم (٢) زَحفٌ (٣) خَطْوٌ ؛ سَيْرٌ (٤) مَسيرة (٥) تقدُّم (٦) مارش ؛ لحن عسكريّ (٧) *cap.*: مارِس ؛ شهر آذار § (٨) يزحف ؛ يخطو ؛ يسير ؛ يتقدّم .

**marchioness** *(n.)* المركيزة : زوجة المركيز .

**mare** *(n.)* الفَرَس : أنثى الخيل .

**margarine** *(n.)* المرغرين : سمنٌ نباتيّ .

**margin** *(n.)* (١) هامش (٢) حافّة (٣) احتياطيّ .

by a narrow ~, بصعوبة ؛ بشِقّ النفس .

**marginal** *(adj.)* هامشيّ ؛ حدّيّ ؛ حافيّ .

**marigold** *(n.)* الآذَرْيُون ؛ القطيفة (نبات).

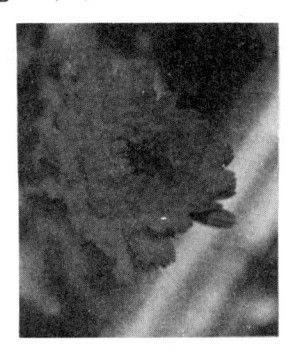

**marine** *(adj.; n.)* (١) بحريّ (٢) مِلاحيّ . §(٣) أسطول (٤) الرامي البحريّ : جنديّ من البحريّة مدرَّب على الخدمة في البحر والبرّ.

**mariner** *(n.)* البحّار ؛ الملاّح ؛ النوتيّ .

**marionette** *(n.)* دُمْيَة متحرّكة .

**marital** *(adj.)* زوجيّ : متعلّق بالزواج .

**maritime** *(adj.)* (١) بحريّ (٢) مِلاحيّ .

**mark** *(n.; vt.)* (١) هدف (في الرماية) (٢) خطّ الانطلاق (في سباق العدْو الخ.) (٣) غرض ؛ غاية (٤) مستوى (أو نموذج) الفعاليّة أو الكفاءة أو الجودة (٥) علامة ؛ إشارة ؛ رمز (٦) الماركة : علامة تجاريّة (٧) دمغة (٨) علامة مدرسيّة (٩) أهميّة ؛ شهرة (١٠) المارك : وحدة النقد الألماني §(١١) يعيّن الحدود (١٢) يَسِم ؛ يُعلّم (١٣) يميّز (١٤) ينتبه إلى.

below the ~, (١) من صنف رديء . (٢) منحرف الصحة .

beside *or* wide of the ~, (١) طائش ؛ بعيد عن الهدف (٢) لا صِلة له بالموضوع ؛ غير صحيح .

to hit the ~, يُوفَّق ؛ يصيب الهدف .

to ~ down (*or* up) يخفض السعر (أو يرفعه) .

to ~ off يفصل (شيئاً عن آخر) بحدّ أو خطّ .

to ~ out يرسم خطوطاً تُظهر حدود شيء .

to ~ out for يَختار ؛ يُفرِد أو يخصّص لـ .

to ~ time (١) يراوح الخطى (وهو واقف في مكانه) (٢) لا يحرز أيّ تقدّم .

to miss the ~, يخفق ؛ يخطئ إصابة الهدف .

**marked** *(adj.)* ملحوظ ؛ واضح .

**market** *(n.; vi.; t.)* (١) سُوق (٢) §يتّجر في السوق ×(٣) يعرض للبيع في السوق (٤) يبيع .

**marketable** *(adj.)* صالحٌ للعرض في السوق.

**marketing** *(n.)* تَسْوِيق .

**marketplace** *(n.)* ساحة السوق .

**marksman** *(n.)* الرامي : البارع في الرماية .

**marl** *(n.)* المَرْل : طين يُستعمل سماداً.

**marmalade** *(n.)* المَرْمَلاد : نوع من المربّى.

**marmoset** *(n.)* القِشّة : قِرد أميركي صغير .

**marmot** *(n.)* المَرْموط حيوان من القوارض .

**maroon** *(n.; vt.)* (١) لون أحمر داكن . §(٢) يُلقي شخصاً على ساحل جزيرة مهجورة.

**marquee** *(n.)* (١) سُرادق ؛ فُسْطاط (٢) ظُلّة .

**marquetry** *(n.)* تطعيم (بالصدف والعاج ) .

**marquis** *or* **marquess** *(n.)* مركيز .

**marquise** *(n.)* المَرْكيزة : زوجة المركيز .

**marriage** *(n.)* (١) زواج (٢) عُرْس .

**married** *(adj.)* (١) متزوّج (٢) زيجيّ ؛ زَواجيّ .

**marrow** *(n.)* (١) النِّقْي : مُخّ العظم (٢) لبّ الشيء أو جوهرُه (٣) الكوسا (نبات) .

**marry** *(vt.; i.)* (١) يزوج (٢) يتزوّج .

**Mars** *(n.)* (١) مارْس : إلـه الحرب (٢) المِرّيخ .

**marsh** *(n.)* مُستَنقَع ؛ سَبْخَة .

**marshal** *(n.; vt.)* (١) المشير ؛ المارشال . (٢) الشريف ؛ «عمدة» البلد (٣) مدير شرطة المدينة أو دائرة الاطفاء فيها §(٤) يرتب ؛ يصفّ (٥) ينظّم (٦) يُرشد ؛ يقود .

**marshmallow** *(n.)* (١) الخِطْمِيّ : عشب من الفصيلة الخُبّازيّة (٢) حلوى الخِطْمِيّ .

**marshy** *(adj.)* سَبِخ ؛ مُستنقَعِيّ .

**marten** *(n.)* الدَّلَق (حيوان) أو فروُه .

**martial** *(adj.)* (١) حَرْبيّ (٢) مولَع بالقتال .

**martial law** *(n.)* القانون أو الحكم العُرْفيّ .

**martin** *(n.)* الخُطّاف : طائر كالسنونو .

**martini** *(n.)* المارتينيّ : شراب مُسْكِر .

**martyr** *(n.; vt.)* (١) شهيد §(٢) يقتله من أجلِ المُعْتَقَد أو المبدأ (٣) يعذّب .

**martyrdom** *(n.)* استشهاد .

**marvel** *(n.; vi.)* (١) أعجوبة §(٢) يَعْجَب .

**marvelous** *(adj.)* عجيب ؛ مُدْهِش ؛ رائع .

**Marxian** *(adj.)* ماركسيّ .

**mascara** *(n.)* المَسْكَرَة : مُستحضَر تجميليّ .

**mascot** *(n.)* جالب الحظّ .

**masculine** *(adj.)* (١) ذُكوريّ : خاصّ بالذكور (٢) مذكّر (٣) مسترجلة .

**mash** *(n.; vt.)* (١) هَرِيس أو جريش . (٢) معجون §(٣) يَهْرِس (٤) ينقع الجريش ويحرّكه في الماء الساخن .

**mask** *(n.; vi.; t.)* (١) قناع (٢) كِمامَة . §(٣) يتقنّع ؛ يتنكر ×(٤) يَستُر ؛ يحجب.

**masked** *(adj.)* (١) متنكر (٢) تنكّريّ .

**mason** *(n.)* (١) البنّاء (٢) *cap.* : الماسونيّ .
**Masonic** *(adj.)* ماسونيّ : ذو علاقة بالماسونيّة .
**masonry** *(n.)* (١) مَبْنى الخ . (٢) صناعة البناء . (٣) عَمَلُ البنّاء (٤) *cap.* : الماسونيّة .
**masquerade** *(n.; vi.)* (١) حفلة تنكّريّة أو لباس يُرتدى فيها (٢) تنكُّر § (٣) يتنكّر .
**mass** *(n.; vt.; i.)* (١) *cap.* : قُدّاس . (٢) كتلة (٣) حجم ؛ مقدار (٤) عدد أو مقدار كبير (٥) جمهور (٦) *pl.* : الجماهير ؛ العامّة § (٧) يكتّل × (٨) يتكتّل .

in the ~, إجمالاً ؛ على وجه الإجمال .

**massacre** *(vt.; n.)* (١) يذبح § (٢) مذبحة .
**massage** *(n.; vt.)* (١) تدليك § (٢) يدلّك .
**masseur** *(n.)* المدلِّك : محترف التدليك .
**masseuse** *(n.)* المدلّكة : محترفة التدليك .
**massive** *(adj.)* (١) ضخم ؛ كبير (٢) ثقيل . (٣) مُصْمَت : ممتلىء متماسكٌ لا جوف له .
**mass production** *(n.)* الانتاج على نطاق واسع .
**mast** *(n.)* (١) صاري المركب (٢) سارية .
**master** *(n.; vt.)* (١) المدرّس ؛ الأستاذ . (٢) السيّد ؛ المَوْلَى (٣) الرُّبّان § (٤) يقهر ؛ يُخْضِع (٥) يبرع في ؛ يتضلّع من .
**masterful** *(adj.)* (١) مستبدّ (٢) بارع .
**master key** *(n.)* المفتاح العمومي .
**masterly** *(adj.)* أستاذيّ ؛ بارع .
**master of ceremonies** مدير التشريفات .
**masterpiece** *(n.)* الرّائعة ؛ التحفة ؛ الطُّرفة .
**mastery** *(n.)* (١) سيادة ؛ سيطرة (٢) تبحّر .
**masticate** *(vt.)* (١) يمضغ (٢) يعجن .
**mastiff** *(n.)* الدِّرْواس : كلب ضخم .
**mastodon** *(n.)* المَستودون : حيوان بائد شبيه بالفيل .

**masturbation** *(n.)* الاستمناء باليد .
**mat** *(n.; vt.; adj.)* (١) حصير (٢) مِمسحة للأرجل (٣) قطعة قماش مخرّمة توضع تحت زهرية أو طبق § (٤) يزوّد بحصير أو ممسحة الخ . (٥) يضفر ؛ يَجْدُل § (٦) طافىء ؛ يعوزه البريق .
**matador** *(n.)* الماتَدور : مصارع الثيران .

**match** *(n.; vt.; i.)* (١) صِنْو ؛ نِدّ ؛ كفوء . (٢) مثيل ؛ نظير (٣) مباراة (٤) زواج (٥) عود ثِقاب § (٦) يباري ؛ يجاري (٧) يزوّج (٨) يلائم (٩) ينسجم مع (١٠) يضاهي × (١٣) يتلاءم .
**matchless** *(adj.)* فذّ ؛ منقطع النظير .
**mate** *(n.; vt.; i.)* (١) الرفيق ؛ الأليف (٢) وكيل الرّبّان (٣) أحد زوجين ؛ وبخاصة : الزوج ؛ الزوجة § (٤) يزاوج ؛ يزوّج × (٥) يتزاوج .
**material** *(adj.; n.)* (١) مادّيّ (٢) جسديّ . (٣) أساسيّ § (٤) مادّة (٥) *pl.* : أدوات ؛ لوازم .
**materialism** *(n.)* (١) المذهب المادّيّ .

(٢)المادية : الانشغال بالشؤون المادية .

**materialize** *(vt.; i.)* يجسد أو يتجسد .

**maternal** *(adj.)* أمي : ذو علاقة بالأم .

**maternity** *(n.)* (١)أمومة (٢)حنان ؛ عطف .

**mathematical** *(adj.)* رياضي .

**mathematician** *(n.)* العالِم بالرياضيات .

**mathematics** *(n.)* الرياضيات ؛ علم الرياضيات

**matinee** *(n.)* الحفلة النهارية .

**matins** *(n.pl.)* صلاة الصبح .

**matriculate** *(vt.; i.)* يَقْبَل أو يُقبَل في جامعة

**matriculation** *(n.)* (١)قبول في جامعة الخ .
(٢) امتحان القبول في جامعة .

**matrimonial** *(adj.)* زَوْجِي : متعلق بالزواج

**matrimony** *(n.)* زواج .

**matrix** *(n.)* (١)رَحِم (٢)قالَب ؛ القالَب الأم

**matron** *(n.)* (١)العَقيلة (٢)القَيِّمة ؛ الرئيسة .

**matted** *(adj.)* متلبد .

**matter** *(n.; vi.)* (١)مسألة ؛ أمر (٢) مادة .
(٣)صديد ؛ قيح (٤)بريد (٥) شيء هام
§(٦) يَهُم (٧) يتقيح .

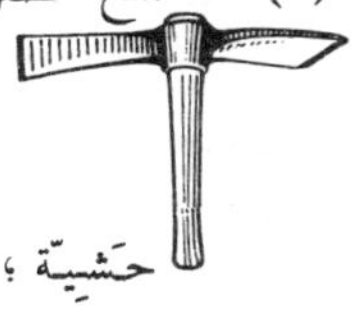

for that ~, بقدْر ما يتعلق الأمر بكذا .
in the ~ of فيما يتعلق بـ .
no laughing ~, شيء جدي إلى حد بعيد .
no ~ what مهما .

**matter of course** شيء متوقع أو طبيعي .

**matter-of-fact** *(adj.)* واقعي ؛ عملي .

as a ~, في الواقع ؛ في الحقيقة .

**matting** *(n.)* (١)مادة لصُنْع الحصُر (٢)حصيرة

**mattock** *(n.)* مِعْوَل

**mattress** *(n.)* حَشية ؛ فِراش .

**mature** *(adj.; vt.; i.)* (١)ناضج (٢)مُعتّق .
(٣) مستحق الأداء أو الدفع §(٤)يُنضِج
×(٥) يَنضَج (٦) يستحق أداؤه .

**maturity** *(n.)* (١)نُضْج أو رُشْد (٢)استحقاق

**maudlin** *(adj.)* (١)جيّاش العاطفة (٢)ثَمِل .

**maul** *(n.; vt.)* (١) مِدَقّة §(٢) يدق ؛
يَهْرِس (٣)يعامل بخشونة (٤) يفلق الخشب .

**maunder** *(vi.)* (١)يتسكع (٢) يهذي .

**mausoleum** *(n.)* ضريح ؛ قبْرٌ فخم .

**mauve** *(n.)* اللون الخُبّازي ؛ البنفسجي الزاهي .

**mavis** *(n.)* السُّمْنة (طائر) .

**maw** *(n.)* (١)مَعِدة (٢) حوصلة الطائر .

**mawkish** *(adj.)* عاطفي إلى حد صبياني .

**maxim** *(n.)* حكمة أو مَثَل سائر .

**maximum** *(n.; adj.)* (١)الحد الأعلى ؛ النهاية
الكبرى §(٢) أعلى ؛ عُليا .

**may** *(v. aux.; n.)* (١) يستطيع ؛ يُمكنه .
(٢)قد ؛ ربما (٣)فلْ... أداة دعاء (٤)لكي ؛
رجاة أن §(٥) *cap.* : مايو ؛ شهر نوار .

**maybe** *(adv.)* رُبَّما .

**mayonnaise** *(n.)* المَيُونيز : صلصة كثيفة .

**mayor** *(n.)* المحافظ ؛ رئيس البلديّة .

**maze** *(n.)* (١) المَتاهَة : شبكة من الممرّات المعقّدة المحيِّرة (٢) حيرة ؛ ذهول .

**me** *(pron.)* ضمير المتكلّم في حالة النصب والجرّ .

**mead** *(n.)* المِيد : شراب مُخمَّر .

**meadow** *(n.)* مَرْج : أرض خَضِرَة .

**meager** or **meagre** *(adj.)* هزيل ؛ ضئيل .

**meal** *(n.)* (١) وَجْبَة ؛ وقعة طعام (٢) طحين .

**mealtime** *(n.)* وقت الطعام .

**mean** *(adj.; n.; vt.; i.)* (١) وضيع (٢) عاديّ (٣) حقير ؛ دنيء (٤) بخيل (٥) وسط ؛ متوسّط § (٦) الوَسَط ؛ المتوسّط (٧) *pl.*: وسيلة (٨) *pl.*: موارد ماليّة § (٩) يعني (١٠) ينوي ؛ يعتزم (١١) يُعِدّ لغرضٍ مخصوص .

- by all ~ s بأيّ ثمن ؛ مهما كلّف الأمر .
- by any ~ s بأية طريقة ممكنة ؛ بطريقة ما
- by ~ s of بواسطة كذا .
- by no ~ s بأية حال ؛ على الاطلاق .

**meander** *(n.; vi.)* (١) تَعَرُّج ؛ تَلَوٍّ . § (٢) يتعرج (٣) يتسكّع ؛ يهيم على وجهه .

**meaning** *(n.)* مغزى ؛ معنى ؛ قصْد .

**meaningless** *(adj.)* خالٍ من المعنى أو المغزى .

**meanly** *(adv.)* بحقارة ؛ بدناءة ؛ ببخل الخ .

**meanness** *(n.)* حقارة ؛ دناءة ؛ بُخْل الخ .

**meant** *past and past part. of* mean.

**meantime** *(n.; adv.)* (١) الوقت المتخلّل (بين فترتين) § (٢) في غضون أو خلال ذلك .

- for the ~, (١) في الوقت الحاضر (٢) في غضون ذلك .
- in the ~, في غضون ذلك ؛ في الوقت نفسه

**meanwhile** *(n.; adv.)* = meantime.

**measles** *(n.)* الحَصْبة ( مرض ) .

**measurable** *(adj.)* يُقاس ؛ قابلٌ للقياس .

**measure** *(n.; vt.)* (١) حجم ؛ سعة ؛ وزن ؛ قياس (٢) مقدار ؛ درجة (٣) مقياس ؛ معيار (٤) نظام مقاييس (٥) أخذُ قياس الشيء (٦) إجراء ؛ تدبير § (٧) ينظّم (٨) يقيس .

- beyond ~, (١) مُفرِط (٢) بإفراط .
- in a ~, إلى حدّ ما ؛ إلى درجة معينة .
- in a great (large) ~, إلى حدّ بعيد .
- in some ~, إلى حدّ ما .
- made to ~, مَخيطٌ وَفْقَ مقاييس جسم المرء .
- to ~ one's length يسقط منبطحاً على الأرض .
- to ~ up (١) يتناسب مع ؛ يكون على مستوى كذا (٢) يباري ؛ يضارع .
- to take ~ s يتّخذ الاجراءات الضرورية .
- to take one's ~, يأخذ قياس جسم المرء .
- without ~, بإفراط ؛ بغير اعتدال .

**measureless** *(adj.)* لا يُقاس ؛ لا حدّ له .

**measurement** *(n.)* (١) القياس : أخذُ قياس الشيء (٢) قياس ؛ حجم (٣) نظام مقاييس .

**meat** *(n.)* (١) طعام (٢) لُبّ (٣) لحم.

**meaty** *(adj.)* (١) لحميّ (٢) كثير اللحم.

**mechanic** *(n.)* الميكانيكيّ؛ مُصْلح الماكينات.

**mechanic;-al** *(adj.)* ميكانيكيّ.

**mechanically** *(adv.)* ميكانيكيّاً؛ آليّاً.

**mechanics** *(n.)* الميكانيكا؛ عِلم الحِيَل.

**mechanism** *(n.)* (١) تِقْنِيّة (٢) الآليّة: طبيعة تركيب الأجزاء في آلة ما.

**mechanize** *(vt.)* يُمَكْنِن؛ يجعله آليّاً.

**medal** *(n.)* مَدالية؛ نَوْط؛ وسام.

**medallion** *(n.)* الرَّصيعة: مَدالية كبيرة.

**meddle** *(vi.)* يتطفّل: يتدخّل في ما لا يعنيه.

**meddlesome** *(adj.)* فُضُوليّ.

**media** *pl. of* medium.

**medial** *(adj.)* متوسِّط؛ وَسطيّ؛ عاديّ.

**median** *(n.; adj.)* متوسِّط.

**mediate** *(vi.)* يتوسّط (لإصلاح ذات البين الخ.)

**mediation** *(n.)* التوسّط (لإصلاح ذات البين).

**mediator** *(n.)* الوسيط؛ القائم بالوساطة.

**medical** *(adj.)* طِبّيّ.

**medicament** *(n.)* دواء؛ علاج.

**medicate** *(vt.)* يُشبع أو يمزج بمادّة طبّيّة.

**medicinal** *(adj.)* شفائيّ؛ دوائيّ؛ طبّيّ.

**medicine** *(n.)* (١) دواء (٢) الطبّ.

**medieval** *(adj.)* قروسطيّ: متعلّق بالقرون الوسطى.

**mediocre** *(adj.)* متوسِّط؛ معتدل الجودة.

**mediocrity** *(n.)* التوسُّط (من حيث الجودة).

**meditate** *(vt.; i.)* (١) يعتزم × (٢) يتأمّل.

**meditation** *(n.)* تأمّل؛ تفكُّر.

**Mediterranean Sea** البحر الأبيض المتوسّط

**medium** *(n.; adj.)* (١) توسُّط؛ اعتدال. (٢) ناقل (٣) واسطة؛ أداة (٤) وسيط (٥) بيئة؛ وَسَط §(٦) متوسّط.

through the ~ of بواسطة كذا.

**medley** *(n.)* (١) خليط (٢) اللحن الخليط.

**meed** *(n.)* مكافأة؛ أجر؛ جزاء.

**meek** *(adj.)* (١) حَليم (٢) خَنوع.

**meet** *(vt.; i.; n.)* (١) يَلْقى (٢) يلتقي بِـ؛ يقابل (٣) يواجه (٤) يستقبل (٥) يفي بالمرام (٦) يُشبِع (٧) يدفع القيمة × (٨) يلتقي؛ يجتمع (٩) يتّحد §(١٠) اجتماع.

**meeting** *(n.)* (١) اجتماع (٢) مُلْتَقَى.

**megaphone** *(n.)* بوق؛ صُور.

**melancholic** *(adj.)* كئيب أو سوداوي.

**melancholy** *(n.; adj.)* (١) كآبة §(٢) كئيب

**melee** *(n.)* شِجار؛ عِراك صاخب.

**mellow** *(adj.; vt.; i.)* (١) يانع (٢) مِعتَّق. (٣) طريّ؛ ليِّن (٤) رخيم (٥) رقيق؛ لطيف (٦) مرِح §(٧) يجعله (أو يصبح) يانعاً الخ.

**melodious** *(adj.)* رخيم؛ شجِيّ.

**melodrama** *(n.)* (١) الميلودراما: تمثيلية عاطفيّة مثيرة تعتمد على الحادثة والعقدة.

**melody** *(n.)* (١) اتّساق الأصوات (٢) لحن.

**melon** *(n.)* بطيخ أصفر أو أحمر.

**melt** *(vi.; t.)* (١) يَذُوب (٢) يتلاشى؛ يتبدّد. (٣) يَرِقّ × (٤) يُذيب (٥) يُلاشي (٦) يُلين.

**member** *(n.)* عضو.

**membership** *(n.)* (١) عُضويّة (٢) أعضاء.

**membrane** *(n.)* غشاء (حيوانيّ أو نباتيّ).

**memento** *(n.)* (١) تَذْكِرَة (٢) تَذْكار.

**memoir** *(n.)* (١) *pl.*: مذكّرات (٢) تقرير.

**memorable** *(adj.)* بارز؛ جديرٌ بأن يُذكَر.

**memorandum** *(n.)* pl.**-s** *or* **-da**. مُذكّرة.

**memorial** *(adj.; n.)* (١) تَذكاريّ . §(٢)نُصُب تذكاريّ (٣) مذكّرة .

**memorize** *(vt.)* يستظهر ؛ يحفظ عن ظهر قلب .

**memory** *(n.)* (١) ذاكرة (٢) ذكرى .

in ~ of إحياءً لذكرى (فلان) .

**men** *pl. of* man.

**menace** *(n.; vt.; i.)* (١) تهديد (٢) خطرٌ . §(٣)يهدِّد (٤)يعرِّض للخطر ×(٥)يتهدَّد.

**menagerie** *(n.)* وحوش (في معرض) .

**mend** *(vt.; i.; n.)* (١) يُصْلِح (٢) يرتق . (٣) يُذكي (٤) يُسْرِع ×(٥) يتحسّن §(٦) فَتْق مرتوق الخ.

**mendacious** *(adj.)* (١) كَذُوب (٢) كاذب .

**mendacity** *(n.)* كَذِبٌ ، كِذْبَةٌ .

**mendicant** *(n.)* المتسوّل ؛ الشحّاذ .

**menial** *(adj.; n.)* (١) حقير §(٢) خادم .

**meningitis** *(n.)* التهاب السحايا (مرض) .

**menopause** *(n.)* سِنّ اليأس ؛ انقطاع الطَّمْث

**menses** *(n.pl.)* الطَّمْث ؛ الحَيْض .

**mensuration** *(n.)* القياس : أخذ قياس الشيء .

**mental** *(adj.)* عقليّ ؛ ذهنيّ ؛ فكريّ .

**mentality** *(n.)* (١)ذكاء (٢) عقلية ؛ ذهنية.

**menthol** *(n.)* المَنْتُول (كيمياء) .

**mention** *(vt.; n.)* (١) يَذْكر §(٢) ذِكْر .

**mentor** *(n.)* الناصح المخلص .

**menu** *(n.)* قائمة الطعام (في مطعم) .

**mercantile** *(adj.)* تجاريّ .

**mercenary** *(n.; adj.)* مرتزِق ؛ مستأجَر .

**mercer** *(n.)* البزّاز : تاجر الأقمشة .

**merchandise** *(n.)* بضائع ؛ سِلَع .

**merchant** *(n.)* تاجر .

**merciful** *(adj.)* رحيم ؛ رؤوف .

**merciless** *(adj.)* قاسي الفؤاد ؛ عديم الرحمة.

**mercurial** *(adj.)* (١) زئبقيّ (٢) متقلّب .

**mercury** *(n.)* (١) *cap.*: عُطارِد (٢)زئبق.

**mercy** *(n.)* (١) رحمة ؛ رأفة (٢) نِعْمة .

**mere** *(adj.)* مجرَّد .

**merely** *(adv.)* فحسب ؛ ليس غير .

**meretricious** *(adj.)* مُبَهْرَج ؛ مزوَّق ؛ خادع

**merge** *(vt.; i.)* (١) يُدْمِج ×(٢) يندمج.

**merger** *(n.)* اندماج (مؤسّسة في أخرى).

**meridian** *(n.; adj.)* (١)دائرة خطّ الطّول. (٢)أوج §(٣)ظُهْريّ (٤) بالغٌ الذروة .

**merino** *(n.)* المرينوس : نسيج صوفيّ ناعم.

**merit** *(n.; vt.; i.)* (١)جدارة ؛ استحقاق ؛ أهليّة (٢) حَسَنَة ؛ ميزة §(٣) يستحقّ ؛ يستأهل .

**meritorious** *(adj.)* أهلٌ للمكافأة أو التقدير .

**mermaid** *(n.)* حوريّة الماء : مخلوقة بحريّة خرافيّة

**merrily** *(adv.)* بمَرَح ؛ بقَصْف ؛ بِجَذَل .

**merriment** *(n.)* مَرَحٌ ؛ قَصْفٌ .

**merry** *(adj.)* (١)مَرِحٌ (٢)بهيج ؛ سعيد .

**merry-go-round** *(n.)* (١)دُوّامة الخَيْل (٢) دُوّامة .

**merrymaking** *(n.)* القَصْف : لهوٌ صاخب.

merry-go-round 1.

mes 299 mid

**mesh** *(n.; vt.; i.)* (١) العَين : إحدى عيون الشبكة (٢) شبكة (٣) تعشيق § (٤) يلتقط بشبكة × (٥) يقع في شبكة (٦) تتعشّق (تروس الآلة).

**mesmerism** *(n.)* المَسمَريّة : التنويم المغنطيسي.

**mesmerize** *(vt.)* يُمَسْمِر ؛ ينوِّم مغنطيسيّاً.

**mess** *(n.; vt.; i.)* (١) مقدار من الطعام (٢) رفاق المائدة (٣) مائدة مشتركة (٤) فوضى ؛ «لخبطة» (٥) مأزق ؛ ورطة (٦) مجموعة مبعثرة § (٧) «يُلَخْبِط» × (٨) يتناول الطعام.

**message** *(n.)* رسالة.

**messenger** *(n.)* الرسول ؛ الساعي.

**Messiah** *(n.)* المسيح ؛ المخلّص.

**messy** *(adj.)* غير مرتّب ؛ مُتَّسِم بالفوضى.

**met** *past and past part. of* meet.

**metabolism** *(n.)* الأيْض (في علم الأحياء).

**metal** *(n.)* (١) مَعْدِن (٢) حَصْباء.

**metallic** *(adj.)* (١) مَعْدِنيّ (٢) رنّان الخ.

**metallurgy** *(n.)* الميتالورجيا ؛ علم المعادن.

**metamorphose** *(vt.)* يَمْسَخ ؛ يحوِّل.

**metamorphosis** *(n.)* انمساخ ؛ تحوّل.

**metaphor** *(n.)* المجاز ؛ الاستعارة.

**metaphysical** *(adj.)* ماورائيّ ؛ غيبيّ.

**metaphysics** *(n.)* ما وراء الطبيعة ؛ الميتافيزيقا.

**mete** *(vt.; n.)* (١) يوزّع § (٢) حدّ ؛ تخم.

**meteor** *(n.)* نَيْزَك ؛ شهاب.

**meteorite** *(n.)* الرَّجم : الحجر النَّيْزكيّ.

**meteorology** *(n.)* علم الأرصاد الجويّة.

**meter** *(n.)* (١) بَحْر ؛ وَزْن. (٢) المِتْر : وحدة لقياس الطّول (٣) عَدّاد ؛ جهاز قياس.

meter 3.

**method** *(n.)* طريقة ؛ منهج ؛ نظام.

**methodic; -al** *(adj.)* منهجيّ ؛ نظاميّ.

**meticulous** *(adj.)* مُوَسْوِس.

**metre** *(n.)* = meter.

**metric** *or* **metrical** *(adj.)* مِتْرِيّ.

**metrical** *(adj.)* (١) عَروضيّ (٢) موزون ؛ منظوم (٣) قياسيّ : متعلّق بقياس الأشياء.

**metric system** *(n.)* النظام المتري.

**metropolis** *(n.)* العاصمة ؛ الحاضرة.

**metropolitan** *(n.; adj.)* (١) المطران (٢) ابن العاصمة § (٣) مطرانيّ (٤) عاصميّ.

**mettle** *(n.)* حماسة ؛ همّة ؛ نشاط ؛ جلَد ؛ احتمال.

**mew** *(n.; vi.; t.)* (١) مُواء (٢) *pl.* مجموعة اسطبلات § (٣) يموء × (٤) يحجز ؛ يحبس.

**Mexican** *(n.; adj.)* المكسيكيّ.

**mica** *(n.)* المَيْكَة : مادّة شبه زجاجيّة.

**mice** *pl. of* mouse.

**microbe** *(n.)* حُيَيّ ؛ ميكروب ؛ جرثوم.

**micrometer** *(n.)* المِصْغَر : أداة لقياس الأبعاد والزوايا البالغة الصِّغَر.

**microphone** *(n.)* المِذْياع ؛ الميكروفون.

**microscope** *(n.)* المِجْهَر ؛ الميكروسكوب.

microscope

**microscopic; -al** *(adj.)* مِجْهَرِيّ ؛ بالغ الصِّغَر.

**mid** *(adj.)* (١) مُنْتَصَف (٢) أوسط.

**midday** *(n.; adj.)* (١) الظُّهْر § (٢) ظُهْرِيّ.

**middle** *(adj.; n.)* (١) أوسط ؛ متوسّط § (٢) وسَط (٢) مُنتصف (٤) خَصْر.

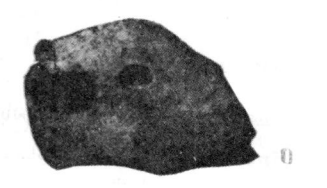

**middle-aged** *(adj.)* كهل ؛ في خريف العمر .

**Middle Ages** *(n.pl.)* القرون الوسطى .

**middle class** *(n.)* الطبقة الوسطى (من الناس) .

**Middle East** *(n.)* الشرق الأوسط .

**middleman** *(n.)* الوسيط ؛ السمسار .

**middling** *(adj.)* معتدل ؛ متوسط .

**midge** *(n.)* ذبابة صغيرة .

**midget** *(n.; adj.)* (١) قَزَم §(٢) صغير جداً .

**midland** *(n.)* الجزء الأوسط من البلاد .

**midmost** *(adj.)* (١) أوسط (٢) أعمق .

**midnight** *(n.)* منتصف الليل .

**midshipman** *(n.)* ضابط صفّ بحريّ .

**midst** *(n.; prep.)* (١) وَسَطٌ §(٢) وَسَطَ .

**midsummer** *(n.)* منتصف الصيف .

**midway** *(adv.; adj.)* (١) في منتصف الطريق . §(٢) متوسّط ؛ واقع في الوسط .

**midwife** *(n.)* القابلة ؛ المولِّدة ؛ « الدّاية » .

**midwifery** *(n.)* القِبالة : فنّ توليد النساء .

**midwinter** *(n.)* منتصف الشتاء .

**midyear** *(n.)* منتصف السنة .

**mien** *(n.)* سِيماء ؛ طلعة ؛ سِحنة ؛ مَظْهر .

**might** *past of* may.

**might** *(n.)* قوة ؛ قدرة .

**mightily** *(adv.)* (١) بقوة (٢) إلى حدّ بعيد .

**mightiness** *(n.)* قوّة ؛ جبروت ؛ عظمة .

**mighty** *(adj.; adv.)* (١) جبار §(٢) جداً .

**migrant** *(n.; adj.)* (١) المهاجر §(٢) مهاجر .

**migrate** *(vi.)* يهاجر ؛ ينزح ؛ يرتحل .

**migration** *(n.)* هجرة ؛ نزوح ؛ ارتحال .

**migratory** *(adj.)* مهاجر ؛ مترحّل ؛ متنقّل .

**mikado** *(n.)* الميكادو : امبراطور اليابان .

**milch** *(adj.)* حَلوب .

**mild** *(adj.)* لطيف ؛ معتدل ؛ غير حادّ .

**mildew** *(n.)* العَفَن الفُطْرِيّ .

**mile** *(n.)* الميل (١٧٦٠ ياردة أو ١٦٠٩,٣٥ متراً) .

**mileage** *(n.)* الطول (أو المسافة أو الرسم) بالميل .

**milestone** *(n.)* مَعْلَم ؛ صُوّة .

**militant** *(adj.)* مقاتل ؛ محارب ؛ مناضل .

**military** *(adj.; n.)* (١) عسكريّ §(٢) الجيش .

**militate** *(vi.)* يَعْمَل (ضدّه أو لصالحه) ؛ يؤثّر .

**militia** *(n.)* الميليشيا : جُنْدُ الطوارىء .

**milk** *(n.; vt.; i.)* (١) حليب ؛ لبن §(٢) يحلب .

**milkman** *(n.)* الحلاّب : بائع الحليب أو اللبن .

**milkweed** *(n.)* الصُّقلاب : حشيشة اللبن .

**milky** *(adj.)* (١) لبنيّ (٢) وديع (٣) جبان .

**Milky Way** *(n.)* المجرّة ؛ الطريق اللبنيّة (فلك) .

**mill** *(n.; vt.)* (١) مِطحنة (٢) مصنع ؛ مِعصرة §(٣) يطحن (٤) يسكّ (٥) يَخْفق .

**millennium** *(n.)* (١) ألف عام (٢) الذكرى الألفية (٣) العصر الألفيّ السعيد .

**miller** *(n.)* الطحّان .

**millet** *(n.)* (١) الدُّخْن §(٢) حبّة الدُّخْن .

**millieme** *(n.)* الملّيم : ١/١٠٠٠ من الجنيه المصري .

**millimeter** *(n.)* المِلّيمتر : ١/١٠٠٠ من المتر .

**milliner** *(n.)* صانع أو بائع القبعات النسائيّة .

**millinery** *(n.)* (١) قبعات نسائية (٢) تصميم أو صُنع أو بيع القبعات النسائيّة .

**million** *(n.)* المليون : ألف ألف .

**millionaire** *(n.)* المليونير .

**millstone** *(n.)* (١) حجر الرَّحى (٢) عبء ثقيل .

**mime** *(n.)* المُقلِّد ؛ المُهرِّج .

**mimic** *(n.; adj.; vt.)* (١) المقلِّد ؛ المُحاكي . § (٢) صُوريّ § (٣) يقلِّد ؛ يحاكي ؛ يسخر من .

**mimosa** *(n.)* الميموزا ؛ السَّنْط (نبات) .

**minaret** *(n.)* مِئْذنة .

**mince** *(vt.; i.; n.)* (١) يَفْرم (٢) يلفظ مُتَصنِّعاً × (٣) يتخطّر ؛ يتبختر (في مشيته) § (٤) لحم مفروم .

**mincemeat** *(n.)* (١) لحم مفروم (٢) خليط مفروم من زبيب وتفاح (ولحم أحياناً) .

**mind** *(n.; vt.)* (١) ذاكرة (٢) عَقْل (٣) نيّة ؛ رغبة (٤) رأي § (٥) يُذَكِّر (٦) يتذكّر (٧) ينصرف إلى (٨) يطيع (٩) يجد مانعاً (١٠) ينتبه إلى (١١) يَحْذَر (١٢) يُعْنى بـِ .

never ~, (١) لا بأس (٢) لا تقلق .
time out of ~, من عهد بعيد جداً .
to be in two ~ s يتردَّد .
to be of a (one) ~, يتفقان أو يتفقون في الرأي .
to be of (a person's) ~, يتفق معه في الرأي .
to call to ~, (١) يعيد الى الذاكرة (٢) يتذكر .
to one's ~, (١) في رأيه (٢) وَفْقَ هواه أو ذوقِه .
to set one's ~ on يَعْقِد العزمَ على .
to speak one's ~, يعبِّر عن رأيه بصراحة .

**minded** *(adj.)* (١) ذو عقل (٢) ميّال إلى .

**mindful** *(adj.)* منتبه ؛ متنبّه ؛ يقِظ ؛ واعٍ .

**mindless** *(adj.)* (١) غبيّ (٢) غافلٌ عن .

**mine** *(pron.; n.; t.)* (١) مِلكي ؛ خاصّتي ؛ لي . § (٢) منجم (٣) نفق تحت موقع من مواقع العدوّ (٤) لَغَمٌ (٥) كنز ؛ مَنْجم § (٦) يقوِّض (٧) يعدِّن : يبحث عن المعادن أو يستخرجها .

**miner** *(n.)* (١) المعدِّن (٢) زارع الألغام .

**mineral** *(n.; adj.)* (١) مَعْدِن § (٢) مَعدِنيّ .

**mineralogy** *(n.)* العِدانة : عِلم المعادن .

**mingle** *(vt.; i.)* (١) يمزج ؛ يخلط × (٢) يمتزج .

**miniature** *(n.)* رسم صغير جداً (على عاج الخ.) .

**minimize** *(vt.)* يخفض إلى الحدّ الأدنى .

**minimum** *(n.; adj.)* (١) الحدّ الأدنى ؛ النهاية الصغرى § (٢) الأدنى ؛ الأصغر .

**mining** *(n.)* (١) التعدين (٢) زرع الألغام .

**minister** *(n.; vi.)* (١) كاهن ؛ قسّ (٢) وزير (٣) وزير مفوَّض § (٤) يخدم ؛ يمدّ يد العون إلى .

**ministerial** *(adj.)* (١) كَهَنوتيّ (٢) وزاريّ .

**ministration** *(n.)* (١) خدمة (٢) مساعدة .

**ministry** *(n.)* (١) خدمة (٢) رجال الدين (٣) وزارة (٤) مبنى الوزارة .

**mink** *(n.)* المِنْك : حيوان ثدييّ أو فروُه .

min 302 mis

**minnow** *(n.)* المِنَّوَة : سمك أوروبي صغير .
**minor** *(n.; adj.)* (١)القاصر : مَن لم يبلغ سن الرشد §(٢) ثانويّ؛ غير هامّ (٣) قاصر .

to ~ in يدرس مادةً ما بوصفها موضوعاً ثانوياً (في جامعة) .

**minority** *(n.)* (١)سنّ القصور : سنّ ما قبل الرشد(٢)القصور : كون المرء قاصراً (٣)أقليـّة .
**minster** *(n.)* (١) كنيسة دير (٢) كاتدرائية .
**minstrel** *(n.)* المغنّي ؛ الموسيقي ؛ الشاعر .
**mint** *(n.; vt.)* (١)دار الضرب (حيث تُسكّ العُملة)(٢)مقدار كبير (٣)نعناع §(٤)يسكّ .
**mintage** *(n.)* (١) سكّ العُملة (٢) العُملة .
**minus** *(prep.)* ناقص .
**minute** *(n.)* (١)دقيقة(٢)لحظة(٣).*pl*: محضر رسمي لوقائع جلسةٍ (٤) §دقيق ؛ صغير جداً (٥) تافه (٦)مُدقِّق .
**minutely** *(adv.)* (١)إلى قِطَع صغيرة(٢)بدقّة
**minx** *(n.)* فتاة وقحة
**miracle** *(n.)* مُعجِزة ؛ أعجوبة .
**miraculous** *(adj.)* أعجوبيّ ؛ خارق .
**mirage** *(n.)* (١)سراب (٢)شيء وهميّ .
**mire** *(n.; vt.; i.)* (١)مستنقع (٢)وحل(٣)حمأة §(٤)يلوّث بالوحل ×(٥)يغوص في الوحل.
**mirror** *(n.; vt.)* (١)مِرآة§(٢)يعكس الصورة.
**mirth** *(n.)* مَرَحٌ ؛ طَرَبٌ .
**mirthful** *(adj.)* مَرِحٌ ؛ طَرِبٌ .
**misadventure** *(n.)* بَلِيـّة ؛ بَلِيـّة طفيفة .
**misanthrope** *(n.)* مُبْغِض البَشَر .
**misapply** *(vt.)* يسيء التطبيق والاستعمال .
**misapprehend** *(vt.)* يسيء أويخطىء الفهم.
**misbehave** *(vi.)* يسيء السلوك أو التصرّف .
**misbehavior** *(n.)* سوء سلوك أو تصرّف .
**misbelief** *(n.)* مُعْتَقَدٌ أو رأيٌ خاطىء .
**miscalculate** *(vt.; i.)* يخطىء التقدير والحساب
**miscall** *(vt.)* يخطىء في التسمية .
**miscarriage** *(n.)* (١)إجهاض (٢)اخفاق .
**miscarry** *(vi.)* (١) تُجْهِض (٢) يُخفِق.
**miscellaneous** *(adj.)* متنوّع ؛ شتيت ؛ شتّى.
**miscellany** *(n.)* (١)مجموعة ؛ مجموع (٢)مزيج
**mischance** *(n.)* (١)سوء حظّ (٢)بَلِيـّة.
**mischief** *(n.)* (١)أذى (٢) مصدر أذى.
**mischievous** *(adj.)* (١)موذٍ(٢)مولع بالأذى
**misconceive** *(vt.)* يخطىء في الفهم أو الحكم.
**misconception** *(n.)* اعتقاد خاطىء .
**misconduct** *(n.)* سوء التصرّف أو السلوك .
**misconstruction** *(n.)* سوء الفهم أو التفسير .
**misconstrue** *(vt.)* يسيء الفهم أو التفسير .
**miscreant** *(adj.; n.)* (١) كافر (٢) وغد .
**misdeed** *(n.)* إثم ؛ ذنب ؛ جرم .
**misdemeanor** *(n.)* جُنْحة أو عملٌ شرّير.
**misdirect** *(vt.)* يخطىء في توجيه كذا .
**miser** *(n.)* البخيل ؛ الشحيح ؛ المقبوض اليد .
**miserable** *(adj.)* يائس ؛ مثير للشفقة أو الرثاء.
**miserly** *(adj.)* (١) بُخليّ (٢) بخيل .
**misery** *(n.)* بُؤس ؛ تعاسة ؛ شقاء .
**misfire** *(vi.)* (١)يكبو ؛ لاينطلق (٢) يُخفق.
**misfortune** *(n.)* (١) سوء الحظّ (٢) بليـّة .
**misgiving** *(n.)* هاجس ؛ رِيبة ؛ شكّ ؛ ظنّ .
**misgovern** *(vt.)* يسيء الحكم أو الادارة .
**misguide** *(vt.)* يُضَلِّل .
**mishap** *(n.)* حظّ عاثر ؛ حادث موسف .
**misinform** *(vt.)* يسيء الإعلام .
**misinterpret** *(vt.)* يسيء الفهم أو التفسير .
**misjudge** *(vt.; i.)* يخطىء في التقدير أو الحكم.
**mislay** *(vt.)* يُضيع .
**mislead** *(vt.)* يُضِلّ ؛ يُضلِّل ؛ يَخدع .
**mismanage** *(vt.)* يُسيء الادارة أو التدبير .

**misname** *(vt.)* يخطىء في التسمية .

**misnomer** *(n.)* اسمٌ مغلوط ؛ خطأ في التسمية .

**misplace** *(vt.)* يضع الشيء في غير موضعه .

**misprint** *(n.)* خطأ مطبعيّ .

**mispronounce** *(vt.)* يلفظ بطريقة خاطئة .

**misquote** *(vt.)* يخطىء في الاستشهاد أو الاقتباس .

**misread** *(vt.)* يخطىء في القراءة أو التفسير .

**misrepresent** *(vt.)* يحرّف ؛ يشوّه الحقائق .

**misrule** *(vt.; n.)* (١) يسيء الحكم § (٢) إساءة الحكم ؛ سوء الحكم (٣) اضطراب ؛ فوضى .

**miss** *(vt.; i.; n.)* (١) يخطىء المرمى (٢) يفتقد (٣) يفوته كذا (٤) ينجو (٥) يحذف (٦) يقصّر عن فهم شيء × (٧) يُخفِق (٧) يكبو ؛ يختلّ اشتعاله § (٩) عدم الاصابة (١٠) إخفاق (١١) آنسة (١٢) .*cap*: ملكة جمال .

**missal** *(n.)* كتاب القدّاس .

**misshape** *(vt.)* يُشَوِّه .

**missile** *(n.)* (١) قذيفة (٢) صاروخ .

**missing** *(adj.)* مفقود ؛ ضائع .

**mission** *(n.)* (١) إرسالية دينية (تبشيرية) (٢) بعثة (٣) مهمّة ؛ رسالة .

**missionary** *(n.; adj.)* (١) المبشِّر (٢) تبشيري .

**missive** *(n.)* رسالة خطيّة .

**misspell** *(vt.; i.)* يخطىء في التهجئة .

**misstate** *(vt.)* يحرّف أو يشوّه (الحقائق الخ.) .

**mist** *(n.)* (١) ضبابٌ رقيق (٢) غشاوة .

**mistake** *(vt.; i.; n.)* (١) يخطىء § (٢) خطأ .

by ~, خطأً ؛ بالخطأ ؛ بالغلط .

**mistaken** *(adj.)* (١) مخطىء (٢) غير صحيح .

**Mister** *(n.)* سيّد ؛ مستر .

**mistletoe** *(n.)* الهَدال ؛ الدِّبق : نبات طفيليّ .

**mistook** *past of* mistake.

**mistreat** *(vt.)* يسيء المعاملة .

**mistress** *(n.)* (١) ربّة البيت (٢) القيّمة على الخدم (٣) مديرة (٤) معلّمة (٥) سيّدة (٦) خليلة .

**mistrial** *(n.)* الدعوى الفاسدة (في القانون) .

**mistrust** *(n.; vt.)* (١) ارتياب § (٢) يرتاب في .

**misty** *(adj.)* ضبابيّ ؛ غامض ؛ غير جليّ .

**misunderstand** *(vt.)* يسيء الفهم .

**misunderstanding** *(n.)* سوء فهم أو تفاهم .

**misusage** *(n.)* معاملة سيئة ؛ استعمال خاطىء .

**misuse** *(vt.; n.)* (١) يسيء الاستعمال (٢) يسيء المعاملة § (٣) استعمال خاطىء .

**mite** *(n.)* (١) سُوس ؛ عُثّ (٢) فَلْس .

**miter** *or* **mitre** *(n.)* تاج الأسقف .

**mitigate** *(vt.)* يسكّن ؛ يلطّف ؛ يخفّف الألم .

**mitten** *(n.)* قفّاز (يكسو الأصابع الأربع معاً ويكسو الابهام منفرداً) .

**mix** *(vt.; i.)* (١) يمزج × (٢) يمتزج (٣) يعاشر .

**mixed** *(adj.)* (١) مختلِط (٢) مختَلَط .

**mixture** *(n.)* (١) مَزْج ؛ امتزاج (٢) مَزيج .

**moan** *(n.; vi.)* (١) عويل § (٢) يُعْوِل ؛ يئنّ .

**moat** *(n.)* خندق مائي (حول الحصن) .

**mob** *(n.; vt.)* (١) الغَوْغاء ؛ الرّعاع ؛ السّوقة (٢) حشدٌ من الناس § (٣) يتجمهر ويهاجم .

**mobile** *(adj.)* (١) متحرّك (٢) متحوّل ؛ متقلّب .

**mobilization** *(n.)* (١) تحريك (٢) تعبئة .

**mobilize** *(vt.)* (١) يحرّك (٢) يعبّىء .

**moccasin** *(n.)* المُقَسِين : «أ» حذاء. «ب» أفعى .

**mock** *(vt.; adj.)* (١) يهزأ بـ (٢) يتحدّى بازدراء (٣) يقلّد § (٤) كاذب ؛ زائف ؛ صُوريّ .

**mockery** *(n.)* (١)سخرية ؛ استهزاء ؛ تهكّم . (٢) تقليد ؛ زَيْف ؛ مظهر كاذب .
**mode** *(n.)* (١)صيغة (٢) شكل (٣)أسلوب ؛ طريقة (٤) زيّ سائد .
**model** *(n.; vt.)* (١)نسخة ؛ صورة (٢)مخطَّط ؛ مجسَّم (٣)نموذج (٤)طِراز (٥)غِرار (٦)مِثال (٧) الموديل : شخص يجلس أمام الرسّام لكي يستعين به على إبداع صورة (٨) عارضة أزياء § (٩) يخطِّط ؛ يشكِّل ؛ يصوغ .
**moderate** *(adj.; vt.; i.)* (١) معتدل . § (٢)يهدِّئ ؛ يلطِّف × (٣)يهدأ ؛ يَلطُف .
**modern** *(adj.)* حديث ؛ عصريّ .
**modernize** *(vt.)* يُعصِّر : يجعله عصريّاً .
**modest** *(adj.)* معتدل ؛ متواضع ؛ محتشم .
**modesty** *(n.)* (١) تواضع (٢) احتشام .
**modicum** *(n.)* القليل ؛ اليسير .
**modification** *(n.)* تعديل ؛ تحوير .
**modify** *(vt.)* (١)يُعدِّل ؛ يحوّر (٢) يقيِّد .
**modulate** *(vt.)* يغيِّر أو يعدِّل (طبقة الصوت) .
**modulation** *(n.)* تغيير في طبقة الصوت .
**mohair** *(n.)* الموهير : نوع من النسيج .
**Mohammedan** *(adj.)* مُسلِم .
**moist** *(adj.)* (١)رَطْب ؛ نَدِيّ (٢)دامع .
**moisten** *(vt.)* يُرَطِّب ؛ يُنَدِّي ؛ يُخَضِّل .
**moisture** *(n.)* رطوبة ؛ نداوة .
**molar** *(n.; adj.)* (١) ضِرْس § (٢) طاحن .
**molasses** *(n.)* دبس السكّر .
**mold** *(n.; vt.; i.)* (١) تراب (٢) قالب . (٣)عَفَن § (٤) يُفرغ في قالب ؛ يصوغ .
**molder** *(vi.)* يبلى ؛ يتهرأ ؛ يتفسّخ .
**molding** *(vi.)* (١) القَوْلَبَة : إفراغ الشيء في قالب (٢) القالب : شيء مُنتَج بالقَوْلَبَة (٣) حِلية معماريّة (بارزة أو مقعّرة) .

**moldy** *(adj.)* عِفن ؛ متعفّن ؛ بالٍ ؛ عتيق .
**mole** *(n.)* (١) خالٌ ؛ شامة (٢)الخُلد (حيوان) (٣)سدّ ؛ حاجز الأمواج.

mole 2.

**molecular** *(adj.)* جُزَيئيّ
**molecule** *(n.)* الجُزَيء (كيمياء وفيزياء).
**molest** *(vt.)* يُزعِج ؛ يضايِق ؛ يتحرَّش بِ .
**mollify** *(vt.)* يهدِّئ ؛ يلطِّف ؛ يسكِّن .
**mollusk** or **mollusc** *(n.)* الرِّخْويّ : حيوان من الرخويات كالمحار والسّبيدج والحلزون .
**mollycoddle** *(vt.)* يدلِّل ؛ يدلِّع .
**molt** *(vi.)* يَطْرَح شَعرَهُ أو رِيشَهُ دوريّاً.
**molten** *(adj.)* مصهور ؛ متوهّج ؛ مَسْبوك .
**moment** *(n.)* (١) لحظة (٢) أهمية.
**momentary** *(adj.)* خاطف ؛ سريع الانقضاء.
**momentous** *(adj.)* خطير ؛ هامّ جداً .
**momentum** *(n.)* الزّخم ؛ القوّة الدافعة .
**monarch** *(n.)* مَلِك ؛ عاهل .
**monarchic; -al** *(adj.)* مَلَكيّ.
**monarchist** *(adj.)* مَلَكيّ : مناصر للملكية.
**monarchy** *(n.)* (١)المَلَكيّة (٢) دولة مَلَكية.
**monastery** *(n.)* دَيْر .
**monastic** *(adj.)* دَيْريّ ؛ رهْبانيّ .
**monasticism** *(n.)* الرّهبانيّة : الحياة الرّهبانيّة
**Monday** *(n.)* الاثنين ؛ يوم الاثنين .
**monetary** *(adj.)* (١) عُمْلِيّ (٢) مالِيّ .
**money** *(n.)* عُملة ؛ نقد .
**money changer** *(n.)* الصرّاف ؛ الصَّيْرَفيّ.
**moneyed** or **monied** *(adj.)* ثريّ ؛ غنِيّ.
**moneylender** *(n.)* المرابي : مُقرِض المال بفائدة
**money order** *(n.)* حوالة بريديّة .
**monger** *(n.)* تاجر ؛ بائع .
**Mongolian** *(adj.; n.)* مُغوليّ ؛ منغوليّ .

**mongoose** *(n.)* النِّمس (حيوان) .

**mongrel** *(n.; adj.)* هجين .

**monition** *(n.)* تحذير ؛ تنبيه.

**monitor** *(n.)* (١) العريف : وكيل المدرِّس. (٢) المحذِّر ؛ المرشِد (٣) سفينة حربيّة .

**monk** *(n.)* (١) راهب (٢) ناسك .

**monkey** *(n.; vi.)* (١) النسناس ؛ السعدان. §(٢) يعبث بِـ .

**monkey wrench** *(n.)* المفتاح الانكليزي .

monkey wrench

**monocle** *(n.)* المونوكل : نظّارة أحاديّة الزجاجة .

**monogamy** *(n.)* الزواج الأحادي : الزواج من شخص واحد فقط في وقت واحد .

**monogram** *(n.)* المونوغرام : الأحرف الاولى من اسم شخص مرقومةً على نحوٍ متشابك .

**monograph** *(n.)* دراسة ؛ مقالَة .

**monologue** *(n.)* المونولوج : مناجاة المرء نفسَه على المسرح .

**monoplane** *(n.)* طائرة أُحادية السطح .

**monopolist** *(n.)* المحتكِر .

**monopolize** *(vt.)* يحتكر .

**monopoly** *(n.)* (١) احتكار (٢) سلعة مُحتكَرَة .

**monosyllable** *(n.)* كلمة ذات مقطع واحد.

**monotheism** *(n.)* التوحيد : الإيمان بإلٰه واحد.

**monotonous** *(adj.)* رتيب ؛ مُمِلّ .

**monotony** *(n.)* رَتابَة ؛ رُتُوْب .

**Monotype** *(n.)* المونوتيب ؛ السابكة أو المنضِّدة الحَرْفيّة أو الأُحادِيّة (طباعة).

**monseigneur** *(n.)* المونسينيور : لقب تشريف فرنسيّ يُطلَق على الأمراء والأساقفة الخ.

**monsieur** *(n.)* مسيو ؛ سيّد (في فرنسة) .

**monsoon** *(n.)* الريح الموسميّة .

**monster** *(n.)* (١) الهُولَة : حيوان أو نبات ذو صورة أو بِنْيَة غير سويّة (٢) المِسْخ : شخص في منتهى البشاعة أو الوحشيّة .

**monstrous** *(adj.)* (١) هائل (٢) هُوليّ ؛ مشوَّه الخِلْقَة (٣) رهيب ؛ شديد البشاعة (٤) شاذّ .

**month** *(n.)* الشَّهر : ثلاثون يوماً .

**monthly** *(adv.; adj.; n.)* (١) شهريّاً . §(٢) شهريّ §(٣) مجلة شهريّة .

**monument** *(n.)* نُصُب أو مَبْنًى تذكاري.

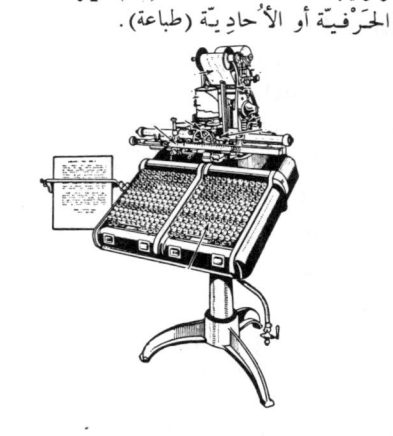

**monumental** *(adj.)* (١)ضخم (٢)بارز ؛ هامّ (٣) تذكاريّ ؛ نُصُبِيّ .

**mood** *(n.)* (١) مزاج (٢) صيغة الفعل .

**moody** *(adj.)* كئيب ؛ نَكِد ؛ متقلّب المزاج .

**moon** *(n.; vi.)* (١) القمر § (٢) يَحلُم .

once in a blue ~, نادراً جداً .

**moonlight** *(n.)* ضوء القمر .

**moonlit** *(adj.)* مُقمِر ؛ مُضاء بنور القمر .

**moonshine** *(n.)* (١)ضوء القمر (٢) هراء .

**moonstruck** *(adj.)* ممسوس ؛ مختلط العقل .

**moor** *(n.; vt.; i.)* (١)مستنقع § (٢) يُوثق ؛ يربط ؛ يُرسي السفينة × (٣)ترسو (السفينةُ) .

**Moor** *(n.)* (١)المَغْرِبيّ (٢) المُسلِم .

**moorage** *(n.)* إرساء ؛ رُسُوّ ؛ رسم الإرساء .

**moorings** *(n.pl.)* (١)مَرْسًى (٢)حبال الإرساء .

**moose** *(n.)* المُوظ : حيوان ضخم من الأيائل .

**moot** *(adj.)* موضع نقاش ؛ فيه نظَر .

**mop** *(n.; vt.)* مِمْسَحَة § (٢) ينظّف .

to ~ up (١) يتخلص من (٢) «أ» يلتهم «ب» يَنهزِم هزيمةً حاسمةً «ج» يطهّر من بقايا جيش العدوّ (٣) يُتمّ عملاً أو مهمّةً .

**mope** *(vi.)* يستغرق في تفكير كئيب .

**moral** *(adj.; n.)* (١)أخلاقيّ (٢)أدبي ؛ معنوي § (٣)مغزى القصة (٤) *pl.* : السلوك الاخلاقي .

**morale** *(n.)* معنوية ؛ معنويات .

**morality** *(n.)* (١)الأخلاقيّة (٢)الفضيلة .

**moralize** *(vi.)* يعبر عن خواطره في الأخلاق .

**morass** *(n.)* (١)مستنقع (٢)شَرَك ؛ عائق .

**moratorium** *(n.)* الموراتوريوم : قرار رسميّ بتأجيل دفع الديون المستحقّة .

**morbid** *(adj.)* (١) مَرَضيّ (٢) مولّد مرضاً (٣) كئيب إلى حدّ بعيد (٤) رهيب ؛ مروِّع .

**mordant** *(adj.)* (١)لاذع (٢) كاوٍ ؛ محرِق .

**more** *(adj.; adv.; n.)* (١)أكثر (٢)إضافيّ § (٣) الى حدّ أبعد § (٤)مقدار إضافيّ .

~ and ~, باطّراد ؛ أكثر فأكثر .

~ or less تقريباً .

to be no ~, يموت ؛ يقضي نحبه .

**moreover** *(adv.)* علاوةً على ذلك .

**morgue** *(n.)* معرض الجثث .

**moribund** *(adj.)* مُحْتَضَر ؛ على فراش الموت .

**morn ; -ing** *(n.)* (١)الضحى (٢)الصباح .

**morocco** *(n.)* المُرّاكشيّ : جلد فاخر .

**morose** *(adj.)* (١) نَكِد المزاج (٢) كئيب .

**morphine** *(n.)* المورفين : مادة مخدِّرة .

**morrow** *(n.)* الغد .

**morsel** *(n.)* (١) لقمة (٢) طبق طعام شهيّ .

**mortal** *(adj.; n.)* (١)مُميت (٢)ميّت ؛ عُرضة للموت (٣)لدود (٤)بشريّ § (٥)إنسان .

**mortality** *(n.)* (١) الفَنائية : كون الشيء فانياً أو عُرضةً للموت (٢) معدّل الوفيات .

**mortar** *(n.)* (١) هاوَن (٢) مِدفع الهاوَن (٣) مِلاط .

**mortgage** *(n.; vt.)* (١)رَهن ؛ رهن عقاريّ (٢) صكّ الرهن § (٣) يرهن .

**mortgagee** *(n.)* المُرْتَهِن : الشخص الذي يُرْهَن عنده العقار .

**mortgagor** *or* **mortgager** *(n.)* الراهن .

**mortify** *(vt.; i.)* (١) يُميت الجسد (بكبح الشهوات (٢) يُخزي ×(٣) يتغنغر : يصبح غنغرينياً (مصاباً بالغنغرينا) .

**mortise** *or* **mortice** *(n.)* النُقر : تجويف مستطيل في قطعة خشب أو نحوها يَدْخل فيه لسان.

**mortuary** *(n.)* مُستَودَع الجُثَث .

**mosaic** *(n.; adj.)* (١) فُسَيفُساء § (٢) فُسيفسائي (٣) *cap.* : مُوسَوِيّ .

**Moslem** *(n.)* المُسْلِم .

**mosque** *(n.)* المسجد ؛ الجامع .

**mosquito** *(n.)* بَعُوضَة .

**mosquito net** *(n.)* كِلّة ؛ ناموسيّة .

**moss** *(n.)* أُشْنَة ؛ طُحْلُب .

**mossy** *(adj.)* مُطَحْلَب : مكسوّ بالطُحلب .

**most** *(adj.; adv.; n.)* (١) معظم (٢) أقصى § (٣) إلى أبعد حد § (٤) قُصارَى ؛ غاية .

for the ~ part عادةً ؛ في الأعم الأغلب .

to make the ~ of يُفيد إلى أبعد حدود الافادة من.

**mostly** *(adv.)* في الأغلب ؛ في المقام الأول .

**mote** *(n.)* الهباءة ؛ الذَرّة (من الغبار خاصة).

**motel** *(n.)* الموتيل : فندق على الطريق العام .

**moth** *(n.)* (١) عثّة الملابس (٢) فراشة .

**mother** *(n.; adj.)* (١) أمّ (٢) الأمّ : رئيسة دير . (٣) مصدر ؛ أصل § (٤) أميّ ؛ أموميّ (٥) قوميّ.

**motherhood** *(n.)* الأمومة .

**mother-in-law** *(n.)* (١) الحماة : أمّ الزوج أو الزوجة (٢) زوجة الأب .

**motherland** *(n.)* (١) الوطن (٢) الوطن الأمّ .

**motherless** *(adj.)* يتيم : فاقدٌ أمَّه .

**motherly** *(adj.)* أُموميّ ؛ حنون ؛ عطوف .

**mother-of-pearl** *(n.)* عِرق اللؤلؤ ؛ أمّ اللآلىء

**mother tongue** *(n.)* لغة المرء القوميّة .

**motif** *(n.)* الموضوع ؛ الفكرة الرئيسية .

**motion** *(n.; vt.; i.)* (١) اقتراح (٢) حركة . (٣) تغوّط § (٤) يشير أو يومىء إلى .

**motionless** *(adj.)* ساكن ؛ غير متحرك .

**motion picture** *(n.)* شريط أو فيلم سينمائيّ.

**motivate** *(vt.)* يحثّ ؛ يحرّض .

**motive** *(n.; adj.)* (١) الباعث ؛ الحافز . § (٢) محرِّك ؛ حرَكيّ ؛ تحريكيّ .

**motley** *(adj.)* (١) متعدّد الألوان (٢) متنافر .

**motor** *(n.; adj.)* (١) قوّةٌ محرِّكة (٢) المحرِّك ؛ الموطور (٣) سيّارة § (٤) محرِّك (٥) حرَكيّ.

**motorboat** *(n.)* الزورق الموطوري .

**motor bus; motor coach** *(n.)* الأوتوبوس

**motorcar** *(n.)* السيارة ؛ الأوتوموبيل .

**motorcycle** *(n.)* الدَّرَّاجة البخاريّة أو الناريّة .

**motorist** *(n.)* سائق السيّارة أو راكبها .
**mottle** *(vt.)* يُرَقِّش ؛ ينقِّط بمختلف الألوان .
**motto** *(n.)* شِعار .
**mould** *(n.; vt.; i.)* =mold.
**moult** *(vi.)* =molt.
**mound** *(n.)* (١) متراس (٢) رابية .
**mount** *(n.; vi.; t.)* (١) جبل (٢) الرَّكوبة ؛ الحاضن ؛ السِّناد (٣) مطيّة § (٤) يرتفع ؛ يصعد × (٥) يرتقي ؛ يمتطي (٩) يرفع ؛ يُعلي ؛ ينصب .
**mountain** *(n.)* جبل .
**mountaineer** *(n.)* الجبليّ : ساكن الجبل .
**mountainous** *(adj.)* (١) جبليّ (٢) ضخم .
**mountebank** *(n.)* المُشَعْوِذ ؛ الدجّال .
**mounted** *(adj.)* (١) فارس ؛ راكبٌ فرَساً . (٢) مُثبَّت في حاضن (٣) منصوب .
**mourn** *(vi.; t.)* يندب ؛ يتفجّع على .
**mournful** *(adj.)* (١) حَزين (٢) مُحزِن .
**mourning** *(n.)* (١) حِداد (٢) ثوب الحِداد .

**mouse** *(n.)* فأر ؛ فأرة .

**moustache** *(n.)* الشارب : شعر الشفة العليا .

**mouth** *(n.; vi.)* (١) فم (٢) تعبير (٣) مصبّ النهر § (٤) يتشدّق في الكلام .

**mouthful** *(n.)* (١) مِلْء الفم (٢) لقمة .
**mouth organ** *(n.)* الهرمونيكا : آلة موسيقية .
**mouthpiece** *(n.)* (١) الفم (٢) الناطق بلسان حكومة أو حزب الخ .

**movable** *(adj.; n.)* (١) قابلٌ للتحريك (٢) غير ثابت التاريخ § (٣) *pl.* : المنقولات .
**move** *(vi.; t.; n.)* (١) يرتحل (٢) ينتقل . (٣) يتحرّك (٤) تدور (الآلة) (٥) يستدعي ؛ يقدم استدعاء × (٦) يحرّك ؛ ينقّل (٧) يدفع ؛ يُدير (٨) يُقنع ؛ يحمله على (٩) يثير مشاعر فلان (١٠) يقدّم اقتراحاً § (١١) خطوة ؛ حركة .

on the ~, (١) في حالة تنقُّل من مكان إلى آخر (٢) في حالة تقدُّم .

**movement** *(n.)* (١) حركة (٢) تغوّط ؛ غائط .
**movie** *(n.)* (١) فيلم (٢) *pl.* : السينما .
**moving** *(adj.)* (١) متحرّك (٢) محرِّك (٣) مؤثّر .
**moving picture** *(n.)* شريط أو فيلم سينمائي .
**mow** *(n.; vt.)* (١) مخزن التبن § (٢) يجزّ ؛ يحصد .
**mower** *(n.)* الجزّازة ؛ الحصّادة .
**much** *(adj.; adv.; n.)* (١) كثير § (٢) بكثير ؛ إلى حد بعيد (٣) كثيراً (٤) تقريباً § (٥) مقدار وافر (٦) شيء عظيم .

as ~ as you want قدْر ما تريد .

**mucilage** *(n.)* سائل الصمغ .

**muck** *(n.)* (١) سماد حيواني (٢) قَذَر .

**mucous** *(adj.)* مُخاطيّ .
**mucus** *(n.)* مخاط ؛ مادّة مُخاطيّة .
**mud** *(n.)* وَحْل ؛ طين .
*(vt.; n.)* (١) يُشوّش ؛ «يلخبط» . § (٢) تشوُّش ذهني (٣) اختلاط ؛ «لخبطة» .
**muddy** *(adj.)* (١) مُوْحِل ؛ عَكِر (٢) مشوَّش .
**muff** *(n.)* المُوْفَة : غطاء أنبوبيّ طويل مكسوّ بالفِراء لتدفئة اليدين .

**muffin** *(n.)* الموفينية : فطيرة رقيقة مدوّرة .

muf 309 mus

**muffle** *(vt.; n.)* (١) يُلفّع (٢) يكظم أو يكتم الصوتَ (٣) يُخمِد ؛ يكبت § (٤) خَطْم.
**muffler** *(n.)* لِفاع (يُلفّ حول العنق).
**mug** *(n.)* (١) كوز ؛ إبريق (٢) وجه؛ فم.
**muggy** *(adj.)* رطبٌ حارّ (صفة للطقس).
**Muhammadan** *(adj.; n.)* (١) إسلاميّ. § (٢) المسلم؛ واحد المسلمين.
**mulatto** *(n.; adj.)* مولَّد ؛ خُلاسيّ.
**mulberry** *(n.)* شجر التوت أو ثمره.
**mulch** *(n.)* مِهاد (من النُّشارة أو التبن).
**mulct** *(n.; vt.)* (١) غرامة § (٢) يُغرِّم.
**mule** *(n.)* (١) بَغْل (٢) شخص عنيد جداً. (٣) المُول: مِغزَل آليّ (٤) خُفّ؛ مَشّاية.
**mulish** *(adj.)* (١) بَغْليّ؛ كالبغل (٢) عنيد.
**mull** *(vi.)* يفكّر مليّاً في.
**mullein** *(n.)* آذان الدب (نبات).
**muller** *(n.)* المِسْحَنَة: مِدَقّة يُسْحَنُ بها.
**mullet** *(n.)* البُوري (سمك).

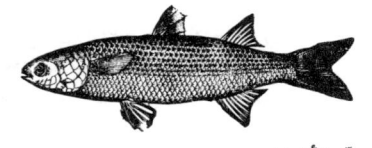

**multicolored** *(adj.)* متعدّد الألوان.
**multifarious** *(adj.)* متنوّع؛ متعدّد الأنواع.
**multiform** *(adj.)* متعدد الأشكال.
**multiple** *(adj.)* متعدّد؛ مضاعَف؛ مُركّب.
**multiplicand** *(n.)* المضروب (في الحساب).
**multiplication** *(n.)* (١) مُضاعَفَة. (٢) تَضاعُف (٣) الضّرب (في الحساب).
**multiplicity** *(n.)* تعدُّد؛ عدد وافر.
**multiplier** *(n.)* المضروب فيه (في الحساب).
**multiply** *(vt.; i.)* (١) يكثّر؛ يضاعف. (٢) يضْرِب (عدداً في آخر) × (٣) يتكاثر.
**multitude** *(n.)* (١) تعدّد؛ وفرة (٢) عددٌ وافر. (٣) حَشْدٌ (٤) العامة؛ الجماهير.
**multitudinous** *(adj.)* (١) مُزْدَحِم (٢) وافر.
**mum** *(adj.; interj.)* (١) صامت § (٢) إصْمت!
**mumble** *(vi.; t.)* (١) يُتمتم × (٢) يمضغ بعُسْر.
**mummer** *(n.)* (١) الممثِّل (٢) المهرِّج.
**mummify** *(vt.; i.)* (١) يُحنِّط × (٢) يتحنّط.
**mummy** *(n.; vt.)* (١) مومياء § (٢) يحنّط.
**mumps** *(n.)* النُّكاف؛ «أبو كعب» (مرض).
**munch** *(vt.; i.)* يَمْضَغ بصوت طاحن.
**mundane** *(adj.)* دُنْيَوِيّ؛ أرضيّ.
**municipal** *(adj.)* (١) بلديّ (٢) مَحَلّيّ.
**municipality** *(n.)* بلديّة أو مجلس بلدي.
**munificent** *(adj.)* كريم؛ جَواد.
**munitions** *(n.pl.)* ذخائر؛ أعتِدة حربيّة.
**mural** *(adj.; n.)* (١) جداريّ § (٢) لوحة جدارية.
**murder** *(n.; vt.; i.)* (١) قَتْل § (٢) يقتل عمداً.
**murderer** *(n.)* القاتل: مرتكب جريمة القتل.
**murderess** *(n.)* القاتلة: مرتكبة جريمة القتل.
**murderous** *(adj.)* قاتل؛ مُهلِك.
**murk** *(n.)* (١) ظلمة (٢) ضباب.
**murky** *(adj.)* (١) مظلم (٢) كثير الضباب.
**murmur** *(n.; vi.)* (١) تذمُّر (٢) خرير. (٣) حفيف (٤) طنين (٥) همهمة § (٦) يتذمّر (٧) يخرّ؛ يدمدم (٨) يهمس.
**murrain** *(n.)* طاعون الماشية.
**muscle** *(n.)* (١) عَضَلَة (٢) قوة.
**muscular** *(adj.)* (١) عَضَليّ (٢) قويّ.
**muse** *(vi.; n.)* (١) يتأمّل؛ يستغرق في التفكير. § (٢) *cap.*: المُوزِيّة: إحدى إلاهات الفنون والعلوم (عند اليونان).
**museum** *(n.)* مُتْحَف.
**mush** *(n.)* عصيدة: دقيقُ الذُّرة المَغْليّ في الماء.

**mushroom** *(n.; vi.)* (١) الفُطر §(٢) يَنبت بسرعة .

mushroom

**music** *(n.)* موسيقى .

**musical** *(adj.)* موسيقيّ .

**musician** *(n.)* الموسيقيّ ؛ المؤلِّف الموسيقي .

**music stand** *(n.)* حامل النوتة الموسيقية .

music stand

**musing** *(n.; adj.)* (١) تأمُّل ؛ استغراق في التفكير §(٢) متأمِّل .

**musk** *(n.)* (١) المِسْك (٢) عبير المسك

**musket** *(n.)* المَسْكِيْت : بندقيّة قديمة الطراز .

**muskmelon** *(n.)* الشمّام ؛ البطيخ الأصفر .

**muskrat** *(n.)* فأر المسك (حيوان مائيّ) أو فروُهُ .

**musky** *(adj.)* مِسكيّ ؛ مِسكيّ العبير أو الطعم .

**Muslim** *(n.; adj.)* مُسْلِم .

**muslin** *(n.)* الموصلين : نسيج قطنيّ رقيق .

**muss** *(n.; vt.)* (١) فوضى ؛ لاترتيب §(٢) يلخبط

**mussel** *(n.)* بلَح البحر (حيوان)

**Mussulman** *(n.)* المُسْلِم .

**mussy** *(adj.)* غير مرتَّب ؛ عديم الترتيب .

**must** *(v.; aux.; n.)* (١) يجب §(٢) ضرورة .

**mustache** *(n.)* = moustache.

**mustard** *(n.)* خَرْدَل .

**mustard plaster** *(n.)* لَصُوقَة الخردل .

**muster** *(vt.; n.)* (١) يجنِّد (٢) يحشد . §(٣) تجمُّع ؛ اجتماع (٤) تفقُّد عسكريّ رسميّ .

to ~ out يصرف أو يفصل من الخدمة

to pass ~, يفي بالغرض المطلوب .

**musty** *(adj.)* (١) عَفِن (٢) عتيق ؛ بالٍ ؛ مبتذل .

**mutable** *(adj.)* متحوِّل ؛ متغيِّر ؛ متقلِّب .

**mutation** *(n.)* تحوُّل ؛ تغيُّر هامّ وأساسيّ .

**mute** *(adj.; n.; vt.; i.)* (١) أخرس ؛ أبكم . (٢) صامت §(٣) الأخرس (٤) المخْفَات ؛ مخفِّف الصوت §(٥) يخفِّف الصوتَ أو اللون ×(٦) يَسْلَح (يَذْرق) الطائر .

**mutilate** *(vt.)* يَبتُر ؛ يَجْدَع ؛ يمثِّل بـِ ؛ يشوِّه .

**mutineer** *(n.)* المتمرِّد : جندي أو بحّار متمرِّد .

**mutinous** *(adj.)* (١) متمرِّد (٢) تمرُّديّ .

**mutiny** *(n.; vi.)* (١) تمرُّد §(٢) يتمرّد (الجنديّ)

**mutter** *(vi.; n.)* (١) يغمغِم ؛ يدمدم . (٢) يتذمَّر §(٣) غمغمة ؛ دمدمة (٤) تذمُّر .

**mutton** *(n.)* لحم الضأن .

**mutual** *(adj.)* (١)متبادَل (٢)مشترَك.
**muzzle** *(n.; vt.)* (١) خَطْم (٢) كِمامة . (٣) فُوَّهة §(٤) يكمِّم (٥) يكبت .
**muzzy** *(adj.)* مشوَّش الذهن ؛ ثَمِل .
**my** *(pron.)* «ي» : ضمير المتكلم المضاف إليه .
**myope** *(n.)* الحسير : المُصاب بقِصَر البَصَر .
**myopia** *(n.)* الحَسَر : قِصَر البَصر .
**myriad** *(n.)* (١)عشرة آلاف (٢)عددٌ ضخم .
**myrmidon** *(n.)* التابع الوفيّ .
**myrrh** *(n.)* المرّ : صمغ راتينجي .
**myrtle** *(n.)* الآس : نبات عطري .

**myself** *(pron.)* أنا ؛ نفسي ؛ بنفسي .

**mysterious** *(adj.)* خفيّ ؛ غامض ؛ مُلْغَز .
**mystery** *(n.)* (١)أحجية ؛ لغز (٢)رواية بوليسيّة (٣) خفاء ؛ غموض ؛ سرّية .
**mystic** *(adj.; n.)* (١)صوفيّ ؛ باطنيّ (٢)خفيّ ؛ غامض ؛ مُلْغَز §(٣)الصوفيّ ؛ الباطنيّ .
**mystical** *(adj.)* (١)رمزيّ (٢)صوفيّ ؛ باطنيّ . (٣) خفيّ ؛ غامض ؛ مُلْغَز .
**mysticism** *(n.)* التصوّف ؛ المذهب الباطنيّ .
**mystification** *(n.)* (١)إرباك (٢)تَعْمِية ؛ إلغاز (٣) ارتباك ؛ حيرة (٤)غموض ؛ خفاء .
**mystify** *(vt.)* (١)يُرْبِك (٢)يُعمِّي ؛ يُلغِز .
**myth** *(n.)* أسطورة ؛ خرافة .
**mythical** *(adj.)* أسطوريّ ؛ خرافيّ ؛ خياليّ .
**mythologic ;-al** *(adj.)* ميثولوجيّ ؛ خرافيّ .
**mythologist** *(n.)* العالِم بالأساطير .
**mythology** *(n.)* الميثولوجيا : «أ» مجموعة أساطير . «ب» علم الأساطير .

*nightclub* (Lebanon)

# N

**n** *(n.)* الحرف الرابع عشر من الأبجدية الانكليزية.

**nab** *(vt.)* يعتقل ؛ يقبض على .

**nadir** *(n.)* (١) النّظير ؛ نظير السَّمت (فلك) . (٢) الحضيض ؛ الدَّرْك الأسفل .

**nag** *(n.; vi.; t.)* (١) فَرَس § (٢) يتذمّر أو يشكو باستمرار ؛ « ينقّ » × (٣) يضايق ؛ يناكد.

**naiad** *(n.)* النَّيّادَة : حوريّة الماء .

**nail** *(n.; vt.)* (١) ظُفْر (٢) مِسمار . § (٣) يسمِّر ؛ يثبّت (بمسمار) .

**naïve** *or* **naive** *(adj.)* بسيط ؛ ساذَج .

**naivety** *(n.)* (١) سذاجة (٢) ملاحظة ساذجة .

**naked** *(adj.)* (١) عارٍ ؛ مجرَّد من (٢) واضح.

**nakedness** *(n.)* (١) عُرْيٌ ؛ تجرُّد (٢) وضوح.

**name** *(n.; vt.; adj.)* (١) اسم (٢) سمعة ؛ صِيت § (٣) يسمّي (٤) يعيِّن (٥) يحدِّد .

to call a person ~*s* يُهينُه ؛ يشتمُه.

**nameless** *(adj.)* (١) مغمور ؛ غير مشهور . (٢) مجهول ؛ غير حاملٍ اسماً (٣) لا يوصف .

**namely** *(adv.)* أعني ؛ عَنَيْتُ ؛ أيْ .

**namesake** *(n.)* السَّمِيّ : الحامل نفس الاسم .

**nap** *(vi.; n.)* (١) يَقيل : يأخذ سِنَةً من النوم. § (٢) سِنَة (٣) الزِّئْبِر : زَغَبُ المنسوجات .

**nape** *(n.)* مؤخَّرُ العنق ؛ قفا العنق .

**naphtha** *(n.)* النَّفْط .

**naphthalene** *(n.)* النَفْثالين .

**napkin** *(n.)* (١) مِنديل (٢) « حِفاض » الطفل.

**narcissus** *(n.)* النرجس ( نبات ) .

**narcotic** *(n.; adj.)* مخدِّر .

**nard** *(n.)* مرهم الناردين .

**naris** *(n.)* pl. **nares** المَنْخِر : ثُقْب الأنف .

**narrate** *(vt.)* يَقُصّ ؛ يروي ؛ يحكي .

**narrater; narrator** *(n.)* القاصّ ؛ الراوية .

**narration** *(n.)* (١) رواية القِصص (٢) قصة .

**narrative** *(n.; adj.)* (١) قصة § (٢) قَصَصيّ .

**narrow** *(adj.; n.; vi.; t.)* (١) ضيّق (٢) محدود (٣) دقيق § (٤) ممرّ ضيّق (٥) *pl.* : مَضيق § (٦) يَضيق × (٧) يضيّق .

a ~ escape . نجاة بمشقّة أو صعوبة

**narrowly** *(adv.)* (١) بدقّة (٢) بشِقّ النفس .

**narrow-minded** *(adj.)* ضيّق التفكير .

**nasal** *(adj.)* أنفيّ : متعلّق بالأنف أو ملفوظ منه .

**nascent** *(adj.)* ناشئ ؛ وليد ؛ حديث التولّد .

**nasturtium** *(n.)* الكَبَّوسين ؛ أبو خنجر (نبات)

**nasty** *(adj.)* (١) مُقْرِف (٢) بذيء (٣) كريه .

**natal** *(adj.)* مَوْلِديّ ؛ وِلاديّ .

**nation** *(n.)* (١) أمة ؛ شعب (٢) دولة .

**national** *(adj.)* قوميّ ؛ وطنيّ .

**nationalism** *(n.)* القوميّة .

**nationalist** *(n.; adj.)* (١) القوميّ § (٢) قوميّ .

**nationality** *(n.)* (١) القوميّة (٢) الجنسيّة .

**nationalization** *(n.)* تأميم .

**nationalize** *(vt.)* (١) يجنّس (٢) يؤمّم .

**native** *(adj.; n.)* (١) فِطْريّ (٢) وطنيّ (٣) أهليّ (٤) قوميّ (٥) بلدي (٦) طبيعيّ § (٧) ابن البلد أو أحد السكان الوطنيين .

**nativity** *(n.)* ميلاد ؛ وبخاصة : ميلاد المسيح .

**natty** *(adj.)* أنيق .

**natural** *(adj.)* فِطْريّ ؛ طبيعيّ ؛ جِبِلّي .

a ~ child . ولدٌ غير شرعيّ

**naturalism** *(n.)* المذهب الطبيعي أو الواقعي .

**naturalize** *(vt.)* (١) يتبنّى (٢) يؤقلم (٣) يجنّس : يمنحه جنسية البلد .

**nature** *(n.)* (١) طبيعة (٢) مزاج (٣) نوع .

**naught** *(n.; adj.)* (١) صِفْر ؛ عَدَم § (٢) تافه .

**naughty** *(adj.)* (١) سيّء السلوك (٢) داعر ؛ بذيء

**nausea** *(n.)* (١) غَثَيان (٢) دُوار (٣) تقزّز .

**nauseate** *(vi.; t.)* يصاب أو يُصيب بالغَثَيان .

**nauseous** *(adj.)* مُغْثٍ ؛ مُقْرِف .

**nautical** *(adj.)* بحريّ ؛ مِلاحيّ .

**naval** *(adj.)* بَحْرِيّ .

**nave** *(n.)* (١) محور الدولاب (٢) صحن الكنيسة .

**navel** *(n.)* (١) السُّرَّة (٢) النقطة الوسطى .

**navel orange** *(n.)* أبو سُرَّة : برتقال ذو سُرَّة .

**navigable** *(adj.)* صالح للملاحة .

**navigate** *(vi.)* (١) يُبْحِر (٢) يقود .

**navigation** *(n.)* (١) إبحار (٢) مِلاحة .

**navigator** *(n.)* (١) الملاّح (٢) الرُّبّان .

**navy** *(n.)* (١) أسطول (٢) الأسطول .

**navy blue** *(n.)* الأزرق البحري ؛ الأزرق الداكن

**nay** *(adv.; n.)* (١) لا ؛ كلا (٢) بل § (٣) رفض .

**Nazi** *(n.; adj.)* (١) النازيّ § (٢) نازيّ .

**neap tide** *(n.)* الجَزْر المحاقيّ : جَزْر تامّ يَحدث في الرُّبْع الأول والثالث من عمر القمر .

**near** *(adv.; adj.; vi.; t.)* (١)قُرْبَ؛ بالقرب. (٢)تقريباً §(٣)وثيق الصلة أو القرابة (٤)قريب (٥)مُنْجَز بشقّ النفس (٦)الأقرب (٧)بخيل §(٨) يدنو ×(٩) يقترب من.
**nearby** *(adj.)* قريب؛ مجاور.
**nearly** *(adv.)* (١) تقريباً (٢)على نحوٍ وثيق.
**nearsighted** *(adj.)* حسير: قصير البصر.
**neat** *(adj.)* (١)أنيق (٢)دقيق (٣)نظيف؛ مرتّب.
**nebula** *(n.)* سديم؛ غيمة سَديمية (فلك).
**nebulous** *(adj.)* (٢) غير واضح (٢) سديميّ.
**necessarily** *(adv.)* ضرورةً؛ بالضرورة.
**necessary** *(n.; adj.)* (١)ضرورة §(٢)ضروريّ.
**necessitate** *(vt.)* يوجب؛ يحتّم؛ يستلزم.
**necessitous** *(adj.)* مُعْوِز؛ فقير.
**necessity** *(n.)* (١) ضرورة (٢) اضطرار. (٣)عوز؛ فقر (٤)شيء ضروري؛ رغبة ملحّة.
of ~, ضرورةً؛ بالضرورة.
**neck** *(n.)* (١)عنق؛ رقبة (٢) مضيق.
~ and ~, عُنُقاً لعُنُق (كما يجري فرسا الرهان)
~ or nothing بيأس؛ مغامراً بكل شيء
**neckerchief** *(n.)* منديل أو لِفاع الرقبة.
**necklace** *(n.)* عِقد؛ قِلادة.
**necktie** *(n.)* الأُرْبَة: ربطة العنق.
**necromancy** *(n.)* استحضار الأرواح.
**nectar** *(n.)* (١)رحيق (٢) شراب.
**need** *(n.; vi.; t.)* (١)حاجة؛ ضرورة (٢)ضِيق. (٣) عوز؛ فاقة §(٤) يكون ضرورياً أو مطلوباً ×(٥) يحتاج إلى.
**needful** *(adj.; n)* ضروريّ؛ شيء ضروري.
**needle** *(n.)* (١)إبرة (٢)صنّارة الحَبْك.
**needless** *(adj.)* غير ضروريّ.
**needlework** *(n.)* (١)شغْل الابرة (٢)التطريز.
**needy** *(adj.)* فقير؛ مُعْوِز.
**ne'er-do-well** *(n.)* شخص متبطّل عديم النفع.
**nefarious** *(adj.)* شائن؛ شنيع.
**negation** *(n.)* (١)إنكار؛ رفض (٢)عدم.
**negative** *(adj.; n.)* (١) سلبيّ §(٢) سلب؛ رفض (٣)الصورة السلبية (في الفوتوغرافيا).
in the ~, سلباً؛ سلبياً؛ بالسلب.
**negatively** *(adv.)* سَلْباً؛ سَلْبيّاً.
**neglect** *(vt.; n.)* (١) يُهْمِل §(٢)إهمال.
**neglectful** *(adj.)* مُهْمِل.
**negligee** *(n.)* المِبْذَل: ثوب نسويّ فضفاض.
**negligence** *(n.)* إهمال.
**negligent** *(adj.)* مهمِل؛ متهاوِن.
**negligible** *(adj.)* تافه؛ جدير بالاهمال.
**negotiable** *(adj.)* (١) صالح للتفاوض فيه. (٢) صالحٌ للتحويل والتداول الخ.
**negotiate** *(vi.; t.)* (١) يفاوض؛ يتفاوض. ×(٢) يحوّل إلى شخص آخر أو إلى نقد.
**negotiation** *(n.)* مفاوَضَة؛ تفاوض.
**Negress** *(n.)* الزنجيّة؛ امرأة زنجيّة.
**Negro** *(n.; adj.)* زنجيّ؛ أسود.
**negus** *(n.)* النّجاشيّ: لقب امبراطور الحبشة.
**neigh** *(vi.; n.)* (١)يَصْهَل §(٢)صهيل.
**neighbor** *(n.; adj.)* (١) جارٌ §(٢) مجاوِر.
**neighborhood** *(n.)* جِوار؛ مجاورة؛ جيران.
**neighboring** *(adj.)* (١)مجاور (٢)متاخم.
**neighbour** *(n.; adj.)* = neighbor.
**neither** *(adj.; pron.; conj.; adv.)* (١) ولا واحد من §(٢) لا هذا ولا ذاك §(٣) لا... (٤) ولا §(٥) أيضاً.
**neo -** بادئة معناها: جديد؛ حديث؛ مُحْدَث.

**neon** *(n.)* غاز النيون .

**neophyte** *(n.)* (١) المعتنق الجديد (لدين ما) . (٢) المبتدىء (في فنٍّ ما) .

**nephew** *(n.)* (١) ابن الأخ (٢) ابن الأخت .

**nephritis** *(n.)* التهاب الكُلْيَة .

**nepotism** *(n.)* محاباة الأقارب (في التوظيف الخ.) .

**Neptune** *(n.)* نبتون : «أ» إلــٰـه البحر عند الرومان . «ب» ثامن الكواكب السيّارة .

**nerve** *(n.; vt.)* (١) عَصَب (٢) قوة ؛ جرأة ؛ وقاحة (٣) *pl.* هستيريا § (٤) يقوّي ؛ يشجّع .

**nervous** *(adj.)* (١) عصبيّ (٢) خائف (٣) قلِق

**nervous system** *(n.)* الجهاز العصبيّ (ت).

**nest** *(n.; vi.)* (١) عشّ (٢) مأوى (٣) مجموعة. § (٤) يبني عشّاً أو يأوي إليه .

**nestle** *(vi.; t.)* (١) يستكِنّ × (٢) يُؤوي ؛ يحضن

**nestling** *(n.)* (١) فَرْخ (٢) طفل .

**net** *(n.; adj.; vt.)* (١) شبكة (٢) شَرَك (٣) ربحٌ أو وزن أو سعر صافٍ § (٤) صافٍ (٥) نهائيّ § (٦) يغطّي أو يطوّق بشبكة (٧) يصيد بشبكة ؛ يُوقع في شَرَك (٨) يَربح أو يَغِلّ ربحاً صافياً .

**nether** *(adj.)* سُفليّ .

**nettle** *(n.; vt.)* (١) القُرّاص § (٢) يَغيظ .

**network** *(n.)* (١) شبكة (٢) شبكة محطات إذاعة .

**neuralgia** *(n.)* النورالجيا : الألم العصبيّ .

**neurasthenia** *(n.)* النوراستينيا ؛ النَّهَك العصبيّ

**neurosis** *(n.)* العُصاب : اضطراب عصبي وظيفي

**neurotic** *(adj.; n.)* (١) عُصابيّ : ذو علاقة بالعُصاب § (٢) العُصابيّ : المُصاب بالعُصاب .

**neuter** *(adj.)* (١) مُحيَّر : ليس بالمذكّر ولا بالمؤنّث (٢) لازم (٣) حياديّ ؛ محايد .

**neutral** *(adj.; n.)* محايد ؛ حيادي .

**neutrality** *(n.)* الحياد .

**neutralize** *(vt.)* (١) يُحايد (كيمياء وكهرباء) (٢) يُبْطِل ؛ يقضي على تأثير كذا (٣) يحيِّد ؛ يمنحه صفة الحياد الدولي .

**never** *(adv.)* قَطّ ؛ أبداً ؛ مُطْلَقاً .

**nevermore** *(adv.)* بعد اليوم أبداً .

**nevertheless** *(adv.)* ومع ذلك ؛ وبرغم ذلك.

**new** *(adj.)* (١) جديد ؛ حديث (٢) عصري .

**newcomer** *(n.)* الوافد ؛ القادم الجديد .

**newel** *(n.)* قائمة الدرابزين .

**newly** *(adv.)* (١) حديثاً ؛ مؤخّراً . (٢) من جديد .

**news** *(n.)* (١) نبأ ؛ خبر (٢) أنباء .

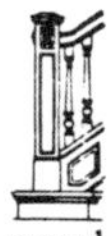

newel

**newsboy** *(n.)* بائع الصحف .
**newscast** *(n.)* نشرة الأخبار في الراديو أو التلفزيون .
**news conference** *(n.)* مؤتمر صُحُفِـي .
**newspaper** *(n.)* صحيفة ؛ جريدة .
**newsreel** *(n.)* جريدة السينما .
**newsstand** *(n.)* كُشْك الصحف .
**newt** *(n.)* سَمَنْدَل ُ الماء (حيوان) .

**New Testament** *(n.)* العهد الجديد : القسم الثاني من الكتاب المقدّس .
**New Year's Day** *(n.)* عيد رأس السنة .
**next** *(adj.; adv.; prep.)* (١) تالٍ §(٢) ثم ؛ بعد ذلك مباشرة (٣) في المرة التالية §(٤) أقرب إلى.

~ door البَيْت التالي أو المجاور .
*next*-door neighbors جاران مُلاصِقان (منزلُ أحدهما يتاخم منزل الآخر ) .
~ to impossible مستحيلٌ تقريباً .
~ to nothing لا شيء تقريباً .

**nib** *(n.)* (١) سنّ ؛ طرف (٢) ريشة الكتابة .
**nibble** *(vt.; i.)* يقضم برفق ؛ يأكل بتأنٍّ .
**nice** *(adj.)* (١) متأنّق (٢) لذيذ (٣) لطيف (٤) دقيق (٥) سارّ (٦) متقَن (٧) مهذّب .
**nicety** *(n.)* (١) شيء لذيذ أو لطيف (٢) نقطة دقيقة ؛ تفصيل (٣) دِقّة (٤) إفراط في التأنّق.

to a ~ على نحوٍ مُحْكَم أو صائب جداً .

**niche** *(n.)* (١) المِشْكاة : كوّة في الحائط غيرُ نافذةٍ يوضع فيها تمثال أو زهريّة (٢) محراب (٣) الموضع اللائق ؛ البيئة الملائمة .

niche I.

**nick** *(n.; vt.)* (١) شِق ؛ حزّ ؛ ثَلْم (٢) اللحظة النهائيّة الحرجة أو الحاسمة §(٣) يحزّ ؛ يثلم (٤) يختصر (٥) يلحق (بالقطار) في اللحظة المناسبة
**nickel** *(n.)* (١) النيكل (معدن) (٢) خمسة سنتات
**nickname** *(n.; vt.)* (١) لقب §(٢) يلقّب .
**nicotine** *(n.)* النيكوتين : مادّة سامّة في التبغ .
**niece** *(n.)* ابنةُ الأخِ أو الأخت .
**niggard** *(n.; adj.)* (١) البخيل §(٢) بخيل .
**niggardly** *(adj.; adv.)* (١) بخيل (٢) بِبُخْل .
**nigger** *(n.)* الزّنجيّ .
**nigh** *(adv.; adj.)* (١) قريباً §(٢) قريبٌ.
**night** *(n.; adj.)* (١) لَيْل (٢) لَيلة §(٣) ليليّ .

**nightcap** *(n.)* (١) قلنسوة النّوم (٢) شَراب مُسْكِر .
nightcap
**nightclub** *(n.)* ملهى ليليّ .
**nightdress** *(n.)* المنامة : ثوب يُلبس عند النوم.
**nightfall** *(n.)* الغروب ؛ الغسق ؛ هبوط الليل.
**nightgown** *(n.)* = nightdress.
**nighthawk** *(n.)* السُّبَد ؛ الضُّوَع ( طائر ) .

**nightingale** *(n.)* الهَزار ؛ العندليب .

**nightly** *(adj.; adv.)* (١) ليليّ §(٢) كلّ ليلة (٣) ليلاً .

**nightmare** *(n.)* جُثام ؛ كابوس .

**nightshirt** *(n.)* قميص النّوم .

**night watch** *(n.)* العَسَس : الحارِس الليليّ .

**nihilism** *(n.)* العَدَميّة ؛ النِهِلستيّة .

**nil** *(n.)* لاشيء ؛ صِفْر .

**nimble** *(adj.)* (١) رشيق (٢) نبيه ؛ ذكيّ ؛ فطِن .

**nimbus** *(n.)* (١) هالة نورانيّة (٢) سحابة ممطرة .

nimbus 1.

**nincompoop** *(n.)* المُغَفّل ؛ السّاذج .

**nine** *(n.)* تسعة ؛ تسع .

**ninepins** *(n.pl.)* لعبة القناني الخشبية .

ninepins

**nineteen** *(n.)* تسعة عشر .

**nineteenth** *(adj.; n.)* (١) التاسع عشر . (٢) بالغ جزءاً من ١٩ من كذا §(٣) التاسع عشر من كذا (٤) جزء من ١٩ .

**ninetieth** *(adj.; n.)* (١) التسعون (٢) بالغ جزءاً من ٩٠ §(٣) التسعون من كذا (٤) $\frac{١}{٩٠}$ .

**ninety** *(n.)* (١) تسعون (٢) *pl.* : العقد العاشر .

**ninny** *(n.)* المُغَفّل ؛ الساذج .

**ninth** *(adj.; n.)* (١) التاسع (٢) بالغٌ جزءاً من تسعة §(٣) التاسع من كذا (٤) تُسْع ؛ $\frac{١}{٩}$ .

**nip** *(vt.; n.)* (١) يَقرص ؛ يَقْرِض ؛ يعضّ . (٢) يكبح بشدّة (٣) يَقْرِسُه البردُ أو يلذعه (٤) يختطف §(٥) بردقارس (٦) قَرْص ؛ عضّ (٧) قَرْصة ؛ عضّة (٨) رشفةٌ (من مُسْكِر) .

to ~ in the bud . يقضي عليه في المهد

**nippers** *(n. pl.)* القَرّاضة ؛ الكمّاشة .

**nipple** *(n.)* الحلمة ؛ حلمة الثدي .

**nit** *(n.)* الصُّؤابة : بيضة القمل (٢) القملة الصغيرة .

**niter; nitre** *(n.)* النِّتر : نترات البوتاسيوم الخ .

**nitrate** *(n.)* النِّترات : ملح حامض النّتريك .

**nitric acid** *(n.)* حامض النّتريك أو الأزوتيك .

**nitrogen** *(n.)* النّتروجين ؛ غاز النّتروجين .

**nitwit** *(n.)* شخص أحمق أو مغفّل .

**no** *(adv.; adj.)* (١) لا ؛ كلاّ §(٢) ليس .

**nob** *(n.)* (١) الرأس (٢) شخص رفيع المنزلة .

**nobility** *(n.)* (١) نبالة ؛ نبل (٢) النبلاء ؛ الأشراف

**noble** *(adj.; n.)* (١) شهير (٢) نبيل ؛ شريف . (٣) فخم (٤) شَهْم §(٥) النبيل ؛ الشريف .

**nobleman** *(n.)* النبيل ؛ الشريف .

**nobody** *(pron.; n.)* (١) لاأحد §(٢) النَّكِرة .

**nocturnal** *(adj.)* ليليّ .

**nod** *(vi.; n.)* (١) يومىء برأسه (٢) يحني الرأسَ نُعاساً (٣) يَنُوس ؛ يتمايل §(٤) إيماءة الخ .

**node** *(n.)* العُجْرة : منبت الأوراق من السّاق .

N. node

**noise** *(n.)* ضجّة ؛ ضجيج ؛ جلَبَة .

**noiseless** *(adj.)* صامت : غير مُحْدِث صوتاً .
**noisily** *(adv.)* بضجّة ؛ بضجيج ؛ بجلبة .
**noisome** *(adj.)* (١) مؤذٍ ؛ ضارّ (٢) كريه الرائحة .
**noisy** *(adj.)* (١) ضاجّ (٢) مُفْعَمٌ بالضجيج .
**nomad** *(n.; adj.)* (١) البدويّ § (٢) بدويّ .
**nomenclature** *(n.)* مجموعة مصطلحات .
**nominal** *(adj.)* اسميّ .
**nominate** *(vt.)* (١) يسمّي (٢) يعيّن ؛ يرشّح .
**nomination** *(n.)* تسمية ؛ تعيين ؛ ترشيح .
**nominative** *(n.)* حالة الرفع (في اللغة) .
**nominee** *(n.)* المعيَّن أو المرشّح لمنصب ما .
**non-** بادئة معناها : غير ؛ عدم .
**nonage** *(n.)* سنّ القصور ؛ سنّ ما قبل البلوغ .
**nonchalant** *(adj.)* لامبالٍ ؛ غير مكترث .
**noncombatant** *(n.; adj.)* لامحارب .
**noncommissioned officer** *(n.)* ضابطُ صَفّ (في الجندية) .
**noncommittal** *(adj.)* مُلْتَبِس ؛ مُبْهَم .
**nonconductor** *(n.)* مادّة غير مُوَصِّلَة .
**nonconformist** *(n.)* المنشقّ (عن كنيسة) .
**none** *(pron.; adv.)* (١) لا أحد (٢) لا شيء . § (٣) البتّة ؛ على الاطلاق .

~ but فقط ؛ فحسب .

**nonentity** *(n.)* شخص أو شيء تافه .
**nonintervention** *(n.)* عدم التدخل .
**nonmetal** *(n.)* اللافِلِزّ : عنصر غير معدني .
**nonpareil** *(adj.; n.)* فذّ ؛ منقطع النظير .
**nonpartisan** *(adj.)* لاحزبيّ ؛ غير حزبيّ .
**nonplus** *(vt.)* يُرْبِك ؛ يحيّر .
**nonresident** *(adj.)* غير مقيمٍ (في مكان معيّن) .
**nonsectarian** *(adj.)* لاطائفيّ .
**nonsense** *(n.)* (١) هراء (٢) توافه ؛ سفاسف .
**nonstop** *(adj.; adv.)* (١) متواصل (٢) بلا توقف .
**nonunion** *(adj.)* لا نقابيّ ؛ غير نقابيّ .
**noodle** *(n.)* العصائبيّة : ضرب من المعكرونة .
**nook** *(n.)* (١) زاوية ؛ رُكْن (٢) مكان منعزل .
**noon; noonday** *(n.)* الظُّهر .
**noose** *(n.)* (١) أُنْشُوطَة (٢) شَرَك ؛ أُحبولة .
**nor** *(conj.)* ولا .
**noria** *(n.)* ناعورة ؛ سانِيَة .

**norm** *(n.)* نموذج ؛ معيار ؛ قاعدة .
**normal** *(adj.)* (١) سَوِيّ ؛ عاديّ (٢) سليم العقل .
**normal school** *(n.)* دار المعلّمين الابتدائيّة .
**Norman** *(n.; adj.)* نورمنديّ .
**north** *(adv.; adj.; n.)* (١) شمالاً § (٢) شماليّ .
**norther** *(n.)* الشَّمْأل : الريح الشماليّة .
**northerly** *(adj.; adv.)* (١) شَماليّ . § (٢) شماليّاً ؛ نحو الشمال (٣) من الشمال .
**northern** *(adj.; n.)* شَماليّ .
**Northerner** *(n.)* الشّماليّ : أحد سكان الشمال .
**northward; -s** *(adv.)* شمالاً ؛ نحو الشمال .
**nose** *(n.; vt.; i.)* (١) أنف (٢) حاسّة الشمّ . × (٣) يشمّ (٤) يتدخل في ما لا يعنيه .

to follow one's ~ يتقدم في خطّ مستقيم .
to ~ down يُميل الطائرة نحو الأرض .
to turn up one's ~ at ينظر بازدراء إلى .

**nose bag** *(n.)* المِخلاة (تعلّق بعنق الدابة) .
**nosegay** *(n.)* باقة زهر صغيرة .

**nostalgia** *(n.)* الحنين إلى الوطن : الوُطان .
**nostril** *(n.)* المَنْخِر : ثُقْب الأنف .
**not** *(adv.)* (١) لم ؛ لا ؛ لن (٢) ليس .

~ to be thought of مستحيل ؛ غير وارد ؛ لا مجال للتفكير فيه البتّة .

**notability** *(n.)* (١) وجاهة (٢) وجيه القوم .
**notable** *(adj.; n.)* (١) جديرٌ بالذّكر (٢) فذّ ؛ بارز § (٣) الوجيه ؛ وجيه القوم .
**notary; notary public** *(n.)* الكاتب العدل .
**notation** *(n.)* (١) التّنْويت : التّدوين بمجموعة رمُوز (٢) مجموعة رموز (كالعلامات الموسيقية) .
**notch** *(n.; vt.)* (١) ثَلم ؛ فَلّ § (٢) يَثلم ؛ يفلّ .
**note** *(vt.; n.)* (١) ينتبه إلى (٢) يدوّن (٣) يشير ؛ يلاحظ § (٤) نغمة موسيقيّة (٥) نداء ؛ صوت . (٦) مجسدة ؛ علامة موسيقية ؛ «نوتة» (٧) علامة (٨) مذكّرة (٩) تعليق ؛ حاشية (١٠) كمبيالة (١١) ورقة نقديّة (١٢) شهرة ؛ بُعد صيت (١٣) ملاحظة ؛ انتباه (١٤) أهمية .
**notebook** *(n.)* مفكّرة ؛ مذكّرة .
**noted** *(adj.)* شهير ؛ ذائع الصيت
**note paper** *(n.)* ورق الرسائل .
**noteworthy** *(adj.)* جدير بالملاحظة : رائع .
**nothing** *(n.)* (١) لا شيء (٢) عَدَم ؛ صِفْر .

for ~, (١) مجاناً ؛ بلا سبب (٣) عبثاً .
to come to ~, لا يأتي بأية نتيجة .
to make ~ of يستخفّ أو يستهين بـ .

**notice** *(n.; vt.)* (١) إنذار ؛ إشعار (٢) انتباه ؛ ملاحظة (٣) بيان ؛ بلاغ § (٤) يلاحظ ؛ يرى الخ .
**noticeable** *(adj.)* (١) لافتٌ للنظر (٢) يُرَى .
**notification** *(n.)* (١) إعلام ؛ إشْعار (٢) بلاغ
**notify** *(vt.)* يُعْلِم ؛ يُشْعِر ؛ يُنْذِر ؛ يُبلغ .
**notion** *(n.)* (١) فكرة ؛ انطباعة (٢) نظريّة ؛ عقيدة (٣) نزوة (٤) *pl.* : أدوات صغيرة (كالدبابيس والإبر) .
**notoriety** *(n.)* سوء الشهرة ؛ رداءة السمعة .
**notorious** *(adj.)* مُشَهَّر ؛ رديء السمعة .
**notwithstanding** *(adv.; prep.)* (١) ومع ذلك § (٢) على الرغم من .
**nought** *(n.; adj.)* = naught.
**noun** *(n.)* الاسم (في علم النحو) .
**nourish** *(vt.)* يغذّي ؛ يُطعم ؛ يُقيت .
**nourishing** *(adj.)* : مُغَذٍّ .
**nourishment** *(n.)* غذاء ؛ تغذية ؛ اغتذاء .
**novel** *(adj.; n.)* (١) جديد ؛ غريب § (٢) رواية .
**novelette** *(n.)* رواية قصيرة .
**novelist** *(n.)* الرّوائيّ : مؤلّف الروايات .
**novelty** *(n.)* (١) البِدْع : شيء جديد أو غير مألوف (٢) جِدّة .
**November** *(n.)* نوفمبر : شهر تشرين الثاني .
**novice** *(n.)* (١) الراهب قبل التثبيت (٢) المبتدىء .
**now** *(adv.; conj.)* (١) الآن § (٢) أما وقد .

~ and then أحياناً ؛ بين حين وآخر .

**nowadays** *(adv.)* في هذه الأيام ؛ في الوقت الحاضر .
**nowhere** *(adv.)* ليس في أيّ مكان ؛ إلى لا مكان .
**nowise** *(adv.)* البتّة ؛ مطلقاً ؛ بأية حال .
**noxious** *(adj.)* مؤذٍ ؛ ضارّ ؛ بغيض ؛ ذميم .
**nozzle** *(n.)* بَزْباز ؛ فم خرطوم المياه .
**nuance** *(n.)* ظِلّ من الفرق ؛ فارق دقيق .
**nubbin** *(n.)* كوز ذرة صغير أو غير تامّ النموّ .
**nuclear** *(adj.)* نَوَوِيّ .
**nucleus** *(n.)* pl.-lei (١) نواة (٢) مركز .
**nude** *(adj.; n.)* (١) عار ؛ عُرْيان § (٢) عُرْي .
**nudge** *(vt.; n.)* (١) يَكِز بمرفقه § (٢) وكزة .
**nudism** *(n.)* العُرْيِيّة ؛ مذهب العُرْي .

**nudist** *(n.)* العُرْيِيّ : المؤيِّد لمذهب العري .

**nugget** *(n.)* شَذْرَة ؛ كتلة من معدن نفيس خام .

**nuisance** *(n.)* أذى ؛ إزعاج ؛ شيء مزعج .

**null** *(adj.)* (١) باطل ؛ لاغٍ (٢) تافه ؛ عديم القيمة .

**nullify** *(vt.)* (١) يُبْطِل ؛ يُلْغي (٢) يُحبط .

**nullity** *(n.)* (١) بُطْلان (٢) عمل باطل قانونياً .

**numb** *(adj.; vt.)* (١) خَدِر § (٢) يُخْدِر .

**number** *(n.; vt.)* (١) عدد (٢) رقم (٣) جماعة ؛ مجموعة (٤) الكميّة (٥) حلقة ؛ عدد (من جريدة أو مجلة) § (٦) يَعُدّ (٧) يُعَدّ (٨) يرقّم .

without ~, لا يُعَدّ ولا يُحصى .

**numberless** *(adj.)* لا يُعَدّ أو يُحصَى .

**numerable** *(adj.)* يُعَدّ : قابل لأن يُعَدّ .

**numeral** *(adj.; n.)* (١) عَدَديّ § (٢) عَدَد .

**numeration** *(n.)* (١) عدّ (٢) قراءة الأعداد .

**numerator** *(n.)* (١) البَسْط : صورة الكسر (مثل ٢ في هذا المثل : ٢/٥) (٢) العادّ ؛ المُحصي .

**numerical** *(adj.)* عَدَديّ .

**numerous** *(adj.)* عديد ؛ متعدّد ؛ كثير ؛ وافر .

**numerously** *(adv.)* بكثرة ؛ بوفرة .

**numismatics** *(n.)* علم النُّمِّيّات : دراسة أو جمع القطع النقدية والمداليات والأوراق المالية الخ .

**numskull** *(n.)* الأحمق ؛ المغفّل .

**nun** *(n.)* راهبة .

**nuncio** *(n.)* السفير البابوي : سفير البابا .

**nunnery** *(n.)* (١) دير للراهبات (٢) رهبنة نِسْوية .

**nuptial** *(adj.; n.)* (١) زواجِيّ ؛ زيجيّ . § (٢) *pl.* : عُرْس .

**nurse** *(n.; vt.)* (١) ظِئْر ؛ مرضعة ؛ حاضنة ؛ مربية (٢) مُمرضة ؛ ممرِّض § (٣) يُرْضِع أو يَرْضَع من (٤) يربّي (٥) يغذو ؛ يعزّز النموّ .

**nursemaid** *(n.)* الحاضنة : مربّية الأطفال .

**nursery** *(n.)* (١) حجرة نوم الطفل (٢) بيت الحضانة (٣) مَشْتَل زراعيّ .

**nursery school** *(n.)* مدرسة الحضانة .

**nursing bottle** *(n.)* زجاجة الإرضاع .

**nursling** *(n.)* (١) رضيع (٢) شَتْلَة ؛ غَرْسَة .

**nurture** *(n.; vt.)* (١) تنشئة ؛ تربية (٢) غذاء § (٣) يغذي (٤) يربّي (٥) يرعى ؛ يحضن .

**nut** *(n.)* (١) جوزة ؛ بندقة (٢) مشكلة ؛ معضلة (٣) صَمولة ؛ حَزَقَة ؛ عزقة (٤) *pl.* : هراء .

a hard ~ to crack مشكلة عسيرة جداً .
off his ~, (١) مخبول (٢) سكران .

**nutcracker** *(n.)* كسّارة الجوز أو البندق .

**nuthatch** *(n.)* كاسر الجوز ؛ خازن البندق (طائر)

**nutmeg** *(n.)* (١)جوزة الطِّيب (٢)جوز الطِّيب.

**nutrient** *(adj.)* مُغَذٍّ.

**nutriment** *(n.)* غذاء ؛ قوت .

**nutrition** *(n.)* (١)تغذية (٢)اغتذاء (٣)غذاء.

**nutritious; nutritive** *(adj.)* مُغَذٍّ .

**nutshell** *(n.)* صدفة الجوزة : غلاف الجوزة .

in a ~, بإيجاز كلّيّ ؛ بكلمات قليلة .

**nutty** *(adj.)* (١) كثير الجوز ؛ منتجٌ جوزاً ، (٢) غريب الأطوار (٣) جوزيّ النكهة .

**nuzzle** *(vi.; t.)* (١) يمرّغ أنفَه في التراب (كالخنزير الخ.) (٢)يستكنّ (في دَعَةٍ ودفء) × (٣)يحكّ بأنفه ؛ يمسّ بأنفه .

**nylon** *(n.)* النَّيْلُوْن : مادّة تستخدم في صناعة النسيج واللدائن .

**nymph** *(n.)* (١)الحورية : إلاهة من إلاهات الطبيعة (٢)فتاة (٣)الحوراء : حشرة في الطور الانتقالي.

*opera* (Paris)

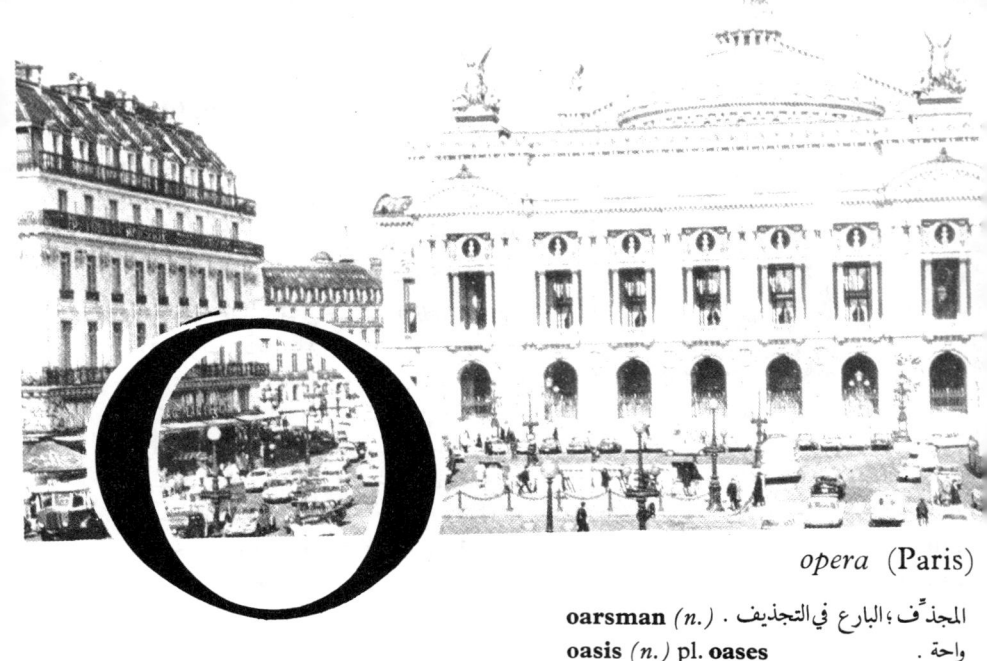

**o** *(n.)* الحرف الخامس عشر من الأبجدية الانكليزية .

**oaf** *(n.)* (١) الساذج (٢) الأبله (٣) الأخرق.

**oak** *(n.)* (١) البلّوط ؛ السنديان (٢) خشب البلوط .

**oaken** *(adj.)* بلّوطيّ ؛ سندياني .

**oakum** *(n.)* المُشاقة : مُشاقة الحبال القديمة .

**oar** *(n.)* (١) مِجذاف (٢) المجذِّف .

to lie *or* rest on the ~ s يكفّ عن العمل فترة (طلباً للراحة) .

to put one's ~ in يتدخل في الحديث الخ.

**oarlock** *(n.)* مِسند المجذاف ؛ بيت المِجذاف .

**oarsman** *(n.)* المجذّف ؛ البارع في التجذيف .

**oasis** *(n.)* pl. **oases** واحة .

**oat** *(n.)* الشُّوفان ؛ الخَرْطال (نبات).

**oath** *(n.)* (١) يمين ؛ قَسَم (٢) تجديف.

**oatmeal** *(n.)* دقيق أو طحين الشوفان .

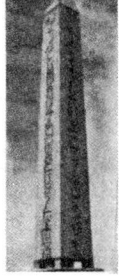

**obduracy** *(n.)* (١) قسوة الفؤاد (٢) عناد.

**obdurate** *(adj.)* (١) فظّ؛ قاسي الفؤاد (٢) عنيد.

**obedience** *(n.)* إطاعة؛ امتثال؛ إذعان.

**obedient** *(adj.)* مطيع؛ ممتثل؛ مذعن.

**obeisance** *(n.)* (١) انحناءة احترام (٢) إجلال.

**obelisk** *(n.)* المَسَلّة: نصبٌ عموديّ رباعيّ الأضلاع.

**obese** *(adj.)* بدين؛ سَمين.

**obesity** *(n.)* بدانة؛ سِمنَة.

**obey** *(vt.; i.)* يطيع؛ يمتثل.

**obituary** *(n.)* النَّعْيُ (مرفقاً بترجمة للفقيد).

**object** *(n.; vt.; i.)* (١) شيء (٢) هدف؛ قصد. (٣) المفعول به § (٤) يعترض على؛ يعارض في.

**objection** *(n.)* (١) معارضة (٢) اعتراض؛ رفض.

**objectionable** *(adj.)* كريه؛ بغيض.

**objective** *(adj.; n.)* (١) هدَفيّ: ذو علاقةٍ بالهدف المقصود (٢) مُحَسّ (٣) موضوعيّ؛ غير ذاتيّ (٤) مفعوليّ § (٥) هدف؛ غرض.

**oblation** *(n.)* قربان؛ تقدمة (لغرض دينيّ).

**obligate** *(vt.)* يُلْزِم (أخلاقيّاً أو شرعيّاً).

**obligation** *(n.)* (١) تعهّد؛ التزام (٢) صكّ؛ سَنَد (٣) واجب (٤) مِنّة (٥) مديونيّة.

**obligatory** *(adj.)* مُلْزِم؛ إلزاميّ؛ إجباريّ.

**oblige** *(vt.)* (١) يُكْرِه؛ يُجْبِر؛ يُلْزِم. (٢) يتفضّل عليه (بجميل أو خدمة).

**obliging** *(adj.)* لطيف؛ كريم؛ ميّال للمساعدة.

**oblique** *(adj.)* (١) مائل؛ منحرف (٢) ملتوٍ.

**obliquity** *(n.)* (١) مَيْل؛ انحراف (٢) لاأمانة.

**obliterate** *(vt.)* (١) يطمس (٢) يمحو (٣) يلغي.

**oblivion** *(n.)* (١) نسيان؛ سُلوان (٢) عَفْو.

**oblivious** *(adj.)* (١) كثير النسيان (٢) مُنَسٍّ (٣) غافل عن؛ غير واعٍ لِـ.

**oblong** *(adj.; n.)* مستطيل.

**obloquy** *(n.)* (١) طعن؛ قَدْح (٢) خِزْي.

**obnoxious** *(adj.)* (١) عرضة لـ (٢) بغيض؛ ذميم.

**oboe** *(n.)* مِزمار.

oboe

**obscene** *(adj.)* فاحش؛ داعر؛ قذِر.

**obscenity** *(n.)* فُحْش؛ قذارة.

**obscure** *(adj.; vt.)* (١) مظلم؛ قاتم. (٢) غامض (٣) مغمور؛ غير مشهور § (٤) يحجب؛ يخفي.

**obscurity** *(n.)* (١) ظلمة (٢) غموض.

**obsequies** *(n.pl.)* جنازة؛ مأتم.

**obsequious** *(adj.)* متذلّل؛ خَنوع.

**observable** *(adj.)* (١) جدير بالملاحظة (٢) ممكنةٌ مُلاحظتُه أو رؤيته.

**observance** *(n.)* (١) تقيّد بالقانون أو العادة. (٢) مراقبة؛ ملاحظة (٣) عادة؛ طَقس؛ شعيرة.

**observant** *(adj.)* (١) شديد الانتباه (٢) يَقِظ. (٣) حريص على التقيّد بالقوانين الخ.

**observation** *(n.)* (١) ملاحظة (٢) انتباه.

**observatory** *(n.)* (١) مَرْصَد (٢) نقطة مراقبة.

**observe** *(vt.)* (١) يطيع ؛ يتقيّد بـ (٢) يحتفل بعيد وفقاً للمراسم المألوفة (٣) يرى ؛ يلاحظ .
**observer** *(n.)* المراقب .
**obsess** *(vt.)* (١) يُقلق (٢) تنتابه الهواجس.
**obsession** *(n.)* (١) الاستحواذ: تسلّط فكرة أو شعور ما على المرء تسلّطاً مقلقاً (٢) هاجس .
**obsolescent** *(adj.)* آيلٌ إلى الاهمال أو الزوال.
**obsolete** *(adj.)* مُمات ؛ مهجور ؛ مهمَل .
**obstacle** *(n.)* عَقَبة ؛ عائق ؛ حائل .
**obstetrics** *(n.)* عِلم القِبالة : صناعة التوليد.
**obstinacy** *(n.)* عِناد .
**obstinate** *(adj.)* (١) عنيد (٢) عُضال .
**obstruct** *(vt.)* يسدّ ؛ يعوق ؛ يعترض ؛ يحجب.
**obstruction** *(n.)* (١) سدّ ؛ إعاقة (٢) عقبة.
**obtain** *(vt.; i.)* (١) يُحْرِز ×(٢) يَسُوْد .
**obtainable** *(adj.)* ممكنٌ إحرازُه .
**obtrude** *(vt.; i.)* (١) يُقحِم ×(٢) يتطفّل .
**obtrusion** *(n.)* (١) إقحام (٢) تطفّل .
**obtrusive** *(adj.)* (١) ناتىء (٢) فضوليّ .
**obtuse** *(adj.)* (١) بليد ؛ أبله (٢) منفرجة ؛ منفرج الزاوية (٣) كليل : غير حادّ أو مستدقّ الطرَف.
**obverse** *(adj.; n.)* (١) مواجِه ؛ مقابل (٢) ضيّق القاعدة §(٣) وجه العملة أو المدالية الخ .
**obviate** *(vt.)* يتحاشى ؛ يتفادى ؛ يتجنّب .
**obvious** *(adj.)* واضحٌ ؛ جليّ ؛ بيِّن .
**obviously** *(adv.)* بوضوح ؛ بجلاء .
**occasion** *(n.)* (١) فرصة ملائمة (٢) مناسبَة. (٣) سبب (٤) حادثة (٥) داعٍ ؛ ضرورة .
on ~, أحياناً ؛ عند الاقتضاء .
**occasional** *(adj.)* عرَضيّ ؛ اتفاقيّ .
**occasionally** *(adv.)* أحياناً ؛ بين الفينة والفينة.
**Occident** *(n.)* الغرب .
**Occidental** *(adj.; n.)* (١) غربيّ §(٢) الغربيّ.

**occult** *(adj.)* سِرّيّ ؛ غامض ؛ خفيّ ؛ سِحريّ.
~ sciences السحر أو التنجيم وما إليهما .
**occupancy** *(n.)* احتلال ؛ امتلاك بوضع اليد.
**occupant** *(n.)* الشاغل ؛ المستأجر ؛ الساكن ؛ المقيم.
**occupation** *(n.)* (١) شُغْل (٢) حرفة ؛ مهنة. (٣) تولّي منصب (٤) شَغْلٌ لمنزل (٥) احتلال.
**occupied** *(adj.)* (١) مشغول (٢) محتَلّ .
**occupy** *(vt.)* (١) يَشْغَل (٢) يحتلّ (٣) يستغرق.
**occur** *(vi.)* (١) يوجَد ؛ يَظْهَر (٢) يَحْدُث. (٣) يخطُر في البال .
**occurrence** *(n.)* (١) حُدُوث (٢) حادثة .
**ocean** *(n.)* محيط ؛ أوقيانوس .
**ocher** *(n.)* (١) مَغْرَة (٢) لونُ المَغْرَة الصفراء.
**o'clock** *(adv.)* وفقاً للساعة ؛ حسب الساعة .
**octagon** *(n.)* المُثَمَّن : مُثمَّن الزوايا والأضلاع .
**octagonal** *(adj.)* مُثمّن : ذو ثماني زوايا وأضلاع.
**October** *(n.)* أُكْتُوبَر ؛ شهر تشرين الأول.
**octopus** *(n.)* الأُخْطُبُوط (حيوان) .

**ocular** *(adj.)* (١) عَيْنيّ (٢) عِيانيّ .
**oculist** *(n.)* الكحّال ؛ طبيب العيون .
**odd** *(adj.)* (١) مُفْرَد (٢) نيِّف (٣) وَتْرِيّ ؛ غير شَفْعيّ (كالأعداد ٣ و ٥ و ٧) (٤) شاذّ ؛ غريب (٥) عَرَضيّ ؛ اتفاقي ؛ غير نظاميّ .

odd 325 oin

**oddity** *(n.)* (١)غرابة (٢) شيء غريب .
**odds** *(n.pl.)* (١)فرق (٢) أفضلية ؛ أرجحية .

at ~ with — في نزاع أو خصام مع .
What's the ~, — وأي فرق ؟ وأي بأس ؟

**odds and ends** *(n.pl.)* (١)نثريات (٢)بقايا.
**ode** *(n.)* القصيدة الغنائية : قصيدة من الشعر الغنائي.
**odious** *(adj.)* كريه ؛ بغيض ؛ قبيح .
**odium** *(n.)* (١)خِزْيٌ ؛ عارٌ (٢)بُغْضٌ ؛ كُرْه.
**odor** *or* **odour** *(n.)* (١) رائحة (٢) سمعة .
**odorous** *(adj.)* (١)عَطِر (٢) كريه الرائحة.
**of** *(prep.)* (١) أداة إضافة (٢) مِنْ (٣) عن . (٤) بشأن ؛ في ما يتعلق بِـ .
**off** *(adv.; prep.; adj.; vi.)* (١)بعيداً (٢)جانباً §(٣)عن (٤)مِن (٥)على حساب (٦) بعيداً عن §(٧)الأبعد (٨)مخطىء (٩)مخبول (١٠)ضئيل (١١) رديء ؛ غير طازج §(١٢)انصرِف .

badly ~, — مُعْوِز ؛ في حالة عُسْرٍ ماليّ.
well ~, — مُوسِر ؛ في خَفْضٍ من العيش

**offal** *(n.)* (١) فضلات الذبيحة (٢) نفايات .
**offend** *(vi.; t.)* (١) يُذْنِب ×(٢) يزعج .
**offense** *or* **offence** *(n.)* (١)إساءة (٢)أذى. (٣) هجوم (٤) استياء (٥)إثم ؛ جريمة .
**offensive** *(adj.; n.)* (١)هجوميّ ؛ عدوانيّ. (٢) كريه (٣)مُهين ؛ مغضِب §(٤) هجوم.
**offer** *(vt.; n.)* (١)يُقدِّم (٢)يقترح (٣)يُبْدي. (٤) يهدد (٥)يَعْرِض §(٦)عَرْض .
**offering** *(n.)* (١) تقديم ؛ عَرْض (٢)قربان .
**offhand** *(adj.; adv.)* مُرْتَجَل ؛ ارتجالاً .
**offhanded** *(adj.)* مُرْتَجَل .

**office** *(n.)* (١) منصب (٢) *cap.* قُدّاس : احتفاليّ (٣)الحُكْم (٤)شعيرة ؛ طقس دينيّ (٥)وظيفة (٦)مكتب (٧) وزارة (٨)دائرة .

good ~ *s* — مساعٍ حميدة .
the last ~ *s* — الصلاة على الميت .

**office boy** *(n.)* صبيّ المكتب ؛ ساعي البريد.
**officer** *(n.)* شرطيّ ؛ موظّف ؛ ضابط ؛ رُبّان .
**official** *(n.; adj.)* (١)موظّف §(٢)رسميّ .
**officially** *(adv.)* رسمياً ؛ بصورة رسميّة .
**officiate** *(vi.)* يؤدّي مهمّة ؛ يرئس قدّاساً.
**officious** *(adj.)* (١)فضوليّ (٢)غير رسميّ.
**offing** *(n.)* عُرْض البحر .
**offset** *(n.; vt.)* (١)التواء (٢)عِوَض (٣)الطّباعة بِـ «الأوفسيت» §(٤)يوازن ؛ يعوّض عن .
**offshoot** *(n.)* فرعٌ (من نبتة أو أسرة أو عِرق .)
**offshore** *(adj.)* آتٍ من الشاطىء أو بعيدٌ عنه.
**offspring** *(n.)* (١)ذُرّيّة (٢) نِتاج ؛ نتيجة.
**oft; often** *(adv.)* كثيراً ما ؛ في أحوال كثيرة.
**oftentimes** *or* **ofttimes** *(adv.)* = often.
**ogle** *(vt.)* يرمق بنظرة غرامية .
**ogre** *(n.)* (١)غول (٢)شخص أو شيء رهيب.
**oil** *(n.; vt.)* (١)زيت (٢) نفط (٣) لون زيتيّ (يستخدمه الرسام) (٤)لوحة بالألوان الزيتيّة §(٥)يلوّث أو يزيّت أو يزوّد بالزيت .
**oil-can** *(n.)* مِزْيَتَة .
**oilcloth** *(n.)* قماش مزيّت (للموائد الخ.).
**oiler** *(n.)* (١) مِزْيَتَة (٢) ناقلة نفط .
**oil-man** *(n.)* الزيات ؛ بائع الزيت .
**oil painting** *(n.)* التصوير بالزيت ؛ صورة زيتيّة
**oil tanker** *(n.)* ناقلة زيت ؛ ناقلة نفط .
**oil well** *(n.)* بئر زيت ؛ بئر نفط .
**oily** *(adj.)* (١)زيتيّ أو ملوّث بالزيت (٢)متملّق.
**ointment** *(n.)* مَرْهَم .

**OK** *(adj.; adv.; vt.)* (١)حسن §(٢)يوافق على

**okra** *(n.)* البامية ( نبات ) .

**old** *(adj.; n.)* (١) قديم (٢) بالغٌ سنّاً معيّنة. (٣) عجوز §(٤) الماضي ؛ العصور الماضية .

~ age شيخوخة ؛ هرم .
the ~, الشيوخ ؛ العجائز .

**olden** *(adj.)* قديم ؛ سالف ؛ غابر .

**old-fashioned** *(adj.)* محافظ عتيق الطراز

**old maid** *(n.)* العانس .

**Old Testament** *(n.)* التّوراة ؛ العهد القديم.

**oleander** *(n.)* الدِّفْلَى : نبتة سامّة عَطِرَة .

**oligarchy** *(n.)* الأوليغاركيّة : حكم القلّة .

**olive** *(n.; adj.)* (١)زيتون §(٢)زيتونيّ اللون.

**Olympiad** *(n.)* الأولمبياد .

**Olympian; Olympic** *(adj.)* أولمبيّ .

**omelet** *(n.)* الأومليت : عجّة البيض .

**omen** *(n.)* (١)بشيرٌ ، فألٌ (٢)نذيرٌ بنحس .

**ominous** *(adj.)* مشؤومٌ ؛ منذرٌ بسوء .

**omission** *(n.)* (١)حذف (٢)شيء محذوف.

**omit** *(vt.)* يحذف ؛ يُسْقِط ؛ يُغْفِل ؛ يُهمِل.

**omnibus** *(n.)* الأومنيبوس ؛ الاوتوبوس .

**omnipotent** *(adj.)* كلّيّ القدرة .

**omnipresent** *(adj.)* كليّ الوجود .

**omniscient** *(adj.)* كلّيّ العِلْم .

**omnivorous** *(adj.)* قارت : آكلٌ كلّ شيء.

**on** *(prep.; adv.; adj.)* (١)على ؛ فوق (٢)ضدّ (٣)في ؛ عن (٤)عندَ ؛ حالَ (٥)بِـ ؛ بواسطة (٦) إثْرَ §(٧) قُدُماً §(٨) دائر ؛ جارٍ .

~ and ~, باستمرار ؛ بغير انقطاع .

**once** *(adv.; adj.; n.; conj.)* (١)مرّة (٢)ذات مرّة (٣)يوماً (٤)في ما مضى §(٥)سابق ؛ قديم §(٦)مرةٌ أو مناسبةٌ واحدة §(٧)ما إن ؛ حالَما.

all at ~, (١) فجأةً (٢) في وقت واحد
~ and again من حين إلى آخر .
~ for all مرةً وإلى الأبد .
~ upon a time يحكى انّه كان ... في سالف الزمان ...

**oncoming** *(adj.; n.)* (١)مقترب §(٢)اقتراب .

**one** *(adj.; pron.; n.)* (١) واحد ؛ واحدة . (٢) ذات (يوم) (٣) وحيد ؛ أوحد §(٤) أحد (٥) المرء ؛ الانسان §(٦) واحد .

at ~, منسجمة ؛ متحدة ؛ منسجمون ؛ متحدون .
~ and all كافةً ؛ قاطبةً .
~ by one واحداً فواحداً .
to be made ~, يتزوجان .

**oneness** *(n.)* توحُّد ؛ تفرُّد ؛ أحدِيّة .
**onerous** *(adj.)* مرهِق ؛ شاقّ .
**oneself** *or* **one's self** *(pron.)* نفسه .
**one - way** *(adj.)* وحيد الاتجاه .
**onion** *(n.)* (١) البَصَل (٢) بَصَلَة .

**onlooker** *(n.)* المشاهد ؛ المتفرج .
**only** *(adj.; adv.; conj.)* (١) وحيد §(٢) فقط ؛ فحسب §(٣) لكنْ (٤) إلاّ أنّ (٥) لولا أنّ .
**onrush** *(n.)* اندفاع ؛ تدفُّق ؛ هجوم .
**onset** *(n.)* (١) هجوم (٢) بداية ؛ مُسْتَهَلّ .
**onslaught** *(n.)* انقضاض ؛ هجومٌ ضارٍ .
**onward** *(adv.; adj.)* إلى الأمام .
**onwards** *(adv.)* إلى الأمام .
**onyx** *(n.)* الجَزْع : العقيق اليماني .
**ooze** *(n.; vi.)* (١) الرَّدْغَة : راسبٌ من طين في قعر المحيط (٢) مستنقع ؛ سَبْخَة (٣) النازّ ؛ المتحلِّب : شيء ينزّ أو يتحلّب §(٤) ينزّ ؛ يتحلّب ؛ يرشح (٥) يتسرّب (٦) يضمحلّ .
**opal** *(n.)* الأوبال : حجر كريم .

**opaque** *(adj.)* (١) أكمد ؛ غير شفاف (٢) مُبْهَم .
**open** *(adj.; vt.; i.; n.)* (١) مفتوح (٢) صريح ؛ غير متحفّظ (٣) عُرضة لـ (٤) تحت البحث (٥) كريم ؛ سخيّ (٦) منفتح §(٧) يفتح (٨) يشقّ (٩) يبدأ ×(١٠) ينفتح §(١١) فتحة ؛ ثغرة (١٢) أرض مكشوفة .

the ~, (١) العَراء ؛ الهواء الطلق (٢) عُرض البحر .
to come into the ~, يصرِّح بأفكاره أو خططه ؛ يعمد إلى الصراحة التامّة .
to ~ up (١) يبدأ إطلاق النار (٢) يبدو للعيان (٣) يشنّ هجوماً (٤) يكشِف (٥) يتيح (فرصة) .
with ~ arms بمودّة أو حماسة أو ترحيب .

**open air** *(n.)* العَراء ؛ الهواء الطَّلْق .
**opener** *(n.)* فتّاحة العُلَب أو الزجاجات .
**openhanded** *(adj.)* كريم ؛ سخيّ ؛ مبسوط اليد .
**opening** *(n.)* (١) فتح (٢) تفتّح (٣) افتتاح رسمي (٤) فتحة ؛ ثغرة (٥) فرصة ملائمة .
**open-minded** *(adj.)* منفتح العقل .
**opera** *(n.)* (١) أوبرا ؛ مُغَنّاة (٢) دار الأوبرا .

**opera house** *(n.)* (١) دار الأوبرا (٢) المسرح.
**operate** *(vi.; t.)* (١) يَعْمَل (٢) يؤثّر؛ يُحْدِث أثراً ملائماً (٣) يُجري (عمليّة جراحيّة) (٤) يُعْمِل؛ يُشَكِّل (٥) يُدير.
**operation** *(n.)* (١) عمل (٢) عملية جراحية الخ.
**operative** *(adj.; n.)* (١) فعّال؛ مؤثّر (٢) نافذ المفعول (٣) جراحيّ § (٤) عامل ميكانيكي.
**operator** *(n.)* الميكانيكي؛ العامل الميكانيكي.
**operetta** *(n.)* الأوبريت: أوبرا قصيرة خفيفة.
**opiate** *(n.)* (١) المستحضَر الافيوني (٢) مخدِّر.
**opine** *(vt.; i.)* يرتئي؛ يعتقد.
**opinion** *(n.)* (١) رأي (٢) اعتقاد.
**opinionated** *(adj.)* عنيد؛ متشبّث برأيه.
**opium** *(n.)* الأفيون: مخدِّر معروف.
**opossum** *(n.)* الأبوسوم: حيوان أميركي.

**opponent** *(n.)* خصْم.
**opportune** *(adj.)* ملائم؛ في وقته أو محلّه.
**opportunism** *(n.)* الانتهازيّة.
**opportunist** *(adj.; n.)* انتهازيّ.
**opportunity** *(n.)* فرصة؛ مناسَبَة.
**oppose** *(vt.)* يقاوم؛ يعارض.
**opposite** *(n.; adj.; prep.)* (١) الضِدّ؛ النّقيض § (٢) مواجِه؛ مقابل (٣) متقابل (٤) متضادّ (٥) معاكس § (٦) أمام؛ تجاه.
**opposition** *(n.)* (١) مقاومة (٢) معارضة.
**oppress** *(vt.)* (١) يضطهد (٢) يغِمّ؛ يُحْزِن.
**oppression** *(n.)* (١) ظلم؛ اضطهاد (٢) غمّ.
**oppressive** *(adj.)* (١) ظالم؛ جائر (٢) مضايق.
**opprobrious** *(adj.)* (١) محقِّر (٢) مُخْزٍ.
**opprobrium** *(n.)* خِزْي؛ عار.
**optic; -al** *(adj.)* بَصَرِيّ.
**optician** *(n.)* النظّاراتيّ: صانع النظارات أو بائعها.
**optics** *(n.)* البَصَريات: علم البصريات.
**optimism** *(n.)* (١) التفاؤليّة (٢) التفاؤل.
**optimist** *(n.)* المتفائل: الميّال للتفاؤل.
**optimistic; -al** *(adj.)* (١) متفائل (٢) تفاؤليّ.
**option** *(n.)* (١) اختيار (٢) حريّة الاختيار.
**optional** *(adj.)* اختياريّ؛ غير إلزاميّ.
**opulence** *(n.)* (١) ثروة؛ غنى (٢) وفرة.
**opulent** *(adj.)* (١) غنيّ (٢) وافر؛ غزير.
**or** *(conj.)* (١) أو (٢) أمْ... (٣) وإمّا؛ أو.
**oracle** *(n.)* (١) وسيط الوحي (٢) المَوْحَى؛ مَهبط الوحي (٣) الوحي الإلهي (٤) المشاوَر الحكيم الموثوق.
**oracular** *(adj.)* وَحْيِيّ؛ نُبُوئيّ.
**oral** *(adj.)* (١) شَفَهِيّ؛ ملفوظ (٢) فَمِيّ.
**orange** *(n.)* (١) البرتقال (٢) برتقالة.

**orangeade** *(n.)* عصير البرتقال المُحلّى.

ora 329 ord

**orangutan** *(n.)* إنسان الغاب : ضرب من القرَدة.

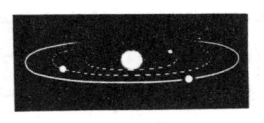

**oration** *(n.)* خُطْبة ؛ خطاب رسميّ .
**orator** *(n.)* الخطيب : شخص يجيد الخطابة .
**oratory** *(n.)* (١) مُصَلّى (٢) خطابة.
**orb** *(n.)* (١) جِرم سماويّ (٢) كُرَة .
**orbit** *(n.)* مَدار ؛ فَلَك .

**orbital** *(adj.)* مَداريّ .
**orchard** *(n.)* (١) بستان (٢) أشجار البستان .
**orchestra** *(n.)* الأوركسترا : الفرقة الموسيقية .
**orchid** *(n.)* السَّحْلَبيّة (نبات) .
**ordain** *(vt.; i.)* (١) يرسمه أو يسيمه كاهناً . (٢) يُقدِّر على × (٣) يقضي ؛ يأمر ؛ يُصدر أمراً.
**ordeal** *(n.)* مِحنَة .
**order** *(n.; vt.; i.)* (١) أخَوِيّة ؛ رهبنة (٢) درجة كهنوتيّة (٣) طبقة ؛ جماعة (٤) رتبة (٥) طراز (٦) حالة (٧) ترتيب (٨) نظام (٩) أمر (١٠) حوالة (١١) طلب تجاري § (١٢) يرتّب ؛ ينظّم (١٣) يأمر (١٤) يطلب.

in ~, (١) مرتّب ؛ منظّم (٢) بالتتابع ؛ بالتسلسل
in ~ of size بحسب الحجم .
in ~ to لكي ؛ لأجل .
in short ~, حالاً ؛ في الحال .
made to ~, مُعَدّ وفقاً لتعليمات الزبون أو لمقاييس جسمه .
on ~, تحت الطلب ؛ تحت طلب المشتري .
~ of battle ترتيب الوحدات ؛ ترتيب القتال .
~ of the day (١) جدول الاعمال (في جمعية تشريعية) (٢) الحالة الغالبة أو السائدة .
out of ~, (١) غير مرتّب ؛ مشوَّش (٢) غير صالح للتشغيل أو الاستعمال .
to take (holy) ~ s يُرْسَم كاهناً ؛ يُصبح كاهناً.

**orderly** *(adj.; n.)* (١) منظّم ؛ مرتّب (٢) محافظ على النظام § (٣) الحاجب ؛ الوصيف ؛ جنديّ مخصّص لخدمة ضابط (٤) الممرض .
**ordinal** *(n.; adj.)* (١) العدد الترتيبيّ . § (٢) ترتيبيّ .
**ordinance** *(n.)* (١) أمر (٢) قانون محلّيّ.
**ordinarily** *(adv.)* (١) بصورة عادية (٢) عادةً .
**ordinary** *(adj.)* (١) مألوف ؛ معتاد (٢) عاديّ.

in ~, في الخدمة الفعليّة ؛ ذو وظيفة ثابتة .

**ordination** *(n.)* رِسامة الكاهن أو تنصيبه .
**ordnance** *(n.)* مِدفع ؛ مِدفعيّة .

**other** *(adj.; n.; adv.)* (١)آخَر ؛ أُخْرَى ؛ آخَرُون (٢)ماضٍ §(٣)الآخَر §(٤)غير .

every ~ day, week etc. كلّ يومين أو اسبوعين الخ.

on the ~ hand من ناحية أخرى .

~ things being equal إذا استوت سائر الأحوال.

**otherwise** *(adv.; adj.)* (١) بطريقة أخرى . (٢)وإلاّ (٣)من نواحٍ أخرى §(٤)مختلِف .

**otter** *(n.)* القُضاعَة ؛ ثعلب الماء أو فَرْوُهُ .

**ottoman** *(n.; adj.)* (١) cap. : العُثماني ؛ التركي (٢)«أ» متَّكأ . «ب» مسند القدم §(٣) cap. : عثماني .

**ought** *(v. aux.)* (١)يجب (٢)يُتوقَّع ؛ يُحتمَل .

**ounce** *(n.)* الأونس : وحدة وزن تساوي ٣١ غراماً .

**our** *(adj.)* «نا» ؛ مِلْكنا ؛ خاصّتنا .

**ours** *(pron.)* مِلكنا ؛ خاصّتنا .

**ourselves** *(pron. pl.)* (١)أنفسُنا (٢) نحن .

**oust** *(vt.)* يطرد ؛ يُخرج .

**out** *(adv.; vt.; i.; adj.)* (١) خارجاً ؛ إلى الخارج §(٢)يُخْرِج (٣)يصرع ×(٤) يَذيع ؛ ينتشر §(٥)خارجيّ (٦)بعيد ؛ ناءٍ (٧)مخطىء.

~ and away بما لا يقاس .

~ of breath لاهث ؛ مقطوع النفَس

~ of curiosity بدافع الفضول .

~ of date عتيق الزيّ أو الطّراز .

~ of money فارغ الجيب ؛ يُعوزه المال .

~ of print نافد ؛ نفدت طبعتُهُ .

~ of sight غائب عن النظر .

~ of sorts متوعّك :منحرف الصحّة

~ of temper مُحْنَق ؛ مغتاظ .

~ of work عاطلٌ عن العمل .

The workers are ~. العمال مضربون .

**out-and-out** *(adj.)* (١)صريح (٢)مئة بالمئة .

**outbalance** *(vt.)* يَرجَح ؛ يفوقه وزناً أو قيمة .

**outbid** *(vt.)* يَعرض ثمناً أعلى من غيره .

**outbreak** *(n.)* (١)اندلاع ؛ انتشار (٢)ثورة .

**outbuilding** *(n.)* المبنى الإضافي .

**outburst** *(n.)* انفجار ؛ تفجّر ؛ هَيَجان .

**outcast** *(n.; adj.)* منبوذ .

**outcaste** *(n.)* المنبوذ ( في الهند ) .

**outclass** *(vt.)* يبزّ : يتفوّق على .

**outcome** *(n.)* نتيجة ؛ حصيلة .

**outcry** *(n.)* (١)صيحة عالية (٢)احتجاجٌ عنيف.

**outdistance** *(vt.)* يسبق ؛ يَبُزّ .

**outdo** *(vt.)* يفوق ؛ يبزّ على ؛ يتغلّب على.

**outdoor** *(adj.)* خَلَوِيّ ؛ في الهواء الطلق .

**outdoors** *(adv.)* في أو إلى الهواء الطلق .

**outer** *(adj.)* خارجيّ .

**outermost** *(adj.)* الأقصى ، الأبعد .

**outfit** *(n.; vt.)* (١)عُدّة ؛ تجهيزات §(٢)يجهز .

**outflank** *(vt.)* يلتفّ حول (جيش العدوّ).

**outflow** *(n.)* (١)تدفّق (٢)دَفْق.

**outgo** *(n.)* نَفَقَة ؛ مصروف .

**outgoing** *(adj.)* منصرف ؛ راحل ؛ منسحبٌ .

**outgrow** *(vt.)* (١)يفوقه في النموّ (٢)يكبر بحيث تضيق ملابسه عليه (٣)يتخلص (من شيء) مع الزمن (٤) يكبر إلى حدّ الاستغناء عن كذا .

**outgrowth** *(n.)* (١)نموّ (٢)نامية (٣)نتيجة .

**outing** *(n.)* نزهة .

**outlandish** *(adj.)* (١) أجنبيّ (٢) غريب .

**outlast** *(vt.)* يصمد أكثر من غيره .
**outlaw** *(n.; vt.)* (١) المحروم من حماية القانون. (٢) المجرم §(٣) يحرمه حماية القانون (٤) يحرِّم (٥) يبطل .
**outlay** *(n.)* (١) إنفاق (٢) نفقة؛ مبلغ ينفق.
**outlet** *(n.)* مخرج؛ منفذ؛ متنفس .
**outline** *(n.)* (١) مختصر؛ موجز (٢) مخطط تمهيدي
**outlive** *(vt.)* (١) يعمّر أكثر من (٢) يعيش أو يسلم إلى ما بعد زوال شيء الخ .
**outlook** *(n.)* (١) مطل؛ مشرف (٢) منظر (٣) استشراف؛ وجهة نظر (٤) المستقبل المتوقع .
**outlying** *(adj.)* ناءٍ؛ قصيّ؛ بعيد عن المركز.
**outmaneuver** *(vt.)* يفوقه براعةً في المناورات.
**outmatch** *(vt.)* يبزّ؛ يفوق؛ يبرّز على .
**outmoded** *(adj.)* (١) مبطل الزيّ (٢) مهجور
**outnumber** *(vt.)* يفوقه عدداً .
**out-of-door;-s** *(adj.)* =outdoor.
**out-of-the-way** *(adj.)* بعيد؛ ناءٍ؛ غير مطروق
**outpost** *(n.)* (١) مخفر أماميّ (٢) قاعدة أماميّة.
**outpouring** *(n.)* (١) انهمار؛ تدفّق (٢) دفق.
**output** *(n.)* نِتاج؛ محصول؛ مردود .
**outrage** *(n.; vt.)* (١) اعتداء؛ انتهاك . §(٢) يزدري بـ (٣) ينتهك حرمة القانون أو الحشمة.
**outrageous** *(adj.)* شائن؛ فاضح؛ شنيع .
**outright** *(adv.; adj.)* (١) كلّيّةً؛ برمّته (٢) بصراحة؛ بغير تحفّظ (٣) فوراً §(٤) تامّ.
**outrun** *(vt.)* (١) يسبق (٢) يتجنّب .
**outset** *(n.)* (١) بدء (٢) بداية؛ مستهلّ .
**outshine** *(vt.)* (١) يفوقه بريقاً (٢) يكسف؛ يبزّ
**outside** *(n.; adj.; adv.; prep.)* (١) الخارج؛ الجزء الخارجيّ (٢) الحدّ الأقصى §(٣) خارجيّ (٤) أقصى؛ أبعد §(٥) خارجاً؛ من الخارج؛ في الخارج (أو الى خارج) كذا §(٦) خارج .

**outsider** *(n.)* (١) الدخيل؛ الغريب (٢) فرس ضئيل الحظّ من الفوز .
**outskirts** *(n.pl.)* ضواحي (المدينة) .
**outspoken** *(adj.)* صريح .
**outspread** *(vt.; adj.)* (١) يمدّ §(٢) ممدود.
**outstanding** *(adj.)* (١) ناتئ (٢) لم يُدفع . (٣) معلّق؛ غير مبتوت فيه (٤) بارز؛ رائع .
**outstretch** *(vt.)* يمدّ؛ ينشر .
**outstrip** *(vt.)* يسبق؛ يبزّ؛ يبرّز على .
**outward** *(adj.; adv.)* خارجيّ؛ إلى الخارج .
**outwardly** *(adv.)* (١) ظاهريّاً (٢) خارجيّاً.
**outwear** *(vt.)* (١) يُبلي (٢) يدوم أكثر من.
**outweigh** *(vt.)* يرجح؛ يفوقه وزناً أو قيمةً.
**outwit** *(vt.)* يخدعه أو يفوقه حيلةً ودهاءً .
**outworks** *(n.pl.)* تحصينات خارجية .
**outworn** *(adj.)* (١) رثّ؛ بالٍ (٢) مبتذل.
**oval** *(adj.)* بيضويّ؛ إهليلجيّ .
**ovary** *(n.)* (١) المبيض (٢) مبيض النبات.
**ovation** *(n.)* احتفاء؛ ترحيب حماسيّ .
**oven** *(n.)* فُرن؛ تنّور .

**over** *(adv.; prep.)* (١)فوق (٢)زيادة ؛ نيِّف. (٣)برمّته (٤)انقضى ؛ انتهى (٥)مَلِيّاً ؛ بعناية (٦) مرةً أخرى §(٧) أكثر من (٨) على (٩) في طول كذا وعرضِهِ (١٠)طوال .

~ again مرةً أخرى ؛ من جديد .
~ and above علاوةً على ذلك .
~ and ~, تكراراً .

**overact** *(vt.)* يبالغ (في تمثيل دوره المسرحي).

**overalls** *(n.pl.)* الرِّداء السِّروالي.

overalls

**overawe** *(vt.)* يُرهِب ؛ يُهوِّل على

**overbalance** *(vt.)* (١)يَرْجَح على (٢) يُفقِدُهُ توازنه .

**overbearing** *(adj.)* (١)مستبدّ . (٢) متغطرس .

**overboard** *(adv.)* (١)مِن فوق جانب المركب إلى البحر (٢) جانباً .

**overburden** *(vt.)* يحمِّله ما لا يطيق .

**overcast** *(adj.)* مُظلم ؛ مُلبَّد بالغيوم .

**overcharge** *(vt.; n.)* (١)يطلب منه ثمناً باهظاً. (٢)يحمّله أكثر ممّا يطيق §(٣)ثمن فاحش .

**overcloud** *(vt.; i.)* يلبِّد أو يتلبّد بالغيوم .

**overcoat** *(n.)* مِعْطَف .

**overcome** *(vt.)* يقهر ؛ يهزم ؛ يتغلّب على .

**overcrowd** *(vt.)* يكظّ ؛ يملأ بالناس .

**overdo** *(vt.; i.)* (١) يُفْرِط في (٢) يبالغ . (٣) يبالغ في طهوِ شيء (٤) يُنهِك ؛ يرهِق.

**overdose** *(n.)* جرعة مفرطة .

**overdraft** *(n.)* (١)سَحْب على بنك بمبلغ أكبر من رصيد الساحب (٢) المبلغ المسحوب .

**overdraw** *(vt.)* (١)يفرط في السَّحْب (٢)يبالغ.

**overdue** *(adj.)* متأخر ؛ فات موعده .

**overestimate** *(vt.)* يغالي في التقدير .

**overflow** *(vt.; i.; n.)* (١) يَغْمر ؛ يُغْرِق. ×(٢)يفيض ؛ يطفح §(٣)فيضان (٤)فائض.

**overgrown** *(adj.)* (١)مفرط النموّ (٢)مكسوّ بـ.

**overgrowth** *(n.)* إفراط في النموّ .

**overhang** *(vt.; i.; n.)* (١) يتدلّى (أو ينتأ) مُشرِفاً على (٢)يهدّد §(٣)جزء متدلٍّ الخ.

**overhaul** *(vt.; n.)* (١) يفحص بعناية . (٢)يُصْلِح (٣)يلحق بـ (٤)فحص دقيق.

**overhead** *(adv.; adj.; n.)* (١) فوق ؛ فوق الرأس §(٢) فوقيّ ؛ علويّ §(٣) سقف .

**overhear** *(vt.; i.)* يسمع مصادفةً أو استراقاً .

**overland** *(adv.; adj.)* (١)برّاً §(٢)برّيّ .

**overlap** *(vt.; i.)* (١) يتخطى ×(٢)يتداخل ؛ يتراكب ؛ يتشابك (٣)يحدث في وقت واحد.

**overlay** *(vt.)* يغشّي ؛ يكسو (بطبقة ما).

**overload** *(vt.)* يحمِّل بإفراط أو فوق الطاقة .

**overlook** *(vt.)* (١)يطلّ ؛ يشرف على (٢)يَغفل عن (٣)يُهْمِل (٤)يتغاضى عن (٥)يراقب.

**overlord** *(n.)* سيّد أعلى ؛ حاكم مطلَق .

**overmaster** *(vt.)* يغلب ؛ يهزم ؛ يقهر .

**overmatch** *(vt.)* يبزّ ؛ يفوق ؛ يهزم .

**overmuch** *(adj.; adv.)* مُفْرِط ؛ بإفراط .

**overnight** *(adv.; adj.)* (١)طوالَ الليل (٢)أثناء الليلة الفائتة (٣)بين عشيّة وضحاها §(٤)ليليّ .

**overpower** *(vt.)* يغلب ؛ يهزم ؛ يُخضع .

**overproduction** *(n.)* فَرْط الانتاج .

**overrate** *(vt.)* يبالغ في التقدير .

**overreach** *(vt.; i.)* (١) يتخطى ؛ يتجاوز . (٢) يخدع ؛ يمكر بـ ؛ يحتال على .

**override** *(vt.)* (١)يقطع أو يجتاز (وبخاصة وهو راكب) (٢)يدوس (٣)يلغي (٤)يتجاهل.

**overrule** *(vt.)* (١) يفرض نفوذه على . (٢)يتحكّم بـ (٣)ينقض ؛ يفسخ ؛ يحكم ضدّ.

**overrun** *(vt.)* (١)يجتاح ؛ يسحق ؛ يكتسح ؛ يغزو (٢) يسبقه في العدو (٣) يتجاوز ؛ يتخطى (٤) يَغْمر .

ove 334 own

**oversea** *(adj.; adv.)* = overseas.

**overseas** *(adv.; adj.)* (١) عَبْرَ البحار . §(٢) واقع عبر البحار (٣) خارجيّ .

**oversee** *(vt.)* يراقب ؛ يشرف على ؛ يفحص .

**overseer** *(n.)* المراقب ؛ ملاحظ العمال .

**overshadow** *(vt.)* يلقي ظلاً على ؛ يجعله مُعتِماً .

**overshoe** *(n.)* = galosh.

**overshoot** *(vt.)* (١) يرمي طويلاً ؛ يجاوز الهدف (٢) يتطرّف (٣) يبزّه في الرّماية .

**oversight** *(n.)* (١) مراقبة ؛ إشراف (٢) سهْو .

**oversize** *or* **oversized** *(adj.)* أكبر من المعتاد .

**oversleep** *(vi.)* يستغرق في النّوم .

**overstate** *(vt.)* يبالغ أو يغالي في .

**overstep** *(vt.)* يتجاوز ؛ يتخطّى (الحدود) .

**overstrain** *(vt.; n.)* (١) يُرْهِق §(٢) إرهاق .

**overstuff** *(vt.)* (١) يُتْخِم (٢) ينجّد (كرسيّاً) .

**overt** *(adj.)* علنيّ ؛ صريح .

**overtake** *(vt.)* (١) يُدرك ؛ يلحق بـ (٢) يباغت .

**overtax** *(vt.)* يُرْهِق (وبخاصة بالضرائب) .

**overthrow** *(vt.; n.)* (١) يَقْلِب (٢) يهزم . (٣) يُسقِط §(٤) هزيمة (٥) إسقاط أو سقوط .

**overtime** *(n.; adj.; adv.)* (١) ساعات العمل الإضافيّة أو أجرُها §(٢) إضافيّ §(٣) إضافيّاً .

**overtop** *(vt.)* (١) يعلو (شيئاً) (٢) يفوق ؛ يبزّ .

**overture** *(n.)* (١) عَرْض ؛ اقتراح ؛ مفاتحة . (٢) تمهيد ؛ مقدمة (٣) الاستهلال الموسيقي .

**overturn** *(vt.; i.)* (١) يَقْلِب × (٢) ينقلب .

**overweening** *(adj.)* مَزْهُوّ بنفسه ؛ متعجرف .

**overweigh** *(vt.)* (١) يَرْجَح : يكون أرجح منه وزناً (٢) يرهقه أو يحمّله ما لا يطيق .

**overweight** *(n.; adj.)* (١) وزن زائد عن المطلوب أو المسموح به (٢) حِمل ثقيل §(٣) أثقل من الضروري أو المسموح به .

**overwhelm** *(vt.)* (١) يَغْمُر ؛ يُغْرِق . (٢) يسحق ؛ يقهر (٣) يُرْبِك .

**overwhelming** *(adj.)* (١) غامر (٢) ساحِق .

**overwork** *(vt.; i.; n.)* (١) يُجْهِد ؛ يُرْهِق بالعمل × (٢) يُجهد نفسَه بالعمل §(٣) عمل شاقّ (٤) عملٌ إضافيّ .

**overwrought** *(adj.)* (١) مُجْهَدٌ (٢) مُثار أو مُهتاج إلى حدّ بعيد (٣) منمّق بإفراط .

**ovoid; -al** *(adj.)* بيضيّ الشّكْل .

**ovule** *(n.)* (١) بُذَيْرَة (٢) بُيَيْضَة .

**ovum** *(n.)* pl. **ova** بُيَيْضَة .

**owe** *(vt.; i.)* (١) يكن أو يُضْمِر له (٢) يكون مَديناً له بـ (٣) يَدين بكذا لِـ . . .

**owing** *(adj.)* مستحقّ الدفع ؛ مطلوب .

**owing to** *(prep.)* بسبب ؛ بداعي .

**owl** *(n.)* بومة .

**owlet** *(n.)* البُوَيْمَة : بومة صغيرة .

**own** *(adj.; vt.; i.)* (١) خاصّتُهُ ؛ مِلكُهُ §(٢) يَملِك (٣) يعترف بِـ .

~ brother أخٌ شقيقٌ .

to do the work on his ~, يقوم بالعمل من غير مساعدة أو إرشاد ؛ يقوم بالعمل على مسؤوليته .

to live on his ~, يحيا مستقلاً عن أبويه (كاسباً رزقَه بنفسِهِ) .

**ox** *(n.)* pl. **oxen** ثَوْر .

**oxford** *(n.)* حذاء أكسفورد : حذاءٌ خفيض.

**oxidation** *(n.)* (١) أكْسَدَة (٢) تأكسُد .

**oxide** *(n.)* أُكْسِيد (في الكيمياء) .

**oxidizable** *(adj.)* قابل للتأكسد أو الأكسدة.

**oxidize** *(vt.; i.)* (١) يُؤكْسِد (٢) يكسوه بالصدأ × (٣) يتأكسد (٤) يصدأ .

**oxygen** *(n.)* الأكسجين .

**oxygenate** *(vt.)* يؤكْسِج : يُشبع أو يمزج أو يزوّد بالأكسجين .

**oxygenated** *(adj.)* مُؤكْسَج .

**oyster** *(n.)* المَحار (من الرّخويات البحريّة).

**ozone** *(n.)* الأوزون : شكلٌ من أشكال الأكسجين

park

# P

**p** *(n.)* الحرف السادس عشر من الأبجديّة الانكليزية.

**pace** *(n.; vi.; t.)* (١) سرعة السّير أو العَدْو. (٢) طريقة الخطو أو السير (٣) خطوة (٤) خَبَبٌ §(٥) يمشي الهوينا أو بخطىً موزونة (٦) يخبّ؛ يعدو خَبَباً ×(٧) يقيس بالخَطْو (٨) يَذْرع المكانَ جيئةً وذهوباً (٩) يعيّن سرعة الانطلاق لفارس أو عدّاء.

**pacific** *(adj.)* (١) سِلْميّ؛ مُسالم (٢) هادئ.

**pacify** *(vt.)* (١) يهدّئ (٢) يُشبع (رغبةً).

**pack** *(n.; vt.)* (١) صُرّة؛ حُزْمة؛ رُزْمة؛ علبة (٢) حِمْل (٣) مقدار وافر (٤) مجموعة كاملة من ورق اللعب (٥) مجموعة (٦) كِمادة §(٧) يَحزِم؛ يرزم (٨) يوضّب (٩) يعلّب (١٠) يحمّل (١١) يحشر (١٢) يملأ (١٣) يسدّ.

~ animal — دابة؛ حيوان تحميل.
to ~ up — يكفّ عن العمل (ع).

**package** *(n.)* صُرّة؛ رُزْمَة؛ طَرْد بريديّ.

**packet** *(n.)* (١) سفينة (٢) رزمة صغيرة.

**packing** *(n.)* (١) رَزْم؛ تَعبئة (٢) حشْوَة.

**packthread** *(n.)* المَصِيْص: خيط قِنّبِيّ.

**pact** *(n.)* (١) ميثاق (٢) معاهدة.

**pad** *(n.; vt.)* (١) دِثار، وسادة رقيقة (٢) لِبادة. (٣) ضِمادة (٤) مِختَمَة (٥) قدم الحيوان (٦) إضمامة ورق (٧) مِنصّة الإطلاق §(٨) يحشو؛ يُبَطِّن (٩) يطيل بالحشو.

**padding** *(n.)* (١) حَشْوَة (٢) حَشْو.

**paddle** *(n.; vi.)* (١) مِجْذاف (٢) مِحراك. (٣) أحد الألواح الخشبيّة العريضة المثبّتة في محيط الناعورة §(٤) يجذف.

**paddock** *(n.)* المُسْتَراد: حقل صغير قرب منزل أو إصطبل لترويض الخيل.

**padlock** *(n.; vt.)* (١) قُفْل §(٢) يُقفِل.

**padre** *(n.)* قِسّيس.

**paean** *(n.)* أنشودة الشكر أو التسبيح أو النصر.

**pagan** *(n.; adj.)* وثنيّ.

**paganism** *(n.)* (١) الوثنيّة (٢) دِين وثنيّ.

**page** *(n.; vt.)* (١)غلام الفارس (٢) الوصيف.
(٣)خادم ذو بزة مميزة (٤) صفحة §(٥) يرقم.
**pageant** *(n.)* (١)مهرجان (٢) موكب.
**pageantry** *(n.)* (١)مهرجان؛ موكب (٢)أبّهة.
**pagoda** *(n.)* الباغودة : هيكل أو معبد.

**paid** *past and past part. of* pay.
**pail** *(n.)* دَلْوٌ؛ سَطْل.
**pailful** *(n.)* مِلءُ دلْو أو سَطْل
**pain** *(n.; vt.; i.)* (١)عقوبة (٢) ألم (٣)أسى.
(٤) *pl.* : المخاض : آلام الولادة
(٥) *pl.* : جهد §(٦) يؤلم.

to spare no ~ s لا يألو جهداً.
to take ~ s يبذل جهداً عظيماً.
under (on) ~ of تحت طائلة العقوبة بكذا

**painful** *(adj.)* مؤلم؛ مُوجِع؛ مُحزِن.
**painless** *(adj.)* غير مؤلم؛ بلا ألم.
**paint** *(vt.; i.; n.)* (١)يلون؛ يصبغ (٢)يدهن؛
يطلي (٣)يصور؛ يرسم×(٤)يتبرّج§(٥)دهان؛
طلاء (٦) صِبغ أو مستحضر تجميلي.
**painter** *(n.)* الرسّام؛ الدهّان.
**painting** *(n.)* (١)صورة زيتيّة (٢) دَهْن.
(٣) تصوير زيتيّ.
**pair** *(n.; vt.; i.)* (١)زوج (٢)اثنان (٣)زوجان؛
خطيبان§(٤)يقْرِن (٥) يقترن.
**pajamas** *(n.pl.)* مَنامَة؛ بيجامة.
**palace** *(n.)* (١) بَلاط (٢) قصر.

**palanquin** *(n.)* مِحَفّة.

**palatable** *(adj.)* سائغ؛ لذيذ المذاق.
**palatal** *(adj.)* حَنَكِيّ.
**palate** *(n.)* (١) الحَنَك (٢) حاسّة الذوق.
**palatial** *(adj.)* بَلاطِيّ؛ قَصري؛ فَخْم.
**palaver** *(n.; vi.)* (١) مناقشة؛ حديث؛ محاورة.
(٢)هَذْر؛ لَغْو§(٣)يهذر؛ يلغو؛ يثرثر.
**pale** *(adj.; vi.; t.; n.)* (١)شاحب (٢)باهت.
§(٣)يَشْحُب؛ يَبْهُت ×(٤)يُشحِب؛
يُبْهِت (٥) يُسيِّج §(٦) وَتِد (من أوتاد
السياج) (٧) حظيرة (٧) نطاق؛ حدود.
**palette** *(n.)* المَلْوَن؛ لوحة ألوان الرسّام.

**paling** *(n.)* سِياج.
**palisade** *(n.)* (١) سِياج من أوتاد خشبيّة.
(٢) أجراف شاهقة شديدة التحدّر.
**pall** *(n.; vi.)* (١)غطاء النعش (٢)حجاب قاتم
كثيف§(٣)يصبح تافهاً أو بغيضاً أو مُمِلاً.
**pallet** *(n.)* حشيّة قشّ؛ فراش قشّ.
**palliate** *(vt.)* (١) يلطِّف (٢) يبرر جزئياً.
**palliative** *(adj.; n.)* ملطِّف؛ مسكِّن؛ مخفِّف.
**pallid** *(adj.)* شاحب.
**pallor** *(n.)* شحوب؛ امتقاع في اللون.

**palm** *(n.; vt.)* (١) نخلة (٢) سَعَف النخل بوصفه رمزاً للنصر (٣) نَصْر ؛ ظَفَر (٤) راحة اليد §(٥) يخفي في راحة اليد أو بها (٦) يخدع.

to bear (carry off) the ~, يفوز ؛ ينتصر

**palmetto** *(n.)* البَلْميط: نخل مِروحيّ السَّعَف.

**palmistry** *(n.)* قراءة (خطوط) الكفّ.

**palmy** *(adj.)* (١) كثير النخيل (٢) مزدهر.

**palpable** *(adj.)* محسوس؛ ملموس؛ واضح.

**palpitate** *(vi.)* يَجِب؛ ينبض بسرعة.

**palpitation** *(n.)* الوَجيب: خفقان بسرعة.

**palsy** *(n.; vt.)* (١) شلل §(٢) يَشُلّ.

**palter** *(vi.)* (١) يَعْبَث (٢) يساوم.

**paltry** *(adj.)* (١) رديء (٢) حقير (٣) تافه.

**pampa** *(n.)* البَمْب: سهل واسع معشوشب.

**pamper** *(vt.)* (١) يُدَلِّل (٢) يُشْبِع.

**pamphlet** *(n.)* كُرّاسة؛ كُتَيِّب.

**pamphleteer** *(n.)* مؤلِّف الكراريس.

**pan** *(n.)* (١) مِقْلاة (٢) كِفّة الميزان.

**pan-** بادئة معناها: كلّ؛ جميع؛ شامل؛ عامّ.

**panacea** *(n.)* الدّواء العامّ (لجميع الأمراض).

**panama** *(n.)* قبعة بناما: قبعة من قشّ ملوّن.

**pancake** *(n.)* فَطيرة مُحَلاّة.

**pancreas** *(n.)* المِعْقَد؛ البنكرياس (تشريح).

**pander** *(n.; vi.)* (١) القَوّاد (٢) يعمل قوّاداً.

**pane** *(n.)* لوح زجاجيّ (في نافذة الخ.).

**panegyric** *(n.)* مديح؛ إطراء.

**panel** *(n.)* (١) جدول المحلّفين (٢) لوح الباب: أحد أجزائه المستطيلة المطوّقة بإطار (٣) لوح زجاجيّ في نافذة (٤) صورة طويلة ضيقة.

**pang** *(n.)* (١) ألم مفاجىء لاذع (٢) وخز.

**panic** *(n.)* رُعْب؛ ذعر؛ هَلَع.

**panicky; panic-stricken** *(adj.)* مذعور.

**pannier** *(n.)* سلّ؛ سلّة كبيرة.

**pannikin** *(n.)* (١) كوب معدنيّ (٢) قِدر صغيرة.

**panoply** *(n.)* درْع كاملة.

**panorama** *(n.)* البانوراما: منظر شامل عريض.

**panoramic** *(adj.)* بانوراميّ؛ شامل الرؤية.

**pansy** *(n.)* زهرة الثالوث: نوع من البنفسج.

**pant** *(vi.; n.)* (١) يلهث (٢) ينفث (٣) يتلهّف (٤) ينبض §(٥) لُهاث.

**pantaloons** *(n.pl.)* بنطلون.

**pantheism** *(n.)* وحدة الوجود.

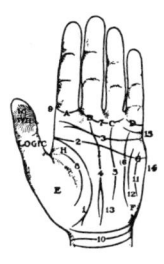

| | |
|---|---|
| **pantheon** (n.) | البانتيون: «أ» هيكل مكرّس لجميع الآلهة. «ب» مدفن عظماء الأمة. |
| **panther** (n.) | نَمِر. |
| **pantomime** (n.) | الإيمائيّة: مسرحيّة إيمائيّة. |
| **pantry** (n.) | حجرة المؤن وأدوات المائدة. |
| **pants** (n.pl.) | (١) بنطلون (٢) سروال تحتيّ قصير. |
| **pap** (n.) | (١) حَلَمة (٢) طعام ليّن للأطفال والمرضى. |
| **papa** (n.) | أبٌ (بلغة الأطفال). |
| **papacy** (n.) | البابويّة. |
| **papal** (adj.) | بابويّ: خاصّ بالبابا. |
| **paper** (n.; vt.; adj.) | (١) ورق؛ ورقة (٢) وثيقة (٣) مقالة؛ بحث (٤) صحيفة؛ جريدة (٥) يلفّ أو يزيّن بالورق (٦) ورقيّ. |
| **papilla** (n.) | حُلَيْمَة؛ حَلَمة صغيرة. |
| **paprika** (n.) | فلفل حُلْو. |
| **papyrus** (n.) | (١) البَرْديّ (٢) ورق البَرْديّ. |
| **par** (n.) | (١) تساوٍ؛ تكافؤ (٢) معدّل؛ متوسط. |
| **parable** (n.) | مَثَل أو حكاية رمزيّة. |
| **parabola** (n.) | القَطْع المُكافئ (هندسة). |
| **parachute** (n.) | مظلّة هبوط |
| **parachutist** (n.) | المِظَلّيّ: جنديّ الباراشوت. |
| **parade** (n.; vt.) | (١) عَرْض؛ إظهار للبراعة أو القوّة أو الثروة (٢) استعراض عسكريّ (٣) موكب (٤) مُتنَزَّه (٥) يستعرض (الجُنْد) (٦) يَعْرِض بتَباهٍ. |
| **paradise** (n.) | (١) الجنّة (٢) فردوس. |
| **paradox** (n.) | العبارة المُوهِمة للتناقض. |
| **paraffin** (n.) | (١) البارافين (٢) الكيروسين. |
| **paragon** (n.) | مثال؛ نموذج. |
| **paragraph** (n.) | فِقْرة. |
| **parallel** (adj.; n.; vt.) | (١) متوازٍ (٢) مُوازٍ (٣) متماثل؛ مُطابق (٤) النظير؛ المثيل (٥) شَبَه (٦) يقارن (٧) يشابه؛ يضارع. (٨) يُطابق؛ يكون مطابقاً لـ (٩) يحاذي. |
| ~ s of latitude | خطوط العرض. |
| **parallel bars** (n.pl.) | المتوازيان |

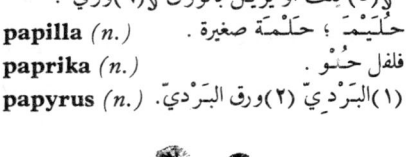

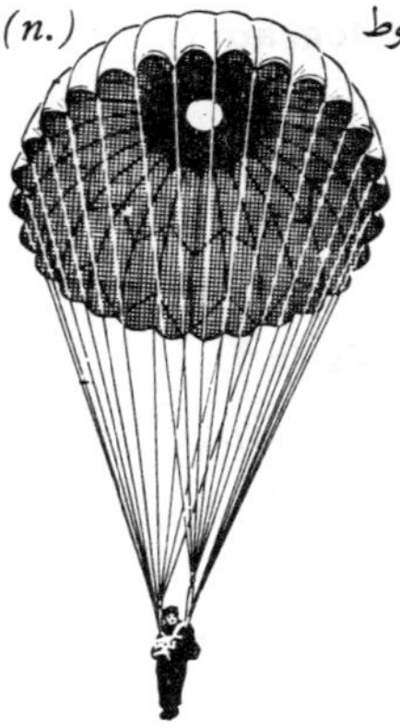

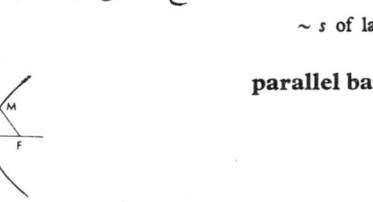

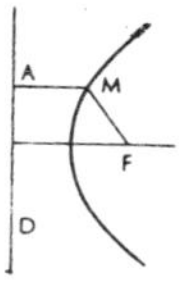

**parallelogram** *(n.)* متوازي الأضلاع (في الهندسة) .

**paralysis** *(n.)* شَلَل .

**paralytic** *(adj.; n.)* (١) شَلَليّ (٢) أشَلّ ؛ مَشْلُول §(٢) الأشَلّ ؛ المشلول .

**paralyze** *(vt.)* (١) يَشُلّ (٢) يَشْدَه .

**paramount** *(adj.)* أسمى ؛ أعلى ؛ أعظم .

**paramour** *(n.)* (١) خليل ؛ عشيق (٢) خليلة .

**parapet** *(n.)* (١) متراس (٢) حاجز .

**paraphrase** *(vt.; i.)* يُعيد السبك أو الصياغة .

**parasite** *(n.)* (١) الطُفَيْلي (٢) العالة (على غيره)

**parasol** *(n.)* البارَسُول : مظلّة خفيفة .

**paratyphoid** *(n.)* البار اتيفوئيد (مرض) .

**parboil** *(vt.)* (١) يَسلق (٢) يَسْفَع .

**parcel** *(n.; vt.)* (١) قطعة (٢) رزمة §(٣) يقسِّم .

**parch** *(vt.)* (١) يحمِّص (٢) يجفِّف .

**parchment** *(n.)* (١) رَقّ (٢) ورق نفيس .

**pardon** *(n.; vt.)* (١) عَفو ؛ مغفرة §(٢) يَغفِر لِـ

I beg your ~, عفواً ! معذرة !

**pardonable** *(adj.)* ممكنٌ اغتفارُهُ .

**pare** *(vt.)* يقشِّر ؛ يكشط ؛ يشذِّب ؛ يخفِّض .

**parent** *(n.)* (١) أبٌ أو أمّ (٢) أصل .

**parentage** *(n.)* نَسَبٌ ؛ أصلٌ ؛ أُبُوَّة .

**parental** *(adj.)* أبويّ ؛ والديّ .

**parenthesis** *(n.)* pl. **-ses** (١) كلمة أو جملة معترضة (٢) هلال ؛ أحد هلالين : ( ) .

**parenthetic; -al** *(adj.)* معترض ؛ اعتراضي .

**parenthood** *(n.)* أبوّة ؛ والديّة .

**pariah** *(n.)* المنبوذ ؛ شخص منبوذ .

**paring** *(n.)* (١) تقشير (٢) قُشارة ؛ قُلامة .

**parish** *(n.)* (١) أبرشية (٢) أبناء الأبرشية .

**Parisian** *(n.; adj.)* باريسيّ ؛ باريزيّ .

**parity** *(n.)* تَساوٍ ؛ تكافؤ ؛ تماثل .

**park** *(n.; vt.)* (١) ميدان ؛ مُتَنَزَّه ؛ حديقة عامة . (٢) الموقف : باحة مخصَّصة لوقوف السيّارات §(٣) يوقف السيّارة في ناحية من الشارع (أو في باحة) مخصَّصة لوقوف السيّارات .

**parking lot** *(n.)* = park 2.

**parlance** *(n.)* (١) حديث (٢) لغة .

**parley** *(vi.; n.)* (١) يفاوض ؛ يتداول §(٢) مؤتمر . (٣) مفاوضة (٤) محادثة ؛ مناقشة .

**parliament** *(n.)* البرلمان : مجلس نوّاب الأمّة .

**parliamentary** *(adj.)* برلمانيّ ؛ نيابيّ .

**parlor** *or* **parlour** *(n.)* (١) رَدْهَة (٢) دار .

**parochial** *(adj.)* (١) أبرشيّ (٢) محدود ؛ ضيّق .

**parole** *(n.)* عَهْد ؛ وَعْدُ شرف يأخذه الأسير على نفسه بأن لا يحاول الهرب الخ .

**paroxysm** *(n.)* نوبة (مرض أو غضب أو ضحك)

**parquet** *(n.)* الباركيه : خشب مزخرف يُفرش به أرضية الحجرة .

**parricide** *(n.)* قَتْلُ (أو قاتل) الأب أو الأمّ .

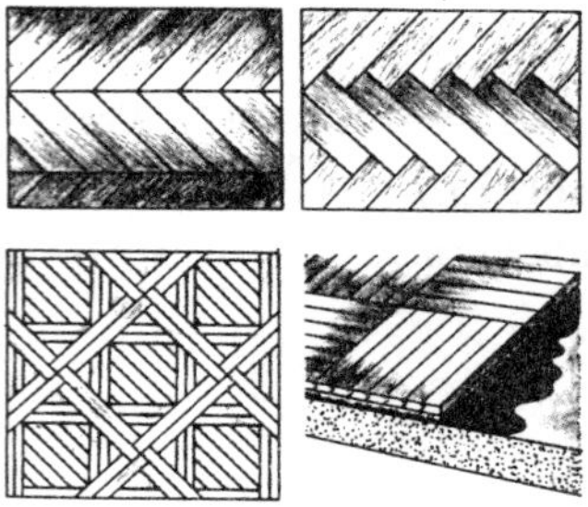

par 341 par

**parrot** *(n.; adj.)* (١) بَبْغاء §(٢) بَبَّغائيّ .

**parry** *(vt.; n.)* (١) يتفادى ؛ يتجنّب §(٢) تفادٍ

**parse** *(vt.)* يُعْرِب (الكلمةَ) .

**parsimonious** *(adj.)* شديد البُخْل أو الشحّ .

**parsimony** *(n.)* (١) بخلٌ شديد (٢) اقتصاد .

**parsley** *(n.)* البَقْدُونس (نبات) .

**parsnip** *(n.)* الجَزَرُ الأبيض (نبات) .

**parson** *(n.)* (١) كاهن (٢) قسّ بروتستانتيّ .

**parsonage** *(n.)* بيت الكاهن أو القسّ .

**part** *(n.; vi.; t.)* (١) جزء ؛ قسم (٢) عضو . (٣) قطعة غيار (٤) نصيب ؛ حِصّة (٥) دور (٦) *pl.* منطقة (٧) *pl.* : موهبة ؛ كفاءة (٨) فَرْق ؛ مَفْرِق الشَّعْر §(٩) يفترق ؛ (١٠) يتفرّق (١١) يرحل (١٢) ينشقّ ؛ (١٣) يتخلّى عن ×(١٤) يقسم (١٥) يفرق (١٦) يوزع (١٧) يَفْصِل .

for my ~, من ناحيتي ؛ من جهتي .
for the most ~, في أغلب الأحوال .
in good ~, بِرِضىً ؛ برحابة صدر .
in ~, جزئيّاً ؛ إلى حدّ ما .
on the ~ of من قِبَل فلان .
~ and parcel جزء لا يتجزّأ من .
~ of speech قسم من أقسام الكلام (كالاسم والفعل والحرف) .
to take ~ (in) يشترك أو يشارك (في)

**partake** *(vi.; t.)* يقاسم ؛ يشاطر ؛ يشارك في .

**partial** *(adj.)* (١) مُتَحَيِّز أو مُولَع (٢) جزئيّ .

**partiality** *(n.)* (١) تحيُّز (٢) وَلَعٌ بـ .

**participant** *(n.)* المُشارك أو المُشترك في .

**participate** *(vi.)* يشترك في أو مع .

**participation** *(n.)* (١) اشتراك (٢) مشاركة .

**participle** *(n.)* (١) اسم الفاعل (٢) اسم المفعول .

**particle** *(n.)* (١) جُسَيْم ؛ ذرّة (٢) حرف ؛ أداة

**parti-colored** *(adj.)* ملوَّن ؛ متعدّد الألوان .

**particular** *(adj.; n.)* (١) مفرد (٢) خصوصيّ . (٣) هامّ (٤) استثنائيّ (٥) دقيق (٦) مدقّق §(٧) بَنْد ؛ نقطة ؛ تفصيل .

in ~, بخاصة ؛ على وجه التخصيص .
to go into ~s. يَسْترِد أو يعطي التفاصيل

**particularity** *(n.)* (١) تفصيل ؛ نقطة تفصيلية . (٢) ميزة ؛ خاصيّة (٣) خصوصيّة (٤) تدقيق .

**particularize** *(vt.; i.)* يخصِّص ؛ يعيِّن ؛ يفصِّل

**particularly** *(adv.)* (١) خصوصاً (٢) بوضوح (٣) بتفصيل .

**parting** *(n.; adj.)* (١) انصراف ؛ رحيل . (٢) مُفْتَرَق (٣) فَرْق ؛ مَفْرِق (٤) حاجز §(٥) مُفارِق ؛ راحل (٦) مُحتَضَر (٧) فاصل ؛ قاسم (٧) وداعيّ .

**partisan** *(n.; adj.)* مُشايِع ؛ مُوالٍ ؛ نَصير .

**partition** *(n.; vt.)* (١) تقسيم (٢) حاجز . (٣) قِسْمٌ ؛ جزء §(٤) يقسّم (٥) يفصل بحاجز .

**partly** *(adv.)* جزئيّاً ؛ إلى حدّ ما .

**partner** *(n.)* (١) رفيق ؛ شريك (٢) زوج ؛ زوجة .

**partnership** *(n.)* (١) اشتراك (٢) شرِكة .

**partook** *past of* partake.

**partridge** *(n.)* الحَجَل ( طائر ) .

**parturition** *(n.)* مَخاض ؛ وَضْع ؛ وِلادَة .

**party** *(n.; adj.)* (١) طَرَف ؛ فريق (٢) حزب (٣) حفلة أنس وسَمَر §(٤) حزبيّ .

**party-colored** *(adj.)* ملوّن ؛ متعدّد الألوان .

**pasha** *(n.)* باشا : لقب تركيّ قديم .

**pass** *(vi.; t.; n.)* (١) يَمُرّ (٢) يَرْحَل ؛ يموت (٣) ينقضي (٤) يتجاوز (٥) يصدر حكماً (٦) ينتقل إلى (٧) يتحوّل (٨) يَحْدُث (٩) تُتَداوَل (العملةُ) (١٠) ينجح في امتحان (١١) يُمرِّر الكُرة (١٢) يتخلّى عن دوره ( في لعب الورق ) × (١٣) يُغْفِل (١٤) يجتاز (١٥) يقضي (١٦) يُقِرّ (١٧) يُدْخِل (١٨) يستعرض §(١٩) طريق (٢٠) شِعب (٢١) مرور (٢٢) حالة ؛ وضع (٢٣) مأزق (٢٤) جواز مرور (٢٥) إجازة ؛ إذن (٢٦) تذكرة مجّانيّة ( للسّفر أو للدخول إلى مسرح الخ. )

to ~ a remark يُبدي مُلاحظةً .

to ~ away (١) يزول ؛ ينقضي (٢) يموت .

to ~ by (١) يَمُرّ بِـ (٢) يتغاضى عن .

to ~ by the name of يُعْرَف بـ .

to ~ for another يُظَنّ شخصاً آخر .

to ~ off (١) يزول أو يتضاءل (٢) يَحْدُث (٣) ينتحل شخصية .

to ~ out (١) يُغمَى عليه (٢) يموت .

to ~ over (١) يتغاضى عن (٢) يُهمِل .

**passable** *(adj.)* (١) سالِك (٢) مقبول .

**passage** *(n.)* (١) مرور (٢) ممرّ ؛ طريق (٣) رحلة (٤) حقّ المرور ؛ حرية المرور (٥) إقرار قانونٍ (٦) مقطع ؛ فقرة .

~ of *or* at arms قِتالٌ ؛ نِزال .

**passageway** *(n.)* مَمَرّ ؛ مَجاز ؛ مَسْلَك .

**passbook** *(n.)* دفتر الحساب المصرفيّ

**passenger** *(n.)* الراكب ؛ المسافر .

**passerby** *(n.)* المارّ ؛ عابر السبيل .

**passing** *(adj.)* (١) مارّ (٢) عابر (٣) اجتيازيّ .

in ~, بالمناسبة ؛ «على فكرة» .

**passion** *(n.)* (١) *cap.*: آلام المسيح (٢) عاطفة ؛ هوًى (٣) انفعال ؛ غضب (٤) هواية .

**passionate** *(adj.)* (١) سريع الغضب ؛ غاضب (٢) انفعاليّ .

passionflower

**passionflower** *(n.)* زهرة الآلام .

**Passion Week** *(n.)* أسبوع الآلام .

**passive** *(adj.)* (١) منفعل ؛ موثَّر فيه (٢) مبنيّ للمجهول (٣) مُستسلم ؛ مُذعِن (٤) سلبيّ .

**Passover** *(n.)* عيد الفصح ( عند اليهود ) .

**passport** *(n.)* جواز سفر .

**password** *(n.)* كلمة المرور ؛ كلمة السرّ .

**past** *(adj.; prep.; n.)* (١) ماضٍ (٢) سابق §(٣) متجاوز سنّاً معيّنة (٤) إلى أبعد (٥) بَعْدَ (٦) فوق §(٧) الماضي .

at half ~ two في (الساعة) الثانية والنصف

~ endurance فوق الطاقة ؛ وراء الاحتمال

**paste** *(n.; vt.)* (١) عجينة ؛ معجونة (٢) حلوى ذات قَوام عجينيّ (٣) لَصُوق ؛ عجينةُ إلصاق (٤) زجاج برّاق §(٥) يُلصق (٦) يكسو .

**pasteboard** *(n.)* كرتون ؛ ورق مقوّى .

**pastel** *(n.; adj.)* (١) المِرْقَم : قلم ملوَّن . (٢) صورة مرسومة بالمِرْقَم § (٣) فاتح اللون .

**pasteurize** *(vt.)* يُبَسْتِر ؛ يُعَقِّم .

**pastime** *(n.)* تسلية ؛ سلوى ؛ كل ما يُسلّيك .

**pastor** *(n.)* القَسّ ؛ راعي الأبرشيّة .

**pastoral** *(adj.)* (١) رَعَوِيّ : خاصّ بالرعاة أو الحياة الريفية (٢) رِعاوِيّ : خاصّ برعاية الكاهن لأبناء أبرشيّته .

**past participle** *(n.)* اسم المفعول .

**pastry** *(n.)* معجّنات ؛ فطائر حلوة .

**pasture** *(n.; vi.; t.)* (١) كلأ ؛ عشب (٢) مرعى § (٣) تَرْعى (الماشيةُ) × (٤) يَرْعى (الماشيةَ) .

**pat** *(n.; vt.)* (١) تَرْبيتة ؛ ضربة خفيفة (٢) نقرة إيقاعيّة خفيفة (٣) قالب من زبدة § (٤) يربّت .

**patch** *(n.; vt.)* (١) رُقْعة (٢) قطعة صغيرة من الأرض § (٣) يُرَقِّع (٤) يُصْلِح ؛ يرمِّم (٥) يحلّ ؛ يسوّي .

**patchwork** *(n.)* (١) المُرَقَّعة : قطع من قماش تُخاط لتصبح غطاء للحاف أو وسادة (٢) خليط .

**pate** *(n.)* (١) رأس (٢) قمّة الرأس (٣) عقل .

**patent** *(adj.; n.; vt.)* (١) مُسجَّل ؛ مَصُون ببراءة (٢) واضح § (٣) رخصة ؛ براءة ؛ امتياز (٤) الاختراع المسجَّل § (٥) يسجّل اختراعاً .

**patentee** *(n.)* صاحب البراءة أو الامتياز .

**paternal** *(adj.)* (١) أبويّ (٢) من جهة الأب .

**paternity** *(n.)* (١) أبوّة (٢) أصل ؛ منشأ .

**path** *(n.)* طريق ؛ مجاز ؛ سبيل .

**pathetic** *(adj.)* مُحْزِن .

**pathless** *(adj.)* غير مطروق أو مسلوك .

**pathology** *(n.)* الباثولوجيا ؛ علم الأمراض .

**pathos** *(n.)* العنصر المثير للشفقة .

**pathway** *(n.)* طريق ؛ مجاز ؛ سبيل .

**patience** *(n.)* صَبْرٌ ؛ حِلْمٌ ؛ طولُ أناة .

**patient** *(adj.; n.)* (١) صبور ؛ حليم § (٢) مريض

**patio** *(n.)* (١) فِناء (٢) فِناء مرصوف .

**patois** *(n.)* لهجة عاميّة أو محليّة .

**patriarch** *(n.)* (١) أب (٢) بطريرك أو شيخ جليل

**patriarchate** *(n.)* البطريركيّة .

**patrician** *(n.; adj.)* (١) شريفٌ رومانيّ . § (٢) شريف ؛ نبيل ؛ ارستوقراطيّ .

**patrimony** *(n.)* (١) ميراثٌ (٢) وقفٌ كنسيّ .

**patriot** *(n.)* الوطنيّ : المحبّ لوطنِهِ .

**patriotic** *(adj.)* وطنيّ .

**patriotism** *(n.)* الوطنيّة ؛ حبّ الوطن .

**patrol** *(n.; vt.; i.)* (١) خَفْر ؛ حراسة . (٢) خفير (٣) دوريّة ؛ عَسَسٌ § (٤) يخفِر .

**patron** *(n.)* (١) النصير ؛ الراعي (٢) زبون دائم .

**patronage** *(n.) (n.)* (١) مناصرة ؛ رعاية . (٢) تفضُّل ؛ إحسان (٣) الزِّبانة : تفضيل الزبائن فندقاً أو متجراً معيّناً وتعاملهم معه باستمرار .

**patroness** *(n.)* النصيرة ؛ الراعية .

**patronize** *(vt.)* (١) يناصِر ؛ يَرْعى . (٢) يتفضّل عليه ؛ يعامله بتنازل .

**patter** *(vi.; n.)* (١) يثرثر (٢) يضرب أو يربّت بسرعة وتكرار § (٣) ثرثرة (٤) لغة اللصوص .

**pattern** *(n.; vt.)* (١) مثال ؛ نموذج (٢) عيّنة ؛ « مَسْطَرَة » (٣) نمط ؛ رسم ؛ شكل § (٤) يَصْنَع على منوال كذا أو غِراره .

**patty** *or* **pattie** *(n.)* (١)قرص (٢)فطيرة صغيرة.
**paunch** *(n.)* (١)بطن (٢) كرش ؛ بطن ضخم .
**pauper** *(n.)* المُعْوِز ؛ الفقير ؛ العالة.
**pauperism** *(n.)* إملاق ؛ فقر شديد .
**pause** *(n.; vi.)* (١) توقُّف موقّت (٢)وَقْفٌ قصير §(٣) يتوقّف ؛ يتردّد ؛ يتأنّى .
**pave** *(vt.)* يَرْصُف ؛ يبلّط ؛ يعبّد .
**pavement** *(n.)* (١)رصيف (٢)حجارة الرصيف
**pavilion** *(n.)* (١)سُرادق (٢)جناح (من مبنى ).
**paving** *(n.)* = pavement.
**paw** *(n.; vt.; i.)* (١) كفّ الحيوان ذات البراثن . §(٢) يمسّ أو يضرب أو ينبش ببراثنه .
**pawn** *(n.; vt.)* (١)رَهْن (٢)ضمان (٣)بَيْدَق ضعيف (في الشطرنج) (٤)الآلة ؛ اللعبة (في يد شخص آخر ) §(٥) يَرْهن .

pawn 3

**pawnbroker** *(n.)* المسترهِن .
**pay** *(vt.; i.; n.)* (١)يدفع (٢)يؤدّي (٣) يعود عليه بفائدة (٤) يَغُلّ (٥) يُرْخي ×(٦) يُكسِب §(٧)أجر ؛ راتب (٨)جزاء .

in the ~ of the enemy في خدمة العدو
to ~ attention to ينتبه إلى .
to ~ (money) back يردّ ؛ يُرْجِع (دَيْناً) .
to ~ a call on someone يزوره ؛ يقوم بزيارته .
to ~ for يدفع الثمن .
to ~ off (١) يدفع الدين بكامله . (٢) ينتقم من (٣) يَغُلّ ؛ ينتج ربحاً .
to ~ out (١) يثأر من (٢) يُنفق .
to ~ up يدفع كلّ ما عليه .

**payable** *(adj.)* ممكنٌ أو واجبٌ دفعه .
**payday** *(n.)* يوم الدفع ؛ يوم دفع الرواتب .
**payee** *(n.)* (١)المدفوع له (٢)المستفيد .
**payer** *or* **payor** (١)الدافع (٢)دافع الكمبيالة.
**paymaster** *(n.)* صَرّاف الرواتب (في شركة).
**payment** *(n.)* (١)دَفْعٌ (٢)دَفْعَةٌ (٣)جزاء.
**pea** *(n.)* (١)البازِلاّ (نبات) (٢)حبّة البازِلاّ .

as like as two ~ s متشابهان تماماً .

**peace** *(n.)* (١) أمْنٌ (٢) وئام (٣)سِلْم .

to hold one's ~, يلزم الصمت .
to keep the ~, يطيع القوانين .

**peaceable** *(adj.)* (١)مُسالِم (٢)سِلْميّ .
**peaceful** *(adj.)* (١)مُسالِم (٢)هادىء ؛ سلميّ.
**peacemaker** *(n.)* المُصْلِح (بين متخاصمين ).
**peach** *(n.)* خَوْخ ؛ دُرّاق (نبات) .
**peacock** *(n.)* (١) الطاووس (٢) المغرور .

**peahen** *(n.)* الطاووسة : أنثى الطاووس .
**peak** *(n.)* (١)حافّة ناتئة (٢)قمة (٣) ذروة.
**peal** *(n.; vi.)* (١)جلجلة الأجراس (٢)مجموعة أجراس (٣)قصف ؛ دويّ §(٤) يُجلجل ؛ يدوّي.
**peanut** *(n.)* فول سوداني (أو حبّة منه).

**pear** *(n.)* الإجّاص ؛ الكُمَّثرَى (نبات).

**pearl** *(n.; vi.)* (١)لؤلؤة §(٢) يصيد اللؤلؤ.
**peasant** *(n.)* (١)الفَلاّح (٢)القَرَويّ؛ الريفيّ.
**peasantry** *(n.)* الفلاحون، جماعة الفلاّحين.
**peat** *(n.)* الحُثّ: مادةنصف متفحمةأو قطعةمنها.
**pebble** *(n.; vt.)* (١) حصاة §(٢) يرجم أو يفرش بالحصى.
**pecan** *(n.)* البَقّان: ضرب من شجر الجوز الأميركي.
**peccable** *(adj.)* غير معصوم: معرَّض للإثم.
**peccadillo** *(n.)* زلّة، هفوة، عثرة، إثم طفيف.
**peccary** *(n.)* البَقَرِيّ: حيوان شبيهٌ بالخنزير.

**peck** *(vt.; n.)* (١) يَنقُدُ، يَنقُرُ §(٢)نَقْدَة طائر (٣)البَكّ: مكيالٌ يساوي رُبع بوشل.
**pectoral** *(adj.; n.)* (١)صَدْرِيّ§(٢)صُدْرَة.
**peculate** *(vt.)* يختلس (الأموالَ).
**peculiar** *(adj.)* خصوصيّ؛ مميّز؛ غريب.
**peculiarity** *(n.)* خصوصيّة؛ ميزة؛ غرابة
**pecuniary** *(adj.)* ماليّ.
**pedagogue** or **pedagog** *(n.)* المدرِّس؛ المعلّم.
**pedagogy** *(n.)* البيداغوجيا: علم أصول التدريس

**pedal** *(n.; adj.; vi.)* (١)دوّاسة §(٢)قدَميّ (٣)دَوّاسيّ §(٤)يستعمل أو يُعمِل دوّاسة.
**pedant** *(n.)* المتحذلق: شخص متحذلق.
**peddle** *(vi.)* يتجوّل (لبيع بضاعته).
**peddler** or **pedlar** *(n.)* البائع المتجوّل.
**pedestal** *(n.)* (١)قاعدة (التمثال) (٢)أساس.

pedestal I

**pedestrian** *(adj.; n.)* (١)ماشٍ §(٢) الماشي.
**pedigree** *(n.)* نَسَبٌ؛ شجرة النسب؛ أصل.
**pediment** *(n.)* القَوْصَرَة: مثلّث في أعلى واجهة المبنى.

**pedlar** *(n.)* البائع المتجوّل.
**peek** *(vi.; n.)* (١) ينظر خِلسةً. §(٢) نَظرة مُختَلَسَة.
**peel** *(vt.; i.; n.)* (١) يَقْشُرُ؛ يُقَشِّر. (٢)يَسْلخ×(٢)يتقشّر(٣)يخلع ثيابه§(٤)قشرة.
**peep** *(vi.; n.)* (١)يزقو؛ يَصيء (٢)يختلس النظر من خلال ثقب (٣)يلوح؛ يبزغ §(٤)صوت ضعيف (٥) بزوغ (٦) نظرة مختَلَسَة.
**peephole** *(n.)* ثقب الباب.
**peer** *(n.; vi.)* (١)النّظير؛ النِّدّ (٢)النبيل؛ الأمير §(٣) يحدِّق؛ يُنعم النظر (٤) يلوح.
**peerage** *(n.)* (١)طبقة النبلاء (٢) رتبة النبيل.

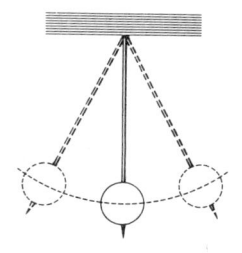

**peeress** *(n.)* (١) النبيلة (٢) زوجة النبيل أو أرملته.

**peerless** *(adj.)* فذّ؛ فريد؛ منقطع النظير.

**peevish** *(adj.)* نكِد؛ شكِس؛ بَرِمٌ؛ عنيد.

**peg** *(n.; vt.; i.)* (١) وَتِد (٢) ملقط غسيل. (٣) مِشجب (٤) مِلْوَى الكمان (٥) سِدادة (٦) دَرَجَة (٧) شراب مُسكِر § (٨) يوتّد (٩) يشبك الثياب على حبل غسيل (١٠) يعيّن الحدود × (١١) يعمل في اطّراد وانكباب.

**pelagic** *(adj.)* أوقيانوسيّ: متعلّق بالأوقيانوس.

**pelf** *(n.)* مال؛ ثروة.

**pelican** *(n.)* البَجَع: طائر مائيّ كبير.

**pelisse** *(n.)* البَلّيس: معطف أو سترة طويلة.

**pellagra** *(n.)* الحُصاف: مرض مزمن.

**pellet** *(n.)* (١) كُرَيّة؛ كُرَة صغيرة (٢) حبّة دواء (٣) قنبلة (٤) خردقة أو رصاصة صغيرة.

**pell-mell** *(adv.)* شَذَرَ مَذَرَ؛ بفوضى شديدة.

**pellucid** *(adj.)* (١) شفّاف؛ صافٍ (٢) واضح.

**pelt** *(n.; vt.; i.)* (١) جلد الحيوان غير المدبوغ. (٢) ضربة § (٣) يسلخ (٤) يرشق × (٥) يَضْرب.

**pelvis** *(n.)* الحوض (تشريح).

**pen** *(n.; vt.)* (١) حظيرة (٢) ريشة الكتابة (٣) قلم. (٤) سِجْن § (٥) يزرب؛ يحبس (٦) يكتب.

**penal** *(adj.)* (١) جزائيّ (٢) معرَّض للعقوبة.

**penal code** *(n.)* قانون الجزاء؛ قانون العقوبات.

**penalize** *(vt.)* (١) يعاقب (٢) يعتبره إجرامياً.

**penalty** *(n.)* (١) عِقاب (٢) غرامة؛ جزاء.

**penance** *(n.)* كفارة.

**pence** *pl. of* penny.

**penchant** *(n.)* وَلَعٌ؛ وَلُوعٌ؛ مَيْل.

**pencil** *(n.; vt.)* (١) قلم رصاص (٢) يكتب؛ يرسم.

**pendant** *(n.)* (١) حلية متدلية (مثل قِلادة أو قرط) (٢) راية بحرية على شكل مثلّث.

**pendent** *(adj.)* مُتَدَلٍّ؛ ناتىء أو مُشرِفٌ على.

**pending** *(prep.; adj.)* (١) أثناء (٢) في انتظار. § (٣) معلّق (٤) متدلٍّ (٥) قريب الحدوث.

**pendulous** *(adj.)* (١) متدلٍّ (٢) متذبذب.

**pendulum** *(n.)* البندول؛ رقّاص السّاعة.

**penetrable** *(adj.)* قابلٌ للاختراق.

**penetrate** *(vt.)* (١) يخترق؛ يتخلّل (٢) يدرك.

**penetrating** *(adj.)* نافذ؛ حادّ؛ ثاقب.

**penguin** *(n.)* البِطْريق: طائر مائيّ.

**penholder** *(n.)* حاملة الريشة: «مَسْكَة» ريشة الكتابة.

**penicillin** *(n.)* البنيسيلين.

**peninsula** *(n.)* شِبْه جزيرة.

**penitence** *(n.)* نَدَم؛ توْبة.

**penitent** *(adj.; n.)* نادم؛ تائب.

**penitentiary** *(n.; adj.)* (١) سجن؛ إصلاحيّة § (٢) عقوبتُه السجن (٣) خاصّ بالسّجن.

**penknife** *(n.)* سكين (أو مطواة) جيب.

**penman** *(n.)* الناسخ؛ الخطاط؛ الكاتب.

**penmanship** *(n.)* خطّ؛ فنّ الخطّ.

**pennant** *(n.)* (١) عَلَم (٢) عَلَمُ البطولة.

**pennon** *(n.)* عَلَم ؛ راية .

**penny** *(n.)* البنس : $\frac{1}{12}$ من الشلن الانكليزي .

**pension** *(n.; vt.)* (١)معاش تقاعد §(٢)يعطيه منحةً أو معاش تقاعد (٣) يحيله إلى التقاعد .

**pension** *(n.)* مثوى ؛ بنسيون ؛ فندق عائلي .

**pensioner** *(n.)* المتقاعد ؛ المحال إلى التقاعد .

**pensive** *(adj.)* مستغرق في تفكير حالم أو حزين .

**pent** *(adj.)* حبيس ؛ مكبوت ؛ مكظوم .

pentagon

**pentagon** *(n.)* المخمَّس (هندسة)

**pentagonal** *(adj.)* خُماسيّ الزوايا و الأضلاع .

**penthouse** *(n.)* (١) سَقيفَة (٢) شقّة أو حجرة فوق سطح مبنى .

**penurious** *(adj.)* (١)فقير ؛ قاحل (٢) بخيل .

**penury** *(n.)* (١) فقر مدقع (٢) نُدرة ؛ قلّة .

**people** *(n.; vt.)* (١) الناس (٢)أبناء ؛ أهالي . (٣)شعب §(٤) يُؤهِل ؛ يجعله آهلاً بالسكان .

**peopled** *(adj.)* آهِل ؛ مأهول بالسكان .

**pep** *(n.; vt.)* (١)حيوية §(٢)ينفخ فيه الحيوية .

**pepper** *(n.; vt.)* (١)فُلفُل §(٢)يُتَبِّل بالفلفل

**peppercorn** *(n.)* حَبّ الفلفل .

**peppermint** *(n.)* النعنع البستاني أو الفلفلي .

**peppery** *(adj.)* (١)فلفليّ (٢)حِرّيف (٣)حاد الطبع (٤) لاذع ؛ قارص .

**per** *(prep.)* (١)بِـ ؛ بواسطة ؛ من طريق (٢) لكلّ . (٣) في (٤) وَفْق ؛ وفقاً لـ ؛ بحَسَب .

**peradventure** *(adv.; n.)* (١)بالمصادَفَة . §(٢)شكّ .

**perambulate** *(vt.; i.)* (١)يجتاز ×(٢)يتجوّل

**perambulator** *(n.)* عربة أطفال

**per annum** *(adv.)* في السنة ؛ سنوياً .

**per capita** *(adv.)* لكلّ فرد أو شخص .

**perceive** *(vt.)* يَعي ؛ يفهم ؛ يدرك ؛ يرى ؛ يلاحظ

**percent** *(adv.; n.)* (١)في المئة §(٢)جزء من مئة .

**percentage** *(n.)* نسبة مئوية .

**percept** *(n.)* المُدْرَك الحسيّ ؛ المُدرَك بالحواس .

**perceptible** *(adj.)* ممكنٌ إدراكُهُ .

**perception** *(n.)* ملاحظة ؛ إدراك ؛ مُدْرَك .

**perch** *(n.; vi.)* (١) مَجْثَم الطائر (٢) مقعد الحوذيّ (٣)القصبة : مقياس للطول (٥)الفَرْخ : ضرب من السمك §(٥) يجثم .

**perchance** *(adv.)* (١)بالمصادفة (٢) ربّما .

percolator

**percolate** *(vt.; i.)* يقطّر أو يتقطّر .

**percolator** *(n.)* راووق القهوة .

**percussion** *(n.)* (١)قَدْح الكبسولة (لإطلاق النّار من بندقية) (٢)نَقْر ؛ قَرْع .

**percussion cap** *(n.)* كبسولة القَدْح .

**percussion instrument** *(n.)* طبلة الخ .

**perdition** *(n.)* (١)هلاك (٢) جهنّم .

**peregrination** *(n.)* (١)ارتحال (٢)رحلة .

**peremptory** *(adj.)* باتّ ؛ قاطع ؛ نهائيّ ؛ حاسم .

**perennial** *(adj.)* دائمٌ طوال السنة .

**perfect** *(adj.; vt.)* (١) كامل §(٢)يجعله كاملاً

**perfection** *(n.)* كمال ؛ تحسين .

**perfectly** *(adv.)* (١)بصورة كاملة (٢) تماماً .

**perfidious** *(adj.)* خؤون ؛ غادرٌ بطبعه .

**perforate** *(vt.)* (١)يثقّب ؛ يخرّم (٢)يخترق .

**perforce** *(adv.)* بحكم الظروف أو الحاجة .

**perform** *(vt.)* (١) يُنجِز (٢)يصنع ؛ يقوم بـ ؛ يجترح (٣)يُجري (٤)يمثّل (مسرحية) (٥)يؤدّي .

**performance** *(n.)* (١) تأدية (٢) عمل . (٣)إنجاز ؛ تنفيذ (٤) تمثيل (في مسرحية) (٥) مسرحية ؛ حفلة موسيقية الخ .

**perfume** *(n.; vt.)* (١)عبير ؛ عِطر §(٢)يُعطّر

**perfumery** *(n.)* (١)عطور (٢) مَعْطَرَة .

**perfunctory** *(adj.)* (١)روتينيّ (٢)لامبالٍ .

**perhaps** *(adv.)* ربما ؛ لعلّ ؛ قد يكون .

**peril** *(n.; vt.)* (١) خَطَرٌ §(٢) يعرِّض للخطر .

**perilous** *(adj.)* خطِر ؛ محفوفٌ بالمخاطر .

**perimeter** *(n.)* محيط الشكل أو حدُّه الخارجيّ .

**period** *(n.)* (١) نقطة (٢) دَوْر (٣) فترة (٤) عهد (٥) عصر (٦) حصة دراسيّة .

**periodic** *(adj.)* دَوْرِيّ ؛ متكرّر في فترات نظامية .

**periodical** *(adj.; n.)* (١) دَوريّ §(٢) مجلة .

**periodically** *(adv.)* دَوْرِيّاً ؛ على نحو دَوْرِيّ .

**peripatetic** *(adj.)* متجوِّل ؛ متنقِّل .

**periphery** *(n.)* المحيط ؛ الحدّ الخارجيّ .

**periscope** *(n.)* : المِنْفاق : منظار الأفق ( يُستخدم في الغواصات والمتاريس ) .

periscope

**perish** *(vi.)* يَهْلِك ؛ يفنى ؛ يموت .

**perishable** *(adj.)* هالك ؛ فانٍ ؛ قابلٌ للفساد .

**periwig** *(n.)* شَعرٌ مُستَعار .

**periwinkle** *(n.)* الوِنْكَة : نبتة معترشة زرقاء الزهر

**perjure** *(vt.)* (١) يحلف يميناً كاذبة (٢) يحنث .

**perjury** *(n.)* (١) الحَلف كذباً (٢) الحنث باليمين

**perk** *(vi.)* (١) يُتْلِع عنقه بغطرسة (٢) يبتهج .

**perky** *(adj.)* (١) مغرور ؛ متغطرس (٢) مَرِح .

**permanence ;-cy** *(n.)* دوام ؛ استمرار ؛ بقاء .

**permanent** *(adj.)* دائم ؛ مستمرّ ؛ باقٍ .

**permeable** *(adj.)* مُنْفِذ ؛ نَفيذ ؛ يُنْفَذُ منه .

**permeate** *(vt.; i.)* ينفذ في ؛ يتخلّل .

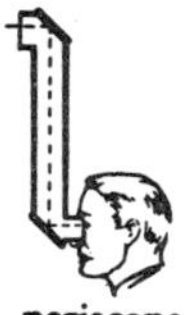

**permissible** *(adj.)* جائز ؛ مُباح ؛ مسموحٌ به .

**permission** *(n.)* ترخيص ؛ رُخْصة ؛ إذن .

**permissive** *(adj.)* (١) مُجيز (٢) جائز ؛ مُباح

**permit** *(vt.; i.; n.)* (١) يُجيز ؛ يرخِّص . (٢) يسمح §(٣) إجازة ؛ رخصة (٤) إذن .

**permutation** *(n.)* تبديل ؛ تعديل ( في ترتيب شيء ) .

**pernicious** *(adj.)* (١) ضارّ (٢) مميت ؛ خبيث

**peroration** *(n.)* خاتمة الخطبة أو الخطاب .

**perpendicular** *(adj.)* (١) عموديّ (٢) متعامد

**perpetrate** *(vt.)* يرتكب (جريمةً أو غلطةً) .

**perpetual** *(adj.)* أبديّ ؛ سرمَديّ ؛ دائم ؛ ثابت

**perpetually** *(adv.)* دَوماً ؛ على الدّوام ؛ إلى الأبد

**perpetuate** *(vt.)* يُؤبِّد ؛ يُسَرْمِد ؛ يُديم .

**perpetuity** *(n.)* أبديّة ؛ دواميّة .

in ~, إلى الأبد ؛ إلى ما شاء الله .

**perplex** *(vt.)* (١) يُرْبِك ؛ يُحيِّر (٢) يُعقِّد .

**perplexity** *(n.)* ارتباك ؛ حَيْرَة ؛ شيء مُربِك .

**perquisite** *(n.)* علاوة ؛ مِنحة ؛ أجر إضافي .

**persecute** *(vt.)* (١) يضطهد (٢) يضايق .

**persecution** *(n.)* (١) اضطهاد (٢) مضايقة .

**perseverance** *(n.)* مثابرة ؛ مواظبة ؛ دأب .

**persevere** *(vi.)* يثابر ؛ يواظب ؛ يدأب .

**Persian** *(n.; adj.)* (١) الفارسيّ : أحد أبناء فارس أو إيران (٢) اللغة الفارسيّة §(٣) فارسيّ ؛ إيرانيّ .

**persist** *(vi.)* (١) يثابر (٢) يُصِرّ على (٣) يستمرّ .

**persistence; persistency** *(n.)* مثابرة الخ .

**persistent** *(adj.)* (١) مُثابر ؛ مُصِرّ (٢) متواصل

**person** *(n.)* (١) شخص ؛ إنسان (٢) أقنوم . (٣) جسد الانسان أو مظهره الخارجيّ .

in ~, شخصياً ؛ بالذات .

**personable** *(adj.)* فاتن ؛ جذّاب ؛ حسَن المظهر

per 349 pet

**personage** *(n.)* (١) شخصيّة (٢) شخصية بارزة

**personal** *(adj.)* (١) شخصيّ (٢) ذاتيّ.

**personal effects** *(n.pl.)* المملوكات الشخصية

**personality** *(n.)* (١) شخصيّة (٢) ملاحظة شخصيّة مُعادِيَة .

**personally** *(adv.)* شخصياً .

**personalty** *(n.)* المنقولات ؛ الممتلكات المنقولة.

**personate** *(vt.)* يمثّل (أو ينتحل) شخصيّةً ما.

**personify** *(vt.)* يُشَخّص ؛ يجسّد .

**personnel** *(n.)* المِلاك : مجموع الموظفين الخ.

**perspective** *(n.)* منظور ؛ رسم منظوري .

**perspicacious** *(adj.)* حادّ الذهن ؛ ثاقب الفكر

**perspicacity** *(n.)* حدّة الذهن .

**perspicuity** *(n.)* وضوح ؛ سهولة .

**perspicuous** *(adj.)* واضح ؛ سَهْل .

**perspiration** *(n.)* (١) تعرّق (٢) عَرَق .

**perspire** *(vi.)* يَعْرَق ؛ يُفْرِز عَرَقاً .

**persuade** *(vt.)* (١) يُقْنِع (٢) يَحُثّ .

**persuasion** *(n.)* (١) إقناع ؛ اقتناع (٢) معتقَد.

**persuasive** *(adj.)* مُقْنِع .

**pert** *(adj.)* (١) وَقِح (٢) أنيق (٣) نشيط .

**pertain** *(vi.)* (١) يَخُصّ (٢) يتصل (٣) يلائم

**pertinacious** *(adj.)* (١) عنيد (٢) مُلِحّ . (٣) متواصل ؛ مستمرّ .

**pertinacity** *(n.)* عناد ؛ إلحاح ؛ استمرار .

**pertinence; -cy** *(n.)* وثاقة الصلة (بالموضوع)

**pertinent** *(adj.)* وثيق الصلة بالموضوع .

**perturb** *(vt.)* (١) يُقلِق (٢) يُشوِّش .

**peruke** *(n.)* شَعر مُستعار

**perusal** *(n.)* قراءة بإمعان .

**peruse** *(vt.)* يقرأ بإمعان.

**pervade** *(vt.)* ينتشر في ؛ يتخلّل ؛ يعمّ .

**perverse** *(adj.)* منحرف فاسد ؛ معاكس ؛ أحمق

**perversion** *(n.)* (١) إفساد (٢) انحراف.

**perversity** *(n.)* انحراف ؛ حماقة ؛ سوء طبع .

**pervert** *(vt.; n.)* (١) يُفسِد أو يُضِلّ . §(٢) المنحرِف (٣) المارق (من الدين).

**peseta** *(n.)* البيزيتا : وحدة النقد الاسباني .

**peso** *(n.)* البيزو : وحدة نقد في أميركا اللاتينية.

**pessimism** *(n.)* (١) تشاؤم (٢) التشاؤميّة .

**pessimist** *(n.)* (١) المتشائم (٢) التشاؤميّ .

**pessimistic** *(adj.)* متشائم .

**pest** *(n.)* (١) وباء ؛ طاعون (٢) حشرة مؤذية .

**pester** *(vt.)* يزعج ؛ يضايق .

**pesthouse** *(n.)* مستشفى الأمراض الوبائيّة.

**pestiferous** *(adj.)* خبيث ؛ وبائيّ ؛ مُهْلِك.

**pestilence** *(n.)* وباء ؛ طاعون .

**pestilent** *(adj.)* مُهْلِك ؛ خطِر ؛ مُغيظ ؛ مُثير

**pestilential** *(adj.)* مُهْلِك ؛ وبائيّ ؛ مُزْعِج .

**pestle** *(n.)* (١) يد الهاون (٢) مِدَقّة .

**pet** *(vt.; n.; adj.)* (١) يدلّل §(٢) حيوان أو طفل مدلّل (٣) الحبيب (٤) نوبة غضب §(٥) مُدَلّل أو مفضّل (٦) تحبُّبِيّ .

**petal** *(n.)* البَتَلَة ؛ التُوَيْجية (في علم النبات) .

**petition** *(n.; vi.)* (١)عريضة (٢)يقدّم عريضة

**petrel** *(n.)* طائر النَّوء : طائر بحريّ طويل الجناحين .

**petrifaction** *(n.)* (١)تحجير (٢)تحجّر (٣)شيء متحجّر .

**petrify** *(vt.; i.)* (١) يحجّر ×(٢) يتحجّر .

**petrol** *(n.)* الغازولين ؛ البنزين .

**petroleum** *(n.)* النِّفْط ؛ البترول .

**petticoat** *(n.)* (١) تنّورة (٢) امرأة؛ فتاة .

**pettiness** *(n.)* تفاهة ؛ حقارة ؛ شيء تافه .

**pettish** *(adj.)* سيّء الطبع ؛ سريع الغضب .

**petty** *(adj.)* صغير ؛ تافه ؛ حقير .

**petulance** *(n.)* نَكَد ؛ شَكاسة ؛ رداءة طبْع .

**petulant** *(adj.)* نَكِد ؛ شَكِس ؛ رديء الطبع .

**pew** *(n.)* (١) مَقعد (٢) مقعد خشبيّ طويل .

**pewter** *(n.)* البيوتر : خليط معدنيّ قِوامُه القصدير .

**pfennig** *(n.)* البَفَنْغ : ١/١٠٠ من المارك الألماني .

**phaeton** *(n.)* الفَيْتُون : مركبة جِياد خفيفة .

**phalanx** *(n.)* pl. **-es** *or* **-ges** كتيبة .

**phantasm** *(n.)* (١)شبح (٢) خيال .

**phantasy** *(n.)* = fantasy.

**phantom** *(n.)* (١) شَبَح (٢)وهم ؛ سَراب .

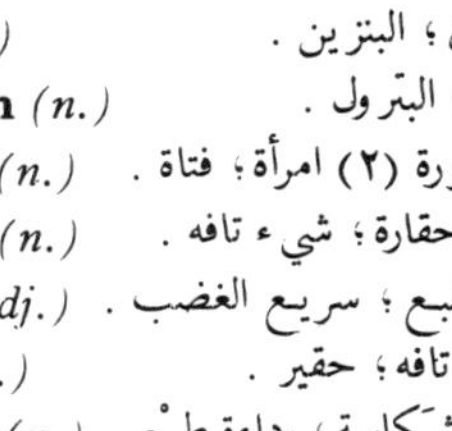

**pharaoh** *(n.)* (١)فرعون (٢)طاغية .

**pharisaic; -al** *(adj.)* مُراءٍ ؛ متظاهر بالتقوى .

**pharisee** *(n.)* المرائي ؛ المتظاهر بالتقوى .

**pharmaceutic; -al** *(adj.)* صيدلي .

**pharmaceutics** *(n.)* الصيدلة .

**pharmacist** *(n.)* الصيدليّ .

**pharmacy** *(n.)* (١)الصيدلة (٢)صيدليّة .

**pharyngeal** *(adj.)* بُلعُوميّ .

**pharynx** *(n.)* البُلعوم : مجرى الطعام في الحلق .

**phase** *(n.)* وجهٌ ؛ مَظْهَرٌ ؛ حالة ؛ شكل .

**pheasant** *(n.)* التَّدْرُج ( طائر ) .

**phenomena** *(n.pl.)* ظاهرات ؛ ظواهر .

**phenomenal** *(adj.)* (١)ظاهراتيّ (٢)استثنائيّ

**phenomenon** *(n.)* pl. **-na** *or* **-s** ظاهرة .

**phial** *(n.)* قارورة ؛ قنينة ؛ زجاجة .

**philander** *(vi.)* يُغازِل أو ينهمك في المغازلة .

**philanthropic** *(adj.)* (١)إنسانيّ (٢)خيريّ .

**philanthropist** *(n.)* الخَيِّر؛ الانسانيّ؛ المحسن

**philanthropy** *(n.)* الانسانيّة ؛ حبّ البشَر .

**philatelist** *(n.)* جامع الطوابع البريدية .

**philharmonic** *(adj.)* محبّ للموسيقى .

**philological** *(adj.)* فيلولوجي : متعلق بفقه اللغة .

**philologist** *(n.)* الفيلولوجي : العالِم بفِقه اللغة .

**philology** *(n.)* الفيلولوجيا ؛ فِقه اللغة .

**philosopher** *(n.)* الفيلسوف ؛ الحكيم .

**philosophic; -al** *(adj.)* فلسفي .

**philosophize** *(vi.)* يتفلسف .

**philosophy** *(n.)* (١)فلسفة (٢)رباطة جأش .

**philter** *(n.)* شراب المحبّة ؛ شراب سحري .

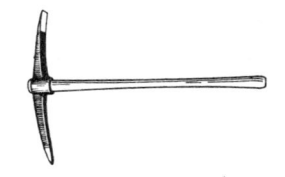

**phlegm** *(n.)* (١) بَلْغَم (٢) برودة؛ لامبالاة.

**phlegmatic** *(adj.)* (١) بلغميّ (٢) لامبالٍ.

**phlox** *(n.)* القَبَس؛ الفُلُوكُس (نبات).

**phobia** *(n.)* الرُّهاب؛ الفوبيا: خوف مَرَضيّ.

**Phoenician** *(n.; adj.)* فينيقيّ.

**phoenix** *(n.)* الفُونيكْس؛ العنقاء: طائر خرافي.

**phone** *(n.; vi.; t.)* (١) تلفون §(٢) يتلفن.

**phonetic** *(adj.)* صوتيّ؛ لفظيّ.

**phonetics** *(n.)* عِلم الأصوات الكلاميّة.

**phonograph** *(n.)* الحاكي؛ الفونوغراف.

**phony** *or* **phoney** *(adj.)* زائف؛ كاذب.

**phosphate** *(n.)* (١) الفوسفات (٢) شراب فوّار.

**phosphorescence** *(n.)* الوميض الفوسفوري.

**phosphorescent** *(adj.)* مُتَفَسْفِر؛ مُومِض.

**phosphoric; -rous** *(adj.)* فُوسْفُوريّ.

**phosphorus** *(n.)* الفُوسفُور (كيمياء).

**photo** *(n.)* صورة فوتوغرافيّة.

**photocopy** *(n.)* نسخة فوتوغرافية (عن شيء).

**photogenic** *(adj.)* مستجيب أو ملائم للتصوير.

**photograph** *(n.; vt.; i.)* (١) صورة ضوئية أو فوتوغرافيّة §(٢) يصوّر أو يتصوّر فوتوغرافياً.

**photographer** *(n.)* المصوِّر الضوئي أو الفوتوغرافي.

**photographic** *(adj.)* ضوئي؛ فوتوغرافي.

**photography** *(n.)* التصوير الضوئي أو الفوتوغرافي.

**photogravure** *(n.)* الحفر الضوئي أو الفوتوغرافي.

**photoplay** *(n.)* شريط سينمائيّ.

**phrase** *(n.; vt.)* (١) عبارة §(٢) يعبّر بكلمات.

**phraseology** *(n.)* أسلوب؛ أسلوب التعبير.

**phrenology** *(n.)* فِراسة الدماغ.

**physic** *(vt.)* (١) يُداوي (٢) يُعطي مُسْهِلاً.

**physical** *(adj.)* مادّيّ؛ طبيعيّ؛ بدنيّ.

**physician** *(n.)* الطبيب.

**physicist** *(n.)* الفيزيائيّ؛ العالِم بالطبيعيات.

**physics** *(n.)* الفيزياء؛ علم الطبيعة.

**physiognomy** *(n.)* (١) عِلم الفراسة (٢) ملامح الوجه أو أساريره.

**physiological** *(adj.)* وظائفيّ؛ فسيولوجيّ.

**physiology** *(n.)* علم الوظائف؛ الفسيولوجيا.

**physique** *(n.)* بِنْيَة الجسْم.

**pianist** *(n.)* البِيانيّ: عازِف البِيان أو البيانو.

**piano; pianoforte** *(n.)* بِيان؛ بيانو.

**piaster** *or* **piastre** *(n.)* قِرْش؛ غِرْش.

**piazza** *(n.)* (١) ساحة (٢) رواق (٣) شُرْفَة.

**piccolo** *(n.)* السُّرْناي: فلوتٌ صغير (موسيقى).

**pick** *(vt.; n.)* (١) يثقب (٢) ينزع (٣) يلتقط (٤) يتطف (٥) يختار (٦) يَنْشل (٧) يتمحّل الخصام أو يلتمس له أسباباً تُوجبه (٨) ينقر (٩) يُخلّل أسنانَهُ (١٠) ينتف §(١١) نخبة؛ صفوة (١٢) قطفة (١٣) مِعْوَل.

**to ~ at** (١) يعيب؛ ينتقد (٢) يزعج (ع).

to ~ off (١) ينتف (٢) يسدّد النار (إلى الأشخاص الخ.) فيُرْديهم واحداً واحداً .

to ~ on يزعج ؛ يضايق .

to ~ out. (١) يختار ؛ ينتخب (٢) يميّز ؛ يتبيّن (٣) يفهم (معنى جملة) بإمعان التفكير فيها.

to ~ over يتخيّر ؛ ينتقي .

to ~ up (١) يرفع (٢) يأخذ القطارُ الركّاب (٣) يكسب (رزقه) (٤) يتعرّف (إلى أصدقاء) (٥) يعتقل (٦) يُنعش ؛ ينشّط (٧) يزيد (٨) يَنْهَض (من سَقْطَةٍ أو عثْرة) (٩) يستعيد صحته أو نشاطه .

**pickax** *or* **pickaxe** *(n.)* مِعْوَل .

**pickerel** *(n.)* الصغير من سمك الكراكيّ .

**picket** *(n.; vt.; i.)* (١) وَتِد ؛ خازوق (٢) مُفْرَزة طوارىء (٣) خفير §(٤) يوتّد : يطوّق أو يسيّج بأوتاد (٥) يضع خفيراً أو مُفْرَزَةَ طوارىء (٦) يَعْقِل (الدابّةَ) أو يشدّها إلى وتد .

**pickings** *(n.pl.)* (١) فُتات (٢) عائدات .

**pickle** *(n.; vt.)* (١) مَرَق التخليل (٢) المخلَّل ؛ « الطُّرشي » §(٣) يخلّل ؛ يحفظ في الخلّ .

**pickpocket** *(n.)* النشّال : سَرّاق الجيوب .

**pickup** *(n.)* (١) انتعاش (٢) تسريع ؛ تعاجل (في السيّارات) (٣) شاحنة خفيفة لنقل السلَع .

**picnic** *(n.; vi.)* (١) نزهة §(٢) يتنزّه .

**pictorial** *(adj.)* (١) مُصَوَّر (٢) تصويري .

**picture** *(n.; vt.)* (١) صورة (٢) شريط سينمائيّ (٣) *pl.* : السينما §(٤) يصوّر (٥) يَصِف (٦) يتصوّر ؛ يتخيّل .

**picturesque** *(adj.)* (١) مَنْظَرانيّ : شبيه بصورة رائعة (٢) فاتن ؛ رائع (٣) حيّ .

**pie** *(n.)* (١) فطيرة (٢) حلوى .

**piebald** *(adj.; n.)* (١) ملوّن ؛ مختلف الألوان . (٢) أرقط : منقّط ببياض وسواد §(٣) فرس أرقط .

**piece** *(n.; vt.)* (١) قطعة ؛ جزء §(٢) يرقّع .

a ~ of one's mind رأي صريح أو جريء

in ~ s محطّم .

to ~ s إرْباً إرْباً .

**piece goods** *(n.pl.)* الأقمشة أو السلَع التي تُنسَج أو تباع بالقطعة أو بأطوال مُحَدَّدة .

**piecemeal** *(adv.; adj.)* (١) شيئاً فشيئاً ؛ تدريجيّاً (٢) إرْباً إرْباً §(٣) تدريجيّ .

**piecework** *(n.)* الشُّغْل بالقطعة أو مقاولةً .

**pied** *(adj.)* أرقط ؛ أبقع ؛ متعدّد الألوان .

**pier** *(n.)* (١) دعامة جسر (٢) رصيف ممتدّ في البحر (٣) عمود ؛ ركيزة .

**pierce** *(vt.; i.)* يطعن ؛ يثقب ؛ يَخْرِق ؛ ينفذ إلى .

**piercing** *(adj.)* ثاقب ؛ نافذ ؛ حادّ .

**piety** *(n.)* (١) تقوى (٢) عمل نابع عن تقوى .

**piffle** *(vi.; n.)* (١) يَهْذِي §(٢) هُراء .

**pig** *(n.)* (١) خنزير (٢) كتلة مستطيلة مصبوبة من معدن .

**pigeon** *(n.)* (١) حمامة (٢) الساذج ؛ البسيط .

**pigeonhole** *(n.)* بيت الحمام : « عين » من العيون المربّعة لتصنيف الأوراق وغيرها في خزانة الخ.

**pig iron** *(n.)* تماسيح الحديد: الحديد الخام عند خروجه من أتون الصَّهْر.

**pigment** *(n.)* (١) صِبْغ (٢) خِضاب.

**pigmentary** *(adj.)* صِبْغيّ؛ خِضابيّ.

**pigmy** *(n.)* قَزَمٌ.

**pignut** *(n.)* شجَر الحِقّور الأميركي أو جوزُه.

**pigpen** *(n.)* (١) زريبة خنازير (٢) مكان قذِر.

**pigskin** *(n.)* (١) جلد الخنزير (٢) كرة قدم.

**pigsty** *(n.)* زريبة خنازير.

**pigtail** *(n.)* ضفيرة تتدلى من مؤخَّر الرأس.

**pike** *(n.)* (١) رمح؛ مِنْخس (٢) سمك الكراكي.

**pikeman** *(n.)* الرامح: جنديّ حاملٌ رمحاً.

**pikestaff** *(n.)* قناة الرُّمْح.

**pilaster** *(n.)* العِماد: عمود مستطيل ذو تاج وقاعدة ناتىءٌ بعضَ الشيء من جدار.

pilasters

**pile** *(n.; vt.; i.)* (١) ركيزة؛ دعامة (٢) ركام؛ كومة (٣) المَحْرَقة: كومة حطب لإحراق جثّة أو أُضْحِيّة (٤) مقدار وافر (٥) مبنى ضخم أو مجموعة مبانٍ ضخمة (٦) بطارية؛ حاشدة (٧) مُفاعِل ذَرّيّ (٨) وَبَرٌ؛ زَغَب (٩) زِئبر (١٠) *pl.*: بواسير § (١١) يَرْكم يكدِّس (١٢) يُثقل × (١٣) يتراكم يتكدّس.

**pilfer** *(vi.; t.)* يسرق (بمقادير صغيرة).

**pilgrim** *(n.)* (١) الرّحالة؛ السائح (٢) الحاجّ.

**pilgrimage** *(n.)* (١) رحلة (٢) حِجّة.

**pill** *(n.)* حبة دواء.

**pillage** *(n.; vt.; i.)* (١) سَلْبٌ § (٢) يسلب.

**pillar** *(n.; vt.)* (١) عمود؛ دعامة (٢) نُصُب تذكاريّ § (٣) يدعم أو يقوّي بدعامة.

**from ~ to post** (١) من مكان إلى آخر أو من حالة إلى أخرى (٢) جيئة وذهوباً.

**pillbox** *(n.)* (١) علبة الحبوب: علبة توضع فيها حبوب الدواء (٢) مَعْقِل صغير منخفض.

**pillion** *(n.)* (١) سَرْج خفيف (للنساء) (٢) وسادة توضع وراء السرج (لركوب المرأة خلف الفارس) (٣) سرج إضافيّ (خلفَ مقعد سائق الدراجة).

**pillory** *(n.)* المُشَهِّرة: آلة خشبية للتعذيب تُدخل فيها يدا المجرم ورأسه.

**pillow** *(n.; vt.)* (١) وِسادة § (٢) يوسِّد: يريح على وسادة.

**pilot** *(n.; vt.)* (١) مدير الدفّة (٢) مرشد السفن (٣) رُبّان الطائرة § (٤) يُرشد (٥) يقود طائرة.

**pimento; pimiento** *(n.)* فُلفُل حلو.

**pimp** *(n.)* القَوّاد: سمسار الفاحشة.

**pimple** *(n.)* بَثْرَة؛ نَفطة (أو شيء شبيهٌ بها).

**pin** *(n.; vt.)* (١)وَتِد (٢)القارورة الخشبيّة (في لعبة البولنغ) (٣) مِلْوَى العود أو الكمان (٤) دبّوس (٥) بروش؛ دبوس زينيّ (٦)يشبك بدبوس (٧)يُثَبِّت ؛ يعلّق.

on ~ s and needles . على أحرّ من الجمر
~ s and needles إحساس كوخز الإبر نتيجة خَدَر الخ.

**pinafore** *(n.)* مِئْزَرٌ للأطفال من غير كُمَّيْن.
**pince-nez** *(n.)* النّظّارة الأنفيّة

pince-nez

**pincers** *(n.pl.)* (١) كمّاشة ؛ مِسحبة (٢) كُلاّب .

**pinch** *(vt.; i.; n.)* (١)يقرص (٢)يضغط بشكل موجع (٣) يؤلم (٤) يُذْبِل (٥) يقتّر على (٦)يسرق (٧)يعتقل×(٨)يَبْخَل§(٩)مأزق (١٠)ضغط (١١)شِدّة؛ ضِيق (١٢)قَرْص؛ لَذْع (١٣)مقدار ضئيل .
**pincushion** *(n.)* وسادة الدبابيس .
**pine** *(n.; vi.)* (١) صنوبرة (٢) أناناس . §(٣)يَنْحُل؛ يَهْزُل (٤)يتوق توقاً شديداً.
**pineapple** *(n.)* الأناناس (نبات).

**pinfold** *(n.; vt.)* (١)زريبة §(٢) يزرب .

**ping-pong** *(n.)* البِنْغْبُنْغ ؛ كرة الطّاولة .
**pinion** *(n.; vt.)* (١)جناح الطائر . (٢) ريشة (٣) ترس صغير (تتداخل أسنانُه في ترسٍ كبير) §(٤) يُوْثِق ؛ يكبّل.

pinion 3.

**pink** *(n.; adj.; vt.)* (١) قرنفل . (٢) اللون القرنفليّ (٣)صفوة؛ نخبة (٤) أوج §(٥) قرنفليّ اللون §(٦) يطعن .

**pinnace** *(n.)* مركب ؛ قارب .
**pinnacle** *(n.)* (١)برج ؛ قبّة مستدقّة . (٢)قمّة؛ أوْج؛ ذروة .

pinnacle

**pinnate; -d** *(adj.)* ريشيّ الشكل .
**pint** *(n.)* البايْنت : ثُمْن غالون .
**pinwheel** *(n.)* (١) دولاب الهواء. (٢) دولاب النّار .
**pioneer** *(n.; vi.; t.)* (١) الرائد ؛ ممهّد الطريق §(٢) يرود .
**pious** *(adj.)* (١)تقيّ؛ وَرِع (٢)دينيّ
**pip** *(n.; vi.; t.)* (١)خانوق الدجاج (٢)إحدى النقاط على ورقة اللعب أو حجر الدومينو (٣)بذرة.

**pipe** *(n.; vi.; t.)* (١) مِزْمار (٢) *pl.*: مِزْمار القِربة (٣) أنبوبة ؛ أنبوب (٤) بيبة ؛ غليون §(٥) يعزف على المزمار (٦) ينقل بالأنابيب .

to ~ down يكفّ عن الكلام أو الصياح .
to ~ up يشرع في العزف أو الغناء أو الكلام

**pipeline** *(n.)* خط أنابيب .
**pipkin** *(n.)* قِدر فخارية أو معدنية صغيرة .
**pippin** *(n.)* (١) تفاح (٢) شخص أو شيء رائع .
**piquancy** *(n.)* حَرافة ؛ حِدّة .
**piquant** *(adj.)* (١) حِرّيف (٢) مُثير ؛ فاتن .
**pique** *(n.; vt.)* (١) استياء ؛ غضب §(٢) يجرح (كبرياء فلان) (٣) يُثير (الفضول الخ.) .

to ~ oneself on يعتزّ أو يفاخر بـِ .

**piquet** *(n.)* البيكيت : لعبة بورق الشدّة .
**piracy** *(n.)* (١) قرصنة (٢) انتحال .
**pirate** *(n.; vt.; i.)* (١) قُرصان §(٢) يتقرصن : يقوم بأعمال القرصنة (٣) ينتحل مؤلّفات غيره .
**piratical** *(adj.)* (١) قُرْصانيّ (٢) قَرصَنيّ .
**piss** *(vi.; n.)* (١) يبول §(٢) بول .
**pistachio** *(n.)* (١) شجرة الفستق (٢) فُسْتُقَة .
**pistil** *(n.)* المِدَقّة : عضو التأنيث في النبات .
**pistol** *(n.)* مُسَدَّس .

**piston** *(n.)* الكَبّاس ؛ المِكْبَس (في ماكينة) .
**pit** *(n.; vt.)* (١) حفرة (٢) شَرَك (٣) حلبة للمصارعة (بين الكلاب أو الديكة) (٤) الجزء الخلفي من قاعة المسرح الرئيسية (٥) ركن في البورصة مخصص لفئة من الأسهم (٦) جهنّم أو جزء منها (٧) فم (٨) نقرة ؛ ندبة (٩) نواة الخوخ أو التمر §(١٠) يحفر ؛ ينقر (١١) يغري (الكلاب أو الديكة بالمصارعة) ؛ يحرّض (١٢) يُخرِج النّوى (من الفاكهة) .
**pit-a-pat** *(adv.)* بِطَقْطَقَة ؛ بخَفَقان .
**pitch** *(vt.; i.; n.)* (١) يَنْصِب (خيمة) (٢) يقذف (الكرةَ أو القطعة النقدية) (٣) يعيّن درجة النغم أو طبقة الصوت ×(٤) يحطّ ؛ يغوص (٥) يُعَسْكِر ؛ يستقرّ في مكان (٦) يختار (٧) ينحدر §(٨) زفت ؛ قار (٩) درجَة المَيْل أو الانحدار (١٠) درجة (١١) درجة النغم ؛ طبقة الصوت (١٢) رمْية .

to ~ in يبدأ العمل .
to ~ into (١) يهاجم بعنف (٢) ينهمك في
to ~ on *or* upon يختار ؛ ينتقي .

**pitch-dark** *(adj.)* فاحم ؛ شديد السواد .
**pitcher** *(n.)* (١) إبريق (٢) القاذف ؛ الرامي .
**pitchfork** *(n.; vt.)* (١) مِذْراة §(٢) يذرّي .

**piteous** *(adj.)* (١) يُرْثَى له (٢) تافه .
**pitfall** *(n.)* (١) شَرَك (٢) خطر أو مأزق مستور .
**pith** *(n.)* (١) لُبّ (٢) لُباب (٣) قوّة أو أهميّة .
**pithy** *(adj.)* (١) لُبّيّ (٢) قويّ (٣) بليغ .
**pitiable** *(adj.)* (١) يُرثى له (٢) تافه ؛ حقير .
**pitiful** *(adj.)* (١) يُرثى له (٢) حقير ؛ هزيل .
**pitiless** *(adj.)* عديم الرحمة .

**pitman** *(n.)* عامل منجم .

**pittance** *(n.)* علاوة صغيرة ؛ أجر زهيد .

**pituitary** *(adj.)* نُخاميّ : متعلق بالغدة النخامية .

**pituitary body** *(n.)* الغدّة النُّخاميّة .

**pity** *(n.; vt.; i.)* (١) شفقة ؛ رحمة ؛ أسَف . (٢) شيء يدعو للأسف والرثاء § (٣) يرحم ؛ يرثي لِـ .

**pivot** *(n.; vi.)* (١) مِحْوَر ؛ مُرْتَكَز § (٢) يدور على محور .

pivot

**pizza** *(n.)* البِتْزَة : فطيرة طماطم وجبنٍ ولحم مفروم .

**placard** *(n.; vt.)* (١) إعلان § (٢) يعلّق إعلاناً ( على الجدران الخ. ) (٣) يعلن عن .

**placate** *(vt.)* يهدّئ ؛ يسترضي .

**place** *(n.; vt.)* (١) مكان ؛ موضع ؛ محلّ . (٢) واجب ؛ مهمّة (٣) منزلة اجتماعيّة (٤) منزلة رفيعة (٥) ميدان ؛ ساحة عامّة (٦) شارع قصير § (٧) يضع ( في مكان معين ) (٨) يعرِض ؛ يقدّم (٩) يعيّن في وظيفة .

in ~, في الموضع الصحيح أو الملائم .
in ~ of محلّ كذا ؛ بدلاً من كذا ؛ عِوَضاً عن كذا .
in the first ~, أوّلاً ؛ في المقام الأول .
out of ~, في غير محلّه ؛ غير ملائم .
to give ~, (١) يفسِح لـ (٢) يذعن ؛ يستسلم .
to take ~, يحدث ؛ يقع .

**placid** *(adj.)* هادئ ؛ رائق ؛ رابط الجأش .

**plagiarize** *(vt.; i.)* ينتحل آراء مؤلّف أو كلماته .

**plague** *(n.; vt.)* (١) بلاء (٢) وباء ؛ طاعون . § (٣) يصيبه بطاعون أو بلاء (٤) يزعج ؛ يعذّب .

**plaice** *(n.)* البْلايْس : ضرب من سمك مُفَلْطَح .

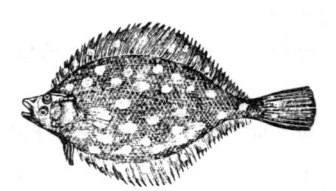

**plaid** *(n.)* نسيج مربّع النقش أو متصالبُه .

**plain** *(n.; adj.)* (١) سهل ؛ أرض منبسطة . § (٢) مستوٍ ؛ منبسط (٣) بسيط (٤) صِرف (٥) واضح ؛ صريح (٦) سهل (٧) قبيح .

**plainspoken** *(adj.)* صريح .

**plaint** *(n.)* (١) تفجّع (٢) احتجاج ؛ شكوى .

**plaintiff** *(n.)* (١) المدّعي (٢) جانب الادعاء .

**plaintive** *(adj.)* حزين ؛ كئيب .

**plait** *(n.; vt.)* (١) طيّة ؛ ثَنْيَة (٢) ضفيرة ؛ جديلة § (٣) يطوي ؛ يثنّي (٤) يضفر ؛ يجدل .

**plan** *(n.; vt.; i.)* (١) خريطة لمبنى أو أرض . (٢) تصميم ؛ رسم بَياني ( لأجزاء آلة ) (٣) خطة ؛ مشروع § (٤) يخطّط ؛ يرسم خريطة لمبنى الخ. (٥) يرسم خطةً (٦) يعتزم ؛ ينوي (٧) يوجه ؛ ينظّم .

**plane** *(vt.; n.; adj.)* (١) يسوّي : يجعله أملس ؛ يَسْحَج ( بفأرة النجار ) (٢) يقشط § (٣) الدُّلْب (شجر) (٤) المِسْحاج : فأرة النجار (٥) سَطْحٌ مستوٍ (٦) مُسْتَوًى (٧) طيّارة § (٨) مستوٍ ؛ منبسط .

plane 4.

**plane geometry** *(n.)* الهندسة المُستوية .

**planet** *(n.)* (١) الكوكب السيّار ؛ وبخاصة : الأرض (٢) نجم ؛ طالع .

**planetary** *(adj.)* كوكبيّ ؛ سيّاريّ .

**plank** *(n.; vt.)* (١)لوح خشب (٢)بند رئيسي (من بنود برنامج) §(٣)يلوح : يفرش بألواح خشبية (٤) يُلقي بقوّة (٥)يدفع فوراً .

**plant** *(vt.; i.; n.)* (١)يغرس ؛ يزرع (٢)ينشئ . (٣)يثبت ؛ يرسّخ §(٤)نبتة ؛ شجيرة (٥)مَصنَع .

**plantain** *(n.)* لسان الحَمَل (نبات) .

**plantation** *(n.)* (١)زَرع ؛ زُروع (٢) مزرعة.

**planter** *(n.)* فلاح ؛ مزارع ؛ صاحب مزرعة .

**plaque** *(n.)* (١) دبّوس زينيّ ؛ بروش . (٢) صفيحة معدنيّة رقيقة للتزيين .

**plash** = splash.

**plasma** *(n.)* الجِبِلّة ؛ البلازما ؛ مصل الدم .

**plaster** *(n.; vi.; t.)* (١) اللَّصوق ؛ اللزقة . (٢)جِص §(٣)يجصّص (٤)يضع لَصوقاً أو لزقة (٥) يُلصِق .

**plastic** *(adj.; n.)* (١)مُبْدِع (٢)لَدْن ؛ طيّع . (٣)تشكيلي (٤)لدائني §(٥)اللدائن ؛ البلاستيك.

**plasticity** *(n.)* اللُّدونة ؛ اللَّدانة ؛ اللّيان .

**plate** *(n.; vt.)* (١)صفيحة (٢) أدوات المائدة الفضيّة أو الذهبية (٣)طبق ؛ صحن (٤) كليشيه (٥)شريحة زجاجيّة (٦)طقم أسنان ؛ «بدلة» (٧) لوحة §(٨) يصفّح (٩) يموّه ؛ يطلي .

**plateau** *(n.)* النَّجْد ؛ السهل الواسع المرتفع .

**platen** *(n.)* (١)نُحاسة أو برميل ماكنة الطباعة : (٢) أسطوانة الآلة الكاتبة .

**platform** *(n.)* (١)برنامج (٢)منبر (٣)رصيف .

**plating** *(n.)* (١)صفيح (٢)طلي ؛ تمويه (٣)طلاء

**platinum** *(n.)* البلاتين : عنصر معدني نفيس .

**platitude** *(n.)* (١)تفاهة (٢)ملاحظة تافهة.

**Platonic love** *(n.)* الحب الافلاطوني أو العُذْري

**platoon** *(n.)* فصيلة ؛ شِرْذِمة ؛ عصبة.

**platter** *(n.)* طبق كبير (لتقديم اللحم على المائدة).

**plaudit** *(n.)* (١)تصفيق (٢)موافقة حماسيّة .

**plausible** *(adj.)* معقولٌ أو مقبولٌ ظاهراً .

**play** *(n.; vi.; t.)* (١)لِعب ؛ لهو (٢)«دور» في اللعب (٣)مُزاح ؛ هزل (٤)مقامرة (٥)معاملة ؛ تصرّف (٦) نشاط ؛ عمل (٧) تمثيل (٨)تمثيلية ؛ مسرحيّة §(٩)يلعب (١٠)يعبث ؛ يمزح (١١) يعزف (١٢) يمثّل (على المسرح) (١٣)يقامر (١٤) يتصرّف (١٥)يتظاهر بـ (١٦)يسبب ؛ يُحْدِث . ×

- to be ~ *ed* out يُسْتَهلَك ؛ يُسْتَنفَد ؛ فاقد القوة أو النفع .
- to ~ fair يلعب أو يتصرّف بأمانة .
- to ~ foul يلعب أو يتصرّف بختْل وغش .
- to ~ on *or* upon يستغلّ ؛ يستخدم
- to ~ out (١) يُتِمّ إلى النهاية (٢) يُنْهي .
- to ~ up to يتملّق .
- to ~ upon words يتلاعب بالألفاظ .

**player** *(n.)* اللاعب ؛ الموسيقي ؛ الممثّل ؛ المقامر .

**playfellow** *(n.)* = playmate.

**playful** *(adj.)* (١)لَعوب (٢)مازح ؛ هازل .

**playground** *(n.)* مَلْعَب (وبخاصة للأطفال) .

**playhouse** *(n.)* (١)مسرح (٢)ملعب للأطفال .

**playing card** *(n.)* ورقة اللَّعب؛ ورقة الشدّة.

**playmate** *(n.)* رفيق اللَّعِب؛ زميل اللعِب.

**plaything** *(n.)* (١)دُمْيَة؛ لُعْبَة (٢)ألعوبة.

**playwright** *(n.)* الكاتب المسرحيّ.

**plaza** *(n.)* ساحة عامّة (في مدينة).

**plea** *(n.)* (١)جواب المتهَم على تهمة توجَّه إليه. (٢)ذريعة: حجّة؛ عذر (٣)التماس؛ طلَب.

**plead** *(vi.; t.)* (١)يدافع؛ يترافع أمام القضاء. (٢)يردّ على الخصم (٣)يجيب عن تهمة أمام القضاء (٤) يدافع عن زعم أو يردّ على زعم (٥)يناشد؛ يلتمس × (٦)يبرّر عمله بعُذْر.

**pleading** *(n.)* دفاع؛ مرافعة؛ محاجّة.

**pleasant** *(adj.)* سارّ؛ سائغ؛ لطيف؛ صافٍ.

**pleasantry** *(n.)* (١)مُزاح؛ هَزْل (٢)مَزْحة.

**please** *(vi.; t.)* (١)يَسُرّ؛ يُرْضي (٢)يشاء.

if you ~, إذا سمحت؛ من فضلك.

**pleasing** *(adj.)* سارّ؛ مُرْضٍ.

**pleasurable** *(adj.)* مُرْضٍ؛ سارّ.

**pleasure** *(n.)* (١) مشيئة؛ رغبة (٢) سرور؛ ابتهاج (٣)الملذات (٤)متعة؛ مصدر سرور.

**pleat** *(vt.; n.)* (١)يَطْوي؛ يُثَنّي § (٢)طيّة.

**plebeian** *(n.; adj.)* (١)العاميّ: أحد العامّة. § (٢)عاميّ (٣)عاديّ؛ مُبْتَذَل (٤)جِلف.

**plebiscite** *(n.)* استفتاء عام.

**plebs** *(n.)* pl. **plebes** العامة: الدهماء.

**plectrum** *(n.)* ريشة العازف.

**pledge** *(n.; vt.)* (١)ضمان؛ رَهن (٢)الارتهان: كون الشيء موضوعاً كرهن (٣)عربون (٤)نَخب (٥)عَهد؛ تَعَهُّد؛ مَوْثِق § (٦) يَرْهن (٧) يشرب نَخْبَه (٨) يتعهّد بِ.

to take the ~, يأخذ على نفسه عهداً بالامتناع عن شرب المُسكِرات.

**plenary** *(adj.)* (١)تامّ؛ مطلَق (٢)مكتمل.

**plenipotentiary** *(n.; adj.)* (١) مبعوث سياسي مطلَق الصلاحية § (٢)مطلَق الصلاحيّة.

**plenitude** *(n.)* (١)تمام؛ كمال (٢) وَفْرَة.

**plenteous** *(adj.)* (١) مُثْمِر (٢) وافر.

**plentiful** *(adj.)* = plenteous.

**plenty** *(n.)* (١)وفرة (٢) مقدار وافر.

**pleurisy** *(n.)* ذات الجنب (مرض).

**plexus** *(n.)* ضفيرة (من الأعصاب) (٢)شبكة.

**pliability** *(n.)* (١) مرونة (٢)لِين العريكة.

**pliable** *(adj.)* (١)مَرِن (٢)لَيِّن العريكة.

**pliant** *(adj.)* (١)مَرِن (٢)مطواع؛ متكيِّف.

**pliers** *(n.)* زَرَديّة؛ كمّاشة.

**plight** *(vt.; n.)* (١)يأخذ على نفسه عهداً (٢)يخطب فتاة § (٣)حالة (٤)ورطة.

pliers

**plinth** *(n.)* الوطيدة: قاعدة التمثال المربعة.

**plod** *(vi.)* (١) يتهادى (في السير) (٢) يكدح.

**plot** *(n.; vt.; i.)* (١) قطعة أرض (٢)خريطة. (٣)حبكة الرواية أو المسرحية (٤)مكيدة؛ مؤامرة § (٥)يضع خريطة أو حبكة روائيّة × (٦)يتآمر.

**plough** *(n.; vt.)* = plow.

**plover** *(n.)* الزَّقزاق؛ رسول الغيث (طائر).

**plow** *(n.; vt.)* (١) مِحْراث (٢) جرّافة . § (٣) يحرُث (٤) يشق (٥) يخدّد (٦) يجرف .

**plowshare** *(n.)* شَفْرة المِحْراث .

**pluck** *(vt.; n.)* (١) يقتلع (٢) ينتف (٣) يقطف . (٤) يمسك بـ (٥) ينقر § (٦) اقتلاع الخ . (٧) «مِعْلاق» الذبيحة (٨) شجاعة .

to ~ up heart يستجمع شجاعته .

**plucky** *(adj.)* شجاع ؛ جريء ؛ مقدام .

**plug** *(n.; vt.; i.)* (١) سِدادة (٢) قرص تبغ مضغوط (٣) شمعة الإشعال (في السيارة) (٤) القابس ؛ المأخذ : أداة للتوصيل الكهربائي § (٥) يسدّ (٦) يضرب × (٧) يكدح .

**plum** *(n.)* (١) برقوق ؛ خوخ (٢) وظيفة ممتازة .

**plumage** *(n.)* ريش الطائر .

**plumb** *(n.; vt.; adj.; adv.)* (١) فادن (٢) ثِقل رصاص § (٣) يختبر § (٤) تامّ ؛ كامل ؛ مئة بالمئة § (٥) تماماً .

plumb I.

out of ~; off ~, غير عمودي .

**plumber** *(n.)* الرصّاص ؛ السَّمكري .

**plumbing** *(n.)* أنابيب المياه (في مبنى) .

**plumb line** *(n.)* = plumb I.

**plume** *(n.; vt.)* (١) ريشة ؛ ريش (٢) علامة شرف أو امتياز أو بسالة § (٣) يزوّد بالرّيش .

to ~ oneself on يفتخر أو يتباهى بـ .

**plummet** *(n.)* (١) ثِقل الفادن (٢) فادِن .

**plump** *(vi.; t.; n.; adj.; adv.)* (١) يَسقُط أو يُسقِط فجأة أو بقوّة § (٢) سقطة مفاجئة § (٣) ريّان ؛ ممتلىء الجسم (٤) مباشر ؛ صريح § (٥) فجأةً (٦) مباشرةً ؛ بصراحة .

**plunder** *(vt.; i.; n.)* (١) يسلب ؛ ينهب . § (٢) سَلْب ؛ نَهْب (٣) غنيمة .

**plunge** *(vt.; i.; n.)* (١) يَغْمر ؛ يَغْطس ؛ يُغْمِد (٢) يُقْحِم × (٣) يَغْطُس ؛ يغوص (٤) يخوض متهوّراً (٥) يندفع بسرعة بالغة § (٦) غَطْس ؛ غَطْسَة (٧) اندفاع متهوّر .

**plunger** *(n.)* (١) الغاطس (٢) مِكبَس ؛ كبّاس .

**pluperfect** *(n.;)* صيغة الماضي الأسبق .

**plural** *(n.; adj.)* (١) جَمْع ؛ صيغة الجَمْع (في قواعد اللغة) § (٢) جَمْعيّ .

**plurality** *(n.)* (١) تعدّد (٢) أغلبية ؛ أكثرية .

**plus** *(prep.; n.; adj.)* (١) زائد § (٢) شيء إضافيّ (٣) عدد إيجابيّ (٤) فائض (٥) علامة زائد (+) § (٦) إيجابيّ (٧) اضافيّ .

**plush** *(n.)* البَلَشْ : نسيج ذو زئبر .

**plus sign** *(n.)* علامة الجَمْع أو الإيجاب (+) .

**plutocracy** *(n.)* البلوتوقراطية : حكومة الأثرياء .

**ply** *(vi.; i.; n.)* (١) يستعمل ؛ يعمل بـ (٢) يُمطِر بالأسئلة (٣) يزوّد باستمرار (٤) يذرع جيئةً وذهوباً × (٥) يكدّ § (٦) لَيّة ؛ طيّة ؛ ثَنْيَة .

**plywood** *(n.)* الخشب الرقائقي .

**p.m.** (post meridiem) بعد الظهر ؛ ب. ظ .

**pneumatic** *(adj.)* هوائيّ ؛ غازيّ

**pneumonia** *(n.)* ذات الرئة (مرض) .

**poach** *(vt.; i.)* (١) يفقص البيضة في الماء الغالي . (٢) ينتهك حُرمة أرض شخص آخر (٣) يسرق الصيدَ أو السمك .

**pock** *(n.)* بثرة ؛ نافطة .

**pocket** *(n.; vt.)* (١) جَيْب (٢) جِراب . (٣) مطبّ هوائيّ § (٤) يضع في جيبه (٥) يقبل ؛ يسكت على (٦) يكبح .

to be in *or* out of ~, يكسب (أو يخسر) مالاً نتيجةً لقيامه بعمل ما .

**pocketbook** *(n.)* (١)محفظة (٢)مال؛ موارد.

**pocketknife** *(n.)* المِطواة : سكّين الجيب .

**pocket money** *(n.)* مصروف الجيب .

**pockmark** *(n.)* الهَزْمَة : أثَر بَثْرة الجُدَري .

**pod** *(n.)* القَرْنَة : غلاف حبّات البِسِلّة ونحوها .

**poem** *(n.)* قصيدة .

**poet** *(n.)* الشاعر ؛ ناظم الشعر .

**poetess** *(n.)* الشاعرة ؛ ناظمة الشعر .

**poetic; -al** *(adj.)* شِعْري .

**poetry** *(n.)* الشِّعْر .

**poignancy** *(n.)* حِدّة ؛ لَذْع ؛ حَرافَة .

**poignant** *(adj.)* حادّ ؛ مؤثّر ؛ لاذع ؛ حِرّيف .

**point** *(n.; vt.; i.)* (١)نقطة (٢)النقطة الأساسية (٣) ميزة (٤) خاصية (٥) غرض ؛ غاية (٦)موضع ؛ موقع (٧) مرحلة ؛ درجة (٨) سن ؛ رأس ؛ طَرَف (٩) البُنْط (في الطباعة أو البورصة ) §(١٠)يحدّد ؛ يبري (١١) ينقّط (١٢) يشير إلى (١٣) يسدّد ؛ يصوّب ×(١٤) يدلّ ؛ يشير (١٥)يمتدّ أو يتّجه في اتجاه معيّن (١٦) يَسْتَقْرِن (الخرّاجُ) : يصبح ذا رأس .

- a ~ of view وجهة نظر .
- at *or* on the ~ of على وشك ؛ على شَفا ...
- in ~, في صميم الموضوع .
- in ~ of fact في الواقع ؛ في الحقّ .
- the ~ of no return نقطة اللارجوع .
- to make a ~ of يُصِرّ على ؛ يعتبره أساسياً .
- to the ~, في صميم الموضوع .

**point-blank** *(adj.; adv.)* (١) مسدّد إلى الهدف مباشرةً (٢)صريح ؛ مباشر §(٣)عن كَثَب (٤) بصراحة .

**pointed** *(adj.)* (١)محدّد ؛ مُسَنَّن ؛ مستدقّ الرأس (٢)حادّ ؛ ثاقب (٣)بارز ؛ واضح ؛ شديد .

**pointer** *(n.)* (١) المؤشِّرَة : عصا يشار بها إلى موقع على خريطة الخ . (٢)عقرب الساعة (٣)إبرة الميزان (٤) كلب صيد (٥)إلماع ؛ تلميح .

**pointless** *(adj.)* (١) كَليل ؛ غير مستدقّ الرأس (٢) أحمق (٣) تافه ؛ بارد (٤) بلا نُقَط .

**poise** *(vt.; i.; n.)* (١) يوازن ×(٢) يتوازن . §(٣)توازن (٤)اتّزان (٥)طريقة المرء في المشي أو القعود الخ .

**poison** *(n.; vt.)* (١)سُمّ §(٢)يُسَمِّم ؛ يُفسِد .

**poisonous** *(adj.)* (١)سامّ (٢)خطِر ؛ مؤذٍ .

**poke** *(vt.; i.; n.)* (١)يَلكِز ؛ يَكِز ؛ يَنخس . (٢)يحرّك الجمرات (٣)يطعن (٤)يُحدث (٥) يُبْرِز ؛ يُنتىء (٦) يَدُسّ ؛ يُقحم ×(٧) يبحث بفضول (٨)يتدخل (٩)يتسكّع (١٠) ينتأ §(١١) كيس (١٢)لكزة ؛ وكزة .

- to ~ fun at somebody يهزأ به .

**poker** *(n.)* (١) المِسْعَر : قضيب معدني لإذكاء النار (٢) البوكر : لعبة بورق اللعب أو الشدة.

**poky** *(adj.)* (١) ضيّق (٢) بليد (٣) غير أنيق .

**polar** *(adj.)* (١) قُطْبِيّ (٢) مُرْشِد ؛ هادٍ .

**pole** *(n.)* (١) عمود ؛ سارية (٢) قُطْب (٣) أحد طَرَفَيْ نقيض (٤) *cap.* : البولنديّ .

**polecat** *(n.)* فأر الخيل ؛ ابن عِرس المنتن .

**polemic; -al** *(adj.)* جَدَليّ .

**polestar** *(n)* (١) نجم القطب (٢) مرشِدٌ ؛ هادٍ .

**police** *(n.)* الشرطة ؛ البوليس .

**policeman** *(n.)* شُرْطِيّ .

**police station** *(n.)* مَخْفَر الشرْطَة .

**policy** *(n.)* (١) حكمة (٢) سياسة (٣) دهاء سياسي (٤) عَقْد أو سند تأمين .

**policyholder** *(n.)* حامل عَقْد التأمين .

**polio; poliomyelitis** *(n.)* شلَل الأطفال.

**polish** *(vt.; n.)* (١) يجلو ؛ يَصْقل ؛ يلمِّع . (٢) يهذّب § (٣) الصَّقْل : كون الشيء أملس لامعاً (٤) رقّة ؛ تهذيب ؛ كياسة (٥) جلاء ؛ صَقْل ؛ تلميع (٦) مادّة صاقلة أو ملمِّعة .

**Polish** *(adj.; n.)* (١) بولندي § (٢) اللغة البولندية

**polite** *(adj.)* (١) لطيف ؛ كيِّس (٢) رفيع .

**politeness** *(n.)* لطف ؛ كياسة ؛ تهذيب .

**politic** *(adj.)* (١) داهية (٢) حكيم (٣) لبِق .

**political** *(adj.)* سياسيّ .

**politician** *(n.)* السياسي ؛ رجل السياسة .

**politics** *(n.)* (١) عِلم السياسة (٢) السياسة.

**polity** *(n.)* (١) حكومة (٢) دولة .

**polka** *(n.)* البولكا : رقصة بوهيمية الأصل .

**poll** *(n. vt.)* (١) رأس (٢) اقتراع ؛ تصويت . (٣) *pl.* : صناديق الاقتراع (٤) جدول بأسماء الناخبين الخ . § (٥) يجزّ (٦) يجمّ : يقطع قرن الحيوان (٧) يُدْرِج (في جدول للناخبين) (٨) يسجل أصوات المقترعين .

**pollen** *(n.)* لَقاح ؛ لَقْحٌ ؛ غُبار الطَّلع .

**pollination** *(n.)* تلقيح ؛ تأبير (في النبات) .

**pollute** *(vt.)* (١) يدنِّس (٢) يلوِّث.

**polo** *(n.)* البولو : لعبة تُمارَس على متون الخيل.

**poltroon** *(n.)* رِعديد ؛ جبان إلى أبعد الحدود.

**poly-** بادئة معناها : «أ» كثير ؛ متعدد. «ب» مُفرط .

**polyandry** *(n.)* تعدُّد الأزواج .

**polygamy** *(n.)* تعدُّد الزوجات .

**polyglot** *(adj.)* كثير اللغات .

**polygon** *(n.)* المضلَّع : شكل كثير الأضلاع .

**polyp** *(n.)* البَوْلَب : شكل بسيط من الحيوانات المائية (كالمرجان ونحوه) .

**polypus** *(n.)* pl. **-pi** = polyp.

**polysyllabic** *(adj.)* متعدِّد المقاطع .

**polysyllable** *(n.)* كلمة متعددة المقاطع .

**polytechnic** *(adj.)* متعدِّد الفنون .

**polytheism** *(n.)* الشِّرك : الايمان بعدّة آلهة .

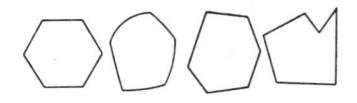

**polytheist** *(n.)* المُشْرِك : المؤمن بعدّة آلهة .

**pomade** *(n.)* مرهم عطريّ (للشعر) .

**pomegranate** *(n.)* الرُّمّان أو شجرهُ .

**pommel** *(n.; vt.)* (١) الرُّمّانة ؛ عُجْرَة مُدوَّرة ( في مقبض السيف) (٢) الحِنْو ؛ قرَبوس السّرج §(٣) يَضْرِب ؛ يلكم .

**pomp** *(n.)* أُبَّهَة .

**pom-pom** *(n.)* البُمْبُم : مدفع رشّاش .

**pompous** *(adj.)* (١) أُبّهيّ ؛ فخم (٢) مغرور ؛ متّسِم بالغرور (٣) طنّان ؛ رنّان .

**poncho** *(n.)* البُنْش : عباءة جنوبأميركية.

**pond** *(n.)* بِرْكَة .

**ponder** *(vt.i.)* (١) يَتَفَكَّر (٢) يتأمّل .

**ponderable** *(adj.)* قابل للوزن أو القياس.

**ponderous** *(adj.)* (١) ثقيل جداً (٢) ثقيل وأخرق ؛ تعوزه الرشاقة (٣) مُمِلّ ؛ مضجر .

**pone** *(n.)* خبز أو كعكة من دقيق الذّرة .

**pongee** *(n.)* البُنْجِيّ : قماش حريريّ.

**poniard** *(n.; vt.)* (١) خِنجر §(٢) يطعن بخنجر

**pontiff** *(n.)* (١) الأسقف (٢) البابا.

**pontifical** *(adj.; n.)* (١) أسقفيّ ؛ بابويّ . (٢) حبريّ §(٣) *pl.* : الملابس الأسقفية .

**pontificate** *(n.)* منصب الأسقف أو البابا .

**pontoon** *(n.)* (١) عوّامة ؛ طَوْف (٢) زورق التجسير : طوف يستعمل في بناء جسر موقّت.

**pontoon bridge** *(n.)* الجسر العائم .

pontoon bridge

**pony** *(n.)* فرسٌ قَزَمٌ

**poodle** *(n.)* : البُودِل : كلبٌ كثيف الشعر .

**pool** *(n.; vt.)* (١) بِرْكة (٢) حَوْض (٣) رهان مشترك يُسهم فيه جميع اللاعبين (٤) مجموع الأموال التي يقامر بها عددٌ من اللاعبين (٥) اتّفاق بين عدة شركات الخ . (٦) البُولة : ضربٌ من لعب البلياردو §(٧) يُسهم في صُندوق أو جهد مشترك.

**poop** *(n.)* سطح مرتفع عند مؤخر السفينة .

**poor** *(adj.)* (١) فقير (٢) هزيل ؛ زهيد (٣) مسكين (٤) رديء (٥) قليل البراعة (٦) حقير .

**poorhouse** *(n.)* تكيّة ؛ ملجأ ؛ بَيْت البِرّ .

**pop** *(vt.; i.; n.)* (١) يدفع أو يضع فجأة (٢) يشوي ( الذرة أو الكَسْتناء ) حتى تتفتّق (٣) يطلق النار على ×(٤) يفرقع ؛ ينفجر (٥) يَتَجَحَّظ §(٦) فرقعة ؛ انفجار (٧) شرابٌ غازيّ .

pop 363 por

**popcorn** *(n.)* الفُشار : حبّ الذّرة المشويّ.

**pope** *(n.)* البابا : رأس الكنيسة الكاثوليكية .

**popery** *(n.)* البابوية ؛ الكثلكة .

**popgun** *(n.)* بندقية الهواء أو الفلّين (للأطفال).

**popinjay** *(n.)* المتبجح ؛ المغرور ؛ الثرثار .

**poplar** *(n.)* (١) الحَوْر (نبات) (٢) خشب الحَوْر .

**poplin** *(n.)* البُبْلين : قماش قطني للقمصان الخ .

**poppy** *(n.)* الخَشْخاش : نبات مخدِّر .

**poppycock** *(n.)* هُراء ؛ كلام فارغ .

**populace** *(n.)* العامّة ؛ الجماهير .

**popular** *(adj.)* (١) شعبيّ (٢) مبسَّط (٣) رائج .

**popularity** *(n.)* الشعبية : كون الشيء شعبياً .

**popularize** *(vt.)* يُبسِّط ؛ يجعله بسيطاً أو شعبياً .

**populate** *(vt.)* (١) يَقطُن (٢) يزوّد بالسكان .

**population** *(n.)* (١) السكّان (٢) عدد السكان .

**populous** *(adj.)* كثيف السكان .

**porcelain** *(n.)* الصينيّ ؛ الخزف الصيني .

**porch** *(n.)* (١) رِواق (٢) شرفة .

**porcupine** *(n.)* الشَّيْهم : حيوان شائك .

**pore** *(vi.; n.)* (١) يستغرق في القراءة (٢) يتفكّر ؛ يتأمّل § (٣) سُمّ ( والجمع مَسام ) .

**pork** *(n.)* لحم الخنزير.

**porous** *(adj.)* (١) مساميّ ؛ ذو مسامّ (٢) نَفيذ : تنفذ إليه السوائل .

**porphyry** *(n.)* الحجر أو الرخام السُّماقيّ .

**porpoise** *(n.)* (١) خنزير البحر (٢) الدُّلْفين .

**porridge** *(n.)* عصيدة ؛ ثَريد .

**porringer** *(n.)* قَصْعَة (لإطعام الأطفال) .

**port** *(n.)* (١) مرفأ ؛ ميناء (٢) مَنْفَذ ؛ فتحة . (٣) قيافة ؛ طريقة المشي أو القعود (٤) المَيْسَرَة : الجانب الأيسر من سفينة أو طائرة (٥) البورت : ضربٌ من الخمر .

**portable** *(adj.)* قابلٌ للحمل أو النقل .

**portage** *(n.)* (١) حَمْلٌ ؛ نَقْلٌ (٢) نقل المراكب أو السِّلَع ، برّاً ، من نهر إلى آخر الخ .

**portal** *(n.; adj.)* (١) مدخل ؛ باب § (٢) بابيّ .

**portcullis** *(n.)* شَعْريّة التحصين : شعريّة حديدية يُحمى بها مدخل الحصن .

**portend** *(vt.)* يُنذر أو يُبشِّر بكذا .

**portent** *(n.)* (١) نذير ؛ بشير (٢) أعجوبة.

**portentous** *(adj.)* (١) منذرٌ أو مبشّرٌ بـِ . (٢) عجيب ؛ رائع (٣) هائل ؛ استثنائي .

**porter** *(n.)* (١) البوّاب (٢) الحمّال ؛ العتّال. (٣) البُرْتَر : ضرب من الجعة الثقيلة الداكنة.

**portfolio** *(n.)* (١) حقيبة (٢) وزارة.

**porterage** *(n.)* (١) العتالة (٢) أجرة الحمّال.

**porthole** *(n.)* كُوَّة (في جانب سفينة أو طائرة).

**portico** *(n.)* رواق مُعمَّد (عند مدخل المبنى ) .

portico

**portiere** *(n.)* سِتْر ؛ سِجْف ( لمدخلٍ أو باب ) .

**portion** *(n.; vt.)* (١) حِصّة (٢) بائنة ؛ دوطة (٣) قسمة ؛ نصيب (٤) جزء ؛ قسم § (٥) يقسِّم (٦) يعطي حصةً أو بائنةً الخ.

**portly** *(adj.)* (١) مَهيب ؛ جليل (٢) بدين.

**portmanteau** *(n.)* pl.**-s** *or* **-x** حقيبة السفر

**portrait** *(n.)* (١) صورة (٢) وصف ؛ صورة قلمية

**portray** *(vt.)* (١) يصوِّر (٢) يَصِف (٣) يمثّل.

**portrayal** *(n.)* (١) تصوير (٢) صورة أو وصف.

**Portuguese** *(n.; adj.)* (١) البرتغالي : أحد أبناء البرتغال (٢) اللغة البرتغالية § (٣) برتغاليّ .

**pose** *(vt.; i.; n.)* (١) يستوضِع : يُوقِف الفنانُ شخصاً في وضعة خاصة لكي يرسمه (٢) يَطْرح سؤالاً أو قضيةً × (٣) يَتَوَضَّع : يتخذ «وِضْعة» خاصة § (٤) الوِضْعَة : وَضْع يتّخذ عند التصوير (٥) وضعٌ متكلَّف .

**position** *(n.)* (١) موضع ؛ موقع (٢) وَضْعٌ . (٣) حالة (٤) موقف (٥) عمل ؛ وظيفة .

**positive** *(adj.; n.)* (١) وضعي (٢) باتّ ؛ قاطع . (٣) واثق من نفسه (٤) تامّ ؛ مَحض (٥) ثابت ؛ أكيد (٦) حقيقيّ (٧) عمليّ (٨) إيجابيّ (٩) مُوجَب § (١٠) شيء إيجابي ؛ صورة موجَبة.

**possess** *(vt.)* يملك ؛ يمتلك ؛ يحوز ؛ يقتني .

**possessed** *(adj.)* (١) ممسوس : خاضع لروح شريرة «تَلَبَّسَتْه» (٢) معتوه (٣) رابط الجأش.

**possession** *(n.)* (١) امتلاك ؛ حيازة ؛ اقتناء الخ. (٢) استيلاء (٣) مِلْكيّة (٤) مِلْك ؛ ممتلكات (٥) رباطة جأش .

**possessive** *(adj.; n.)* (١) مِلكِيّ : دال على المِلْكيّة (٢) تملّكي ؛ اقتنائيّ § (٣) صيغة المِلْك.

**possessor** *(n.)* المالك ؛ المحرز ؛ المقتني .

**possibility** *(n.)* (١) إمكانيّة (٢) شيء ممكن.

**possible** *(adj.)* (١) ممكن (٢) محتمَل.

**possibly** *(adv.)* (١) بأية حال ؛ مهما حدث (٢) في أول فرصة ممكنة (٣) ربما ؛ جائز .

**post** *(n.; vt.; i.)* (١) عمود ؛ سارية ؛ دعامة. (٢) بريد (٣) مكتب البريد (٤) مخفر ؛ مركز ؛ موقع (٥) منصب ؛ وظيفة (٦) محطة تجارية § (٧) يلصق إعلاناً على جدار (٨) يرسل بالبَريد (٩) يضع ( حارساً أو جنداً ) في موقع معيّن × (١٠) يسافر على جناح السرعة : يُسْرِع .

**post-** بادئة معناها : «أ» متأخّر . «ب» بعد ؛ خلف .

**postage** *(n.)* (١) أجرة البريد (٢) طوابع بريدية .

**postage stamp** *(n.)* طابع بريدي .

**postal** *(adj.; n.)* (١) بريدي § (٢) بطاقة بريدية

**postal card** *(n.)* بطاقة بريدية .
**postbox** *(n.)* صندوق البريد .
**postcard** *(n.)* بطاقة بريدية .
**post chaise** *(n.)* مركبة أجرة ذات أربع عجلات
**postdate** *(vt.)* يؤخر التاريخ : يجعل للشيك تاريخاً متأخراً عن تاريخ اليوم الذي وقّعه فيه.
**poster** *(n.)* إعلان (يُلصق في محل عام) .

**posterior** *(adj.)* (١) تالٍ ؛ لاحق (٢) خَلْفي.
**posterity** *(n.)* الذُرّيّة ؛ الأجيال القادمة .
**postern** *(n.; adj.)* (١) باب خلفيّ § (٢) خلفيّ.
**post-free** *(adj.)* مُعْفىً من أجرة البريد.
**posthaste** *(adv.)* بأقصى السرعة.
**postilion** *(n.)* حوذي يمتطي أحد جياد المركبة.
**postman** *(n.)* ساعي البريد .
**postmark** *(n.)* خاتَم أو ختم البريد .
**postmaster** *(n.)* مدير مكتب البريد .
**postmaster general** *(n.)* المدير العام للبريد.
**postmortem** *(adj.; n.)* (١) واقعٌ بعد الوفاة (٢) تالٍ للحادثة § (٣) فحص الجثة بعد الوفاة.
**post office** *(n.)* إدارة البريد ؛ مكتب البريد .
**postpaid** *(adj.)* مدفوعةٌ أجرة البريد عنه مقدّماً.
**postpone** *(vt.)* يؤجّل (٢) يؤخّر .
**postscript** *(n.)* (١) حاشية (٢) ذَيل ؛ مُلحق.
**postulate** *(vt.; n.)* (١) يفترض ؛ يُسلِّم بـ . § (٢) المُسلَّمة ؛ أمرٌ مُسلَّم به.

**posture** *(n.)* (١) وِقْفَة ؛ جِلْسَة (٢) وضْع .
**postwar** *(adj.)* خاص بفترة ما بعد الحرب.
**posy** *(n.)* (١) زهرة (٢) باقة زهر .
**pot** *(n.; vt.)* (١) قِدْر § (٢) يضع في قِدْر .
**potash** *(n.)* بوتاس ؛ أشْنان .
**potassium** *(n.)* البوتاسيوم : عنصر معدني ليّن .
**potation** *(n.)* (١) شُرْب (٢) شَرْبَة ؛ جَرْعَة.
**potato** *(n.)* البطاطا ؛ البطاطس (نبات).

**potency** *(n.)* فعّالية ؛ قوّة ؛ سُلطة ؛ نفوذ .
**potent** *(adj.)* فعّال ؛ قويّ ؛ واسع السلطة.
**potentate** *(n.)* العاهل ؛ الملك ؛ الحاكم الخ.
**potential** *(adj.; n.)* (١) كامن (٢) ممكنٌ ؛ محتمَل (٣) جُهْديّ § (٤) الجُهْد (كهرباء) .
**pother** *(n.)* ضجة ؛ جلبة ؛ اهتياج.
**potherb** *(n.)* عُشْب الطعام أو التتبيل.
**pothook** *(n.)* كُلاّب القِدْر .
**potion** *(n.)* جرعة (من دواء أو سُمّ) .
**potpourri** *(n.)* مزيج ؛ خليط ؛ مقتطفات .
**potsherd** *(n.)* كِسْرَة (من إناءٍ خزفي) .
**pottage** *(n.)* حِساء مُركَّز .
**potter** *(n.)* الخزّاف ؛ الفاخوري .
**pottery** *(n.)* (١) مصنع الفخّار أو الخزف . (٢) صناعة الفخّار (٣) آنية فخّاريّة .

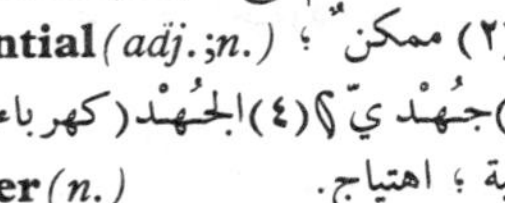

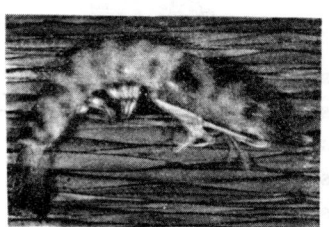

**pouch** *(n.)* كيس ؛ حقيبة ؛ محفظة ؛ جراب .

**poultice** *(n.; vt.)* (١) كِمادة §(٢) يُكمِّد .

**poultry** *(n.)* الدجاج ونحوه من الطيور الداجنة.

**pounce** *(n.; vi.; t.)* (١) برثن ·(٢) انقضاض . (٣) ذرور التجفيف §(٤) ينقض على×(٥) يذرّر .

**pound** *(n.; vt.; i.)* (١) الباوند : رطل انكليزي . (٢) جنيه (٣) زريبة §(٤) يسحق ؛ يسحن ؛ يدقّ ×(٥) يقرع أو يضرب بعنف وتكرار (٦) يخفق بقوة (٧) يمشي محدثاً صوتاً .

**pour** *(vt.; i.; n.)* (١) يصبّ ؛ يسكب . (٢) يُغْدِق×(٣) ينهمر §(٤) مطر غزير .

**pout** *(vi.)* يُبوِّز : يُنْتىء شفتيه استياءً .

**poverty** *(n.)* (١) فقر (٢) جدْب.

**powder** *(n.; vt.)* (١) ذَرور ؛ مسحوق . (٢) بارود §(٣) يذرِّر ؛ يرشّ الذرور على (٤) يسحن ؛ يسحق .

**power** *(n.)* (١) سلطة ؛ نفوذ (٢) دولة (٣) قوة. (٤) اختصاص ؛ صلاحية (٥) كهرباء ؛ طاقة.

in ~, حاكم : متولّ الحكم .
the ~ *s* that be أصحاب الحكم أو السلطة

**powerboat** *(n.)* الزورق الآلي .

**power-driven** *(adj.)* آليّ ؛ مُدار بمحرِّك.

**powerful** *(adj.)* (١) قويّ (٢) جبّار ؛ ضخم.

**powerless** *(adj.)* ضعيف ؛ واهن ؛ عاجز .

**pox** *(n.)* (١) جُدَريّ (٢) السِّفْلِس (مرض).

**practicable** *(adj.)* ممكنٌ عملُه أو استخدامُه

**practical** *(adj.)* عمليّ .

**practice** *or* **practise** *(vt.; i.; n.)* (١) يمارس ؛ يزاول (٢) يدرِّب «على»×(٣) يتدرَّب «على» §(٤) ممارسة ؛ مزاولة (٥) تطبيق (٦) عادة ؛ عُرْف (٧) مِران ؛ تمرّن (٨) مهنة.

**practiced** *or* **practised** *(adj.)* (١) خبير ؛ بارع ؛ واسع التجربة (٢) مكتسَبٌ بالممارسة.

**practitioner** *(n.)* (١) الطبيب (٢) المحامي.

**pragmatic** *(adj.)* واقعيّ ؛ عمليّ ؛ ذرائعيّ.

**prairie** *(n.)* (١) مَرْج (٢) نجدٌ أجْرد.

**praise** *(vt.; i.; n.)* (١) يُطْري §(٢) إطْراء .

**praiseworthy** *(adj.)* جديرٌ بالاطراء أو الثناء.

**prance** *(vi.; n.)* (١) يَطْفُرُ ؛ يثب مرحاً . (٢) يتبختر في مشيته §(٣) وَثْبٌ ؛ وثبة (٤) تبخترٌ ؛ مَرَحٌ .

**prank** *(n.; vt.)* (١) مَزْحَةٌ §(٢) يُزَيِّن .

**prate** *(vi.; n.)* (١) يُثَرْثِر §(٢) ثرثرة .

**prattle** *(vi.; n.)* (١) يثرثر §(٢) ثرثرة ؛ هَذْر .

**prawn** *(n.)* القُرَيْدِس ؛ برغوث البحر .

**pray** *(vt.; i.)* (١) يتوسل أو يتضرّع إلى×(٢) يصلي

*Pray* come with me · تعالَ معي أرجوك

**prayer** *(n.)* (١) صلاة (٢) توسُّل ؛ ابتهال .

**pre-** بادئة معناها : «أ» قبل. «ب» مقدَّماً.

**preach** *(vi.; t.)* (١) يعظ×(٢) يبشّر بـِ.

**preacher** *(n.)* الواعظ ؛ المبشِّر ؛ الكاهن.

**preaching** *(n.)* وَعْظٌ ؛ تبشير .

**preamble** *(n.)* تمهيد ؛ مقدّمة ؛ فاتحة .

**prearrange** *(vt.)* يرتّب سلفاً أو مقدَّماً.

**precarious** *(adj.)* متقلقل ؛ غير مستقرّ أو ثابت.

**precaution** *(n.)* (١) حَذَر (٢) وقاية .
**precautionary** *(adj.)* وقائيّ .
**precede** *(vt.; i.)* (١) يسبق (٢) يتقدّم على.
**precedence ; -cy** *(n.)* (١) الأسبقيّة. (٢) التصدّريّة: حقّ التقدّم على الآخرين .
**precedent** *(adj.; n.)* (١) متقدِّم ؛ سابق . § (٢) حادثة سابقة مماثلة (٣) سابقة .
**preceding** *(adj.)* متقدّم ؛ سابق ؛ سالف .
**precept** *(n.)* (١) مبدأ (٢) وصيّة (٣) أمر .
**preceptor** *(n.)* المدرّس ؛ المعلّم .
**precinct** *(n.)* (١) دائرة انتخابيّة (٢) فِناء . (٣) *pl.*: أرباض ؛ ضواحي كذا (٤) حدّ ؛ تخم .
**precious** *(adj.)* (١) نفيس ؛ كريم (٢) عزيز .
**precipice** *(n.)* (١) جُرُف (٢) شَفا الكارثة .
**precipitate** *(vt.; i.; n.; adj.)* (١) يطوح ؛ يقذف به في عنف أو فجأةً (٢) يعجِّل (حدوثَ أمر) (٣) يرسِّب (٤) يكثِّف البخار ليتحوّل إلى مطر أو ندى × (٥) يَسقُط (٦) يندفع ؛ يتهوّر (٧) يترسَّب § (٨) المترسِّب § (٩) عاجل ؛ مفاجىء (١٠) مندفع ؛ متهوّر .
**precipitation** *(n.)* (١) قَذْفٌ بعنف (٢) سقوط (٣) تعجيل (٤) تهوُّر ؛ اندفاع ؛ عجلة (٥) ترسيب ؛ ترسُّب ؛ مترسِّب (٦) مطر ؛ ندى ؛ ثلج .
**precipitous** *(adj.)* (١) متهوّر (٢) شديد التحدر .
**precise** *(adj.)* (١) دقيق ؛ صحيح (٢) مدقّق .
**precisely** *(adv.)* (١) بدقّة (٢) تماماً .
**precision** *(n.)* دقّة ؛ ضبط ؛ إحكام .
**preclude** *(vt.)* يعوق ؛ يمنع ؛ يحول دون.
**precocious** *(adj.)* مبكّر النشوء أو النضج.
**preconceive** *(vt.)* يتصوّر أو يكوّن فكرة سلفاً .
**preconception** *(n.)* فكرة متصوَّرة سلفاً .
**preconcerted** *(adj.)* مرسوم أو متفَق عليه سلفاً .
**precursor** *(n.)* (١) البشير ؛ النذير (٢) السلف .
**predatory** *(adj.)* (١) نَهّاب (٢) مفترس ؛ ضارٍ .
**predecessor** *(n.)* سَلَفٌ .
**predestinate** *(vt.)* يقدِّر : يحتِّم بقضاء وقدَر .
**predestination** *(n.)* (١) التقدير : التحتيم بقضاء وقدَر (٢) قَدَرُ المرء أو «قِسْمَته» (٣) القضاء والقَدَر .
**predestine** *(vt.)* =predestinate.
**predetermine** *(vt.)* (١) يقدِّر ؛ يحتِّم بقضاء وقدَر (٢) يفرض سلفاً اتجاهاً أو نزعةً ما .
**predicament** *(n.)* مأزِق ؛ ورطة .
**predicate** *(n.; vt.)* (١) المحمول ؛ المُسْنَد . § (٢) يعلن ؛ يؤكّد (٣) يعزو إليه (صفةً ما).
**predict** *(vt.; i.)* يتنبأ .
**prediction** *(n.)* (١) تنبُّؤ (٢) نبوءة .
**predilection** *(n.)* مَيْل ؛ ولَع ؛ نزوع .
**predispose** *(vt.)* يُعِدُّه قَبْليّاً ؛ يجعله ميّالاً إلى .
**predisposition** *(n.)* مَيْل ؛ استعداد ؛ قابليّة .
**predominance** *(n.)* غَلَبَة ؛ سيطرة ؛ هيمنة .
**predominant** *(adj.)* غالب ؛ سائد ؛ مسيطر .
**predominate** *(vi.)* يسود ؛ يغلب ؛ يسيطر .
**preeminence** *(n.)* تفوّق ؛ تبريز ؛ تَجَلِّيَة .
**preeminent** *(adj.)* متفوّق ؛ مبرِّز ؛ مُجَلٍّ .
**preempt** *(vt.)* (١) يحتلّ (أرضاً من الأراضي العامة) لكي يكتسب الأولوية (الشُّفعة) في شرائها (٢) يتملك بحقّ الشُّفعة (٣) يستولي على .
**preen** *(vt.; i.)* يتهندم ؛ يتأنّق .
**preexist** *(vi.; t.)* يُوجَد قَبْلياً أو قبل غيره .
**prefabricate** *(vt.)* يَصْنَع مقدّماً .
**preface** *(n.; vt.)* (١) مقدّمة § (٢) يقدِّم لِـ .
**prefatory** *(adj.)* تمهيدي ؛ استهلاليّ .
**prefect** *(n.)* (١) الوالي ؛ الحاكم (٢) مدير الشرطة . (٣) التلميذ المفوَّض (يساعد الأستاذ في حفظ النظام)
**prefer** *(vt.)* (١) يُفضّل (٢) يقدّم (شكوى الخ .)
**preferable** *(adj.)* أفضل ؛ أجدر بالتفضيل .
**preference** *(n.)* تفضيل ؛ أفضلية ؛ الشيء المفضّل

**preferential** *(adj.)* تفضيليّ ؛ مفضِّل ؛ مفضَّل .

**preferment** *(n.)* ترقية ؛ ترفيع .

**prefigure** *(vt.)* (١) يمثِّل أو يصوِّر قبل الحدوث . (٢) يتصوَّر أمراً قبل حدوثه .

**prefix** *(vt.; n.)* (١) يصدِّر ببادئة § (٢) بادئة .

**pregnancy** *(n.)* حَمْل ؛ حَبَل .

**pregnant** *(adj.)* (١) حُبْلى (٢) حافلٌ بِـ .

**prehensile** *(adj.)* مُعَدّ للإمساك بشيء .

**prehistoric;-al** *(adj.)* قَبْتاريخي : متعلق بما قبل التاريخ أو موجودٌ فيه .

**prehistory** *(n.)* ما قبل التاريخ .

**prejudge** *(vt.)* يحكم أو يقضي سَبْقياً .

**prejudice** *(n.)* (١) ضرر (٢) تحاملٌ ؛ تغرُّضٌ .

**prejudicial** *(adj.)* ضارّ ؛ مُؤْذٍ .

**prelate** *(n.)* أسقف ؛ مطران .

**preliminary** *(adj.; n.)* (١) تمهيديّ (٢) إجراء تمهيديّ (٣) مباراة أو خطوة تمهيديّة .

**prelude** *(n.)* مقدمة ؛ استهلال .

**premature** *(adj.)* حادثٌ أو مُنْجَزٌ قبل الأوان .

**premeditate** *(vt.)* (١) يفكِّر في (٢) يتعمّد .

**premeditation** *(n.)* التعمُّد ؛ سَبْق التصميم .

**premier** *(n.; adj.)* (١) رئيس الوزراء (٢) أوَّل .

**premiere** *(n.)* العَرْض الأوَّل (لمسرحية أو فيلم) .

**premise** *(n.)* (١) المقدمة المنطقية (٢) *pl.* : مقدمة العقد (٣) *pl.* : المبنَى والأراضي التابعة له .

**premium** *(n.)* (١) مكافأة ؛ جائزة (٢) علاوة تُدفَع للإغراء أو التشجيع (٣) قسط التأمين .

**premonition** *(n.)* هاجسٌ أو تحذيرٌ سَبْقِيّ .

**premonitory** *(adj.)* محذِّر ؛ أوَّليّ .

**prenatal** *(adj.)* حادث قبل الولادة .

**preoccupy** *(vt.)* (١) يَشْغَلُ البال (٢) يتملّك أو يَشْغَلُ أو يحتلّ مقدَّماً أو قبل غيره .

**preordain** *(vt.)* يقدِّر (بقضاءٍ وقدَر) .

**preparation** *(n.)* (١) إعداد (٢) استعداد . (٣) مستحضَر طبّيّ أو غذائي .

**preparatory** *(adj.)* (١) إعداديّ (٢) تمهيدي .

**prepare** *(vt.; i.)* (١) يُعِدّ × (٢) يستعد .

**prepared** *(adj.)* (١) مستعدّ (٢) مُحَضَّر .

**preponderate** *(vi.)* يَرْجَحُهُ (نفوذاً أو قوّة) .

**preposition** *(n.)* حرف جرّ .

**prepossess** *(vt.)* (١) يستهوي ؛ يخلب . (٢) يجعله يتحيّز سلفاً (لكذا أو ضدّه) .

**prepossessing** *(adj.)* خلاّب ؛ جذّاب .

**prepossession** *(n.)* تحيُّز ؛ تغرُّض .

**preposterous** *(adj.)* منافٍ للطبيعة أو العقل .

**prerequisite** *(n.; adj.)* (١) شرطٌ ؛ متطلَّب أساسي § (٢) لازِمٌ (بوصفه شرطاً أو مطلباً أساسياً) .

**prerogative** *(n.)* امتياز .

**presage** *(n.; vt.)* (١) نذيرٌ ؛ بشير (٢) حِسٌّ داخلي أو سابق § (٣) يكون نذيراً أو بشيراً بِـ (٤) يتنبّأ بـ .

**presbyter** *(n.)* كاهن ؛ قَسّ ؛ شيخ كنيسة .

**Presbyterian** *(adj.; n.)* (١) مَشْيَخي : منسوب إلى الكنيسة المَشْيَخيّة § (٢) المَشْيَخي : عضو في الكنيسة المَشْيَخيّة .

**prescience** *(n.)* علم الغيب .

**prescient** *(adj.)* عالِم بالغيب .

pre 369 pre

**prescribe** *(vi.; t.)* (١) يفرِض ؛ يأمر ؛ يقضي . (٢) يصف (الطبيب) علاجاً ×(٣) يأمر أو ينصح باستعمال كذا .

**prescription** *(n.)* وصفة طبيّة ؛ «رُشتّة» .

**presence** *(n.)* (١) حضور (٢) طلعة ؛ سِيماء .

in the ~ of في حضرتِهِ ؛ بحضوره .

**presence of mind** حضور الذهن ؛ سرعة الخاطر

**present** *(vt.; n.; adj.)* (١) يقدّم (٢) يُهْدي (٣) يُظهِر ؛ يُبْدي § (٤) هدية (٥) الزمن الحاضر (٦) اليوم ؛ الآن § (٧) حاضر (٨) حاليّ .

for the ~, موقّتاً .

~ arms! قدّم سلاحك ! حيِّ بالسلاح

to ~ with يعطي أو يقدّم إلى .

**presentable** *(adj.)* حَسَنُ الطلعة أو البِزّة .

**presentation** *(n.)* تقديم ؛ عرض .

**presentiment** *(n.)* الشعور السَّبْقِيّ .

**presently** *(adv.)* (١) عمّا قريب (٢) الآن .

**present participle** *(n.)* اسم الفاعل .

**present tense** *(n.)* صيغة الزمن الحاضر .

**preservable** *(adj.)* قابل للوقاية أو الحفظ .

**preservation** *(n.)* وقاية ؛ حفظ الخ .

**preservative** *(adj.; n.)* واقٍ ؛ حافظ ؛ صائن

**preserve** *(vt.; n.)* (١) يقي ؛ يحفظ (٢) يصون ؛ يحمي (٣) يخلّل أو يسكّر أو يعلّب (٤) يحافظ على (٥) يحتفظ بـ § (٦) *pl.* : المحفوظات أو المعلّبات (من الفاكهة) .

**preside** *(vi.)* يترأس ؛ يرئس .

**presidency** *(n.)* الرئاسة : منصب الرئيس أو مدته .

**president** *(n.)* (١) رئيس (٢) رئيس جمهورية .

**presidential** *(adj.)* رِئاسيّ .

**press** *(n.; vt.)* (١) مِعصَرة ؛ مِضْغَط (٢) خزانة

(٣) عصر ؛ ضَغْط (٤) مطبعة (٥) طباعة (٦) الصحافة (٧) اضطرار ؛ عجلة ؛ ضغط الأعمال § (٨) يعصر ؛ يكبس ؛ يكوي (٩) يضغط على (١٠) يُلِحّ ؛ يُصِرّ على (١١) يحثّ ؛ يستعجل .

**press agency** *(n.)* وكالة دعاية أو إعلان .

**press-clipping** *(n.)* قُصاصة جريدة .

العملة

حافظت امس اسعار الدولار في سوق بيروت على مستواها الواطىء منذ مطلع الاسبوع، واقفل الدولار ظهرا بتراجع طفيف عن اليوم السابق اذ راوح بين ٣٩٠ و٣٠٫٠ ٣٩٠ قرشا لبنانيا في مقابل ٣٩٠ و٥٠٫٠ ٣٩٠ قرشاً الثلثاء.

ويبدو ان مراوحة العملة الاميركية عند معدل الـ ٣٩٠ قرشا من ثلاثة ايام عائدة الى تدخل مصرف لبنان .

**press conference** *(n.)* مؤتمر صُحُفيّ .

**pressing** *(n.; adj.)* (١) عَصْر ؛ ضَغْط الخ . (٢) نسخة (من أسطوانة) § (٣) ملحّ (٤) حماسيّ .

**pressure** *(n.)* (١) ضَغْط (٢) ثِقَل ؛ وطأة .

**prestige** *(n.)* اعتبار ؛ هيبة ؛ مقام ؛ احترام .

**presumable** *(adj.)* ممكنٌ افتراضُهُ : محتمَل .

**presume** *(vt.; i.)* (١) يتجرّأ (٢) يفترض . (٣) يستغلّ .

**presuming** *(adj.)* متجرّىء؛ متواقح؛ وقح .

**presumption** *(n.)* جَراءة؛ وقاحة؛ افتراض .

**presumptive** *(adj.)* افتراضيّ .

**presumptuous** *(adj.)* =presuming.

**presuppose** *(vt.)* (١) يفترض مقدَّماً . (٢) يستلزم؛ يقتضي ضمناً .

**pretence** *(n.)* =pretense.

**pretend** *(vt.; i.)* (١) يتظاهر بـ (٢) يدّعي . ×(٣) يطالب بشيء (من غير حق صريح) .

**pretended** *(adj.)* زائف؛ كاذب؛ مزعوم .

**pretense** *(n.)* (١) دعوى؛ زعم (٢) ادّعاء . (٣) ذريعة؛ ستار (٤) تظاهرٌ بـ .

**pretension** *(n.)* (١) ذريعة (٢) دعوى؛ مطلب . (٣) ادّعاء (٤) طموح أو غرور .

**pretentious** *(adj.)* (١) مُدَّعٍ (٢) طَموح .

**preternatural** *(adj.)* شاذّ أو خارق للطبيعة .

**pretext** *(n.)* حُجّة؛ ذريعة؛ ستار .

**pretty** *(adj.; adv.)* (١) ظريف؛ لطيف . (٢) جميل (٣) حَسَن؛ ممتاز § (٤) إلى حدّ ما .

~ penny مبلغ ضخم من المال (ع) .
sitting ~, غنيّ؛ ذو وضع أو مركز حسن .

**prevail** *(vi.)* (١) يفوز (٢) يسود؛ يعمّ .

to ~ on, upon, *or* with يُقْنِعُهُ بكذا بعد إلحاح .

**prevailing** *(adj.)* (١) مسيطر (٢) سائد؛ عامّ .

**prevalence** *(n.)* سيطرة؛ تفشٍّ؛ انتشار .

**prevalent** *(adj.)* مُسيطر؛ سائد؛ منتشر .

**prevaricate** *(vi.)* يراوغ؛ يوارب .

**prevent** *(vt.)* (١) يمنع؛ يحول دون (٢) يعوق .

**preventative; preventive** *(adj.)* وقائيّ .

**prevention** *(n.)* (١) مَنْع؛ إعاقة (٢) وقاية .

**preview** *(vt.; n.)* (١) يُشاهد شيئاً قبل عرضه على الجمهور § (٢) مشاهدة أو عرض مسبّق .

**previous** *(adj.; adv.)* (١) سابق؛ متقدّم؛ ماضٍ (٢) متسرّع § (٣) قبل .

**previously** *(adv.)* سابقاً؛ قبلاً؛ من قَبْل .

**prevision** *(n.)* معرفة سَبْقيّة؛ حسّ باطنيّ .

**prewar** *(adj.)* قَبْحَرْبيّ: حادثٌ قبل الحرب .

**prey** *(n.; vi.)* (١) فريسة أو ضحيّة § (٢) يفترس .

**price** *(n.; vt.)* (١) سِعْر؛ ثمن § (٢) يسعر .

at any ~, بأيّ ثمن؛ مهما كلّف الأمر .
beyond *or* without ~, نفيس إلى حدّ بعيد .

**priceless** *(adj.)* بالغ النفاسة؛ لا يُقدَّر بثمن .

**prick** *(n.; vt.)* (١) ثُقْب (٢) مِثْقَب؛ مِنخس (٣) وخزة؛ وَخْزٌ؛ ألم حادّ § (٤) يثقب (٥) يخِز (٦) ينخس (٧) يُتْلِع .

**prickle** *(n.; vt.; i.)* (١) شوكة (٢) وَخْز . § (٣) يَخِز؛ يثقب؛ يَنْخس .

**prickly** *(adj.)* شائك؛ واخز؛ لاسع؛ مضايق .

**pride** *(n.; vt.)* (١) غرور (٢) كبرياء (٣) ازدراء . (٤) زهرة؛ ريعان (٥) مفخرة § (٦) يعتزّ؛ يفتخر؛ يتباهى .

to ~ oneself on يعتزّ أو يفتخر بـ .

**priest** *(n.)* كاهن؛ قِسّيس؛ قَسّ .

**priestess** *(n.)* كاهنة؛ قِسّيسة .

**priesthood** *(n.)* جماعة الكَهَنَة .

**priestly** *(adj.)* (١) كهنوتيّ (٢) لائق بكاهن .

**prig** *(n.)* المتزمّت (مع مَيْلٍ إلى ازدراء الآخرين) .

**prim** *(adj.)* (١) متزمّت (٢) أنيق .

**primacy** *(n.)* (١) الأوّليّة (في الترتيب أو المنزلة أو الأهمية) (٢) منصب كبير الأساقفة .

**prima donna** *(n.)* المغنية الأولى (في الأوبرا) .

**primal** *(adj.)* (١)أولي ؛ بدائي (٢)رئيسي .

**primarily** *(adv.)* (١)قبل كل شيء (٢)أولاً .

**primary** *(adj.; n.)* (١) ابتدائيّ ؛ أوّليّ . (٢) رئيسيّ ؛ أساسي §(٣)الانتخابات الأوليّة.

**primate** *(n.)* (١) كبير الأساقفة (٢) الحيوان الرئيس : واحد الرئيسات كالانسان والقرد .

**prime** *(n.; adj.; vt.)* (١) فاتحة ؛ مَطْلَع ؛ صَدْر (٢) ربيع ؛شباب (٣) صفوة ؛نخبة (٤)ريعان(٥)الرمز (') §(٦)أصليّ (٧)أوليّ (٨)رئيسيّ §(٩)يملأ ؛ يشحن ؛ يعمّر (البندقيّة) (١٠) يلقّن (١١) يُتخم .

**prime minister** *(n.)* رئيس الوزراء .

**primer** *(n.)* الكتاب الأول (لتعليم القراءة) .

**primeval** *(adj.)* بِدائيّ .

**primitive** *(adj.)* (١)أصلي ؛ أولي (٢)بِدائيّ .

**primogeniture** *(n.)* (١)البُكورَة : كون المرء بِكْرَ أبويه (٢)حقّ البِكْر في الإرث كلّه .

**primordial** *(adj.)* بِدائيّ ؛ أصليّ ؛ أساسيّ .

**primrose** *(n.)* زهرة الربيع (نبات).

**prince** *(n.)* أمير .

**princely** *(adj.)* (١)أميريّ (٢)سخيّ ؛ فخم .

**princess** *(n.)* أميرة .

**principal** *(adj.; n.)* (١)رئيسيّ §(٢)المدير .

**principality** *(n.)* إمارة .

**principally** *(adv.)* قبل كلّ شيء .

**principle** *(n.)* (١)مبدأ (٢)قاعدة .

in ~, من حيث المبدأ .

on ~, (١) وفقاً لمبدأ ما (٢) لأسباب متعلّقة بالسلوك القويم .

**principled** *(adj.)* ذو مبادىء .

**prink** *(vt.; i.)* (١) يزيّن ×(٢) يتزيّن .

**print** *(vt.; n.)* (١)يبصم ؛ يَسِم (٢) يطبع . (٣)يستخرج صورة فوتوغرافيّة (عن صورة سلبية ) §(٤) بصمة ؛ سِمة ؛ أثر (٥) طبعة (٦) أحرف مطبوعة (٧) قماش مطبوع (٨) صورة فوتوغرافيّة أو مطبوعة .

in ~, (١) في شكل طباعيّ (٢) مطبوع ومعروض للبيع (في المكتبات) .

out of ~, نافد ؛ نَفِدت نسخُهُ عند الناشر .

**printer** *(n.)* عامل المطبعة أو مالكها .

**printing** *(n.)* (١)طَبْع ؛ طباعة (٢) طبعة .

**prior** *(n.; adj.)* (١)رئيس دير §(٢)سابق.

~ to قَبْلَ .

**prioress** *(n.)* رئيسة دير .

**priority** *(n.)* الأسبقية ؛ الأقدميّة ؛ الأوّلية .

**priory** *(n.)* دير (للرهبان أو للراهبات) .

prism

**prism** *(n.)* مَوْشور ؛ مَنْشور .

**prison** *(n.; vt.)* (١) سِجْن . §(٢)يَسْجن .

**prisoner** *(n.)* السجين ؛ الأسير .

**pristine** *(adj.)* أصليّ ؛ بِدائيّ ؛ قديم .

**privacy** *(n.)* (١)عُزْلَة (٢)سِرّية .

**private** *(adj.; n.)* (١)خصوصيّ (٢)خاص. (٣)شخصيّ (٤)سِرّيّ § (٥)جنديّ؛ نَفَر.

in ~, سرّاً.

**privately** *(adv.)* سِرّاً؛ بصورة شخصيّة.
**privation** *(n.)* (١)حِرمان (٢)فاقة؛ عوز.
**privilege** *(n.; vt.)* (١)امتياز § (٢)يمنحه امتيازاً.
**privileged** *(adj.)* ذو امتياز؛ موسِر؛ ثريّ.
**privy** *(adj.; n.)* (١) شخصي؛ خصوصي. (٢)سرّي (٣)مطّلع على سرٍّ § (٤)مِرحاض.
**Privy Council** *(n.)* مجلس شورى الملك.
**prize** *(n.; vt.)* (١) جائزة (٢)شيء جدير بأن يناضَل من أجله (٣)غنيمة § (٤)يقدِّر؛ يبجِّل.
**prize fighter** *(n.)* الملاكم المتكسّب أو المحترف

**pro-** بادئة معناها: «أ» قائم مقام كذا. «ب» مناصر أو مؤيّد لـ.
**probability** *(n.)* (١)احتمال (٢)ارجحيّة.
**probable** *(adj.)* مُحتَمَل أو مُرَجَّح.
**probably** *(adv.)* من المحتمل؛ على الأرجح.
**probate** *(n.)* إثبات صحة الوصيّة الخ.
**probation** *(n.)* إخضاع للتجربة.
**probationer** *(n.)* المُخْضَع للتجربة.
**probe** *(n.; vt.; i.)* (١) مِسْبَر؛ مِسْبار. (٢) سَبْرٌ § (٣)يَسبر (٤)يمتحن بدقّة.
**probity** *(n.)* استقامة؛ أمانة.

**problem** *(n.)* (١)مسألة (٢)مشكلة؛ معضلة.
**problematic** *(adj.)* (١) مُشْكِل؛ صعبٌ حلُّه أو البتّ فيه (٢)مشكوك فيه؛ غير ثابت.
**proboscis** *(n.)* (١) خرطوم (٢) أنف.
**procedure** *(n.)* إجراء؛ إجراءات.
**proceed** *(vi.)* (١) ينبثق؛ ينشأ (٢)يُكْمِل؛ يواصل (٣)يشرع؛ يباشر (٤)يقيم دعوى على (٥)يسيرُ (العملُ) (٦) يتقدّم.
**proceeding** *(n.)* (١)إجراء (٢)*pl.*: حوادث. (٣) *pl.*: دعوى قضائيّة (٤) عمل؛ صفقة (٥) *pl.*: مَحْضَر جلسة.
**proceeds** *(n.pl.)* ربْح؛ دخل؛ عائدات.
**process** *(n.; vt.)* (١) تقدُّم (٢) عملية (٣)دعوى قضائيّة (٤)أمرٌ قضائيّ بالمثول أمام المحكمة (٥)النامية؛ الزائدة § (٦)يُعامل؛ يعالج.

in ~, قَيْدَ الصّنعِ؛ جارٍ العملُ فيه.
in the ~ of time مع الزمن؛ بمرور الأيام

**procession** *(n.)* موكب.
**process server** *(n.)* مُحضِر المحكمة.
**proclaim** *(vt.)* (١) يصرِّح (بآرائه الخ.). (٢)يعلن (٣)ينادي بِـ (٤)يُظهِر؛ يدل على.
**proclamation** *(n.)* تصريح؛ إعلان؛ بلاغ.
**proclivity** *(n.)* مَيْل؛ نزعة.
**procrastinate** *(vi.)* يماطل؛ يسوِّف؛ يؤجِّل.
**procreate** *(vt.)* يُنْسِل؛ يُنْجِب؛ يُنتج.
**proctor** *(n.)* المراقِب؛ المُناظِر.
**procurable** *(adj.)* يَسير المَنال.
**procurator** *(n.)* (١)الوكيل (٢)مدير المال.
**procure** *(vt.)* يدبر؛ يجلب.
**procurer** *(n.)* (١)المدبِّر؛ الجالب (٢)القَوّاد.
**prod** *(vt.; n.)* (١) يَنْخَس § (٢)مِنخس.
**prodigal** *(adj.)* مبذِّر؛ سخيّ؛ خِصْب.
**prodigality** *(n.)* (١)تبذير (٢)خِصْب.

**prodigious** *(adj.)* مذهل؛ مدهش؛ هائل.

**prodigy** *(n.)* أعجوبة؛ معجزة.

**produce** *(vt.; n.)* (١) يُبْرِز؛ يقدِّم. (٢) يُحدث؛ يسبِّب (٣) يَمُدّ (٤) يُخْرِج (٥) يُنتج §(٦) نِتاج؛ محصول؛ غلّة.

**producer** *(n.)* (١) المنتِج (٢) المخرِج.

**product** *(n.)* (١) حاصل الضَّرْب (٢) نِتاج؛ مُنْتَج (٣) غلّة؛ محصول.

**production** *(n.)* (١) نِتاج (٢) إنتاج فنّيّ.

**productive** *(adj.)* (١) خِصْب (٢) منتِج.

**profane** *(vt.; adj.)* (١) يجدِّف (٢) يدنِّس؛ ينتهك؛ يمتهن §(٣) دنيويّ؛ مجدِّف؛ تجديفيّ.

**profanity** *(n.)* (١) التجديفيّة؛ التدنيسيّة؛ اللاتوقيريّة (٢) لغة تجديفيّة.

**profess** *(vt.; i.)* (١) يعلن إيمانه أو ولاءه. (٢) يمارس؛ يزاول مهنة ×(٣) يعترف؛ يقرّ بِـ.

**professed** *(n.)* (١) مُعْلَن (٢) مزعوم.

**profession** *(n.)* (١) إعلانُ الإيمان (٢) إيمانٌ مُجاهَرٌ به (٣) مهنة (٤) أهل المهنة الواحدة.

**professional** *(adj.; n.)* (١) مِهَنيّ؛ حِرَفيّ. (٢) محترِف (٣) احترافيّ §(٤) المحترِف.

**professor** *(n.)* (١) المعترِف بـ (٢) الأستاذ.

**professorship** *(n.)* الأستاذية: منصب الأستاذ.

**proffer** *(vt.; n.)* (١) يَعْرِض §(٢) عَرْض.

**proficiency** *(n.)* براعة؛ حِذق.

**proficient** *(adj.; n.)* (١) بارع §(٢) خبير.

**profile** *(n.)* الصورة الجانبيّة: الصورة الجانبيّة.

**profit** *(n.; vt.; i.)* (١) رِبْح؛ كَسْب (٢) نَفع؛ فائدة §(٣) ينفع؛ يفيد ×(٤) ينتفع؛ يستفيد.

**profitable** *(adj.)* مُرْبِح؛ مُكْسِب؛ مُفيد.

**profiteer** *(n.; vi.)* (١) الاستغلاليّ §(٢) يستغلّ.

**profligate** *(adj.; n.)* متهتِّك أو مبذِّر.

**pro forma** *(adj.)* شكليّ؛ صوريّ.

**profound** *(adj.)* (١) عميق (٢) عويص.

**profundity** *(n.)* (١) عُمق (٢) شيء عميق.

**profuse** *(adj.)* (١) مُسْرِف (٢) وافر؛ غزير.

**profusion** *(n.)* (١) إسراف (٢) وفرة؛ غزارة.

**progenitor** *(n.)* (١) جَدّ أعلى (٢) سَلَف.

**progeny** *(n.)* أولاد؛ ذرية؛ نِتاج.

**prognosticate** *(vt.)* يتكهّن بـ.

**program(me)** *(n.)* برنامج؛ منهاج.

**progress** *(n.; vi.)* (١) تقدّم §(٢) يتقدّم.

**progression** *(n.)* (١) المتوالية (٢) تقدّم.

**progressive** *(adj.)* (١) متقدم؛ آخذ في التقدّم. (٢) تقدميّ (٣) متوالٍ (٤) متدرّج (٥) تصاعدي.

**prohibit** *(vt.)* يحرّم؛ يحظر؛ يمنع.

**prohibition** *(n.)* تحريم؛ حَظْر.

**prohibitive; prohibitory** *(adj.)* تحريميّ.

**project** *(n.; vt.; i.)* (١) خِطة (٢) مشروع. §(٣) يضع الخطوط لـ (٤) يقذف (٥) يُنْتِىء (٦) يسلّط (النور) على كذا ×(٧) ينتأ.

**projectile** *(n.)* قذيفة.

**projection** *(n.)* (١) نتوء؛ بروز (٢) إنتاء؛ إبراز (٣) عرض الصور المتحركة على الشاشة.

**projector** *(n.)* المِسْلاط: أداة لتسليط النور.

**proletarian** *(n.)* البروليتاري: العامل؛ الكادح.

**proletariat** *(n.)* البروليتاريا: طبقة العمال.

**prolific** *(adj.)* مُثْمِر؛ وَلود؛ منتج.

**prolix** *(adj.)* (١) مُسْهَب (٢) مُسهِب.

**prolixity** *(n.)* إسهاب؛ إطناب؛ إطالة.

**prologue** *(n.)* مقدمة؛ تمهيد؛ تصدير.

**prolong; prolongate** *(vt.)* يُطيل؛ يَمُدّ.

**promenade** *(n.; vi.)* (١) نزهة (٢) مُتَنَزَّه. (٣) حفلة راقصة §(٤) يتنزّه.

**prominent** *(adj.)* ناتىء ؛ جليّ ؛ بارز ؛ شهير .

**promiscuous** *(adj.)* (١) مختلِط ، مشوَّش. (٢) معقود من غير تمييز (٣) غير شرعي .

**promise** *(n.; vt.; i.)* (١) وعْدٌ ؛ عهدٌ أو تعهُّد §(٢) يَعِدُ ×(٣) يدل على ؛ يبشّر بِـ .

**promising** *(adj.)* واعد ؛ له مستقبل .

**promissory** *(adj.)* وعديّ ؛ تعهّديّ .

**promissory note** *(n.)* سَنَدٌ إذنيّ ؛ كمبيالة .

**promontory** *(n.)* الرَّعْن : قُنَّة الجبل الخارجة منه والداخلة في البحر .

**promote** *(vt.)* يرقّي ؛ يرفّع ؛ يعزز .

**promotion** *(n.)* ترقية ؛ ترقٍّ ؛ تعزيز .

**prompt** *(vt.; adj.)* (١) يَحُثّ (٢) يُلقّن . §(٣) يَقِظ ، حازم (٤) فوريّ ؛ عاجل .

**prompter** *(n.)* (١) الحاثّ (٢) الملقِّن .

**promptitude** *(n.)* يقظة ؛ حزم ؛ تأهبٌ للعمل .

**promptly** *(adv.)* بحزم ؛ فوراً ؛ من غير إبطاء .

**promulgate** *(vt.)* يعلن ؛ يذيع ؛ ينشر .

**prone** *(adj.)* (١) مَيّالٌ إلى (٢) عُرضة لِـ . (٣) منكبّ ؛ منقلب الوجه الى أدنى (٤) منبطح .

**prong** *(n.)* (١) شوكة الطعام أو إحدى شُعَبها . (٢) شيء ناتىء مستدقّ الطرف .

**pronoun** *(n.)* ضمير (في قواعد اللغة) .

**pronounce** *(vt.)* (١) يعلن (٢) يلفظ .

**pronounced** *(adj.)* واضح ؛ صريح ؛ قاطع .

**proof** *(n.; adj.)* (١) برهان ؛ دليل (٢) تجربة أو «بروفة» طباعية (٣) القوة المعيارية للكحول §(٤) صامد أو كتيمٌ لِـ .

**proofread** *(vt.)* يصحّح التجارب الطباعيّة .

**prop** *(n.; vt.)* (١) دعامة ؛ سِناد §(٢) يدعم ؛ يسند ؛ يقوّي .

**propaganda** *(n.)* دعاية ؛ دعاوة

**propagate** *(vt.; i.)* (١) يوالد ؛ يكثّر بالتناسل . (٢) ينشر ؛ يبثّ ؛ يذيع (٣) ينقل ×(٤) يتوالد ؛ يتكاثر .

**propel** *(vt.)* (١) يدفع ؛ يسيّر (٢) يحثّ .

**propeller** *(n.)* (١) الدافع ؛ المسيِّر (٢) المِدْسرة ؛ المِرْوحة (٣) الرّفّاص (ملاحة) .

**propeller 2.**

**propensity** *(n.)* مَيْل ؛ نزعة طبيعيّة .

**proper** *(adj.)* (١) مناسب ؛ لائق (٢) خاص . (٣) مميز (٤) تامّ ؛ مئة في المئة (٥) حقيقيّ ؛ أصلي (٦) صحيح ؛ مضبوط .

**properly** *(adv.)* (١) كما ينبغي (٢) بدقّة ؛ بضبط ؛ بالمعنى الضيّق للكلمة .

**proper noun** *(n.)* اسم عَلَم (في اللغة) .

**property** *(n.)* (١) خاصيّة ؛ خاصّة ؛ صفة مميِّزة (٢) «أ» مِلْك . «ب» مِلْكيّة .

**prophecy** *(n.)* (١) نُبُوَّة (٢) نُبوءة .

**prophesy** *(vt.; i.)* يتنبّأ بِـ .

**prophet** *(n.)* نبيّ ؛ رسول .

**prophetic; -al** *(adj.)* (١) نَبَويّ (٢) نُبوئيّ .

**prophylactic** *(adj.; n.)* (١) واقٍ من المرض . (٢) وقائيّ §(٣) علاجٌ واقٍ من المرض .

**propinquity** *(n.)* (١) قَرابة (٢) قربٌ .

**propitiate** *(vt.)* يسترضي ؛ يستعطف .

**propitious** *(adj.)* (١) مبشّر بخير (٢) ملائم .

**proponent** *(n.)* (١) المقترِح (٢) النصير .

**proportion** *(n.; vt.)* (١) نسبة (٢) تناسب . (٣) حصّة (٤) حجم ؛ درجة §(٥) يناسب ؛ يجعله متناسباً مع (٦) يجعل الأجزاء متناسبة .

in ~ to بنسبة كذا ؛ على مقدار كذا .

out of ~ to غير متناسب مع .

**proportional** *(adj.)* (١) متناسب (٢) تناسبيّ .

**proportionally** *(adv.)* تناسبياً .

**proportionate** *(adj.)* متناسب .

**proposal** *(n.)* اقتراح ؛ مُقْتَرَح ؛ عَرْض .

**propose** *(vi.; t.)* (١) يعتزم ؛ ينوي (٢) يطلب اليد للزواج × (٣) يقترح .

**proposition** *(n.)* (١) مُقْتَرَحٌ ؛ عَرْض . (٢) افتراض ؛ قضيّة (٣) مسألة .

**propound** *(vt.)* يقدّم ؛ يقترح .

**proprietor** *(n.)* المالك ؛ صاحب المؤسّسة .

**proprietress** *(n.)* المالكة ؛ صاحبة المؤسسة .

**propriety** *(n.)* (١) مناسَبة ؛ ملاءَمة (٢) لياقة ؛ أدب (٣) *pl.* : آداب المجتمع .

**propulsion** *(n.)* دَفْع ؛ تسيير ؛ قوة دافعة .

**prorogue** *(vt.)* (١) يؤجّل (٢) يعطّل إلى أجَل .

**prorogation** *(n.)* (١) تأجيل (٢) تعطيل .

**prosaic** *(adj.)* (١) نثريّ (٢) مُمِلّ أو مبتذل .

**proscribe** *(vt.)* (١) يَحْرِم (شخصاً) من حماية القانون (٢) يحرّم (٣) ينفي ؛ يُبْعِد .

**prose** *(n.)* النثر : خلاف الشعر من الكلام .

**prosecute** *(vt.; i.)* (١) يواصل ؛ (٢) يحاكم .

**prosecution** *(n.)* (١) مقاضاة ؛ إقامة الدعوى . (٢) جهة الادّعاء : المدعي ومحاموه .

**prosecutor** *(n.)* (١) المدّعي (٢) النائب العام .

**proselyte** *(n.)* المهتدي حديثاً (إلى دين) .

**prosody** *(n.)* علم العَروض ؛ علم نظم الشعر .

**prospect** *(n.; vi.; t.)* (١) منظر ؛ مشهد . (٢) شيء متوقّع أو مأمول (٣) *pl.* : إمكانيات أو دلائل النجاح أو الربح (٤) زبون أو مرشّح مُحتَمَل § (٥) ينقّب (بحثاً عن المعادن) .

**in ~,** متوقّع ؛ مرتقَب ؛ مأمول .

**prospective** *(adj.)* محتمَل ؛ متوقّع ؛ مأمول .

**prospectus** *(n.)* النشرة التمهيدية .

**prosper** *(vi.)* ينجح ؛ يزدهر ؛ يزهو .

**prosperity** *(n.)* نجاح ؛ ازدهار ؛ رخاء .

**prosperous** *(adj.)* (١) ملائم (٢) أو مزدهر .

**prostitute** *(vt.; n.)* (١) يعهر § (٢) مومس .

**prostitution** *(n.)* بغاء .

**prostrate** *(adj.; vt.)* (١) ساجد (٢) منبطح . § (٣) يسجد (٤) يُكِبّ (٥) يَغْلِب ؛ يُنْهِك .

**protect** *(vt.)* يحمي ؛ يصون ؛ يحفظ ؛ يقي .

**protection** *(n.)* حِماية ؛ وقاية .

**protective** *(adj.)* واقٍ ؛ وقائيّ ؛ حِمائيّ .

**protector** *(n.)* (١) الحامي (٢) أداة واقية .

**protectorate** *(n.)* (١) الحماية (٢) المَحْمِيّة .

**protein** *(n.)* البروتين : مادة بانية للأجسام .

**protest** *(n.; vt.)* (١) احتجاج ؛ اعتراض . (٢) برتستو (٣) توكيد § (٤) يحتجّ (٥) يؤكد .

**Protestant** *(n.; adj.)* بروتستانتيّ .

**Protestantism** *(n.)* البروتستانتيّة .

**protestation** *(n.)* احتجاج ؛ اعتراض ؛ توكيد .

**protocol** *(n.)* البروتوكول : «أ» المسوّدة الأصلية (لوثيقة أو معاهدة) . «ب» اتفاقية دولية . «ج» نظام التشريفات الديبلوماسيّة والعسكرية .

**protoplasm** *(n.)* البروتوبلازما ؛ الجِبِلّة الأولى .

**prototype** *(n.)* النموذج الأصليّ : نموذج لطائرة أو غوّاصة تُصْنَع على أساسه نماذج أخرى .

**protract** *(vt.)* (١) يُطيل ؛ يمدّ (٢) يخطّط .

**protractor** *(n.)* المِنْقَلَة : أداة لقياس الزوايا .

**protrude** *(vi.; t.)* (١) يَنْتَأ × (٢) يُنْتِئ .

**protrusion** *(n.)* (١) إنتاء (٢) نتوء .

**protuberance** *(n.)* (١) نتوء ؛ بروز (٢) حدَبة .

**proud** *(adj.)* (١) متكبّر (٢) أبيّ (٣) فخور .

**prove** *(vt.)* (١) يختبر (٢) يبرهن ؛ يُثبت .

**proved; proven** *(adj.)* مُثْبَت .

**provender** *(n.)* (١)علَف ؛ علِيق (٢)طعام.

**proverb** *(n.)* مَثَلٌ ؛ مَثَلٌ سائر.

**proverbial** *(adj.)* (١)مَثَليّ (٢)مشهور.

**provide** *(vi.; t.)* (١)يحتاط (٢)يزوِّد ؛ يجهِّز .

**provided** *(conj.)* بشرط ؛ شريطة أن.

**Providence** *(n.)* الله ؛ العناية الإلهيّة .

**provident** *(adj.)* (١) حكيم (٢) مقتصد .

**providential** *(adj.)* (١)خاص بالعناية الإلهيّة. (٢)حادثٌ بفضل تدخّل العناية الإلهيّة .

**providing** *(conj.)* = provided.

**province** *(n.)* (١)مقاطعة ؛ إقليم (٢)عالَم.

**provincial** *(adj.)* قرويّ ؛ ريفي ؛ محلّي.

**provision** *(n.; vt.)* (١) احتياط ؛ استعداد مسبَّق (٢) تدبير احتياطي (٣).*pl*: مُؤَن (٤)شرط §(٥) يزوِّد بالمؤن .

to make ~ for يحتاط لِ .

**provisional** *(adj.)* موقَّت .

**proviso** *(n.)* شرط ؛ فقرة شرطيّة في عقْد.

**provocation** *(n.)* إغضاب ؛ إثارة ؛ تحريض.

**provoke** *(vt.)* (١)يُغْضِب (٢)يثير ؛ يحرِّض.

**provost** *(n.)* رئيس كنيسة أو كليّة الخ.

**provost marshal** *(n.)* قائد الشرطة العسكريّة

**prow** *(n.)* مقدَّم المركب أو الطائرة .

**prowess** *(n.)* (١) شجاعة (٢)براعة فائقة.

**prowl** *(vt.; i.)* يَجُوس أو يطوف خلسةً .

**proximate** *(adj.)* تالٍ ؛ قريب ؛ مباشر .

**proximity** *(n.)* قُرْبٌ (في المكان أو الزمان).

**proxy** *(n.)* (١) وكالة (٢) الوكيل.

**prudence** *(n.)* تعقُّل ؛ حكمة ؛ حذَر .

**prudent** *(adj.)* متعقِّل ؛ حكيم ؛ حذِر .

**prune** *(n.; vt.; i.)* (١)برقوق أو خوخٌ مجفَّف. §(٢)يقلِّم ؛ يشذِّب ؛ يهذِّب .

**prurient** *(adj.)* شَهوانيّ ؛ شَبِق .

**pry** *(vi.; t.; n.)* (١) يحدِّق بفضول ×(٢) يرفع بمُخْل (٣) ينتزع بصعوبة §(٤) مُخْل.

**psalm** *(n.)* (١) ترنيمة (٢).*cap*: مزمور.

**psalmist** *(n.)* ناظم الترانيم أو المزامير .

**psalmody** *(n.)* ترتيل المزامير .

**Psalter** *(n.)* سِفر أو كتاب المزامير .

**psaltery** *(n.)* السَّنْطور : آلة موسيقية قديمة .

**pseud-** *or* **pseudo-** بادئة معناها : زائف ؛ كاذب

**pseudonym** *(n.)* الاسم القلميّ ؛ الاسم المستعار.

**pshaw** *(interj.)* (١) أُفٍّ (٢) تَعْساً ؛ تبّاً.

**psychiatry** *(n.)* طبّ النفس ؛ الطبّ العقلي.

**psychic; -al** *(adj.)* نفسي ؛ عقليّ .

**psychoanalysis** *(n.)* طريقة التحليل النفسي .

**psychologic; -al** *(adj.)* نفسي ؛ سيكولوجي

**psychologist** *(n.)* العالِم النفسي أو السيكولوجي

**psychology** *(n.)* علم النفس ؛ السيكولوجيا.

**psychopathy** *(n.)* الاضطراب العقليّ .

**pub** *(n.)* حانة ؛ خمّارة .

**puberty** *(n.)* (١)البلوغ (٢)سنّ البلوغ .

**public** *(adj.; n.)* (١) عامّ §(٢) الجمهور .

in ~, علانيةً ؛ على رؤوس الأشهاد .

**publican** *(n.)* (١)جابي الضرائب (٢)صاحب الحانة أو الفندق .

**publication** *(n.)* (١) إعلام ؛ إذاعة (٢) نَشْر . (٣) المنشور (كتاباً كان أو صحيفة أو مجلة).

**public house** *(n.)* (١) حانة ؛ خمّارة (٢) فندق.

**publicity** *(n.)* (١) شيوع ؛ ذيوع ؛ عَلَنِيَّة. (٢) شهرة ؛ شعبية (٣) دعاية ؛ إعلان .

**publicly** *(adv.)* جهاراً ؛ على رؤوس الأشهاد.

**publish** *(vt.)* (١) يذيع (٢) ينشر .

**publisher** *(n.)* الناشر : ناشر الكتب أو الصحف.

**puck** *(n.)* عِفريت ؛ روح شرّيرة .

**pucker** *(vi.; t.; n.)* (١) يتغضّن ؛ يتجعّد . ×(٢) يُغضِّن ؛ يُجعِّد §(٣) غَضَنٌ ؛ جعدة .

**pudding** *(n.)* البودنْغ : نوع من الحلوى .

**puddle** *(n.)* بركة صغيرة موحلة.

**pudgy** *(adj.)* قصير وسمين.

**puerile** *(adj.)* صِبْيانيّ .

**puff** *(vi.; t.; n.)* (١) ينفث (٢) يلهث (٣) ينتفخ. ×(٤) ينفخ §(٥) نفخة ؛ هَبّة ؛ نَفَس (٦) فطيرة منتفخة (٧) قطيفة لوضع ذرور التجميل على البشرة (٨) لفّة شعر غير مضغوطة (٩) لحاف (١٠) مديح .

**pug** *(n.)* (١) البَجّ (كلبٌ) (٢) أنفٌ أفطس .

**pugilism** *(n.)* الملاكمة .

**pugilist** *(n.)* الملاكِم المحترف .

**pugnacious** *(adj.)* مشاكِس ؛ مولع بالخصام.

**puissance** *(n.)* قوّة .

**puke** *(vi.; t.)* يقيء ؛ يتقيّأ .

**pull** *(vt.; i.; n.)* (١) يقتلع ؛ ينتزع (٢) يجرّ ؛ يجذب ؛ يشدّ ؛ يسحب (٣) يمزّق ×(٤) ينطلق بجهد (٥) يأخذ جرعةً أو نَفَساً §(٦) قلعٌ ؛ انتزاع ؛ جرّ ؛ جَذْب ؛ سحب (٧) تسلّق شاقّ (٨) مقبض أو حبلٌ أو حلقة لشدّ شيء.

to ~ apart (١) يمزّق (٢) يتمزق .

to ~ away ينسحِب ؛ يفرّ .

to ~ down يدمّر ؛ يخرّب .

to ~ for يساعد ؛ يمدّ يد العون إلى.

to ~ in (١) يوقف ؛ يكبح (٢) يعتقل .

to ~ off ينجز (بنجاح) رغم المصاعب .

to ~ oneself together (١) يستردّ رباطة جأشه (٢) يستجمع قوّته الخ.

to ~ out (١) يرحل (٢) ينسحب .

to ~ through يجتاز مرحلة خطرةً أو صعبة .

to ~ together يتعاونون ؛ يعملون بانسجام .

to ~ to pieces (١) يمزّق (٢) ينتقد بعنف .

to ~ up (١) يقتلع ؛ يستأصل (٢) يكبح ؛ يوقف (٣) يقف ؛ يتوقف .

to ~ up to *or* with يُدْرِك ؛ يلحق بـ .

**pullet** *(n.)* فَرْخَة ؛ دجاجة صغيرة .

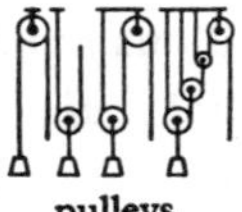

pulleys

**pulley** *(n.)* بَكَرة .

**pulmonary** *(adj.)* رِئويّ .

**pulp** *(n.)* (١) لُبّ (٢) عجينة ورقيّة .

**pulpit** *(n.)* مِنْبر الوعظ ( في كنيسة ) .

**pulsate** *(vi.)* (١) ينبض ؛ يخفق (٢) يتذبذب .

**pulse** *(n.; vi.)* (١) الحبوب ؛ القَطاني (٢) نبض ؛ نبضة §(٣) يَنبض ؛ يخفق (٤) يتذبذب .

**pulverize** *(vt.; i.)* (١) يسحق ×(٢) ينسحق.

**pumice** *(n.)* الحَفّاف : زجاج بركاني مساميّ خفيف جداً يُستعمَل في الصقل.

**pummel** *(n.; vt.)* =pommel.

**pump** *(vt.; n.)* (١) يضخّ ؛ يسحب السوائل أو الهواء بالمضخّة (٢) ينفخ الهواء في §(٣) مِضَخّة (٤) خُفّ.

**pumpkin** *(n.)* يقطين (نبات).

**pun** *(n.; vi.)* (١) تورية ؛ تلاعب لفظيّ. §(٢) يُورّي.

**punch** *(vt.; i.; n.)* (١) يَنْخَس (٢) يسوق أو يرعى الماشية (٣) يلكم (٤) يثقب §(٥) لكمة (٦) مِثقب (٧) البَنْش : شراب مُسْكِر.

**puncheon** *(n.)* برميل ضخم.

**punctilious** *(adj.)* حريص على الشكليات.

**punctual** *(adj.)* دقيق (في مراعاة المواعيد).

**punctuate** *(vt.)* يزوّد بالنقط والفواصل.

**punctuation** *(n.)* وضع النقط والفواصل.

**punctuation mark** *(n.)* نقطة ؛ فاصلة الخ.

**puncture** *(n.; vt.)* (١) ثُقْب §(٢) يثقب.

**pungent** *(adj.)* لاذع ؛ حِرّيف ؛ حادّ.

**punish** *(vt.; i.)* (١) يعاقِب (٢) يقسو على.

**punishment** *(n.)* (١) عقاب (٢) معاملة قاسية.

**punitive** *(adj.)* عِقابيّ ؛ قِصاصيّ ؛ تأديبيّ.

**punk** *(n.;)* (١) هُراء (٢) خشب الصُّوفان. (٣) الصُّوفان : مادة تُقْدَح بها النار.

**puny** *(adj.)* (١) ضعيف ؛ سقيم (٢) ضئيل ؛ تافه.

**pupa** *(n.)* الخادرة : حشرة في الطور الانتقالي.

**pupil** *(n.)* (١) تلميذ ؛ مُريد (٢) بُؤبؤ العين.

**puppet** *(n.)* دمية ؛ لُعْبَة ؛ ألعوبة.

**puppy** *(n.)* (١) جَرْو (٢) المغرور ؛ الأحمق.

**purblind** *(adj.)* أعمى جزئياً.

**purchase** *(vt.; n.)* (١) يشتري (٢) يستميل بالرشوة §(٣) شراء (٤) شيء مشترى (٥) صفقة.

**pure** *(adj.)* خالص ؛ صِرْف ؛ صلف ؛ طاهر.

**purely** *(adv.)* على نحوٍ صِرْف أو صافٍ.

**purgative** *(adj.; n.)* مُسْهِل.

**purgatory** *(n.)* الأعراف ؛ المَطْهَر.

**purge** *(vt.; n.)* (١) يطهِّر ؛ ينظِّف (٢) يُسهِل البطنَ §(٣) تطهير ؛ تنظيف (٤) مُسْهِل ؛ «شربة».

**purify** *(vt.; i.)* (١) يُطهِّر ×(٢) يَطْهُر.

**Puritan** *(n.)* البيوريتاني ؛ التطهّري ؛ المتزمّت.

**purity** *(n.)* نقاء ؛ طهارة ؛ براءة ؛ صفاء.

**purl** *(n.; vi.)* (١) خرير §(٢) يخرّ (الجدول).

**purloin** *(vt.; i.)* يسرق ؛ يختلس .
**purple** *(n.; adj.)* (١)الأرجوان §(٢)أرجواني .
**purport** *(n.; vt.)* (١)معنى ؛ فحوى ؛ مفاد. (٢)خلاصة القول §(٣)يُفْهَم منه ظاهرياً.
**purpose** *(n.; vt.)* (١)غاية ؛ غرَض §(٢)ينوي .

on ~, قصداً ؛ عمداً .
to good ~, على نحو مُثمر .
to no ~, عبثاً ؛ على غير طائل .

**purposely** *(adv.)* عمداً ؛ عن تصور و تصميم .
**purr** *(n.)* الخرخرة : صوت الهرة المسرورة.
**purse** *(n.)* الجزدان : كيس الدراهم.
**purser** *(n.)* ضابط المحاسبة (في سفينة) .
**pursuance** *(n.)* (١) مطاردة (٢) متابعة .
**pursue** *(vt.)* (١) يطارد (٢)يتابع ؛ يواصل .
**pursuit** *(n.)* (١) مطاردة ؛ ملاحقة ؛ مواصلة . (٢) السعي وراء كذا (٣) حرفة ؛ مهنة .
**purvey** *(vt.)* يموّن ؛ يزود بالمؤن .
**purveyor** *(n.)* المموّن ؛ متعهّد المؤن .
**pus** *(n.)* قَيْح ؛ صَديد .
**push** *(vt.; n.)* (١)يَدْفَع ؛ يضغط (٢)يَشُق (٣) يَحُثّ §(٤) جهد عنيف (٥) دفع ؛ ضغط ؛ دفعة (٦) قوّة ؛ عزم ؛ إقدام .
**pusillanimous** *(adj.)* جبان .
**puss; pussy** *(n.)* هِرّة .

**put** *(vt.; i.)* (١) يضع (٢)يطرح (سؤالاً) . (٣)يصوغ (٤)يحمله على ؛ يدفعه الى × (٥)يذهب .

to ~ across يُنجز أو يؤدي بنجاح .
to ~ aside *or* away (١) يطّرِح (٢) يدّخِر .
to ~ by (١) يدّخر للمستقبل (٢) يُهْمِل .
to ~ down (١) يقمع ؛ يسحق (٢) يدوّن .
to ~ forth (١) يبذل (جهداً) (٢) ينشر ؛ يُصدر (٣) يُنتِج ؛ يُطلع أوراقاً جديدة .
to ~ forward (١) يقدّم (٢) يرشّح .
to ~ in (١) يقدّم رسمياً (٢) ينفق (وقتاً) (٣) تَدخُل (السفينةُ) ميناءً .
to ~ off (١) يؤجّل ؛ يرجئ . (٢) يتجنّب (٣) يتخلّص من (٤) يغادر الميناء .
to ~ on (١) يرتدي (٢) يتظاهر بـ .
to ~ out (١) يَمُدّ (٢) يخلع (٣) يطفئ (٤) ينشر (٥) يُخرِج .
to ~ over (١)يؤدي أو ينجز بنجاح (٢)يؤجّل.
to ~ through يُنجز (إصلاحات الخ.)
to ~ to flight يُكرِهُه على الفرار .
to ~ to death يُعدم ؛ يقتل .
to ~ together يؤلّف ؛ يركّب ؛ يجمع .
to ~ up (١) يضع (٢) يُغمد (٣) يُعِدّ (٤) يعبّئ (٥) يبني (٦) يُبْدي (مقاومةً) (٧) يزيد (الأجرة).
to ~ up with يتحمّل ؛ يصبر على.
to ~ upon يخدع ؛ يحتال على .

**putrefaction** *(n.)* تعفّن ؛ فساد .
**putrefy** *(vt.; i.)* (١) يُعفّن ×(٢) يتعفّن .
**putrid** *(adj.)* عفِن ؛ فاسد .
**putridity** *(n.)* (١) تعفّن ؛ فساد (٢) عَفَن .
**puttee** *(n.)* المِسماة ؛ لِفافة الساق .
**putty** *(n.; vt.)* (١) المعجون §(٢) يِمعجن .
**puzzle** *(vt.; n.)* (١) يُرْبِك ؛ يُحيِّر §(٢) لغز .
**pygmy** *(n.; adj.)* (١) القَزَم §(٢) قَزَم .
**pyjamas** *(n.pl.)* = pajamas.
**pylon** *(n.)* (١) بوابة ضخمة (٢) برج الأسلاك الكهربائية (٣) برج الارشاد ( طيران ) .
**pyorrhea** *(n.)* البَيّوريّة : التهاب اللّثة .
**pyramid** *(n.)* (١) هَرَم (٢) شكل هَرَمي .

**pyramidal** *(adj.)* هَرَمي ؛ هرميّ الشكل .
**pyre** *(n.)* المَحرَقة : كومة حطب لإحراق جثة .
**python** *(n.)* الأصَلَة : ثعبان كبير جداً .

**pyx** *(n.)* حُقّ القربان المقدّس.

**Q**uarter (Ramlet El-Baida, Beirut)

**q** *(n.)* الحرف السابع عشر من الأبجدية الانكليزية.

**quack** *(vi.; n.)* (١) يُبَطْبِطُ (البطّ)؛ يصيح. (٢) يدجّل § (٣) البَطْبَطَة: صوت البط (٤) طبيب دجال (٥) مُشَعْوِذ.

**quackery** *(n.)* تدجيل؛ شَعْوَذَة.

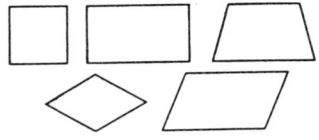

**quadrangle** *(n.)* رباعيّ الزوايا أو الأضلاع.

**quadrangular** *(adj.)* رباعي الزوايا.

**quadrant** *(n.)* (١) الرُّبْعيّة: أداة تُستخدم لقياس الارتفاع (٢) ربع دائرة (٩٠ درجة).

**quadrate** *(adj.; n.)* مُرَبَّع أو شبه مربَّع.

**quadratic** *(adj.)* تربيعي (في الجبر).

**quadrilateral** *(adj.; n.)* رباعيّ الأضلاع.

**quadruped** *(adj.)* ذو أربع؛ رباعيّ الأرجل.

**quadruple** *(adj.; vt.; i.)* (١) رباعيّ. § (٢) يضاعف أو يتضاعف أربع مرات.

**quaff** *(vt.; i.)* يَعُبّ: يشرب بجرعات كبيرة.

**quagmire** *(n.)* (١) مستنقع (٢) وَرْطَة.

**quail** *(n.; vi.)* (١) السَّلْوَى؛ السُّمانَى. § (٢) يذبل (٣) يَجبُن.

**quaint** *(adj.)* طريف.

**quake** *(vi.; n.)* (١) يهتز؛ يتزلزل (٢) يرتجف § (٣) هزّة؛ زلزال (٤) رجفة.

**qualification** *(n.)* (١) أهليّة (٢) مؤهِّل.

**qualified** *(adj.)* مؤهَّل؛ كفوء.

**qualify** *(vt.)* (١) يُقيِّد؛ يحدِّد (٢) يلطِّف؛ يخفِّف (٣) يؤهِّل: يجعله مؤهَّلاً لمنصب أو عمل (٤) يفوِّض.

**qualitative** *(adj.)* نوعيّ؛ كيفيّ.

**quality** *(n.)* (١) خاصّة ؛ خاصيّة (٢) نوع ؛ نوعيّة ؛ كيفيّة (٣) وصف ؛ صفة (٤) منزلة رفيعة .

**qualm** *(n.)* (١) غثيان (٢) ارتياب .

**quandary** *(n.)* مأزق ؛ ورطة .

**quantitative** *(adj.)* كَمّيّ ؛ مقداري .

**quantity** *(n.)* (١) كميّة (٢) كمية كبيرة.

**quarantine** *(n.)* حَجْرٌ أو مَحْجَرٌ صحّي.

**quarrel** *(n.; vi.)* (١) نزاع ؛ شجار § (٢) يتنازع

**quarrelsome** *(adj.)* مشاكس ؛ مُحِب للنزاع .

**quarry** *(n.)* (١) طريدة (٢) مقلع حجارة.

**quart** *(n.)* الكوارْت : رُبْع غالون .

**quarter** *(n.; vt.)* (١) رُبْع (٢) فصل ؛ ربع سنة (٣) ربع دولار (٤) نقطة ؛ جهة ؛ مكان ؛ حيّ (٥) *pl.* : مسكن ؛ مأوى (٦) رحمة ؛ هوادة § (٧) يقسم إلى أربعة أجزاء متساوية (٨) يُنزِل ؛ يؤوي .

**quarterdeck** *(n.)* سطح مؤخَّر المركب .

**quarterly** *(adj.; adv.; n.)* (١) فَصْليّ . § (٢) فَصْليّاً § (٣) الفصليّة : مجلة تصدر أربع مرات في العام .

**quartermaster** *(n.)* (١) الرئيس البحري . (٢) أمين الإمدادات والتموين (في الجيش) .

**quartz** *(n.)* المَرْو ؛ الكوارْتْز (معادن).

**quash** *(vt.)* (١) يلغي (٢) يسحق ؛ يقمع .

**quasi** *(adv.; adj.)* (١) إلى درجة ما § (٢) شِبْه .

**quaver** *(vi.; t.; n.)* (١) يرتعش ؛ يتهدّج . (٢) يتكلم أو يغنّي بتهدّج § (٣) تهدُّج .

**quay** *(n.)* رصيف الميناء.

quay

**queasy** *(adj.)* مَغْثِيّ : مصاب بالغَثَيان .

**queen** *(n.)* (١) مَلِكَة. (٢) المَلِكَة (في الشطرنج) (٣) البنت (في لعب الورق) .

**queer** *(adj.)* غريب ؛ غير مألوف .

**quell** *(vt.)* (١) يقمع ؛ يُخضِع (٢) يهدّئ .

**quench** *(vt.)* (١) يطفىء (٢) يقمع ؛ يُخمِد.

**querulous** *(adj.)* (١) كثير التشكّي ؛ دائم الشكوى (٢) بَرِم ؛ نَكِد .

**query** *(n.; vt.)* (١) سؤال § (٢) يتساءل ؛ يشكّ في

**quest** *(n.)* (١) تحقيق (٢) بحث ؛ تنقيب .

in ~ of بحثاً عن .

**question** *(n.; vt.; i.)* (١) سؤال (٢) مسألة ؛ قضية (٣) استجواب (٤) تعذيب (٥) شكّ (٦) مجال § (٧) يسأل ؛ يستجوب (٨) يشكّ أو يرتاب في .

in ~, المتكلَّم عنه ؛ الذي نحن بصدده .
out of the ~, مستحيل ؛ غير وارد .
to call in ~, يشكّ في ؛ يعترض على .
without ~, من غير شكّ أو جدل .

**questionable** *(adj.)* موضع شكّ ؛ مشكوك فيه .

**questionnaire** *(n.)* استفتاء .

**queue** *(n.)* (١) ضفيرة (٢) رَتَل ؛ صفّ طابور .

**quibble** *(n.; vi.)* (١) مراوغة ؛ مواربة . § (٢) يراوغ ؛ يوارب.

**quick** *(adj.; adv.; n.)* (١) سريع (٢) ذكيّ. (٣) نَزِق § (٤) بسرعة § (٥) الأحياء (٦) صميم ؛ لبّ ؛ جوهر .

**quicken** *(vt.; i.)* (١) يُحيي ؛ يثير ؛ ينشِّط . (٢) يعجِّل ؛ يُسرِّع × (٣) يَنْشط ؛ يُسْرِع .

**quickie** *(n.)* المُتَعَجَّل : كل ما يُتَعَجَّل في صنعه سواء أكان كتاباً أو فيلماً سينمائياً الخ.

**quickly** *(adv.)* بسرعة ؛ بعجلة .

**quickness** *(n.)* سرعة ؛ عجلة .

**quicksand** *(n.)* الوَعْث : الرَّمل الليِّن.

**quicksilver** *(n.)* زئبق .

**quick-tempered** *(adj.)* حادّ الطبع .

**quick-witted** *(adj.)* حادّ الذكاء .

**quid** *(n.)* مُضْغَة (من التبغ) .

**quiescent** *(adj.)* هامد؛ ساكن؛ هادئ .

**quiet** *(n.; adj.; adv.; vt.; i.)* (١) هدوء ؛ سكون § (٢) هادئ ؛ ساكن (٣) مطمئن البال § (٤) بهدوء § (٥) يهدِّئ ؛ يسكِّن × (٦) يهدأ ؛ يَسْكن الخ .

**quietude** *(n.)* (١) هدوء ؛ سكون (٢) طمأنينة.

**quietus** *(n.)* (١) تسديد الدَّين (٢) الراحة ؛ الموت.

**quill** *(n.)* (١) ريشة (٢) شوكة (من أشواك القنفذ).

**quilt** *(n.)* لِحاف ؛ مضرَّبة .

**quince** *(n.)* السَّفَرْجَل (شجرُهُ أو ثمرُه) .

**quinine** *(n.)* الكينين : مادة شديدة المرارة تعالج بها الملاريا .

**quinsy** *(n.)* التهاب اللوزتين المتقيِّح .

**quintal** *(n.)* الكنتال ؛ القنطار .

**quintessence** *(n.)* (١) جوهر (٢) مثال ؛ عنوان.

**quintuplet** *(n.)* (١) الخُماسيّة : خمسة من نوع واحد (٢) *pl.* : خمسة توائم .

**quip** *(n.)* ملاحظة ظريفة أو ساخرة .

**quire** *(n.)* رزمة ورق ( مؤلَّفة من ٢٤ ورقة).

**quirk** *(n.)* خاصيّة ؛ خصوصيّة ؛ صفة مميزة .

**quit** *(vt.)* (١) يسلك (٢) يترك (٣) يكفّ عن .

**quite** *(adv.)* (١) تماماً (٢) فعلاً (٣) إلى حدّ بعيد.

**quits** *(adj.)* متخالصان ؛ متعادلان .

to be ~ with ؛ يصفّي حسابه (معه) ؛ ينتقم منه .

**quittance** *(n.)* (١) إبراء من دين أو التزام (٢) سند الإبراء أو المخالصة (٣) تعويض .

**quiver** *(n.; vi.)* (١) كِنانة ؛ جَعبة § (٢) يهتزّ ؛ يرتعش ؛ يرتجف .

**quixotic** *(adj.)* (١) دونكيخوتيّ (٢) وهميّ.

**quiz** *(n.; vt.)* (١) امتحان موجز § (٢) يسخر من. (٣) يمتحن ( امتحاناً موجزاً ) .

**quizzical** *(adj.)* (١) غريب (٢) هزلي . (٣) ساخر (٤) مازِح ؛ مُغايظ (٥) فضولي .

**quoit** *(n.)* حلقة الرَّمْي : حلقة معدنيّة تُرْمَى لتطوِّق وَتِداً غُرِس في الأرض .

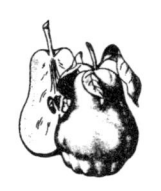

**quondam** *(adj.)* سابقٌ .

**quorum** *(n.)* النِّصاب : عدد الأعضاء الذين يتعيّن حضورُهُم الجلسةَ لتصبح قانونيّة .

**quota** *(n.)* كوتا ؛ نصيب ؛ حصة نسبيّة.

**quotable** *(adj.)* جديرٌ بأن يُسْتَشْهَد به.

**quotation** *(n.)* (١) الشاهد : جملة أو فقرة مقتبسة (٢) الاقتباس ؛ الاستشهاد بـ (٣) تسعير ؛ سِعْر .

**quotation marks** *(n.pl.)* علامتا الاقتباس « » .

**quote** *(vt.; n.)* (١) يقتبس ؛ يستشهد بـ (٢) يورد على سبيل المثال (٣) يعطي سعر كذا (٤) علامة اقتباس .

**quoth** *(vt.; i.)* قال .

**quotidian** *(adj.)* (١) يوميّ (٢) مبتذل ؛ عاديّ.

**quotient** *(n.)* (١) خارجُ القسمة (٢) حاصل.

**Qur'an** *or* **Quran** *(n.)* القرآن الكريم .

**qursh** *(n.)* القِرش : $\frac{1}{20}$ من الريال السعودي .

# R

*Rome*

**r** *(n.)* الحرف الثامن عشر من الأبجدية الانكليزية.

**rabbi** *(n.)* الرَّبّان ؛ الحَبْر ؛ الحاخام (عند اليهود).

**rabbinical** *(adj.)* رَبّانيّ ؛ حَبْريّ .

**rabbit** *(n.)* (١) الأرنب (٢) فَرْو الأرنب.

**rabble** *(n.)* الغَوغاء؛ الرَّعاع .

**rabid** *(adj.)* (١) عنيف ؛ ضارٍ (٢) متطرّف إلى أبعد الحدود (٣) كَلِب ؛ مسعور .

**rabies** *(n.)* الكَلَب ؛ داء الكَلَب .

**raccoon** *(n.)* الرّاكون : حيوان من اللواحم .

**race** *(n.; vi.; t.)* (١) ماء متدفق في قناة ضيقة (٢) مجرى ماء (٣) سباق في العَدْو (٤) *pl.* : سباق خيل (٥) مسابقة ؛ مباراة (٦) سُلالة ؛ عِرْق ؛ جنس (٧) نكهة مميّزة § (٨) يعدو في سباق (٩) ينطلق بأقصى السرعة × (١٠) يُسابق (١١) يُسرِّع .

**racecourse** *(n.)* المِضْمار : حلبة السباق .

**racehorse** *(n.)* فرس الرهان ؛ جواد السباق .

**raceme** *(n.)* عُنقود ؛ عِذق ؛ شِمْراخ.

**racer** *(n.)* المسابق (شخصاً كان أو فرساً أو زورقاً).

**racial** *(adj.)* عِرْقيّ ؛ عنصريّ .

**rack** *(n.; vt.)* (١) معلف للدوابّ (٢) المِخْلَعَة : أداة تعذيب قديمة يُمَطّ عليها الجسم (٣) رفّ ؛ مِنْصَب ؛ حامل § (٤) يعذّب بالمِخلعة .

**racket** *(n.)* (١) مضرب (التنس أو كرة الطاولة). (٢) جَلَبة ؛ لَغَط (٣) خطّة لابتزاز المال .

**racketeer** *(n.)* مبتزّ المال (بالتهديد والوعيد) .

**racy** *(adj.)* (١) طيّب النكهة (٢) نشيط ؛ مفعم بالحيوية (٣) لاذع (٤) مكشوف ؛ غير محتشم.

**radar** *(n.)* الرادار : جهاز لتحديد وجود شيء أو موقعه بواسطة أصداء الموجات اللاسلكية .

**radial** *(adj.)* (١)شُعاعيّ (٢)نصف قُطْرِي.
**radiance** *(n.)* إشعاع ؛ تألّق ؛ بهاء.
**radiant** *(adj.)* مُشِعّ ؛ متوهّج ؛ مشرق ؛ متألّق.
**radiate** *(vi.)* (١)يُشِعّ (٢)يتألّق (٣)يتشعّب.
**radiation** *(n.)* (١)الإشعاع (٢)شعاع ؛ أشعّة.
**radiator** *(n.)* المِشْعاع : شبكة انابيب للتدفئة المركزية أو لتبريد محرّك السيّارة .
**radical** *(adj.)* (١) جذريّ (٢)متطرّف.
**radii** *pl. of* radius.
**radicalism** *(n.)* التطرّفيّة ؛ الراديكاليّة .
**radio** *(n.)* راديو.
**radio-** بادئة معناها : «أ» شُعاعيّ. «ب» إشعاعيّ. «ج» راديو .
**radioactive** *(adj.)* إشعاعيّ النشاط أو الفاعليّة.
**radioactivity** *(n.)* النشاط الاشعاعي .
**radiogram** *(n.)* (١)صورة بالأشعّة (٢)برقية.
**radiograph** *(n.)* صورة بالأشعّة .
**radiolocation** *(n.)* تحديد الموقع بالرادار .
**radiotelegraphy** *(n.)* الإبراق اللاسلكي .

radiograph

**radiotelephone** *(n.)* التلفون اللاسلكي .
**radiotherapy** *(n.)* المعالجة بالاشعاع .
**radish** *(n.)* (١)فِجْلَة (٢)فِجْل .
**radium** *(n.)* الراديوم : عنصر إشعاعيّ النشاط.
**radius** *(n.)* الشُّعاع : نصف القطر ( هندسة ) .

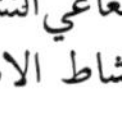

radius

**raffia** *(n.)* الرّافية : نوعٌ من اللّيف
**raffle** *(n.)* البيْع اليانصيبيّ ؛ البيع بالقرعة.
**raft** *(n.)* الرّمَث ؛ الطَّوْف : خشب يُشدّ بعضه إلى بعض ويُركَب في البحر.

raft

**rafter** *(n.)* عارضة خشبية (في سقف مائل).
**rag** *(n.)* (١)خِرْقَة (٢)*pl.*: أسمال بالية .
**rage** *(n.; vi.)* (١)غيظ (٢)ثورة (٣)بِدعة ؛ موضة §(٤)يغتاظ (٥)يثور (٦)يتفشّى .
**ragged** *(adj.)* (١) مُمَزَّق (٢)رثّ الثياب.
**ragout** *(n.)* يَخْنَة كثيرة التوابل .
**ragtime** *(n.)* الرَّجْتيم : موسيقى أميركيّة.
**ragweed** *(n.)* الرَّجيد: عشبة أميركيّة.

**raid** *(n.; vt.)* (١)غارة §(٢)يُغير على.
**rail** *(n.; vt.; i.)* (١)حاجز (٢)درابزون (٣)سياج. (٤) قضيب ( من قضبان السكة الحديدية ) (٥) السكة الحديدية (٦) التِّفْلِق (طائر) §(٧) يُسيِّج الخ. ×(٨) يلوم أو يشجب .

**railing** *(n.)* (١) درابزون (٢) لوم؛ شكوى.
**raillery** *(n.)* (١) مزاح (٢) مَزْحَة.
**railroad** *(n.)* السكّة الحديديّة .
**railway** *(n.)* سكّة حديديّة ثانويّة .
**raiment** *(n.)* ملابس ؛ ثياب .
**rain** *(n.; vi.)* (١)مَطَر §(٢)تمطر (٣)ينهمر .

**rai** 387 **ran**

**rainbow** *(n.)* قوس قُزَح .
**raincoat** *(n.)* المِمْطَر : معطف واقٍ من المطر .
**raindrop** *(n.)* قَطرة مطر .
**rainfall** *(n.)* هطول المطر أو مُعدّلُه .
**rainy** *(adj.)* (١) ماطِر ؛ مُمْطِر (٢) كثير المطر .
**raise** *(vt.; n.)* (١) يَرْفَع (٢) يثير (٣) يشيِّد ؛ يقيم (٤) يجمع (٥) يربّي (٦) يزرع (٧) يُطلِق (٨) يُخمِّر (العجينَ) § (٩) ارتفاع ؛ زيادة .
**raisin** *(n.)* زبيب .
**raja** *or* **rajah** *(n.)* الرّاجا : أمير هندي .
**rake** *(n.; vt.)* (١) المِدَمّة : أداة ذات أسنان لجمع العشب أو لتقليب التّربة (٢) الخليع ؛ الفاسق § (٣) يَدُمّ : يجمع العشب أو يقلّب التّربة أو يسوّيها.

**rake-off** *(n.)* عمولة (تُؤخَذ بطريقة غير شرعيّة).
**rakish** *(adj.)* (١) خليع ؛ فاسق (٢) أنيق وسريع .
**rally** *(vt.; i.; n.)* (١) يلمّ الشَّعْث (٢) يحشد أو يستجمع قواه (٣) يمازح ؛ يسخر من × (٤) يلتئم شَمْله من جديد (٥) يهرع للنجدة (٦) يُبِلّ ؛ جزئياً ، من مرض (٧) ينشَط بعد ركود § (٨) لمّ للشَّعْث (٩) استجماع للقوة أو الشجاعة (١٠) اجتماع لإثارة الحماسة الجماعيّة.
**ram** *(n.; vt.)* (١) كَبْش ؛ خروف (٢) منجنيق . § (٣) يدكّ ؛ يحشو (٤) ينطح .
**ramble** *(vi.; n.)* (١) يتجوّل § (٢) تجوال ؛ نزهة .
**ramification** *(n.)* (١) تشعّب (٢) فرع ؛ شُعبة .
**ramify** *(vt.; i.)* (١) يفرّع × (٢) يتفرّع .
**rampage** *(n.)* اهتياج ؛ ثورة .
**rampant** *(adj.)* متفشٍّ ؛ منتشر .
**rampart** *(n.)* مَتراس ؛ استحكام ؛ سور .
**ramrod** *(n.)* مِدَكّ البندقيّة الخ .
**ramshackle** *(adj.)* متداعٍ للسقوط .

**ran** *past of* run.
**ranch** *(n.)* مزرعة كبيرة (لتربية الخيل أو المواشي).
**rancid** *(adj.)* فاسد ؛ زَنِخ ؛ زَنِخ الرائحة .
**rancor** *(n.)* حِقد ؛ ضغينة ؛ سخيمة .
**rancorous** *(adj.)* حَقود ؛ مَوسوم بالحقد .
**random** *(adj.)* عَشْوائيّ ؛ جُزافيّ .
**at ~,** عَشوائياً ؛ جُزافياً ؛ كيفما اتفق .
**rang** *past of* ring.
**range** *(n.; vt.; i.)* (١) صفّ ؛ خطّ ؛ سلسلة . (٢) موقِد ؛ فرن (٣) مجال (٤) مَرْعى . (٥) تجوُّل ؛ تطواف (٦) مَدَى ؛ نطاق . (٧) ميدان يُتَدَرَّب فيه على إطلاق النار (٨) تَراوُح § (٩) يصفّ ؛ ينسِّق ؛ يصنِّف (١٠) يطوف ؛ يتجوّل (١١) يتراوح .
**within ~ ,** في نطاق كذا ؛ على مرمىً من
**ranger** *(n.)* حارس الغابة أو الحديقة العامّة .
**rangy** *(adj.)* (١) طوّاف (٢) ممشوق .
**rank** *(adj.; n.; vt.; i.)* (١) نامٍ بوفرة (٢) كثير الأعشاب الضارّة (٣) زَنِخ ؛ نتِن ؛ فاسد § (٤) صفّ ؛ سلسلة (٥) *pl.*: قوّات مسلّحة (٦) درجة ؛ منزلة (٧) مكانة سامية (٨) رتبة § (٩) يصفّ ؛ يرتّب (١٠) يعتبر ؛ يصنّف (١١) يفوقه مقاماً × (١٢) يحتل منزلة معينة .
**the ~ *s*; other ~ *s*** الرّتباء والأفراد (تمييزاً لهم عن الضباط) .
**rankle** *(vi.)* يَعْتَمِل (في الصدر أو الذهن).
**ransack** *(vt.)* (١) يفتّش بتدقيق (٢) يَنْهَب .
**ransom** *(n.; vt.)* (١) فِدْية (٢) افتداء . § (٣) يخلّص من الخطيئة وذيولها (٤) يفتدي.
**rant** *(vi.)* (١) يتَحدّث بصَخَب (٢) يوبِّخ .

**rap** *(n.; vt.)* (١) دقّة؛ طَرْقة §(٢) يدقّ على.

to take the ~, يتحمّل العقوبة.

**rapacious** *(adj.)* جَشِع؛ ضارٍ؛ سلاّب.

**rapacity** *(n.)* (١) جشَع؛ طمع (٢) ضراوة.

**rape** *(vt.; n.)* (١) يَسْلب §(٢) يغتصب فتاةً أو امرأةً §(٣) سَلْب؛ خطف (٤) لِفْت.

**rapid** *(adj.; n.)* (١) سريع §(٢) مُنحدَر النهر.

**rapidity** *(n.)* سرعة.

**rapier** *(n.)* المِغْوَل: سيف ذو حدّين.

**rapine** *(n.)* سَلْب؛ نَهْب.

**rapt** *(adj.)* (١) مستغرق (٢) سابحٌ في عالم آخر.

rapier

**rapture** *(n.)* طَرَب؛ جَذَل؛ نَشوة.

**rapturous** *(adj.)* طرِب؛ جَذِل؛ مُنْتَشٍ.

**rare** *(adj.)* (١) مُخَلْخَل؛ قليل الكثافة (٢) فذّ (٣) نادر (٤) غير مُنْضَج (بالطهو) جيداً.

**rarebit** *(n.)* جبن مُذاب فوق خبز مُحمّص.

**rarely** *(adv.)* نادراً؛ قلّما.

**rarity** *(n.)* (١) نُدْرَة (٢) شيء نادر.

**rascal** *(n.; adj.)* (١) وَغْد؛ نَذل §(٢) وضيع.

**rascality** *(n.)* (١) نذالة (٢) عملٌ نَذْل.

**rash** *(adj.; n.)* (١) متهوّر؛ طائش §(٢) طَفْحٌ جلديّ (٣) سلسلة متلاحقة (من الأحداث).

**rasp** *(vt.; n.)* (١) يَبْرُد؛ يَبْشُر؛ يَقْشط (٢) يزعج؛ يثير §(٣) مِبرد (٤) مِبْشَرَة.

**raspberry** *(n.)* فريز؛ فراولة؛ توت الأرض.

**rat** *(n.; vi.)* (١) فأر (٢) الواشي؛ المبلّغ §(٣) يخون رفاقه أو يشي بهم (٤) يصيد الفئران.

**rate** *(n.; vt.)* (١) سعر؛ قيمة (٢) معدّل؛ نسبة (٣) فئة؛ درجة (٤) رسم؛ ضريبة §(٥) يوبّخ (٦) يعتبر (٧) يسعّر؛ يقدّر (٨) يصنّف.

at any ~, على أية حال؛ مهما تكن الظروف.

at this (that) ~, في هذه الحال؛ والحالةُ هذه.

**rather** *(adv.)* (١) على الأصحّ؛ بالأحرى (٢) مُفضِّلاً ذلك على (٣) إلى حدّ ما؛ (٤) على العكس.

**ratification** *(n.)* تصديق على؛ إقرار.

**ratify** *(vt.)* يصدّق على؛ يُقِرّ (اتفاقيةً).

**ratio** *(n.)* نِسْبَة.

**ration** *(n.)* (١) جَراية الجندي (ليوم واحد). (٢) *pl.*: طعام؛ مؤن؛ أرزاق (٣) حصة.

**rational** *(adj.)* معقول؛ عاقل؛ عقلي؛ عقلانيّ.

**rationalization** *(n.)* تسويغ؛ تبرير.

**rationalize** *(vi.)* يسوغ؛ يبرر.

**ratline** *(n.)* موطئ القدم (في سلّم حبال بحريّة).

**rattan** *(n.)* الرُّوطان؛ أسَل الهند (نبات).

**rattle** *(vi.; t.; n.)* (١) يُخشخِش؛ يُقعقِع. (٢) يثرثر §(٣) خشخشة؛ قعقعة (٤) حشرجة.

**rattlesnake** *(n.)* ذات الجَرَس (أفعى).

**raucous** *(adj.)* أجَشّ ؛ خَشِن .
**ravage** *(vt.)* (١) يَنْهَب (٢) يخرِّب ؛ يُتْلِف .
**rave** *(vi.;n.)* (١) يهذي (٢) يهتاج § (٣) هذيان.
**ravel** *(vt.)* (١) يَنْسُل (النسيجَ) (٢) يحلّ .
**raven** *(n.)* الغُداف : غراب أسود.

**ravening** *(adj.)* مفترس ؛ ضارٍ .
**ravenous** *(adj.)* (١) ضارٍ ؛ نَهِم (٢) توّاق إلى.
**ravine** *(n.)* الوَهْد ؛ المَسِيل : واد ضيّق.
**ravish** *(vt.)* (١) يَسْلُب (٢) يفتِن (٣) يغتصب.
**raw** *(adj.)* (١) نَيْء ؛ فِجّ (٢) خام . (٣) صِرْف (٤) دامٍ (٥) غِرّ ؛ جاهل .
**rawboned** *(adj.)* نحيل ؛ مهزول .
**rawhide** *(n.)* (١) جلد غير مدبوغ (٢) سَوْط .
**raw material** *(n.)* مادّة أوليّة ؛ مادّة خام.
**ray** *(n.; vi.; t.)* (١) شُعاع (٢) نور (٣) بصيص. (٤) الراي ؛ السَّفَن (سمك) § (٥) يُشعّ.

**rayon** *(n.)* الرايون : حرير صناعي.

**raze** *(vt.)* (١) يُدمِّر (٢) يقشط ؛ يقطع ؛ يحلق.
**razor** *(n.)* موسى (أو ماكينة) الحلاقة .

**re-** بادئة معناها : ثانيةً ؛ من جديد.
**reach** *(vt.; n.)* (١) يَبْسُط ؛ يمدّ (٢) يتناول (٣) يبلغ ؛ يصل إلى (٤) يتّصل بـ (٥) يُناوِل § (٦) بَسْط ؛ مدّ الخ. (٧) متناوَل ؛ وُسْع .
**react** *(vi.)* (١) يؤثّر (٢) يَرْكِس ؛ يستجيب لمؤثّر ما (٣) يكون ردَّ فعله (٤) يقاوم (٥) يَرْجِع إلى وضع سابق (٦) يتفاعل .
**reaction** *(n.)* (١) الرَّجعة ؛ الرجعيّة . (٢) ارتكاس ؛ ردّ فعل (٣) تفاعُل .
**reactionary** *(adj.; n.)* رَجْعِيّ .
**read** *(vt.)* (١) يقرأ ؛ يتلو (٢) يدرس (٣) يؤوّل . (٤) يدلّ على ؛ يشير إلى .
**reader** *(n.)* (١) القارىء (٢) مصحح التجارب المطبعيّة (٣) كتاب لتعليم القراءة .
**readily** *(adv.)* (١) بسرور (٢) حالاً (٣) بسهولة
**reading** *(n.)* (١) قراءة (٢) مادّة مقروءة. (٣) تفسير خاصّ (٤) اطّلاع ؛ معرفة أدبيّة .
**ready** *(adj.)* (١) مستعدّ ؛ متأهّب (٢) جاهز . (٣) في متناول اليد (٤) حاضر ؛ سريع ؛ رشيق .
**ready-made** *(adj.)* (١) جاهز (٢) مُبتَذَل.
**real** *(adj.)* (١) حقيقيّ ؛ واقعيّ (٢) أصليّ .
**real estate** *(n.)* العِقار ؛ المِلْك الثابت .
**realism** *(n.)* الواقعيّة .
**realist** *(adj.; n.)* واقعيّ .
**reality** *(n.)* حقيقة ؛ واقع .
**realization** *(n.)* (١) تحقيق ؛ تحقّق (٢) إدراك.

**realize** *(vt.)* (١)يحقّق (٢)يدرك ؛ يفهم.

**really** *(adv.)* (١)في الواقع (٢)حقاً.

**realm** *(n.)* (١)مملكة (٢)عالَم ؛ دنيا ؛ حقل.

**realtor** *(n.)* الوسيط أو السمسار العقاريّ.

**realty** *(n.)* العقار ؛ المِلْك الثابت .

**ream** *(n.)* ماعون ورق .

**reamer** *(n.)* البُرْغُل ؛ موسّع الثقوب .

**reap** *(vt.; i.)* (١)يَحْصد (٢)يجني ؛ يكسب.

**reaper** *(n.)* (١)الحاصد (٢)الحصادة : آلة حصد

**rear** *(vt.; i.; n.; adj.)* (١) يبني (٢) يقيم . (٣)يربّي×(٤)يرتفعُ عالياً (٥)يشِبّ الفرَسُ §(٦)مؤخّر ؛ مؤخّرة §(٧)خلفيّ .

**rear admiral** *(n.)* العميدالبحريّ (في الأسطول)

**rear guard** *(n.)* المؤخّرة ؛ الساقة (في الجنديّة) .

**rearmament** *(n.)* إعادة تسليح أو تسلُّح.

**rearmost** *(adj.)* الأخير ؛ الآخِر .

**rearward** *(n.; adj.; adv.)* (١) مؤخّرة . §(٢)خلفيّ §(٣)في أو نحوِ المؤخرة ؛ إلى الخلف.

**reason** *(n.; vi.)* (١) سبب ؛ داعٍ (٢) مبرر . (٣)عقل ؛ صواب§(٤)يفكّر (٥)يجادل بالحجّة.

**reasonable** *(adj.)* (١)معقول (٢) عاقل .

**reasoning** *(n.)* (١) تفكير (٢) استنتاج .

**reassure** *(vt.)* يعيد طَمأنتَه أو توكيده.

**rebate** *(vt.; n.)* (١)يحسم§(٢)حَسْم ؛ تنزيل.

**rebel** *(adj.; n.; vi.)* (١) ثائر (٢) متمرّد . §(٣)يثور ؛ يتمرّد.

**rebellion** *(n.)* ثورة ؛ عصيان .

**rebellious** *(adj.)* ثائر ؛ متمرّد .

**rebirth** *(n.)* (١)ولادة جديدة (٢)نهضة .

**reborn** *(adj.)* مولودٌ ثانية ؛ متجدّد ؛ منبعث .

**rebound** *(vi.)* يرتدّ (بعد ارتطامه بشيء).

**rebuff** *(vt.; n.)* (١)يَصُدّ ؛ يرُدّ §(٢)صدّ.

**rebuild** *(vt.)* يجدّد بناءَ شيء .

**rebuke** *(vt.; n.)* (١)يوبّخ§(٢)توبيخ .

**rebut** *(vt.)* يَدْفَع أو يردّ (بالبيّنة أو الحجّة).

**recalcitrant** *(adj.)* متمرّد ؛ حَرُون ؛ شَمُوس.

**recall** *(vt.; n.)* (١)يستدعي ؛ يدعو إلى العودة. (٢)يتذكّر (٣) يستردّ ؛ يسحب ؛ يلغي §(٤) استدعاء (٥) استرداد ؛ سحب ؛ إلغاء.

**recant** *(vt.; i.)* (١)يستردّ ؛ يَسْحب (٢)يرتدّ.

**recapitulate** *(vt.; i.)* يعيدباختصار : يلخّص.

**recapture** *(n.; vt.)* (١)استرداد§(٢)يستردّ .

**recast** *(vt.)* يُعيد الصبّ أو الصّياغة.

**recede** *(vi.)* يتراجع ؛ يتقهقر ؛ يرتدّ .

**receipt** *(n.; vt.)* (١)استلام (٢)المبلغ المستلَم. (٣)«إيصال» ؛ وَصْل استلام §(٤)يكتب (على فاتورة الخ.) أن القيمة قد دُفعت .

**receive** *(vt.)* (١)يتسلّم ؛ يستلم (٢)يتّسع لِ. (٣) يَستَقبِل ؛ يرحّب بِ (٤) يَلْقَى .

**receiver** *(n.)* (١)المُستلِم (٢)الحارس القضائي. (٣)المستقبِلة : جهاز راديو أو تلفزيون مستقبِل (٤) سماعة التلفون .

**recent** *(adj.)* (١) حديث (٢) جديد .

**recently** *(adv.)* حديثاً ؛ مؤخّراً .

**receptacle** *(n.)* وعاء ؛ إناء .

**reception** *(n.)* (١)استلام ؛ تلَقٍّ (٢)استقبال.

**receptive** *(adj.)* (١)متفتّح (٢) تقبّليّ .

**recess** *(n.)* (١) مُعْتَزَل (٢) .*pl*: أعماق. (٣) تثلُّم (٤) تجويف؛ فجوة (٥) عطلة.
**recession** *(n.)* تراجع؛ انسحاب؛ ارتداد.
**recessive** *(adj.)* مُرْتَدّ؛ منحسر.
**recipe** *(n.)* (١) وصفة طبيّة (٢) طريقة إجراء.
**recipient** *(n.)* المتسلّم؛ المتلقّي.
**reciprocal** *(adj.)* (١) متبادَل (٢) تبادُليّ.
**reciprocate** *(vt.; i.)* (١) يتبادل (٢) يردّ (المجاملة بمثلها) × (٣) يتردّد؛ يتأرجح.
**reciprocity** *(n.)* تبادليّة.
**recital** *(n.)* (١) تلاوة؛ إلقاء (٢) سَرْد؛ رواية. (٣) قصة؛ حكاية (٤) حفلة موسيقية.
**recitation** *(n.)* (١) تلاوة؛ إلقاء (٢) تسميع لدرس (٣) حصة تدريس.
**recite** *(vt.; i.)* (١) يتلو أو يُلقي (٢) يروي؛ يَسْرد (٣) يسمِّع (الطالبُ) درساً.
**reckless** *(adj.)* (١) طائش؛ متهور (٢) مُهْمِل.
**reckon** *(vt.; i.)* (١) يَعُدّ؛ يَحْسب؛ يقدّر. (٢) يعتبر (٣) يظنّ؛ يعتقد × (٤) يعتمد على.
**reclaim** *(vt.)* (١) يُصْلِح (٢) يستصلح (أرضاً).
**recline** *(vt.; i.)* (١) يحني × (٢) ينحني؛ يستلقي.
**recluse** *(n.)* الناسك؛ المتنسّك.
**recognition** *(n.)* (١) تمييز؛ تعرُّف (٢) إدراك. (٣) تقدير (٤) إقرار (٥) اعتراف (بحكومة أو دولة)
**recognizable** *(adj.)* ممكنٌ تمييزه أو إدراكه.
**recognize** *(vt.)* (١) يميز؛ يتعرّف؛ يعرف ثانية. (٢) يُدْرِك (٣) يقدّر (٤) يقرّ أو يسلّم بِـ (٥) يعترف (بحكومة أو دولة).
**recoil** *(vi.)* يرتدّ؛ يتراجع؛ ينكص.
**recollect** *(vt.; i.)* يَذْكُر؛ يتذكّر.
**recollection** *(n.)* تذكُّر؛ ذاكرة؛ ذِكْرى.
**recommend** *(vt.)* (١) يزكّي؛ يقدّم بتوصية. (٢) يفوّض (أمرَه) إلى؛ يعهد به إلى (٣) ينصح.
**recommendation** *(n.)* (١) تزكية؛ توصية. (٢) نصيحة (٣) حسنة؛ فضيلة؛ مَحْمَدَة.
**recompense** *(vt.; n.)* (١) يُجازي؛ يكافىء. (٢) يعوّض على § (٣) جزاء؛ مكافأة؛ تعويض.
**reconcile** *(vt.)* (١) يُصْلِح بين (٢) يُنهي خلافاً أو نزاعاً (٣) يوفّق بين (٤) يسترضي (٥) يَروض (نفسَهُ) على.
**recondite** *(adj.)* عميق؛ عويص؛ مُبْهَم.
**recondition** *(vt.)* يجدّد؛ يرمم؛ يُصْلِح.
**reconnaissance** *(n.)* استطلاع؛ استكشاف.
**reconnoiter** *(vt.)* يستطلع؛ يستكشف.
**reconsider** *(vt.; i.)* يعيد النظر في.
**reconstruct** *(vt.)* يبني أو ينظّم من جديد.
**record** *(vt.; n.)* (١) يدوّن؛ يسجّل. (٢) يسجّل صوتاً (على أسطوانة) § (٣) تسجيل (٤) مَحْضر (٥) سِجِلّ (٦) رقم قياسيّ (٧) أسطوانة فونوغرافية.
**recorder** *(n.)* (١) المسجِّل (٢) المُسجِّلة: جهاز تسجيل الصوت على شريط (٣) قاضٍ.
**recording** *(n.)* (١) تسجيل (٢) أسطوانة.
**recount** *(vt.)* (١) يروي؛ يَسْرد (٢) يُعَدِّد. (٣) يَعُدّ من جديد.
**recoup** *(vt.; i.)* يستردّ؛ يستعيد؛ يعوّض.
**recourse** *(n.)* (١) التجاء (٢) ملجأ؛ مَلاذ؛ سبيل.
to have ~ to يلجأ إلى.
**recover** *(vt.; i.)* (١) يستردّ × (٢) يَشْفَى.
**recovery** *(n.)* (١) استرداد (٢) إبلال؛ شفاء.
**recreant** *(adj.; n.)* جبان؛ رِعْديد.
**recreate** *(vt.)* يُنْعِش؛ يُجَدِّد النشاط
**re-create** *(vt.)* يبعث؛ يخلق من جديد.
**recreation** *(n.)* استجمام؛ وسيلة استجمام.
**recrimination** *(n.)* اتّهام مُضادّ.

**recruit** *(n.; vt.)* (١) مَدَد (٢) مجنَّد جديد. (٣) يُمِدّ جيشاً (بمجندين جُدُد) (٤) يجنِّد (٥) يجدِّد.

**rectangle** *(n.)* المستطيل (هندسة)

rectangle

**rectangular** *(adj.)* مستطيل الشكل.

**rectify** *(vt.)* (١) يصحّح (٢) يكرِّر التقطير.

**rectitude** *(n.)* استقامة؛ صحّة (في الرأي).

**rector** *(n.)* (١) قسّيس (٢) رئيس جامعة الخ.

**rectory** *(n.)* منصب القسّيس أو بيته.

**rectum** *(n.)* المستقيم؛ المعيُ المستقيم.

**recumbent** *(adj.)* مستلق؛ مضطجع؛ هاجع.

**recuperate** *(vt.; i.)* يستردّ؛ يتعافى؛ يعوِّض.

**recur** *(vi.)* (١) يرجع (٢) يعاود (٣) يتكرّر.

**recurrence** *(n.)* (١) التجاء (٢) عودة (٣) تكرار.

**recurrent** *(adj.)* متكرّر دورياً : متواتر.

**red** *(adj.)* (١) أحمر؛ حمراء (٢) محمرّ خجلاً.

**redbreast** *(n.)* أبو الحِنّاء: طائر أحمر الصَّدر.

**redcap** *(n.)* (١) حمّال (٢) شرطيّ (في الجيش).

**redcoat** *(n.)* جندي بريطانيّ.

**Red Cross** *(n.)* الصليب الأحمر.

**redden** *(vt.; i.)* (١) يحمِّر × (٢) يَحْمَرّ.

**reddish** *(adj.)* مُحْمَرّ؛ ضاربٌ إلى الحمرة.

**redeem** *(vt.)* (١) يستردّ (٢) يفتدي (٣) يحرِّر؛ يخلّص (٤) يُصْلِح (٥) يفكّ الرهن (٦) ينجز؛ يفي (٧) يعوِّض.

**redeemer** *(n.)* (١) المستردّ الخ. (٢) المخلِّص.

**redemption** *(n.)* (١) استرداد؛ افتداء؛ تخليص؛ إصلاح (٢) فكّ؛ وفاء؛ إنجاز.

**red-handed** *(adj.)* مضرّج اليد: متلبّس بجريمة.

**red-hot** *(adj.)* (١) متوهّج بالحرارة (٢) ملتهب.

**Red Indian** *(n.)* الهندي الأحمر.

**redolent** *(adj.)* (١) أرِجٌ؛ عَطِرٌ (٢) عابِق بِـ.

**redouble** *(vt.; i.)* يضاعف أو يتضاعف.

**redoubt** *(n.)* مَعْقِل؛ حِصْن.

**redoubtable** *(adj.)* (١) مروِّع (٢) مَهيب.

**redress** *(vt.; n.)* (١) يُصْلِح (٢) يعوِّض (٣) يُنصِف (٤) يثأر لِـ § (٥) إصلاح؛ تعويض الخ.

**reduce** *(vt.)* (١) يُنْقِص؛ يخفِّض؛ يقلِّل (٢) يختصر (٣) يحوِّل؛ يصيِّر (٤) يُخضِع؛ يَقْهَر (٥) يَجبر كسراً (٦) يُنزِل الدرجة أو الرتبة (٧) يختزل (٨) يسحق؛ يسحن.

**reduction** *(n.)* (١) إنْقاص؛ تخفيض؛ تحويل؛ اختزال الخ. (٢) نَقْص؛ انخفاض الخ.

**redundancy** *(n.)* (١) زيادة؛ وفرة (٢) إسهاب.

**redundant** *(adj.)* فائض؛ وافر؛ مُسْهَب.

**re-echo** *(vi.)* يُرْجِع الصَّدى.

**reed** *(n.)* (١) قَصَبٌ؛ قَصَبَةٌ (٢) مِزمار؛ قصبة.

**reedy** *(adj.)* كثير القَصَب؛ قَصَبيّ؛ مِزْماريّ.

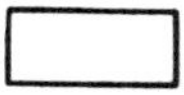

**reef** *(n.; vt.; i.)* (١)ثَنْية الشّراع (٢)الحَيْد البحري : سلسلة صخور قرب سطح الماء §(٣) يثني الشراع .

**reefer** *(n.)* سترة ضيّقة من قماش غليظ .

**reek** *(n.; vi.)* (١)دخان (٢)رائحة قويّة أو كريهة. §(٣) تفوح منه رائحة قويّة أو كريهة (٤)يتفصّد (العَرَقُ منه) (٥)يتضرّج (بالدم) .

**reel** *(n.; vt.; i.)* (١)بَكَرَة؛ مِكَبّ . (٢) مقدارٌ من شيء ملفوف على بكرة (٣)الريل : رقصة اسكتلنديّة §(٤) يلفّ على بكرة ×(٥) يدور؛ يلفّ (٦)يترنّح .

**re-elect** *(vt.)* يجدّد انتخاب (رئيس الخ.) .

**re-examine** *(vt.)* يفحص أو يستجوب ثانية.

**refection** *(n.)* طعام؛ وجبة طعام .

**refectory** *(n.)* حجرة الطعام (في دير أو كلية).

**refer** *(vt.; i.)* (١)يعزو (٢)يحيل ×(٣)يتّصل بِـ؛ ينطبق على (٤) يشير إلى (٥)يرجع إلى .

**referee** *(n.; vt.; i.)* (١)حَكَمٌ §(٢)يحكم بين

**reference** *(n.)* (١) مراجعة (٢) صلة؛ علاقة. (٣)اشارة؛ ذِكْر (٤)إحالة إلى فقرة أخرى أو كتاب آخر (٥) مَرْجِع .

**in *or* with ~ to** بشأن؛ بخصوص .

**referendum** *(n.)* مذكّرة .

**refill** *(vt.; n.)* (١)يملأ ثانية §(٢)عُبُوّة جديدة

**refine** *(vt.)* يكرّر؛ يُنَقّي؛ يهذّب؛ يصقل .

**refined** *(adj.)* (١)مكرّر؛ مُنَقّى (٢)مهذّب .

**refinement** *(n.)* (١)تَكْرير؛ تنقية (٢)صفاء؛ نقاء (٣)تهذيب؛ دماثة .

**refinery** *(n.)* مِصْفاة؛ معمل تكرير .

**refit** *(vt.)* يُصْلِح؛ يجدّد؛ يجهّز ثانيةً .

**reflect** *(vt.; i.)* (١)يَعْكِس ×(٢)ينعكس (٣) يفكّر ملياً في .

**reflection** *(n.)* (١)عكس؛ انعكاس (٢)حرارة أو صورة منعكسة (٣) تفكير؛ فكرة .

**reflective** *(adj.)* عاكسٌ؛ انعكاسيّ؛ تأمّلي.

**reflex** *(n.; adj.)* (١)الفعل المنعكس أو اللاإراديّ §(٢)مُنْحَنٍ (٣) لاإراديّ؛ منعكس .

**reflexive** *(adj.)* انعكاسيّ؛ مُرْتَدّ على نفسه.

**reforest** *(vt.)* يُعيد التحريج؛ يُحرج ثانيةً .

**reform** *(vt.; n.)* (١)يُصْلِح §(٢)إصْلاح.

**re-form** *(vt.)* يعيد التشكيل .

**reformation** *(n.)* إصلاح .

**reformatory** *(adj.; n.)* (١) إصلاحيّ . §(٢)إصلاحيّة؛ اصلاحية للأحداث .

**reformer** *(n.)* المُصْلِح .

**refract** *(vt.)* يَكسِر (شعاعَ الضوء) .

**refraction** *(n.)* الانكسار؛ انكسار الضوء .

**refractory** *(adj.)* (١)عنيد (٢)لا ينصهر .

**refrain** *(vi.; n.)* (١) يمسك أو يحجم عن. §(٢)اللازمة : عبارة تتكرّر في قصيدة أو أغنية.

**refresh** *(vt.)* (١) يُنْعِش (٣) يجدّد .

**refreshment** *(n.)* (١) إنعاش؛ انتعاش . (٢)شراب منعش (٣)*pl.* : طعام خفيف .

**refrigerate** *(vt.)* (١)يبرّد (٢) يُثلّج.

**refrigerator** *(n.)* الثلاّجة؛ البرّاد .

**refuge** *(n.)* ملجأ؛ ملاذ؛ مأمَن؛ مأوى .

**refugee** *(n.)* اللاجىء؛ اللائذ.

**refulgence** *(n.)* تألّق؛ لمعان

refrigerator

**refulgent** *(adj.)* متألق ؛ لامع ؛ برّاق .
**refund** *(vt.; n.)* (١) يعيد (مالاً) إلى شخص . §(٢) إعادة مال (٣) المبلغُ المُعاد .
**refusal** *(n.)* (١) رفضٌ (٢) حق الشُّفعة .
**refuse** *(vt.; i.; n.)* (١) يرفُضُ ؛ يأبى . (٢) يحرِم ؛ يمنع من (٣) يَحْرُن §(٤) نُفاية .
**refutable** *(adj.)* قابلٌ للدَّحْض .
**refutation** *(n.)* دَحْض ؛ تفنيد .
**refute** *(vt.)* يَدْحَضُ ؛ يُفنِّد .
**regain** *(vt.)* (١) يستردّ (٢) يَبلغ ثانيةً .
**regal** *(adj.)* (١) مَلَكيّ (٢) فخم .
**regale** *(vt.)* يُمتِّع ؛ يُبْهِج .
**regalia** *(n.pl)* شعارات ورموز المَلَكيّة (كالتاج) .
**regard** *(vt.; n.)* (١) يحترم ؛ يُجِلّ (٢) ينظر إلى ؛ يلاحظ (٣) يتعلق بـ ؛ يتّصل بـ (٤) يعتبر §(٥) نقطة (٦) نظرة (٧) احترام *pl.*(٨): تحيّات ؛ تمنّيات (٩) انتباه ؛ اهتمام .

in ~ to ; as ~ s في ما يتعلق بـ .

**regarding** *(prep.)* في ما يتّصل بـ .
**regardless** *(adj.)* غافِل ؛ مُهْمِل ؛ لامبالٍ .

~ of على الرغم من ؛ بصرف النظر عن .

**regatta** *(n.)* سباق زوارق .
**regency** *(n.)* الوصاية على العرش .
**regenerate** *(vt.; adj.)* (١) يجدِّد (٢) يُصْلِح . §(٣) مخلوقٌ من جديد (٤) مجدَّد .
**regeneration** *(n.)* تجديد ؛ تجدُّد ؛ انبعاث .
**regent** *(n.)* الوصيّ على العرش .
**regicide** *(n.)* (١) قاتل الملك (٢) قَتْلُ الملك .
**regime** *(n.)* (١) حِمية (٢) نظام (حكوميّ الخ .) .
**regimen** *(n.)* = regime.
**regiment** *(n.; vt.)* (١) فَوْج (من الجند) . §(٢) يشكّل الفَوج (٣) يضمّ إلى الفوج .
**regimentals** *(n.pl.)* ملابس عسكرية .
**region** *(n.)* (١) إقليم (٢) منطقة (٣) حقل .
**regional** *(adj.)* (١) إقليميّ ؛ منطقيّ (٢) محليّ .
**register** *(n.; vt.; i.)* (١) سِجِلّ (٢) القدرة الصوتية (لإنسان أو آلة موسيقية) (٣) جهاز التحكّم في دخول الهواء (إلى الوقود) (٤) عدّاد (أوتوماتيكي) §(٥) يدوِّن ؛ يسجِّل (٦) يشير إلى (٧) يسجِّل (بالبريد المضمون) (٨) يعبر عن ×(٨) يتسجّل .
**registered** *(adj.)* (١) مُسَجَّل (٢) مضمون .
**registrar** *(n.)* المُسجِّل ؛ أمين السّجلّ .
**registration** *(n.)* تسجيل .
**registry** *(n.)* (١) تسجيل (٢) مكتب تسجيل .
**regress** *(n.; vi.)* (١) ارتداد §(٢) ينكص ؛ يرتد .
**regression** *(n.)* (١) ارتداد (٢) انحسار .
**regret** *(vt.; n.)* (١) يأسف §(٢) أسَف أو اعتذار
**regretful** *(adj.)* آسف ؛ نادم ؛ مفعمٌ بالندم .
**regular** *(adj.; n.)* (١) نظاميّ (٢) قانونيّ (٣) منتظم (٤) منظَّم (٥) دائم (٦) مألوف (٧) متناسق (٨) قياسيّ §(٩) جندي نظامي .
**regularity** *(n.)* النظاميّة ؛ القياسيّة ؛ الانتظام .
**regularly** *(adv.)* على نحو نظاميّ أو قياسيّ الخ .
**regulate** *(vt.)* ينظِّم ؛ يضبط ؛ يعدِّل .
**regulation** *(n.)* (١) تنظيم ؛ انتظام (٢) نظام .
**regulator** *(n.)* (١) المنظِّم (٢) أداة تنظيم .
**rehabilitate** *(vt.)* (١) يُصلِح (٢) يردّ الاعتبار (٣) يعيد التأهيل .
**rehearsal** *(n.)* تمرين ؛ تجربة ؛ بروفه (لحفلة عامة)
**rehearse** *(vt.; i.)* يدرّب أو يتدرّب (على التمثيل)
**reign** *(n.; vi.)* (١) حُكم §(٢) يحكم ؛ يملك .
**reimburse** *(vt.)* يردّ أو يعيد إلى ؛ يعوِّض .
**rein** *(n.; vt.; i.)* (١) عِنان ؛ زمام §(٢) يكبح .

to give ~ to يُطلق العنان لـ ..

rei 395 rel

**reincarnation** *(n.)* تناسُخ ؛ تقمُّص .

**reindeer** *(n.)* الرَّنَّة : نوع من الأيائل .

reindeer

**reinforce** *(vt.)* (١) يقوّي (٢) يدعم (٣) يعزز .

**reinforcement** *(n.)* (١) تقوية ؛ تعزيز (٢) *pl.* : أمداد عسكريّة .

**reinstate** *(vt.)* يعيد (إلى مركز سابق) .

**reiterate** *(vt.)* يكرر (قولَ شيء أو صنعَه) .

**reject** *(vt.)* (١) يرفض (٢) يطّرح ؛ ينبذ .

**rejection** *(n.)* رَفْض ؛ نَبْذ .

**rejoice** *(vt.; i.)* (١) يُبْهِج ×(٢) يبتهج .

**rejoicing** *(n.)* ابتهاج ؛ فرح : مَرَحٌ صاخب .

**rejoin** *(vt.; i.)* (١) ينضم ثانيةً إلى (٢) يضم ثانيةً (٣) يجيب ×(٤) يردّ على أقوال المدّعي .

**rejoinder** *(n.)* (١) ردّ المدّعي عليه (٢) ردّ .

**rejuvenate** *(vt.)* يجدّد ؛ يعيد الشباب إلى .

**rekindle** *(vt.; i.)* يُضْرِم أو يضطرم من جديد .

**relapse** *(vi.; n.)* (١) ينتكس (٢) يرتدّ §(٣) انتكاس (٤) ارتداد .

**relate** *(vt.; i.)* (١) يروي ؛ يَقُصّ (٢) يربط ذهنياً بين ×(٣) يتّصل بـ ؛ يَخُصّ .

**relation** *(n.)* (١) رواية ؛ قَصّ (٢) علاقة ؛ صلة . (٣) القريب ؛ النسيب (٤) قرابة .

in *or* with ~ to في ما يتعلق بـ .

**relationship** *(n.)* (١) صلة ؛ علاقة (٢) قرابة .

**relative** *(n.; adj.)* (١) الاسم الموصول (٢) القريب ؛ النسيب §(٣) موصول (٤) ذو صلة بـ (٥) نسبيّ (٦) متناسب .

**relatively** *(adv.)* (١) نسبياً (٢) بالقياس إلى .

**relativity** *(n.)* النِّسْبِيّة .

**relax** *(vt.; i.)* (١) يُرْخي (٢) يخفّف ؛ يلطّف ×(٣) يتراخى (٤) يسترخي (٥) يحرّر من الإمساك .

**relaxation** *(n.)* (١) إرخاء (٢) تراخٍ (٣) استرخاء ؛ استجمام (٤) تسلية .

**relay** *(n.)* الأبْدال : أفراسٌ أو جماعات مُعَدّةٌ سلفاً لإراحة أفراس أو جماعات أخرى .

**release** *(vt.; n.)* (١) يُطْلِق ؛ يُعْتِق ؛ يحرر (٢) يتخلّى عن §(٣) إطلاق ؛ إعتاق ؛ تحرير (٤) تخلٍّ عن (٥) إذن بالنَّشْر (٦) بيان مُعَدّ للنشر في الصحف .

**relegate** *(vt.)* (١) يَنفي ؛ يُبعد (٢) يُنْزِل إلى مرتبة دنيا (٣) يُحيل (أمراً إلى شخص آخر) .

**relent** *(vi.)* يَرِقّ ؛ يلين .

**relentless** *(adj.)* قاسٍ ؛ عديم الشفقة ؛ لا يلين .

**relevance** *(n.)* وثاقة الصلة بالموضوع .

**relevant** *(adj.)* مناسب ؛ وثيق الصلة بالموضوع .

**reliability** *(n.)* العِوَل ؛ الموثوقيّة .

**reliable** *(adj.)* ثِقَة ؛ موثوق ؛ يعوَّل عليه .

**reliance** *(n.)* تعويل ؛ اعتماد ؛ ثقة ؛ اتكال .

**reliant** *(adj.)* واثق ؛ مُعَوِّل ؛ مُتَّكِل .

**relic** *(n.)* (١) ذخيرة ؛ أثر مقدّس (٢) تذكار . (٣) *pl.* : خرائب ؛ آثار .

**relief** *(n.)* (١) فَرَج ؛ راحة (٢) إسعاف ؛ إعانة . (٣) نجدة (٤) إراحة (٥) نقش نافر أو بارز (٦) بروز ؛ جلاء (٧) تضاريس الأرض .

in ~, (١) على نحو نافر أو بارز (٢) بجلاء ؛ ببروز

**relieve** *(vt.)* (١) يريح (٢) يحرِّر ؛ يخلّص . (٣) يلطّف ؛ يسكّن (٤) يُنْجِد ؛ يُسعف .

**religion** *(n.)* (١) دِين (٢) تَرَهُّب .

**religious** *(adj.; n.)* (١) دينيّ (٢) تَقِيّ . (٣) شديد حتى الافراط §(٤) راهب ؛ راهبة .

**relinquish** *(vt.)* يتخلّى عن؛ يهجر.
**relish** *(n.; vt.)* (١) نكهة (٢) استمتاع؛ تلذّذ. (٣) مَيْل (٤) المُقبِّل: طعام «يفتح» الشهية §(٥) يستمتع بـ (٦) يستطيب؛ يستسيغ.
**reluctance** *(n.)* (١) مقاومة (٢) كُرْه؛ نفور.
**reluctant** *(adj.)* (١) مقاوِم (٢) كارِه.
**reluctantly** *(adv.)* على كره؛ على مَضَض.
**rely** *(vi.)* (١) يثق بـ (٢) يعوّل أو يتكل على.
**remain** *(vi.; n.)* (١) يَبقى §(٢) *pl.*: بقايا؛ جثة.
**remainder** *(n.)* (١) بقيّة (٢) الباقي.
**remand** *(vt.)* يعيد إلى السجن.
**remark** *(vt.; i.; n.)* (١) يلاحظ §(٢) ملاحظة.
**remarkable** *(adj.)* رائع؛ استثنائي.
**remarry** *(vt.)* يتزوّج ثانيةً.
**remediable** *(adj.)* قابل للمعالجة أو المداواة.
**remedial** *(adj.)* (١) عِلاجيّ (٢) شافٍ.
**remedy** *(n.; vt.)* (١) علاج §(٢) يعالج.
**remember** *(vt.; i.)* يَذْكُر؛ يتذكّر.
**remembrance** *(n.)* (١) تذكُّر (٢) ذاكرة. (٣) ذكرى (٤) تذكار (٥) *pl.*: تحيّات.
**remind** *(vt.)* يُذكِّر؛ يُنبِّه.
**reminder** *(n.)* (١) المذكِّر (٢) رسالة تذكير.
**reminiscence** *(n.)* (١) تذكُّر (٢) كلّ ما يذكّر المرء بشيء (٣) *pl.*: ذكريات.
**reminiscent** *(adj.)* مذكِّر بـ.
**remiss** *(adj.)* مُهْمِل؛ كَسُول.
**remission** *(n.)* غُفْران؛ صَفْح الخ.
**remit** *(vt.)* (١) يَغْفِر؛ يصفح عن (٢) يلغي. (٣) يخفّف (٤) يحيل أو يحوّل.
**remnant** *(n.)* (١) بقيّة؛ أثارة §(٢) باقٍ.
**remonstrance** *(n.)* احتجاج؛ اعتراض.
**remonstrant** *(adj.; n.)* محتجّ؛ مُعترِض.
**remonstrate** *(vt.; i.)* يحتجّ أو يعترض على.
**remorse** *(n.)* ندمٌ؛ ندامة.
**remorseful** *(adj.)* متّسِمٌ بالندم.
**remorseless** *(adj.)* قاسٍ؛ وحشيّ؛ لا يرحم.
**remote** *(adj.)* (١) بعيد؛ ناءٍ (٢) ضئيل؛ قليل.
**removable** *(adj.)* قابلٌ للنقل أو النزع أو الإزالة.
**removal** *(n.)* نَقْل؛ انتقال؛ طَرْد؛ إزالة.
**remove** *(vt.; i.)* (١) ينقل (٢) يطرد (٣) يُزيل. (٤) يَقْتُل ×(٥) ينتقل (٦) يرحل.
**remunerate** *(vt.)* يكافيء؛ يعوّض.
**remuneration** *(n.)* مكافأة؛ تعويض.
**remunerative** *(adj.)* مُكافِىء؛ مُرْبِح.
**renaissance** *(n.)* (١) انبعاث (٢) نهضة.
**renal** *(adj.)* كُلْوِيّ: ذو علاقة بالكُلْيَتَيْن.
**renascence** *(n.)* = renaissance.
**rend** *(vt.)* (١) ينتزع بعنف (٢) يمزّق؛ يشقّ.
**render** *(vt.)* (١) يذيب (٢) ينقل؛ يسلِّم. (٣) يتخلّى عن (٤) يقدِّم؛ يُصْدِر (٥) يجعل؛ يصيِّر (٦) يمثّل؛ يعزف؛ يغنّي؛ يترجم.
**rendezvous** *(n.)* (١) ملتقى (٢) موعد.
**renegade** *(n.)* المُرْتَدّ؛ الخارج (على حزبٍ).
**renew** *(vt.)* (١) يُجَدِّد (٢) يُكرِّر؛ يُعيد.
**renewal** *(n.)* (١) تجديد (٢) تجدُّد.
**renominate** *(vt.)* يرشّح ثانية أو من جديد.
**renounce** *(vt.; i.)* يُنكِر؛ يتخلّى عن؛ يتبرأ من.
**renovate** *(vt.)* (١) يحيي (٢) يجدّد؛ يُصلِح.
**renown** *(n.)* شُهْرَة.
**renowned** *(adj.)* شهير؛ مشهور؛ معروف.
**rent** *(n.; vt.)* (١) إيجار (٢) رَيْع (٣) شَقّ؛ مِزْق (٤) انشقاق §(٥) يستأجر (٦) يؤجِّر.

for ~, للإيجار؛ برسم الإيجار

**rent** *past and past part. of* rend.
**rental** *(n.; adj.)* (١) إيجار §(٢) تأجيري.
**renunciation** *(n.;)* تَخَلٍّ؛ نكرانٌ للذات.

**reopen** *(vt.; i.)* (١) يفتح ثانيةً (٢) يستأنف.
**reorganization** *(n.)* إعادة تنظيم.
**repair** *(vt.; i.; n.)* (١) يُصلِح؛ يرمّم؛ يجدّد. ×(٢) يذهب §(٣) إصلاح؛ ترميم الخ.
**repairable** *(adj.)* قابلٌ للاصلاح أو الترميم.
**reparation** *(n.)* (١) إصلاح (٢) تعويض.
**repartee** *(n.)* (١) جواب سريع أو بارع. (٢) حضور البديهة؛ براعة الإجابة.
**repast** *(n.)* (١) طعام (٢) وَجْبَة؛ وَقْعَة.
**repay** *(vt.)* (١) يَفي (٢) يردّ (٣) يكافىء.
**repeal** *(vt.; n.)* (١) يلغي؛ يُبْطِل §(٢) إلغاء.
**repeat** *(vt.)* يردِّد؛ يكرِّر؛ يعيد.
**repeatedly** *(adv.)* تكراراً؛ مرةً بعد مرة.
**repel** *(vt.)* يردّ؛ يَصُدّ؛ يرفض؛ يطرد؛ ينفّر.
**repellent** *(adj.)* صادّ؛ طاردٌ؛ مُنفِّر؛ كريه.
**repent** *(vi.; t.)* يتوب؛ يندم؛ يتأسف.
**repentance** *(n.)* توبة؛ ندَم؛ تأسُّف.
**repercussion** *(n.)* (١) ارتداد (٢) صَدَى.
**repetition** *(n.)* تكرار؛ إعادة.
**repine** *(vi.)* يشكو؛ يتذمَّر؛ يتبرَّم.
**replace** *(vt.)* (١) يعيد؛ يُرجِع (٢) يحلّ محلّ. (٣) يستبدل.
**replenish** *(vt.)* (١) يملأ ثانية (٢) يستكمل.
**replete** *(adj.)* (١) مُفْعَم (٢) مُتْخَم.
**repletion** *(n.)* (١) تخمة (٢) امتلاء؛ اكتظاظ.
**reply** *(vi.; t.; n.)* (١) يُجيب §(٢) جواب.
**report** *(n.; vt.; i.)* (١) إشاعة (٢) شهرة (٣) بيان. (٤) تقرير (٥) دويّ §(٦) يَروي (٧) ينقل (٨) يراسل (٩) يقدّم تقريراً (١٠) يُخبر؛ يبلغ عن ×(١١) يَحضُر؛ يُثبت وجوده.
**reportage** *(n.)* الريبورتاج: التحقيق الصحفي.
**reporter** *(n.)* المُخْبِر؛ المراسل الصحفي.
**repose** *(vt.; i.; n.)* (١) يضع (٢) يُريح. ×(٣) يرقد (٤) يستريح §(٥) رقاد؛ راحة؛ هدوء.
**repository** *(n.)* مَخزَن؛ مُستَوْدَع.
**repossess** *(vt.)* يسترجع؛ يستردّ.
**reprehend** *(vt.)* (١) يوبّخ (٢) يَشْجُب.
**reprehensible** *(adj.)* مستحقّ التوبيخ الخ.
**reprehension** *(n.)* (١) توبيخ (٢) شَجْب.
**represent** *(vt.)* (١) يمثّل (٢) يعلن أو يزعم أنه (٣) يوضح؛ يَشْرَح.
**representation** *(n.)* (١) تمثيل (٢) صورة؛ تمثال (٣) .*pl*: مزاعم (٤) احتجاج؛ شكوى.
**representative** *(adj.; n.)* (١) تمثيليّ؛ نيابيّ. (٢) ممثِّل لـ (٣) نموذجيّ §(٤) الممثِّل؛ النائب؛ المندوب.
**repress** *(vt.)* يكبح؛ يكبت؛ يقمع؛ يُخضع.
**repression** *(n.)* كبح؛ كبت؛ قمع؛ إخضاع.
**reprieve** *(vt.)* يرجىء (تنفيذَ حكم بالاعدام الخ)
**reprimand** *(n.; vt.)* (١) تأنيب §(٢) يؤنّب.
**reprint** *(vt.; n.)* (١) يعيد الطبع §(٢) طبعة ثانية
**reprisal** *(n.)* انتقام؛ أخذ بالثأر.
**reproach** *(vt.; n.)* (١) يلوم (٢) يوبّخ. (٣) يعيب §(٤) لوم (٥) توبيخ (٦) عار.
**reprobate** *(vt.; n.)* (١) يشجب؛ يستنكر. (٢) يرفض §(٣) شخص فاسد أو شرير.
**reproduce** *(vt.; i.)* (١) يُوجِد ثانيةً. (٢) يستخرج نسخةً عن ×(٣) يتناسل؛ يتوالد.
**reproduction** *(n.)* (١) تناسُل؛ توالدٌ؛ تكاثرٌ. (٢) نسخة طبق الأصل.
**reproof** *(n.)* توبيخ؛ تأنيب.
**reprove** *(vt.)* (١) يوبّخ؛ يؤنِّب (٢) يستنكر.
**reptant** *(adj.)* (١) زاحف (٢) متسلّق؛ معترش.
**reptile** *(n.)* الزاحف؛ الزحّاف (من الحيوان).

**republic** *(n.)* جمهورية .
**republican** *(adj.; n.)* جمهوريّ .
**republish** *(vt.)* يعيد النشر ؛ ينشر من جديد.
**repudiate** *(vt.)* (١) يطلّق (٢) يتبرّأ من . (٣) ينكِر (٤) يرفض الاعتراف (بالدَّين) .
**repugnance** *(n.)* مقت ؛ كره ؛ اشمئزاز.
**repugnant** *(adj.)* بغيض ؛ كريه .
**repulse** *(vt.; n.)* (١)يردّ ؛ يصدّ (٢)يُخيّب. §(٣) ردّ ؛ صدّ ؛ رفض (٤)تخييب ؛ خيبة.
**repulsion** *(n.)* (١)صدّ (٢)مَقْت ؛ اشمئزاز.
**repulsive** *(adj.)* كريه ؛ بغيض ؛ مثير للاشمئزاز.
**reputable** *(adj.)* حَسَن السمعة ؛ محترَم .
**reputation** *(n.)* سُمعة ؛ سمعة حسنة ؛ شهرة.
**repute** *(vt.; n.)* (١)يعتبر ؛ يعدّ §(٢)سمعة.
**request** *(n.; vt.)* (١)سؤال ؛ طلب (٢)مَطلَب §(٣) يسأل ؛ يطلب (٤) يرجو ؛ يلتمس .
**requiem** *(n.)* قدّاس لراحة نفس الميت .
**require** *(vt.)* يطلب ؛ يتطلّب ؛ يفرض ؛ يقضي .
**requirement** *(n.)* حاجة ؛ مَطلَب ؛ مُتَطَلَّب
**requisite** *(adj.; n.)* (١)أساسيّ §(٢)مستلزَم.
**requisition** *(n.; vt.)* (١) طَلَب (٢) طلب تسليم المُجرمين (٢)مُصادَرَة (٣)مُتطلَّب §(٤) يطلب (٥) يصادر .
**requital** *(n.)* (١)جزاء (٢)انتقام (٣)عِوَض.
**requite** *(vt.)* (١)يُقابل (٢)يثأر لـ (٢)يجازي ؛ يكافىء (٣) يعوّض عن ؛ يُنسي .
**rescind** *(vt.)* يلغي ؛ يُبطل ؛ ينقض .
**rescript** *(n.)* قرار ؛ مرسوم ؛ بلاغ .
**rescue** *(vt.; n.)* (١)يُنقذ (٢)يحرر §(٣)إنقاذ.
**research** *(n.; vi.)* (١) بحث ؛ بحث علمي . §(٢)يبحث ؛ يقوم ببحث علمي .
**resemblance** *(n.)* (١)شَبَه (٢) صورة .
**resemble** *(vt.)* يُشْبِه ؛ يُشابه .
**resent** *(vt.)* يمتعض ؛ يستاء .
**resentful** *(adj.)* ممتعض ؛ سريع الامتعاض.
**resentment** *(n.)* امتعاض ؛ استياء ؛ غيظ .
**reservation** *(n.)* (١) تحفُّظ ؛ احتياط . (٢)حَجْز (٣) غرفة تُحْجَز (في فندق) .
**reserve** *(vt.; n.)* (١) يدّخر (للمستقبل) . (٢)يحجز §(٣)ادّخار (٤)ذخيرة ؛ مُدَّخَر (٥) احتياطيّ (٦) تحفُّظ ؛ احتياط ؛ تكتُّم .
**reserved** *(adj.)* (١) متحفِّظ (٢) مُدَّخَر للمستقبل (٣) محجوز .
**reservoir** *(n.)* (١)خزّان (٢) ذخيرة .
**reset** *(vt.;n.)* (١)يعيدالتنضيد§(٢)إعادةتنضيد
**reside** *(vi.)* (١)يقيم ؛ يسكن (٢)يَكْمُن.
**residence** *(n.)* (١)إقامة (٢)مقرّ (٣)بيت.
**residency** *(n.)* (١)مقرّ (٢) دار المندوب السامي .
**resident** *(adj.; n.)* (١)مقيم §(٢)المقيم .
**residential** *(adj.)* (١)داخليّ (٢)سَكَنِيّ.
**residual;-uary** *(adj.)* متبَقٍّ ؛ متخلِّف .
**residue** *(n.)* المتخلِّف ؛ الفَضلة ؛ البقيّة .
**resign** *(vt.;i.)* (١)يتخلّى عن (٢)يستسلم لِ. (٣)يرَوِّض نفسه على ×(٤)يستقيل (٥)يذعن
**resignation** *(n.)* استقالة .
**resilience** *(n.)* (١) الرَّجوعيّة : قدرة الجسم المطوط على استعادة حجمه أو شكله (٢)المرونة.
**resilient** *(adj.)* رَجوع أو مَرِن .
**resin** *(n.)* الرّاتينَج : مادة صمغية.
**resist** *(vt.; i.)* يقاوِم .
**resistance** *(n.)* مقاومة .
**resistant** *(adj.; n.)* (١)مقاوِم §(٢)المقاوِم.
**resistless** *(adj.)* (١)لايقاوَم (٢)عديم المقاومة.
**resolute** *(adj.)* مصمم ؛ موطّد العزم .
**resolution** *(n.)* (١) تصميم (على أمر) . (٢) ثبات (٣) قرار .

**resolve** *(vt.; n.)* (١) يحلّ (٢) يبدّد (٣) يعتزم؛ يقرِّر (٤) يحوِّل § (٥) قرار (٦) تصميم .
**resolved** *(adj.)* مصمم؛ عازم؛ موطَّد العزم .
**resonance** *(n.)* رنين .
**resonant** *(adj.)* (١) رنّان (٢) مرجِّع للصدى .
**resort** *(n.; vi.)* (١) مَلاذ ؛ مُلْتَجأ . (٢) مُنتَجَع § (٣) يتردّد على (٤) يلجأ .

health ~, مُنتَجَعٌ صحّيّ .
last ~, السَّهْم الأخير ؛ المحاولة الأخيرة .
summer ~, مَصِيف .

**resound** *(vi.)* (١) يُدَوِّي (٢) يضجّ بـ .
**resource** *(n.)* (١) مَورد (٢) تسلية (٣) دهاء .
**resourceful** *(adj.)* داهية؛ واسع الحيلة .
**respect** *(n.; vt.)* (١) صلة (٢) احترام (٣) نقطة؛ وجه § (٤) يحترم (٥) يتعلق بـ؛ يتصل بـ .

in ~ of *or* to في ما يتعلّق بـ .

**respectability** *(n.)* المُحتَرَميّة : كون الشيء محترَماً أو جديراً بالاحترام .
**respectable** *(adj.)* (١) محترَم (٢) مهذّب .
**respectful** *(adj.)* متّسِمٌ بالاحترام .
**respecting** *(prep.)* في ما يتعلّق بـ؛ بخصوص .
**respective** *(adj.)* خاصّ بكلٍّ ؛ شخصيّ .
**respectively** *(adv.)* على التعاقب؛ على التوالي .
**respiration** *(n.)* تنفُّس .
**respirator** *(n.)* كِمامة؛ قناع .
**respiratory system** *(n.)* الجهاز التنفسيّ .
**respite** *(n.)* (١) إرجاء ؛ تأجيل (٢) فترة راحة .
**resplendence; -dency** *(n.)* تألّق ؛ لمعان .
**resplendent** *(adj.)* متألّق ؛ لامع .
**respond** *(vi.; t.)* (١) يجيب (٢) يستجيب .
**response** *(n.)* (١) إجابة (٢) استجابة .
**responsibility** *(n.)* مسؤوليّة ؛ تَبَعيّة .
**responsible** *(adj.)* مسؤول .
**responsive** *(adj.)* مجيب؛ مستجيب؛ حسّاس .
**rest** *(n.; vi.; t.)* (١) نوم (٢) استراحة (٣) راحة (٤) سكون (٥) مُتَّكَأ؛ مَسْنِد (٦) بقيّة سائر § (٧) يرقد (٨) يستريح (٩) يهدأ (١٠) يستند (١١) يرتكز على (١٢) يبقى؛ يظلّ × (١٣) يُريح؛ يُسنِد (١٤) يثبّت .

at ~, (١) نائم (٢) ساكن ؛ غير متحرّك (٣) مرتاح (٤) ميْت .

to lay to ~, يَدْفِن .

**restaurant** *(n.)* مَطْعَم .
**restful** *(adj.)* (١) مُريح (٢) هادئ .
**restitution** *(n.)* (١) إعادة؛ عودة (٢) تعويض .
**restive** *(adj.)* (١) حَرُون؛ شَموس (٢) ضَجِر .
**restless** *(adj.)* (١) ضَجِر؛ متململ (٢) قلِق؛ أرِق (٣) متواصل (٤) لا يهدأ (٥) مستاء .
**restoration** *(n.)* (١) إعادة ؛ استعادة . (٢) تجديد ؛ ترميم (٣) شفاء .
**restorative** *(adj.)* مُعيد؛ مُحْيٍ ؛ مجدِّد .
**restore** *(vt.)* (١) يعيد (٢) يجدِّد؛ يرمِّم .
**restrain** *(vt.)* يكبح ؛ يقيِّد .
**restraint** *(n.)* (١) كَبْح (٢) تقييد (٣) قيد .
**restrict** *(vt.)* يُقيِّد؛ يَحصُر؛ يَقْصُر على .
**restriction** *(n.)* قَيْد؛ تقييد؛ حَصْر .
**result** *(vi.; n.)* (١) ينتج عن (٢) يؤدّي الى . § (٣) نتيجة .
**resultant** *(adj.; n.)* (١) ناتج § (٢) نتيجة .
**resume** *(vt.; i.)* (١) يستردّ (٢) يستأنف .
**résumé** *(n.)* مُجْمَل ؛ خلاصة .
**resumption** *(n.)* استرداد؛ عودة ؛ استئناف .
**resurrect** *(vt.)* (١) يبعث؛ يُحيي (٢) ينبش .
**resurrection** *(n.)* (١) بَعْث (٢) انبعاث .

**resuscitate** *(vt.; i.)* (١) يُنعِش × (٢) ينتعش.

**retail** *(vt.; i.; n.; adj.)* (١) يبيع بالتجزئة (٢) يروي؛ يسرد § (٣) بيعٌ بالتجزئة § (٤) تجزِئيّ.

**retain** *(vt.)* (١) يحتفظ بِـ (٢) يحتجز (٣) يوكّل محامياً (بدفع مقدَّم الأتعاب).

**retainer** *(n.)* (١) التوكيل: توكيل المرء محامياً. (٢) مقدَّم أتعاب المحامي (٣) خادم؛ تابع.

**retaliate** *(vi.)* يثأر؛ ينتقم.

**retaliation** *(n.)* ثأر؛ انتقام.

**retard** *(vt.)* يَعُوْق؛ يؤخّر؛ يثبّط.

**retention** *(n.)* (١) احتفاظ (٢) احتباس.

**retentive** *(adj.)* محتفِظ؛ محتجِز.

**reticence** *(n.)* قلّة كلام؛ تكتّم؛ تحفّظ.

**reticent** *(adj.)* قليل الكلام؛ متكتّم؛ مُتحفّظ.

**retina** *(n.)* pl. **-s** *or* **-e** شبكيّة (العين).

**retinue** *(n.)* الحاشية: بطانة الأمير أو الملك.

**retire** *(vi.; t.)* (١) ينسحب (٢) يتقاعد (٣) يأوي إلى فراشه § (٤) يسحب (٥) يُحيل إلى التقاعد.

**retired** *(adj.)* (١) منعزل (٢) متقاعد؛ تقاعديّ.

**retirement** *(n.)* انسحاب؛ تقاعد الخ.

**retiring** *(adj.)* (١) متراجع (٢) خجول.

**retort** *(vt.; n.)* (١) يردّ على الشيء بمثله (٢) يجيب § (٣) ردّ سريع (٤) المُعْوَجَّة.

retorts

**retouch** *(vt.)* يهذّب؛ ينقّح؛ «يُرَوْتِش».

**retrace** *(vt.)* (١) يرجع من حيث أتى (٢) يستعيد (أحداثاً ماضية) في الذهن أو الذاكرة.

**retract** *(vt.)* (١) يَسْحَب (٢) يتراجع عن.

**retraction** *(n.)* (١) سَحْب (٢) انسحاب.

**retreat** *(n.; vi.)* (١) انسحاب؛ تراجع. (٢) مُعتزَل؛ مُلْتَجأ (٣) مأوى § (٤) ينسحب؛ يتراجع.

**retrench** *(vt.; i.)* يُنقِص؛ يُخفِّض (النفقات).

**retrial** *(n.)* (١) محاكمة ثانية (٢) تجربة ثانية.

**retribution** *(n.)* جزاء؛ عقوبة.

**retrieve** *(vt.)* (١) يكتشف (الكلبُ) طريدةً مقتولةً أو مجروحةً (٢) يستردّ (٣) يُنقذ.

**retrograde** *(adj.; vi.)* (١) تراجعيّ؛ تقهقريّ. (٢) انتكاسيّ؛ منتكس (٣) مُتَراجِع § (٤) يتراجع أو ينحطّ.

**retrogression** *(n.)* تراجُع؛ تقهقُر؛ انحطاط.

**retrospect** *(n.)* استعادة الأحداث الماضية والتأمّل فيها.

**return** *(vi.; t.; n.)* (١) يعود؛ يرجع (٢) يجيب. × (٣) يرفع تقريراً إلى (٤) ينتخب (٥) يُعيد؛ يُرجع (٦) يغلّ (٧) يقابل شيئاً بمثله § (٨) عودة؛ إعادة (٩) تقرير رسميّ (١٠) ربح (١١) *pl.*: عائدات (١٢) *pl.*: مرتجعات.

in ~, مقابل كذا.

**reunion** *(n.)* (١) إعادة توحيد (٢) اتحاد من جديد. (٣) اجتماع الشمل (٤) لقاء عائلي.

**revalue** *(vt.)* يُعيد التقييم أو التثمين.

**revamp** *(vt.)* (١) يجدّد (فرعة الحذاء) (٢) ينقّح.

**reveal** *(vt.)* (١) يبوح بـ؛ يفشي (سرّاً) (٢) يُظهِر.

**reveille** *(n.)* تبويق الإيقاظ (عِند الفجر).

**revel** *(vi.; n.)* (١) يجد متعة بالغة بـ (٢) يقصف؛ يمرح بصَخَب § (٣) قَصْف؛ مرحٌ صاخب.

**revelation** *(n.)* (١) وَحْي (٢) بَوْح؛ إفشاء.

**revelry** *(n.)* قَصْف؛ عربدة؛ مَرَحٌ صاخب.

**revenge** *(vt.; n.)* (١) يثأر؛ ينتقم § (٢) ثأر.

**revengeful** *(adj.)* حقود؛ نزّاع إلى الانتقام.

**revenue** *(n.)* رَيْع؛ دَخْل.

**reverberate** *(vt.; i.)* (١) يردّ؛ يعكس؛ يرجّع × (٢) يرتدّ؛ ينعكس (٣) يتردّد؛ يدوّي.

**revere** *(vt.)* يبجّل؛ يوقّر.

**reverence** *(n.; vt.)* (١)تبجيل §(٢)يبجّل.
**reverend** *(adj.)* مبجّل ؛ موقّر.
**reverent** *(adj.)* مُبَجِّل ؛ مُوَقِّر.
**reverie** *(n.)* (١) حُلْمُ يَقَظَة (٢) تأمُّل ؛ استغراق في التفكير الحالم.
**revers** *(n.)* طيّة صدر السّترة.
**reversal** *(n.)* (١)إبطال (٢) قلبٌ ؛ انقلاب.
**reverse** *(adj.; vt.; n.)* (١)عكسيّ أو معكوس (٢)ارتداديّ §(٣)يعكس ؛ يقلب (٤)يُبطل §(٥)العكس ؛ النقيض (٦)عكس ؛ قَلْب (٧)نكسة (٨)الظَّهْر ؛ القفا (٩)حركة عكسيّة.
**reversible** *(adj.)* يُقْلَب ؛ يُعْكَس.
**reversion** *(n.)* (١)عَوْدة المِلْك أو الحقّ الى صاحبه (٢) ارتداد ؛ عودة إلى الأصل.
**revert** *(vi.)* (١) يعود ؛ يرجع (٢) يرتدّ.
**revery** *(n.)* = reverie.
**review** *(n.; vt.)* (١)استعراض عسكريّ (٢)نظرة عامة (٣)إعادة نظر (٤)نقد ؛ مراجعة (لكتاب أو مسرحيّة) (٥)مجلة نقديّة §(٦)يعيد النظر في (٧)يَنْقُد (٨)يستعرض الجند.
**revile** *(vt.; i.)* يَسُبّ ؛ يشتُم ؛ يلعن.
**revise** *(vt.)* (١) يعدّل ؛ يغيّر (٢)ينقّح.
**revision** *(n.)* (١) تنقيح (٢)نسخة منقّحة.
**revival** *(n.)* (١) إحياء (٢)انبعاث ؛ نهضة.
**revive** *(vi.; t.)* (١) ينتعش ×(٢) يُحيي ؛ يُنْعِش ؛ ينشّط.
**revoke** *(vt.)* يسحب ؛ يلغي ؛ يُبْطِل.
**revolt** *(vi.; t.; n.)* (١) يثور (٢) يشمئزّ ×(٣)يُغثّي ؛ يقزّز النفس §(٤) ثورة.
**revolting** *(adj.)* (١)ثائر (٢)مقزّز للنفس.
**revolution** *(n.)* (١)دوران ؛ دورة (٢)ثورة.
**revolutionary** *(adj.; n.)* ثَوْرِيّ.
**revolutionist** *(n.)* الثائر ؛ الثوريّ.
**revolutionize** *(vt.)* (١)يُشْرِب بالمعتقدات الثورية (٢)يُحْدِث تغييراً كاملاً في.
**revolve** *(vt.; i.)* (١)يفكّر في (٢)يُدير (حول محور) ×(٣) يتعاقب (٤) يَدُور.
**revolver** *(n.)* مُسدَّس.

**revue** *(n.)* الرِّفْيُ : عمل مسرحيّ يتألّف من مزيج من الحوار والرقص والغناء.
**revulsion** *(n.)* تغيّر (أو ردّ فعل) مفاجىء.
**reward** *(vt.; n.)* (١) يكافىء §(٢) مكافأة.
**rewrite** *(vt.)* (١)يكتب ثانيةً (٢) يُنقّح.
**rhapsody** *(n.)* كلامٌ أو أثرٌ أدبيّ أو موسيقيّ زاخر بالانفعال العاطفيّ.
**rheostat** *(n.)* المقاوِم المُتغيِّر (كهرباء).

**rhetoric** *(n.)* علم البيان أو البلاغة.
**rhetorical** *(adj.)* بيانيّ ؛ بلاغيّ ؛ منمّق.
**rhetorician** *(n.)* البلاغيّ ؛ الخطيب ؛ البليغ.
**rheum** *(n.)* (١) الرُّوم : ارتشاح أنفي (٢)زُكام.
**rheumatic** *(adj.)* رَثْيِيّ ؛ روماتزميّ.
**rheumatism** *(n.)* الرَّثْيَة ؛ الروماتزم.
**rhinestone** *(n.)* حجرُ الراين : ماسٌ زائف.

**rhinoceros** *(n.)* الكَرْكَدَنّ ؛ وحيد القَرْن .

**rhododendron** *(n.)* الوَرْديّة (نبات).

**rhomb; rhombus** *(n.)* المُعَيَّن : شكل هندسيّ.

**rhubarb** *(n.)* الراوَنْد (عشب) .

**rhyme** *(n.; vi.)* (١) سَجْع ؛ سَجْعَة ؛ قافية (٢) قصيدة (٣) شعر (٤) يسجع ؛ يقفّي (٥) يتناغم .

**rhythm** *(n.)* (١)الإيقاع الموسيقي (٢)التناغم.

**rhythmic** *(adj.)* (١) إيقاعيّ (٢) متناغم.

**rib** *(n.)* (١)ضِلْع (٢)رافدة ؛ دعامة.

**ribald** *(adj.)* بذيء ؛ سفيه .

**ribaldry** *(n.)* (١)بذاءة (٢) كلام بذيء.

**ribbon** *(n.)* (١)شريط (٢) وشاح (٣)مِزْقة .

**rice** *(n.)* الأرُزّ ؛ الأُرْز ؛ الرُّزّ (نبات) .

**rich** *(adj.; n.)* (١) غنيّ (٢) نفيس (٣) فخم. (٤)قويّ (٥)خِصْب (٦)دَسِم §(٧)الأغنياء.

**riches** *(n.pl.)* ثروة .

**rick** *(n.)* كِدْس ؛ كومة .

**rickets** *(n.)* كُساح الأطفال (مرض) .

**rickety** *(adj.)* (١) كسيح (٢)ضعيف ؛ متزعزع .

**ricochet** *(n.)* النُبُوّ: ارتداد القذيفة .

**rid** *(vt.)* يخلّص ؛ يحرر .

to get ~ of يتخلّص من .

**riddle** *(n.; vt.)* (١)لُغز (٢)غربال §(٣)يحلّ ؛ (٤)يُلْغِز (٥)يُغربل (٦)يثقّب كالغربال.

**ride** *(vi.; t.; n.)* (١)يركب ؛ يمتطي (٢)ترسو (السفينة) (٣)يجري ؛ ينطلق ×(٤)يستحوذعلى ؛ يستبدّ بِ §(٥) ركوب (٦) رِحْلَة .

to ~ down (١) يَصْرع (٢) يتغلّب على (٣) يدركه أو يلحق به (راكباً) (٤) يرهق بالركوب .

to ~ out of a storm (١) تَثْبُت (السفينةُ) للعاصفة وتخرج منها سالمةً (٢)يخرج سالماً (من بلاء) .

**rider** *(n.)* (١)الراكب ؛ المتطي (٢)مُلحق.

**ridge** *(n.; vt.)* (١) سلسلة تلال أو جبال . (٢)الضِّلع : شقّة مرتفعة متطاولة (٣)الحَرْف : خطّ التقاطع الأعلى بين سَطْحَيْن مُنحدرَين §(٤) يجعل للشيء ضلعاً أو حرفاً .

**ridgepole** *(n.)* الرافدة (الأفقيّة بأعلى السقف).

**ridicule** *(n.; vt.)* (١)سُخْرِية §(٢)يسخر من.

**ridiculous** *(adj.)* سخيف ؛ مضحك .

**rife** *(adj.)* (١) منتشر ؛ سائد (٢) حافل بـ .

**riffraff** *(n.)* (١)الرِّعاع ؛ الدَّهماء (٢) نُفاية.

**rifle** *(vt.; n.)* (١)ينقّب في (٢) ينهب . (٣)يُحزِّز أو يُخدّد حلزونياً §(٤)بندقية.

**rift** *(n.)* صَدْع ؛ شَقّ .

**rig** *(vt.; n.)* (١) يزوِّد بالأشرعة الخ. (٢) يُلبس ؛ يكسو (٣) يجهز (٤) يتلاعب بـ § (٥) شكل وعدد وترتيب الأشرعة والصواري (٦) عربة وجوادها أو جيادها (٧) ملابس (٨) أجهزة ؛ آلات .

**rigging** *(n.)* حبال الأشرعة والصواري .

**right** *(adj.; n.; adv.; vt.)* (١) قويم (٢) صحيح (٣) مناسب (٤) مستقيم (٥) حقيقي (٦) أيمن ؛ يُمْنَى (٧) قائمة (٨) على صواب (٩) معافًى (١٠) في وضع أو نظام حَسَن § (١١) حقّ (١٢) صواب (١٣) يمين § (١٤) تماماً (١٥) بطريقة صحيحة (١٦) مباشرةً (١٧) على نحو صائب (١٨) توّاً (١٩) جداً (٢٠) يَمنةً § (٢١) يصحّح ؛ يعدّل ؛ يقوِّم .

by ~ s بحقّ ؛ بعدل .
~ away *or* off توّاً ؛ فوراً ؛ في الحال .
~ down بكلّ معنى الكلمة ؛ مئة بالمئة .
~ you are! انت على حقّ أو صواب .

**righteous** *(adj.)* صالح ؛ مستقيم ؛ قويم.

**rightful** *(adj.)* (١) عادل (٢) شرعي (٣) ملائم .

**rigid** *(adj.)* (١) صُلْب (٢) صارم (٣) قاسٍ .

**rigidity** *(n.)* صلابة ؛ صَرامة ؛ قَسْوَة .

**rigmarole** *(n.)* (١) هُراء (٢) إجراء مُعَقَّد .

**rigo(u)r** *(n.)* (١) صَرامة ؛ قَسوة (٢) شدّة .

**rigorous** *(adj.)* (١) صارم (٢) قاسٍ .

**rill** *(n.)* جدول ؛ غدير .

**rim** *(n.)* (١) حافة ؛ حِتار (٢) إطار .

**rime** *(n.)* (١) الصقيع : طبقة جليديّة يكسو الضباب بها الأشجار (٢) قشرة .

**rime** = rhyme

**rind** *(n.; vt.)* (١) لِحاء (٢) قشرة § (٣) يقشر .

**ring** *(n.; vt.; i.)* (١) حلقة (٢) خاتم (٣) دائرة ؛ طوق (٤) عُصْبَة (٥) رنين (٦) مَسحة ؛ طابع (٧) قرْع الجرس (٨) مخابرة هاتفيّة § (٩) يطوّق (١٠) يقرع جرساً (١١) يدعو ؛ وبخاصة بقرع الجرس (١٢) يتلفن لِـ × (١٣) يرنّ (الجرس) (١٤) يطنّ (١٥) يبدو.

**ringleader** *(n.)* زعيم فتنة أو ثورة .

**ringlet** *(n.)* حُلَيْقَة ؛ عَقْصَة (أو جعدة) شَعْر .

**rink** *(n.)* المَزْلَجة : جليد صناعيّ يُتزلّج عليه.

**rinse** *(vt.)* يَشْطف ؛ يغسل برفق.

**riot** *(n.)* شَغَب ؛ إخلال بالأمن.

**riotous** *(adj.)* (١) مشاغب (٢) مستهتر (٣) صاخب .

**rip** *(vt.; n.)* (١) يَشُقّ § (٢) شِقّ ؛ مِزْق.

**ripe** *(adj.)* (١) يانع (٢) ناضج (٣) ملائم .

**ripen** *(vi.; t.)* (١) يَنْضَج × (٢) يُنْضِج.

**ripple** *(vi.; t.; n.)* (١) يتموّج (٢) يترقرق × (٣) يُموِّج ؛ يُرَقْرِق § (٤) تموّج ؛ تَرَقْرُق.

**ripsaw** *(n.)* منشار الشّقّ .

ripsaw

**rise** *(vi.; n.)* (١) ينهض ؛ يقوم (٢) يثور ؛ (٣) يَبْزُغ (٤) يصعد يرتفع (٥) ينشأ ؛ يبرز § (٦) نهوض ؛ قيام (٧) بزوغ (٨) صعود ؛ ارتفاع (٩) تقدّم (١٠) أصل ؛ منشأ ؛ مَنْبَع.

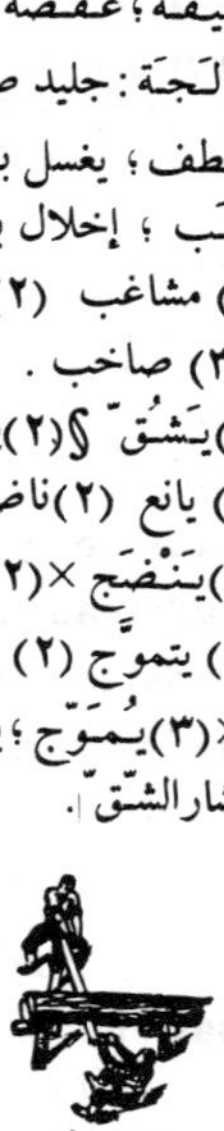

to give ~ to يُسبّب ؛ يُحْدِث .

**rising** *(adj.; n.)* (١) ناهض (٢) طالع ؛ صاعد § (٣) نهوض (٤) ثورة (٥) بثْرة ؛ خراج.

**risk** *(n.; vt.)* (١) مجازفة ؛ مخاطرة ؛ خَطَر § (٢) يعرِّض للخطر (٣) يجازف ؛ يخاطر.

to run *or* take a ~, يخاطر ؛ يُعرِّض نفسه للخطر.

**risky** *(adj.)* محفوف بالمخاطر .

**rite** *(n.)* (١) طَقْس ؛ شعيرة (٢) مَذْهَب .

**ritual** *(n.;adj.)* (١) طقس ؛ شعيرة § (٢) طقسيّ .

**rival** *(n.; adj.; vt.; i.)* (١) منافس أو متنافس . § (٢) ينافس ؛ يزاحم × (٣) يتنافس .

**rivalry** *(n.)* تنافُس ؛ منافسة .

**rive** *(vt.; i.)* (١) يَمْزُق × (٢) ينمزِق .

**river** *(n.)* نهر .

**rivet** *(n.; vt.)* (١) بِرشام ؛ مسمار برشام § (٢) يُبرشم ؛ يُثبِّت ببرشام .

rivets

**riveter** *(n.)* ماكينة البرشمة .

**rivulet** *(n.)* نُهَيْر ؛ جَدْوَل ؛ غدير .

**roach** *(n.)* (١) الرَّوْش (سمك) (٢) الصُّرْصُور .

**road** *(n.)* طريق .

**roadside** *(n.)* جانب الطريق .

**roadstead** *(n.)* المُكَلأ : مرسىً للسفن .

**roadster** *(n.)* (١) حصان (٢) سيارة مكشوفة .

**roadway** *(n.)* بَدَنُ الطريق (الخاص بالسيارات) .

**roam** *(vi.; t.)* يطوف ؛ يجول .

**roan** *(adj.; n.)* (١) أغبر : كستنائي مَشُوب ببياض § (٢) فَرَسٌ أغبر (٣) الغبرة .

**roar** *(vi.; n.)* (١) يَهْدر ؛ يَجْأر ؛ يزأر . § (٢) هدير ؛ زئير (٣) صرخة (٤) جَلَبَة .

**roast** *(vt.; n.; adj.)* (١) يشوي (٢) يحمِّص . § (٣) قطعة لحم للشيّ (٤) شِواء § (٥) مشويّ .

**roaster** *(n.)* (١) الشوّاء (٢) مِشواة (٣) مِحمصة (٤) فرّوجٌ صالحٌ للشيّ .

**rob** *(vt.; i.)* يَسْلُب ؛ يَسْرق .

**robbery** *(n.)* سرقة ؛ سَلْب ؛ لصوصيّة .

**robe** *(n.; vt.)* (١) ثوب ؛ رداء § (٢) يكسو .

**robin** *(n.)* أبو الحِنّاء (طائر) .

**robot** *(n.)* الرَّبوط : إنسان أوتوماتيكيّ أو آليّ .

**robust** *(adj.)* (١) قويّ (٢) غليظ (٣) شاقّ .

**rock** *(vt.; i.; n.)* (١) يُهَزْهِز × (٢) يتأرجح . § (٣) صخر ؛ صخرة (٤) مَلاذ ؛ مُلتجأ .

**rocket** *(n.)* سَهْم ناريّ (٢) صاروخ .

**rocket bomb** *(n.)* القنبلة الصاروخيّة .

**rocking chair** *(n.)* الكرسيّ الهزّاز .

**rocky** *(adj.)* (١) صخريّ (٢) راسخ .

**rod** *(n.)* (١) عود ؛ قضيب ؛ عصا (٢) صولجان . (٣) القَصَبَة : مقياس للطول يساوي ٥,٥٠ ياردة .

**to spare the ~,** يمتنع عن انزال العقوبة بمن يستحقّها .

**rode** *past of* ride.

**rodent** *(adj.; n.)* (١) قارض § (٢) حيوان قارض .

**roe** *(n.)* (١) الرَّوّ : ضربٌ من الأيائل (٢) البَطارِخ : بيوض السمك وهي في الغشاء المبيضيّ .

**roebuck** *(n.)* ذَكَر الرَّوّ .

**roe deer** *(n.)* الرَّوّ : ضربٌ من الأيائل .

**Roentgen rays** *(n.pl.)* أشعّة اكس .

**rogue** *(n.)* المتشرّد ؛ الوغد ؛ المحتال .

**roguish** *(adj.)* متشرّد ؛ احتياليّ ؛ خبيث ؛ لئيم .

roi 405 roo

**roister** *(vi.)* (١)يَصْخَب (٢)يقصِف ؛ يعربد.
**role** *or* **rôle** *(n.)* (١)دَوْر (٢)وظيفة.
**roll** *(n.; vt.; i.)* (١) دَرْج ؛ رَقّ (٢)سِجِل ؛ قائمة (٣) لفّة (٤) قرص ؛ رغيف (٥) قصف الرعد أو المدافع (٦) دحرجة ؛ تدحرُج §(٧) يُدَحْرِج (٨) يغلِف ؛ يلفّ (٩) يُسيِّر على دواليب ×(١٠)يتدحرج (١١) يدور (١٢) يتدفق (١٣) يجري على عجلات (١٤)يقصف (الرعدُ)(١٥)يتكوّر.

to ~ up (١) يجمع ؛ يركم (٢) يتضخّم ؛ يتراكم.

to strike off the ~ s . . يَطرُد من جمعية

**roll call** *(n.)* التفقُّد ؛ المناداة على الأسماء.
**roller** *(n.)* (١)بَكَرَة ؛ دُحروجة (٢)مِحدلة.
**roller skate** *(n.)* المِزْلَجَة المُعجَّلة : مِزْلَجَة ذات عجلات للتزحلق.

roller skate

**rollick** *(vi.; n.)* (١)يَمْرَح §(٢)مَرَحٌ.
**rolling pin** *(n.)* شَوبك ؛ مِرقاق (العجين).
**Roman** *(n.; adj.)* (١)روماني (٢) كاثوليكي.
**Roman Catholic** *(adj.; n.)* كاثوليكي.
**romance** *(n.)* قصة حبّ أو مغامرات.
**Romanism** *(n.)* الكثلكة.
**romantic** *(adj.)* رومانتيكي.
**romanticism** *(n.)* الرومانتيكيّة: حركة أدبيّة تميّزت بحبّ الطبيعة وبالتأكيد على الخيال والعاطفة.
**romp** *(vi.; n.)* (١)يَمْرَح §(٢)فتاةٌ لَعوب.
**rompers** *(n.pl.)* ثوب فضفاض (للأطفال).
**rood** *(n.)* (١) صليب (٢)الرُّود : مقياس للأراضي.
**roof** *(n.; vt.)* (١)سَقْف ؛ سَطح §(٢)يَسْقُف.
**roofless** *(adj.)* (١) لا سقف له (٢) شريد.
**rook** *(n.; vt.)* (١)الغُداف (طائر). (٢)المخادع ؛ المحتال (٣) الرّخ (في الشطرنج) §(٤)يحتال على.

rook 3.

**room** *(n.; vi.; t.)* (١) مُتَّسَع. (٢)حجرة ؛ غرفة (٣)مجال §(٤)يَسْكُن ؛ يُقيم ×(٥) يؤوي ؛ يُسْكِن.
**roommate** *(n.)* رفيق الحُجْرة.
**roomy** *(adj.)* متّسِع ؛ رَحْب ؛ فسيح.
**roost** *(n.; vi.)* (١)مَجْثَم (٢)مأوى §(٣)يَجْثِم.
**rooster** *(n.)* (١) ديك (٢)شخص مغرور.

**root** *(n.; vt.; i.)* (١) جِذر (٢)أصل (٣)لُبّ. (٤)أساس ؛ قعر §(٥)يرسّخ ×(٦)يَرْسَخ.

to ~ out يستأصل ؛ يقتلع ؛ ينتزع.
to take *or* strike ~ . يتأصّل ؛ يترسّخ

**rope** *(n.; vt.)* (١) حَبْل §(٢)يطوِّق بحبل .

**ropedancer** *(n.)* البَهْلَوان : الراقص على الحبل .

**rosary** *(n.)* (١) سُبْحَة (٢) حديقة ورد .

**rose** *past of* rise.

**rose** *(n.)* (١)وَرْد ؛ وردة (٢) اللون الورديّ .

under the ~, سِرّاً ؛ في الخفاء .

**roseate** *(adj.)* (١) ورديّ (٢) متفائل .

**rosemary** *(n.)* إكليل الجبل : نبات عطريّ .

**rosette** *(n.)* الوَرْدِيّة : حِلية معماريّة وردية الشكل .

rosette

**rose water** *(n.)* ماء الورد .

**rosewood** *(n.)* خشب الورد ( نباتٌ وخشبهُ ) .

**rosin** *(n.)* راتينج القَلْفونيّة .

**roster** *(n.)* (١)جدول الخدمة (٢) جدول .

**rostrum** *(n.)* pl. **-s** *or* **-tra** منبر .

**rosy** *(adj.)* (١)ورديّ ؛ متورِّد (٢) مشرق .

**rot** *(vi.; t.; n.)* (١)يتعفّن ؛ يَفْسد×(٢)يُفسد ؛ يبلي §(٣) تعفُّن (٤) هُراء .

**rotary** *(adj.)* دَوّار ؛ دَوَرانيّ ؛ رَحَوِيّ .

**rotate** *(vi.; t.)* (١)يدور ؛ يُدير (٢)يتناوب .

**rotation** *(n.)* دَوَران ؛ دورة ؛ تدوير .

in ~, على التناوب أو التعاقب .

**rotatory** *(adj.)* (١) دوَرانيّ ؛ دوّار (٢) مُدَوِّر .

**rote** *(n.)* الصمّ : استظهارٌ من غير فهم .

**rotogravure** *(n.)* التصوير الروتوغرافي .

**rotten** *(adj.)* (١)نَتِن ؛ فاسد (٢) بغيضٌ .

**rotund** *(adj.)* (١)مستدير (٢) ممتلىء الجسم .

**rotunda** *(n.)* مَبْنَى مستدير (تعلوه قبّة) .

**rouble** *(n.)* = ruble.

**rouge** *(n.)* أحمر الشفاه الخ . : مستحضر تجميلي .

**rough** *(adj.; n.; vt.)* (١)خشِن ؛ غير أملس . (٢)مضطرب (٣)عاصف (٤)شاقّ (٥) فظّ (٦) خام (٧) تقريبيّ (٨) استقرابيّ ؛ مُنْجَز كمحاولة أولى §(٩) أرض وعرة (١٠)شخص فظّ §(١١) يُعِدّ بطريقة أوليّة .

**roughen** *(vt.; i.)* يُخَشِّن أو يَخْشُن .

**roughly** *(adv.)* (١)بخشونة أو قسوة (٢)تقريباً .

**roulette** *(n.)* الروليت : لعبة قمار .

**round** *(adj.; adv.; prep.; n.; vt.; i.)* (١) مستدير (٢) كرويّ (٣) كامل (٤)ضخم §(٥) حولَ (٦) دائريّاً (٧) هنا وهناك §(٨)طَوالَ §(٩)دائرة ؛ حلقة (١٠)درجة السلّم النقّالة (١١)جولة (١٢)دورة (١٣)إطلاق جماعي للنار (١٤) نطاق §(١٥) يدوِّر ؛ يجعله مستديراً (١٦) يدور حول (١٧)يطوِّق (١٨) يُتِمّ ×(١٩) يستدير ؛ يصبح مدوّراً .

~ about; somewhere ~, حوالى ؛ تقريباً

to get ~ a person يخدعه او يقنعه بكذا (من طريق التملّق) .

to ~ off يختم ؛ يتوّج حياته (بعملٍ ما) .

to ~ up يجمع الماشية بالطّراد .

to take it all ~, ينظر إلى المسألة من مختلف زواياها .

**roundabout** *(n.; adj.)* (١) دوّامة الخيل : أرجوحة دوّارة §(٢) ملتوٍ؛ غير مباشر .

**roundelay** *(n.)* أغنية ذات لازمة متكرّرة.

**rouse** *(vi.; t.)* (١) يستيقظ×(٢) يثير (٣) يوقظ .

**rout** *(n.; vt.)* (١) الرّعاع (٢) شَغَب (٣) هزيمة منكَرَة §(٤) يهزم هزيمة منكَرة .

**route** *(n.)* (١) طريق (٢) مَسْلَك ؛ قناة .

**routine** *(n.)* الرّوتين : طريقة محدّدة تجري على وتيرة واحدة في عمل الأشياء .

**rove** *(vi.; t.)* يطوف ؛ يجول .

**rover** *(n.)* (١) القُرْصان (٢) سفينة القرصان.

**row** *(vi.; t.; n.)* (١) يُجَذِّف (٢) يتشاجر. ×(٣) ينقل بمركب ذي مجاذيف §(٤) صفّ (٥) شارع (٦) شجار .

**rowboat** *(n.)* مركب أو زورق تجذيف .

**rowdy** *(adj.; n.)* مشاكس ؛ محبّ للخصام.

**rowel** *(n.)* ناخسة المهماز .

**rowlock** *(n.)* = oarlock.

R

*R.* rowel

**royal** *(adj.)* (١) مَلَكِيّ . (٢) فخم ؛ ضخم .

**royalist** *(n.)* المَلَكِيّ : المؤيّد للحكم الملكيّ.

**royalty** *(n.)* (١) المَلَكيّة (٢) أسرة أو شخصيّة مَلَكيّة (٣) الجُعالَة : مبلغ من المال يُدفع إلى المؤلّف عن كلّ نسخة مبيعة من كتابه .

**rub** *(vi.; t.; n.)* (١) يحتكّ بـِ ×(٢) يفرك ؛ يَصْقُل (٣) يحكّ ؛ يمحو : يُزيل (٤) يُغضب §(٥) مشكلة (٦) فَرْك ؛ صَقْل ؛ حكّ .

**rubber** *(n.)* مطاط ؛ كاوتشوك .

**rubbish** *(n.)* (١) نُفاية ؛ سَقَطُ المتاع (٢) هُراء.

**rubble** *(n.)* الإِثْلَب ؛ الدّبْش ؛ كُسارة الحجارة.

**ruble** *(n.)* الرّوبل : وحدة النقد في الاتحاد السوفياتي.

**ruby** *(n.)* (١) ياقوت (٢) ياقوتة .

**rudder** *(n.)* (١) دَفّة ؛ سُكّان (٢) موجِّه.

**ruddy** *(adj.)* (١) متورّد اللون (٢) مُحْمَرّ.

**rude** *(adj.)* (١) خام (٢) بسيط (٣) فظّ (٤) غِرّ .

**rudiment** *(n.)* (١) *pl.* : مبادىء (٢) البداءة : شيء في مرحلة بدائيّة ؛ عضو غير تامّ النموّ.

**rudimental;-tary** *(adj.)* أوّلي ؛ بدائيّ ؛ أثريّ

**rue** *(vt.; n.)* (١) يأسف ؛ يندم (٢) أسفٌ ؛ ندمٌ . (٣) السَّذاب : نبتة طبية ذات اوراق مرة.

**rueful** *(adj.)* (١) مُحزِنٌ ؛ يُرْثَى له (٢) كئيب .

**ruff** *(n.)* (١) طوق رقبة مكَشكَش (٢) طوق ريش حول عنق الطائر .

ruff 1.

**ruffian** *(n.; adj.)* (١) شخص وحشيّ (٢) وحشيّ

**ruffle** *(vt.; n.)* (١) يرعج ؛ يُكَدِّر (٢) يَخلط (ورق اللّعِب) (٣) يغضّن ؛ يجعّد §(٤) تغضّن ؛ تجعّد (٥) كشكش ؛ طوق .

**rug** *(n.)* (١) سجادة ؛ بساط (٢) بطانيّة .

**Rugby** *(n.)* الرُّكْبِيّ : ضربٌ من كرة القدم.

**rugged** *(adj.)* (١) وعْر (٢) عاصف (٣) متجعّد (٤) صارم (٥) فظّ (٦) قويّ البِنية .

**ruin** *(n.; vt.)* (١) خراب ؛ دمار (٢) فقر ؛ إفلاس (٣) *pl.* : بقايا ؛ خرائب §(٤) يخرّب ؛ يدمّر .

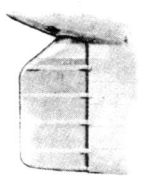

**ruined** *(adj.)* (١) خَرِب ؛ متهدّم (٢) مُفْلِس .

**ruinous** *(adj.)* (١) متهدّم (٢) هدّام .

**rule** *(n.; vt.; i.)* (١) قانون ؛ قاعدة (٢) حكم . (٣) عهْد (٤) مسطرة §(٥) يحكم (٦) يسطّر ×(٧) يسود ؛ يسيطر .

as a ~, عادةً .

**ruler** *(n.)* (١) الحاكم (٢) المسطِّر (٣) المِسطرة .

**ruling** *(n.; adj.)* (١) حكم (٢) تسطير (٣) خطوط مُسَطَّرة §(٤) حاكم (٥) سائد .

**rum** *(n.)* الرَّمّ : شرابٌ مسكِر .

**rumba** *(n.)* الرومبا : رقصة كوبيّة زنجيّة .

**rumble** *(vi.; n.)* (١) يدمدم ؛ يُقعقع ؛ يُقرقِر . §(٢) دمدمة الخ . (٣) مقعد خلفي إضافيّ مكشوف .

**ruminant** *(n.)* المُجترّ ؛ حيوان مجترّ .

**ruminate** *(vt.; i.)* (١) يفكّر في (٢) يجترّ .

**rummage** *(vt.; i.)* يبحث ؛ ينقّب ؛ يفتّش بدقة .

**rummy** *(n.)* الروميّ : لعبة بورق الشدّة .

**rumor** *or* **rumour** *(n.)* إشاعة .

**rump** *(n.)* (١) كَفَل ؛ رِدف (٢) بقية ؛ أثارة .

**rumple** *(n.; vt.; i.)* (١) جَعْدة §(٢) يجعّد ؛ يشعّث ×(٣) يتجعّد ؛ يتشعّث .

**rumpus** *(n.)* (١) شجار (٢) جلَبة ؛ ضوضاء .

**rumrunner** *(n.)* مهرّب الخمور .

**run** *(vi.; t.; n.)* (١) يعدو ؛ يركض (٢) يفرّ . (٣) يخوض سباقاً أو معركةً انتخابيّة (٤) ينزلق ؛ يجري على عجلات (٥) يكرّ أو ينسِل طوليّاً (٦) يدور . يعمل ؛ يسير بـ (٧) يسيل (٨) يمتدّ (٩) يجري على نَسَق معين (١٠) يستمرّ عرضه على المسرح ×(١١) يطارد (١٢) يرشّح لمنصب (١٣) يجتاز راكضاً أو بسرعة (١٤) ينقل (١٥) يُدْخل ؛ يقحم (١٦) يهرّب (١٧) يشغّل (١٨) يدير (١٩) يتحمّل المخاطرة §(٢٠) عَدْو ؛ ركْض (٢١) جدْوَل ؛ نُهَيْر (٢٢) اتجاه (٢٣) تعاقب ؛ استمرار ؛ سلسلة متواصلة (٢٤) تزاحم على مصرف (لاسترداد الودائع الخ.) (٢٥) نَوْع (٢٦) المسافة المجتازة (٢٧) رحلة (٢٨) حرية الدخول (٢٩) حظيرة (٣٠) نَسْل (في جورَب).

on the ~, في حالة هروب أو فرار (٢) في نشاط مستمرّ .

to ~ away يفرّ ؛ يولّي الأدبار .

to ~ away with (١) يستهلك (٢) يهرب مع (٣) يسرق (٤) يتفوّق على (وبخاصة في التمثيل المسرحيّ) .

to ~ down (١) يتوقف ؛ يكفّ عن العمل (٢) يصاب بإرهاق أو تعب (٣) تسوء صحته (٤) يَصْدم او يصطدم بـ .

to ~ dry يجفّ ؛ ينْضَب .

to ~ for it يفرّ (ناجياً بنفسه من ..) .

to ~ in (١) يعتقل ويلقي في السجن (٢) يقوم بزيارة خاطفة .

to ~ into (١) يصطدم بـ (٢) يقع في .

to ~ out (١) ينتهي ؛ ينقضي (٢) يَنْفد .

to ~ over (١) يفيض ؛ يطفح . (٢) يتجاوز الحدّ المقرّر (٣) يراجع ؛ يعيد باختصار (٤) يتصفّح .

to ~ short يتناقص ؛ يأخذ في النقص .

to ~ short of يَنْفَد (ما عنده من مال)

to ~ up يَصْنع أو يشيِّد بسرعة .

to ~ up against يصادف ؛ يلاقي من غير توقّع .

**runabout** *(n.)* سيارة صغيرة ؛ زورق بخاريّ .

**runaway** *(n.; adj.)* (١)الهارب §(٢)هارب. (٣) مُنْجَزٌ بعد الهروب (٤)حاسم (٥) مَكْسوب بسهولة (٦)سريع التقلب .

**run-down** *(adj.)* (١) متهدِّم (٢) مُرْهَق .

**rung** *past and past part. of* ring.

**rung** *(n.)* (١)شعاع دولاب (٢)درجة (في مِرقاة أو سلّم نقالة ) (٣)رافدة الكرسي ( المدعِّمة لاثنتين من قوائمها ) .

**runlet; runnel** *(n.)* جدول ؛ غدير .

**runner** *(n.)* (١)العَدّاء (٢)الساعي (٣)المُهرِّب

**running** *(n.; adj.)* (١) رَكْض ؛ عَدْو . (٢)إدارة؛ توجيه §(٣)راكض (٤)مائع (٥)جارٍ (٦)حاليّ (٧) دائر (٨)متواصل (٩)متكرِّر (١٠)متدفق (١١)متّصل الحروف (١٢)متسلق (١٣)مُفرِزٌ قيحاً .

to be in the ~, يكون له أمل في الفوز .
to be out of the ~, لا يكون له أملٌ في الفوز.

**runny** *(adj.)* راشحٌ؛ كثير الارتشاح .

**runt** *(n.)* القَزَم (من الناس والحيوان والنبات).

**runway** *(n.)* (١)طريق (٢)مَدْرَجة (للطائرات)

**rupee** *(n.)* الرُوبية : وحدة النقد في الهند الخ.

**rupture** *(n.)* (١) قطع العلاقات بين الدول . (٢) فَتْق؛ «فتاق» (٣) تمزيق؛ تمزُّق .

**ruptured** *(adj.)* (١)ممزَّق (٢) منفجر .

**rural** *(adj.)* ريفيّ ؛ قرويّ .

**ruse** *(n.)* خُدْعَة ؛ حِيلة .

**rush** *(vi.; t.; n.)* (١)يندفع ×(٢)يدفع بعجلة أو عنف (٣) يُرسل بسرعة بالغة (٤) يهاجم §(٥) اندفاع (٦) هجوم (٧) فورة نشاط أو إنتاج (٨) عجلةٌ بالغة (٩) صَخَب (١٠)الهَجْمَة : تدفق الناس على موطن جديد طلباً للثروة (١١) الأسَل؛ السمّار (نبات).

the ~ hours فترة الضغط أو الازدحام .

with a ~, فجأةً ؛ بسرعة .

**rusk** *(n.)* (١)البِقْسماط (٢) بسكويت.

**russet** *(adj.)* خمريّ اللون .

**Russian** *(n.; adj.)* (١)الروسي : احدابناء روسيا (٢)الروسية : اللغةالروسيّة §(٣) روسيّ .

**rust** *(n.; vi.; t.)* (١)صَدَأ §(٢)يَصْدَأ؛ يصدىء

**rustic** *(adj.; n.)* (١)ريفيّ (٢)أخرق (٣)بسيط ؛ ساذج §(٤)شخص ريفيّ أو ساذج .

**rusticate** *(vi.; t.)* (١)يتريّف : يقيم في الريف. ×(٢) يطرد من الكلية أو الجامعة مؤقتاً .

**rustle** *(n.; vi.; t.)* (١) حفيف ؛ خشخشة . §(٢) يَحِفّ ؛ يُحْدث حفيفاً ×(٣) يجعله ذا حفيف .

**rusty** *(adj.)* (١) صَدِىءٌ (٢)بلون الصدأ ؛ ناصلٌ (٣) عتيق الطراز (٤) أجشّ .

**rut** *(n.; vt.; i.)* (١)أثر الدولاب في الأرض الليّنة (٢)روتين (٣)الدورة النَزْوية (عندالحيوان ) §(٤)يحفر ؛ يخدّد ×(٥)ينزو ( الحيوانُ ) .

**rutabaga** *(n.)* الرُتباج : اللفت السويدي.

**ruthless** *(adj.)* قاسٍ ؛ متحجّر القلب ؛ لا يرحم .

**rye** *(n.)* الجاوْدار (نبات).

# S

*Sidon* (Lebanon)

**s** *(n.)* الحرف التاسع عشر من الأبجديّة الانكليزية.

**Sabbatarian** *(n.; adj.)* (١) المُسْبِت: مَن لا يعمل يوم السبت §(٢) سَبْتِيّ.

**Sabbath** *(n.)* يوم السبت (بوصفه يوم راحة).

**saber** *or* **sabre** *(n.)* سيف.

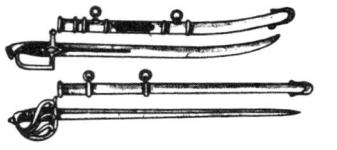

**sable** *(n.)* (١) السَّمُّور (حيوان) (٢) اللون الأسود.

**sabotage** *(n.; vt.)* (١) تخريب §(٢) يخرّب.

**sac** *(n.)* كِيس؛ جَيْب.

**saccharin** *(n.)* السُّكَّرين.

**saccharine** *(adj.)* (١) سُكَّرِيّ (٢) عذب.

**sacerdotal** *(adj.)* كهنوتيّ: خاص بالكهنة.

**sack** *(n.; vt.)* (١) كيس (٢) سترة قصيرة فضفاضة (٣) نَهْب (٤) السّاك: ضرب من الخمر §(٥) يصرِف من الخدمة (٦) ينهَب.

**sackcloth** *(n.)* الخيش: قماش قنّبيّ خشِن.

**sacrament** *(n.)* سرّ مقدّس (في النصرانيّة).

**sacred** *(adj.)* (١) مكرّس (٢) مقدّس (٣) دينيّ.

**sacrifice** *(n.; vt.)* (١) قربان؛ ذبيحة. (٢) تضحية (٣) خسارة §(٤) يضحّي بِ.

**sacrificial** *(adj.)* قُربانيّ؛ تقريبيّ.

**sacrilege** *(n.)* تدنيس المقدّسات أو المعابد.

**sad** *(adj.)* (١) حزين؛ كئيب (٢) محزِن.

**sadden** *(vt.; i.)* (١) يُحزِن ×(٢) يَحزَن.

**saddle** *(n.; vt.)* (١) سَرْج (٢) صهوة الفرس. (٣) قطعة لحم من ظهر الحيوان §(٤) يُسرج (الفرسَ) (٥) يُرْهق.

**in the ~,** في مقام أو مركز السيطرة والسلطة.

**saddle horse** *(n.)* جواد الركوب.

**sadiron** *(n.)* مِكْواة ثقيلة .
**sadism** *(n.)* السّادِيّة : انحراف جنسيّ يتلذّذ فيه المرء بإنزال العذاب بمحبوبه .
**sadness** *(n.)* حُزْن ؛ كآبة .
**safe** *(adj.; n.)* (١) سالم (٢) آمن (٣) مأمون (٤) موثوق (٥) واثق (٦) مضمون §(٧) خزانة أو خزينة ( من الفولاذ ) .
**safe-conduct** *(n.)* امتياز أو جواز المرور .
**safeguard** *(n.; vt.)* (١) حرَس (٢) جوازُ مرور (٣)وقاية ؛ إجراء وقائي §(٤)يقي ؛ يحمي .
**safety** *(n.; adj.)* (١)أمن ؛ سلامة §(٢)وقائي .
**safety match** *(n.)* ثِقاب الأمان .
**safety valve** *(n.)* صِمام الأمان (في مِرْجل الخ.) .
**saffron** *(n.)* الزّعْفران؛ الجاديّ (نبات) .

**sag** *(vi.)* (١)يرتخي ؛ يتدلّى (٢)يهِن ؛ يَضعُف .
**sagacious** *(adj.)* حصيف ؛ عاقل ؛ ذكيّ .
**sagacity** *(n.)* حصافة ؛ ذكاء .
**sage** *(adj.; n.)* (١)حكيم ؛ عاقل §(٢)الحكيم ؛ ذو العقل الراجح (٣)الناعمة ؛ المَرْيَمية (نبات) .
**sago** *(n.)* السّاغو: دقيق نَخْل السّاغو .
**said** *past and past part. of* say.
**sail** *(n.; vi.; t.)* (١)شراع ؛ أشرِعة (٢)مركب شراعي (٣)رحلة §(٤)يسافر بمركب شراعي (٥)يُبْحِر ×(٦)يدير أو يوجّه حركة السفينة .

in ~, في مركب شراعيّ .
to make ~, (١) ينشر الأشرعة (٢) يبدأ رحلة .
to ~ into (١) يهاجم (٢) ينتقد ؛ يوبّخ .
to set ~, يبدأ رحلة .
under ~, منشور الأشرعة .

**sailboat** *(n.)* الشّراعيّة : مركب شراعيّ .
**sailing** *(n.)* إبحار .
**sailor** *(n.)* بحّار ؛ ملاّح ؛ نوتيّ .

a good ~, شخص لا يُصاب بدُوار البحر

**saint** *(n.)* (١)قِدّيس ؛ قدّيسة (٢)وليّ (٣)ملاك
**saintly** *(adj.)* طاهر ؛ وَرِع ؛ كالقدّيس .
**sake** *(n.)* (١)قَصْد ؛ غرض (٢)سبيل ؛ مصلحة .

for old sake's ~, إكراماً للمودّة القديمة
for your ~, من أجلك ؛ إكراماً لك .

**salable** *or* **saleable** *(adj.)* قابلٌ للبيع ؛ رائج .
**salad** *(n.)* (١)سَلَطَة (٢)خَسّ .
**salamander** *(n.)* السَّمَنْدَر : حيوان من الضّفدعيات .

**salary** *(n.)* راتب ؛ مُرَتَّب .
**sale** *(n.)* (١)بَيْع (٢)طَلَب ؛ رواج (٣)مزاد علني (٤) أوكازيون ؛ بيع بأسعار مخفضة .

for ~; on ~, للبيع ؛ برسم البيْع .

**salesman** *(n.)* البائع (في منطقة أو متْجَر) .
**salient** *(adj.)* (١)ناتىء (٢)ملحوظ ؛ بارز .
**saline** *(adj.)* (١)مالح (٢)مِلْحيّ .
**saliva** *(n.)* لُعاب ؛ رُضاب ؛ ريق .
**salivary** *(adj.)* لُعابي ؛ رُضابيّ .
**sallow** *(n.; adj.)* (١)الصّفصاف §(٢)شاحب .

sal 412 san

**sally** *(n.; vi.)* (١) هَجمة (٢) انطلاقة (٣) انفجار (٤) رحلة § (٥) يهجم على (٦) يقوم برحلة .

**salmon** *(n.)* السَّلْمون؛ سمك سليمان .

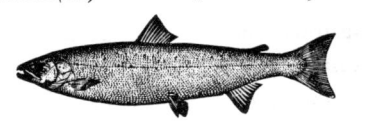

**salon** *(n.)* (١) بَهْو؛ صالون (٢) معرض فنّيّ (للوحات الزيتية والتماثيل الخ).

**saloon** *(n.)* (١) بَهْو؛ صالون (٢) حانة.

**salt** *(n.; vt.; adj.)* (١) مِلح (٢) شكّ § (٣) يملح § (٤) مالح؛ مُمَلَّح (٦) حادّ؛ قاس.

**saltpeter** *or* **saltpetre** *(n.)* المِلح الصخري.

**salty** *(adj.)* (١) مالح (٢) مُمَلَّح (٣) مِلْحيّ.

**salubrious** *(adj.)* صِحّيّ؛ نافع للصحّة .

**salutary** *(adj.)* (١) صِحّيّ (٢) مفيد .

**salutation** *(n.)* (١) تسليم (٢) سلام؛ تحيّة .

**salute** *(vt.; i.; n.)* (١) يحيّي § (٢) سلام؛ تحيّة.

**salvage** *(n.; vt.)* (١) إنقاذ سفينة (٢) تعويض الانقاذ (٣) الممتلكات المنقَذة § (٤) يُنقذ .

**salvation** *(n.)* (١) إنقاذ (٢) نجاة؛ وسيلة النجاة.

**salve** *(n.; vt.)* (١) مَرْهم § (٢) يهدّئ؛ يسكّن.

**salver** *(n.)* طَبَق؛ صينيّة (لتقديم الطعام) .

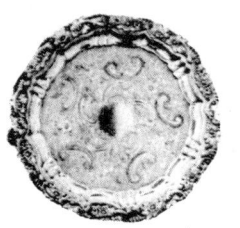

**same** *(adj.; pron.; adv.)* (١) نفسُه؛ عينه § (٢) الشيء أو الشخص نفسه (٣) الآنف الذكر § (٤) بالطريقة نفسها .

all the ~, مع ذلك؛ ومع ذلك .

It is all the ~ to me. سِيّان عِندي .

just the ~, (١) بالطريقة نفسها . (٢) ومع ذلك .

**sameness** *(n.)* (١) تماثل؛ شَبَه تامّ (٢) رتابة.

**sample** *(n.; vt.)* (١) عيّنة؛ مسطرة § (٢) يأخذ عيّنة من (٣) يختبر .

**sanatorium** *(n.)* pl. **-s** *or* **-toria** مَصَحّة.

**sanctify** *(vt.)* (١) يقدّس : يجعله مقدّساً . (٢) يطهّر (من الخطيئة) .

**sanctimonious** *(adj.)* منافق؛ متظاهر بالتقوى.

**sanction** *(n.; vt.)* (١) إقرار؛ تصديق؛ موافقة على § (٢) يقرّ؛ يصدّق على (٣) يجيز.

**sanctity** *(n.)* (١) قداسة؛ طهارة (٢) حُرْمَة.

**sanctuary** *(n.)* (١) حَرَم؛ مَقْدِس . (٢) مُلْتَجأ .

**sanctum** *(n.)* (١) حَرَم؛ مَقْدِس (٢) مُعتزَل؛ مكتب خصوصي .

**sand** *(n.; vt.)* (١) رَمْل § (٢) ينظّف أو يصقل بالرّمل أو بالورق المرمَّل .

**sandal** *(n.)* صَنْدَل؛ خُفّ.

**sandalwood** *(n.)* خَشَب الصَّندَل .

**sandpaper** *(n.)* الورق المرمَّل؛ ورق الزّجاج .

**sandpiper** *(n.)* زَمّار الرّمل (طائر) .

| san | 413 | sat |

| | |
|---|---|
| sandstone (n.) | الحجر الرملي. |
| sandwich (n.) | سندويتش ؛ شطيرة . |
| sandy (adj.) | (١) رَمليّ (٢) رمليّ اللّون (٣) دجراج . |
| sane (adj.) | (١) سليم العقل (٢) معقول . |
| sang past of sing. | |
| sanguinary (adj.) | (١) دام (٢) دموي. |
| sanguine (adj.) | (١) دمويّ (٢) متورّد ؛ متفائل . |
| sanitarium (n.) | مصحّة . |
| sanitary (adj.) | (١) صحّيّ (٢) نظيف . |
| sanitation (n.) | صيانة الصحة العامّة. |
| sanitize (vt.) | يجعله صحيّاً . |
| sanity (n.) | سلامة العقل أو صحته . |
| sank past of sink. | |
| Sanskrit (n.) | اللغة السنسكريتيّة . |
| Santa Claus (n.) | سنتا كلوز ؛ «بابا نوئيل» . |

| | |
|---|---|
| sap (n.; vt.) | (١) نُسغ (٢) دم (٣) حيويّة (٤) يستنزف حيويته (٥) يلغم ؛ يُقوّض . |
| sapience; sapiency (n.) | حكمة ؛ تعقّل . |
| sapient (adj.) | حكيم ؛ متعقّل . |
| sapling (n.) | (١) شجيرة (٢) شابّ . |
| sapphire (n.) | الصفير : ياقوت أزرق . |
| sappy (adj.) | (١) ريّان (٢) نشيط (٣) أحمق . |
| Saracen (n.; adj.) | (١) عربيّ (٢) مُسلم . |

| | |
|---|---|
| sarcasm (n.) | سُخريّة ؛ تهكّم . |
| sarcastic (adj.) | سُخريّ ؛ تهكّميّ . |
| sarcophagus (n.) pl. -gi or -es : | الناووس : تابوت حجريّ . |
| sardine (n.) | السّردين : سمك صغير . |
| sardonic (adj.) | تهكّميّ ؛ ساخر . |
| sarsaparilla (n.) | الفُشاغ : نبات أميركيّ معترش . |
| sash (n.) | إطار ( لزجاج النافذة أو الباب ) . |
| sassafras (n.) | السّاسفراس : شجر أميركيّ . |

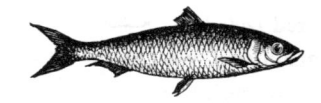

| | |
|---|---|
| sat past and past part. of sit. | |
| Satan (n.) | إبليس ؛ الشيطان . |
| Satanic; -al (adj.) | إبليسيّ ؛ شيطاني . |
| satchel (n.) | حقيبة (للكتب المدرسيّة). |
| sate (vt.) | (١) يُشبع (٢) يُتخم . |
| sateen (n.) | السّاتين : قماش قطنيّ صقيل . |
| satellite (n.) | (١) قمر (٢) التابع (٣) الدولة التابعة (٤) مطار ثانوي (٥) قمر صناعيّ . |
| satiate (vt.) | (١) يُشبع (٢) يُتخم . |

**satiety** *(n.)* (١) شِبَعٌ تامّ (٢) تُخْمَة .
**satin** *(n.)* الأطْلَس ؛ الساتان : نسيجٌ حريريّ .
**satire** *(n.)* (١) المقطوعة الهجائيّة (٢) هجاء .
**satiric; -al** *(adj.)* (١) هجائيّ (٢) هَجّاء .
**satirize** *(vi.; t.)* يَهْجُو .
**satisfaction** *(n.)* (١) إشباعٌ (٢) ارتياحٌ ؛ رضاً .
**satisfactory** *(adj.)* مُرْضٍ .
**satisfy** *(vt.)* (١) يُشْبِع (٢) يُقْنِع (٣) يفي بِـ .
**saturate** *(vt.)* (١) يُتْخِم (٢) يُشْبِع بِـ . (٣) يَنْقَع .
**saturated** *(adj.)* (١) منقوع (٢) مُشْبَع .
**saturation** *(n.)* (١) إشباع ؛ تشبُّع (٢) نَقْع .
**saturation point** *(n.)* نقطة التشبُّع .
**Saturday** *(n.)* السبت ؛ يوم السبت .
**Saturn** *(n.)* زُحَل : كوكبٌ سيّار .

**saturnine** *(adj.)* كئيب .
**satyr** *(n.)* السّاطير : إلـه من آلهة الغابات ، عند الاغريق ، له ذيل ( وأذُنا ) فرَس .

**sauce** *(n.)* (١) الصَّلْصَة : مَرَق التوابل . (٢) فاكهة مطبوخة (٣) وقاحة .

**saucepan** *(n.)* الكَفْت : قِدْرٌ ذات مقبض .
**saucer** *(n.)* الصُحَيْفَة : صَحْن الفنجان .
**saucy** *(adj.)* (١) وَقِحٌ (٢) أنيق .
**saunter** *(vi.; n.)* (١) يمشي الهُوَيْنَى . §(٢) الهُوَيْنَى ؛ سيرٌ متّئد .
**sausage** *(n.)* سُجُق ؛ نقانق .
**savage** *(adj.; n.)* متوحّش ؛ همجيّ ؛ فظّ .
**savageness; savagery** *(n.)* وحشيّة .
**savant** *(n.)* العالِم .
**save** *(vt.; prep.)* (١) ينقذ (٢) يدّخر (٣) يجتنب ؛ يوفّر على §(٤) ماعدا ؛ باستثناء ؛ إلا .
**saving** *(adj.; n.; prep.; conj.)* (١) مُنْجٍ ؛ مُنقِذ (٢) مُقتصِد §(٣) اقتصاد ؛ توفير (٤) *pl.* : المدّخَر ؛ المال الموفّر §(٥) باستثناء .
**savior** *or* **saviour** *(n.)* المُنْقِذ ؛ المُخلِّص .
**savor** *or* **savour** *(n.)* (١) مذاق (٢) نكهة .
**savo(u)ry** *(adj.)* لذيذ المذاقِ أو الرائحةِ .
**saw** *past of* see.
**saw** *(n.; vt.)* (١) مِنشار (٢) مَثَل §(٣) يَنْشر .

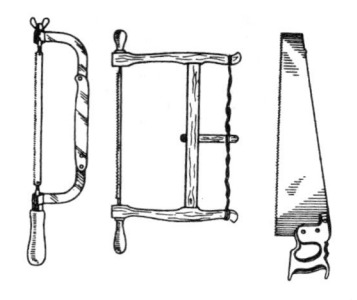

**sawdust** *(n.)* النُشارَة : نشارة الخشب .
**sawmill** *(n.)* المَنْشَرة : مؤسسة لنشر الخشب .
**sawyer** *(n.)* النَّشّار : ناشر الخشب .
**Saxon** *(n.; adj.)* سَكسوني .

**saxophone** *(n.)* : السكْسيّة : آلة موسيقية .

**say** *(vt.; i.; n.)* (١) يقول ؛ يتكلم §(٢) قول (٣)رأي (٤) الكلمة الأخيرة.

that is to ~, يعني ؛ بكلمةأخرى.
to ~ nothing of هذا ؛ فَضْلاً عن ...

**saying** *(n.)* (١)قول (٢)مثلٌ ؛قول مأثور.

It goes without ~, من البديهيّ .

**scab** *(n.)* (١) جرَب الماشية الخ. (٢) قِرفة (قِشرة) الجُرْح (٣) الرافض الانضمام إلى نقابة عماليّة أو الاشتراك في الاضراب.

**scabbard** *(n.)* غِمد الخنجر ؛ قِراب السيف.

**scaffold** *(n.)* (١)سِقالَة ؛ إسقالة (٢)مشنقة.

**scaffolding** *(n.)* موادّ نَصْب السّقالات .

**scald** *(vt.; n.)* (١) يُحرِق (بسائل حارّ أو بُخار)(٢) ينظف الصحون بالبخار أو الماء الحار (٣)يسخّن إلى قريب من نقطة الغليان (٤)يَسْفَع §(٥)حُرْق (في الجسم).

**scale** *(n.; vt.)* (١) كِفةّالميزان(٢).*pl* : ميزان. (٣)سَقَطَة ؛ حَرْشَفَة(من حراشف السّمك ) (٤)قشرة ؛ صفيحة رقيقة (٥)السلّم الموسيقي (٦)مقياس مدرّج (٧)مقياس الرسم (في خريطة) §(٨) يزن بميزان (٩)يَسْفِط : ينزع حراشف السمك (١٠)يتسلّق (١١)يدرّج: ينظّم في سلسلة مدرّجة .

**scalepan** *(n.)* كِفةّ الميزان .

**scallop** *(n.)* الأسقَلوب : مَحارٌ مِرْوحيّ .

scallop

**scalp** *(n.; vt.)* (١) فَرْوَة الرأس : جلدةُ الرأس مع شعرها §(٢)يسلخ فروة الرأس.

**scalpel** *(n.)* مِشْرَط ؛ مِبْضَع .

**scamp** *(n.)* الوغْد ؛ النّذْل .

**scamper** *(vi.; n.)* (١)يعدو ؛ يفرّ §(٢)عَدْوٌ .

**scan** *(vt.)* (١) يقطّع (بيتاً من الشّعْر) . (٢) يفحص بدقّة .

**scandal** *(n.)* (١) فضيحة (٢)قيلٌ وقال.

**scandalous** *(adj.)* (١) مُخْزٍ (٢)افترائيّ .

**Scandinavian** *(n.; adj.)* اسكنديناڤيّ .

**scant** *(adj.; vt.)* (١)ضئيل §(٢)يقلّل ؛ ينقّص

**scantling** *(n.)* قطعة خشب .

**scanty** *(adj.)* ضئيل ؛ هزيل ؛ غير كافٍ.

**scapegoat** *(n.)* كبش الفداء أو المحرقة.

**scapegrace** *(n.)* الوغد ؛ النذل .

**scar** *(n.)* النّدَب : أثر الجرح أو القرحة .

**scarce** *(adj.)* نادر ؛ قليل .

**scarcely** *(adv.)* (١)نادراً (٢)بصعوبة ؛ بجهد.

**scarcity** *(n.)* نُدرة ؛ قِلّة ؛ نقص في المؤن .

**scare** *(vt.; n.)* (١)يُفْزِع ؛ يروّع §(٢)ذعرٌ .

| sca | 416 | sco |

| | |
|---|---|
| scarecrow (n.) . الفَزّاعَة | schoolboy (n.) . تلميذ ؛ طالب |
| scarf (n.) . (١)لِفاع (٢)وِشاح | schoolfellow (n.) . زميل الدراسة |
| (٣) غطاء ضيّق للمائدة . | schoolgirl (n.) . تلميذة ؛ طالبة |
| scarlet (n.; adj.) (١) اللون القِرمِزيّ ‏﴿(٢)قِرمِزيّ. | schooling (n.) . (١) تعليم (٢) ثقافة مدرسية |
| scatter (vt.; i.) ؛ (١)يُبَعثِر (٢) يُفَرّق× يتبعثر. | schoolmaster (n.) . المدرّس أو ناظر المدرسة |
| | schoolmate (n.) . زميل الدراسة ؛ رفيق الدراسة |
| scavenger (n.) الكنّاس ؛ الزَّبّال | schoolmistress (n.) . المدرّسة ؛ المعلّمة |
| scenario (n.) . السيناريو : نص القصّة السينمائية | schooner (n.) . السَّكُونَة : مركب شراعيّ |
| scene (n.) (١)مشهد مسرحيّ(٢)منظر ؛ مشهد | science (n.) (١) عِلم (٢) معرفة (٣) براعة. |
| (٣) مسرح الأحداث (٤) ثورة غضب . | scientific (adj.) عِلْمِيّ. |
| behind the ~ s, سِرّاً ؛ وراء السّتار. | scientist (n.) . العالِم |
| scenery (١) جهاز المسرح : كلّ ما على خشبة المسرح من ستائر وجدران مدهونة (٢) منظر جميل . | scimitar (n.) : الأحدب سيف معقوف |
| scent (vt.; n.) (١) يشمّ (٢) يعطّر ‏﴿(٣)رائحة. (٤) خطّ تعقّب الطريدة (٥) حاسّة الشَّمّ. (٦) عطر ؛ طِيب. | scintilla (n.) . ذَرَّة ؛ مِثقال ذَرَّة ؛ مقدار ضئيل |
| | scintillate (vi.) يُومِض أو يطلِق شَرَراً. |
| scepter or sceptre (n.) صولجان . | scion (n.) (١) طُعْم ؛ مطعوم (٢) سليل |
| sceptic; sceptical = skeptic etc. | scissors (n.pl.) مِقَصّ |
| schedule (n.; vt.) (١) جدول ؛ قائمة (٢) برنامج محدّد المواعيد (٣) يُدرَج في جدول . | |
| scheme (n.; vt.; i.) (١) برنامج ؛ مشروع ؛ خِطّة (٢) مكيدة (٣) نظام (٤) يخطّط (٥)× يدبّر مكيدة ً. | scoff (n.; vi.; t.) (١) هُزْء ؛ سخرية (٢) يهزأ. |
| scheming (adj.) ماكر ؛ مُولَع بتدبير المكائد . | scold (vt.; i.; n.) (١) يوبّخ (٢) امرأة سليطة. |
| schism (n.) (١) انقسام ؛ انفصال (٢) شِقاق . (٣) انشقاق (٤) فرقة أو طائفة منشقّة. | scolding (n.) توبيخ ؛ تعنيف |
| scholar (n.) (١) تلميذ ؛ طالب (٢) عالِم . | scone (n.) . كعكة مسطّحة مدوّرة |
| scholarly (adj.) (١) جدير بعالِم (٢) مُثقّف. | scoop (n.; vt.) (١) مِغرفة (٢) مِجرفة (٣) سبق صحفيّ (٤) يجرف ؛ يغرف ؛ يجوّف. |
| scholarship (n.) (١) منحة تعليمية (٢) ثقافة . | |
| scholastic (adj.) سكولاستيّ ؛ مدرسيّ | |
| school (n.; vt.) (١) مدرسة (٢) كليّة (٣) مدرسة فكرية (٤) قطيع أسماك (٥) يعلّم ؛ يدرّب. | scoop I. |

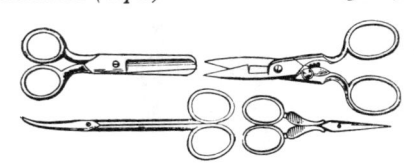

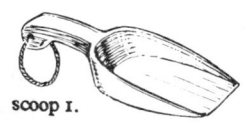

## sco

**scope** (n.) (١)مجال(٢)هدف(٣)مدى الفهم الخ.
**scorch** (vt.) (١)يَسْفَع؛ يُشيط (٢)يلدغ .
**score** (n.; vt.; i.) (١)عشرون(٢)جُرْح؛ حَتّ؛ خَدْش (٣) دَيْن (٤) سَبَب (٥) موسيقى فيلم أومسرحية (٦)مجموع النقاط أوالإصابات المُحْرَزَة (في مباراة)(٧)يحسب (٨)يسجّل (٩) يسجّل إصابة ×(١٠)يفوز .

on that ~ , من هذه الناحية ؛ بهذا الصَّدد ،
to pay (settle, wipe off) old ~s, ينتقم؛ يثأر.

**scorn** (n.; vt.) (١)ازدراء(٢)يزدري؛ يحتقر .
**scornful** (adj.) محتقِر، مزدَرٍ؛ هازىء .
**scorpion** (n.) عقرب .

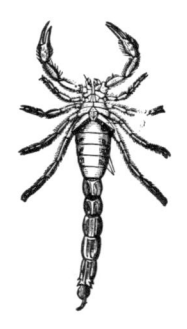

**Scot** (n.) الأسكتلندي : أحد أبناء اسكتلندة .
**Scotch; Scottish** (adj.) اسكتلندي .
**Scotchman; Scotsman** (n.) = Scot.
**Scotch tape** (n.) الشريط الاسكتلندي : شريطٌ دَبِقٌ شفّاف لإلصاق الصفحات الممزّقة الخ.
**scoundrel** (n.) الوغْد ؛ النَّذْل .
**scour** (vt.) (١)يطوف بالمكان مسرعاً، بحثاً عن شيء (٢) يفرك ؛ ينظّف ؛ يطهّر (٣)يطرد .
**scourge** (n.; vt.) (١)سَوْط (٢)بلاء؛ كارثة (٣)يجلِد (٤) يعاقب اوينتقد بقسوة .

## scr

**scout** (vi.; t.; n.) (١) يرود ؛ يستكشف (٢) يزأبِ §(٣) الرائد (٤) الكشّاف .

**scow** (n.) صَنْدَل ؛ ماعون؛ قارب مسطّح .
**scowl** (vi.; n.) (١)يعبس §(٢) عُبوس .
**scrabble** (vt.; i.) (١)يخربش: يكتب أويرسم بسرعة أو إهمال (٢) يَخْدِش .
**scramble** (vi.; t.) (١)يتدافع؛ يتزاحم بالمناكب (٢)يتسلّق ؛ يعترض×(٣)يمزج ؛يخلط (٤)يقلي البيض مازجاً صفاره ببياضه .
**scrap** (n.; vt.) (١) pl. فُتات(٢)قُصاصة . (٣) نبذة (٤) ذرّة (٥) فَضْلة ؛ نُفاية ؛ خُرْدة §(٦) يهجر أو يتخلص من .
**scrape** (vt.; i.; n.) (١)يكشط (٢)يحكّ؛ يَبْشِر؛ يفرك (٣)يَجْمَع بجهد×(٤)يَصِير؛ يَصْرِف (٥) يعمد إلى التوفير الشديد (٦) يشقّ طريقة بصعوبة §(٧) كَشْطٌ؛ حَكّ (٨)صرير ؛ صريف (٩)ورطة ؛ مأزق .
**scraper** (n.) (١) مِكْشَطة .
(٢) كاشطة الأحذية (لإزالة الأتربة والوحل عن نعالها عند الدخول ) .
scraper 2. 
**scrap iron** (n.) حديدٌ هالك ؛ حديد خُرْدَة .
**scratch** (vt.; i.; n.; adj.) (١)يحفر أو ينبش بأظافره(٢) يَخْدِش(٣)يحكّ جلدَه(٤)يشطب (٥) يخربش ×(٦) يَصِير صريراً خفيفاً §(٧) خَدْش (٨) نقطة الانطلاق (في سباق) §(٩) مُعَدّ للتسويد (١٠)غير مقصود.

**scrawl** *(vt.; i.)* يخربش : يكتب أو يرسم بعجلة .

**scream** *(vi.; n.)* (١) يصرخ §(٢) صرخة .

**screech** *(vi.; n.)* (١) يصرخ §(٢) صرخة ذعر .

**screen** *(n.; vt.)* (١) حاجز ؛ وقاء ؛ ستار . (٢) غربال (٣) شاشة السينما §(٤) يحجب ؛ يستر (٥) يُغَرْبِل (٦) يعرض على الشاشة .

**screw** *(n.; vt.)* (١) لولب ؛ قلاووظ ؛ بُرغي . (٢) فتّاحة ؛ مِبرام §(٣) يربط أو يثبّت بلولب (٤) يدير لولبياً (٥) يلوي .

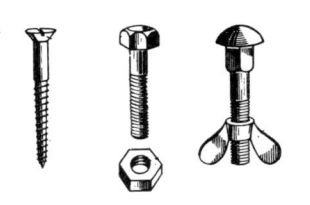

**screwdriver** *(n.)* مِفَكّ ؛ مفكّ البراغي .

**screw propeller** *(n.)* مروحة الدَّفع (في باخرة) .

**scribble** *(vt.; i.; n.)* (١) يخربش : يكتب أو يرسم بعجلة من غير عناية §(٢) خربشة .

**scribe** *(n.)* (١) الكاتب ؛ الناسخ (٢) المؤلِّف .

**scrimmage** *(n.)* مناوشة ؛ معركة صغيرة .

**scrimp** *(vi.; t.)* يقتصد ؛ يَبْخل ؛ يقتّر على .

**scrip** *(n.)* (١) صكّ ؛ سَنَد (٢) عملة ورقيّة .

**script** *(n.)* مخطوطة المسرحيّة أو الدَّور .

**Scripture** *(n.)* الكتاب المقدَّس .

**scrivener** *(n.)* = notary.

**scroll** *(n.)* الدَّرْج : لِفيفة من الرَّق أو من ورق البَرْدِيّ .

scroll

**scrub** *(n.; vt.)* (١) أشجار خفيضة (٢) أرض ذات أشجار خفيضة (٣) حكّ ؛ تنظيف §(٤) يحكّ ؛ يفرك ؛ ينظف .

**scruff** *(n.)* قفا العنق ؛ مؤخَّر العنق .

**scruple** *(n.; vi.)* (١) شكّ ؛ حَيرة ؛ تردّد ؛ وسواس §(٢) يرتاب ؛ يحتار ؛ يتردّد .

**scrupulous** *(adj.)* مدقّق ؛ كثير الشكّوك .

**scrutinize** *(vt.; i.)* يتفحّص ؛ يُنعم النظر .

**scrutiny** *(n.)* تفحُّص ؛ تدقيق ؛ إنعام نظر .

**scud** *(vi.; n.)* (١) يعدو (٢) سحاب تسوقه الرياح .

**scuffle** *(vi.)* (١) يتشاجر (٢) يمشي جارّاً قدميه .

**scull** *(n.; vt.)* (١) مجذاف خلفيّ §(٢) يجذِّف .

**scullery** *(n.)* حجرة غَسْل الأطباق وحفظها .

**scullion** *(n.)* مساعد الطاهي .

**sculptor** *(n.)* النحّات ؛ المَثّال .

**sculpture** *(n.; vt.)* (١) فنّ النحت §(٢) ينحت

**scum** *(n.)* (١) زَبَد (٢) نفاية (٣) حثالة المجتمع .

**scupper** *(n.)* بالوعة السفينة .

**scurf** *(n.)* الهِبْرِيّة : قشرة الرأس .

**scurrilous** *(adj.)* (١) سفيه (٢) بذيء .

**scurry** *(vi.)* يعدو ؛ ينطلق مسرعاً .

**scurvy** *(n.; adj.)* (١) داء الاسقربوط . §(٢) وضيع ؛ حقير .

| | |
|---|---|
| scutcheon (n.) | = escutcheon. |
| scuttle (n.; vt.; i.) | (١)دلوٌ للفحم (٢)فتحةٌ أو كوّةٌ ذات غطاء §(٣)يَخْرِق السفينة (لإغراقها) (٤)× يعدو . |
| scythe (n.; vt.) | (١)مِنْجَل §(٢)يحصد . |
| sea (n.) | (١) بحر (٢)حياة البحر . |
| seaboard; seacoast (n.) | شاطىء . |
| seafarer (n.) | (١)الملاّح (٢) المسافر بحراً . |
| sea gull (n.) | النَّوْرَس ؛ زمّج الماء (طائر) . |
| seal (n.; vt.) | (١) ضمان (٢)عَهْد (٣)خَتْم (٤)الختام : شمعٌ يُختم به (٥)سيداد مُحْكَم (٦) الفُقمة ؛ عجل البحر §(٧)يَختم (٨)يَسدّ (٩)يقرّر . |
| seam (n.; vt.; i.) | (١) دَرْزَة ؛ لَفْقَة (٢)عِرْق ؛ طبقة معدنيّة الخ . (٣) جَعْدَة ؛ غَضَنٌ §(٤)يَدْرز (٥) يجعّد . |
| seaman (n.) | (١)نوتيّ ؛ ملاح (٢)جندي بحريّ . |
| seamanship (n.) | فنّ الملاحة أو إتقانُه . |
| seamstress (n.) | خيّاطة . |
| seaplane (n.) | الطائرة المائيّة . |
| seaport (n.) | مرفأ ؛ ميناء . |
| sear (vt.) | (١)يُذْبل (٢)يَسفع ؛ يلفح (٣)يقسّي . |
| search (vt.; n.) | (١) يفحص (٢) يَسبر (٣)يفتش (٤)يستقصي §(٥)بحث ؛ تفتيش . |
| in ~ of | بحثاً عن . |
| searching (adj.) | (١)دقيق (٢)ثاقب (٣)قارس |

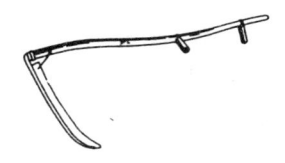

| | |
|---|---|
| searchlight (n.) | (١) أداة لإسقاط النور الكشّاف(٢)نور ُكشّاف(٣)مشْعل كهربائي . |
| seashore (n.) | شاطىء البحر . |
| seasick (adj.) | مصاب بدُوار البحر . |
| seasickness (n.) | الهُدام : دُوار البحر . |
| seaside (n.) | الساحل ؛ شاطىء البحر . |
| season (n.; vt.) | (١)أوان (٢) موسم (٣)فصل . (٤) فَتْرة §(٥) يتبّل الطعام (٦) يملّح ؛ يجفّف (٧)يمرّس (٨) يعوّد ؛ يلطّف . |
| for a ~, | فترةً قصيرةً . |
| in ~, | في أوانه ؛ في موضعه . |
| out of ~, | في غير أوانه أو موضعه . |
| seasonable (adj.) | (١)ملائم (٢)في أوانه . |
| seasonal (adj.) | موسميّ . |
| seasoning (n.) | التابل (كالفلفل ونحوه) . |
| seat (n.; vt.) | (١) مقعد ؛ كرسي (٢)مركز (٣) عاصمة (٤) مقرّ §(٥) يُجلس (٦)يتّسع لـ (٧) يزوّد بمقاعد . |
| seaward (adj.; adv.) | نحو البحر . |
| seaweed (n.) | العشب البحري ؛ الطحلب البحري . |
| sebaceous (adj.) | (١) دُهْنيّ (٢)مُفرزٌ دُهناً . |
| secede (vi.) | ينسحب (من كنيسة أو حزْب) . |

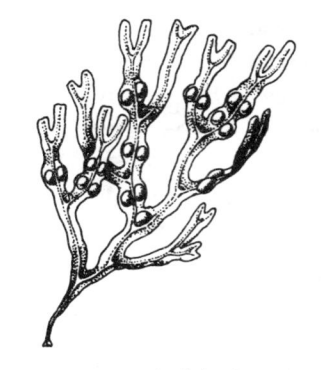

**secession** *(n.)* انفصال ؛ انسحاب ؛ انعزال .

**seclude** *(vt.)* (١) يعزِل ؛ يفصِل (٢) يحجب .

**seclusion** *(n.)* عزْل ؛ عُزْلة ؛ مكان منعزل .

**second** *(adj.; adv.; n.; vt.)* (١) ثانٍ § (٢) في المرتبة الثانية § (٣) الثاني (٤) المناصِر ؛ المؤيِّد (٥) الثانية : ١/٦٠ من الدقيقة (٦) لحظة § (٧) يناصر ؛ يؤيّد (٨) يثنّي (على اقتراح) .

~ **to none** . فوق الجميع ؛ لا يُعْلَى عليه .

**secondary** *(adj.)* ثانويّ .

**secondary school** *(n.)* الثانوية : مدرسة ثانويّة .

**second class** *(n.)* المرتبة أو الدرجة الثانية .

**secondhand** *(adj.)* مُستعمَل .

**second lieutenant** *(n.)* الملازم (في الجيش) .

**secondly** *(adv.)* ثانياً .

**second person** *(n.)* صيغة المخاطَب .

**second-rate** *(adj.)* من الدرجة الثانية .

**secrecy** *(n.)* (١) تكتُّم (٢) سريّة .

**secret** *(adj.; n.)* (١) سِرّيّ § (٢) سِرّ .

**in ~,** سِرّاً ؛ في السِّرّ .

**secretarial** *(adj.)* سكرتيريّ .

**secretariat** *(n.)* السكرتيريّة : أمانة السرّ .

**secretary** *(n.)* (١) سكرتير (٢) وزير .

**secrete** *(vt.)* (١) يُفرِز (٢) يُخفي ؛ يكتم .

**secretion** *(n.)* (١) إفراز (٢) إخفاء .

**secretly** *(adv.)* سِرّاً ؛ خِفْيَةً ؛ في الخفاء .

**sect** *(n.)* طائفة ؛ شيعة ؛ نِحلة ؛ فِرْقة .

**sectarian** *(adj.)* طائفيّ .

**section** *(n.)* (١) قَطْع ؛ تقسيم (٢) قسم ؛ جزء (٣) قِطاع ؛ مَقْطَع (٤) إقليم .

**sectional** *(adj.)* (١) قِطاعيّ ؛ مَقطعيّ (٢) محليّ ؛ إقليميّ (٣) قابلٌ للتفكيك .

**sectionalism** *(n.)* الاقليمية : التعصّب الاقليمي .

sector I.

**sector** *(n.)* (١) قِطاع الدائرة . (٢) قِطاع .

**secular** *(adj.)* (١) دنيوي . (٢) غير دينيّ (٣) مدَنيّ ؛ غير اكليركي .

**secure** *(adj.; vt.)* (١) واثق (٢) مطمئنّ (٣) آمِن (٤) مأمون (٥) مُحْكَم (٦) مضمون (٧) مصون § (٨) يصون (٩) يضمن (١٠) يثبّت (١١) يحصل على .

**security** *(n.)* (١) أمن ؛ سلام ؛ طمأنينة (٢) كفالة (٣) الكفيل (٤) سند .

**sedan** *(n.)* (١) مِحفّة (٢) سيّارة .

sedan I.

**sedate** *(adj.)* رزين ؛ رصين .

**sedative** *(adj.; n.)* مسكِّن .

**sedentary** *(adj.)* (١) مقيم (٢) كثير الجلوس (٣) متطلِّب كثيراً من الجلوس .

**sedge** *(n.)* البَرْدِيّ ؛ السُّعادَى (نبات) .

**sediment** *(n.)* (١) ثُفْل ؛ ثُفالة (٢) رُسابة .

**sedimentary** *(adj.)* رُسابيّ ؛ رُسوبيّ .

**sedimentation** *(n.)* ترسيب ؛ ترسُّب .

**sedition** *(n.)* تحريض على الفتنة أو العصيان .

**seditious** *(adj.)* تحريضيّ ؛ محرِّض على الفتنة .

**seduce** *(vt.)* (١) يُضِلّ ؛ يُغري (٢) يُغْوِي .

**seduction** *(n.)* (١) إغواء (٢) إغراء .

**sedulous** *(adj.)* كادّ ؛ مُواظِب ؛ مُجِدّ ؛ مثابر .

see 421 sel

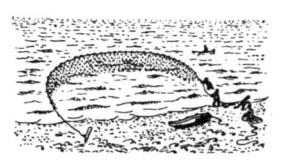

**see** *(vt.; n.)* (١) يرى (٢) يفهم (٣) يراقب (٤) يرافق § (٥) أبرشيّة (٦) مقرّ الأسقف.

to ~ into يدرك حقيقة الأمر.
to ~ out ينهي ؛ يتمّ ؛ ينجز.

**seed** *(n.; vi.; t.)* (١) بزرة ؛ بذرة (٢) نَسْل ؛ ذرّية (٣) أصل ؛ منشأ § (٤) يزرع (٥) يحمل بزوراً × (٦) ينثر البزور (٧) يستخرج البزور.

**seedling** *(n.)* (١) نبتة (٢) شجيرة صغيرة.

**seedtime** *(n.)* موسم البَزْر ؛ موسم البذار.

**seedy** *(adj.)* (١) كثير البزور (٢) رثّ (٣) متوعّك الصحّة.

**seek** *(vt.)* يبحث عن ؛ يطلب ؛ يَنْشد ؛ يحاول.

**seem** *(vi.)* (١) يبدو ؛ يظهر (٢) يتراءى لِـ.

**seeming** *(adj.)* ظاهريّ.

**seemingly** *(adv.)* في ما يبدو ؛ على ما يظهر.

**seemly** *(adj.)* (١) محتشم (٢) لائق.

**seen** *past part. of* see.

**seep** *(vi.)* يَنِزّ ؛ يَتَسَيَّل ؛ يَتَسَرَّب.

**seer** *(n.)* (١) المتنبّىء (٢) العرّاف ؛ الراجم بالغيب.

**seesaw** *(n.)* النّوّاسة : لعبة من لعب الأطفال.

seesaw

**seethe** *(vt.; i.)* (١) يغلي ؛ يسلق × (٢) يهتاج.

**segment** *(n.)* (١) قطعة ؛ جزء ؛ قسم (٢) القطعة الدائريّة (هندسة) (٣) فِلْقَة ؛ فَصّ.

segment 2.

**segmentation** *(n.)* (١) تقطيع (٢) تجزّؤ (٣) تفلّق.

**segregate** *(vt.)* يَعْزِل ؛ يفصل.

**segregation** *(n.)* عَزْل ؛ فَصْل.

**seigneur** *(n.)* (١) سيّد (٢) سيّد إقطاعيّ.

**seine** *(n.)* السَّيْنَة : شبكة صيد ضخمة.

**seismic; -al** *(adj.)* زلزاليّ.

**seize** *(vt.)* (١) يستولي على (٢) يعتقل (٣) يمسك بـ (٤) يفهم فهماً تامّاً (٥) ينتهز (فرصةً).

**seizure** *(n.)* (١) استيلاء الخ. (٢) نوبة مَرَضية.

**seldom** *(adv.)* نادراً ؛ نادراً ما.

**select** *(vt.; i.; adj.)* (١) يختار § (٢) مُختار.

**selection** *(n.)* (١) اختيار ؛ انتقاء (٢) نُخبة.

**selector** *(n.)* المختار ؛ المنتقي ؛ المنتخِب.

**self** *(n.)* النفس ؛ الذات.

**self-** بادئة معناها : ذاتياً ؛ ذاتيّ ؛ بذاتِه.

**self-assertion** *(n.)* توكيد الذات.

**self-assurance** *(n.)* الثقة بالنفس.

**self-centered** *(adj.)* أنانيّ.

**self-command** *(n.)* = self control.

**self-complacency** *(n.)* الرّضا الذاتي.

**self-conceit** *(n.)* العُجْب ؛ الغرور.

**self-confidence** *(n.)* الثقة بالنفس.

**self-conscious** *(adj.)* خجول.

**self-contradictory** *(adj.)* مناقضٌ ذاتَه.

**self-control** *(n.)* ضَبْطُ النفس ؛ تمالك النفس.

**self-denial** *(n.)* نكران الذات.

**self-destruction** *(n.)* انتحار.

**self-determination** *(n.)* تقرير المصير.

**self-devotion** *(n.)* التضحية بالذات.

**self-discipline** *(n.)* الانضباط الذاتيّ.

**self-esteem** *(n.)* (١) احترام الذات (٢) غرور.

**self-evident** *(adj.)* بديهيّ ؛ بيِّن بذاته.

**self-government** *(n.)* الحكم الذاتيّ .
**self-help** *(n.)* الاعتماد على النفس .
**self-important** *(adj.)* مُعْتَدّ بنفسه .
**selfish** *(adj.)* أنانيّ .
**self-knowledge** *(n.)* معرفة الذات .
**self-made** *(adj.)* (١) ذاتيّ الصُّنْع (٢) عِصاميّ .
**self-possessed** *(adj.)* هادىء ؛ رابط الجأش .
**self-reliance** *(n.)* الاعتماد على النفس .
**self-reproach** *(n.)* تقريع الذات ؛ وخز الضمير
**self-respect** *(n.)* احترام الذات ؛ احترام النفس .
**self-restraint** *(n.)* ضَبْط النفس ؛ تمالك النفس
**self-sacrifice** *(n.)* التضحية بالذات .
**selfsame** *(adj.)* نفس ؛ عين ؛ ذات .
**self-satisfaction** *(n.)* الرِّضا الذاتيّ .
**self-seeking** *(adj.; n.)* (١) أنانيّ § (٢) أنانيّة .
**self-sufficiency** *(n.)* الاكتفاء الذاتي .
**self-supporting** *(adj.)* مُعِيلٌ نفسَه بنفسه .
**self-taught** *(adj.)* مثقّف نفسَه بنفسه .
**self-willed** *(adj.)* عنيد ؛ متشبّث برأيه .
**sell** *(vt.; i.)* (١) يَخُوْن (٢) يبيع × (٣) يُباع .
**seller** *(n.)* (١) البائع (٢) سلعة رائجة .
**selvage; selvedge** *(n.)* حَرْف ؛ حاشية ؛ حافة
**selves** *pl. of* self.
**semblance** *(n.)* شكل ؛ مظهر ؛ مظهر خارجي .
**semester** *(n.)* نصف سنة .
**semi-** بادئة معناها : نِصْف ؛ شِبه ؛ جزئيّ .
**semi-annual** *(adj.)* نصف سنوي .
**semicircle** *(n.)* نصف دائرة .
**semicircular** *(adj.)* نصف دائريّ .
**semicolon** *(n.)* الشَّوْلَة المنقوطة ( ؛ ) .
**semiconscious** *(adj.)* نصف واعٍ .
**semimonthly** *(adj.)* نصف شهري .
**seminar** *(n.)* سمينار ؛ حلقة دراسية .
**seminary** *(n.)* (١) بُؤْرَة (٢) مَعْهَد .

**Semite** *(n.)* السّاميّ : واحد الساميّين .
**Semitic** *(adj.)* ساميّ .
**sempstress** *(n.)* خيّاطة .
**senate** *(n.)* (١) مجلس الشيوخ (٢) المجلس الأعلى
**senator** *(n.)* شيخ ؛ سناتور .
**send** *(vt.)* (١) يقذف (٢) يسدّد (٣) يُرْسِل .
**senile** *(adj.)* (١) شيخوخيّ (٢) خَرِف .
**senior** *(n.; adj.)* (١) طالب في صفّ التخرّج § (٢) أرشد ؛ أكبر سنّاً (٣) أعلى مقاماً (٤) تخرُّجيّ ؛ منته .
**seniority** *(n.)* الأرشدية ؛ الأسبقية ؛ الأقدمية .
**senna** *(n.)* (١) السّنا (نبات) (٢) السّنامكيّ .
**sensation** *(n.)* (١) حسّ (٢) ضجّة . (٣) حدث أو نبأ مثير .
**sensational** *(adj.)* (١) حِسّيّ (٢) مثير .
**sense** *(n.; vt.)* (١) معنى (٢) حاسّة (٣) حِسّ ؛ إحساس (٤) إدراك (٥) عقل (٦) شيء معقول § (٧) يُحسّ ؛ يشعر بِ .

in a ~, من بعض النواحي ؛ بمعنى من المعاني ؛ الى حدّ ما .
in one's (right) ~*s* عاقل ؛ مالكٌ قواهُ العقلية .
out of one's ~*s* مجنون .
to make ~. يكون مفهوماً أو معقولاً .
to make ~ of. يفهم ؛ يُدرك المراد من .

**senseless** *(adj.)* (١) مُغمىً عليه (٢) أحمق .
**sensibility** *(n.)* إحساس ؛ إدراك ؛ حسّاسيّة .
**sensible** *(adj.)* (١) محسوس (٢) كبير ؛ ضخم (٣) حسّاس (٤) مُدرِك ؛ واعٍ (٥) معقول .
**sensitive** *(adj.)* (١) حِسّيّ (٢) ذو حِسّ . (٣) حسّاس (٤) ذو حسّاسيّة (٥) سريع التقلّب .

**sensitivity** *(n.)* حسّاسيّة .

**sensory** *(adj.)* حِسّيّ : ذو علاقة بالاحساس أو بالحواسّ .

**sensual** *(adj.)* حِسّيّ ؛ جسديّ ؛ شهوانيّ .

**sensuous** *(adj.)* حِسّيّ .

**sent** *past and past part . of* send.

**sentence** *(n.; vt.)* (١) حكمٌ بعقوبة (٢) العقوبة نفسُها (٣) جملة §(٤) يحكم على .

**sentient** *(adj.)* (١) ذو حِسّ (٢) حسّاس .

**sentiment** *(n.)* (١) رأي (٢) وجدان ؛ عاطفة .

**sentimental** *(adj.)* وجدانيّ ؛ عاطفيّ .

**sentinel; sentry** *(n.)* خفير ؛ حارس .

**sepal** *(n.)* السَّبَلَة ؛ الكأسيّة (في زهرة) .

**separable** *(adj.)* قابلٌ للانفصال .

**separate** *(vt.; i.; adj.)* (١) يَفْصِل (٢) يَفْرِز ×(٣) ينفصل §(٤) منعزِل (٥) منفصل ؛ مستقلّ ؛ مختلف .

**separation** *(n.)* (١) فَصْل (٢) انفصال .

**separatist** *(n.; adj.)* انفصالي ؛ انشقاقي .

**separator** *(n.)* (١) الفاصل ؛ الفارز (٢) الفرّازة : أداة لفصل القشدة عن الحليب الخ .

**September** *(n.)* سبتمبر : شهر أيلول .

**septic** *(adj.)* (١) عَفِن (٢) مسبِّب عَفَناً .

**sepulcher** *or* **sepulchre** *(n.)* قَبْر .

**sepulchral** *(adj.)* (١) قَبْرِيّ (٢) كئيب .

**sepulture** *(n.)* (١) قَبْر (٢) دَفْن .

**sequel** *(n.)* (١) نتيجة ؛ عاقبة (٢) تتمّة ؛ ذيل .

**sequence** *(n.)* (١) سلسلة ؛ تسلسل (٢) نتيجة .

**sequent** *(adj.)* (١) تالٍ (٢) متعاقب ؛ متتابع .

**sequester** *(vt.)* (١) يَفْصِل ؛ يَعْزِل (٢) يحجز ؛ يصادر .

**sequin** *(n.)* التَّرْتِرَة ؛ اللُّمْعَة .

**sequoia** *(n.)* السَّكُوْيَة ؛ الجَبّارَة (شجر) .

**seraglio** *(n.)* (١) الحريم (٢) سراي السلطان .

**seraph** *or* **seraphim** *(n.)* مَلاك .

**sere** *(adj.)* ذابلٌ ؛ ذاوٍ .

**serenade** *(n.)* السِّريناد : لحنٌ يعزف أو يُغنّى تحت نافذة المحبوبة .

**serene** *(adj.)* (١) صافٍ (٢) هادئ ؛ ساكن .

**serenity** *(n.)* (١) صفاء (٢) هدوء ؛ سكون .

**serf** *(n.)* القِنّ ؛ عبد الأرض .

**serfdom** *(n.)* القِنانَة ؛ عبودية الأرض .

**serge** *(n.)* الصِّرْج : نسيج صوفيّ متين .

**sergeant** *(n.)* رقيب (رتبة عسكريّة) .

**serial** *(adj.; n.)* (١) مُسَلْسَل ؛ متسلسل . §(٢) رواية مسلسلة أو متسلسلة .

**series** *(n.)* سلسلة .

**serious** *(adj.)* (١) رزين (٢) جِدّيّ ؛ خطير .

**seriously** *(adv.)* (١) جدّيّاً (٢) بصورة خطيرة .

**seriousness** *(n.)* جِدّ ؛ جِدّيّة ؛ خطورة .

**sermon** *(n.)* عِظَة ؛ موعظة .

**serous** *(adj.)* (١) مَصْليّ (٢) مَصْليّ القَوام .

**serpent** *(n.)* حيّة ؛ أفعى .

**serpentine** *(adj.)* أفعوانيّ ؛ متمعّج ؛ ملتفّ .

**serried** *(adj.)* (١) مُكْتَظّ (٢) مُسَنَّن .

**serum** *(n.)* مَصْل (الدم أو اللبن).

**servant** *(n.)* (١) خادم (٢) موظف حكوميّ .

**serve** *(vi.; t.; n.)* (١) يَخْدِم (٢) ينفع ؛ يفيد ؛ يَصلح لِ (٣) يستهلّ ضرب الكرة × (٤) يقضي (٥) يقدّم (٦) يزوّد (٧) يعامل (٨) ينفّذ أو يسلّم أمراً قضائياً § (٩) استهلال ضرب الكرة (في التنس) .

**service** *(n.)* (١) خدمة (٢) مساعدة (٣) فائدة . (٤) صلاة عامّة (٥) طَقْم أو مجموعة (من أدوات المائدة) (٦) سلك (٧) مصلحة.

**serviceable** *(adj.)* (١) نافع (٢) متين .

**servile** *(adj.)* (١) عَبْديّ ؛ رِقّي (٢) ذليل .

**servility** *(n.)* ذلّ ؛ خنوع ؛ استسلام ذليل .

**servitude** *(n.)* (١) عبوديّة (٢) الأشغال الشاقّة .

**sesame** *(n.)* السِّمْسِم (نبات).

**session** *(n.)* (١) جلسة (٢) دورة (المجلس الخ.)

**set** *(vt.; i.; adj.; n.)* (١) يُقْعِد ؛ يُجْلِس . (٢) يُنَصِّب (مِلكاً) (٣) يركز (٤) يَنْصِب (٥) يدوّن (٦) يُطلِق ؛ يُعْتِق (٧) يعيِّن (٨) يضع (٩) يحدّد ؛ يقرّر (١٠) يضرب مثلاً يُحتذى (١١) يَجْبُر (العظم) (١٢) ينشر (الأشرعة) (١٣) يرتّب (١٤) يُعِدّ المَسرحَ للتمثيل (١٥) ينضّد أو «يصفّ» طباعياً (١٦) يَشْحَذ ؛ يَسُنّ (١٧) يثبِّت (١٨) يعتبر (١٩) يحرّض ؛ يثير (٢٠) يُدير يُعمِل × (٢١) يتلاءم (٢٢) تحضن البيض (٢٣) يغرُب (٢٤) يشرع في (٢٥) يتجه § (٢٦) مصمِّم على (٢٧) ضارٍ (٢٨) محدَّد (٢٩) متعمَّد § (٣٠) اتجاه ؛ مَيْل (٣١) طقم ؛ مجموعة ؛ زمرة (٣٢) هيئة (٣٣) وَضْع (٣٤) مدى انطباق البذلة على الجسم (٣٥) إعداد المسرح للتمثيل (٣٦) جهاز .

to ~ about (١) يبدأ (٢) ينشر (إشاعةً) .
to ~ aside (١) يدّخر (٢) يضع جانباً .
to ~ fire to يُضرِم النار في .
to ~ forth (١) يَنْشُر (٢) يبيّن .
to ~ on (١) يهاجم (٢) يحثّ (٣) يتقدّم .
to ~ out يشرع في ؛ يبدأ رحلة .
to ~ sail يُقلِع ؛ يُبْحِر .
to ~ to يبدأ العملَ أو القتالَ .
to ~ up يرفع ؛ يَنْصِب ؛ يقيم .
to ~ upon يهاجم بعنف .

**setback** *(n.)* (١) عقبة ؛ عائق (٢) توقف ؛ نكسة.

**set square** *(n.)* الكُوس : مثلث رسم الزوايا القائمة .

set square

**settee** *(n.)* أريكة ؛ مقعد طويل .

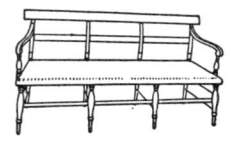

**setting** *(n.)* (١) وَضْعٌ ؛ إطلاق ؛ نَشر ؛ تنضيد الخ. (٢) إطار الفَصّ (في خاتم) (٣) محيط (٤) مكان وزمان المشهد (المسرحيّ أو السينمائيّ) (٥) «حَضْنَة» بَيْض .

set 425 sha

**settle** *(vt.; i.)* (١) يوطِّد (٢) يوطِّن . (٣) يُؤهِل (بالسكان) (٤) يرسِّب (٥) يروِّق ؛ يصفّي (٦) يهدّئ (٧) يحسِم (٨) يسوّي (٩) يسدِّد (١٠) يعيِّن ؛ يُحدِّد (١١) ينظِّم × (١٢) يستقرّ (١٣) يرسب (١٤) يروق ؛ يصفو (١٥) يتوطّد (١٦) يستوطن (١٧) يَهدأ .

to ~ up *or* on يختار ؛ يقع اختياره على .
to ~ upon *or* on يَهَب .

**settled** *(adj.)* (١) مقرَّر (٢) راسخ (٣) مسدَّد.
**settlement** *(n.)* (١) استقرار (٢) توطيد . (٣) توطُّد (٤) تحديد ؛ تعيين (٥) تنظيم (٦) دفع ؛ تسديد (٧) تسوية (٨) استيطان (٩) مستعمرة ؛ مُسْتَوطَن (١٠) قرية صغيرة .
**settler** *(n.)* المستوطِن ؛ المستعمِر .
**seven** *(n.)* سبعة ؛ سبع .
**sevenfold** *(adj.; adv.)* (١) سُباعيّ . (٢) أكبر بسبعة أضعاف § (٣) سبعةَ أضعاف.
**seventeen** *(n.)* سبعةَ عَشَرَ ؛ سَبعَ عشرة .
**seventeenth** *(adj.; n.)* (١) سابع عشر . § (٢) جزء من سبعة عشر (٣) السابع عشر .
**seventh** *(adj.; n.)* (١) سابع § (٢) السُّبْع : جزء من سبعة (٣) السابع (في مجموعة).
**seventhly** *(adv.)* سابعاً .
**seventieth** *(adj.; n.)* (١) السبعون (٢) $\frac{1}{70}$ .
**seventy** *(n.)* (١) سبعون (٢) *pl.*: العقد الثامن.
**sever** *(vt.; i.)* (١) يَفصِل ؛ يمزّق × (٢) ينفصل.
**several** *(adj.; pron.)* (١) مختلِف (٢) منفصل ؛ مستقلّ (٣) عدة ؛ بضعة § (٤) بعض.
**severally** *(adv.)* إفرادياً ؛ كلاً بمفرده .
**severance** *(n.)* (١) قَطْع ؛ فَصْل (٢) انقطاع .
**severe** *(adj.)* (١) صارم (٢) قاس ؛ خطير .
**severely** *(adv.)* بصرامة ؛ بقسوة ؛ بشكلٍ خطير .
**severity** *(n.)* صرامة ؛ قسوة ؛ خطورة الخ.

**sew** *(vt.; i.)* (١) يخيط × (٢) يمارس الخياطة .
**sewage sewerage** *(n.)* مياه البواليع .
**sewer** *(n.)* (١) بالوعة ؛ مجرور (٢) الخائط ؛ الخياط
**sewing** *(n.)* (١) خياطة (٢) شيء معدّ للخياطة.
**sewn** *past part. of* sew.
**sex** *(n.)* الجنس : الذكورة أو الأنوثة.
**sex appeal** *(n.)* الجاذبيّة الجنسيّة ؛ النداء الجنسي
**sextant** *(n.)* السُّدسيّة : آلة لقياس ارتفاع الأجرام السماويّة من سفينة أو طائرة متحرّكة .

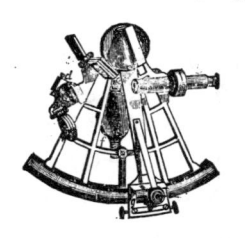

**sextet** *or* **sextette** *(n.)* (١) اللحن السُّداسيّ . (٢) السُّداسيّ ؛ مجموعة من ستّة .
**sexton** *(n.)* قَنْدَلَفْت (في الكنيسة) .
**sexual** *(adj.)* جنسيّ ؛ تناسليّ .
**shabby** *(adj.)* (١) رثّ (٢) رثّ الملبس (٣) دنيء.
**shack** *(n.; vi.)* (١) كوخ § (٢) يحيا ؛ يقيم.
**shackle** *(n.; vt.)* (١) غُلّ ؛ قَيْد § (٢) يقيِّد.

**shad** *(n.)* الشّابِل ؛ الصّابوغة : نوع من السمك.

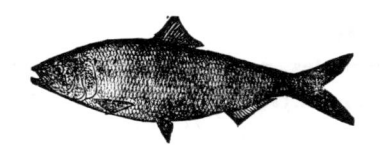

**shade** *(n.; vt.)* (١) ظِلّ (٢) عدم شهرة (٣) مكان ظليل (٤) طيف؛ خيال (٥) كُمّة المصباح: ظُلَّتُه المخفّفة لوهج نوره (٦) ستار النافذة المرن (٧) درجة اللون (٨) فارق دقيق § (٩) يظلّل (١٠) يستر.

**shading** *(n.)* (١) تظليل (٢) فارق دقيق.

**shadow** *(n.; vt.)* (١) ظِلّ؛ خيال (٢) صورة منعكسة (عن مرآة) (٣) وِقاء؛ سِتْر (٤) شبح (٥) *pl.*: عتمة (٦) الظلّ؛ الجزء القاتم من الصورة (٧) أثر؛ ذرّة § (٨) يظلّل.

**shadowy** *(adj.)* (١) مُبْهَم (٢) مظلّل أو ظليل.

**shady** *(adj.)* (١) ظليل (٢) غامض (٣) مشبوه.

**shaft** *(n.)* (١) قصبة الرمح (٢) عريش العربة (٣) سهم؛ رمح (٤) عمود الادارة (ميكانيك) (٥) سارية العَلَم (٦) برج؛ عمود (٧) مَهْوَى المنجَم أو مدخله (٨) ممرّ رأسيّ (كبيت المصعد في مبنى).

**shag** *(n.)* (١) شعر أشعث (٢) تبغ مفروم.

**shaggy** *(adj.)* (١) خشِن؛ أشعث (٢) فظّ.

**shake** *(vi.; t.)* (١) يهتزّ (٢) يرتجّ (٣) يرتعش (٤) يتساقط؛ ينهال (٥) يتمايل × (٦) يَهُزّ (٧) يَنْفض (٨) يصافح.

**shaky** *(adj.)* (١) متزعزع؛ متداعٍ (٢) مرتعش.

**shale** *(n.)* الطين الصَّفْحيّ.

**shale oil** *(n.)* الزيت الحجري.

**shall** *(aux. v.)* (١) سَ... سَوْف (٢) هل.

**shallop** *(n.)* الشَّلُّوب: قارب صغير خفيف.

**shallow** *(adj.)* ضَحْل؛ قليل العمق.

**sham** *(n.; adj.; vi.)* (١) شيء زائف § (٢) صُوريّ؛ كاذب؛ زائف § (٣) يتظاهر بـ.

**shamble** *(vi.)* يمشي متثاقلاً.

**shambles** *(n. pl.)* مَجْزَر؛ مَسْلَخ.

**shame** *(n.; vt.)* (١) خَجَل؛ حياء (٢) خِزْي؛ عار § (٣) يُخجِل (٤) يُخزِي.

**shamefaced** *(adj.)* خجول أو مخجول.

**shameful** *(adj.)* مُخزٍ؛ مُخْجِل؛ فاضح.

**shameless** *(adj.)* (١) وقِح (٢) مُخزٍ.

**shampoo** *(vt.; n.)* (١) يغسل (الشعر) بالصابون والماء § (٢) غسل الشعر بالصابون والماء (٣) الشامبو: مستحضَر يُستخدم في ذلك.

**shamrock** *(n.)* النَّفَل؛ الشَّبْدَر (نبات).

**shank** *(n.)* (١) ساق (٢) رِجل (٣) الجزء الواقع بين مقبض المفتاح وسِنّه.

**shanty** *(n.)* كوخ.

**shape** *(n.; vt.; i.)* (١) شكل (٢) مظهر (٣) قالب (٤) حالة § (٥) يشكّل؛ يعطي الشيء شكلاً معيّناً (٦) يصوغ × (٧) يتشكّل.

**to take ~**, يتشكّل؛ يتخذ شكلاً معيّناً.

**shapeless** *(adj.)* (١) عديم الشكل (٢) مشوَّه.

**shapely** *(adj.)* جميل؛ جميل الشكل.

**shard** *(n.)* كِسْرَة؛ قطعة.

**share** *(n.; vt.; i.)* (١) حِصّة؛ نصيب (٢) سَهم ماليّ (٣) شفرة المحراث (التي يشق الأرضَ بها) § (٤) يوزع الحصص × (٥) يشارك أو يشترك في.

**shareholder** *(n.)* المساهِم: حامل السَّهْم الماليّ.

**shark** *(n.)* (١) القِرْش (سمك) (٢) المحتال.

sha 427 she

**sharp** *(adj.; adv.; n.)* (١) ماضٍ ؛ قاطع . (٢) قارس (٣) ذكيّ (٤) يقظ (٥) نشيط ؛ رشيق (٦) قاسٍ (٧) لاذع (٨) مُبرِح (٩) شديد (١٠) حِرّيف (١١) حادّ (١٢) واضح § (١٣) بحدّة ؛ بمضاء (١٤) تماماً (١٥) فجأةً § (١٦) طرَف حادّ ؛ حافة حادّة .

**sharpen** *(vt.)* يشحذ (الموسى) ؛ يبري (القلم).

**sharply** *(adv.)* بحدّة ؛ بمضاء ؛ برشاقة الخ.

**sharp-witted** *(adj.)* ذكيّ ؛ متوقّد الذهن .

**shatter** *(vt.; i.)* (١) يحطّم × (٢) يتحطّم .

**shave** *(vt.; n.)* (١) يَكْشِط ؛ يقشر ؛ يَسْحَج (٢) يَحْلِق (بالموسى) (٣) يدنو من الشيء أو يَمَسّه مسّاً عابراً § (٤) مِكْشَط ؛ مِسْحَج (٥) ماكينة حلاقة كهربائية (٦) كَشْط ؛ سَحْج ؛ حلاقة .

**a close ~,** نجاةٌ بأعجوبة .

**shaving** *(n.)* (١) كَشْط ؛ سَحْج ؛ حلاقة . (٢) نُجارة ؛ قُشارة ؛ رُقاقة .

**shawl** *(n.; vt.)* (١) شال § (٢) يغطّي بشال .

**she** *(pron; n.)* (١) هي § (٢) أنثى .

**sheaf** *(n.)* pl. **sheaves** *(n.)* حُزْمة .

**shear** *(vt.; n.)* (١) يقصّ ؛ يَجُزّ (٢) يُجرِّد من § (٣) *pl.*: مِجزّة ؛ مِقصّ كبير (٤) *pl.*: المِرفاع . المِقصّي (٥) قصّ ؛ جزّ .

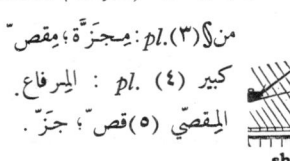

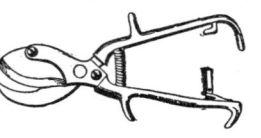

**shears 4.**

***shorn* of** مجرَّدٌ من .

**shears 3.**

**sheath** *(n.)* (١) غِمْد ؛ قِراب (٢) غلاف .

**sheathe** *(vt.)* (١) يُغْمِد (٢) يُغلِّف ؛ يكسو .

**sheave** *(n.)* البكَرة المحزوزة .

**sheaves** *pl. of* sheaf

**sheave**

**shed** *(vt.; n.)* (١) يُريق ؛ يذرف ؛ يسفح (٢) يغيّر ريشه دوريّاً ؛ يَطْرَح إهابه القديم (٣) يُسقِط § (٤) سقيفة .

**sheen** *(n.)* لمعان ؛ بريق .

**sheep** *(n.)* (١) خروف (٢) جلد خروف .

**sheepcote; sheepfold** *(n.)* زريبة الغنم .

**sheepherder** *(n.)* الراعي ؛ راعي الغنم.

**sheepish** *(adj.)* خجول ؛ جبان ؛ مرتبك .

**sheepskin** *(n.)* (١) جلد الغنم (٢) دبلوم .

**sheer** *(adj.; vi.)* (١) شفّاف (٢) تامّ ؛ صِرْف . (٣) مجرَّد (٤) شديد التحدّر § (٤) ينحرف .

**sheet** *(n.)* (١) المُلاءة : ما يُفْرَش على السرير . (٢) صحيفة (من الورق) (٣) جريدة ؛ صحيفة (٤) الصفحة : امتداد أو سطح عريض (٥) لوحٌ .

**sheeting** *(n.)* قماش لأغطية السُّرُر .

**sheet iron** *(n.)* صاج ؛ حديد صَفْحيّ .

**shelf** *(n.)* (١) رَفّ (٢) سلسلة صخور مسطّحة .

**shell** *(n.; vt.)* (١) صَدَفة ؛ محارة (٢) قشرة . (٣) قارب سباق ضيّق (٤) قذيفة ؛ قنبلة . § (٥) يقشر (٦) يضرب بالقنابل .

**shellfish** *(n.)* المَحار : حيوان صَدَفيّ مائيّ .

**shelter** *(n.; vt.)* (١) وِقاء ؛ سِتْر ؛ مُلْتَجَأ ؛ حِمىً § (٢) يقي ؛ يَسْتُر ؛ يحمي .

**shelve** *(vt.; i.)* (١) يضع على رفّ (٢) يصرف من الخدمة (٣) يُهْمِل × (٤) ينحدر .

**shelves** *pl. of* shelf.

**shepherd** *(n.)* (١) الراعي (٢) الكاهن .

**shepherdess** *(n.)* (١) الراعية (٢) فتاة ريفية.

**sherbet** *(n.)* الشَّرْبات : شراب مثلوج.

**sheriff** *(n.)* الشريف : عُمدة البلدة .

**sherry** *(n.)* الشَّرِيّ : خمر اسبانيّة الأصل .

**shield** *(n.; vt.)* (١) تُرْس § (٢) يقي بترس . (٣) يستر ؛ يحجب عن الانظار .

**shift** *(vt.; i.; n.)* (١) يغيّر ؛ يبدّل (٢) يحوّل ؛ ينقل × (٣) ينتقل (٤) يغيّر اتجاهه (٥) يتدبّر أمره بنفسه (٦) يتغيّر § (٧) وسيلة ؛ حيلة (٨) فريق مناوبة (٩) تغيُّر .

**shiftless** *(adj.)* (١) عديم الحيلة (٢) كسول .

**shifty** *(adj.)* (١) داهية (٢) مخادع ؛ مراوغ .

**shilling** *(n.)* الشِّلِن : $\frac{1}{20}$ من الجنيه الاسترليني .

**shimmer** *(vi.)* يومض ؛ يضيء بوَهن .

**shin** *(n.; vi.)* (١) القَصَبَة ؛ مقدَّم الساق . § (٢) يتسلق شجرة (بأن يطوّقها بذراعيه وساقيه) .

**shinbone** *(n.)* الظُّنْبُوب : عظم الساق الأكبر .

**shine** *(vi.; t.; n.)* (١) يضيء ؛ يتألّق ؛ يلمع . × (٢) يجعله مضيئاً (٣) يلمّع ؛ يصقل § (٤) ضياء ؛ تألّق ؛ لمعان (٥) صحو ؛ طقس جميل .

to ~ up to يتقرّب إليه (محاولاً كسْب ودّه) .

to take a ~ to يحبّ أو يُولَع بِ (ع) .

**shingle** *(n.; vt.)* (١) لوح خشبيّ (٢) لوحة ؛ لافتة (٣) حصى ؛ حصباء (٤) موضعٌ كثير الحصى § (٥) يكسو (سقفاً) بألواح خشبية الخ .

**shiny** *(adj.)* (١) صافٍ ؛ مشرق (٢) لامع .

**ship** *(n.; vt.)* (١) سفينة ؛ مركب § (٢) يشحن .

**shipboard** *(n.)* السفينة أو متنُها أو داخلُها .

**shipmaster** *(n.)* رُبّان السفينة ؛ قبطان السفينة .

**shipment** *(n.)* (١) شَحْن بالسّفن (٢) شَحْنة .

**shipping** *(n.)* السُّفُن أو الشّحْن بها (٢) شحن .

**shipshape** *(adj.)* مرتَّب ؛ حَسَنُ النظام .

**shipwreck** *(n.; vt.)* (١) سفينة غارقة أو حُطامُها (٢) غرق السفينة (٣) تحطُّم § (٤) يُغْرِق سفينة .

**shipwright** *(n.)* باني السّفن أو مرمّمها .

**shipyard** *(n.)* المَسْفَن : حوض بناء السُّفُن .

**shire** *(n.)* مقاطعة ؛ قضاء ؛ ناحية .

**shirk** *(vi.; t.)* (١) يتهرّب من (٢) يتجنّب .

**shirr** *(n.; vt.)* (١) تَدْرِيز § (٢) يُدَرِّز (القماش) (٣) يقلي البيض .

**shirt** *(n.)* (١) قميص (٢) قميص تحتاني .

**shirting** *(n.)* قماش القمصان .

**shiver** *(vi.; n.)* (١) يرتجف ؛ يرتعش § (٢) رجفة ؛ رعشة (٣) شظية .

**shoal** *(adj.; n.)* (١) ضَحْل § (٢) مياه ضَحْلة (٣) فَوْج ؛ قطيع .

**shock** *(n.; vt.)* (١) رَجّة ؛ هَزّة (٢) صَدْمة . § (٣) يَصدم ؛ يصيبه بصدمة .

**shocking** *(adj.)* فظيع ؛ مثير للاشمئزاز .

**shod** *(adj.)* منتعِل ؛ ذو نعل أو حَدْوة الخ .

**shoddy** *(n.; adj.)* (١) صوف أو نسيج صوفيّ رديء (٢) نفايات (٣) تفاخر § (٤) رديء ؛ زائف .

**shoe** *(n.; vt.)* (١) حذاء (٢) نعل (٣) حدوة الفرَس (٤) دولاب § (٥) يُنْعِل (٦) «يبيْطِر».

**shone** *past and past part. of* shine.
**shook** *past of* shake.
**shoot** *(vt.; i.; n.)* (١) يُطلِق (٢) يقذف الكرة نحو الهدف (٣) يجرح أو يقتل (بالرصاص الخ.) (٤) يُخرِج؛ يُطلِع (٥) يُمْطِرُه (بالاسئلة الخ.) (٦) يصوِّر (فوتوغرافياً) (٧) يحقن أو يلقِّح × (٨) ينطلق بسرعة (٩) ينبثق (١٠) يرتفع (١١) ينتأ؛ يمتدّ (١٢) ينمو؛ يتطوَّر § (١٣) برعم أو فرع جديد (١٤) رحلة صيد (١٥) مباراة في الرماية (١٦) منحدر رمائيّ (١٧) قناة؛ أنبوب؛ منحدَر.
**shooting star** *(n.)* شِهاب؛ نَيْزَك.
**shop** *(n.; vi.)* (١) مَتْجَر؛ دكّان؛ حانوت. (٢) مصنع § (٣) يتسوَّق؛ يتبضَّع.
**shopgirl** *(n.)* فتاة المَتْجَر: فتاة تعمل في مَتْجَر.
**shopkeeper** *(n.)* صاحب المَتْجَر أو الحانوت.
**shopper** *(n.)* المتسوِّق؛ المتبضِّع.
**shopwindow** *(n.)* واجهة العَرْض (في مَتْجَر).
**shore** *(n.)* (١) شاطىء (٢) دعامة؛ سِناد.
**shorn** *past part. of* shear.
**short** *(adj.; adv.; n.)* (١) قصير (٢) غير كافٍ (٣) مقصِّر عن الهدف (٤) ناقص (٥) يعوزه كذا (٦) جافٍ؛ فظّ (٧) قصير الأجَل (٨) هَشّ (٩) غير مالك للسلعة (عند عقد الصفقة) (١٠) أقلّ؛ دون § (١١) باقتضاب (١٢) دونَ الهدف أو على نقطة ما منه § (١٣) *pl.* الشورت: بنطلون قصير (١٤) *pl.*: نقائص.

for ~, رغبةً في الاختصار.
in ~, وبالاختصار.

**shortage** *(n.)* عَجْز؛ نَقْص.
**shortcake** *(n.)* الغُرَيْبَة: كعك بسمن وسكر.
**shortcoming** *(n.)* نَقص؛ عيب؛ موطن ضعف.
**shortcut** *(n.)* قادوميّة؛ طريق مختصرة.
**shorten** *(vt.; i.)* (١) يقصِّر (٢) يخفِّض؛ يقلِّل × (٣) يَقْصُر؛ يتقاصر.
**shortening** *(n.)* سَمْن؛ دُهْن؛ زبدة.
**shorthand** *(n.)* اختزال.
**short-lived** *(adj.)* قصير الأجل؛ قصير العمر.
**shortly** *(adv.)* (١) باختصار (٢) قريباً.
**shortsighted** *(adj.)* حَسير: قصير البصر.
**short-tempered** *(adj.)* سريع الغضب.
**shot** *(n.)* (١) الرَّمي: إطلاق النّار (٢) طلقة (٣) رَمْيَة أو قذفة للكرة (٤) مدى (٥) الرامي؛ الصيّاد (٦) لقطة؛ صورة (وبخاصة في التصوير السينمائي).
**shot** *past and past. of* shoot.
**shotgun** *(n.)* بندقيّة رَشّ أو خُرْدق.
**shot put** *(n.)* رمي الكرة الحديدية.

**should** (١) صيغة الماضي من shall (٢) يجب.
**shoulder** *(n.; vt.; i.)* (١) كتِف؛ مَنكِب. § (٢) يدفع بالمنكِب (٣) يحمل على منكِبه.

**shoulder blade** *(n.)* العظم الكتِفيّ (تشريح)

**shout** *(vi.; n.)* (١) يصيح §(٢) صيحة .

**shove** *(vt.)* (١) يَدْفع ؛ يَدْسُر (٢) يُقحِم .

**shovel** *(n.)* مِجْرَفة ؛ رَفْش ؛ جاروف .

**show** *(vt.; i.; n.)* (١) يَعْرِض ؛ يُري . (٢) يُظْهِر ؛ يبيِّن (٣) يقود ؛ يُدْخِل ×(٤) يظهَر ؛ يَبين ؛ يَبدو §(٥) إظهار ؛ عرض (٦) أبَّهة (٧) مظهر خادع (٨) تفاخر ؛ تباه (٩) مشهد أو شيء غريب ؛ أضحوكة (١٠) مَعْرِض (١١) حفلة مسرحية .

to ~ off (١) يَعْرِض متباهياً (٢) يسعى للَفْت الأنظار بمسْلَكِه الخ .

to ~ somebody the door يطرده .

to ~ up (١) يَفْضَح (٢) يبدو بوضوح (٣) يَصِل ؛ يحضر .

**shower** *(n.; vi.; t.)* (١) وابلٌ (من المطر الخ .) (٢) دُشّ §(٣) تُرْسِل السَّماءُ وابلاً ×(٤) يُغْدِق على ؛ يُمْطِر .

**shower bath** *(n.)* مرشّة الاغتسال (في حمام) .

**showy** *(adj.)* (١) رائع (٢) مُبَهْرَجٌ ؛ مُزَوَّق .

**shrank** *past of* shrink.

**shrapnel** *(n.)* الشَّرِبْنَل ؛ قذيفة الشظايا .

**shred** *(n.; vt.)* (١) شِقّة أو مِزْقَة §(٢) يمزّق .

**shrew** *(n.)* (١) الزَّبابَة : حيوان يشبه الفأر . (٢) المرأة السليطة .

**shrewd** *(adj.)* (١) قارس ؛ لاذع (٢) داهية .

**shriek** *(vi.; n.)* (١) يَصرُخ §(٢) صرخة .

**shrill** *(adj.)* حادّ ؛ ثاقب ؛ عالي النغمة .

**shrimp** *(n.)* (١) الإربيان ؛ القُرَيْدِس (سمك) . (٢) شخص صغيرٌ ضئيل الجسم جداً .

**shrine** *(n.)* مَقام ؛ مَزار ؛ ضريح قدّيس .

**shrink** *(vi.; t.)* (١) ينكمش ؛ يتقلّص . (٢) يرتدّ ؛ يُجفِل من ×(٣) يكْمِش ؛ يقلّص .

**shrinkage** *(n.)* انكماش ؛ تقلّص ؛ تضاؤل .

**shrive** *(vt.)* يُحِلّه من خطاياه .

**shrivel** *(vi.; t.)* (١) يَذْبُل ×(٢) يُذبل .

**shroud** *(n.; vt.)* (١) كَفَن §(٢) يغطي (٣) يكفِّن .

**shrove** *past of* shrive.

**shrub** *(n.)* جَنْبَة ؛ شُجَيْرَة .

**shrubbery** *(n.)* أيكة ؛ غَيْضَة ؛ مجْنَبَة .

**shrug** *(vi.; t.)* يهزّ كتفيه لا مبالاةً الخ .

**shrunk** *past and past part. of* shrink.

**shudder** *(vi.; n.)* (١) يرتعد §(٢) رِعْدَة .

**shuffle** *(vt.; i.)* (١) يخلِط بغير نظام ؛ يُلَخْبِط (٢) يخلط (ورق اللعب) (٣) يحوِّل ؛ ينقُل (٤) يجرّ قدميه ×(٥) يتملّص .

to ~ off ينبذ ؛ يتخلّص من .

**shun** *(vt.)* يجتنب ؛ ينأى بنفسه عن .

**shunt** *(vt.; i.)* (١) يحوِّل قطاراً من خطّ إلى آخر ×(٢) ينتقل من خطّ إلى آخر .

**shut** *(vt.; adj.)* (١)يُغلِق (٢)يمنع (من الدخول الى ) (٣) يحبس § (٤) مُغْلَق .

to ~ up (١) يُسكِت أو يَسكُت (٢) يُغلِق .

**shutter** *(n.)* مِصراع النافذة أو الباب .

shutter

**shuttle** *(n.; vi.)* (١)وَشيعة (في مِغْزَل) (٢) مكّوك (في آلة خياطة) § (٣)يتحرك جيئةً وذهوباً .

**shy** *(adj.; vi.)* (١)جبان (٢)حَذِر (٣)خجول ؛ حَيِيّ § (٤) ينفِر من (٥) يُجفِل .

**shyness** *(n.)* جُبْن ؛ حَذَر ؛ خَجَل ؛ حياء الخ.

**sibyl** *(n.)* العرّافة ؛ الكاهنة ؛ المتنبئة .

**sick** *(adj.)* (١)مريض (٢)مُصابٌ بالغثيان . (٣) سئِم (٤) مشمئزّ (٥) مشتاق إلى .

**sicken** *(vt.; i.)* (١)يُمْرِض (٢)يُقزِّز النفس. ×(٣) يَمْرَض (٤) يسأم ؛ يشمئزّ .

**sickle** *(n.)* مِنْجَل .

**sickly** *(adj.)* (١)رقيق الصحّة ؛ كثير المرض . (٢)شاحب (٣)ضعيف (٤)باعث على الغَثَيان.

**sickness** *(n.)* (١) مرض (٢) غَثَيان ؛ دُوار.

**side** *(n.)* (١)جَنْب ؛ جانب (٢)وجه (٣)جهة ؛ ناحية (٤)ضلع (في الرياضيات).

to take ~ *s* with يؤيِّد ؛ ينحاز إلى .

**sideboard** *(n.)* خُوان ؛ «بوفيه» ؛ نَضَد المائدة.

**sidelong** *(adv.; adj.)* (١) بانحراف (٢)على الجنب § (٣)مائل (٤)جانبي (٥)غير مباشر.

**sidereal** *(adj.)* نجميّ ؛ فلكيّ .

**sidetrack ; siding** *(n.)* الخطّ الجانبي.

**sidewalk** *(n.)* الطَّوار : رصيف المشاة (في شارع ).

**sideways** *(adv.; adj.)* (١)من الجَنْب (٢)على الجنب (٣)بانحراف (٤)شَزْراً § (٥)جانبيّ.

**sidewise** *(adv.; adj.)* = sideways.

**sidle** *(vi.)* يمشي جانبياً أو بانحراف .

**siege** *(n.; vt.)* (١)حصار § (٢)يحاصر (مدينةً).

**sierra** *(n.)* سلسلة جبال مثلّمة القمم .

**siesta** *(n.)* القَيْلولة : ضَجْعَة الظهيرة .

**sieve** *(n.; vt.; i.)* (١)مُنْخُل § (٢)يَنْخُل.

**sift** *(vt.)* (١) يَنْخُل (٢) يتنخّل ؛ يمحّص.

**sigh** *(vi.; t.; n.)* (١) يتنهّد (٢) يتلهّف . § (٣) تنهُّد (٤)تلهُّف .

**sight** *(n.; vt.)* (١)مَشهَد (٢)مَعلَم (٣) شيء غريب (٤) البَصَر ؛ حاسّة البصَر (٥)بصيرة (٦)نظرة ؛ لمحة (٧)جهاز التسديد في بندقية الخ. § (٨)يرى ؛ يشاهد (٩) يسدِّد ؛ يصوِّب .

at *or* on ~, عند الاطلاع .

in ~ of على مرأى من .

out of ~, بمنأى عن الأنظار .

**sightless** *(adj.)* (١)أعمى (٢)غير منظور.

**sightly** *(adj.)* جميل .

**sight-seeing** *(n.)* ارتياد المواطن التي تستحق المشاهدة .

**sign** *(n.; vt.)* (١) إشارة ؛ إيماءة (٢)علامة . (٣)لافتة (٤)رمز § (٥)يعلِّم ؛ يَسِم (٦)يومىء ؛ يشير (٧) يوقِّع ؛ يُمضي .

**signal** *(n.; adj.; vt.; i.)* (١)إشارة (٢)إشارة خطر (٣) لافتة § (٤)بارز ؛ رائع § (٥)يومىء (٦)يُبلغ بالاشارة .

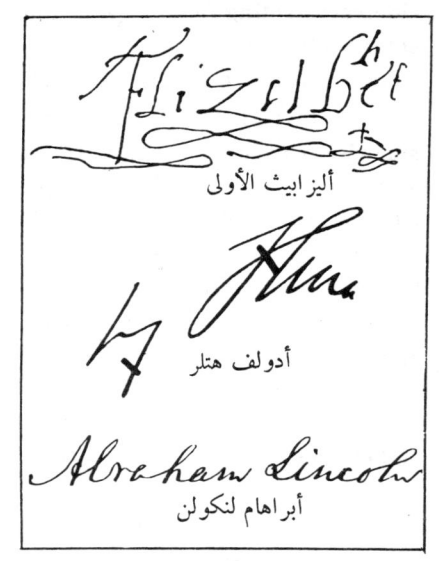

**signalize** *(vt.)* (١) يميِّز (٢) يُبرِز .

**signatory** *(adj.; n.)* موقِّع (على معاهدة الخ.) .

**signature** *(n.)* توقيع ؛ إمضاء .

أليزابيث الأولى

أدولف هتلر

أبراهام لنكولن

**signboard** *(n.)* لوحة ؛ لافتة .

**signet** *(n.)* خَتْم .

**significance** *(n.)* (١) معنى ؛ دلالة (٢) أهمية .

**significant** *(adj.)* (١) ذو معنى (٢) هامّ .

**signification** *(n.)* (١) معنى ؛ مغزى (٢) أهمية .

**signify** *(vt.; i.)* (١) يُفيد ؛ يَعْني ؛ يدلّ على (٢) يعبِّر عن المراد (٣) يَهُمّ .

**signpost** *(n.)* مَعْلَم ؛ صُوَّة (في طريق) .

**silage** *(n.)* عَلَفٌ محفوظ (في مستودع خاص) .

**silence** *(n.; vt.)* (١) صَمْت § (٢) يُسْكِت .

**silent** *(adj.)* (١) صامت (٢) ساكن ؛ خامد .

**silhouette** *(n.)* (١) المُسَلْوَتَة ؛ المظلَّلة : صورة ظلِّيّة .

**silica** *(n.)* السِّلِيكا : مادّة معدنيّة .

**silicon** *(n.)* السِّلِيكُون : عنصر لافلزيّ (كيمياء) .

**silk** *(n.)* (١) حرير (٢) ثوب حريري .

**silken; silky** *(adj.)* حريري .

**silkworm** *(n.)* دودة الحرير ؛ دودة القزّ .

**sill** *(n.)* الأُسْكُفَّة : عَتَبَةُ الباب أو النافذة .

**silly** *(adj.)* (١) ساذج (٢) أبله (٣) سخيف .

**silo** *(n.)* السَّلْوَة : مبنى أسطوانيّ يُحفَظ فيه علَف الدوابّ .

silo

**silt** *(n.)* غَرِين ؛ طَمْي .

**silvan** *(adj.)* أجَميّ ؛ حَرَجيّ .

**silver** *(n.; adj.; vt.)* (١) فِضّة (٢) قطعة نقد فضيّة (٣) طبق فضيّ § (٤) فضي § (٥) يفضِّض .

**silversmith** *(n.)* صائغ الفضّة .

**silverware** *(n.)* آنية المائدة الفضية

**silvery** *(adj.)* (١) فضّيّ (٢) شبيه بالفضّة .

**simian** *(adj.; n.)* (١) قِرْديّ § (٢) قِرْد .

**similar** *(adj.)* (١) مُشابه ؛ مماثل (٢) متشابه .

**similarity** *(n.)* (١) شَبَهٌ (٢) تَشابُهٌ .

**simile** *(n.)* التشبيه (في علم البلاغة) .

**similitude** *(n.)* (١) تشبيه (٢) شَبَه ؛ وجه شبه .

**simmer** *(vi.; t.)* (١) يغلي برفق (تحت نقطة الغليان أو عندها تماماً) (٢) يهتاج .

**simper** *(n.)* ابتسامة متكلَّفة .

**simple** *(adj.)* (١) بسيط (٢) عاديّ .

**simpleton** *(n.)* السّاذج ؛ المغفَّل .

**simplicity** *(n.)* (١) بساطة (٢) سذاجة .

**simplification** *(n.)* تبسيط ؛ تيسير ؛ إيضاح .

**simplify** *(vt.)* يبسِّط ؛ ييسِّر ؛ يوضِّح .

sim 433 six

**simply** *(adv.)* (١)ببساطة (٢)ليس غير .

**simulate** *(vt.)* (١)يتظاهر بـِ(٢)يحاكي ؛ يقلّد .

**simulated** *(adj.)* زائف ؛ كاذب .

**simultaneous** *(adj.)* حادثٌ في وقت واحد .

**simultaneously** *(adv.)* معاً ؛ في وقت واحد .

**sin** *(n.; vi.)* (١)إثم ؛ خطيئة §(٢)يأثَم .

**since** *(adv.; prep.; conj.)* (١)منذ ذلك الحين . (٢)قديماً (٣)في ما بعد §(٤)منذ §(٥)بما أن .

**sincere** *(adj.)* (١)مخلص ؛ صادق (٢)حقيقي .

**sincerely** *(adv.)* بإخلاص ؛ بصدق .

**sincerity** *(n.)* إخْلاص ؛ صدق .

**sine** *(n.)* الجيْب ؛ جيب الزاوية (رياضيات) .

**sinew** *(n.)* (١)وتَر (٢)قوّة ؛ عصب .

**sinewy** *(adj.)* (١)وتَريّ (٢)عضَبيّ ؛ قويّ .

**sing** *(vi.; t.)* (١) يُغنّي (٢)يغرّد .

**singe** *(vt.)* يُشيط ؛ يُحْرِق سطحيّاً .

**singer** *(n.)* (١) مُغَنٍّ (٢) شاعر .

**single** *(adj.; n.; vt.)* (١)أعزب (٢) منفرد . (٣)مُفْرَد (٤)مخلص (٥)فريد §(٦)شخص ؛ فرد (٧) مباراة فردية (بين لاعبين) §(٨) يُفْرِد ؛ يختار (من مجموعة) .

**singleness** *(n.)* عزوبة ؛ وحدانيّة ؛ فردية .

**singly** *(adv.)* (١)على انفراد (٢)واحداً بعد آخر . (٣) من غير مساعدة .

**singular** *(adj.; n.)* (١) مُفْرَد (٢) رائع . (٣)فريد (٤)شاذّ §(٥)المُفْرَد ؛ صيغة المفرد .

**singularity** *(n.)* تفرُّد ؛ غرابة ؛ خصوصيّة .

**sinister** *(adj.)* (١)شرّير (٢)مشؤوم ؛ منحوس .

**sink** *(vi.; t.; n.)* (١)يغطس ؛ يغوص ؛ يغرق . (٢) يَهْبِط (٣)ينخفض ؛ ينقص (٤)ينفذ إلى (٥) يستغرق في (٦) ينحطّ (٧) ينهار ×(٨)يغطّس ؛ يُغرق (٩)يحفر §(١٠)بالوعة (١١) غَوْر ؛ مُنخفَض (من الأرض) .

**sinker** *(n.)* الثَّقالة ؛ ثِقلٌ رصاصيّ .

**sinner** *(n.)* (١)الآثم (٢)الوغد ؛ الشرّير .

**sinuosity** *(n.)* تعرّج ؛ تمعّج ؛ تلَوّ .

**sinuous** *(adj.)* متعرج ؛ متمعّج ؛ متلوٍّ .

**sinus** *(n.)* فجوة ؛ جيب ؛ تجويف .

**sip** *(vi.; t.; n.)* (١)يرْشُف §(٢)رَشْف ؛ رَشفة .

**siphon** *(n.; vt.)* (١) مَثْعَبٌ ؛ سِيفون . §(٢)يَثْعَب ؛ يُسَيْفِن .

siphon

**sir** *(n.)* (١).cap: السير (لقب) . (٢) سيّدي .

**sire** *(n.)* (١)أبٌ (٢)منشىء . (٣) مولاي .

**siren** *(n.)* (١)امرأة مُغْوِية (٢)صفّارة الانذار .

**sirloin** *(n.)* قطعة لحم (من خاصرة البقرة) .

**sirocco** *(n.)* الشّرقيّة ؛ ريح حارّة .

**sirup** = syrup.

**sister** *(n.)* (١)شقيقة ؛ أخت (٢) راهبة ؛ أخت .

**sisterhood** *(n.)* (١)الأُخْتيّة (٢)رهبنة نِسويّة .

**sister-in-law** *(n.)* (١)أخت الزوج أو الزوجة . (٢)امرأة الأخ (٣)امرأة أخي الزوج .

**sisterly** *(adj.)* أُخْتِيّ : خاصّ بالأخت .

**sit** *(vi.; t.)* (١) يَجْلِس ؛ يَقْعد ؛ يجثم . (٢)ينعقد (المجلسُ) (٣) «يَلْبَس» الثوبُ الجسمَ ×(٤)يُجلس (٥)يتّسع لـ(٦)يمتطي .

**site** *(n.)* موقع ؛ مكان .

**sitting** *(n.)* (١) جلوس (٢) جلسة .

**situated** *(adj.)* (١)قائم ؛ واقع (٢)في وضع معين .

**situation** *(n.)* (١)موقع (٢)وظيفة (٣)حالة .

**six** *(n.)* ستّة ؛ ستّ .

**sixpence** *(n.)* ستّة بنسات ؛ نصف شلن .

**sixteen** *(n.)* ستّة عشر ؛ ستّ عشرة .

**sixteenth** *(adj.; n.)* (١) سادس عشر . (٢) جزء من ستة عشر .

**sixth** *(adj.; n.)* (١) السادس (٢) سُدس.

**sixthly** *(adv.)* سادساً.

**sixtieth** *(adj.; n.)* (١) الستّون (٢) ١/٦٠ .

**sixty** *(n.)* (١) ستّون (٢) *pl.* : العقد السابع.

**sizable; sizeable** *(adj.)* كبير ؛ ضخم.

**size** *(n.)* (١) حَجْم (٢) مقدار (٣) كِبَر (٤) قياس (٥) مادّةٌ غرَوية.

**sizzle** *(vi.)* يَئِزّ أو يَطِشّ (عند قَلْيه الخ.).

**skate** *(n.; vi.)* (١) الوَرْنَك ؛ السَّفَن (سمك). (٢) مِزْلَجٌ يُشَدّ إلى نعل الحذاء § (٣) يتزلّج.

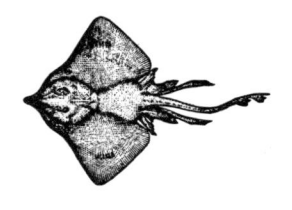

**skein** *(n.)* خُصْلَة أو شلّة خيوط.

**skeleton** *(n.)* (١) هيكلٌ عظميّ (٢) هيكل.

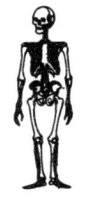

**skeleton key** *(n.)* المفتاح الهيكليّ (يفتح أقفالاً مختلفة).

**skeptic** *(n.)* (١) الشُّكوكيّ (٢) النزّاع إلى الشك.

**skeptical** *(adj.)* شُكُوكيّ ؛ شَكّيّ.

**skepticism** *(n.)* الشُّكوكيّة ؛ الشَّكّيّة.

**sketch** *(n.; vt.; i.)* (١) مُخطّط ؛ رسم تخطيطيّ (٢) مسوّدة (٣) صورة وصفيّة أدبيّة (٤) اسكتش أو مشهد هزليّ § (٤) يضع مخطّطاً أو مسوّدة (٥) يرسم رسماً تخطيطياً الخ.

**skewer** *(n.)* سِيخ ؛ سَفّود.

**ski** *(n.; vi.)* (١) الزُّحلوفة : إحدى أداتين يُتزَحلق بهما على الثلج § (٢) يَتَزَحْلَف.

**skid** *(n.; vi.)* (١) الكامحة : أداة تمنع دولاب العربة عن الدوران عند الهبوط (٢) الدُّحروجة : لوح خشبيّ يُنصَب على نحو مائل ليُدَحْرَج عليه شيء ثقيل (٣) مِزْلَقَة الطائرة : أداة تسهّل انزلاقها على أرض المطار عند الهبوط (٤) انزلاق § (٥) ينزلق (٦) ينزلق جانبياً.

**skiff** *(n.)* الإسكِفّ : مركب صغير ذو مجاذيف.

**skill** *(n.)* مهارة ؛ حِذْق ؛ براعة.

**skilled** *(adj.)* (١) ماهر (٢) متطلّب مهارة.

**skillet** *(n.)* (١) قدر صغيرة ذات مقبض (٢) مقلاة.

**skillful** *or* **skilful** *(adj.)* بارع ؛ حاذق.

**skim** *(vt.; i.)* (١) يَقْشِد : يزيل القِشدة أو الرغوة عن (٢) يتصفّح (كتاباً) × (٣) ينزلق (فوق السطح أو قربه) بسرعة.

**skin** *(n.; vt.)* (١) جِلد (٢) بَشَرة (٣) زِقّ ؛ قِربَة (٤) جِلدة ؛ قشرة § (٥) يَقشر ؛ يسلخ.

**skinflint** *(n.)* لبخيل ؛ الشّحيح ؛ الحسيس.

**skinny** *(adj.)* (١) جلديّ (٢) نحيف ؛ ضامر.

**skip** *(vi.; t.; n.)* (١) يَطْفُر ؛ يثب مَرَحاً (٢) يقفز من نقطة إلى أخرى أو من موضوع إلى آخر × (٣) يَحْذِف ؛ يتخطّى § (٤) قفزة ؛ وثبة.

**skipper** *(n.)* رُبّان (السفينة أو الطائرة) .

**skirmish** *(n.; vi.)* (١)مناوشة §(٢)يناوش .

**skirt** *(n.; vt.)* (١)تنّورة (٢)حافة ؛ حاشية . §(٣) يجعل له حافة أو حاشية (٤) يطوف حول حافّة شيء .

**skit** *(n.)* مسرحيّة هزليّة قصيرة .

**skittish** *(adj.)* (١)لَعوب (٢)جَفُول ؛ خَجول

**skulk** *(vi.; t.)* يتسلّل ؛ يتوارى ؛ يتهرّب من .

**skull** *(n.)* (١) جُمْجُمَة (٢) عَقْل.

**skunk** *(n.)* (١) الظَّرِبان الأميركي (حيوان) . (٢) شخصٌ حقير .

**sky** *(n.)* (١) السّماء . (٢) *pl.* : مناخ .

**skylark** *(n.; vi.)* (١)القُبَّرة(طائر) §(٢)يعبث

**skylight** *(n.)* المَنْوَر : كُوّة في سقف أو سطح .

**skyline** *(n.)* الأفق .

**skyrocket** *(n.)* صاروخ ؛ سهمٌ ناريّ .

**skyscraper** *(n.)* ناطحة سحاب .

**skyward ; -s** *(adv.)* نحو السماء ؛ عالياً .

**slab** *(n.)* (١)لوح (٢)بلاطة (٣)شريحة .

**slack** *(adj.; vi.; n.)* (١) مُهْمِل (٢) قليل النشاط (٣)بطيء (٤)رِخْو (٥)راكد ؛ كاسد §(٦) يبطىء ؛ يتراخى ؛ يَخْمد §(٧)الجزء المتدلّي (٨) *pl.* : بنطلون واسع .

**slacken** *(vt.; i.)* (١) يخفّف (٢) يُرْخي . ×(٣) يتوانى ؛ يتراخى (٤)يَضْعُف .

**slacker** *(n.)* المتهرّب من عمل أو واجب .

**slag** *(n.)* الجُفاء : خَبَثُ المعادن أو البراكين.

**slain** *past part. of* slay.

**slake** *(vt.)* (١) يُخفّف (٢)يُروي ؛ يطفىء.

**slam** *(n.; vt.)* (١)فوزٌ ساحق (٢)ضربة عنيفة. (٣)إغلاق بعنف §(٤)يغلق أو يضرب بعنف.

**slander** *(n.; vt.)* (١) افتراء §(٢)يفتري على.

**slang** *(n.; adj.)* (١)اللغة العاميّة §(٢)عاميّ .

**slant** *(vi.; t.; n.; adj.)* (١)يَميل ؛ ينحدر . ×(٢) يُحدّر (٣)يشوّه ؛ يحرّف §(٤)انحدار (٥)مُنحدَر §(٦) مائل .

**slap** *(n.; vt.)* (١) صفعة (٢)إهانة (٣) ثغرة ؛ فجوة §(٤) يَصْفَع ؛ يُهين .

**sla** 436 **sli**

**slash** *(vt.; n.)* (١)يَشْرُط (٢)يَجْلد(٣)يشق § (٤) شَرْط ؛ جَرْح (٥) جُرْح(٦)شق طويل ( في ثوب ) .

**slat** *(n.)* شريحة ؛ قِدة ؛ ضِلْع ؛ وُصْلة .

**slate** *(n.; vt.)* (١)الاردواز : صخر يسهل قطعه إلى ألواح (٢)لوح أردوازي للكتابة (٣)سجل (٤)قائمة مرشحين § (٥)يكسو بالأردواز.

**slattern** *(n.)* (١)امرأة قذرة (٢)مومس.

**slaughter** *(n.; vt.)* (١)قَتْل(٢)ذَبْح الماشية. (٣) مَذبَحَة ؛ مَجْزَرَة § (٤) يذبح .

**slaughterhouse** *(n.)* مَجْزَر ؛ مَسْلَخ .

**Slav** *(n.; adj.)* سلافي .

**slave** *(n.; adj.; vi.)* (١)الرقيق ؛ العبد (٢)الأمَة ؛ الجارية § (٣) مستعبَد § (٤) يكدح .

**slaver** *(n.; vi.)* (١)النخّاس (٢)سفينة النخاسة. (٣) لُعابٌ سائل § (٤) يسيل لُعابُه .

**slavery** *(n.)* (١) كَدْح (٢) استعباد . (٣)عُبودية ؛ رِق (٤)الاسترقاق : امتلاك الرقيق.

**Slavic** *(adj.)* سلافي : منسوب إلى السلافيين .

**slavish** *(adj.)* (١) رقيقي : متعلق بالأرقاء . (٢)خانع (٣) حقير ؛ وضيع .

**slaw** *(n.)* سَلَطة الكرنب (المخرّط) .

**slay** *(vt.; i.)* يَقْتل ؛ يذبَح .

**sled** *(n.; vt.)* (١)مِزلَجة § (٢)ينقل بمزلجة.

**sledge** *(n.; vt.)* = sled.

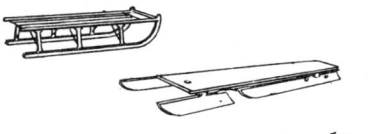

**sledge; -hammer** *(n.)* إرزَبّة ؛ مطرقة ثقيلة.

**sleek** *(vt.; adj.)* (١) يُملّس ؛ يَصْقل . § (٢) أملس (٣)أملس الشعر .

**sleep** *(n.; vi.)* (١)نوم (٢)نُعاس § (٣)ينام .

**sleeper** *(n.)* (١)النائم (٢)النَّؤوم : محبّ النوم. (٣)الراقدة : عارضة خشبية (أو معدنية) تُتَّخذ دعامة لخطّ السكة الحديدية (٤) عربة النوم « في قطار » .

**sleepiness** *(n.)* نُعاس ؛ وَسَن .

**sleeping** *(n.; adj.)* (١)نوم § (٢)نائم .

**sleeping car** *(n.)* عربة النوم (في قطار) .

**sleepless** *(adj.)* (١)أرِق ؛ قَلِق (٢)يَقِظ .

**sleepy** *(adj.)* (١)نَعْسان (٢)ناعس .

**sleet** *(n.)* القِطقِط : مطرٌ نصف متجمّد.

**sleeve** *(n.)* (١) كُمّ ؛ رُدْن (٢)الجُلْبَة : جزء أنبوبيّ معدنيّ يكتنف قضيباً (في آلة) .

**sleigh** *(n.; vi.)* (١)مَرْكبة الجليد § (٢) ينتقل بمركبة جليد.

**sleight** *(n.)* (١) حيلة (٢) براعة .

**sleight of hand** *(n.)* خِفّة يد.

**slender** *(adj.)* (١)نحيل (٢)هزيل .

**slept** *past and past part. of* sleep.

**sleuth** *(n.)* بوليس سريّ .

**slew** *past of* slay.

**slice** *(n.; vt.)* (١) شريحة § (٢)يقطّعه شرائحَ .

**slick** *(adj.; n.; vt.)* (١) أملس (٢) زَلِق . (٣)بارع § (٤)موضع زَلِق (٥)يملّس.

**slicker** *(n.)* (١)مِمْطَر (٢)المُخادع ؛ المحتال.

**slide** *(vi.; t.; n.)* (١)ينزلق (٢)تَزِلّ قَدَمُه . (٣) يزول ؛ ينقضي أو ينسلّ من غير أن يُشْعَرَ به × (٤) يُزلِق (٥) يَدُسّ § (٦) انزلاق (٧) جزء منزلِق ؛ أداة منزلقة

(٨) كتلة منزلقة (٩) منزلَق (١٠)الشريحة المنزلقة : شريحة زجاجيّة تستخدم في الاختبار المجهري وفي الفوانيس السحريّة.

**slight** *(adj.; vt.; n.)* (١) نحيل (٢) واهٍ (٣) تافه. (٤) هزيل §(٥) يستخفّ بـ (٦) يتجاهل (٧) يُهمل §(٨) استخفاف؛ تجاهل؛ إهمال.

**slim** *(adj.)* (١) نحيل (٢) ماكر (٣) ضئيل.

**slime** *(n.)* (١) طين؛ وَحل (٢) مادّةٌ لَزِجَة.

**slimy** *(adj.)* موحِل؛ لَزِج؛ غَرَوِيّ؛ قَذِر.

**sling** *(vt.; n.)* (١) يَقْذِف بمقلاع (٢) يرفع أو يخفض بحبل رفع أو بشبكة حبال (٣) يعلّق؛ يُدَلّي §(٤) مِقلاع؛ نَقّافَة (٥) حبل (لرفع شيء أو خفضه).

**slink** *(vi.)* يَنْسَلّ خِلْسَةً.

**slip** *(vi.; t.; n.)* (١) ينزلق؛ ينساب؛ يَنْسَلّ. (٢) ينقضي (٣) يغيب (عن الذاكرة) (٤) يَنِدّ (٥) يفوت؛ يضيع (٦) يَزِلّ (٧) يلبس (أو يخلع) ثيابه بسرعة (٨) ينخفض ×(٩) يُزلِق (١٠) يُفلت (١١) يخلع؛ يطرح (١٢) يتجنّب (ضربةً) §(١٣) مَزْلَقُ السّفن (١٤) انسلال؛ فرار (١٥) زلّة (١٦) حادث غير سعيد (١٧) انخفاض (١٨) قميص تحتيّ (١٩) كيس مخدّة (٢٠) قُصاصة؛ شِقة (٢١) طُعْم؛ مطعوم (نباتٍ).

**slipknot** *(n.)* العُقْدَةُ المُنْزَلِقَة.

**slipper** *(n.)* خُفّ؛ شِبْشِب.

**slippery** *(adj.)* (١) زَلِق (٢) مراوِغ أو فاسق.

**slit** *(vt.; n.)* (١) يَقُدّ؛ يَشُقّ §(٢) شِقّ.

**slither** *(vi.)* يَسْعَى كالحيّة.

**sliver** *(n.)* شَظِيّة.

**slobber** *(vi.)* يَريل؛ يسيل لُعابه.

**slogan** *(n.)* (١) صرخة الحرب (٢) شِعار.

**sloop** *(n.)* السَّلُوب: مركب شراعيّ وحيد الصاري.

**slope** *(vi.; n.)* (١) يَميل؛ ينحدر §(٢) مُنحدَر (٣) انحدار؛ تحدّر.

**sloppy** *(adj.)* مُوْحِل؛ قَذِر.

**slot** *(n.)* الشَّقْب: شِقّ صغير ضيّق.

**sloth** *(n.)* (١) كَسَل. (٢) الكَسْلان: حيوان يقيم في أشجار الغابات.

sloth

**slouch** *(n.; vi.)* (١) مِشية أو جِلْسة أو وِقفة مترهّلة §(٢) يمشي أو يجلس أو يقف مترهّلاً.

**slough** *(n.)* حَمْأة؛ مستنقع.

**slough** *(vt.)* (١) يطرح (٢) ينبذ؛ يتخلص من.

**slovenly** *(adj.)* (١) قَذِر (٢) مُهْمِل.

**slow** *(adj.; vt.; i.)* (١) غبيّ (٢) متوانٍ (٣) بطيء (٤) مملّ §(٥) يُبَطّيء؛ يُبْطيء.

**slowly** *(adv.)* ببطء؛ بتمهّل؛ بأناة الخ.

**sludge** *(n.)* (١) وَحْل (٢) قِطعُ جليد طافٍ.

**slug** *(n.; vt.)* (١) البزّاقة العَريانة (٢) كتلة معدنيّة (٣) رصاصة (٤) لكمة §(٥) يلكم.

**sluggard** *(n.; adj.)* (١) الكَسلان §(٢) كَسِل.

**sluggish** *(adj.)* (١) كَسِل أو بليد (٢) بطيء.

**sluice** *(n.)* (١) سدّ ذو بوّابة (٢) بوّابة (للتحكّم بتدفّق المياه) (٣) مَسِيْلٌ (لغسل الأتربة الحاملة للذهب) (٤) قناة لجرّ المياه.

**slum** *(n.)* حيّ الفقراء.

**slumber** *(vi.; n.)* (١) ينام؛ يهجع §(٢) نوم.

**slumberous** *(adj.)* (١) نَعسان (٢) هادئ.

**slump** *(vi.; n.)* (١) يسقط؛ يهبط §(٢) سقوط.

**slung** *past and past part. of* sling.

**slunk** *past and past part. of* slink.

**slur** *(vt.; n.)* (١) يتغاضى عن §(٢) طَعْن؛ افتراء.

**slush** *(n.)* (١) ثلج نصفُ ذائب (٢) وَحْل رقيق.

**slut** *(n.)* (١) امرأة قذِرة (٢) بغيّ؛ مومس.

**sly** *(adj.)* (١) ماكر (٢) مختَلِس (٣) خبيث.

on the ~, خِلْسةً؛ سرّاً.

**slyly** *(adv.)* (١) بمَكْر (٢) خِلسةً (٣) بخبث.

**smack** *(n.; vt.)* (١) طَعْم؛ نَكْهَة (٢) أثَر (٣) تَلَمُّظ؛ تَمَطُّق (٤) قبلة قويّة (٥) صفعة (٦) السَّماك: مركب شراعيّ §(٧) يتلمّظ (٨) يقبّل بقوة (٩) يصفع (١٠) يُعْمِل السَّوْطَ (بحيث يُحْدِث دوِيّاً).

**small** *(adj.)* (١) صغير (٢) ضعيف (٣) خفيض (٤) زهيد؛ طفيف (٥) تافه (٦) وضيع.

**smallish** *(adj.)* صغيرٌ بعضَ الشيء.

**smallpox** *(n.)* الجُدَرِيّ (مرض).

**small talk** *(n.)* اللَّغْو: محادثة حول شؤون تافهة.

**smart** *(vi.; adj.)* (١) يؤلم إيلاماً شديداً (٢) يتألم ألماً شديداً (٣) يستشعر وخز الندم أو لَذْع الظلم §(٤) عنيف؛ قاسٍ (٥) سريع؛ ناشط (٦) ذكيّ (٧) بارع (٨) أنيق.

**smash** *(vt.; i.; n.)* (١) يحطّم؛ يهشّم (٢) يضرب بعنف ×(٣) يندفع بعنف (٤) يتحطّم §(٥) تحطّم؛ انهيار (٦) اصطدام عنيف (٧) إخفاق؛ خيبة (٨) إفلاس.

**smashup** *(n.)* (١) انهيار تامّ (٢) تصادم سيارتين.

**smattering** *(n.)* معرفة سطحيّة.

**smear** *(n.; vt.)* (١) لطخة §(٢) يلطّخ؛ يلوّث.

**smell** *(vt.; i.; n.)* (١) يَشُمّ ×(٢) تفوح منه رائحةُ كذا (٣) يكون أو يصبح كريه الرائحة §(٤) شمّ (٥) رائحة.

**smelly** *(adj.)* (١) ذو رائحة (٢) كريه الرائحة.

**smelt** *past and past part. of* smell.

**smelt** *(n.; vt.)* (١) الهِفّ: سمك بحريّ §(٢) يصهر (٣) ينقّي (المعادن) بالصَّهر.

**smelter** *(n.)* (١) صاهر المعادن (٢) مَصْهَر.

**smile** *(vi.; n.)* (١) يبتسم §(٢) ابتسامة؛ بَسْمة.

**smirch** *(vt.; n.)* (١) يلطّخ؛ يلوّث §(٢) لطخة.

**smirk** *(vi.)* يتكلّف الابتسام.

**smite** *(vt.)* (١) يضرب بقوّة (٢) يبتلي بـ.

**smith** *(n.)* (١) الصائغ (٢) الحدّاد (٣) الصانع.

**smithereens** *(n.pl.)* فُتات؛ كِسَرٌ.

**smithy** *(n.)* (١) دكان الحدّاد (٢) الحداد.

**smitten** *(adj.)* مصاب أو مبتلى بـ.

**smock** *(n.)* السَّمَق: ثوب خارجي فضفاض.

**smoke** *(n.; vi.; t.)* (١) دُخان §(٢) يدَخِّن: ينبعث منه دخان ×(٣) يدخّن (التبغ) (٤) يعالج بالتعريض للدخان.

**smoker** *(n.)* المُدَخِّن.

**smokestack** *(n.)* مِدْخَنَة.

**smoky** *(n.)* (١) داخن ؛ كثير الدخان (٢) دُخانيّ : شبيه بالدُخان (٣) أدخَن : بلون الدخان .

**smolder** *(vi.; n.)* (١) يحترق ويَدْخَن من غير لهب (٢) يكمن ؛ يستكنّ § (٣) دخان .

**smooth** *(adj.; vt.)* (١) أملس ؛ ناعم . (٢) متدفّق (٣) هادئ ؛ لطيف ؛ سلِس § (٤) يملّس (٥) يهدّئ ؛ يلطّف (٦) يمهّد .

**smote** *past of* smite.

**smother** *(n.; vt.; i.)* (١) دخان خانق § (٢) يخنق بالدخان (٣) يُخمد ؛ يكتم (سرّاً) (٤) يكبح (غضبه) (٥) يغطي بكثافة × (٦) يختنق .

**smoulder** *(vi.; n.)* = smolder.

**smudge** *(n.)* (١) لطخة (٢) دخان خانق .

**smug** *(adj.)* (١) أنيق ؛ نظيف (٢) معتدّ بنفسه .

**smuggle** *(vt.; i.)* يُهرّب (البضائع) .

**smut** *(n.)* (١) سِناج ؛ سُخام (٢) السُّناج : داء من أمراض النبات (٣) كلام بذيء .

**smutty** *(adj.)* (١) قذِر (٢) ملوّث بالسُّخام .

**snack** *(n.)* وجبة خفيفة .

**snack bar** *(n.)* مطعم الوجبات الخفيفة .

**snaffle** *(n.; vt.)* (١) شكيمة § (٢) يَشْكُم .

**snag** *(n.)* (١) الجِذْل : بقية الغصن المقطوع (وبخاصة في قاع النهر) (٢) عقبة خفيّة .

**snail** *(n.)* حلَزون ؛ بزّاقة .

**snake** *(n.)* حيّة ؛ ثعبان ؛ أفعى .

**snaky** *(adj.)* (١) أفعوانيّ (٢) سامّ ؛ غادر .

**snap** *(vi.; t.; n.)* (١) يَعَضّ (٢) ينطق بكلمات لاذعة (٣) ينقطع أو ينقصف فجأة (٤) يفرقع ؛ يُطَقْطِق (٥) ينغلق بحركة مفاجئة (٦) يَقْدح × (٧) ينهش ؛ ينتزع ؛ يختطف (٨) يُدير أو ينزع بحركة مفاجئة § (٩) عضّ ؛ إطباق ؛ نهْش الخ . (١٠) انقصاف (١١) فرقعة (١٢) كلام أو جواب موجز حادّ (١٣) فترة قصيرة من الطقس الرديء (١٤) إبزيم (١٥) بسكويتة (١٦) لقطة فوتوغرافيّة (١٧) نشاط ؛ خفّة .

**snappish** *(adj.)* (١) نزِق ؛ فظّ (٢) عضّاض .

**snapshot** *(n.)* لقطة (فوتوغرافيّة) .

**snare** *(n.; vt.)* (١) شَرَك § (٢) يوقع في شرك .

**snarl** *(vt.; i.; n.)* (١) يُشابك ؛ يُعقّد . × (٢) يتشابك ؛ يتعقّد (٣) يزمجر § (٤) زمجرة .

**snatch** *(vi.; t.; n.)* (١) يحاول الإمساك بشيء . × (٢) ينتزع ؛ يختطف (٣) ينزع ؛ يخلع (٤) ينتهز (فرصة) § (٥) انتزاع ؛ اختطاف الخ . (٦) فترة قصيرة (٧) نُتْفَة .

**sneak** *(vi.; t.; n.)* (١) ينسلّ ؛ يتسلّل (٢) ينمّ على زملائه § (٣) المتسلّل (٤) انسلال ؛ تسلّل .

**sneer** *(vi.; n.)* (١) يسخر من § (٢) سُخرية .

**sneeze** *(vi.; n.)* (١) يعْطُس § (٢) عَطْسة .

**snicker** *(vi.)* يضحك (ضحكاً نصف مكبوت) .

**sniff** *(vi.; t.; n.)* (١) يتنشّق × (٢) يشمّ . § (٣) نَشْقَة .

**sniffle** *(vi. n.)* = snuffle.

**snigger** *(vi.)* = snicker.

**snip** *(vt.; n.)* (١) يقُصّ . § (٢) قَصّ (٣) قُصاصة .

snipe

**snipe** *(n.)* (١) الشُّنْقُب ؛ الجُهْلُول (طائر) .

**snippet** *(n.)* (١) قُصاصة (٢) *pl.* : نُتَف .

**snivel** *(vi.)* (١) يسيل أنفه (٢) يتباكى .
**snob** *(n.)* النفّاج : المقلّد لمن يعتبرهم أرقى منه والمتكبّر على من يعتبرهم أدنى منه .
**snobbery** *(n.)* التنفُّجيّة : سلوك النفّاجين .
**snobbish** *(adj.)* متنفّج : مميّز للنفّاج أو لائق به .
**snoop** *(vi.; n.)* (١) يستطلع بتطفل § (٢) المتطفّل .
**snooze** *(vi.; n.)* (١) يأخذ غفوةً § (٢) غفوة .
**snore** *(vi.; n.)* (١) يغطّ (في نومه) § (٢) غطيط .
**snort** *(vi.; n.)* (١) يَشْخِر (٢) يَصْهَل . § (٣) شخير (٤) صهيل .
**snout** *(n.)* (١) فِنطيسة ؛ خَطْم (٢) أنف .
**snow** *(n.; vi.)* (١) ثلج § (٢) تُثلج (السماءُ) .
**snowdrift** *(n.)* ثلج تكدّسه الرّيح أو تسوقه .
**snowdrop** *(n.)* زهرة اللبن الثلجيّة (نبات) .
**snowfall** *(n.)* تساقُط الثلج أو معدّلُه .
**snowflake** *(n.)* الكِسْفة أو النّدْفَة الثلجية .
**snowstorm** *(n.)* العاصفة الثلجيّة .
**snowy** *(adj.)* (١) ثلجيّ (٢) ثلجيّ البياض .
**snub** *(vt.; n.; adj.)* (١) يَزْجُرُ ؛ ينتهر . (٢) يُوقف فجأةً (٣) يطفىء بِسَحْق العَقِب § (٤) زَجْر ؛ إيقاف § (٥) أفطس .
**snuff** *(n.; vt.)* (١) الزِّهْلِق : الجزء المحترق من فتيل الشمعة (٢) تَنَشُّق (٣) سُعُوط § (٤) يتنشّق (٥) يَشُمّ (٦) يطفىء .
**snuffle** *(vi.; n.)* (١) يتنشّق أو يتنفّس بصوت مسموع (٢) يَخِنّ ؛ يتكلّم من أنفه § (٣) تنشُّق أو تنفّس بصوت مسموع (٤) خُنّة .
**snug** *(adj.)* (١) مُحْكَم التفصيل (٢) مُريح ؛ دافىء (٣) مُستكِنّ ؛ ناعم بالدفء (٤) كافٍ (٥) محجوبٌ عن الأنظار .
**snuggle** *(vi.)* يتضامّ التماساً للدفء .

**so** *(adv.; conj.; adj.; pron.)* (١) هكذا (٢) إلى هذا الحدّ (٣) جداً (٤) وبالتالي § (٥) لكي § (٦) صحيح § (٧) نحو ذلك .

and ~ forth; and ~ on. وهلمّ جرّاً .
~ far (١) حتى الآن (٢) إلى هذا الحدّ .
~ long as طالما ؛ شرْطَ أنْ .

**soak** *(vi.; t.; n.)* (١) يُنْقَع × § (٢) يَنْقَع . (٣) يمتص § (٤) نَقْع ؛ انتقاع الخ .
**soap** *(n.; vt.)* (١) صابون § (٢) يُصَوْبِن . (٣) يتملق .
**soapsuds** *(n.pl.)* رغوة الصابون .
**soar** *(vi.)* يحلّق أو يحوم (في الجوّ) .
**sob** *(vi.; n.)* (١) يَنْشِج § (٢) نَشيج ؛ تَنَهُّد .
**sober** *(adj.)* (١) رزين ؛ وقور (٢) مقتصد في تناول الشراب (٣) صاحٍ ؛ غير ثَمِلٍ (٤) هادىء (٥) مُتّزِن .
**sobriety** *(n.)* رزانة ؛ رصانة الخ .
**sobriquet** *(n.)* (١) اسم مستعار (٢) لقب .
**so-called** *(adj.)* (١) المعروف بِـ (٢) المزعوم .
**soccer** *(n.)* لعبة كرة القدم .
**sociable** *(adj.)* (١) اجتماعيّ النزعة ؛ محبّ للاختلاط بالآخرين (٢) أنيس ؛ حُلْوُ العِشرة .
**social** *(adj.; n.)* (١) اجتماعي § (٢) حفلة أُنْس .
**socialism** *(n.)* الاشتراكيّة .
**socialist** *(n.; adj.)* اشتراكيّ .
**society** *(n.)* (١) عِشْرَة (٢) جمعيّة (٣) مجتمع .
**sociology** *(n.)* السوسيولوجيا ؛ عِلم الاجتماع .
**sock** *(n.)* السُّوْك : جورب قصير .
**socket** *(n.)* تجويف ؛ مَحْجِر ؛ مَغْرِز ؛ حُقّ .
**sod** *(n.)* (١) مَرْج (٢) الطبقة العليا من التربة .
**soda** *(n.)* الصودا .
**soda water** *(n.)* (١) ماء الصودا (٢) كازوز .

**sodden** *(adj.)* (١) مخبَّل (٢) غبيّ ؛ متبلّد . (٣) مشبَع بالماء (٤) فطير ؛ غير تام الخَبْز .

**sodium** *(n.)* الصوديوم .

**sodium chloride** *(n.)* الملح ؛ ملح الطعام .

**soever** *(adv.)* (١) مَهما يكن (٢) على الاطلاق .

**sofa** *(n.)* الأريكة : كَنَبَة طويلة .

**soft** *(adj.)* (١) مريح (٢) غير مسكِر (٣) ناعم ؛ أملس (٤) معتدل ؛ عليل (٥) رائق (٦) هيِّن (٧) ليِّن ؛ طريّ (٨) غير حادّ (٩) رقيق (١٠) حسّاس (١١) متساهل ؛ غير قاسٍ .

**soften** *(vt.; i.)* (١) يُليِّن ؛ يُطرّي × (٢) يَلين .

**soft goods** *(n.pl.)* أقمشة ؛ منسوجات .

**softly** *(adv.)* (١) بِلين ؛ برِفْق (٢) بهدوء .

**soggy** *(adj.)* (١) نَدِيّ (٢) فطير .

**soil** *(vt.; i.; n.)* (١) يلوِّث ؛ يوسِّخ × (٢) يتلوَّث ؛ يتَّسخ § (٣) لطخة (٤) تُرْبَة (٥) وطن .

**soiree or soirée** *(n.)* سهرة ؛ حفلة ساهرة .

**sojourn** *(n.; vi.)* (١) المُقام : إقامة موَقّتة . § (٢) ينزِل أو يُقيم موَقّتاً .

**sol** *(n.)* (١) *cap.* : الشمس (٢) الذهب .

**solace** *(n.; vt.)* (١) عزاء § (٢) يُعزّي .

**solar** *(adj.)* شَمْسِيّ .

**solar system** *(n.)* النظام الشمسيّ .

**sold** *past and past part. of* sell.

**solder** *(n.; vt.)* (١) سبيكة لِحام § (٢) يَلحُم .

**soldier** *(n.; vi.)* (١) جندي § (٢) يخدم في الجنديّة .

**soldierly** *(adj.)* باسل ؛ بطوليّ .

**soldier of fortune** الجنديّ المرتزق أو المغامر .

**soldiery** *(n.)* جُنْد ؛ جماعة من الجُنْد .

**sole** *(n.; vt.; adj.)* (١) نَعْل (٢) أخمص القدم . (٣) سمك موسى § (٤) يُنْعِل ؛ يجعل له نعلاً § (٥) وحيد (٦) فَرْد .

**solecism** *(n.)* اللحن ؛ الخطأ النحوي .

**solely** *(adv.)* (١) وَحدَهُ (٢) فقط (٣) كُلّيّةً .

**solemn** *(adj.)* جليل ؛ مَهيب ؛ وقور ؛ كئيب .

**solemnity** *(n.)* (١) إجلال (٢) وقار ؛ رزانة .

**solicit** *(vt.)* (١) يَلْتَمس (٢) يُغْوي .

**solicitor** *(n.)* (١) المُلتمس (٣) المحامي .

**solicitous** *(adj.)* (١) قَلِق ؛ جَزِع (٢) توّاق .

**solicitude** *(n.)* (١) قَلَق (٢) هَمّ .

**solid** *(adj.; n.)* (١) مُصْمَت ؛ غير أجوف . (٢) متواصل (٣) مُجسَّم (٤) صُلْب ؛ جامد ؛ متين (٥) وجيه ؛ حكيم (٦) إجماعيّ (٧) موحَّد الكلمة § (٨) المجسَّم (٩) مادّة صلبة .

**solidarity** *(n.)* التكافل ؛ التماسك .

**solidify** *(vt.; i.)* يجعله (أو يصبح) صُلباً الخ .

**solidity** *(n.)* صُموت ؛ صلابة ؛ متانة الخ .

**soliloquize** *(vi.; t.)* يناجي نفسه ؛ يقول لنفسه .

**soliloquy** *(n.)* مناجاة النفس : مناجاة المرء نفسَه .

**solitary** *(adj.)* معتزِلٌ ؛ منفردٌ ؛ منعزل ؛ وحيد .

**solitude** *(n.)* (١) عُزْلَة ؛ انعزال (٢) قَفْر .

**solo** *(n.; adv.; adj.)* (١) الغُصْن : لحنٌ يؤدّيه مُغنٍّ واحد أو آلة واحدة (٢) طيران أو رقص منفرد § (٣) منفرداً (٤) وحيداً § (٥) منفرد .

**solstice** *(n.)* الانقلاب الشمسيّ (فلك) .

**solubility** *(n.)* قابليّة الذوَبان أو الحلّ .

**soluble** *(adj.)* قابلٌ للذوَبان أو الحلّ .

**solution** *(n.)* (١) حلّ ؛ جواب (٢) إذابة . (٣) انحلال ؛ ذوبان (٤) محلول ؛ ذَوْب .

**solvability** *(n.)* قابليّة الحلّ والتفسير .

**solvable** *(adj.)* قابلٌ للحلّ أو التفسير .

**solve** *(vt.)* (١) يَحُلّ (مسألةً) (٢) يسدّد دَيْناً .

**solvency** *(n.)* الإيفائيّة : القدرة على إيفاء الديون .

**solvent** *(adj.; n.)* (١) مِيفاء : قادر على إيفاء جميع الديون (٢) مُذِيب § (٣) مادة مُذيبة .

**somber** *or* **sombre** *(adj.)* (١) مُعتِم . (٢) كئيب (٣) داكن اللون .

**sombrero** *(n.)* الصَّمبَرِيرَة: قبّعة مكسيكية .

**some** *(adj.; pron.; adv.)* (١) ما (٢) بعض ؛ بضعة ؛ بضع (٣) هامّ ؛ رائع § (٤) بعض § (٥) حوالى ؛ نحو .

**somebody** *(pron.; n.)* (١) شخص ما . § (٢) شخص ذو شأن .

**someday** *(adv.)* يوماً ؛ يوماً ما (في المستقبل) .

**somehow** *(adv.)* بطريقة ما ؛ بطريقة أو بأخرى .

**someone** *(pron.)* شخصٌ ما .

**somersault** *(n.; vi.)* (١) الشَّقلَبَة : حركة بهلوانيّة يقلب فيها المرء عَقِبَيه فوق رأسه (٢) انقلاب تامّ (في الرأي الخ.) § (٣) يتشقلب .

**something** *(n.)* شيء ؛ شيءٌ ما .

**sometime** *(adv.; adj.)* (١) يوماً ما ؛ في وقت ما في المستقبل (٢) في يوم غير محدَّد § (٣) سابق .

**sometimes** *(adv.)* أحياناً ؛ بين الفينة والفينة .

**somewhat** *(n.; adv.)* (١) بعض ؛ جزء . (٢) شخص أو شيء ذو شأن § (٣) إلى حدٍّ ما .

**somewhere** *(adv.; n.)* (١) في مكان ما (٢) إلى مكان ما (٣) تقريباً § (٤) مكانٌ ما .

**somnambulism** *(n.)* السير أثناء النّوم .

**somnambulist** *(n.)* المُسَرنِم : السائر وهو نائم .

**somnolence; somnolency** *(n.)* نُعاس .

**son** *(n.)* ابن ؛ ولد .

**sonata** *(n.)* السّوناتة : لحن موسيقيّ .

**song** *(n.)* (١) غناء (٢) شِعر (٣) أغنية .

**songbird** *(n.)* (١) طائرٌ غِرِّيد (٢) مُغنّية .

**songster** *(n.)* (١) المُغنّي (٢) ناظم الأغاني .

**son-in-law** *(n.)* الصِّهر : زوج الابنة .

**sonnet** *(n.)* السّونِيتة : قصيدة تتألف من ١٤ بيتاً .

**sonorous** *(adj.)* مصوِّت ؛ جَهْوَرِيّ ؛ طنّان .

**sonship** *(n.)* بُنُوَّة .

**soon** *(adv.)* (١) قريباً (٢) عاجلاً (٣) باكراً .

**sooner or later** *(adv.)* عاجلاً أو آجلاً .

**soot** *(n.; vt.)* (١) سُخام § (٢) يلوّث بالسُّخام .

**soothe** *(vt.)* (١) يُهَدِّئ (٢) يُسكِّن ؛ يلطِّف .

**soothsayer** *(n.)* المتكهّن ؛ المتنبّئ ؛ العرّاف .

**sooty** *(adj.)* (١) سُخاميّ (٢) أسخم (٣) قاتم .

**sop** *(n.; vt.)* (١) الغَمِيسَة : قطعة من خبز تغمس في سائل مّا قبل أكلها (٢) رَشْوة § (٣) يَغْمِس (٤) يَمْسَح ؛ يزيل بالامتصاص .

**sophism** *(n.)* (١) مغالطة (٢) سفسطة .

**sophist** *(n.)* (١) المغالط (٢) السّوفسطائيّ .

**sophistic; -al** *(adj.)* سُوفسطائيّ .

**sophistry** *(n.)* (١) سَفسَطة (٢) مُغالطة .

**sophomore** *(n.)* الطالب في السنة الثانية من كلية .

**soporific** *(adj.; n.)* (١) منوِّم (٢) مخدِّر .

**soprano** *(n.)* (١) النَّدِيّ : الصوت الأعلى عند النساء والأولاد (٢) صاحب هذا الصوت .

**sorcerer** *(n.)* الساحر ؛ المُشَعْوِذ .

**sorceress** *(n.)* الساحرة ؛ المُشَعْوِذة .

**sorcery** *(n.)* سِحر ؛ شَعْوَذة .

**sordid** *(adj.)* (١) قَذِر (٢) خسيس (٣) بخيل .

**sore** *(adj.; n.)* (١) مؤلم (٢) متقرّح (٣) شديد ؛ ماسّ (٤) متألّم (٥) مُغْضَب § (٦) قَرْح ؛ قَرْحة (٧) بلاء ؛ بلوى .

**sorely** *(adv.)* (١) على نحوٍ مُوجِع (٢) جدّاً .

**sorghum** *(n.)* السَّرْغوم : نبات كالذُّرة .

**sorority** *(n.)* نادٍ للفتيات أو النساء .

**sorrel** *(n.)* (١) فَرَسٌ الخ. أسمر مُحْمَرّ (٢) لون أسمر مُحْمَرّ (٣) الحُمّاض (نبات) .

**sorrow** *(n.; vi.)* (١) حزن؛ أسىً (٢) مِحنة . (٣) أسفٌ (٤) الضرّاء §(٥) يَحْزَن .

**sorrowful** *(adj.)* (١) حَزِين (٢) مُحْزِن .

**sorry** *(adj.)* (١) حزين (٢) آسِف (٣) مُؤْسِف؛ فاجع (٤) تافه؛ يُرْثَى له .

**sort** *(n.; vt.)* (١) نوع (٢) طريقة ؛ أسلوب (٣) طبيعة؛ مزاج §(٤) يَفْرز؛ يصنّف.

out of ~ *s* مَغِيظ أو منحرِف المزاج .

**sortie** *(n.)* (١) غارة المحاصَرين (٢) هجمة.

**so-so** *(adv.; adj.)* بينَ ؛ بين .

**sot** *(n.)* السِّكّير : مُدْمِن الخمر .

**sottish** *(adj.)* (١) أبلَه (٢) ثَمِل؛ سكران .

**soubrette** *(n.)* ممثلة تقوم بدور الفتاة المغناج .

**sough** *(vi.; n.)* (١) يئِنّ §(٢) أنين .

**sought** *past and past part. of* seek.

**soul** *(n.)* (١) نَفْس (٢) روح (٣) حيَوِيّة؛ نشاط .

**soulful** *(adj.)* عاطفيّ أو مُفعَم بالعاطفة .

**soulless** *(adj.)* عديم النفس أو الحيويّة أو النشاط .

**sound** *(adj.)* (١) سليم؛ صحيح (٢) راسخ؛ ثابت؛ متين (٣) دقيق؛ مضبوط (٤) شرعيّ (٥) تامّ (٦) عميق (٧) عنيف (٨) موثوق .

**sound** *(n.)* (١) صوت (٢) ضجة (٣) معنى؛ مغزًى (٤) مَضِيق (٥) لسان بحريّ داخلٌ في البرّ (٦) المثانة الهوائيّة (في الأسماك) (٧) مِسبار طبّيّ.

**sound** *(vi.; t.)* (١) يصوِّت (٢) يترجّع؛ يتردّد. (٣) يبدو (٤) يدرس أو يبحث إمكانيّة كذا ×(٥) يقرع؛ يعزِف (٦) يلفظ (٧) يعلن؛ يذيع (٨) يفحص (عضواً) بجعله يُطلِق صوتاً (٩) يَسْبُر (١٠) يستطلع الآراء .

**soundless** *(adj.)* (١) لا يُسبَر غَوْرُه (٢) صامت

**soundly** *(adv.)* (١) على نحوٍ سليم أو صحيح الخ. (٢) عميقاً (٣) تماماً (٤) بعنف .

**soundproof** *(adj.)* عازلٌ للصوت .

**soup** *(n.)* (١) حِساء (٢) مأزِق؛ ورطة.

**sour** *(adj.; vi.; t.)* (١) حامض (٢) رائب . (٣) فاسد (٤) بغيض (٥) شَكِس ؛ نكِد §(٦) يتحمّض؛ يَفسد (٧) يصبح شكِساً أو نَكِداً ×(٨) يحمّض؛ يُفسِد (٩) يُغْضِب.

**source** *(n.)* (١) منبع (٢) أصل (٣) مَصْدر.

**souse** *(vt.; n.)* (١) يُخلِّل؛ ينقع في الخلّ. (٢) يغمُر؛ ينقَع §(٣) سمك أو لحم خنزير مخلّل (٤) محلول تخليل (٥) تخليل؛ نَقْع .

**south** *(adv.; adj.; n.)* (١) جنوباً؛ نحو الجنوب . §(٢) جنوبيّ §(٣) الجنوب .

**southeast** *(adv.; adj.; n.)* (١) في أو نحو الجنوب الشرقيّ §(٢) جنوبيّ شرقيّ §(٣) الجنوب الشرقيّ.

**southeaster** *(n.)* الريح الجنوبيّة الشرقيّة .

**southeastern** *(adj.)* جنوبيّ شرقيّ .

**southerly** *(adj.)* جنوبيّ .

**southern** *(adj.; n.)* جنوبيّ .

**Southerner** *(n.)* الجنوبيّ: أحد أبناء الجنوب.

**southward** *(adv.; adj.; n.)* (١) جنوباً؛ نحو الجنوب §(٢) جنوبيّ §(٣) الجنوب .

**southwards** *(adv.)* جنوباً؛ نحو الجنوب .

**southwest** *(adv.; adj.; n.)* (١) إلى أو في الجنوب الغربي §(٢) جنوبيّ غربيّ §(٣) الجنوب الغربيّ .

**southwester** *(n.)* الريح الجنوبيّة الغربيّة .

**southwestern** *(adj.)* جنوبيّ غربيّ .

**souvenir** *(n.)* تَذْكار .

**sovereign** *(n.; adj.)* (١) مَلِك ؛ مَلِكَة. (٢) السَّفْرَن : جنيه انكليزي ذهبيّ §(٣) مسيطر؛ مهيمن (٤) مطلَق (٥) مستقلّ ؛ ذو (أو ذات) سيادة (٦) رئيسيّ (٧) فعّال (٨) سائد .

**sovereignty** *(n.)* (١) سلطة عليا (٢)سيادة؛ استقلال (٣) دولة ذات سيادة .

**soviet** *(n.; adj.)* (١)السّوفيات : مجلس حكوميّ منتَخَب في بلد شيوعيّ §(٢)سوفياتيّ .

**sow** *(n.)* الخِنْزِيرة : أنثى الخِنزير .

**sow** *(vi.; t.)* (١)يَبْذُر (الحَبّ) ×(٢)يزرَع . (٣) يَنشُر؛ يوزّع (٤) يُثير .

**sown** *past part. of* sow.

**soy** *(n.)* (١)صلصة فول الصويا (٢)فول الصويا.

**soya; soybean** *(n.)* فول الصويا .

**spa** *(n.)* (١) ينبوع مياه معدنيّة (٢) فندق أو مُنْتَجَعٌ مُتْرَف .

**space** *(n.; vt.)* (١)فَتْرَة ؛ مُدّة (٢)مسافة؛ مساحة (٣) مدى؛ سعة (٤) حيِّز ؛ مكان ؛ فُسحة (٥) الفضاء (٦) محلّ «في طائرة الخ.» §(٧) يباعد ( بين الكلمات الخ. ) .

**spacious** *(adj.)* رَحْب ؛ فَسيح ؛ واسع ؛ شامل.

**spade** *(n.)* (١) مِسْحاة ؛ رَفْش ؛ مجراف . (٢)البستوني (في ورق اللعِب) أو الشدّة .

**spaghetti** *(n.)* السباغيتي: معكرونة طويلة رفيعة.

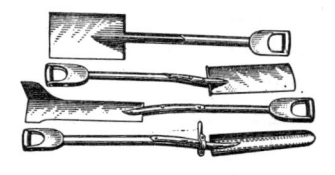

**span** *(n.; vt.)* (١) شِبْر (٢)امتداد ؛ اتساع ؛ وبخاصة : مدة حياةالمرء على الأرض (٣)الباع : المسافة بين دعامتي قنطرة (٤)القرينان : بغلان أو فَرسان قُرِن أحدهما إلى الآخر §(٥) يقيس (٦) يمتدّ فوق كذا .

**spangle** *(n.; vt.)* (١)التِّرتِرَة؛ اللُّمْعَة : واحدة التِّرتِر أو اللُّمَع أو «البرَق» §(٢)يوشّي بالتِّرْتِر.

**Spaniard** *(n.)* الأسباني : أحد أبناء اسبانيا.

**spaniel** *(n.)* السَّبَنْيَلِيّ: كلب صغير .

**Spanish** *(n.; adj.)* (١) الاسبانيّة : اللغة الاسبانيّة (٢) الشعب الاسبانيّ §(٣) اسبانيّ .

**spank** *(vt.)* يَصْفَع ، وبخاصة على الكَفَل.

**spanking** *(adj.)* رشيق؛ نشيط .

**spanner** *(n.)* مفتاح ربط أو صمولة.

spanner

**spar** *(n.; vi.)* (١) السارية ؛ الصاري. §(٢)يتصارع (٣)يتجادل ؛ يتشاحن.

**spare** *(vt.; adj.; n.)* (١)يصفح عن. (٢) يستبقي؛ يبقي على (٣) يستثني (٤) يوفّر على (٥) يوفّر (٦) يجتنب (٧) يستغني عن §(٨) احتياطيّ ؛ إضافيّ (٩)فائض (١٠)مقتصِد (١١)نحيل (١٢)ضئيل §(١٣)دولاب (سيّارة)إضافيّ (١٤)قطعةغيار.

**sparing** *(adj.)* (١)مقتصِد (٢)هزيل؛ ضئيل.

**spark** *(n.; vi.)* (١)شرارة (٢)ومضة (٣)جرثومة. (٤) ذرّة (٥) فتي شديد التأنّق ؛ زير نساء §(٦)يُرْسل أو يُحْدث شرَراً .

spa 445 spe

**sparkle** *(vi.; n.)* (١) يُطلق شرَراً (٢) يتلألأ (٣) يتألّق (٤) يفور § (٥) شرارة (٦) أثرٌ ضئيل.

**spark plug** *(n.)* الشمعة: شمعة الإشعال (في السيارات).

spark plug

**sparrow** *(n.)* العصفور؛ الدّوريّ.

**sparse** *(adj.)* متفرّق؛ متناثر.

**spasm** *(n.)* (١) تشنُّج (٢) نوبة (٣) فورة نشاط.

**spasmodic** *(adj.)* (١) تَشَنُّجيّ (٢) متقطّع.

**spat** *past and past part. of* spit.

**spat** *(n.; vi.)* (١) بيض المحار (٢) صغار المَحار (٣) *pl.*: طِماق الكاحل (٤) مشاجرة § (٥) يتشاجر.

spats 3.

**spate** *(n.)* (١) فيضان (٢) فيْض (٣) انفجار.

**spatial** *(adj.)* (١) حَيّزيّ؛ مكانيّ (٢) فضائيّ.

**spatter** *(vt.)* (١) يرشّش؛ «يُطرطش» (٢) ينثر بالتّرشيش (٣) يُبقّع: يكسو بالبُقَع.

**spatula** *(n.)* المِلوَق؛ المِبسَط؛ سكّين الصيدليّ.

**spawn** *(vt.; n.)* (١) تضع السمكةُ بيضَها (٢) يُحدِث § (٣) بيض السمك (٤) نِتاج.

**speak** *(vi.)* (١) يتكلّم (٢) يخطب؛ يُلقي خطاباً.

so to ~, إذا جاز التعبير.

**speakeasy** *(n.)* حانة (غير مرخَّص بها).

**speaker** *(n.)* (١) المتكلّم؛ الخطيب (٢) رئيس المجلس (٣) مكبّر الصوت.

**spear** *(n.; vt.; i.)* (١) رمح (٢) حَرْبة § (٣) يطعن.

**spearhead** *(n.)* السِّنان: نَصْل الرمح.

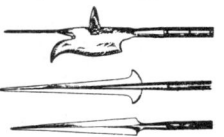

**spearmint** *(n.)* النَّعنَع؛ النَّعناع (نبات).

**special** *(adj.; n.)* (١) خاص؛ خصوصيّ § (٢) الخاصّ (ضد: العامّ).

**specialist** *(n.)* الاختصاصيّ (في عملٍ أو علمٍ ما).

**specialize** *(vt.; i.)* يُخصّص؛ يتخصّص.

**specially** *(adv.)* (١) خِصّيصاً (٢) خصوصاً.

**specialty** *(n.)* (١) الخاصّيّة: صفة مميِّزة (٢) سلعة فريدة أو ممتازة (٣) حقل اختصاص.

**specie** *(n.)* نقد أو عملة مسكوكة.

to return insult in ~, يردّ الاهانة بمثلها.

**species** *(n.)* (١) صِنف (٢) النّوع (بيولوجيا).

**specific** *(adj.; n.)* (١) معيَّن (٢) دقيق (٣) خاصّ؛ مميِّز (٤) نوعيّ: فعّالٌ في معالجة مرضٍ معيّن § (٥) العلاج النوعيّ.

**specifically** *(adv.)* على وجه التخصيص.

**specification** *(n.)* (١) تخصيص؛ تعيين؛ تفصيل (٢) مواصفة؛ مواصفات (٣) بند خاصّ.

**specific gravity** *(n.)* الثِّقل النّوعيّ (فيزياء).

**specify** *(vt.)* يخصّص؛ يعيِّن؛ يفصِّل.

**specimen** *(n.)* (١) عيِّنة؛ نموذج (٢) شخص.

**specious** *(adj.)* خادع؛ غرّار؛ حَسَن المظهر.

**speck** *(n.; vt.)* (١) بُقْعَة؛ لطخة (٢) ذرّة؛ مقدار ضئيل جداً § (٣) يبقّع.

**speckle** *(n.; vt.)* (١) بُقَيْعَة؛ نقطة § (٢) ينقّط.

**spectacle** *(n.)* (١) مشهد (٢) *pl.*: نظارات.

**spectacular** *(adj.)* دراماتيكيّ؛ مثير؛ مُذْهِل.

**spectator** *(n.)* المُشاهِد؛ المُتفرِّج.

**specter** *or* **spectre** *(n.)* شَبَحٌ.

**spectral** *(adj.)* (١) شَبَحيّ (٢) طَيْفيّ (ضوء).

**spectroscope** *(n.)* منظار التحليل الطَّيفيّ.

**spectrum** *(n.)* pl. **-tra**. الطيف (في الضوء).

**speculate** *(vi.)* (١) يتأمّل (٢) يضارب.

**speculation** *(n.)* (١) تأمُّل (٢) مضاربة .

**speculative** *(adj.)* (١) تأمّليّ (٢) مضارِب . (٣) مُتّسِمٌ بطابع المضاربة .

**sped** *past and past part. of* speed.

**speech** *(n.)* (١) كلام (٢) خُطبة ؛ خطاب .

**speechless** *(adj.)* (١) أبكم ؛ أخرس (٢) صامت .

**speed** *(n.; vi.; t.)* (١) سرعة § (٢) يوفّق ؛ ينجح . (٣) يُسْرِع × (٤) يسرِّع ؛ يعجّل (٥) يُطلِق .

**speedily** *(adv.)* (١) بسرعة (٢) قريباً جداً .

**speedometer** *(n.)* عدّاد السرعة (في سيّارة) .

**speedway** *(n.)* طريق لسباق السيارات الخ .

**speedwell** *(n.)* زهرة الحواشي (نبات) .

**speedy** *(adj.)* سريع ؛ عاجل .

**spell** *(n.; vt.)* (١) رُقْيَة (٢) سِحْر (٣) دور ؛ نوبة (٤) فترة (٥) نوبة (سعالٍ الخ.) § (٦) يتهجّى (لفظةً) (٧) يرسم الكلمةَ (إملائيّاً) (٨) يؤلّف (٩) يعني (١٠) يتناوب .

**spellbinder** *(n.)* المتحدث أو الخطيب الساحر .

**spellbound** *(adj.)* مسحور .

**speller** *(n.)* (١) المتهجّي (٢) كتاب التهجّي .

**spelling** *(n.)* تهجئة ؛ هجاء .

**spelt** *past and past part. of* spell.

**spend** *(vt.)* (١) يُنْفِق (٢) يقضي (٣) يضحي بـِ .

**spendthrift** *(n.; adj.)* (١) المبذِّر § (٢) مبذِّر .

**spent** *past and past part. of* spend.

**sperm** *(n.)* المَنِيّ : السائل المنوي .

**spermatozoon** *(n.)* pl. **-zoa** الحُيَيّ المَنَوِيّ .

**spew** *(vi.; t.; n.)* (١) يتقيأ § (٢) قيء .

**sphere** *(n.)* (١) كُرَة ؛ جسمٌ كُرَوِيّ (٢) نجم ؛ كوكب سيّار (٣) دنيا ؛ عالم ؛ مجال .

**spherical** *(adj.)* كُرَوِيّ ؛ كُرِّيّ .

**spheroid** *(n.)* الكُرَواني : جسمٌ شبيه بالكرة .

**sphinx** *(n.)* (١) السفينكس : كائن خرافيّ له جسمُ أسد ، وأجنحة ، ورأس امرأة وصدرُها (٢) أبو الهَول .

sphinx 1.

**spice** *(n.; vt.)* (١) تابِل . (٢) طيّب § (٣) يتبّل .

**spicule; spiculum** *(n.)* شوكة .

**spicy** *(adj.)* (١) تابليّ ؛ كثير التوابل (٢) مفعَمٌ بالحيويّة (٣) لاذع (٤) بذيء (٥) غير محتشِم .

**spider** *(n.)* (١) عنكبوت (٢) مِقلاة .

**spigot** *(n.)* (١) سِدادة ؛ سِطام (٢) حنفيّة .

**spike** *(n.)* (١) الرِّزّة : مسمار ضخم (٢) أحد النتوءات المعدنيّة في النعل (لمنع الانزلاق) (٣) سنبلة (٤) عنقود زهريّ طويل .

**spiked** *(adj.)* (١) مُسَنْبَل (٢) شائك .

**spiky** *(adj.)* شائك : ذو رأس ناتيء حادّ .

**spill** *(vt.; i.)* (١) يسفح ؛ يريق (٢) يجعله يتناثر . (٣) يُسقط × (٤) يُراق ؛ يتناثر (٥) يسقط .

**spillway** *(n.)* قناة (لتصريف فائض المياه) .

spi 447 spl

**spilt** *past and past part. of* spill.

**spin** *(vi.; t.)* (١) يَغْزِل (٢) يَنْسِج (٣) يدوِّم ؛ يدور بسرعة (٤) يهبط لولبيّاً بسرعة ×(٥) يُدير ؛ يجعله يدور .

to ~ a yarn يلفّق قصّةً .

**spinach** *(n.)* الاسفاناخ ؛ السبانخ (نبات) .

**spinal** *(adj.)* فَقْرِيّ ؛ شوكيّ .

**spindle** *(n.)* (١) مِغْزَل ؛ وَشِيعة (٢) عمود دوران ؛ محور دوران (ميكانيكا) .

**spindling; spindly** *(adj.)* طويل ؛ نحيل .

**spine** *(n.)* (١) العمود الفقري (٢) شوكة ؛ نتوء .

**spinning** *(n.)* (١) غَزْل (٢) دوران سريع .

**spinning wheel** *(n.)* المِغْزَل ؛ دولاب الغَزْل .

**spinster** *(n.)* (١) الغَزّالة (٢) العانس .

**spiny** *(adj.)* (١) شائك (٢) شوكيّ .

**spiral** *(adj.; n.; vi.)* (١) لولبيّ ؛ حَلَزونيّ . §(٢) لولب §(٣) يتخذ سبيلاً لولبيّاً .

**spire** *(n.)* (١) ورقة عشب (٢) ذروة (٣) بُرج ؛ قمة مستدقّة .

spire 3.

**spirit** *(n.)* (١) روح (٢) شبح . (٣) روح شرّيرة (٤) حيوية ؛ نشاط (٥) شخص ؛ شخصيّة (٦) كحول (٧) مُسكِر قويّ .

in high *or* low ~*s* مبتهج (أو كئيب) .

**spirited** *(adj.)* نشيط ؛ جريء ؛ مفعَم بالحيويّة .

**spiritless** *(adj.)* (١) مَيْت (٢) كئيب (٣) جبان

**spiritual** *(adj.)* روحيّ ؛ دينيّ ؛ كَنَسيّ .

**spiritualism** *(n.)* الأرواحيّة : الاعتقاد بأن أرواح الموتى تتصل بالأحياء عَبْر وسيط عادةً .

**spirituous** *(adj.)* كحوليّ .

**spirt** *(n.; vi.)* = spurt.

**spiry** *(adj.)* (١) مستدقّ الطرَف (٢) لولبيّ .

**spit** *(vt.; n.)* (١) يَبْصُق (٢) يلفظ . (٣) يَشُكّ في سَفّود §(٤) سَفّود (٥) لسان أرض (٦) لُعاب (٧) بُصاق (٨) صورة طبق الأصل (٩) رَذاذ (١٠) ثلج خفيف .

**spite** *(n.; vt.)* (١) نِكاية (٢) حِقد §(٣) يَغيظ .

in ~ of على الرغم من .

**spiteful** *(adj.)* حاقد ؛ ضاغن ؛ توّاق إلى الإغاظة .

**spittle** *(n.)* (١) لُعاب ؛ ريق (٢) إفراز بُصاقيّ .

**spittoon** *(n.)* المِبْصَقَة : وعاء يُبْصَق فيه .

**splash** *(vi.; t.; n.)* (١) يتساقط أو يتناثر على شكل قطرات ×(٢) يلوّث برشاش ما (٣) ينثر بالترشيش §(٤) رشاش ؛ ترشاش .

**splashboard** *(n.)* الحاجبة : وقاء من الماء أو الوحل .

**splatter** *(vt.)* = spatter.

**splay** *(vt.; n.)* (١) يَبْسُط ؛ يَمُدّ (٢) يَحْدُر ؛ يُميل ؛ يُفلطِح §(٣) انحدار ؛ مَيَل ؛ تَفَلْطُح (٤) انبساط ؛ امتداد .

spl 448 spo

**splayfoot** *(n.)* قَدَمٌ مَسْحاء أو رَحّاء .

**spleen** *(n.)* (١) الطِّحال (٢) غضب ؛ حقد ؛ نَكَد .

**splendid** *(adj.)* (١) ساطع (٢) عظيم ؛ رائع .

**splendo(u)r** *(n.)* (١) إشراق (٢) روعة ؛ عظمة .

**splenetic** *(adj.)* (١) طِحالي (٢) نَكِد .

**splice** *(vt.)* (١) يَصل حبلين بالجَدْل (٢) يقْرِن (بين لوحين) بالتراكب .

**splint** *(n.)* (١) شريحة أو صفيحة (٢) شظِيّة . (٣) جَبيرة (الساقِ أو الذراع) .

**splinter** *(n.; vt.; i.)* (١) شَظِيّة ؛ كِسْرَة . § (٢) يشظّي ؛ يمزِّق × (٣) يتشظّى ؛ يتمزّق .

**split** *(vt.; i.; n.; adj.)* (١) يَشُقّ ؛ يَفْلِق . (٢) يمزّق (٣) يقسّم × (٤) ينشق ؛ ينفلق (٥) يتمزّق (٦) ينقسم ؛ ينفصل § (٧) شِقّ ؛ صدع (٨) فِلْقة (٩) انشقاق ؛ انقسام ؛ انفصام § (١٠) مشقوق ؛ مشقّق .

to ~ hairs يجادل في أمور تافهة .

to ~ the difference يتوصل (من طريق تسوية ما) إلى اتّفاق .

**splotch** *(n.; vt.)* (١) بُقعة (٢) لطخة § (٣) يبقّع .

**splurge** *(n.)* تفاخُر ؛ تَباهٍ (لفتاً للأنظار) .

**splutter** *(vi.)* (١) يبقبق ؛ يُدَمْدِم (٢) يُغمغِم ؛ يتكلّم بسرعةٍ وبغير وضوح .

**spoil** *(vt.; i.; n.)* (١) يسلب ؛ ينهب (٢) يُتْلِف . (٣) يُفسِد (٤) يدلِّل × (٥) يَتْلَف ؛ يَفْسُد § (٦) غنيمة .

**spoke** *past and past part. of* speak.

**spoke** *(n.)* (١) البَرْمَق : شعاع الدولاب (٢) درجة (في مِرقاةٍ أو سُلَّم نقّالة) .

**spoken** *(adj.)* (١) شفهيّ (٢) ملفوظ ؛ منطوق به .

**spokesman** *(n.)* الناطق (بلسان جماعة أو هيئة) .

**spoliation** *(n.)* (١) سَلْب ؛ نَهب (٢) إتلاف .

**sponge** *(n.; vt.; i.)* (١) إسْفَنْج ؛ إسْفَنْجة . § (٢) ينظّف أو يمسح بأسفنجة × (٣) يتطفّل ؛ يعيشُ عالةً على (٤) يصيد الإسفنج أو يغوص التماساً له .

**sponger** *(n.)* الطُّفيليّ ؛ العالة على غيره .

**spongy** *(adj.)* (١) إسفنجيّ ؛ مُمتَصّ (٢) ليّن .

**sponsor** *(n.)* (١) العَرّاب ؛ العَرّابة (٢) الكفيل ؛ الضامن (٣) راعي البرنامج : مؤسّسة تجاريّة ترعى برنامجاً إذاعياً أو تلفزيونياً .

**spontaneity** *(n.)* العَفْويّة ؛ التلقائيّة .

**spontaneous** *(adj.)* عَفْوي ؛ تلقائيّ ؛ ذاتيّ .

**spontaneously** *(adv.)* عفويّاً ؛ تلقائيّاً .

**spook** *(n.)* شَبَح .

**spool** *(n.)* مِكَبّ ؛ مِسْلكة ؛ ملفّ للخيوط .

**spoon** *(n.; vt.)* (١) مِلعقة § (٢) يَغرُف بملعقة .

**spoonful** *(n.)* مِلْء ملعقة .

**spoor** *(n.)* أثر الحيوان .

**sporadic** *(adj.)* متقطّع ؛ متفرّق ؛ متشتّت .

**spore** *(n.)* (١) بَوْغ ؛ بَوْغة (٢) بذرة ؛ جرثومة .

**sport** *(n.; vt.; i.)* (١) لهو ؛ لعب ؛ تسلية . (٢) رياضة بدنية (٣) لعبة رياضية (٤) مزاح ؛ هَزْل (٥) هزء ؛ سخرية (٦) أُلعوبة ؛ أُضحوكة (٧) المقامر § (٨) يُبدي بتَباهٍ × (٩) يلهو .

for ~ ; in ~ على سبيل الهَزْل أو المزاح .

to make ~ of يهزأ بـ ؛ يضحك من .

**sportive** *(adj.)* (١) لَعوب (٢) رياضيّ .

**sportsman** *(n.)* الرياضيّ .

**sportsmanship** *(n.)* الروح الرياضيّة .

**spot** *(n.; vt.)* (١) وصمة (٢) بُقعة ؛ لَطخة ؛ نقطة (٣) مكان ؛ موضع §(٤) يلطّخ ؛ يلوّث (٥) ينقّط (٦) يكتشف (٧) يستطع .

on the ~, فوراً ؛ في الحال .

**spotless** *(adj.)* نظيف ؛ طاهر ؛ لا عيب فيه .

**spotlight** *(n.)* ضوءٌ كشّاف .

**spotty** *(adj.)* (١) منقّط (٢) متقطّع (٣) متفاوت

**spousal** *(n.; adj.)* (١) *pl.*: زَواج §(٢) زَواجيّ

**spouse** *(n.)* (١) الزوج (٢) الزوجة.

**spout** *(vt.; i.; n.)* (١) يَبثُق ؛ يبجُس ؛ يُطلق. ×(٢) ينبثق ؛ ينبجس ؛ ينطلق §(٣) أنبوب ؛ ميزاب ؛ «مزراب» (٤) صُنبور ؛ بزباز .

**sprain** *(n.)* الوثء: ليّ المفصِل أو التواؤه .

**sprang** *past of* spring.

**sprat** *(n.)* الإسبَرْط : نوع من سمك الرَّنكة.

**sprawl** *(vi.)* (١) يتمدّد «باسطاً ذراعية وقدميه» . (٣) ينتشر أو يمتدّ في غير نظام .

**spray** *(n.; vt.)* (١) غصنٌ (مُزْهِرٌ عادةً) . (٢) رَشّاش ؛ رَذاذ (٣) مِرشّة ؛ مِرذّة §(٤) يرُشّ ؛ يرذّ .

**spread** *(vt.; i.; n.)* (١) ينشر؛ يبسط (٢) يمُدّ (٣) ينثر (٤) يكسو ؛ يفرش (٥) يُعِدّ (المائدةَ) ×(٦) ينتشر ؛ يمتدّ الخ. §(٧) انتشار ؛ امتداد (٨) عَرْض ؛ مدى (٩) شيء يُمَدّ أو يُفْرَش «على الخبز» (١٠) غطاء المائدة أو الفراش .

**spree** *(n.)* مَرَحٌ صاخب ؛ إسراف في الشراب.

**sprig** *(n.)* (١) غُصَيْن ؛ فرع (٢) سليل.

**sprightful; sprightly** *(adj.)* مَرِح .

**spring** *(vi.; t.; n.)* (١) يرتدّ على نحوٍ زنبركيّ . (٢) ينبثق (٣) يطلُع ؛ ينْبت (٤) يتحدّر بالولادة (٥) ينشأ ؛ يبرز (٦) يطفر ؛ يثب ×(٧) يُطلع ؛ يُنْبت (٨) يَلْوِي بقوّة (٩) يطلق (نكتةً الخ.) §(١٠) نبعٌ ؛ ينبوع (١١) الربيع (١٢) نابض ؛ زُنْبُرك (١٣) وَثْبٌ ؛ وثبة (١٤) نشاط ؛ حيويّة .

**springboard** *(n.)* مِنَصّة الوثب .

**springtide; springtime** *(n.)* الربيع .

**springy** *(adj.)* (١) كثير الينابيع (٢) مَرِن.

**sprinkle** *(vt.; i.; n.)* (١) يَنْثُر (٢) ينقّط . (٣) يرشّ ×(٤) تُمطر رَذاذاً §(٥) رَذاذ .

**sprinkling** *(n.)* (١) ذَرّة (٢) رَشّة (٣) نِثار.

**sprint** *(vi.; n.)* (١) يعدو بأقصى السرعة . §(٢) عدْو بأقصى السرعة (٣) سباقٌ قصير .

**sprite** *(n.)* (١) شَبَحٌ (٢) جِنّيّ صغير .

**sprocket** *(n.)* الضِّرْس : سِنّ العجلة المُسنّنة.

**sprout** *(vi.; t.; n.)* (١) يَشْطأ (الزَّرعُ) : يَخرج أوّلُ ورقه ×(٢) يُطلِع (ورقاً جديداً الخ.) §(٣) الشَّطْأ : أوّل ما ينبت من الورق الخ.

**spruce** *(n.; adj.; vt.; i.)* (١) البِيْسيَة (شجرة) §(٢) أنيق §(٣) يُهنْدِم ×(٤) يتأنّق.

**sprung** *past and past part. of* spring.

**spry** *(adj.)* نشيط ؛ رشيق ؛ خفيف الحركة.

**spud** *(n.)* (١) المَرّ: مِسحاة صغيرة (٢) بطاطس.

**spume** *(n.)* زَبَدٌ ؛ رَغْوَة .

**spun** *past and past part. of* spin.

**spunk** *(n.)* جرأة ؛ نشاط ؛ حيويّة .

**spur** *(n.; vt.; i.)* (١) مِهماز (٢) جذرٌ أو غصنٌ ناتىء (٣) شوكة في رِجل الديك (٤) الرَّعْن: أنف الجبل § (٥) يَنْخَس (٦) يحثّ؛ يستحثّ.

on the ~ of the moment ارتجالاً؛ عَفْوَ اللحظة أو الخاطر؛ على البديهة.

**spurious** *(adj.)* (١) غير شرعيّ (٢) زائف.
**spurn** *(vt.)* (١) يرفس (٢) يرفض بازدراء.
**spurred** *(adj.)* (١) ذو مهماز (٢) شائك.
**spurt** *(n.; vi.)* (١) لَحْظَة (٢) جهدٌ أو نشاط أو نموّ مفاجىء (٣) تدفّق أو اندلاع مفاجىء § (٤) يتدفّق؛ ينبجس (٥) يبذل جهداً مفاجئاً.
**sputter** *(vt.; i.)* (١) يلفظ (رشاشاً من اللعاب أو الطعام من فمه) (٢) يلفظ بسرعة أو اختلاط × (٣) يفرقع؛ يبقبق (٤) يتوقّف (محدثاً فرقعةً).
**sputum** *(n.)* pl. **-ta** بُصاق؛ نُخامَة.
**spy** *(vt.; i.; n.)* (١) يستطلع أو يستكشف سرّاً (٢) يَلْمَح؛ يرى × (٣) يتجسّس § (٤) العين؛ الرقيب؛ الجاسوس.
**spyglass** *(n.)* المنظار؛ النظّارة المقرِّبة.
**squab** *(n.)* الزُّغْلُول: فَرخ الحمام.
**squabble** *(n.; vi.)* (١) شِجار § (٢) يتشاجر.
**squad** *(n.)* زمرة؛ جماعة؛ شِرذمة؛ فرقة.
**squadron** *(n.)* (١) سَرِيّة خيّالة (٢) أسطول (٣) سرب طائرات (٤) جَمْهَرَة.
**squalid** *(adj.)* (١) قَذِر (٢) حقير.

**squall** *(n.)* (١) صَرْخَة (٢) ريح (يصحبها مطر).
**squander** *(vt.)* (١) يُشتِّت (٢) يُبدِّد (مالاً).
**square** *(n.; adj.; adv.; vt.)* (١) المُرَبَّع (٢) الخانة (في رقعة الشطرنج الخ.) (٣) التربيع: مربّع العدد (٤) ساحة؛ ميدان (في مدينة) (٥) قالب أو قطعة شبه مكعّبة § (٦) مربّع. (٧) قائم الزاوية (٨) منصِف؛ عادل؛ شريف (٩) متعادل؛ متوازن (١٠) مرضٍ؛ مُشبِع (١١) باتّ؛ قاطع § (١٢) بأمانة؛ باستقامة (١٣) وجهاً لوجه (١٤) مباشرةً (١٥) بثبات؛ بقوّة § (١٦) يُربِّع (١٧) يسدّد؛ يسوّي.

on the ~, (١) على زاوية قائمة (٢) باستقامة؛ بأمانة.

out of ~, (١) بانحراف؛ على غير زاوية قائمة (٢) غير مرتّب (٣) خاطىء؛ خطأ.

to ~ the circle (١) يربّع الدائرة (٢) يحاول عملَ المستحيل.

**squash** *(vt.; i.; n.)* (١) يسحق؛ يهرس. (٢) يُخمِد × (٣) ينسحق (٤) يحشر نفسَه § (٥) سقوط مفاجىء لشيء ثقيل ليّن (٦) عصير (٧) الإسكواش: لعبة شبيهة بكرة اليد والتنس (٨) القَرْع (نبات).
**squat** *(vt.; i.; n.; adj.)* (١) يحتلّ (أرضاً) بغير حقّ (٢) يحتلّ (أرضاً) وفي نيّته امتلاكها بوضع اليد × (٣) يجثم (٤) يجلس القُرْفصاء § (٥) جُثُوم (٦) مَجْثَم § (٧) قصير وثخين.
**squaw** *(n.)* ميركيّةٌ من الهنود الحمر.
**squawk** *(vi.; n.)* (١) يُطلِق صوتاً عالياً حادّاً (٢) يشكو بصوت عالٍ § (٣) صوت عالٍ حادّ (٤) شكوى صارخة.

**squeak** *(vi.; n.)* (١) يَصِرّ؛ يَصْرِف (كالباب على مِفصلاته) (٢) يصيء؛ يطلق صوتاً قصيراً حاداً §(٣) صرير؛ صريف (٤) صوت قصير حادّ.

**squeal** *(vi.; n.)* (١) يُطلق صرخةً طويلةً. (٢) يخون أو يفشي (خشيةَ العقاب) (٣) يشكو؛ يحتجّ §(٤) صرخة طويلة.

**squeamish** *(adj.)* سريع الغثيان أو التقزّز.

**squeeze** *(vt.; n.)* (١) يضغط؛ يكبس على. (٢) يَعْصر أو يستخرج بالعَصْر (٣) يُقحم (٤) يبتزّ (٥) يُخفِّض §(٦) ضغط؛ كَبْس الخ. (٧) عُصارة (٨) حَشْد (٩) أزمة؛ مأزق.

**squelch** *(vt.)* يسحق؛ يُخمد؛ يُسكت.

**squib** *(n.)* (١) مفرقعة (٢) نقد ساخر.

**squid** *(n.)* الحبّار؛ لسَّبيدَج: حيوان بحريّ.

**squint** *(vi.; adj.; n.)* (١) ينظر شَزْراً. (٢) يَحْوَلّ: يكون مُصاباً بالحَوَل (٣) ينظر أو يحدّق بعينين نصف مغمضتين §(٤) أحْوَل (٥) شزراء §(٦) نظرة شَزْراء (٧) نظرة (٨) اتجاه؛ نزعة.

**squire** *(n.)* (١) حامل الدروع (٢) المُرافق. (٣) مالك الأرض الرئيسي (٤) قاضٍ.

**squirm** *(vi.)* (١) يتلوّى (٢) يرتبك؛ يخجل.

**squirrel** *(n.)* (١) السِّنجاب. (٢) فرو السِّنجاب.

squirrel

**squirt** *(vi.; t.; n.)* (١) ينبجس (كالماء من نافورة) ×(٢) يَبُخّ (سائلاً) §(٣) ثَجّاجة بَخّاخة؛ حقنة (٤) سائل منبثق (من نافورة أو فتحة ضيقة).

**stab** *(n.)* (١) يَطعن §(٢) طعنة (٣) محاولة.

**stability** *(n.)* ثبات؛ رسوخ؛ استقرار.

**stabilize** *(vt.)* (١) يرسِّخ؛ يثبِّت (٢) يوازن.

**stable** *(n.; adj.)* (١) إسْطَبل (٢) زريبة. §(٣) ثابت؛ وطيد؛ راسخ (٤) مستقرّ (٥) متوازن.

**stableman** *(n.)* السائس: سائس الخيل.

**stack** *(n.; vt.)* (١) كَوْمة؛ رُكام (٢) مقدار كبير (٣) مِدخنة (٤) العادم (في محرك داخليّ الاحتراق) (٥) *pl.*: رفوف متراصّة (في مكتبة عامّة) §(٦) يكوِّم؛ يكدِّس؛ يَرْكم.

**stadium** *(n.)* مدرَّج؛ ملعبٌ مدرَّجٌ.

**staff** *(n.)* (١) عصا؛ عُكاز (٢) عارضة (في كرسيّ) (٣) درجة (في مِرقاة) (٤) سارية العَلَم (٥) هراوة (٦) قناة الرمح (٧) صولجان الأسقف (٨) المَدْرَج الموسيقيّ: الخطوط الأفقيّة التي تدوَّن عليها الموسيقى (٩) قِوام (١٠) هيئة؛ هيئة أساتذة (١١) أركان حرب (١٢) مجموع المساعدين (لمدير).

**stag** *(n.)* (١) أيِّل (٢) ذَكَر (من الحيوان).

**stage** *(n.)* (١) دَرَجة (٢) مِنَصّة (٣) خشبة المسرح (٤) مسرح (٥) سِقالة للعمال (٦) محطّة (٧) طَوْر؛ مرحلة.

**stagecoach** *(n.)* مركبة السَّفَر.

**stagger** *(vi.; t.; n.)* (١) يترنّح؛ يتهادى. (٢) يتمايل بشدّة (٣) يتردّد ×(٤) يُذْهِل؛ يَصْعَق (٥) يُرَنِّح؛ يجعله يترنّح §(٦) تَرَنُّح.

**staging** *(n.)* مجموعة سقالات (في مَبْنىً يُشيَّد).

**stagnancy** *(n.)* ركود؛ جمود.

**stagnant** *(adj.)* راكد.

**stagnate** *(vi.)* يَرْكُد؛ يصبح راكداً.

**staid** *(adj.)* رزين؛ رصين.

**stain** *(vt.; n.)* (١) يُلطِّخ؛ يُبقِّع؛ يلوِّث. (٢) يَشين؛ يعيب (٣) يَصْبغ §(٤) لطخة (٥) وصمة (٦) صِبغ.

**stainless steel** *(n.)* الفولاذ الصامد: فولاذٌ لا يصدأ.

**stair** *(n.)* (١) سُلَّم (٢) دَرَجة (في سُلَّم).

**staircase** *(n.)* (١) بَيْتُ السّلّم (٢) سُلَّم.

**stairway** *(n.)* سُلَّم ؛ دَرَج .

**stake** *(n.; vt.)* (١)وَتِد(٢)سِناد(٣)خازوق. (٤) الاعدام حرقاً « بالشدّ إلى خازوق » (٥) رهان §(٦) يعلِّم حدودَ شيء بأوتاد (٧) يراهن ؛ يخاطر .

**stalactite** *(n.)* الهوابط : رواسب كلسيّة مدلاّة من سقوف المغاور .

**stalagmite** *(n.)* الصواعد: رواسب كلسية في أراضي المغاور .

A. stalactite
B. stalagmite

**stale** *(adj.; vi.)* (١)تَفِهٌ ( المذاقِ ) لِقِدَمِهِ (٢)مبتَذَل ؛ «بايخ » §(٣)يصبح تَفِهاً .

**stalk** *(n.; vi.)* (١)ساق ؛ سُوَيقة (في النبات). §(٢)يمشي بتشامخ (٣)يطارد خِلسةً .

**stall** *(n.; vt.)* (١)مربط الجواد أو البقرة ( في إسطبل أو حظيرة)(٢)مقعد في مذبح الكنيسة (٣) مقعد خشبيّ طويل في كنيسة (٤)مقعد أماميّ ( في مسرح) (٥) كشك الخ. ( لعرض السّلع للبيع ) (٦)حُجَيرة §(٧) يوقف.

**stallion** *(n.)* الفحل: حصان غير مَخْصِيّ .

**stalwart** *(adj.)* (١)قويّ البنية (٢)شجاع .

**stamen** *(n.)* السَّداة: العضو الذَّكَريّ في الزهرة.

**stamina** *(n.)* قوة ؛ قدرة على الاحتمال.

**stammer** *(vi.)* يتمتم ؛ يفأفىء ؛ يتلعثم.

**stamp** *(vt.; i.; n.)* (١)يَرُضّ أو يسحق (بمدقّة أو أداة ثقيلة) (٢) يدوس بقوّة (٣) يطفىء ؛ يُخمد (٤) يَمْهر ؛ يختم ؛ يدمغ (٥) يلصق طابعاً بريدياً على (٦) يسكّ العملة أو المداليات §(٧) مِرَضّة ؛ مِسْحَقَة (٨)ختم (٩) علامة ؛ سِمَة ؛ دَمْغَة (١٠) طابع أو صفة مميزة (١١)طراز (١٢)طابع بريديّ الخ.

**stampede** *(n.; vi.)* (١)فرارٌ جماعيّ §(٢)يفرّ.

**stance** *(n.)* (١) وِقْفَة ؛ وِضْعَة (٢)موقف.

**stanch** *(vt.)* يُرقىء: يوقف نَزْف الدم .

**stanch** *(adj.)* =staunch.

**stanchion** *(n.)* سِنادٌ قائم ؛ دعامة عموديّة.

**stand** *(vi.; t.; n.)* (١) يقف (٢) يصمد (٣)يترشّح للانتخابات (٤)يبدو في شكله المكتوب أو المطبوع (٥) يظلّ قائماً أو نافذاً أو ساريَ المفعول (٦) يبقى ×(٧)يتحمّل (٨)يقاوم ؛ يصمد لـ §(٩)توقّف (في مكان )(١٠)مقاومة (١١) مَوْقف (١٢) مدرَّج (١٣) مِنَصَّة (١٤) كُشك (١٥) موقع (١٦) مِنضدة (١٧)مِشْجَب (١٨) مِنصَب ؛ قاعدة .

to ~ by (١) يقف على مقربة . (٢) يؤيّد (٣) يفي بعهده .

to ~ for (١) يمثّل ؛ يرمز إلى (٢) يؤيّد.

to ~ in with يكون ذا حظوةٍ عند فلان .

to ~ off يبقى على مبعدة من .

to ~ on *or* upon (١) يتوقّف على (٢)يُصِرّ على.

to ~ out (١) يبرز (٢) يَصمُد .

to ~ to (١) يفي بعهده (٢) لا يتخلى عن .

to ~ up يقف ؛ ينهض .

to ~ up for يؤيّد ؛ يناصر .

**standard** *(n.; adj.)* (١) عَلَم ؛ راية ؛ لواء . (٢) معيار ؛ مقياس (٣) مستوى (٤) حاملٌ أو سِنادٌ عموديّ (لمصباح الخ.) (٥) قاعدة §(٦) معياريّ (٨) قياسي .

**standby** *(n.)* النصير الوفيّ .

**standing** *(adj.; n.)* (١) واقف (٢) راكد . (٣) ساري المفعول (٤) دائم (٥) ثابت §(٦) وقوف (٧) موقف (٨) مكانة ؛ منزلة .

**standing army** الجيش العامل ؛ الجيش الدائم .

**standpipe** *(n.)* الماسورة القائمة أو الرأسية .

**standpoint** *(n.)* وجهة نظر .

**standstill** *(n.)* توقُّف تامّ .

**stank** *past of* stink.

**stanza** *(n.)* مقطع شعري .

**staple** *(n.; adj.)* (١) رَزَّة (٢) مصدر (٣) السلعة الرئيسية ؛ الانتاج الرئيسي (٤) قِوام (٥) مادّة خام (٦) تِيلَة القطن §(٧) قياسيّ (٨) رئيسيّ .

**star** *(n.; vt.; i.)* (١) نجم §(٢) يرصّع بالنجوم . ×(٣) يمثّل دور البطولة (في فيلم) (٤) يتألّق .

**starboard** *(n.)* الميمنة ؛ الجانب الأيمن .

**starch** *(n.; vt.)* (١) نَشا ؛ نَشاء §(٢) يُنشّي .

**star chamber** *(n.)* محكمة سرّيّة أو ظالمة .

**starchy** *(adj.)* (١) نَشَويّ (٢) مُنَشّى .

**stare** *(vi.; n.)* (١) يُحدّق §(٢) تحديق .

starfish

**starfish** *(n.)* نجم البحر .

**stark** *(adj.)* (١) متصلّب ؛ متخشّب (٢) صارم (٣) تامّ (٣) مُقْفِر (٥) عارٍ .

**starling** *(n.)* الزُّرْزُور (طائر) .

**starry** *(adj.)* (١) مُرَصَّع بالنجوم (٢) متألق .

**star-spangled** *(adj.)* مُرَصَّع بالنجوم .

**start** *(vi.; t.; n.)* (١) يثب ؛ يقفز (٢) يُجْفِل . (٣) يبدأ (٤) ينطلق ×(٥) يجفِل (٦) يستهلّ ؛ (٧) يؤسّس (٨) يدير ؛ يسيّر (٩) يُدخله في مباراة §(١٠) إجفال (١١) طفرة ؛ وثبة (١٢) نوبة (١٣) بداية (١٤) إنطلاق ؛ انطلاقة (١٥) نقطة الانطلاق .

**startle** *(vt.)* (١) يروِّع فجأة (٢) يُجفِل .

**startling** *(adj.)* مُجفِل ؛ مُروِّع .

**starvation** *(n.)* جوع ؛ مجاعة .

**starve** *(vi.; t.)* (١) يجوع ×(٢) يجوِّع .

**starveling** *(n.)* المهزول أو النحيل (من الجوع) .

**state** *(n.; adj.; vt.)* (١) حالة (٢) حالة اهتياج . (٣) حالة سيّئة (٤) منزلة (٥) أبهة (٦) طبقة اجتماعيّة (٧) دولة (٨) ولاية §(٩) حكوميّ (١٠) رسميّ §(١١) يعيّن ؛ يقرِّر (١٢) يبسُط يَعْرِض ؛ ينصّ على .

**stated** *(adj.)* محدَّد ؛ معيَّن ؛ مُعْلَن .

**stately** *(adj.)* (١) جليل (٢) فَخْم .

**statement** *(n.)* (١) تعبير (٢) رواية ؛ إفادة . (٣) بيان ؛ تصريح (٤) كشف الحساب .

**stateroom** *(n.)* حجرة خاصة في سفينة أو قطار .

**statesman** *(n.)* رَجُلُ دولة .

**static** *(adj.)* (١) سكونيّ (٢) ساكن ؛ مستقرّ ؛ راكد (٣) متحجّر (٤) جامد ؛ تعوزه الحركة أو الحياة (٥) مثبَّت (في موضعه) .

**station** *(n.; vt.)* (١) مَوْقِف ؛ موقع (٢) وقوف ؛ وِقْفَة (٣) محطّة (٤) مركز ؛ مخفر (٥) منزلة اجتماعيّة § (٦) يقيم ؛ يضع ؛ يركّز .

**stationary** *(adj.)* ثابت ؛ ساكن ؛ مستقرّ .

**stationer** *(n.)* القِرْطاسيّ : بائع القرطاسيّة .

**stationery** *(n.)* القِرْطاسيّة : أدوات الكتابة .

**station wagon** السْتايشن : نوع من السيارات .

**statistical** *(adj.)* إحصائيّ .

**statistician** *(n.)* الإحصائيّ : الخبير في الاحصاء .

**statistics** *(n.)* (١) علم الاحصاء (٢) احصائيات

**statuary** *(n.)* (١) فنّ النحت (٢) تماثيل .

**statue** *(n.)* تِمثال ؛ نُصُب .

**statuesque** *(adj.)* مِثالانيّ : شبيه بالتمثال وبخاصة من حيث الجلال أو الجمال الكلاسيكي .

**statuette** *(n.)* التُّمَيْثِيل : تمثال صغير .

**stature** *(n.)* (١) قَوام ؛ قامة (٢) مكانة .

**status** *(n.)* (١) حالة ؛ وَضْع (٢) منزلة ؛ مرتبة .

**status quo** *(n.)* الوضع الراهن .

**statute** *(n.)* (١) قانون (٢) نظام أساسيّ .

**statutory** *(adj.)* قانونيّ .

**staunch** *(vt.)* = stanch.

**staunch** *(adj.)* (١) صامدٌ للماء ؛ لا ينفذ إليه الماء (٢) متين ؛ قويّ (٣) مخلص ؛ وفيّ .

**stave** *(n.; vt.)* (١) عصا ؛ هراوة (٢) ضلع البرميل . (٣) درجة (في مرقاة أو سُلَّم نقالة) (٤) مقطع شعريّ § (٥) يثقب برميلاً أو مركباً (٦) يحطّم (٧) يدفع ؛ يدرأ .

**staves** *pl. of* staff.

**stay** *(n.; vt.)* (١) حبل ؛ سلسلة § (٢) يثبّت بحبل .

**stay** *(vi.; t.; n.)* (١) يبقى ؛ يظلّ (٢) يصْمد . (٣) يقيم ؛ يَنْزِل × (٤) ينتظر (٥) يواصل (التسابق) حتى النهاية (٦) يصدّ ؛ يؤخّر ؛ يؤجّل (٧) يوقف (٨) يهدّىء § (٩) وَقْف ؛ إيقاف ؛ توقُّف (١٠) إقامة ؛ لَبْث .

**stay** *(n.; vt.)* (١) دعامة (٢) *pl.* : مِشدّ ؛ « كورسيه » § (٣) يدعم ؛ يسند .

**stead** *(n.; vt.)* (١) فائدة (٢) بَدَل § (٣) ينفع .

**steadfast** *(adj.)* (١) ثابت ؛ راسخ (٢) مخلص .

**steady** *(adj.; vt.; i.)* (١) ثابت ؛ راسخ . (٢) مطّرِد (٣) مستقرّ (٤) هادىء (٥) موطّد العزم § (٦) يُثبّت ؛ يرسّخ × (٧) يستقرّ .

**steak** *(n.)* شريحة (من لحم البقر أو السمك) .

**steal** *(vi.; t.)* (١) ينسلّ (٢) يتحدّر (٣) يسرق .

**stealth** *(n.)* تسلُّل ؛ انسلال .

**stealthily** *(adv.)* خِلْسَةً .

**stealthy** *(adj.)* مختَلَس ؛ مُسْتَرَق .

**steam** *(n.; vi.; t.)* (١) بُخار (٢) قوة ؛ قوة دافعة § (٣) يتبخّر (٤) يَصْعد بُخاراً (٥) يغتاظ × (٦) يبخّر ؛ يعرّض للبخار .

**steamboat** *(n.)* الباخرة : سفينة بخاريّة .

**steam engine** *(n.)* المحرك البُخاريّ .

**steamer** *(n.)* الباخرة ؛ سفينة بخاريّة .

**steamroller** *(n.)* المِحْدَلة البُخاريّة .

**steamship** *(n.)* الباخرة : سفينة تجاريّة .

**steed** *(n.)* جواد ؛ وبخاصّة : جواد مطهّم .

**steel** *(n.; vt.)* (١) الفولاذ ؛ الصُّلب (٢) شيء مصنوع من فولاذ § (٣) يفولذ : يجعله كالفولاذ .

**steely** *(adj.)* (١) فولاذيّ (٢) صلب كالفولاذ .

**steelyard** *(n.)* الميزان القَبّانيّ .

steelyard

**steep** *(adj.; n.; vt.)* (١) شاهق (٢) شديد الانحدار (٣) باهظ (٤) مرهِق § (٥) موضع شديد الانحدار § (٦) ينقَع ؛ يغمِس .

**steeple** *(n.)* برج الكنيسة .

**steeplechase** *(n.)* سباق الحواجز .

**steer** *(n.; vt.; i.)* (١) ثور صغير § (٢) يدير دفّة السفينة × (٣) يقود سفينة أو سيّارة أو طائرة (٤) يتجه ؛ يتوجّه (٥) ينقاد ؛ يُقاد .

**steerage** *(n.)* (١) توجيه ؛ إدارة ؛ قيادة (٢) مكان المسافرين بالتعرفة الأرخص (في سفينة) .

**steersman** *(n.)* مدير الدفّة (في سفينة) .

**stellar** *(adj.)* (١) نجميّ (٢) رئيسيّ (٣) ممتاز .

**stem** *(n.)* (١) ساقُ (النبات) وغيره (٢) عِذق أو قُرط موز (٣) مقدّم السفينة (٤) سلالة ؛ نَسَب (٥) جِذْر (الكلمة) .

**stench** *(n.)* (١) رائحة منتنة (٢) نَتانة .

**stencil** *(n.; vt.)* (١) الرَّوْسَم ؛ الإستَنْسِل : صفيحة رقيقة (من معدن أو ورق أو مشمّع) مخرّقة على صورة حروف أو رسوم § (٢) يُرَوسِم : يطبع بالاستنسل .

**stenographer** *(n.)* المختزل ؛ كاتب الاختزال .

**stenography** *(n.)* الاختزال ؛ الكتابة بالاختزال .

**stentorian** *(adj.)* جَهِير (صفة للصوت) .

**step** *(n.; vi.)* (١) دَرَجَة (٢) خطوة (٣) مِشْيَة (٤) أثَر القدم (٥) وَقْع الأقدام (٦) مرحلة § (٧) يخطو (٨) يمشي (٩) يسرع في السير .

to ~ down يتخفّض ؛ ينقص .

to ~ in (١) يقوم بزيارة قصيرة (٢) يتدخّل في شأن أو نزاع

to ~ out (١) يخرج (٢) يمشي مسرعاً .

to ~ up (١) يزيد (٢) يندفع (٣) يزداد

**step brother** *(n.)* أخٌ من زوجة الأب أو من زوج الأم .

**stepchild** *(n.)* ولد الزوج أو الزوجة من زواج سابق .

**stepdaughter** *(n.)* بنت الزوج أو الزوجة .

**stepfather** *(n.)* زوج الأمّ .

**stepladder** *(n.)* السِّيْبَة : سُلّم نَقّالٌ يُطْوَى .

stepladder

**stepmother** *(n.)* زوجة الأب

**steppe** *(n.)* السَّهْب : سهلٌ واسع لا شجر فيه .

**stepsister** *(n.)* أخت من زوجة الأب أو زوج الأم

**stepson** *(n.)* ابن الزوج أو الزوجة.

**stereoscope** *(n.)* المِجسام : أداة بصريّة تُبدي الصوَر للعين مجسّمَةً .

stereoscope

**stereoscopic; -al** *(adj.)* مِجساميّ .

**sterile** (*adj.*) (١)عقيم (٢)مُجدب (٣)معقَّم .
**sterility** (*n.*) عُقْم ؛ جَدْب .
**sterilize** (*vt.*) يُعقّم ؛ يطهّر من الجراثيم .
**sterling** (*n.*; *adj.*) (١) الاسترليني : العملة البريطانيّة (٢)الفضّة الخالصة أو أدوات مصنوعة منها §(٣) استرليني (٤) مصنوع من فضة خالصة (٥) أصيل ؛ من الطراز الأول.
**stern** (*adj.*; *n.*) (١)صارم (٢)متجهم ؛ عابس. (٣) قويّ ؛ شديد §(٤) مؤخَّر السفينة .
**sternum** (*n.*) القَصّ : عظم الصدر .
**stethoscope** (*n.*) المِسماع : سمّاعة الطبيب.

stethoscope

**stevedore** (*n.*) محمِّل السفن أو مفرِّغها.
**stew** (*n.*; *vt.*) (١) يخنة (٢) خليط ؛ مزيج . (٣)حالة حرّ أو ازدحام أو اهتياج أو قلق §(٤)يطهو بالغلي البطيء .
**steward** (*n.*) (١)القَهْرَمان: الوكيل المسؤول عن تدبير القصر أو الاقطاعة وعن الخدم وجباية الايجارات (٢)المضيف (في سفينة أو قطار أو طائرة ) (٣) المدير ؛ المشرِف .
**stewpan** (*n.*) كَفْت ؛ قِدر صغيرة .
**stick** (*n.*; *vt.*; *i.*) (١)عصا ؛ قضيب ؛ عود . (٢) إصبع (٣) شخص بليد أو أحمق الخ. §(٤)يطعن ؛ يَخِز (٥)يَغرُز ؛ يشكّ (٦)يُقحم (٧) يُلْصق ×(٨) يلتصق ؛ يعلَق بِ (٩) يمكث ؛ يبقى في مكانٍ أو وضعٍ (١٠) يتردّد (١١) يتوقّف ؛ يعجز عن الحركة أو التقدّم (١٢) ينتأ ؛ يبرز .

to ~ around يبقى أو ينتظر (في مكان أو قربه) .
to ~ at (١) يتردّد (٢) يتوقّف (عند الصغائر أو التوافه) (٣) يلازم (عمله الخ.) .
to ~ out (١) ينتأ (٢) يبرُز (٣) يُلِحّ ؛ يُصرّ .
to ~ up يروّع نزلاء مكانٍ ما بغيةَ السرقة .
to ~ up for يُؤيِّد ؛ يدافع عن .

**stickiness** (*n.*) لزوجة ؛ تدبُّق .
**sticky** (*adj.*) (١)لَزِج ؛ دَبِق (٢)شديد الرطوبة
**stiff** (*adj.*) (١)صُلْب ؛ متيبِّس ؛ متقبِّض . (٢) عنيف (٣) قويّ (٤) كثيف (٥) قاسٍ (٦) شاقّ (٧) باهظ .
**stiffen** (*vt.*; *i.*) (١) يُيَبِّس ×(٢) يتيبَّس .
**stifle** (*vt.*; *i.*) (١)يخنق (٢) يُخمد (٣)يكظم (٤)يَكبت ×(٥) يختنق .
**stifling** (*adj.*) خانق .
**stigma** (*n.*) (١)وصمة عار (٢)علامة مميِّزة . (٣) ندبة ؛ أثر الجرح (٤) السِمة : الجزء الأعلى من مِدَقّة الزهرة (في النبات) .
**stigmatic** (*adj.*) (١)موصوم (٢)بغيض ؛ كريه
**stigmatize** (*vt.*) (١)يَسِم (بمِيسَم) (٢)يَصِم
**stile** (*n.*) مَرْقَى (لعبور سياجٍ أو جدارٍ).
**stiletto** (*n.*) خنجر صغير .

**still** *(adj.; n.; adv.; vt.; i.)* (١) ساكن (٢) صامت (٣) خفيض (٤) هادىء §(٥)سكون ؛ صمت (٦) صورة ساكنة (٧) مِقْطَر ؛ إنْبيق §(٨)لايزال (٩)ومع ذلك (١٠) في المستقبل كما في الماضي (١١)حتى الآن §(١٢)يسكّن ؛ يهدّىء×(١٣)يَسكُن ؛ يَهْدأ.

still 7.

**stillborn** *(adj.)* مولودٌ ميتاً .

**stilly** *(adv.; adj.)* (١)بسكون §(٢)ساكن.

**stilt** *(n.)* الطُّوالة : إحدى رجلين خشبيتين يُعَدّ المشيُ بهما ضرباً من البراعة.

stilts

**stilted** *(adj.)* طنّان ؛ رنّان ؛ متكلَّف .

**stimulant** *(n.; adj.)* (١) المُثير ؛ المنبِّه §(٢) مُنبِّه .

**stimulate** *(vt.; i.)* يَحفِز ؛ يحثّ ؛ يثير ؛ ينبه.

**stimulus** *(n.)* pl. **-li** . المُثير ؛ المنبِّه ؛ الحافز .

**sting** *(vt.; n.)* (١) يَلْسَع ؛ يَلْدَغ ؛ يَخِز . §(٢) لَسْعٌ ؛ لَسْعَة (٣)حُمَة ؛ إبرة .

**stinginess** *(n.)* بُخْل ؛ شُحّ الخ.

**stingy** *(adj.)* (١) بخيل ؛ شحيح (٢) ضئيل.

**stink** *(vi.; n.)* (١)يُنتِن §(٢) نَتَنٌ ؛ نتانة.

**stinking; stinky** *(adj.)* نَتِن ؛ منتن .

**stint** *(vt.; i.; n.)* (١) يقتّر×(٢) يَبْخَل . §(٣)حدّ ؛ قيد (٤) مهمّة ؛ عملٌ محدّد.

**stipend** *(n.)* راتب ؛ مرتَّب ؛ مَعاش .

**stipendiary** *(adj.)* ذو راتب .

**stipple** *(vt.)* (١) يرسم أو ينقش بالنّقَط أو باللمسات الصغيرة (٢) ينقِّط ؛ يرقِّط .

**stipulate** *(vi.)* يشترط ؛ يضع شرطاً .

**stipulation** *(n.)* (١) اشتراط (٢) شَرْط .

**stir** *(vt.; i.; n.)* (١)يحرِّك (٢)يثير (٣)يمزج بالتحريك بملعقة الخ. (٤)يحرِّض (٥)يُسرِّع ×(٦) يتحرّك (٧) يَنْشَط (٨) يمتزج §(٩)اهتياج ؛ نشاط (١٠)ضجة (١١)سجن.

**stirring** *(adj.)* (١)ناشط (٢) مثير .

**stirrup** *(n.)* رِكاب .

stirrup

**stitch** *(n.; vt.; i.)* (١)ألم موضعي حادّ (٢)دَرْزَة ؛ قُطْبَة §(٣)يدرز يخيط ؛ يطرز ؛ يرتق.

**stoat** *(n.)* القاقُم الأوروبيّ : حيوان كابن عِرْس.

**stock** *(n.; vt.; adj.)* (١)جِذع (٢)زندخشب (٣)شخص أحمق (٤)عمود ؛ سِناد ؛ دعامة (٥)*pl.*: أداة تعذيب خشبيّة ذات ثقوب كانت تقيّد فيها رِجلا المذنب ويداه (٦) أصل (٧) سلالة ؛ عِرق (٨) مواشٍ (٩)المخزون ؛ الموجود في المخزن من البضائع (١٠) رأسمال (١١) خامة ؛ مادّة خام §(١٢) يختزن: يحتفظ بمخزون من السلع §(١٣) مُختَزَن (١٤) مألوف ؛ مبتذل .

out of ~, نافد .
to take ~, يجرُد البضائع الموجودة .

**stockade** *(n.)* حاجز ؛ سياج ؛ حظيرة .

**stockbroker** *(n.)* سمسار البورصة .

**stock exchange** *(n.)* المَصْفَق ؛ البورصة .

**stockholder** *(n.)* حامل الأسهم ؛ مالكُ الأسهم .

**stockinette** *(n.)* قماش قطني .

**stocking** *(n.)* (١) جورب (٢) شيء كالجورب .

**stocky** *(adj.)* قصيرٌ قويّ ممتلىء الجسم .

**stockyard** *(n.)* فِناء الماشية .

**stodgy** *(adj.)* (١) ثقيل ؛ غليظ (٢) مُمِلّ .

**stoic** *(adj.)* رِواقيّ ؛ رزين .

**Stoicism** *(n.)* الرِّواقيّة ؛ مذهب الرِّواقيين .

**stoke** *(vt.)* (١) يُذكي النّار (٢) يُتْخِم .

**stoker** *(n.)* الوقّاد (في باخرة أو قاطرة) .

**stole** *past of* steal.

**stole** *(n.)* البَطْرَشِيل : نسيجةٌ طويلة يتلفّع بها الكاهن .

**stolen** *past part. of* steal.

**stolid** *(adj.)* متبلّد الحس (من بلاهة أو غباء) .

**stolidity** *(n.)* تبلّد الحسّ (من بلاهة أو غباء) .

**stomach** *(n.; vt.)* (١) مَعِدَة (٢) رغبة . § (٣) يتحمل .

**stomach ache** *(n.)* مغص ؛ ألم في المعدة أو البطن .

**stone** *(n.; vt.; adj.)* (١) حَجَر (٢) جوهرة ؛ حجر كريم (٣) حصاة (في الكلية الخ .) (٤) نواة التمرة أو الخوخة الخ . (٥) الحجر : وحدة وزن بريطانية تعادل ١٤ باونداً § (٦) يرجم بالحجارة (٧) ينزع النوى § (٨) حجريّ .

**Stone Age** *(n.)* العصر الحجريّ .

**stone-blind** *(adj.)* أعمىً تماماً أو كُلّيةً .

**stonecutter; stonedresser** *(n.)* الحجّار : قاطع الأحجار أو ناحِتُها أو مهذّبها .

**stone fruit** *(n.)* فاكهة ذات نوى .

**stoneless** *(adj.)* غير مُنَوًّى : غير ذي نواة .

**stonemason** *(n.)* البنّاء ؛ المِعْمار (بالحجارة) .

**stone pit** *(n.)* المَحْجَر : مقلع الحجارة .

**stony** *(adj.)* (١) حجريّ (٢) متحجّر .

**stood** *past and past part. of* stand.

**stooge** *(n.)* (١) الأضحوكة : ممثّل يتّخذ منه الممثّل الرئيسيّ موضوعاً لسخريته (٢) الأداة : مَن يعمل لمصلحة شخص آخر (٣) جاسوس .

**stool** *(n.)* (١) كرسيّ بلا ظهر أو ذراعين (٢) مسند القدمين (٣) غائط ؛ بِراز .

**stoop** *(vi.; n.)* (١) ينحني (٢) يَحْدَوْدِب (٣) يخضع (٤) يتنازل أو ينزل إلى مستوى أدنى من مرتبته § (٥) انحناء (٦) احديداب (٧) تنازُل (٨) رواق أو شرفة صغيرة عند مدخل المبنى .

**stop** *(vt.; i.; n.)* (١) يَسُدّ (٢) يصدّ ؛ يمنع (٣) يُوْقِف (٤) يُرْبِك ؛ يحيّر × (٥) يكفّ (عن العمل) (٦) يقف ؛ يتوقف (٧) يتردّد (٨) يَبْقى § (٩) حدّ ؛ نهاية (١٠) عائق (١١) سِدادة (١٢) توقُّف (١٣) موقف (١٤) علامة وقف (في الكتابة والطباعة) .

**stopcock** *(n.)* المَحْبِس : حنفية لإيقاف تدفّق الماء أو تعديله في أنبوب .

stopcocks

**stoppage** *(n.)* (١) توقيف ؛ توقُّف (٢) انسداد .

**stopper** *(n.)* سِدادة .

**stopwatch** *(n.)* ساعة التوقيت : ساعة ذات عقرب يُستطاع تشغيله أو إيقافُه في كل لحظة .

**storage** *(n.)* (١) مَخْزَن (٢) مخزون (٣) خَزْن (٤) الأرضيّة ؛ رسم الخزن (٥) اختزان .

**storage cell** *(n.)* المركَم ؛ الحاشدة المختزنة .

**store** *(vt.; n.)* (١)يزوِّد بِـ(٢)يدَّخر (٣)يخزن. §(٤) ذخيرة؛ مخزون (٦) مقدار وافرٌ (٦)مخزن؛ مستودع (٨)دكان؛ مَتْجَر.

**storehouse** *(n.)* مخزن؛ مستودع؛ عَنْبَر.

**storekeeper** *(n.)* (١) أمين المستودَع. (٢)صاحب الدكان.

**storeroom** *(n.)* = storehouse.

**storied** *(adj.)* (١)مزيّن برسوم تمثّل موضوعات تاريخيّة أو أسطوريّة (٢) وارد ذكره في الرواية أو التاريخ.

**storied** *or* **storeyed** *(adj.)* ذو طوابق.

stork

**stork** *(n.)* اللَّقْلَق؛ اللَّقلاق: طائر طويل الساقين والعنق والمنقار.

**storm** *(n.; vi.; t.)* (١)عاصفة. (٢) وابلٌ من القذائف الخ. (٣)انقضاض؛ هجوم عنيف §(٤) تعصف (الريحُ)(٥) ترسل (السماءُ)مطراً أو ثلجاً (٦)ينقضّ على (٧)يثور (٨) يندفع بعنف أو غضب ×(٩) يقتحم.

to take by ~, يقتحم؛ يحتلّ بهجوم عاصف.

**stormy** *(adj.)* عاصِف.

**story** *(n.; vt.)* (١) حكاية؛ قصّة؛ رواية. (٢)إشاعة (٣)وصفٌ إخباريّ (لحادثة أو حالة).

**story** *or* **storey** *(n.)* (١)دورٌ أو طابق (٢)طبقة.

**storyteller** *(n.)* القاصّ؛ القصّاص.

**stout** *(adj.)* (١)شجاع (٢) عنيد (٣)قويّ. (٤) متين (٥) عنيف (٦) بدينٌ؛ سَمين.

**stove** *(n.)* المَوْقِد: جهاز للطبخ أو التدفئة.

**stove** *past and past part. of* stave.

**stow** *(vt.)* (١)يَخزن (٢)يرتّب؛ يصنّف؛ يستفّ.

**stowaway** *(n.)* المستخفي على متن الباخرة الخ.

**straddle** *(vi.)* يُفَرْشِخ: يُباعد ما بين رجليه.

**straggle** *(vi.)* يَشْرُد؛ يَتيه.

**straight** *(adj.; adv.)* (١) مستقيم (٢) غير جَعْد (٣) قويم (٤) صريح (٥) موثوق (٦)عموديّ؛ قائم؛ «جالس» (٧) مرتّب (٨) صِرْف §(٩) باستقامة §(١٠)مباشرةً.

~ away *or* off حالاً؛ توّاً.

**straighten** *(vt.; i.)* (١) يقوّم؛ يعدّل؛ يُسوّي ×(٢) يستقيم؛ يعتدل؛ يستوي.

**straightforward** *(adj.; adv.)* (١)مستقيم. (٢)مباشر (٣)صريح §(٤)بصورة مستقيمة.

**straightway** *(adv.)* توّاً؛ فوراً؛ حالاً.

**strain** *(n.)* (١)عِترة؛ سلالة (٢)أرومة؛ أصل. (٣) صفة أو نزعة موروثة (٤) أثر؛ عنصر (٥)لحن؛ أغنية (٦)نبرة؛ أسلوب؛ جَرْس.

**strain** *(vt.; n.)* (١)يَشُدّ؛ يُحكِم الشدّ. (٢)يمطّ إلى أقصى مدى (٣)يُجْهِد (٤)يوتّر (٥) يَعْصِر (٦) يصفّي §(٧) توتّر (٨) إجهاد (٩) التواء.

**strainer** *(n.)* (١)مِصفاة (٢)أداة شَدّ أو مَطّ.

**strait** *(adj.; n.)* (١) عَسير (٢) ضيّق. §(٣)*pl.*: مضيق (٤) *pl.*: عُسْر؛ ضِيق.

**straiten** *(vt.)* (١)يضيّق (٢)يحصر؛ يقيّد.

**straitlaced** *(adj.)* متزمّت؛ شديد الاحتشام.

**strand** *(n.; vt.; i.)* (١) شاطىء (٢) طاق الحَبْل: أيّ من الخيوط المجدولة لتشكّل حبلاً (٣) جديلة؛ سلك مجدول §(٤)يدفع أو يسوق إلى الشاطىء (٥)يتركه في بلد غريب (وبخاصة من غير مال) ×(٦)تجنح (السفينةُ).

**strange** *(adj.)* (١)أجنبيّ (٢)غريب.

**stranger** *(n.)* (١) الأجنبيّ (٢) الغريب.

**strangle** *(vt.)* (١) يَشْنُق (٢) يخنق.

**strap** *(n.; vt.)* (١) رِباط ؛ شريط ؛ حِزام؛ سير (٢) الكَتِفِيَّة : شريطة كَتِفيّة (٣) سَوْط (٤) مِشْحَذَة § (٥) يحزم (٦) يجلِد (٧) يشحذ.

**strapping** *(adj.)* ضخم وقويّ.

**stratagem** *(n.)* حيلة ؛ خدعة.

**strategic; -al** *(adj.)* استراتيجيّ.

**strategy** *(n.)* الاستراتيجيّة : فنّ الحرب.

**stratify** *(vt.; i.)* (١) يطابق : يرصف في طبقات × (٢) يتطبّق ؛ يتراصف.

**stratosphere** *(n.)* السّتراتوسفير : الجزء الأعلى من غلاف الأرض الجوّي.

**stratum** *(n.)* pl. **-ta** (١) طبقة (٢) طور.

**straw** *(n.)* (١) قشّ ؛ تِبْن (٢) قَشّة. (٣) الشاروقة : أنبوبة ورقيّة لتناول الشراب.

**strawberry** *(n.)* الفريز ؛ الفراولة (نبات).

**stray** *(vi.; n.; adj.)* (١) يضِلّ ؛ يتيه ؛ يَشْرُد. § (٢) الضالّ ؛ التائه § (٣) ضالّ ؛ تائه (٤) متفرّق ؛ متناثر.

**streak** *(n.; vt.)* (١) خطّ ؛ شريط ؛ قلَم. (٢) أثَر (٣) برهة (٤) طبَقة § (٥) يخطّط ؛ يقلّم.

like a ~, كالبرق ؛ بسرعة البرق.

**stream** *(n.; vi.)* (١) نهر (٢) نُهَيْر ؛ جدول. (٣) تيّار (٤) دَفْق (٥) مجرى § (٦) يجري ؛ يتدفق (٧) يفيض دمعاً أو دماً (٨) يتصبّب عرقاً (٩) يتبلّل حتى ليسيل منه الماء (١٠) يتدفّق.

**streamer** *(n.)* عَلَمٌ خَفّاق (مثلّث الشكل).

**streamlet** *(n.)* نُهَيْر ؛ جدولٌ صغير.

**streamline** *(n.; adj.; vt.)* (١) خط أو ممرّ انسيابيّ § (٢) انسيابيّ § (٣) يجعله انسيابيّاً.

**street** *(n.; adj.)* (١) شارع § (٢) شارعيّ.

**streetcar** *(n.)* ترام ؛ ترامواي.

**strength** *(n.)* (١) قوّة (٢) مقدرة (٣) سَنَد.

on the ~ of. بناءً على ؛ على أساس كذا.

**strengthen** *(vt.; i.)* (١) يُقَوّي × (٢) يَقْوَى.

**strenuous** *(adj.)* (١) نشيط (٢) شاقّ ؛ عنيف.

**streptomycin** *(n.)* السّتربتومايسين : عقّار مضادّ للجراثيم شبيه بالبنيسيلين.

**stress** *(n.; vt.)* (١) ضَغْط (٢) إجهاد (٣) توكيد (٤) نبرة § (٥) يضع النبرة أو التوكيد على (٦) يضغط على (٧) يُجْهِد.

**stretch** *(vt.; i.; n.)* (١) يمدّ (٢) يمدّ. (٣) يبسُط ؛ ينشر ؛ يمطّ (٤) يَشُدّ × (٥) يمتدّ (٦) يتمدّد (٧) يتمطّط (٨) يتمطّى § (٩) مدى (١٠) امتداد (١١) نزهة على القدمين.

at a ~, باستمرار ؛ على نحوٍ موصول.

**stretcher** *(n.)* الموسِّعة : أداة لتوسيع الحذاء أو القُفّاز (٢) نقالة الجرحى.

stretcher 2.

**strew** *(vt.)* (١) ينثر ؛ يبذر (الحَبَّ) (٢) يكسو أو يغطّي بشيء منثور (٣) يُشيع ؛ ينشر.

**strewn** *past part. of* strew.

**stria** *(n.)* (١) حزّ ؛ ثَلم (٢) خطّ ؛ قَلَم.

**stricken** *(adj.)* (١) مجروح (٢) مبتلًى ؛ مصابٌ بـِ.

~ in years طاعنٌ في السنّ.

**strict** *(adj.)* (١) صارم (٢) تامّ (٣) دقيق.

**strictly** *(adv.)* على نحوٍ صارم أو تامّ الخ.

**stricture** *(n.)* (١)تضيُّق (٢)نقد قاسٍ .

**stride** *(vi.; t.; n.)* (١) يمشي بخطى واسعة . (٢)يفشخ×(٣)يَذْرَع المكان§(٤)خطوةواسعة.

**strident** *(adj.)* صارّ؛ حادّ؛ عالي النغمة.

**strife** *(n.)* (١) نزاع (٢) كِفاح ؛ نضال.

**strike** *(vi.; t.; n.)* (١) يذهب ؛ ينطلق . (٢)يرتطم بـ (٣)يخترق (٤)يناضل (٥)يشتعل (٦) يندفع بسرعة (٧) تتأصّل (الشتلة) في الأرض (٨) يُضرِب عن العملِ (٩) يبدأ فجأةً ×(١٠) يَضْرِب (١١) يـُزيل بضربة (١٢) يَلْدَغ (١٣) يُنْزِل (شِراعاً أو عَلَماً) (١٤) ينزِع ؛ يزيل؛ يقوض (١٥) يحذف (١٦) يَمُدّ (١٧) يَصْدِم (١٨)يُقحم (١٩)يُصيب بذعر(٢٠)يُشعل (٢١) يَعْقِد (٢٢) يخطر بالبال(٢٣)يلفت؛ يستوقف (٢٤) يؤثّر في النفس(٢٥)يتوصّل إلى شيء بعمليّة حسابيّة الخ. (٢٦)يكتشف (٢٧)يتّخذ « وضْعَةً » أو وقفةً (٢٨)يغرس §(٢٩) ضَرْبٌ ؛ ضَرْبَة (٣٠) إضراب (٣١)اكتشاف مفاجىء للنفط الخ .(٣٢)عائق.

**strikebreaker** *(n.)* مفسِد الاضراب : مَن يُستأجَر للحلول محلّ عامل مُضرِب .

**striking** *(adj.)* أخّاذ ؛ لافتٌ للنظر .

**string** *(n.; vt.)* (١)خيط ؛ سِلك (٢)حبل؛ رَسَن (٣) وتر (٤)صفّ ؛ قافلة ؛ مجموعة §(٥)يزوّد بأوتارٍ (٦)يثير ؛ يوتّر (٧)يُسْلِك في خيط (٨) يعلّق أو يثبّت بخيط (٩) يزيل الخيوط من (١٠) يَمُدّ .

**string bean** *(n.)* لوبيا؛بَزِلاّ ؛ فول الخ.

**stringed** *(adj.)* وَتَريّ(صفةللموسيقى وآلاتها).

**stringency** *(n.)* (١)صرامة (٢)قسوة(٣)ندرة.

**stringent** *(adj.)* (١)صارم(٢)مأزوم؛معسور

**stringer** *(n.)* ضِلع طولانيّ مُساعِد.

**stringpiece** *(n.)* رافدة طولانيّة (للتدعيم).

**stringy** *(adj.)* (١)خيطيّ؛ ليفيّ (٢) لَزِج .

**strip** *(vt.; i.; n.)* (١) يجرِّد ؛ يعرّي . (٢) يُقَشِّر (٣) يسلب (٤) ينزع ؛ يزيل ×(٥)يتجرّد؛ يتعرّى§(٦)الشقّة: مساحة أو قطعة طويلة ضيّقة (من الأرض أو القماش) (٧)مهبط طائرات .

**stripe** *(n.; vt.)* (١)ضربة؛ جَلْدة (٢)خطّ؛ قلم؛ سَيْرٍ؛ شريط؛ شارة (٣)نوع؛ طراز §(٤) يخطّط ؛ يقلّم .

**striped** *(adj.)* مخطَّط ؛ مقلَّم .

**stripling** *(n.)* غلامٌ مُراهِق .

**striptease** *(n.)* التجرّد ؛ التعرّي (تدريجيّاً) .

**strive** *(vi.)* يكافح؛ يناضل؛ يجاهد .

**strode** *past of* stride.

**stroke** *(n.; vt.)* (١) ضَرْبَة؛ دقّة ؛ خبطة. (٢) حركة (من سلسلة حركات نظاميّة) (٣) السَّكْتة : السكتة الدماغية (٤) جهدٌ قويّ (٥) مقدارٍ (٦) عملٌ فذّ (٧) صَفْقَة (٨) طابَع مميز §(٩) يمسِّد : يُمِرّ يده (على الشعر) برفق وباتجاه واحد (١٠)يلاطف (١١) يشْطب (١٢) يضرب .

a ~ of business صفقة .

**stroll** *(vi.; t.; n.)* (١) يتمشّى (٢) يتجوّل . ×(٣) يجوب متمهّلاً§(٤) تمشٍّ ؛ تجوُّل .

**strong** *(adj.; adv.)* (١) قويّ (٢) ضخم ؛ هامّ (٣) مركَّز (٤) متطرّف §(٥) بقوّة .

**stronghold** *(n.)* حِصْن؛ مَعْقِل؛ قلعة.

**strop** *(n.; vt.)* (١)المِشحَذَة: مِشحَذٌ جلديّ للأمواس §(٢) يشحذ (الموسى) بالمِشْحَذَة.

**strove** *past of* strive.

**struck** *past and past part. of* strike.

**structural** *(adj.)* بنائيّ ؛ بِنْيَوي؛تركيبيّ .

**structure** *(n.)* (١)بناء؛ تشييد (٢)مَبْنَى. (٣) بِنْيَة ؛ تركيب .

**struggle** *(vi.; n.)* (١) يكافح §(٢) كفاح .

**strum** *(vt.; i.)* يداعب أوتار الآلة الموسيقية .

**strumpet** *(n.)* بغِيّ ؛ مومس .

**strung** *past and past part. of* string.

**strut** *(vi.; n.)* (١)يتبختر ؛ يختال «في مِشيتِه». §(٢) تَبَخْتُر (٣)دعامة ؛ قائمُ انضغاط .

**strychnine** *(n.)* الإستركنين : مادّة سامة .

**stub** *(n.; vt.)* (١) الجِذْل : أصل الشجرة الباقي بعد قطع جذعها (٢) أرومة السنّ أو الشيك أو الوصل (٣)ريشة كتابة معدنيّة (٤) عَقِبٌ §(٥) يستأصل (٦) يطفىء (سيكارة) بأن يسحق عَقِبَها .

**stubble** *(n.)* الجُذامة : بقيّة الزرع بعد الحَصْد.

**stubborn** *(adj.)* (١)عنيد (٢)مزمن (٣)عسير .

**stubby** *(adj.)* قصير وغليظ ؛ قصير وبدين.

**stucco** *(n.; vt.)* (١) جِصّ §(٢) يجصّص.

**stuck** *past and past part. of* stick.

**stuck-up** *(adj.)* مغرور ؛ متكبّر ؛ متشامخ.

**stud** *(n.; vt.)* (١) مجموعة من الجياد تُتّخذ للاستيلاد أو السّباق (٢) الخشبة القائمة : خشبة تُسمَّر عليها الألواح المستخدمة في تشييد جدران المنازل (٣) زرّ زينيّ في درع أو حزام (٤) زرّ ذو رأسين يُدْخل في عروتين لتثبيت قبّة القميص الخ. §(٥) يرصّع .

**student** *(n.)* الطالب ؛ التلميذ .

**studhorse** *(n.)* جواد الاستيلاد .

**studied** *(adj.)* (١) مَدروس (٢) متعمَّد .

**studio** *(n.)* استديو .

**studious** *(adj.)* مُجِدّ ؛ مولَع بالدّراسة .

**study** *(n.; vi.; t.)* (١)درسٌ ؛ دراسة (٢) بحث. (٣)مكتب (٤)موضوع ؛ فرع من فروع الدراسة §(٥)يدرس (٦) يتأمّل ؛ يفكّر .

**stuff** *(n.; vt.; i.)* (١)أمتعة ؛ ممتلكات شخصيّة (٢) مادّة خام (٣) نسيج (٤) سقط المتاع ؛ هراء (٥) شيء ؛ أشياء (٦) طعام ؛ شراب ؛ دواء (٧) مادّة ؛ قِوام ؛ جوهر §(٨) يحشو (٩) يُتْخِم (١٠) يسدّ (١١) يحنّط ×(١٢) يأكل بنَهَم .

**stuffing** *(n.)* (١)حَشْو (٢)حَشْوَة.

**stuffy** *(adj.)* (١) فاسد الهواء (٢) مزكوم.

**stultify** *(vt.)* (١)يُسفّه ؛ يسخّف (٢)يُفسِد.

**stumble** *(vi.; n.)* (١) يزلّ (٢) يخطىء . (٣)يتعثّر (٤)يمشي باضطراب (٥)يتلعثم ؛ يتردّد (٦)يعثر على شيء (مصادفةً) §(٧)زلّة ؛ غَلْطَة.

**stump** *(n.; vt.; i.)* (١)الجَدَعَة : ما بقي من العضو بعد القطع (٢)الجِذْل : أصل الشجرة الباقي بعد قطع جذعها (٣)عِقِبٌ (٤)منبر للخطابة السياسيّة §(٥) يُرْبِك (٦) يزيل الأجذال (٧) يتجوّل (ملقياً خطباً سياسية) (٨) يدفع مالاً أو دَيْناً ×(٩)يمشي بتثاقل .

**stun** *(vt.)* (١)يدوِّخ (٢) يَصْعَق ؛ يُذْهِل .

**stung** *past and past part. of* sting.

**stunk** *past and past part. of* stink.

**stunning** *(adj.)* (١)مدوِّخ ؛ مذهِل (٢)فاتن.

**stunt** *(n.; vt.)* (١)عمل مثير أو دالّ على الجسارة أو البراعة §(٢)يقزّم ؛ يعوق النموّ الطبيعيّ .

**stupefaction** *(n.)* خَدَرٌ ؛ خَبَلٌ ؛ ذهول.

**stupefy** *(vt.)* (١)يخدّر ؛ يخبّل (٢)يُذْهِل.

**stupendous** *(adj.)* (١)مُذْهِل (٢)هائل.

**stupid** *(adj.)* أحمق ؛ أبله ؛ غبيّ .

**stupidity** *(n.)* حماقة ؛ بلاهة .

**stupor** *(n.)* خَدَر ؛ سُبات ؛ غيبوبة ؛ ذهول .

**sturdy** *(adj.)* (١)قويّ (٢)ثابت ؛ عنيد .

**sturgeon** *(n.)* الحَفْش : سمك ضخم .

**stutter** *(vi.; n.)* (١)يتمتم ؛ يتأتىء §(٢) تمتمة.

**sty** *(n.)* (١) شحّاذ العين (٢) زريبة الخنازير.
**style** *(n.; vt.)* (١) أسلوب (٢) لقب (٣) ترف؛ أناقة (٤) زيّ § (٥) يسمّي (٦) يصمّم (زيّاً).
**stylish** *(adj.)* أنيق؛ على الزّيّ الحديث.
**stylus** *(n.)* المرقم: أداة للكتابة على ألواح الشمع.
**stymie** *(n.; vt.)* (١) وضع حرج § (٢) يحبط.
**suave** *(adj.)* رقيق؛ لطيف؛ مهذّب؛ دَمِث.
**suavity** *(n.)* رقّة؛ لطف؛ دماثة.
**sub-** بادئة معناها: «أ» تحت. «ب» أدنى؛ فرعيّ.
**subaltern** *(n.)* ملازم أوّل (في الجيش).
**subcommittee** *(n.)* لجنة فرعيّة.
**subconscious** *(adj.)* دُووَعْيِيّ؛ دون الوعي: قائم أو عاملٌ تحت أو وراء نطاق الوعي.
**subcutaneous** *(adj.)* تحت الجلد.
**subdeacon** *(n.)* الشمّاس المساعد.
**subdivide** *(vt.)* يقسّم ثانيةً (إلى أجزاء أصغر).
**subdivision** *(n.)* (١) تقسيم إلى أجزاء أصغر. (٢) قُسَيْم (٣) قطعة أرض مقسّمة للبيع.
**subdue** *(vt.)* (١) يُخضِع (٢) يلطّف؛ يخفّف.
**subject** *(n.; adj.; vt.)* (١) المرؤوس؛ التابع. (٢) الرعيّة: أحد رعايا دولة ما (٣) موضوع (٤) المُسْنَد إليه (منطق) (٥) الفاعل (نحو) § (٦) تابع؛ خاضع (٧) مطيع؛ مذعن (٨) معرَّض أو عرضةٌ لـ (٩) متوقف على § (١٠) يُخضِع (١١) يعرِّض.
**subjection** *(n.)* (١) إخضاع (٢) خضوع.
**subjective** *(adj.)* (١) فاعليّ: دالّ على حالة الرفع (٢) ذاتيّ؛ غير موضوعيّ (٣) شخصيّ.
**subject matter** *(n.)* موضوع البحث أو الكتاب.
**subjoin** *(vt.)* يُلْحِق؛ يُضيف؛ يذيّل.
**subjugate** *(vt.)* (١) يُخْضِع (٢) يستعبد.
**subjunctive** *(adj.)* شَرطيّ؛ احتماليّ.
**sublease** *(n.; vt.)* (١) تأجير من الباطن § (٢) يؤجِّر من الباطن.
**sublet** *(vt.)* يؤجِّر من الباطن.
**sublimate; sublime** *(vt.)* (١) يصعّد: يكرّر مادّةً صلبة بتسخينها ثم بتكثيف البخار المنبعث منها (٢) يُسامي: يحوّل إلى ما هو أسمى.
**sublime** *(adj.; n.)* (١) سامٍ § (٢) شيء سامٍ.
**sublimity** *(n.)* سُمُوّ؛ رِفْعَة.
**sublunar; -y** تَحْقَمَرِيّ: واقع تحت القمر.
**submarine** *(adj.; n.)* (١) تَحْبَحْرِيّ: واقعٌ أو نامٍ تحت البحر § (٢) غوّاصة.
**submerge** *(vt.; i.)* (١) يغطّس (في الماء). (٢) يغمر (٣) يحجب × (٤) يغوص.
**submerse** *(vt.)* = submerge.
**submission** *(n.)* (١) خضوع؛ إذعان (٢) طاعة.
**submissive** *(adj.)* خاضع؛ مذعن؛ مطيع.
**submit** *(vt.; i.)* (١) يُسلِم إلى (٢) يُخضِع لـ. (٣) يُحيل (٤) يقدّم × (٥) يَخْضَع؛ يستسلم لـ.
**suborder** *(n.)* القُبَيْلَة (في تصنيف الأحياء).
**subordinate** *(adj.; n.; vt.)* (١) ثانويّ. (٢) تابع؛ خاضع § (٣) التابع؛ المرؤوس § (٤) يضعه في مرتبة أدنى (٥) يُخْضِع.
**subordination** *(n.)* (١) إخضاع (٢) وضعٌ في مرتبة أدنى (٣) التابعيّة؛ المرؤوسيّة (٤) خضوع.
**suborn** *(vt.)* (١) يحرّض (شخصاً على ارتكاب جريمة الخ.) (٢) يغريه بأداء شهادة كاذبة.
**subpoena** *(n.; vt.)* (١) أمر قضائيّ بالمثول أمام المحكمة § (٢) يستدعي (للمثول أمام المحكمة).
**subscribe** *(vt.; i.)* (١) يوقّع؛ يمضي (٢) يتعهّد أو يعِد بـ (٣) يكتتب؛ يتبرّع (٤) يؤيّد؛ يُقرّ × (٥) يشترك (في صحيفة).
**subscription** *(n.)* (١) توقيع؛ إمضاء. (٢) اكتتاب؛ تبرّع (٣) اشتراك (في صحيفة).
**subsection** *(n.)* الجُزْقِسْم: جزءٌ من قسم.
**subsequent** *(adj.)* (١) لاحقٌ (٢) تالٍ.

**subsequently** *(adv.)* (١) في ما بعد (٢) من ثَمَّ
**subserve** *(vt.)* يفيد ؛ يساعد ؛ يسهّل .
**subservience; -cy** *(n.)* (١) تبعيّة (٢) خنوع
**subservient** *(adj.)* (١) تابع (٢) نافع (٣) خانع
**subside** *(vi.)* (١) يرسُب (الثُّفل) (٢) يغور ؛ ينخسف ؛ يهبط (٣) يستقرّ (٤) يخمد .
**subsidiary** *(adj.; n.)* (١) مُساعِد ؛ إضافيّ ؛ فرعيّ ؛ ثانويّ (٢) تابع أو خاضع لغيره (٣) إعانيّ § (٤) شيء أو شخص مساعِد أو إضافيّ (٥) الشركة التابعة (لغيرها) .
**subsidize** *(vt.)* يقدّم العون الماليّ (إلى) .
**subsidy** *(n.)* إعانة ماليّة (حكوميّة عادةً) .
**subsist** *(vi.)* (١) يوجَد (٢) يبقى (٣) يعيش .
**subsistence** *(n.)* وجود ؛ بقاء ؛ مورد رزق .
**subsoil** *(n.)* طبقة الأرض الواقعة تحت التُّربة .
**substance** *(n.)* (١) جوهر (٢) مادّة (٣) ثروة .
in ~, (١) جوهريّاً (٢) حقّاً ؛ فعلاً .
**substantial** *(adj.)* (١) حقيقيّ ؛ واقعيّ . (٢) جوهريّ (٣) سخيّ ؛ غنيّ ؛ عامر (٤) ضخم (٥) قويّ ؛ مكين (٦) ثريّ .
**substantially** *(adv.)* (١) فعليّاً (٢) جوهريّاً .
**substantiate** *(vt.)* يُثْبِت ؛ يقيم الدليل على .
**substantive** *(n.; adj.)* (١) اسم (٢) كلمة مستعملة كاسم § (٣) مستقلّ (٤) حقيقيّ .
**substation** *(n.)* محطّة فرعيّة .
**substitute** *(n.; vt.; i.)* (١) بديل . § (٢) يستبدِل ؛ يستعيض (٣) يَحِلّ محلّ شيء آخر × (٤) يقوم مقام .
**substratum** *(n.)* (١) أساس (٢) طبقة سفليّة .
**substruction ; -ture** *(n.)* أساس .
**subterfuge** *(n.)* حيلة ؛ ذريعة .
**subterranean; -neous** *(adj.)* (١) واقع أو عامل تحت سطح الأرض (٢) سِرّيّ ؛ خفيّ .
**subtile** *(adj.)* = subtle.
**subtitle** *(n.)* عنوان فرعيّ (لكتاب) .
**subtle** *(adj.)* (١) رقيق ؛ دقيق ؛ لطيف . (٢) مهذّب (٣) حادّ الذهن (٤) حاذق ؛ ماكر .
**subtlety** *(n.)* رِقّة ؛ حدّة ذهن ؛ حذق ؛ مكر .
**subtract** *(vt.; i.)* يَطْرَح ؛ يُسقِط من .
**subtraction** *(n.)* الطَّرْح (في الحساب) .
**subtrahend** *(n.)* المطروح (في الحساب) .
**subtropical** *(adj.)* شبه استوائيّ .
**suburb** *(n.)* الضاحية ؛ ضاحية المدينة .
**suburban** *(adj.)* ضاحِيِيّ : متعلق بالضاحية .
**subvention** *(n.)* إعانة مالية حكوميّة .
**subversion** *(n.)* (١) تدمير ؛ تهديم (٢) دمار .
**subvert** *(vt.)* (١) يدمر ؛ يهدم (٢) يُفسِد .
**subway** *(n.)* (١) نَفَق (٢) ترام نَفَقِيّ .
**succeed** *(vi.; t.)* (١) يَخْلُف ؛ يرث (العرش) . (٢) يلي ؛ يتبع (٣) ينجح ؛ يُفلِح .
**success** *(n.)* (١) نجاح (٢) عمل أو شخص ناجح
**successful** *(adj.)* (١) ناجح (٢) فائز .
**succession** *(n.)* (١) خلافة ؛ وراثة (٢) تعاقُب ؛ توالٍ ؛ تتابع (٣) سلسلة متوالية على التعاقب .
in ~, على التعاقب ؛ على التوالي ؛ بالتتابع .
**successive** *(adj.)* متعاقب ؛ متوالٍ ؛ متتابع .
**successively** *(adv.)* على التعاقب ؛ بالتتابع .
**successor** *(n.)* خليفة ؛ خلَف ؛ وريث .
**succinct** *(adj.)* (١) ضيّق (٢) مُحكَم ؛ بليغ .
**succor** *(n.; vt.)* (١) إسعاف ؛ عون § (٢) يُسعِف
**succulent** *(adj.)* ريان أو كثير العُصارة .
**succumb** *(vi.)* (١) يخضع ؛ يستسلم (٢) يموت .

**such** *(adj.; pron.)* (١) مِثل؛ أمثال (٢) كبير؛ هائل (٣) شديد إلى حدّ أنه § (٣) هذا؛ هذه؛ ذلك؛ تلك الخ. (٤) هكذا.

and ~; ~ like وهلمّ جرّاً؛ وما أشبه.
~ and ~, كيت وكيت؛ كذا وكذا
~ as كَ؛ مِثل.
~ as it is كما هو؛ على عِلاّتِه.
~ being the case والحالةُ هذه.

**suck** *(vt.; i.; n.)* (١) يمصّ (٢) يمتصّ. (٣) يرضع § (٤) مصّ؛ امتصاص (٥) رضاعة.
**sucker** *(n.)* (١) الماصّ (٢) الرضيع (٣) المصّاصة.
**suckle** *(vt.)* (١) يُرْضِع (٢) يرْضَع.
**suckling** *(n.)* رضيع.
**sucrose** *(n.)* السَّكَروز: سكّر القصب والشمندر.
**suction** *(n.)* (١) مصّ (٢) ماسورة المصّ.
**Sudanese** *(adj.; n.)* سودانيّ.
**sudden** *(adj.)* (١) مفاجىء؛ فُجائيّ (٢) عاجل.

all of a ~; on a ~, فجأةً.

**suddenly** *(adv.)* فجأةً؛ على حين غِرّة.
**suds** *(n.)* غُسالةُ الصابون أو رَغْوتُه.
**sue** *(vt.; i.)* (١) يغازل (٢) يقاضي × (٣) يتوسّل.
**suède** *(n.)* السُّوَيْدِيّ: جلدٌ أو قماشٌ مُزَأبَر.
**suet** *(n.)* الشحم؛ شحم الماشية.
**suffer** *(vt.; i.)* (١) يَلْقى (٢) يعاني؛ يقاسي (٣) يَخضع «لعمليّة ما» (٤) يتحمّل (٥) يدع × (٦) يتألم؛ يتعذّب (٧) يدفع الثمن؛ يُعاقَب.
**sufferance** *(n.)* (١) ألم؛ شقاء (٢) سماح إكراهيّ (٣) احتمال؛ قدرة على الاحتمال.
**suffering** *(n.; adj.)* (١) ألم؛ معاناة؛ مقاساة. § (٢) متألّم؛ معذّب (٣) مريض.

**suffice** *(vi.; t.)* يكفي؛ يفي بالغرض.
**sufficiency** *(n.)* (١) كفاية (٢) قُدْرة؛ كفاءة.
**sufficient** *(adj.)* كافٍ؛ وافٍ.
**suffix** *(n.)* اللاحقة: مقطع يُضاف إلى آخر اللفظة لتغيير معناها أو لتشكيل لفظة جديدة.
**suffocate** *(vt.; i.)* (١) يَخْنق × (٢) يختنق.
**suffocation** *(n.)* (١) خَنْق (٢) اختناق.
**suffragan** *(n.)* أسقف مُساعِد.
**suffrage** *(n.)* (١) صَوْت (في انتخاب). (٢) تصويت (٣) حقّ الاقتراع.
**suffragette** *(n.)* المنادية بمنح المرأة حقّ الاقتراع.
**suffragist** *(n.)* المنادي بمنح المرأة حقّ الاقتراع.
**suffuse** *(vt.)* (١) يَغْمر (٢) يخضّب (٣) ينشر.
**sugar** *(n.; vt.)* (١) سُكّر § (٢) يحلّي؛ يسكّر.
**sugar beet** *(n.)* شَمَنْدر (أو بنجر) السكّر.
**sugarcane** *(n.)* قصب السكّر (نبات).
**sugary** *(adj.)* (١) سُكّرِيّ (٢) شديد الحلاوة.
**suggest** *(vt.)* (١) يقترح (٢) يوحي.
**suggestion** *(n.)* (١) اقتراح (٢) إيحاء (٣) أثر.
**suggestive** *(adj.)* مُوْحٍ؛ مذكّر بـِ.
**suicidal** *(adj.)* انتحاريّ.
**suicide** *(n.)* (١) انتحار (٢) المنتحِر.
**suit** *(n.; vi.; t.)* (١) التماس؛ شكوى تُرفَع إلى حاكم (٢) دعوى قضائيّة (٣) طلب اليد للزواج (٤) مجموعة (٥) بذلة؛ طقم (٦) المنظومة: جميع أوراق اللعب ذات النقش الواحد § (٧) يتلاءم مع × (٨) يلائم (٩) يرضي.

to ~ oneself يعمل على هواه.

**suitable** *(adj.)* ملائم؛ مناسب؛ صالح.
**suitcase** *(n.)* حقيبة سفر (مستطيلة مسطّحة).
**suite** *(n.)* (١) حاشية؛ بطانة حاكم (٢) مجموعة.
**suiting** *(n.)* جُوْخ (تخاط منه البِذَل).

**suitor** *(n.)* (١) الملتمِس ؛ مقدِّم الشكوى إلى حاكم (٢) المدَّعي (قانون) (٢) طالب يد المرأة .
**sulfa** *(adj.)* سَلفاوي : متعلق بعقاقير السَّلفا .
**sulfa drugs** *(n.pl.)* عقاقير السَّلْفا .
**sulfate** *(n.)* كبريتات (في الكيمياء) .
**sulfur** *(n.; vt.)* (١) الكبريت § (٢) يُكَبْرِت .
**sulfuric** *(adj.)* كبريتيّ .
**sulfurous** *(adj.)* (١) كبريتيّ (٢) جهنَّميّ .
**sulk** *(vi.; n.)* (١) يعبس § (٢) *pl.* : عبوس .
**sulky** *(adj.)* عابس ؛ مُقطَّب الجبين .
**sullen** *(adj.)* (١) متجهّم الوجه (٢) نَكِد .
**sully** *(vt.; i.; n.)* (١) يلطّخ ؛ يتلطّخ § (٢) لطخة
**sulpha** *(adj.)* = sulfa.
**sulphate** *(n.)* = sulfate.
**sulphur** *(n.; vt.)* = sulfur.
**sulphuric** *(adj.)* = sulfuric.
**sulphurous** *(adj.)* = sulfurous.
**sultan** *(n.)* سلطان .
**sultana** *(n.)* السلطانة .
**sultry** *(adj.)* شديد الحرارة والرطوبة .
**sum** *(n.; vt.)* (١) مبلغ (٢) جُمّاع ؛ مجموع (٣) ذروة (٤) خلاصة ؛ زبدة (٥) حاصل الجمع (٦) مسألة حسابيّة § (٧) يجمع (٨) يلخّص .
**sumac** or **sumach** *(n.)* السُّمّاق .
**summarily** *(adv.)* (١) باختصار (٢) بسرعة .
**summarize** *(vt.; i.)* يُلخِّص ؛ يُجْمِل .
**summary** *(n.; adj.)* (١) خلاصة ؛ مُجْمَل . § (٢) مُوجَز (٣) عاجل ؛ معجَّل .
**summer** *(n.; vi.)* (١) الصيف § (٢) يصطاف .
**summer resort** *(n.)* مَصِيف .
**summertime** *(n.)* الصيف ؛ فصل الصيف .
**summery** *(adj.)* صيفيّ .
**summit** *(n.)* ذِروَة ؛ قِمّة .
**summon** *(vt.)* (١) يدعو (إلى الاجتماع) . (٢) يستدعي للمثول (أمام القضاء) (٣) يستدعي (طبيباً) (٤) يستجمع (شجاعتَهُ الخ.) .
**summons** *(n.)* (١) استدعاء (٢) أمرٌ رسميّ بالمثول أمام القضاء (٣) دعوة .
**sumpter** *(n.)* دابة ؛ بغل ؛ حصان تحميل .
**sumptuous** *(adj.)* (١) سَخِيّ : مُنْفَقٌ عليه بسخاء (٢) فخم (٣) مُتْرَف (الملبَس أو المسكن) .
**sum total** *(n.)* (١) مجموع (٢) نتيجة كلّيّة .
**sun** *(n.; vt.; i.)* (١) الشمس (٢) حرارة الشمس أو أشعّتها § (٣) يشمِّس × (٤) يتشمّس .
**sunbeam** *(n.)* شعاع (من أشعّة) الشمس .
**sunbonnet** *(n.)* قلنسوة (للوقاية من الشمس) .
**sunburn** *(vt.; i.; n.)* (١) تَسْفَعُهُ الشمس . × (٢) يُسْفَع § (٣) سَفْعَة .
**sundae** *(n.)* نوع من المثلّجات .
**Sunday** الأحدية : يوم الأحد .
**sunder** *(vt.)* يفصل ؛ يقطع ؛ يشطر .
**sundial** *(n.)* المِزْوَلَة : الساعة الشمسيّة .

sundial

**sundown** *(n.)* الغروب .
**sundries** *(n.pl.)* أشتات ؛ نثريات ؛ متنوّعات .
**sundry** *(adj.)* عدّة ؛ متعدّد ؛ مختلف .
all and ~, قاطبةً ؛ بلا استثناء .
**sunfish** *(n.)* سمكة الشمس : نوع من السمك .

**sunflower** *(n.)* عبّاد أو دوّار الشمس (نبات) .

**sung** *past and past part. of* sing.
**sunk** *past and past part. of* sink.
**sunken** *(adj.)* (١) مغمور (٢) غائر .
**sunlight** *(n.)* ضوء الشمس ؛ ضياء الشمس.
**sunlit** *(adj.)* مُشَمَّس: مُنار بضوء الشمس.
**sunny** *(adj.)* (١) مُشَمَّس (٢) مرِح ؛ متفائل.
**sunrise** *(n.)* الشروق ؛ شروق الشمس.
**sunset** *(n.)* (١) الغروب ؛ المغيب (٢) أفول .
**sunshade** *(n.)* وِقاء من الشمس .
**sunshine** *(n.)* (١) أشعّة الشمس (٢) إشراق .
**sunspot** *(n.)* الكُلفَة (أو البقعة) الشمسية.
**sunstroke** *(n.)* الرَّعْن : ضربة الشمس .
**sunup** *(n.)* الشروق ؛ شروق الشمس .
**sup** *(vt.; i.; n.)* (١) يَرْشُف ؛ يتجرّع . ×(٢) يتعشّى §(٣) رَشْفَة ؛ جرعة .
**super-** بادئة معناها : «أ» فوق ؛ أعلى. «ب» إضافيّ. «ج» إلى حدّ بعيد. «د» متفوّق. «ه» فَوْقيّ .
**superabundance** *(n.)* (١) غزارة (٢) فائض.
**superabundant** *(adj.)* غزير ؛ مُفْرِط .
**superannuate** *(vt.)* يحيل إلى التقاعد.
**superb** *(adj.)* (١) جليل ؛ فخم (٢) رائع .
**supercargo** *(n.)* المسؤول عن شحنة السفينة .
**supercilious** *(adj.)* متشامخ ؛ متكبّر .
**superficial** *(adj.)* سطحيّ ؛ خارجيّ ؛ ظاهريّ.
**superficiality** *(n.)* سطحيّة ؛ شيء سطحيّ.
**superfine** *(adj.)* رقيق أو رائع إلى حد استثنائي.
**superfluity** *(n.)* (١) وفرة (٢) شيء زائد .
**superfluous** *(adj.)* زائد أو غير ضروريّ .
**superintend** *(vt.)* يراقب ؛ يناظِرَ ؛ يدير .
**superintendent** *(n.)* المراقب ؛ المناظر ؛ المدير.
**superior** *(adj.; n.)* (١) أعلى (٢) أرفع مقاماً أو منزلة (٣) رفيع (٤) فوق ؛ أسمى من التأثّر بـِ (٥) أهمّ ؛ أكبر (٦) متفوّق (٧) متشامخ ؛ مترفّع §(٨) الأرفع ؛ الأفضل (٩) رئيس دير.
**superiority** *(n.)* (١) الأعلويّة (٢) التفوّق. (٣) التشامخ ؛ الترفّع .
**superiority complex** *(n.)* مُرَكَّب الاستعلاء
**superlative** *(adj.; n.)* (١) دالّ على صيغة التفضيل العليا (٢) متفوّق (٣) مُفْرِط §(٤) صيغة التفضيل العليا (٥) ذروة ؛ أوج .

to talk in ~ s يبالغ .

**superman** *(n.)* السوبرمان : الانسان الأمثل.
**supernal** *(adj.)* عُلْوِيّ ؛ سماويّ .
**supernatural** *(adj.)* خارق للطبيعة .
**supernumerary** *(adj.; n.)* (١) زائد عن العدد المقرّر أو المطلوب §(٢) شخص أو شيء زائد (٣) الكُمْبَرْس: ممثّل قصير الدور .
**superscribe** *(vt.)* (١) يكتب أو ينقش على ظاهر شيء أو أعلاه (٢) يُعَنْوِن (رسالةً أو رزمةً).
**superscription** *(n.)* عنوان (رسالة الخ.) .
**supersede** *(vt.)* (١) يحلّ محلّ (٢) يخلف.
**superstition** *(n.)* خُرافَة ؛ مُعْتَقَد خرافيّ.
**superstitious** *(adj.)* (١) خُرافيّ ؛ وهميّ. (٢) مؤمِنٌ بالخرافات .
**supervene** *(vi.)* (١) يَعْرِض : يَحْدُث كشيء إضافيّ أو غير متوقّع (٢) يلي ؛ يَتْبَع .
**supervise** *(vt.)* يراقب ؛ يناظر ؛ يشرف على.
**supervision** *(n.)* مراقبة ؛ إشراف .
**supervisor** *(n.)* المراقب ؛ المناظر ؛ المشرف.
**supervisory** *(adj.)* رقابيّ ؛ إشرافيّ .
**supine** *(adj.)* (١) مستلقٍ (على ظهره) ؛ منبطح. (٢) كسول ؛ فاتر الهمّة .
**supper** *(n.)* العَشاء ؛ طعام العَشاء .
**supplant** *(vt.)* (١) يَحِلّ مَحَلّه (٢) يستأصل.
**supple** *(adj.)* (١) مِطواع (٢) ليِّن ؛ لَدْن .

**supplement** *(n.; vt.)* (١) مُلْحَق ؛ تكملة ؛ إضافة §(٢) يُلْحِق ؛ يُكمِّل ؛ يضيف إلى.
**supplementary** *(adj.)* إضافيّ أو تكميليّ .
**suppliant;-cant** *(n.; adj.)* متوسِّل ؛ متضرّع .
**supplicate** *(vi.; t.)* يتضرّع ؛ يبتهل ؛ يتوسّل.
**supplication** *(n.)* تضرّع ؛ ابتهال ؛ توسُّل.
**supply** *(vt.; n.)* (١) يزوِّد ؛ يجهِّز ؛ يُمِدّ بـ . (٢) يَسُدّ حاجةً ؛ يُشبع رغبةً §(٣) مؤونة ؛ ذخيرة ؛ مخزون ؛ زاد (٤) تزويد ؛ تجهيز الخ.
**supply and demand** العَرْض والطلَب .
**support** *(vt.; n.)* (١) يحتمل ؛ يتحمّل . (٢) يؤيّد (٣) يُعيل (٤) يدعم ؛ يَسند §(٥) تأييد ؛ دَعْم (٦) دِعامَة ؛ سِناد .
**suppose** *(vt.; i.)* يفترض ؛ يعتقد ؛ يظنّ .
**supposing** *(conj.)* هَبْ ؛ إفرِض ؛ على افتراض .
**supposition** *(n.)* فرض ؛ افتراض ؛ فرضية .
**suppository** *(n.)* تحميلة ؛ فتيلة (في الطب) .
**suppress** *(vt.)* (١) يقمع ؛ يُخمد (٢) يكتم ؛ يطمس ؛ يَكْبِت (٣) يوقف .
**suppression** *(n.)* قمْع ؛ إخماد ؛ كَبْت الخ.
**suppurate** *(vi.)* يَتَقَيَّح أو يُفرِز قَيْحاً .
**supremacy** *(n.)* (١) سِيادة (٢) تفوُّق .
**supreme** *(adj.)* الأسمى ؛ الأعلى ؛ الأبرز ؛ الأهمّ .
**Supreme Being** *(n.)* الكائن الأسمى : الله.
**supreme court** *(n.)* المحكمة العليا .
**surcharge** *(n.)* (١) أجرة إضافيّة (٢) حِمل أو عِبء ثقيل (٣) طبعة فوقيّة على طابع بريديّ.
**sure** *(adj.; adv.)* (١) ثابت ؛ راسخ ؛ قويّ . (٢) موثوق (٣) ناجعٌ (٤) واثق (٥) لاريب فيه (٦) محتوم (٧) مقدَّر له أن §(٨) من غير ريب.

for ~; to be ~, من غير ريب .

**surely** *(adv.)* (١) بثبات ؛ بثقة (٢) من غير ريب .
**surety** *(n.)* (١) ثقة ؛ يقين (٢) كفالة ؛ ضمانة. (٣) العرّاب (٤) الكفيل ؛ الضامن .
**surf** *(n.)* الأمواج المتكسّرة (على الشاطىء).
**surface** *(n.; adj.)* (١) سَطْح (٢) المَظْهَر الخارجيّ السطحيّ §(٣) سطحيّ .
**surfeit** *(n.; vt.)* (١) فَرْط ؛ مقدار كبير . (٢) إفراط (في الأكل) (٣) تُخمة §(٤) يُتخم.
**surge** *(vi.; n.)* (١) يموج ؛ يطمو ؛ يجيش ؛ يندفق §(٢) طُموّ ؛ جيَشان الخ. (٣) موجة.
**surgeon** *(n.)* الجرّاح ؛ الطبيب الجرّاح .
**surgery** *(n.)* (١) الجراحة (٢) حجرة العمليات الجراحيّة (٣) عملية جراحيّة .
**surgical** *(adj.)* جراحيّ.
**surly** *(adj.)* (١) فظّ (٢) مكفهِرّ .
**surmise** *(vt.; n.)* (١) يظنّ ؛ يحدس . §(٢) ظنّ ؛ حَدْس .
**surmount** *(vt.)* (١) يتغلب على (المصاعب الخ.) (٢) يتسلّق (٣) يعلو ؛ يتوّج .
**surname** *(n.)* كُنْيَة ؛ لقب ؛ اسم الأسرة.
**surpass** *(vt.)* (١) يبزّ ؛ يتفوّق على (٢) يتجاوز ؛ يتخطّى (٣) يفوق .
**surplice** *(n.)* المِدْرَعَة : رداء كهنوتيّ أبيض.
**surplus** *(n.)* الفائض ؛ الفَضْل ؛ الفَضْلَة.
**surprisal** *(n.)* مباغتة الخ. (راجع المادة التالية).
**surprise** *(n.; vt.)* (١) مُباغَتَة (٢) مفاجأة. (٣) دَهَش §(٤) يباغت (٥) يستولي (على شيء) بهجوم مباغت (٦) يفاجىء (٧) يُدْهِش .
**surprising** *(adj.)* مدهِش ؛ مُذْهِل .
**surrealism** *(n.)* السُّرياليّة : ما فوق الواقع.
**surrender** *(vt.; i.; n.)* (١) يُسلِّم (٢) يتنازل عن ×(٣) يستسلم §(٤) تَسْليم ؛ استسلام .
**surreptitious** *(adj.)* (١) سِرّيّ (٢) مختلَس (٣) زائف (٤) مُسْتَتِر ؛ عامل خِلسة.

**surrey** *(n.)* السَّرْيَة : نوع من المَرْكبات .

**surrogate** *(n.)* (١)نائب؛ وكيل (٢) بديل .

**surround** *(vt.; n.)* (١)يطوق §(٢) طوق.

**surroundings** *(n. pl.)* محيط؛ بيئة .

**surtax** *(n.)* ضريبة إضافيّة؛ رسم إضافيّ.

**surveillance** *(n.)* (١)مراقبة (٢)إشراف .

**survey** *(vt.; i.; n.)* (١) يَمْسح (الأراضي). (٢) يُعاين (٣) يفحص §(٤) نظرة عامة (٥) فحص؛ تقرير (٦) مَسْح الأراضي (٧)مخطّط أو خريطة المَسْح .

**surveying** *(n.)* المساحة: مَسْح الأراضي .

**surveyor** *(n.)* المَسّاح : ماسح الأراضي.

**survival** *(n.)* (١) البقاء : بقاء المرء أو الشيء بعد زوال غيره (٢) ما يبقى بعد زوال غيره .

**survive** *(vi.; t.)* (١) يبقى على قيد الحياة . ×(٢) يبقى حياً بعد زوال شيء أوحادثة.

**susceptibility** *(n.)* (١) قابليّة (٢)حساسية. (٣) *pl.* : مشاعر؛ أحاسيس .

**susceptible** *(adj.)* (١) قابل أوعرضة لـ . (٢) حسّاس (٣) سريع التأثّر بـ .

**suspect** *(vt.; i.; adj.; n.)* (١)يرتاب أويشكّ في (٢)يشتبه بـ (٣)يظنّ؛ يتوهّم؛ يخامره شعور بوجود شيء الخ. §(٤)مشبوه (٥)مشتبَهٌ به.

**suspend** *(vt.; i.)* (١)يَحرِم موقّتاًمن امتياز أو وظيفة؛ يفصِل موقّتاً (٢)يعطّل أو يوقف موقّتاً (٣) يعلّق: يوقف مفعول كذا (٤) يرجىء (٥) يُدَلّي؛ يعلّق ×(٥)يتوقف (٦)يتدلّى .

**suspender** *(n.)* حمالة: *pl.*(١) البنطلون (٢) رباط الجورب.

suspenders 1.

**suspense** *(n.)* (١) تعليق ؛ إرجاء (٢)قلق؛ ترَقّبٌ قَلِقٌ (٣) حيرة (٤) تشويق .

**in ~**, (١) معلّق (٢) في ترقّبٍ قَلِق.

**suspension** *(n.)* (١)حرمان موقّت من امتياز أو وظيفة الخ. (٢)تعطيل موقت (٣) تعليق (٤) إرجاء (٥) تَدَلْيَة ؛ تَدَلٍّ .

**suspicion** *(n.)* (١)شكّ؛ اشتباه (٢)شُبْهَة؛ رِيبة (٣)مسحة؛ أثر ضئيل .

**above ~**, فوق الشُّبُهات .

**under ~**, مشبوه ؛ مُشْتَبَهٌ فيه .

**suspicious** *(adj.)* (١) مشبوه ؛ مُريب . (٢)نَزّاع إلى الشكّ (٣) مُفْعَمٌ بالشكّ .

**sustain** *(vt.)* (١) يساند؛ يؤازر (٢)يغذّي . (٣)يُبقي ؛ يطيل البقاء (٤)يدعم (٥)يقوّي؛ (٦)يتحمّل (٧)يؤيّد (٨)يُثْبت؛ يؤكّد.

**sustenance** *(n.)* (١)طعام؛ قوت (٢)تغذية . (٣)مساندة (٤)إعالة (٥)سَنَدٌ ؛ عَوْن .

**suture** *(n.)* (١)خيط (٢)دَرْزَة (في الجراحة).

**suzerain** *(n.)* (١) سيّد ( إقطاعيّ ) أعلى . (٢) المتسلّطة : دولة مسيطرة على دولة تابعة.

**suzerainty** *(n.)* سيادة ؛ سلطان .

**svelte** *(adj.)* (١)نحيل ؛ رشيق (٢)مهذّب .

**swab** *(n.)* (١)مِمْسَحَة (٢)القَطِيلَة : كتلة قطنٍ حول طرف عُود (٣)شخص تافه

**swaddle** *(vt.)* (١)يُقمّط (طفلاً) (٢)يلفّ.

**swag** *(n.)* (١)غنيمة (٢)صُرّة أمتعة .

**swage** *(n.; vt.)* (١)قالب الطَّرْق: أداة لتطريق المعادن §(٢)يشكّل بالتطريق.

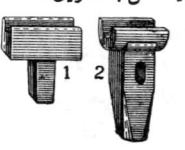

**swagger** *(vi.; n.)* (١) يختال ؛ يمشي تيّاهاً . (٢)يتبجّح §(٣)اختيال؛ زَهْو (٤) تبجّح.

**swain** *(n.)* (١) الريفيّ (٢) الراعي (٣) العاشق.

**swale** *(n.)* المنخَفَض: أرض مستنقعية منخفضة.

**swallow** *(vt.; n.)* (١) يبتلع؛ يزدرد؛ يلتهم. (٢) يصدّق بسذاجة (٣) يكتم § (٤) ابتلاع؛ ازدراد (٥) الخُطّاف؛ السنونو (طائر).

**swam** *past of* swim.

**swamp** *(n.; vt.)* (١) مستنقَع § (٢) يغمر.

**swampy** *(adj.)* مستنقعيّ؛ سَبِخ.

**swan** *(n.)* التَّمّ: الإوزّ العراقيّ.

**swank; -y** *(adj.)* (١) مختال (٢) أنيق.

**swansdown** *(n.)* (١) زَغَب التَّمّ أو الإوزّ العراقيّ (٢) قماش قطنيّ سميك ذو زِئبر.

**swap** *(vt.; i.; n.)* (١) يقايض § (٢) مقايضة.

**sward** *(n.)* مرج؛ ارض معشوشبة.

**swarm** *(n.; vi.)* (١) الخَشْرَم: جماعة النحل. (٢) سِرْب جراد (٣) حَشْدٌ مُندفِع § (٤) يحتشد (٥) يندفع بأعداد كبيرة (٦) يعجّ بـِ.

**swart; swarthy** *(adj.)* داكن اللون أو البشرة.

**swash** *(n.; vi.)* (١) اندفاع الماء نحو الشاطىء. § (٢) يندفع (الماء) أو يتطاير محدثاً صوتاً رَشاشيّاً.

**swashbuckler** *(n.)* جنديّ أو مغامر متبجّح.

**swastika** *(n.)* الصليب المعقوف

swastika

**swat** *(vt.; n.)* (١) يضرب بعنف § (٢) ضربةٌ عنيفة.

**swath** *(n.)* (١) الرّقعة التي تشملها ضربةٌ مُفرَدَةٌ من منجل (٢) صفّ من أعشاب أو من سنابل القمح مقطوع بمنجل (٣) شِقّة عريضة؛ صفّ عريض.

**swathe** *(vt.; n.)* (١) يلفّ؛ يَعْصِب § (٢) رِباط.

**sway** *(vi.; t.; n.)* (١) يتمايل (٢) يتأرجح. (٣) يميل؛ ينحني (٤) يتسلّط × (٥) يهزّ (٦) يُميل (٧) يحمله على تغيير رأيه (٨) يُسيطر على § (٩) تمايُل؛ تأرجُح (١٠) حكم؛ سيطرة.

**swear** *(vt.; i.)* (١) يُقسِم؛ يَحلِف (٢) يؤكّد أو يعِد جازماً (٣) يحلّف × (٤) يَشْتُم؛ يَسُبّ.

to ~ at — يسبّ؛ يشتم.

to ~ by — (١) يُقسِم بـِ (٢) يثق به ثقةً كبيرة.

to ~ in — يقلّده منصباً (محلّفاً إياه اليمين).

to ~ off — يُقلِع عن؛ يُقسم على الإقلاع عن.

**sweat** *(vi.; t.; n.)* (١) يَعْرَق (٢) يكدح. (٣) يرْشح × (٤) يعرّق (٥) يُرْهِق (٦) يشغّل (العمال) بأجور منخفضة أو في أحوال غير صحية § (٧) عَرَق (٨) كَدْح (٩) رَشْح.

**sweater** *(n.)* سترة أو كنزة صوفية غليظة.

**sweaty** *(adj.)* (١) متّسخٌ بالعرق (٢) شاقّ.

**Swede** *(n.)* السُّوَيديّ : أحد أبناء السُّويد .

**Swedish** *(n.; adj.)* (١)السُّويديّة : لغة السويد. (٢) السُّويديّون §(٣) سُوَيْديّ .

**sweep** *(vt.; i.; n.)* (١) يحصد (٢) يجرف . (٣) يدفع بقوّة (٤) يكنس (٥)يكسب بفوز ساحق (٦) يَمَسّ مَسّاً رفيقاً (٧) يجري (فوق شيء) برشاقة أو قوة (٨) يلقي نظرة شاملة على ×(٩) يكتسح (١٠) يندفع بخفّة أو قوة §(١١) مجذاف طويل (١٢) كَنْس؛ إزالة (١٣) نصر ساحق (١٤) اندفاع (١٥) حركة أو ضربة منحرفة (١٦) امتداد (١٧) مدى (١٨) كنّاس الشوارع ؛ منظف المداخن .

**sweeper** *(n.)* (١) كنّاس (٢) مِكنسة .

**sweeping** *(n.; adj.)* (١) *pl.* : كُناسة؛ نُفاية (٢) كَنْس §(٣) شامل؛ كاسح؛ جارف .

**sweepstake ;-s** *(n.)* (١)السويبستيك: مراهنة على الخيل يكسب فيها الرابح مجموعَ الأموال المراهَن بها أو معظمها (٢) يانصيب .

**sweet** *(adj.; n.)* (١)حُلو (٢)عَذب (٣)جميل (٤)رخيم (٥)لطيف (٦)عزيز §(٧)حلوى.

**sweetbrier** *(n.)* نِسرين الكلاب (نبات) .

**sweeten** *(vt.; i.)* (١)يحلّي ×(٢)يحلو .

**sweetheart** *(n.)* (١) الحبيب (٢) الحبيبة .

**sweetish** *(adj.)* حلوٌ قليلاً .

**sweetmeat** *(n.)* (١)مُرَبّى (٢)حلوى .

**sweet pea** *(n.)* الجُلْبان العِطر (نبات) .

**swell** *(vi.; t.; n.)* (١)ينتفخ (٢)يعلو؛ يرتفع . (٣) يزداد؛ يتكاثر؛ يتضخم (٤) يتورّم (٥) يتبجّح ×(٦)يَنْفُخ الخ. §(٧)انتفاخ؛ ازدياد؛ تضخّم الخ . (٨) موجة .

**swelling** *(n.; adj.)* (١) انتفاخ؛ تضخّم؛ ورم §(٢) منتفخ؛ متضخّم؛ متورّم .

**swelter** *(vi.; n.)* (١)يتصبّب عرَقاً، أو يكاد يغمى عليه، من شدّة الحَرّ §(٢) حرّ شديد.

**swept** *past and past part. of* sweep.

**swerve** *(vi.; t.; n.)* (١)ينحرف أو يَحْرِف. §(٢) انحراف .

**swift** *(adj.; n.)* (١) سريع . (٢) رشيق §(٣)السَّمامة : طائر يشبه السنونو .

swift

**swig** *(n.; vt.; i.)* (١)جَرعة كبيرة §(٢) يتجرّع أو يشرب بشراهة .

**swill** *(n.; vt.)* (١) طعام الخنازير (٢)قُمامة (٣)نُفايَة §(٤) يتجرّع جرعاتٍ كبيرة من .

**swim** *(vi.; t.; n.)* (١) يَسْبَح (٢) ينزلق . (٣)يطفو (٤)يُصاب بدُوار ×(٥)يجتاز سباحةً §(٦)سِباحَة (٧) مجرى النّشاط الرئيسي .

**swimmer** *(n.)* السابح؛ السبّاح .

**swimming** *(adj.; n.)* (١) سابح (٢) مُعَدّ للسّباحة (٣) دامع (٤)دائخ §(٥) سباحة .

**swindle** *(vt.; n.)* (١) يخدع §(٢) خِداع .

**swine** *(n.)* (١) خنزير (٢) شخص حقير .

**swineherd** *(n.)* مربّي الخنازير .

**swing** *(vt.; i.; n.)* (١)يؤرجِح (٢)يُدير على محور (٣)يدلّي؛ يعلّق ×(٤)يتأرجح؛ يتمايل (٥)يموت شنقاً (٦) يتدلّى (٧)يدور على محور (٨) يدور حول زاوية (٩) ينتقل أو يتقلّب من حالة إلى أخرى §(١٠) تأرجُح؛ تمايُل (١١) إيقاع مطّرد (في الشعر أو الموسيقى) (١٢) حركة ناشطة مطّردة (١٣) انتقال دوريّ من حال إلى آخر (١٤) سرعة (١٥) نشاط؛ تقدّم (١٦)نطاق التأرجح (١٧)أرجوحة (١٨)موسيقى السوينغ .

**swipe** *(n.; vt.; i.)* (١) ضربة عنيفة (٢) سائس الخيل § (٣) يضرب بعنف (٤) يسرق .

**swirl** *(vi.; t.; n.)* (١) يدوم : يجري ملتفاً كالدُّوّامة × (٢) يجعله يدوم § (٣) دُوّامة .

**swish** *(n.)* حفيف ؛ هفيف ؛ هَسْهَسَة .

**Swiss** *(n.; adj.)* سويسريّ .

**switch** *(n.; vt.)* (١) قضيب ؛ سَوْط (٢) ضربة بالسَّوْط (٣) تحوُّل ؛ انتقال (٤) المحوِّلة : مفتاح التحويل في السكة الحديدية (٥) المفتاح الكهربائي (٦) الضفيرة العارية : كتلة من شعر كاذب تضيفها المرأة إلى شعرها § (٧) يضرب بالسَّوط (٨) يحرّك شيئاً وكأنّه سوط (٩) يحوّل (من خطٍ من خطوط السكة الحديدية إلى آخر) (١٠) يغيّر ؛ يحوِّل (١١) يَقطع التيار أو يُشعِل النور بمفتاح كهربائي .

**switchboard** *(n.)* لوحة المفاتيح (كهرباء) .

**swivel** *(n.; vi.; t.)* المِروَد ؛ الوُصلة المَراوحة : أداة تمكّن الشيء المثبَّت من الدوران فوقها بحرية § (٢) يدور أو يدير على محور أو نحوه .

**swivel chair** *(n.)* الكرسيّ الدَّوّار أو اللفّاف .

swivel chair

**swob** *(n.)* = swab.

**swollen** *past part. of* swell.

**swoon** *(vi.; n.)* (١) يُغْمَى عليه § (٢) إغماء .

**swoop** *(vi.; n.)* (١) ينقضّ على § (٢) انقضاض .

**sword** *(n.)* سَيْف .

**swordfish** *(n.)* أبو سيف (سمك) .

swordfish

**swordsman** *(n.)* المبارز بالسيف .

**swore** *past of* swear.

**sworn** *past part. of* swear

**swum** *past part. of* swim.

**swung** *past and past part. of* swing.

**sybarite** *(n.)* المُتْرَف ؛ المنغمس في اللذات .

**sycamore** *(n.)* شجر الجُمَّيْز .

**sycophant** *(n.)* المتملّق الذليل .

**syllabic** *(adj.)* مَقْطَعيّ .

**syllabicate; syllabify** *(vt.)* يشكّل مقاطع أو يجزّىء إلى مقاطع لفظيّة .

**syllable** *(n.)* مَقْطَعٌ لَفْظيّ .

**syllabus** *(n.)* مخطَّط ؛ خلاصة .

**syllogism** *(n.)* القياس ؛ القياس المنطقي .

**syllogistic; syllogistical** *(adj.)* قياسيّ .

**sylph** *(n.)* (١) السِّلْف : كائن خرافيّ يعيش في السماء (٢) فتاة هيفاء رشيقة .

**sylvan** *(adj.)* أجَمِيّ ؛ حَرَجيّ ؛ غابيّ .

**symbol** *(n.; vi.; t.)* (١) رَمْز § (٢) يَرْمز .

**symbolic** *or* **symbolical** *(adj.)* رَمزيّ .

**symbolism** *(n.)* الرمزية (وبخاصة في الشعر) .

**symbolize** *(vi.; t.)* يرمز إلى .

**symmetric** *(adj.)* متساوق ؛ متناسق ؛ متماثل .

**symmetry** *(n.)* تساوُق ؛ تَناسُق ؛ تماثُل .

**sympathetic** *(adj.)* (١) متجانس ؛ غير متنافر (٢) ملائم لمزاج المرء (٣) عاطف ؛ مؤيّد .

**sympathize** *(vi.)* (١) يتعاطف (٢) يعطف على .

**sympathy** *(n.)* (١) تعاطف ؛ مشاركة وجدانيّة (٢) تجانس ؛ انسجام (٣) عطف .

**symphonic** *(adj.)* (١) متناغم (٢) سِمفونيّ .

**symphonious** *(adj.)* متناغم .

**symphony** *(n.)* (١) تآلف الأصوات الخ . (٢) السِّمفونيّة : لحنٌ تعزفهُ الأوركسترا .

**symposium** *(n.)* (١) الندوة : اجتماع يتحدث فيه عدة متكلمين أحاديث قصيرة عن موضوع معين (٢) مجموعة آراء حول موضوع .

**symptom** *(n.)* (١) عرَضٌ (٢) أمارَة ؛ علامة .

**symptomatic** *(adj.)* (١)عَرَضيّ ؛ أعراضيّ (٢)دالّ على .

**synagogue** *(n.)* الكَنِيس : معبد اليهود .

**synchronism** *(n.)* التزامن ؛ التواقت : الحدوث في زمن أو وقت واحد .

**synchronize** *(vi.; t.)* (١) يتزامَن : يحدث في زمن واحد × (٢) يُزامِن .

**synchronized** *(adj.)* متزامن ؛ متواقت .

**syncopate** *(vt.)* (١) يرخِّم ( كلمةً ) . (٢)يختصر (٣) يؤخّر النّبر (في الموسيقى) .

**syncope** *(n.)* إغماء .

**syndicate** *(n.; vt.)* (١)نقابة (٢)مؤسسة تبيع موادّ للنشر في عدّة صحف ومجلات في وقت واحد §(٣) يوحِّد في نقابة (٤) يبيع للنشر في عدة صحف ومجلات في وقت واحد .

**synod** *(n.)* (١)مجلس (٢)السّنودس : مجمع كنسي .

**synonym** *(n.)* المرادف ؛ المّرادف (في اللغة).

**synonymous** *(adj.)* مرادف ؛ متّرادف .

**synopsis** *(n.)* pl. **-ses** . المختَصَر ؛ الموجَز .

**syntax** *(n.)* (١)بناء الجملة : ترتيب كلمات الجملة في أشكالها وعلاقاتها الصحيحة (٢) الإعراب .

**synthesis** *(n.)* (١)تركيب ؛ تأليف (٢)تجميعة .

**synthesize** *(vt.)* (١) يركّب ؛ يؤلّف . (٢)يصطنع : يُنتِج بالطرائق الصّنعيّة .

**synthetic** *(adj.)* (١)تركيبيّ (٢)اصطناعيّ .

**synthetize** *(vt.)* =synthesize.

**syphilis** *(n.)* السِّفْلِس ؛ الزُهريّ (مرض) .

**syphilitic** *(adj.; n.)* (١) سِفْلِسيّ . §(٢)المَزْهور : المصاب بالسفلِس أو الزهريّ.

**Syriac** *(adj.; n.)* (١) سُرْيانيّ §(٢) اللغة السريانيّة .

**Syrian** *(adj.; n.)* سوريّ .

**syringe** *(n.; vt.)* (١)مِحقَنة §(٢)يحقن بمحقنة

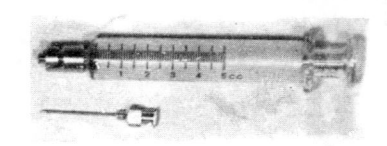

**syrup** *(n.)* شراب ؛ عصير فاكهة مركّز .

**system** *(n.)* (١) نظام (٢)جهاز (٣) الجسم : جسم الانسان أو الحيوان (٤) منظومة ؛ شبكة (٥) طريقة (٦) ترتيب .

**systematic ; -al** *(adj.)* (١) نِظاميّ . (٢)منظوم : مَصُوغ في صورة نظام (٣)تصنيفيّ.

**systematize** *(vt.)* ينظّم ؛ يصنّف ؛ يرتّب.

**systemic** *(adj.)* (١) جِهازيّ : منسوبٌ إلى جِهاز (٢) عامّ ؛ شاملٌ الجسم كلّه .

**systemize** *(vt.)* = systematize.

*Tripoli* (**Libya**)

# T

**t** *(n.)* الحرف العشرون من الأبجدية الانكليزية .

**tab** *(n.)* (١) عروة ؛ لسان ؛ أذُن ؛ مقبض صغير . (٢) مراقبة شديدة .

**tabby** *(n.)* هرّة أهليّة .

**tabernacle** *(n.; vi.)* (١) خيمة اتخذ منها اليهود هيكلاً نقّالاً (٢) مسكن (٣) معْبَد .

**table** *(n.)* (١) لوح ؛ لوحة (٢) طاولة ؛ مِنضدة ؛ مائدة (٣) جدْول ؛ قائمة .

**tableau** *(n.)* (١) صورة (٢) لوحة ؛ مشهد.

**tablecloth** *(n.)* السِّماط : غطاء المائدة .

**tableland** *(n.)* النَّجْد : سهلٌ واسع .

**tablespoon** *(n.)* ملعقة المائدة .

**tablespoonful** *(n.)* ملء ملعقة مائدة .

**tablet** *(n.)* (١) لوح ؛ لوحة (٢) مجموعة من ورق الكتابة مغرّاةٌ عند أحد أطرافها (٣) قُرْص.

**tableware** *(n.)* أدوات المائدة .

**taboo** *or* **tabu** *(adj.; n.; vt.)* (١) معزولٌ أو مُفْرَدٌ جانباً بوصفه مقدّساً أو نجساً أو ملعوناً (٢) محرَّم § (٣) عزْلٌ ؛ إفرادٌ ؛ تحريم § (٤) يعزل ؛ يُفْرِد (٥) يحظّر ؛ يحرّم .

**tabor** *(n.; vi.)* (١) دُفّ § (٢) ينقر على الدُّفّ .

**tabular** *(adj.)* (١) مسطّح ؛ مستوي السطح . (٢) مُجَدْوَلٌ : مرتّب على شكل جدول (٣) محسوب بواسطة جدول .

**tabulate** *(vt.)* يُجَدْوِل : يرتّبه على صورة جدول .

**tacit** *(adj.)* (١) صامت (٢) ضِمنيّ ؛ مفهوم ضِمناً .

**taciturn** *(adj.)* صَمُوت ؛ قليل الكلام.

**tack** *(n.; vt.; i.)* (١) المُسَيْمِير : مسمار صغير عريض الرأس (٢) حبل لتثبيت زاوية الشراع (٣) زاويةُ الشراع المشدودُ إليها هذا الحبْل (٤) وجهة السفينة (٥) حركة متعرّجة

§(٦)يثبّت بمسمار صغير قصير (٧)يغيّر اتجاه السفينة ×(٨) يتخذ سبيلاً متعرّجاً .

**tackle** (*n.; vt.; i.*) (١)عُدّة (٢)حبال الأشرعة والصواري (٣) البكّارة : مجموعة من الحبال والبكرات لرفع الأثقال أوخفضها أوتحريكها §(٤) يعالج (٥) يمسك بـ ؛ يقبض على .

tackles 3.

**tact** (*n.*) (١) ذوق؛ حساسية (٢) لَباقة .

**tactful** (*adj.*) لَبِق ؛ ذو لَباقَة .

**tactical** (*adj.*) (١) تكتيكيّ (٢) وَسِيليّ : مقصودٌ به تحقيق غرَض (٣) انتهازيّ (٤) لبق.

**tactician** (*n.*) البارع في التكتيك الحربيّ.

**tactics** (*n.*) (١)التكتيك : فنّ تنظيم القوى الحربية أو تحريكها للقتال (٢) طريقة ؛ نهج.

**tactile** (*adj.*) (١)ملموس (٢)لمسيّ .

**tactless** (*adj.*) غير لبق ؛ تعوزه اللباقة .

**tadpole** (*n.*) الشُّرْغوف : فَرْخ الضِّفدع .

**taffeta** (*n.*) التَّفْتَة : نسيج حريري رقيق صقيل.

**taffrail** (*n.*) درابزون مؤخّر المركب.

**taffy** (*n.*) = toffee.

**tag** (*n.; vt.*) (١)طرف معدنيّ أو لدائنيّ لشريط الحذاء (٢)رُقعة؛ بطاقة (٣) لعبة يطارد فيها طفلٌ طفلاً ويحاول أن يمسّه §(٤) يزوِّد برقعة مبيِّنة للسعر أو العنوان (٥) يلاحق .

**tail** (*n.; vt.; i.; adj.*) (١)ذَيل؛ ذنب (٢)قفا الشيء أو مؤخّره أو أدناه §(٣) يتَتبَّعه مثل ذيل (٤) يتعقّب ×(٥) يتضاءل ؛ يضعف ؛ يخمُد.

**tailless** (*adj.*) أبتر ؛ لا ذيل له .

**tailor** (*n.; vt.*) (١)الخيّاط ×(٢)يخيط .

**taint** (*vt.; n.*) (١)يُلطِّخ ؛ يُلوِّث (٢)يُفسد. §(٣) لطخة ؛ وصمة .

**taintless** (*adj.*) طاهر ؛ نقيّ؛ لا عيب فيه .

**take** (*vt.; n.*) (١)يأخذ (٢)يستولي على (٣)يصيد (٤) يفتن ؛ يسحر (٥) يتطلّب؛ يقتضي §(٦) أخْذٌ (٧) دَخْل؛ ربح (٨)مقدار المَصِيْد من السمك دفعةً واحدة .

to ~ after (١) يحذو حَذْوَ (٢) يُشبه .

to ~ aim يسدِّد ؛ يصوِّب .

to ~ apart (١) يفكِّك (٢) يحلِّل .

to ~ away (١) ينقل ؛ يزيل (٢) يسلب

to ~ back (١) يستردّ (٢) يعيد .

to ~ care يحاذر .

to ~ care of يُعْنَى به ؛ يتولّى رعايته .

to ~ down (١) يَقْطع (٢) يدوِّن .

to ~ for يحسبه أو يظنّه كذا .

to ~ hold يُمسِك بـ ؛ يستحوذ على .

to ~ in (١) يضيِّق (٢) يتلقّى باطّراد . (٣) يشتمل على (٤) يفهم (٥) يخدع .

to ~ off (١) ينزع ؛ يخلع (٢) يحسم؛ يقتطع (٣) يزيل (٤) يقلِّد (٥) ينهض ؛ يُقلِع ؛ يشرع في الطيران .

to ~ on (١) يضطلع بـ (٢) يتصرف أو يتحدث باهتياج .

to ~ one's time يتأنّى ؛ يتروّى .

to ~ out (١) يزيل ؛ يُخرج ؛ يقتطع (٢) يُخرج إلى الهواء الطلق (٣) يستصدر (إجازة الخ ).

to ~ over — يتولّى الأمر أو السلطة .
to ~ to — (١) يتعوّد (٢) يولَع بـ .
to ~ up — (١) يَرفع (٢) يَشهَر (٣) يَشغل .

**taken** *past part. of* take.
**takeoff** *(n.)* (١)محاكاة هزليّة أو كاريكاتوريّة . (٢) إقلاع ؛ انطلاق (٣) منطَلَق .
**taking** *(n.; adj.)* (١)أخْذ (٢)*pl.*: دَخْل ؛ إيراد (٣)مقدار المصيد من § (٤) فاتن (٥) مُعْدٍ .
**talc** *(n.)* الطَلْق: معدِن طريّ يُستخدَم في صنع ذُرور الوجه الخ .
**tale** *(n.)* (١)إشاعة ؛ كذبة (٢)حكاية (٣)مجموع .
**talebearer** *(n.)* ناشر الفضائح والاشاعات .
**talent** *(n.)* (١)الطالِن: وحدة وزن أو نقد قديمة . (٢) موهبة (٣) شخص موهوب .
**talisman** *(n.)* الطِّلَّسْم ؛ تعويذة .
**talk** *(vt.; i.; n.)* (١) يقول (٢) يتكلّم . (٣)يتحدّث § (٤) كلام (٥)محادثة ؛ مفاوضة (٦)حديث (٧) خطاب ؛ خطبة ؛ محاضرة .

to ~ back — يجيب بفظاظة وقلّة احترام .
to ~ big — يتبجّح ؛ يتكلّم بتفاخر .
to ~ down — يُفحِم أو يُسكِت بالحجّة أو بالكلام بصوتٍ عالٍ .
to ~ over — (١) يدرس ؛ يناقش (٢) يقنعه بوجهة نظره .
to ~ sense — يقول كلاماً منطقياً معقولاً .

**talkative; talky** *(adj.)* ثرثار ؛ مِهْذار .
**talker** *(n.)* (١) المتكلّم (٢) الثرثار .
**tall** *(adj.)* (١)طويل (٢)ضخم (٣) طنّان .
**tallow** *(n.)* الوَدَك ؛ الشحم الحيوانيّ .
**tally** *(n.; vt.; i.)* (١)جريدة الحساب (٢)رُقعة (٣) سِجِلّ (٤) اتّفاق ؛ انطباق § (٥) يدوّن ؛ يسجِّل (٦) يجعله مطابقاً لـ × (٧) ينطبق على .
**talon** *(n.)* (١)مِخْلَب ؛ بُرثُن (٢)إصبع .
**tamable** *(adj.)* قابلٌ للتدجين أو الترويض .
**tamarack** *(n.)* الطَّمَراق: شجرةٌ أميركيّة .
**tamarind** *(n.)* التمر الهندي (يتّخذ مُسهِلاً) .
**tambour** *(n.)* طارة التطريز .
**tambourine** *(n.)* الرّقّ: دُفّ صغير .

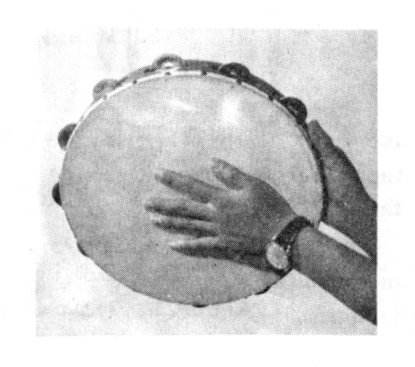

**tame** *(adj.; vt.; i.)* (١)داجن ؛ أليف (٢)وديع (٣) تَفِه: تعوزه الحرارة أو المتعة § (٤) يُدجِّن ؛ يروّض .
**tam-o'-shanter** *(n.)* التاميّة: قلنسوة صوفيّة .
**tamp** *(vt.)* (١)يدكّ ؛ يَرصّ (٢) يحشو .
**tamper** *(vi.; t.)* (١)يحاول التأثير (على شاهد بالرشوة أو الترهيب) (٢)يعبث أو يتلاعب بـ .
**tan** *(vt.; i.; n.)* (١)يدبغ (٢)يَسفَع (٣)يَجلد . × (٤) يندبغ ؛ ينسفع § (٥) لحاء الدباغين (٦) دِباغ (٧) سُفْعَة أو سمرة (ناشئة عن التعرّض للشمس) .
**tanbark** *(n.)* لحاء الدباغين ؛ لحاء الدبّاغة .

**tandem** *(n.; adv.)* (١) التَّنْدَم : مركبة يجرّها جوادان أحدهما أمام الآخر (٢) الدراجة التّرادفية : دراجة ذات مقعدين أحدهما خلف الآخر.

tandem 2.

**tang** *(n.)* (١) السِّيلان : ما يدخل من السكين في المقبض (٢) نكهة أو رائحة حادّة .

**tangency** *(n.)* مُماسّة ؛ تَماسّ .

**tangent** *(adj.; n.)* مُماسّ (في الهندسة) .

**tangerine** *(n.)* المندرين ؛ اليوسفيّ (ليمون) .

**tangible** *(adj.)* (١) ملموس (٢) ماديّ ؛ حقيقيّ.

**tangle** *(vt.; i.; n.)* (١) يورِّط (٢) يُشابك ؛ «يُشَرْبِك» × (٣) يشتبك ؛ يتشابك § (٤) كتلة متشابكة الخيوط (٥) تعقُّد ؛ تشوُّش .

**tango** *(n.)* التانغو : رقصة أميركيّة .

**tank** *(n.)* (١) حوض ؛ صهريج (٢) دبابة .

**tankard** *(n.)* إبريق (فضيّ أو معدنيّ) .

**tanker** *(n.)* الصهْريجيّة ؛ ناقلة البترول الخ .

**tanner** *(n.)* (١) الدبّاغ (٢) ستّة بنسات .

**tannery** *(n.)* المَدْبَغَة : مَدْبَغَة الجلود .

**tanning** *(n.)* الدِّباغة : دِباغة الجلود .

**tantalize** *(vt.)* يعذّب (بإدناء شيء مرغوب فيه ثم إبعاده على نحوٍ متواصِل ) .

**tantamount** *(adj.)* معادلٌ ؛ مُساوٍ .

**tantrum** *(n.)* نَوْبَة غضب الخ.

**tap** *(n.; vt.)* (١) سِدادة (٢) حنفيّة (٣) شراب مُسكِر يُستَقَى من حنفيّة (٤) مَشْرب ؛ بار (٥) نقطة التفرّع : نقطة من الشريط الكهربائيّ يُشتَقّ منها فرع (٦) ضربة خفيفة (٧) نقرةٌ (على طبل) § (٨) يزوّد بسدادة أو حنفية (٩) يبزل (١٠) ينزع السدادة (١١) يُجْري سائلاً ما ( بنزع السدادة ) . (١٢) يَصِل بفرع (١٣) يضرب ؛ ينقر ؛ يقرع .

**on ~**, (١) جاهز لسحبه من برميل (كبعض المسكِرات) (٢) في المتناوَل ؛ جاهز للاستعمال .

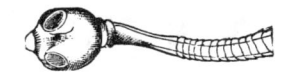

**tap dance** *(n.)* الرّقص النّقريّ .

**tape** *(n.; vt.)* (١) شريط ؛ شريطة § (٢) يثبّت بشريط (٣) يسجّل على شريط مغنطيسيّ .

**tapeline; tape measure** *(n.)* شريط القياس

**taper** *(n.; vi.; t.)* (١) شمعة رفيعة (٢) استدقاق الطَّرَف § (٣) يستدقّ طرفه (٤) يتناقص تدريجياً × (٥) يجعله مستدقّ الطّرف .

**tape recorder** *(n.)* آلة التسجيل الشريطيّة.

**tapestry** *(n.)* نسيج مزدان بالرسوم والصور .

**tapeworm** *(n.)* الشّريطيّة ؛ الدودة الشريطيّة.

**tapioca** *(n.)* التَّبيوكة : نشاء لصنع الحلوى.

**tapir** *(n.)* التابير : حيوان شبيه بالخنزير .

**taproom** *(n.)* = barroom.

**taproot** *(n.)* الجذر الرئيسيّ الوتِديّ .

**tapster** *(n.)* الساقي ( في حانة ) .

**tar** *(n.; vt.)* (١) قار ؛ قطران § (٢) يكسو بالقار .

**tarantula** *(n.)* العنكبوتة الذئبية : عنكبوتة كبيرة.

**tardily** *(adv.)* (١) ببطء (٢) متأخراً .

**tardy** *(adj.)* (١) بطيء (٢) متأخّر .

**tare** *(n.)* (١) البيقة : نباتٌ علَفيّ (٢) إسقاط من وزن السلعة غير الصافي معادلٌ لوزن وعائها .

**target** *(n.)* (١) تُرْس (٢) هدف .

**tariff** *(n.)* تعرفة ؛ تعريفة .

**tarn** *(n.)* بُحيرة أو بركة جبلية صغيرة .

**tarnish** *(vt.; n.)* (١) يُفقده بريقه (٢) يُفسد (٣) يلطّخ §(٤) فقدانُ البريق (٥) لطخة .

**taro** *(n.)* القُلْقاس : بقلة زراعيّة .

**tarpaulin** *(n.)* التربولين : قماش مشمّع .

**tarpon** *(n.)* الطّربون : سمك بحريّ كبير .

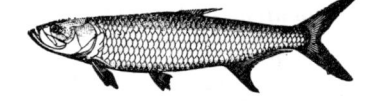

**tarry** *(vi.; adj.)* (١) يتوانى ؛ يتلكأ (٢) يمكث ؛ يبقى §(٣) قاريّ ؛ قطرانيّ (٤) مُقيَّر .

**tart** *(adj.; n.)* (١) حِرّيف (٢) حامض (٣) لاذع §(٣) التُّرْتة : كعكة محشوّة بالمربّى .

**tartan** *(n.)* الطّرْطان : قماش صوفيّ مقلّم .

**tartar** *(n.)* (١) الطّرْطير : حَمْضٌ يترسّب على الجدران الداخلية لبراميل الخمر (٢) القُلاح : صفرة أو خضرة تعلو الأسنان (٣) التتاريّ : واحد التتار .

**task** *(n.; vt.)* (١) مهمّة (٢) فرض ؛ واجب . §(٣) يعهد إليه بمهمّة (٤) يُرْهِق .

to bring, call, *or* take to ~, يوبّخ .

**tassel** *(n.; vt.; i.)* (١) شُرّابة (٢) «شرّابة» الذُّرة §(٣) يُزيّن بشُرّابة ×(٤) يُطْلِع (النباتُ) شُرّابات .

**taste** *(vt.; i.; n.)* (١) يذوق (٢) يتذوّق . ×(٣) يكون ذا طَعْم معيّن §(٤) مقدار قليل (٥) حاسة الذوق (٦) طعم (٧) نكهة ؛ مَذاق (٨) مَيْل ؛ وُلوع (٩) ذوق .

**tasteful** *(adj.)* حَسَنُ الذّوْق .

**tasteless** *(adj.)* (١) تَفِهٌ : لا طَعْمَ له . (٢) فاتر ؛ غير مُمْتِع (٣) عديم الذوق .

**tasty** *(adj.)* (١) لذيذ المَذاق (٢) ممتع جداً .

**tat** *(vi.; t.)* يخرّم (تخريماً ذا عُقَد) .

**tatter** *(n.)* (١) مِزْقة (٢) *pl.*: أسمال بالية .

**tatterdemalion** *(n.)* شخص رثّ الملابس .

**tattered** *(adj.)* (١) رثّ الملابس (٢) ممزّق .

**tatting** *(n.)* تخريم ذو عُقَد .

**tattle** *(vi.)* (١) يثرثر (٢) يشي ؛ ينمّ .

**tattoo** *(n.; vt.; i.)* (١) دقّة العَودة «إلى الثكنة» . (٢) قَرْع إيقاعيّ (٣) وَشْم §(٤) يَشِم .

**taught** *past and past part. of* teach.

**taunt** *(vt.)* يوبّخ بطريقة ساخرة .

**taupe** *(n.)* الرماديّ الداكن : لون رماديّ داكن .

**taut** *(adj.)* (١) مشدود ؛ متوتّر (٢) مرتّب ؛ أنيق .

**tavern** *(n.)* (١) حانة (٢) خان ؛ فندق .

**taw** *(n.)* (١) البِلْيَة : كُرَيّة من رخام يُقذف بها (٢) لُعبة البِلْيَة (٣) الخطّ الذي تُقذف منه البِلَى .

**tawdry** *(adj.)* مُبَهْرَج ؛ مزوّق بغير ذوق .

**tawny** *(adj.)* أسمر مصفرّ .

**tax** *(n.; vt.)* (١) ضريبة §(٢) يفرض ضريبةً على (٣) يُرهق (٤) يتّهم .

**tax** 479 **tec**

**taxable** *(adj.)* خاضع أو مُخْضَعٌ للضريبة .

**taxation** *(n.)* (١)فرض الضرائب (٢)ضريبة.

**taxi** *(n.; vi.)* (١)التاكسي : سيّارة أجرة للركاب. §(٢)يركب التاكسي (٣) تَدْرُج (الطائرة) فوق سطح الأرض أو الماء .

**taxicab** *(n.)* التاكسي : سيّارة أجرة للركاب.

**taxidermy** *(n.)* التصبير : تحنيط الحيوانات.

**taximeter** *(n.)* عدّاد التاكسي .

**taxpayer** *(n.)* المكلَّف : دافع الضرائب .

**tea** *(n.)* (١) شاي (٢) حفلة شاي .

**teach** *(vt.; i.)* يعلّم ؛ يدرّس ؛ يلقّن .

**teachable** *(adj.)* قابلٌ للتعليم ؛ ممكنٌ تعليمه.

**teacher** *(n.)* المعلّم ؛ المدرّس .

**teaching** *(n.)* (١)تعليم (٢).*pl*: تعاليم .

**teacup** *(n.)* كوب الشاي ؛ فنجان الشاي .

**teahouse** *(n.)* صالة الشاي: محلّ عام لتناول الشاي.

**teak** *(n.)* السّاج: شجر ضخم صلب الخشب.

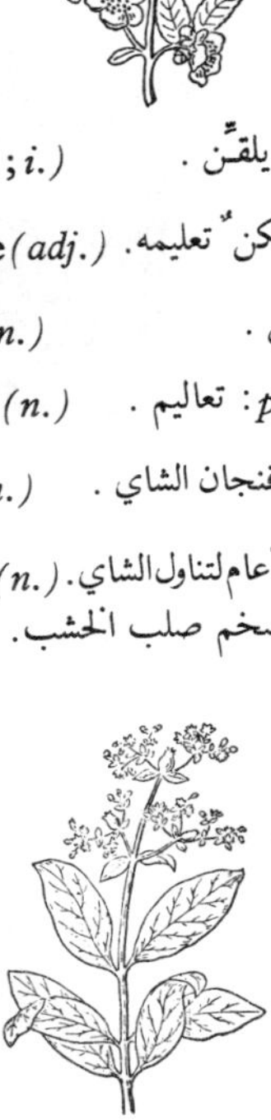

**teal** *(n.)* الحذف : بطّ نهريّ صغير.

**team** *(n.; vi.; adj.)* (١)زوج (أو أكثر) من الخيل أو الثيران يُقرَنان معاً إلى عربة أو محراث (٢) فريق؛ فرقة §(٣)يعملون معاً كفريق §(٤) جماعيّ .

**teammate** *(n.)* زميلٌ في فريق أو فرقة .

**teamster** *(n.)* سائق زوج الخيل أو الثيران الخ.

**teamwork** *(n.)* العمل الجماعيّ .

**tea party** *(n.)* حفلة شاي .

**teapot** *(n.)* إبريق الشاي .

**tear** *(n.; vt.; i.)* (١) دمعة (٢) .*pl* : بكاء . (٣)تمزيق؛ تمزّق (٤)خُرْق؛ ثُقْب§(٥)يمزّق (٦)ينتزع؛ يقتلع (٧)يثقب؛ يحفر×(٨)يتمزّق (٩) يعدو أو يندفع بسرعة وقوة.

**teardrop** *(n.)* (١)دمعة (٢) جوهرة متدلية.

**tearful** *(adj.)* (١)دامعٍ؛ باكٍ (٢)مُسيل للدموع

**tease** *(vt.)* (١) يمشّط (٢)يزَبّر القماش: يجعل له زئبراً (٣) يضايق ؛ يعذّب .

**teaspoon** *(n.)* ملعقة شاي .

**teaspoonful** *(n.)* مِلء ملعقة شاي .

**teat** *(n.)* (١)حلمة الثدي (٢)شيء كالحلمة.

**technic** *(adj.; n.)* (١)تِقْنِيّ §(٢)تِقْنِيّة.

**technical** *(adj.)* تِقْنِيّ ؛ فنّيّ .

**technicality** *(n.)* (١)التقْنيّة (٢)شيء تِقنيّ.

**technician** *(n.)* التِّقْن؛ الفنّي : الاختصاصيّ بالدقائق التقنيّة لموضوع أو حرفة ما .

**technicolor** *(n.)* التصوير بالألوان .
**technique** *(n.)* التِّقْنِيّة .
**technological** *(adj.)* تكنولوجي .
**technologist** *(n.)* الخبير بالتكنولوجيا.
**technology** *(n.)* التكنولوجيا : العلم التطبيقيّ.
**tedious** *(adj.)* مُضْجِر ؛ مُمِلّ .
**tedium** *(n.)* (١) ضَجَر ؛ مَلَل (٢) فترة مملّة.
**tee** *(n.; vt.)* (١) هدف ينصب لإطلاق النار في ألعاب مختلفة (٢) ركام من الرمل الخ. توضع عليه كرة الغولف §(٣) يضع كرة الغولف على ركام من الرمل الخ .
**teem** *(vi.)* (١) يعجّ بـِ (٢) يحتشد ؛ يتزاحم.
**teen-ager** *(n.)* المراهق ؛ شخص في طور المراهقة.
**teens** *(n.pl.)* السنوات من ١٣ إلى ١٩ من العمر .
**teepee** *(n.)* =tepee.
**teeter** = seesaw.
**teeth** *pl. of* tooth.
**teethe** *(vi.)* تَنْبت أسنانُهُ .
**teetotaler** *(n.)* الممتنع كليّةً عن المُسكرات.
**tegument** *(n.)* غشاء ؛ غلاف ؛ إهاب.
**tele-** بادئة معناها : بعيد ؛ عن بُعد .
**telecast** *(vi.; t.; n.)* (١) يُتَلْفِز : يبثّ أو يذيع بالتلفزيون §(٢) إذاعة تلفزيونيّة .
**telegram** *(n.; vt.; i.)* (١) برقية §(٢) يُبْرِق.
**telegraph** *(n.; vt.)* (١) التلغراف : وسيلة أو نظام لنقل الرسائل برقياً (٢) برقيّة §(٣) يُبْرِق .
**telegrapher; -phist** *(n.)* عامل التلغراف .
**telegraphic** *(adj.)* (١) برقيّ (٢) شديد الإيجاز .
**telegraphy** *(n.)* الإبراق ؛ الإرسال البرقي.
**telepathy** *(n.)* التّخاطُر : اتصال عقلٍ بآخر بطريقة ما خارجةٍ عن نطاق العاديّ أو السّويّ.

**telephone** *(n.; vi.; t.)* (١) التلفون ؛ الهاتف §(٢) يتلفن ×(٣) يخاطب تلفونياً .

**telephony** *(n.)* التلفونيّة : الإرسال التلفونيّ.
**teleprinter** *(n.)* المُبرِقة الكاتبة.
**telescope** *(n.)* التلسكوب ؛ المِقْراب .

**telestar** *(n.)* التليستار : القمر التلفزيوني .
**televise** *(vt.)* يُتَلْفِز : ينقل بالتلفزيون .
**television** *(n.)* تلفزيون .

**tell** *(vt.; i.)* (١) يروي ؛ يقص ّ (٢) يقول . (٣) يُخبر ؛ يُعْلِم (٤) يقرّر ؛ يدرك ؛ يكتشف × (٥) يَحْكم ؛ يقرّر (٦) يشي ؛ ينمّ (٧) يهمّ ؛ يؤثّر (٨) يُحْدِث أثراً قوياً .

**teller** *(n.)* (١) القاصّ (٢) الرّاوي (٣) مُحصي أصوات المقترعين (٤) أمين الصندوق (في مصرف) .

**telling** *(adj.)* (١) قويّ ؛ شديد الأثر (٢) معبِّر .

**telltale** *(n.)* النامّ ؛ الواشي ؛ المبلّغ .

**temblor** *(n.)* زلزال .

**temerity** *(n.)* تهوّر ؛ طيش .

**temper** *(vt.; n.)* (١) يلطِّف (٢) يُصْلح ؛ يعالج (٣) يسقي الفولاذ (٤) يقوّي ؛ يصلّب ؛ يضرّس (٥) يعدّل أو يضبط درجة النغمة § (٦) درجة الصلابة أو المرونة (في الفولاذ) (٧) مِزاج ؛ طَبْع (٨) حدّة ؛ انفعال .

**temperament** *(n.)* (١) مِزاج (٢) حساسيّة .

**temperamental** *(adj.)* (١) مزاجيّ . (٢) حسّاس ؛ سريع الاهتياج .

**temperance** *(n.)* الاعتدال ؛ ضبط النفس .

**temperate** *(adj.)* (١) معتدل (٢) مقتصد في الاستسلام للشهوات (٣) معتدل في معاقرة الخمر .

**temperature** *(n.)* (١) درجة الحرارة . (٢) حُمّى .

**tempest** *(n.; vt.)* (١) عاصفة § (٢) يثير عاصفة .

**tempestuous** *(adj.)* عاصف .

**temple** *(n.)* (١) هيكل (٢) كنيسة (٣) صُدْغ .

**tempo** *(n.)* (١) درجة السرعة (الواجبة في غناء مقطع أو عزفه) (٢) درجة الحركة أو النشاط .

**temporal** *(adj.)* (١) موقّت ؛ زائل (٢) دنيويّ . (٣) زمانيّ : متعلّق بالزمان (٤) صُدْغيّ .

**temporarily** *(adv.)* موقّتاً ؛ إلى حين .

**temporary** *(adj.)* موقّت ؛ وقتيّ .

**temporize** *(vi.)* (١) يساير التيّار (٢) يُطيل المناقشة أو المفاوضة كسباً للوقت .

**tempt** *(vt.)* (١) يُغْري ؛ يُغْوي (٢) يحثّ على .

**temptation** *(n.)* إغراء ؛ إغواء .

**tempter** *(n.)* (١) المغري ؛ المغوي (٢) الشيطان .

**tempting** *(adj.)* مُغْرٍ ؛ مغْوٍ .

**ten** *(n.)* عَشَرَة ؛ عَشْر .

**tenable** *(adj.)* ممكن الدفاع عنه أو الاحتفاظ به .

**tenacious** *(adj.)* (١) متماسك (٢) لزِج . (٣) متشبّث (٤) عنيد (٥) قادر على التذكر .

**tenacity** *(n.)* (١) تماسُك (٢) لزوجة (٣) عناد .

**tenancy** *(n.)* (١) استئجار (٢) مدة الاستئجار .

**tenant** *(n.)* (١) المستأجِر (٢) النزيل ؛ الساكن .

**tenantry** *(n.)* جماعة المستأجرين .

**tend** *(vi.; t.)* (١) ينصرف إلى (٢) يَخْدِم . (٣) يتجه إلى (٤) ينزع ؛ يميل × (٥) يُعْنَى بِـ ؛ يتولى بعنايته (٦) يرعى .

**tendance** *(n.)* عناية ؛ رعاية .

**tendency** *(n.)* (١) نزعة ؛ مَيْل (٢) هدف .

**tender** *(adj.)* (١) سهل المكسر أو المضغ (٢) ضعيف (٣) غضّ ؛ طريّ (٤) محبّ ؛ حنون (٥) حسّاس (٦) دقيق ؛ رقيق .

**tender** *(n.)* (١) مَركب (٢) مقطورة الوقود والماء (في سكة الحديد) .

**tender** *(n.; vt.)* (١) عَرْض رَسميّ (٢) عطاء ؛ تقديم سعر (للفوز بمناقصة مطروحة) (٣) مال § (٤) يقدّم رسمياً (٥) يعرض للبيع .

**tenderfoot** *(n.)* (١) الوافد أو القادم الجديد . (٢) شخص لم يألف الحياة الحافلة بالمشاقّ .

**tenderhearted** *(adj.)* شَفُوق ؛ حنون .

**tenderloin** *(n.)* قطعة طريّة من لحم الخاصرة .

**tendon** *(n.)* وتَر (في علم التشريح) .

**tendril** *(n.)* الحالِق : جزء لولبيّ رَفيع من النبتة المعترشة يساعدها على التعلق بسِنادها.

**tenement** *(n.)* (١) شِقـّة (في مبنى) (٢) مبنى مشتمـلٌ على عـدّة شِقـَق معدّة للأيجار .

**tenet** *(n.)* مُعْتَقَد ؛ عقيدة .

**tenfold** *(adj.; adv.)* (١) عُشارِيّ (٢) أكبر بعشرة أضعاف § (٣) عشرةَ أضعاف .

**tennis** *(n.)* التِّنِس : كرة المضرب .

**tenon** *(n.; vt.)* (١) لسان (في النجارة) § (٢) يُلسِن.

**tenor** *(n.;adj.)* (١) مَغزًى ؛ فحوى (٢) اتجاه (٣) الصادح : أعلى أصوات الرجال (موسيقى) (٤) مقطعٌ يُغنَّى بهذا الصوت .

**tenpenny** *(adj.)* بالغٌ أو مكلّفٌ عشرة بنسات .

**tenpins** *(n.pl.)* لعبة البولنْغ العَشْريّة .

**tense** *(n.; adj. vt.; i.)* (١) صيغة الفعل . § (٢) متوتّر (٣) مشدود § (٤) يوتّر ؛ يتوتّر .

**tensile** *(adj.)* (١) توتّريّ (٢) قابلٌ للمطّ .

**tension** *(n.)* (١) شَدّ (٢) توتّر .

**tensity** *(n.)* توتّر .

**tent** *(n.; vi.)* (١) خَيْمَة § (٢) يخيِّم ؛ يُعسكِر .

**tentacle** *(n.)* مِجَسّ (في الحيوان والنبات) .

**tentative** *(adj.)* تجريبيّ ؛ موقّت ؛ غير نهائيّ .

**tenth** *(adj.; n.)* (١) عاشِر (٢) عُشْرِيّ . § (٣) العاشر (٤) العُشْر : جزء من عشرة .

**tenuity** *(n.)* رقّة ؛ ضَعْف .

**tenuous** *(adj.)* (١) رقيق (٢) ضعيف ؛ طفيف .

**tenure** *(n.)* (١) تَوَلٍّ (لمنصب الخ .) (٢) امتلاك للأرض من قِبَل سيّد إقطاعيّ الخ . (٣) الولاية أو مدّتُها .

**tepee** *(n.)* التِّيبة : خيمة مخروطيّة من جلد.

**tepid** *(adj.)* فاتر (حقيقةً أو مجازاً) .

**tepidity; tepidness** *(n.)* فتور .

**tercentenary** *(n.; adj.)* (١) الذكرى المئوية الثالثة أو الاحتفال بها § (٢) متعلّق بهذه الذكرى.

**term** *(n.;vt.)* (١) نهاية (٢) مدّة ؛ أجَل (٣) دوْر الانعقاد (٤) الفصل : أحد فصول السنة الدراسيّة (٥) طرَف ؛ حدّ (٦) مصطلَح ؛ عبارة ؛ تعبير § (٧) شرط § (٨) يدعو ؛ يُسمّي .

in ~ s of بِلُغَةِ كذا .
on good (bad) ~ s with على علاقات طيّبة (أو سيّئة) مع .
to come to ~ s with يتوصّل إلى تفاهم مع .

**termagant** *(n.)* امرأة سليطة صخّابة .

**terminal** *(adj.; n.)* (١) أخير (٢) نهائيّ ؛ خِتاميّ (٣) فصليّ § (٤) طرف ؛ نهاية ؛ آخر (٥) محطّة في آخر خطّ السكّة الحديديّة أو أوله .

**terminate** *(vt.; i.)* (١) يُنهي × (٢) ينتهي .

**termination** *(n.)* (١) نهاية (٢) إنهاء .

**terminology** *(n.)* المصطلحات الفنيّة (في علم) .

**terminus** *(n.)* pl. **-ni** *or* **-es** (١) نهاية (٢) أول أو آخر خطّ السكّة الحديديّة (٣) المحطّة أو المدينة الواقعة في أول هذا الخطّ أو آخره .

**termite** *(n.)* النمل الأبيض .

**tern** *(n.)* الخَرْشَنَة : طائر مائيّ .

**terrace** *(n.)* (١) دكّة ؛ مَصْطَبَة (٢) صفّ منازل (على أرضٍ مرفوعة أو موقعٍ منحدر) .

**terra-cotta** *(n.)* التّراكوتا ، الطين النَّضيج .

**terra firma** *(n.)* اليابِسَة ؛ اليَبَس ؛ البرّ .

**terrain** *(n.)* (١) منطقة (٢) أرض (٣) حَقْل .

**terramycin** *(n.)* التّرامايسين : مضادّ للجراثيم .

**terrapin** *(n.)* الرّقّ : سلحفاة المياه العذبة .

**terrestrial** *(adj.)* (١) أرضيّ ؛ برّيّ (٢) دنيويّ .

**terret** *(n.)* حَلْقَة (لإمرار عِنان خيل العربات) .

**terrible** *(adj.)* رهيب ؛ فظيع .

**terrier** *(n.)* التّرْيَر : كلب صغير ذكيّ .

**terrific** *(adj.)* (١) رهيب ؛ هائل (٢) رائع .

**terrify** *(vt.)* يُرْهِب ؛ يروِّع .

**territorial** *(adj.)* محلّيّ ؛ إقليميّ .

**territory** *(n.)* إقليم ؛ منطقة ؛ مقاطعة .

**terror** *(n.)* (١) رُعْب (٢) شيء مروِّع (٣) طفل مزعج (٤) إرهاب ؛ عهد إرهاب .

**terrorism** *(n.)* إرهاب .

**terrorist** *(n.)* الإرهابيّ .

**terrorize** *(vt.)* يُرْهِب ؛ يروِّع .

**terror-stricken** *(adj.)* مُرَوَّع ؛ مذعور .

**terse** *(adj.)* جامع ؛ موجَز ؛ مُحكَم .

**tertian** *(adj.)* ثِلْثِيّ : متكرّر كلّ ٤٨ ساعة .

**tertiary** *(adj.)* من الرتبة أو الدرجة الثالثة .

**tessellate** *(vt.)* يُرصِّع بالفسيفساء .

**test** *(n.; vt.; i.)* (١) اختبار (٢) مقياس ؛ معيار ؛ مِحكّ § (٣) يختبر × (٤) يَخضع لاختبار .

**testa** *(n.)* pl. **-e** الغِدْقَة : غلاف البزرة الخارجيّ .

**testament** *(n.)* عهد ؛ ميثاق .

**testamentary** *(adj.)* وصائيّ ؛ معيَّن بوصيّة .

**testator** *(n.)* المُوصي : تاركُ الوصيّة .

**testatrix** *(n.)* pl. **-trices** المُوصِيَة .

**tester** *(n.)* (١) المختبِر (٢) ظُلّة (فوق سرير) .

**testicle** *(n.)* خُصْيَة (في التشريح) .

**testify** *(vi.; t.)* (١) يَشْهَد (٢) يُظْهِر .

**testimonial** *(n.)* (١) دليل ؛ بيّنة (٢) شهادة (٣) شيء يُقدّم تقديراً أو اعترافاً بالجميل .

**testimony** *(n.)* (٢) شهادة (٢) دليل ؛ بيّنة .

**test tube** *(n.)* أنبوب الاختبار (في الكيمياء) .

**testy** *(adj.)* نَزِق ؛ نَكِد ؛ سريع الغضب .

**tetanus** *(n.)* الكُزاز : مرض تتشنّج معه عضلات العنق والفكّ .

**tetchy** *(adj.)* سريع الغضب ؛ شديد الحساسية .

**tête-à-tête** *(adv.; n.; adj.)* (١) وجهاً لوجه § (٢) حديث بين شخصين § (٣) خصوصيّ .

**tether** *(n.; vt.)* (١)الطِّوَل : حبل يُشد إلى وتِد ويطوَّل للدابّة فترعى مقيَّدةً به (٢)مجال؛ نطاق §(٣) يقيِّد بطِوَل .

**text** *(n.)* (١)المتن؛ متن الكتاب : جزؤه الأساسي مجرداً من الهوامش والمقدمة والملاحق (٢) آية من الكتاب المقدّس تُتّخذ موضوعاً لِعِظة (٣) موضوع (٤) نصّ .

**textbook** *(n.)* الكتاب المدرسيّ .

**textile** *(n.; adj.)* (١) نسيج §(٢) منسوج ؛ نسجي .

**textual** *(adj.)* نَصّيّ ؛ متعلّق بالنّصّ .

**texture** *(n.)* (١) قماش (٢)نسيج ؛ تركيب.

**than** *(conj.)* (١)مِن (٢)غير ؛ إلاّ (٣)على أن (٤) حتى .

**thane** *(n.)* الثاين : سيّد انجلوسكسوني .

**thank** *(vt.; n.)* (١)يشكر §(٢)شُكْر.

~ s to بفضل ؛ بسبب ؛ نتيجةً لِ.

**thankful** *(adj.)* شاكر ؛ شَكور .

**thankless** *(adj.)* (١)ناكر للجميل (٢)عاقّ .

**thanksgiving** *(n.)* (١)شكر (٢)صلاة شكر.

**Thanksgiving Day** *(n.)* عيد الشكر .

**that** *(pron.; adj.; conj.; adv.)* (١) ذاك ؛ ذلك ؛ تلك (٢)الذي ؛ التي (٣)بقدْر ما §(٤)أنّ (٥) لكي (٦)إلى حدّ أنّه (٧)ليت §(٨) إلى هذا الحدّ (٩) إلى حدّ بعيد .

at ~ , (١) برغم ذلك (٢) علاوةً على ذلك (٣) على الحال أو الشكل المشار إليه .

~ is *or* ~ is to say يعني .

**thatch** *(n.; vt.)* (١)الغِماء : قشّ يُسقَفُ به. (٢) سقف البيت القشّيّ §(٣) يسقف بقشّ.

**thaw** *(vt.; i.; n.)* (١) يذيب ×(٢) يذوب . (٣)يتخلص بالدفء من آثار البرد (٤)يصبح (الجوّ) دافئاً (٥) يتخلّى عن التحفّظ ونحوه §(٦) ذوبان الخ .

**the** *(def. art.)* لام التعريف؛ «ال» التعريف.

**theater** *or* **theatre** *(n.)* (١)مسرح (٢)دار للسينما (٣) مدرّج (للمحاضرات الخ.)

**theatrical** *(adj.)* (١)مسرحيّ (٢) متكلّف.

**thee** *(pron.)* ضمير المخاطَب في النصب والجر.

**theft** *(n.)* سَرِقة .

**their** *(pron.)* ـهُمْ ؛ ـهُنّ .

**theirs** *(pron.)* خاصّتُهم ؛ مِلْكُهُم .

**theism** *(n.)* الإيمان بالله؛ وبخاصة : التوحيد.

**theist** *(n.; adj.)* مؤمن بالله؛ وبخاصة : موحِّد.

**them** *(pron.)* ـهُمْ ؛ ـهُنّ ؛ ـها .

**theme** *(n.)* (١)موضوع ؛ فكرة (٢) مقالة .

**themselves** *(pron. pl.)* أنفُسهم ؛ أنفُسُهُنّ

**then** *(adv.; adj.; n.)* (١) آنئذٍ ؛ آنذاك . (٢)بعدئذٍ (٣)ثمّ (٤)علاوةً على ذلك (٥)إذاً §(٦) قائم أو موجود آنذاك §(٧)ذلك الحين.

**thence** *(adv.)* (١)من ذلك المكان (٢)من ثَمّ .

**thenceforth** *(adv.)* من ذلك الحين فصاعداً.

**thenceforward ; -s** *(adv.)* من ذلك الحين (فصاعداً) ؛ من ذلك المكان .

**theocracy** *(n.)* الثيوقراطيّة : «أ»حكومة الكهنة. «ب» دولة خاضعة لحكم رجال الدين .

**theocratic; -al** *(adj.)* ثيوقراطي .

**theologian** *(n.)* اللاهوتيّ : العالِم باللاهوت.

**theological** *(adj.)* اللاهوتيّ : متعلق باللاهوت.

**theology** *(n.)* اللاهوت؛ علم الدين .

**theorem** *(n.)* (١) نظرية (٢) قضيّة .

**theoretic; -al** *(adj.)* نظري ؛ غير عمليّ .

**theorist** *(n.)* واضع النظريّة أو النظريات.

**theorize** *(vi.)* يضع نظريةً أو نظريات .

**theory** *(n.)* (١) نظرية (٢) فكرة ؛ رأي .

**theosophy** *(n.)* الثيوصوفية: معرفة الله من طريق «الكشف» الصوفي أو التأمّل الفلسفي .

**therapeutic; -al** *(adj.)* علاجي .

**therapeutics** *(n.)* علم المداواة؛ فنّ الشفاء.

**therapy** *(n.)* مداواة ؛ معالجة .

**there** *(adv.; n.)* (١) هناك (٢) إلى هناك (٣) في تلك المسألة أو النقطة (٤) ثمّة ؛ يوجد هناك (٥) هوذا § (٦) ذلك المكان .

all ~, (١) منتبه ؛ يقِظ (٢) عاقل ؛ غير مجنون.

**thereabout;-s** *(adv.)* (١) في الجوار ؛ قريباً من ذلك المكان (٢) نحو ذلك؛ ما يقرب من ذلك.

**thereafter** *(adv.)* (١) بعد ذلك (٢) من ذلك الحين فصاعداً .

**thereat** *(adv.)* (١) في ذلك الزمان أو المكان . (٢) بسبب ذلك .

**thereby** *(adv.)* (١) بذلك ؛ بتلك الوسيلة (٢) في ما يتصل بذلك .

**therefore** *(adv.)* لذلك؛ بناءً عليه؛ إذن .

**therein** *(adv.)* (١) في ذلك المكان أو الشيء . (٢) في تلك المسألة .

**thereinafter** *(adv.)* في الجزء التالي (من وثيقة).

**thereof** *(adv.)* (١) من ذلك (٢) من ذلك المصدر .

**thereon** *(adv.)* (١) على ذلك (٢) بُعَيْد ذلك.

**thereto** *(adv.)* (١) لَهُ ؛ إليه (٢) أيضاً.

**thereunto** *(adv.)* = thereto.

**thereupon** *(adv.)* (١) على ذلك؛ عليه . (٢) لذلك؛ بناءً عليه (٣) توّاً .

**therewith** *(adv.)* (١) بذلك (٢) بعد ذلك مباشرة

**therewithal** *(adv.)* مع ذلك؛ في الوقت نفسه.

**thermal** *(adj.)* (١) حراريّ (٢) حارّ .

**thermodynamics** *(n.)* الديناميكا الحرارية.

**thermometer** *(n.)* المِحَرّ ؛ ميزان الحرارة.

**thermos** *(n.)* الكَظيمة ؛ الترْمُس : زجاجة حافظة لدرجة حرارة محتوياتها الباردة أو الساخنة .

**these** *pl. of* this.

**thesis** *(n.)* pl. **-ses** (١) الفَرْضِيّة: رأيٌ علميٌّ لم يثبُت بعد (٢) أطروحة؛ رسالة جامعية .

**thespian** *(adj.; n.)* (١) مسرحيّ § (٢) ممثّل.

**thew** *(n.)* (١) *pl.*: عضلات (٢) قوة .

**they** *pl. of* he, she, *or* it.

**thick** *(adj.; n.)* (١) ثخين ؛ سميك (٢) مكتنز . (٣) كثيف ؛ غليظ (٤) كثير الضباب (٥) مطلق ؛ تامّ (٦) أجشّ (٧) غبيّ § (٨) الجزء الأكثف (٩) مَعْمَعان .

through ~ and thin أيّاً كانت الظروف ؛ في السرّاء والضرّاء .

to lay it on ~, يُسرف في الإطراء أو في اللوم .

**thicken** *(vt.; i.)* (١) يُثخّن × (٢) يَثْخُن .

**thicket** *(n.)* أجَمَة؛ دَغَل؛ أَيْكة .

**thickness** *(n.)* (١) ثخانة؛ سماكة (٢) كثافة.

**thickset** *(adj.)* (١) كثيف (٢) قصيرٌ وبدين.

**thief** *(n.)* pl. **thieves** لِصّ .

**thieve** *(vi.; t.)* (١) يمارس السرقة × (٢) يسرق.

**thievery** *(n.)* سرقة ؛ لصوصيّة .

**thigh** *(n.)* (١) فَخِذ (٢) شيء يُشبه الفخذ .

**thighbone** *(n.)* عَظْم الفَخِذ (تشريح) .

**thimble** *(n.)* كُشْتُبان .

thi 486 thr

**thin** *(adj.; vt.; i.)* (١)رقيق ؛ رفيع (٢)متباعد ؛ متفرق (٣) نحيل (٤) مائيّ القوام (٥)واهٍ ؛ ضعيف §(٦) يرقّق ؛ يرفع ×(٧)يرقّ الخ.
**thine** *(pron.)* لك ؛ مِلكُك ؛ خاصّتك .
**thing** *(n.)* (١) *pl.*: حالة (أو أحوال ) عامة. (٢)حادثة(٣)عمل (٤)شيء (٥)شخص.
**think** *(vt.; i.)* (١)يعتقد؛ يحسب ×(٢)يفكّر.
**thinker** *(n.)* المفكّر .
**thinking** *(n.)* (١)تفكير (٢)فكرة (٣)فكر .
**third** *(adj.; n.)* (١)ثالث (٢)ثُلثيّ §(٣)الثالث. (٤) ثُلْث .
**third degree** *(n.)* التعذيب (انتزاعاً للاعتراف)
**thirdly** *(adv.)* ثالثاً .
**third person** *(n.)* . صيغة الغائب (في اللغة)
**thirst** *(n.; vi.)* (١) ظمأ (٢) توق شديد . §(٣)يظمأ (٤) يتوق .
**thirsty** *(adj.)* (١) ظامىء (٢) متعطّش إلى .
**thirteen** *(n.)* ثلاثة عَشَر ؛ ثلاثَ عَشْرة .
**thirteenth** *(n.; adj.)* (١) $\frac{1}{13}$ (٢) الثالث عشر §(٣)ثالث عشرٍ (٤)مشكّل جزءاً من ١٣ .
**thirtieth** *(adj.; n.)* (١)الثلاثون (٢)مشكّل جزءاً من ثلاثين §(٣) جزء من ثلاثين .
**thirty** *(n.)* (١) ثلاثون (٢) *pl.*: العقد الرابع .
**this** *(pron.)* pl. **these** هذا ؛ هذه .
**thistle** *(n.)* الشَّوْك؛ نبات شائك.

**thither;-ward** *(adv.)* إلى هناك .

**thole; -pin** *(n.)* حَكَمَةُ المِجذاف أو سَنَدُه .
**thong** *(n.)* (١) سَيْر جلْديّ. (٢) سَير السَّوْط .
**thorax** *(n.)* الصَّدْر ؛ الزَّور ( في التشريح ) .
**thorn** *(n.)* (١)الزُّعْرور (٢)شوكة.
**thorny** *(adj.)* شائك .
**thorough** *(adj.)* (١)شامل (٢) كامل (٣)مئة بالمئة (٤) مجتهد (٥) ضليع ؛ متمكّن .
**thoroughly** *(adv.)* تماماً؛ بكل معنى الكلمة.
**thoroughbred** *(adj.)* (١)تام البراعة (٢)أصيل (٣) أنيق (٤)ممتاز ؛ من الطراز الأول .
**thoroughfare** *(n.)* شارع ؛ طريق عام .
**thoroughgoing** *(adj.)* تامّ ؛ كامل .
**those** *pl. of* that.
**thou** *(pton.)* أنْتَ ؛ أنْتِ .
**though** *(adv.; conj.)* برغم ذلك ؛ ولو انّ .
as ~, وكأنّ .
**thought** *past and past part. of* think.
**thought** *(n.)* (١) تفكير (٢)اهتمام ؛ عناية. (٣) نيّة ؛ قصد (٤) مقدار قليل .
**thoughtful** *(adj.)* (١) مستغرق في التفكير . (٢) عميق التفكير (٣)حَسَنُ الانتباه؛ كثير الاهتمام (٤)مراعٍ لحقوق الآخرين ومشاعرهم.
**thoughtless** *(adj.)* (١)طائش؛ عديم التفكير . (٢)غير مراعٍ لحقوق الآخرين ومشاعرهم .
**thousand** *(n.; adj.)* ألْف .
**thousandth** *(adj.; n.)* (١)الألف (من حيث الترتيب) (٢)مؤلِّفٌ جزءاً من ألف §(٣)العضو الألف ( في مجموعة ) (٤) جزء من ألف .
**thrall** *(n.)* (١)عبد؛ رقيق (٢)عبوديّة.

**thralldom** *or* **thraldom** *(n.)* عبوديّة .

**thrash** *(vt.)* (١)يدرُس (الحنطة) (٢)يَجْلِد. (٣)يهزم (٤) يقلّب الرأيَ في مسألةٍ الخ.

**thrasher** *(n.)* (١) دارس الحنطة الخ. (٢)الدَّرّاس: طائر مُغَرِّدٌ شبيهٌ بالسُّمْنَة .

**thread** *(n.; vt.)* (١) خيط (٢) سنّ اللولب. §(٣)يُسْلِك (الخيطَ) في سمّ الإبرة (٤)يشقّ طريقَه بحذَر (٥)يَنْظِم (اللؤلؤ) (٦)يوخِّط ؛ يخالط (٧) يُلَوْلِب ؛ يسنّن اللولب .

**threadbare** *(adj.)* (١)رَثّ (٢)بالٍ ؛ مُبتذَل .

**threadlike** *(adj.)* خَيْطانيّ: رفيع مثل الخيط .

**threat** *(n.)* تهديد .

**threaten** *(vt.; i.)* يهدّد ؛ يتوعّد ؛ ينذر بِـ .

**three** *(n.)* ثلاثة ؛ ثلاث .

**threefold** *(adj.; adv.)* (١) ثلاثيّ (٢) أكبر بثلاث مرات §(٣) ثلاثةَ أضعاف .

**threepence** *(n.)* ثلاثة بنسات .

**threescore** *(adj.; n.)* ستّون (٣×٢٠) .

**threnody** *(n.)* = dirge; elegy.

**thresh** *(vt.; i.)* (١)يَدْرس (الحنطةَ) (٢)يقلّب الرأي في مسألة أو مشكلة (٣)يضرب ؛ يجلد.

**threshold** *(n.)* (١)عَتَبَة (٢) بداية .

**threw** *past of* throw.

**thrice** *(adv.)* (١)ثلاثاً (٢) كثيراً ؛ جداً .

**thrift** *(n.)* اقتصـــاد .

**thriftless** *(adj.)* (١)تافه (٢)مسرف ؛ مبذِّر .

**thrifty** *(adj.)* (١)مزدهر (٢)مقتصد .

**thrill** *(vt.; i.; n.)* (١)يثير (٢)يهزّ ×(٣)يرتعش ؛ يرتعد §(٤) رعشة (٥) اهتزاز (٦) إثارة .

**thriller** *(n.)* رواية أو تمثيلية مثيرة .

**thrive** *(vi.)* (١)ينمو بقوّة (٢)يزدهر ؛ يَنْجَح.

**thriven** *past part. of* thrive.

**thriving** *(adj.)* مزدهر .

**throat** *(n.)* (١)حنجرة (٢)حَلْق ؛ حلقوم.

**throb** *(vi.; n.)* (١)ينبض ؛ يخفق §(٢)نَبْض.

**throe** *(n.)* (١)ألم مفاجىء أو مبرح (٢) نوبة . (٣)*pl.* : طَلْق (٤)*pl.*: نضال عنيف .

**thrombosis** *(n.)* الخَثَر : تكوُّن الجَلْطَة أو وجودها في الوعاء الدمويّ (مرض) .

**throne** *(n.)* عرش .

**throng** *(n.; vt.; i.)* (١)حَشْد (٢)ازدحام . §(٣) يملأ ×(٤) يحتشد .

**throttle** *(vt.; n.)* (١) يخنق §(٢) حنجرة ؛ حَلْق (٣) المِخْنَق : صِمامٌ خانق ؛ دوّاسة المِخْنَق أو ذراعهُ .

**through** *(prep.; adv.; adj.)* (١) خلال . (٢) من خلال ؛ من طريق (٣) بواسطة (٤) على طول كذا (٥) طوالَ § (٦) من جانب إلى آخر (٧) من البداية إلى النهاية (٨) تماماً § (٩) مباشر (١٠) منطلق بلا توقّف (١٢) مُنْتَهٍ .

**throughout** *(prep.; adv.)* (١) في كلّ مكانٍ من كذا (٢) طوالَ .

**throve** *past of* thrive.

**throw** *(vt.; i.; n.)* (١) يرمي ؛ يقذف ؛ يلقي ؛ يطرح (٢) يُعشِّق أو يفكّ التعشيق (في السيارات) § (٣) رمي ؛ قذف (٤) رمية (٥) غطاء (٦) طرحة ؛ وشاح ؛ لِفاع .

- to ~ away (١) يطرح ؛ ينبذ (٢) يبدِّد .
- to ~ back يعوق ؛ يصدّ ؛ يردّ .
- to ~ down (١) يطرحه أرضاً (٢) ينبذ .
- to ~ off (١) يطرح (٢) يصنع بسرعة .

**thrown** *past part. of* throw.

**thrum** *(vt.; i.)* يداعب أوتار آلة موسيقية .

**thrush** *(n.)* الدُّجّ ؛ السُّمْنَة : طائر مغرِّد.

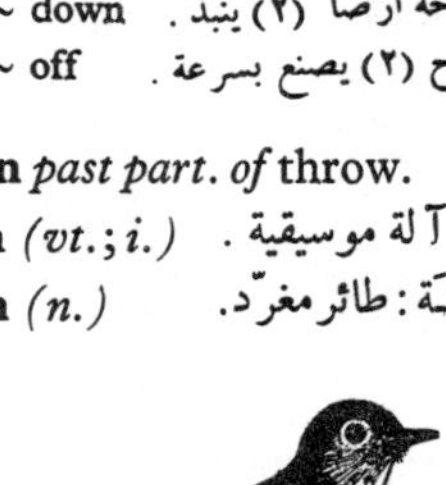

**thrust** *(vt.; i.; n.)* (١) يَدفع ؛ يُقحِم . (٢) يَغْرُز (٣) يطعن × (٤) يشقّ طريقَه إلخ . § (٥) طعنة (٦) هجوم (٧) الدفع ؛ قوة دافعة (٨) ضغط قويّ متواصل .

- to ~ aside يردّ ؛ يدفع ؛ يُبْعِد جانباً .

**thud** *(n.; vi.)* (١) ضربة (٢) صوت مكتوم (لضربة أو سقطة) § (٣) يتحرّك أو يرتطم محدثاً صوتاً مكتوماً .

**thug** *(n.)* السَفّاح ؛ السَفّاك ؛ قاطع الطريق.

**thumb** *(n.; vt.)* (١) إبهام اليد § (٢) يقلّب الصفحات بإبهامه (٣) يوسّخ أو يبلي بتقليب متكرّر للصفحات .

- under the ~ of . تحت سلطة فلان أو نفوذه

**thumbscrew** *(n.)* (١) اللولب أو القلاووظ الابهامي (٢) أداة تعذيب يُضغَط بها على الإبهام.

thumbscrew 1

**thumbtack** *(n.)* المُسَيْمير الإبهامي .

**thump** *(vt.; i.; n.)* (١) يضرب مُحْدِثاً صوتاً مكتوماً (٢) يجلد × (٣) يقع الخ. مُحدِثاً صوتاً مكتوماً § (٤) ضربة بشيء كَليلٍ أو ثقيل.

**thunder** *(n.; vi.)* (١) رَعْد (٢) وعيد صاخب. (٣) دويّ § (٤) تَرعُد (٥) يتوعد ؛ يَهْدر الخ .

**thunderbolt** *(n.)* (١) صاعقة (٢) وعيد صاخب

**thunderclap** *(n.)* قَصْف الرعد أو شيء يُشبهه.

**thundercloud** *(n.)* السّحابة الرّعّادة .

**thundering** *(adj.)* (١) راعد (٢) هائل .

**thunderous** *(adj.)* راعد ؛ مدوّ .

**thundershower** *(n.)* الوابل الرّعديّ .

**thunderstorm** *(n.)* العاصفة الرعديّة .

**thunderstruck** *(adj.)* مصعوق ؛ مَشْدوه.

**Thursday** *(n.)* الخميس ؛ يوم الخميس .

**thus** *(adv.)* (١) هكذا (٢) إلى هذا الحدّ .

- ~ far إلى هنا ؛ حتّى هذه النقطة .

**thwack** *(vt.; n.)* (١)يضرب §(٢)ضربة .

**thwart** *(adv.; adj.; vt.; n.)* (١) بانحراف ؛ بالعرض §(٢)موروب ؛ معترض §(٣)يعارض (٤)يَخْذل ؛ يُحبط ؛ يعوق §(٥)مقعدالمجذّف . . .

**thy** *(pron.; adj.)* لك ؛ خاصّتك ؛ مِلْكُكَ .

**thyme** *(n.)* الصَّعْتَر ؛ الزعتر (نبات) .

**thymus** *(n.)* التُّوتَة ؛ الغُدّة الصَّعتريّة .

**thyroid** *(adj.; n.)* (١) دَرَقيّ §(٢) الغدّة الدَّرَقيّة (٣) الخلاصة الدرقيّة .

**thyroid body** *or* **gland** *(n.)* الغدةالدَّرقيّة.

**thyself** *(pron.)* = yourself.

**tiara** *(n.)* (١)تاج البابا المثلّث (٢)عصابة لرأس المرأة مرصّعة بالجواهر أومزدانة بالزهور.

**tibia** *(n.)* pl. **-e** *or* **-s** الظُّنْبوب : عظم الساق الأكبر .

tibia

**tic** *(n.)* العَرّة : تقلّص لاإراديّ في عضلات الوجه .

**tick** *(n.; vi.; t.)* القُرادَة : حشرة تمتصّ دمَ الحيوانات (٢) التَّكّة : إحدى تكات الساعة (٣) نقطة أو علامة صغيرة (٤) غلاف أو كيس الوسادة الخ. (٥)قماش أغلفة الوسائد الخ. (٦)دَيْن ؛ نسيئة §(٧)يَتِكّ ؛ يُتكتك ×(٨) يؤشّر أو يَسِم بنقطة أو علامة أو يعلن بتكتكات أو نحوها .

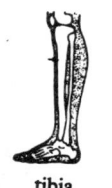

**ticker** *(n.)* (١)ساعة (٢)التلغراف الكاتب.

**ticket** *(n.; vt.)* (١)بطاقة (٢)تذكرة (سفر أو دخول) (٣)لائحة بمرشّحي حزب §(٤) يضع بطاقةً على (٥) يزوّد بتذكرة .

to vote the straight ~, يصوّت لجميع مرشحي حزبٍ ما .

**ticking** *(n.)* قماش أغلفة الوسائد الخ .

**tickle** *(vi.; t.)* (١) يستشعر وخزاً خفيفاً . ×(٢) يدغدغ ؛ يداعب .

**ticklish** *(adj.)* (١)سريع التأثّر بالدغدغة . (٢)حسّاس (٣)قلِق ؛ مُتَقَلْقِل (٤)دقيق.

**tidal** *(adj.)* مَدّيّ جَزْريّ : متعلّق بالمدّ والجَزْر.

**tidbit** *(n.)* طعام شهيّ ؛ نبأ سارّ الخ.

**tide** *(n.)* (١)المدّ والجزْر (٢)المدّ (٣)تيّار.

**tidewater** *(n.)* (١)مياه المَدّ (٢) ساحل.

**tidings** *(n.pl.)* أنباء ؛ أخبار .

**tidy** *(adj.; vt.; n.)* (١) مرتَّب (٢) ضخم . §(٣)يرتِّب §(٤)غطاء زينيّ لظهر الكرسي الخ. (٥) وعاء لأدوات الخياطة الخ.

**tie** *(n.; vt.; i.)* (١) رباط (٢) صلة ؛ رابطة . (٣) تعادلٌ (في الأصوات أو النقاط المحرزة في لعبة) (٤) مباراة تُخْتَتم بمثل هذا التعادل (٥)الأُرْبَة : رباط العنق §(٦)يربط (٧)يعقد (٨)يقيِّد (٩) يعادل ×(١٠)يتعادل.

**tier** *(n.)* (١)صفّ (في مدرَّج) (٢)طبقة.

**tie-up** *(n.)* توقُّف أو تعطُّل (السّير أو العمل).

**tiff** *(n.)* مشاحنة ؛ شجارٌ بسيط.

**tiffin** *(n.; vi.)* (١) غَداء §(٢)يتغدّى .

**tiger** *(n.)* نَمِر ؛ بَبَر .

tig 490 tin

**tigerish** *(adj.)* نَمِرِيّ؛ مفترِس؛ وحشيّ.

**tight** *(adj.; adv.)* (١) سَدُوْد؛ كَتِيْم. (٢) محكَم الأغلاق (٣) مشدود؛ وثيق (٤) ضيّق (٥) مُلْتَزّ؛ متراصّ (٦) حرِج (٧) بخيل (٨) سكران (٩) نادر § (١٠) بإحكام (١١) عميقاً.

**tighten** *(vt.; i.)* (١) يشدّ؛ يضيّق × (٢) يَضيق.

**tightfisted** *(adj.)* بخيل؛ منقبض الكفّ.

**tightrope** *(n.)* حبل البهلوان.

tightrope

**tights** *(n. pl.)* ثوب الراقص أو البهلوان.

**tigress** *(n.)* النَّمِرة: أنثى النَّمِر.

**tile** *(n.; vt.)* (١) آجُرة؛ قرميدة § (٢) يكسو بالآجرّ.

**till** *(prep.; conj.)* (١) إلى؛ حتّى (٢) إلى أن.

**till** *(vt.; n.)* (١) يحرث؛ يفلح § (٢) دُرج النقود.

**tillage** *(n.)* (١) حراثة؛ فلاحة (٢) أرض محروثة.

**tiller** *(n.)* ذراع الدفّة.

**tilt** *(vt.; i.; n.)* (١) يُمِيل. (٢) يسدّد رمحاً × (٣) يَمِيل؛ ينحدر (٤) يتطاعن (بالرماح) § (٥) مطاعنَة (٦) مُشادّة (٧) إمالة (٨) انحدار.

**tilth** *(n.)* (١) حِراثة؛ فلاحة (٢) أرض محروثة.

**timber** *(n.)* (١) أشجار (٢) غابات (٣) خشب. (٤) قطعة خشب كبيرة (٥) مادّة.

**timberland** *(n.)* غابة؛ مَشْجَرَة.

**timber wolf** *(n.)* ذئب الغابات.

**timbre** *(n.)* جَرْس (الصَّوْت أو الآلة الموسيقيّة).

**timbrel** *(n.)* = tambourine.

**time** *(n.; vt.; adj.)* (١) وقت (٢) الوقت المناسِب؛ الفرصة المناسِبة (٣) موعد؛ ميعاد؛ أوان (٤) زمن؛ عصر (٥) الساعة (٦) توقيت (٧) مرّة (٨) *pl.*: أضعاف § (٩) يُوَقِّت (١٠) يجعله منسجماً مع § (١١) زمنيّ؛ موقوت.

**at a ~,** في كلّ مرة؛ على حدة.

**at one ~,** في فترة ما (من الزمن الماضي).

**at ~ s** أحياناً؛ من حين إلى آخر.

**in no ~,** بمثل لمح البصر.

**in ~,** (١) في الوقت المحدّد أو المناسب (٢) عاجلاً أو آجلاً.

**~ s** في؛ مضروباً في.

**~ and again** تكراراً؛ مرّةً بعد أخرى.

**time-honored** *(adj.)* متمتّع بقداسة القِدم.

**timeless** *(n.)* (١) سَرْمَدِيّ (٢) خالد.

**timely** *(adv.; adj.)* في حينه؛ في الوقت المناسب.

**timepiece** *(n.)* ساعة.

**timeserver** *(n.)* الانتهازيّ.

**timetable** *(n.)* جدولُ مواعيد القُطُر الخ.

**timeworn** *(adj.)* بالٍ؛ عتيق؛ مبتذل.

**timid** *(adj.)* جبانٌ؛ رِعديد؛ مخلوع الفؤاد.

**timidity; timidness** *(n.)* جُبْن.

**timorous** *(adj.)* جبان؛ هَيّاب.

**timothy** *(n.)* التيموثية: عشب أوروبي.

**tin** *(n.; vt.)* (١) قَصْدير (٢) تنكة؛ علبة قصديرية § (٣) يُقَصْدِر: يطلي بالقصدير (٤) يعلّب.

**tinct** *(n.)* صِبغة ؛ لون .

**tincture** *(n.; vt.)* (١) صِبْغ ؛ لون (٢) صِبْغَة ؛ طابع مميز (٣) مسحة؛ أثر ضئيل (٤) صَبْغَة § (٥) يَصْبِغ .

**tinder** *(n.)* كلّ مادّة سريعة الالتهاب ؛ وبخاصة : صُوفان .

**tinderbox** *(n.)* علبة القَدْح .

**tine** *(n.)* الشوكة : كل شيء ناتىء مستدقّ الطرَف .

**tinfoil** *(n.)* ورق فضيّ (للفّ الشوكولا الخ.) .

**tinge** *(vt.; n.)* (١) يُلَوِّن (تلويناً خفيفاً) . (٢) يُشْبِع برائحة خفيفة أو طَعم خفيف (٣) يشوب § (٤) لون خفيف (٥) مسحة ؛ أثر .

**tingle** *(vi.; n.)* (١) يستشعر وخزاً خفيفاً . § (٢) إحساس بوخز خفيف الخ .

**tinker** *(n.; vt.)* (١) الصَّفّاح ؛ السَّمكريّ . (٢) عامل غير بارع § (٣) يُصلح بغير براعة .

**tinkle** *(vi.; t.; n.)* (١) يَرِنّ × (٢) يعلن (الوقتَ) بالرنين (٣) يجعله يرنّ § (٤) رنين .

**tinman; tinner** *(n.)* الصَّفّاح ؛ السَّمْكريّ .

**tinny** *(adj.)* (١) صفيحيّ (٢) خفيف ؛ رخيص ؛ فارغ (٣) صفيحيّ الطّعم أو الرائحة .

**tinplate** *(n.)* صفيحة مُقَصْدَرَة .

**tinsel** *(n.)* (١) البَهْرَجان : خيوط أو أشرطة معدنيّة أو لدائنيّة لمّاعة (٢) شيء مُبهرَج .

**tinsmith** *(n.)* الصَّفّاح ؛ السَّمْكَرِيّ .

**tint** *(n.; vt.)* (١) لون خفيف (٢) درجة من درجات لون (٣) أثر § (٤) يلوّن بلون خفيف .

**tinware** *(n.)* الأواني الصفيحيّة .

**tiny** *(adj.)* صغير جداً ؛ بالغ الصِّغَر .

**tip** *(n.; vt.)* (١) أسَلَة ؛ طرفٌ مستدقّ (٢) رأس ؛ قمّة § (٣) يجعل له طرَفاً مستدقاً (٤) يكسو أو يزيّن طرَف الشيء الخ .

**tip** *(vt.; i.)* (١) يَقْلِب (٢) يُميل ؛ يُميّل . × (٣) ينقلب (٤) يَميل ؛ ينحرف .

**tip** *(vt.; n.)* (١) يمسّ ؛ يضرب برفق . § (٢) ضربة خفيفة .

**tip** *(vt.; i.; n.)* (١) يمنح (٢) يَنْفَح : يمنحه بقشيشاً § (٣) النَّفْحَة : بقشيش ؛ راشن .

**tip** *(n.)* (١) فكرة مفيدة ؛ إلماع مفيد . (٢) معلومات سريّة (يُستفاد منها في المراهنة) .

**tipcart** *(n.)* العربة القَلاّبة : عربة ذات بدنٍ يُقْلَب لتفريغ حمولتها .

**tippet** *(n.)* لِفاع مذيَّل (أو ذو ذَيْل) .

**tipple** *(vt.; t.; n.)* (١) يرتشف (الخمرَ) . × (٢) يدمن الخمر § (٣) خمر .

**tipster** *(n.)* بائع المعلومات السريّة (للافادة منها في المراهنات) .

**tipsy** *(adj.)* مترنّحٌ سُكْراً .

**tiptoe** *(n.)* رأس إصبع القدم .

**tip-top** *(n.; adj.)* (١) قِمّة § (٢) ممتاز .

**tirade** *(n.)* تقريع أو توبيخ مطوّل .

**tire** *(vi.; t.; n.)* (١) يَتْعَب × (٢) يُتْعِب . (٣) يُضْجِر § (٤) دولاب ؛ إطار العجلة .

**tired** *(adj.)* (١) مُتْعَب (٢) بالٍ (٣) سئِم .

**tireless** *(adj.)* (١) لا يتعب (٢) متواصلٌ .

**tiresome** *(adj.)* مُتْعِب ؛ مُضْجِر ؛ مُمِلّ .

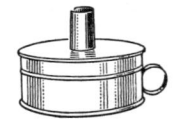

**tissue** *(n.)* (١) نسيج (٢) منديل ورقيّ .

**tissue paper** *(n.)* ورق رقيق شبه شفّاف .

**tit** *(n.)* (١) حَلَمَة (٢) فرس (٣) عُصفور .

~ for tat. ضربة بضربة ؛ واحدة بواحدة .

**titan** *(n.)* العظيم القوة أو الحجم .

**titanic** *(adj.)* جبّار ؛ هائل ؛ عظيم القوة أو الحجم .

**titbit** *(n.)* = tidbit.

**tithe** *(n.)* (١) العُشْر : عُشْرُ الغلّة أو المال يُدْفَع إلى الكنيسة بخاصّة (٢) عُشْر .

**titillate** *(vt.)* يُدَغْدِغ .

**titivate** *(vt.; i.)* (١) يُؤنِق × (٢) يتأنّق .

**title** *(n.; vt.)* (١) اسم (٢) عنوان (٣) لقب (٤) البطولة ؛ لقب البطولة (٥) حقّ شرعيّ §(٣) يسمّي ؛ يُعَنْوِن (٧) يلقّب .

**titled** *(n.)* ذو لقب (وبخاصة من ألقاب النبالة) .

**title deed** *(n.)* صكّ التمليك ؛ سَنَدُ المِلكية .

**title page** *(n.)* صفحة العنوان الحاملة اسم الكتاب

**titmouse** *(n.)* القَرْقُف : طائر صغير .

**titter** *(vi.)* يضحك (على نحوٍ نصف مكبوت) .

**tittle** *(n.)* ذَرّة ؛ مثقال ذَرّة ؛ مقدار ضئيل جداً .

**tittle-tattle** *(n.)* لَغْوٌ ؛ قيلٌ وقال .

**titular** *(adj.)* (١) اسميّ (٢) شَرَفيّ (٣) متعلّق بلقب أو ناشىء عنه .

**to** *(prep.; adv.)* (١) إلى ؛ نحو (٢) على ؛ على شرف (٣) قبل (٤) بمصاحبة (٥) استجابةً لِـ (٦) حتى (٧) بالقياس إلى ؛ بالمقارنة مع (٨) وَفقاً لـ ؛ بحسب (٩) في رأي فلان (١٠) تحت ؛ بسبب (١١) مقابل ؛ ضدّ (١٢) أن §(١٣) إلى حالة الوعي .

~ and fro جيئةً وذُهوباً .

**toad** *(n.)* العُلْجُوم ؛ ضفدع الطين .

**toadstool** *(n.)* الغاريقون السامّ : فُطر سامّ .

**toady** *(n.; vi.)* (١) المتملّق ؛ المتزلّف §(٢) يتملّق

**toast** *(vt.; i.; n.)* (١) يحمّص الخبزَ (٢) يدفّىء ؛ يسخّن (٣) يشرب نَخْبَهُ × (٤) يتحمّص (٥) يَدْفأ ؛ يَسْخُن §(٦) الشخص أو الشيء الذي يُشْرَب نخبُهُ (٧) شُرْب النخب .

**toaster** *(n.)* مِحْمَصَة خبز كهربائية .

**tobacco** *(n.)* (١) تبغ (٢) سكاير (٣) تدخين .

**tobacconist** *(n.)* الدّخانيّ : بائع السكاير الخ .

**toboggan** *(n.; vi.)* (١) مِزلقة §(٢) يتزلّق .

**tocsin** *(n.)* ناقوس الخطر .

**today** *(adv.; n.)* (١) اليومَ §(٢) اليومُ أو العصر الحاضر .

**toddle** *(vi.)* يمشي بخطىً قصيرة قلقة .

**toddy** *(n.)* التُودِيّ : شراب حارّ مُسكِر مُحلّى .

**to-do** *(n.)* لَغَطٌ ؛ ضجّةٌ ؛ اهتياج .

**toe** *(n.; vt.)* (١) إصبع القَدَم (٢) مقدَّم القدم أو الحافر §(٣) يمسّ أو يَبْلغ أو يدفع بمقدَّم القدم .

**toffee** *or* **toffy** *(n.)* الطّوفي : حلوى قاسية دبِقَة

**tog** *(n.; vt.)* (١) *pl.*: ملابس §(٢) يَلبس .

**tog** 493 **ton**

**toga** *(n.)* التُّوجة : ثوب رومانيّ فضفاض .

**together** *(adv.)* (١) معاً (٢) من غير انقطاع .
**toggery** *(n.)* ملابس ؛ ثياب .
**toil** *(n.; vi.)* (١) كَدْح (٢) شَرَك § (٣) يكدَح .
**toilet** *(n.)* (١) تزيُّن ؛ تبرُّج (٢) حمّام ؛ مرحاض .
**toilet soap** *(n)* صابون الزِّينة : صابون معطّر ملوَّن .
**toilette** *(n.)* (١) تزيُّن ؛ تبرُّج (٢) ثوب .
**toilful; -some** *(adj.)* شاقّ ؛ متعِب ؛ مُنهِك .
**toilworn** *(adj.)* مُتْعَب ؛ منهوك القوى .
**token** *(n.)* (١) علامة ؛ أمارة (٢) رمز (٣) تذكار (٤) عُملة رمزيّة .
**told** *past and past part. of* tell.
**tolerable** *(adj.)* (١) محتمَل ؛ ممكنٌ احتمالُه . (٢) مقبول ؛ جيدٌ نوعاً .
**tolerance** *(n.)* (١) احتمال (٢) تسامح .
**tolerant** *(adj.)* قادر على الاحتمال ؛ متسامح .
**tolerate** *(vt.)* (١) يحتمل (٢) يجيز ؛ يتسامح بِـ .
**toleration** *(n.)* (١) احتمال (٢) تسامح (دينيّ) .
**toll** *(n.; vt.; i.)* (١) مَكْسٌ أو رَسمٌ (على عبور طريق) (٢) قَرْع الناقوس أو دَقّةٌ من دقّاته § (٣) يفرض أو يأخذ مكساً أو رسماً (٤) يقرَع ناقوساً (٥) يُقْرَع (الناقوسُ) .

**tomahawk** *(n.)* التَّمَهُوك : فأس عند الهنود الحُمْر .

**tomato** *(n.)* pl. **-es** طَماطِم ؛ بنَدورة .

**tomb** *(n.; vt.)* (١) قبر ؛ ضريح § (٢) يدفن .
**tomboy** *(n.)* الغُلاميّة : فتاة تلعب ألعاب الصبيان
**tombstone** *(n.)* شاهِد ؛ بلاطة ضريح .
**tomcat** *(n.)* هِرّ ؛ قِطّ .
**tome** *(n.)* (١) جزء ؛ مجلّد (٢) كتاب كبير .
**tomfoolery** *(n.)* حماقة ؛ جنون ؛ سخافة .
**tommy gun** *(n.)* رُشَيْشَة ؛ مدفع تومي .
**tomorrow** *(adv.; n.)* (١) غداً § (٢) الغد .
**tomtit** *(n.)* طائر صغير ؛ وبخاصة : القُرْقُف .
**tom-tom** *(n.)* (١) طبلة (٢) صوت أو قرعٌ رتيب .

**ton** *(n.)* (١) طنّ (٢) مقدار أو عدد كبير .
**tonal** *(adj.)* نَغْمِيّ : متعلق بالنغمة أو النغمية .

**tonality** *(n.)* النَّغْميّة : صفة اللحن المتوقّفة على سُلّمه الموسيقيّ .

**tone** *(n.; vt.; i.)* (١) نَبْرة (٢) نغمة (٣) لهجة (٤) أسلوب (٥) درجة اللون أو الضوء (٦) صحة؛ نشاط (٧) روح؛ طابع؛ اتجاه عام (٨) مزاج § (٩) يعطيه نبرة صوت أو درجة لون معيّنة × (١٠) يتناغم؛ ينسجم .

**tong** *(n.)* جمعية سرية صينية .

**tongs** *(n.pl.)* مِلْقَط؛ مِلْقَطَة .

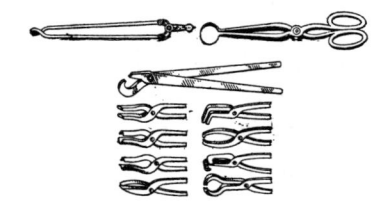

**tongue** *(n.)* (١) لسان؛ كلام؛ لغة (٢) نُباح .

to give ~, ينبح .

to hold one's ~, يلتزم الصمت .

**tongue-tied** *(adj.)* معقود اللسان (حياء الخ.)

**tonic** *(adj.; n.)* (١) مقوٍّ؛ مُنشّط (٢) قَراريّ : متعلق بالقرار الموسيقيّ (٣) نَبْريّ : متعلق بالنبرة § (٤) دواء مقوٍّ أو منشّط .

**tonight** *(adv.; n.)* هذه الليلة .

**tonnage** *(n.)* (١) الرسم الطُّنّي : رسم يُفرَض على أساس الطنّ (٢) الطُّنِّيّة : «أ» السفن من حيث مجموع حمولتها بالطن . «ب» الحمولة بالطنّ . «ج» الوزن بالطنّ .

**tonneau** *(n.)* المقعد الخلفيّ (في سيارة) .

**tonsil** *(n.)* اللوزة : إحدى لَوْزَتَي الحلق .

**tonsillitis** *(n.)* التهاب اللوزتين .

**tonsure** *(n.)* (١) حَلْق شَعر المترهّب (٢) الجزء الحليق من رأس الراهب (٣) بقعة جرداء .

**too** *(adv.)* (١) أيضاً؛ كذلك (٢) أكثر مما ينبغي .

**took** *past of* take.

**tool** *(n.; vt.; i.)* (١) أداة (٢) وسيلة § (٣) يسوق؛ يقود (٤) يصنع أو يزيّن بأداة .

**toot** *(vi.; t.; n.)* (١) يبوّق × (٢) ينفخ (في بوق)؛ يَصْفر (صفارةً) § (٣) بُواق؛ صفير .

**tooth** *(n.; vt.)* (١) سِنّ؛ ضِرس (٢) وُلوع؛ تعلُّق (٣) سنّ المنشار § (٤) يُسنّن (منشاراً) .

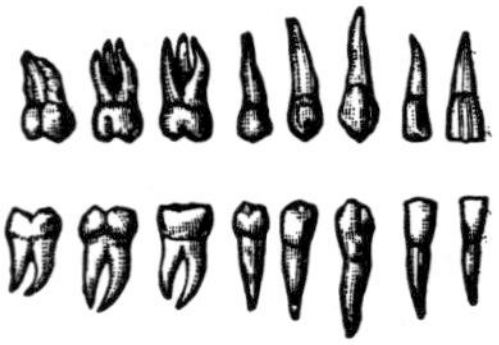

armed to the *teeth* مدجَّجٌ بالسلاح .

to fight ~ and nail يقاتل بضراوة .

**toothache** *(n.)* وجع السنّ أو الأسنان .

**toothbrush** *(n.)* فرشاة الأسنان .

**toothed** *(adj.)* (١) ذو أسنان (٢) مسنَّن؛ مثلَّم .

**toothless** *(adj.)* أدْرَد : غير ذي أسنان .

**toothpaste** *(n.)* معجون الأسنان .

**toothpick** *(n.)* الخِلال : عود الأسنان .

**toothsome** *(adj.)* (١) لذيذ (٢) جذّاب .

**top** *(n.; adj.; vt.)* (١) قمّة؛ رأس (٢) أعلى (٣) غِطاء (٤) أوج؛ ذروة (٥) المرتبة العليا أو صاحبُها (٦) صَفْوَة؛ خيرة (٧) خُذْرُوف؛ بُلبل § (٨) أعلى؛ عُليا § (٩) يزيل أو يقطع رأس شيء (١٠) يشذّب؛ يقلّم (١١) يتوّج (١٢) ينوف على (١٣) يتفوّق على (١٤) يعتلي .

**topaz** *(n.)* التوباز : حجر كريم .

**topcoat** *(n.)* مِعطف خفيف .

**toper** *(n.)* السِّكّير : المدمن شربَ الخمر .

**topic** *(n.)* (١)موضوع (مقالة أو حديث الخ.) (٢) نقطة أو جانبٌ من موضوع عامّ .

**topical** *(adj.)* (١) موضوعيّ : متعلق بموضوع مقالة أو حديث (٢) موضعيّ (٣) محلّيّ .

**topmost** *(adj.)* الأعلى ؛ الأسمى .

**top-notch** *(adj.)* ممتاز ؛ من الطراز الأول .

**topographic; -al** *(adj.)* طوبوغرافيّ .

**topography** *(n.)* الطوبوغرافيا : «أ» الوصف أو الرسم الدقيق للأماكن أو لِسِماتها السطحية . «ب» السِمات السطحية لموضع أو إقليم .

**topping** *(adj.)* (١)رفيع ؛ سامٍ ؛ عالٍ (٢)ممتاز .

**topple** *(vi.; t.)* (١)ينقلب ؛ يسقط (٢)يتداعَى للسقوط ×(٣) يَقلِب ؛ يُسقِط ؛ يُطيح بـ.

**topsoil** *(n.)* التربة الفوقيّة .

**topsy-turvy** *(adv.)* رأساً على عقب .

**toque** *(n.)* التُّوكة : قبعة نِسْوية .

**torch** *(n.)* (١) مِشعل . (٢) مِشعل كهربائيّ .

torch 2.

**tore** *past of* tear.

**toreador; torero** *(n.)* مصارع الثيران .

**torment** *(n.; vt.)* (١) تعذيب (٢) عذاب . (٣)مصدرعذاب §(٤) يُعذِّب (٥)يُقلِق .

**tormntor** *or* **tormenter** *(n.)* المعذِّب .

**torn** *past part. of* tear.

**tornado** *(n.)* pl. **-es** *or* **-s** إعصار ؛ زوبعة .

**torpedo** *(n.; vt.)* طربيد ؛ لغم §(٢)يغرق بطُربيد .

**torpedo boat** *(n.)* زورق طُربيد .

**torpid** *(adj.)* (١)خدِر (٢)بليد (٣)مُسبِت .

**torpor** *(n.)* (١)خدَرٌ (٢)بَلادة (٣)سُبات .

**torque** *(n.)* (١)طوق معدنيّ للعُنُق (٢) عزْم التدوير (في الميكانيكا) .

torque 1.

**torrent** *(n.)* (١)سَيْل (٢)وابل .

**torrential** *(adj.)* (١)غزير ؛ مِدرار (٢)جارف .

**torrid** *(adj.)* (١)حارّ (٢)مُتّقد .

**torsion** *(n.)* (١)لَيّ ؛ فتْل (٢)التواء ؛ انفتال .

**torso** *(n.)* جذع التمثال أو الانسان .

**tort** *(n)* ضرر ؛ أذى (يعاقب عليه القانون) .

**tortilla** *(n.)* التُرْتيّة ؛ كعكة مدوّرة .

**tortoise** *(n.)* سُلَحْفاة .

**tortoise shell** *(n.)* الذَّبْل : عظم ظهر السُّلحفاة .

**tortuous** *(adj.)* متمعج ؛ متعرج ؛ مُلْتَوٍ .

**torture** *(n.; vt.)* (١) تعذيب (٢) عذاب . (٣)تحريف ؛ تشويه §(٤)يعذّب (٥)يحرِّف .

**toss** *(vt.; i.; n.)* (١)يتقاذف (الموجُ السفينةَ) . (٢) يقذف (٣) ينقر القطعة النقدية بظفره (٤)يرفع (رأسَه) بحركة مفاجئة ×(٥)يتمايل (٦)تخفق (الرايةُ) مع النسيم (٧)يجري باندفاع متشنّج (٨) يتقلّب في فراشه §(٩) قذف ؛ نَقْر ؛ رفع للرأس بحركة مفاجئة .

**tot** *(n.; vt.; i.)* (١)طفل (٢)جرْعة (٣)مجموع ؛ حاصل §(٤)يُحصي ×(٥)يبلغ مجموعُه .

tot 496 tow

**total** *(adj.; n.; vt.)* (١) إجماليّ (٢) تامّ ؛ كامل (٣) شامل ؛ كلّيّ §(٤) مجموع ؛ حاصل ؛ مبلغ كلّيّ §(٥) يجمع ؛ يحسب (٦) يبلغ في مجموعه.
**totalitarian** *(adj.)* ديكتاتوريّ ؛ استبداديّ.
**totality** *(n.)* مجموع كلّيّ.
**totally** *(adv.)* تماماً ؛ بالكلّيّة.
**tote** *(vt.)* (١) يَحْمِل (٢) يَنْقُل.
**totem** *(n.)* (١) الطَّوطَم : «أ» شيء (كحيوان أو نبات) يُتَّخذ رمزاً للأسرة أو العشيرة. «ب» وثن يُمثِّل هذا الشيء (٢) رمز مقدّس.
**totemic; totemistic** *(adj.)* طَوْطَميّ.
**totemism** *(n.)* الطَّوطَميّة.
**totter** *(vi.)* (١) يترنّح ؛ يتمايل (٢) يتداعى.
**toucan** *(n.)* الطُّوقان : طائر أميركي ضخم المنقار.

**touch** *(vt.; i.; n.)* (١) يلمِس ؛ يَمَسّ (٢) يضرب أو يعتدي على (٣) يحاذي ؛ يبلغ ؛ يصل إلى (٤) يضاهي (٥) يتصل أو يتعلّق بـِ (٦) يؤذي أو يفسد قليلاً (٧) يرسم بخطوط خفيفة (٨) يجرح مشاعر فلان (٩) يحرّك مشاعره : يتأثّر ×(١٠) يتلامس ؛ يتَماسّ (١١) يُقارب ؛ يجاور (١٢) يتوقف (في موانىء مختلفة) أثناء رحلة بحريّة §(١٣) لمسة ؛ لَمْس ؛ حاسّة اللمس (١٤) مَلْمَس (١٥) مَسْحَة (١٦) مَسّ (من جنون) ؛ ضَعْف ؛ علّة (١٧) أثَر ؛ طرَف ؛ مقدار طفيف (١٨) ضربة خفيفة (١٩) لمْسة فنيّة (٢٠) طابَع ؛ صفة مميِّزة (٢١) صلة ؛ اتصال.
**touched** *(adj.)* (١) متأثّر (٢) ممسوس ؛ به مسّ.
**touching** *(adj.)* مؤثِّر.
**touchstone** *(n.)* مِحكّ ؛ مِحكّ الذهب.
**touchy** *(adj.)* سيّء الخلق ؛ سريع الغضب.
**tough** *(adj.)* (١) متين (٢) عسير المضغ (٣) صارم ؛ حازم (٤) خشِن ؛ قويّ (٥) عنيد (٦) قاسٍ (٧) عسير جداً (٨) عنيف (٩) جِلف ؛ شكِس.
**toughen** *(vt.; i.)* (١) يمتّن ؛ يخشّن ؛ يقسّي ×(٢) يَمْتُن ؛ يَخْشُن الخ.
**tour** *(n.; vi.; t.)* (١) رحلة ؛ زيارة ؛ جولة §(٢) يقوم برحلة الخ. ×(٣) يجول أو يطوف في.
**tourism** *(n.)* السياحة.
**tourist** *(n.; adj.)* (١) السائح §(٢) سياحيّ.
**tourist class** *(n.)* الدرجة السياحيّة (في طائرة).
**tourmaline** *(n.)* التُّرمالين : حجر نصف كريم.
**tournament** *(n.)* (١) مباراة في المسايفة الخ. (٢) الدورة : سلسلة مباريات بين عدد من اللاعبين.
**tourney** *(n.)* = tournament.
**tourniquet** *(n.)* المِرْقأة : أداة لوقف النَّزْف.
**tousle** *(vt.)* يُشعِّث (الشَعر).
**tow** *(vt.; n.)* (١) يَقْطُر ؛ يجرّ ؛ يَسْحَب §(٢) قَطْر ؛ جَرّ (٣) مقطورة (٤) نُسالة الكتّان.

tourniquet

**in ~,** (١) مقطور ؛ مجرور (٢) في عهدته أو رعايته.

**toward** *or* **towards** *(prep.)* (١) نَحْوَ (٢) مِن (٣) عند ؛ حوالى ؛ قربَ (٤) من أجل.
**towel** *(n.; vi.; t.)* (١) مِنْشفة §(٢) ينشّف.
**toweling** *or* **towelling** *(n.)* قُماش المناشف.

**tower** *(n.; vi.)* (١) بُرج (٢) قلعة §(٣) يرتفع؛ يحلّق (٤) يتفوّق (٥) يعلو أو يسمو على.

**towering** *(adj.)* (١) شاهق (٢) ضخم (٣) شديد

**towhead** *(n.)* رأس أو شخص الكتّانيّ الشعر: ذو شعر ناعم أبيض.

**towline** *(n.)* حبلُ القَطْر أو السَّحْب.

**town** *(n.)* مدينة؛ بلدة.

**town hall** *(n.)* دار البلدية.

**township** *(n.)* ناحية؛ منطقة؛ دائرة انتخابية.

**townsman** *(n.)* (١) المدنيّ: أحد أبناء المدن. (٢) المواطن البلديّ: أحد أبناء بلدة المرء.

**townspeople** *(n.pl.)* سكان المدينة أو أهل المدن

**toxemia** *(n.)* انسمام (أو تسمّم) الدم.

**toxic** *(adj.)* (١) سُمّيّ (٢) سامّ.

**toxicology** *(n.)* عِلم السُّموم.

**toxin** *(n.)* السُّمّين؛ الذِّيفان (سُمّ).

**toy** *(n.; adj.; vi.)* (١) لُعبة؛ دُمية (٢) ألعوبة. §(٣) دُمْيَوِيّ: مصنوع للّعب؛ صغير كالدمية §(٤) يلهو؛ يَعْبَث.

**trace** *(n.; vt.)* (١) أثر (٢) آثار أقدام (٣) مقدار ضئيل (٤) خط؛ شكل؛ رَسم (٥) أحَدُ السَّيْرَيْن أو الحَبْلَيْن اللذين يجرّ بهما بهما الحيوانُ مركبةً أو عربة §(٦) يرسم (٧) يستشفّ: ينسخ رسماً بورقة شفافة (٨) يسجّل (بخطوط متموّجة أو متكسّرة) (٩) يقتفي الأثر (١٠) يتتبّع «سيرَ شيء أو تطوّره أو تاريخه» (١١) يُرجع؛ يردّ؛ يعزو.

**tracery** *(n.)* الزخرفة التشجيرية: زخرفة مؤلّفة من خطوط مشجّرة.

**trachea** *(n.)* الرُّغامَى: القصبة الهوائية (تشريح).

**tracing** *(n.)* (١) رسم؛ اقتفاء؛ تتبُّع الخ. (٢) الرسم الاشتشفافيّ: رسم منسوخ بواسطة ورقة شفّافة (٣) الرَّسيم: ما ترسمه المِرسمة الأوتوماتيكية من خطوط.

**track** *(n.; vt.)* (١) أثر (٢) طريق؛ دَرْب. (٣) حَلْبة (للسباق) (٤) خطّ (للسكة الحديدية) (٥) مَسْلَك؛ سبيل؛ مَسار (٦) سباقات المضمار والميدان §(٧) يقتفي الأثر (٨) يتعقّب (٩) يجتاز (١٠) يترك أثر أقدام على.

**trackage** *(n.)* خطوط السكّة الحديديّة.

**trackless** *(adj.)* (١) غير مطروق (٢) غير جارٍ على قضبان.

**tract** *(n.)* (١) كُراسة دعاية (٢) بقعة؛ صُقْع. (٣) قطعة أرض (٤) جهاز.

**tractable** *(adj.)* (١) طيِّع (٢) طَرِيق: قابلٌ للطَّرْق أو المَطْل.

**tractate** *(n.)* رسالة؛ مقالة؛ بحْث.

**traction** *(n.)* (١) جَرّ؛ سَحْب (٢) انجرار؛ انسحاب (٣) القوة المبذولة في الجر والسحب (٤) الاحتكاك الالتصاقيّ (لجسمٍ ما فوق سطح يجري عليه، كدولابٍ جارٍ على خطّ حديديّ).

**tractor** *(n.)* الجَرّارة ؛ التراكتور.

tractor

**trade** *(n.; vt.; i.)* (١) مهنة ؛ حرفة (٢) أهل مهنة أو حرفة أو صناعة ما (٣) تجارة (٤) صناعة § (٥) يقايض (٦) يتّجر بـِ × (٧) يتاجر (٨) يتسوّق (٩) يستغلّ .

**trademark** *(n.)* العلامة (أو الماركة) التجارية.

**trader** *(n.)* (١) التاجر (٢) الباخرة التجارية.

**tradesman** *(n.)* (١) التاجر (٢) الحِرَفيّ .

**tradespeople** *(n.pl.)* التجار : أصحاب المتاجر

**trade (s) union** *(n.)* نقابةُ عمال .

**tradition** *(n.)* (١) التَّحْدار: انتقال العادات أو المعتقدات من جيل إلى جيل (٢) تقليد ؛ عُرْف.

**traditional; -ary** *(adj.)* تقليديّ .

**traduce** *(vt.)* (١) يطعن أو يقدح (٢) ينتهك.

**traffic** *(n.; vi.)* (١) تجارة ؛ مقايضة (٢) السَّيْر ؛ حركة المرور (٣) النقل: صناعة نقل الركاب أو المشحونات § (٤) يتاجر بـِ .

**tragedian** *(n.)* الكاتب أو الممثّل التراجيديّ.

**tragedienne** *(n.)* الممثلة التراجيدية أو المأساوية.

**tragedy** *(n.)* التراجيديا ؛ المأساة .

**tragic; -al** *(adj.)* (١) تراجيديّ (٢) فاجع .

**trail** *(vi.; t.; n.)* (١) يتجرجر (على الأرض) . (٢) يتدلى (بحيث يمسّ الأرض) (٣) يَنْتَشر في غير اتّساق أو نظام (٤) يدبّ ؛ يزحف (٥) يَتَتبّع (٦) يمشي بتثاقل (٧) يقصّر عن الآخرين ؛ يخسر (٨) يتعقّب × (٩) يُجرجَر ؛ يُسْحَب § (١٠) ذَيْل (١١) أثر ؛ رائحة.

**trailer** *(n.)* (١) المُتَنَشِّرَة : نبتة تنتشر فوق سطح الأرض متسلّقة ما يعترض سبيلها (٢) عربة مقطورة (٣) القَطِيرة : عربة مقطورة على شكل بيت متحرّك قائم على عجلتين أو أربع .

**train** *(n.; vt.; i.)* (١) ذَيْل (٢) بطانة ؛ حاشية (٣) قافلة (٤) موكب (٥) نظام (٦) سلسلة ؛ تسلسل (٧) قطار § (٨) يجرّ (٩) يوجّه نموّ النبتة باللّيّ أو الربط الخ. (١٠) يدرِّب ؛ يثقّف (١١) يسدّد ؛ يوجّه × (١٢) يتدرّب .

**trainer** *(n.)* (١) المدرِّب (٢) المروِّض .

**training** *(n.)* (١) تدريب ؛ تدرُّب (٢) تسديد.

**training college** *(n.)* دار المعلمين .

**trait** *(n.)* (١) مَسْحَة ؛ نبرة (٢) ميزة ؛ سِمة.

**traitor** *(n.)* الخائن .

**traitress** *(n.)* الخائنة .

**traitorous** *(adj.)* خائن ؛ غادر ؛ خاتل .

**trajectory** *(n.)* مَسار القذيفة أو الكوكب.

**tram** *(n.; vi.)* (١) تُرام (٢) عربة تُرام (٣) شاحنة (في منجم) § (٤) يركب الترام .

**tramcar** *(n.)* (١) عربة منجم (٢) شاحنة .

**trammel** *(n.; vt.)* (١) قَيد ؛ عائق (٢) كُلاّب § (٣) يقيِّد ؛ يَعوق .

**tramp** *(vi.; t.; n.)* (١) يدوس ؛ يطأ . (٢) يتسكّع ؛ يتشرّد × (٣) يجتاز سيراً على القدمين § (٤) المسافر سيراً على القدمين (٥) المتجوّل ابتغاء التسوّل أو السرقة (٦) رحلة سيراً على القدمين) (٧) وقع الأقدام (٨) سفينة شحن .

**trample** *(vi.; t.; n.)* (١) يطأ ؛ يدوس ؛ يسحق بقدميه § (٢) وطء ؛ دَوس .

**tramway** *(n.)* خطّ الترام .

**trance** *(n.)* (١) غَشْيَة (٢) نَشْوَة .

**tranquil** *(adj.)* (١) هادئ (٢) ساكن .

**tranquilize** *(vt.; i.)* (١) يُهدِّئ × (٢) يهدأ.

**tranquilizer** *(n.)* المهدِّئ ؛ المسكِّن .

**tranquillity; -quility** *(n.)* هدوء؛ سكون.

**trans-** بادئة معناها : عَبْرَ ؛ وراء؛ ما وراء .

**transact** *(vt.)* يُجْري؛ يقوم بـ .

**transaction** *(n.)* (١) إجراء؛ قيام بـ (٢) صفقة؛ معاملة تجارية (٣) *pl.*: مَحْضَر جلسة .

**transatlantic** *(adj.)* (١) عابر الأطلسي . (٢) ممتدّ عبر الأطلسي (٣) واقع وراء الأطلسي.

**transcend** *(vt.; i.)* (١) يتجاوز (٢) يسمو فوق كذا (٣) يفوق (٤) يتفوّق على .

**transcendent** *(adj.)* (١) فائق ؛ متجاوزٌ الحدَّ (٢) واقع وراء نطاق الخبرة أو المعرفة (٣) كائن فوق الوجود المادي (٤) مُبْهَم .

**transcendental** *(adj.)* (١) واقع وراء نطاق الخبرة البشرية (٢) فائق؛ متجاوز الحدّ (٣) مُبهم.

**transcontinental** *(adj.)* عابرٌ القارّة .

**transcribe** *(vt.)* (١) ينسخ (٢) ينقل مادّة مختزلة أو مسجَّلة إلى الكتابة العادية (٣) يدوّن؛ يسجّل (٤) يذيع برنامجاً تلفزيونياً مسجَّلاً .

**transcript** *(n.)* (١) نسخة (٢) نسخة طبق الأصل

**transcription** *(n.)* (١) نَسْخ الخ. (٢) نسخة. (٣) أسطوانة فونوغرافية (للإذاعة من الراديو) .

**transept** *(n.)* جناح الكنيسة .

**transfer** *(vt.; i.; n.)* (١) ينقل (٢) يحوِّل ؛ يغيِّر (٣) يتنازل (عن حقوق أو مِلكيّة) × (٤) ينتقل § (٥) نَقْل؛ انتقال (٦) تحويل؛ تحوُّل (٧) نَقْل المِلكية إلى شخص آخر .

**transferable** *(adj.)* قابلٌ للنقل أو التحويل.

**transference** *(n.)* (١) نَقْل (٢) انتقال (٣) تحويل (٤) تحوُّل .

**transfiguration** *(n.)* (١) تغيير المظهر أو الشكل الخارجي أو تغيُّره (٢) *cap.*: «أ» التجلّي: تغيُّر هيئة المسيح على الجبل. «ب» عيد التجلّي.

**transfigure** *(vt.)* (١) يغيِّر المظهر أو الشكل الخارجيّ (٢) يغيِّر الهيئة على نحوٍ محاطٍ بهالة من الجلال : يمجِّد .

**transfix** *(vt.)* (١) يَطْعَن (٢) يثبِّت بالطَّعْن. (٣) يُحجِّر؛ يَشُلّ؛ يحوِّل .

**transform** *(vt.; i.)* (١) يحوِّل × (٢) يتحوَّل.

**transformation** *(n.)* (١) تحويل (٢) تحوُّل.

**transfuse** *(vt.)* (١) يَنْقُل (٢) يتخلَّل؛ يخترق. (٣) ينقل (الدمَ) إلى وريد شخص أو حيوان (٤) يُخضِع (مريضاً) لعملية نقل الدم.

**transgress** *(vt.; i.)* (١) ينتهك ؛ يخالف . (٢) يتخطّى ؛ يتجاوز × (٣) يأثم .

**transgression** *(n.)* (١) انتهاك (٢) إثم؛ خطيئة

**transient** *(adj.; n.)* (١) زائل ؛ عابر . § (٢) ضيف قصير الإقامة (٣) شخص مترحِّل.

**transistor** *(n.)* الترانزستور: أداة ألكترونيّة صغيرة تستخدم في أجهزة الراديو المستقبِلة .

**transit** *(n.)* عبور؛ انتقال؛ نقل .

**transition** *(n.)* انتقال ؛ تحوُّل .

**transitional; -ary** *(adj.)* انتقاليّ .

**transitive** *(adj.; n.)* (١) مُتَعَدٍّ (٢) انتقاليّ § (٣) فعلٌ مُتَعَدٍّ .

**transitory** *(adj.)* (١) موقَّت (٢) عابر؛ زائل.

**translate** *(vt.; i.)* (١) ينقل (٢) يترجم .

**translation** *(n.)* (١) نَقْل (٢) ترجمة .

**translator** *(n.)* (١) الناقل (٢) المترجم .

**translucent** *(adj.)* شَفَّانيّ: نصف شفّاف.

**transmigrate** *(vi.)* (١) يتقمَّص (٢) يهاجر.

**transmissible** *(adj.)* قابلٌ للنقل الخ.

**transmission** *(n.)* (١) نَقْل ؛ انتقال . (٢) إنفاذ؛ نَفاذ (٣) إرسال (٤) جهاز نقل الحركة.

**transmit** *(vt.)* (١) ينقل (٢) يُنْفِذ (الضوءَ). (٣) يُرسِل (لاسلكياً).

**transmitter** *(n.)* المرسِلة : جهاز الإرسال.

**transmitting station** *(n.)* محطّة الإرسال.

**transmute** *(vt.; i.)* (١) يُحوِّل × (٢) يتحوَّل.

**transoceanic** *(adj.)* (١) واقع وراء المحيط. (٢) عابرٌ أو ممتدٌّ عبر المحيط.

**transom** *(n.)* (١) الرافدة المستعرضة : رافدة أفقيّة عبرَ نافذة (٢) اللِّجاف : نافذة فوق باب الخ.

**transparency** *(n.)* شفافية.

**transparent** *(adj.)* (١) شفّاف (٢) واضح.

**transpiration** *(n.)* (١) تَعَرُّق (٢) عَرَق.

**transpire** *(vi.)* (١) يَعْرَق (٢) يرتشح (٣) يَرْشَح : يصبح معروفاً (٤) يَحْدُث.

**transplant** *(vt.)* (١) يزدرع : ينقل غرسةً إلى تربة أخرى (٢) يَنْقُلُ (٣) ينقل عضواً أو نسيجاً حيّاً من جزء أو فرد إلى آخر.

**transport** *(vt.; n.)* (١) ينقل (٢) يستخفّه (الطربُ أو الابتهاج) (٣) ينفي؛ يُبْعِد § (٤) نَقْل (٥) نشوة؛ خفةُ (طرب الخ.) (٦) سفينة لنقل الجند أو المعدات العسكريّة.

**transportation** *(n.)* (١) نَقْل؛ انتقال. (٢) نَفْي؛ إبعاد (٣) وسيلة مواصلات.

**transpose** *(vt.)* (١) يحوِّل (٢) ينقل (من مكان إلى آخر) (٣) يغيِّر موضع شيء أو وضعَهُ.

**transship** *(vt.; i.)* ينقل (أو ينتقل) من سفينة أو سيارة الخ. إلى أخرى.

**transverse** *(adj.; n.)* (١) مستعرِض. § (٢) شيء مستعرِض.

**trap** *(n.; vt.)* (١) شَرَك؛ فَخّ (٢) أداة لإطلاق الأشياء في الهواء لكي تصوَّب إليها النار (٣) مَرْكَبَة (٤) مِحبس الروائح : أداة (في أنبوب) لمنع تسرّب الغاز أو الهواء الفاسد § (٥) يوقع في شَرَك (٦) يزوِّد (مكاناً) بالأشراك الخ.

**trap; -rock** *(n.)* الطرّاب : صخر بركانيّ.

**trap door** *(n.)* الباب المسحور : باب أفقيّ في أرضيّة أو سقف.

**trapeze** *(n.)* أرجوحة البهلوان أو الرياضيّ.

trapeze

**trapezium** *(n.)* المُعيَّن المنحرف.

trapezium

**trapezoid** *(n.)* شِبه المنحرف.

trapezoid

**trappings** *(n.pl.)* زخارف.

**traps** *(n.pl.)* أمتعة؛ أمتعة شخصية.

**trash** *(n.)* (١) نُفاية؛ قُمامة. (٣) هُراء (٣) شخص تافه (٤) الدَّهماء؛ الرَّعاع.

**trashy** *(adj.)* تافه.

**trauma** *(n.)* رَضّ؛ جُرْح؛ أذى؛ صدمة.

**travail** *(n.; vi.)* (١) عمل؛ كدح (٢) عذاب. (٣) مَخاض § (٤) يكدح (٥) يجيئها المخاضُ.

**travel** *(vi.; t.; n.)* (١) يسافر (٢) يطوف. (٣) يتحرك؛ يتنقّل × (٤) يجتاز § (٥) سَفَر (٦) رحلة (٧) حركة المرور.

**travel(l)er** *(n.)* (١) المسافر (٢) الرّحالة. (٣) المندوب المتجوّل (لمؤسسة تجاريّة).

**traveler's check** *(n.)* الشيك السياحيّ.

**travelog(ue)** *(n.)* محاضرة مصوَّرة عن رحلة.

**traverse** *(n.; vt.; i.)* (١) حاجز (٢) رافدة مستعرِضة (٣) عقبة؛ عائق § (٤) يجتاز.

**travertine** *(n.)* الترافرتين : حجرٌ جيريّ.

**travesty** *(n.; vt.)* (١) تقليد ساخر : محاكاة مضحكة § (٢) يقلّد على نحو ساخر مضحك.

**trawl** *(n.; vi.; t.)* (١) التَّرْوَل : شبكة صيد. (٢) صنارة مُسَلْسَلَة § (٣) يصيد بتَرْوَل الخ.

**tray** *(n.)* صينيّة.

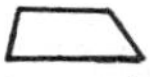

**treacherous** *(adj.)* (١)خائن ؛ غادر (٢)غرّار.

**treachery** *(n.)* خيانة ؛ غدْر .

**treacle** *(n.)* دِبْس السكّر .

**tread** *(vt.; i.; n.)* (١)يطأ ؛ يدوس (٢)يسحق. (٣) يوطّىء : ينشىء بالوطء أو الدّوس (٤) يؤدّي بالخطو أو الرقص ×(٥)يمشي ؛ يخطو §(٦)وطأ ؛ دوس (٧)خطوة (٨)الجزء الملامس للأرض من الحذاء أو العجلة (٩)الجزء الأفقيّ الأعلى من درجة السلّم.

**treadle** *(n.)* : المِدْوَس : ذراع يُحرَّك بالقدم (كدوّاسة ماكينة الخياطة الخ.) .

treadle

**treadmill** *(n.)* (١) طاحون الدّوْس : جهاز لإحداث الحركة الدائرية بالدوس على مواطىء للأقدام في دولاب تعذيب (٢)رُوتين مُضجِر.

**treason** *(n.)* (١) خيانة (٢)الخيانة العظمى .

**treasure** *(n.; vt.)* (١) كنز (٢) ثروة . §(٣)يدّخر (٤) يُعِزّ .

**treasurer** *(n.)* الخازن؛ أمين الصندوق .

**treasure trove** *(n.)* كنز دفين (يعثر عليه المرء)

**treasury** *(n.)* (١) خزينة ؛ خزانة (٢) مال ؛ أموال (٣) *cap.* : المالية ؛ وزارة المال .

**treat** *(vi.; t.; n.)* (١)يفاوض (٢)يبحث في ؛ يعالج أو يتكلم عن (٣) يدفع نفقات وليمة ×(٤)يعامل (٥)يستضيف (٦)يعالج §(٧)دعوة (إلى طعام أو شراب) (٨)متعة.

**treatise** *(n.)* بحث ؛ رسالة .

**treatment** *(n.)* (١) معاملة (٢) معالجة .

**treaty** *(n.)* معاهدة .

**treble** *(adj.; vt.; i.)* (١)ثلاثيّ (٢)بالغٌ ثلاثة أضعاف (٣) عالي الطبقة ( موسيقى ) §(٤) يزيد أو يزداد ثلاثة أضعاف .

**tree** *(n.; vt.)* (١) شجرة (٢)عمود ؛ رافدة؛ عارضة ؛ قضيب ؛ مَقبِض الخ. (٣) قالب الأحذية (٤) محور العربة : قضيب يربط بين عجلتي عربة (٥)شجرة النّسَب §(٦)يُلجىء (طريدةً أو شخصاً ) إلى شجرة أو إلى أعلى الشجرة (٧)يوسّع الحذاءَ (بوضعه في قالب).

**tree frog** *(n.)* ضِفدع الشجر .

**tree toad** *(n.)* عُلجوم الشجر .

**trefoil** *(n.)* (١) النَفَل ؛ البِرسيم (٢)ثلاثية الوُرَيقات : «أ» ورقة نبات ثلاثيّة الوريقات. «ب» حلية أو رمز على شكل ورقة كهذه .

**trek** *(n.; vi.)* (١)رحلةٌ بعربة ثيران (٢)هجرة جَماعيّة §(٣) يرحل أو يهاجر بعربة ثيران.

**trellis; -work** *(n.)* تعريشة ؛ شَعْرِيّة .

**tremble** *(vi.; n.)* (١) يرتجف ؛ يرتعش . §(٢) ارتِجاف ؛ ارتعاش (٣) رجفة ؛ رعشة.

**tremendous** *(adj.)* (١) مروع (٢) ضخم .

**tremolo** *(n.)* اهتزاز ( في الموسيقى ) .

**tremor** *(n.)* (١)ارتجاف ؛ ارتعاش (٢)رَجفة.

**tremulous** *(adj.)* (١)مرتجف (٢)جبان.

**trench** *(n.; vt.; i.)* (١) خَندق §(٢)يحمي بخندق (٣) يحفر خندقاً في×(٤)يقترب من.

**trenchant** *(adj.)* (١) لاذع (٢) فعّال ؛ نشيط (٣) واضح ؛ محدّد المعالم .

**trench coat** *(n.)* المِمْطَر : مِعطف واقٍ من المطر .

**trencher** *(n.)* صَحْفَة أو صينية خشبية.

**trencherman** *(n.)* الأكول .

tre 502 tri

**trend** *(vi.; n.)* (١) يتّجه (٢) ينزع أو يميل إلى. §(٣) اتجاه (٤) نزعة (٥) زيّ شائع .

**trepan** *(n.)* (١) منشار الجمجمة (٢) مثقب ضخم.

**trephine** *(n.)* منشار الجمجمة .

**trepidation** *(n.)* (١) ارتعاش (٢) ذعر .

**trespass** *(n.; vi.)* (١) إثم (٢) انتهاكٌ لحرمة. (٣) تعَدٍّ ؛ تجاوُز §(٤) يأثم ؛ ينتهك حرمة كذا ؛ يتجاوز حدود اللياقة أو الكياسة (٥) يدخل أراضي شخص آخر دخولاً غير مشروع .

trestle

**tress** *(n.)* غديرة ؛ خصلة شَعْر .

**trestle** *(n.)* مِنْصَبَة ؛ حامل ؛ « جَحْش » .

**tri-.** بادئة معناها: ثلاثة ؛ ثلاثيّ ؛ ذو ثلاثة أجزاء .

**triad** *(n.)* الثالوث ؛ الثلاثيّ: مجموعة من ثلاثة .

**trial** *(n.; adj.)* (١) تجرِبة ؛ اختبار (٢) محاكمة . (٣) مِحنة (٤) محاولة ؛ جهد §(٥) تجريبيّ.

on ~, (١) على سبيل التجربة (٢) عند الاختبار أو التجربة .

**trial and error** *(n.)* التجربة والخطأ .

**triangle** *(n.)* مُثلَّث ( في الهندسة ) .

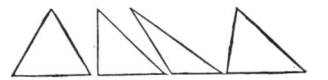

**triangular** *(adj.)* مُثَلَّثيّ ؛ مثلَّث الشكل .

**triangulate** *(vt.)* يثلِّث : يقسمه إلى مثلّثات .

**tribal** *(adj.)* قَبَليّ : منسوب إلى القبيلة .

**tribe** *(n.)* قبيلة .

**tribesman** *(n.)* رجل القبيلة : أحد رجال القبيلة .

**tribulation** *(n.)* (١) بليّة (٢) مِحْنَة .

**tribunal** *(n.)* محكمة ؛ كرسيّ القضاء أو منبره .

**tribune** *(n.)* (١) التّريبيون: المدافع عن حقوق العامّة (٢) المدافع عن الشعب (٣) مِنبر .

**tributary** *(adj.; n.)* (١) تابع ؛ خاضع ؛ دافعٌ جزية (٢) رافد : صابٌّ في نهر أكبر منه (٣) مساعد ؛ إضافيّ §(٤) حاكم أو بلدٌ يدفع الجزية إلى الفاتح (٥) الرافد (من الانهار) .

**tribute** *(n.)* (١) جزية ؛ إتاوة (٢) تقدِمة ؛ شيء يُعمَل أو يُقال أو يُقدَّم تعبيراً عن الاحترام أو الاعجاب (٣) إجلال ؛ تقدير ؛ ثناء .

**trice** *(n.)* لحظة .

**triceps** *(n.)* ثلاثية الرؤوس (عضلة) .

**trick** *(n.; vt.)* (١) حيلة (٢) خدعة (٣) عمل حقير (٤) عملٌ بارع (٥) عادةٌ خاصّةٌ (٦) خاصيّة ؛ سِمةٌ مميِّزة §(٧) يخدع ؛ يحتال على (٨) يجمِّل ؛ يزيِّن ؛ يزخرف .

**trickery** *(n.)* خِداع ؛ مُخادَعة ؛ تحايل .

**trickish** *(adj.)* خدّاع ؛ مخادع ؛ خادع .

**trickle** *(vi.; n.)* (١) يَقْطُر (٢) يسيل أو يجري هزيلاً رقيقاً §(٣) الوَشَل : مجرى هزيل أو رقيق.

**trickster** *(n.)* المحتال ؛ المخادع .

**tricky** *(adj.)* (١) مُخادع (٢) دقيق (٣) غادر.

**tricolor** *(n.)* علَمٌ مثلَّث الألوان .

**tricolored** *(adj.)* مُثلَّث الألوان .

**tricuspid** *(adj.; n.)* (١) ثلاثيّ الأطراف أو النتوءات §(٢) ضرسٌ ثلاثيّ الأطراف .

tricycle

**tricycle** *(n.)* الدرّاجة الثلاثية

**trident** *(n.)* رمحٌ ثلاثيّ الشُّعَب

**tried** *(adj.)* (١) مجرَّب ؛ موثوق (٢) مُبتَلَى ؛ مُمتحَن (بالرزايا) .

**triennial** *(adj.; n.)* (١) واقع أو حادث كلّ ثلاث سنوات §(٢) ذكرى سنوية ثالثة .

**trifle** *(n.; vi.; t.)* (١) شيء تافه (٢) مقدار ضئيل §(٣) يمزح ؛ يَسخر (٤) يعبث (٥) يضيع الوقتَ سدى ×(٦) يبدد على التوافه .

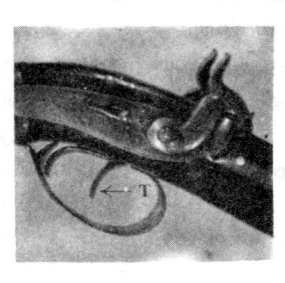

**trifling** *(adj.)* (١)تافه (٢)عابث (٣) كسول .
**trifoliate** *(adj.)* ثلاثيّ الأوراق .
**trig** *(adj.)* (١)أنيق (٢)سليم ؛ قويّ.
**trigger** *(n.)* المِقْداح ؛ زَنْد البندقيّة الخ.

**trigonometry** *(n.)* المَثَلَّثات ؛ عِلم المثلّثات.
**trilateral** *(adj.)* ثلاثيّ الأضلاع .
**trill** *(n.; vi.)* (١) ارتعاش أو رعشة (في الغناء أو العَزْف أو الصوت) §(٢)يغني أو يعزف أو يتكلّم بصوت مرتعش .
**trilogy** *(n.)* الثُّلاثيّة : سلسلة من ثلاثة مؤلّفات كلٌّ منها تامٌّ في ذات نفسه ولكنه شديد الصلة بشقيقيه يشكّل وإياهما موضوعاً واحداً .
**trim** *(vt.; adj.; adv.; n.)* (١)يزين ؛ يزركش (٢)يرتّب المعروضات (في واجهة محلّ تجاريّ) (٣) يهزم (٤) يقلّم ؛ يشذّب ؛ يهذّب (٥) يوازن السفينةَ أو الطائرةَ بحُسن توزيع الحمولة (٦) يجعل الشراع في الوضع الملائم §(٧)أنيق (٨)حسَن الترتيب §(٩)وضعٌ أو نظامٌ حَسَن (١٠)حالة ؛ وضعٌ (١١)ملابس المرء أو مظهره (١٢) زينة ؛ زركشة (١٣) قُلامَة ؛ قُصاصة .
**trimming** *(n.)* (١) زَرْكَشَة (٢) هزيمة . (٣) قُلامة ؛ شُذابة ؛ قُصاصة .
**Trinitarian** *(n.)* الثالوثيّ : المؤمن بالثالوث.
**Trinity** *(n.)* الثالوث ؛ الثالوث الأقدس .

**trinket** *(n.)* (١)شيء صغير طريف (٢)حِلية صغيرة (٣) شيء تافه أو ضئيل القيمة .
**trio** *(n.)* (١) الثلاثية : لحن لثلاثة أصوات أو ثلاث آلات (٢) الثلاثيّ : ثلاثة مغنّين أو عازفين يؤدّون لحناً ثلاثياً (٣) مجموعة من ثلاثة .
**trip** *(vi.; t.; n.)* (١) يرقص أو يطفر أو يمشي بخطى رشيقة سريعة (٢) يتعثّر (٣) يخطىء ؛ يزلّ (٤) يقوم برحلة ×(٥)يُزِلّ ؛ يُوْقِع §(٦)رحلة (٧)غلطة ؛ زلة (٨) خطوة رشيقة.
**tripartite** *(adj.)* ثلاثيّ .
**tripe** *(n.)* الكِرْش ؛ كرش الحيوان المجترّ.
**triple** *(vt.; i.; n.; adj.)* (١) يضاعف أو يتضاعف ثلاثَ مرات §(٢) مقدار مضاعفٌ ثلاث مرات (٣)الثلاثيّ؛ الثالوث §(٤) ثلاثيّ.
**triplet** *(n.)* (١) الثلاثيّ (٢) أحد توائم ثلاثة .
**triplex** *(adj.; n.)* (١)ثلاثيّ §(٢)شيء ثلاثيّ.
**triplicate** *(vt.; adj.; n.)* (١)يُضاعف ثلاث مرات§(٢)بثلاث نسخ (٣)ثالثة§(٤)النسخة الثالثة.
**tripod** *(n.; adj.)* (١)مِرجَلٌ ثُلاثيّ القَوائم (٢) مِنصب أو حاملٌ ثلاثيّ القوائم §(٣)ثلاثيّ القوائم .

tripods 2.

**trireme** *(n.)* ثلاثية المجاذيف (سفينة) .
**trisect** *(vt.)* يثلِّث : يقسم (الزاويةَ) إلى ثلاثة أقسام متساوية .
**trite** *(adj.)* مبتَذَل ؛ بالٍ ؛ « بايخ » .
**triturate** *(vt.)* يَسْحق ؛ يَسْحَن.
**triumph** *(n.; vi.)* (١) فرحة النصر (٢)نَصْر . انتصار§(٣)ينتصر (٤)ينجح ؛ يبتهج بالنصر .
**triumphal** *(adj.)* انتصاريّ ؛ نَصْرِيّ .
**triumphant** *(adj.)* منتصر أو مبتهج بالنصر .
**triumvir** *(n.)* عضوُ حكوميّة ثلاثيّة .
**triune** *(adj.)* ثالوثيّ .

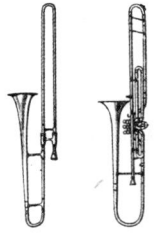

**trivet** *(n.)* مِنْصَب أو حامل ثلاثيّ القوائم .

**trivial** *(adj.)* (١) مبتذل ؛ عاديّ (٢) تافه .

**triviality** *(n.)* (١) تفاهة (٢) شيء تافه .

**trod** *past and past part. of* tread.

**trodden** *past part. of* tread.

**troll** *(vt.; i.; n.)* ١) يُنشد على التعاقب أو بصوت عالٍ (٢) يصيد بالصنارة في .. (٣) يغري × (٤) يغنّي بمرح § (٥) طُعْم (٦) خيط الصنارة (٧) أغنية تُنشَد بالتعاقب (٨) قزم أو جبار خرافيّ يسكن الكهوف .

**trolley** *or* **trolly** *(n.)* (١) عربة (٢) التّرولي : «أ» بكرة ذراع التّرام المحتكّة بشريطه العلويّ . «ب» أوتوبوس كهربائي .

trolley 1.

**trolleybus** *(n.)* التّرولي : أوتوبوس كهربائي .

**trollop** *(n.)* (١) امرأة قذرة (٢) بَغِيّ ؛ مومس .

**trombone** *(n.)* المِترَدّة : آلة موسيقيّة .

**troop** *(n.; vi.)* (١) *pl.* : جُنْد (٢) جماعة (٣) عدد كبير (٤) فرقة كشافة § (٥) يحتشد .

**trooper** *(n.)* (١) فارس (٢) شرطيّ راكب .

**trope** *(n.)* (١) المجاز (٢) كلمة أو عبارة مجازية .

**trophy** *(n.)* (١) نُصب تذكاري (يقام تذكاراً لنصر) (٢) تذكار الصيد (كجلد الأسد أو رأسه) .

**tropic** *(n.)* (١) المَدار (فلك) (٢) المدار الاستوائي (٣) *pl.* : المنطقة الاستوائية .

**tropical** *(adj.)* (١) مَداريّ (فلك) . (٢) استوائيّ (٣) مجازيّ .

**trot** *(n.; vi.; t.)* (١) الخَبَب : ضرب من عدو الفرس (٢) الهرولة : جريٌ بين المشي والعدو § (٣) يَخِبّ (الفَرَس) (٤) يُهَرْوِل ؛ يُسْرِع × (٥) يُخِبّ : يجعل الفَرَس يَخِبّ .

to ~ out (١) يَعرِض على أنظار الآخرين (٢) يقدّم اقتراحاً .

**troth** *(n.)* (١) أمانة ؛ إخلاص (٢) عَهْد ؛ مَوْثِق (٣) خِطبة .

**trouble** *(vt.; i.; n.)* (١) يُقْلِق (٢) يُوجِع . (٣) يزعج (٤) يعكّر × (٥) يَقْلَق (٦) يتجشّم عناء كذا § (٧) ضِيق (٨) قلق ؛ بلاء ؛ مشكلة (٩) اضطراب (١٠) عناء (١١) علّة (١٢) خَلَل (١٣) مصدر إزعاج .

**troublesome** *(adj.)* (١) مزعج (٢) شاقّ .

**trough** *(n.)* (١) حَوْض ؛ جُرْن (٢) مَعْلَف . (٣) وعاء (٤) قناة ؛ مجرى (٥) غَوْر ؛ منخفض .

**trounce** *(vt.)* (١) يجلد ؛ يعاقب (٢) يهزم .

**troupe** *(n.)* فرقة (من المغنين أو الممثلين) .

**trousers** *(n.pl.)* (١) بنطال ؛ بنطلون (٢) سروال .

**trousseau** *(n.)* pl. **-x** *or* **-s** جهاز العروس .

**trout** *(n.)* التَّرُوْتَة: السَّلْمون المُرَقَّط (سمك).

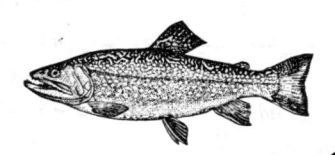

**trowel** *(n.)* المالَج: «أ» أداة يُطيِّن بها. «ب» أداة تُرفَع بها النباتات الصغيرة.

trowel a.

**troy weight** *(n.)* الوزن التُّرويْسي: سلسلة من الوحدات لوزن الجواهر والمعادن النفيسة.

**truant** *(n.)* (١) المتهرِّب من أداء واجبه. (٢) الطالب المتغيِّب عن المدرسة بغير إذن.

to play ~, يتهرب من أداء واجب مفروض؛ يتغيَّب عن المدرسة بغير إذن.

**truce** *(n.)* هدنة.

**truck** *(vt.; i.; n.)* (١) يقايض × (٢) يتعامل مع. § (٣) مقايضة (٤) تعامُل (٥) خُضَر تُزْرَع للبيع في السوق (٦) عربة نقل (٧) شاحنة.

**truckage** *(n.)* النقل (بشاحنة أو أُجرته).

**truckle** *(n.)* بكرة؛ دولاب صغير.

**truckle bed** *(n.)* سرير منخفض يجري على دواليب صغيرة ويمكن دفعهُ تحت سرير عاديّ.

**truculence; -lency** *(n.)* وحشيّة؛ ضراوة.

**truculent** *(adj.)* وحشيّ؛ ضارٍ.

**trudge** *(vi.)* يمشي مُجْهَداً.

**true** *(adj.; n.; vt.)* (١) صادق (٢) صادق الولاء؛ مخلص (٣) صحيح (٤) طبق الأصل (٥) واقعيّ (٦) حقيقيّ؛ أصليّ (٧) دقيق (٨) شرعيّ § (٩) الحقيقة (١٠) الوضع الصحيح § (١١) يعدّل؛ يُسَوّي؛ يقوّم.

to come ~, يتحقّق (الحلمُ أو الأمل).

**true-blue** *(adj.)* شديد الاخلاص؛ صادق الولاء.

**truffle** *(n.)* الكَمْأ؛ الكمْأة (نبات).

**truism** *(n.)* الحقيقة البَدَهيّة.

**truly** *(adv.)* (١) بإخلاص؛ بصدق (٢) في الواقع.

**trump** *(n.)* (١) بُوْق (٢) صوت البوق (٣) ورقة رابحة (في ورق اللعب).

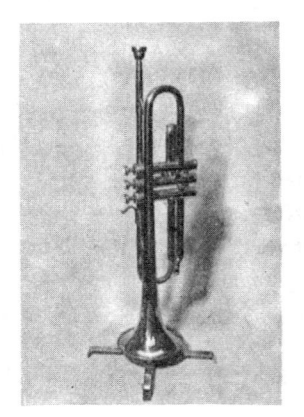

to ~ up يختلق؛ يلفّق؛ «يفبرك».

**trumpery** *(n.)* (١) حليّ كاذبة (٢) هُراء.

**trumpet** *(n.)* (١) بوق (٢) صوت كصوت البوق.

**trumpeter** *(n.)* البَوّاق: العازف على البوق.

**truncate** *(vt.; adj.)* (١) يبتر (٢) يقلِّم ؛ يشذِّب §(٣) أبتر (٤) مربّع الطَّرَف أو عريضُه .

**truncheon** *(n.)* عصا ؛ هراوة .

**trundle** *(vt.; vi.)* (١) يُدحرج (٢) يدوِّر . ×(٣) يتدحرج (٤) يجري على دولاب أو دواليب .

**trunk** *(n.; adj.)* (١) جذع ؛ ساق (٢) البدن : «أ» جسم الانسان باستثناء الرأس والذراعين والرجلين . «ب» الجزء المركزي من الشيء (٣) صندوق الثياب (٤) صندوق السيارة (٥) خرطوم (٦) *.pl* : بنطلون رياضيّ قصير للرجال (٧) قناة (٨) الترانك : دائرة اتصال بين مركزين من مراكز التبادل التلفونيّ §(٩) رئيسيّ ؛ أساسيّ .

**truss** *(vt.; n.)* (١) يَحزُم (٢) يُوثِق ؛ يُقيِّد (٣) يُكتِّف الدجاجةَ عند طَهْوِها (٤) يدعِّم §(٥) مجموعة روافد على صورة مثلّث لتدعيم سقف أو جسر (٦) حزام الفَتْق (٧) حزمة (٨) عنقود مُلتزّ الوحدات .

**trust** *(n.; vi.; t.)* (١) ثقة (٢) ائتمان (٣) موضع ثقة أو ائتمان (٤) أمل ؛ رجاء (٥) دَيْن (٦) وديعة ؛ أمانة (٧) التروست : اتحاد احتكاري بين عدد من الشركات (٨) منصب مسؤول (٩) رعاية ؛ عناية §(١٠) يثق (١١) يأمل ؛ يرجو ×(١٢) يستودعه شيئاً أو يأتمنه عليه (١٣) يتّكل على (١٤) يبيع (المرءَ) بالدَّين .

**trustee** *(n.)* الوصيّ ؛ الأمين ؛ القيِّم .

**trustful** *(adj.)* واثق ؛ مُفعَم بالثّقة .

**trustworthy** *(adj.)* مُعتَمَد ؛ جدير بالثّقة .

**trusty** *(adj.)* موثوق ؛ موضع ثقة .

**truth** *(n.)* (١) صدق (٢) صحّة (٣) حقيقة .

in ~, في الحقّ ؛ في الواقع .

**truthful** *(adj.)* صادق .

**try** *(vt.; i.; n.)* (١) يحاكم (٢) يجرِّب ؛ يختبر (٣) يبلو ؛ يمتحن : يُخضعه لتجربة قاسية جداً (٤) يُرْهِق (٥) يُذيب (الدهنَ الخ.) (٦) يحاول §(٧) محاولة ؛ تجربة .

**trying** *(adj.)* مُرْهِق ؛ شاقّ .

**tryst** *(n.)* (١) موعد (لقاء) (٢) مكان اللقاء .

**tsar** *(n.)* قيصر ؛ امبراطور .

**tsetse** *(n.)* الشَّذاة : ذبابة مرض النوم .

**tub** *(n.)* (١) حوض (٢) حوض استحمام . (٣) حمّام .

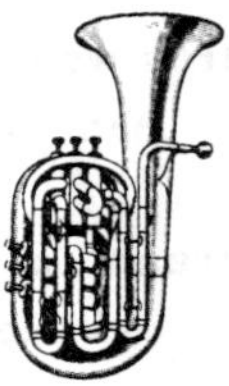

**tuba** *(n.)* التُّوبة : آلة موسيقية .

**tube** *(n.)* (١) أنبوب (٢) قناة . (٣) نَفَق (٤) السكة الحديدية (٥) الإطار الداخليّ (في عجلة السيّارة) .

**tuber** *(n.)* دَرَنَة (في جِذْر) .

**tubercle** *(n.)* (١) عُجْرَة (٢) دُرَيْنَة .

**tubercular** *(adj.; n.)* (١) دَرَنيّ (٢) سُلّيّ . (٣) مسلول §(٤) المسلول .

**tuberculate; -d** *(adj.)* = tubercular.

**tuberculin** *(n.)* السُّلّين : لقاح السُّلّ .

**tuberculosis** *(n.)* السُّلّ (مرض) .

**tuberculous** *(adj.)* (١) دَرَنيّ (٢) سُلّيّ . (٣) مسلول .

**tuberose** *(n.)* مِسْك الروم (نبات) .

**tuberous** *(adj.)* دَرَنيّ .

**tubing** *(n.)* (١) أنبوب (٢) شبكة أنابيب .

**tubular** *(adj.)* أنبوبيّ .

**tubule** *(n.)* الأُنَيْبيب : أنبوب صغير .

**tuck** *(vt.; n.)* (١) يرفع (طرف الثوب) مشمِّراً عن (٢) يُثنّي ؛ يزمّ (٣) يَدُسّ ؛ يُدْخِل (٤) يغطي (طفلاً) بإقحام أطراف غطاء السرير في مواضعها) §(٥) ثنية ؛ طيّة (٦) قوة ؛ نشاط .

**tucker** *(vt.)* يُرهِق .

**Tuesday** *(n.)* الثُّلاثاء ؛ يوم الثلاثاء .

**tufa** *(n.)* التُّوفة : حجرٌ ذو مسامّ .

**tuft** *(n.; vt.)* (١)خصلة شعر (٢)عنقود (٣)باقة . (٤)القُنْزُعَة : الريش المجتمع في رأس الديك §(٥)يخصّل ؛ يُعَنْقِد : يزوّد بخُصَل أو عناقيد .

**tug** *(vi.; t.; n.)* (١) يشدّ بقوّة (٢) يناضل . (٣) يكدح ×(٤) يجرّ ؛ يسحب (٥) يَقْطُر (بزورق قَطْر) §(٦) أحد السّيرين اللذين يجرّ بهما الحيوان مركبة (٧) سلسلة (للسحب أو القَطر) (٨)شَدّ ؛ شَدّة عنيفة (٩) زورق قَطْر أو سَحْب .

**tugboat** *(n.)* زورق القَطْر أو السَّحْب .

**tug of war** *(n.)* (١)صراع (٢)شَدّ الحبْل .

**tuition** *(n.)* (١)تعليم (٢)رسم التعليم .

**tulip** *(n.)* التُّوليب ؛ الخُزامى (نبات) .

**tulle** *(n.)* التُّوْل : حرير رقيق .

**tumble** *(vi.; t.. n.)* (١)يتَشَقلَب (٢)يتعثّر ؛ يقع على الأرض (٣) يتدهور (٤) يتقلّب (٥) يُهرول باضطراب (٦) يعثر على شيء مصادفةً ×(٧) يَقلب ؛ يُسقط ؛ يصرع ؛ (٨)يلقي بسرعة وبغير نظام §(٩) كومة ؛ رُكام .

**tumbledown** *(adj.)* متداعٍ للسقوط ؛ متداعٍ .

**tumbler** *(n.)* (١)البهلوان (٢)الحمام البهلواني . (٣)قَدَح ؛ كأس (٤) ريشة القُفل .

**tumbrel** *or* **tumbril** *(n.)* عرَبة .

**tumid** *(adj.)* (١)ورِم ؛ منتفخ (٢) طنّان .

**tumo(u)r** *(n.)* (١)ورَم . (٢) ورم خبيث .

**tumult** *(n.)* (١)شَغَب ؛ اضطراب (٢)جَلَبَة .

**tumultuous** *(adj.)* مشاغِب ؛ هائج ؛ مضطرب .

**tun** *(n.)* (١) برميل للخمر (٢) التّنّ : وحدة سَعة تساوي ٢٥٢ غالوناً .

**tuna** *(n.)* التُّنّ ؛ سمك التُّنّ .

**tunable** *(adj.)* يُدَوْزَن : قابلٌ للدَّوْزَنَة .

**tundra** *(n.)* التَّنْدَرة : سهلٌ أجرد في المنطقة القطبية الشماليّة .

**tune** *(n.; vt.)* (١)موقف ؛ مزاج ذهنيّ (٢)لحن ؛ مقطوعة موسيقية (٣) درجة النغم الصحيحة (٤)تناغُم ؛ انسجام (٥)حالة جيدة §(٦)يَبَضّ ؛ يُدوْزِن أوتار الآلة الموسيقية (٧) يناغم (٨) يضبط أو يعدّل المحرك الخ .

**tuneful** *(adj.)* موسيقي ؛ رخيم ؛ متآلف النغمات .

**tungsten** *(n.)* التُّنْجِسْتِين : عنصر معدنيّ .

**tunic** *(n.)* التُّنْك : «أ» رداء اغريقيّ أو رومانيّ طويل . «ب»سترة ؛ بلوزة . «ج»رداء كهنوتيّ .

**tuning fork** *(n.)* الشوكة الرنّانة .

**tunnel** *(n.; vt.; i.)* (١) قِمْع . (٢) أنبوب (٣) نفَق (٤) جُحر §(٥) يشقّ نَفَقاً .

tuning fork

**tunny** *(n.)* التُّنّ : سمك التُّنّ .

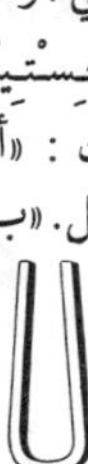

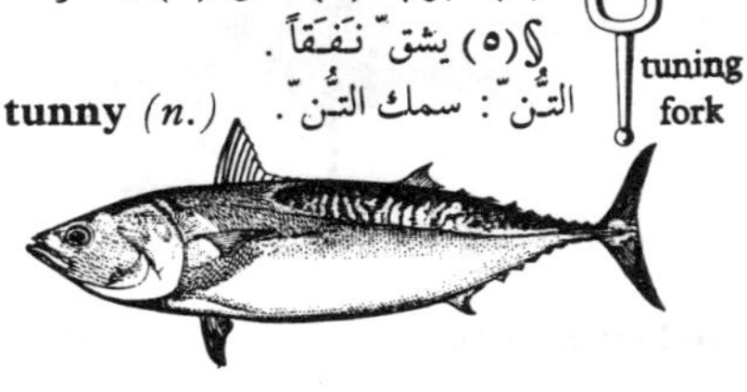

**tuque** *(n.)* التُّوكة : قلنسوة كندية محبوكة .

**turban** *(n.)* (١) عِمامة . (٢) التُّربان : قبعة نسوية ضيقة لا حَرْف لها .

turban 2.

**turbid** *(adj.)* (١) عَكِر ؛ كَدِر . (٢) كثيف (٣) مشوَّش ؛ مضطرب .

**turbidity** *(n.)* عَكَر ؛ كَدَر ؛ كثافة الخ .

**turbine** *(n.)* التُّربينة : محرِّك ذو دولاب يُدار بقوة الماء أو البخار أو الهواء .

**turbot** *(n.)* التُّربوت ؛ سمك التُّرس .

**turbulence; -cy** *(n.)* تمرُّد ؛ شَغَب .

**turbulent** *(adj.)* (١) متمرِّد ؛ مشاغب . (٢) مضطرب (٣) عنيف ؛ هائج .

**tureen** *(n.)* السُّلطانيّة : وعاء يُسكَب منه الحساء .

**turf** *(n.; vt.)* (١) الطبقة العليا من التّربة (المشتملة على العشب وجذوره) (٢) مَرْج (٣) الخُثّ : نسيج نباتيّ نصف متفحّم (٤) حلبة سباق الخيل (٥) سباق الخيل § (٦) يكسو بالأعشاب .

**turfy** *(adj.)* (١) مُعَشْوِشب (٢) خُثّيّ .

**turgid** *(adj.)* (١) وَرِم ؛ منتفخ (٢) طنّان .

**Turk** *(n.)* التّركيّ : أحد أبناء تركيا .

**turkey** *(n.)* الديك الروميّ .

**turkey hen** *(n.)* الدجاجة الروميّة .

**Turkish** *(adj.; n.)* (١) تركيّ § (٢) التّركيّة .

**turmoil** *(n.)* اضطراب أو اهتياج عظيم .

**turn** *(vt.; i.; n.)* (١) يدير (٢) يلوي (٣) يقلّب (٤) يحرِّك (٥) يقَلِّب (٦) يحرث (٧) يدوخ أو يصيب بالغثيان (٨) يحوِّل (٩) يصُدّ ؛ يردّ (١٠) يثير ؛ يحرّضه على (١١) يخثِّر (١٢) يغيِّر (اللونَ) × (١٣) يدور (١٤) يُصاب بدُوار (١٥) يتخذ وجهةً مختلفة (١٦) يرتدّ ؛ ينقلب على (١٧) ينعطف (١٨) يلتفت (١٩) ينقضّ ؛ يثب فجأة (٢٠) يغيِّر مذهبه (٢١) يتغيّر لونُه (٢٢) يتخثّر (٢٣) يتحوّل ؛ ينقلب إلى (٢٤) يصبح § (٢٥) دَوَران ؛ دَوْرة (٢٦) انعطاف ؛ انحراف (٢٧) منعطف ؛ زاوية (٢٨) جولة ؛ نزهة قصيرة (٢٩) نوبة عمل (٣٠) مباراة (٣١) دور (٣٢) مَطلب ؛ حاجة ؛ غرض (٣٣) تغيُّر ؛ تحوُّل ؛ انقلاب (٣٤) صفة مميِّزة (٣٥) شكل (٣٦) مَيل ؛ نزعة ؛ اتجاه (٣٧) نوبةُ مرض أو إغماء أو دُوار .

a good ~, معروف ؛ عملٌ وُدّيّ .

an ill ~, عملٌ جافٍ ؛ معاملة سيئة .

at every ~, دائماً ؛ في كلّ مناسبة .

by ~ s بالتناوب ؛ «بالدَّور» .

in ~, تباعاً ؛ على التعاقب .

to ~ away (١) يطرد ؛ يصدّ . (٢) ينصرف .

to ~ back (١) يعود ؛ يرجع (٢) يردّ .

to ~ down (١) يطوي . (٢) يقلب رأساً على عقب (٣) يخفّف (٤) يرفض .

to ~ in (١) ينعطف ويدخل . (٢) يأوي إلى الفراش.

to ~ off (١) يطرد (٢) ينجز (٣) يطفىء .

to ~ on (١) يفتح (٢) يُشعِل (٣) يُدير .

to ~ out (١) يطرد (٢) يَقلب (٣) يُجهِز (٤) يطفىء (٥) يغادر الفراشَ (٦) يُثبت في النهاية أنّه (٧) يصبح .

to ~ over (١) يَقْلِب ؛ يقلِّب . (٢) يفكّر في (٣) يتصفّح (٤) يسلِّم إلى (٥) ينقلب (٦) يدور .

to ~ up (١) يقوّي (٢) يَثْني أو يردّ إلى أعلى (٣) يَبرُز ؛ يَظْهَر (٤) يجيء ؛ يحضر (٥) يَثْبُتُ أنّه ...

**turnbuckle** *(n.)* الشَّدّادة.

turnbuckle

**turncoat** *(n.)* المرتدّ ؛ الخارج : المتخلّي عن عقيدته أو حزبه .

**turner** *(n.)* الخرّاط : المشتغل في الخِراطة .

**turnery** *(n.)* (١) الخِراطة : صناعة الخرّاط . (٢) مُنتجات الخرّاط أو معمله .

**turning** *(n.)* (١) ادارة ؛ تقليب ؛ تحريك الخ. (٢) منعطَف (٣) خِراطة .

**turning point** *(n.)* نقطة التحوّل أو الانعطاف.

**turnip** *(n.)* لِفْت ؛ سَلْجَم (نبات).

**turnkey** *(n.)* السَّجّان .

**turnout** *(n.)* (١) إضراب (٢) اجتماع (٣) جهاز ؛ تجهيزات (٤) ملبَس (٥) صافي الانتاج .

**turnover** *(n.; adj.)* (١) انقلاب ؛ تحوُّل . (٢) إعادة تنظيم (٣) شيء يُطْوَى أو يُقْلَب (٤) فطيرة ؛ كعكة محلاّة (٥) إجماليّ الحركة ؛ رقم المبيعات || (٦) قلاّب ؛ ذو جزء يُقْلَب .

**turnpike** *(n.)* (١) بوّابة المكوس : نقطة تقف عندها العربات لدفع المكوس (٢) طريق رئيسية.

**turnspit** *(n.)* (١) مُدير السَّفّود (على النار) . (٢) كلب صغير (٣) سَفّود .

turnstiles

**turnstile** *(n.)* الباب الدوّار .

**turntable** *(n.)* المائدة الدوارة : سطح دوّار توضَع عليه قاطرة السكّة الحديديّة بغية تغيير اتجاهها .

**turpentine** *(n.)* التربنتينة ؛ زيت التربنتينة.

**turpitude** *(n.)* فساد (خُلُقيّ) ؛ عملٌ شائن.

**turquoise** *(n.)* (١) فيروز (٢) لون أزرق مخضرّ.

**turret** *(n.)* (١) البُرَيْج : بُرْجٌ تزيينيّ صغير عند زاوية مبنىً (٢) بُرْج (في بارجة أو دبابة أو طائرة الخ. ) .

turret 1.

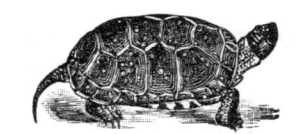

**turtle** *(n.)* سُلَحفاة .

**turtledove** *(n.)* القُمْريّة ( طائر ) .

**turves** *pl of* turf.
**tush ; tusk** *(n.)* نابٌ .
**tusker** *(n.)* ذو النّاب؛ وبخاصة : فيل .
**tussah** *or* **tussore** *(n.)* (١) التُّوسَة : دودة قزّ؛ دودة حرير (٢) حرير التُّوسة .
**tussle** *(vi.;n.)* (١)يتصارع §(٢)صراع ؛مُشادّة .
**tussock** *(n.)* كتلة من عشب نامٍ أو نحوه .
**tutelage** *(n.)* (١) وصاية (٢) إرشاد .
**tutelary** *(adj.)* (١)حارس ؛ حافظ (٢)وصائيّ .
**tutor** *(n.; vt.; i.)* (١)معلّم خصوصيّ (٢)مرشد الطلبة ( في جامعة ) (٣)مدرّس §(٤) يتولّى الوصاية على (٥) يدرّس ؛ يدرب×(٦)يتلقى دروساً خصوصيّة .
**tutoress** *(n.)* (١)معلّمة خصوصية (٢)مرشدة .
**tutorial** *(adj.)* متعلّق بمدرّس خصوصيّ .
**twaddle** *(n.; vi.)* (١) ثرثرة؛ هذر (٢)الثرثار §(٣) يثرثر ؛ يهذر .
**twain** *(n.)* اثنان ؛ زوج .
**twang** *(n.; vi.)* (١)رنين (القوس) (٢)خُنّة أو صوت أنفيّ §(٣)يرنّ (٤) يتكلّم بخُنّة .
**tweak** *(vt.; i.; n.)* (١)يقرص ؛ « يَشْمط ». §(٢) قَرْص ؛ شَمْط .
**tweed** *(n.)* (١)التّويد : نسيج صوفيّ خشِن . (٢) بذلة تويديّة .
**tweet** *(n.; vi.)* (١)السَّقْسَقَة : صوت الطائر الصغير §(٢) يُسقسِق .
**tweezer; -s** *(n.)* مِلْقاط صغير .
**twelfth** *(adj.; n.)* (١)ثاني عَشَر (٢)مؤلّف جزءاً من اثني عشر §(٣) الثاني عشر (٤)جزء من اثني عشر .
**twelve** *(n.)* اثنا عَشَر ؛ اثنتا عَشْرة .
**twentieth** *(adj.; n.)* (١)العشرون (٢)مؤلّف جزءاً من عشرين §(٣)العشرون من (٤)جزء من عشرين .
**twenty** *(n.)* (١)عشرون (٢) *pl.*: العَقْد الثالث .
**twice** *(adv.)* (١)مرتين (٢)ضِعْف .
**twiddle** *(vi.; t.)* (١)ينشغل بالتوافه (٢)يعبث بـ. (٣)يدور×(٤)يفتل أو يدير (على نحوٍ عابثٍ) .
**twig** *(n.)* أُمْلُود؛ غُصَيْن ؛ غصن صغير .
**twilight** *(n.)* (١) شفق (٢) فجر .
**twill** *(n.)* التّويل : نسيج قطنيّ متين مضلّع .
**twin** *(n.; adj.; vt.; i.)* (١)التّوْأم §(٢)توأميّ (٣)مزدوج §(٣) يزاوج ×(٤) تَضَع توأمين أو أكثر .
**twine** *(n.; vt.; i.)* (١) خيط قنّبيّ . (٢)جَدْل ؛ فَتْل (٣)جَدْلة (٤)شيء مجدول §(٥)يَجْدل (٦)يلفّ×(٧)يلتفّ (٨)يتمعّج .
**twinge** *(vt.; i.; n.)* (١)يَخِز ×(٢) يستشعر وخزاً حادّاً مفاجئاً §(٣) وخز .
**twinkle** *(vi.; n.)* (١) يتلألأ ؛ يُومِض . (٢) تَطْرِف (العينُ) (٣)تلمع (العينان) فرحاً (٤) يتحرّك برشاقة §(٥)طَرْفة عين ؛ لحظة (٦) تلألؤ ؛ وميض .
**twinkling** *(n.)* (١) طَرْفة عين ؛ لحظة . (٢) تلألؤ ؛ وميض .
**twirl** *(vt.; i.; n.)* (١)يدور ؛يَبرم×(٢)يُدير ؛ يدور (٣) يقذف §(٤) دوران ؛ تدوير (٥) دورة ؛ لفّة .
**twist** *(vt.; i.; n.)* (١) يَجْدِل (٢)يَفْتِل . (٣)يلوي بعنف (٤)يحرف (٥)يُلَوْلِب : يجعله لولبيّ الشكل×(٦)يتلوّى (٧)يلتوي (٨)يتلولب §(٩) حَبْل (١٠) كعكة هلاليّة (١١)لفّة من أوراق التبغ (١٢)جَدْل ؛ فَتْل (١٣)رقصة التويست (١٤) انحراف (١٥) غرابة أطوار (١٦)تطوّر غير متوقّع (١٧) وسيلة ؛ حيلة .
**twister** *(n.)* (١)إعصار (٢)مشكلة.
**twit** *(vt.)* (١) يلوم (٢) يسخر من .

**twitch** *(vt.; i.; n.)* (١) ينتزع ؛ يَنْتَشِل ؛ «ينتش» × (٢) يشدّ بقوّة (٣) ينتفض ؛ يرتعش §(٤) انتزاع ؛ نَتْش (٥) انتفاض ؛ ارتعاش .

**twitter** *(vi.; n.)* (١) يغرّد (٢) يهذر ؛ يثرثر . (٣) يضحك على نصف مكبوت (٤) يرتعش §(٥) تغريد الخ .

**two** *(n.)* اثنان .

to put ~ and ~ together يستنتج من الوقائع.

**two-edged** *(adj.)* ذو حدّين .

**two-faced** *(adj.)* (١) ثنائيّ الوجه (٢) مراءٍ .

**twofold** *(adj.)* (١) ثنائيّ (٢) مضاعَف .

**twopence** *(n.)* بَنْسان .

**twopenny** *(adj.)* (١) قيمتُه بَنْسان (٢) تافه .

**two-ply** *(adj.)* ذو طيّتين أو طبقتين أو طاقَين .

**two-step** *(n.)* ذات الخطوتين : نوع من الرقص .

**two-way** *(adj.)* ثنائيّ الاتجاه .

**tyke** *(n.)* = tike. كلب .

**tympanic** *(adj.)* متعلّق بطبلة الأذن .

**tympanic membrane** *(n.)* طبلة الأذن .

**tympanum** *(n.)* (١) طبلة الأذن (٢) طبلة .

**type** *(n.; vt.)* (١) رمز ؛ مثال ؛ نموذج (٢) سِمَة ؛ علامة مميِّزة (٣) حرف مطبعيّ ؛ مجموعة حروف مطبعيّة ؛ حروف مطبوعة (٤) طراز ؛ نمط (٥) ضَرْب ؛ نوع §(٦) يرمز إلى (٧) يمثّل (٨) يطبع (على الآلة الكاتبة) .

**typesetter** *(n.)* منضّد الحروف المطبعية .

**typewrite** *(vt.; i.)* يطبع على الآلة الكاتبة .

**typewriter** *(n.)* (١) الآلة الكاتبة (٢) الطابع على الآلة الكاتبة .

**typewriting** *(n.)* (١) الطبع على الآلة الكاتبة . (٢) عملٌ مُنجَزٌ على الآلة الكاتبة .

**typhoid** *(adj.)* تيفيّ : متعلق بالتيفوئيد .

**typhoid** *(n.)* التيفوئيد ؛ الحمّى التيفية .

**typhoon** *(n.)* التَّيْفُون : إعصار إستوائيّ .

**typhus** *(n.)* التيفوس ؛ الحمّى النَّمَشية .

**typical** *or* **typic** *(adj.)* نموذَجيّ .

**typically** *(adv.)* نموذجياً ؛ إلى حدّ نموذجيّ .

**typify** *(vt.)* (١) يمثّل (٢) يرمز إلى .

**typist** *(n.)* الضارب على الآلة الكاتبة .

**typographer** *(n.)* الطابع أو منضّد الحروف .

**typography** *(n)* (١) الطباعة (٢) أسلوب (ترتيب أو مظهر) المادّة الطباعيّة .

**tyrannic; -al** *(adj.)* (١) استبداديّ (٢) مستبدّ .

**tyrannize** *(vi.; t.)* (١) يستبدّ × (٢) يضطهد .

**tyrannous** *(adj.)* استبداديّ ؛ ظالم .

**tyranny** *(n.)* (١) حكم الطغيان (٢) حكومة استبدادية (٣) استبداد (٤) عملٌ استبداديّ .

**tyrant** *(n.)* المستبدّ ؛ الطاغية .

**tyro** *(n.)* المبتدىء ؛ القليل الاختبار .

**tzar** *(n.)* = czar.

*The Unknown Soldier's Monument* (Baghdad)

# U

**u** *(n.)* الحرف الـ ٢١ من الأبجدية الانكليزية .

**ubiquitous** *(adj.)* كلّيّ الوجود .

**U-boat** *(n.)* اليَوْبوتة : غواصة ألمانيّة .

**udder** *(n.)* الضَّرْع ؛ ثدي البقرة.

**ugliness** *(n.)* بشاعة ؛ قُبْح .

**ugly** *(adj.)* (١) بشِع ؛ قبيح (٢) كريه . (٣)شنيع (٤) نَكِد ؛ مشاكِس .

**ukase** *(n.)* (١)أمر امبراطوريّ (٢)مرسوم.

**ukulele** *(n.)* الأُكْلال : قيثارة برتغالية الأصل.

**ulcer** *(n.)* قَرْحَة .

**ulcerate** *(vt.; i.)* (١) يقرِّح ×(٢) يتقرَّح .

**ulcerous** *(adj.)* (١)قَرْحِيّ (٢)مُصاب بقرحة

**ulna** *(n.)* عظم الزَّنْد (المقابلُ للابهام).

**ulster** *(n.)* اليُولستر : معطف ارلندي فضفاض.

**ulterior** *(adj.)* (١) تالٍ (٢)أبعد ؛ أقصى ؛ واقع في الجانب الأقصى (٣) خفيّ .

**ultimate** *(adj.)* (١) أبعد (٢)نهائيّ ؛ أخير . (٣)أقصى (٤)مُطْلَق (٥)أساسيّ ؛ جوهريّ.

**ultimately** *(adv.)* (١) أخيراً ؛ في النهاية . (٢) أساسياً ؛ جوهرياً .

**ultimatum** *(n.)* pl. **-s** *or* **-ta** إنذار .

**ultra** *(adj.; n.)* (١)متطرّف (٢)شخص متطرّف

**ultra-** بادئة معناها : «أ»فوق. «ب»مُسرف في .

**ultraconservative** *(adj.)* مسرِف في المحافظة

**ultrafashionable** *(adj.)* مُسْرِف في الاناقة.

**ultramarine** *(n.; adj.)* (١)اللازَوَرد ؛ صِبْغ لازورديّ §(٢)واقع وراء البحر أو آتٍ من ورائه.

**ultramodern** *(adj.)* مُسْرِف في العصرية .

**ultramontane** *(adj.; n.)* (١) واقع وراء الجبال (٢)واقع جنوبيّ الألب (٣)مؤيِّد لسيادة البابا المطلقة §(٣)المقيم جنوبيّ الألب (٤)المؤيِّد لسيادة البابا المطلقة .

**ultramundane** *(adj.)* واقع وراء العالم أو وراء تخوم النظام الشمسي .

**ultraviolet** *(adj.)* فوق البنفسجي .

**ululate** *(vi.)* (١)ينْبَح (٢) يُعْوِل .

**umbel** *(n.)* الخَيْمَة : ازهرار خَيْمِيّ .

**umber** *(n.)* صِبْغٌ بُنّيٌّ مصفرّ .

**umbilical cord** *(n.)* الحبل السرّي (تشريح) .

**umbra** *(n.)* (١) ظلّ (٢) موضع ظليل .

**umbrage** *(n.)* (١) ظِلّ (٢) أغصان ظليلة . (٣) استياء ؛ امتعاض .

**umbrageous** *(adj.)* (١) ظليل (٢) سريع الاستياء .

**umbrella** *(n.)* مِظَلّة .

umiak

**umiak** *(n.)* الأُمَيْك : زورق من زوارق الاسكيمو .

**umpire** *(n.; vt.)* (١) حَكَم § (٢) يَحْكُم ؛ يفصِل في نزاع .

**un-** بادئة معناها : «أ» غير . «ب» ينقُض ؛ يزيل .

**unabated** *(adj.)* غير مُضْعَف أو مُخْمَد .

**unable** *(adj.)* عاجز ؛ غير قادر .

**unabridged** *(adj.)* كامل ؛ غير مختصَر .

**unaccompanied** *(adj.)* غير مصاحَب أو مصحوب (بعزف على الآلات) .

**unaccountable** *(adj.)* (١) غير قابل للتعليل . (٢) غير مسؤول .

**unaccustomed** *(adj.)* (١) غريب ؛ غير مألوف (٢) غير متعوّد .

**unadulterated** *(adj.)* صِرْف ؛ مَحْض .

**unadvised** *(adj.)* (١) طائش (٢) غير حكيم .

**unaffected** *(adj.)* (١) غير متأثّر (٢) صادق ؛ غير متكلّف (٣) طبيعي .

**unalloyed** *(adj.)* صِرْف ؛ خالص ؛ مَحْض .

**unalterable** *(adj.)* راسخ ؛ غير قابل للتغيير .

**unanimity** *(n.)* إجماع .

**unanimous** *(adj.)* (١) مُجمِع (٢) إجماعي .

**unanswerable** *(adj.)* قاطع ؛ مُفْحِم .

**unarm** *(vt.; i.)* = disarm.

**unarmed** *(adj.)* أعزل .

**unasked** *(adj.)* (١) بلا طلب ؛ من تلقاء نفسه . (٢) غير مطلوب .

**unassuming** *(adj.)* متواضع ؛ غير مدّع .

**unattached** *(adj.)* (١) مستقلّ (٢) أعزَب . (٣) منفصل ؛ غير متّصل .

**unavailing** *(adj.)* غير مُجْدٍ ؛ لا غَناء فيه .

**unavoidable** *(adj.)* محتوم ؛ لا مفرّ منه .

**unaware** *(adj.)* جاهل ؛ غير مدرك ؛ غافل عن .

**unawares** *(adv.)* (١) لاشعوريّاً ؛ من غير قصد (٢) على حين غرّة .

**unbaked** *(adj.)* (١) غير مخبوز (٢) غير ناضج .

**unbalanced** *(adj.)* (١) غير متوازن (٢) مخبول .

**unbar** *(vt.)* يفتح ؛ يرفع المزلاج عن .

**unbearable** *(adj.)* لا يُطاق ؛ لا يُحتمَل .

**unbeatable** *(adj.)* لا يُقْهَر ؛ لا يُهْزَم .

**unbecoming** *(adj.)* غير لائق .

**unbelief** *(n.)* شكّ ؛ كُفْر .

**unbelievable** *(adj.)* لا يُصدَّق .

**unbeliever** *(n.)* (١) الشاكّ (٢) الكافر .

**unbelieving** *(adj.)* شاكّ ؛ غير مؤمن بـ .

**unbend** *(vt.; i.)* (١) يُقوِّم (٢) يُرخي . (٣) يَحُلّ ؛ يفكّ × (٤) يسترخي (٥) يستقيم .

**unbending** *(adj.)* صُلْب ؛ عنيد ؛ لا ينثني .

**unbiased** *(adj.)* عادل ؛ غير متحيّز .

**unbidden** *(adj.)* = unasked.
**unblessed** *(adj.)* (١) غير مُبارَك (٢) ملعون (٣) محروم نعمةً ما .
**unblushing** *(adj.)* = shameless.
**unborn** *(adj.)* (١) لم يولد بعد (٢) مُقْبِل .
**unbosom** *(vt.; i.)* (١) يكشف عن ؛ يُبدي للعيان (٢) يبوح بسريرة نفسه .
**unbound** *(adj.)* (١) غير مُقيَّد (٢) غير مجلَّد .
**unbounded** *(adj.)* (١) غير محدود (٢) مطلَق .
**unbridle** *(vt.)* ينزع اللجام ؛ يُطلق العِنان لـ .
**unbroken** *(adj.)* (١) صحيح ؛ غير مكسور (٢) تامّ ؛ كامل (٣) غير مروَّض (٤) متواصل .
**unbuckle** *(vt.)* يفكّ إبزيم (الحذاء الخ.) .
**unburden** *(vt.)* (١) يحرر من عبء (٢) يفضي بهمومه أو سريرة نفسه .
**unbutton** *(vt.; i.)* يفكّ (الزرّ أو الأزرار) .
**uncalled-for** *(adj.)* (١) غير ضروريّ (٢) لا مبرّر له .
**uncanny** *(adj.)* (١) غريب (٢) خارق للطبيعة .
**unceasing** *(adj.)* متواصل ؛ غير منقطع .
**unceremonious** *(adj.)* (١) غير رسميّ (٢) فظّ .
**uncertain** *(adj.)* (١) غير محدَّد المقدار (٢) غير مؤكَّد الحدوث (٣) غير جدير بالثقة (٤) مشكوك فيه (٥) غير واثق (٥) غامض (٦) متقلّب .
**uncertainty** *(n.)* شكّ أو شيء مشكوك فيه .
**unchain** *(vt.)* يحرر ؛ يُطلِق (من قيد) .
**unchangeable** *(adj.)* ثابت ؛ غير قابل للتغيير .
**uncharitable** *(adj.)* قاسٍ ؛ غير متساهل .
**uncharted** *(adj.)* مجهول ؛ غير مدوَّن على خريطة .
**unchaste** *(adj.)* غير عفيف ؛ تعوزه العفّة .
**unchristian** *(adj.)* غير مسيحيّ .
**uncircumcised** *(adj.)* غير مختون .
**uncivil** *(adj.)* (١) همجيّ ؛ غير متمدّن (٢) غير مهذّب أو لطيف .

**uncivilized** *(adj.)* همجيّ ؛ غير متمدّن .
**unclasp** *(vt.)* (١) يَحُلّ ؛ يفكّ (٢) يفتح .
**uncle** *(n.)* (١) العمّ ؛ الخال (٢) زوج العمّة ؛ زوج الخالة .
**unclean** *(adj.)* نَجِس ؛ قذِر ؛ غير طاهر .
**unclench** *(vt.; i.)* (١) يرخي قَبْضَتَهُ (٢) يُفلِتُه × (٣) ترتخي (القبضةُ) .
**Uncle Sam** *(n.)* العم سام : «أ» الحكومة الأميركيّة . «ب» الشعب الأميركي .
**uncloak** *(vt.)* ينزع الغطاء أو القناع عن .
**unclose** *(vt.)* (١) يفتح (٢) يُفشي ؛ يبوح بِـ .
**unclothe** *(vt.)* يعرّي ؛ يجرّده من ملابسه .
**uncoil** *(vt.; i.)* (١) يحلّ ؛ يفكّ × (٢) ينحلّ .
**uncomfortable** *(adj.)* (١) غير مريح (٢) متضايق .
**uncommon** *(adj.)* (١) غير مألوف (٢) رائع .
**uncommunicative** *(adj.)* صَموت ؛ متحفّظ .
**uncomplimentary** *(adj.)* = derogatory
**uncompromising** *(adj.)* عنيد ؛ متصلّب .
**unconcern** *(n.)* (١) لامبالاة (٢) اطمئنان .
**unconditional** *(adj.)* تامّ ؛ بلا قيد أو شرط .
**unconquerable** *(adj.)* لا يُقْهَر ؛ لا يُغْلَب .
**unconscionable** *(adj.)* (١) عديم الضمير (٢) مفرط ؛ غير معقول .
**unconscious** *(adj.; n.)* (١) غير دارٍ (٢) لاواعٍ (٣) مغمىً عليه (٤) غير مقصود (٥) العقل اللاواعي .
**unconstitutional** *(adj.)* غير دُستوريّ .
**uncontrollable** *(adj.)* لا يُضبَط أو يُراقَب .
**uncork** *(vt.)* ينزع السِّدادة .
**uncounted** *(adj.)* (١) غير معدود أو محسوب (٢) لا يُعَدّ ؛ لا يُحْصَى .

**uncouple** *(vt.)* (١) يفكّ التقارن (٢) يفصِل .

**uncouth** *(adj.)* (١) فَظّ ؛ أخرق (٢) غريب .

**uncover** *(vt.; i.)* (١) يكشف الغطاء عن . (٢) يعرّي (٣) يجعله عرضةً لنيران العدوّ ×(٤) يرفع قبعته ( احتراماً ) .

**unction** *(n.)* (١) مَسْح بالزيت أو المرهم لأغراض دينية أو طبيّة (٢) زيت ؛ مرهم .

**unctuous** *(adj.)* (١) زَيْتيّ ؛ دُهْنيّ . (٢) أملس ؛ زَلِق (٣) متملّق ؛ مداهن .

**uncurl** *(vi.; t.)* (١) يَنْسدل ×(٢) يَسْدُل .

**uncut** *(adj.)* (١) غير مقطوع أو مقصوص أو مُهَنْدَم (٢) غير مُخْتَصَر .

**undaunted** *(adj.)* شجاع ؛ باسل ؛ مقدام .

**undeceive** *(vt.)* ينوّر ؛ يحرّر من الأوهام الخ.

**undecided** *(adj.)* (١) غير مفصول فيه . (٢) متردّد ؛ غير عاقد العزم .

**undefined** *(adj.)* غير محدّد أو مُفسَّر .

**undeniable** *(adj.)* لا يُنْكَر ؛ لا يُجْحَد .

**under** *(adv.; prep.; adj.)* (١) تحت (٢) تحت سطح الماء (٣) أقلّ (٤) فما دون §(٥) دون (٦) أدنى §(٧) سفليّ (٨) ثانٍ ؛ ثانويّ (٩) أقلّ من المألوف أو المطلوب .

**under-** بادئة معناها : «أ» تحت . «ب» أدنى ؛ أقلّ .

**underage** *(adj.)* قاصر ؛ تحت سنّ البلوغ .

**underbid** *(vt.)* يعرض ثمناً (أقلّ من منافسه) .

**underbrush** *(n.)* الشُّجيرات النامية تحت الأشجار الكبيرة ( في غابة الخ. ) .

**undercarriage** *(n.)* (١) مَحْمِلُ السيارة : الجزء الذي يرتكز عليه بَدَنُها (٢) عجلات الهبوط ( في طائرة ) .

**underclothes** *(n.pl.)* الملابس الداخليّة .

**undercover** *(adj.)* سرّيّ .

**undercurrent** *(n.)* التيّار التّحتيّ .

**undercut** *(vt.; n.)* (١) يقطع الجزء الأدنى من . (٢) يقتطع جزءاً من قاعدة شيء (٣) يعرض سِلَعَهُ أو خدماته بسعر أدنى ( من سعر المنافسين ) §(٤) قَطْع الجزء الأدنى الخ. (٥) قطعة من لحم خاصرة البقرة .

**underdeveloped** *(adj)* ناقص النموّ ؛ متخلّف

**underdo** *(vt.)* يطهو من غير إنضاج .

**underdone** *(adj.)* غير مُنْضَجٍ جيداً .

**underestimate** *(vt.)* (١) يبخَس التقدير . (٢) يستخفّ بـ .

**underexpose** *(vt.)* يعرّض (فيلماً فوتوغرافياً للنور) تعريضاً ناقصاً .

**underfeed** *(vt.)* (١) يُنقِص التغذية (٢) يغذّي ( بالوقود ) من أسفل .

**undergarment** *(n.)* ثوبٌ تحتيّ .

**undergo** *(vt.)* (١) يتحمّل ؛ يقاسي (٢) يخضع ( لتغيّر الخ. ) (٣) يجتاز ( اختباراً ) .

**undergraduate** *(n.; adj.)* (١) اللامتخرّج : طالب لم يتخرّج بعد §(٢) متعلق باللامتخرّجين .

**underground** *(adv.; adj.; n.)* (١) تحت سطح الأرض (٢) سرّاً §(٣) تحأرضيّ : واقع أو نامٍ أو عاملٌ تحت سطح الأرض (٤) سرّيّ §(٥) سكة حديد تحأرضية (٦) حركة سريّة .

**undergrowth** *(n.)* =underbrush.

**underhand** *(adv.; adj.)* (١) سرّاً (٢) بمكر. §(٣) سرّيّ (٤) ماكر ؛ مخادع .

**underhanded** *(adj.)* = underhand.

**underlie** *(vt.)* (١) يكون أو يقع تحت شيء آخر (٢) يشكّل الأساس (لنظرية أو مذهب).

**underline** *(vt.)* يرسم خطّاً تحت (كلمة).

**underling** *(n.)* التابع ؛ المرؤوس .

**underlying** *(adj.)* (١) تحتيّ (٢) أساسيّ .

**undermine** *(vt.)* (١) يشقّ مجازاً أو يحفر حفرةً (تحت جدار) (٢) يقوّض ؛ يُبلي ؛ يتلف.

**undermost** *(adj.)* أسفل ؛ سُفْلَى .

**underneath** *(prep.; adv.)* (١) تحت (شيء ما) مباشرة (٢) تحت §(٣) في الأسفل .

**undernourished** *(adj.)* مغذّىً تغذيةً ناقصة .

**underpinning** *(n.)* أساس المبنى .

**underprivileged** *(adj.)* فقير ؛ مُعْدِم .

**underrate** *(vt.)* = underestimate.

**underscore** *(vt.)* = underline.

**undersea** *(adj.; adv.)* تحت سطح البحر .

**undersecretary** *(n.)* (١) السكرتير الثاني أو المساعد (٢) وكيل الوزارة .

**undersell** *(vt.)* يبيع بسعرٍ أقلّ من . . .

**undershirt** *(n.)* قميص تحتيّ أو داخليّ .

**undershot** *(adj.)* (١) بارز الأسنان الدنيا أو الفكّ الأسفل (٢) جارٍ بالدفع السّفلي .

**undersigned** *(n.)* الموقّع أدناه .

**undersized** *(adj.)* أصغر من الحجم العاديّ .

**underslung** *(adj.)* مُعلّق من أسفل .

**understand** *(vt.; i.)* (١) يَفْهم (٢) يدرك. (٣) يستنتج (٤) يعطف على .

**understanding** *(n.; adj.)* (١) فَهْم . (٢) ذكاء (٣) تفاهم §(٤) عاطف ؛ مُبدٍ عطفاً أو تسامحاً .

**understate** *(vt.)* يصرّح أو يُصوِّر على نحوٍ أضعف أو أقلّ مما تقتضيه الحقيقة .

**understood** *past and past part. of* understand.

**understudy** *(vt.)* يدرس دور ممثّل مسرحيّ (لكي يحلّ محلّه عند الضرورة) .

**undertake** *(vt.)* (١) يباشر ؛ يشرع في . (٢) يتعهّد (٣) يتولّى : يأخذ على عاتقه .

**undertaker** *(n.)* (١) المتعهّد ؛ المقاوِل . (٢) الحانوتي ؛ مجهّز الموتى للدفن .

**undertaking** *(n.)* (١) مقاولة (٢) مشروع . (٣) تعهّد ؛ ضمان (٤) دفن الموتى .

**undertone** *(n.)* (١) صوتٌ خفيض (٢) لونٌ خافت (٣) مَسْحَة باطنة .

**undervalue** *(vt.)* (١) يَبْخَس التقييم : يقدِّر بأقلّ من القيمة الحقيقية (٢) يستخفّ بِـ .

**underwater** *(adj.)* واقع أو حادثٌ تحت الماء .

**under way** *(adv.)* منطلقاً بعد توقف .

**underwear** *(n.)* ثوبٌ تحتيّ أو داخليّ .

**underweight** *(n.; adj.)* (١) وزن ناقص (عن المطلوب) §(٢) أخفّ من المطلوب .

**underwent** *past of* undergo.

**underworld** *(n.)* (١) الجحيم (٢) عالم الرذيلة والإجرام .

**underwrite** *(vt.)* (١) يُذَيِّل : يكتب تحت كلام مكتوب (٢) يوقّع سند تأمين (بوصفهِ مؤمَّناً لديه) (٣) يؤمِّن على .

**underwriter** *(n.)* (١) الضّامن (٢) المؤمَّن لديه

**undesigning** *(adj.)* صادق ؛ سليم النيّة .

**undesirable** *(adj.)* غير مرغوب فيه .

**undid** *past of* undo.

**undirected** *(adj.)* غير موَجَّه أو مُعَنْوَن .

**undo** *(vt.)* (١) يحلّ ؛ يفكّ (٢) يُبطل ؛ يعطّل . (٣) يصيبه بكارثة (٤) يُقلق (٥) يُغوي.
**undoing** *(n.)* (١) حلّ ؛ فكّ الخ. (٢) خراب.
**undone** *(adj.)* (١) غير مصنوع أو مُنجَز . (٢) مُهْمَل (٣) خَرِب (٤) غير مربوط.
**undoubted** *(adj.)* لا شكّ فيه ؛ لا جدال فيه.
**undoubtedly** *(adv.)* يقيناً ؛ من غير شكّ .
**undress** *(vt.; i.; n.)* (١) يعرّي × (٢) يتعرّى ؛ يخلع ملابسه § (٣) ثوب غير رسمي فضفاض (٤) ملابس عادية .
**undue** *(adj.)* (١) لم يستحقّ بعد (٢) غير ضروري ؛ مُفْرِط (٣) غير ملائم .
**undulant** *(adj.)* متموج .
**undulate** *(vi.; t.)* (١) يتموّج × (٢) يموّج .
**undulation** *(n.)* تموُّج ؛ تمويج ؛ موجة .
**undulatory** *(adj.)* تموّجي ؛ متموج .
**unduly** *(adv.)* على نحو غير ملائم ؛ بإفراط .
**undying** *(adj.)* خالد ؛ سرمديّ ؛ لا يموت.
**unearth** *(vt.)* (١) يُخرج (كنزاً دفيناً الخ.) من الأرض (٢) يكتشف .
**unearthly** *(adj.)* (١) غير أرضي (٢) غريب ؛ خارق للطبيعة (٣) روحي ؛ سماويّ .
**uneasy** *(adj.)* (١) مرتبك ؛ مضطرب (٢) خائف . (٣) قَلِق (٤) متقلقل ؛ غير مستقرّ .
**uneducated** *(adj.)* غير مثقّف . .
**unemployed** *(adj.)* (١) غير مُستخدَم أو مُستعمَل أو موظّف (٢) عاطل عن العمل .
**unemployment** *(n.)* البطالة .
**unequal** *(adj.)* (١) غير متساوٍ (٢) غير منتظم أو مستوٍ (٣) متفاوت : أجزاؤه متفاوتة الجودة (٤) غير متكافئ (٥) غير كفوء (٦) غير كافٍ أو وافٍ .
**unequaled** *(adj.)* فذّ ؛ لا يُجارَى .
**unequivocal** *(adj.)* بيّن ؛ جليّ ؛ لا لَبْس فيه .
**unerring** *(adj.)* معصوم ؛ لا يخطئ .
**uneven** *(adj.)* (١) وَتْريّ ؛ غير شَفْعيّ (مثل : ٣ أو ٥ أو ٧ ) (٢) غير مستوٍ (٣) غير مستقيم أو متوازٍ (٤) متقطّع ؛ غير منتظم (٥) متفاوت ؛ متفاوت الجودة .
**uneventful** *(adj.)* هادئ ؛ لا أحداث فيه .
**unexampled** *(adj.)* فذّ ؛ منقطع النظير .
**unexceptionable** *(adj.)* فوق النقْد .
**unexpected** *(adj.)* فجائيّ ؛ غير متوقَّع .
**unexpectedly** *(adv.)* على نحو فجائيّ .
**unfadable** *(adj.)* ثابت اللون ؛ لا يَبْهَتُ لونه.
**unfailing** *(adj.)* (١) ثابت (٢) لا ينضب . (٣) صَدوق ؛ لا يَخْذُل (٤) لا يخطئ أو يخفق.
**unfair** *(adj.)* (١) جائر ؛ ظالم (٢) مخادع .
**unfaithful** *(adj.)* (١) خائن (٢) غير دقيق.
**unfamiliar** *(adj.)* غريب ؛ غير مألوف .
**unfasten** *(vt.)* يفكّ ؛ يحلّ .
**unfathomable** *(adj.)* لا يُسْبَر غورُه .
**unfavorable** *(adj.)* (١) مُعارِض (٢) سلبيّ . (٣) مُعادٍ (٤) غير مؤاتٍ (٥) غير سارّ.
**unfeeling** *(adj.)* (١) عديم الشعور (٢) وحشيّ .
**unfeigned** *(adj.)* صادق : غير متكلَّف أو زائف
**unfetter** *(vt.)* يحرّر (من الأغلال) .
**unfinished** *(adj.)* (١) ناقص ؛ غير مُنجَز . (٢) غير مصقول .
**unfit** *(adj.)* غير صالح أو ملائم أو كُفوء .
**unfix** *(vt.)* يفكّ ؛ يحلّ .
**unfledged** *(adj.)* (١) لم ينبت ريشُه (٢) غِرّ .
**unfold** *(vt.; i.)* (١) يَنْشُر (شيئاً مطوياً) . (٢) يكشِف ؛ يُظهر للعيان ؛ يوضح تدريجياً × (٣) ينتشر (٤) يتفتّح (٥) يتجلّى .
**unforeseen** *(adj.)* غير متوقَّع .

**unforgettable** *(adj.)* لا يُنْسَى .
**unformed** *(adj.)* غير مُشكَّل أو متطوّر .
**unfortunate** *(adj.; n.)* (١)تعيس (٢)مشؤوم (٣) غير ملائم (٤) يُؤسَف له §(٥)التعيس.
**unfounded** *(adj.)* لا أساس له .
**unfrequented** *(adj.)* غير مطروق؛ شبه مهجور
**unfriendly** *(adj.)* (١) غير وديّ (٢)مُعاد .
**unfrock** *(vt.)* يجرّد كاهناً (من ثوبه أو سلطته).
**unfruitful** *(adj.)* عقيم؛ مجدب؛ غير مثمر .
**unfurl** *(vt.)* ينشر (شراعاً أو رايةً) .
**ungainly** *(adj.)* (١) أخرق ؛ تعوزه البراعة. (٢) بشع ؛ غليظ .
**ungenerous** *(adj.)* (١)حقير (٢)بخيل .
**ungodly** *(adj.)* (١)غير تقيّ (٢)شرّير .
**ungovernable** *(adj.)* صعب المراس .
**ungraceful** *(adj.)* أخرق؛ غليظ؛ بشِع .
**ungracious** *(adj.)* (١)فظّ؛ غليظ (٢) كريه.
**ungrateful** *(adj.)* (١)عاقّ (٢) بغيض .
**unguarded** *(adj.)* (١)غير محميّ (٢)غير حذِر
**unguent** *(n.)* مَرْهَم .
**ungulate** *(adj.; n.)* (١)ذو حوافر (٢)متعلّق بذوات الحافر §(٣)ذو الحافر من الحيوان .
**unhallowed** *(adj.)* (١)غير مُقدّس أو مبارَك. (٢) غير شرعيّ (٣) لاأخلاقيّ .
**unhand** *(vt.)* يترك؛ يُخلّي؛ يرفع يده عن .
**unhandsome** *(adj.)* (١)بشِع (٢)غير لائق. (٣) فَظّ ؛ قليل الكياسة .
**unhandy** *(adj.)* (١)غير ملائم (للاستعمال الخ.) (٢) أخرق ؛ تعوزه البراعة .
**unhappiness** *(n.)* تعاسة ؛ شقاء؛ بؤس .
**unhappy** *(adj.)* (١)تعيس؛ شقيّ (٢)حزين.
**unharness** *(vt.)* ينزع الطقم (عن فرس) .
**unhealthy** *(adj.)* (١)غير صحّيّ (٢)معتلّ الصحّة (٣)رديء؛ ضارّ (٤)فاسدٌ (أخلاقياً).
**unheard** *(adj.)* (١)غير مسموع (٢)غير معطىً فرصة للادلاء بوجهة نظره .
**unheard-of** *(adj.)* جديد ؛ لم يُسمَع به .
**unhinge** *(vt.)* يرفع (باباً) عن مِفصلاته.
**unhitch** *(vt.)* يَفُكّ ؛ يَحُلّ .
**unholy** *(adj.)* (١)غير مقدّس (٢)شرّير .
**unhook** *(vt.)* (١)ينزع من الكُلاّب (٢)يَفُكّ.
**unhorse** *(vt.)* يطرح (عن صهوة الجواد).
**uni-** بادئة معناها: أُحاديّ؛ مفرَد.
**unicameral** *(adj.)* ذو مجلس تشريعيّ واحد.
**unicellular** *(adj.)* أُحاديّ الخليّة .
**unicorn** *(n.)* أُحاديّ القرن : حيوان خرافيّ .

**unification** *(n.)* (١)توحيد (٢)اتحاد .
**uniform** *(adj.; n.; vt.)* (١)منتظم؛ مُتّسِق. (٢)متماثل؛ متشاكل (٣)مطّرِد §(٤)بزّة أو بذلة نظاميّة §(٥)يجعله منتظماً أو متّسقاً الخ.
**uniformity** *(n.)* (١)انتظام؛ اتّساق (٢) تماثل.
**unify** *(vt.)* يُوَحِّد .
**unilateral** *(adj.)* من جانب واحد .
**unimpeachable** *(adj.)* موثوق: لا يرقى إليه الشكّ أو الاتّهام .
**unimproved** *(adj.)* غير مُحسَّن .
**unintelligible** *(adj.)* غامض؛ لا يمكن فهمه.
**unintentional** *(adj.)* غير متعمَّد .

**union** *(n.; adj.)* (١) توحيد (٢) اتحاد (٣) زواج (٤) وئام (٥) نقابة (عمال) (٦) وصِيلة (في الميكانيكا) § (٧) اتحاديّ؛ نقابيّ.

pipe union

**unionist** *(n.)* (١) الاتحاديّ: المؤيد للاتحاد (٢) النقابيّ: عضو نقابة عماليّة.

**unionize** *(vt.)* (١) يجعله عضواً في نقابة عماليّة (٢) يوحّد في نقابة.

**union jack** *(n.)* (١) راية الاتحاد (٢) الراية البريطانية.

**unique** *(adj.)* (١) وحيد (٢) فذّ؛ فريد.

**unison** *(n.)* (١) تساوق النغمات (٢) انسجام.

**unit** *(n.)* (١) واحد (٢) وحدة.

**unitarian** *(n.; adj.)* موحّد؛ قائل بإله واحد.

**unitary** *(adj.)* (١) وَحْديّ: ذو علاقة بوحدة أو وحدات (٢) وَحْدَويّ؛ مركزيّ (٣) متكامل.

**unite** *(vt.; i.)* (١) يوحّد (٢) يُلصِق (٣) يربط (٤) يجمع (في نفسه) صفتين أو أكثر × (٥) يتّحد (٦) يلتحم؛ يلتئم (العظمُ).

**united** *(adj.)* (١) مُتّحد (٢) مُشترَك.

**unity** *(n.)* (١) وحدة (٢) انسجام؛ اتّفاق.

**univalve** *(adj.)* أُحاديّ المصراع أو الصِّمام.

**universal** *(adj.)* (١) عامّ؛ شامل (٢) عالميّ؛ كونيّ (٣) كلّيّ (٤) جامع.

**universality** *(n.)* العموميّة؛ الشموليّة؛ العالَميّة.

**universal joint** *or* **coupling** *(n.)* الوُصْلة الجامعة (ميكانيكا).

**universally** *(adv.)* عموماً؛ بغير استثناء.

**universe** *(n.)* (١) الكون (٢) البشر.

**university** *(n.)* جامعة.

**unjust** *(adj.)* جائر؛ ظالم؛ غير عادل.

**unkempt** *(adj.)* (١) أشعث (٢) مُهمَل (٣) غير مصقول أو مهذّب.

**unkind** *(adj.)* قاسٍ؛ فظّ؛ غير كريم.

**unkindly** *(adj.; adv.)* (١) قاسٍ؛ فَظّ § (٢) بقسوة؛ بفظاظة.

**unknit** *(vt.)* يفكّك؛ يحلّ.

**unknown** *(adj.; n.)* (١) مجهول § (٢) شيء مجهول.

**unlade** *(vt.; i.)* يُفرغ الحمولة.

**unlatch** *(vt.)* يفتح (برفع المزلاج أو السقاطة).

**unlawful** *(adj.)* (١) محرّم (٢) غير شرعيّ.

**unlearn** *(vt.)* يَطّرِح فكرةً أو عادةً.

**unlearned** *(adj.)* (١) جاهل (٢) طبيعيّ؛ غير مكتسَب.

**unleash** *(vt.)* يحرّر؛ يطلق العِنان لـ.

**unless** *(conj.)* إلاّ إذا؛ ما لم.

**unlettered** *(adj.)* أمّيّ.

**unlike** *(prep.; adj.)* (١) مختلفٌ عن (٢) بخلاف كذا؛ على خلاف كذا § (٣) متخالف؛ غير متشابه (٤) غير متساوٍ.

**unlikely** *(adj.)* بعيد الاحتمال.

**unlimited** *(adj.)* (١) مُطلَق (٢) غير محدود.

**unload** *(vt.; i.)* (١) يُفرِّغ الحمولة (٢) يحرّر من عبء (٣) يفرّغ المسدّس من شحنته × (٤) يُفرّغ (المركبُ) حمولتَه.

**unlock** *(vt.)* (١) يفتح القُفل (٢) يفتح (٣) يحرّر؛ يُطلِق (٤) يحلّ (رموز الشيفرة الخ.).

**unlooked-for** *(adj.)* غير متوقَّع.

**unloose** *(vt.)* يُرْخي؛ يُطلِق؛ يفكّ.

**unlovely** *(adj.)* بغيض؛ كريه؛ بشِع.

**unluckily** *(adv.)* لسوء الحظّ.

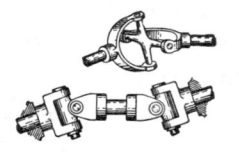

**unlucky** *(adj.)* مشؤوم ؛ منحوس ؛ قليل الحظّ.
**unman** *(vt.)* يُضعِفُه أو يُفقِده الشجاعة.
**unmanly** *(adj.)* (١) جبان (٢) مخنّث.
**unmannerly** *(adj.)* فظّ ؛ غليظ ؛ قليل الكياسة.
**unmask** *(vt.; i.)* (١) يكشف القناع عن. (٢) يفضح ×(٣) يخلع القناع.
**unmeaning** *(adj.)* (١) لا معنى له (٢) خلوٌ من المعنى أو التعبير (كنظرة الخ.).
**unmeet** *(adj.)* غير لائق ؛ غير ملائم.
**unmerciful** *(adj.)* عديم الرحمة.
**unmindful** *(adj.)* غافل عن ؛ غير منتبه إلى.
**unmistakable** *(adj.)* جليّ ؛ بيِّن ؛ واضح.
**unmitigated** *(adj.)* (١) غير ملطَّف (٢) تام.
**unmixed** *(adj.)* خالص ؛ صِرْف ؛ مَحْض.
**unmoved** *(adj.)* (١) هادىء ؛ لا مبال. (٢) ثابت ؛ باقٍ في مكانه.
**unnatural** *(adj.)* غير طبيعيّ أو سَوِيّ.
**unnecessary** *(adj.)* غير ضروريّ.
**unnerve** *(vt.)* (١) يُفقده شجاعته أو رباطة جأشه (٢) يثير أعصابه.
**unnumbered** *(adj.)* (١) لا يُعدّ ولا يُحصَى. (٢) غير مُرَقَّم.
**unoccupied** *(adj.)* (١) غير مشغول (بعمل ما). (٢) شاغر ؛ خالٍ.
**unorganized** *(adj.)* غير منظَّم.
**unorthodox** *(adj.)* (١) غير قويم الرأي أو المعتقَد (٢) غير تقليديّ.
**unpack** *(vt.; i.)* (١) يُفْرِغ (محتويات حقيبة الخ.) (٢) يفكّ (شيئاً محزوماً).
**unpaid** *(adj.)* (١) غير مأجور ؛ عاملٌ من غير أجر (٢) غير مدفوع أو مسدَّد.
**unpalatable** *(adj.)* غير لَذيذ المَذاق.
**unparalleled** *(adj.)* فذّ ؛ فريد ؛ لا نظير له.

**unpin** *(vt.)* (١) ينزع الدبوس (٢) يفكّ.
**unpleasant** *(adj.)* كريه ؛ بغيض.
**unpopular** *(adj.)* غير شعبيّ.
**unprecedented** *(adj.)* جديد ؛ لم يُسبَق إلى مثله.
**unpredictable** *(adj.)* لا يمكن التنبّؤ به.
**unprejudiced** *(adj.)* غير متحامل أو متحيِّز.
**unprepared** *(adj.)* غير مُستعدّ أو مُهيَّأ.
**unpretending** *(adj.)* غير مدَّعٍ ؛ متواضع.
**unpretentious** *(adj.)* بسيط ؛ متواضع.
**unprincipled** *(adj.)* بلا مبادىء (خُلُقيّة).
**unprofessional** *(adj.)* هاوٍ ؛ غير محترف.
**unprofitable** *(adj.)* غير مُربِح أو مُجْدٍ.
**unpromising** *(adj.)* غير واعد: غير مرجوّ النجاح أو الفائدة.
**unqualified** *(adj.)* (١) غير مؤهَّل (٢) باتّ ؛ قاطع (٣) تام (٤) مُفْرِط.
**unquestionable** *(adj.)* (١) لا يرقى إليه الشكّ (٢) لا نزاع فيه.
**unquestionably** *(adv.)* من غير ريب.
**unquestioned** *(adj.)* غير مُفنَّد ؛ من غير تفنيد.
**unquiet** *(adj.)* (١) مضطرب (٢) قَلِق.
**unquote** *(vi.)* يختم كلاماً مقتبساً.
**unravel** *(vt.; i.)* (١) يَحُلّ ×(٢) ينحلّ.
**unread** *(adj.)* (١) غير مقروء (٢) غير مطّلع.
**unreal** *(adj.)* غير حقيقي ؛ مصطنَع ؛ زائف.
**unreasonable** *(adj.)* غير عاقل أو معقول.
**unreasoning** *(adj.)* (١) مَسُوقٌ بالعاطفة الجامحة (٢) مُفْرِطٌ ؛ شديد ؛ بالغ.
**unreflective** *(adj.)* طائش.
**unregenerate** *(adj.)* (١) ضالّ: غير مهتدٍ إلى نور الإيمان (٢) عنيد.
**unrelenting** *(adj.)* (١) قاسٍ ؛ صارم (٢) لا يلين أو يضعُف.

**unreliable** *(adj.)* غير جدير بالثقة أو الاعتماد.
**unremitting** *(adj.)* متواصل ؛ غير منقطع .
**unreserved** *(adj.)* (١) تامّ ؛ كامل ؛ غير متحفّظ (٢) صريح .
**unrest** *(n.)* (١) قلق (٢) اضطراب .
**unrestrained** *(adj.)* (١) مُسْرِف ؛ غير مُقيَّد (٢) عفويّ ؛ غير مرتبك .
**unrestricted** *(adj.)* غير مقيَّد أو محدود.
**unrevenged** *(adj.)* غير مُثأر أو مُنتقَم له.
**unrewarded** *(adj.)* غير مُكافَأ أو مُجازَى.
**unrighteous** *(adj.)* (١) آثم ؛ شرير (٢) ظالم.
**unripe** *(adj.)* فِجّ ؛ غير ناضج .
**unrival(l)ed** *(adj.)* فَذّ ؛ منقطع النظير .
**unroll** *(vt.; i.)* (١) يَنْشر ؛ يبسط (٢) يكشف عن × (٣) ينتشر ؛ ينبسط .
**unruffled** *(adj.)* (١) هادىء (٢) أملَس .
**unruly** *(adj.)* (١) عنيد (٢) جامح ؛ عاصف الخ .
**unsaddle** *(vt.; i.)* (١) ينزع السّرج عن. (٢) يطرح عن صهوة الجواد .
**unsafe** *(adj.)* خطِر ؛ مأمون ؛ لا يوثَق به .
**unsavory** *(adj.)* (١) تَفِهٌ ؛ بلاطعم (٢) كريه .
**unsay** *(vt.)* يسحب كلامه ؛ يرجع عن كلامه .
**unscathed** *(adj.)* سالم ؛ لم يُصَبْ بأذى .
**unschooled** *(adj.)* (١) غير معلَّم أو مُدرَّب . (٢) طبيعي ؛ فطريّ .
**unscientific** *(adj.)* غير علميّ .
**unscrew** *(vt.)* يفكّ اللولب أو اللوالب .
**unscrupulous** *(adj.)* عديم الضمير ؛ مجرَّد من المبادىء الخلقيّة .
**unseal** *(vt.)* (١) يفُضّ الختم عن (٢) يفتح .
**unsearchable** *(adj.)* خفيّ ؛ لا يُسبَر غورُه .
**unseasonable** *(adj.)* في غير أوانه .
**unseat** *(vt.)* (١) يُنزله عن مقعده (٢) يخلع .
**unseemly** *(adj.)* غير ملائم أو لائق .

**unseen** *(adj.)* غير مرئيّ ؛ غير منظور .
**unselfish** *(adj.)* إيثاريّ ؛ غير أنانيّ .
**unsettle** *(vt.)* (١) يُزيح (٢) يُشوّش (٣) يزعزع (المعتقَداتِ الخ.) (٤) يُقلِق ؛ يثير .
**unsettled** *(adj.)* (١) مضطرب (٢) متقلّب . (٣) متردّد (٤) متنازَع فيه (٥) غير مستقرّ (٦) غير مأهول (٧) غير مسدَّد أو مُسوَّى .
**unsew** *(vt.)* يَفتُق أو يَمزُق (المَخيط) .
**unshackle** *(vt.)* يحرّر من الأغلال أو الأصفاد.
**unsheathe** *(vt.)* يستلّ (من غمد) .
**unship** *(vt.)* (١) يُنزل (الركّاب أو السلَع) من سفينة (٢) ينزع (المجذاف الخ.) من مكانه.
**unshod** *(adj.)* حافٍ ؛ غير منتعِل .
**unsightly** *(adj.)* بشع ؛ قبيح .
**unskilled; unskillful** *(adj.)* غير بارع .

**unsophisticated** *(adj.)* (١) غير مغشوش . (٢) ساذج (٣) بسيط ؛ غير مزخرف أو معقّد.

**unsought** *(adj.)* (١) غير مُلتمَس أو منشود. (٢) غير مكتسَب بالجهد أو البحث .

**unsound** *(adj.)* (١) معتلّ الصحّة أو العقل. (٢) فاسد (٣) غير ثابت أو راسخ (٤) غير صحيح ؛ غير سليم (٥) خفيف .

**unsparing** *(adj.)* (١) قاس ؛ عديم الرحمة . (٢) وافر (٣) سخيّ .
**unspeakable** *(adj.)* (١) لا يُوصَف (٢) لا يصحّ ذكرُه ؛ رديء جداً .
**unspotted** *(adj.)* غير ملطَّخ أو ملوَّث .
**unstable** *(adj.)* (١) غير مُستقرّ (٢) مُزعزَع .
**unsteady** *(adj.)* (١) مُقلقَل ؛ غير مستقرّ . (٢) متقلّب (٣) غير مطّرد .
**unstop** *(vt.)* (١) ينزع السّدادة (٢) يفتح.
**unstrap** *(vt.)* يُرخي أو ينزع الحزام الخ.

**unstrung** *(adj.)* (١) مَرْخيّ أو منزوع الأوتار. (٢) متوتّر الأعصاب.
**unsubstantial** *(adj.)* (١) «أ» لا أساس له. «ب» وهميّ (٢) ضعيف.
**unsuccessful** *(adj.)* مخفق؛ غير ناجح.
**unsuitable** *(adj.)* غير ملائم أو لائق.
**unsung** *(adj.)* (١) غير مُغَنّى (٢) غير مُتغنّى به في الأغاني والقصائد.
**untangle** *(vt.)* يحلّ؛ يفكّ.
**untaught** *(adj.)* (١) جاهل (٢) طبيعيّ؛ عفويّ.
**untenable** *(adj.)* متعذّرٌ الدفاعُ عنه.
**unthankful** *(adj.)* عاقّ؛ جاحد للجميل.
**unthinkable** *(adj.)* لا يُتَصَوَّر؛ لا يُصَدَّق.
**unthinking** *(adj.)* (١) غافل (٣) غير عاقل.
**untidy** *(adj.)* (١) مُهْمَل؛ غير مرتّب. (٢) مُهمِل (٣) قَذِر.
**untie** *(vt.; i.)* (١) يفكّ × (٢) ينفكّ.
**until** *(prep.; conj.)* (١) إلى؛ حتى § (٢) إلى أن.
**untimely** *(adv.; adj.)* (١) في غير أوانه (٢) قبل الأوان § (٣) مبكّر (٤) غير ملائم؛ في غير محلّه.
**unto** *(prep.)* حتّى؛ إلى.
**untold** *(adj.)* (١) لا يُعَدّ ولا يُحصَى؛ غير محدود (٢) غير مَرْوِيّ.
**untouchable** *(adj.; n.)* (١) مُحَظَّرٌ مَسُّه. (٢) واقع وراء المتناوَل (٣) نَجِس § (٤) منبوذ.
**untoward** *(adj.)* (١) شَكِس (٢) صعب المراس (٣) مشؤوم (٤) معاكس.
**untried** *(adj.)* (١) غير مجرَّب (٢) غير مُحاكَم.
**untrue** *(adj.)* (١) خائن؛ غير وفيّ (٢) غير دقيق. (٣) كاذب؛ غير صحيح.
**untruthful** *(adj.)* كاذب؛ غير صحيح.
**untutored** *(adj.)* (١) غير مثقَّف (٢) ساذج.
**untwine** *(vt.; i.)* (١) يحلّ؛ يفكّ × (٢) ينحلّ.
**untwist** *(vt.; i.)* = untwine.

**unused** *(adj.)* (١) غير متعوِّد (٢) جديد؛ غير مستعمَل (٣) شاغر (٤) متراكم.
**unusual** *(adj.)* (١) نادر؛ استثنائي (٢) فريد؛ فذّ.
**unutterable** *(adj.)* لا يوصف؛ يجلّ عن الوصف.
**unvarnished** *(adj.)* (١) غير مصقول. (٢) صريح.
**unveil** *(vt.; i.)* (١) يكشف النقاب عن × (٢) يميط اللثام (عن وجهه).
**unwarrantable** *(adj.)* لا مبرِّر له؛ غير لائق.
**unwarranted** *(adj.)* غير مُرَخَّص به.
**unwearied** *(adj.)* (١) غير مُتْعَب (٢) لا يعرف التعب أو الكَلَل.
**unweave** *(vt.)* (١) يَنقُض النسج (٢) يَحُلّ.
**unwell** *(adj.)* مريض؛ معتلّ الصحّة.
**unwholesome** *(adj.)* (١) ضارّ؛ مؤذٍ. (٢) فاسد (٣) كريه.
**unwieldy** *(adj.)* صعب المأخذ؛ غير عمليّ.
**unwilling** *(adj.)* (١) معارض (٢) غير مقصود. (٣) كارِهٌ لِـ (٤) عنيد.
**unwind** *(vt.)* يحلّ؛ يفكّ؛ يَبْسُط؛ ينشر.
**unwise** *(adj.)* أحمق؛ طائش؛ غير حكيم.
**unwitting** *(adj.)* (١) غير متعمَّد أو مقصود. (٢) غير عالمٍ أو دارٍ.
**unwonted** *(adj.)* نادر؛ غير مألوف.
**unworldly** *(adj.)* (١) روحيّ (٢) ساذج.
**unworthy** *(adj.)* (١) تافه (٢) حقير (٣) جائر. (٤) غير جدير بِ (٥) غير مستحقّ.
**unwrap** *(vt.)* (١) يفتح (٢) يَبسُط؛ يَنشُر.
**unwritten** *(adj.)* غير مكتوب.
**unyielding** *(adj.)* (١) قاسٍ؛ صُلْب (٢) عنيد.
**unyoke** *(vt.)* (١) يحرر من النير (٢) يفكّ.

**upholstery** *(n.)* موادّ التنجيد .
**upkeep** *(n.)* (١) صيانة (٢) أجر الصيانة .
**upland** *(n.)* نَجْد؛ مرتفع من الأرض.
**uplift** *(vt.; n.)* (١) يرفع (٢) يرقّي؛ ينهض بـِ؛ §(٣) رفع؛ ارتفاع (٤) ترقية؛ نهوض بـِ (٥) حركة إنهاض (أخلاقيّ أو ثقافيّ) .
**upmost** *(adj.)* = uppermost.
**upon** *(prep.)* (١) على (٢) فوق (٣) بُعَيْد . (٤) نزولاً (عند طلب) (٥) عند؛ حين.
**upper** *(adj.; n.)* (١) عُلْويّ (٢) أعلى (٣) فَوْقيّ §(٤) الفَرْعَة : الجزء العلوي من الحذاء .

on one's ~ *s* (١) بالي النّعل (٢) مُعْدِم؛ فقير .

**upper-class** *(adj.)* ارستوقراطيّ .
**upper hand** *(n.)* هيمنة؛ سيطرة؛ سلطة .
**uppermost** *(adj)* الأعلى؛ الأرفع؛ الأسمى.
**uppish** *(adj.)* مغرور؛ معتدّ بنفسه .
**upraise** *(vt.)* يرفع .
**uprear** *(vt.)* (١) يرفع (٢) يشيِّد .
**upright** *(adj.; n.)* (١) عموديّ؛ منتصِب . (٢) مستقيم §(٣) وضع أو شيء عموديّ .
**uprising** *(n.)* ثورة؛ انتفاضة .
**uproar** *(n.)* (١) اضطراب (٢) صَخَب؛ ضجّة .
**uproarious** *(adj.)* صاخب؛ ضاجّ .

**uproot** *(vt.)* يَجْتَثّ؛ يستأصل (من الجذور) .
**upset** *(vt.; i.; adj.; n.)* (١) يَقْلِب . (٢) يُقْلِق؛ يزعج (٣) يُفسد (نظامَ شيء) ×(٤) ينقلب §(٥) مَقْلُوب (٦) مضطرب أو مُفسَد النظام (٧) قَلِق §(٨) اضطراب (٩) قِلق .
**upshot** *(n.)* نتيجة .
**upside** *(n.)* الجانب أو الجزء الأعلى .
**upside down** *(adv.)* رأساً على عَقِب .

**up** *(adv.; adj.; vi.; t.)* (١) فوق (٢) إلى فوق . (٣) مستيقظاً (٤) عالياً (٥) على قدميه (٦) فما فوق (٧) لكلّ فريق §(٨) مشرق (٩) مستيقظ (١٠) عالٍ نسبياً (١١) مرفوع (١٢) مُشيَّد (١٣) فائر؛ ثائر (١٤) مستعدّ (١٥) جارٍ؛ حادث (١٦) مُنقضٍ؛ منتهٍ (١٧) حسَن الاطلاع (١٨) متّهَم أمام القضاء §(١٩) ينهض (٢٠) يرتفع ×(٢١) يرفع .

Parliament is ~ . انفضّ البرلمان .
~ and down (١) جيئةً وذهوباً . (٢) صعوداً ونزولاً .
~ *s* and downs صَرْف الزمان؛ سُعود الحياة ونحوسُها
~ to (١) كفوء أو أهل لـ (٢) حتى أو إلى كذا (٣) من واجبه كذا (٤) بمستوى كذا .
~ to date (را . date) .

**upas** *(n.)* (١) الأوباس : شجر يُتّخذ من عُصارته سُمّ للسهام (٢) عصارة الأوباس السامّة.
**upbraid** *(vt.)* يلوم أو ينتقد أو يوبّخ بقسوة .
**upbringing** *(n.)* تنشئة؛ تربية .
**upbuild** *(vt.)* يبني؛ ينشئ؛ يؤسّس .
**upgrowth** *(n.)* (١) نموّ؛ نشوء (٢) شيء نامٍ .
**upheaval** *(n.)* (١) ارتفاع (يصيب جزءاً من قشرة الأرض) (٢) جَيَشان؛ ثَوَران .
**uphill** *(n.; adv.; adj.)* (١) مرتَقى §(٢) صُعُداً (في هضبة الخ.) §(٣) قائم على مرتفَع (٤) صاعد (٥) شاقّ؛ عسير .
**uphold** *(vt.)* (١) يدعم (٢) يؤيِّد (٣) يرفع .
**upholster** *(vt.)* (١) ينجِّد (كرسياً الخ.) . (٢) يزوِّد (غرفة) بالستائر والسجّاد الخ.
**upholsterer** *(n.)* المنجِّد؛ منجِّد الأثاث .

**upstage** *(adv.)* نحو أو في مؤخّر المسرح.

**upstairs** *(adv.; adj.; n.)* (١)فوق (٢)في أو إلى طابق أعلى §(٣)علويّ §(٤)طابق أعلى .

**upstanding** *(adj.)* (١)منتصب (٢)مستقيم.

**upstart** *(vi.; n.; adj.)* (١) يثب فجأةً . §(٢)مُحْدَث النعمة (٣) مُدَّعٍ ؛ مغرور.

**upstream** *(adv.)* نحو أعلى النهر ؛ ضد التيّار.

**upturn** *(vt.; i.; n.)* (١)يقلب (٢)يقلب رأساً على عقب (٣) يوقع الاضطراب في (٤)يرفع ×(٥)يرتفع §(٦)اضطراب (٧)ارتفاع ؛ تحسّن.

**upward ; -s** *(adv.)* (١)إلى فوق ؛ نحو الأعلى. (٢) فصاعداً ؛ فما فوق .

**upward** *(adj.)* (١)صاعد (٢)أعلى ؛ عُليا .

**upwards of** *(adv.)* (١)أكثر من (٢)حوالى.

**uraemia** *(n.)* = uremia.

**uranium** *(n.)* اليورانيوم : عنصر اشعاعي النشاط

**Uranus** *(n.)* أورانوس : سابع الكواكب السيارة.

**urban** *(adj.)* مَدِينيّ : منسوب إلى المدينة .

**urbane** *(adj.)* مهذّب ؛ لطيف ؛ مصقول .

**urbanity** *(n.)* تهذيب ؛ لطف ؛ كياسة .

**urchin** *(n.)* (١) ولد صغير أو فقير أو شرّير . (٢) قنفذ البحر .

**urea** *(n.)* البَوْلَة : مادّة متبلّرة في البول .

**uremia** *(n.)* تَبَوْلُن الدم (مرض) .

**ureter** *(n.)* الحالب : عِرق يجري فيه البول .

**urethra** *(n.)* الإحليل ؛ مجرى البول .

**urge** *(vt.; n.)* (١)يُلحّ على (٢)يستحثّ ؛ يدفع بقوة §(٣) إلحاح (٤) دافعٌ ؛ حافز .

**urgency** *(n.)* (١)إلحاح (٢) الإلحاحيّة: كون الشيء مُلحّاً أو متطلّباً عملاً عاجلاً .

**urgent** *(adj.)* مُلِحّ ؛ كثير الإلحاح .

**uric** *(adj.)* بَوْليّ : ذو علاقة بالبول .

**uric acid** *(n.)* الحامض البوليّ .

**urinal** *(n.)* مَبْوَلة .

**urinalysis** *(n.)* تحليل البول (كيميائياً) .

**urinary** *(adj.)* بَوْليّ .

**urinate** *(vi.)* يَبُول ؛ يُبَوِّل .

**urine** *(n.)* بَوْل .

**urn** *(n.)* (١) جرّة (لحفظ رماد الموتى) (٢)وعاء ضخم للشاي أو القهوة (وبخاصة في مقهى ) .

urns 2.

**Ursa Major** *(n.)* الدُّبّ الأكبر (فلك) .

**Ursa Minor** *(n.)* الدُّبّ الأصغر (فلك) .

**ursine** *(adj.)* دُبِّيّ : متعلّق أو شبيهٌ بالدُّبّ.

**urticaria** *(n.)* الشَّرَى : مرض جلديّ.

**us** *(pron.)* نا : ضمير المتكلمين في النصب والجر.

**usable** *(adj.)* قابلٌ أو صالحٌ للاستعمال .

**usage** *(n.)* (١)عُرْف (٢)استعمال (٣)معاملة.

**use** *(vt.; i.; n.)* (١)يعود (٢)يستعمل ؛ يستخدم. (٣) يعامل ×(٤) يتعوّد §(٥) استعمال (٦)عُرْف ؛ عادة (٧) فائدة ؛ نَفْع (٨) حاجة ؛ ضرورة .

in ~, رَهْن الاستعمال ؛ قيد الاستعمال .
out of ~, غير مستعمَل ؛ لم يعد مستعمَلاً .
to come into ~, يبدأ استعمالُهُ .
to make (good) ~ of يُفيد من .
to ~ up يستهلك ؛ يستنفد .

**useable** *(adj.)* = usable.

**used** *(adj.)* (١)مستخدَم (٢)مستعمَل (٣)متعود

**useful** *(adj.)* نافع ؛ مفيد .

**useless** *(adj.)* عقيم ؛ عديم الجدوى.

**user** *(n.)* المستعمِل .

**usher** *(n.; vt.)* (١) الحاجب (في محكمة). (٢) الدليل: مرشد النظارة إلى مقاعدهم (في مسرح الخ.) §(٣)يقود أو يرشد امرءاً إلى مقعده (٤) يُدخِل (٥)يواكب (٥)يبشّر باقتراب شيء.

**usual** *(adj.)* معتاد؛ مألوف؛ اعتيادي.

**usufruct** *(n.)* حقّ الانتفاع (بممتلكات شخص آخر من غير أن يتلفها).

**usurer** *(n.)* المُرابي؛ المقرِض بالرِّبا.

**usurious** *(adj.)* (١)مراب (٢)خاصّ بالرِّبا.

**usurp** *(vt.; i.)* يغتصب (العرشَ الخ.).

**usury** *(n.)* (١)المراباة: إقراض المال بالرِّبا (٢)رِبا.

**utensil** *(n.)* (١) إناء؛ وعاء (٢) أداة.

**uterine** *(adj.)* (١)من ناحية الأمّ (٢)رَحِميّ.

**uterus** *(n.)* الرَّحِم (في التشريح).

**utilitarian** *(adj.)* (١)مَنْفَعيّ (٢) هادفٌ إلى المنفعة (لا إلى الجمال أو الأسلوب الخ.).

**utilitarianism** *(n.)* مذهب المنفعة.

**utility** *(n.)* (١)منفعة؛ نَفْع؛ فائدة (٢)شيء نافع أو مُعَدّ للاستعمال (٣) مؤسّسة ذات منفعة عامّة.

**utilize** *(vt.)* (١)يفيد من؛ ينتفع بـ(٢)يستخدم؛ يحوّل لغرض نافع.

**utmost** *(adj.; n.)* (١)أعظم؛ أكبر (٢)أقصى؛ أبعد (٣) آخِر §(٤) الحدّ الأقصى.

Do your ~, أُبْذُل أقصى جهدِك.

**Utopia** *(n.)* اليوطوبيا؛ المدينة الفاضلة: دنيا مثالية من حيث قوانينُها وحكومتُها وأحوالها الاجتماعيّة.

**Utopian** *(adj.)* (١)يوطوبيّ (٢)خياليّ؛ وهميّ.

**utricle** *(n.)* قُرَيْبة؛ كيس صغير.

**utter** *(adj.; vt.)* (١)تامّ؛ كلّيّ؛ مُطْلَق. §(٢)يطلق؛ (صوتاً)؛ يلفظ؛ يفوه بـ؛ يعبّر عن (٣) يروّج العملة الزائفة.

**utterance** *(n.)* (١) تفوّه؛ تعبير (٢) نُطق؛ كلام؛ قول (٣) مَلَكة الكلام أو طريقتُه (٤)ترويج للعملة الزائفة.

**utterly** *(adv.)* تماماً؛ بكلّ ما في الكلمة من معنى.

**uttermost** *(adj.; n.)* (١)أقصى (٢)أعظم؛ أكبر أعلى؛ أسمى §(٣) منتهَى؛ غاية (٤)قُصارَى الجهد.

**uvula** *(n.)* اللَّهاة؛ لهاة الحلق.

**uvular** *(adj.)* لَهَويّ: خاصّ باللَّهاة.

**uxorious** *(adj.)* مفتونٌ بزوجته أو خانعٌ لها.

# V

*Victor Emanuel Gallery* (Milan, Italy)

**v** *(n.)* (١) الحرف الـ ٢٢ من الأبجديّة الانكليزية.

**vacancy** *(n.)* (١) بِطالَة (٢) خُلُوّ؛ شُغُور. (٣) فراغ (٤) غرفة أو وظيفة شاغرة.

**vacant** *(adj.)* (١) شاغر (٢) فارغ؛ لا عمل فيه. (٣) أحمق (٤) خِلْوٌ من التعبير (٥) مهجور.

**vacate** *(vt.)* (١) يُبطِل؛ يُلغي (٢) يُخلي. (٣) يتخلّى عن (منصب الخ.).

**vacation** *(n.; vi.)* (١) إبطال؛ إلغاء (٢) إخلاء. (٣) تخلٍّ عن (٤) عطلة §(٥) يقضي عطلة.

**vacationer; vacationist** *(n.)* الآخذ عطلة

**vaccinate** *(vt.)* يُلقِّح (ضدّ الجدَري أو غيره).

**vaccination** *(n.)* تلقيح (ضد الجدري الخ.).

**vaccine** *(n.)* لِقاح (ضدّ الجُدَريّ وغيره).

**vacillate** *(vi.)* (١) يتذبذب؛ يترجّح (٢) يتردّد.

**vacillating** *(adj.)* (١) متذبذب؛ متخطّر؛ مترجّح (٢) متردّد.

**vacillation** *(n.)* تذبذُب؛ ترجُّح؛ تردُّد.

**vacuity** *(n.)* (١) فراغ (٢) فقدان (٣) بلاهة.

**vacuous** *(adj.)* (١) فارغ (٢) أبله (٣) متبطّل.

**vacuum** *(n.)* pl. **-s** *or* **vacua** فراغ؛ خواء.

**vacuum bottle** *(n.)* الزجاجة الحَوائيّة: زجاجة محاطة بوعاء بينها وبينه فراغ.

**vacuum cleaner** *(n.)* المكنسة الكهربائيّة.

**vacuum pump** *(n.)* المضخّة الحَوائيّة.

**vacuum tube** *or* **valve** *(n.)* الصِّمام المفرَّغ.

**vagabond** *(adj.; n.; vi.)* (١) متشرّد. §(٢) يتشرّد.

**vagabondage** *(n.)* تَشَرُّد.

**vagary** *(n.)* (١) تقلُّب (٢) وَهْم؛ هوى.

**vagina** *(n.)* مَهْبِل (في التشريح).

**vaginate; -d** *(adj.)* مُغمَّد؛ مزوَّد بغمد.

**vagrancy** *(n.)* تشرُّد.

**vagrant** *(n.; adj.)* (١) المُتَشَرِّد (٢) سكّير؛ متشرّد (٣) الطوّاف؛ الجوّال §(٤) متشرّد (٥) تائه؛ زائغ.

**vague** *(adj.)* غامض؛ مُبهَم؛ غير واضح.

**vagueness** *(n.)* غموض؛ إبهام.

**vain** *(adj.)* (١) فارغ ؛ تافه (٢) عقيم ؛ غير مُجْدٍ (٣) مَزْهُوّ ؛ مُختال .

in ~, (١) عبثاً (٢) هُزُؤاً ؛ بغير احترام .

**vainglorious** *(adj.)* مَزْهُوّ ؛ مُفعَم بالغرور .

**vainglory** *(n.)* زَهْوٌ ؛ خُيَلاء ؛ غرور .

**vainly** *(adv.)* (١) عَبَثاً (٢) بزَهْو ؛ بخُيَلاء .

**valance** *(n.)* ستارة قصيرة .

**vale** *(n.; interj.)* (١) وادٍ § (٢) وداعاً .

**valediction** *(n.)* وداع ؛ توديع .

**valedictorian** *(n.)* مُلقي خطبة الوداع : طالب يلقي خطبة الوداع في التخرّج .

**valedictory** *(adj.; n.)* (١) وداعي ؛ توديعي . § (٢) خطبة الوداع .

**valence** *or* **valency** *(n.)* التكافؤ (كيمياء) .

**Valenciennes** *(n.)* الفلنسيني : نوع من المخرّمات .

**valentine** *(n.)* (١) محبوبة تُختار أو تُحيّى في عيد القديس فالنتين (٢) بطاقة أو هدية صغيرة ترسل في هذا العيد .

**valerian** *(n.)* الناردين : «أ» نبات ذو زهر صغير . «ب» عقّار مهدّىء للأعصاب يُستخرج من جذور الناردين .

**valet** *(n.)* (١) خادم خصوصيّ (يُعنَى بملابس سيّده أو يُساعده على ارتدائها) (٢) مُستخدَم في فندق (ينظف الملابس أو يكويها الخ.) .

**valet de chambre** *(n.)* = valet.

**valetudinarian** *(n.; adj.)* مريض ؛ سقيم .

**valiant** *(adj.; n.)* شجاع ؛ باسل .

**valid** *(adj.)* (١) شرعيّ ؛ قانونيّ (٢) صحيح . (٣) مُلزِم ؛ ساري المفعول .

**validate** *(vt.)* (١) يجعله شرعياً ؛ يصادق رسمياً على كذا (٢) يؤيّد ؛ يثبّت .

**validity** *(n.)* (١) شرعية ؛ صحة (٢) سرَيان مفعول

**valise** *(n.)* حقيبة ؛ حقيبة سفر .

**valley** *(n.)* وادٍ .

**valor** *or* **valour** *(n.)* شجاعة ؛ بسالة .

**valorization** *(n.)* تثبيت أسعار السلَع (بتدخلٍ أو عونٍ حكوميّ ) .

**valse** *(n.)* الفالس : رقصة الفالس أو موسيقاها .

**valuable** *(adj.; n.)* (١) ذو قيمة (٢) نفيس ؛ ثمين ؛ قيّم § (٣) شيء ذو قيمة .

**valuation** *(n.)* (١) تقييم ؛ تخمين (٢) القيمة المقدّرة (٣) تقدير .

**value** *(n.; vt.)* (١) قيمة (٢) قَدْر ؛ أهميّة . § (٣) يقيّم ؛ يثمّن (٤) يقدّر ؛ يُجِلّ .

**valueless** *(adj.)* تافه ؛ عديم القيمة .

**valvate** *(adj.)* ذو صِمامات أو مصاريع .

**valve** *(n.)* (١) صِمام (٢) مِصراع .

**valved** *(adj.)* مُصرَّع : ذو مصاريع أو صِمامات

**valvular** *(adj.)* صِماميّ ؛ مِصْراعيّ .

**vamoose** *(vi.)* يَرحل ؛ يرتحل .

**vamp** *(n.; vt.)* (١) مقدّم فَرعة الحذاء (٢) رُقْعة (٣) شيءٌ مُرَقَّع (٤) مُغْوِية الرّجال § (٥) يزوّد فرعة الحذاء بمقدّم جديد (٦) يرقّع ؛ يرقّع (٧) يلفّق (٨) تُغْوِي (الرجلَ) بمفاتنها .

vamp 1

**vampire** *(n.)* (١) الهامّة: جثة يُعتقَد أنها تفارق القبر ليلاً لتمتصّ دماء النائمين (٢) مبتزّ أموال الناس (٣) مُغْوية الرجال (٤) خُفّاش.

**van** *(n.)* (١) مِروحة (٢) جَناح (٣) طليعة الجيش (٤) عربة؛ شاحنة.

**vandalism** *(n.)* الوَنْدَلَة: تخريب متعمَّد للممتلكات العامة أو الخاصة.

**Vandyke** *(n.)* الوَنْدَكيّة: «أ» قبّة عريضة مسنّنة الحاشية. «ب» لحية قصيرة مستدقة الطَّرَف.

**vane** *(n.)* (١) الدوّارة: دليل اتجاه الرّيح (٢) المُتَغيِّر؛ المتقلِّب (٣) ريشة المروحةِ أو الطاحونةِ الهوائيّة.

vane 1.

**vanguard** *(n.)* (١) طليعة الجيش (٢) طليعة حركة ما.

**vanilla** *(n.)* الوَنيليّة: «أ» نبات أميركي. «ب» ثمر الونيليّة أو عطرُهُ الذي تعطّر به بعض المآكل.

**vanish** *(vi.)* (١) يغيب (عن النظر) (٢) يتلاشى.

**vanity** *(n.)* (١) شيء فارغ أو تافه (٢) فراغ؛ تفاهة (٣) خُيَلاء؛ غرور (٤) حلية تافهة؛ شيء أنيق تافه (٥) علبة لمستحضرات التجميل.

**vanquish** *(vt.)* يهزم؛ يقهر؛ يتغلّب على.

**vantage** *(n.)* (١) أفضليّة (٢) حالة تمنح المرء أفضلية (٣) فرصة مؤاتية.

**vanward** *(adj.)* طليعيّ؛ في المقدّمة.

**vapid** *(adj.)* تفِه؛ مُبتذَل؛ مُضجِر؛ «بايخ».

**vapor** *(n.; vi.)* (١) بخار (٢) ضباب (٣) وهم. § (٤) يتبخّر (٥) يتبجّح؛ يتفاخر.

**vaporing** *(n.)* تبجّح؛ تَفاخُر.

**vaporization** *(n.)* (١) تبخير × (٢) تبخُّر.

**vaporize** *(vt.; i.)* (١) يبخّر × (٢) يتبخّر.

**vaporous** *(adj.)* (١) بخاريّ (٢) ضبابيّ (٣) وهميّ (٤) سريع الزوال (٥) رقيق.

**vapory** *(adj.)* (١) بخاريّ؛ ضبابيّ (٢) غامض.

**vapour** *(n.; vi.)* = vapor.

**variable** *(adj.; n.)* (١) متقلّب (٢) متغيّر أو قابل للتغيير § (٣) شيء متقلب أو متغيّر.

**variance** *(n.)* (١) اختلاف؛ تفاوت؛ فَرْق. (٢) خلاف؛ نزاع.

at ~, على خلاف أو نزاع أو تعارض مع.

**variant** *(adj.; n.)* (١) متنوّع (٢) مختلِف. § (٣) شكل مختلف (٤) تهجئة مختلفة لكلمة.

**variation** *(n.)* (١) تغيير (٢) تغيُّر؛ اختلاف. (٣) شكل مختلف لشيء ما (٤) انحراف.

**varicolored** *(adj.)* ملوّن؛ كثير الألوان.

**varicose** *(adj.)* متوسِّع (صفة للأوردة).

**varied** *(adj.)* (١) مغيَّر؛ معدَّل (٢) متنوّع (٣) متعدّد الألوان.

**variegate** *(vt.)* (١) يرقّش؛ يلوّن (٢) ينوّع.

**variegated** *(adj.)* (١) مرقَّش؛ ملوَّن (٢) منوَّع

**var** 529 **veg**

**variety** *(n.)* (١) تنوُّع (٢) تشكيلة ؛ مجموعة منوَّعة (٣)نوع (٤)منوعات غنائيّة الخ.

**variety show** *(n.)* حفلة منوَّعات .

**variety store** *(n.)* مخزن المنوَّعات .

**variola** *(n.)* الجُدَريّ (مرض) .

**variorum** *(n.)* الطبعة المحقَّقة : طبعة من كتاب (كلاسيكي بخاصة) تشتمل على تعليقات بأقلام عدد من النقّاد .

**various** *(adj.)* (١)متنوّع ؛ متعدّد الأشكال. (٢) متباين (٣) كثير ؛ مختلِف ؛ شتّى .

**varix** *(n.)* الدَّوالي : توسُّع الأوردة.

**varlet** *(n.)* الوغد ؛ اللئيم .

**varnish** *(n.; vt.)* (١) البَرْنيق ؛ الورنيش . (٢) طِلاء (٣) لمعة (٤) مظهر خادع . §(٥) يصقل .

**varsity** *(n.)* (١)جامعة (٢)المنتخَب : منتخب رياضيّ ممثّل لجامعة أو نادٍ .

**vary** *(vt.; i.)* (١)يغيّر (٢)ينوِّع ×(٣)يتغيّر. (٤) يختلف ؛ يتفاوت (٥)ينحرف.

**vascular** *(adj.)* وعائيّ : متعلّق بالأوعية الدمويّة.

**vase** *(n.)* الزَّهرية : إناء للزينة أو للزهور .

**vaseline** *(n.)* الفازلين : مرهم يُصْنَع من النفط.

**vassal** *(n.; adj.)* (١)المُقْطَع : شخص يُقطعه السيد الاقطاعي أرضاً لقاء تعهده بتقديم المساعدة العسكريّة إليه (٢)التابع ؛ الخادم §(٣)خانع ؛ ذليل .

**vassalage** *(n.)* (١) المُقطَعيّة : حالة المُقطَع أو الخدمات المفروضة عليه (٢) إقطاعة (٣) خضوع ؛ عبوديّة .

**vast** *(adj.; n.)* (١)وسيع ؛ فسيح (٢)ضخم. §(٣) اتساع (٤) مقدار ضخم .

**vastness** *(n.)* اتساع ؛ انفساح ؛ ضخامة .

**vasty** *(adj.)* واسع ؛ فسيح ؛ ضخم .

**vat** *(n.)* الراقود : وعاء ضخم للسوائل يُستخدم للتكرير أو التخمير أو الصباغة أو الدباغة .

**Vatican** *(n.)* الفاتيكان : المقرّ البابويّ في رومة.

**vaudeville** *(n.)* (١)الفودفيل ؛ الملهاة : مسرحيّة هزليّة خفيفة (٢) حفلة منوَّعات .

**vault** *(n.; vt.; i.)* (١)عَقْد ؛ قنطرة (٢)السماء ؛ الزرقاء (٣)سرداب (٤) قبو (٥) خشخاشة ؛ مدفن (تحت الأرض) (٦) وَثْب ؛ وثبة §(٧) يَعْقُد ؛ يُقنطر ×(٨)يقفز ؛ يثب.

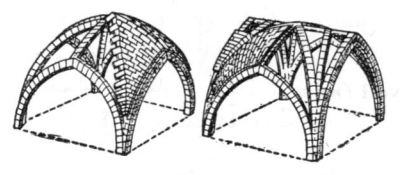

vaults 1.

**vaulting horse** *(n.)* حصان الوَثْب : حصان خشبيّ للتمرّن على الوَثْب .

vaulting horse

**vaunt** *(vi.; t.; n.)* (١)يتبجّح §(٢) تبجُّح .

**veal** *(n.)* (١)عِجْل (٢) لحم العِجل .

**vedette** *(n.)* (١)الدَّيْدَب : فارس يحرس مخافر الجيش الأماميّة (٢) زورق استكشاف .

**veer** *(vi.; t.; n.)* (١)ينحرف ؛ يتغيّر اتجاهُهُ . ×(٢) يغيّر اتجاهَ كذا §(٣)تغيُّر الاتجاه.

**veery** *(n.)* الفيْريّ : السُّمنة الأميركية(طائر) .

**vegetable** *(n.; adj.)* (١)نبات (٢)نباتٌ من الخُضَر §(٣) نباتيّ (٤) رتيب ؛ بليد ؛ أبله .

**vegetable marrow** *(n.)* الكوسا (نبات) .

**vegetal** *(adj.)* نبــاتيّ .

**vegetarian** *(n.; adj.)* (١)النباتيّ : المقتصِر في طعامه على الخضر والحبوب والفاكهة §(٢) نباتيّ .

**vegetate** *(vi.; t.)* (١) يَنْبُت (٢) يحيا حياة بلادة وخمول × (٣) يزرع .

**vegetation** *(n.)* (١) نموّ النبات (٢) حياة بلادة وخمول (٣) الحياة النباتية (في إقليم ما) .

**vegetative** *(adj.)* (١) نامٍ (٢) نباتيّ (٣) خامل .

**vehemence** *(n.)* شدّة ؛ عنف ؛ اتّقاد الخ.

**vehement** *(adj.)* (١) شديد ؛ عنيف . (٢) متّقِد ؛ ملتهب (٣) متحمّس .

**vehicle** *(n.)* (١) مركبة ؛ عربة (٢) أداة نقل (للفكر أو الصوت الخ.) (٣) الحمّال : سائل تذوّب فيه الأدوية .

**veil** *(n.; vt.)* (١) حِجاب ؛ خِمار ؛ بُرقع . (٢) سِتار § (٣) يحجب (٤) يَستر .

to take the ~, ترهّب ؛ تصبح راهبةً .

**veiled** *(adj.)* (١) مُحَجَّب (٢) مُبطَّن .

**veiling** *(n.)* (١) حِجاب (٢) نسيج شفّاف.

**vein** *(n.; vt.)* (١) وَرِيد (٢) العِرق : «أ» ضلع الورقة أو جناح الحشرة . «ب» عِرق معدني. «ج» عِرق في الخشب أو الرخام (٣) مَسْحة (٤) مزاج § (٥) يعرِّق ؛ يجزِّع .

**veined; veiny** *(adj.)* مُعَرَّق ؛ مُجَزَّع .

**velar** *(adj.)* (١) غِشائيّ (٢) حَلْقيّ .

**vellum** *(n.)* (١) الرَّق : جلد للكتابة أو للتجليد. (٢) الورق الرَّقّي : ورق متين شبيه بالرَّق .

**velocipede** *(n.)* (١) دراجة ثلاثيّة (٢) عربة يد ثلاثيّة العجلات تُدْفَع على سكّة .

**velocity** *(n.)* سُرعة (الضوءِ الخ.) .

**velour ;-s** *(n.)* الفَيْلُور : ضرب من المخمل .

**velum** *(n.)* pl. **-la** (١) غشاء (٢) لهاة .

**velvet** *(n.; adj.)* (١) مُخْمَل (٢) نعومة . § (٣) مُخْمَليّ (٤) ناعم .

**velveteen** *(n.)* (١) المُخْمَلِين : مُخْمَلٌ قطنيّ (٢) *pl.*: ملابس مُخْمَليّة .

**velvety** *(adj.)* مُخْمَليّ ؛ ناعم .

**venal** *(adj.)* (١) قابلٌ للرشوة (٢) مشترىً بالمال. (٣) فاسد ؛ قائم على الرشوة .

**venality** *(n.)* الفساد ؛ القابليّة للرشوة .

**venation** *(n.)* التعرُّق : نظام انتشار العروق في ورقة نبات أو جناح حشرة.

venation

**vend** *(vt.)* يبيع .

**vendee** *(n.)* المشتري ؛ المبيع له .

**vender** *(n.)* =vendor.

**vendetta** *(n.)* الثأر (للقتيل بقتل قاتله أو أنسبائه) .

**vendible** *(adj.; n.)* (١) قابل للبيع ؛ ممكن بيعُه . (٢) سلعة قابلة للبيع .

**vendor** *(n.)* البائع .

**veneer** *(n.; vt.)* (١) قشرة خشبية (٢) طبقة خارجية (للوقاية أو الزينة) (٣) مظهر خادع § (٤) يكسو بقشرة زينيّة .

**venerable** *(adj.)* (١) مبجَّل ؛ موقَّر (٢) جليل.

**venerate** *(vt.)* يبجِّل ؛ يوقِّر .

**veneration** *(n.)* (١) تبجيل ؛ توقير (٢) مهابة .

**venereal** *(adj.)* (١) تناسليّ (٢) مصاب بمرض تناسليّ (٣) مُعَدّ لمعالجة الأمراض التناسليّة .

**venery** *(n.)* (١) صَيْد (٢) جِماع .

**venetian blind** *(n.)* الحاجبة الفينيسية : ستارة ذات أضلاع يمكن تعديلها لإدخال القدر المطلوب من النور .

**vengeance** *(n.)* انتقام ؛ اثّئار ؛ أخذ الثأر .

**vengeful** *(adj.)* حاقد ؛ توّاق إلى الانتقام .

**venial** *(adj.)* ممكنٌ اغتفارُه أو الصفح عنه .

**venison** *(n.)* (١) لحم الطرائد (٢) لحم الغزال.

**venom** *(n.)* (١) سُمّ (٢) حقد؛ غِلّ.

**venomous** *(adj.)* (١) سامّ (٢) حقود؛ ضغِن.

**venous** *(adj.)* (١) عِرقيّ (٢) كثير العروق. (٣) وريديّ.

**vent** *(n.; vt.)* (١) ثُقْب: فُتْحَة (٢) مَنْفَذ؛ مَصْرَف؛ مَخْرَج (٣) شرج؛ إست (٤) فجوة أنبوبيّة (في بركان) (٥) شِقّ طولِيّ § (٦) يزوِّد بفتحة أو مَصْرَف (٧) يصرِّف؛ يَكُون مَصْرِفاً لـ (٨) يصبّ (جامّ غضبه) (٩) ينفّس عن.

**ventilate** *(vt.)* (١) يبحث؛ يناقش (٢) يعلن أو يعبّر عن (٣) يُهَوّي (حجرةً الخ.).

**ventilation** *(n.)* (١) تَهوية (٢) وسيلة تَهوية.

**ventilator** *(n.)* مِهْواة؛ مروحة تَهوية.

**ventral** *(adj.; n.)* (١) بطنيّ § (٢) زِعنفة بطنية.

**ventricle** *(n.)* (١) تجويف (٢) بُطَين القلب أو الدماغ (تشريح).

**ventriloquism** *(n.)* التكلُّم البطنيّ.

**ventriloquist** *(n.)* المتكلِّم من بطنه.

**venture** *(n.; vt.; i.)* (١) مغامرة؛ مجازفة. (٢) مضاربة (٣) مال مغامَرٌ به في مضاربة أو مشروع تجاريّ § (٤) يغامر بـ (٥) يتجرّأ على × (٦) يغامر؛ يقوم بمغامرة.

**venturer** *(n.)* المغامر (وبخاصة في التجارة).

**venturesome** *(adj.)* مغامِر أو منطوٍ على مغامرة.

**venturous** *(adj.)* = venturesome.

**venue** *(n.)* (١) موقع حدوث الجريمة (٢) مكان إقامة الدعوى (٣) مسرح الحوادث.

**Venus** *(n.)* (١) فينوس: إلاهة الحب والجمال عند الرومان (٢) الزُّهرة (فلك).

**veracious** *(adj.)* (١) صادق (٢) صحيح؛ دقيق.

**veracity** *(n.)* (١) صدق (٢) صحّة؛ دقّة. (٣) حقيقة.

**veranda; -randah** *(n.)* شُرْفَة؛ «فارندة».

**verb** *(n.)* فعل (في قواعد اللغة).

**verbal** *(adj.)* (١) لفظيّ؛ كلاميّ (٢) فعليّ (في قواعد اللغة) (٣) شفهيّ (٤) حرْفيّ.

**verbally** *(adv.)* (١) لفظياً (٢) شفهياً (٣) حرفياً.

**verbal noun** *(n.)* الاسم الفعليّ: اسم مشتقّ من الفعل مباشرة.

**verbatim** *(adj.; adv.)* حَرْفيّ أو حرفياً.

**verbena** *(n.)* رِعْيُ الحمام (نبات).

**verbiage** *(n.)* (١) الحشو (في الكلام) (٢) لغة.

**verbose** *(adj.)* (١) مُسْهَب (٢) مُسهِب.

**verbosity** *(n.)* إسْهاب؛ إطْناب.

**verdancy** *(n.)* خُضْرة؛ اخضرار.

**verdant** *(adj.)* (١) أخضر (٢) مُخْضَوْضِر (٣) غِرّ؛ قليل الاختبار.

**verdict** *(n.)* (١) حُكم المحلَّفين (٢) رأي؛ حكم.

**verdigris** *(n.)* الزِّنجار : صدأ النحاس والبرونز .
**verdure** *(n.)* (١) خُضرة ؛ خضرة النبات . (٢) النبت الأخضر (٣) نَضْرَة ؛ عافية .
**verge** *(n.; vi.)* (١) صولجان (٢) محور دوران (في ميزان الساعة) (٣) حافّة ؛ حدّ (٤) شَفا ؛ شَفير (٥) أفق § (٦) يجاور ؛ يتاخم (٧) يُشْرِف على .
**verger** *(n.)* (١) حامل الصولجان (أمام أسقف الخ.) (٢) قَنْدَلَفْت .
**verifiable** *(adj.)* ممكنٌ إثباتُه أو التحقّق منه .
**verify** *(vt.)* (١) يؤكّد صحة شيء (مُقْسِماً أمام القضاء) (٢) يُثْبِت (٣) يتحقّق من .
**verily** *(adv.)* (١) من غير رَيْب (٢) حقّاً ؛ يقيناً .
**verisimilitude** *(n.)* (١) احتمال (٢) شيء مُحتَمَل أن يكون صادقاً أو صحيحاً .
**veritable** *(adj.)* (١) حقيقيّ (٢) صحيح .
**verity** *(n.)* (١) حقيقة (٢) صدق .
**verjuice** *(n.)* عُصارة الحِصرِم ونحوه .
**vermicelli** *(n.)* الشُّعَيْرِيّة : معكرونة رفيعة جداً .
**vermicide** *(n.)* مُبيد الدّيدان .
**vermiform** *(adj.)* دُوَيْدِيّ ؛ دُوديّ الشكل .
**vermiform appendix** *(n.)* الزائدة الدوديّة
**vermilion** *(n.)* اللون القِرمِزيّ .
**vermin** *(n.)* (١) هَوامّ ؛ حشرات طفيلية الخ. (٢) طيور أو حيوانات ضارة بالحيوانات الأخرى (٣) شخص مؤذٍ .
**verminous** *(adj.)* (١) مؤذٍ (٢) قَذِر . (٣) دوديّ ؛ هواميّ المنشأ .
**vermouth** *(n.)* الفيرموت : ضرب من الخمر .
**vernacular** *(adj.; n.)* (١) عاميّ (٢) بلديّ ؛ وطنيّ § (٣) اللغة العاميّة (٤) لغة إقليم أو جماعة ما .
**vernal** *(adj.)* (١) ربيعيّ (٢) جديد (٣) نَضْر .
**vernal equinox** *(n.)* الاعتدال الربيعيّ .
**vernation** *(n.)* التّرتيب البرعميّ : ترتيب الأوراق في البرعم .
**vernier** *(n.)* الوَرْنيّة : مقياس صغير منزلق على أداة مدرّجة لتبيان كُسُور تقسيماتها .
**veronica** *(n.)* زهرة الحواشي (نبات) .
**versatile** *(adj.)* متعدّد الجوانب أو البراعات .
**verse** *(n.)* (١) بيت من الشعر (٢) شِعْر . (٣) قصيدة (٤) مقطع شِعريّ (٥) آية .
**versed** *(adj.)* متمكّن ؛ متضلّع (من موضوع ما) .
**versicle** *(n.)* جملة أو آية يقولها الكاهن أو ينشدها فيردّدها المؤمنون بعدَه .
**versification** *(n.)* النَّظْم : نظم الشعر .
**versifier** *(n.)* الناظِم ؛ وبخاصة : النّظّام .
**versify** *(vi.; t.)* (١) ينظم شعراً × (٢) يروي أو يصف بقالب شعريّ (٣) يحوّل إلى شعر .
**version** *(n.)* (١) ترجمة ؛ وبخاصة ترجمة للكتاب المقدّس (٢) رواية (لما حدث الخ.) (٣) نسخة معدّلة من أثر أدبيّ .
**verso** *(n.)* (١) الصفحة اليسرى (٢) قفا (الشيء) .
**verst** *(n.)* الفَرْست : مقياس روسيّ للطول .
**versus** *(prep.)* (١) ضدّ (٢) مقابِل ؛ إزاء .
**vertebra** *(n.)* pl. **-e** *or* **-s** . فَقارَة ؛ فَقْرَة .
**vertebral** *(adj.)* فَقاريّ ؛ فَقْرِيّ (تشريح) .
**vertebral column** *(n.)* العمود الفَقْرِيّ .
**vertebrate** *(n.; adj.)* (١) الفَقاريّ : حيوان من الفَقاريات § (٢) فَقاريّ .
**vertex** *(n.)* (١) رأس ؛ قمّة (٢) ذروة .
**vertical** *(adj.; n.)* (١) عموديّ ؛ رأسيّ ؛ شاقوليّ § (٢) خطّ أو وَضْع عموديّ .
**vertically** *(adv.)* عمودياً ؛ رأسياً ؛ شاقولياً .
**vertices** *pl. of* vertex.
**vertiginous** *(adj.)* (١) متقلّب (٢) دُواريّ . (٣) مُصابٌ بدُوار (٤) مدوِّخ (٥) دَوَرانيّ .

**vertigo** *(n.)* pl.-es *or* -gines دُوار ؛ دَوْخة.

**verve** *(n.)* نشاط ؛ حيويّة .

**very** *(adj.; adv.)* (١) حقيقيّ (٢) مطلق . (٣) بالذات (٤) عين ؛ نفس (٥) مجرّد § (٦) جداً ؛ إلى حدٍّ بعيد (٧) فعلاً (٨) تماماً .

**vesicle** *(n.)* (١) حُويصلة ؛ كُيَيْس (٢) بثرة.

**vesper** *(n.; adj.)* (١) *cap.* : نجمة السماء . (٢) ناقوس أو صلاة المساء § (٣) مسائيّ .

**vespers** *(n.pl.)* صلاة الغروب أو المساء .

**vespertine** *(adj.)* مسائيّ .

**vessel** *(n.)* (١) إناء ؛ وعاء (٢) مَركب (٣) طائرة. (٤) الوعاء الدموي : شريان ؛ وريد .

**vest** *(vt.; i.; n.)* (١) يقلّد ؛ يخوّل (٢) يعهد به إلى ؛ يُنيطُهُ بِ (٣) يُلبِس (أردية كهنوتيّة) × (٤) يصبح مِلكاً لفلان أو حقاً من حقوقه (٥) يلبس § (٦) ثوب (٧) صُدْرة .

**vestal** *(n.; adj.)* (١) عذراء فيستا : عذراء مكرّسة لخدمة فيستا ، ربّةِ نار الموقد عند الرومان (٢) عذراء (٣) راهبة § (٤) فيستاويّ : ذو علاقة بِ « فيستا » (٥) طاهر ؛ بتوليّ .

**vested** *(adj.)* (١) مَنُوطٌ بـ (٢) راسخ ؛ ثابت . (٢) مكسوّ ( بثياب اكليركيّة ) .

**vestee** *(n.)* صُدْرة نسائيّة زينيّة .

**vestibule** *(n.)* (١) مجاز أو رَدْهة (٢) مدخل مسقوف (في طرف حافلة من حافلات الركاب في السكّة الحديديّة ) .

**vestige** *(n.)* (١) أثر ؛ أثر القدم (٢) ذَرّة ؛ بقيّة ضئيلة (٢) عضوٌ أثاريّ ؛ عضوٌ لا وظيفي.

**vestment** *(n.)* (١) رداء (٢) رداء كهنوتيّ .

**vestry** *(n.)* (١) غرفة المقدّسات وملابس الكهنة. (٢) حجرة للاجتماعات والصفوف الكنسية (٣) مجلس الكنيسة .

**vesture** *(n.)* (١) ثوبٌ ؛ ثياب (٢) غطاء.

**vetch** *(n.)* البِيْقيّة ؛ البِيْقة : نبات عَلَفيّ .

**veteran** *(n.; adj.)* (١) جنديّ أو بحّار محنّك. (٢) محارب قديم (٣) شخص ممرَّس في السياسة أو في مهنة ما § (٤) محنّك ؛ ممرَّس ؛ عريق .

**veterinarian** *(n.)* طبيب بيطريّ .

**veterinary** *(adj.; n.)* (١) بيطريّ § (٢) طبيب بيطريّ .

**veto** *(n.)* (١) منع ؛ تحريم (٢) الفيتو : حقّ النقض أو الرفض (٣) بيان (يصدره الملك أو رئيس الجمهورية) بالأسباب الداعية إلى رفضه مشروعَ قرار ما .

**vex** *(vt.)* (١) يَغيظ ؛ يناكد ؛ يثير (٢) يحيّر ؛ يُربك (٣) يناقش (المسألةَ) مطوّلاً .

**vexation** *(n.)* (١) إغاظة (٢) مصدر إغاظة .

**vexatious** *(adj.)* (١) مُغيظ (٢) مضطرب .

**vexed** *(adj.)* (١) مَغيظ (٢) مناقَشٌ مطوّلاً .

**via** *(prep.)* (١) من طريق كذا (٢) بواسطة كذا.

**viable** *(adj.)* قابل للحياة أو للنموّ أو للتطبيق .

**viaduct** *(n.)* جِسر .

**vial** *(n.)* قنينة ؛ قارورة.

**viand** *(n.)* (١) طعام (٢) *pl.* : مُؤن .

**viaticum** *(n.)* (١) تعويض نفقات السفر . (٢) قربان الموت (في النصرانيّة) .

vib 534 vie

**vibrant** *(adj.)* (١) مُهتَزّ ؛ مُرتَجّ ؛ مُتذبذب. (٢) نابض بالحياة أو النشاط (٣) مُدَوٍّ ؛ رنّان.

**vibrate** *(vt.;i.)* (١) يَهُزّ ؛ يُذَبذِب (٢) يقيس بالتَّذَبذُب أو النَّوَسان × (٣) يهتزّ ؛ يتذبذب ؛ ينوس (٤) يتردَّد.

**vibration** *(n.)* (١) اهتزاز ؛ ذبذبة (٢) تردُّد.

**vibratory** *(adj.)* (١) اهتزازيّ (٢) مُهتَزّ.

**viburnum** *(n.)* الوِيبُرنُوم (شُجيرة).

**vicar** *(n.)* (١) وكيل ؛ نائب ؛ ممثّل (٢) قَسّ.

**vicarage** *(n.)* مقرّ القَسّ أو وظيفتُه أو راتبُه.

**vicar-general** *(n.)* النائب الأسقفيّ العامّ.

**vicarious** *(adj.)* (١) مُنجَزٌ أو مُتَحَمَّلٌ نيابةً عن الآخَرين أو لمصلحتهم (٢) بديليّ ؛ نائبٌ مَنابَ.

**vice** *(n.)* (١) رذيلة (٢) عَيب ؛ شائبة ؛ نقيصة.

**vice** *(n.; vt.)* = vise.

**vice** *(prep.)* بدلاً من ؛ خَلَفاً لـ.

**vice-** بادئة معناها : نائب.

**vice admiral** *(n.)* لواءٌ بحريّ ؛ نائب أميرال.

**vice-consul** *(n.)* نائب قنصل.

**vicegerent** *(n.)* نائب ؛ وكيل ؛ ممثّل.

**vicennial** *(adj.)* حادثٌ مرةً كلّ عشرين عاماً.

**vice-presidency** *(n.)* نيابة الرئاسة.

**vice-president** *(n.)* نائب رئيس.

**viceregal** *(adj.)* ذو علاقة بنائب الملك.

**vice-regent** *(n.)* نائب الوصيّ (على العرش).

**viceroy** *(n.)* نائب الملك.

**viceroyalty** *(n.)* نيابة الملك : منصب نائب الملك.

**vice versa** *(adv.)* والعكسُ بالعكس.

**vicinage** *(n.)* = vicinity.

**vicinity** *(n.)* قُرْب ؛ جوار ؛ منطقة مجاورة.

**vicious** *(adj.)* (١) فاسدٌ (٢) شرير ؛ أثيم. (٣) رديء (٤) باطل (٥) وحشيّ (٦) شديد.

**vicious circle** *(n.)* الدَّور : حَلْقَة مفرغَة.

**vicissitude** *(n.)* تقلُّب ؛ تغيُّر.

**victim** *(n.)* ضَحِيّة.

**victimize** *(vt.)* (١) يضحّي بـ (٢) يذبح كضحية (٣) يخدع ؛ يحتال على.

**victor** *(n.)* المنتصر ؛ المتغلّب ؛ الظافر ؛ الفائز.

**victoria** *(n.)* الفِكتوريّة : «أ» مركبة أو سيارة مكشوفة. «ب» نبات أميركيّ مائيّ.

**victorious** *(adj.)* (١) منتصر ؛ ظافر. (٢) انتصاريّ ؛ ظَفَرِيّ.

**victory** *(n.)* نَصْر ؛ انتصار ؛ ظَفَر.

**victual** *(n.; vt.; i.)* (١) طعام (٢) *pl.*: مؤن. § (٣) يزوِّد بالطعام × (٤) يتزوَّد بالمؤن.

**victualler** *(n.)* (١) صاحب مطعم أو نُزُل. (٢) مزوِّد الجيش أو الأسطول بالطعام.

**vicuna** *(n.)* : الفِكُونَة : حيوان جنوبأميركي شبيهٌ بالجمل (٢) وبر الفِكُونة أو نسيج مصنوع منه.

vicuña

**vide** *(v.)* أُنْظُر ؛ راجع.

**videlicet** *(adv.)* أيْ ؛ يعني.

**video** *(adj.; n.)* (١) تلفزيونيّ § (٢) تلفزيون.

**vie** *(vi.)* يتنافس.

**view** *(n.; vt.)* (١) رؤية (٢) تمحيص (٣) دراسة (٤) فكرة ؛ رأي (٥) مشهد ؛ منظر (٦) مرأى (٧) العِيان (٨) هدف (٩) صورة § (١٠) يشاهد

(١١)يفحص (١٢)يدرس (مشكلةً أو طلباً) .

in ~ of — نظراً لـ ؛ بالنظر إلى ؛ بسبب .
with a ~ to — بقصد كذا ؛ لكَيْ .

**viewless** *(adj.)* (١)غير منظور (٢)غير مُبْدٍ رأياً .
**viewpoint** *(n.)* وجهة نظر .
**vigil** *(n.)* (١)عشية العيد (٢)*pl.*: صلوات المساء (٣) سَهَر ؛ يقظة (٤) مراقبة .
**vigilance** *(n.)* يقَظَة ؛ حَذَر ؛ احتراس .
**vigilant** *(adj.)* يقِظ ؛ حَذِر ؛ محترس .
**vigilante** *(n.)* عضو في لجنة أمن أهلية .
**vignette** *(n.; vt.)* (١) نقش صغير (في مطلع الفصل أو ختامه) (٢) صورة قلمية موجزة §(٣) يصف أو يصوّر بإيجاز .
**vigor** *or* **vigour** *(n.)* (١)نشاط (٢) قوة .
**vigorous** *(adj.)* (١) نشيط (٢) قويّ .
**vigorously** *(adv.)* (١)بنشاط (٢) بقوّة .
**Viking** *(n.)* الفايكنغ : قرصان اسكنديناڤيّ .
**vile** *(adj.)* (١)تافه؛ حقير (٢)رديء؛ كريه . (٣) فاسد؛ قَذِر (٤) خسيس؛ وضيع .
**vilify** *(vt.)* (١) يحطّ من قدره (٢) يذمّ .
**villa** *(n.)* دارة؛ مَغْنًى؛ فيلاّ .
**village** *(n.; adj.)* (١)قرية §(٢)قَرَويّ .
**villager** *(n.)* القَرَويّ: أحد أبناء القرية .
**villain** *(n.)* النذل؛ الوغد؛ اللئيم .
**villainous** *(adj.)* (١)نَذْل؛ خسيس (٢)حقير .
**villainy** *(n.)* (١) نَذالة؛ خِسّة (٢)جريمة .
**villein** *(n.)* فلاّح نصف حرّ (في النظام الاقطاعي) .
**villous** *(adj.)* أزغب؛ مكسوّ بالزَّغَب .
**villus** *(n.)* pl. **villi** الزَّغْبة : واحدة الزَّغَب .
**vim** *(n.)* حيويّة؛ همّة؛ نشاط .
**vinaigrette** *(n.)* قارورة مثقّبة (لأملاح الشمّ) .
**vincible** *(adj.)* ممكنٌ قهرُهُ أو التغلّب عليه .
**vindicate** *(vt.)* (١) يُبرِّىء (٢) يُثْبِت . (٣)يبرر (٤) يصون؛ يحمي؛ يدافع عن .
**vindication** *(n.)* تبرئة؛ إثبات؛ تبرير؛ دفاع .
**vindictive** *(adj.)* (١) حقود (٢) انتقاميّ .
**vine** *(n.)* (١)الكَرْمَة (٢)نبات مُعترِش أو ساقُه .
**vinegar** *(n.)* (١)خلّ (٢)نَكَد؛ مرارة .
**vinegar eel** *(n.)* دودة الخلّ .
**vinegary** *(adj.)* (١)خَلّيّ (٢)نَكِد؛ شَكِس .
**vineyard** *(n.)* (١) كَرْم (٢)حقلُ نشاط المرء .
**vinous** *(adj.)* (١)خَمريّ (٢)سُكْرِيّ .
**vintage** *(n.)* (١)غَلّةُ الكَرْم (٢)خمر معتّقة. (٣) قطف العنب؛ صنع الخمر (أو موسمهما) (٤) عهد نشوء شيء أو صنعه؛ عُمْر .
**vintner** *(n.)* تاجر الخمر .
**viol** *(n.)* الفِيول : ضرب من الكمان (موسيقى) .
**viola** *(n.)* الكمان الأوسط أو عازفُهُ .
**violable** *(adj.)* ممكنٌ انتهاكُهُ أو الاعتداء عليه .
**violate** *(vt.)* (١)ينتهك (حرمة كذا) (٢)يعتدي على؛ يغتصب (٣) يدنّس .
**violation** *(n.)* انتهاك؛ تدنيس؛ اعتداء .
**violence** *(n.)* (١)عُنْف (٢)أذىً (٣)اغتصاب . (٤) اتّقاد (٥) شدّة؛ قسوة .
**violent** *(adj.)* (١) عنيف (٢) شديد؛ قاسٍ . (٣) صارخ (٤) متّقد (٥) غير طبيعيّ .
**violet** *(n.; adj.)* (١)بنفسج؛ بنفسجة (٢)اللون البنفسجيّ §(٣) بنفسجيّ .
**violin** *(n.)* (١)الكمان (٢)عازف الكمان.

**violinist** *(n.)* الكمانيّ: عازف الكمان .

**violoncellist** *(n.)* عازف الفيولونسيل .
**violoncello** *(n.)* الفيولونسيل .

**viper** *(n.)* (١) الأفعى الخبيثة : أفعى سامة . (٢) الخبيث ؛ الغادر .

**virago** *(n.)* امرأة سليطة أو مشاكسة .
**vireo** *(n.)* الأُخَيْضِر : عصفور أميركيّ آكلٌ للحشرات .

vireo

**virgin** *(n.; adj.)* (١) *cap.* : مريم العذراء (٢) العذراء ؛ البتول § (٣) عُذْرِيّ ؛ بتوليّ (٤) طاهر ؛ عفيف (٥) بكر (٦) أوّل ؛ أُوْلَى .
**virginal** *(adj.; n.)* (١) عُذْرِيّ ؛ بتوليّ . (٢) بريء ؛ طاهر § (٣) العُذْراويّة : آلة موسيقيّة .
**virgin birth** *(n.)* عقيدة الحَبَل بلا دَنَس .
**virginity** *(n.)* (١) بُتولَة (٢) عُزوبة .
**viridescent** *(adj.)* ضاربٌ إلى الخضرة .
**virile** *(adj.)* (١) رجوليّ ؛ مكتمل الرجولة . (٢) نشيط (٣) حاسم ؛ قويّ .
**virility** *(n.)* (١) رجولة ؛ رجوليّة (٢) نشاط ؛ قوة .
**virtu** *(n.)* (١) حبّ الطُرَف الفنيّة (٢) طُرَف فنيّة .
**virtual** *(adj.)* عمليّ ؛ فعليّ ؛ واقعيّ .
**virtually** *(adv.)* عمليّاً ؛ فعليّاً ؛ واقعيّاً .

**virtue** *(n.)* (١) فضيلة (٢) مَنْقَبَة ؛ مَزِيّة . (٣) قوّة ؛ فعاليّة ؛ تأثير (٤) طهارة ؛ عفّة .
by *or* in ~ of (١) بفضل (٢) بمقتضى .
**virtueless** *(adj.)* (١) تافه (٢) عديم الأخلاق .
**virtuosity** *(n.)* براعة فنية فائقة .
**virtuoso** *(n.)* pl. **-s** *or* **-osi** (١) الفنّان . (٢) متذوّق الفنّ (٣) عازف الكمان الخ .
**virtuous** *(adj.)* (١) فاضل (٢) طاهر ؛ عفيف .
**virulence** *or* **virulency** *(n.)* (١) خُبْث . (٢) الفَوْعة : مقدار حدّة الجرثوم أو الفيروس .
**virulent** *(adj.)* (١) خبيث (٢) سامّ جداً .
**virus** *(n.)* (١) سُمّ (٢) الفيروس ؛ الحُمَة : عاملٌ مُحْدِث للمرض (٣) لِقاح .
**vis** *(n.)* pl. **vires** قُوّة .
**visa** *(n.)* تأشيرة ؛ سِمَة (على جواز السفر) .
**visage** *(n.)* (١) طَلْعَة ؛ مُحَيّا (٢) مَظْهَر .
**vis-à-vis** *(n.; adv.)* (١) المُواجِه : شخص مواجِه § (٢) وجهاً لوجه .
**viscera** *(n.pl.)* (١) أحشاء (٢) أمعاء .
**viscid** *(adj.)* لَزِج ؛ دَبِق .
**viscidity** *(n.)* لزوجة ؛ تَلَزُّج ؛ تَدَبُّق .
**viscose** *(n.)* الفِسْكُوز : مادّة لدائنيّة تستخدم في صنع الحرير الصناعي الخ .
**viscosity** *(n.)* لزوجة ؛ تلزُّج ؛ تدبُّق .
**viscount** *(n.)* الفيكونت : نبيل دون الكونت وفوق البارون .
**viscountess** *(n.)* الفيكونتيسّة : زوجة الفيكونت .
**viscous** *(adj.)* لَزِج ؛ دَبِق .
**viscus** *(n.)* pl. **-cera** الحَشا : واحد الأحشاء .

**vise** *(n.; vt.)* (١) مِلْزَمَة §(٢) يُمَلْزِم : يشدّ بمِلْزَمَة .

**visé** *(n.)* = visa.

**visibility** *(n.)* (١) رؤية (٢) وضوح ؛ جلاء .

**visible** *(adj.)* (١) مَرْئيّ ؛ منظور (٢) واضح .

**vision** *(n.; vt.)* (١) طَيْف ؛ خيال (٢) رؤيا . (٣) تخيُّل (٤) بصيرة (٥) رؤية (٦) حاسّة البصر (٧) شيء مَرْئيّ (٨) شخص أو مشهد فاتن §(٩) يتخيّل ؛ يتصوّر .

**visionary** *(adj.; n.)* (١) كثير الرّؤى ؛ حالم . (٢) وهميّ ؛ خياليّ (٣) مثاليّ ؛ غير عمليّ §(٤) الحالم ؛ الكثير الرؤى .

**visit** *(vt.; i.; n.)* (١) يعود (مريضاً) (٢) يزور . (٣) يتفقّد ؛ يفتّش ×(٤) يتحدّث §(٥) زيارة .

**visitant** *(n.; adj.)* (١) الزائر (٢) الطير الزائر أو المهاجر §(٣) زائر .

**visitation** *(n.)* (١) زيارة (٢) تفقّد ؛ تفتيش . (٣) عقاب (أو ثواب) إلهيّ .

**visiting card** *(n.)* بطاقة الزيارة .

**visiting professor** *(n.)* الأستاذ الزائر .

**visitor** *(n.)* الزائر الخ . .

**visor** *(n.)* (١) مقدّم الخوذة (٢) قناع (٣) حافةُ القبعةِ (الناتئةُ في مقدمتها) (٤) حافة زجاج السيّارة الأماميّ .

**vista** *(n.)* (١) مَشْهَد (من خلال مجاز ضيّق أو صفّي أشجار) (٢) صورة ذهنية (للماضي أو المستقبل) (٣) أفق .

**visual** *(adj.)* (١) بَصَرِيّ (٢) مرئيّ .

**visualize** *(vt.)* يتصوّر ؛ يتخيّل .

**vital** *(adj.)* (١) حيويّ (٢) مفعَم بالحيويّة . (٣) مُحْيٍ (٤) قاتل ؛ مُهْلِك (٥) أساسيّ .

**vitality** *(n.)* حيوية ؛ نشاط .

**vitalize** *(vt.)* يُحْيِي أو ينفخ الحيوية في . .

**vitals** *(n.pl.)* (١) الأعضاء الحيوية (كالدماغ والقلب) (٢) مُقوِّمات ؛ أجزاء أساسيّة .

**vitamin** *(n.)* الفيتامين ؛ الحَيَمين .

**vitiate** *(vt.)* (١) يُفْسِد (٢) يُبطِل .

**vitiation** *(n.)* إفساد ؛ فساد ؛ إبطال ؛ بُطْلان .

**vitreous** *(adj.)* زجاجيّ .

**vitrify** *(vt.; i.)* (١) يزجّج : يحوّل إلى زجاج . ×(٢) يتزجّج .

**vitriol** *(n.)* (١) الزّاج (كيمياء) (٢) نقدٌ لاذع .

**vituperate** *(vt.)* (١) يقدح ؛ يذمّ (٢) يوبّخ .

**vituperation** *(n.)* (١) قَدْح ؛ ذَمّ (٢) توبيخ .

**vituperative; -atory** *(adj.)* قَدْحيّ ؛ ذمّيّ .

**viva** *(interj.)* فَلْيَعِش ! فَلْيَحْيَ .

**vivacious** *(adj.)* مرِح ؛ نشيط ؛ مفعَم بالحيوية .

**vivacity** *(n.)* مَرَح ؛ نَشاط ؛ حيويّة .

**viva voce** *(adv.; adj.)* (١) شفهيّاً . §(٢) شفَهيّ .

**vivid** *(adj.)* (١) حيّ ؛ مفعَم بالحيويّة (٢) مشرق ؛ زاهٍ (٣) قويّ ؛ شديد (٤) ناشط .

**vivify** *(vt.)* يُحْيِي ؛ ينشّط ؛ يُفعِم بالحيويّة .

**viviparous** *(adj.)* وَلود ؛ وَلود للأحياء .

**vivisection** *(n.)* تشريح الأحياء .

**vixen** *(n.)* (١) أنثى الثعلب (٢) امرأة مشاكسة .

**viz.** *(usually read* "namely"*)* أي ؛ يعني .

**vizier** *(n.)* وزير .

**vizor** *(n.)* =visor.

**vocable** *(n.; adj.)* (١) لفظة §(٢) يُلْفَظ .

**vocabulary** *(n.)* (١) المعجَم (٢) المعجَمية : مجموع مفردات اللغة .

**vocal** *(adj.; n.)* (١) ملفوظ (٢) صوتيّ (٣) مصوِّت (٤) ذو صوت (٥) معبِّر (٦) ضاجّ بالأصوات (٧) صريح §(٨) صوتٌ ملفوظ.

**vocalist** *(n.)* المغنّي ؛ المُنشِد ؛ المُطرِب .

**vocalize** *(vt.)* (١) يلفظ ؛ يعبِّر عن (٢) يغنّي .

**vocation** *(n.)* (١) النداء الباطنيّ : شعور المرء بأنّه مدعوّ للقيام بعمل (اجتماعيّ أو دينيّ) (٢) مُهِمّة ؛ وظيفة (٣) مهنة (٤) كفاءة ؛ موهبة.

**vocational** *(adj.)* مِهَنيّ .

**vocative** *(adj.; n.)* (١) ندائيّ §(٢) صيغة المنادَى (في قواعد اللغة) .

**vociferate** *(vi.; t.)* (١) يَصْخَب ؛ يصيح . ×(٢) يقول أو ينطق صائحاً .

**vociferous** *(adj.)* (١) صَخّاب (٢) صاخب.

**vodka** *(n.)* الفودكا : شراب روسيّ مُسكِر .

**vogue** *(n.)* (١) زِيّ ؛ موضة (٢) شعبيّة ؛ رواج.

in ~, دارج ؛ رائج .

**voice** *(n.; vt.)* (١) صَوْت (٢) مُغَنٍّ (٣) مقدرة غنائيّة (٤) جزء من قطعة موسيقيّة لنوع من المغنين أو الآلات (٥) صيغة الفعل (٦) تعبير §(٧) يعبِّر عن (٨) يُدَوْزِن (آلةً موسيقيّة) (٩) يلفظ (حرفاً) بصوت.

**voiced** *(adj.)* (١) ذو صوت (٢) معبَّر عنه صوتياً . (٣) مجْهور .

**voiceless** *(adj.)* (١) أبكم (٢) صامت .

**void** *(adj.; n.; vt.)* (١) خالٍ (٢) فارغ ؛ (٣) شاغر (٤) خِلْوٌ من (٥) عقيم ؛ لا طائل تحته (٦) باطل ؛ لاغٍ §(٧) فراغ (٨) فجوة §(٩) يُفرِغ (١٠) يُخرِج ؛ يُبطِل.

**voidable** *(adj.)* ممكنٌ إبطالُه أو إلغاؤه .

**voile** *(n.)* الفوَال : نسيج رقيق .

**volant** *(adj.)* طائر أو قادرٌ على الطيران .

**volatile** *(adj.)* (١) متطاير ؛ طيار (٢) خليّ ؛ خالٍ من الهموم (٣) سريع الاستثارة أو التأثر (٤) متفجّر (٥) متقلّب (٦) سريع الزّوال.

**volatility** *(n.)* التطايرية : قابلية التطاير .

**volatilize** *(vt.; i.)* (١) يطيِّر ×(٢) يتطاير .

**volcanic** *(adj.)* (١) بركاني (٢) عنيف ؛ متفجِّر .

**volcano** *(n.)* pl. **-es** *or* **-s** بركان .

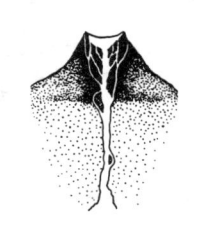

**vole** *(n.)* الفوْل ؛ فأر الحقل .

**volition** *(n.)* (١) اختيار (٢) إرادة .

**volitional** *(adj.)* (١) اختياريّ (٢) إراديّ .

**volley** *(n.; vt.; i.)* (١) وابل من السهام أو الرصاصات أو القذائف أو التهديدات §(٢) يطلق وابلاً من القذائف دفعة واحدة ×(٣) تنطلق القذائف دفعةً واحدة .

**volleyball** *(n.)* الكرة الطائرة (رياضة) .

**volplane** *(vi.)* ينزلق (بالطائرة نحو الأرض من غير استعانة بالقوّة المحرّكة) .

**volt** *(n.)* الفُلْط : وحدة القوّة المحرّكة الكهربائية.

**voltage** *(n.)* الفُلْطيّة : القوّة المحرّكة الكهربائية مقيسةً بالفُلْطات .

**voltaic** *(adj.)* فُلْطائيّ ؛ كلفانيّ .

**voltameter** *(n.)* الفُلطامتر ؛ مقياس التحليل الفُلْطيّ .

**voltmeter** *(n.)* الفُلْطمتر : مقياس الفُلطية.

**voluble** *(adj.)* (١) دوّار ؛ لفّاف (٢) مِهذار.

**volume** *(n.)* (١) كتاب ؛ مجلّد (٢) حجم . (٣) مقدار ؛ كتلة (٤) الحَجْم : جهارة الصوت.

**voluminous** *(adj.)* (١) مُلتفّ ؛ كثير اللفّات. (٢) ضخم ؛ كبير ؛ فضفاض (٣) كثير ؛ متعدّد (٤) غزير (٥) مُكْثِر ؛ وافر الانتاج .

**voluntarily** *(adv.)* طوعاً ؛ اختياراً ؛ عن رضىً .

**voluntary** *(adj.)* (١) إراديّ ؛ اختياريّ . (٢) طَوعيّ (٣) متعمَّد ؛ مقصود (٤) حرّ ؛ عاملٌ بإرادته (٥) متمتّع بحريّة الاختيار (٥) مدعوم بمساعدات طوعيّة .

**volunteer** *(n.; adj.; vt.; i.)* (١) المتطوّع . §(٢) مؤلّف من متطوّعين (٣) طوعيّ ؛ إراديّ §(٤) يقدّم متطوّعاً ×(٥) يتطوّع .

**voluptuary** *(n.)* الشهوانيّ : المنغمس في الشهوات

**voluptuous** *(adj.)* (١) شهوانيّ (٢) حسّيّ . (٣) مُبهِج للحواسّ .

**volute** *(n.; adj.)* (١) الحلية الحلزونيّة أو الدَّرْجية (فن العمارة) (٢) حلزون بحري §(٣) حَلَزونيّ ؛ دَرْجيّ ؛ ملتفّ .

volute 1.

**vomit** *(n.; vi.; t.)* (١) تَقَيُّؤ ؛ قَيْء . §(٢) يتقيّأ ×(٣) يَلْفظ ؛ يُخرج (٤) يُقَيِّئ.

**voracious** *(adj.)* شَرِه ؛ نَهِم .

**voracity** *(n.)* شَرَه ؛ نَهَم .

**vortex** *(n.)* pl. **-tices** *or* **-texes** دُرْدُور ؛ دُوّامة .

**votary** *(n.)* (١) المنذور : شخص ينضمّ إلى سلك الرهبان وفاءً لنذر (٢) المدْمِن شيئاً (٣) المعجَب ؛ المريد (٤) النّصير المتحمّس .

**vote** *(n.; vi.; t.)* (١) صوت (في انتخاب أو تصويت على اقتراح ) (٢) ورقة اقتراع (٣) تصويت ؛ اقتراع (٤) حقّ الاقتراع (٥) قرار يُتّخَذ بالتصويت §(٦) يصوّت ؛ يقترع ×(٧) ينتخب (٨) يُقِرّ (مشروعَ) قرار (٩) يُعْلِن ؛ يصرّح بـ (١٠) يقترح.

**voter** *(n.)* (١) المقترع (٢) الناخب .

**votive** *(adj.)* (١) نَذْرِيّ : مقدَّم وفاءً بنَذْر . (٢) رَغْبيّ : معبِّرٌ عن رغبة .

**vouch** *(vt.; i.)* (١) يدعو للشّهادة (أمام القضاء). (٢) يَشْهَد ؛ يدلي بشهادة (٣) يُثْبِت ؛ يُبَرْهن ×(٤) يَضْمَن ؛ يكفل (٥) يشهد على صحة كذا .

**voucher** *(n.)* (١) وَصْل ؛ إيصال ؛ مُستَنَد . (٢) الضامن ؛ الكفيل .
**vouchsafe** *(vt.)* (١) يمنح ؛ يعطي (٢) يُجيز . (٣) يتعطّف أو يتلطّف بـ .
**voussoir** *(n.)* لَبِنَة «من لَبِنات عَقْد» (من عقود المبنى ) .
**vow** *(n.; vt.; i.)* (١) نَذْر (٢) يُقْسِم . § (٣) يَنْذُر (٤) يأخذ على نفسه عهداً (٥) يكرّس أو يقف (لغرض خاص) (٦) يصرّح بـ .
**vowel** *(n.)* (١) صوتُ لِين (٢) حَرْفُ لِين .
**voyage** *(n.; vi.)* (١) رحلة § (٢) يقوم برحلة .
**voyageur** *(n.)* الرّحّالة .
**vulcanite** *(n.)* الفلكانيت : مطاط صُلْب .
**vulcanize** *(vt.)* يُفَلْكِن : يقسّي المطّاط بمعالجته بالكبريت تحت درجة حرارة مرتفعة .
**vulgar** *(adj.)* (١) مألوف ؛ دارج (٢) عامّيّ ؛ سُوقيّ (٣) شائع (٤) عادي ؛ مُبتَذَل (٥) خشن ؛ فظّ ؛ بذيء .
**vulgar fraction** *(n.)* الكَسْر الاعتيادي .
**vulgarian** *(n.)* غنيّ سوقيّ الذوق والعادات .
**vulgarism** *(n.)* = vulgarity.
**vulgarity** *(n.)* (١) السُّوقيّة : كون الشيء سوقياً أو مُبتَذَلاً (٢) فظاظة ؛ خشونة ؛ قلة تهذيب أو ذوق (٣) عَمَلٌ أو كلامٌ سوقيّ .
**vulgarization** *(n.)* تبسيط ؛ جعل الشيء في متناوَل مدارك الجمهور .
**vulgarize** *(vt.)* (١) يبسّط ؛ ينشر ؛ يجعله مبتذَلاً أو في متناوَل الجمهور (٢) يُفسد .
**vulnerable** *(adj.)* (١) قابلٌ للجرح أو الانجراح أو العطب (٢) معرَّضٌ للهجوم ؛ غير حصين (٣) عرضة للانتقاد الخ . (٤) حسّاس أو سريع التأثّر بالنقد الخ .
**vulpine** *(adj.)* ثَعْلَبِيّ . (٢) ماكر .
**vulture** *(n.)* (١) نَسْر . (٢) شخص جَشِع وحشيّ .
**vulturine** *(adj.)* (١) نَسْرِيّ (٢) جشِع ؛ نَهّاب .

vulture

**vulturous** *(adj.)* نَسْرانيّ : شبيه بالنَّسْر ، وبخاصة من حيث الجشع أو النهب .
**vying** *pres. part. of* vie.

*weeping willows* **(jiita, Lebanon)**

# W

**w** *(n.)* الحرف الـ ٢٣ من الأبجدية الانكليزية.

**wabble** = wobble.

**wad** *(n.; vt.)* (١) حَشوة ؛ سِطام (من لبّاد أو ورق مقوّى) (٢) لفيفة أوراق مالية § (٣) يلفّ (٤) يحشو ؛ يَسْطِم.

**wadding** *(n.)* حشوة ؛ موادّ للحشو أو السَّطْم.

**waddle** *(vi.; n.)* (١) يتهادَى (في مِشيته). § (٢) تَهادٍ.

**wade** *(vi.; t.)* (١) يُخَوِّض أو يَخُوض (في الماء أو الوحل الخ.) (٢) يتقدّم بصعوبة أو جهد (٣) يهاجم (أو ينصبّ على العمل) بقوة أو عزم × (٤) يجتاز أو يعبر مخوِّضاً.

**wader** *(n.)* (١) المخوِّض (في الماء) (٢) الطائر المخوِّض (٣) حذاء أو بنطلون التخويض.

**wading bird** *(n.)* الطائرِ المخوِّض: طائر يخوِّض في الماء بحثاً عن الطعام.

**wafer** *(n.)* (١) الرُّقاقَة: «أ» بسكويته رقيقة هشّة. «ب» رُقاقَة مدوَّرة من خبز فطير تُستخدَم في العشاء الربانيّ (٢) الختام: قطعة من ورق دبق أو معجون مجفَّف تُتَّخَذ خَتْماً أو مثبِّتاً.

**waffle** *(n.)* الوَفْل: كعكة تُعَدّ من دقيق وحليب وبيض وتحمَّص في أداة تحميص خاصّة.

**waffle iron** *(n.)* مِحْمَصَة الوَفْل.

**waft** *(vt.; i.; n.)* (١) يَدْفَع ؛ يَسوق. × (٢) ينبعث ؛ أو ينطلق § (٣) رائحة خفيفة (٤) نَسْمة ؛ نسيم ؛ هبّة (٥) راية (للاشارة أو لتبيان وجهة الريح).

**wag** *(vi.; t.; n.)* (١) يتحرّك (٢) يهتزّ ؛ يتأرجح. (٣) يتحرّك بالقيل والقال (٤) يتهادى (في مشيته) × (٥) يهزّ (٦) يحرّك § (٧) المضحِك (٨) هزّ ؛ هزّة (رأسٍ الخ.).

**wage** *(vt.; i.; n.)* (١) يشنّ (حرباً) × (٢) ينشَب § (٣) أجر ؛ أجرة (٤) عاقبة.

**wage earner** *(n.)* الأجير ؛ الكاسب.

**wager** *(n.; vt.; i.)* (١) رِهان § (٢) يراهن.

**wageworker** *(n.)* = wage earner.

**waggery** *(n.)* (١) مُزاح (٢) مداعبة سمجة.

**waggish** *(adj.)* (١) مزّاح (٢) هَزْلِيّ .

**waggle** *(vt.; i.; n.)* (١) يهزّ ×(٢) يهتزّ . (٣) يتهادى في مشيته §(٤) هزّة (إصبع الخ.) .

**wagon** *or* **waggon** *(n.)* (١) عربة ؛ سيّارة مقفلة (٢) حافلة (من حافلات نقل البضائع) .

**wagoner** *(n.)* سائق عربةٍ .

**wagonette** *(n.)* عربة خفيفة (للنزهة الخ.) .

**wagon train** *(n.)* القافلة : قافلة عربات أو خيل .

**wagtail** *(n.)* الذُّعَرَة : طائر صغير طويل الذنَب .

**wahoo** *(n.)* الواحيّة : شجرة شمالأميركيّة .

**waif** *(n.)* (١) اللّقْطة : شيء مجهول المالك يُعثر عليه مصادفةً (٢) شخص أو حيوان ضالّ أو شارد (٣) طفل متشرّد .

**wail** *(vi.; n.)* (١) يُعْوِل ؛ ينتحب §(٢) عويل .

**wain** *(n.)* عربة ضخمة (تُستخدم في المزارع) .

**wainscot** *(n.)* (١) كُسْوَة خشبية لجدار داخليّ (٢) الأقدام الثلاثة أو الأربعة السفلى من جدار داخلي (حين تكون مزخرفةً على نحو مختلف عن سائر الجدار) .

**waist** *(n.)* (١) خَصْر ؛ حَقْو (٢) وَسَط (السفينة أو جسم الطائرة) (٣) صُدْرَة .

**waistband** *(n.)* حِزام ؛ نطاق .

**waistcoat** *(n.)* صُدْرَة ؛ « صَدْريّة » .

**waistline** *(n.)* خطّ الحصر : «أ» خطّ افتراضيّ يحيط بالحصر . «ب» محيط الجسم عند الحصر .

**wait** *(vt.; i.; n.)* (١) ينتظر (٢) يؤخّر ؛ يؤجّل . (٣) يخدم « بوصفه نادِلاً » §(٤) كَمِين (٥) ترقّب ؛ توقّع (٦) انتظار (٧) فترة استراحة ؛ انقطاع ؛ توقف .

to lie in ~ (for) يكمن ؛ يكمنُ لـ .
to ~ on *or* upon . يقوم على خدمة فلان

**waiter** *(n)* (١) النادل (في مطعم) (٢) طبق ؛ صينية .

**waiting** *(n.)* انتظار ؛ خدمة ؛ خدمة على المائدة .

**waiting list** *(n.)* جدول (أو قائمة) الانتظار .

**waiting maid** *(n.)* (١) الخادمة (٢) الوصيفة .

**waiting man** *(n.)* (١) الخادم (٢) الوصيف .

**waiting room** *(n.)* حجرة الانتظار .

**waitress** *(n.)* النادلة (في مطعم أو حانة) .

**waive** *(vt.)* (١) يتخلّى عن (٢) يتنازل (عن حقّ شرعيّ) (٣) يرجىء أو يؤجّل النظر في .

**waiver** *(n.)* (١) تخلٍّ ؛ تنازُل (٢) وثيقة تنازل .

**wake** *(vi.; t.; n.)* (١) يَسْهَر (٢) يَسهر قرب فراش مريض أو جثّة فقيد (٣) يستيقظ ×(٤) يوقظ §(٥) يقظة (٦) السهر عند جثّة الميت قبل دفنها (٧) أثر .

in the ~ of . بَعْد ؛ على أثر ؛ في أعقاب

**wakeful** *(adj.)* (١) أرِق (٢) يَقِظ ؛ محترس .

**waken** *(vi.; t.)* (١) يَنْشَط ؛ يتنبّه (٢) يستيقظ . ×(٣) يثير (٤) ينبّه (٥) يوقظ .

**wale** *(n.)* الحَبَار : أثر الضرب بالسياط .

wal 543 wan

**walk** *(vi.; t.; n.)* (١) يمشي ؛ يسير × (٢) يجتاز ؛ يذرع (٣) يسيّر ؛ يمشّي ؛ يُجْري (٤) يسير مع §(٥) مَشْي ؛ سَيْر ؛ نزهةٌ سيراً على القدمين (٦) ممشى (٧) رصيف المشاة (٨) شارع يُتَنَزَّه فيه (٩) مَسِيرة (١٠) طريق الحارس (أو الشحاذ أو موزّع البريد) المألوفة (١١) مِشْيَة (١٢) مرتبة اجتماعيّة أو اقتصاديّة (١٣) دنيا؛ عالم؛ حقل (١٤) مهنة؛ حرفة؛ عمل .

to ~ away from يهزمه أو يتغلّب عليه بغير صعوبة.

to ~ away with يأخذ ما ليس له (عامداً أو غيرَ عامد) .

to ~ into (١) «أ» يهاجم . «ب» ينتقد أو يوبّخ بقسوة (٢) «أ» يلتهم: يأكل أو يشرب بنَهَم «ب» يستهلك أو يستنفد بسرعة.

to ~ off with (١) يسرق (٢) ينتحل (٣) يكسب أو يربح (من غير صعوبة) .

to ~ out (١) يُضرِب عن العمل (٢) ينسحب (٣) يمشي بخطىً واسعة .

to ~ the streets تَفْجُر ؛ تتعاطى الدعارة .

**walker** *(n.)* (١) الماشي (٢) البائع المتجوّل .

**walking** *(n.)* (١) المشي الخ. (٢) المَسير : حالة الطريق بالنسبة إلى السائر عليها .

**walkout** *(n.)* (١) إضرابٌ عماليّ (٢) انسحاب من اجتماع أو منظمة (استنكاراً أو احتجاجاً).

**walkover** *(n.)* انتصار هيّن أو سَهْل .

**wall** *(n.; vt.; i.)* (١) سُوْر (٢) حائط ؛ جدار . §(٣) يحوِّط ؛ يسوِّر ؛ يحيط بجدار (٤) يفصل أو يعزل بجدار أو نحوه (٥) يطوِّق ؛ يحصر .

**wallaby** *(n.)* الوَلَّب : كَنْغَر استرالي صغير .

wallaby

**wallboard** *(n.)* الألواح الجدارية .

**wallet** *(n.)* (١) حقيبة سفر . (٢) محفظة جيب .

**walleye** *(n.)* عين جاحظة .

**walleyed** *(adj.)* جاحظ العينين .

**wallflower** *(n.)* الخِيْرِيّ ؛ المنثور الأصفر .

**wallop** *(n.; vt.)* (١) لكمة ؛ ضربة عنيفة . (٢) تأثير ؛ إثارة §(٣) يضرب بعنف .

**wallow** *(vi.)* (١) يتمرّغ (٢) يتقدّم متعثّراً . (٣) يَزْخَر بـ (٤) يتقلّب في النعمة أو الترف ؛ ينغمس في الملذات (٥) يتخبّط .

**wallpaper** *(n.)* ورق الجدران .

**walnut** *(n.)* (١) جوز (٢) شجر الجوز .

**walrus** *(n.)* الفَظّ : حيوان بحريّ شبيه بالفقمة.

**waltz** *(n.; vi.)* (١) الفالس : رقصة الفالس أو موسيقاها §(٢) يرقص الفالس .

**wan** *(adj.)* (١) شاحب (٢) ضعيف . (٣) باهت .

**wand** *(n.)* (١) صولجان (٢) عصا الساحر أو المشعوذ

**wander** *(vi.; t.)* (١) يتجوَّل (٢) يهيم ؛ يطوِّف في (٣) يتمعّج ؛ يتلوّى (٤) يتيه أو يحيد عن (٥) يضلّ ( عن السبيل القويم ) .

**wanderer** *(n.)* المتجوِّل ؛ الهائم ؛ التائه الخ.

**wane** *(vi.; n.)* (١) يتضاءل ؛ يتناقَص (٢) ينمحق (القمرُ) (٣) يَبْهَت (٤) يأخذ في الضعف §(٥) تضاؤل ؛ تناقص (٦) مُحاق (القمر).

**wangle** *(vi.; t.)* (١) يتخلص (من ورطة أو زحام). ×(٢) يهزّ (٣) يتلاعب بِـ (٤) يحتال لِـ ؛ يحقّق أمراً بالحيلة أو نحوها .

**want** *(vt.; i.; n.)* (١) يُعوِزُه كذا (٢) يريد ؛ يرغب في (٣) يتطلّب ؛ يقتضي (٤) يحتاج إلى (٥) يطارد ×(٦) يصبح فريسة الفاقة أو العوز §(٧) حاجة (٨) فاقة ؛ عوز (٩) نقيصة ؛ عيب.

**wanting** *(adj.; prep.)* (١) غائبٌ ؛ مفقود. (٢) ناقص (٣) ضعيف ؛ غير كفوءٌ §(٤) من غير ؛ بدون (٥) إلاّ .

**wanton** *(adj.; n.; vi.)* (١) بهيج ؛ مفعَم بالمرح (٢) لَعوب (٣) خليع ؛ داعر ؛ شهواني (٤) وحشيّ ؛ لا يرحم (٥) متعمَّد ؛ لا مبرّر له (٦) مفرِط §(٧) العابث ؛ المستهتِر ؛ الخليع ؛ الفاسق §(٨) يعبث ؛ يستهتر ؛ ينغمس في الملاذّ .

**wapiti** *(n.)* الوَبِّيت : الأيِّل الأميركيّ (حيوان).

**war** *(n.; vi.)* (١) حرب §(٢) يقاتل ؛ يشنّ الحرب

**warble** *(n.; vi.; t.)* (١) تغريد ؛ صُداح ؛ شَدو . §(٢) يغرّد ؛ يصدح ؛ يشدو (٣) يغني ؛ ينشد .

**warbler** *(n.)* (١) المغنّي (٢) الدُّخَّلة ؛ الهازِجة.

**war crime** *(n.)* جريمة الحرب .

**war cry** *(n.)* صيحة الحرب .

**ward** *(n.; vt.)* (١) حراسة ؛ حماية ؛ عناية . (٢) اعتقال ؛ سجن (٣) وصاية (٤) جناح (من مستشفى أو سجن) (٥) حيّ ؛ دائرة (من مدينة) (٦) سِنّ في مفتاح (٧) تسنّن مقابلٌ في قفل (٨) القاصر الموضوع تحت الوصاية (٩) وِقاء ؛ أداة وقاية من كذا §(١٠) يتفادى (١١) يدفع « أذى شيء » (١٢) يردّ ؛ يصدّ .

**warden** *(n.)* (١) الحافظ ؛ القيِّم ؛ الأمين . (٢) المراقب ؛ المناظر (٣) آمر السجن (٤) ناظر الكليّة .

**warder** *(n.)* (١) الحارس ؛ الخفير (٢) السجّان.

**wardrobe** *(n.)* (١) خزانة الثياب (٢) ملابس.

**wardroom** *(n.)* (١) جناح الضبّاط (في بارجة). (٢) حجرة طعام الضباط في بارجة .

**wardship** *(n.)* (١) حراسة (٢) وصاية .

**warehouse** *(n.; vt.)* (١) مستودع §(٢) يخزِّن.

**wares** *(n.pl.)* سِلَع ؛ بضائع ؛ أدوات .

**warfare** *(n.)* (١) حرب (٢) صراع ؛ نضال.

**warily** *(adv.)* بحذَر ؛ باحتراس .

**wariness** *(n.)* حذَر ؛ احتراس .

**warlike** *(adj.)* (١) مولَع بالحرب (٢) حربيّ.

**warlock** *(n.)* الساحر ؛ المشعوذ ؛ العرّاف .

**warm** *(adj.; vt.; i.)* (١) دافىء ؛ حارّ. (٢) مدفىء (٣) متّقد ؛ قويّ ؛ حامٍ (٤) حماسيّ ؛ قلبيّ (٥) منفعل؛ غاضب (٦) قريب من الهدف أو الحلّ المنشود §(٧) يدفىء (٨) يُسْعِد ؛ يُبْهِج (٩) يُلْهِب (١٠) يحمّي ×(١١) يَدفأ (١٢) يَعْنُف؛ يغضب؛ ينفعل.

**to ~ up** (١) يسخّن أو يطبخ ثانية (٢) يجعل (أو يصبح) أكثر اهتماماً أو مودّةً (٣)يتمرن بضع دقائق قبل خوض المباراة الخ.

**warm-blooded** *(adj.)* شديد الحماسة ؛ سريع الانفعال.

**warmhearted** *(adj.)* كريم؛ عَطوف؛ ودود.

**warmonger** *(n.)* مثير الحرب.

**warmth** *(n.)* دِفء؛ حرارة؛ حماسة؛ شِدّة.

**warn** *(vt.; i.)* (١)يُحذّر؛ يُنْذِر؛ ينبّه إلى ضرورة كذا (٢)يُشْعِر؛ يُخْبِر(٣)يأمر؛ يدعو.

**warning** *(n.; adj.)* (١)تحذير الخ. §(٢)تحذيريّ.

**warp** *(n.; vt.; i.)* (١)السَّداة: ما مُدّ من خيوط النسيج طولاً (٢)الخيوط المشكّلة للجزء الأساسيّ من دولاب السيارة (٣) حَبْل (مشدود إلى مرساة أو نحوها) يُجَرّ به المركب (٤)انفتال التواء؛ اعوجاج (٥)زَيْغ ؛ ضَلال§(٦)يَفْتِل؛ يَلْوِي (٧) يُزيغ ؛ يُضِلّ (٨)يحرّف؛ يشوه (٩)يعطف ؛ يحوّل (شيئاً عن خطّ سيره) (١٠)يجرّ (مركباً) بحبل مشدود إلى مرساة الخ. ×(١١) ينفتل؛ يلتوي الخ.

**warplane** *(n.)* الطائرة الحربيّة أو العسكريّة.

**warrant** *(n.; vt.)* (١) إجازة ؛ رخصة (٢)ضمانة؛كفالة(٣)مُبرِّر؛ مسوّغ(٤)برهان؛ بيّنة (٥) تفويض ؛ مذكّرة §(٦) يؤكّد (٧) يضمن؛ يكفل (٨)يتعهّد بـ (٩) يجيز؛ يسمح بـ (١٠) يُثْبِت (١١) يبرّر؛ يسوّغ.

**warrantable** *(adj.)* مبرَّر؛ ممكنٌ تبريره.

**warranter; -tor** *(n.)* الضامن؛ الكافل.

**warrant officer** *(n.)* «صفّ ضابط» جنديّة.

**warranty** *(n.)* (١)ضمانة؛ كفالة (٢)إجازة؛ تفويض (٣) مبرِّر (٤) برهان؛ دليل.

**warren** *(n.)* (١)المَطْرَدَة: أرض تُفْرَدُ أو تخصَّص لصغار الطرائد(كالأرانب الوحشيّة الخ.) (٢) أرض تتوالد فيها الأرانب (٣) منطقة (أو حيّ) مكتظّة بالسكان.

**warrior** *(n.)* المحارب؛ المقاتل؛ الجنديّ.

**warship** *(n.)* سفينة حربيّة.

**wart** *(n.)* (١)ثُؤْلول (٢)نتوء صغير.

**warthog** *(n.)* الخنزير الوحشيّ الافريقيّ.

warthog

**wartime** *(n.)* زمنُ الحرب.

**wary** *(adj.)* حذِر؛ مُحْتَرِس؛ يَقِظ.

**was** *past* 1st *and* 3d. *sing. of* be.

**wash** *(vt.; i.; n.)* (١) يَغْسِل (٢) يلعق (الحيوانُ) فروَه (٣) يَنْقَع (٤) يَغْمر (٥) يَجْرُفُ (٦) يدهن (٧) يموّه؛ يلبِّس؛ يطلي ×(٨) يغتسل (٩) يتآكل بفعل المياه (١٠)يمّحي؛ يَبْلَى (١١)ينجرف (١٢)يندفع أو يجري (في تيار) (١٣)ينغسل «من غير أن يتلف الخ.» (١٤) يَثْبُت على محكّ النقد §(١٥)غَسْل؛ انغسال؛ اغتسال (١٦) الغسيل (١٧)اندفاع الموج

أو اصطخابه (١٨) موجة (١٩) الغُسالة : ماءٌ اغتُسِل به (٢٠) ثُفْل؛ رواسب (٢١) شراب رقيق ؛ شراب «سايط» (٢٢) قول مبتذل (٢٣) طبقة رقيقة من طلاء (٢٤) طلاء؛ دهان (٢٥) الغَسول : مستحضَر سائل يستخدم لأغراض تجميليّة أو طبيّة خارجيّة (٢٦) طَمْيّ؛ راسب غرينيّ (٢٧) اضطراب في الهواء (ناشىء عن اندفاع الطائرة فيه).

**washbasin** *(n.)* = washbowl.

**washbowl** *(n.)* حوض لغسل الوجه واليدين .

**washer** *(n.)* (١) الغاسل (٢) الغسّالة . (٢) الفَلْكَة : حلقة رقيقة مطاطيّة أو معدنيّة لإحكام الوصل أو منع الارتشاح .

**washerwoman** *(n.)* الغسّالة .

**washing** *(n.)* (١) غَسْل ؛ اغتسال الخ. (٢) الغُسالَة : ماء غُسِل أو اغتُسِل به (٣) طَلْيَة ؛ طبقة رقيقة (٤) الغسيل .

**washing machine** *(n.)* الغسّالة الآليّة .

**washout** *(n.)* (١) اجتراف التربة الخ. (بفعل المياه أو المطر) (٢) إخفاقٌ : شيءٌ أو شخص مخفق.

**washroom** *(n.)* المَغْسَل : الكنيف ؛ المرحاض.

**washstand** *(n.)* مغسلة .

**washwoman** *(n.)* الغسّالة .

**washy** *(adj.)* (١) مَهْو : رقيق أو كثير الماء؛ «سايط» (٢) شاحب (٣) ضعيف .

**wasp** *(n.)* زُنْبُور ؛ دبّور .

**waspish** *(adj.)* (١) لاسع (٢) غَضوب (٣) نحيل.

**wastage** *(n.)* فقدٌ أو خسارة (بسبب الاستعمال أو البلى أو الارتشاح الخ.).

**waste** *(n.; vt.; i.; adj.)* (١) قَفْر ؛ صَحراء. (٢) رُقعة واسعة (٣) تبدُّد ؛ ضياع (٤) فساد أو تلف تدريجيّ (٥) خرابٌ (٦) نُفاية (٧) سائل (كالغاز الخ.) يضيع فلا يُستَفاد منه (٨) قُمامَة (٩) *pl.* : غائط (١٠) مياه البواليع أو أقذارها §(١١) يخرّب (١٢) يُهْزِل (١٣) يُبدّد ؛ يُضيع × (١٤) يَضْعُف ؛ يَهزِل (١٥) يتضاءل؛ يذوب (١٦) يتبدّد ؛ يضيع (١٧) ينقضي §(١٨) قَفْر؛ قاحل (١٩) خالٍ ؛ خاوٍ (٢٠) بور؛ غير محروث (٢١) خرِبٌ (٢٢) مُهْمَل (٢٣) ضائع ؛ مُضَيَّع .

to go *or* run to ~, يَضيع ؛ يتبدّد .
to lay ~, يخرّب ؛ يدمّر .

**wastebasket** *(n.)* سلّة المُهْمَلات .

**wasteful** *(adj.)* (١) مخرِّب (٢) مبذِّر ؛ مِتْلاف .

**wasteland** *(n.)* أرضٌ قاحلةٌ أو غير محروثة.

**wastepaper** *(n.)* الأوراق المهملة أو التالفة .

**watch** *(vi.; t.; n.)* (١) يَسْهَر (٢) ينتبه ؛ يتنبّه. (٣) يحرس (٤) يراقب (٥) ينتظر §(٦) سَهَرٌ (٧) تَيَقُّظ ؛ انتباه (٨) مراقبة ؛ حراسة (٩) الحارس ؛ الحَرَس (١٠) فترة مناوبة (١١) فريق مناوبة (١٢) ساعة الجَيْب أو اليد.

to ~ one's time . ينتظر الفرصة المناسبة
to ~ out . يتحذّر ؛ يحترس ؛ ينتبه إلى

**watchdog** *(n.)* كلب الحراسة .

**watchful** *(adj.)* ١) مؤرَّق (٢) أرِق (٣) يَقِظ

**watchmaker** *(n.)* ساعاتي .

**watchman** *(n.)* الحارس ؛ الخفير .

**watchword** *(n.)* ) كلمة السرّ (٢) شِعار .

**water** *(n.; vt.; i.; adj.)* ) ماء (٢) درجة. (٣) تموُّج §(٤) يندّي أو ينضح أو يَنقع أو يَرْوي بالماء (٥) يزوِّد بالماء (٦) يَمْذُق ؛ يضيف ماء إلى (٧) يلطِّف ؛ يخفّف × (٨) تَدمع ٩) يمتلىء بالرضاب (١٠) يتزوّد بالماء

(١١) يشرب الماء §(١٢) مائيّ

above ~, في نجوة من المحنة أو البلاء .

in deep ~, في ورطة أو محنة .

in low ~, في ضائقة ؛ في عُسْر ماليّ .

**waterbuck** *(n.)* ظبي الماء.

waterbuck

**water buffalo** *(n.)* جاموس الماء .

**water clock** *(n.)* الساعة المائية.

**water closet** *(n.)* كَنيف ؛ مِرحاض ؛ بيت خلاء .

**watercolor** *(n.)* (١) اللون المائي : صِبغٌ للرَّسْم يُمْزَج بالماء لا بالزيت (٢) الرَّسم المائيّ : فنّ الرسم بالألوان المائيّة (٣) اللوحة المائية : لوحة بالألوان المائيّة .

**watercourse** *(n.)* (١) قناة (٢) نهر ؛ جدول .

**watercress** *(n.)* قُرّة العين ؛ الحُرْف (نبات) .

**waterfall** *(n.)* شلاّل ؛ مَسقط ماء .

**water flea** *(n.)* بُرْغُوث الماء .

**waterfowl** *(n.)* طير الماء .

**waterfront** *(n.)* الواجهة المائية : أرضٌ مواجهةٌ لجسم مائيّ أو محاذيةٌ له .

**water gauge** *(n.)* مقياس منسوب الماء .

**watering** *(n.)* نَضْح ؛ نَقْع ؛ إرواء الخ .

**watering pot** *or* **can** *(n.)* مِرَشّة .

**waterless** *(adj.)* جافّ ؛ خِلْوٌ من الماء .

**water lily** *(n.)* النَّيْلُوفر ؛ زنبق الماء الأبيض .

**waterline** *(n.)* خطّ الماء .

**waterman** *(n.)* (١) المراكبيّ (٢) المجدِّف .

**watermark** *(n.)* العلامة المائيّة .

**watermelon** *(n.)* البطّيخ الأحمر .

**water polo** *(n.)* كُرة الماء (رياضة بدنيّة) .

**waterpower** *(n.)* القوّة المائيّة : «أ» قوّة الماء مُستخدَمةً في تسيير الآلات . «ب» شلال صالحٌ لمثل هذا الاستخدام .

**waterproof** *(adj.; n.)* (١) صامدٌ للماء . §(٢) المِمطر : مِعطف واقٍ من المطر .

**water rat** *(n.)* جُرَذ الماء .

**waterside** *(n.)* جانب الماء : أرض محاذية للماء .

**water snake** *(n.)* حيّة الماء .

**waterspout** *(n.)* (١) ميزاب ؛ «مِزراب» . (٢) فوّهة ؛ بزباز ؛ فم خرطوم المياه (٣) عمود الماء : إعصار مُثْقَل بالضَّباب والرَّذاذ .

**watertight** *(adj.)* مَسِيك ؛ سَدود للماء .

**waterway** *(n.)* قناة ؛ مجرى مائيّ .

**waterwheel** *(n.)* ساقية ؛ سانية ؛ ناعورة .

**waterworks** *(n.)* محطّة المياه : محطّة تزوّد مدينة بالمياه العذبة .

**watery** *(adj.)* (١) مائيّ (٢) رطب ؛ سبِخ . (٣) غير مركّز (٤) دامع (٥) ضعيف ؛ رديء .

**watt** *(n.)* الواطّ : وحدة القوّة الكهربائيّة .

**wattage** *(n.)* الواطيّة: القوّة الكهربائيّة بالواط.

**wattle** *(n.; vt.)* (١) الوَتَل: قضبان تُضفَر مع الأغصان والقصب (تُستخدَم في إنشاء الأسيجة أو الجدران أو السقوف) (٢) الغبَب: زائدة لحميّة تتدلى من أعناق الدجاج (٣) سَنْط؛ طَلح (نبات) § (٤) يَجدل؛ يضفر.

**wave** *(vi.; t.; n.)* (١) يرفرف (٢) يلوّح (بيديه الخ.) (٣) يتموّج (٤) يتذبذب × (٥) يموّج (٦) يُذبذب (٧) يلوّح (بالسلاح) مهدّداً § (٨) موجة (٩) تموّج (١٠) تلويح بـ.

**wavelength** *(n.)* الطول المَوْجيّ (راديو).

**waveless** *(adj.)* ساكن؛ رائق؛ غير مائج.

**waver** *(vi.; n.)* (١) يتردّد (٢) يتذبذب؛ يتمايل (٣) يرتعش (٤) يترنّح (٥) يتهدّج § (٦) تردُّد؛ تذبذُبٌ الخ.

**wavy** *(adj.)* (١) مائج (٢) خافق (٣) متموّج.

**wax** *(n.; vt.; i.)* (١) شمْع (٢) أسطوانة فونوغرافية (٣) ازدياد؛ نموّ § (٤) يشمّع: يعالج أو يفرك بالشمع × (٥) يزداد؛ يكبر؛ ينمو.

**waxen** *(adj.)* (١) شَمْعِيّ؛ مشمَّع. (٢) لَدْن؛ مَرِن.

**wax myrtle** *(n.)* الشّمعيّة (شجرة).

**waxwing** *(n.)* شمعيّ الجناح (طائر).

**waxwork** *(n.)* (١) التمثال الشمعيّ. (٢) *pl.*: متحف الشمع.

**waxy** *(adj.)* = waxen.

**way** *(n.)* (١) طريق (٢) سبيل (٣) طريقة؛ وسيلة (٤) ناحية؛ نقطة (٥) نطاق (٦) حالة؛ وضع (٧) مسافة (٨) اتجاه؛ وجهة (٩) *pl.*: مسند بناء السفن أو إنزالها (١٠) *pl.*: عاداتٌ (١١) مهنة (١٢) تقدّم؛ سرعة.

by the ~, وبالمناسبة؛ و «على فِكْرة».

by ~ of (١) بواسطة (٢) على سبيل كذا (٣) بقصد كذا (٤) من طريق.

on the ~ out على وشك أن يصبح مُبطَلَ الزيّ.

out of the ~, (١) في غير محلّه؛ غير لائق (٢) بعيدٌ؛ بعيداً (٣) استثنائيّ؛ غير مألوف.

to get one's own ~, ينال ما يريد.

to go one's ~ *or* ~*s* ينصرف؛ يمضي لسبيله.

to go *or* take one's own ~, يتصرّف بحماقة؛ يركب رأسه.

to have one's own ~, يفعل ما يريد.

to make ~, يتقدّم.

to make ~ for يتنحّى مُفسحاً الطريق لـ.

to my ~ of thinking في رأيي.

under ~, (١) مبحِراً؛ ماخرةً (في الكلام على مركب أو سفينة) (٢) متقدّم؛ ماضٍ قُدُماً؛ في الطريق إلى.

**waybill** *(n.)* ان الشّحنة.

**wayfarer** *(n.)* عابر السبيل ؛ ابن السبيل .

**waylay** *(vt.)* يكمن لـ ؛ يهاجم من مكمن .

**wayside** *(n.)* جانب الطريق .

**way station** *(n.)* المحطة المتوسطة (بين محطتين) .

**wayward** *(adj.)* (١) عاصٍ ؛ متمرّد ؛ مُعانِد. (٢) شكِس (٣) متقلّب (٤) معاكس .

**we** *(pron.)* نَحْنُ .

**weak** *(adj.)* (١) ضعيف (٢) ركيك . (٣) مُشعْشَع ؛ مَذِق (٤) غير مركّز ؛ سايط .

**weaken** *(vt.; i.)* (١) يُضْعِف × (٢) يَضْعُف.

**weakling** *(n.; adj.)* ضعيف الجسم أو الشخصيّة.

**weakly** *(adj.; adv.)* (١) ضعيف § (٢) بضَعْف.

**weakness** *(n.)* (١) ضَعْف (٢) نَقيصة ؛ مأخذ.

**weal** *(n.)* (١) خير ؛ صالح ؛ رخاء (٢) الحَبار : أثر الضرب في جسم المضروب .

**weald** *(n.)* (١) غابة ؛ غاب (٢) نَجْد .

**wealth** *(n.)* (١) غنىً (٢) وفرة (٣) ثروة.

**wealthy** *(adj.)* غنيّ ؛ موسِر ؛ ثَريّ ؛ مُثْرٍ .

**wean** *(vt.)* يَفْطِم .

**weapon** *(n.; vt.)* (١) سِلاح § (٢) يُسلِّح .

**weaponless** *(adj.)* أعزل ؛ غير مسلَّح .

**wear** *(vt.; i.; n.)* (١) يرتدي ؛ يلبس (٢) يتقلّد ؛ يحمل (٣) يُبْلي (٤) يُحْدِث تدريجياً بالاحتكاك (٥) يُنْهِك ؛ يُرْهِق × (٦) يدوم ؛ «يضاين» (٧) ينقضي (الوقت) ببطء (٨) يَبْلى § (٩) ارتداء ؛ لُبْس ؛ (١٠) لباس ؛ ملابس (١١) بِلىً (١٢) قدرة على الاحتمال أو البقاء.

to ~ down (١) يُبْلي ؛ يَحُتّ (٢) يُرهِق أو يُضْعِف (بالهجمات المتكرِّرة) .

to ~ off (١) يزيل أو يزول بالحكّ (٢) يتناقص تدريجياً .

to ~ out (١) يُبْلي (٢) يُرْهِق (٣) يمحو (٤) يصمد (٥) يقطع الوقتَ أو الأيام (٦) يَبْلى .

**wear and tear** *(n.)* البِلى بالاستعمال .

**wearily** *(adv.)* بضجَر ؛ بمَلَل ؛ بِسأم .

**weariness** *(n.)* ضَجَر ؛ مَلَل ؛ سأم .

**wearisome** *(adj.)* (١) مُرهِق (٢) مُمِلّ .

**weary** *(adj.; vi.; t.)* (١) مُرْهَق (٢) ضَجِر . (٣) مُرْهِق (٤) مُضْجِر § (٥) يَتْعَب ؛ يَضْجَر × (٦) يُتْعِب ؛ يُضْجِر .

**weasel** *(n.)* ابن عِرس .

**weather** *(n.; vt.; i.)* (١) الجوّ ؛ الطقس : حالة الجوّ (٢) مطر ؛ عاصفة. § (٣) يجوّي : يعرِّض للهواء الطَّلْق (٤) ينجو (من عاصفة أو مطر) × (٥) يتحمّل أو يقاوم التعرّض للجوّ.

**weathercock** *(n.)* (١) ديك الرياح : أداة على شكل ديك لإظهار اتجاه الريح (٢) المتقلّب.

weathercock

**weatherglass** *(n.)* = barometer.

**weathering** *(n.)* التَجْوية : أثر العوامل الجويّة في لون الأشياء المعرَّضة لها أو في تركيبها أو شكلها .

**weatherproof** *(adj.)* صامدٌ للعوامل الجويّة.

**weave** *(vt.; i.; n.)* (١) يَنْسُج ؛ يَحُوك . (٢) يحبك (٣) يرسم (خطةً) (٤) يشقّ طريقه على نحو متمعّج أو متلوٍّ × (٥) يتمايل ؛ يترنّح § (٦) نسيج (٧) طريقة النسج .

**weaver** *(n.)* الناسج ؛ الحائك ؛ الحابك .

**weaverbird** *(n.)* الحبّاك (طائر) .

**web** *(n.)* (١) نسيج (٢) نَسْج العنكبوت . (٣) شَرَك ؛ مؤامرة (٤) الوَتَرة : الجلدة التي بين كلّ اصبعين .

**wed** *(vt.; i.)* (١) يتزوج (٢) يزوج (٣) يَشُدّه (إلى شيء) بإحكام .

**wedding** *(n.)* (١) عُرْس ؛ زفاف (٢) عيد الزّواج ، ذكرى الزواج .

wedge 1.

**wedge** *(n.; vt.)* (١) إسفين ؛ وَتِد . § (٢) يُسَفِّن ؛ يوتّد : يثبّت بإسفين أو وتِد (٤) يَحشُر ؛ يُقحِم في .

**wedlock** *(n.)* الزّواج ؛ الزّوجيّة .

**Wednesday** *(n.)* الأربعاء ؛ يوم الأربعاء .

**wee** *(adj.)* (١) صغير جداً (٢) مبكّر جداً .

**weed** *(n.; vi.; t.)* (١) عشبة ضارّة (٢) طحلب بحري (٣) تبغ (٤) سيجار أو سيجارة § (٥) يزيل العشب الضارّ × (٦) يحرّر (حديقةً الخ.) من الأعشاب الضارّة (٧) يُغَرْبِل (٨) يتخلص من .

**weedy** *(adj.)* (١) كثير الأعشاب الضارّة . (٢) شديد النحول أو الهُزال .

**week** *(n.)* أسبوع .

**weekday** *(n.)* يوم الأسبوع : كلّ يوم من أيام الأسبوع ما عدا الأحد .

**weekend** *(n.)* نهاية الأسبوع .

**weekly** *(adv.; adj.; n.)* (١) أسبوعياً ؛ كلَّ أسبوع § (٢) أسبوعيّ § (٣) مجلة أسبوعيّة .

**weep** *(vt.; i.)* يبكي .

**weevil** *(n.)* سوسة الفاكهة أو الحنطة أو اللوز .

**weft** *(n.)* (١) اللُّحْمَة : ما نُسِج عَرْضاً من خيوط الثّوب (٢) نسيج ؛ قماش ؛ ثوب .

**weigh** *(vt.; i.)* (١) يَزِن (٢) يَرْجح : يفوقه وزناً أو قيمة (٢) يقلّب الرأيَ ؛ يفكّر ملياً (٣) يرفع المرساة × (٤) يكون ذا أهمية أو شأن (٥) يُرهق .

to ~ down (١) يُثْقِل ؛ يُرْهِق (٢) يُوقع الكآبة في النفس .

to ~ in (١) يُوْزَن (المرءُ أو أمتعتُه) قُبيل إقلاع الطائرة (٢) يُوْزَن (المصارعُ أو الملاكمُ) يومَ المباراة .

to ~ out (١) يزن مقادير الدقيق والسكّر والزّبدة الخ. عند إعداد قرص الحلوى الخ. (٢) يُوْزَن (الفارسُ) قبل بَدْء السباق .

**weight** *(n.; vt.)* (١) ثِقْل (٢) وَزْن (٣) كرة حديدية (٤) حِمل (٥) وطأة (٦) ثِقَل (٧) أهمية (٨) نفوذ ؛ سيطرة § (٩) يُثَقِّل (١٠) يُرْهِق (١١) يَزِن (١٢) يَرُوز .

to put on ~, يَسْمَن ؛ يصبح بديناً

**weighty** *(adj.)* (١) خطير (٢) ذو نفوذ (٣) ثقيل . (٤) بدين (٥) وجيه .

**weir** *(n.)* (١) سياج قضبان (٢) سدّ .

**weird** *(adj.)* (١) سحريّ (٢) عجيب ؛ غريب .

**welcome** *(interj.; vt.; adj.; n.)* (١) أهلاً وسهلاً § (٢) يرحّب بِـ § (٣) مُرحّبٌ به (٤) سارّ § (٥) ترحيب .

**weld** *(vt.; i.; n.)* (١) يَلْحَم (الأجزاء المعدنيّة) ×(٢) يلتحم §(٣) وُصْلة ملحومة (٤) لَحْم؛ لِحام؛ التحام.

**welfare** *(n.)* خير؛ صالح؛ سعادة؛ رفاهة.

**well** *(n.; vi.; t.; adv.; interj.; adj.)* (١) ينبوع (٢) بئر (٣) وعاء لسائل §(٤) يتفجّر؛ يَنْبع §(٥) جيداً (٦) خيراً (٧) كثيراً (٨) تماماً (٩) بِصِدْق (١٠) بحقّ (١١) بسُهُولَة (١٢) حقّاً (١٣) بصدر رحب (١٤) بكثير §(١٥) عجباً §(١٦) حَسَناً! §(١٧) على علاقة حسنة (١٨) حَسَن؛ جيّد (١٩) في حال حسنة؛ مستحسَن (٢٠) مُعافَى (٢١) منديل.

**well-appointed** *(adj.)* حَسَن التجهيز؛ كامل الأثاث.

**wellaway** *(interj.)* وا أسفاه!

**well-behaved** *(adj.)* حَسَنُ السلوك.

**well-being** *(n.)* خير؛ صالح؛ رفاهة؛ سعادة.

**wellborn** *(adj.)* حسيب: كريم المحتِد.

**well-bred** *(adj.)* (١) مهذّب (٢) كريم الأصل

**well-disposed** *(adj.)* عاطفٌ؛ مستعدّ للمساعدة.

**well-favored** *(adj.)* جميل؛ وسيم.

**well-founded** *(adj.)* (١) راسخ الأساس. (٢) ذو أساسٍ من الصحّة (٣) له ما يبرّره.

**well-groomed** *(adj.)* (١) أنيق (٢) مُهَنْدَم.

**well-informed** *(adj.)* حَسَنُ الاطّلاع.

**well-known** *(adj.)* (١) معروف (٢) مشهور.

**well-meaning** *(adj.)* حَسَنُ النيّة.

**well-nigh** *(adv.)* تقريباً.

**well-off** *(adj.)* غنيّ؛ ثريّ؛ ذو سعة.

**wellspring** *(n.)* يَنْبُوْع؛ مَعِين لا ينضَب.

**well-timed** *(adj.)* حَسَنُ التوقيت؛ حادث أو مُنْجَزٌ في الوقت المناسب.

**well-to-do** *(adj.)* غَنيّ؛ سَرِيّ؛ مُوسِر.

**well-worn** *(adj.)* (١) بالٍ (٢) مُبتَذَل.

**welsh** *(vi.)* يَخْدَع بالتهرّب من دفع الرهان.

**Welsh** *(n.; adj.)* (١) الويلزيون: سكان ويلز بانكلترة (٢) الويلزيّة: لغة إقليم ويلز §(٣) ويلزيّ.

**Welsh rabbit** *(n.)* جبن مذاب فوق خبز محمّص

**welt** *(n.)* (١) النجاش: سير يُجعَل بين نعل الحذاء وفرعته ثمّ يُخْرَزُ بينهما (٢) الحَبار: أثر الضرب في جسم المضروب (٣) ضربة؛ لكمة.

**welter** *(vi.; n.)* (١) يتقلّب؛ يتمرّغ؛ يتخبّط. (٢) يموج؛ يتلاطم (٣) ينغمس في (٤) يصطخب §(٥) فوضى؛ اضطراب.

**wen** *(n.)* الكيس الدُهنيّ (في الطبّ).

**wench** *(n.)* (١) فتاة (٢) خادمة.

**wend** *(vi.)* يمضي؛ ينطلق؛ يتّخذ سبيله.

**went** *past of* go.

**wept** *past and past part. of* weep.

**were** كنتَ؛ كنّا؛ كانوا؛ كُنّ؛ كانت الخ.

**west** *(adv.; adj.; n.)* (١) غَرْباً §(٢) غربيّ. §(٣) الغرب.

**westerly** *(adj.; adv.; n.)* (١) غربيّ §(٢) غرباً؛ نحو الغرب (٣) من الغرب §(٤) الريح الغربيّة.

**western** *(adj.; n.)* غربيّ.

**Westerner** *(n.)* الغربيّ: أحد أبناء الغرب أو الجزء الغربيّ من البلاد.

**western hemisphere** نصف الكرة الغربيّ.

**westernmost** *(adj.)* واقع في أقصى الغرب.

**westward** *(adj.; adv.)* (١) غربيّ §(٢) غرباً.

**westwards** *(adv.)* غرباً؛ نحو الغرب.

**wet** *(adj.; n.; vt.; i.)* (١) بَلِيل؛ مُبتَلّ. (٢) مطير؛ كثير الأمطار (٣) رَطْب؛ نديّ (٤) طازَج (٥) مُبيحٌ صنعَ الخمور أو بيعها (٦) مؤيّد لإباحة صنع الخمور أو بيعها §(٧) ماء

wet 552 whe

(٨) بَلَل ، رطوبة ؛ نداوة (٩) مطر ؛ جوّ ماطر (١٠) المؤيِّد لإباحة صنع الخمور وبيعها §(١١) يبلِّل ؛ يندّي ×(١٢) يبتلّ ؛ يتندّى.

to ~ down يرطِّب (بالنَّضْح أو الرشّ بالماء).

**wet blanket** *(n.)* المثبِّط للهمّة ؛ المفسِد للبهجة.
**wether** *(n.)* كَبْش مَخْصِيّ.
**wetness** *(n.)* بَلَل ؛ رطوبة ؛ نداوة.
**wet nurse** *(n.)* الظِّئْر : المُرْضِعة لولد غيرها.
**whack** *(vt.; n.)* (١) يَضرب بشدّة §(٢) ضربة شديدة أو مدوّية (٣) ضربةٌ أو عملٌ مفرد.
**whale** *(n.; vi.)* (١) حوت §(٢) يصيد الحيتان.

**whaleboat** *(n.)* مركب صيد الحيتان.
**whalebone** *(n.)* البَلِّين : عظم فكّ الحوت.
**whaler** *(n.)* (١) صائد الحيتان (٢) مَرْكب.
**wharf** *(n.)* رصيف (لتحميل السفن أو تفريغها).
**wharfinger** *(n.)* مدير (أو ناظر) الرصيف.
**what** *(pron.; adj.)* (١) ما؟ (٢) ماذا؟ (٣) كم؟ (٤) ما ؛ الذي §(٥) أيّ؟ (٦) يا له من!

and ~ not وهلمّ جرّاً ؛ وما شاكل.

to know *what's* ~, يعرف الصالح من الطالح أو الغثّ من السمين.

~ does it matter? وماذا يهمّ؟

~ for لماذا ؛ لأيّ سببٍ أو غرض.

~ if? (١) وما يحدث إذا؟ (٢) وماذا يهم إذا؟

**whatever** *(pron.; adj.)* (١) كلّ ما ؛ أيّ شيء (٢) مهما (٣) مهما يكن ؛ أيّاً كان §(٤) أيّما (٥) البتّة (٦) على الإطلاق.
**whatnot** *(n.)* (١) أيما شيء آخر (٢) خليط (٣) الرُّفوفيّة : مجموعة رفوف خفيفة مكشوفة، بعضها فوق بعض، توضع عليها الكتب أو التحف.

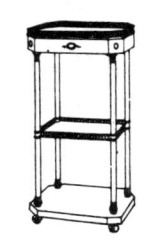

whatnot 3.

**whatsoever** *(pron.; adj.)* = whatever.
**wheal** *(n.)* (١) أثر الضرب في الجسم (٢) بَثْرة.
**wheat** *(n.)* قَمْح : حِنْطَة.

**wheaten** *(adj.)* قَمْحيّ ؛ حِنْطيّ.
**wheedle** *(vt.; i.)* (١) يتملّق (٢) ينال بالتملّق.
**wheel** *(n.; vi.; t.)* (١) عَجَلَة ؛ دولاب. (٢) درّاجة هوائيّة (٣) دَوَران §(٤) يَدُور (٥) ينعطف (٦) يندفع في درّاجة أو عربة ×(٧) يدوِّر : يجعله يدور (٨) ينقل بعربة.

**wheelbarrow** *(n.)* عجلة اليد: عَرَبَةُ يدٍ ذات دولاب واحد (أو أكثر).

**wheelwright** *(n.)* صانع العجلات أو العربات أو مُصلِحُها.

**wheeze** *(vi.; n.)* (١) يَصْفِر: يتنفّس بجهد محدِثاً صوتاً كالصفير (٢) يئِزّ § (٣) صفير (عند التنفّس) (٤) أزيز (٥) قولٌ مبتذل.

**whelk** *(n.)* (١) الوِلْك: حلزون بحريّ كبير. (٢) بَثْرَة؛ نَفْطَة.

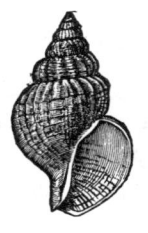

**whelp** *(n.; vt.; i.)* (١) جَرْو؛ شِبْل الخ. (٢) صبيّ؛ فتاة (٣) شخص حقير § (٤) تلِد.

**when** *(adv.; conj.)* (١) متى؟ (٢) وإذ ذاك؛ ومن ثَمّ § (٣) عندما (٤) مع أنّ؛ في حين.

**whence** *(adv.; conj.)* (١) من أين § (٢) من حيث؛ الذي منه؛ التي منها (٣) لذلك.

**whencesoever** *(conj.)* من أيّ مكانٍ كان.

**whenever** *(conj.)* كلّما؛ متى.

**whensoever** *(conj.)* = whenever.

**where** *(adv.; conj.)* (١) أين؟ ؛ إلى أين؟ § (٢) أين (٣) أينما؛ حيثما (٤) حَيْثُ.

**whereabouts** *(adv.; conj.; n.)* (١) أيْن؛ قربَ أيّ مكان § (٢) مكان؛ مكان وجود.

**whereas** *(conj.)* (١) حيث أن (٢) في حين.

**whereby** *(conj.)* الذي به أو بواسطته أو وفقاً له.

**wherefore** *(adv. n.)* (١) لماذا (٢) لذلك؛ ومن أجل ذلك؛ وهكذا § (٣) سببٌ.

**wherein** *(adv.)* أين؛ في ماذا؛ في أيّ شيء أو ناحية.

**whereon** *(conj.)* (١) علامَ؟ (٢) الذي عليه.

**wheresoever** *(conj.)* = wherever.

**whereto** *(adv.)* إلامَ؛ إلى أين.

**whereupon** *(conj.)* وإذ ذاك؛ ومن ثَمّ؛ وهكذا.

**wherever** *(adv.)* حيثما؛ أينما؛ في أي مكان.

**wherry** *(n.)* الوِهْرِيّ: مركب أو زورق خفيف.

**whet** *(vt.)* (١) يَشْحَذ (٢) يحرِّك؛ يثير.

**whether** *(conj.)* (١) ما إذا (٢) سواء (٣) أ...أم..

**whetstone** *(n.)* مِشْحَذ؛ حَجَر الشَّحْذ.

**whey** *(n.)* مَصْلُ اللّبَن.

**which** *(adj.; pron.)* (١) أيّ؛ أيّة § (٢) أيّهما؛ أي الأمرين أو الشخصين (٣) الذي؛ التي؛ ما (٤) ذاك؛ ذلك.

**whichever; whichsoever** *(pron.; adj.)* أيّ؛ أيّما؛ أيّ الاثنين؛ أيما شيء.

**whidah** *(n.)* الهَوِيد: طائر يتميّز بذيلِه الطويل.

**whiff** *(n.; vi.; t.)* (١) هبّة؛ نَفْحة؛ نَفْخة (٢) نَشْقة § (٣) يهبّ (٤) يُدخِّن (٥) يستنشق (٦) ينفخ على × (٧) يزفر؛ ينفث.

**while** *(n.; conj.; vt.)* (١) فترة ؛ برهة ؛ مدة قصيرة §(٢) بينا ؛ بينما (٣) في حين (٤) على الرغم من §(٥) يقطّع أو يقتل الوقت .

between ~ s, أحياناً ؛ بين حين وآخر .

once in a ~, بين فترة وأخرى .

worth one's ~ جديرٌ باهتمام المرء .

**whilst** *(conj.)* = while.

**whim** *(n.)* نزوة ؛ هَوًى .

**whimper** *(vi.; n.)* (١) يَنْشِج ؛ يَئِنّ . §(٢) نشيج .

**whimsical** *(adj.)* كثير النزوات ؛ غريب الأطوار .

**whine** *(vi.; n.)* (١) يَعْوِي (٢) ينتحب ؛ يئن (٣) يَطِنّ §(٤) عُواء (٥) انتحاب ؛ أنين .

**whinny** *(vi.; n.)* (١) يَصْهَل §(٢) صهيل .

**whip** *(vt.; i.; n.)* (١) يتناول أو يستل بسرعة وقوّة . (٢) يضرب بالسياط (٣) يمتّن الحبل بخيوط تُلَفّ عليه (٤) يوبّخ ؛ يعنف (٥) يضرب : يخيط بإمرار الدَّرَزات تكراراً فوق الحاشية (٦) يهزم (٧) يحاول الصيد في (٨) يخفق البيض ×(٩) ينطلق أو ينعطف برشاقة أو بسرعة (١٠) تخفُق (الرايةُ) §(١١) سَوْط (١٢) جَلْدَة بالسَّوْط (١٣) المخفوقة : حلوى تُعَدّ بخفق البيض أو الكريما (١٤) الضارب بالسوط (١٥) الحوذي ، سائق العربة .

**whipcord** *(n.)* (١) المُبْرَم : حبل رفيع مُحْكَم الجَدْل (٢) المضلّع : قماش مضلّع .

**whiplash** *(n.)* السَّيْر المشدود في طَرَف السَّوْط .

**whippersnapper** *(n.)* الصغير ؛ التافه ؛ المدعي

**whippet** *(n.)* الوِبْت : كلب نحيل سريع العدو .

**whipping** *(n.)* جَلْد ؛ ضَرْب ؛ خفق الخ .

**whippoorwill** *(n.)* السُّبَد الأميركي (طائر) .

**whipsaw** *(n.)* المنشار السَّوْطي .

**whip scorpion** *(n.)* العقرب السَّوْطيّ .

**whir** *(vi.; t.)* (١) يئزّ ؛ يطِنّ §(٢) أزيز ؛ طنين .

**whirl** *(vi.; t.; n.)* (١) يُدَوِّم ؛ يَلُفّ ؛ يَدُور . (٢) يندفع ؛ ينطلق مسرعاً (٣) يصاب بدُوار ×(٤) يسوق أو ينقل بحركة دائريّة أو شبهها (٥) يدور ؛ يجعله يدور §(٦) تدويم ؛ دورانٌ سريع (٧) دُرْدُور (٨) دُوَّامة (٩) اندفاع .

**whirligig** *(n.)* (١) المدوِّمة : لعبة أطفال ذات حركة دُوَّاميّة (٢) دُوَّامة الخيل (راجع الصورة تحت merry-go-round) .

**whirlpool** *(n.)* (١) دُرْدُور (٢) دُوَّامة .

**whirlwind** *(n.)* زوبعة ؛ ريحٌ دُوَّاميّة .

**whisk** *(n.; vi.; t.)* (١) مَسْحَة سريعة خفيفة . (٢) ضربة لطيفة خاطفة (٣) انطلاق سريع ؛ حركة سريعة رشيقة (٤) المِخْفَقَة : خفّاقة

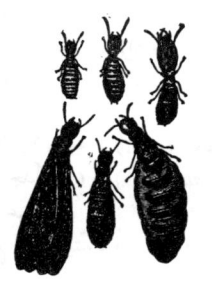

البيض والكريما (٥) مِقَشّة §(٦) يتحرك أو ينطلق بخفّة ورشاقة ×(٧) يحرّك أو ينقل برشاقة (٨) يخفق (٩) يقشّ ؛ يكنس .

whisk 4.

**whisker** *(n.)* (١) شعرة من شعرات اللحية . (٢) *pl.*: السَّبَلَة : ذلك الجزء من اللحية النامي على جانبي الوجه أو على الذقن (٣) شعرة من شاربَيْ الهرّة الخ .

**whiskey** *or* **whisky** *(n.)* الوسكي ؛ شراب مُسْكِر .

**whisper** *(vi.; t.; n.)* (١) يَهْمِس . §(٢) هَمْس ؛ همسة .

**whist** *(interj.; n.)* (١) صَهْ . أسكت . §(٢) الهويست : نوع من لَعِب الوَرَق .

**whistle** *(n.; vi.)* (١) صَفّارة (٢) صَفير ؛ صَفْرَة (٣) الفم والحنجرة §(٤) يَصْفِر .

**whistling** *(n.; adj.)* (١) صفير §(٢) صافر .

**whit** *(n.)* ذرّة ؛ مثقال ذَرّة ؛ مقدار ضئيل .

**white** *(adj.; n.)* (١) أبيض (٢) شاحب . §(٣) بياض (٤) زلال البيض (٥) بياض العَين (٦) ملابس بيضاء .

**white ant** *(n.)* الأَرَضَة : حشرة تقرِض الخشب .

**whitebait** *(n.)* البَلَم : كلّ صغير من الأسماك .

**whitebeard** *(n.)* العجوز ؛ الشيخ ؛ المُسِنّ .

**whitecap** *(n.)* الموجة المزبدة .

**white-faced** *(adj.)* (١) شاحب الوجه (٢) أغرّ .

**white-hot** *(adj.)* شديد الاتّقاد .

**white lead** *(n.)* مركّب الرصاص الأبيض .

**white-livered** *(adj.)* جبان ؛ رِعديد .

**whiten** *(vt.; i.)* (١) يُبَيِّض ×(٢) يَبْيَضّ .

**whiteness** *(n.)* (١) بياض (٢) شحوب .

**white plague** *(n.)* الطاعون الأبيض : داء السُلّ .

**white slaver** *(n.)* المُتّجِر بالرقيق الأبيض .

**whitesmith** *(n.)* الصَّفّاح ؛ السَّمْكَرِيّ .

**whitewash** *(vt.; n.)* (١) يبيّض (بماء الكلس) . (٢) يموّه (الرذائلَ أو الجرائم) (٣) يبرّىء (بإجراء تحقيق شكليّ الخ.) (٤) يهزمه هزيمةً منكرة §(٥) محلول مبيِّض (٦) ماء الكلس (لطلاء الجدران) (٧) تمويه ؛ تبرئة الخ .

**whither** *(adv.; conj.)* (١) إلى أين (٢) حيث ؛ إلى حيث (٣) حيثما .

**whithersoever** *(conj.)* حيثما ، إلى حيثما .

**whiting** *(n.)* (١) الأبيض : سمك من فصيلة القُدّ (٢) ذرور الطباشير الأبيض .

**whitish** *(adj.)* ضاربٌ إلى البياض .

**whitlow** *(n.)* داحس ؛ داحوس (مرض) .

**Whitsunday** *(n.)* أحد (أو عيد) العَنْصَرَة .

**whittle** *(n.; vt.; i.)* (١) مدية §(٢) يبري . (٣) يخفّض (٤) يَضْوَى أو يُضْوِي (بالهمّ) .

**whiz** *(vi.; n.)* (١) يئزّ ؛ يَطِنّ §(٢) أزيز .

**who** *(pron.)* (١) من؟ (٢) الذي ؛ التي ؛ الذين الخ .

**whoever** *(pron.)* (١) كلّ مَن (٢) أيّاً كان .

who 556 wid

**whole** *(adj.; n.)* (١) سالم؛ لم يُمَسّ (٢) صحيح؛ مُعافًى (٣) كامل؛ تامّ (٤) غير مقسوم أو مكسور (٥) شقيق من نفس الأب والأمّ. §(٦) كلّ تامّ؛ وحدة كاملة.

as a ~, ككلّ؛ جملةً.
on *or* upon the ~, على الجملة؛ إجمالاً.

**wholehearted** *(adj.)* صادق؛ مخلص؛ قلبيّ.
**wholeheartedly** *(adv.)* بإخلاص؛ من القلب.
**whole meal** *(n.)* الطحين الكامل أو الأسمر.
**wholeness** *(n.)* تمام؛ كمال.
**whole number** *(n.)* العدد الصحيح.
**wholesale** *(n.; adj.; adv.; vt.)* (١) البيع بالجُملة §(٢) جُمْليّ §(٣) بالجملة §(٤) يبيع بالجملة.
**wholesaler** *(n.)* تاجر الجملة؛ البائع بالجملة.
**wholesome** *(adj.)* (١) صحّيّ (٢) مفيد.
**wholly** *(adv.)* (١) كلّه؛ برمّتِه (٢) تماماً.
**whom** *(pron.)* (١) مَن (٢) الذي؛ التي؛ الذين الخ.
**whomever** *(pron.)* أيّاً كان؛ أيّما شخص كان.
**whomsoever** *(pron.)* أيّاً كان؛ أيّما شخص كان.
**whoop** *(vi.; t.; n.)* (١) يهتف (٢) ينعق (٣) يَشْهق ×(٤) يعبّر عن كذا هاتفاً (٥) يزيد؛ يرفع §(٦) هتاف (٧) نعيق (٨) شهقة.

to ~ it up (١) يحتفل بصخب. (٢) يثير الحماسة.

**whooping cough** *(n.)* الشَّهْقَة؛ السعال الديكي (مرض).
**whopper** *(n.)* (١) شيء ضخم (٢) كذبة كبيرة.
**whore** *(n.)* بغيّ؛ بنت هوى؛ فاجرة.

**whorl** *(n.)* (١) فَلْكَة المِغْزَل (٢) شيء ملتفّ أو حلزونيّ (٣) الثنية: إحدى ثنيّات الصَّدَفة الحلزونيّة.
**whose** *(pron.)* (١) لِمَن (٢) الذي؛ التي؛ الذين الخ.
**whosoever** *(pron.)* = whoever.
**why** *(adv.; conj.)* لماذا.
**wick** *(n.)* فتيلة؛ فتيل؛ ذُبالة.
**wicked** *(adj.)* (١) شرّير (٢) مؤذٍ (٣) كريه.
**wicker** *(n.)* (١) الأُمْلُود: غصن صغير لَدْن. (٢) أماليد مجدولة (لصنع السّلال الخ.) (٣) سلّة أو شيء مصنوع من أماليد مجدولة.
**wicket** *(n.)* (١) باب صغير (٢) الخَوْخَة: الباب الصغير في الباب الكبير (٣) شُبّاك (لبيع التذاكر الخ.).
**wickiup** *(n.)* الوَقَب: كوخ يصنعه هنود أميركة الحُمْر ويغطّونه بضروب الحُصُر.

**wide** *(adj.; adv.)* (١) واسع؛ عريض. (٢) ذو عَرْضٍ معيّن (٣) كبير (٤) بعيد عن §(٥) بعيداً؛ إلى مدى بعيد (٦) تماماً؛ على مصراعيه (٧) بعيداً عن الهدف.
**wide-awake** *(adj.)* (١) يَقْظان (٢) يَقِظ.
**widely** *(adv.)* (١) كثيراً جداً (٢) على نحوٍ واسع أو عريض.
**widen** *(vt.; i.)* (١) يوسع ×(٢) يتّسع.

**widespread** *(adj.)* ممتدّ ؛ منتشر ؛ واسع الانتشار .

**widgeon** *(n.)* الوَدْجُون: بطّ نهريّ .

**widow** *(n.; vt.)* (١) أرملة § (٢) يُرَمِّل .

**widower** *(n.)* الأرمل: رجلٌ ماتت عنه زوجته .

**widowhood** *(n.)* (١) الترمُّل (٢) مدة الترمُّل .

**width** *(n.)* (١) عَرْض (٢) سَعَة ؛ اتّساع . (٣) قطعة ( من قماش أو خشب ) .

**wield** *(vt.)* (١) يدبّر الأمر بنجاح (٢) يستخدم ببراعة (٣) يسيطر على (٤) يستخدم (نفوذه) .

**wife** *(n.)* زوجة ؛ عقيلة ؛ قرينة .

**wifehood** *(n.)* الزَّوجيّة : كونُ المرأة زوجةً .

**wig** *(n.)* اللِّمّة ؛ الجُمّة : الشَّعر المُستَعار .

**wiggle** *(vi.; t.; n.)* (١) يتذبذب ؛ يتهزهز . (٢) يتلوّى × (٣) يذبذِب § (٤) ذبذبة الخ .

**wigwag** *(vi.; t.)* (١) يُلاوِح : يخاطب من طريق التلويح بعَلَم أو ضوء (٢) يلوّح (بيده أو ذراعه ) × (٣) يحرِّك ملوِّحاً .

**wigwam** *(n.)* الوَغَم : كوخ بيضويّ الشكل .

**wild** *(adj.; n.; adv.)* (١) بَرّيّ ؛ وحشيّ . (٢) بُور ؛ قَفْر (٣) جامح ؛ هائج (٤) شديد التَّوْق (٥) متهوّر ؛ طائش (٦) عاصف (٧) متطرف ؛ مفرط (٨) مَسْعُور ؛ ضارٍ (٩) شاذّ § (١٠) بريّة ؛ قَفْر § (١١) على نحوٍ جامح أو متهوّر الخ .

**wildcat** *(n.)* السِّنَّوْر أو الهرّ البرّي .

**wilderness** *(n.)* قَفْر ؛ بَرِّيّة .

**wildfire** *(n.)* (١) حريق هائل (٢) النار الاغريقيّة : نار تشتعل في الماء .

like ~, كالنار في الهشيم .

**wildfowl** *(n.)* بطّة أو إوزّة بريّة .

**wile** *(n.)* (١) خُدْعَة (٢) خِداع .

**wilful** *(adj.)* = willful.

**will** *(v. aux.)* فعل مساعد للتسويف .

**will** *(vi.; t.; n.)* (١) يشاء ؛ يرغب ؛ يريد . (٢) يوصي ( أو يمنح ) بوصيّة § (٣) مَيْل ؛ رغبة (٤) عزم ؛ تصميم (٥) إرادة ؛ مشيئة .

at ~, ساعةَ يشاء المرء .
with a ~, بعزم وتصميم .

**willet** *(n.)* الوَلِّيت : طائر أميركيّ .

(انظر الصورة في رأس العمود التالي)

**willful** *(adj.)* (١) عنيد ؛ متصلّب (٢) متعمَّد .

**willing** *(adj.)* (١) مستعدّ (٢) راغب ؛ مريد . (٣) راغب في العمل أو الاستجابة (٤) طَوْعيّ .

**willingly** *(adv.)* طَوْعياً؛ عن طيب خاطر.

**will-o'-the-wisp** *(n.)* سراب؛ أملٌ خادع.

**willow** *(n.)* الصَّفصاف (شجر).

**willowy** *(adj.)* (١) كثير الصفصاف (٢) سهل الانثناء (٣) رشيق؛ ممشوق القوام.

**willpower** *(n.)* قوة الارادة.

**willy-nilly** *(adv.)* طَوْعاً أو كَرْهاً.

**wilt** *(vi.; t.; n.)* (١) يَذْبُل؛ يَذْوي × (٢) يُذْبِل؛ يُذْوي § (٣) ذبول (٤) داء الذَّوِيّ: مرض يصيب بعض النباتات.

**Wilton** *(n.)* الولتُن: نوع من السجّاد.

**wily** *(adj.)* ماكر؛ مُخادع؛ مراوِغ.

**wimble** *(n.)* مِثْقَب.

**wimple** *(n.; vt.; i.)* (١) خِمار الراهبة § (٢) يغطي بخمار (٣) يجعّد؛ يموّج × (٤) يتجعّد؛ يتموّج.

**win** *(vi.; t.; n.)* (١) يفوز؛ يَظْفَر (٢) يوفَّق إلى بلوغ موضع أو حالة ما × (٣) يكسب؛ يربح؛ ينال (٤) يستهوي؛ يستميل § (٥) فوز.

**to ~ out** ينجح؛ يفوز؛ ينتصر.

**wince** *(vi.; n.)* (١) يُجْفِل § (٢) إجْفال.

**winch** *(n.)* وِنْش؛ رافعة؛ مِرفاع.

**wind** *(n.; vt.; i.)* (١) ريح (٢) نزعة؛ اتجاه (٣) نَفَس؛ تنفُّس (٤) رائحة الصياد أو الطريدة (٥) معلومات طفيفة (عن شيء يراد إبقاؤه طيّ الكتمان) (٦) آلات النفخ الموسيقيّة (٧) لفّة؛ دَوْرَة § (٨) يستروح: يجد ريحَ كذا أو رائحتَه (٩) يُريحُ (الفرسَ الخ.) حتى يستردَّ أنفاسَه (١٠) ينفخ (في بوق) (١١) يلفّ (١٢) يرفع (بمرفاعٍ أو وِنْش الخ.) (١٣) يملأ؛ يعبّىء؛ يدور (١٤) يخترق أو يشقّ (طريقَه) متمعّجاً × (١٥) يلتفّ؛ يلتوي (١٦) يتمعّج (الطريقُ).

**off the ~,** بعيداً عن مَهَبّ الرّيح.

**sound in ~ and limb** في صحّة ممتازة.

**to get ~ of** (١) تستروح (الطريدة) رائحةَ الصيّاد الخ. (٢) يتعلّم بـِ؛ يكتشف (مؤامرةً الخ.).

**to raise the ~,** يحصل على المال المطلوب .

**to ~ off** يحل أو «يكر» الخيوط (من وشيعة أو بكرة).

**to ~ up** (١) يُنهي ؛ يختم (٢) يصفّي عملاً تجارياً (٣) ينتهي إلى .

**wind-broken** *(adj.)* مَرْبُوّ : مصابٌ بالرَّبْو .

**wind cone** *(n.)* مخروط الريح : كُم مخروطيّ الشكل يُنْصَب (على سارية الخ.) لتبيين اتجاه الريح .

wind cone

**windfall** *(n.)* السُّقاطة ؛ طَرْح الريح : ماتسقطه أو تَطْرحُه الريحُ من شجر أو ثَمَر .

**winding** *(n.; adj.)* (١) لفيفة (٢) لفّة مفردة (من المادة الملفوفة) (٣) لَفّ (٤) مُنعَطَفٌ (٥) مَلء الساعة أو تدويرها (٦) التواء §(٧) لَولبيّ (٨) متمعّج .

**winding-sheet** *(n.)* كَفَن .

**wind instrument** *(n.)* آلة نفْخ موسيقية.

**windlass** *(n.)* (١) مِرْفاع (٢) مِرفاع للمرساة.

**windmill** *(n.)* الطاحونة الهوائيّة .

**window** *(n.)* نافذة .

**windowpane** *(n.)* لوحٌ زجاجيّ (في نافذة).

**windowsill** *(n.)* عتبة النافذة .

**windpipe** *(n.)* الرُّغامى: القصبة الهوائية (تشريح)

**windrow** *(n.)* (١) صَفّ من التبن أو الذرة الخ. (٢) ما تركمه الرياح من أتربة أو أوراق جافة.

**windshield** *(n.)* حاجب الريح : الحاجب الزجاجيّ الذي يقي سائق السيّارة من الريح .

**wind sleeve** *or* **sock** *(n.)* = wind cone.

**windup** *(n.; adj.)* (١) إنهاء (٢) نهاية ؛ خاتمة. §(٢) ذو زنبرك يدار باليد .

**windward** *(adv.; adj.; n.)* (١) نحو الريح. §(٢) متّجه أو واقع نحو مهبّ الريح §(٣) مهَبّ الريح .

**windy** *(adj.)* (١) معرَّض للريح (٢) عاصف. (٣) متطبّل (من أثر الغازات في الأمعاء) (٤) مطبّل للبطن (٥) طنّان ؛ فارغ ؛ متبجّح .

**wine** *(n.)* خَمْر ؛ راح ؛ نبيذ.

**wineglass** *(n.)* كأس الخمر ؛ قدح الخمر .

**winepress** *(n.)* مِعْصَرَة العنب أو الخمر .

**wing** *(n.; vt.; i.)* (١)جَناح (٢)يجنِّح: يزوِّد بأجنحة (٣)يَهيض الجناح (٤)يجرح (٥)يختَرق أو يجتاز مستعيناً بأجنحة ×(٦) يطير.

on the ~, (١) طائراً، أثناء الطيران (٢) مسافراً.

to take ~, (١) يطير(٢)ينصرف مسرعاً(٣)يفرّ.

**wing commander** *(n.)* قائد الجناح (في سلاح الطيران).

**wink** *(vi.; n.)* (١)يَغمِز (بعينه)(٢)تَطرِف (عينهُ لا إرادياً)(٣)يتغاضى عن(٤)يومض (٥)سِنَة؛ نوم قصير (٦) غمزة؛غمز (٧) لحظة (٨)طرفة عين.

forty ~ s إغفاءة؛ سِنَة؛ نوم قصير.

**winkle** *(n.)* البَرَونْتى: حلزون بحريّ.

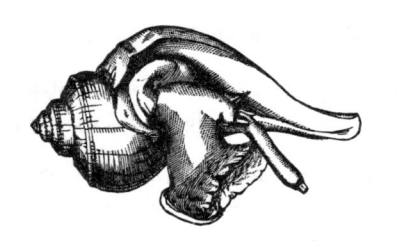

**winner** *(n.)* الفائز؛ الظافر؛ الرابح.

**winning** *(n.; adj.)* (١) كَسْب؛ فوز (٢)مكسَب؛ ربح(٣)فاتن؛ ساحر.

**winnow** *(vt.; i.)* (١) يُذرِّي (الحنطة) (٢)يغربل؛ يتنخَّل (٣) تهبّ الريح (على).

**winsome** *(adj.)* (١)فاتن؛ ساحر(٢)مبتهج.

**winter** *(n.; adj.; vi.)* (١)الشتاء؛ فصل الشتاء (٢)سنة (٣) شتويّ (٤) يُشتَّى؛ يقضي فصل الشتاء.

**wintergreen** *(n.)* شاي كندا(نبات).

**wintry** *(adj.)* (١) شتويّ (٢)بارد؛ عاصف.

**wipe** *(vt.; n.)* (١) يَمْسَح (٢)ينظِّف أو ينشِّف بالمَسْح (٣) يمِرّ أو يحرِّك «بُغْيَةَ المسح» (٤)يمحو، يزيل ؛ يدكّ ؛ يُبيد (٥)ضَرْبة (٦) مَسْح؛ مَسْحَة.

to ~ up يمحو ؛ يهزم؛ يدكّ ؛ يدمِّر.

**wiper** *(n.)* (١) منديل (٢) ممسحة.

**wire** *(n.; vt.; i.)* (١) سِلْك؛ سِلك معدنيّ. (٢) *pl.* : نظام من الأسلاك لتشغيل الدمى المتحرّكة (٣) التلفون (٤)التلغراف (٥)برقيّة (٦) سياج من أسلاك شائكة (٧)شَرَك من أسلاك (٨) خطّ النهاية (في سباق للخيل) (٩) يزوِّد أو يربط بسلك أو أسلاك (١٠) يصيد بِشَرك معدني (١١) يرسل تلغرافياً ×(١٢) يُبرِق.

by ~, بالبرق؛ بالتلغراف؛ برقياً؛ تلغرافياً.

to pull (the) ~ s (١) يُعْمِل الدُّمى المتحرِّكة (٢) يستخدم نفوذاً سرياً أو غير مباشر.

**wireless** *(adj.; n.; vt.; i.)* (١) لاسلكيّ (٢)اللاسلكيّ (٣) راديو (٤) يُبرِق أو يتلفن لاسلكياً.

**wire recorder** *(n.)* آلة التسجيل السلكيّة.

**wireworm** *(n.)* الدودة السلكيّة.

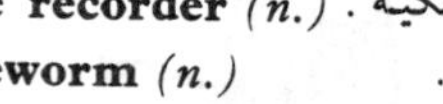

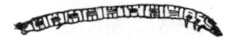

**wiring** *(n.)* شبكة أسلاك .

**wiry** *(adj.)* (١) سِلْكِيّ (٢) شبيه بالسلك شكلاً ومرونةً (٣) وَتَرِيّ : نحيل ولكنه قويّ.

**wisdom** *(n.)* (١) معرفة (٢) حكمة .

**wisdom tooth** *(n.)* ضرس العقل .

**wise** *(n.; adj.)* (١) طريقة § (٢) حكيم ؛ عاقل. (٣) واعٍ ؛ منتبهٌ لِـ (٤) ذكيّ أو ماكر.

**wiseacre** *(n.)* المتعالم ؛ المغرور .

**wisecrack** *(n.)* ملاحظةٌ بارعة ؛ جواب بارع .

**wish** *(vt.; i.; n.)* (١) يريد ؛ يرغب في (٢) يتمنّى. (٣) يريده أو يطلب إليه (أن يفعل كذا) × (٤) يشتهي ؛ يتوق إلى § (٥) أُمْنِيَة (٦) رغبة ؛ مَرام (٧) إرادة (٨) تَمَنٍّ .

**wishbone** *(n.)* عظم التَّرْقُوَة (في الطيور) .

wishbone

**wishful** *(adj.)* (١) دالٌّ على رغبة (٢) تائق ؛ توّاق .

**wishful thinking** *(n.)* التفكير الرَّغْبِيّ .

**wishy-washy** *(adj.)* (١) رقيق القَوام ؛ غير مركّز (٢) ضعيف ؛ ضعيف الشخصيّة.

**wisp** *(n.)* (١) حفنة ؛ حزمة (٢) خصلة (من شعر). (٣) «خيط» رفيع (من دخان) .

**wistaria** *(n.)* الوستارية : نبات معرّش .

**wistful** *(adj.)* (١) حزين ؛ كئيب (٢) توّاق.

**wit** *(n.)* (١) عقل ؛ ذكاء (٢) *pl.* : حصافة ؛ سلامة عَقْل (٣) ظَرْف ؛ خفّة دم (٤) الظريف ؛ شخص ذو ظَرْف .

out of one's ~*s* فاقدٌ صوابَه (من غضب أو خوف).

to live by one's ~*s* يكسب رزقه بأساليب بارعة ولكنها ليست دائماً شريفة .

**witch** *(n.)* (١) السّاحرة ؛ العَرّافة (٢) الحيزبون : عجوز قبيحة (٣) الفاتنة : امرأة فاتنة الجمال.

**witchcraft** *(n.)* (١) سِحر ؛ عِرافة (٢) سحر ؛ فتنة ؛ تأثير لا يُقاوَم .

**witchery** *(n.)* = witchcraft.

**with** *(prep.)* (١) ضِدّ (٢) مع (٣) عن (٤) على. (٥) بِـ (٦) من ؛ بسبب (٧) و . . . (٨) لَدَى ؛ عند (٩) ذو (١٠) عند ؛ بُعَيْد (١١) بنسبة كذا ؛ تبعاً لـ (١٢) مِن ؛ في ما يتّصل بـ (١٣) على الرغم .

**withdraw** *(vt.; i.)* (١) يستردّ ؛ يسترجع ؛ يسحب × (٢) ينسحب ؛ يتراجع ؛ يرتدّ .

**withdrawal** *(n.)* (١) انسحاب ؛ ارتداد . (٢) سَحْب ؛ استرجاع ؛ استرداد .

**withe** *(n.)* الأُمْلود : غُصَيْن طريّ .

**wither** *(vi.; t.)* (١) يَذْبُل × (٢) يُذْبِل .

**withers** *(n.pl.)* الحارك : أعلى كاهل الفرس .

**withhold** *(vt.)* (١) يكبح (٢) يمتنع عن .

**within** *(adv.; prep.)* (١) داخلاً ؛ من الداخل. (٢) داخلَ الجسم (٣) الداخل (٤) داخلَ المبنى (٥) باطنياً § (٦) ضمنَ ؛ داخلَ ؛ في باطن كذا (٧) ضمن نطاق أو مدى كذا .

~ an hour في أقلّ من ساعة .
~ reach في المتناوَل ؛ في متناوَل اليد .

**without** *(prep.; adv.)* (١) خارجَ كذا . (٢) خارج نطاق كذا (٣) من غير ؛ بدون § (٤) خارجياً (٥) خارجاً ؛ خارجَ المنزل .

to do *or* go ~, يستغني عن .

**withstand** *(vt.; i.)* يقاوم ؛ يصْمد (أمامَ) .

**withy** *(n.)* الأُملود : غُصَيْن طريّ .

**witless** *(adj.)* أحمق ؛ مُخبَّل ؛ معتوه .

**witness** (*n.*; *vt.*) (١) شهادة (وبخاصة أمام القضاء) (٢) الشاهد؛ شاهد العِيان (٣) علامة؛ شاهِد (والجمع: شواهد) §(٤) يَشْهَد على (٥) يشهد (حفلةً أو حدثاً).

**witticism** (*n.*) مُلْحَة؛ لطيفة؛ نكتة.

**witting** (*adj.*) (١) عالم؛ مطّلع؛ دارٍ (٢) متعمَّد.

**witty** (*adj.*) (١) بارع؛ ذكيّ (٢) ظريف؛ فَكِه (٣) سريع الخاطر.

**wive** (*vi.*; *t.*) (١) يتزوّج (٢) يزوّج.

**wives** *pl. of* wife.

**wizard** (*n.*) (١) الساحر؛ العرّاف (٢) شخص عظيم البراعة.

**wizardry** (*n.*) (١) سِحْر (٢) قوة سحريّة.

**wizened** (*adj.*) ذابلٌ؛ ذاوٍ.

**woad** (*n.*) الوَسْمَة: نبات عشبيّ أوروبيّ.

**wobble** (*vi.*; *t.*; *n.*) (١) يتذبذب؛ يتمايل؛ يتراوح (٢) يرتعش؛ يرتجف (٣) يتردّد ×(٤) يُذَبْذِب §(٥) تذبذُب؛ تمايُل الخ.

**woe** (*interj.*; *n.*) (١) واأسفاه! واويلتاه الخ. §(٢) وَيْل؛ بلاء؛ كَرْب (٣) كارثة؛ بليّة.

~ be to... الويل لِ...

**woebegone** (*adj.*) (١) كئيب (٢) مهجور.

**woeful** (*adj.*) (١) حزين؛ بائس؛ تعيس. (٢) فاجع؛ محزن؛ مثير للشفقة.

**woke** *past of* wake.

**wold** (*n.*) سهل مرتفع؛ أرضٌ لا غابات فيها.

**wolf** (*n.*) ذئب.

to cry ~, يُطلق استغاثة كاذبة.

**wolfhound** (*n.*) الكلب الذئبيّ.

**wolfish** (*adj.*) (١) ذئبيّ. (٢) ضارٍ؛ مفترس.

**wolfsbane** (*n.*) خانق الذئب (نبات).

**wolverine** (*n.*) الشَّرِه (حيوان).

**wolves** *pl. of* wolf.

**woman** (*n.*) pl. **women** امرأة.

**womanhood** (*n.*) (١) النِّسْوِيّة؛ الصفة النسوية (٢) الأنوثة (٣) النساء.

**womanish** (*adj.*) (١) نِسْوِيّ (٢) مخنَّث.

**womankind** (*n.*) النساء؛ الجنس اللطيف.

**womanlike** (*adj.*) (١) نِسْوِيّ (٢) مخنَّث.

**womanly** (*adj.*) أنثويّ؛ لائق بامرأة.

**womb** (*n.*) الرَّحِم (في التشريح).

**wombat** (*n.*) الوُمْبَتّ: حيوان استرالي.

**women** *pl. of* woman.

**womenfolk; -s** (*n.pl.*) النّساء؛ جماعة النساء.

**won** *past and past part. of* win.

**wonder** (*n.*; *adj.*; *vi.*) (١) معجزة؛ أُعجوبة. (٢) عجيبة (٣) تعجُّب؛ عجَب (٤) انشداه §(٥) عجيب (٦) سِحْرِيّ §(٧) ينشده (٨) يَعجَب؛ يتعجّب (٩) يتساءل.

for a ~, من العجيب؛ ومن عجبٍ.

I ~, تُرى؛ إنّي لأتساءل؛ إني توّاق إلى أن أعلم.

no ~, لا عَجَب.

**wonderful** (*adj.*) عجيب؛ مدهش؛ رائع.

| won | 563 | woo |

| | |
|---|---|
| wonderland (n.) | أرض العجائب . |
| wonderment (n.) | دَهَش ؛ عَجَب . |
| wondrous (adj.) | رائع ؛ مدهش؛ عجيب . |
| wont (adj.; n.) | (١) مُتَعَوِّد ؛ ميّال (٢) عادة . |
| wonted (adj.) | (١) معتاد؛ مألوف (٢) متعوّد . |
| woo (vt.) | (١) يتودّد إلى (٢) يتوسّل إلى (٣) يسعى وراء (٤) يجلب على نفسه |
| wood (n.) | pl. (١) : غابة (٢) خشب (٣) حطب |
| out of the ~ or ~ | ناجٍ من خطر أو بلاء . |
| woodbine (n.) | صَريمة الجدي (نبات) . |
| wood block (n.) | الكليشيه الخشبية (طباعة) . |
| woodchuck (n.) | مرموط الحمائل (حيوان) . |
| woodcock (n.) | دجاجة الأرض (طائر) . |
| woodcraft (n.) | الغَوابَة : البراعة في كلّ ما يتصل بالغابات أو الصيد فيها الخ . |
| woodcut (n.) | = wood block . |
| woodcutter (n.) | الحطّاب ؛ قاطع الأخشاب . |
| wooded (adj.) | مشجّر ؛ محرَج . |
| wooden (adj.) | (١) خشبيّ ؛ متخشّب (٢) غبيّ . |

| | |
|---|---|
| woodland (n.) | غابة . |
| wood louse (n.) | حمار قبّان (حشرة) . |
| wood nymph (n.) | حورية الغابات . |
| woodpecker (n.) | النقّار ؛ نقّار الخشب ( طائر ) . |
| wood pigeon (n.) | الوَرَشان ؛ الحمامة المطوّقة . |
| woodruff (n.) | الجُوَيْسِيَّة العطرية (نبات) . |
| woodshed (n.) | سقيفة يخزن فيها الحطب . |
| woodsman (n.) | (١) ساكن الغابات (٢) البارع في اجتياز الغابات أو الصيد فيها (٣) الحطّاب . |
| woodsy (adj.) | غابيّ : متعلق بالغابات . |
| wood tar (n.) | قار الخشب ؛ قطران الخشب . |
| woodturner (n.) | خرّاط الخشب . |
| woodwaxen (n.) | جنيستا الصبّاغين (نبات) . |
| woodwind (n.) | آلات النفخ (في اوركسترا) . |
| woodwork (n.) | أشغال الخشب . |
| woody (adj.) | (١) ملتفّ الأشجار (٢) خشبيّ . |
| wooer (n.) | (١) المتودّد (٢) المتوسّل . |
| woof (n.) | (١) لُحمة النسيج (٢) نسيج . |
| wool (n.) | (١) صُوف (٢) شعر كثّ جَعْد . |
| woolen (adj.; n.) | (١) صوفيّ (٢) نسيج صوفيّ (٣) pl. : ملابس صوفيّة . |
| woolgathering (n.) | ذهول ؛ شرود ذهن . |
| woollen (adj.; n.) | = woolen. |
| woolly (adj.) | صوفيّ أو شبيه بالصوف . |
| woolpack (n.) | بالة صوف . |
| woolsack (n.) | كيس صوف . |

**word** *(n.)* (١) كلمة (٢) أمر (٣) نبأ؛ رسالة . (٤) القَوْل (٥) وَعْد؛ عَهْد .

big ~ s تبجُّح؛ ادّعاء فارغ .

by ~ of mouth شفهيّاً؛ مشافهةً .

in a ~ ; in one ~, وبكلمة؛ وبالاختصار .

man of his ~, رجلٌ صادق العهد أو الوعد .

my *word*! عجَباً! يا إلهي !

to keep one's ~, يفي بعهده أو وعده .

Upon my *word*! شرفاً؛ قسماً بشرفي .

~ for ~, حرفيّاً؛ بالحرف الواحد .

**wording** *(n.)* (١) التعبير (٢) الصّياغة .

**wordless** *(adj.)* صامت: غير معبَّر عنه بكلمات .

**wordy** *(adj.)* (١) مُطْنِب (٢) كثير الكلام .

**wore** *past of* wear.

**work** *(n.; adj.; vt.; i.)* (١) عمل؛ شغل . (٢) *pl.*: مصنع؛ معمل (٣) *pl.*: الأجزاء العاملة أو المتحركة من آلة (٤) رغوة؛ زَبَد (٥) أثرٌ أدبيّ أو فنيّ § (٦) خاصّ بالعمل (٧) مستخدَم في العمل § (٨) يُحدث (٩) يجترح (معجزةً) (١٠) يحوِّل (١١) يطرِّز (١٢) يشكِّل: يجعله في الشكل المطلوب من طريق التطريق أو الضغط (١٣) يُدير؛ يُعمِل (١٤) يحلّ (مسألةً) (١٥) يشغِّل (١٦) يستخدم (١٧) يحتال على «تحقيقاً لغرض» × (١٨) يعمل؛ يشتغل (١٩) يعمَل على؛ يساعد على (٢٠) يشقّ طريقه أو يتقدّم بجهد (٢١) يتخمّر؛ يختمر .

at ~, (١) مشغول؛ منهمك في العمل (٢) فعّال؛ ذو أثر .

in ~, (١) قيْد الصنع أو الإعداد (٢) قيدالتدريب .

out of ~, عاطلٌ عن العمل .

to ~ off يتخلّص من .

to ~ on *or* upon يحاول إقناعه أو التأثير فيه .

to ~ one's will (upon) يفرِض إرادته (على) .

to ~ out (١) يُحْدِث؛ يحقّق؛ يَصْنَع (٢) يحلّ (مسألةً) (٣) يوجِد؛ يستنبط؛ يرسم (خطةً) (٤) يعمل بنجاح (٥) يتدرّب .

to ~ up (١) ينشئ أو يؤسّس تدريجيّاً وبجهد (٢) يُحْدِث (٣) يثير المشاعر (٤) يمزج (٥) يتقدّم تدريجيّاً .

**workable** *(adj.)* (١) يُشَغَّل؛ يشكَّل: ممكنٌ جعله في الشكل المطلوب (٢) عمليّ .

**workaday** *(adj.)* (١) خاصّ بأيام العمل . (٢) يوميّ؛ عاديّ؛ مبتذل .

**workbag** *(n.)* كيس الشّغل .

**workbench** *(n.)* ـضَد العَمل؛ طاولة الحِرَفيّ .

**workday** *(n.)* ـوم العمل (تمييزاً له عن يوم الأحد أو يوم العطلة) .

**worker** *(n.)* عامل؛ الشّغّيل .

**workhouse** *(n.)* ١) تكيّة؛ ملجأ؛ بيت البرّ . (٢) إصلاحيّة للأحداث .

**working** *(adj.; n.)* ١) عامِل أو مساعِد على العمل § (٢) عَمَل؛ شُغل (٣) تشغيل؛ تشكيل؛ جَعْل الشيء في الشكل المطلوب (٤) حلّ (لمسألة) (٥) تخمّر (٦) *pl.*: حفريات (في منجم الخ) .

**working class** *(n.)* الطبقة العاملة ؛ طبقة العمال.
**workingman** *(n.)* العامل ؛ الشغّيل.
**workman** *(n.)* (١) العامل ؛ الشغيل (٢) الحِرَفيّ.
**workmanship** *(n.)* صنعة ؛ براعة في العمل.
**workroom** *(n.)* حجرة العمل أو الشُّغْل.
**workshop** *(n.)* مَشْغَل ؛ وَرْشَة ؛ معمل.
**world** *(n.)* (١) الدنيا (٢) العالم (٣) الناس.

a ~ of difference فرق شاسع.
the other *or* next ~, الآخرة.

**worldliness** *(n.)* الدنيوية : «أ» كون الشيء دنيوياً. «ب» الانهماك بالشؤون الدنيوية.
**worldling** *(n.)* مُحِبّ الدنيا.
**worldly** *(adj.)* (١) دنيويّ (٢) خبير بالحياة والناس.
**worldly-minded** *(adj.)* دنيويّ التفكير.
**worldly-wise** *(adj.)* خبير بالحياة والنّاس.
**world power** *(n.)* الدولة الكبرى ؛ القوة العالميّة.
**world war** *(n.)* الحرب العالميّة.
**worldwide** *(adj.)* عالميّ الانتشار ؛ عالميّ النطاق.
**worm** *(n.; vi.; t.)* (١) دودة §(٢) يتمعّج : يمشي مِشية الديدان ×(٣) يحرّر كلباً من الديدان (٤) ينتزع بالحيلة.
**worm-eaten** *(adj.)* نَخِر ؛ متسوّس.
**worm gear** *(n.)* عجلة وتُرْس دوديّ.

**worm wheel** *(n.)* الدولاب الدوديّ.
**wormwood** *(n.)* (١) الأفَسَنْتِين (نبات). (٢) مرارة ؛ شيء مرير.

**wormy** *(adj.)* (١) كثير الديدان (٢) مُتَسوّس.
**worn** *past part. of* wear.
**worn** *(adj.)* (١) بال ؛ رَثّ (٢) مُرْهَق ؛ متعَب.
**worn-out** *(adj.)* (١) «أ» بالٍ ؛ رَثّ. «ب» متهرّئ ؛ تالف (٢) مُرْهَق (٣) مُبْتَذَل.
**worried** *(adj.)* قَلِق ؛ مَهموم ؛ مضطرب البال.
**worry** *(vt.; i.; n.)* (١) يَنهَش ؛ يعضّ (٢) يهزّ أو يسحب بأسنانه (٣) يعذّب ؛ يزعج (٤) يرهق (٥) يُقلِق ×(٦) يقلَق (٧) قلَق (٨) بلاء ؛ مشكلة ؛ همّ.
**worse** *(adj.; n.; adv.)* (١) أسوأ ؛ أردأ §(٢) الأسوأ ؛ الأردأ §(٣) على نحوٍ أسوأ أو أردأ.

~ and ~, أسوأ فأسوأ.

**worsen** *(vt.; i.)* يجعله (أو يصبح) أسوأ.
**worship** *(n.; vt.)* (١) مقام رفيع (٢) فضيلة ؛ سيادة (٣) عبادة (٤) ديانة §(٥) يعبد (٦) يبجّل ؛ يؤلّه.
**worshipful** *(adj.)* (١) مُبَجَّل.
**worst** *(adj.; n.; adv.; vt.)* (١) الأسوأ ؛ الأردأ §(٢) على النحو الأسوأ §(٣) يَهْزِم ؛ يتغلّب على.

at ~, في أسوإ الأحوال.

**worsted** *(n.; adj.)* (١) الغَزْل الصوفي. (٢) نسيج منه §(٣) صوفيّ.
**wort** *(n.)* نبتة ؛ عُشْبة أو حشيشة.
**worth** *(prep.; n.)* (١) يساوي كذا (٢) ذو دخل أو ممتلكات تساوي كذا (٣) يستحق ؛ يستأهل ؛ جدير بِ (٤) في طوقه أو قدرته §(٥) قيمة ماليّة (٦) ما يساوي كذا (٧) قيمة (٨) استحقاق ؛ كفاءة (٩) ثروة.
**worthily** *(adv.)* بجدارة ؛ باستحقاق ؛ بكفاءة.

**worthiness** *(n.)* جدارة ؛ استحقاق ؛ كفاءة .
**worthless** *(adj.)* (١) باطل (٢) حقير ؛ تافه .
**worthwhile** *(adj.)* ذو شأن ؛ جدير بالاهتمام .
**worthy** *(adj.)* (١) قيِّم (٢) فاضل ؛ شريف ؛ نبيل (٣) جدير ؛ مستحقّ .
**would** *(past of* will) (١) يتمنّى (٢) يريد ؛ يرغب (٣) فعل مساعد معناه : «أ» سوف «ب» لو ؛ لو أنّه . «ج» يستطيع . «د» ليت . «هـ» هل لك أن . . .
**would-be** *(adj.)* (١) مدَّعٍ كذا ؛ راغب في أن يكون كذا .
**wound** *(n.; vt.; i.)* (١) جُرْح §(٢) يَجرَح .
**wound** *past and past part. of* wind.
**wove** *past and past part. of* weave.
**woven** *past part. of* weave.
**wrack** *(n.; vt.)* (١) خراب ؛ دمار (٢) حشائش بحريّة مجفّفة .
**wraith** *(n.)* (١) شبح (٢) خيال.
**wrangle** *(vi.; n.)* (١) يتشاحن ؛ يتخاصم ؛ يتجادل §(٢) مشاحنة ؛ خصام ؛ نزاع (٣) مجادلة ؛ جدَل .
**wrap** *(vt.; i.; n.)* (١) يغطّي (٢) يلفّ ؛ يغلّف ؛ يرزم (٣) يطوّق (٤) يستغرق في ×(٥) يلتفّ (٦) يرتدي §(٧) غلاف (٨) دِثار ؛ معطف (٩) بطانيّة ؛ حِرام .
**wrapper** *(n.)* (١) غلاف (٢) دِثار ؛ إزار .
**wrapping** *(n.)* غلاف ؛ غطاء .
**wrath** *(n.)* حَنَق ؛ غَيْظ ؛ غَضَب شديد .
**wrathful** *(adj.)* مُحنَق ؛ مَغيظ ؛ غاضب جداً .
**wrathy** *(adj.)* = wrathful.
**wreak** *(vt.)* (١) يُنزِل به عقوبةً أو أذًى. (٢) يشفي غليل غضبه (٣) يُحدِث .
**wreakful** *(adj.)* =revengeful.
**wreath** *(n.)* إكليل ؛ إكليل من الزهر .
**wreathe** *(vt.; i.)* (١) يَلْوِي ؛ يُجعِّد (٢) يَجدُل ؛ يَضفُر (٣) يلفّ (٤) يكلِّل ×(٥) يلتفّ (٦) ينجدل ؛ ينضفر .
**wreck** *(n.; vt.)* (١) حُطام السفينة الغارقة (٢) تحطُّم السفينة أو غرقها (٣) سفينة غارقة (٤) تحطيم ؛ تحطُّم (٥) خراب ؛ مبنى خرِب §(٦) يحطِّم ؛ يُتْلِف (٧) يؤدي به إلى الإفلاس (٨) يحطّم سفينة أو يغرقها .
**wreckage** *(n.)* حُطام السفينة الغارقة .
**wrecker** *(n.)* (١) هادم المباني (٢) سيّارة القَطْر أو السَّحْب .
**wren** *(n.)* الصَّعْو ؛ النِمْنِمَة : طائر صغير جداً .

**wrench** *(vi.; n.)* (١) يلوي (٢) يشوِّه ؛ يُحرِّف ؛ يَعدِل به عن غرضه الأصلي (٣) يسحب أو ينتِر أو يخلع أو ينزع بقوّة (٤) ينتزع §(٥) ليّ ؛ لَوْي ؛ خَلْع (لمفصِل الخ.) (٦) تشويه ؛ تحريف (٧) مِلوى ؛ مفتاح رَبْط .

**wrest** *(vt.; n.)* (١) يلوي أو ينزع بقوّة (٢) ينتزع . (٣) يحرِّف §(٤) ليّ ؛ لَوْي ؛ انتزاع الخ.
**wrestle** *(vi.; t.; n.)* (١) يتصارع (٢) يكافح ؛ يناضل ×(٣) «أ» يصارع . «ب» يحرِّك أو يدفع

شيئاً (وكأنّه في صراع معه) §(٤) كِفاح ؛ صِراع ؛ مصارعة .

**wrestling** *(n.)* (١) كِفاح ؛ صِراع . (٢) مصارعة .

**wretch** *(n.)* (١)البائس؛ التعيس (٢)الحقير .

**wretched** *(adj.)* (١)بائس (٢)قَذِر ؛ حقير . (٣)رَثّ ؛ بالٍ (٤)مرهق (٥)فاجع (٦)رهيب (٧) رديء النوع .

**wriggle** *(vi.; t.; n.)* (١) يتلوّى؛ يتمعّج . (٢) يتملّص أو يتخلّص بالحيلة والمكر ×(٣) يُلَوّي؛يُمعّج (٤) يشقّ (طريقه) متمعّجاً §(٥) تَلَوٍّ ؛ تَمَعُّج الخ.

**wright** *(n.)* (١) صانع كذا (٢) واضع كذا.

**wring** *(vt.)* (١)يَعْصُر (٢)ينتزع (٣)يلوي . (٤) يعذّب ؛ يوجع .

**wringer** *(n.)* العَصّارَة : آلة عَصْر .

**wrinkle** *(n.; vi.; t.)* (١) جَعْدَة ؛ غَضَن. (٢) تجعُّد ؛ تَغَضُّن §(٣)يتجعّد؛ يتغضّن ×(٤) يجعّد ؛ يُغضّن .

**wrist** *(n.)* المِعْصَم ؛ الرُّسْغ .

**wristband** *(n.)* سِوار القميص: طَرَف رُدْن القميص أو كُمّه المطوّقُ للمعصم .

**wristlet** *(n.)* (١) سوار (٢) عصابة المعصم .

**wristwatch** *(n.)* ساعة المِعصم ؛ ساعد اليد .

wristwatch

**writ** *(n.)* (١)شيء مكتوب : كتابة ؛ كتاب (٢) أمْرٌ ملكيّ ؛ إرادة ملكيّة (٣) أمرٌ قضائيّ .

**write** *(vt.; i.)* (١)يكتب (٢)يؤلّف (٣)ينظم .

to ~ down يدوّن ؛ يسجّل .

to ~ off (١) يشطب؛ يحذف (٢) يكتب بسرعة.

to ~ out يكتب ؛ يدوّن .

to ~ up (١) يصف بتفصيل . (٢) يصوغ في قالب كتابي أخير (٣) يجعله عصريّ الأسلوب الخ. (٤) يقرّظ .

**writer** *(n.)* (١) الكاتب (٢) المؤلِّف .

**writhe** *(vt.; i.)* (١)يلفّ؛يلوي (٢)يَضْفر . ×(٣)يتمعّج (٤)يتلوّى (ألماً) ؛ يتضوّر (جوعاً).

**writing** *(n.)* (١) كتابة (٢) خطّ (٣) كتاب ؛ مؤلَّف (٤) صناعة الكتابة أو التأليف .

**writing paper** *(n.)* ورق الكتابة .

**written** *past part. of* write.

**wrong** *(n.; adj.; adv.; vt.)* (١) حَيْف ؛ جَوْر ؛ ظلم (٢) الباطل (٣) أذىً ؛ ضرر (٤)الخطأ: شيء خاطىء(٥)الضلال : كون المرء على خطأ§(٦) لاأخلاقيّ (٧) طالح (٨)غير مناسب (٩)خاطىء (١٠)مغلوطٌ فيه (١١)غير صحيح (١٢) غير مُرْضٍ ؛ فيه خَلَلٌ أو علّة (١٣)مخطىء ؛ على خطأ §(١٤) على نحوٍ خاطىء§(١٥)يظلم ؛يؤذي؛ يسيء إلى .

in the ~, مخطئ ؛ ملُوم ؛ مسؤول

in the ~ box في ورطة الخ.

**wroth** *(adj.)* مُحْنَق؛ مَغيظ؛ غاضب جداً.

**wrought** *past and past part. of* work.

**wrought** *(adj.)* (١) معمول؛ مشكَّل. (٢)مزخرف؛ منمَّق (٣)مشغول؛ مصنوع (٤) مطرَّق (٥) منفعل.

**wrought iron** *(n.)* الحديد المُطاوع أو المليَّف.

**wrung** *past and past part. of* wring.

**wry** *(adj.)* (١)مُصعَّر؛ ملتوٍ (٢)ساخر (٣)عنيد. (٤)ظريف (مع تجهّم ومرارة وسُخرية عادةً).

to make a ~ face : يُعجِّي وجهه: يزوِّيه ويُميله تعبيراً عن اشمئزاز أو استياء.

**wryneck** *(n.)* : (١)اللوّاء: طائرصغير (٢)الصَّعَر: داءٌ في الرَّقبَة يتعذَّر معه الالتفات.

on the ~ side of fifty فوق الخمسين (من العمر).

to do ~ to somebody يَظْلمُ فلاناً.

to go ~, (١) يَضِلّ السبيلَ (٢) يُخفِق.

**wrongdoer** *(n.)* الآثم؛ المعتدي؛ المرتكب.

**wrongdoing** *(n.)* إثم؛ اعتداء؛ إيذاء؛ شرّ.

**wronged** *(adj.)* مظلوم؛ مُعْتَدًى عليه.

**wrongful** *(adj.)* (١)ظالم؛ جائر (٢)غير شرعيّ.

**wrongfully** *(adv.)* ظلماً وعُدواناً.

**wrongheaded** *(adj.)* عنيد.

**wrongly** *(adv.)* (١)خطأً (٢)ظُلماً.

**wrote** *past of* write.

# X

*xebec*

**x** *(n.)* الحرف الـ ٢٤ من الأبجدية الانكليزيّة .

**xebec** *(n.)* القُرْصانيّة : سفينة صغيرة ثلاثيّة الصواري استُخدِمت قديماً لأغراض القرصنة.

xebec

**xenon** *(n.)* الزِّينون : عنصر غازيّ ثقيل.

**xenophobe** *(n.)* المُصاب برُهاب الأجانب .

**xenophobia** *(n.)* رُهاب الأجانب : الخوف من الأجانب وكرههم .

**xerophilous** *(adj.)* نامٍ في الجفاف .

**xerophyte** *(n.)* الجافوف ؛ النبات الصحراوي.

**Xmas** *(n.)* = Christmas.

**X ray** *(n.)* *pl.* (١) الأشعّة السينية ؛ أشعّة اكس ؛ أشعّة رونتجن (٢) شعاع من الأشعّة السينيّة (٣) صورة بالأشعّة السينية .

**X-ray photograph** *(n.)* صورة بالأشعّة السينيّة .

**xylem** *(n.)* الزِّيليم : الجزء الخشبيّ من النباتات.

**xylography** *(n.)* فنّ النقش على الخشب .

**xylophone** *(n.)* الخشبية : آلة موسيقيّة مؤلّفة من صف من القضبان الخشبيّة يُعزَف عليها بالضرب على هذه القضبان بمطرقتين خشبيّتين صغيرتين.

*Yoshimitsu's Golden Pavilion* (Japan)

**y** *(n.)* الحرف الخامس والعشرون من الأبجدية الانكليزية
**yacht** *(n.)* (١) اليَخْت : مركب للمتعة والسباق

**yachting** *(n.)* الإبحار أو التسابق باليخوت .
**yak** *(n.)* الياك : ثور التيبت الضخم .

**yam** *(n.)* اليام : ضرب من البطاطا .
**yank** *(vt.; i.)* يَنْتُر ؛ يخلع ؛ ينتزع .
**Yankee** *(n.)* اليانكيّ : «أ» أحد أبناء نيو إنجلند بالولايات المتحدة الأميركيّة. «ب» أحد أبناء الشمال الأميركي . «ج» الأميركي .
**yap** *(vi.; n.)* (١) يَنْبَح (٢) يثرثر § (٣) نُباح.
**yard** *(n.)* (١) يارد ؛ ياردة (٢) عارضة الشراع . (٣) فِناء؛ ساحة (٤) زريبة (٥) حوض (لصنع السفن أو إصلاحها).
**yardstick** *(n.)* (١) العصا الياردية : عصاً للقياس مدرَّجةٌ طولها ياردة واحدة (٢) محكّ .
**yarn** *(n.; vi.)* (١) غَزْل (قطنيّ أو صوفيّ). (٢) حكاية § (٣) يروي حكايةً (٤) يتحدّث.
**yarrow** *(n.)* الألفيّة ؛ ذات الالف ورقة (نبات).
**yawl** *(n.; vi.)* (١) مركب (٢) نباح § (٣) ينبح.

**yawn** *(vi.; t.; n.)* (١) يَنْفَغِر : ينفتح كالفم. (٢) يتثاءب § (٣) فجوة ؛ ثغرة ؛ حفرة (٤) تثاؤب.

**yawning** *(n.; adj.)* (١) تثاؤب § (٢) منفغر ؛ غائر ؛ واسع (٣) متثائب « سأماً أو ضجراً ».

**ye** *(pron.)* أنتَ ؛ أنتِ.

**yea** *(adv.)* (١) نَعَم (٢) ليس هذا فحسب ؛ بل...

**yean** *(vi.; t.)* تلِد ؛ تُنْتِج (النعجةُ أو الشاةُ).

**year** *(n.)* (١) عام ؛ سنة (٢) *pl.* : شيخوخة.

**yearbook** *(n.)* الحَوْلِيّة : كتاب يُنْشَر سنويّاً.

**yearling** *(n.)* الحَوْلِيّ : حيوان عمرُه سنة.

**yearly** *(adj.; adv.)* (١) سنويّ § (٢) سنويّاً.

**yearn** *(vi.)* (١) يتوق إلى (٢) يشفق على.

**yeast** *(n.)* (١) خميرة (٢) رغوة ؛ زَبَد.

**yeasty** *(adj.)* (١) مُزْبِد (٢) تافه ؛ فارغ.

**yell** *(vi.; n.)* (١) يصرخ ؛ يصيح § (٢) صَرْخة.

**yellow** *(adj.; n.; vt.; i.)* (١) أصفر ؛ شاحب. § (٢) الأصفر ؛ اللون الأصفر (٣) صَفار البيض § (٤) يصفِّر × (٥) يصْفَرّ.

**yellow fever** *or* **jack** *(n.)* الحُمّى الصفراء.

**yellowish** *(adj.)* مُصفَرّ ؛ ضاربٌ إلى الصُفْرة.

**yellowness** *(n.)* الصُّفْرة.

**yellowtail** *(n.)* أصفر الذَّيْل (سمك).

**yellowthroat** *(n.)* أصفر النَّحْر (طائر).

**yellowy** *(adj.)* مُصْفَرّ ؛ ضارب إلى الصُّفْرة.

**yelp** *(vi.; n.)* (١) يعوي ؛ ينبح § (٢) عُواء ؛ نُباح.

**yen** *(n.)* اليَنّ : وحدة العملة اليابانية.

**yeoman** *(n.)* (١) اليَوْمَن : خادم أو تابع أو موظف صغير في قصر ملك أو نبيل (٢) أحد أفراس الحرس الملكي البريطاني (٣) ضابط صغير (في البحرية) يقوم بأعمال مكتبيّة عادةً (٤) فلاح صغير يملك أرضاً يزرعها.

**yeomanry** *(n.)* اليوامنة : «أ» صغار مالكي الأرض من أبناء الطبقة الوسطى. «ب» حَرَس وطنيّ.

**yes** *(adv.)* نعم ؛ بلى ؛ أجَل.

**yesterday** *(adv.; n.)* (١) أمسِ § (٢) الأمس.

**yesternight** *(adv.; n.)* الليلة البارحة.

**yet** *(adv.; conj.)* (١) علاوةً على ذلك (٢) أيضاً ؛ حتى ؛ بل و... (٣) بَعْدُ ؛ حتى الآن (٤) لا يزال (٥) يوماً ؛ ذاتَ يوم ؛ في النهاية (٦) على الرغم من ذلك § (٧) ومع ذلك.

**yew** *(n.)* الطَّقْسُوس (شجر أو خشبُه).

**Yiddish** *(n.)* اليِيدِية : لهجة من لهجات اللغة الألمانيّة ينطق بها اليهود في الاتحاد السوفياتي الخ.

**yield** *(vt.; i.; n.)* (١) يمنح ؛ يهَب ؛ يقدّم إلى. (٢) يتخلّى عن (٣) يستسلم لـ (٤) يتنازل عن (٥) يَغِلّ ؛ يعطي غلّة أو عائداتٍ ماليّة (٦) يثمر ؛ يُنْتِج (٧) يُحْدِث ؛ يسبّب × (٨) يخضع ؛ يُذْعِن ؛ يرقّ أو يلين (٩) يكون دون غيره جودةً الخ. (١٠) يُخلي مكانَه لِـ... § (١١) غلّة ؛ محصول ؛ حصيلة.

**yielding** *(adj.)* (١) مثمر (٢) ليّن (٣) مِطواع.

**yodel** *(vi.; t.;)* يُيَوْدِل : يُغنّي مُكثِراً من الانتقال من الصوت العادي إلى صوت عالي الطبقة.

**yoga** *(n.)* اليوغا : فلسفة هندية.

**yoke** *(n.; vt.)* (١) نِير (٢) الفدان : ثوران يُقْرَن بينهما بِنِير (٣) عبوديّة (٤) رباط ؛ صلة ؛ (٥) النِّير : جزء من الثّوب يطوّق العنق والكتفين (٦) أعلى التنّورة § (٧) يشدّ إلى نير (٨) يشدّ حيواناً إلى عربة (٩) يربط ؛ يَجْمَع.

**yokel** *(n.)* الفلاّح ؛ الرّيفيّ ؛ الجِلْف.

**yolk** *(n.)* المحّ : صَفار البيض .

**yon; yond** *(adv.; adj.)* = yonder.

**yonder** *(adv.; adj.)* (١) هناك ؛ هنالك . § (٢) مَرْئـيّ (٣) أبعد ؛ أشدّ بُعْداً .

**yore** *(n.)* الماضي ؛ الأيّام الخالية .

**you** *(pron.)* ضمير المخاطب : أنتَ ؛ أنتِ ؛ أنتما ؛ أنتم ؛ أنتنّ ؛ لكَ ؛ لكِ ؛ كما ؛ كم ؛ كنّ .

**young** *(adj.; n.)* (١) صغير ؛ حدث ؛ ناشىء . (٢) غِـرّ ؛ قليل الخبرة (٣) جديد (٤) شابّ أو خاصّ بالشباب § (٥) الأحداث ؛ الناشئة ؛ الشباب (٦) الجرو : الصغير من أولاد الحيوان.

with ~, حامل ؛ حُبْلى .

**younger** *(adj.; n.)* (١) أصغر § (٢) الأصغر .

**youngest** *(adj.; n.)* الأصغر .

**youngling** *(n.; adj.)* (١) الصغير § (٢) صغير .

**youngster** *(n.)* (١) شابّ (٢) طفل .

**your** *(pron.; adj.)* كاف المِلْك : صيغة الملكيّة من *you* (كقولك *your* room ونحو ذلك ) .

**yours** *(pron.)* (١) لكَ ؛ لكِ ؛ لكما ؛ لكم ؛ لكنّ (٢) ما هو لكَ أو لكِ الخ .

**yourself** *(pron.)* نفسك ؛ بنفسك .

**yourselves** *pl. of* yourself.

**youth** *(n.)* (١) الشّباب (٢) فتى ؛ شاب.

**youthful** *(adj.)* (١) شابّ ؛ فتيّ (٢) غضّ ؛ طريّ (٣) قويّ ؛ نشيط .

**yowl** *(vi.; n.)* (١) يعوي ؛ يموء (٢) يُعْوِل. (٣) يصرخ محتجّاً § (٤) عُواء ؛ مُواء الخ.

**yucca** *(n.)* اليُكّة : نبات من الفصيلة الزنبقية.

**Yugoslav** *(n.; adj.)* (١) اليوغوسلافيّ : أحد أبناء يوغوسلافيا § (٢) يوغوسلافيّ .

**yule** *(n.)* عيد الميلاد : عيد ميلاد المسيح.

*Zahli* (Lebanon)

# Z

**z** *(n.)* الحرف الـ ٢٦ من الأبجدية الانكليزيّة.

**zeal** *(n.)* حماسة.

**zealot** *(n.; adj.)* متحمّس ؛ متعصّب.

**zealotry** *(n.)* (١) حماسة مفرطة (١) تعصّب.

**zealous** *(adj.)* متحمّس ؛ حماسيّ.

**zealously** *(adv.)* بحماسة.

**zebra** *(n.)* العتّابيّ ؛ حمار الزَّرَد : حمار وحشيّ مخطَّط.

**zebu** *(n.)* : الدَّرْبانيّ : حيوان من الفصيلة البقريّة على غاربه سَنامٌ.

**zeitgeist** *(n.)* روح العصر.

**zenith** *(n.)* (١) السَّمْت ؛ سَمْت الرأس (فلك). (٢) أَوْج ؛ ذروة.

**zephyr** *(n.)* (١) الدَّبور : الريح الغربيّة (٢) نسيم عليل (٢) الزّفير : قماش رشيق.

**zeppelin** *(n.)* مُنْطاد ؛ مُنطاد زِبْلِن.

**zero** *(n.)* (١) صِفْر (٢) النكِرة : شخص تافه.

**zero hour** *(n.)* ساعة الصفر : «أ» الساعة المحدَّدة لتنفيذ عملية عسكريّة مرسومة. «ب» الزمن المحدَّد للبدء بعمل ما (كإطلاق صاروخ الخ.).

**zest** *(n.)* (١) المنكِّه : كلّ ما يضاف إلى الشيء لإعطائه نكهة ما (٢) نكهة سائغة (٣) فتنة ؛ سحر ؛ متعة ؛ حيويّة (٤) تلذّذ أو استمتاع شديد.

**Zeus** *(n.)* زيوس : كبير آلهة اليونان.

**zigzag** *(n.; adv.; adj.; vt.; i.)* (١) خطّ متعرّج (٢) أحد أقسام هذا الخطّ § (٣) بتعرّج § (٤) متعرّج § (٥) يعرّج : يجعله متعرّجاً × (٦) يتعرّج ؛ ينطلق في خطّ متعرّج.

zigzags

**zinc** *(n.; vt.)* (١) الزِّنْك ؛ الخارصين. § (٢) يزنّك ؛ يعالج أو يكسو بالزنك.

**zincography** *(n.)* الحفر بالزنكوغراف (طباعة).

**zinc ointment** *(n.)* مرهم الزنك.

**zinc oxide** *(n.)* أكسيد الزنك.

**zinnia** *(n.)* الزِّينيّة : نبات جميل الزهر.

**Zionism** *(n.)* الصهيونيّة ؛ الحركة الصهيونيّة.

**Zionist** *(n.; adj.)* صهيونيّ.

**zip** *(n.)* (١) أزيز (٢) حيويّة ؛ نشاط.

**zip fastener** *(n.)* الزِّمام المنزلق.

**zipper** *(n.)* = zip fastener.

**zippy** *(adj.)* رشيق ؛ مفعم بالحيويّة والنشاط.

**zither** *(n.)* القانون : آلة موسيقيّة.

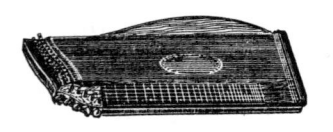

**zloty** *(n.)* الزِّلوتيّ : وحدة النقد البولندية.

**zodiac** *(n.)* دائرة البروج أو رسمٌ يمثلها (فلك).

**zodiacal** *(adj.)* بروجيّ : خاصّ بدائرة البروج.

**zonal** *(adj.)* (١) مِنْطَقيّ (٢) نطاقيّ.

**zone** *(n.; vt.)* (١) مِنْطَقة § (٢) يطوِّق (بحزام). (٣) يُمَنْطِق : يقسّم إلى مناطق.

**zoo** *(n.)* حديقة الحيوان ؛ حديقة الحيوانات.

**zoogeography** *(n.)* الجغرافيا الحيوانيّة.

**zoography** *(n.)* (١) علم الحيوان الوصفيّ. (٢) الجغرافية الحيوانيّة.

**zoolatry** *(n.)* عبادة الحيوان أو الحيوانات.

**zoological** *(adj.)* حيوانيّ.

**zoologically** *(adv.)* حيوانياً ؛ من الوجهة الحيوانيّة.

**zoological garden** *(n.)* حديقة الحيوانات.

**zoologist** *(n.)* العالِم الحيوانيّ ؛ العالم بالحيوان.

**zoology** *(n.)* (١) عِلم الحيوان (٢) حيوانات منطقة ما.

**zoom** *(vi.; n.)* (١) يئزّ أزيزاً متواصلاً (٢) تزُوْم : تصعد الطائرة فجأةً وبسرعة كبيرة مسافةً قصيرة § (٣) أزيز (٤) ارتفاع مفاجىء.

**zoophagous** *(adj.)* لاحم : آكل لحم الحيوانات.

**zoophyte** *(n.)* المَرِيجيّ ؛ الحيوان النباتيّ.

**zooplasty** *(n.)* الجراحة التعويضية الحيوانية .
**zoot suit** *(n.)* بذلة زوت (بذلة رجالية) .
**Zoroastrian** *(adj.; n.)* زَرَادَشْتيّ .
**Zoroastrianism** *(n.)* الزَّرادَشْتيَّة : ديانة فارسيّة قديمة منسوبة إلى النبيّ زَرادشت .
**zucchetto** *(n.)* السُّكِّيتة : قلنسوة خاصّة برجال الدّين الكاثوليك .
**Zulu** *(n.)* (١) الزُّولويّ : واحد الزّولو وهم شعب ناطق بلغة البانتو في ناتال بجنوب افريقية § (٢) الزُّولُوويَّة : لغة الزُّولو .
**zwieback** *(n.)* البقْسماط : ضرب من الخبز يقطَّع إلى شرائح ثم يحمَّص في الفرن .

**Zwinglian** *(adj.; n.)* (١) إتْزُونغْلِيّ : منسوب إلى المصلح البروتستانتيّ السويسري «إتْزُونْغْلي» أو إلى مذهبه § (٢) الإتْزُونْغْلِيّ : أحد أتباع إتْزُونْغْلي .
**zygote** *(n.)* اللاقحة : خلية تنشأ من اندغام مَشيجيْن (علم الأحياء) .
**zymology** *(n.)* الزيمولوجيا ؛ علم الخمائر : علم يبحث في التخمّر وفي فعل الخمائر .
**zymosis** *(n.)* تخمُّر ، اختمار .
**zymotic** *(adj.)* (١) تخمُّريّ ؛ اختماريّ . (٢) مخمِّر (٣) مُعْدٍ .